Strafvollzugsgesetze

dtv

Strafvollzugsgesetze

StVollzG des Bundes mit Verwaltungsvorschriften
Strafvollzugsgesetze der Länder
Strafvollstreckungsordnung

Textausgabe mit einer Einführung
von Professor Dr. Frank Arloth,
Ministerialdirektor, Amtschef des Bayerischen
Staatsministeriums der Justiz
Honorarprofessor an der Universität Augsburg

23. Auflage
Stand 1. 1. 2022

dtv

www.dtv.de
www.beck.de

Sonderausgabe
dtv Verlagsgesellschaft mbH & Co. KG,
Tumblinger Str. 21, 80337 München

Gesamtherstellung: Druckerei C. H. Beck, Nördlingen
(Adresse der Druckerei: Wilhelmstraße 9, 80801 München)
Umschlagtypographie auf der Grundlage
der Gestaltung von Celestino Piatti

CO_2
neutral

chbeck.de/nachhaltig

ISBN 978-3-423-53015-6 (dtv)
ISBN 978-3-406-75221-6 (C. H. Beck)

9 783406 752216

Inhaltsverzeichnis

Abkürzungsverzeichnis

ABl.	Amtsblatt
Abs.	Absatz
AFBG	Aufstiegsfortbildungsförderungsgesetz
Anm.	Anmerkung
AO	Anordnung
Art.	Artikel
AV	Allgemeine Verfügung
AVO	Ausführungsverordnung
Bad-Wttbg.	Baden-Württemberg
BAnz.	Bundesanzeiger
BayStVollzG	Bayerisches Strafvollzugsgesetz
BbgJVollzG	Brandenburgisches Justizvollzugsgesetzbuch
Bek.	Bekanntmachung
ber.	berichtigt
BGBl.	Bundesgesetzblatt
BlnStVollzG	Berliner Strafvollzugsgesetz
BremStVollzG	Bremisches Strafvollzugsgesetz
BVerfGG	Bundesverfassungsgerichtsgesetz
BWJVollzGB	Gesetzbuch über den Justizvollzug in Baden-Württemberg
BwVollzO	Bundeswehrvollzugsordnung
BZRG	Bundeszentralregistergesetz
Die J	Die Justiz, Justizministerialblatt für Baden-Württemberg
DVO	Durchführungsverordnung
DVollzO	Dienst- und Vollzugsordnung für die Justizvollzugsanstalten
EGGVG	Einführungsgesetz zum Gerichtsverfassungsgesetz
GABl.	Gemeinsames Amtsblatt
GBl., GesBl.	Gesetzblatt
gem.	gemäß
GMBl.	Gemeinsames Ministerialblatt
GVBl., GVOBl.	Gesetz- und Verordnungsblatt
Hbg.	Hamburg
HmbStVollzG	Hamburgisches Strafvollzugsgesetz
HStVollzG	Hessisches Gesetz über den Vollzug der Freiheitsstrafe und der Sicherungsverwahrung
i. d. F.	in der Fassung
JBl.	Justizblatt
JMBl.	Justizministerialblatt
JVBl.	Justizverwaltungsblatt
LSAJVollzGB	Justizvollzugsgesetzbuch Sachsen-Anhalt
MBl.	Ministerialblatt
MVStVollzG	Gesetz über den Vollzug der Freiheitsstrafe in Mecklenburg-Vorpommern
NdsRpfl.	Niedersächsische Rechtspflege (Justizministerialblatt)
NJVollzG	Niedersächsisches Justizvollzugsgesetz

Abkürzungsverzeichnis

NJW	Neue Juristische Wochenschrift
NRWStVollzG ..	Gesetz zur Regelung des Vollzugs der Freiheitsstrafe in Nordrhein-Westfalen
RdErl.	Runderlaß
RegBl.	Regierungsblatt
RGBl.	Reichsgesetzblatt
Rhld-Pf.	Rheinland-Pfalz
RPLJVollzG	Landesjustizvollzugsgesetz Rheinland-Pfalz
RRG	Rentenreformgesetz
SächsStVollzG ..	Gesetz über den Vollzug der Freiheitsstrafe und des Strafarrests im Freistaat Sachsen
SchlHA	Schleswig-Holsteinische Anzeigen (Justizministerialblatt)
Saarl.	Saarland
S.	Seite
SHLStVollzG ...	Landesstrafvollzugsgesetz Schleswig-Holstein
SLStVollzG	Gesetz über den Vollzug der Freiheitsstrafe im Saarland
StGB	Strafgesetzbuch
StPO	Strafprozessordnung
StVollstrO	Strafvollstreckungsordnung
StVollzG	Strafvollzugsgesetz
StVollzVergO ...	Strafvollzugsvergütungsordnung
ThürJVollzGB ..	Thüringer Justizvollzugsgesetzbuch
vgl.	vergleiche
VO	Verordnung
VOBl.	Verordnungsblatt

Einführung

von Professor Dr. Frank Arloth
Ministerialdirektor
Honorarprofessor an der Universität Augsburg

I. Begriff und Gegenstand des Strafvollzugsrechts

1. Unter **Strafvollzugsrecht** sind alle Rechtsnormen zu verstehen, die die stationäre Vollziehung der freiheitsentziehenden Kriminalsanktionen betreffen. Das Rechtsgebiet umfasst die Regelungen über die Durchführung der Freiheitsstrafe, der Jugendstrafe sowie der im Strafgesetzbuch vorgesehenen mit Freiheitsentziehung verbundenen Maßregeln der Besserung und Sicherung. Damit bestimmt das Strafvollzugsrecht die Art und Weise der Durchführung der einbezogenen Kriminalsanktionen, und zwar von der Aufnahme in die jeweiligen Anstalten bis zur Entlassung.

Die Vollziehung ambulanter Kriminalsanktionen wie der Geldstrafe und die zur Bewährung ausgesetzte Vollstreckung der Freiheitsstrafe werden jedoch von den Begriffen des Strafvollzuges und des Strafvollzugsrechts nicht miterfasst. Das Strafvollzugsrecht wird daher vom Strafvollstreckungsrecht streng unterschieden. Letzteres umfasst alle Vorschriften, welche die Einleitung der Durchführung der fraglichen Sanktionen gegenüber den Verurteilten betreffen, auch wenn der Vollzug der Ersatzfreiheitsstrafe insoweit eine Besonderheit darstellt. Ebenfalls nicht zum Strafvollzug gehören der Vollzug der Untersuchungshaft – denn sie geht dem Urteil voraus – sowie des Jugendarrestes, bei dem es sich um ein jugendstrafrechtliches Zuchtmittel handelt. Begrifflich ausgeschlossen ist ferner die Unterbringung psychisch Kranker.

2. Rechtsgrundlage des Strafvollzuges ist zunächst das **Strafvollzugsgesetz** (StVollzG) vom 16. März 1976 (BGBl. I S. 581). Es ist am 1. Januar 1977 in Kraft getreten, allerdings seither wiederholt geändert worden. Das StVollzG beseitigte die frühere Unsicherheit über die Rechtsstellung des Strafgefangenen und bestimmte erstmals die Rechte und Pflichten der Strafgefangenen und Verwahrten, die Leistungspflichten und Eingriffsbefugnisse der Vollzugsbehörden sowie organisatorische und personelle Voraussetzungen für den Strafvollzug.

Aufgrund der **Föderalismusreform** (BGBl. I 2034), die zum 1. September 2006 in Kraft getreten ist, obliegt nunmehr allein den Ländern die Regelungskompetenz für den Strafvollzug. Das StVollzG gilt nach Art. 125a Abs. 1 GG als partikulares Bundesrecht fort, soweit es nicht durch Landesrecht ersetzt wird. Von der Gesetzgebungskompetenz zum Vollzug der Freiheitsstrafe haben nunmehr alle Länder (**Nr. 1.1 bis 1.16**) Gebrauch gemacht. Baden-Württemberg hat ein Justizvollzugsgesetzbuch erlassen, das in Buch 1 gemeinsame Regelungen und Organisation, in Buch 2 den Untersuchungshaftvollzug, in Buch 3 den Strafvollzug, in Buch 4 den Jugendstrafvollzug und in Buch 5 den Vollzug der Sicherungsverwahrung enthält. Ähnlich wie Baden-Württemberg haben Brandenburg, Rheinland-Pfalz, Sachsen-Anhalt und Thüringen ein Justizvollzugsgesetzbuch erlassen und dabei aber die Regelungen zum Vollzug der Jugendstrafe und der Untersuchungshaft in den einzelnen Bestimmungen integriert.

Eine solche Zusammenfassung jeweils sehr unterschiedlicher Materien wird der besonderen Stellung von Untersuchungshaftvollzug und Jugendstrafvollzug allerdings nicht gerecht. In Bayern wurde ein einheitliches Gesetz zum Erwachsenen- und Jugendstrafvollzug erlassen, Niedersachsen hat darüber hinaus darin auch den Vollzug der Untersuchungshaft geregelt. Alle anderen Länder haben sich im Wesentlichen an einem gemeinsam erarbeiteten Musterentwurf für ein Landesvollzugsgesetz orientiert.

Nach wie vor Gegenstand der konkurrierenden Gesetzgebung ist aber das gerichtliche Verfahren (StPO, GVG, einschließlich der ZPO) und das bürgerliche Recht. Deshalb gelten in allen Ländern folgende Vorschriften des StVollzG fort: § 43 Abs. 11 Satz 2 Halbsatz 2, § 50 Abs. 2 Satz 5, § 51 Abs. 4 und 5, § 75 Abs. 3, §§ 109 bis 121b, § 122, §§ 130 und 138 Abs. 3 (für das gerichtliche Verfahren), §§ 171 bis 175, § 176 Abs. 4, 178 Abs. 2 bis 3 StVollzG. Teilweise haben die Länder auch Bundesrecht einfach nicht ersetzt (z.B. sehr häufig die §§ 136 bis 138 StVollzG). Das gerichtliche Verfahren für den Jugendstrafvollzug, für den Jugendarrest, für den Vollzug der Maßregeln nach § 61 Nr. 1 und 2 StGB und für vom Jugendstrafvollzug ausgenommene Gefangene ist nunmehr in § 92 Jugendgerichtsgesetz (JGG) in der Neufassung des Zweiten Gesetzes zur Änderung des JGG und anderer Gesetze vom 13. Dezember 2007 (BGBl. I, S. 2894) geregelt. Die Neuregelung entspricht der Forderung des BVerfG (E 116, 69 = NJW 2006, 2093), wonach das bisherige Verfahren nach §§ 23 ff. EGGVG nicht den Anforderungen an einen effektiven Rechtsschutz für Jugendstrafgefangene entspricht.

Bislang bestimmte sich der **Jugendstrafvollzug** nach der allgemeinen Rahmenvorschrift des § 91 JGG a. F. in Verbindung mit den Verwaltungsvorschriften zum Jugendstrafvollzug (VVJug), die bundeseinheitlich ergangen und von den einzelnen Landesjustizministerien mit Wirkung zum 1. Januar 1977 in Kraft gesetzt worden sind. Allerdings sind die Länder aufgrund der Entscheidung des BVerfG vom 31. Mai 2006 (BVerfGE 116, 69 = NJW 2006, 2093) verpflichtet gewesen, bis spätestens Ende 2007 den Jugendstrafvollzug gesetzlich neu zu regeln. Neben den bereits erwähnten Ländern Bayern und Niedersachsen haben sich neun Länder (Berlin, Brandenburg, Bremen, Mecklenburg-Vorpommern, Rheinland-Pfalz, Saarland, Sachsen-Anhalt, Schleswig-Holstein und Thüringen) auf weitgehend ähnliche Gesetze aufgrund eines Musterentwurfs geeinigt. Sachsen hat diesen in weiten Teilen übernommen. Hamburg hat zwischenzeitlich den damaligen Musterentwurf ebenfalls übernommen. Baden-Württemberg, Hessen und Nordrhein-Westfalen haben eigenständige Gesetze erlassen. Allerdings haben die Länder Brandenburg, Rheinland-Pfalz, Sachsen-Anhalt und Thüringen inzwischen die Vorschriften, die in einem eigenen Jugendstrafvollzugsgesetz enthalten waren, in das jeweilige Landesgesetz zum Vollzug der Freiheitsstrafe integriert (vgl. Übersicht **Nr. 5**).

3. Zur Ortsbestimmung des Strafvollzuges und damit zur Verdeutlichung der **Stellung des Strafvollzugsrechts im System des Rechts** wird häufig die sog. Drei-Säulen-Theorie der Strafrechtspflege herangezogen. Diese Auffassung besagt, dass das Gesetz die Strafe androht, das Gericht sie ausspricht und der Staat sie vollzieht. Die erste Säule liegt danach beim Gesetzgeber und dem materiellen Strafrecht, die zweite Säule beim Strafgericht und die dritte Säule beim Strafvollzug. Androhung, Verhängung und Vollzug der Kriminalsanktionen sind demgemäß auf verschiedene Instanzen verteilt. Dementsprechend kommt den erwähnten Säulen im Gesamtsystem des Strafrechts auch eine jeweils verschiedene Aufgabe zu. Daraus folgt wiederum, dass die Verwirklichung der Strafe

ein selbstständiger Akt der Strafrechtspflege ist. Das Strafvollzugsrecht stellt danach eine selbstständige, von der richterlichen Anwendung des Strafrechtes weithin verschiedene Regelungsmaterie dar. Mag diese Drei-Säulen-Theorie auch nicht in allen ihren Aussagen befriedigen, so ist sie doch in der Lage, die sachliche und institutionelle Bedeutung des Strafvollzuges angemessen zum Ausdruck zu bringen.

4. Dennoch ist die Frage seit langem umstritten, ob das Strafvollzugsrecht dem materiellen oder formellen Strafrecht zuzurechnen ist. Geht man davon aus, dass das **materielle Strafrecht** alle Rechtsnormen umfasst, welche die Merkmale des Verbrechens sowie Art und Maß der Rechtsfolgen auf die Straftat betreffen, so enthält das **Strafprozessrecht** jene Vorschriften über das Strafverfahren, in dem strafbare Handlungen angezeigt, ermittelt, verfolgt, verhandelt und abgeurteilt werden. Meinungsverschiedenheiten bestehen nun darüber, ob die Strafvollstreckung neben dem Strafvollzug steht und erstere eine rein verfahrensrechtliche, der Strafvollzug jedoch eine materiellrechtliche Materie ist oder ob beide Rechtsgebiete wegen des sachlichen Zusammenhangs als Einheit zum Strafverfahrensrecht gehören. In jedem Falle werden dem **Strafvollstreckungsrecht** alle Rechts- und Verwaltungsvorschriften zugerechnet, welche die Durchführung der rechtskräftig angeordneten Strafen, Maßregeln und Nebenfolgen gegenüber dem Verurteilten regeln. Demgegenüber betrifft das Strafvollzugsrecht alle Rechtsvorschriften, welche die Rechtsstellung des Strafgefangenen und Verwahrten sowie die organisatorischen und personellen Voraussetzungen für diesen Vollzug betreffen. Vom Strafvollstreckungsrecht unterscheidet sich das Strafvollzugsrecht insbesondere dadurch, dass es die den Vollzug einleitenden, mehr formellen Maßnahmen wie die Berechnung der Strafzeit und die Ladung zum Strafantritt sowie die allgemeine rechtliche und gerichtliche Überwachung des Vollzuges nach den §§ 458–463a StPO nicht regelt. Demgemäß sagt § 3 Abs. 2 StVollstrO umgekehrt ausdrücklich, dass sich die Verantwortlichkeit der Vollstreckungsbehörden, namentlich der Staatsanwaltschaften, nicht auf den besonderen Pflichtenkreis der Vollzugsbehörden erstreckt. Der Streit, ob es sich beim Strafvollzugsrecht um materielles oder um formelles Strafrecht handelt, ist nicht nur von akademischem Interesse. Es ist auch von praktisch erheblicher Bedeutung, denn das Rückwirkungsverbot (Art. 103 Abs. 2 GG; § 1 StGB) gilt nach herrschender Meinung bekanntlich nur für das materielle Recht.

II. Entwicklung des Strafvollzugsrechts und Entstehung des Strafvollzugsgesetzes und der Gesetze der Länder

1. Während das Strafrecht schon 1871 und das Strafprozessrecht bereits 1877 formelle gesetzliche Grundlagen fanden, blieb das Strafvollzugsrecht zunächst ohne umfassende reichs- oder bundesgesetzliche Regelung. Die Notwendigkeit zur Schaffung eines besonderen Strafvollzugsgesetzes wurde aber schon in der ersten Hälfte des 19. Jahrhunderts erkannt. Insbesondere in den deutschen Partikularstaaten Baden, Bayern, Preußen und Württemberg wurden Gesetze erlassen, die den Vollzug bestimmter Arten von Freiheitsstrafen und deren Durchführung in einigen Anstalten regelten. Reichseinheitliche Vorschriften fanden sich zuerst in den §§ 15–18, 22 RStGB von 1871. Das Scheitern des Entwurfes eines Strafvollzugsgesetzes im Jahre 1879 veranlasste schließlich die Länder 1897, einige „Grundsätze" über den Strafvollzug zu beschließen. Diesen folgte

im Jahre 1923 eine weitere Vereinbarung der Länder, die als vorrangige Aufgabe des Vollzuges erstmalig die Rückfallverhinderung bestimmte. Ein 1927 von der Reichsregierung vorgelegter „Amtlicher Entwurf eines Strafvollzugsgesetzes" wurde ebenso wie der mit ihm sachlich verbundene Entwurf eines Strafgesetzbuches desselben Jahres nicht mehr verabschiedet. Mit der 1934 vom damaligen Reichsjustizminister erlassenen „Verordnung über den Vollzug von Freiheitsstrafen und von Maßregeln der Sicherung und Besserung, die mit Freiheitsentziehung verbunden sind", rückte der Sühne- und Abschreckungsgedanke stark in den Vordergrund. Die in den Jahren 1947–1949 beschlossenen Strafvollzugsordnungen der einzelnen deutschen Länder folgten den 1945 vom Alliierten Kontrollrat erlassenen Direktiven. Die neuen, nur im Verwaltungswege ergangenen Vorschriften der Länder bekannten sich wieder zum Erziehungsgedanken der Weimarer Zeit.

2. Am 1. Dezember 1961 vereinbarten die Länder eine einheitliche Dienst- und Vollzugsordnung. Diese trat am 1. Juli 1962 in Kraft. Sie sollte als für das Bundesgebiet einheitlich gefasste Verwaltungsverordnung die Zeit bis zum Erlass eines Strafvollzugsgesetzes überbrücken. Sie ist mehrfach geändert und der Entwicklung angepasst worden. Im Zusammenhang mit der neu geschaffenen Dienst- und Vollzugsordnung wurde auch mit den §§ 23ff. EGGVG eine Rechtsschutzmöglichkeit gegen Maßnahmen der Vollzugsbehörden eingeführt, die auch Bereiche der Jugendstrafe, des Jugendarrestes und der Untersuchungshaft einschließt. Die Rechtsprechung der nach § 25 EGGVG zuständigen Strafsenate der Oberlandesgerichte hat seither die Rechtsstellung der Strafgefangenen und Verwahrten präzisiert und erste Reformschritte eingeleitet.

Vor allem die Entscheidung des Bundesverfassungsgerichts vom 14. März 1972 (BVerfGE 33, 1 = NJW 1972, 811) zur Frage der Einschränkung von Grundrechten bei Strafgefangenen machte deutlich, dass eine gesetzliche Regelung des Strafvollzuges dringend notwendig geworden war. Wohl hatte die im Herbst 1967 vom Bundesminister der Justiz beauftragte Kommission am 3. Februar 1971 den Kommissionsentwurf eines Strafvollzugsgesetzes vorgelegt. Doch konnte der daraus hervorgegangene Regierungsentwurf 1972 wegen der vorzeitigen Beendigung der sechsten Wahlperiode des Deutschen Bundestages nicht mehr verabschiedet werden. Er wurde im Jahre 1973 im Deutschen Bundestag eingebracht, in erster Lesung behandelt und an den Sonderausschuss für die Strafrechtsreform sowie an den mitberatenden Ausschuss für Arbeits- und Sozialordnung überwiesen. Der Sonderausschuss für die Strafrechtsreform hat den Gesetzentwurf in 27 Sitzungen bis zur Schlussabstimmung im August 1975 beraten und teilweise verändert. Zwar hatte in der Annahme, dass durch die Bestrebungen der Bundesregierung eine umfassendere Reform im Strafvollzug nicht erreicht werden würde, zwischenzeitlich ein Arbeitskreis deutscher und schweizerischer Strafrechtslehrer einen Alternativentwurf zu einem Strafvollzugsgesetz erarbeitet, um die Diskussion neu zu beleben und das Gesetzgebungsverfahren zu beeinflussen. Auch weitere Vorschläge und Stellungnahmen versuchten zu günstigen Lösungen des neuen Strafvollzugsrechtes beizutragen. Doch die wachsenden Diskrepanzen zwischen den Bedürfnissen eines modernen und wirksamen Strafvollzuges einerseits und den für die nahe Zukunft vorauszusetzenden personellen und finanziellen Möglichkeiten andererseits bereiteten erhebliche Schwierigkeiten, um eine sowohl rechtsstaatlich wie auch sozialstaatlich voll befriedigende Regelung zu verwirklichen. Aus dieser Erkenntnis heraus wurde zwar eine die Materie nahezu umfassende Regelung geschaffen, jedoch die besonders kostenwirksamen Vorschriften verändert oder ihr Inkrafttreten nur stufenweise vorgesehen. Obwohl Situation und Rolle der Vollzugsbediensteten in untrennbarem Zusammenhang mit Recht und Wirklichkeit des Strafvollzuges stehen, konnte diese Problematik, insbesondere Ausbildung, Qualifikation und Besoldung, nicht mehr im Strafvollzugsgesetz geregelt werden.

Am 16. März 1976 wurde das in seinem Reformvermögen umstrittene und wegen seiner finanziellen Auswirkungen bis zuletzt im Gesetzgebungsverfahren gefährdete Gesetz verkündet. Es stellte zwar die Rechte der Gefangenen und die Eingriffsbefugnisse der Vollzugsbehörden sowie die gesetzlichen Grundlagen für eine sichere Verwahrung gefährlicher Täter klar. Inhaltlich und unter sozialstaatlichem Blickfeld brachte es jedoch kaum noch Neuerungen. Angesichts des jahrhundertlangen Reformbemühens mag es schon ein epochaler Fortschritt gewesen sein, eine einheitliche Rechtsgrundlage für den Strafvollzug zu schaffen. Das Strafvollzugsgesetz lieferte eine brauchbare Grundlage für die Ziele und Aufgaben des Vollzuges sowie für die Arbeit im Vollzug und am straffälligen Menschen. Es sollte aber damit noch keinen „Schlussstein" der Reform bilden, vielmehr die Möglichkeiten für die langfristige Fortentwicklung des Strafvollzuges nicht abschneiden. Es kam indes anders.

3. Den tief greifendsten Eingriff in die bisherige Struktur des Strafvollzugrechts brachte nämlich die **Föderalismusreform**. Für die Fachöffentlichkeit etwas überraschend wurde mit Gesetz vom 28. August 2006 (BGBl. I S. 2034) die Gesetzgebungskompetenz für den Strafvollzug (einschließlich Untersuchungshaftvollzug) auf die Länder übertragen. Die Übertragung der Gesetzgebungskompetenz war im Rahmen der Reform dann auch heftig umstritten. Befürchtet wurden eine Rechtszersplitterung und ein Absenken bisheriger gesetzlicher Standards („Wettlauf der Schäbigkeit") durch eine Vielzahl neuer Gesetze. Diese Befürchtungen sind überwiegend nicht eingetreten. Viele Länder hatten sich zu einer Arbeitsgruppe zusammengeschlossen, um einen Musterentwurf für ein Jugendstrafvollzugsgesetz und ein Landesstrafvollzugsgesetz zu erarbeiten. Alle Länder haben sogar einen Musterentwurf für den Vollzug der Sicherungsverwahrung vorgelegt (vgl. Übersicht **Nr. 3**). Die Neuregelungen haben dabei verfassungsrechtliche Standards ebenso einzuhalten wie internationale Prinzipien zu beachten.

III. Ziele und Aufgaben des Strafvollzugsrechts

1. Wenn der Staat aus Anlass einer Straftat in die vielfältigen Rechts- und Lebensverhältnisse des Straffälligen und seiner Angehörigen dadurch eingreift, dass er dem verurteilten Rechtsbrecher die Freiheit entzieht, übernimmt er damit auch die Verantwortung, das Ziel dieses Eingriffs möglichst wirkungsvoll zu erreichen und die Einzelinteressen der betroffenen Bürger nicht stärker zu beeinträchtigen, als es durch den Zweck dieses Eingriffs gerechtfertigt ist. Das Strafvollzugsgesetz bewertete auch die Rangfolge der Ziele und Zwecke des Strafvollzuges, soweit dies für die Rechtsstellung des Gefangenen und für seine Behandlung notwendig ist. Daher bestimmte § 2 Satz 1 StVollzG als Aufgabe, dass im Vollzug der Freiheitsstrafe der Gefangene fähig werden soll, künftig in sozialer Verantwortung ein Leben ohne Straftaten zu führen **(Vollzugsziel)**. Der Vollzug der Freiheitsstrafe diente aber nach § 2 Satz 2 StVollzG auch dem Schutz der Allgemeinheit vor weiteren Straftaten.

Das Strafvollzugsgesetz regelte daher mehrere **Ziele und Aufgaben**. Sie können wie folgt beschrieben werden:

1. Inhaltliche und formale Abstimmung mit dem erneuerten Strafrecht,
2. stärkere Verankerung und folgerichtige Verwirklichung des Gedankens einer humanen und rationalen Kriminalpolitik,
3. Ausbau der Rechtsstellung des Strafgefangenen,
4. Regelung einiger Personalprobleme der Strafvollzugsbediensteten und
5. Schaffung einer einheitlichen Rechtsgrundlage für den Strafvollzug.

Vor allem hat das Strafvollzugsgesetz die **Rechtsstellung** der Gefangenen und Sicherungsverwahrten verbessert. Die notwendigen schwerwiegenden Eingriffe in die Grundrechte beruhten nunmehr auf einer rechtsstaatlich zureichenden formellen Grundlage.

Aber auch der **Behandlungs- oder Resozialisierungsgedanke** wurde stärker betont. Er blieb in **§ 2 Satz 1 StVollzG** das alleinige Vollzugsziel, obwohl nach § 2 Satz 2 StVollzG der Vollzug auch dem Schutz der Allgemeinheit vor weiteren Straftaten dienen sollte. In **Satz 2** war die negative Spezialprävention, dh der Sicherungszweck angesprochen, jedoch nicht zum Vollzugsziel erhoben. Die Vorschrift betrifft im Gegensatz zur Sicherheit der Anstalt (interne Sicherheit) die **Sicherheit der Allgemeinheit (externe Sicherheit)**. Der vom Gesetzeswortlaut des § 2 StVollzG vorgezeichnete Vorrang des Vollzugszieles wird vom Gesetz selbst nicht eingehalten. So durften etwa Behandlungsmaßnahmen wie Vollzugslockerungen und Urlaub aus der Haft nicht angeordnet werden, wenn Flucht- oder Missbrauchsgefahr vorlag. Im Übrigen war stets der Vorteil der Behandlungsmaßnahme gegenüber den damit verbundenen Sicherheitsrisiken im Einzelfall abzuwägen. Der bekannte Zielkonflikt zwischen den Strafrechtszwecken wurde auch durch die Fassung des § 2 StVollzG nicht ganz ausgeräumt.

2. Demgegenüber haben **Baden-Württemberg, Bayern, Hamburg, Hessen und Niedersachsen** in ihren Gesetzen teilweise gravierende Änderungen beim Ziel und den Aufgaben des Vollzugs vorgenommen. In **Baden-Württemberg** finden sich zwei Regelungen. Nach **§ 2 Abs. 1 Satz 1 JVollzGB Buch 1** liegt die kriminalpräventive Aufgabe des Strafvollzugs und des Jugendstrafvollzugs im Schutz der Bürgerinnen und Bürger vor weiteren Straftaten. Dies beschreibt den gesamtgesellschaftlichen kriminalpräventiven Auftrag des Strafvollzugs und des Jugendstrafvollzugs sehr vage. Verständlich wird das Gemeinte erst durch **Satz 2**, der insofern eine Erläuterung der kriminalpolitischen Aufgabe in Satz 1 darstellt. Danach wird der Schutz der Bürger vor weiteren Straftaten zum einen durch die Eingliederung der Gefangenen in die Gesellschaft erfüllt. Damit ist die Erreichung des Vollzugsziels, nämlich die Gefangenen zu befähigen, künftig ein Leben ohne Straftaten zu führen, angesprochen. Soweit danach Bezug genommen wird auf die innere Sicherheit, geht es um die sichere Unterbringung der Gefangenen. Dies entspricht im wesentlichen **§ 2 StVollzG**. Aus Satz 2 ergibt sich ferner keine eindeutige Rangfolge der Aufgaben; die bloße Aneinanderreihung spricht eher dafür, dass es sich um gleichrangige Aufgaben handelt. Satz 2 konkretisiert somit Satz 1, wonach die allgemeine Aufgabe des Schutzes der Bevölkerung vor weiteren Straftaten sowohl durch eine erfolgreiche Resozialisierung als auch durch eine sichere Unterbringung gewährleistet wird. Die weiter genannte Aufgabe, für Rechtsfrieden zu sorgen, hat demgegenüber keine eigenständige Bedeutung. Unklar ist allerdings das Verhältnis der Bestimmung zu **§ 1 JVollzGB Buch 3**, wo für den Bereich des Strafvollzugs nur noch auf die Resozialisierung abgestellt wird. Die

Gesetzesbegründung rechtfertigt die Trennung mit der Erwägung, in Buch 1 sei die kriminalpräventive Aufgabe angesprochen. Indes wirkt natürlich auch die (erfolgreiche) Resozialisierung präventiv. Letztlich wird die allgemeine Regelung in § 2 Buch 1 der Regelung in § 1 Buch 3 bei der Aufgabenbestimmung vorgehen; der Resozialisierung wird aber durch die Bezeichnung als Vollzugsziel besondere Bedeutung zugeschrieben. Insofern bestätigt das Gesetz die Unterscheidung von Vollzugsziel und Aufgaben.

In **Bayern** sind nach **Art. 2 BayStVollzG** Aufgaben des Vollzuges der Schutz der Allgemeinheit vor weiteren Straftaten und die Resozialisierung. Gegenüber § 2 StVollzG werden die Sätze 1 und 2 umgestellt. Art. 2 BayStVollzG stellt damit klar, dass der Schutz der Allgemeinheit nicht der Resozialisierungsaufgabe nachgeordnet ist, beide Aufgaben des Vollzugs also gleichrangig sind. Dies widerspricht allerdings der zu § 2 StVollzG vertretenen herrschenden Auffassung, wonach die Resozialisierung Vorrang habe. Nach der Begründung des Gesetzentwurfs sei eine Änderung gegenüber der bisherigen Rechtslage damit nicht verbunden. Indes ist die Begründung insoweit nicht eindeutig, als darin auch als oberstes Ziel die Vermeidung weiterer Straftaten angesprochen wird, die durch eine erfolgreiche Resozialisierung der Gefangenen am besten erreicht werden kann. Insoweit sind – wie es auch das BVerfG (BVerfGE 116, 69 = NJW 2006, 2093) formuliert hat – Resozialisierung und Schutz der Allgemeinheit ohnehin kein Gegensatz, sondern zwei Seiten derselben Medaille. Soweit in Satz 1 der in Art. 4 BayStVollzG näher definierte Sicherungszweck angesprochen wird, stehen Sicherheit und Resozialisierung in einem natürlichen Spannungsverhältnis, das im konkreten Einzelfall aufzulösen ist. Dabei kann auch der Sicherheit der Vorrang eingeräumt werden. So sind Vollzugslockerungen zwingend zu versagen, wenn Flucht- oder Missbrauchsgefahr besteht. Ein durchgehender Vorrang der Resozialisierung besteht also nicht. Beide Aufgaben des Vollzugs sind gleichrangig. Alleiniges Ziel des Vollzugs bleibt aber die Resozialisierung. Da zudem in Art. 2 Satz 2 BayStVollzG ausdrücklich der Behandlungsauftrag genannt wird, der in Art. 3 BayStVollzG konkretisiert wird, und erst in Art. 4 BayStVollzG der Schutz der Allgemeinheit näher erläutert wird, ist die plakative Voranstellung in Art. 2 Satz 1 BayStVollzG auch verfassungsrechtlich nicht zu beanstanden. Hinzu kommt, dass – wie bisher – nur das Vollzugziel durch den Klammerzusatz legaldefiniert ist. Art. 2 Satz 2 BayStVollzG entspricht dem bisher in § 2 Satz 1 StVollzG geregelten Vollzugsziel.

In **Hamburg** entspricht **§ 2 Satz 1 HmbStVollzG** – insoweit aber nicht mehr legal definiert – § 2 Satz 1 StVollzG. In **Satz 2** wird der **Schutz der Allgemeinheit** als weitere **Aufgabe** des Vollzugs benannt. Mit dem Wort "gleichermaßen" wird deutlich, dass ein durchgehender Vorrang der Resozialisierung also nicht besteht. Sicherheit und Resozialisierung stehen in einem natürlichen **Spannungsverhältnis**, das im konkreten Einzelfall aufzulösen ist. Dabei kann aber auch der Sicherheit der Vorrang eingeräumt werden. Nach **Satz 3** besteht allerdings zwischen dem Vollzugsziel und der Aufgabe, die Allgemeinheit vor weiteren Straftaten zu schützen, **kein Gegensatz**. Dies ist zumindest missverständlich. Diese Formulierung lehnt sich an die Entscheidung des BVerfG zum Jugendstrafvollzug (BVerfGE 116, 69 Rn. 51 am Ende) an. Das Bundesverfassungsgericht meint dort aber ersichtlich die Resozialisierung und nicht die Sicherungsaufgabe im Sinne einer negativen Spezialprävention. Deshalb wird man Satz 3 keine eigenständige Bedeutung zumessen können.

Hessen unterscheidet in **§ 2 HStVollzG** nicht mehr wie § 2 StVollzG zwischen Ziel und Aufgabe, sondern spricht nur noch von Aufträgen des Vollzugs.

Satz 1 entspricht im übrigen § 2 Satz 1 StVollzG. In **Satz 2** wird der Schutz der Allgemeinheit durch eine sichere Unterbringung als weitere Aufgabe des Vollzugs benannt. Sicherheit und Resozialisierung stehen also auch hier in einem natürlichen **Spannungsverhältnis**, das im konkreten Einzelfall aufzulösen ist. Dabei kann aber auch der Sicherheit der Vorrang eingeräumt werden. Der Verzicht auf eine Benennung des Vollzugsziels zugunsten der Beschreibung des Eingliederungsauftrags bedeutet aber nicht, dass das genannte Vollzugsziel aufgegeben wird. In **Satz 3** wird lediglich bekräftigt, dass beides dem Schutz der Allgemeinheit vor weiteren Straftaten dient. Damit wird lediglich noch einmal das obere gemeinsame Ziel angesprochen. Deshalb wird man Satz 3 keine eigenständige Bedeutung zumessen können.

Niedersachsen hat in **§ 5 NJVollzG** den auf den ersten Blick geringfügigsten Eingriff gegenüber § 2 StVollzG vorgenommen. Danach entsprechen Sätze 1 und 2 der Reihenfolge in § 2 StVollzG, allerdings wird auf den Klammerzusatz verzichtet und in Satz 2 statt „auch“ das Wort „zugleich“ verwendet. Auch hier wird in der Begründung des Gesetzentwurfs darauf hingewiesen, dass eine Änderung gegenüber der bisherigen Rechtslage damit nicht verbunden sei. Dies nötigt indes nicht dazu, die in § 5 Satz 2 NJVollzG genannte Aufgabe der Sicherheit zum Vollzugsziel zu erheben, wie es in Überschrift und Gesetzesbegründung zum Ausdruck kommt. Vielmehr ist bereits de lege lata von einer grundsätzlichen Gleichrangigkeit der Vollzugsaufgaben in § 2 StVollzG auszugehen, deren jeweiliger Vorrang jeweils im Einzelfall auszuloten ist. Alleiniges Vollzugsziel bleibt also die Resozialisierung. In diese Richtung ist auch das BVerfG zu verstehen. Da die amtliche Überschrift die Gesetzesauslegung nicht bindet, kann die Vorschrift entsprechend verfassungskonform ausgelegt werden.

Demgegenüber haben die Länder **Berlin, Brandenburg, Bremen, Mecklenburg-Vorpommern, Rheinland-Pfalz und Saarland** basierend auf einem gemeinsam erarbeiteten Musterentwurf, im Wesentlichen an der bisherigen Regelung des § 2 StVollzG festgehalten. Die Gesetze unterscheiden weiterhin zwischen dem Vollzugsziel der Resozialisierung und der Aufgabe des Schutzes der Allgemeinheit vor weiteren Straftaten. Brandenburg, Rheinland-Pfalz, Sachsen-Anhalt und Thüringen haben ihren "Kombi"-Gesetzen mit den integrierten Regelungen zum Jugendstrafvollzug Rechnung tragen müssen und erwähnen deshalb auch die Jugendstrafgefangenen. Dies gilt auch für **Thüringen** im dortigen **§ 2 Abs. 1 ThürJVollzGB** (Abs. 2 betrifft Gefangene mit angeordneter oder vorbehaltener Sicherungsverwahrung).

Sonderwege wiederum bestreiten Nordrhein-Westfalen, Sachsen und Schleswig-Holstein. In **Nordrhein-Westfalen** enthält **§ 2 StVollzG NRW** das Ziel des Vollzuges und entspricht wörtlich § 2 Satz 1 StVollzG. Verzichtet hat der Landesgesetzgeber an dieser Stelle auf die in § 2 Satz 2 StVollzG angesprochene Aufgabe des Vollzuges, die Allgemeinheit vor weiteren Straftaten zu schützen. Dies wird erst in **§ 6 StVollzG NRW** angesprochen. Damit rückt die Sicherungsaufgabe des Vollzugs doch etwas stärker in den Hintergrund. Eine dem entsprechende Regelung findet sich in § 2 und § 5 SH LStVollzG für **Schleswig-Holstein**. **Sachsen** übernimmt in **§ 2 Satz 1 und 2 SächsStVollzG** im wesentlichen § 2 StVollzG, fügt aber einen **Satz 3** an, wonach dies durch eine zielgerichtete und wirkungsorientierte Vollzugsgestaltung sowie sichere Unterbringung und Beaufsichtigung der Gefangenen gewährleistet wird. Satz 3 ergänzt damit jeweils die vorherigen Sätze, bedeutet aber keine Änderung in der Sache.

IV. Aufbau des Strafvollzugsgesetzes und der Landesgesetze

1. Das Strafvollzugsgesetz ist in **fünf Abschnitte** gegliedert. Es regelt darin den Anwendungsbereich, den Vollzug der Freiheitsstrafe, den Vollzug der freiheitsentziehenden Maßregeln der Besserung und Sicherung, die Vollzugsbehörden, den Datenschutz, die Sozial- und Arbeitslosenversicherung und ferner die Schlussvorschriften. Viele Gesetze der Länder folgen hinsichtlich des Anwendungsbereichs, dem Vollzug der Freiheitsstrafe, der Vollzugsorganisation und des Datenschutzes dem Aufbau des StVollzG. Die Länder haben dabei überwiegend den Vorschriften des StVollzG entsprechende Regelungen in die Landesstrafvollzugsgesetze übernommen bzw. teilweise gesonderte Regelungen z.B. zum Datenschutz in Justizvollzugsdatenschutzgesetzen erlassen.

Im **ersten Abschnitt des StVollzG** wird bestimmt, dass sich das Gesetz auf die Regelung des Vollzugs der Freiheitsstrafe in Justizvollzugsanstalten und der freiheitsentziehenden Maßregeln der Besserung und Sicherung beschränkt.

Den Schwerpunkt bildet der umfangreiche **zweite Abschnitt**, der sich mit der Regelung der Rechte und Pflichten des Gefangenen und mit den Eingriffsbefugnissen und Pflichten der Vollzugsbehörden befasst. Dieser Abschnitt wird den Vorschriften organisatorischer Art bewusst vorangestellt, um den Gefangenen, seine Rechtsstellung, seine Behandlung und seine Mitwirkung daran in den Vordergrund zu rücken. Insbesondere wird in diesem Abschnitt versucht, die rechts- und sozialstaatlichen Prinzipien des Grundgesetzes in den einzelnen Regelungen zu verankern und sichtbar zu machen.

Der **dritte Abschnitt** regelt die Besonderheiten des Vollzugs der freiheitsentziehenden Maßregeln der Besserung und Sicherung. Das Gesetz enthält allerdings neben Vorschriften über die Sicherungsverwahrung nur eine lückenhafte Regelung über die Unterbringung in einer psychiatrischen Krankenanstalt und in einer Entziehungsanstalt. Die ergänzenden knappen Regelungen des Landesrechts finden sich zum Teil in eigenen Maßregelvollzugsgesetzen und zum Teil in den Gesetzen über die Unterbringung psychisch Kranker.

Im **vierten Abschnitt** werden die Arten und Einrichtungen der Vollzugsanstalten bestimmt. Die Vorschriften regeln außerdem den Aufbau der Behörden, die innerhalb der Justizverwaltung für die einzelnen Aufgaben zuständig sind, sowie die Bildung und die Befugnisse der Beiräte.

Die Vorschriften im **fünften Abschnitt** behandeln den Vollzug des Strafarrests in Justizvollzugsanstalten und den Vollzug von Ordnungs-, Sicherungs-, Zwangs- und Erzwingungshaft. Nachträglich eingefügt wurden auf Grund des 4. StVollzÄndG vom 26. August 1998 (BGBl. I, 2461) als bereichsspezifische Regelung die Vorschriften über den Datenschutz. Danach folgen die Vorschriften über das Inkrafttreten des Strafvollzugsgesetzes und über die Anpassung bundesgesetzlicher Regelungen an die neue Rechtslage.

V. Ausgewählte Themen des Strafvollzugsgesetzes und der Landesgesetze

1. Eine der wichtigsten Aufgaben des Strafvollzugsrechts ist es, die **Rechtsstellung** des Strafgefangenen **und** die **Eingriffsbefugnisse** der Vollzugsbehörden festzulegen. Danach unterliegt der Gefangene den im Gesetz vorgesehenen Beschränkungen seiner Freiheit. Soweit das Gesetz eine besondere Regelung

nicht enthält, dürfen ihm nur Beschränkungen auferlegt werden, die zur Aufrechterhaltung der Sicherheit oder zur Abwendung einer schwerwiegenden Störung der Ordnung in der Anstalt unerlässlich sind. Diese „Generalklausel" haben alle Länder überwiegend wörtlich, teilweise mit letztlich sich nicht auswirkenden Änderungen übernommen.

2. Das **gerichtliche Verfahren** ist in §§ 109 ff. StVollzG geregelt. Diese Vorschriften gelten auch nach der Föderalismusreform fort, da sie in die Gesetzgebungskompetenz des Bundes fallen. Das Gericht kann angerufen werden gegen Maßnahmen zur Regelung einzelner Angelegenheiten auf dem Gebiet des Strafvollzugs (§ 109 StVollzG). Mit dem Antrag kann auch die Verpflichtung zum Erlass einer abgelehnten oder unterlassenen Maßnahme begehrt werden. Zuständig ist hierfür die Strafvollstreckungskammer beim Landgericht (§ 110 StVollzG). Gegen ihre Entscheidung kann Rechtsbeschwerde bei einem Strafsenat des OLG eingelegt werden (§§ 116 ff. StVollzG). Allerdings ist diese nur dann zulässig, wenn es geboten ist, die Nachprüfung zur Fortbildung des Rechts oder zur Sicherung einer einheitlichen Rechtsprechung zu ermöglichen (§ 116 Abs. 1 StVollzG). Die §§ 109–121 StVollzG gelten nach einer Gesetzesänderung vom 20. Januar 1984 (BGBl. I S. 97) gem. § 138 Abs. 3 StVollzG auch für den Maßregelvollzug. Durch Art. 4 des Gesetzes vom 5. Dezember 2012 (BGBl. I 2425) zur bundesrechtlichen Umsetzung des Abstandsgebotes im Recht der Sicherungsverwahrung wurden §§ 109, 110, 112, 115, 120 und 121 StVollzG geändert sowie insbesondere vor allem ein neuer § 119a StVollzG eingeführt, der eine vollzugsbegleitende gerichtliche Kontrolle der Behandlung von Strafgefangenen mit angeordneter oder vorbehaltender Sicherungsverwahrung vorsieht. Durch Art. 7 des Gesetzes zur Intensivierung des Einsatzes von Videokonferenztechnik in gerichtlichen und staatsanwaltschaftlichen Verfahren vom 25. April 2013 (BGBl. I 935) wurde § 115 StVollzG an die neue Technik angepasst. Durch das Gesetz zur Einführung der elektronischen Akte in der Justiz und zur weiteren Förderung des elektronischen Rechtsverkehr wurde insbesondere § 110a eingeführt.

Mit Gesetz zur Stärkung der Rechte von Betroffenen bei Fixierungen im Rahmen von Freiheitsentziehungen vom 19. Juni 2019 (BGBl. I, 840) hat der Bundesgesetzgeber nunmehr mit **§§ 121a, 121b StVollzG** eine abschließende Regelung getroffen. Nach §§ 121a, 121b StVollzG sind künftig für die gerichtliche Anordnung bzw. Genehmigung materiell-rechtlich nach den Vollzugsgesetzen dem Richtervorbehalt unterliegender Maßnahmen, insbesondere für Fixierungen von Gefangenen und Untergebrachten, einheitlich die Amtsgerichte zuständig, § 121a Abs. 1 StVollzG (und nicht die StVK). Welche Maßnahmen dem Richtervorbehalt unterliegen, regelt das StVollzG selbst in § 171a StVollzG nur für die Zivilhaft, ansonsten die jeweiligen Landesgesetze. Durch den Verweis in § 121b Abs. 1 StVollzG auf die ebenfalls neu gefasste Vorschrift in § 312 Nr. 4 FamFG wird auch die nachträgliche gerichtliche Überprüfung der Maßnahmen durch die Amtsgerichte über die anwendbare Vorschrift des § 327 FamFG ermöglicht. Die Zuständigkeit des Amtsgerichts erstreckt sich künftig somit insbesondere auch auf die konkrete Durchführung der Anordnung, bleibt auch nach Erledigung der Maßnahme bestehen und besteht auch dann, wenn eine erforderliche Genehmigung nicht eingeholt wurde. So wird vermieden, dass sich unter Umständen zwei Gerichte mit dem im Wesentlichen gleichen Sachverhalt befassen müssen. Durch die vorrangige Regelung zum nachträglichen Rechtsschutz in § 327 FamFG werden die §§ 109 bis 121 StVollzG verdrängt; die Zuständigkeit der Strafvollstreckungskammern für die gerichtliche

Überprüfung von sonstigen, nicht dem Richtervorbehalt unterliegenden Vollzugsmaßnahmen nach §§ 109 bis 121 StVollzG iVm § 138 Abs. 3 StVollzG bleibt aber unberührt.

Gemäß § 121b StVollzG (ggf. iVm § 138 Abs. 4 StVollzG oder § 126 Abs. 5 S. 3 StPO) gilt für alle gerichtlichen Anordnungen oder Genehmigungen von nach den Vollzugsgesetzen dem Richtervorbehalt unterliegenden Maßnahmen im Rahmen von Freiheitsentziehungen künftig ein einheitliches gerichtliches Verfahren; dieses richtet sich nach den für Unterbringungssachen nach § 312 Nr. 4 FamFG geltenden Bestimmungen, die entsprechend anzuwenden sind (§ 121b Abs. 1 S. 1, 2 StVollzG). Nach § 331 Satz 1 Nr. 2 FamFG wird künftig für das einstweilige Anordnungsverfahren einheitlich für freiheitsentziehende Maßnahmen sowohl nach § 312 Nr. 2 FamFG als auch nach § 312 Nr. 4 FamFG lediglich ein ärztliches Zeugnis, nicht mehr ein psychiatrisch-fachärztliches Zeugnis erforderlich sein. Hierdurch wird vermieden, dass die Anforderungen an das ärztliche Zeugnis im einstweiligen Anordnungsverfahren bei einer freiheitsentziehenden Maßnahme im Rahmen der landesrechtlichen Unterbringung höher sind als bei freiheitsentziehenden Maßnahmen nach § 1906 Abs. 4 BGB.

Die Vorschriften der §§ 23ff. EGGVG sind in der Regel nicht mehr anwendbar. Nach Erschöpfung des Rechtswegs bleibt dem Gefangenen bei der Beeinträchtigung von Grundrechten die Möglichkeit der Verfassungsbeschwerde (§§ 90ff. BVerfGG). Er kann außerdem Individualbeschwerde wegen Verletzung der Menschenrechte beim Europäischen Gerichtshof für Menschenrechte erheben (Art. 34, 35 EMRK). Voraussetzung hierfür ist allerdings, dass der innerstaatliche Rechtsweg abgeschlossen ist. Im Gnadenverfahren schließlich kann der Gefangene ein Gnadengesuch stellen, über das der Träger des Gnadenrechts (Bundespräsident, Ministerpräsident eines Landes bzw. bei Delegation die Justizbehörde) entscheidet. Umstritten ist hierbei, ob derartige Gnadenentscheidungen der gerichtlichen Kontrolle unterliegen.

3. Für die Resozialisierung außerordentlich bedeutsam ist die **Arbeit** im Vollzug. Ein Recht auf Arbeit besteht nicht. In seiner Arbeitsentgeltentscheidung vom 1.7.1998 erklärte das BVerfG (BVerfGE 98, 169 = NJW 1998, 3337) die Arbeitspflicht mit dem GG durchaus für vereinbar, aber die bisherige Bemessung des Arbeitsentgelts (§ 200 Abs. 2 StVollzG) mit dem grundgesetzlichen Resozialisierungsgebot für unvereinbar. Es betonte, dass dem Gefangenen zugewiesene Pflichtarbeit nur dann ein wirksames Resozialisierungsmittel ist, wenn die geleistete Arbeit eine angemessene Anerkennung findet. Dies wurde für die bisherige Regelung verneint. Das Gericht gab daher dem Gesetzgeber auf, das bestehende Resozialisierungskonzept nach Ablauf einer Übergangszeit mit den verfassungsrechtlichen Anforderungen in Einklang zu bringen. Das Fünfte Gesetz zur Änderung des Strafvollzugsgesetzes vom 27. Dezember 2000 (BGBl. I, 2043ff.) sucht dem, insbesondere durch Neufassung der §§ 43, 200 StVollzG, zu entsprechen. In den §§ 44–46 StVollzG sind Surrogatsleistungen für den Fall geregelt, dass ein Gefangener nicht arbeiten kann. Diese Regelungen wurden von den meisten Ländern weitgehend unverändert übernommen. In einigen Ländern wurde aber die Pflichtarbeit im Strafvollzug durch freiwillige Arbeit ersetzt und der nicht-monetäre Teil der Vergütung gestrichen. Diese Regelung begegnet verfassungsrechtlichen Bedenken (BVerfG NStZ 2016, 236).

4. Zur **Betreuung** zählen alle Maßnahmen, die darauf abzielen, das Leben in der Vollzugsanstalt zu erleichtern **und** zur Normalisierung des Vollzugs im Sinne einer Angleichung an das Leben in Freiheit beizutragen. Zur **Behand-**

lung gehören diejenigen Maßnahmen, die darauf abzielen, den Gefangenen im therapeutischen Prozess zu befähigen, nach Abschluss der Behandlung ein Leben in Selbstverantwortung und ohne ständiges Versagen bei Konflikten bzw. Schwierigkeiten zu führen.

Nach diesen Definitionen fallen in den Bereich der Betreuung so inhaltlich unterschiedliche Regelungen wie diejenigen über den offenen Vollzug, über Lockerungen des Vollzugs, Urlaub bzw. vollzugsöffnende Maßnahmen, Entlassungsvorbereitung, Ausstattung des Haftraumes, Besuch, Schriftwechsel, Arbeit und Ausbildung, Religionsausübung, Gesundheitsfürsorge, Freizeitangebote und soziale Hilfe. Den Insassen soll ein gewisser Spielraum zur individuellen Lebensführung eröffnet werden, wobei gleichzeitig von Seiten der Anstalt ein bestimmtes Maß an Hilfestellung angeboten wird.

Besondere therapeutische Mittel und soziale Hilfen werden in der sozialtherapeutischen Anstalt bereitgestellt, die nach dem Gesetz zur Änderung des Strafvollzugsgesetzes vom 20. Dezember 1984 (BGBl. I S. 1654) eine besondere Vollzugsform der Freiheitsstrafe darstellt. Auch die heutigen landesrechtlichen Vorschriften sind die vollzugsrechtliche Grundlage für die **Sozialtherapie** als eine besonders behandlungsorientierte Form des Vollzugs von Freiheitsstrafen. Diese Vollzugslösung umfasst auch die Entscheidung über die Verlegung eines Gefangenen, die nicht durch das erkennende Gericht sondern durch Vollzugsbehörden und erst im Laufe des Vollzugs erfolgt.

Die **Straffälligenhilfe** oder Entlassenenhilfe wird heute maßgeblich vom dem Begriff des sog. **Übergangsmanagement** geprägt. Das Übergangsmanagement hat zentrale Bedeutung für die Resozialisierung, da die Rückfallgefahr bekanntlich in den ersten Monaten nach der Entlassung am höchsten ist. Behandlungsuntersuchung, Erstellung und Fortentwicklung des Vollzugsplans sowie das Übergangsmanagement sind integrale Bestandteile eines Gesamtprozesses, in dessen Mittelpunkt die Durchführung von vollzuglichen Behandlungsmaßnahmen steht. Positive Behandlungseffekte (z. B. nach Zuweisung von sinnvoller Arbeit, schulische/berufliche Aus- und Fortbildungsmaßnahmen, Hinführung zur sinnvollen Freizeitgestaltung) bzw Erfolge nach Durchführung einer Sozialtherapie oder einer Anti-Gewalt-Trainingsmaßnahme sind oftmals gefährdet, wenn das stützende Korsett des Vollzuges mit der Entlassung von einem Tag auf den anderen wegbricht. Deshalb ist ein effektives Übergangsmanagement, bei dem alle maßgeblichen Stellen frühzeitig eng zusammenarbeiten, unverzichtbar.

5. Während die Einbeziehung der Gefangenen in die Kranken- und Rentenversicherung erst durch ein besonderes Bundesgesetz in Kraft gesetzt wird (§ 198 Abs. 3 StVollzG), ist die Regelung über die **Arbeitslosenversicherung** schon am 1. Januar 1977 in Kraft getreten. Damit wird trotz der gegenwärtig ungünstigen finanziellen Situation von Bund und Ländern gewährleistet, dass die Insassen zumindest in einem begrenzten Bereich sozial abgesichert sind. Die Gefangenen sind auch in die gesetzliche Unfallversicherung einbezogen. Aus vollzuglicher Sicht wäre die Einbeziehung von jedenfalls langstrafigen Gefangenen in die Rentenversicherung sicher sinnvoll. Dies fällt aber in die Gesetzgebungszuständigkeit des Bundes und nicht der Länder. Das BVerfG (BVerfGE 98, 169 = NJW 1998, 3337) sieht in der unterschiedlichen rentenrechtlichen Behandlung von freiwilliger Arbeit und Pflichtarbeit keinen Verstoß gegen das GG.

6. Das geordnete Zusammenleben in der Anstalt wird durch verschiedene Regelungen gewährleistet. Bei den einzelnen Maßnahmen ist hier streng zwischen **Sicherungs- und Disziplinarmaßnahmen** zu unterscheiden. Siche-

rungsmaßnahmen werden bei der Abwehr von Gefahren angewandt, Disziplinarmaßnahmen ahnden Pflichtverstöße. Disziplinarmaßnahmen werden auferlegt, wenn der Gefangene schuldhaft Verhaltensvorschriften verletzt hat.

7. Das Vollzugsziel kann nur dann erreicht werden, wenn die **Organisation des Strafvollzugs** darauf ausgerichtet ist. Behandlungs- und Resozialisierungsvollzug kann nicht in einem System durchgeführt werden, das z. B. als Zielsetzung den Sicherungsvollzug hat. Somit wird folgerichtig in verschiedenen Bestimmungen die Trennung und Differenzierung des Vollzugs bestimmt. Die Unterbringung in einer sozialtherapeutischen Anstalt wird in von den übrigen Vollzugsanstalten getrennten Anstalten vollzogen. Das BVerfG (BVerfGE 128, 326 Rn. 121 = NJW 2011, 1931) hält die §§ 129 bis 135 StVollzG für ungeeignet, die Anforderungen des verfassungsrechtlichen Abstandsgebots zu erfüllen. Somit haben alle Länder anstelle dieser Vorschriften mit Wirkung vom 1. Juni 2013 eigene Gesetze zum Vollzug der Sicherungsverwahrung erlassen (vgl. Übersicht **Nr. 3**).

Ebenso wichtig wie die Organisation der Anstalten ist die innere Struktur des Vollzugsstabes. Anstaltsleiter ist ein Beamter des höheren Dienstes, Ausnahmen hiervon sind möglich. Er vertritt die Anstalt nach außen und trägt die Verantwortung für den gesamten Vollzug. Unterstützt wird er von den Beamten des Verwaltungsdienstes, die in der Hauptgeschäftsstelle, der Arbeits- und Wirtschaftsverwaltung tätig sind. Beamte des allgemeinen Vollzugsdienstes übernehmen die Aufsicht über die Gefangenen und haben den engsten Kontakt mit ihnen. Ihre Aufgabe ist mit am schwierigsten, denn von ihnen hängt in großem Maße der Erfolg des Behandlungsvollzugs ab. Beamte des Werkdienstes – in der Regel Handwerksmeister – leiten die Arbeitsbetriebe und sorgen für die handwerkliche Weiterbildung des Gefangenen. In den sogenannten Fachdiensten sind Seelsorger, Ärzte, Pädagogen, Psychologen und Sozialpädagogen tätig, welche die individuelle Behandlung und Betreuung der Gefangenen zur Aufgabe haben.

Die Öffentlichkeit wird durch die Anstaltsbeiräte an den Aufgaben des Strafvollzugs beteiligt. Sie wirken bei der Gestaltung des Vollzugs und bei der Betreuung der Gefangenen mit, bringen Anregungen und Verbesserungsvorschläge ein und helfen auch bei der Eingliederung der Gefangenen nach der Entlassung. Wichtig ist, dass sie die Gefangenen in ihren Räumen aufsuchen können und dabei Aussprache sowie der Schriftwechsel nicht überwacht werden. Es besteht eine besondere Pflicht zur Verschwiegenheit, doch wird dadurch das Recht zur sachlichen, öffentlichen Kritik nicht berührt.

Die kriminologische Forschung im Strafvollzug muss gewährleistet sein. In der Regel ist ein sogenannter kriminologischer Dienst eingerichtet. Dessen Aufgabe ist es, in Zusammenarbeit mit den Einrichtungen der Forschung den Vollzug, insbesondere die Behandlungsmethoden, wissenschaftlich fortzuentwickeln. Im Wesentlichen geht es darum, praxisnahe und -begleitende Forschung zu betreiben, deren Befunde unmittelbar wieder der Vollzugspraxis zur Verbesserung dienen können.

8. Das Vierte Gesetz zur Änderung des Strafvollzugsgesetzes vom 26. August 1998 (BGBl. I, 2461) nahm insbesondere Regelungen zum **Datenschutz** in das Strafvollzugsgesetz auf (§§ 179–187 StVollzG). Einige Länder haben in den Strafvollzugsgesetzen entsprechende Regelungen geschaffen, andere Länder haben den Datenschutz in eigenen Landesjustizdatenschutzgesetzen geregelt. Die Vorschriften haben immer noch Bedeutung für den Vollzug der Zivilhaft (§§ 171 ff. StVollzG). Deshalb wurden die Bestimmungen der §§ 179 ff.

StVollzG auch durch das Gesetz zur Umsetzung der RL (EU) 2016/680 im Strafverfahren sowie zur Anpassung datenschutzrechtlicher Bestimmungen an die VO (EU) 2016/679 an die neue europäische Rechtslage angepasst. Die Länder haben teilweise den Datenschutz in den Landesgesetzen zum Vollzug der Freiheitsstrafe in einem eigenen Abschnitt ähnlich der Bestimmungen des StVollzG geregelt. Überwiegend haben die Länder aber inzwischen den Datenschutz im Justizvollzug insgesamt in entsprechende eigene Landesgesetze übernommen.

9. Das seit 1977 in Kraft befindliche StVollzG hatte zunächst das nahezu hundertjährige Ringen um ein Strafvollzugsgesetz weitgehend abgeschlossen. Von den Reformzielen konnte allerdings nur ein Teil erreicht werden. Daher musste das **Strafvollzugsgesetz** als ein Gesetz des Kompromisses bezeichnet werden. Immerhin wurde ein beträchtlicher Zuwachs an Rechtsstaatlichkeit realisiert. Demgegenüber blieb die Verwirklichung der Sozialstaatlichkeit zurück und mehr im Hintergrund.

Die **Länder** haben zu einem Großteil die bewährten Regelungen des StVollzG übernommen, teilweise weiterentwickelt, teilweise andere Schwerpunkte gesetzt. Insofern war es verfassungspolitisch konsequent, von der Übertragung der Gesetzgebungskompetenz dann auch Gebrauch zu machen. Dabei verfolgen die neuen Gesetze teilweise unterschiedliche Konzeptionen: Im Vollzug der Freiheitsstrafe tragen die neuen Regelungen in allen Ländern zur Fortentwicklung des Vollzugs bei, auch wenn sicher nicht alle Wünsche aufgrund der nach wie vor angespannten Haushaltslage in einzelnen Ländern erfüllt werden konnten. Es sind aber deutliche Fortschritte zu beobachten, wenn auch in unterschiedlicher Form. Diese betreffen den Ausbau der Sozialtherapie, die Erweiterung des Besuchs sowie die Intensivierung der Entlassungsvorbereitung und Nachsorge. Möglicherweise erfüllt sich die Hoffnung mancher Optimisten, dass aus dem Wettlauf der Schäbigkeit ein Wettbewerb der besten Praxis wird. Kriminalpolitisch wäre das der beste Weg.

VI. Weitere wichtige Regelungen

Das Strafvollzugsgesetz und die entsprechenden Gesetze der Länder stehen in diesem Sammelband bewusst im Vordergrund. Im Hinblick auf den untrennbaren Sachzusammenhang zwischen materiellem Sanktionenrecht, Vollstreckungsrecht und Strafvollzugsrecht sind weitere belangvolle Regelungen zu beachten. Diese gewinnen bereits für die Verhängung und spätere Durchführung freiheitsentziehender Sanktionen sowie schließlich für die Entlassung und Wiedereingliederung des Gefangenen erhebliche Bedeutung.

1. Im Gegensatz zu früheren Strafvollzugsgesetzentwürfen oder Regelungen des Auslandes enthält das StVollzG keine Vorschriften über die Strafvollstreckung. Dies gilt insbesondere für Rechtsfolgen der strafbaren Handlungen, die nicht mit Freiheitsentzug verbunden sind. Die Vollstreckung der Geldstrafen, des Fahrverbots, des Verlustes der Amtsfähigkeit, der Wählbarkeit und des Stimmrechts, die Unterstellung unter Bewährungs- oder Führungsaufsicht, die Entziehung der Fahrerlaubnis und das Berufsverbot bleiben besonderen Regelungen des Strafvollstreckungsrechts überlassen.

Strafurteile können erst dann **vollstreckt** werden, wenn sie Rechtskraft erlangt haben (§§ 449–463 d StPO). Als Vollstreckungsbehörde ist die Staatsanwaltschaft zuständig. Sie leitet die Urteilsverwirklichung in die Wege, überwacht und garantiert den Vollzug in der Folgezeit. Die ihr als Vollstreckungsbehörde obliegenden Aufgaben sind – mit Ausnahme einzelner der Staatsanwaltschaft vorbehaltenen Geschäfte – nach § 31 Abs. 2 RpflG grundsätzlich dem Rechtspfleger übertragen.

Bestimmte Entscheidungen in diesem Verfahrensabschnitt hat die Strafvollstreckungskammer zu treffen. Dazu gehört vor allem die Entscheidung über die Strafrestaussetzung gemäß § 454 StPO, bei der neuerdings die Belange der öffentlichen Sicherheit gesetzlich größere Bedeutung gewonnen haben. Der Ausführung der in den §§ 449f. StPO enthaltenen Regelungen dienen die **Strafvollstreckungsordnung** (**Nr. 2**) Dabei handelt es sich um eine bundeseinheitliche Verwaltungsvorschrift, die für den inneren Dienst verbindlich ist und die von den Justizverwaltungen erlassen wurde.

2. Die **Untersuchungshaft** soll die Durchführung eines geordneten Kriminalverfahrens gewährleisten und die spätere Strafvollstreckung sicherstellen. Gegen eine Person wird Untersuchungshaft angeordnet, wenn ein Haftgrund besteht (z.B. Fluchtgefahr, Verdunkelungs- oder Wiederholungsgefahr) und der Beschuldigte der Tat dringend verdächtigt ist (§§ 112–131 StPO). Wichtigstes Prinzip des materiellen Haftrechts ist der Gedanke, dass Untersuchungshaft nur dann angeordnet und aufrechterhalten werden darf, wenn der Grundsatz der Verhältnismäßigkeit nicht verletzt wird. Die Übertragung der Gesetzgebungskompetenz auch für den Untersuchungshaftvollzug führte zu einer Neuregelung in der StPO. Durch Gesetz zur Änderung des Untersuchungshaftrechts vom 29. Juli 2009 (BGBl I, S. 2274) wurden insbesondere §§ 119, 119a StPO neu gefasst. Die meisten Länder verfügen nunmehr über eigene Untersuchungshaftvollzugsgesetze. Lediglich Niedersachsen hat entsprechende Regelungen in das NJVollzG aufgenommen; Brandenburg, Rheinland-Pfalz und Thüringen haben die Regelungen über den Untersuchungshaftvollzug in die einzelnen Vorschriften integriert. Vgl. dazu die Übersicht **Nr. 4**.

3. Die Rechtsfolgen der Straftat ergeben sich aus dem 3. Abschnitt des Allgemeinen Teils des **Strafgesetzbuches.** Strafen sind die Geldstrafe und die Freiheitsstrafe. Die Freiheitsstrafe (§ 38 StGB) steht dabei als schwerste – und für Fälle der mittleren und schweren Kriminalität auch einzige – Strafart unverändert im Mittelpunkt. Abgesehen von den Fällen der Ersatzfreiheitsstrafe bei uneinbringlicher Geldstrafe (§ 43 StGB), wird eine Freiheitsstrafe von weniger als 6 Monaten nur in besonderen Ausnahmefällen (§ 47 StGB) angeordnet.

Aus dem Prinzip der Zweispurigkeit des Strafrechts folgen die **Maßregeln der Besserung und Sicherung** i.S. der §§ 61ff. StGB. Dazu zählen die Unterbringung in einem psychiatrischen Krankenhaus (§ 63 StGB) und in einer Entziehungsanstalt (§ 64 StGB) sowie die Anordnung der Sicherungsverwahrung (§ 66 StGB). Das BVerfG hat in seinem Urteil vom 4.5.2011 (BVerfGE 128, 326 = NJW 2011, 1931) die Vorschriften des Strafgesetzbuchs über die Unterbringung in die Sicherungsverwahrung für nicht mit dem GG vereinbar erklärt. Die Normen durften längstens bis 31.5.2013 nach den Vorgaben des BVerfG angewendet werden. Den Gesetzgebern in Bund und Ländern wurde aufgetragen, ein Gesamtkonzept der Sicherungsverwahrung zu entwickeln und normativ festzuschreiben, das dem verfassungsrechtlichen Abstandsgebot Rechnung trägt, wonach sich der Vollzug der Unterbringung in der Sicherungsverwahrung vom Vollzug der Freiheitsstrafe deutlich zu unterscheiden hat. Dabei hat der Bundesgesetzgeber angesichts seiner konkurrierenden Gesetzgebungszuständigkeit für den Bereich des Strafrechts die wesentlichen Leitlinien vorzugeben. Der Landesgesetzgeber hat nach dem Auftrag des BVerfG das Abstandsgebot sichernde, effektive Regelungen für den Vollzug der Maßregel zu treffen, die einen freiheitsorientierten und therapiegerichteten Vollzug gewährleisten. Für die Vorgabe der „wesentlichen Leitlinien" zur Umsetzung dieser Gebote wurde auf Bundesebene der Entwurf eines Gesetzes zur bundesrechtlichen Umsetzung des Abstandsgebotes im Recht der Sicherungsverwahrung erarbeitet (BT-Drs. 17/9874), zu dem der Bundesrat in seiner 896. Sitzung am 11.5.2012 Stellung genommen hat (BR-Drs. 173/12). Der Gesetzentwurf wurde am 8.11.2012 vom Bundestag verabschiedet und am 5.12.2012 ausgefertigt (BGBl. I 2012, 2425). Das Gesetz trat am 1.6.2013 in Kraft und enthält, ausgehend von den im Urteil des BVerfG niedergelegten Maßstäben, insbesondere umfangreiche Änderungen des Straf- und Strafverfahrensrechts. Kernvorschrift der Neuregelungen für den Vollzug ist § 66c StGB. Danach erfolgt die Sicherungsverwahrung künftig in Einrichtungen, die dem Untergebrachten auf der Grundlage einer umfassenden Behandlungsuntersuchung und eines regelmäßig fortzuschreibenden Vollzugsplans eine Betreuung anbieten, die individuell und intensiv sowie geeignet ist, seine Mitwirkungsbereitschaft zu wecken und zu fördern. Ziel der Behandlung ist es, die Gefährlichkeit für die Allgemeinheit so zu mindern, dass die Vollstreckung der Maßregel möglichst bald zur Bewährung ausgesetzt oder sie für erledigt erklärt werden kann (§ 66c Abs. 1 StGB). Die Behandlung darf jedoch nicht erst mit der Sicherungsverwahrung beginnen. Vielmehr ist Strafgefangenen mit angeordneter oder vorbehaltener Sicherungsverwahrung schon im Strafvollzug eine individuelle und intensive Betreuung im vorgenannten Sinn anzubieten mit dem Ziel, die Vollstreckung der Unterbringung oder deren Anordnung entbehrlich zu machen (§ 66c Abs. 2 StGB). Für die Fälle der angeordneten und vorbehaltenen Sicherungsverwahrung findet eine strafvollzugsbegleitende gerichtliche Kontrolle der Angemessenheit der angebotenen Betreuung in einem Abstand von mindestens zwei und höchstens fünf Jahren statt (§ 119a StVollzG). Die Länder haben nunmehr alle entsprechende Gesetze zum Vollzug der Sicherungsverwahrung erlassen (vgl. Übersicht **Nr. 3**).

4. Das **Jugendgerichtsgesetz** (JGG) vom 4. August 1953 in der Fassung der Bekanntmachung vom 11. Dezember 1974 (BGBl. I S. 3427) regelt als eine Art „Sonderstrafrecht" die Jugendgerichtsverfassung, das Verfahren und die Sanktionen auf strafrechtlich relevante Verfehlungen von Jugendlichen (14–17 Jahre) und Heranwachsenden (18–20 Jahre). Die von den allgemeinen Vorschriften abweichenden Regelungen des Jugendstrafrechts sind im Hinblick auf die bei den fraglichen Altersgruppen im Vordergrund stehenden Erziehungs- und Behandlungsbedürfnisse notwendig. Kinder unter 14 Jahren sind strafunmündig (§ 19 StGB). Rechtsfolgen der Straftat können Erziehungsmaßregeln, Zuchtmittel oder Jugendstrafe sein. Für den **Vollzug der Jugendstrafe** (einschließlich der vom Jugendstrafvollzug Ausgenommenen, § 91 JGG) gelten nunmehr die Gesetze der Länder (vgl. oben II. 3. und **Nr. 5**). Da der **Rechtsschutz** dem gerichtlichen Verfahren zuzurechnen ist, bleibt für den Bereich des Jugendstrafvollzugs der Bundesgesetzgeber zuständig. Für den Vollzug der Jugendstrafe, den Vollzug von Jugendarrest, und den Vollzug der Maßregel nach § 61 Nr. 1 und 2 StGB bei einem Jugendlichen gilt nunmehr § 92 JGG. Die Neuregelung entspricht der Forderung des BVerfG (BVerfGE 116, 69 = NJW 2006, 2093), wonach das bisherige Verfahren nach §§ 23ff. EGGVG nicht den Anforderungen an einen effektiven Rechtsschutz für Jugendstrafgefangene entspricht. Nach § 92 Abs. 1 Satz 2 1. Hs JGG gelten §§ 109 und 111 bis 120 Abs. 1 StVollzG sowie § 67 Abs. 1, 2 und 5 und§ 67a Abs. 1 JGG entsprechend; anstelle des

Widerspruchsverfahrens kann das Landesrecht ein Verfahren zur gütlichen Streitbeilegung vorsehen, § 92 Abs. 1 Satz 2 2. Hs JGG. Über den Antrag und im Verfahren nach § 119a StVollzG entscheidet die Jugendkammer durch Beschluss, § 92 Abs. 2 Satz 1 und 2 JGG. Diese sachliche Zuständigkeitsbestimmung war im Gesetzgebungsverfahren nicht unumstritten. Hierfür spricht, dass die Jugendkammer wie die Strafvollstreckungskammer am Landgericht angesiedelt ist und sich der Rechtsweg anschließend parallel gestaltet (vgl. § 118 StVollzG). Dagegen spricht, dass für eine vorzeitige Entlassung der Jugendrichter als Vollstreckungsleiter zuständig ist, so dass es nahe gelegen hätte, diesen auch für Streitigkeiten im Vollzug für zuständig zu erachten. Örtlich zuständig ist die Jugendkammer, in deren Bezirk die beteiligte Vollzugsbehörde ihren Sitz hat, wobei § 110 Satz 2 StVollzG entsprechend gilt (§ 92 Abs. 2 Satz 1 und 2 JGG). Für Länder übergreifende Einrichtungen könne die beteiligten Länder die örtliche Zuständigkeit am Sitz der Aufsichtsbehörde der Einrichtung vereinbaren (§ 92 Abs. 2 Satz 3 JGG). Eine mündliche Verhandlung steht im Ermessen (§ 92 Abs. 3 Satz 2 JGG). Allerdings ist der Jugendliche vorher auf Antrag persönlich anzuhören (§ 92 Abs. 3 Satz 3 JGG). Hierüber ist er zu belehren (§ 92 Abs. 3 Satz 4 JGG). Im Falle keiner mündlichen Verhandlung findet die Anhörung in der Regel in der Vollzugseinrichtung statt (§ 92 Abs. 3 Satz 5 JGG). Die Jugendkammer ist bei solchen Entscheidungen mit einem Richter besetzt, der die Entscheidung der Kammer bei besonderen Schwierigkeiten oder grundsätzlichen Bedeutung vorlegen kann; die Kammer entscheidet durch Beschluss, wobei eine Rückübertragung ausgeschlossen ist (§ 92 Abs. 4 Satz 1, 3–5 JGG). Dies gilt aber nicht, wenn der zu Jugendstrafe Verurteilte aus dem Jugendstrafvollzug ausgenommen wurde (§ 91 Abs. 1 i. V. m. 92 Abs. 6 JGG) und in den Erwachsenenstrafvollzug überstellt wurde; in diesem Fall gelten die §§ 109 ff. direkt. Ebenso finden §§ 109 ff. StVollzG uneingeschränkt Anwendung, wenn sich der Jugendliche nach Vollendung des vierundzwanzigsten Lebensjahres im Maßregelvollzug oder sich im Anschluss an eine Jugendstrafe in der Entziehungsanstalt befindet (§ 92 Abs. 6 Satz 1 JGG); vorher gilt § 92 Abs. 1 bis 5 JGG. Durch die Beschränkung der Verweisung in § 92 Abs. 1 Satz 2 JGG auf § 120 Abs. 1 StVollzG gelten nicht die Vorschriften über die Gewährung von Prozesskostenhilfe nach §§ 114 ff. ZPO (wie es § 120 Abs. 2 StVollzG) vorsieht), sondern § 120 Abs. 1 StVollzG i. V. m. § 140 Abs. 2 StPO. Intension der durch den Rechtsausschuss des Bundestages vorgenommenen Änderung ist es, die Beiordnung eines Rechtsanwalts nicht von der Erfolgsaussicht, sondern von der „jugendmäßig“ zu beurteilenden Schwierigkeit der Sach- und Rechtslage abhängig zu machen. Für die Kosten des Verfahrens gilt § 121 StVollzG entsprechend mit der Maßgabe, dass entsprechend § 74 JGG davon abgesehen werden kann, dem Jugendlichen Kosten und Auslagen aufzuerlegen (§ 92 Abs. 5 JGG).

1. Gesetz über den Vollzug der Freiheitsstrafe und der freiheitsentziehenden Maßregeln der Besserung und Sicherung – Strafvollzugsgesetz (StVollzG)[1)]

Vom 16. März 1976

(BGBl. I S. 581, ber. S. 2088 und 1977 I S. 436)

FNA 312-9-1

zuletzt geänd. durch Art. 27 G zum Ausbau des elektronischen Rechtsverkehrs mit den Gerichten und zur Änd. weiterer Vorschriften v. 5.10.2021 (BGBl. I S. 4607)

mit

Verwaltungsvorschriften zum Strafvollzugsgesetz (VVStVollzG)

Bundeseinheitliche Vereinbarungen der Landesjustizverwaltungen zum StVollzG

Baden-Württemberg: AV d. JuM v. 1.7.1976 (Die Justiz S. 357), aufgeh. durch VwV v. 8.3.2010 (Die Justiz S. 109).

Bayern: Bek. v. 1.7.1976 (JMBl. S. 325), zuletzt geänd. durch VwV v. 21.7.2004 (JMBl. S. 198).

Berlin: VwV v. ErlDat (ABl. 1977 S. 393), zuletzt geänd. durch VwV v. 24.9.2013 (ABl. S. 2135).

Brandenburg: AV v. 1.3.1991 (JMBl. S. 5), zuletzt geänd. durch AV v. 20.11.2004 (JMBl. S. 128).

Hessen: VwV v. 5.12.1996 (JMBl. S. 588), zuletzt geänd. durch RdErl. v. 12.4.2000 (JMBl. S. 139).

Mecklenburg-Vorpommern: AV v. 26.2.1991 (AmtsBl. M-V S. 146), geänd. durch AV v. 17.5. 1999 (ABl. S. 600).

Niedersachsen: AV v. 1.7.1976 (Nds. RPfl. S. 168), zuletzt geänd. durch AV v. 4.8.2004 (Nds. RPfl. S. 236); zu den §§ 10, 11, 13, 85 StVollzG hat Niedersachsen von den bundeseinheitlichen Vereinbarungen abweichende Regelungen getroffen.

Nordrhein-Westfalen: AV v. 1.7.1976 (JMBl. S. 189), geänd. durch Allgemeine Verfügung v. 19.2. 2008 (JMBl. S. 62).

Rheinland-Pfalz: AV v. 17.5.1985 (JBl. S. 123), zuletzt geänd. durch VwV v. 14.11.2019 (JBl. S. 150).

Saarland: AV v. 1.7.1976 (GMBl. Saar S. 596).

Sachsen: VV v. 23.10.2002 (SächsJMBl. S. 132), zuletzt geänd. durch VwV v. 19.8.2004 (SächsJMBl. S. 91); VV über die Anwendung des StVollz (SVVStVollzG) vom 29.6.1992 (ABl. S. 955).

Schleswig-Holstein: AV v. 1.7.1976 (SchlHA S. 122), geänd. durch AV vom 16.3.2004 (SchlHA S. 119).

Thüringen: VwV v. 11.10.1990 (JMBl. 1991 S. 9), geänd. durch VO v. 22.11.2004 (JMBl. S. 77).

Inhaltsübersicht

[1)] Nach der Neuregelung der Art. 72 ff. GG durch das FöderalismusreformG v. 28.8.2006 (BGBl. I S. 2034) fällt der Strafvollzug einschließlich des Untersuchungshaftvollzugs in die Gesetzgebungskompetenz der Länder (Art. 74 Abs. 1 Nr. 1 iVm Art. 70 Abs. 1 GG).

Das StVollzG gilt gem. Art. 125a Abs. 1 GG seit dem 1.9.2006 als Bundesrecht fort, kann aber durch Landesrecht ersetzt werden. Der Bundesgesetzgeber besitzt nach dem 31.8.2006 für materielle Änderungen des Strafvollzugsrechts keine Gesetzgebungskompetenz mehr.

Der Bundestag hat mit Zustimmung des Bundesrates das folgende Gesetz beschlossen:

Erster Abschnitt. Anwendungsbereich

§ 1 [Anwendungsbereich] Dieses Gesetz regelt den Vollzug der Freiheitsstrafe in Justizvollzugsanstalten und der freiheitsentziehenden Maßregeln der Besserung und Sicherung.

Zweiter Abschnitt. Vollzug der Freiheitsstrafe

Erster Titel. Grundsätze

§ 2 Aufgaben des Vollzuges. [1] Im Vollzug der Freiheitsstrafe soll der Gefangene fähig werden, künftig in sozialer Verantwortung ein Leben ohne Straftaten zu führen (Vollzugsziel). [2] Der Vollzug der Freiheitsstrafe dient auch dem Schutz der Allgemeinheit vor weiteren Straftaten.

§ 3 Gestaltung des Vollzuges. (1) Das Leben im Vollzug soll den allgemeinen Lebensverhältnissen soweit als möglich angeglichen werden.

(2) Schädlichen Folgen des Freiheitsentzuges ist entgegenzuwirken.

(3) Der Vollzug ist darauf auszurichten, daß er dem Gefangenen hilft, sich in das Leben in Freiheit einzugliedern.

§ 4 Stellung des Gefangenen. (1) [1] Der Gefangene wirkt an der Gestaltung seiner Behandlung und an der Erreichung des Vollzugszieles mit. [2] Seine Bereitschaft hierzu ist zu wecken und zu fördern.

(2) [1] Der Gefangene unterliegt den in diesem Gesetz vorgesehenen Beschränkungen seiner Freiheit. [2] Soweit das Gesetz eine besondere Regelung nicht enthält, dürfen ihm nur Beschränkungen auferlegt werden, die zur Aufrechterhaltung der Sicherheit oder zur Abwendung einer schwerwiegenden Störung der Ordnung der Anstalt unerläßlich sind.

Zweiter Titel. Planung des Vollzuges

§ 5 Aufnahmeverfahren. (1) Beim Aufnahmeverfahren dürfen andere Gefangene nicht zugegen sein.

(2) Der Gefangene wird über seine Rechte und Pflichten unterrichtet.

(3) Nach der Aufnahme wird der Gefangene alsbald ärztlich untersucht und dem Leiter der Anstalt oder der Aufnahmeabteilung vorgestellt.

VV zu § 5

[1] Durch die ärztliche Untersuchung soll der Gesundheitszustand des Gefangenen einschließlich der Körpergröße, des Körpergewichts und des Zustands des Gebisses festgestellt werden; insbesondere ist zu prüfen, ob der Gefangene vollzugstauglich, ob er ärztlicher Behandlung bedürftig, ob er seines Zustandes wegen anderen gefährlich, ob und in welchem Umfang er arbeitsfähig und zur Teilnahme am Sport tauglich ist und ob gesundheitliche Bedenken gegen die Einzelunterbringung bestehen. [2] Das Ergebnis der Untersuchung ist schriftlich niederzulegen.

§ 6 Behandlungsuntersuchung. Beteiligung des Gefangenen. (1) [1] Nach dem Aufnahmeverfahren wird damit begonnen, die Persönlichkeit und die Lebensverhältnisse des Gefangenen zu erforschen. [2] Hiervon kann abgesehen werden, wenn dies mit Rücksicht auf die Vollzugsdauer nicht geboten erscheint.

(2) [1] Die Untersuchung erstreckt sich auf die Umstände, deren Kenntnis für eine planvolle Behandlung des Gefangenen im Vollzuge und für die Eingliederung nach seiner Entlassung notwendig ist. [2] Bei Gefangenen, die wegen einer Straftat nach den §§ 174 bis 180 oder 182 des Strafgesetzbuches verurteilt worden sind, ist besonders gründlich zu prüfen, ob die Verlegung in eine sozialtherapeutische Anstalt angezeigt ist.

(3) Die Planung der Behandlung wird mit dem Gefangenen erörtert.

VV zu § 6

Bei einer Vollzugsdauer bis zu einem Jahr ist eine Behandlungsuntersuchung in der Regel nicht geboten.

§ 7 Vollzugsplan. (1) Auf Grund der Behandlungsuntersuchung (§ 6) wird ein Vollzugsplan erstellt.

(2) Der Vollzugsplan enthält Angaben mindestens über folgende Behandlungsmaßnahmen:

1. die Unterbringung im geschlossenen oder offenen Vollzug,
2. die Verlegung in eine sozialtherapeutische Anstalt,
3. die Zuweisung zu Wohngruppen und Behandlungsgruppen,
4. den Arbeitseinsatz sowie Maßnahmen der beruflichen Ausbildung oder Weiterbildung,
5. die Teilnahme an Veranstaltungen der Weiterbildung,
6. besondere Hilfs- und Behandlungsmaßnahmen,
7. Lockerungen des Vollzuges und
8. notwendige Maßnahmen zur Vorbereitung der Entlassung.

(3) [1] Der Vollzugsplan ist mit der Entwicklung des Gefangenen und weiteren Ergebnissen der Persönlichkeitserforschung in Einklang zu halten. [2] Hierfür sind im Vollzugsplan angemessene Fristen vorzusehen.

(4) Bei Gefangenen, die wegen einer Straftat nach den §§ 174 bis 180 oder 182 des Strafgesetzbuches zu Freiheitsstrafe von mehr als zwei Jahren verurteilt worden sind, ist über eine Verlegung in eine sozialtherapeutische Anstalt jeweils nach Ablauf von sechs Monaten neu zu entscheiden.

§ 8 Verlegung. Überstellung. (1) Der Gefangene kann abweichend vom Vollstreckungsplan in eine andere für den Vollzug der Freiheitsstrafe zuständige Anstalt verlegt werden,

1. wenn die Behandlung des Gefangenen oder seine Eingliederung nach der Entlassung hierdurch gefördert wird oder
2. wenn dies aus Gründen der Vollzugsorganisation oder aus anderen wichtigen Gründen erforderlich ist.

(2) Der Gefangene darf aus wichtigem Grund in eine andere Vollzugsanstalt überstellt werden.

VV zu § 8

1. [Überstellung, Verlegung]

(1) Wichtige Gründe für eine Überstellung sind namentlich

a) Besuchszusammenführung, wenn ein Besuch in der zuständigen Anstalt nicht oder nur mit erheblichen Schwierigkeiten möglich ist;

b) Ausführung und Ausgang am Ort oder in Ortsnähe einer anderen Anstalt;

c) Vorführung und Ausantwortung am Ort oder in Ortsnähe einer anderen Anstalt;

d) Begutachtung und ärztliche Untersuchungen.

(2) [1] Überstellungen sind nur im Einvernehmen mit der aufnehmenden Anstalt zulässig. [2] Dies gilt nicht bei Vorführungen und Ausantwortungen.

2. [Ausantwortung]

Auf begründeten Antrag darf der Gefangene einer Polizeibehörde befristet ausgeantwortet werden.

§ 9 Verlegung in eine sozialtherapeutische Anstalt. (1) [1] Ein Gefangener ist in eine sozialtherapeutische Anstalt zu verlegen, wenn er wegen einer Straftat nach den §§ 174 bis 180 oder 182 des Strafgesetzbuches zu zeitiger Freiheitsstrafe von mehr als zwei Jahren verurteilt worden ist und die Behandlung in einer sozialtherapeutischen Anstalt nach § 6 Abs. 2 Satz 2 oder § 7 Abs. 4 angezeigt ist. [2] Der Gefangene ist zurückzuverlegen, wenn der Zweck der Behandlung aus Gründen, die in der Person des Gefangenen liegen, nicht erreicht werden kann.

(2) [1] Andere Gefangene können mit ihrer Zustimmung in eine sozialtherapeutische Anstalt verlegt werden, wenn die besonderen therapeutischen Mittel und sozialen Hilfen der Anstalt zu ihrer Resozialisierung angezeigt sind. [2] In diesen Fällen bedarf die Verlegung der Zustimmung des Leiters der sozialtherapeutischen Anstalt.

(3) Die §§ 8 und 85 bleiben unberührt.

§ 10 Offener und geschlossener Vollzug. (1) Ein Gefangener soll mit seiner Zustimmung in einer Anstalt oder Abteilung des offenen Vollzuges untergebracht werden, wenn er den besonderen Anforderungen des offenen Vollzuges genügt und namentlich nicht zu befürchten ist, daß er sich dem Vollzug der Freiheitsstrafe entziehen oder die Möglichkeiten des offenen Vollzuges zu Straftaten mißbrauchen werde.

(2) [1] Im übrigen sind die Gefangenen im geschlossenen Vollzug unterzubringen. [2] Ein Gefangener kann auch dann im geschlossenen Vollzug untergebracht oder dorthin zurückverlegt werden, wenn dies zu seiner Behandlung notwendig ist.

VV zu § 10

1. [Ausschluss vom offenen Vollzug]

(1) Vom offenen Vollzug ausgeschlossen sind Gefangene,

a) gegen die während des laufenden Freiheitsentzuges eine Strafe vollzogen wurde oder zu vollziehen ist, welche gemäß § 74a GVG von der Strafkammer oder gemäß § 120 GVG vom Oberlandesgericht im ersten Rechtszug verhängt worden ist,

b) gegen die Untersuchungs-, Auslieferungs- oder Abschiebungshaft angeordnet ist,

c) gegen die eine vollziehbare Ausweisungsverfügung für den Geltungsbereich des Strafvollzugsgesetzes besteht und die aus der Haft abgeschoben werden sollen,

d) gegen die eine freiheitsentziehende Maßregel der Besserung und Sicherung oder eine sonstige Unterbringung gerichtlich angeordnet und noch nicht vollzogen ist.

(2) [1] In den Fällen des Absatzes 1 Buchst. a, c und d sind Ausnahmen mit Zustimmung der Aufsichtsbehörde zulässig. [2] In den Fällen des Buchstabens a ist die Vollstreckungsbehörde, des Buchstabens d das zuständige Gericht zu hören; in den Fällen des Buchstabens c bedürfen Ausnahmen des Benehmens mit der zuständigen Ausländerbehörde.

2. [Ungeeignet für den offenen Vollzug]

(1) Für die Unterbringung im offenen Vollzug ungeeignet sind in der Regel namentlich Gefangene,

a) die erheblich suchtgefährdet sind,

b) die während des laufenden Freiheitsentzuges entwichen sind, eine Flucht versucht, einen Ausbruch unternommen oder sich an einer Gefangenenmeuterei beteiligt haben,

c) die aus dem letzten Urlaub oder Ausgang nicht freiwillig zurückgekehrt sind oder bei denen zureichende tatsächliche Anhaltspunkte dafür gegeben sind, dass sie während des letzten Urlaubs oder Ausgangs eine strafbare Handlung begangen haben,

d) gegen die ein Ausweisungs-, Auslieferungs-, Ermittlungs- oder Strafverfahren anhängig ist,

e) bei denen zu befürchten ist, dass sie einen negativen Einfluss ausüben, insbesondere die Erreichung des Vollzugszieles bei anderen Gefangenen gefährden würden.

(2) [1] Ausnahmen von Absatz 1 können zugelassen werden, wenn besondere Umstände vorliegen; die Gründe hierfür sind aktenkundig zu machen. [2] In den Fällen des Buchstaben d ist die zuständige Behörde zu hören.

(3) [1] Bei Gefangenen, gegen die während des laufenden Freiheitsentzuges eine Strafe wegen grober Gewalttätigkeiten gegen Personen, wegen einer Straftat gegen die sexuelle Selbstbestimmung oder wegen Handels mit Stoffen im Sinne des Gesetzes über den Verkehr mit Betäubungsmitteln vollzogen wurde oder zu vollziehen ist oder die im Vollzug in den begründeten Verdacht des Handels mit diesen Stoffen oder des Einbringens dieser Stoffe gekommen sind, bedarf die Frage, ob eine Unterbringung im offenen Vollzug zu verantworten ist, besonders gründlicher Prüfung. [2] Dies gilt auch für Gefangene, über die Erkenntnisse vorliegen, dass sie der organisierten Kriminalität zuzurechnen sind.

3. [Rückverlegung in den geschlossenen Vollzug]

(1) Ein Gefangener, der sich im offenen Vollzug befindet, ist in den geschlossenen Vollzug zurückzuverlegen, wenn

a) er seine Zustimmung zur Unterbringung im offenen Vollzug zurücknimmt,

b) er sich für den offenen Vollzug als nicht geeignet erweist,

c) Umstände bekannt werden, die nach Nummer 1 einer Unterbringung im offenen Vollzug entgegengestanden hätten.

(2) [1] Dem Gefangenen ist Gelegenheit zur Äußerung zu geben. [2] Die Gründe für die Verlegung sind aktenkundig zu machen und dem Gefangenen bekannt zu geben.

(3) Die Verlegung in den geschlossenen Vollzug schließt eine erneute Unterbringung im offenen Vollzug nicht aus.

4. [Entscheidung über Vollzugsart]

(1) Über die Verlegung in den offenen Vollzug sowie die (Rück-)Verlegung in den geschlossenen Vollzug entscheidet die von der Landesjustizverwaltung bestimmte Stelle.

(2) [1] Die Entscheidung über die Unterbringung eines zu lebenslanger Freiheitsstrafe verurteilten Gefangenen ist in einer Konferenz nach § 159 StVollzG vorzubereiten. [2] Über die Konferenz ist eine

Niederschrift zu fertigen; gutachtliche Äußerungen sind aktenkundig zu machen. [3]Die Unterbringung bedarf der Zustimmung der Aufsichtsbehörde.

§ 11 Lockerungen des Vollzuges. (1) Als Lockerung des Vollzuges kann namentlich angeordnet werden, daß der Gefangene

1. außerhalb der Anstalt regelmäßig einer Beschäftigung unter Aufsicht (Außenbeschäftigung) oder ohne Aufsicht eines Vollzugsbediensteten (Freigang) nachgehen darf oder
2. für eine bestimmte Tageszeit die Anstalt unter Aufsicht (Ausführung) oder ohne Aufsicht eines Vollzugsbediensteten (Ausgang) verlassen darf.

(2) Diese Lockerungen dürfen mit Zustimmung des Gefangenen angeordnet werden, wenn nicht zu befürchten ist, daß der Gefangene sich dem Vollzug der Freiheitsstrafe entziehen oder die Lockerungen des Vollzuges zu Straftaten mißbrauchen werde.

VV zu § 11

1. [Lockerungen des Vollzuges]

Lockerungen des Vollzuges werden nur zum Aufenthalt innerhalb des Geltungsbereichs des Strafvollzugsgesetzes gewährt.

2. [Außenbeschäftigung]

Bei der Außenbeschäftigung wird der Gefangene entweder ständig und unmittelbar oder ständig oder in unregelmäßigen Zeitabständen durch einen Vollzugsbediensteten beaufsichtigt.

3. [Freigang]

(1) Freigang kann auch in der Weise angeordnet werden, dass ein Dritter schriftlich verpflichtet wird, die Anstalt unverzüglich zu benachrichtigen, wenn der Gefangene an der Beschäftigungsstelle nicht rechtzeitig erscheint, sich ohne Erlaubnis entfernt oder sonst ein besonderer Anlass (z.B. Erkrankung, Trunkenheit) hierzu besteht.

(2) Die Anstalt überprüft das Verhalten des Gefangenen während des Freiganges in unregelmäßigen Abständen.

4. [Weisungsbefugnis des Anstaltsleiters]

(1) Der Anstaltsleiter überträgt die Ausführung des Gefangenen besonders geeigneten Bediensteten.

(2) Vor der Außenbeschäftigung und der Ausführung erteilt er den Bediensteten die nach Lage des Falles erforderlichen Weisungen.

5. [Konferenz]

(1) [1]Die Entscheidung über Lockerungen im Vollzug der lebenslangen Freiheitsstrafe ist in einer Konferenz nach § 159 StVollzG vorzubereiten. [2]Über die Konferenz ist eine Niederschrift zu fertigen; gutachtliche Äußerungen sind aktenkundig zu machen. [3]Lockerungen sind in diesen Fällen in der Regel nur unter den Voraussetzungen des § 13 Abs. 3 StVollzG zulässig. [4]Sie bedürfen der Zustimmung der Aufsichtsbehörde.

(2) Absatz 1 gilt nicht für die Ausführung und die Außenbeschäftigung unter ständiger und unmittelbarer Aufsicht.

6. [Absehen von Außenbeschäftigung, Freigang und Ausgang]

(1) Außenbeschäftigung, Freigang und Ausgang sind ausgeschlossen bei Gefangenen,

a) gegen die während des laufenden Freiheitsentzuges eine Strafe vollzogen wurde oder zu vollziehen ist, welche gemäß § 74a GVG von der Strafkammer oder gemäß § 120 GVG vom Oberlandesgericht im ersten Rechtszug verhängt worden ist,

b) gegen die Untersuchungs-, Auslieferungs- oder Abschiebungshaft angeordnet ist,

c) gegen die eine vollziehbare Ausweisungsverfügung für den Geltungsbereich des Strafvollzugsgesetzes besteht und die aus der Haft abgeschoben werden sollen,

d) gegen die eine freiheitsentziehende Maßregel der Besserung und Sicherung oder eine sonstige Unterbringung gerichtlich angeordnet und noch nicht vollzogen ist.

(2) [1]In den Fällen des Absatzes 1 Buchst. a, c und d sind Ausnahmen mit Zustimmung der Aufsichtsbehörde zulässig. [2]In den Fällen des Buchstabens a ist die Vollstreckungsbehörde, des Buchstabens d das zuständige Gericht zu hören; in den Fällen des Buchstabens c bedürfen Ausnahmen des Benehmens mit der zuständigen Ausländerbehörde.

7. [Eignung des Gefangenen]

(1) [1]Außenbeschäftigung, Freigang und Ausgang sind nur zulässig, wenn der Gefangene für diese Maßnahmen geeignet ist, insbesondere ein Missbrauch nicht zu befürchten ist. [2]Bei der Entscheidung ist zu berücksichtigen, ob der Gefangene durch sein Verhalten im Vollzug die Bereitschaft gezeigt hat, an der Erreichung des Vollzugszieles mitzuwirken.

(2) Ungeeignet für eine Lockerung nach Absatz 1 sind in der Regel namentlich Gefangene,

a) die erheblich suchtgefährdet sind,

b) die während des laufenden Freiheitsentzuges entwichen sind, eine Flucht versucht, einen Ausbruch unternommen oder sich an einer Gefangenenmeuterei beteiligt haben,

c) die aus dem letzten Urlaub oder Ausgang nicht freiwillig zurückgekehrt sind oder bei denen zureichende tatsächliche Anhaltspunkte dafür gegeben sind, dass sie während des letzten Urlaubs oder Ausgangs eine strafbare Handlung begangen haben,

d) gegen die ein Ausweisungs-, Auslieferungs-, Ermittlungs- oder Strafverfahren anhängig ist,

e) bei denen zu befürchten ist, dass sie einen negativen Einfluss ausüben, insbesondere die Erreichung des Vollzugszieles bei anderen Gefangenen gefährden würden.

(3) [1]Ausnahmen von Absatz 2 können zugelassen werden, wenn besondere Umstände vorliegen; die Gründe hierfür sind aktenkundig zu machen. [2]In den Fällen des Buchstaben d ist die zuständige Behörde zu hören. [3]Beurlaubung bedarf der Zustimmung der Aufsichtsbehörde.

(4) [1]Bei Gefangenen, gegen die während des laufenden Freiheitsentzuges eine Strafe wegen grober Gewalttätigkeiten gegen Personen, wegen einer Straftat gegen die sexuelle Selbstbestimmung oder wegen Handels mit Stoffen im Sinne des Gesetzes über den Verkehr mit Betäubungsmitteln vollzogen wurde oder zu vollziehen ist oder die im Vollzug in den begründeten Verdacht des Handels mit diesen Stoffen oder des Einbringens dieser Stoffe gekommen sind, bedarf die Frage, ob eine Unterbringung im offenen Vollzug zu verantworten ist, besonders gründlicher Prüfung. [2]Dies gilt auch für Gefangene, über die Erkenntnisse vorliegen, dass sie der organisierten Kriminalität zuzurechnen sind.

8. [Aufheben der Lockerungsanordnung]

Die Anordnung einer Lockerung ist aufzuheben, wenn der Gefangene seine Zustimmung zu dieser Maßnahme zurücknimmt.

§ 12 Ausführung aus besonderen Gründen. Ein Gefangener darf auch ohne seine Zustimmung ausgeführt werden, wenn dies aus besonderen Gründen notwendig ist.

VV zu § 12

Die VV Nummer 4 zu § 11 und die VV zu § 35 sind zu beachten.

§ 13 Urlaub aus der Haft. (1) [1]Ein Gefangener kann bis zu einundzwanzig Kalendertagen in einem Jahr aus der Haft beurlaubt werden. [2]§ 11 Abs. 2 gilt entsprechend.

(2) Der Urlaub soll in der Regel erst gewährt werden, wenn der Gefangene sich mindestens sechs Monate im Strafvollzug befunden hat.

(3) Ein zu lebenslanger Freiheitsstrafe verurteilter Gefangener kann beurlaubt werden, wenn er sich einschließlich einer vorhergehenden Untersuchungshaft oder einer anderen Freiheitsentziehung zehn Jahre im Vollzug befunden hat oder wenn er in den offenen Vollzug überwiesen ist.

(4) Gefangenen, die sich für den offenen Vollzug eignen, aus besonderen Gründen aber in einer geschlossenen Anstalt untergebracht sind, kann nach den für den offenen Vollzug geltenden Vorschriften Urlaub erteilt werden.

(5) Durch den Urlaub wird die Strafvollstreckung nicht unterbrochen.

VV zu § 13

1. [Urlaub]

Urlaub wird nur an einem Ort innerhalb des Geltungsbereichs des Strafvollzugsgesetzes gewährt.

2. [Zeiten]

(1) [1]Der Urlaub kann aufgeteilt werden. [2]Urlaubstage sind alle Kalendertage, auf die sich der Urlaub erstreckt; der Tag, an dem der Gefangene den Urlaub antritt, wird nicht mitgerechnet.

(2) [1]Urlaubsjahr ist das Vollstreckungsjahr. [2]Der Urlaub ist nicht in das nächste Jahr übertragbar. [3]Dies gilt nicht, wenn der Urlaub aus Gründen, die die Vollzugsbehörde zu vertreten hat, nicht rechtzeitig gewährt werden konnte.

(3) Auf jeden angefangenen Kalendermonat der voraussichtlichen Vollzugsdauer entfallen im Rahmen der Höchstdauer (§ 13 Abs. 1 StVollzG) in der Regel nicht mehr als zwei Tage Urlaub.

(4) [1]Zeiten, in denen der Gefangene die Voraussetzungen für eine Beurlaubung noch nicht erfüllt, (§ 13 Abs. 2 StVollzG), können bei der Berechnung des Urlaubs berücksichtigt werden. [2]Für Zeiten, in denen der Gefangene für eine Beurlaubung nicht geeignet ist, soll ihm Urlaub in der Regel nicht gewährt werden.

3. [Urlaubsausschluss]

(1) Vom Urlaub ausgeschlossen sind Gefangene,

a) gegen die während des laufenden Freiheitsentzuges eine Strafe vollzogen wurde oder zu vollziehen ist, welche gemäß § 74a GVG von der Strafkammer oder gemäß § 120 GVG vom Oberlandesgericht im ersten Rechtszug verhängt worden ist,

b) gegen die Untersuchungs-, Auslieferungs- oder Abschiebungshaft angeordnet ist,

c) gegen die eine vollziehbare Ausweisungsverfügung für den Geltungsbereich des Strafvollzugsgesetzes besteht und die aus der Haft abgeschoben werden sollen,

d) gegen die eine freiheitsentziehende Maßregel der Besserung und Sicherung oder eine sonstige Unterbringung gerichtlich angeordnet und noch nicht vollzogen ist.

(2) [1]In den Fällen des Absatzes 1 Buchst. a, c und d sind Ausnahmen mit Zustimmung der Aufsichtsbehörde zulässig. [2]In den Fällen des Buchstabens a ist die Vollstreckungsbehörde, des Buchstabens d das zuständige Gericht zu hören; in den Fällen des Buchstabens c bedürfen Ausnahmen des Benehmens mit der zuständigen Ausländerbehörde.

4. [Urlaubseignung]

(1) [1]Urlaub darf nur gewährt werden, wenn der Gefangene für diese Maßnahme geeignet, insbesondere ein Missbrauch nicht zu befürchten ist. [2]Bei der Entscheidung ist zu berücksichtigen, ob der Gefangene durch sein Verhalten im Vollzug die Bereitschaft gezeigt hat, an der Erreichung des Vollzugszieles mitzuwirken.

(2) Ungeeignet sind in der Regel namentlich Gefangene,

a) die sich im geschlossenen Vollzug befinden und gegen die bis zum voraussichtlichen Entlassungszeitpunkt noch mehr als achtzehn Monate Freiheitsstrafe zu vollziehen sind,

b) die erheblich suchtgefährdet sind,

c) die während des laufenden Freiheitsentzuges entwichen sind, eine Flucht versucht, einen Ausbruch unternommen oder sich an einer Gefangenenmeuterei beteiligt haben,

d) die aus dem letzten Urlaub oder Ausgang nicht freiwillig zurückgekehrt sind oder bei denen zureichende tatsächliche Anhaltspunkte dafür gegeben sind, dass sie während des letzten Urlaubs oder Ausgangs eine strafbare Handlung begangen haben,

e) gegen die ein Ausweisungs-, Auslieferungs-, Ermittlungs- oder Strafverfahren anhängig ist.

(3) [1]Ausnahmen von Absatz 2 können zugelassen werden, wenn besondere Umstände vorliegen; die Gründe hierfür sind aktenkundig zu machen. [2]In den Fällen des Buchstabens e ist die zuständige Behörde zu hören.

(4) [1]Bei Gefangenen, gegen die während des laufenden Freiheitsentzuges eine Strafe wegen grober Gewalttätigkeiten gegen Personen, wegen einer Straftat gegen die sexuelle Selbstbestimmung oder wegen Handels mit Stoffen im Sinne des Gesetzes über den Verkehr mit Betäubungsmitteln vollzogen wurde oder zu vollziehen ist oder die im Vollzug in den begründeten Verdacht des Handels mit diesen Stoffen oder des Einbringens dieser Stoffe gekommen sind, bedarf die Frage, ob eine Beurlaubung zu verantworten ist, besonders gründlicher Prüfung. [2]Dies gilt auch für Gefangene, über die Erkenntnisse vorliegen, dass sie der organisierten Kriminalität zuzurechnen sind.

5. [Urlaubsanschrift]

(1) Der Gefangene darf in der Regel nicht in eine soziale Umgebung oder zu Personen beurlaubt werden, von denen aufgrund tatsächlicher Anhaltspunkte zu befürchten ist, dass sie seiner Eingliederung entgegenwirken.

(2) Der Gefangene hat seine Urlaubsanschrift anzugeben.

6. [Kosten]

(1) Der Gefangene tritt den Urlaub in eigener Kleidung an.

(2) [1] Reisekosten, Lebensunterhalt und andere Aufwendungen während des Urlaubs hat der Gefangene aus Mitteln des Haus- oder Eigengeldes zu tragen. [2] Nummer 2 Abs. 1 der VV zu § 51 gilt entsprechend. [3] Soweit die eigenen Mittel des Gefangenen nicht ausreichen, kann eine Beihilfe für die Urlaubszeit aus staatlichen Mitteln gewährt werden.

(3) Für Art und Umfang einer Beihilfe für die Urlaubszeit gilt § 75 StVollzG entsprechend.

7. [Urlaubsantrag]

(1) [1] Urlaub wird nur auf Antrag gewährt. [2] Der Antrag soll einen Monat vor Urlaubsbeginn schriftlich gestellt werden.

(2) Die Gründe für die Ablehnung des Antrags sind aktenkundig zu machen und dem Gefangenen bekannt zu geben.

(3) [1] Die Entscheidung über die Beurlaubung eines zu lebenslanger Freiheitsstrafe verurteilten Gefangenen ist in einer Konferenz nach § 159 StVollzG vorzubereiten, wenn die Voraussetzungen für eine Urlaubsgewährung nach § 13 Abs. 3 vorliegen. [2] Über die Konferenz ist eine Niederschrift zu fertigen; gutachtliche Äußerungen sind aktenkundig zu machen.

8. [Urlaubsschein]

(1) [1] Der beurlaubte Gefangene erhält einen Urlaubsschein. [2] In dem Urlaubsschein sind Weisungen, soweit erforderlich, aufzuführen.

(2) Vor Antritt des Urlaubs ist der Gefangene namentlich über die Voraussetzungen des Widerrufs und der Rücknahme des Urlaubs sowie die Bedeutung der ihm erteilten Weisungen zu belehren.

§ 14 Weisungen, Aufhebung von Lockerungen und Urlaub. (1) Der Anstaltsleiter kann dem Gefangenen für Lockerungen und Urlaub Weisungen erteilen.

(2) [1] Er kann Lockerungen und Urlaub widerrufen, wenn

1. er auf Grund nachträglich eingetretener Umstände berechtigt wäre, die Maßnahmen zu versagen,
2. der Gefangene die Maßnahmen mißbraucht oder
3. der Gefangene Weisungen nicht nachkommt.

[2] Er kann Lockerungen und Urlaub mit Wirkung für die Zukunft zurücknehmen, wenn die Voraussetzungen für ihre Bewilligung nicht vorgelegen haben.

VV zu § 14

1. [Weisungen]

(1) Für Lockerungen und Urlaub werden die nach den Umständen des Einzelfalles erforderlichen Weisungen erteilt.

(2) Der Gefangene kann namentlich angewiesen werden,

a) Anordnungen zu befolgen, die sich auf Aufenthalt oder bestimmte Verrichtungen außerhalb der Anstalt beziehen,
b) sich zu festgesetzten Zeiten bei einer bestimmten Stelle oder Person zu melden,
c) mit bestimmten Personen oder mit Personen einer bestimmten Gruppe, die ihm Gelegenheit oder Anreiz zu weiteren Straftaten bieten können, nicht zu verkehren,
d) bestimmte Gegenstände, die ihm Gelegenheit oder Anreiz zu weiteren Straftaten bieten können, nicht zu besitzen, bei sich zu führen, zu benutzen oder verwahren zu lassen,

e) alkoholische oder andere berauschende Getränke und Stoffe sowie bestimmte Lokale oder Bezirke zu meiden.

2. [Widerruf von Lockerungen und Urlaub]

(1) Für das Vorliegen der in § 14 Abs. 2 StVollzG genannten Voraussetzungen müssen zureichende tatsächliche Anhaltspunkte gegeben sein.

(2) [1] Widerruf und Rücknahme werden wirksam, wenn die Entscheidung dem Gefangenen mündlich, fernmündlich oder schriftlich bekannt gemacht oder unter der Urlaubsanschrift zugegangen ist. [2] Dem Gefangenen ist Gelegenheit zur Äußerung zu geben. [3] Ist dies vor der Entscheidung über den Widerruf oder die Rücknahme nicht möglich oder untunlich, so ist die Anhörung nach Wegfall des Hindernisses unverzüglich nachzuholen.

(3) Die Gründe für den Widerruf und die Rücknahme sind aktenkundig zu machen und dem Gefangenen auf Verlangen bekannt zu geben.

(4) Fahndungsmaßnahmen können bereits vor der Wirksamkeit des Widerrufs oder der Rücknahme eingeleitet und durchgeführt werden.

§ 15 Entlassungsvorbereitung. (1) Um die Entlassung vorzubereiten, soll der Vollzug gelockert werden (§ 11).

(2) Der Gefangene kann in eine offene Anstalt oder Abteilung (§ 10) verlegt werden, wenn dies der Vorbereitung der Entlassung dient.

(3) [1] Innerhalb von drei Monaten vor der Entlassung kann zu deren Vorbereitung Sonderurlaub bis zu einer Woche gewährt werden. [2] § 11 Abs. 2, § 13 Abs. 5 und § 14 gelten entsprechend.

(4) [1] Freigängern (§ 11 Abs. 1 Nr. 1) kann innerhalb von neun Monaten vor der Entlassung Sonderurlaub bis zu sechs Tagen im Monat gewährt werden. [2] § 11 Abs. 2, § 13 Abs. 5 und § 14 gelten entsprechend. [3] Absatz 3 Satz 1 findet keine Anwendung.

VV zu § 15

(1) Die Entlassungsvorbereitungen sind auf den Zeitpunkt der voraussichtlichen Entlassung in die Freiheit abzustellen.

(2) [1] Sonderurlaub im Sinne des § 15 Abs. 3 kann auch im Wiederholungsfall nur bis zu einer Gesamtdauer von einer Woche gewährt werden. [2] Dies gilt auch, wenn die Entlassung zu einem anderen Zeitpunkt erfolgt, als bei der Bewilligung des Urlaubes angenommen wurde.

(3) Sonderurlaub nach § 15 Abs. 4 kann auch einem Gefangenen gewährt werden, der zum Freigang zugelassen ist, ohne ihn auszuüben.

§ 16 Entlassungszeitpunkt. (1) Der Gefangene soll am letzten Tag seiner Strafzeit möglichst frühzeitig, jedenfalls noch am Vormittag entlassen werden.

(2) Fällt das Strafende auf einen Sonnabend oder Sonntag, einen gesetzlichen Feiertag, den ersten Werktag nach Ostern oder Pfingsten oder in die Zeit vom 22. Dezember bis zum 2. Januar, so kann der Gefangene an dem diesem Tag oder Zeitraum vorhergehenden Werktag entlassen werden, wenn dies nach der Länge der Strafzeit vertretbar ist und fürsorgerische Gründe nicht entgegenstehen.

(3) Der Entlassungszeitpunkt kann bis zu zwei Tagen vorverlegt werden, wenn dringende Gründe dafür vorliegen, daß der Gefangene zu seiner Eingliederung hierauf angewiesen ist.

VV zu § 16

(1) § 16 gilt auch, wenn

a) der Gefangene aufgrund einer gerichtlichen Entscheidung oder aufgrund einer Gnadenmaßnahme vorzeitig zu entlassen ist,

b) eine Strafe oder Ersatzfreiheitsstrafe infolge der Vorverlegung des Entlassungszeitpunkts überhaupt nicht vollzogen wird,

c) Freistellung von der Arbeit (§ 43 Abs. 6 Satz 1 StVollzG) auf den Entlassungszeitpunkt nach § 43 Abs. 9 StVollzG vorrangig angerechnet wird.

(2) Soweit es auf die Länge der Strafzeit ankommt, ist die Vorverlegung der Entlassung vertretbar, wenn sich der Gefangene zum Zeitpunkt der beabsichtigten Entlassung wenigstens einen Monat ununterbrochen im Vollzug befindet.

Dritter Titel. Unterbringung und Ernährung des Gefangenen

§ 17 Unterbringung während der Arbeit und Freizeit. (1) [1]Die Gefangenen arbeiten gemeinsam. [2]Dasselbe gilt für Berufsausbildung, berufliche Weiterbildung sowie arbeitstherapeutische und sonstige Beschäftigung während der Arbeitszeit.

(2) [1]Während der Freizeit können die Gefangenen sich in der Gemeinschaft mit den anderen aufhalten. [2]Für die Teilnahme an gemeinschaftlichen Veranstaltungen kann der Anstaltsleiter mit Rücksicht auf die räumlichen, personellen und organisatorischen Verhältnisse der Anstalt besondere Regelungen treffen.

(3) Die gemeinschaftliche Unterbringung während der Arbeitszeit und Freizeit kann eingeschränkt werden,

1. wenn ein schädlicher Einfluß auf andere Gefangene zu befürchten ist,
2. wenn der Gefangene nach § 6 untersucht wird, aber nicht länger als zwei Monate,
3. wenn es die Sicherheit oder Ordnung der Anstalt erfordert oder
4. wenn der Gefangene zustimmt.

§ 18 Unterbringung während der Ruhezeit. (1) [1]Gefangene werden während der Ruhezeit allein in ihren Hafträumen untergebracht. [2]Eine gemeinsame Unterbringung ist zulässig, sofern ein Gefangener hilfsbedürftig ist oder eine Gefahr für Leben oder Gesundheit eines Gefangenen besteht.

(2) [1]Im offenen Vollzug dürfen Gefangene mit ihrer Zustimmung während der Ruhezeit gemeinsam untergebracht werden, wenn eine schädliche Beeinflussung nicht zu befürchten ist. [2]Im geschlossenen Vollzug ist eine gemeinschaftliche Unterbringung zur Ruhezeit außer in den Fällen des Absatzes 1 nur vorübergehend und aus zwingenden Gründen zulässig.

§ 19 Ausstattung des Haftraumes durch den Gefangenen und sein persönlicher Besitz. (1) [1]Der Gefangene darf seinen Haftraum in angemessenem Umfang mit eigenen Sachen ausstatten. [2]Lichtbilder nahestehender Personen und Erinnerungsstücke von persönlichem Wert werden ihm belassen.

(2) Vorkehrungen und Gegenstände, die die Übersichtlichkeit des Haftraumes behindern oder in anderer Weise Sicherheit oder Ordnung der Anstalt gefährden, können ausgeschlossen werden.

§ 20 Kleidung. (1) [1]Der Gefangene trägt Anstaltskleidung. [2]Für die Freizeit erhält er eine besondere Oberbekleidung.

(2) [1]Der Anstaltsleiter gestattet dem Gefangenen, bei einer Ausführung eigene Kleidung zu tragen, wenn zu erwarten ist, daß er nicht entweichen

wird. [2]Er kann dies auch sonst gestatten, sofern der Gefangene für Reinigung, Instandsetzung und regelmäßigen Wechsel auf eigene Kosten sorgt.

§ 21 Anstaltsverpflegung. [1]Zusammensetzung und Nährwert der Anstaltsverpflegung werden ärztlich überwacht. [2]Auf ärztliche Anordnung wird besondere Verpflegung gewährt. [3]Dem Gefangenen ist zu ermöglichen, Speisevorschriften seiner Religionsgemeinschaft zu befolgen.

VV zu § 21

1

(1) [1]Der Gefangene erhält Anstaltsverpflegung, soweit nichts anderes bestimmt ist. [2]Die Verpflegung ist für alle Gefangenen gleich, wenn nicht der Anstaltsarzt aus gesundheitlichen Gründen anderes verordnet hat oder mit Rücksicht auf religiöse Speisegebote eine andere Verpflegung angebracht ist.

(2) Die Anstaltsverpflegung soll eine vollwertige Ernährung der Gefangenen nach den Erkenntnissen der modernen Ernährungslehre gewährleisten.

(3) Unterliegt ein Gefangener religiösen Speisegeboten, sollen auf seinen Antrag Bestandteile der Anstaltsverpflegung, die er nicht verzehren darf, gegen andere Nahrungsmittel ausgetauscht werden.

2

Während der hohen Glaubensfeste anderer als christlicher Religionsgemeinschaften, bei denen besondere Speisegebote zu beachten sind, können die betreffenden Gefangenen auf ihren Antrag und auf ihre Kosten auch von Glaubensgenossen verpflegt werden, sofern wichtige Belange des Vollzuges nicht entgegenstehen.

§ 22 Einkauf. (1) [1]Der Gefangene kann sich von seinem Hausgeld (§ 47) oder von seinem Taschengeld (§ 46) aus einem von der Anstalt vermittelten Angebot Nahrungs- und Genußmittel sowie Mittel zur Körperpflege kaufen. [2]Die Anstalt soll für ein Angebot sorgen, das auf Wünsche und Bedürfnisse der Gefangenen Rücksicht nimmt.

(2) [1]Gegenstände, die die Sicherheit oder Ordnung der Anstalt gefährden, können vom Einkauf ausgeschlossen werden. [2]Auf ärztliche Anordnung kann dem Gefangenen der Einkauf einzelner Nahrungs- und Genußmittel ganz oder teilweise untersagt werden, wenn zu befürchten ist, daß sie seine Gesundheit ernsthaft gefährden. [3]In Krankenhäusern und Krankenabteilungen kann der Einkauf einzelner Nahrungs- und Genußmittel auf ärztliche Anordnung allgemein untersagt oder eingeschränkt werden.

(3) Verfügt der Gefangene ohne eigenes Verschulden nicht über Haus- oder Taschengeld, wird ihm gestattet, in angemessenem Umfang vom Eigengeld einzukaufen.

VV zu § 22

1. [Eigengeldeinkauf]

(1) [1]Die Bemessung des Betrages für den Einkauf nach § 22 Abs. 3 richtet sich nach den Umständen des Einzelfalles. [2]Dabei sind insbesondere die Höhe des dem Gefangenen bisher zur Verfügung stehenden Hausgeldes, die Höhe des noch anzusparenden Überbrückungsgeldes, besondere persönliche Bedürfnisse (z.B. wegen Krankheit oder Behinderung) und der Wert der beim Zugang belassenen oder ihm von Dritten zugewendeten Nahrungs- und Genussmittel zu berücksichtigen.

(2) Können hinreichende Feststellungen nach Absatz 1 nicht getroffen werden, so wird dem Gefangenen gestattet, im Monat einen Betrag bis zum vierfachen, nach sechs Monaten bis zum sechsfachen Tagessatz der Eckvergütung (§ 43 Abs. 2 StVollzG) aus seinem Eigengeld zu verwenden.

(3) [1]Der Einkauf alkoholhaltiger Getränke ist nicht gestattet. [2]Ausnahmen können von der Aufsichtsbehörde für einzelne Anstalten und Abteilungen sowie für bestimmte Gruppen von Gefangenen zugelassen werden.

2. [Einkauf]

(1) [1]Für den Einkauf sonstiger Gegenstände, deren Besitz in der Anstalt gestattet ist, kann der Gefangene sein Hausgeld, sein Taschengeld und sein Eigengeld verwenden. [2]Der Einkauf aus seinem Eigengeld kann der Höhe nach beschränkt werden.

(2) § 83 Abs. 2 Satz 3 StVollzG bleibt unberührt.

Vierter Titel. Besuche, Schriftwechsel sowie Urlaub, Ausgang und Ausführung aus besonderem Anlaß

§ 23 Grundsatz. [1]Der Gefangene hat das Recht, mit Personen außerhalb der Anstalt im Rahmen der Vorschriften dieses Gesetzes zu verkehren. [2]Der Verkehr mit Personen außerhalb der Anstalt ist zu fördern.

§ 24 Recht auf Besuch. (1) [1]Der Gefangene darf regelmäßig Besuch empfangen. [2]Die Gesamtdauer beträgt mindestens eine Stunde im Monat. [3]Das Weitere regelt die Hausordnung.

(2) Besuche sollen darüber hinaus zugelassen werden, wenn sie die Behandlung oder Eingliederung des Gefangenen fördern oder persönlichen, rechtlichen oder geschäftlichen Angelegenheiten dienen, die nicht vom Gefangenen schriftlich erledigt, durch Dritte wahrgenommen oder bis zur Entlassung des Gefangenen aufgeschoben werden können.

(3) Aus Gründen der Sicherheit kann ein Besuch davon abhängig gemacht werden, daß sich der Besucher durchsuchen läßt.

VV zu § 24

1. [Abgelehnter Besuch]

Ein Besuch findet nicht statt, wenn ihn der Gefangene ablehnt.

2. [Ausweispflicht]

(1) [1]Jeder Besucher muss sich über seine Person ausweisen. [2]Hiervon kann abgesehen werden, wenn der Besucher bereits bekannt ist.

(2) Der Besuch kann davon abhängig gemacht werden, dass der Besucher für die Dauer des Besuches seinen Ausweis bei der Anstalt hinterlegt.

3. [Verhalten]

Der Besucher wird in geeigneter Weise unterrichtet, wie er sich bei dem Besuch zu verhalten hat.

4. [Besuch im Krankheitsfall]

[1]Vor dem Besuch eines kranken Gefangenen, der in einer Krankenabteilung oder in einem Anstaltskrankenhaus untergebracht ist, ist der Arzt zu hören. [2]Ärztliche Bedenken gegen einen Besuch sind dem Besucher mitzuteilen. [3]Besuche im Krankenraum bedürfen der Zustimmung des Arztes.

5. [Besuchsverkehr ausländischer Gefangener]

Für den Besuchsverkehr eines Gefangenen, der eine ausländische Staatsangehörigkeit besitzt, mit der diplomatischen oder konsularischen Vertretung des Heimatstaates gelten die Richtlinien für den Verkehr mit dem Ausland in strafrechtlichen Angelegenheiten (Nummer 136 RiVASt).

§ 25 Besuchsverbot. Der Anstaltsleiter kann Besuche untersagen,

1. wenn die Sicherheit oder Ordnung der Anstalt gefährdet würde,
2. bei Besuchern, die nicht Angehörige des Gefangenen im Sinne des Strafgesetzbuches sind, wenn zu befürchten ist, daß sie einen schädlichen Einfluß auf den Gefangenen haben oder seine Eingliederung behindern würden.

§ 26 Besuche von Verteidigern, Rechtsanwälten und Notaren. [1]Besuche von Verteidigern sowie von Rechtsanwälten oder Notaren in einer den Gefangenen betreffenden Rechtssache sind zu gestatten. [2]§ 24 Abs. 3 gilt entsprechend. [3]Eine inhaltliche Überprüfung der vom Verteidiger mitgeführten Schriftstücke und sonstigen Unterlagen ist nicht zulässig. [4]§ 29 Abs. 1 Satz 2 und 3 bleibt unberührt.

VV zu § 26

(1) [1]Der Verteidiger muss sich als solcher gegenüber der Anstalt durch die Vollmacht des Gefangenen oder die Bestellungsanordnung des Gerichts ausweisen. [2]Rechtsanwälte und Notare haben nachzuweisen, dass sie den Gefangenen in einer ihn betreffenden Rechtssache besuchen wollen.

(2) Rechtsanwälte, Notare, Rechtsbeistände und Rechtsreferendare haben ihre Eigenschaft auf Verlangen nachzuweisen.

§ 27 Überwachung der Besuche. (1) [1]Die Besuche dürfen aus Gründen der Behandlung oder der Sicherheit oder Ordnung der Anstalt überwacht werden, es sei denn, es liegen im Einzelfall Erkenntnisse dafür vor, daß es der Überwachung nicht bedarf. [2]Die Unterhaltung darf nur überwacht werden, soweit dies im Einzelfall aus diesen Gründen erforderlich ist.

(2) [1]Ein Besuch darf abgebrochen werden, wenn Besucher oder Gefangene gegen die Vorschriften dieses Gesetzes oder die auf Grund dieses Gesetzes getroffenen Anordnungen trotz Abmahnung verstoßen. [2]Die Abmahnung unterbleibt, wenn es unerläßlich ist, den Besuch sofort abzubrechen.

(3) Besuche von Verteidigern werden nicht überwacht.

(4) [1]Gegenstände dürfen beim Besuch nur mit Erlaubnis übergeben werden. [2]Dies gilt nicht für die bei dem Besuch des Verteidigers übergebenen Schriftstücke und sonstigen Unterlagen sowie für die bei dem Besuch eines Rechtsanwalts oder Notars zur Erledigung einer den Gefangenen betreffenden Rechtssache übergebenen Schriftstücke und sonstigen Unterlagen; bei dem Besuch eines Rechtsanwalts oder Notars kann die Übergabe aus Gründen der Sicherheit oder Ordnung der Anstalt von der Erlaubnis abhängig gemacht werden. [3]§ 29 Abs. 1 Satz 2 und 3 bleibt unberührt.

§ 28 Recht auf Schriftwechsel. (1) Der Gefangene hat das Recht, unbeschränkt Schreiben abzusenden und zu empfangen.

(2) Der Anstaltsleiter kann den Schriftwechsel mit bestimmten Personen untersagen,

1. wenn die Sicherheit oder Ordnung der Anstalt gefährdet würde,
2. bei Personen, die nicht Angehörige des Gefangenen im Sinne des Strafgesetzbuches sind, wenn zu befürchten ist, daß der Schriftwechsel einen schädlichen Einfluß auf den Gefangenen haben oder seine Eingliederung behindern würde.

VV zu § 28

1. [Schriftverkehr ausländischer Gefangener]

Für den Schriftverkehr eines Gefangenen, der eine ausländische Staatsangehörigkeit besitzt, mit der diplomatischen oder konsularischen Vertretung des Heimatstaates gelten die Richtlinien für den Verkehr mit dem Ausland in strafrechtlichen Angelegenheiten (Nummer 135 RiVASt).

2. [Kosten des Schriftverkehrs]

[1]Die Kosten des Schriftverkehrs trägt der Gefangene. [2]Kann der Gefangene sie nicht aufbringen, kann die Anstalt sie in begründeten Fällen in angemessenem Umfang übernehmen.

§ 29 Überwachung des Schriftwechsels. (1) [1]Der Schriftwechsel des Gefangenen mit seinem Verteidiger wird nicht überwacht. [2]Liegt dem Vollzug der Freiheitsstrafe eine Straftat nach § 129a, auch in Verbindung mit § 129b Abs. 1

des Strafgesetzbuches zugrunde, gelten § 148 Abs. 2, § 148a der Strafprozeßordnung entsprechend; dies gilt nicht, wenn der Gefangene sich in einer Einrichtung des offenen Vollzuges befindet oder wenn ihm Lockerungen des Vollzuges gemäß § 11 Abs. 1 Nr. 1 oder 2 zweiter Halbsatz oder Urlaub gemäß § 13 oder § 15 Abs. 3 gewährt worden sind und ein Grund, der den Anstaltsleiter nach § 14 Abs. 2 zum Widerruf oder zur Zurücknahme von Lockerungen und Urlaub ermächtigt, nicht vorliegt. [3] Satz 2 gilt auch, wenn gegen einen Strafgefangenen im Anschluß an die dem Vollzug der Freiheitsstrafe zugrundeliegende Verurteilung eine Freiheitsstrafe wegen einer Straftat nach § 129a, auch in Verbindung mit § 129b Abs. 1 des Strafgesetzbuches zu vollstrecken ist.

(2) [1] Nicht überwacht werden ferner Schreiben des Gefangenen an Volksvertretungen des Bundes und der Länder sowie an deren Mitglieder, soweit die Schreiben an die Anschriften dieser Volksvertretungen gerichtet sind und den Absender zutreffend angeben. [2] Entsprechendes gilt für Schreiben an das Europäische Parlament und dessen Mitglieder, den Europäischen Gerichtshof für Menschenrechte, die Europäische Kommission für Menschenrechte, den Europäischen Ausschuß zur Verhütung von Folter und unmenschlicher oder erniedrigender Behandlung oder Strafe und die Datenschutzbeauftragten des Bundes und der Länder. [3] Schreiben der in den Sätzen 1 und 2 genannten Stellen, die an den Gefangenen gerichtet sind, werden nicht überwacht, sofern die Identität des Absenders zweifelsfrei feststeht.

(3) Der übrige Schriftwechsel darf überwacht werden, soweit es aus Gründen der Behandlung oder der Sicherheit oder Ordnung der Anstalt erforderlich ist.

VV zu § 29

1. [Verteidigerpost]

(1) [1] Der Verteidiger muss sich als solcher gegenüber der Anstalt durch die Vollmacht des Gefangenen oder die Bestellungsanordnung des Gerichts ausweisen. [2] Verteidigerpost muss deutlich sichtbar gekennzeichnet sein.

(2) [1] Als Verteidigerpost gekennzeichnete eingehende Schreiben von Personen, bei denen die Verteidigereigenschaft nicht nachgewiesen ist, werden in der Regel ungeöffnet an den Absender zurückgesandt mit dem Hinweis, dass der Nachweis der Verteidigereigenschaft fehlt. [2] Mit Einverständnis des Gefangenen kann das Schreiben geöffnet und nach Überprüfung ausgehändigt werden.

2. [Überwachung des Schriftwechsels]

(1) [1] Soweit der Schriftwechsel überwacht werden darf, bestimmt der Anstaltsleiter Art und Umfang der Überwachung. [2] Er darf mit der Überwachung einzelne andere Bedienstete beauftragen. [3] Schreiben in fremder Sprache werden, soweit nötig, übersetzt.

(2) Soweit der Schriftwechsel überwacht wird, hat der Gefangene seine Schreiben in offenem Umschlag in der Anstalt abzugeben.

(3) [1] Der überwachende Bedienstete darf in den Schreiben weder Randbemerkungen anbringen noch Stellen durchstreichen oder unkenntlich machen. [2] Ein Sichtvermerk ist zulässig.

3. [Übersetzungskosten]

Die Kosten für die Übersetzung von Schreiben, die in fremder Sprache abgefasst sind, trägt in der Regel die Staatskasse.

§ 30 Weiterleitung von Schreiben. Aufbewahrung. (1) Der Gefangene hat Absendung und Empfang seiner Schreiben durch die Anstalt vermitteln zu lassen, soweit nichts anderes gestattet ist.

(2) Eingehende und ausgehende Schreiben sind unverzüglich weiterzuleiten.

(3) Der Gefangene hat eingehende Schreiben unverschlossen zu verwahren, sofern nichts anderes gestattet wird; er kann sie verschlossen zu seiner Habe geben.

§ 31 Anhalten von Schreiben. (1) Der Anstaltsleiter kann Schreiben anhalten,

1. wenn das Ziel des Vollzuges oder die Sicherheit oder Ordnung der Anstalt gefährdet würde,
2. wenn die Weitergabe in Kenntnis ihres Inhalts einen Straf- oder Bußgeldtatbestand verwirklichen würde,
3. wenn sie grob unrichtige oder erheblich entstellende Darstellungen von Anstaltsverhältnissen enthalten,
4. wenn sie grobe Beleidigungen enthalten,
5. wenn sie die Eingliederung eines anderen Gefangenen gefährden können oder
6. wenn sie in Geheimschrift, unlesbar, unverständlich oder ohne zwingenden Grund in einer fremden Sprache abgefaßt sind.

(2) Ausgehenden Schreiben, die unrichtige Darstellungen enthalten, kann ein Begleitschreiben beigefügt werden, wenn der Gefangene auf der Absendung besteht.

(3) [1] Ist ein Schreiben angehalten worden, wird das dem Gefangenen mitgeteilt. [2] Angehaltene Schreiben werden an den Absender zurückgegeben oder, sofern dies unmöglich oder aus besonderen Gründen untunlich ist, behördlich verwahrt.

(4) Schreiben, deren Überwachung nach § 29 Abs. 1 und 2 ausgeschlossen ist, dürfen nicht angehalten werden.

VV zu § 31

1. [Anhalten von Schreiben]

[1] Dem Gefangenen sind die Gründe für das Anhalten mitzuteilen. [2] Der unbedenkliche Inhalt eines angehaltenen Schreibens kann ihm bekannt gegeben werden.

2. [Begleitschreiben]

[1] Ein Begleitschreiben darf nur Angaben enthalten, die der Richtigstellung dienen. [2] Der Gefangene ist über die Absicht, ein Begleitschreiben beizufügen, zu unterrichten.

3. [Vernichtung von angehaltenen Schreiben]

Angehaltene Schreiben, die Kenntnisse über Sicherungsvorkehrungen der Anstalt vermitteln, dürfen auch vernichtet werden (vgl. § 83 Abs. 4 StVollzG).

§ 32 Ferngespräche und Telegramme. [1] Dem Gefangenen kann gestattet werden, Ferngespräche zu führen oder Telegramme aufzugeben. [2] Im übrigen gelten für Ferngespräche die Vorschriften über den Besuch und für Telegramme die Vorschriften über den Schriftwechsel entsprechend. [3] Ist die Überwachung der fernmündlichen Unterhaltung erforderlich, ist die beabsichtigte Überwachung dem Gesprächspartner des Gefangenen unmittelbar nach Herstellung der Verbindung durch die Vollzugsbehörde oder den Gefangenen mitzuteilen. [4] Der Gefangene ist rechtzeitig vor Beginn der fernmündlichen Unterhaltung über die beabsichtigte Überwachung und die Mitteilungspflicht nach Satz 3 zu unterrichten.

VV zu § 32

[1] Die Kosten trägt der Gefangene. [2] Ist er dazu nicht in der Lage, kann die Anstalt die Kosten in begründeten Fällen in angemessenem Umfang übernehmen.

§ 33 Pakete. (1) [1] Der Gefangene darf dreimal jährlich in angemessenen Abständen ein Paket mit Nahrungs- und Genußmitteln empfangen. [2] Die Vollzugsbehörde kann Zeitpunkt und Höchstmengen für die Sendung und für einzelne Gegenstände festsetzen. [3] Der Empfang weiterer Pakete oder solcher mit anderem Inhalt bedarf ihrer Erlaubnis. [4] Für den Ausschluß von Gegenständen gilt § 22 Abs. 2 entsprechend.

(2) [1] Pakete sind in Gegenwart des Gefangenen zu öffnen. [2] Ausgeschlossene Gegenstände können zu seiner Habe genommen oder dem Absender zurückgesandt werden. [3] Nicht ausgehändigte Gegenstände, durch die bei der Versendung oder Aufbewahrung Personen verletzt oder Sachschäden verursacht werden können, dürfen vernichtet werden. [4] Die hiernach getroffenen Maßnahmen werden dem Gefangenen eröffnet.

(3) Der Empfang von Paketen kann vorübergehend versagt werden, wenn dies wegen Gefährdung der Sicherheit oder Ordnung der Anstalt unerläßlich ist.

(4) [1] Dem Gefangenen kann gestattet werden, Pakete zu versenden. [2] Die Vollzugsbehörde kann ihren Inhalt aus Gründen der Sicherheit oder Ordnung der Anstalt überprüfen.

VV zu § 33

1. [Empfang von Paketen]

(1) Der Empfang eines Paketes ist zugelassen zu Weihnachten, zu Ostern und zu einem von dem Gefangenen zu wählenden weiteren Zeitpunkt (z.B. Geburtstag).

(2) Einem Gefangenen, der nicht einer christlichen Religionsgemeinschaft angehört, kann anstelle des Weihnachts- und des Osterpaketes der Empfang je eines Paketes aus Anlass eines hohen Feiertages seines Glaubens gestattet werden.

2. [Gewicht und Inhalt]

(1) Einschließlich der Verpackung darf das Gewicht des Weihnachtspaketes fünf Kilogramm, der beiden übrigen Pakete jeweils drei Kilogramm nicht übersteigen.

(2) Ein Paket darf Alkohol und andere berauschende Mittel in jeder Form sowie Medikamente und Tabletten nicht enthalten.

(3) In den Fällen einer ärztlichen Anordnung nach § 22 Abs. 2 StVollzG darf der Inhalt des Paketes nur nach Anhörung des Arztes ausgehändigt werden.

3. [Sonstige Pakete]

Die Erlaubnis zum Empfang sonstiger Pakete kann namentlich für die Zusendung von Unterrichts- und Fortbildungsmitteln, Entlassungskleidung und Gegenständen für die Freizeitbeschäftigung erteilt werden.

4. [Inhaltsverzeichnis, Absender, Paketmarke]

[1] Jedes Paket soll ein Inhaltsverzeichnis enthalten und den Absender erkennen lassen. [2] Die Verwendung einer von der Anstalt ausgegebenen Paketmarke kann vorgeschrieben werden.

5. [Eingang von Paketen]

(1) Das Paket soll innerhalb eines Zeitraumes von zwei Wochen vor oder nach den in Nummer 1 genannten Zeitpunkten eingehen.

(2) [1] Die Anstalt kann die Annahme eines Paketes, das zur Unzeit (Absatz 1) oder mit Übergewicht eingeht oder dessen Empfang nicht zugelassen ist, - gegebenenfalls bereits auf dem Postamt - verweigern. [2] Sie teilt dem Gefangenen die Annahmeverweigerung und den Grund dafür mit.

(3) [1] Absatz 2 gilt nicht für ein Paket, das einem ausländischen Gefangenen nicht aus dem Geltungsbereich des Strafvollzugsgesetzes zugesandt wird. [2] Wird das Höchstgewicht überschritten oder ist das Paket nicht zugelassen, kann der Mehrinhalt oder der Inhalt dem Gefangenen ausgehändigt werden, wenn dieser mit der Zuführung eines dem Wert entsprechenden, von der Anstalt festgesetzten Betrages aus dem Hausgeld zum Überbrückungsgeld oder Eigengeld einverstanden ist. [3] Andernfalls ist der Mehrinhalt oder der Inhalt des Paketes zur Habe des Gefangenen zu nehmen, soweit er nicht mit

dessen Zustimmung anderweitig verwendet oder soweit nicht nach § 83 Abs. 3 StVollzG verfahren wird.

6. [Ersatzeinkauf]

(1) [1]Ein Gefangener, der kein Paket erhält, darf zum Ausgleich Nahrungs- und Genussmittel einkaufen. [2]Für den Ersatzeinkauf darf ein Betrag bis zum siebenfachen, beim Weihnachtspaket bis zum neunfachen Tagessatz der Eckvergütung (§ 43 Abs. 2 StVollzG) aus dem Eigengeld verwendet werden. [3]§ 83 Abs. 2 Satz 3 StVollzG bleibt unberührt.

(2) [1]Geht für einen Gefangenen nach dem Ersatzeinkauf in dem in Nummer 5 Abs. 1 bestimmten Zeitraum ein Paket ein, ist es ihm auszuhändigen, wenn er mit der Zuführung des gleichen Betrages, den er für den Ersatzeinkauf verwendet hat, aus dem Hausgeld zum Überbrückungsgeld oder Eigengeld einverstanden ist; andernfalls ist das Paket zurückzusenden. [2]Nummer 5 Abs. 3 bleibt unberührt.

7. [Durchsuchung des Paketinhalts]

(1) [1]Der Paketinhalt wird auf verbotene Gegenstände durchsucht. [2]Liegt ein Inhaltsverzeichnis bei, ist die Vollzähligkeit zu prüfen; Abweichungen sind auf dem Verzeichnis zu vermerken.

(2) Der Gefangene hat den Empfang des Paketes schriftlich zu bestätigen.

8. [Kosten]

Die Kosten des Paketverkehrs trägt der Gefangene. Ist er dazu nicht in der Lage, kann die Anstalt die Kosten in begründeten Fällen in angemessenem Umfang übernehmen.

9. [Unterrichtung über Paketempfangsmöglichkeit]

Der Gefangene soll alsbald nach der Aufnahme durch Aushändigung eines Merkblattes über die Möglichkeit, Pakete zu empfangen und zu versenden, unterrichtet werden.

§ 34 *(aufgehoben)*

§ 35 Urlaub, Ausgang und Ausführung aus wichtigem Anlaß.

(1) [1]Aus wichtigem Anlaß kann der Anstaltsleiter dem Gefangenen Ausgang gewähren oder ihn bis zu sieben Tagen beurlauben; der Urlaub aus anderem wichtigen Anlaß als wegen einer lebensgefährlichen Erkrankung oder wegen des Todes eines Angehörigen darf sieben Tage im Jahr nicht übersteigen. [2]§ 11 Abs. 2, § 13 Abs. 5 und § 14 gelten entsprechend.

(2) Der Urlaub nach Absatz 1 wird nicht auf den regelmäßigen Urlaub angerechnet.

(3) [1]Kann Ausgang oder Urlaub aus den in § 11 Abs. 2 genannten Gründen nicht gewährt werden, kann der Anstaltsleiter den Gefangenen ausführen lassen. [2]Die Aufwendungen hierfür hat der Gefangene zu tragen. [3]Der Anspruch ist nicht geltend zu machen, wenn dies die Behandlung oder die Eingliederung behindern würde.

VV zu § 35

1. [Urlaub und Ausgang aus wichtigem Anlass]

Die VV zu §§ 11, 13 und 14 gelten sinngemäß.

2. [Ausführung]

(1) Bei einer Ausführung entscheidet der Anstaltsleiter über die nach Lage des Falles erforderlichen besonderen Sicherungsmaßnahmen.

(2) [1]Eine Ausführung unterbleibt, wenn trotz Anordnung angemessener besonderer Sicherungsmaßnahmen zu befürchten ist, dass der Gefangene sich dem Vollzug der Freiheitsstrafe entziehen oder die Ausführung zu Straftaten missbrachen werde. [2]Dies gilt nicht, wenn die Ausführung zur Abwendung einer unmittelbaren Gefahr für Leib oder Leben des Gefangenen unerlässlich ist.

§ 36 Gerichtliche Termine. (1) [1]Der Anstaltsleiter kann einem Gefangenen zur Teilnahme an einem gerichtlichen Termin Ausgang oder Urlaub erteilen, wenn anzunehmen ist, daß er der Ladung folgt und keine Entweichungs- oder

Mißbrauchsgefahr (§ 11 Abs. 2) besteht. [2] § 13 Abs. 5 und § 14 gelten entsprechend.

(2) [1] Wenn ein Gefangener zu einem gerichtlichen Termin geladen ist und Ausgang oder Urlaub nicht gewährt wird, läßt der Anstaltsleiter ihn mit seiner Zustimmung zu dem Termin ausführen, sofern wegen Entweichungs- oder Mißbrauchsgefahr (§ 11 Abs. 2) keine überwiegenden Gründe entgegenstehen. [2] Auf Ersuchen eines Gerichts läßt er den Gefangenen vorführen, sofern ein Vorführungsbefehl vorliegt.

(3) Die Vollzugsbehörde unterrichtet das Gericht über das Veranlaßte.

VV zu § 36

1. [Antrag auf Teilnahme an gerichtlichem Termin]

(1) Beantragt der Gefangene unter Vorlage einer Ladung die Teilnahme an einem gerichtlichen Termin, so entscheidet der Anstaltsleiter, ob er dem Gefangenen hierfür Ausgang oder Urlaub erteilt oder ihn ausführen lässt.

(2) Eine Pflicht des Anstaltsleiters, das Gericht über seine Entscheidung zu unterrichten, besteht nicht.

2. [Ersuchen durch das Gericht]

(1) [1] Ersucht das Gericht die Anstalt, einen Gefangenen an einem gerichtlichen Termin teilnehmen zu lassen, so klärt der Anstaltsleiter, ob der Gefangene der Ladung Folge leisten will. [2] Bejahendenfalls prüft der Anstaltsleiter, ob er dem Gefangenen Ausgang oder Urlaub erteilt oder ihn ausführen lässt.

(2) Der Anstaltsleiter unterrichtet das Gericht, und zwar auch dann, wenn der Gefangene die Teilnahme an dem Termin ablehnt.

3. [Auferlegen von Kosten]

Wird der Gefangene auf seinen Antrag oder überwiegend in seinem Interesse ausgeführt, so werden ihm in der Regel die Kosten auferlegt.

4. [Vorführungsbefehl]

(1) Erlässt das Gericht einen Vorführungsbefehl und ersucht es die Anstalt um Vorführung, so lässt der Anstaltsleiter den Gefangenen zu dem gerichtlichen Termin vorführen.

(2) Vor der Vorführung erteilt der Anstaltsleiter die nach Lage des Falles erforderlichen Weisungen und entscheidet über besondere Sicherungsmaßnahmen.

5. [Vorführungszeitpunkt]

Im Benehmen mit dem Richter, der die Dienstaufsicht bei dem Amtsgericht führt, in dessen Bezirk die Anstalt liegt, setzt der Anstaltsleiter die Zeit fest, in der dem Gefangenen Gelegenheit gegeben wird, in der Anstalt dem Urkundsbeamten der Geschäftsstelle vorgeführt zu werden.

Fünfter Titel. Arbeit, Ausbildung und Weiterbildung

§ 37 Zuweisung. (1) Arbeit, arbeitstherapeutische Beschäftigung, Ausbildung und Weiterbildung dienen insbesondere dem Ziel, Fähigkeiten für eine Erwerbstätigkeit nach der Entlassung zu vermitteln, zu erhalten oder zu fördern.

(2) Die Vollzugsbehörde soll dem Gefangenen wirtschaftlich ergiebige Arbeit zuweisen und dabei seine Fähigkeiten, Fertigkeiten und Neigungen berücksichtigen.

(3) Geeigneten Gefangenen soll Gelegenheit zur Berufsausbildung, beruflichen Weiterbildung oder Teilnahme an anderen ausbildenden oder weiterbildenden Maßnahmen gegeben werden.

(4) Kann einem arbeitsfähigen Gefangenen keine wirtschaftlich ergiebige Arbeit oder die Teilnahme an Maßnahmen nach Absatz 3 zugewiesen werden, wird ihm eine angemessene Beschäftigung zugeteilt.

(5) Ist ein Gefangener zu wirtschaftlich ergiebiger Arbeit nicht fähig, soll er arbeitstherapeutisch beschäftigt werden.

VV zu § 37

1. Entfällt

2. [Angemessene Beschäftigung]

Eine Beschäftigung ist angemessen im Sinne des § 37 Abs. 4 , wenn ihr Ergebnis wirtschaftlich verwertbar ist und in einem vertretbaren Verhältnis zum Aufwand steht.

3. [Anforderungen]

(1) [1]Soweit es die Art der Arbeit oder der angemessenen Beschäftigung zulässt, wird für jede Verrichtung die Anforderung ermittelt und festgesetzt, die der Gefangene zu leisten hat. [2]Dabei ist von der Leistung auszugehen, die von einem freien Arbeitnehmer nach ausreichender Einarbeitung und Übung ohne Gesundheitsstörung auf die Dauer erreicht und erwartet werden kann. [3]Die besonderen Verhältnisse des Vollzuges sind angemessen zu berücksichtigen.

(2) [1]Die Soll-Leistung wird überprüft und gegebenenfalls neu festgesetzt, wenn sie von der Mehrzahl der Gefangenen um mehr als vierzig vom Hundert überschritten wird oder sich die Festsetzung als zu hoch erwiesen hat. [2]Sie ist auch zu überprüfen und gegebenenfalls neu festzusetzen, wenn dies durch eine Änderung der Arbeitsmethoden, durch technische Verbesserungen oder ähnliches begründet ist.

4. [Arbeitszeit]

(1) [1]Die Arbeitszeit der Gefangenen soll sich nach der regelmäßigen wöchentlichen Arbeitszeit im öffentlichen Dienst richten. [2]In dringenden Fällen darf die regelmäßige Arbeitszeit der Gefangenen bis zu der für freie Arbeitnehmer zugelassenen Höchstdauer überschritten werden.

(2) An Sonntagen und gesetzlichen Feiertagen, in der Regel auch an Samstagen, ruht die Arbeit, soweit nicht unaufschiebbare Arbeiten ausgeführt werden müssen.

(3) Mehrarbeit und Arbeit nach Absatz 2 sollen möglichst durch Freistellung von der Arbeit an anderen Arbeitstagen ausgeglichen werden.

(4) [1]Gefangene, die nach den Vorschriften ihres Glaubensbekenntnisses an bestimmten Tagen nicht arbeiten dürfen, können an diesen Tagen auf ihren Wunsch von der Arbeit befreit werden. [2]Sie können dafür an allgemein arbeitsfreien Tagen zu unaufschiebbaren Arbeiten herangezogen werden.

5. [Tätigkeiten für die Vollzugsanstalt]

[1]Ein Gefangener kann zu Tätigkeiten für die Vollzugsanstalt herangezogen werden, wenn er hierfür geeignet ist und Unzuträglichkeiten nicht zu erwarten sind. [2]Arbeiten, die Einblick in die persönlichen Verhältnisse von Bediensteten, Gefangenen oder Dritten oder in Personal-, Gerichts- oder Verwaltungsakten ermöglichen, dürfen einem Gefangenen nicht übertragen werden.

§ 38 Unterricht. (1) [1]Für geeignete Gefangene, die den Abschluß der Hauptschule nicht erreicht haben, soll Unterricht in den zum Hauptschulabschluß führenden Fächern oder ein der Sonderschule entsprechender Unterricht vorgesehen werden. [2]Bei der beruflichen Ausbildung ist berufsbildender Unterricht vorzusehen; dies gilt auch für die berufliche Weiterbildung, soweit die Art der Maßnahme es erfordert.

(2) Unterricht soll während der Arbeitszeit stattfinden.

§ 39 Freies Beschäftigungsverhältnis, Selbstbeschäftigung. (1) [1]Dem Gefangenen soll gestattet werden, einer Arbeit, Berufsausbildung oder beruflichen Weiterbildung auf der Grundlage eines freien Beschäftigungsverhältnisses außerhalb der Anstalt nachzugehen, wenn dies im Rahmen des Vollzugsplanes dem Ziel dient, Fähigkeiten für eine Erwerbstätigkeit nach der Entlassung zu vermitteln, zu erhalten oder zu fördern und nicht überwiegende Gründe des Vollzuges entgegenstehen. [2]§ 11 Abs. 1 Nr. 1, Abs. 2 und § 14 bleiben unberührt.

(2) Dem Gefangenen kann gestattet werden, sich selbst zu beschäftigen.

(3) Die Vollzugsbehörde kann verlangen, daß ihr das Entgelt zur Gutschrift für den Gefangenen überwiesen wird.

VV zu § 39

1. Entfällt

2. [Freies Beschäftigungsverhältnis]

(1) Gefangene, denen das Eingehen eines freien Beschäftigungsverhältnisses außerhalb der Anstalt gestattet ist, sollen von Gefangenen des geschlossenen Vollzuges getrennt gehalten werden.

(2) [1] Zwischen dem Gefangenen und seinem Arbeitgeber oder Ausbildenden ist ein schriftlicher Vertrag (Arbeitsvertrag, Berufsausbildungsvertrag oder ähnliches) abzuschließen. [2] In dem Vertrag ist insbesondere festzulegen, daß das Beschäftigungsverhältnis ohne Kündigung endet, wenn die dem Gefangenen nach § 39 Abs. 1 erteilte Erlaubnis endet, und daß die Bezüge aus dem Beschäftigungsverhältnis während des Freiheitsentzuges mit befreiender Wirkung nur auf das mit der Anstalt vereinbarte Konto gezahlt werden können. [3] Die Anstalt stellt sicher, daß mit Zuwendungen aufgrund öffentlich-rechtlicher Bestimmungen entsprechend verfahren wird.

(3) Die Bezüge des Gefangenen werden in nachstehender Rangfolge für folgende Zwecke verwendet:

a) Auslagen des Gefangenen für Fahrtkosten, Arbeitskleidung, Verpflegung außerhalb der Anstalt und andere im Zusammenhang mit seiner Beschäftigung notwendige Aufwendungen,

b) Hausgeld und Überbrückungsgeld,

c) Erfüllung einer gesetzlichen Unterhaltspflicht des Gefangenen auf dessen Antrag,

d) Haftkostenbeitrag,

e) Erfüllung sonstiger Verbindlichkeiten des Gefangenen auf dessen Antrag,

f) Eigengeld des Gefangenen.

(4) [1] Der Gefangene ist anzuhalten, seine Unterhaltspflichten zu erfüllen, den durch die Straftat verursachten Schaden wiedergutzumachen und seine sonstigen Verbindlichkeiten zu erfüllen. [2] Ist der Anstalt bekannt, daß Angehörige oder andere Personen, denen der Gefangene unterhaltspflichtig ist, Sozialhilfe erhalten, wird der Träger der Sozialhilfe von dem Beschäftigungsverhältnis und der Höhe der Bezüge unterrichtet. [3] Auf die Möglichkeit der Nachentrichtung von Beiträgen zur Sozialversicherung soll der Gefangene hingewiesen werden.

3. [Selbstbeschäftigung]

(1) [1] Selbstbeschäftigung soll regelmäßig nur gestattet werden, wenn sie aus wichtigem Grunde geboten erscheint und im Rahmen des Vollzugsplanes insbesondere dem Ziel dient, Fähigkeiten für eine Erwerbstätigkeit nach der Entlassung zu vermitteln, zu erhalten oder zu fördern. [2] Selbstbeschäftigung darf nicht gestattet werden, wenn überwiegende Gründe des Vollzuges entgegenstehen.

(2) Selbstbeschäftigung wird in der Regel nur gestattet, wenn der Gefangene sich die nötigen Gegenstände aus eigenen Mitteln beschaffen kann; bei Selbstbeschäftigung innerhalb der Anstalt vermittelt die Anstalt die Beschaffung der Gegenstände.

(3) [1] Für die Rechtsbeziehungen zwischen dem Gefangenen und einem Dritten sowie für die Bezüge aus der Selbstbeschäftigung gilt Nummer 2 Abs. 2 bis 4 entsprechend. [2] § 50 Abs. 3 StVollzG in der Fassung des § 199 Abs. 2 Nr. 3 StVollzG bleibt unberührt.

(4) [1] Der Gefangene ist anzuhalten, seiner Steuerpflicht nachzukommen. [2] Erfüllt der Gefangene seine Anzeigepflicht nicht, so ist die Erlaubnis zur Selbstbeschäftigung zu widerrufen.

§ 40 Abschlußzeugnis. Aus dem Abschlußzeugnis über eine ausbildende oder weiterbildende Maßnahme darf die Gefangenschaft eines Teilnehmers nicht erkennbar sein.

§ 41 Arbeitspflicht. (1) [1] Der Gefangene ist verpflichtet, eine ihm zugewiesene, seinen körperlichen Fähigkeiten angemessene Arbeit, arbeitstherapeutische oder sonstige Beschäftigung auszuüben, zu deren Verrichtung er auf Grund seines körperlichen Zustandes in der Lage ist. [2] Er kann jährlich bis zu drei Monaten zu Hilfstätigkeiten in der Anstalt verpflichtet werden, mit seiner Zustimmung auch darüber hinaus. [3] Die Sätze 1 und 2 gelten nicht für Gefangene, die über 65 Jahre alt sind, und nicht für werdende und stillende Mütter, soweit gesetzliche Beschäftigungsverbote zum Schutze erwerbstätiger Mütter bestehen.

(2) [1]Die Teilnahme an einer Maßnahme nach § 37 Abs. 3 bedarf der Zustimmung des Gefangenen. [2]Die Zustimmung darf nicht zur Unzeit widerrufen werden.

(3)[1)] [1]*Die Beschäftigung in einem von privaten Unternehmen unterhaltenen Betriebe (§ 149 Abs. 4) bedarf der Zustimmung des Gefangenen.* [2]*Der Widerruf der Zustimmung wird erst wirksam, wenn der Arbeitsplatz von einem anderen Gefangenen eingenommen werden kann, spätestens nach sechs Wochen.*

§ 42 Freistellung von der Arbeitspflicht. (1) [1]Hat der Gefangene ein Jahr lang zugewiesene Tätigkeit nach § 37 oder Hilfstätigkeiten nach § 41 Abs. 1 Satz 2 ausgeübt, so kann er beanspruchen, achtzehn Werktage von der Arbeitspflicht freigestellt zu werden. [2]Zeiten, in denen der Gefangene infolge Krankheit an seiner Arbeitsleistung verhindert war, werden auf das Jahr bis zu sechs Wochen jährlich angerechnet.

(2) Auf die Zeit der Freistellung wird Urlaub aus der Haft (§§ 13, 35) angerechnet, soweit er in die Arbeitszeit fällt und nicht wegen einer lebensgefährlichen Erkrankung oder des Todes eines Angehörigen erteilt worden ist.

(3) Der Gefangene erhält für die Zeit der Freistellung seine zuletzt gezahlten Bezüge weiter.

(4) Urlaubsregelungen der Beschäftigungsverhältnisse außerhalb des Strafvollzuges bleiben unberührt.

VV zu § 42

1. [Freistellung von der Arbeitspflicht]

§ 42 Abs. 1 StVollzG gewährt einen Anspruch auf Freistellung von der Arbeitspflicht, sobald der Gefangene innerhalb eines zu einem beliebigen Zeitpunkt beginnenden Zeitraumes von einem Jahr seine Arbeitspflicht erfüllt hat.

2. [Anrechenbare Zeiten]

Auf das Jahr (§ 42 Abs. 1) werden ferner angerechnet

a) Zeiten, in denen der Gefangene Verletztengeld nach § 477 Abs. 6 SGB VII erhalten hat,

b) Zeiten, in denen der Gefangene aus anderen als Krankheitsgründen eine Tätigkeit nach § 42 Abs. 1 nicht ausgeübt hat, in der Regel bis zu drei Wochen jährlich, wenn dies angemessen erscheint,

c) Zeiten einer Freistellung von der Arbeitspflicht und Urlaub aus der Haft, der nach § 42 Abs. 2 anzurechnen ist,

d) Zeiten einer Freistellung von der Arbeit nach § 43 Abs. 6 StVollzG und Arbeitsurlaub nach § 43 Abs. 7 StVollzG.

3. [Werktage]

(1) Als Werktage (§ 42 Abs. 1 Satz 1) gelten alle Kalendertage, die nicht Sonn- oder gesetzliche Feiertage sind.

(2) Erkrankt ein Gefangener während der Freistellung von der Arbeitspflicht, werden die Tage der Arbeitsunfähigkeit auf die Zeit der Freistellung nicht angerechnet.

4. [Zeitliche Begrenzung des Anspruchs]

(1) Die Freistellung kann nur innerhalb eines Jahres nach Vorliegen der Voraussetzungen in Anspruch genommen werden.

[1)] § 41 Abs. 3 wird durch besonderes Bundesgesetz in Kraft gesetzt (vgl. § 198 Abs. 3).

(2) Eine erneute Freistellung kann frühestens ein Jahr nach Vorliegen der Voraussetzungen für die vorhergehende Freistellung und in der Regel frühestens drei Monate nach der letzten Freistellung in Anspruch genommen werden.

5. [Antrag auf Freistellung]

Die Freistellung von der Arbeitspflicht ist von dem Gefangenen mindestens einen Monat vorher schriftlich zu beantragen.

6. [Festsetzung des Zeitpunktes der Freistellung]

Bei der Festsetzung des Zeitpunkts der Freistellung sind die betrieblichen Belange, der Stand einer Aus- oder Weiterbildungsmaßnahme und die Möglichkeiten der Vollzugsgestaltung während der Freistellung zu berücksichtigen.

7. [Berechnung der Bezüge]

Der Berechnung der Bezüge nach § 42 Abs. 3 ist der Durchschnitt der letzten drei abgerechneten Monate vor der Freistellung zu Grunde zu legen.

8. [Gleichstellung von nicht zur Arbeit verpflichteten Gefangenen]

Für Gefangene, die nach § 41 Abs. 1 Satz 3 oder § 175 nicht zur Arbeit verpflichtet sind, gelten § 42 und Nrn. 1 bis 7 entsprechend.

§ 43 Arbeitsentgelt, Arbeitsurlaub und Anrechnung der Freistellung auf den Entlassungszeitpunkt. (1) Die Arbeit des Gefangenen wird anerkannt durch Arbeitsentgelt und eine Freistellung von der Arbeit, die auch als Urlaub aus der Haft (Arbeitsurlaub) genutzt oder auf den Entlassungszeitpunkt angerechnet werden kann.

(2) [1] Übt der Gefangene eine zugewiesene Arbeit, sonstige Beschäftigungen oder eine Hilfstätigkeit nach § 41 Abs. 1 Satz 2 aus, so erhält er ein Arbeitsentgelt. [2] Der Bemessung des Arbeitsentgelts ist der in § 200 bestimmte Satz der Bezugsgröße nach § 18 des Vierten Buches Sozialgesetzbuch zu Grunde zu legen (Eckvergütung). [3] Ein Tagessatz ist der zweihundertfünfzigste Teil der Eckvergütung; das Arbeitsentgelt kann nach einem Stundensatz bemessen werden.

(3) [1] Das Arbeitsentgelt kann je nach Leistung des Gefangenen und der Art der Arbeit gestuft werden. [2] 75 vom Hundert der Eckvergütung dürfen nur dann unterschritten werden, wenn die Arbeitsleistungen des Gefangenen den Mindestanforderungen nicht genügen.

(4) Übt ein Gefangener zugewiesene arbeitstherapeutische Beschäftigungen aus, erhält er ein Arbeitsentgelt, soweit dies der Art seiner Beschäftigung und seiner Arbeitsleistung entspricht.

(5) Das Arbeitsentgelt ist dem Gefangenen schriftlich bekannt zu geben.

(6) [1] Hat der Gefangene zwei Monate lang zusammenhängend eine zugewiesene Tätigkeit nach § 37 oder eine Hilfstätigkeit nach § 41 Abs. 1 Satz 2 ausgeübt, so wird er auf seinen Antrag hin einen Werktag von der Arbeit freigestellt. [2] Die Regelung des § 42 bleibt unberührt. [3] Durch Zeiten, in denen der Gefangene ohne sein Verschulden durch Krankheit, Ausführung, Ausgang, Urlaub aus der Haft, Freistellung von der Arbeitspflicht oder sonstige nicht von ihm zu vertretende Gründe an der Arbeitsleistung gehindert ist, wird die Frist nach Satz 1 gehemmt. [4] Beschäftigungszeiträume von weniger als zwei Monaten bleiben unberücksichtigt.

(7) [1] Der Gefangene kann beantragen, dass die Freistellung nach Absatz 6 in Form von Urlaub aus der Haft gewährt wird (Arbeitsurlaub). [2] § 11 Abs. 2, § 13 Abs. 2 bis 5 und § 14 gelten entsprechend.

(8) § 42 Abs. 3 gilt entsprechend.

(9) Stellt der Gefangene keinen Antrag nach Absatz 6 Satz 1 oder Absatz 7 Satz 1 oder kann die Freistellung nach Maßgabe der Regelung des Absatzes 7 Satz 2 nicht gewährt werden, so wird die Freistellung nach Absatz 6 Satz 1 von der Anstalt auf den Entlassungszeitpunkt des Gefangenen angerechnet.

(10) Eine Anrechnung nach Absatz 9 ist ausgeschlossen,

1. soweit eine lebenslange Freiheitsstrafe oder Sicherungsverwahrung verbüßt wird und ein Entlassungszeitpunkt noch nicht bestimmt ist,
2. bei einer Aussetzung der Vollstreckung des Restes einer Freiheitsstrafe oder einer Sicherungsverwahrung zur Bewährung, soweit wegen des von der Entscheidung des Gerichts bis zur Entlassung verbleibenden Zeitraums eine Anrechnung nicht mehr möglich ist,
3. wenn dies vom Gericht angeordnet wird, weil bei einer Aussetzung der Vollstreckung des Restes einer Freiheitsstrafe oder einer Sicherungsverwahrung zur Bewährung die Lebensverhältnisse des Gefangenen oder die Wirkungen, die von der Aussetzung für ihn zu erwarten sind, die Vollstreckung bis zu einem bestimmten Zeitpunkt erfordern,
4. wenn nach § 456a Abs. 1 der Strafprozessordnung von der Vollstreckung abgesehen wird,
5. wenn der Gefangene im Gnadenwege aus der Haft entlassen wird.

(11) [1] Soweit eine Anrechnung nach Absatz 10 ausgeschlossen ist, erhält der Gefangene bei seiner Entlassung für seine Tätigkeit nach Absatz 2 als Ausgleichsentschädigung zusätzlich 15 vom Hundert des ihm nach den Absätzen 2 und 3 gewährten Entgelts oder der ihm nach § 44 gewährten Ausbildungsbeihilfe. [2] Der Anspruch entsteht erst mit der Entlassung; vor der Entlassung ist der Anspruch nicht verzinslich, nicht abtretbar und nicht vererblich. [3] Einem Gefangenen, bei dem eine Anrechnung nach Absatz 10 Nr. 1 ausgeschlossen ist, wird die Ausgleichszahlung bereits nach Verbüßung von jeweils zehn Jahren der lebenslangen Freiheitsstrafe oder Sicherungsverwahrung zum Eigengeld (§ 52) gutgeschrieben, soweit er nicht vor diesem Zeitpunkt entlassen wird; § 57 Abs. 4 des Strafgesetzbuches gilt entsprechend.

VV zu § 43

1. [Ermittlung des Arbeitsentgelts]

(1) [1] Verrichtet ein Gefangener während eines Abrechnungszeitraumes Tätigkeiten, die verschiedenen Vergütungsstufen zuzuordnen sind, so ist das Arbeitsentgelt aus der Vergütungsstufe zu ermitteln, die dem überwiegenden Teil der Tätigkeiten entspricht. [2] Dies gilt nicht, wenn der Gefangene in verschiedenen Betrieben arbeitet.

(2) Verrichtet ein Gefangener nicht nur vorübergehend eine anders bewertete Tätigkeit, so ist er mit Beginn des nächsten Abrechnungszeitraumes in die entsprechende Vergütungsstufe umzugruppieren.

2. [Zeitlohn]

(1) Das Arbeitsentgelt wird in der Form des Zeitlohnes oder des Leistungslohnes ermittelt.

(2) Zeiten einer Einarbeitung können im Zeitlohn vergütet werden.

(3) [1] Im Zeitlohn kann der Satz der jeweiligen Vergütungsstufe unterschritten werden, wenn der Gefangene den Anforderungen der jeweiligen Vergütungsstufe nicht genügt. [2] § 43 Abs. 3 Satz 2 bleibt unberührt.

3. [Leistungslohn]

[1] Neben dem Arbeitsentgelt können Leistungen für betriebliche Verbesserungsvorschläge gewährt werden. [2] Der Anstaltsleiter entscheidet, ob eine Leistung für einen betrieblichen Verbesserungsvorschlag als Hausgeld, Überbrückungsgeld oder Eigengeld gutgeschrieben wird.

4. [Unterbrechung des Beschäftigungszeitraums]

(1) [1]Ein Beschäftigungszeitraum im Sinne des § 43 Abs. 6 Satz 1 endet, wenn ein Gefangener aus von ihm verschuldeten Gründen seine Tätigkeit unterbricht. [2]Mit der erneuten Arbeitsaufnahme beginnt die Frist von neuem.

(2) Wird die Zweimonatsfrist durch ein unverschuldetes Ereignis im Sinne des § 43 Abs. 6 Satz 3 gehemmt, so verlängert sich der Zeitraum zur Erfüllung des Zweimonatszeitraums um die Zahl der ausgefallenen Arbeitstage.

5. [Gewährung der Freistellung von der Arbeit]

(1) Für die Gewährung der Freistellung von der Arbeit gelten Nr. 3 Abs. 2, Nr. 4 Abs. 1, Nrn. 5 und 6 der VV zu § 42 StVollzG entsprechend.

(2) [1]Als Werktage (§ 43 Abs. 6 Satz 1) gelten alle Kalendertage, die nicht Sonntage, gesetzliche Feiertage oder Samstage sind. [2]Nr. 6 Abs. 2 gilt entsprechend.

(3) [1]Für die Berechnung der Bezüge nach § 43 Abs. 8 gilt Nr. 7 VV zu § 42 StVollzG entsprechend. [2]Sofern weniger als drei Monate abgerechnet sind, sind diese zu Grunde zu legen.

6. [Urlaub]

(1) [1]Für Urlaub nach dem § 43 Abs. 7 gilt § 35 Abs. 2 StVollzG entsprechend. [2]Die VV zu §§ 11 , 13 und 14 StVollzG gelten sinngemäß.

(2) Mit Zustimmung der Gefangenen kann Arbeitsurlaub auch an Sonntagen, Feiertagen und Samstagen gewährt werden

§ 44 Ausbildungsbeihilfe. (1) [1]Nimmt der Gefangene an einer Berufsausbildung, beruflichen Weiterbildung oder an einem Unterricht teil und ist er zu diesem Zweck von seiner Arbeitspflicht freigestellt, so erhält er eine Ausbildungsbeihilfe, soweit ihm keine Leistungen zum Lebensunterhalt zustehen, die freien Personen aus solchem Anlaß gewährt werden. [2]Der Nachrang der Sozialhilfe nach § 2 Abs. 2 des Zwölften Buches Sozialgesetzbuch wird nicht berührt.

(2) Für die Bemessung der Ausbildungsbeihilfe gilt § 43 Abs. 2 und 3 entsprechend.

(3) Nimmt der Gefangene während der Arbeitszeit stunden- oder tageweise am Unterricht oder an anderen zugewiesenen Maßnahmen gemäß § 37 Abs. 3 teil, so erhält er in Höhe des ihm dadurch entgehenden Arbeitsentgelts eine Ausbildungsbeihilfe.

VV zu § 44

Als Berufsfindungsmaßnahme kann auch die Teilnahme eines Gefangenen an einem Einweisungsverfahren in einer zentralen Einweisungseinrichtung in Betracht kommen.

§ 45[1)] ***Ausfallentschädigung.*** *(1) Kann einem arbeitsfähigen Gefangenen aus Gründen, die nicht in seiner Person liegen, länger als eine Woche eine Arbeit oder Beschäftigung im Sinne des § 37 Abs. 4 nicht zugewiesen werden, erhält er eine Ausfallentschädigung.*

(2) [1]Wird ein Gefangener nach Beginn der Arbeit oder Beschäftigung infolge Krankheit länger als eine Woche an seiner Arbeitsleistung verhindert, ohne daß ihn ein Verschulden trifft, so erhält er ebenfalls eine Ausfallentschädigung. [2]Gleiches gilt für Gefangene, die eine Ausbildungsbeihilfe nach § 44 oder Ausfallentschädigung nach Absatz 1 bezogen haben.

(3) Werdende Mütter, die eine Arbeit oder Beschäftigung im Sinne des § 37 nicht verrichten, erhalten Ausfallentschädigung in den letzten sechs Wochen vor der Entbin-

---

[1)] § 45 wird durch besonderes Bundesgesetz in Kraft gesetzt (vgl. § 198 Abs. 3).

dung und bis zum Ablauf von acht Wochen, bei Früh- und Mehrlingsgeburten bis zu zwölf Wochen nach der Entbindung.

(4) Die Ausfallentschädigung darf 60 vom Hundert der Eckvergütung nach § 43 Abs. 1 nur dann unterschreiten, wenn der Gefangene das Mindestentgelt des § 43 Abs. 2 vor der Arbeitslosigkeit oder Krankheit nicht erreicht hat.

(5) [1] Ausfallentschädigung wird unbeschadet der Regelung nach Absatz 3 insgesamt bis zur Höchstdauer von sechs Wochen jährlich gewährt. [2] Eine weitere Ausfallentschädigung wird erst gewährt, wenn der Gefangene erneut wenigstens ein Jahr Arbeitsentgelt oder Ausbildungsbeihilfe bezogen hat.

(6) Soweit der Gefangene nach § 566 Abs. 2 der Reichsversicherungsordnung Übergangsgeld erhält, ruht der Anspruch auf Ausfallentschädigung.

§ 46 Taschengeld. *Fassung bis zum Erlass eines Bundesgesetzes:*[1)]

Wenn ein Gefangener ohne sein Verschulden kein Arbeitsentgelt und keine Ausbildungsbeihilfe erhält, wird ihm ein angemessenes Taschengeld gewährt, falls er bedürftig ist.

Fassung ab Erlass eines Bundesgesetzes:[2)]

[1] Wenn ein Gefangener wegen Alters oder Gebrechlichkeit nicht mehr arbeitet oder ihm eine Ausfallentschädigung nicht oder nicht mehr gewährt wird, erhält er ein angemessenes Taschengeld, falls er bedürftig ist. [2] Gleiches gilt für Gefangene, die für eine Beschäftigung nach § 37 Abs. 5 kein Arbeitsentgelt erhalten.

VV zu § 46
(in der Fassung des § 199 Abs. 1 Nr. 1 StVollzG)

(1) Das Taschengeld wird nur auf Antrag gewährt.

(2) [1] Das Taschengeld beträgt 14 v.H. der Eckvergütung (§ 43 Abs. 2 StVollzG). [2] Bei der Berechnung des Taschengeldes werden Hausgeld und Eigengeld berücksichtigt. [3] Ein Geldbetrag, der für einen Gefangenen statt eines Paketes im Sinne des § 33 Abs. 1 Satz 1 StVollzG zum eigenen Einkauf von Nahrungs- und Genussmitteln eingezahlt wird, bleibt bis zu dem für den Ersatzeinkauf festgesetzten Höchstbetrag bei der Berechnung des Taschengeldes für den laufenden und längstens den folgenden Monat unberücksichtigt.

(3) Bedürftig ist ein Gefangener, soweit ihm im laufenden Monat aus Hausgeld und Eigengeld nicht ein Betrag bis zur Höhe des Taschengeldes zur Verfügung steht.

§ 47 Hausgeld. *Fassung bis zum Erlass eines Bundesgesetzes:*[1)]

(1) Der Gefangene darf von seinen in diesem Gesetz geregelten Bezügen drei Siebtel monatlich (Hausgeld) und das Taschengeld (§ 46) für den Einkauf (§ 22 Abs. 1) oder anderweitig verwenden.

(2) Für Gefangene, die in einem freien Beschäftigungsverhältnis stehen (§ 39 Abs. 1) oder denen gestattet ist, sich selbst zu beschäftigen (§ 39 Abs. 2), wird aus ihren Bezügen ein angemessenes Hausgeld festgesetzt.

Fassung ab Erlass eines Bundesgesetzes:[3)]

(1) Der Gefangene darf von seinen in diesem Gesetz geregelten Bezügen mindestens dreißig Deutsche Mark monatlich (Hausgeld) und das Taschengeld (§ 46) für den Einkauf (§ 22 Abs. 1) oder anderweit verwenden.

[1)] Fassung gilt gemäß § 199 Abs. 1 bis zum Inkrafttreten eines besonderen Bundesgesetzes nach § 198 Abs. 3.

[2)] § 46 in nachfolgender Fassung wird durch besonderes Bundesgesetz in Kraft gesetzt (vgl. § 198 Abs. 3).

[3)] § 47 in nachfolgender Fassung wird durch besonderes Bundesgesetz in Kraft gesetzt (vgl. § 198 Abs. 3).

(2) [1] *Der Mindestbetrag des Hausgeldes erhöht sich um jeweils zehn vom Hundert der dreihundert Deutsche Mark übersteigenden monatlichen Bezüge.* [2] *Die Vollzugsbehörde kann höhere Beträge von der Höhe des Überbrückungsgeldes abhängig machen.*

(3) *Für Gefangene, die in einem freien Beschäftigungsverhältnis stehen (§ 39 Abs. 1) oder denen gestattet ist, sich selbst zu beschäftigen (§ 39 Abs. 2), wird aus ihren Bezügen ein angemessenes Hausgeld festgesetzt.*

VV zu § 47
(in der Fassung des § 199 Abs. 1 Nr. 2 StVollzG)

Über Beträge, die als Ersatz für entgangene, in diesem Gesetz geregelte Zuwendungen gewährt werden (z.B. Zeugenentschädigung, Verletztengeld), kann der Gefangene wie über die Zuwendungen verfügen, an deren Stelle sie treten.

§ 48 Rechtsverordnung. Das Bundesministerium der Justiz und für Verbraucherschutz wird ermächtigt, im Einvernehmen mit dem Bundesministerium für Wirtschaft und Energie mit Zustimmung des Bundesrates zur Durchführung der §§ 43 bis 45 Rechtsverordnungen über die Vergütungsstufen zu erlassen.

§ 49[1)] ***Unterhaltsbeitrag.*** *(1) Auf Antrag des Gefangenen ist zur Erfüllung einer gesetzlichen Unterhaltspflicht aus seinen Bezügen an den Berechtigten oder einen Dritten ein Unterhaltsbeitrag zu zahlen.*

(2) [1] *Reichen die Einkünfte des Gefangenen nach Abzug des Hausgeldes und des Unterhaltsbeitrages nicht aus, um den Haftkostenbeitrag zu begleichen, so wird ein Unterhaltsbeitrag nur bis zur Höhe des nach § 850c der Zivilprozeßordnung unpfändbaren Betrages gezahlt.* [2] *Bei der Bemessung des nach Satz 1 maßgeblichen Betrages wird die Zahl der unterhaltsberechtigten Personen um eine vermindert.*

§ 50 Haftkostenbeitrag. (1) [1] Als Teil der Kosten der Vollstreckung der Rechtsfolgen einer Tat (§ 464a Abs. 1 Satz 2 der Strafprozessordnung) erhebt die Vollzugsanstalt von dem Gefangenen einen Haftkostenbeitrag. [2] Ein Haftkostenbeitrag wird nicht erhoben, wenn der Gefangene

1. Bezüge nach diesem Gesetz erhält oder
2. ohne sein Verschulden nicht arbeiten kann oder
3. nicht arbeitet, weil er nicht zur Arbeit verpflichtet ist.

[3] Hat der Gefangene, der ohne sein Verschulden während eines zusammenhängenden Zeitraumes von mehr als einem Monat nicht arbeiten kann oder nicht arbeitet, weil er nicht zur Arbeit verpflichtet ist, auf diese Zeit entfallende Einkünfte, so hat er den Haftkostenbeitrag für diese Zeit bis zur Höhe der auf sie entfallenden Einkünfte zu entrichten. [4] Dem Gefangenen muss ein Betrag verbleiben, der dem mittleren Arbeitsentgelt in den Vollzugsanstalten des Landes entspricht. [5] Von der Geltendmachung des Anspruchs ist abzusehen, soweit dies notwendig ist, um die Wiedereingliederung des Gefangenen in die Gemeinschaft nicht zu gefährden.

(2) [1] Der Haftkostenbeitrag wird in Höhe des Betrages erhoben, der nach § 17 Abs. 1 Nr. 4 des Vierten Buches Sozialgesetzbuch durchschnittlich zur Bewertung der Sachbezüge festgesetzt ist. [2] Das Bundesministerium der Justiz und für Verbraucherschutz stellt den Durchschnittsbetrag für jedes Kalenderjahr nach den am 1. Oktober des vorhergehenden Jahres geltenden Bewertungen

---

1) § 49 wird durch besonderes Bundesgesetz in Kraft gesetzt (vgl. § 198 Abs. 3).

der Sachbezüge, jeweils getrennt für das in Artikel 3 des Einigungsvertrages genannte Gebiet und für das Gebiet, in dem das Strafvollzugsgesetz schon vor dem Wirksamwerden des Beitritts gegolten hat, fest und macht ihn im Bundesanzeiger bekannt.[1)] [3] Bei Selbstverpflegung entfallen die für die Verpflegung vorgesehenen Beträge. [4] Für den Wert der Unterkunft ist die festgesetzte Belegungsfähigkeit maßgebend. [5] Der Haftkostenbeitrag darf auch von dem unpfändbaren Teil der Bezüge, nicht aber zu Lasten des Hausgeldes und der Ansprüche unterhaltsberechtigter Angehöriger angesetzt werden.

(3) Im Land Berlin gilt einheitlich der für das in Artikel 3 des Einigungsvertrages genannte Gebiet geltende Durchschnittsbetrag.

(4) Die Selbstbeschäftigung (§ 39 Abs. 2) kann davon abhängig gemacht werden, dass der Gefangene einen Haftkostenbeitrag bis zur Höhe des in Absatz 2 genannten Satzes monatlich im Voraus entrichtet.

(5) [1] Für die Erhebung des Haftkostenbeitrages können die Landesregierungen durch Rechtsverordnung andere Zuständigkeiten begründen. [2] Auch in diesem Fall ist der Haftkostenbeitrag eine Justizverwaltungsabgabe; auf das gerichtliche Verfahren finden die §§ 109 bis 121 entsprechende Anwendung.

VV zu § 50

(1) Der nicht auf die Kost entfallende Anteil des Haftkostenbeitrages ist auch dann zu erheben, wenn sich Gefangene wegen Urlaubs oder aus sonstigen Gründen vorübergehend nicht in der Anstalt aufhalten.

(2) Während der Teilnahme an Maßnahmen der Ausbildung oder Weiterbildung wird von der Erhebung eines Haftkostenbeitrages abgesehen, wenn Leistungen nach öffentlich-rechtlichen Bestimmungen (SGB III) gewährt werden, die die Höhe der Ausbildungsbeihilfe nach § 44 nicht übersteigen.

[1)] Siehe die Haftkostenbeiträge-Bek. 2021 v. 28.12.2020 (BAnz AT 31.12.2020 B1):

„Auf Grund des § 50 Absatz 2 des Strafvollzugsgesetzes vom 16. März 1976 (BGBl. I S. 581, 2088), der durch Artikel 152 Nummer 2 der Verordnung vom 31. August 2015 (BGBl. I S. 1474) geändert worden ist, wird der Betrag der gemäß § 17 Absatz 1 Satz 1 Nummer 4 des Vierten Buches Sozialgesetzbuch bewerteten Sachbezüge für das Kalenderjahr 2021 wie folgt festgestellt und bekannt gegeben:

I. für Unterkunft	
1. für Gefangene bis zur Vollendung des 18. Lebensjahres und für Auszubildende	
bei Einzelunterbringung	164,50 €
bei Belegung mit zwei Gefangenen	70,50 €
bei Belegung mit drei Gefangenen	47,00 €
bei Belegung mit mehr als drei Gefangenen	23,50 €
2. für alle übrigen Gefangenen	
bei Einzelunterbringung	199,75 €
bei Belegung mit zwei Gefangenen	105,75 €
bei Belegung mit drei Gefangenen	82,25 €
bei Belegung mit mehr als drei Gefangenen	58,75 €
II. für Verpflegung	
Frühstück	54,00 €
Mittagessen	102,00 €
Abendessen	102,00 €

Alle Beträge beziehen sich jeweils auf einen Monat. Für kürzere Zeiträume ist für jeden Tag ein Dreißigstel der aufgeführten Beträge zugrunde zu legen."

§ 51 Überbrückungsgeld. (1) Aus den in diesem Gesetz geregelten Bezügen und aus den Bezügen der Gefangenen, die in einem freien Beschäftigungsverhältnis stehen (§ 39 Abs. 1) oder denen gestattet ist, sich selbst zu beschäftigen (§ 39 Abs. 2), ist ein Überbrückungsgeld zu bilden, das den notwendigen Lebensunterhalt des Gefangenen und seiner Unterhaltsberechtigten für die ersten vier Wochen nach seiner Entlassung sichern soll.

(2) [1] Das Überbrückungsgeld wird dem Gefangenen bei der Entlassung in die Freiheit ausgezahlt. [2] Die Vollzugsbehörde kann es auch ganz oder zum Teil dem Bewährungshelfer oder einer mit der Entlassenenbetreuung befaßten Stelle überweisen, die darüber entscheiden, wie das Geld innerhalb der ersten vier Wochen nach der Entlassung an den Gefangenen ausgezahlt wird. [3] Der Bewährungshelfer und die mit der Entlassenenbetreuung befaßte Stelle sind verpflichtet, das Überbrückungsgeld von ihrem Vermögen gesondert zu halten. [4] Mit Zustimmung des Gefangenen kann das Überbrückungsgeld auch dem Unterhaltsberechtigten überwiesen werden.

(3) Der Anstaltsleiter kann gestatten, daß das Überbrückungsgeld für Ausgaben in Anspruch genommen wird, die der Eingliederung des Gefangenen dienen.

(4) [1] Der Anspruch auf Auszahlung des Überbrückungsgeldes ist unpfändbar. [2] Erreicht es nicht die in Absatz 1 bestimmte Höhe, so ist in Höhe des Unterschiedsbetrages auch der Anspruch auf Auszahlung des Eigengeldes unpfändbar. [3] Bargeld des entlassenen Gefangenen, an den wegen der nach Satz 1 oder Satz 2 unpfändbaren Ansprüche Geld ausgezahlt worden ist, ist für die Dauer von vier Wochen seit der Entlassung insoweit der Pfändung nicht unterworfen, als es dem Teil der Ansprüche für die Zeit von der Pfändung bis zum Ablauf der vier Wochen entspricht.

(5) [1] Absatz 4 gilt nicht bei einer Pfändung wegen der in § 850d Abs. 1 Satz 1 der Zivilprozeßordnung bezeichneten Unterhaltsansprüche. [2] Dem entlassenen Gefangenen ist jedoch so viel zu belassen, als er für seinen notwendigen Unterhalt und zur Erfüllung seiner sonstigen gesetzlichen Unterhaltspflichten für die Zeit von der Pfändung bis zum Ablauf von vier Wochen seit der Entlassung bedarf.

VV zu § 51

1. [Überbrückungsgeld]

(1) [1] Das Arbeitsentgelt und die Ausbildungsbeihilfe werden dem Überbrückungsgeld zugeführt, soweit sie dem Gefangenen nicht als Hausgeld zur Verfügung stehen und das Überbrückungsgeld noch nicht die angemessene Höhe (§ 51 Abs. 1) erreicht hat. [2] Bei Gefangenen, die in einem freien Beschäftigungsverhältnis stehen oder denen gestattet ist, sich selbst zu beschäftigen, ist der Anteil der Bezüge zu bestimmen, der gemäß Satz 1 dem Überbrückungsgeld zuzuführen ist; der Anteil soll bei Gefangenen, die in einem freien Beschäftigungsverhältnis stehen, den Betrag des Hausgeldes nicht unterschreiten.

(2) [1] Die angemessene Höhe des Überbrückungsgeldes wird von der Landesjustizverwaltung festgesetzt. [2] Sie soll das Vierfache des nach § 22 Bundessozialhilfegesetz festgesetzten monatlichen Mindestbetrages des Regelsatzes nicht unterschreiten. [3] Der Anstaltsleiter kann unter Berücksichtigung der Umstände des Einzelfalles einen höheren Betrag festsetzen.

2. [Zustimmung zum Überbrückungsgeld]

(1) Der Anstaltsleiter soll die Inanspruchnahme des Überbrückungsgeldes nach § 51 Abs. 3 nur gestatten, wenn zu erwarten ist, dass dem Gefangenen bei der Entlassung in die Freiheit ein Überbrückungsgeld in angemessener Höhe zur Verfügung steht.

(2) Ausgaben, die der Eingliederung dienen, sind insbesondere Aufwendungen zur Erlangung eines Arbeitsplatzes und einer Unterkunft nach der Entlassung.

§ 52 Eigengeld. Bezüge des Gefangenen, die nicht als Hausgeld, Haftkostenbeitrag, Unterhaltsbeitrag oder Überbrückungsgeld in Anspruch genommen werden, sind dem Gefangenen zum Eigengeld gutzuschreiben.

Sechster Titel. Religionsausübung

§ 53 Seelsorge. (1) [1]Dem Gefangenen darf religiöse Betreuung durch einen Seelsorger seiner Religionsgemeinschaft nicht versagt werden. [2]Auf seinen Wunsch ist ihm zu helfen, mit einem Seelsorger seiner Religionsgemeinschaft in Verbindung zu treten.

(2) [1]Der Gefangene darf grundlegende religiöse Schriften besitzen. [2]Sie dürfen ihm nur bei grobem Mißbrauch entzogen werden.

(3) Dem Gefangenen sind Gegenstände des religiösen Gebrauchs in angemessenem Umfange zu belassen.

§ 54 Religiöse Veranstaltungen. (1) Der Gefangene hat das Recht, am Gottesdienst und an anderen religiösen Veranstaltungen seines Bekenntnisses teilzunehmen.

(2) Zu dem Gottesdienst oder zu religiösen Veranstaltungen einer anderen Religionsgemeinschaft wird der Gefangene zugelassen, wenn deren Seelsorger zustimmt.

(3) Der Gefangene kann von der Teilnahme am Gottesdienst oder anderen religiösen Veranstaltungen ausgeschlossen werden, wenn dies aus überwiegenden Gründen der Sicherheit oder Ordnung geboten ist; der Seelsorger soll vorher gehört werden.

§ 55 Weltanschauungsgemeinschaften. Für Angehörige weltanschaulicher Bekenntnisse gelten die §§ 53 und 54 entsprechend.

Siebter Titel. Gesundheitsfürsorge

§ 56 Allgemeine Regeln. (1) [1]Für die körperliche und geistige Gesundheit des Gefangenen ist zu sorgen. [2]§ 101 bleibt unberührt.

(2) Der Gefangene hat die notwendigen Maßnahmen zum Gesundheitsschutz und zur Hygiene zu unterstützen.

VV zu § 56

1. [Gesundheitsfürsorge]

Für die Anstalten gelten die allgemeinen Vorschriften für die gesundheitsbehördliche Überwachung.

2. [Überwachungspflicht des Anstaltsarztes]

[1]Der Anstaltsarzt achtet auf Vorgänge und Umstände, von denen Gefahren für die Gesundheit von Personen in der Anstalt ausgehen können. [2]Jeder Bedienstete, der eine Gefahr für die gesundheitlichen Verhältnisse zu erkennen glaubt, ist verpflichtet, dieses unverzüglich zu melden.

3. [Meldepflichtige übertragbare Krankheiten]

[1]Der Anstaltsarzt hat nach den Vorschriften des Infektionsschutzgesetzes meldepflichtige übertragbare Krankheiten dem zuständigen Gesundheitsamt anzuzeigen und den Gefangenen, soweit es erforderlich ist, abzusondern. [2]Kranke, bei denen zur Zeit der Entlassung noch Ansteckungsgefahr besteht oder deren Behandlung noch nicht abgeschlossen ist, werden dem zuständigen Gesundheitsamt unverzüglich gemeldet. [3]Gegebenenfalls ist zu veranlassen, dass sie in die zuständige öffentliche Krankenanstalt gebracht werden.

§ 57 Gesundheitsuntersuchungen, medizinische Vorsorgeleistungen.

(1) Gefangene, die das fünfunddreißigste Lebensjahr vollendet haben, haben jedes zweite Jahr Anspruch auf eine ärztliche Gesundheitsuntersuchung zur Früherkennung von Krankheiten, insbesondere zur Früherkennung von Herz-Kreislauf- und Nierenerkrankungen sowie der Zuckerkrankheit.

(2) Gefangene haben höchstens einmal jährlich Anspruch auf eine Untersuchung zur Früherkennung von Krebserkrankungen, Frauen frühestens vom Beginn des zwanzigsten Lebensjahres an, Männer frühestens vom Beginn des fünfundvierzigsten Lebensjahres an.

(3) Voraussetzung für die Untersuchungen nach den Absätzen 1 und 2 ist, daß

1. es sich um Krankheiten handelt, die wirksam behandelt werden können,
2. das Vor- oder Frühstadium dieser Krankheiten durch diagnostische Maßnahmen erfaßbar ist,
3. die Krankheitszeichen medizinisch-technisch genügend eindeutig zu erfassen sind,
4. genügend Ärzte und Einrichtungen vorhanden sind, um die aufgefundenen Verdachtsfälle eingehend zu diagnostizieren und zu behandeln.

(4) Gefangene Frauen haben für ihre Kinder, die mit ihnen in der Vollzugsanstalt untergebracht sind, bis zur Vollendung des sechsten Lebensjahres Anspruch auf Untersuchungen zur Früherkennung von Krankheiten, die die körperliche oder geistige Entwicklung ihrer Kinder in nicht geringfügigem Maße gefährden.

(5) [1] Gefangene, die das vierzehnte, aber noch nicht das zwanzigste Lebensjahr vollendet haben, können sich zur Verhütung von Zahnerkrankungen einmal in jedem Kalenderhalbjahr zahnärztlich untersuchen lassen. [2] Die Untersuchungen sollen sich auf den Befund des Zahnfleisches, die Aufklärung über Krankheitsursachen und ihre Vermeidung, das Erstellen von diagnostischen Vergleichen zur Mundhygiene, zum Zustand des Zahnfleisches und zur Anfälligkeit gegenüber Karieserkrankungen, auf die Motivation und Einweisung bei der Mundpflege sowie auf Maßnahmen zur Schmelzhärtung der Zähne erstrecken.

(6) Gefangene haben Anspruch auf ärztliche Behandlung und Versorgung mit Arznei-, Verband-, Heil- und Hilfsmitteln, wenn diese notwendig sind,

1. eine Schwächung der Gesundheit, die in absehbarer Zeit voraussichtlich zu einer Krankheit führen würde, zu beseitigen,
2. einer Gefährdung der gesundheitlichen Entwicklung eines Kindes entgegenzuwirken oder
3. Pflegebedürftigkeit zu vermeiden.

VV zu § 57

[1] Die Gefangenen sind auf die Möglichkeit von Maßnahmen zur Früherkennung von Krankheiten hinzuweisen. [2] Die Maßnahmen werden auf Antrag durchgeführt.

§ 58 Krankenbehandlung. [1] Gefangene haben Anspruch auf Krankenbehandlung, wenn sie notwendig ist, um eine Krankheit zu erkennen, zu heilen, ihre Verschlimmerung zu verhüten oder Krankheitsbeschwerden zu lindern. [2] Die Krankenbehandlung umfaßt insbesondere

1. ärztliche Behandlung,
2. zahnärztliche Behandlung einschließlich der Versorgung mit Zahnersatz,
3. Versorgung mit Arznei-, Verband-, Heil- und Hilfsmitteln,
4. medizinische und ergänzende Leistungen zur Rehabilitation sowie Belastungserprobung und Arbeitstherapie, soweit die Belange des Vollzuges dem nicht entgegenstehen.

VV zu § 58

1. [Anzeigepflicht im Krankheitsfall]

(1) [1]Einen Gefangenen, der sich krank meldet, einen Unfall erleidet, einen Selbstmordversuch begeht oder sich selbst beschädigt, sowie einen Gefangenen, dessen Aussehen oder Verhalten den Verdacht nahe legt, dass er körperlich oder geistig erkrankt ist, zeigt der die Feststellung treffende Bedienstete schriftlich, notfalls mündlich voraus, dem Anstaltsarzt an. [2]Wenn ärztliche Hilfe nicht sofort erforderlich erscheint, untersucht der Arzt den krank gemeldeten Gefangenen in der nächsten Sprechstunde.

(2) Der Arzt stellt fest, ob der Gefangene als krank zu führen ist, ob er bettlägerig krank ist, in welchem Umfange er arbeitsfähig ist, ob er einer besonderen Unterbringung oder speziellen Behandlung bedarf oder ob er vollzugsuntauglich ist.

2. [Anstaltsfremder Arzt]

(1) Kann der Anstaltsarzt nicht erreicht werden, so wird in dringenden Fällen ein anderer Arzt herbeigerufen.

(2) Hält es der Anstaltsarzt nach Art oder Schwere des Falles für erforderlich, zieht er einen anderen Arzt oder Facharzt hinzu.

3. [Hinzuziehen weiterer Ärzte]

[1]Der Anstaltsleiter kann nach Anhören des Anstaltsarztes dem Gefangenen ausnahmsweise gestatten, auf eigene Kosten einen beratenden Arzt hinzuzuziehen. [2]Die Erlaubnis soll nur erteilt werden, wenn der Gefangene den in Aussicht genommenen Arzt und den Anstaltsarzt untereinander von der ärztlichen Schweigepflicht entbindet. [3]Bei der Wahl des Zeitpunktes und der Bestimmung der Häufigkeit ärztlicher Bemühungen ist auf die besonderen räumlichen, personellen und organisatorischen Verhältnisse in der Anstalt Rücksicht zu nehmen.

4. [Medikamentengabe]

(1) [1]Die ärztlichen Verordnungen sind genau zu befolgen. [2]Es ist darauf zu achten, dass Arzneimittel nicht missbraucht werden. [3]Für die Einhaltung der ärztlichen Einnahmevorschrift ist der Gefangene in der Regel selbst verantwortlich. [4]Bei einem Gefangenen mit Persönlichkeitsstörungen und für die Einnahme stark wirkender Arzneimittel kann angeordnet werden, dass Arzneimittel in Gegenwart eines Bediensteten einzunehmen sind. [5]Bei Missbrauchsgefahr ist darauf zu achten, dass der Gefangene das Arzneimittel tatsächlich einnimmt, nach Möglichkeit durch Verabreichen in aufgelöstem Zustand.

(2) [1]Gifte und andere stark wirkende Arzneimittel hat der Arzt ständig unter sicherem Verschluss aufzubewahren. [2]Alle anderen Arzneimittel sind so sicher unterzubringen, dass sie Unbefugten nicht zugänglich sind.

(3) [1]Es dürfen nur durch die Anstalt beschaffte Arzneimittel verwendet werden, es sei denn, der Anstaltsarzt lässt Ausnahmen zu. [2]Diese Bestimmung gilt nicht für ärztlich verordnete Arzneimittel, die von einem Gefangenen beschafft werden, der in einem freien Beschäftigungsverhältnis steht.

§ 59 Versorgung mit Hilfsmitteln. [1]Gefangene haben Anspruch auf Versorgung mit Seh- und Hörhilfen, Körperersatzstücken, orthopädischen und anderen Hilfsmitteln, die im Einzelfall erforderlich sind, um den Erfolg der Krankenbehandlung zu sichern oder eine Behinderung auszugleichen, sofern dies nicht mit Rücksicht auf die Kürze des Freiheitsentzugs ungerechtfertigt ist und soweit die Hilfsmittel nicht als allgemeine Gebrauchsgegenstände des täglichen Lebens anzusehen sind. [2]Der Anspruch umfaßt auch die notwendige Änderung, Instandsetzung und Ersatzbeschaffung von Hilfsmitteln sowie die Ausbildung in ihrem Gebrauch, soweit die Belange des Vollzuges dem nicht entgegenstehen. [3]Ein erneuter Anspruch auf Versorgung mit Sehhilfen besteht nur bei einer Änderung der Sehfähigkeit um mindestens 0,5 Dioptrien. [4]Anspruch auf Versorgung mit Kontaktlinsen besteht nur in medizinisch zwingend erforderlichen Ausnahmefällen.

§ 60 Krankenbehandlung im Urlaub. Während eines Urlaubs oder Ausgangs hat der Gefangene gegen die Vollzugsbehörde nur einen Anspruch auf Krankenbehandlung in der für ihn zuständigen Vollzugsanstalt.

VV zu § 60

Dem Gefangenen kann in der nächstgelegenen Vollzugsanstalt ambulante Krankenpflege gewährt werden, wenn eine Rückkehr in die zuständige Anstalt nicht zumutbar ist.

§ 61 Art und Umfang der Leistungen. Für die Art der Gesundheitsuntersuchungen und medizinischen Vorsorgeleistungen sowie für den Umfang dieser Leistungen und der Leistungen zur Krankenbehandlung einschließlich der Versorgung mit Hilfsmitteln gelten die entsprechenden Vorschriften des Sozialgesetzbuchs und die auf Grund dieser Vorschriften getroffenen Regelungen.

§ 62 Zuschüsse zu Zahnersatz und Zahnkronen. [1]Die Landesjustizverwaltungen bestimmen durch allgemeine Verwaltungsvorschriften die Höhe der Zuschüsse zu den Kosten der zahnärztlichen Behandlung und der zahntechnischen Leistungen bei der Versorgung mit Zahnersatz. [2]Sie können bestimmen, daß die gesamten Kosten übernommen werden.

§ 62a Ruhen der Ansprüche. Der Anspruch auf Leistungen nach den §§ 57 bis 59 ruht, solange der Gefangene auf Grund eines freien Beschäftigungsverhältnisses (§ 39 Abs. 1) krankenversichert ist.

§ 63 Ärztliche Behandlung zur sozialen Eingliederung. [1]Mit Zustimmung des Gefangenen soll die Vollzugsbehörde ärztliche Behandlung, namentlich Operationen oder prothetische Maßnahmen durchführen lassen, die seine soziale Eingliederung fördern. [2]Er ist an den Kosten zu beteiligen, wenn dies nach seinen wirtschaftlichen Verhältnissen gerechtfertigt ist und der Zweck der Behandlung dadurch nicht in Frage gestellt wird.

§ 64 Aufenthalt im Freien. Arbeitet ein Gefangener nicht im Freien, so wird ihm täglich mindestens eine Stunde Aufenthalt im Freien ermöglicht, wenn die Witterung dies zu der festgesetzten Zeit zuläßt.

§ 65 Verlegung. (1) Ein kranker Gefangener kann in ein Anstaltskrankenhaus oder in eine für die Behandlung seiner Krankheit besser geeignete Vollzugsanstalt verlegt werden.

(2) [1]Kann die Krankheit eines Gefangenen in einer Vollzugsanstalt oder einem Anstaltskrankenhaus nicht erkannt oder behandelt werden oder ist es nicht möglich, den Gefangenen rechtzeitig in ein Anstaltskrankenhaus zu verlegen, ist dieser in ein Krankenhaus außerhalb des Vollzuges zu bringen. [2]*Ist während des Aufenthalts des Gefangenen in einem Krankenhaus die Strafvollstreckung unterbrochen worden, hat der Versicherte nach den Vorschriften der gesetzlichen Krankenversicherung Anspruch auf die erforderlichen Leistungen.*[1)]

[1)] § 65 Abs. 2 Satz 2 wird durch besonderes Bundesgesetz in Kraft gesetzt (vgl. § 198 Abs. 3).

VV zu § 65

(1) [1] In einem Krankenhaus außerhalb des Vollzuges ist eine Bewachung durch Vollzugsbedienstete bei Fortdauer der Strafvollstreckung nur dann erforderlich, wenn eine Flucht aufgrund der Persönlichkeit des Gefangenen oder der besonderen Umstände zu befürchten ist. [2] Wenn auf eine Bewachung ausschließlich im Hinblick auf den Krankheitszustand verzichtet wurde, ist das Krankenhaus zu ersuchen, der Anstalt eine Besserung des Befindens mitzuteilen, die eine Flucht möglich erscheinen lässt.

(2) [1] Kann die sachgemäße Behandlung oder Beobachtung eines Gefangenen nur in einem Krankenhaus außerhalb des Vollzuges, das die gebotene Fortdauer der Bewachung nicht zulässt, durchgeführt werden, so sind bei der Entscheidung über eine Verlegung des Gefangenen in dieses Krankenhaus die Dringlichkeit der Krankenhausunterbringung und die Entweichungsgefahr sowie die Gefahr für die öffentliche Sicherheit gegeneinander abzuwägen. [2] Eine nicht unverzüglich erforderliche stationäre Behandlung ist danach unter Umständen aufzuschieben.

§ 66 Benachrichtigung bei Erkrankung oder Todesfall. (1) [1] Wird ein Gefangener schwer krank, so ist ein Angehöriger, eine Person seines Vertrauens oder der gesetzliche Vertreter unverzüglich zu benachrichtigen. [2] Dasselbe gilt, wenn ein Gefangener stirbt.

(2) Dem Wunsche des Gefangenen, auch andere Personen zu benachrichtigen, soll nach Möglichkeit entsprochen werden.

VV zu § 66

(1) Der Tod des Gefangenen wird der Aufsichtsbehörde angezeigt.

(2) Das Guthaben des Verstorbenen Gefangenen bei der Anstaltszahlstelle und seine Habe werden an den Berechtigten ausgehändigt.

Achter Titel. Freizeit

§ 67 Allgemeines. [1] Der Gefangene erhält Gelegenheit, sich in seiner Freizeit zu beschäftigen. [2] Er soll Gelegenheit erhalten, am Unterricht einschließlich Sport, an Fernunterricht, Lehrgängen und sonstigen Veranstaltungen der Weiterbildung, an Freizeitgruppen, Gruppengesprächen sowie an Sportveranstaltungen teilzunehmen und eine Bücherei zu benutzen.

VV zu § 67

Die VV Nummer 2 Abs. 4 Satz 1 und Nummer 3 Abs. 4 Satz 1 zu § 39 gelten entsprechend.

§ 68 Zeitungen und Zeitschriften. (1) Der Gefangene darf Zeitungen und Zeitschriften in angemessenem Umfang durch Vermittlung der Anstalt beziehen.

(2) [1] Ausgeschlossen sind Zeitungen und Zeitschriften, deren Verbreitung mit Strafe oder Geldbuße bedroht ist. [2] Einzelne Ausgaben oder Teile von Zeitungen oder Zeitschriften können dem Gefangenen vorenthalten werden, wenn sie das Ziel des Vollzuges oder die Sicherheit oder Ordnung der Anstalt erheblich gefährden würden.

VV zu § 68

1. [Zeitungen und Zeitschriften]

[1] Zeitungen und Zeitschriften können durch die Anstalt, den Gefangenen oder einen Dritten bestellt werden. [2] Sie dürfen in der Regel nur über den Postzeitungsdienst oder im Abonnement bezogen werden.

2. [Kosten]

Der Gefangene kann für den Bezug von Zeitungen und Zeitschriften sein Hausgeld, sein Taschengeld und sein Eigengeld verwenden.

3. [Weitergabe von Zeitungen und Zeitschriften]

Die Weitergabe von Zeitungen und Zeitschriften oder von Teilen und ausschnitten an andere Gefangene kann untersagt werden, wenn sie das Ziel des Vollzuges oder die Sicherheit oder Ordnung der Anstalt gefährden würden.

4. [Gebrauchte Zeitungen und Zeitschriften]

Gebrauchte Zeitungen und Zeitschriften werden anderweitig verwertet oder vernichtet; sie sind auf Antrag des Gefangene zur Habe zu nehmen, falls dieser ein berechtigtes Interesse an der weiteren Aufbewahrung hat.

5. [Abbestellung, Umbestellung, Nachsendung]

[1] Der Gefangene hat die Abbestellung, Umbestellung oder Nachsendung von Zeitungen und Zeitschriften selbst zu veranlassen. [2] Die Anstalt ist zur Nachsendung nicht verpflichtet. [3] Gehen für einen entlassenen oder in eine andere Anstalt verlegten Gefangenen Zeitungen oder Zeitschriften ein, hat der Gefangene der Verwertung oder Vernichtung durch die Anstalt nicht zugestimmt und ist auch eine Nachsendung nicht beabsichtigt, so soll die Anstalt die Annahme verweigern.

6. [Ausschluss vom Bezug]

Werden Zeitungen oder Zeitschriften vom Bezug ausgeschlossen oder einzelne Ausgaben oder Teile von Zeitungen oder Zeitschriften vorenthalten, so wird dies dem Gefangenen mitgeteilt.

§ 69 Hörfunk und Fernsehen. (1) [1] Der Gefangene kann am Hörfunkprogramm der Anstalt sowie am gemeinschaftlichen Fernsehempfang teilnehmen. [2] Die Sendungen sind so auszuwählen, daß Wünsche und Bedürfnisse nach staatsbürgerlicher Information, Bildung und Unterhaltung angemessen berücksichtigt werden. [3] Der Hörfunk- und Fernsehempfang kann vorübergehend ausgesetzt oder einzelnen Gefangenen untersagt werden, wenn dies zur Aufrechterhaltung der Sicherheit oder Ordnung der Anstalt unerläßlich ist.

(2) Eigene Hörfunk- und Fernsehgeräte werden unter den Voraussetzungen des § 70 zugelassen.

VV zu § 69

1. [Hörfunk- und Fernsehgeräte]

Die Anstaltsleitung kann anordnen, dass Hörfunk- und Fernsehgeräte nur mit Kopfhörern betrieben und dass sie während der Ruhezeit aus dem Haftraum entfernt werden.

2. [Überwachung der Geräte]

(1) [1] Hörfunk- und Fernsehgeräte dürfen nur ausgehändigt werden, wenn feststeht, dass sie den geltenden Bestimmungen und Auflagen entsprechen und keine unzulässigen Gegenstände enthalten. [2] Die dazu erforderliche Überprüfung und etwa notwendige Änderungen werden durch die Anstalt auf Kosten des Gefangenen veranlasst.

(2) Zur Verhinderung eines Missbrauchs kann die Anstaltsleitung die Verplombung der Geräte anordnen.

(3) Reparaturen sind nur durch Vermittlung der Anstalt zulässig.

3. [Notwendige Betriebsanzeigen]

[1] Der Gefangene hat die notwendigen Anzeigen im Zusammenhang mit dem Betrieb des Hörfunkgerätes und des Fernsehgerätes selbst vorzunehmen und für die Entrichtung der entsprechenden Gebühren zu sorgen, sofern er nicht von der Gebührenpflicht befreit ist. [2] Hierauf ist er hinzuweisen.

4. [Betriebsort]

Der Gefangene darf das Hörfunkgerät und das Fernsehgerät ohne abweichende Erlaubnis nur in seinem Haftraum betreiben.

5. [Kosten]

Die Kosten für die Beschaffung, die Überprüfung, eine notwendige Änderung, die Reparatur und den Betrieb des Hörfunkgerätes und des Fernsehgerätes darf der Gefangene aus seinem Hausgeld, seinem Taschengeld und seinem Eigengeld bestreiten.

§ 70 Besitz von Gegenständen für die Freizeitbeschäftigung. (1) Der Gefangene darf in angemessenem Umfange Bücher und andere Gegenstände zur Fortbildung oder zur Freizeitbeschäftigung besitzen.

(2) Dies gilt nicht, wenn der Besitz, die Überlassung oder die Benutzung des Gegenstands

1. mit Strafe oder Geldbuße bedroht wäre oder
2. das Ziel des Vollzuges oder die Sicherheit oder Ordnung der Anstalt gefährden würde.

(3) Die Erlaubnis kann unter den Voraussetzungen des Absatzes 2 widerrufen werden.

Neunter Titel. Soziale Hilfe

§ 71 Grundsatz. [1]Der Gefangene kann die soziale Hilfe der Anstalt in Anspruch nehmen, um seine persönlichen Schwierigkeiten zu lösen. [2]Die Hilfe soll darauf gerichtet sein, den Gefangenen in die Lage zu versetzen, seine Angelegenheiten selbst zu ordnen und zu regeln.

§ 72 Hilfe bei der Aufnahme. (1) Bei der Aufnahme wird dem Gefangenen geholfen, die notwendigen Maßnahmen für hilfsbedürftige Angehörige zu veranlassen und seine Habe außerhalb der Anstalt sicherzustellen.

(2) Der Gefangene ist über die Aufrechterhaltung einer Sozialversicherung zu beraten.

§ 73 Hilfe während des Vollzuges. Der Gefangene wird in dem Bemühen unterstützt, seine Rechte und Pflichten wahrzunehmen, namentlich sein Wahlrecht auszuüben sowie für Unterhaltsberechtigte zu sorgen und einen durch seine Straftat verursachten Schaden zu regeln.

§ 74 Hilfe zur Entlassung. [1]Um die Entlassung vorzubereiten, ist der Gefangene bei der Ordnung seiner persönlichen, wirtschaftlichen und sozialen Angelegenheiten zu beraten. [2]Die Beratung erstreckt sich auch auf die Benennung der für Sozialleistungen zuständigen Stellen. [3]Dem Gefangenen ist zu helfen, Arbeit, Unterkunft und persönlichen Beistand für die Zeit nach der Entlassung zu finden.

VV zu § 74

Wird der Gefangene bei der Entlassung einem Bewährungshelfer oder der Führungsaufsicht unterstellt, so hat die Anstalt unverzüglich mit den zuständigen Stellen Verbindung aufzunehmen, um die Betreuungsmaßnahmen für den Gefangenen abzustimmen.

§ 75 Entlassungsbeihilfe. (1) Der Gefangene erhält, soweit seine eigenen Mittel nicht ausreichen, von der Anstalt eine Beihilfe zu den Reisekosten sowie eine Überbrückungsbeihilfe und erforderlichenfalls ausreichende Kleidung.

(2) [1]Bei der Bemessung der Höhe der Überbrückungsbeihilfe sind die Dauer des Freiheitsentzuges, der persönliche Arbeitseinsatz des Gefangenen und die Wirtschaftlichkeit seiner Verfügungen über Eigengeld und Hausgeld während der Strafzeit zu berücksichtigen. [2]§ 51 Abs. 2 Satz 2 und 3 gilt entsprechend. [3]Die Überbrückungsbeihilfe kann ganz oder teilweise auch dem Unterhaltsberechtigten überwiesen werden.

(3) [1] Der Anspruch auf Beihilfe zu den Reisekosten und die ausgezahlte Reisebeihilfe sind unpfändbar. [2] Für den Anspruch auf Überbrückungsbeihilfe und für Bargeld nach Auszahlung einer Überbrückungsbeihilfe an den Gefangenen gilt § 51 Abs. 4 Satz 1 und 3, Abs. 5 entsprechend.

VV zu § 75

1. [Entlassungsbeihilfe]

(1) Reisekosten sind die zum Erreichen des Entlassungszieles notwendigen Aufwendungen für die Fahrt.

(2) Die Höhe der Reisekosten bestimmt sich grundsätzlich nach dem Tarif für die billigste Wagenklasse des in Betracht kommenden öffentlichen Verkehrsmittels.

(3) Dem Gefangenen ist möglichst ein Gutschein für eine Fahrkarte auszuhändigen.

2. [Reiseverpflegung]

Der Gefangene erhält auf Wunsch Reiseverpflegung, wenn er das Entlassungsziel erst nach mehr als vier Stunden erreichen kann.

3. [Überbrückungsbeihilfe]

[1] Die Überbrückungsbeihilfe soll den Gefangenen in die Lage versetzen, ohne Inanspruchnahme fremder Hilfe seinen notwendigen Lebensunterhalt (Unterkunft, Verpflegung u.ä.) zu bestreiten, bis er ihn aus seiner Arbeit oder aus Zuwendungen auf Grund anderer gesetzlicher Bestimmungen (z.B. SGB III, Bundessozialhilfegesetz) decken kann. [2] Bei der Bemessung soll von den Leistungen ausgegangen werden, die das Bundessozialhilfegesetz für vergleichbare Fälle vorsieht.

4. [Bekleidung]

(1) [1] Der Gefangene soll in eigener Kleidung entlassen werden. [2] Die Bekleidungsstücke werden, soweit erforderlich, auf Kosten des Gefangenen, bei Mittellosigkeit auf Kosten der Anstalt, gereinigt und instandgesetzt.

(2) Entspricht die Kleidung nicht den billigerweise zu stellenden Anforderungen oder ist sie so mangelhaft, dass eine Herrichtung sich nicht lohnt, ist der Gefangene anzuhalten, sich rechtzeitig von seinen Angehörigen oder Dritten ausreichende Bekleidungsstücke übersenden zu lassen oder sie durch Vermittlung der Anstalt aus eigenen Mitteln zu kaufen.

(3) Können Bekleidungsstücke auf diesem Wege nicht beschafft werden, werden sie von der Anstalt zur Verfügung gestellt.

5. [Hygieneartikel]

Für die Ausstattung mit den zur Körperpflege notwendigen Gegenständen, mit Koffern u.ä. gilt Nummer 4 entsprechend.

Zehnter Titel. Besondere Vorschriften für den Frauenstrafvollzug

§ 76 Leistungen bei Schwangerschaft und Mutterschaft. (1) [1] Bei einer Schwangeren oder einer Gefangenen, die unlängst entbunden hat, ist auf ihren Zustand Rücksicht zu nehmen. [2] Die Vorschriften des Gesetzes zum Schutze der erwerbstätigen Mutter über die Gestaltung des Arbeitsplatzes sind entsprechend anzuwenden.

(2) [1] Die Gefangene hat während der Schwangerschaft, bei und nach der Entbindung Anspruch auf ärztliche Betreuung und auf Hebammenhilfe in der Vollzugsanstalt. [2] Zur ärztlichen Betreuung während der Schwangerschaft gehören insbesondere Untersuchungen zur Feststellung der Schwangerschaft sowie Vorsorgeuntersuchungen einschließlich der laborärztlichen Untersuchungen.

(3) [1] Zur Entbindung ist die Schwangere in ein Krankenhaus außerhalb des Vollzuges zu bringen. [2] Ist dies aus besonderen Gründen nicht angezeigt, so ist die Entbindung in einer Vollzugsanstalt mit Entbindungsabteilung vorzunehmen. [3] Bei der Entbindung wird Hilfe durch eine Hebamme und, falls erforderlich, durch einen Arzt gewährt.

VV zu § 76

Die VV zu § 65 gilt entsprechend.

§ 77 Arznei-, Verband- und Heilmittel. Bei Schwangerschaftsbeschwerden und im Zusammenhang mit der Entbindung werden Arznei-, Verband- und Heilmittel geleistet.

§ 78 Art, Umfang und Ruhen der Leistungen bei Schwangerschaft und Mutterschaft. Die §§ 60, 61, 62a und 65 gelten für die Leistungen nach den §§ 76 und 77 entsprechend.

§ 79 Geburtsanzeige. In der Anzeige der Geburt an das Standesamt dürfen die Anstalt als Geburtsstätte des Kindes, das Verhältnis des Anzeigenden zur Anstalt und die Gefangenschaft der Mutter nicht vermerkt sein.

§ 80 Mütter mit Kindern. (1) [1] Ist das Kind einer Gefangenen noch nicht schulpflichtig, so kann es mit Zustimmung des Inhabers des Aufenthaltsbestimmungsrechts in der Vollzugsanstalt untergebracht werden, in der sich seine Mutter befindet, wenn dies seinem Wohle entspricht. [2] Vor der Unterbringung ist das Jugendamt zu hören.

(2) [1] Die Unterbringung erfolgt auf Kosten des für das Kind Unterhaltspflichtigen. [2] Von der Geltendmachung des Kostenersatzanspruchs kann abgesehen werden, wenn hierdurch die gemeinsame Unterbringung von Mutter und Kind gefährdet würde.

Elfter Titel. Sicherheit und Ordnung

§ 81 Grundsatz. (1) Das Verantwortungsbewußtsein des Gefangenen für ein geordnetes Zusammenleben in der Anstalt ist zu wecken und zu fördern.

(2) Die Pflichten und Beschränkungen, die dem Gefangenen zur Aufrechterhaltung der Sicherheit oder Ordnung der Anstalt auferlegt werden, sind so zu wählen, daß sie in einem angemessenen Verhältnis zu ihrem Zweck stehen und den Gefangenen nicht mehr und nicht länger als notwendig beeinträchtigen.

§ 82 Verhaltensvorschriften. (1) [1] Der Gefangene hat sich nach der Tageseinteilung der Anstalt (Arbeitszeit, Freizeit, Ruhezeit) zu richten. [2] Er darf durch sein Verhalten gegenüber Vollzugsbediensteten, Mitgefangenen und anderen Personen das geordnete Zusammenleben nicht stören.

(2) [1] Der Gefangene hat die Anordnungen der Vollzugsbediensteten zu befolgen, auch wenn er sich durch sie beschwert fühlt. [2] Einen ihm zugewiesenen Bereich darf er nicht ohne Erlaubnis verlassen.

(3) Seinen Haftraum und die ihm von der Anstalt überlassenen Sachen hat er in Ordnung zu halten und schonend zu behandeln.

(4) Der Gefangene hat Umstände, die eine Gefahr für das Leben oder eine erhebliche Gefahr für die Gesundheit einer Person bedeuten, unverzüglich zu melden.

§ 83 Persönlicher Gewahrsam. Eigengeld. (1) [1] Der Gefangene darf nur Sachen in Gewahrsam haben oder annehmen, die ihm von der Vollzugsbehörde oder mit ihrer Zustimmung überlassen werden. [2] Ohne Zustimmung darf er Sachen von geringem Wert von einem anderen Gefangenen annehmen; die

Vollzugsbehörde kann Annahme und Gewahrsam auch dieser Sachen von ihrer Zustimmung abhängig machen.

(2) [1] Eingebrachte Sachen, die der Gefangene nicht in Gewahrsam haben darf, sind für ihn aufzubewahren, sofern dies nach Art und Umfang möglich ist. [2] Geld wird ihm als Eigengeld gutgeschrieben. [3] Dem Gefangenen wird Gelegenheit gegeben, seine Sachen, die er während des Vollzuges und für seine Entlassung nicht benötigt, abzusenden oder über sein Eigengeld zu verfügen, soweit dieses nicht als Überbrückungsgeld notwendig ist.

(3) Weigert sich ein Gefangener, eingebrachtes Gut, dessen Aufbewahrung nach Art und Umfang nicht möglich ist, aus der Anstalt zu verbringen, so ist die Vollzugsbehörde berechtigt, diese Gegenstände auf Kosten des Gefangenen aus der Anstalt entfernen zu lassen.

(4) Aufzeichnungen und andere Gegenstände, die Kenntnisse über Sicherungsvorkehrungen der Anstalt vermitteln, dürfen von der Vollzugsbehörde vernichtet oder unbrauchbar gemacht werden.

VV zu § 83

1. [Verwahrung]

[1] Die zu verwahrenden Sachen sind in ein Verzeichnis einzutragen. [2] Davon kann, außer bei Wertsachen und wichtigen Schriftstücken (z.B. Personalpapiere, Versicherungsunterlagen), abgesehen werden, wenn die Habe verschlossen verwahrt und der Verschluss nur in Gegenwart des Gefangenen oder eines weiteren Bediensteten geöffnet wird Die verwahrten Sachen werden vor Verwechslung, Verlust und Verderb geschützt. [3] Wertsachen sind von den übrigen Sachen getrennt besonders sicher zu verwahren. [4] Kleidungsstücke und Wäsche werden, soweit erforderlich, gereinigt und desinfiziert.

2. [Unvertretbare Aushändigung oder Absendung]

[1] Eingebrachte Sachen, deren Aushändigung bei der Entlassung oder deren Absendung durch den Gefangenen nicht vertretbar erscheint (z.B. Waffen, Diebeswerkzeug), werden der zuständigen Behörde angezeigt. [2] Trifft sie keine Verfügung, so werden die Sachen dem Gefangenen bei der Entlassung ausgehändigt oder zur Absendung freigegeben. [3] § 83 Abs. 4 bleibt unberührt.

3. [Eigengeld]

[1] Eigengeld, das für einen Gefangenen zu einer bestimmten Verwendung eingezahlt wird, wird nicht als Überbrückungsgeld behandelt, wenn der Verwendungszweck der Eingliederung des Gefangenen dient. [2] Ein Geldbetrag im Sinne des Absatzes 2 Satz 3 der VV zu § 46 wird bis zu dem für den Ersatzeinkauf festgesetzten Höchstbetrag ebenfalls nicht als Überbrückungsgeld behandelt.

§ 84 Durchsuchung. (1) [1] Gefangene, ihre Sachen und die Hafträume dürfen durchsucht werden. [2] Die Durchsuchung männlicher Gefangener darf nur von Männern, die Durchsuchung weiblicher Gefangener darf nur von Frauen vorgenommen werden. [3] Das Schamgefühl ist zu schonen.

(2) [1] Nur bei Gefahr im Verzuge oder auf Anordnung des Anstaltsleiters im Einzelfall ist es zulässig, eine mit einer Entkleidung verbundene körperliche Durchsuchung vorzunehmen. [2] Sie darf bei männlichen Gefangenen nur in Gegenwart von Männern, bei weiblichen Gefangenen nur in Gegenwart von Frauen erfolgen. [3] Sie ist in einem geschlossenen Raum durchzuführen. [4] Andere Gefangene dürfen nicht anwesend sein.

(3) Der Anstaltsleiter kann allgemein anordnen, daß Gefangene bei der Aufnahme, nach Kontakten mit Besuchern und nach jeder Abwesenheit von der Anstalt nach Absatz 2 zu durchsuchen sind.

VV zu § 84

1. [Durchsuchung]

(1) [1] In geschlossenen Anstalten haben sich die Vollzugsbediensteten durch unvermutete Durchsuchungen laufend davon zu überzeugen, dass die Räume, die von den Gefangenen benutzt werden, und ihre Einrichtungsgegenstände unbeschädigt sind, dass nichts vorhanden ist, was die Sicherheit oder Ordnung gefährden könnte, vor allem, dass keine Vorbereitungen zu Angriffen oder Flucht getroffen werden. [2] Diese Räume sind in kurzen Zeitabständen zu durchsuchen. Bei gefährlichen und fluchtverdächtigen Gefangenen kann eine tägliche Durchsuchung angeordnet werden. [3] Türen, Tore, Gitter und Schlösser sind regelmäßig und besonders sorgfältig zu überprüfen.

(2) Gefährliche, fluchtverdächtige und solche Gefangene, bei denen die Gefahr des Selbstmordes oder der Selbstverletzung besteht, sind ebenso wie ihre Sachen häufiger zu durchsuchen.

2. [Durchsuchung im offenen Vollzug]

Im offenen Vollzug sind die nach der Aufgabe der Anstalt notwendigen Maßnahmen zu treffen.

§ 85 Sichere Unterbringung. Ein Gefangener kann in eine Anstalt verlegt werden, die zu seiner sicheren Unterbringung besser geeignet ist, wenn in erhöhtem Maße Fluchtgefahr gegeben ist oder sonst sein Verhalten oder sein Zustand eine Gefahr für die Sicherheit oder Ordnung der Anstalt darstellt.

VV zu § 85

Die Verlegung bedarf der Zustimmung der Aufsichtsbehörde, wenn der Gefangene in eine nach dem Vollstreckungsplan nicht zuständige Anstalt verlegt werden soll.

§ 86 Erkennungsdienstliche Maßnahmen. (1) Zur Sicherung des Vollzuges sind als erkennungsdienstliche Maßnahmen zulässig

1. die Abnahme von Finger- und Handflächenabdrücken,
2. die Aufnahme von Lichtbildern mit Kenntnis des Gefangenen,
3. die Feststellung äußerlicher körperlicher Merkmale,
4. Messungen.

(2) [1] Die gewonnenen erkennungsdienstlichen Unterlagen werden zu den Gefangenenpersonalakten genommen. [2] Sie können auch in kriminalpolizeilichen Sammlungen verwahrt werden. [3] Die nach Absatz 1 erhobenen Daten dürfen nur für die in Absatz 1 und § 87 Absatz 2 genannten Zwecke und zur Verhinderung oder Verfolgung von Straftaten sowie zur Verhinderung oder Verfolgung von Ordnungswidrigkeiten, durch welche die Sicherheit oder Ordnung der Anstalt gefährdet werden, verarbeitet werden.

(3) [1] Personen, die aufgrund des Absatzes 1 erkennungsdienstlich behandelt worden sind, können nach der Entlassung aus dem Vollzug verlangen, daß die gewonnenen erkennungsdienstlichen Unterlagen mit Ausnahme von Lichtbildern und der Beschreibung von körperlichen Merkmalen vernichtet werden, sobald die Vollstreckung der richterlichen Entscheidung, die dem Vollzug zugrunde gelegen hat, abgeschlossen ist. [2] Sie sind über dieses Recht bei der erkennungsdienstlichen Behandlung und bei der Entlassung aufzuklären.

§ 86a Lichtbilder. (1) [1] Unbeschadet des § 86 dürfen zur Aufrechterhaltung der Sicherheit und Ordnung der Anstalt Lichtbilder der Gefangenen aufgenommen und mit den Namen der Gefangenen sowie deren Geburtsdatum und -ort gespeichert werden. [2] Die Lichtbilder dürfen nur mit Kenntnis der Gefangenen aufgenommen werden.

(2) Die Lichtbilder dürfen nur

1. genutzt werden von Justizvollzugsbediensteten, wenn eine Überprüfung der Identität der Gefangenen im Rahmen ihrer Aufgabenwahrnehmung erforderlich ist,
2. übermittelt werden
   a) an die Polizeivollzugsbehörden des Bundes und der Länder, soweit dies zur Abwehr einer gegenwärtigen Gefahr für erhebliche Rechtsgüter innerhalb der Anstalt erforderlich ist,
   b) nach Maßgabe des § 87 Abs. 2.

(3) Die Lichtbilder sind nach der Entlassung der Gefangenen aus dem Vollzug oder nach ihrer Verlegung in eine andere Anstalt zu vernichten oder zu löschen.

§ 87 Festnahmerecht. (1) Ein Gefangener, der entwichen ist oder sich sonst ohne Erlaubnis außerhalb der Anstalt aufhält, kann durch die Vollzugsbehörde oder auf ihre Veranlassung hin festgenommen und in die Anstalt zurückgebracht werden.

(2) Nach § 86 Abs. 1 erhobene und nach §§ 86a, 179 erhobene und zur Identifizierung oder Festnahme erforderliche Daten dürfen den Vollstreckungs- und Strafverfolgungsbehörden übermittelt werden, soweit dies für Zwecke der Fahndung und Festnahme des entwichenen oder sich sonst ohne Erlaubnis außerhalb der Anstalt aufhaltenden Gefangenen erforderlich ist.

VV zu § 87

(1) [1] Entweicht ein Gefangener, ist er unverzüglich und nachdrücklich zu verfolgen. [2] Reichen die Mittel, die der Anstalt zur Verfügung stehen, nicht aus, so ist die Hilfe der Polizei und gegebenenfalls anderer Stellen in Anspruch zu nehmen. [3] Führt die unmittelbare Verfolgung oder die von der Anstalt veranlasste Fahndung nicht alsbald zur Wiederergreifung, so sind weitere Maßnahmen der Vollstreckungsbehörde zu überlassen.

(2) [1] Die Entweichung und die Maßnahmen, die zur Wiederergreifung des Entwichenen getroffen worden sind, zeigt der Anstaltsleiter unverzüglich – in der Regel fernmündlich voraus – der Aufsichtsbehörde an. [2] Der Anstaltsleiter unterrichtet die Aufsichtsbehörde auch über die Wiederergreifung oder die freiwillige Rückkehr eines entwichenen Gefangenen.

(3) [1] Der Hergang der Entweichung ist festzustellen. [2] Die Ermittlungen müssen sich darauf erstrecken, ob der Entwichene Helfer hatte und ob die Flucht auf pflichtwidriges Verhalten von Bediensteten oder auf Mängel von Anstaltseinrichtungen zurückzuführen ist. [3] Der Anstaltsleiter berichtet der Aufsichtsbehörde schriftlich über das Ergebnis der Ermittlungen und die getroffenen Maßnahmen.

§ 88 Besondere Sicherungsmaßnahmen. (1) Gegen einen Gefangenen können besondere Sicherungsmaßnahmen angeordnet werden, wenn nach seinem Verhalten oder auf Grund seines seelischen Zustandes in erhöhtem Maße Fluchtgefahr oder die Gefahr von Gewalttätigkeiten gegen Personen oder Sachen oder die Gefahr des Selbstmordes oder der Selbstverletzung besteht.

(2) Als besondere Sicherungsmaßnahmen sind zulässig:
1. der Entzug oder die Vorenthaltung von Gegenständen,
2. die Beobachtung auch mit optisch-elektronischen Einrichtungen,
3. die Absonderung von anderen Gefangenen,
4. der Entzug oder die Beschränkung des Aufenthalts im Freien,
5. die Unterbringung in einem besonders gesicherten Haftraum ohne gefährdende Gegenstände und
6. die Fesselung.

(3) Maßnahmen nach Absatz 2 Nr. 1, 3 bis 5 sind auch zulässig, wenn die Gefahr einer Befreiung oder eine erhebliche Störung der Anstaltsordnung anders nicht vermieden oder behoben werden kann.

(4) Bei einer Ausführung, Vorführung oder beim Transport ist die Fesselung auch dann zulässig, wenn aus anderen Gründen als denen des Absatzes 1 in erhöhtem Maße Fluchtgefahr besteht.

(5) Besondere Sicherungsmaßnahmen dürfen nur soweit aufrechterhalten werden, als es ihr Zweck erfordert.

VV zu § 88

(1) Mehrere besondere Sicherungsmaßnahmen können nebeneinander angeordnet werden, wenn die Gefahr anders nicht abgewendet werden kann.

(2) Es ist in angemessenen Abständen zu überprüfen, ob und in welchem Umfang die besonderen Sicherungsmaßnahmen aufrechterhalten werden müssen.

(3) Die Unterbringung in einem besonders gesicherten Haftraum und die Fesselung sind der Aufsichtsbehörde unverzüglich mitzuteilen, wenn sie länger als drei Tage aufrechterhalten werden.

§ 89 Einzelhaft. (1) Die unausgesetzte Absonderung eines Gefangenen (Einzelhaft) ist nur zulässig, wenn dies aus Gründen, die in der Person des Gefangenen liegen, unerläßlich ist.

(2) [1] Einzelhaft von mehr als drei Monaten Gesamtdauer in einem Jahr bedarf der Zustimmung der Aufsichtsbehörde. [2] Diese Frist wird nicht dadurch unterbrochen, daß der Gefangene am Gottesdienst oder an der Freistunde teilnimmt.

VV zu § 89

In den Fällen des § 89 Abs. 2 ist der Aufsichtsbehörde so rechtzeitig zu berichten, dass eine Entscheidung vor Ablauf der Frist möglich ist.

§ 90 Fesselung. [1] In der Regel dürfen Fesseln nur an den Händen oder an den Füßen angelegt werden. [2] Im Interesse des Gefangenen kann der Anstaltsleiter eine andere Art der Fesselung anordnen. [3] Die Fesselung wird zeitweise gelockert, soweit dies notwendig ist.

VV zu § 90

(1) Der gefesselte Gefangene wird während des Aufenthaltes im Freien von nicht gefesselten Gefangenen getrennt gehalten.

(2) Zur Einnahme der Mahlzeiten und zur Verrichtung der Notdurft werden Handfesseln, nötigenfalls nach Anlegen von Fußfesseln, abgenommen oder so gelockert, dass der Gefangene nicht behindert ist.

§ 91 Anordnung besonderer Sicherungsmaßnahmen. (1) [1] Besondere Sicherungsmaßnahmen ordnet der Anstaltsleiter an. [2] Bei Gefahr im Verzuge können auch andere Bedienstete der Anstalt diese Maßnahmen vorläufig anordnen. [3] Die Entscheidung des Anstaltsleiters ist unverzüglich einzuholen.

(2) [1] Wird ein Gefangener ärztlich behandelt oder beobachtet oder bildet sein seelischer Zustand den Anlaß der Maßnahme, ist vorher der Arzt zu hören. [2] Ist dies wegen Gefahr im Verzuge nicht möglich, wird seine Stellungnahme unverzüglich eingeholt.

§ 92 Ärztliche Überwachung. (1) [1] Ist ein Gefangener in einem besonders gesicherten Haftraum untergebracht oder gefesselt (§ 88 Abs. 2 Nr. 5 und 6), so sucht ihn der Anstaltsarzt alsbald und in der Folge möglichst täglich auf. [2] Dies gilt nicht bei einer Fesselung während einer Ausführung, Vorführung oder eines Transportes (§ 88 Abs. 4).

(2) Der Arzt ist regelmäßig zu hören, solange einem Gefangenen der tägliche Aufenthalt im Freien entzogen wird.

VV zu § 92

(1) Der Anstaltsarzt ist von der Fesselung eines Gefangenen innerhalb der Anstalt oder von der Unterbringung in einem besonders gesicherten Haftraum unverzüglich zu unterrichten.

(2) Ist der Arzt nicht anwesend, sucht ein im Sanitätsdienst erfahrener Bediensteter den Gefangenen auf.

(3) Jeder Besuch und der erhobene Befund sind zu vermerken.

§ 93 Ersatz von Aufwendungen. (1) [1]Der Gefangene ist verpflichtet, der Vollzugsbehörde Aufwendungen zu ersetzen, die er durch eine vorsätzliche oder grob fahrlässige Selbstverletzung oder Verletzung eines anderen Gefangenen verursacht hat. [2]Ansprüche aus sonstigen Rechtsvorschriften bleiben unberührt.

Fassung des Abs. 2 bis zum Erlass eines Bundesgesetzes[1]:

(2) Bei der Geltendmachung dieser Forderungen kann auch ein den dreifachen Tagessatz der Eckvergütung nach § 43 Abs. 2 übersteigender Teil des Hausgeldes (§ 47) in Anspruch genommen werden.

Fassung des Abs. 2 ab Erlass eines Bundesgesetzes[2].

(2) *Bei der Geltendmachung dieser Forderungen kann auch der den Mindestbetrag übersteigende Teil des Hausgeldes (§ 47) in Anspruch genommen werden.*

(3) Für die in Absatz 1 genannten Forderungen ist der ordentliche Rechtsweg gegeben.

(4) Von der Aufrechnung oder Vollstreckung wegen der in Absatz 1 genannten Forderungen ist abzusehen, wenn hierdurch die Behandlung des Gefangenen oder seine Eingliederung behindert würde.

VV zu § 93
(in der Fassung des § 199 Abs. 1 Nr. 4 StVollzG)

(1) [1]Bestehen Zweifel an der Verantwortlichkeit des Gefangenen, ist hierzu eine Stellungnahme des Anstaltsarztes einzuholen. [2]Dies gilt insbesondere bei Gefangenen, die sich eine Selbstverletzung zugefügt haben.

(2) [1]Wird der Gefangene in eine andere Anstalt des Landes verlegt, ist dieser die Forderung zur weiteren Einziehung mitzuteilen. [2]Wird der Gefangene in eine Anstalt eines anderen Landes verlegt, ist die aufnehmende Anstalt um die weitere Einziehung der Forderung im Wege der Amtshilfe zu ersuchen.

Zwölfter Titel. Unmittelbarer Zwang

§ 94 Allgemeine Voraussetzungen. (1) Bedienstete der Justizvollzugsanstalten dürfen unmittelbaren Zwang anwenden, wenn sie Vollzugs- und Sicherungsmaßnahmen rechtmäßig durchführen und der damit verfolgte Zweck auf keine andere Weise erreicht werden kann.

(2) Gegen andere Personen als Gefangene darf unmittelbarer Zwang angewendet werden, wenn sie es unternehmen, Gefangene zu befreien oder in den Anstaltsbereich widerrechtlich einzudringen, oder wenn sie sich unbefugt darin aufhalten.

---

1) Fassung gilt gemäß § 199 Abs. 1 bis zum Inkrafttreten eines besonderen Bundesgesetzes nach § 198 Abs. 3.

2) Fassung wird durch besonderes Bundesgesetz in Kraft gesetzt (vgl. § 198 Abs. 3).

(3) Das Recht zu unmittelbarem Zwang auf Grund anderer Regelungen bleibt unberührt.

VV zu § 94

(1) [1]Den bei der Anwendung von unmittelbarem Zwang Verletzten ist Beistand zu leisten und ärztliche Hilfe zu verschaffen, sobald die Lage es zulässt. [2]Diese Verpflichtung geht den Pflichten nach den Absätzen 2 und 3 vor.

(2) [1]Ist jemand durch Anwendung unmittelbaren Zwanges oder durch sonstige Gewaltanwendung getötet oder erheblich verletzt worden, so sind am Ort des Vorfalls nach Möglichkeit keine Veränderungen vorzunehmen. [2]Das gleiche gilt bei jeder Verletzung, die durch den Gebrauch einer Schusswaffe in Anwendung unmittelbaren Zwanges oder bei sonstiger Gewaltanwendung verursacht worden ist.

(3) [1]Jeder Fall der Anwendung unmittelbaren Zwanges ist dem Anstaltsleiter unverzüglich zu melden und aktenkundig zu machen. [2]Über jeden Gebrauch von Waffen (§ 95 Abs. 4 StVollzG) ist der Aufsichtsbehörde zu berichten.

§ 95 Begriffsbestimmungen. (1) Unmittelbarer Zwang ist die Einwirkung auf Personen oder Sachen durch körperliche Gewalt, ihre Hilfsmittel und durch Waffen.

(2) Körperliche Gewalt ist jede unmittelbare körperliche Einwirkung auf Personen oder Sachen.

(3) Hilfsmittel der körperlichen Gewalt sind namentlich Fesseln.

(4) Waffen sind die dienstlich zugelassenen Hieb- und Schußwaffen sowie Reizstoffe.

§ 96 Grundsatz der Verhältnismäßigkeit. (1) Unter mehreren möglichen und geeigneten Maßnahmen des unmittelbaren Zwanges sind diejenigen zu wählen, die den Einzelnen und die Allgemeinheit voraussichtlich am wenigsten beeinträchtigen.

(2) Unmittelbarer Zwang unterbleibt, wenn ein durch ihn zu erwartender Schaden erkennbar außer Verhältnis zu dem angestrebten Erfolg steht.

VV zu § 96

Ist der Zweck einer Zwangsmaßnahme erreicht oder kann er nicht erreicht werden, so ist ihr Vollzug einzustellen.

§ 97 Handeln auf Anordnung. (1) Wird unmittelbarer Zwang von einem Vorgesetzten oder einer sonst befugten Person angeordnet, sind Vollzugsbedienstete verpflichtet, ihn anzuwenden, es sei denn, die Anordnung verletzt die Menschenwürde oder ist nicht zu dienstlichen Zwecken erteilt worden.

(2) [1]Die Anordnung darf nicht befolgt werden, wenn dadurch eine Straftat begangen würde. [2]Befolgt der Vollzugsbedienstete sie trotzdem, trifft ihn eine Schuld nur, wenn er erkennt oder wenn es nach den ihm bekannten Umständen offensichtlich ist, daß dadurch eine Straftat begangen wird.

(3) [1]Bedenken gegen die Rechtmäßigkeit der Anordnung hat der Vollzugsbedienstete dem Anordnenden gegenüber vorzubringen, soweit das nach den Umständen möglich ist. [2]Abweichende Vorschriften des allgemeinen Beamtenrechts über die Mitteilung solcher Bedenken an einen Vorgesetzten (§ 36 Abs. 2 und 3 des Beamtenstatusgesetzes) sind nicht anzuwenden.

VV zu § 97

1. [Handeln auf Anordnung]

(1) [1]Werden mehrere Vollzugsbedienstete gemeinsam tätig, so ist nur der den Einsatz Leitende befugt, unmittelbaren Zwang anzuordnen oder einzuschränken. [2]Ist ein den Einsatz leitender Bediensteter nicht bestimmt oder fällt er aus, ohne daß ein Vertreter bestellt ist, tritt der anwesende dienstranghöchste, bei gleichem Dienstrang der dienstältere und bei gleichem Dienstalter der der Geburt nach älteste Vollzugsbedienstete an seine Stelle. [3]Ist dies in dringender Lage nicht sofort feststellbar, darf jeder der hiernach in Betracht kommenden Vollzugsbediensteten die Führung einstweilen übernehmen. [4]Die Übernahme der Führung ist bekanntzugeben.

(2) Das Recht höherer Vorgesetzter, unmittelbaren Zwang anzuordnen oder einzuschränken, bleibt unberührt.

2. [Anordnung bei veränderten Voraussetzungen]

(1) [1]Wer sich nicht am Ort des Geschehens befindet, darf eine Anordnung über unmittelbaren Zwang nur treffen, wenn er sich ein genaues Bild von den am Ort des Geschehens herrschenden Verhältnissen verschafft hat, so daß ein Irrtum über die Voraussetzungen nicht zu befürchten ist. [2]Ändern sich zwischen der Anordnung und ihrer Ausführung die tatsächlichen Verhältnisse und kann der Anordnende vor der Ausführung nicht mehr verständigt werden, so entscheidet der örtlich leitende Bedienstete über die Anwendung unmittelbaren Zwanges. [3]Der Anordnende ist unverzüglich zu verständigen.

(2) Der Gebrauch von Waffen darf nur am Ort des Geschehens angeordnet werden.

§ 98 Androhung. [1]Unmittelbarer Zwang ist vorher anzudrohen. [2]Die Androhung darf nur dann unterbleiben, wenn die Umstände sie nicht zulassen oder unmittelbarer Zwang sofort angewendet werden muß, um eine rechtswidrige Tat, die den Tatbestand eines Strafgesetzes erfüllt, zu verhindern oder eine gegenwärtige Gefahr abzuwenden.

§ 99 Allgemeine Vorschriften für den Schußwaffengebrauch. (1) [1]Schußwaffen dürfen nur gebraucht werden, wenn andere Maßnahmen des unmittelbaren Zwanges bereits erfolglos waren oder keinen Erfolg versprechen. [2]Gegen Personen ist ihr Gebrauch nur zulässig, wenn der Zweck nicht durch Waffenwirkung gegen Sachen erreicht wird.

(2) [1]Schußwaffen dürfen nur die dazu bestimmten Vollzugsbediensteten gebrauchen und nur, um angriffs- oder fluchtunfähig zu machen. [2]Ihr Gebrauch unterbleibt, wenn dadurch erkennbar Unbeteiligte mit hoher Wahrscheinlichkeit gefährdet würden.

(3) [1]Der Gebrauch von Schußwaffen ist vorher anzudrohen. [2]Als Androhung gilt auch ein Warnschuß. [3]Ohne Androhung dürfen Schußwaffen nur dann gebraucht werden, wenn das zur Abwehr einer gegenwärtigen Gefahr für Leib oder Leben erforderlich ist.

§ 100 Besondere Vorschriften für den Schußwaffengebrauch.

(1) [1]Gegen Gefangene dürfen Schußwaffen gebraucht werden,

1. wenn sie eine Waffe oder ein anderes gefährliches Werkzeug trotz wiederholter Aufforderung nicht ablegen,
2. wenn sie eine Meuterei (§ 121 des Strafgesetzbuches) unternehmen oder
3. um ihre Flucht zu vereiteln oder um sie wiederzuergreifen.

[2]Um die Flucht aus einer offenen Anstalt zu vereiteln, dürfen keine Schußwaffen gebraucht werden.

(2) Gegen andere Personen dürfen Schußwaffen gebraucht werden, wenn sie es unternehmen, Gefangene gewaltsam zu befreien oder gewaltsam in eine Anstalt einzudringen.

VV zu § 100

Bei bestimmten Haftarten gelten für den Schusswaffengebrauch die besonderen Vorschriften des § 178 Abs. 3 StVollzG.

§ 101 Zwangsmaßnahmen auf dem Gebiet der Gesundheitsfürsorge.

(1) [1] Medizinische Untersuchung und Behandlung sowie Ernährung sind zwangsweise nur bei Lebensgefahr, bei schwerwiegender Gefahr für die Gesundheit des Gefangenen oder bei Gefahr für die Gesundheit anderer Personen zulässig; die Maßnahmen müssen für die Beteiligten zumutbar und dürfen nicht mit erheblicher Gefahr für Leben oder Gesundheit des Gefangenen verbunden sein. [2] Zur Durchführung der Maßnahmen ist die Vollzugsbehörde nicht verpflichtet, solange von einer freien Willensbestimmung des Gefangenen ausgegangen werden kann.

(2) Zum Gesundheitsschutz und zur Hygiene ist die zwangsweise körperliche Untersuchung außer im Falle des Absatzes 1 zulässig, wenn sie nicht mit einem körperlichen Eingriff verbunden ist.

(3) Die Maßnahmen dürfen nur auf Anordnung und unter Leitung eines Arztes durchgeführt werden, unbeschadet der Leistung erster Hilfe für den Fall, daß ein Arzt nicht rechtzeitig erreichbar und mit einem Aufschub Lebensgefahr verbunden ist.

VV zu § 101

(1) [1] Erklärungen des Gefangenen, die im Zusammenhang mit ärztlichen Zwangsmaßnahmen von Bedeutung sein können, sollen schriftlich festgehalten und von dem Gefangenen unterzeichnet werden. [2] Verweigert der Gefangene seine Unterschrift, wird dies ebenfalls aktenkundig gemacht. [3] Mündliche Willensbekundungen sollen in Gegenwart von Zeugen aufgenommen und in einem Vermerk festgehalten werden, der von dem oder den Zeugen zu unterzeichnen ist. [4] Die schriftliche Erklärung oder der Vermerk über die mündliche Äußerung ist zu den Gesundheitsakten und zu den Gefangenenpersonalakten zu nehmen.

(2) [1] Der Anstaltsarzt belehrt den Gefangenen in Anwesenheit eines Zeugen über die Notwendigkeit der ärztlichen Maßnahmen und die Möglichkeit einer zwangsweisen Behandlung sowie über die gesundheitlichen Folgen einer Nichtbehandlung. [2] Die Belehrung ist aktenkundig zu machen.

(3) Ein Gefangener, der beharrlich die Aufnahme von Nahrung verweigert, wird ärztlich beobachtet.

Dreizehnter Titel. Disziplinarmaßnahmen

§ 102 Voraussetzungen. (1) Verstößt ein Gefangener schuldhaft gegen Pflichten, die ihm durch dieses Gesetz oder auf Grund dieses Gesetzes auferlegt sind, kann der Anstaltsleiter gegen ihn Disziplinarmaßnahmen anordnen.

(2) Von einer Disziplinarmaßnahme wird abgesehen, wenn es genügt, den Gefangenen zu verwarnen.

(3) Eine Disziplinarmaßnahme ist auch zulässig, wenn wegen derselben Verfehlung ein Straf- oder Bußgeldverfahren eingeleitet wird.

§ 103 Arten der Disziplinarmaßnahmen. (1) Die zulässigen Disziplinarmaßnahmen sind:

1. Verweis,

2. die Beschränkung oder der Entzug der Verfügung über das Hausgeld und des Einkaufs bis zu drei Monaten,
3. die Beschränkung oder der Entzug des Lesestoffs bis zu zwei Wochen sowie des Hörfunk- und Fernsehempfangs bis zu drei Monaten; der gleichzeitige Entzug jedoch nur bis zu zwei Wochen,
4. die Beschränkung oder der Entzug der Gegenstände für eine Beschäftigung in der Freizeit oder der Teilnahme an gemeinschaftlichen Veranstaltungen bis zu drei Monaten,
5. die getrennte Unterbringung während der Freizeit bis zu vier Wochen,
6. *(aufgehoben)*
7. der Entzug der zugewiesenen Arbeit oder Beschäftigung bis zu vier Wochen unter Wegfall der in diesem Gesetz geregelten Bezüge,
8. die Beschränkung des Verkehrs mit Personen außerhalb der Anstalt auf dringende Fälle bis zu drei Monaten,
9. Arrest bis zu vier Wochen.

(2) Arrest darf nur wegen schwerer oder mehrfach wiederholter Verfehlungen verhängt werden.

(3) Mehrere Disziplinarmaßnahmen können miteinander verbunden werden.

(4) [1] Die Maßnahmen nach Absatz 1 Nr. 3 bis 8 sollen möglichst nur angeordnet werden, wenn die Verfehlung mit den zu beschränkenden oder zu entziehenden Befugnissen im Zusammenhang steht. [2] Dies gilt nicht bei einer Verbindung mit Arrest.

§ 104 Vollzug der Disziplinarmaßnahmen. Aussetzung zur Bewährung. (1) Disziplinarmaßnahmen werden in der Regel sofort vollstreckt.

(2) Eine Disziplinarmaßnahme kann ganz oder teilweise bis zu sechs Monaten zur Bewährung ausgesetzt werden.

(3) Wird die Verfügung über das Hausgeld beschränkt oder entzogen, ist das in dieser Zeit anfallende Hausgeld dem Überbrückungsgeld hinzuzurechnen.

(4) [1] Wird der Verkehr des Gefangenen mit Personen außerhalb der Anstalt eingeschränkt, ist ihm Gelegenheit zu geben, dies einer Person, mit der er im Schriftwechsel steht oder die ihn zu besuchen pflegt, mitzuteilen. [2] Der Schriftwechsel mit den in § 29 Abs. 1 und 2 genannten Empfängern, mit Gerichten und Justizbehörden in der Bundesrepublik sowie mit Rechtsanwälten und Notaren in einer den Gefangenen betreffenden Rechtssache bleibt unbeschränkt.

(5) [1] Arrest wird in Einzelhaft vollzogen. [2] Der Gefangene kann in einem besonderen Arrestraum untergebracht werden, der den Anforderungen entsprechen muß, die an einen zum Aufenthalt bei Tag und Nacht bestimmten Haftraum gestellt werden. [3] Soweit nichts anderes angeordnet wird, ruhen die Befugnisse des Gefangenen aus den §§ 19, 20, 22, 37, 38, 68 bis 70.

VV zu § 104

(1) Die Bewährungszeit (§ 104 Abs. 2) kann vor ihrem Ablauf verkürzt oder bis zur zulässigen Höchstfrist verlängert werden.

(2) Die Aussetzung zur Bewährung kann ganz oder teilweise widerrufen werden, wenn der Gefangene die ihr zugrunde liegenden Erwartungen nicht erfüllt.

(3) Wird die Aussetzung zur Bewährung nicht widerrufen, darf die Disziplinarmaßnahme nach Ablauf der Bewährungsfrist nicht mehr vollstreckt werden.

§ 105 Disziplinarbefugnis. (1) [1]Disziplinarmaßnahmen ordnet der Anstaltsleiter an. [2]Bei einer Verfehlung auf dem Wege in eine andere Anstalt zum Zwecke der Verlegung ist der Leiter der Bestimmungsanstalt zuständig.

(2) Die Aufsichtsbehörde entscheidet, wenn sich die Verfehlung des Gefangenen gegen den Anstaltsleiter richtet.

(3) [1]Disziplinarmaßnahmen, die gegen einen Gefangenen in einer anderen Vollzugsanstalt oder während einer Untersuchungshaft angeordnet worden sind, werden auf Ersuchen vollstreckt. [2]§ 104 Abs. 2 bleibt unberührt.

VV zu § 105

[1]Für die Verhängung einer Disziplinarmaßnahme ist der Leiter der Anstalt zuständig, der der Gefangene zur Zeit der Verfehlung angehört. [2]Für die nachfolgenden Entscheidungen ist der Leiter der Anstalt zuständig, in der der Gefangene sich zu diesem Zeitpunkt aufhält.

§ 106 Verfahren. (1) [1]Der Sachverhalt ist zu klären. [2]Der Gefangene wird gehört. [3]Die Erhebungen werden in einer Niederschrift festgelegt; die Einlassung des Gefangenen wird vermerkt.

(2) [1]Bei schweren Verstößen soll der Anstaltsleiter sich vor der Entscheidung in einer Konferenz mit Personen besprechen, die bei der Behandlung des Gefangenen mitwirken. [2]Vor der Anordnung einer Disziplinarmaßnahme gegen einen Gefangenen, der sich in ärztlicher Behandlung befindet, oder gegen eine Schwangere oder eine stillende Mutter ist der Anstaltsarzt zu hören.

(3) Die Entscheidung wird dem Gefangenen vom Anstaltsleiter mündlich eröffnet und mit einer kurzen Begründung schriftlich abgefaßt.

VV zu § 106

1. [Unterrichtung des Gefangenen]

(1) Der Gefangene wird darüber unterrichtet, welche Verfehlung ihm zur Last gelegt wird.

(2) [1]Es sind sowohl die belastenden als auch die entlastenden Umstände zu ermitteln. [2]Die Ermittlungen erstrecken sich erforderlichenfalls auch auf die Frage der Verantwortlichkeit des Gefangenen; insoweit ist der Anstaltsarzt zu hören.

2. [Ahndung durch Entscheidung]

Mehrere Verfehlungen eines Gefangenen, die gleichzeitig zu beurteilen sind, werden durch eine Entscheidung geahndet.

3. [Beauftragung mit der Durchführung der Ermittlungen und der Anhörung des Gefangenen]

Der Anstaltsleiter kann mit der Durchführung der Ermittlungen und der Anhörung des Gefangenen einen anderen Bediensteten beauftragen, jedoch nicht den, gegen den sich die Verfehlung richtet.

§ 107 Mitwirkung des Arztes. (1) [1]Bevor der Arrest vollzogen wird, ist der Arzt zu hören. [2]Während des Arrestes steht der Gefangene unter ärztlicher Aufsicht.

(2) Der Vollzug des Arrestes unterbleibt oder wird unterbrochen, wenn die Gesundheit des Gefangenen gefährdet würde.

VV zu § 107

Das Ergebnis der ärztlichen Beurteilungen ist aktenkundig zu machen.

Vierzehnter Titel. Rechtsbehelfe und gerichtliches Verfahren

§ 108 Beschwerderecht. (1) [1]Der Gefangene erhält Gelegenheit, sich mit Wünschen, Anregungen und Beschwerden in Angelegenheiten, die ihn selbst betreffen, an den Anstaltsleiter zu wenden. [2]Regelmäßige Sprechstunden sind einzurichten.

(2) Besichtigt ein Vertreter der Aufsichtsbehörde die Anstalt, so ist zu gewährleisten, daß ein Gefangener sich in Angelegenheiten, die ihn selbst betreffen, an ihn wenden kann.

(3) Die Möglichkeit der Dienstaufsichtsbeschwerde bleibt unberührt.

VV zu § 108

1. [Beschwerderecht]

(1) Der Gefangene kann sich jederzeit schriftlich an den Anstaltsleiter wenden.

(2) [1]Sprechstunden von angemessener Dauer sind mindestens einmal wöchentlich einzurichten. [2]Das Nähere regelt die Hausordnung.

(3) Dem Vertreter der Aufsichtsbehörde ist bei Besichtigungen (VV zu § 151 Nr. 1 Abs. 2) unaufgefordert eine Liste der Gefangenen vorzulegen, die sich für eine Anhörung nach § 108 Abs. 2 haben vormerken lassen.

2. [Formmangel]

(1) [1]Eingaben, Beschwerden und Dienstaufsichtsbeschwerden, die nach Form oder Inhalt nicht den im Verkehr mit Behörden üblichen Anforderungen entsprechen oder bloße Wiederholungen enthalten, brauchen nicht beschieden zu werden. [2]Der Gefangene ist entsprechend zu unterrichten. [3]Eine Überprüfung des Vorbringens von Amts wegen bleibt unberührt.

(2) Dienstaufsichtsbeschwerden gegen Anordnungen und Maßnahmen des Anstaltsleiters, denen nicht abgeholfen wird, sind unverzüglich der Aufsichtsbehörde vorzulegen.

3. [Unzuständige Vollzugsbehörde]

Beschwerden, die an eine offenbar unzuständige oder nicht ohne weiteres zuständige Vollzugsbehörde gerichtet sind, leitet der Anstaltsleiter an die zuständige Vollzugsbehörde weiter.

§ 109 Antrag auf gerichtliche Entscheidung. (1) [1]Gegen eine Maßnahme zur Regelung einzelner Angelegenheiten auf dem Gebiete des Strafvollzuges oder des Vollzuges freiheitsentziehender Maßregeln der Besserung und Sicherung kann gerichtliche Entscheidung beantragt werden. [2]Mit dem Antrag kann auch die Verpflichtung zum Erlaß einer abgelehnten oder unterlassenen Maßnahme begehrt werden.

(2) Der Antrag auf gerichtliche Entscheidung ist nur zulässig, wenn der Antragsteller geltend macht, durch die Maßnahme oder ihre Ablehnung oder Unterlassung in seinen Rechten verletzt zu sein.

(3) [1]Dient die vom Antragsteller begehrte oder angefochtene Maßnahme der Umsetzung des § 66c Absatz 1 des Strafgesetzbuches im Vollzug der Sicherungsverwahrung oder der ihr vorausgehenden Freiheitsstrafe, so ist dem Antragsteller für ein gerichtliches Verfahren von Amts wegen ein Rechtsanwalt beizuordnen, es sei denn, dass wegen der Einfachheit der Sach- und Rechtslage die Mitwirkung eines Rechtsanwalts nicht geboten erscheint oder es ersichtlich ist, dass der Antragsteller seine Rechte selbst ausreichend wahrnehmen kann. [2]Über die Bestellung und einen Widerruf entscheidet der Vorsitzende des nach § 110 zuständigen Gerichts.

§ 110 Zuständigkeit. Über den Antrag entscheidet die Strafvollstreckungskammer, in deren Bezirk die beteiligte Vollzugsbehörde ihren Sitz hat.

§ 110a Elektronische Aktenführung; Verordnungsermächtigungen. (1) ***[Satz 1 bis 31.12.2025:]*** [1] Die Gerichtsakten können elektronisch geführt werden. ***[Satz 1 ab 1.1.2026:]*** *[1] Die Gerichtsakten werden elektronisch geführt.* ***[Satz 2 bis 30.6.2025:]*** [2] Die Landesregierungen bestimmen durch Rechtsverordnung den Zeitpunkt, von dem an die Akten elektronisch geführt werden. ***[Satz 2 ab 1.7.2025:]*** *[2] Die Landesregierungen können durch Rechtsverordnung bestimmen, dass Akten, die in Papierform angelegt wurden, in Papierform weitergeführt werden.* ***[Satz 3 bis 30.6.2025:]*** [3] Sie können die Einführung der elektronischen Aktenführung dabei auf einzelne Gerichte oder auf allgemein bestimmte Verfahren beschränken und bestimmen, dass Akten, die in Papierform angelegt wurden, auch nach Einführung der elektronischen Aktenführung in Papierform weitergeführt werden; wird von der Beschränkungsmöglichkeit Gebrauch gemacht, kann in der Rechtsverordnung bestimmt werden, dass durch Verwaltungsvorschrift, die öffentlich bekanntzumachen ist, geregelt wird, in welchen Verfahren die Akten elektronisch zu führen sind. [4] ***[ab 1.7.2025: 3]*** Die Ermächtigung kann durch Rechtsverordnung auf die zuständigen Landesministerien übertragen werden.

(2) [1] Die Landesregierungen bestimmen durch Rechtsverordnung die für die elektronische Aktenführung geltenden organisatorischen und dem Stand der Technik entsprechenden technischen Rahmenbedingungen einschließlich der einzuhaltenden Anforderungen des Datenschutzes, der Datensicherheit und der Barrierefreiheit. [2] Sie können die Ermächtigung durch Rechtsverordnung auf die zuständigen Landesministerien übertragen.

(3) [1] Die Bundesregierung bestimmt durch Rechtsverordnung mit Zustimmung des Bundesrates die für die Übermittlung elektronischer Akten zwischen Behörden und Gerichten geltenden Standards. [2] Sie kann die Ermächtigung durch Rechtsverordnung ohne Zustimmung des Bundesrates auf die zuständigen Bundesministerien übertragen.

§ 111 Beteiligte. (1) Beteiligte des gerichtlichen Verfahrens sind

1. der Antragsteller,
2. die Vollzugsbehörde, die die angefochtene Maßnahme angeordnet oder die beantragte abgelehnt oder unterlassen hat.

(2) In dem Verfahren vor dem Oberlandesgericht oder dem Bundesgerichtshof ist Beteiligte nach Absatz 1 Nr. 2 die zuständige Aufsichtsbehörde.

§ 112 Antragsfrist. Wiedereinsetzung. (1) Der Antrag muß binnen zwei Wochen nach Zustellung oder schriftlicher Bekanntgabe der Maßnahme oder ihrer Ablehnung schriftlich oder zu Protokoll der Geschäftsstelle des Gerichts gestellt werden.

(2) War der Antragsteller ohne Verschulden verhindert, die Frist einzuhalten, so ist ihm auf Antrag Wiedereinsetzung in den vorigen Stand zu gewähren.

(3) [1] Der Antrag auf Wiedereinsetzung ist binnen zwei Wochen nach Wegfall des Hindernisses zu stellen. [2] Die Tatsachen zur Begründung des Antrags sind bei der Antragstellung oder im Verfahren über den Antrag glaubhaft zu machen. [3] Innerhalb der Antragsfrist ist die versäumte Rechtshandlung nachzuholen. [4] Ist dies geschehen, so kann die Wiedereinsetzung auch ohne Antrag gewährt werden.

(4) Nach einem Jahr seit dem Ende der versäumten Frist ist der Antrag auf Wiedereinsetzung unzulässig, außer wenn der Antrag vor Ablauf der Jahresfrist infolge höherer Gewalt unmöglich war.

§ 113 Vornahmeantrag. (1) Wendet sich der Antragsteller gegen das Unterlassen einer Maßnahme, kann der Antrag auf gerichtliche Entscheidung nicht vor Ablauf von drei Monaten seit dem Antrag auf Vornahme der Maßnahme gestellt werden, es sei denn, daß eine frühere Anrufung des Gerichts wegen besonderer Umstände des Falles geboten ist.

(2) [1] Liegt ein zureichender Grund dafür vor, daß die beantragte Maßnahme noch nicht erlassen ist, so setzt das Gericht das Verfahren bis zum Ablauf einer von ihm bestimmten Frist aus. [2] Die Frist kann verlängert werden. [3] Wird die beantragte Maßnahme in der gesetzten Frist erlassen, so ist der Rechtsstreit in der Hauptsache erledigt.

(3) Der Antrag nach Absatz 1 ist nur bis zum Ablauf eines Jahres seit der Stellung des Antrags auf Vornahme der Maßnahme zulässig, außer wenn die Antragstellung vor Ablauf der Jahresfrist infolge höherer Gewalt unmöglich war oder unter den besonderen Verhältnissen des Einzelfalles unterblieben ist.

§ 114 Aussetzung der Maßnahme. (1) Der Antrag auf gerichtliche Entscheidung hat keine aufschiebende Wirkung.

(2) [1] Das Gericht kann den Vollzug der angefochtenen Maßnahme aussetzen, wenn die Gefahr besteht, daß die Verwirklichung eines Rechts des Antragstellers vereitelt oder wesentlich erschwert wird und ein höher zu bewertendes Interesse an dem sofortigen Vollzug nicht entgegensteht. [2] Das Gericht kann auch eine einstweilige Anordnung erlassen; § 123 Abs. 1 der Verwaltungsgerichtsordnung ist entsprechend anzuwenden. [3] Die Entscheidungen sind nicht anfechtbar; sie können vom Gericht jederzeit geändert oder aufgehoben werden.

(3) Der Antrag auf eine Entscheidung nach Absatz 2 ist schon vor Stellung des Antrags auf gerichtliche Entscheidung zulässig.

§ 115 Gerichtliche Entscheidung. (1) [1] Das Gericht entscheidet ohne mündliche Verhandlung durch Beschluß. [2] Der Beschluss stellt den Sach- und Streitstand seinem wesentlichen Inhalt nach gedrängt zusammen. [3] Wegen der Einzelheiten kann auf in der Gerichtsakte befindliche Dokumente, die nach Herkunft und Datum genau zu bezeichnen sind, verwiesen werden, soweit sich aus ihnen der Sach- und Streitstand ausreichend ergibt. [4] Das Gericht kann von einer Darstellung der Entscheidungsgründe absehen, soweit es der Begründung der angefochtenen Entscheidung folgt und dies in seiner Entscheidung feststellt.

(1a) [1] Das Gericht kann anordnen, dass eine Anhörung unter Verzicht auf die persönliche Anwesenheit des Gefangenen zeitgleich in Bild und Ton in die Vollzugsanstalt und das Sitzungszimmer übertragen wird. [2] Eine Aufzeichnung findet nicht statt. [3] Die Entscheidung nach Satz 1 ist nicht anfechtbar.

(2) [1] Soweit die Maßnahme rechtswidrig und der Antragsteller dadurch in seinen Rechten verletzt ist, hebt das Gericht die Maßnahme auf. [2] Ist die Maßnahme schon vollzogen, kann das Gericht auch aussprechen, daß und wie die Vollzugsbehörde die Vollziehung rückgängig zu machen hat, soweit die Sache spruchreif ist.

(3) Hat sich die Maßnahme vorher durch Zurücknahme oder anders erledigt, spricht das Gericht auf Antrag aus, daß die Maßnahme rechtswidrig gewesen ist, wenn der Antragsteller ein berechtigtes Interesse an dieser Feststellung hat.

(4) [1]Soweit die Ablehnung oder Unterlassung der Maßnahme rechtswidrig und der Antragsteller dadurch in seinen Rechten verletzt ist, spricht das Gericht die Verpflichtung der Vollzugsbehörde aus, die beantragte Amtshandlung vorzunehmen, wenn die Sache spruchreif ist. [2]Anderenfalls spricht es die Verpflichtung aus, den Antragsteller unter Beachtung der Rechtsauffassung des Gerichts zu bescheiden.

(5) Soweit die Vollzugsbehörde ermächtigt ist, nach ihrem Ermessen zu handeln, prüft das Gericht auch, ob die Maßnahme oder ihre Ablehnung oder Unterlassung rechtswidrig ist, weil die gesetzlichen Grenzen des Ermessens überschritten sind oder von dem Ermessen in einer dem Zweck der Ermächtigung nicht entsprechenden Weise Gebrauch gemacht ist.

§ 116 Rechtsbeschwerde. (1) Gegen die gerichtliche Entscheidung der Strafvollstreckungskammer ist die Rechtsbeschwerde zulässig, wenn es geboten ist, die Nachprüfung zur Fortbildung des Rechts oder zur Sicherung einer einheitlichen Rechtsprechung zu ermöglichen.

(2) [1]Die Rechtsbeschwerde kann nur darauf gestützt werden, daß die Entscheidung auf einer Verletzung des Gesetzes beruhe. [2]Das Gesetz ist verletzt, wenn eine Rechtsnorm nicht oder nicht richtig angewendet worden ist.

(3) [1]Die Rechtsbeschwerde hat keine aufschiebende Wirkung. [2]§ 114 Abs. 2 gilt entsprechend.

(4) Für die Rechtsbeschwerde gelten die Vorschriften der Strafprozeßordnung über die Beschwerde entsprechend, soweit dieses Gesetz nichts anderes bestimmt.

§ 117 Zuständigkeit für die Rechtsbeschwerde. Über die Rechtsbeschwerde entscheidet ein Strafsenat des Oberlandesgerichts, in dessen Bezirk die Strafvollstreckungskammer ihren Sitz hat.

§ 118 Form. Frist. Begründung. (1) [1]Die Rechtsbeschwerde muß bei dem Gericht, dessen Entscheidung angefochten wird, binnen eines Monats nach Zustellung der gerichtlichen Entscheidung eingelegt werden. [2]In dieser Frist ist außerdem die Erklärung abzugeben, inwieweit die Entscheidung angefochten und ihre Aufhebung beantragt wird. [3]Die Anträge sind zu begründen.

(2) [1]Aus der Begründung muß hervorgehen, ob die Entscheidung wegen Verletzung einer Rechtsnorm über das Verfahren oder wegen Verletzung einer anderen Rechtsnorm angefochten wird. [2]Ersterenfalls müssen die den Mangel enthaltenden Tatsachen angegeben werden.

(3) Der Antragsteller als Beschwerdeführer kann dies nur in einer von einem Rechtsanwalt unterzeichneten Schrift oder zu Protokoll der Geschäftsstelle tun.

§ 119 Entscheidung über die Rechtsbeschwerde. (1) Der Strafsenat entscheidet ohne mündliche Verhandlung durch Beschluß.

(2) Seiner Prüfung unterliegen nur die Beschwerdeanträge und, soweit die Rechtsbeschwerde auf Mängel des Verfahrens gestützt wird, nur die Tatsachen, die in der Begründung der Rechtsbeschwerde bezeichnet worden sind.

(3) Der Beschluß, durch den die Beschwerde verworfen wird, bedarf keiner Begründung, wenn der Strafsenat die Beschwerde einstimmig für unzulässig oder für offensichtlich unbegründet erachtet.

(4) [1] Soweit die Rechtsbeschwerde für begründet erachtet wird, ist die angefochtene Entscheidung aufzuheben. [2] Der Strafsenat kann an Stelle der Strafvollstreckungskammer entscheiden, wenn die Sache spruchreif ist. [3] Sonst ist die Sache zur neuen Entscheidung an die Strafvollstreckungskammer zurückzuverweisen.

(5) Die Entscheidung des Strafsenats ist endgültig.

§ 119a Strafvollzugsbegleitende gerichtliche Kontrolle bei angeordneter oder vorbehaltener Sicherungsverwahrung. (1) Ist die Unterbringung in der Sicherungsverwahrung angeordnet oder vorbehalten, stellt das Gericht während des Vollzuges der Freiheitsstrafe nach Ablauf der in Absatz 3 genannten Fristen von Amts wegen fest,

1. ob die Vollzugsbehörde dem Gefangenen im zurückliegenden Zeitraum eine Betreuung angeboten hat, die § 66c Absatz 2 in Verbindung mit Absatz 1 Nummer 1 des Strafgesetzbuches entspricht;
2. soweit die Betreuung nicht den in Nummer 1 genannten Anforderungen entsprochen hat, welche bestimmten Maßnahmen die Vollzugsbehörde dem Gefangenen bei sich nicht wesentlich ändernder Sachlage künftig anzubieten hat, um den gesetzlichen Anforderungen an die Betreuung zu genügen.

(2) [1] Die Vollzugsbehörde kann jederzeit eine Entscheidung nach Absatz 1 beantragen, sofern hieran ein berechtigtes Interesse besteht. [2] Nach der erstmaligen Aufstellung oder einer wesentlichen Änderung des Vollzugsplans kann die Vollzugsbehörde auch beantragen, festzustellen, ob die im Vollzugsplan vorgesehenen Maßnahmen im Falle ihres Angebots bei sich nicht wesentlich ändernder Sachlage eine dem § 66c Absatz 2 in Verbindung mit Absatz 1 Nummer 1 des Strafgesetzbuches entsprechende Betreuung darstellen würden; in diesem Fall hat das Gericht die Feststellungen nach Absatz 1 auch zu treffen, wenn die Frist gemäß Absatz 3 noch nicht abgelaufen ist.

(3) [1] Entscheidungen von Amts wegen sind alle zwei Jahre zu treffen. [2] Das Gericht kann bei einer Entscheidung nach Absatz 1, auch in Verbindung mit Absatz 2 Satz 2, im Hinblick auf die Gesamtdauer der noch zu vollziehenden Freiheitsstrafe eine längere Frist festsetzen, die fünf Jahre nicht überschreiten darf. [3] Die Frist für die erste Entscheidung von Amts wegen beginnt mit dem Vollzug der Freiheitsstrafe zu laufen, die Frist für jede weitere mit Bekanntgabe einer erstinstanzlichen Entscheidung nach Absatz 1.

(4) Die Strafvollstreckungskammer ist bei Entscheidungen nach den Absätzen 1 und 2 Satz 2 mit drei Richtern unter Einschluss des Vorsitzenden besetzt.

(5) Gegen die gerichtliche Entscheidung ist die Beschwerde zulässig.

(6) [1] Für das gerichtliche Verfahren ist dem Gefangenen von Amts wegen ein Rechtsanwalt beizuordnen. [2] Vor einer Entscheidung sind der Gefangene, die Vollzugsbehörde und die Vollstreckungsbehörde anzuhören. [3] Im Übrigen gelten § 109 Absatz 3 Satz 2, die §§ 110,[1)] und 110a sowie die auf dessen Grundlage erlassenen Rechtsverordnungen, die §§ 111, 115 Absatz 1 Satz 1 und 2 sowie die §§ 117, 118 Absatz 1 Satz 1, § 119 Absatz 1 und 5 entsprechend.

[1)] Zeichensetzung amtlich.

(7) Alle Gerichte sind bei nachfolgenden Entscheidungen an die rechtskräftigen Feststellungen nach den Absätzen 1 und 2 Satz 2 gebunden.

§ 120 Entsprechende Anwendung anderer Vorschriften. (1) [1]Kommt die Behörde in den Fällen des § 114 Absatz 2 Satz 2 sowie des § 115 Absatz 2 Satz 2 und Absatz 4 der ihr in der einstweiligen Anordnung oder im Beschluss auferlegten Verpflichtung nicht nach, gilt § 172 der Verwaltungsgerichtsordnung entsprechend. [2]Im Übrigen sind die Vorschriften der Strafprozessordnung und die auf der Grundlage des § 32a Absatz 2 Satz 2 und Absatz 4 Satz 1 Nummer 6, des § 32b Absatz 5 und des § 32f Absatz 6 der Strafprozessordnung erlassenen Rechtsverordnungen entsprechend anzuwenden, soweit sich aus diesem Gesetz nichts anderes ergibt.

(2) Auf die Bewilligung der Prozeßkostenhilfe sind die Vorschriften der Zivilprozeßordnung entsprechend anzuwenden.

§ 121 Kosten des Verfahrens. (1) In der das Verfahren abschließenden Entscheidung ist zu bestimmen, von wem die Kosten des Verfahrens und die notwendigen Auslagen zu tragen sind.

(2) [1]Soweit der Antragsteller unterliegt oder seinen Antrag zurücknimmt, trägt er die Kosten des Verfahrens und die notwendigen Auslagen. [2]Hat sich die Maßnahme vor einer Entscheidung nach Absatz 1 in anderer Weise als durch Zurücknahme des Antrags erledigt, so entscheidet das Gericht über die Kosten des Verfahrens und die notwendigen Auslagen nach billigem Ermessen.

(3) [1]Bei erstinstanzlichen Entscheidungen des Gerichts nach § 119a fallen die Kosten des Verfahrens und die notwendigen Auslagen der Staatskasse zur Last. [2]Absatz 2 Satz 2 gilt nicht im Falle des § 115 Abs. 3.

(4) Im übrigen gelten die §§ 464 bis 473 der Strafprozeßordnung entsprechend.

(5) Für die Kosten des Verfahrens nach den §§ 109ff. kann auch ein den dreifachen Tagessatz der Eckvergütung nach § 43 Abs. 2 übersteigender Teil des Hausgeldes (§ 47) in Anspruch genommen werden.

§ 121a Gerichtliche Zuständigkeit bei dem Richtervorbehalt unterliegenden Maßnahmen. (1) Soweit nach den Vollzugsgesetzen eine Maßnahme der vorherigen gerichtlichen Anordnung oder der gerichtlichen Genehmigung bedarf, ist das Amtsgericht zuständig, in dessen Bezirk die Maßnahme durchgeführt wird.

(2) Unterhält ein Land eine Anstalt, in der Freiheitsstrafen oder freiheitsentziehende Maßregeln der Besserung und Sicherung vollzogen werden, auf dem Gebiet eines anderen Landes, so können die beteiligten Länder vereinbaren, dass für gerichtliche Entscheidungen im Sinne des Absatzes 1 das Amtsgericht zuständig ist, in dessen Bezirk die für die Anstalt zuständige Aufsichtsbehörde ihren Sitz hat.

§ 121b Gerichtliches Verfahren bei dem Richtervorbehalt unterliegenden Maßnahmen. (1) [1]Das gerichtliche Verfahren im Sinne des § 121a richtet sich nach dem Gesetz über das Verfahren in Familiensachen und in den Angelegenheiten der freiwilligen Gerichtsbarkeit. [2]Die für Unterbringungssachen nach § 312 Nummer 4 des Gesetzes über das Verfahren in Familiensachen und in den Angelegenheiten der freiwilligen Gerichtsbarkeit anzuwendenden Bestimmungen gelten entsprechend. [3] Über die Beschwerde entscheidet das Landgericht, über die Rechtsbeschwerde der Bundesgerichtshof.

(2) Für das Verfahren werden keine Kosten erhoben.

Fünfzehnter Titel. Strafvollstreckung und Untersuchungshaft

§ 122 *(aufgehoben)*

Sechzehnter Titel. Sozialtherapeutische Anstalten

§ 123 Sozialtherapeutische Anstalten und Abteilungen. (1) Für den Vollzug nach § 9 sind von den übrigen Vollzugsanstalten getrennte sozialtherapeutische Anstalten vorzusehen.

(2) [1] Aus besonderen Gründen können auch sozialtherapeutische Abteilungen in anderen Vollzugsanstalten eingerichtet werden. [2] Für diese Abteilungen gelten die Vorschriften über die sozialtherapeutische Anstalt entsprechend.

§ 124 Urlaub zur Vorbereitung der Entlassung. (1) [1] Der Anstaltsleiter kann dem Gefangenen zur Vorbereitung der Entlassung Sonderurlaub bis zu sechs Monaten gewähren. [2] § 11 Abs. 2 und § 13 Abs. 5 gelten entsprechend.

(2) [1] Dem Beurlaubten sollen für den Urlaub Weisungen erteilt werden. [2] Er kann insbesondere angewiesen werden, sich einer von der Anstalt bestimmten Betreuungsperson zu unterstellen und jeweils für kurze Zeit in die Anstalt zurückzukehren.

(3) [1] § 14 Abs. 2 gilt entsprechend. [2] Der Urlaub wird widerrufen, wenn dies für die Behandlung des Gefangenen notwendig ist.

§ 125 Aufnahme auf freiwilliger Grundlage. (1) [1] Ein früherer Gefangener kann auf seinen Antrag vorübergehend wieder in die sozialtherapeutische Anstalt aufgenommen werden, wenn das Ziel seiner Behandlung gefährdet und ein Aufenthalt in der Anstalt aus diesem Grunde gerechtfertigt ist. [2] Die Aufnahme ist jederzeit widerruflich.

(2) Gegen den Aufgenommenen dürfen Maßnahmen des Vollzuges nicht mit unmittelbarem Zwang durchgesetzt werden.

(3) Auf seinen Antrag ist der Aufgenommene unverzüglich zu entlassen.

VV zu § 125

1. [Freiwillige Aufnahme in sozialtherapeutische Anstalt]

(1) [1] Der Aufgenommene wird in einem besonderen Raum untergebracht. [2] In Ausnahmefällen kann er mit seinem Einverständnis in der Gruppe untergebracht werden, der er früher angehört hat.

(2) Die Dauer des Aufenthaltes richtet sich nach den Behandlungsbedürfnissen.

2. [Kosten]

Im Falle der Aufnahme auf freiwilliger Grundlage gilt § 50 entsprechend.

3. [Ärztliche Behandlung]

Der auf freiwilliger Grundlage Untergebrachte erhält die in der sozialtherapeutischen Anstalt mögliche ärztliche Behandlung.

§ 126 Nachgehende Betreuung. Die Zahl der Fachkräfte für die sozialtherapeutische Anstalt ist so zu bemessen, daß auch eine nachgehende Betreuung der Gefangenen gewährleistet ist, soweit diese anderweitig nicht sichergestellt werden kann.

§§ 127, 128 *(aufgehoben)*

Dritter Abschnitt. Besondere Vorschriften über den Vollzug der freiheitsentziehenden Maßregeln der Besserung und Sicherung

Erster Titel. Sicherungsverwahrung

§ 129 Ziel der Unterbringung. [1]Der Sicherungsverwahrte wird zum Schutz der Allgemeinheit sicher untergebracht. [2]Ihm soll geholfen werden, sich in das Leben in Freiheit einzugliedern.

§ 130[1)] Anwendung anderer Vorschriften. Für die Sicherungsverwahrung gelten die Vorschriften über den Vollzug der Freiheitsstrafe (§§ 3 bis 119 sowie 120 bis 126) entsprechend, soweit im folgenden nichts anderes bestimmt ist.

VV zu § 130

Lockerungen des Vollzuges und Urlaub sind bei Sicherungsverwahrten unbeschadet des § 134 StVollzG zulässig wie bei Strafgefangenen, gegen die eine freiheitsentziehende Maßregel der Besserung und Sicherung angeordnet ist.

§ 131 Ausstattung. [1]Die Ausstattung der Sicherungsanstalten, namentlich der Hafträume, und besondere Maßnahmen zur Förderung und Betreuung sollen dem Untergebrachten helfen, sein Leben in der Anstalt sinnvoll zu gestalten, und ihn vor Schäden eines langen Freiheitsentzuges bewahren. [2]Seinen persönlichen Bedürfnissen ist nach Möglichkeit Rechnung zu tragen.

VV zu § 131

1. [Besuchsdauer]

Die Gesamtdauer des Besuches beträgt mindestens zwei Stunden im Monat.

2. [Freigang]

An arbeitsfreien Tagen soll dem Sicherungsverwahrten ermöglicht werden, sich mindestens zwei Stunden im Freien aufzuhalten.

3. [Zeitweise Öffnung der Wohnräume]

Soweit die Unterbringung in abgeschlossenen Wohngruppenerfolgt, bleiben die Hafträume auf Wunsch des (der) darin untergebrachten Sicherungsverwahrten während der Freizeit zeitweise geöffnet, es sei denn, der Anstaltsleiter trifft aus Gründen der Sicherheit der Ordnung für bestimmte Zeiträume oder einzelne Untergebrachte eine abweichende Entscheidung.

4. [Erhöhtes Hausgeld/Taschengeld]

Für Sicherungsverwahrte erhöht sich der in Nummer 1 Abs. 2 der VV zu § 22 festgesetzte Betrag auf den sechsfachen Tagessatz der Eckvergütung (§ 43 Abs. 2 StVollzG).

[1)] S. auch **Entscheidung des Bundesverfassungsgerichts** (BGBl. I 1998, 2208):

Aus dem Urteil des Bundesverfassungsgerichts vom 1. Juli 1998 – 2 BvR 441/90 u.a. – wird folgende Entscheidungsformel veröffentlicht:

I. § 41 Absatz 1 Satz 1 und § 130 jeweils in Verbindung mit § 37 Absätze 2 und 4, § 43 Absätze 1 und 2 und § 198 Absatz 3 des Gesetzes über den Vollzug der Freiheitsstrafe und der freiheitsentziehenden Maßregeln der Besserung und Sicherung – Strafvollzugsgesetz (StVollzG) – vom 16. März 1976 (Bundesgesetzbl. I Seite 581, berichtigt Seite 2088 und 1997 I Seite 436), zuletzt geändert durch das Gesetz zur Bekämpfung von Sexualdelikten und anderen gefährlichen Straftaten vom 26. Januar 1998 (Bundesgesetzbl. I Seite 160), sind nach Maßgabe der Gründe mit dem Grundgesetz vereinbar.

II.,III. …

Die vorstehende Entscheidungsformel hat gemäß § 31 Abs. 2 des Gesetzes über das Bundesverfassungsgericht Gesetzeskraft.

5. **[Paketempfang]**

[1]Dem Sicherungsverwahrten kann über die für Strafgefangene zugelassenen Pakete hinaus der Empfang weiterer Pakete gestattet werden. Das Gewicht kann begrenzt werden. [2]Im übrigen gelten die VV zu § 33.

§ 132 Kleidung. Der Untergebrachte darf eigene Kleidung, Wäsche und eigenes Bettzeug benutzen, wenn Gründe der Sicherheit nicht entgegenstehen und der Untergebrachte für Reinigung, Instandsetzung und regelmäßigen Wechsel auf eigene Kosten sorgt.

§ 133 Selbstbeschäftigung. Taschengeld. (1) Dem Untergebrachten wird gestattet, sich gegen Entgelt selbst zu beschäftigen, wenn dies dem Ziel dient, Fähigkeiten für eine Erwerbstätigkeit nach der Entlassung zu vermitteln, zu erhalten oder zu fördern.

(2) Das Taschengeld (§ 46) darf den dreifachen Tagessatz der Eckvergütung nach § 43 Abs. 2 im Monat nicht unterschreiten.

VV zu § 133

Das Taschengeld des Sicherungsverwahrten beträgt 23 v.H. der Eckvergütung (§ 43 Abs. 2 StVollzG).

§ 134 Entlassungsvorbereitung. [1]Um die Entlassung zu erproben und vorzubereiten, kann der Vollzug gelockert und Sonderurlaub bis zu einem Monat gewährt werden. [2]Bei Untergebrachten in einer sozialtherapeutischen Anstalt bleibt § 124 unberührt.

VV zu § 134

(1) Der Zeitpunkt des Beginns der Erprobung der Entlassung und der Zeitpunkt des Beginns der Vorbereitung der Entlassung richten sich nach den Umständen des Einzelfalles.

(2) Zur Vorbereitung der Entlassung kommt auch eine Verlegung in eine Anstalt oder eine Abteilung des offenen Vollzuges in Betracht.

(3) Die Strafvollstreckungskammer ist vor der beabsichtigten Maßnahme zu hören.

§ 135 Sicherungsverwahrung in Frauenanstalten. Die Sicherungsverwahrung einer Frau kann auch in einer für den Vollzug der Freiheitsstrafe bestimmten Frauenanstalt durchgeführt werden, wenn diese Anstalt für die Sicherungsverwahrung eingerichtet ist.

Zweiter Titel. Unterbringung in einem psychiatrischen Krankenhaus und in einer Entziehungsanstalt

§ 136 Unterbringung in einem psychiatrischen Krankenhaus. [1]Die Behandlung des Untergebrachten in einem psychiatrischen Krankenhaus richtet sich nach ärztlichen Gesichtspunkten. [2]Soweit möglich, soll er geheilt oder sein Zustand soweit gebessert werden, daß er nicht mehr gefährlich ist. [3]Ihm wird die nötige Aufsicht, Betreuung und Pflege zuteil.

§ 137 Unterbringung in einer Entziehungsanstalt. Ziel der Behandlung des Untergebrachten in einer Entziehungsanstalt ist es, ihn von seinem Hang zu heilen und die zugrunde liegende Fehlhaltung zu beheben.

§ 138 Anwendung anderer Vorschriften. (1) [1]Die Unterbringung in einem psychiatrischen Krankenhaus oder in einer Entziehungsanstalt richtet sich nach Landesrecht, soweit Bundesgesetze nichts anderes bestimmen. [2] § 51 Abs. 4 und 5 sowie § 75 Abs. 3 gelten entsprechend.

(2) [1] Für die Erhebung der Kosten der Unterbringung gilt § 50 entsprechend mit der Maßgabe, dass in den Fällen des § 50 Abs. 1 Satz 2 an die Stelle erhaltener Bezüge die Verrichtung zugewiesener oder ermöglichter Arbeit tritt und in den Fällen des § 50 Abs. 1 Satz 4 dem Untergebrachten ein Betrag in der Höhe verbleiben muss, der dem Barbetrag entspricht, den ein in einer Einrichtung lebender und einen Teil der Kosten seines Aufenthalts selbst tragender Sozialhilfeempfänger zur persönlichen Verfügung erhält. [2] Bei der Bewertung einer Beschäftigung als Arbeit sind die besonderen Verhältnisse des Maßregelvollzugs zu berücksichtigen. [3] Zuständig für die Erhebung der Kosten ist die Vollstreckungsbehörde; die Landesregierungen können durch Rechtsverordnung andere Zuständigkeiten begründen. [4] Die Kosten werden als Justizverwaltungsabgabe erhoben.

(3) Für das gerichtliche Verfahren gelten die §§ 109 bis 121 entsprechend.

(4) Soweit nach den Vollzugsgesetzen eine Maßnahme der vorherigen gerichtlichen Anordnung oder gerichtlichen Genehmigung bedarf, gelten die §§ 121a und 121b entsprechend.

Vierter Abschnitt. Vollzugsbehörden

Erster Titel. Arten und Einrichtung der Justizvollzugsanstalten

§ 139 Justizvollzugsanstalten. Die Freiheitsstrafe sowie die Unterbringung in der Sicherungsverwahrung werden in Anstalten der Landesjustizverwaltungen (Justizvollzugsanstalten) vollzogen.

§ 140 Trennung des Vollzuges. (1) Die Unterbringung in der Sicherungsverwahrung wird in getrennten Anstalten oder in getrennten Abteilungen einer für den Vollzug der Freiheitsstrafe bestimmten Vollzugsanstalt vollzogen.

(2) [1] Frauen sind getrennt von Männern in besonderen Frauenanstalten unterzubringen. [2] Aus besonderen Gründen können für Frauen getrennte Abteilungen in Anstalten für Männer vorgesehen werden.

(3) Von der getrennten Unterbringung nach den Absätzen 1 und 2 darf abgewichen werden, um dem Gefangenen die Teilnahme an Behandlungsmaßnahmen in einer anderen Anstalt oder in einer anderen Abteilung zu ermöglichen.

§ 141 Differenzierung. (1) Für den Vollzug der Freiheitsstrafe sind Haftplätze vorzusehen in verschiedenen Anstalten oder Abteilungen, in denen eine auf die unterschiedlichen Bedürfnisse der Gefangenen abgestimmte Behandlung gewährleistet ist.

(2) Anstalten des geschlossenen Vollzuges sehen eine sichere Unterbringung vor, Anstalten des offenen Vollzuges keine oder nur verminderte Vorkehrungen gegen Entweichungen.

VV zu § 141

1. [Aufsicht im geschlossenen Vollzug]

[1] Im geschlossenen Vollzug sind die Gefangenen außerhalb der Hafträume, insbesondere beim Zusammenkommen in größeren Gemeinschaftsräumen, auf den Höfen und sonst im Freien ständig

und unmittelbar zu beaufsichtigen. [2]Soweit nicht besondere Richtlinien entgegenstehen, kann der Anstaltleiter bestimmen, in welchem Umfang die Aufsicht gelockert werden darf.

2. **[Aufsicht im offenen Vollzug]**

(1) [1]Im offenen Vollzug können bauliche und technische Sicherungsvorkehrungen, insbesondere Umfassungsmauer, Fenstergitter und besonders gesicherte Türen, entfallen. [2]Innerhalb der Anstalt entfällt in der Regel die ständige und unmittelbare Aufsicht.

(2) Für die Gestaltung des offenen Vollzuges gelten folgende Grundsätze:

a) den Gefangenen wird ermöglicht, sich innerhalb der Anstalt nach Maßgabe der dafür getroffenen Regelungen frei zu bewegen,

b) die Außentüren der Unterkunftsgebäude können zeitweise unverschlossen bleiben,

c) die Wohnräume der Gefangenen können auch während der Ruhezeit geöffnet bleiben.

§ 142 Einrichtungen für Mütter mit Kindern. In Anstalten für Frauen sollen Einrichtungen vorgesehen werden, in denen Mütter mit ihren Kindern untergebracht werden können.

§ 143 Größe und Gestaltung der Anstalten. (1) Justizvollzugsanstalten sind so zu gestalten, daß eine auf die Bedürfnisse des einzelnen abgestellte Behandlung gewährleistet ist.

(2) Die Vollzugsanstalten sind so zu gliedern, daß die Gefangenen in überschaubaren Betreuungs- und Behandlungsgruppen zusammengefaßt werden können.

(3) Die für sozialtherapeutische Anstalten und für Justizvollzugsanstalten für Frauen vorgesehene Belegung soll zweihundert Plätze nicht übersteigen.

§ 144 Größe und Ausgestaltung der Räume. (1) [1]Räume für den Aufenthalt während der Ruhe- und Freizeit sowie Gemeinschafts- und Besuchsräume sind wohnlich oder sonst ihrem Zweck entsprechend auszugestalten. [2]Sie müssen hinreichend Luftinhalt haben und für eine gesunde Lebensführung ausreichend mit Heizung und Lüftung, Boden- und Fensterfläche ausgestattet sein.

(2) Das Bundesministerium der Justiz und für Verbraucherschutz wird ermächtigt, mit Zustimmung des Bundesrates durch Rechtsverordnung Näheres über den Luftinhalt, die Lüftung, die Boden- und Fensterfläche sowie die Heizung und Einrichtung der Räume zu bestimmen.

§ 145 Festsetzung der Belegungsfähigkeit. [1]Die Aufsichtsbehörde setzt die Belegungsfähigkeit für jede Anstalt so fest, daß eine angemessene Unterbringung während der Ruhezeit (§ 18) gewährleistet ist. [2]Dabei ist zu berücksichtigen, daß eine ausreichende Anzahl von Plätzen für Arbeit, Ausbildung und Weiterbildung sowie von Räumen für Seelsorge, Freizeit, Sport, therapeutische Maßnahmen und Besuche zur Verfügung steht.

§ 146 Verbot der Überbelegung. (1) Hafträume dürfen nicht mit mehr Personen als zugelassen belegt werden.

(2) Ausnahmen hiervon sind nur vorübergehend und nur mit Zustimmung der Aufsichtsbehörde zulässig.

§ 147 Einrichtungen für die Entlassung. Um die Entlassung vorzubereiten, sollen den geschlossenen Anstalten offene Einrichtungen angegliedert oder gesonderte offene Anstalten vorgesehen werden.

§ 148 Arbeitsbeschaffung, Gelegenheit zur beruflichen Bildung.

(1) Die Vollzugsbehörde soll im Zusammenwirken mit den Vereinigungen und Stellen des Arbeits- und Wirtschaftslebens dafür sorgen, daß jeder arbeitsfähige Gefangene wirtschaftlich ergiebige Arbeit ausüben kann, und dazu beitragen, daß er beruflich gefördert, beraten und vermittelt wird.

(2) Die Vollzugsbehörde stellt durch geeignete organisatorische Maßnahmen sicher, daß die Bundesagentur für Arbeit die ihr obliegenden Aufgaben wie Berufsberatung, Ausbildungsvermittlung und Arbeitsvermittlung durchführen kann.

§ 149 Arbeitsbetriebe, Einrichtungen zur beruflichen Bildung.

(1) In den Anstalten sind die notwendigen Betriebe für die nach § 37 Abs. 2 zuzuweisenden Arbeiten sowie die erforderlichen Einrichtungen zur beruflichen Bildung (§ 37 Abs. 3) und arbeitstherapeutischen Beschäftigung (§ 37 Abs. 5) vorzusehen.

(2) [1] Die in Absatz 1 genannten Betriebe und sonstigen Einrichtungen sind den Verhältnissen außerhalb der Anstalten anzugleichen. [2] Die Arbeitsschutz- und Unfallverhütungsvorschriften sind zu beachten.

(3) Die berufliche Bildung und die arbeitstherapeutische Beschäftigung können auch in geeigneten Einrichtungen privater Unternehmen erfolgen.

(4) In den von privaten Unternehmen unterhaltenen Betrieben und sonstigen Einrichtungen kann die technische und fachliche Leitung Angehörigen dieser Unternehmen übertragen werden.

VV zu § 149

Der Tätigkeitsbereich der Angehörigen von Unternehmerbetrieben in den Anstalten wird in einer Anweisung festgelegt; das Personal wird auf die Einhaltung dieser Anweisung verpflichtet.

§ 150 Vollzugsgemeinschaften. Für Vollzugsanstalten nach den §§ 139 bis 149 können die Länder Vollzugsgemeinschaften bilden.

Zweiter Titel. Aufsicht über die Justizvollzugsanstalten

§ 151 Aufsichtsbehörden. (1) [1] Die Landesjustizverwaltungen führen die Aufsicht über die Justizvollzugsanstalten. [2] Sie können Aufsichtsbefugnisse auf Justizvollzugsämter übertragen.

(2) An der Aufsicht über das Arbeitswesen sowie über die Sozialarbeit, die Weiterbildung, die Gesundheitsfürsorge und die sonstige fachlich begründete Behandlung der Gefangenen sind eigene Fachkräfte zu beteiligen; soweit die Aufsichtsbehörde nicht über eigene Fachkräfte verfügt, ist fachliche Beratung sicherzustellen.

VV zu § 151

1. [Aufsicht]

Die Aufsichtsbehörde sucht alle Anstalten so häufig auf, dass sie stets über den gesamten Vollzug unterrichtet bleibt.

2. [Regelung des Besuchs von anstaltsfremden Personen]

Die Landesjustizverwaltungen regeln den Besuch von Anstalten durch anstaltfremde Personen sowie den Verkehr von Gefangenen mit Vertretern von Publikationsorganen (Presse, Hörfunk, Film, Fernsehen).

§ 152 Vollstreckungsplan. (1) Die Landesjustizverwaltung regelt die örtliche und sachliche Zuständigkeit der Justizvollzugsanstalten in einem Vollstreckungsplan.

(2) [1] Der Vollstreckungsplan sieht vor, welche Verurteilten in eine Einweisungsanstalt oder -abteilung eingewiesen werden. [2] Über eine Verlegung zum weiteren Vollzug kann nach Gründen der Behandlung und Eingliederung entschieden werden.

(3) Im übrigen ist die Zuständigkeit nach allgemeinen Merkmalen zu bestimmen.

VV zu § 152

Im Vollstreckungsplan soll auch festgelegt werden, welche Anstalten und Abteilungen Einrichtungen des offenen Vollzuges sind.

§ 153 Zuständigkeit für Verlegungen. Die Landesjustizverwaltung kann sich Entscheidungen über Verlegungen vorbehalten oder sie einer zentralen Stelle übertragen.

Dritter Titel. Innerer Aufbau der Justizvollzugsanstalten

§ 154 Zusammenarbeit. (1) Alle im Vollzug Tätigen arbeiten zusammen und wirken daran mit, die Aufgaben des Vollzuges zu erfüllen.

(2) [1] Mit den Behörden und Stellen der Entlassenenfürsorge, der Bewährungshilfe, den Aufsichtsstellen für die Führungsaufsicht, den Agenturen für Arbeit, den Trägern der Sozialversicherung und der Sozialhilfe, den Hilfeeinrichtungen anderer Behörden und den Verbänden der freien Wohlfahrtspflege ist eng zusammenzuarbeiten. [2] Die Vollzugsbehörden sollen mit Personen und Vereinen, deren Einfluß die Eingliederung des Gefangenen fördern kann, zusammenarbeiten.

§ 155 Vollzugsbedienstete. (1) [1] Die Aufgaben der Justizvollzugsanstalten werden von Vollzugsbeamten wahrgenommen. [2] Aus besonderen Gründen können sie auch anderen Bediensteten der Justizvollzugsanstalten sowie nebenamtlichen oder vertraglich verpflichteten Personen übertragen werden.

(2) Für jede Anstalt ist entsprechend ihrer Aufgabe die erforderliche Anzahl von Bediensteten der verschiedenen Berufsgruppen, namentlich des allgemeinen Vollzugsdienstes, des Verwaltungsdienstes und des Werkdienstes, sowie von Seelsorgern, Ärzten, Pädagogen, Psychologen und Sozialarbeitern vorzusehen.

§ 156 Anstaltsleitung. (1) [1] Für jede Justizvollzugsanstalt ist ein Beamter des höheren Dienstes zum hauptamtlichen Leiter zu bestellen. [2] Aus besonderen Gründen kann eine Anstalt auch von einem Beamten des gehobenen Dienstes geleitet werden.

(2) [1] Der Anstaltsleiter vertritt die Anstalt nach außen. [2] Er trägt die Verantwortung für den gesamten Vollzug, soweit nicht bestimmte Aufgabenbereiche der Verantwortung anderer Vollzugsbediensteter oder ihrer gemeinsamen Verantwortung übertragen sind.

(3) Die Befugnis, die Durchsuchung nach § 84 Abs. 2, die besonderen Sicherungsmaßnahmen nach § 88 und die Disziplinarmaßnahmen nach § 103 anzuordnen, darf nur mit Zustimmung der Aufsichtsbehörde übertragen werden.

VV zu § 156

1. [Vertreter des Anstaltsleiters]

Die Aufsichtsbehörde bestimmt den Vertreter des Anstaltsleiters.

2. [Anstaltsleitung]

(1) Der Anstaltsleiter legt schriftlich fest, welche Bediensteten in seinem Auftrag Entscheidungen treffen können.

(2) Der Anstaltsleiter kann in fachlichen Angelegenheiten des Dienstes der Seelsorger, Ärzte, Pädagogen, Psychologen und Sozialarbeiter, die sich seiner Beurteilung entziehen, Auskunft verlangen und Anregungen geben.

(3) Die Durchführung von Maßnahmen der in Absatz 2 genannten Fachkräfte, die nach seiner Überzeugung die Sicherheit der Anstalt, die Ordnung der Verwaltung oder die zweckmäßige Behandlung der Gefangenen gefährden, kann der Anstaltsleiter bis zur Entscheidung der Aufsichtsbehörde aussetzen, wenn eine Aussprache zwischen den Beteiligten zu keiner Einigung führt.

3. [Bericht an die Aufsichtsbehörde]

Der Anstaltsleiter berichtet unverzüglich der Aufsichtsbehörde über außerordentliche Vorkommnisse und über Angelegenheiten, die Anlass zu allgemeiner Regelung geben können.

4. [Zustimmungsbedürftigkeit]

Die Übertragung bestimmter Aufgabenbereiche im Sinne des § 156 Abs. 2 Satz 2 bedarf der Zustimmung der Aufsichtsbehörde.

§ 157 Seelsorge. (1) Seelsorger werden im Einvernehmen mit der jeweiligen Religionsgemeinschaft im Hauptamt bestellt oder vertraglich verpflichtet.

(2) Wenn die geringe Zahl der Angehörigen einer Religionsgemeinschaft eine Seelsorge nach Absatz 1 nicht rechtfertigt, ist die seelsorgerische Betreuung auf andere Weise zuzulassen.

(3) Mit Zustimmung des Anstaltsleiters dürfen die Anstaltsseelsorger sich freier Seelsorgehelfer bedienen und für Gottesdienste sowie für andere religiöse Veranstaltungen Seelsorger von außen zuziehen.

§ 158 Ärztliche Versorgung. (1) [1]Die ärztliche Versorgung ist durch hauptamtliche Ärzte sicherzustellen. [2]Sie kann aus besonderen Gründen nebenamtlichen oder vertraglich verpflichteten Ärzten übertragen werden.

(2) [1]Die Pflege der Kranken soll von Personen ausgeübt werden, die eine Erlaubnis nach dem Krankenpflegegesetz oder dem Pflegeberufegesetz besitzen. [2]Solange Personen im Sinne von Satz 1 nicht zur Verfügung stehen, können auch Bedienstete des allgemeinen Vollzugsdienstes eingesetzt werden, die eine sonstige Ausbildung in der Krankenpflege erfahren haben.

§ 159 Konferenzen. Zur Aufstellung und Überprüfung des Vollzugsplanes und zur Vorbereitung wichtiger Entscheidungen im Vollzuge führt der Anstaltsleiter Konferenzen mit an der Behandlung maßgeblich Beteiligten durch.

VV zu § 159

Weitere Dienstbesprechungen auch mit den anderen Vollzugsbediensteten der Anstalt finden in regelmäßigen Abständen statt.

§ 160 Gefangenenmitverantwortung. Den Gefangenen und Untergebrachten soll ermöglicht werden, an der Verantwortung für Angelegenheiten von gemeinsamem Interesse teilzunehmen, die sich ihrer Eigenart und der Aufgabe der Anstalt nach für ihre Mitwirkung eignen.

§ 161 Hausordnung. (1) [1]Der Anstaltsleiter erläßt eine Hausordnung. [2]Sie bedarf der Zustimmung der Aufsichtsbehörde.

(2) In die Hausordnung sind namentlich die Anordnungen aufzunehmen über

1. die Besuchszeiten, Häufigkeit und Dauer der Besuche,
2. die Arbeitszeit, Freizeit und Ruhezeit sowie
3. die Gelegenheit, Anträge und Beschwerden anzubringen, oder sich an einen Vertreter der Aufsichtsbehörde zu wenden.

(3) Ein Abdruck der Hausordnung ist in jedem Haftraum auszulegen.

Vierter Titel. Anstaltsbeiräte

§ 162 Bildung der Beiräte. (1) Bei den Justizvollzugsanstalten sind Beiräte zu bilden.

(2) Vollzugsbedienstete dürfen nicht Mitglieder der Beiräte sein.

(3) Das Nähere regeln die Länder.

§ 163 Aufgabe der Beiräte. [1]Die Mitglieder des Beirats wirken bei der Gestaltung des Vollzuges und bei der Betreuung der Gefangenen mit. [2]Sie unterstützen den Anstaltsleiter durch Anregungen und Verbesserungsvorschläge und helfen bei der Eingliederung der Gefangenen nach der Entlassung.

§ 164 Befugnisse. (1) [1]Die Mitglieder des Beirats können namentlich Wünsche, Anregungen und Beanstandungen entgegennehmen. [2]Sie können sich über die Unterbringung, Beschäftigung, berufliche Bildung, Verpflegung, ärztliche Versorgung und Behandlung unterrichten sowie die Anstalt und ihre Einrichtungen besichtigen.

(2) [1]Die Mitglieder des Beirats können die Gefangenen und Untergebrachten in ihren Räumen aufsuchen. [2]Aussprache und Schriftwechsel werden nicht überwacht.

§ 165 Pflicht zur Verschwiegenheit. [1]Die Mitglieder des Beirats sind verpflichtet, außerhalb ihres Amtes über alle Angelegenheiten, die ihrer Natur nach vertraulich sind, besonders über Namen und Persönlichkeit der Gefangenen und Untergebrachten, Verschwiegenheit zu bewahren. [2]Dies gilt auch nach Beendigung ihres Amtes.

Fünfter Titel. Kriminologische Forschung im Strafvollzug

§ 166 [Kriminologische Forschung im Strafvollzug] (1) Dem kriminologischen Dienst obliegt es, in Zusammenarbeit mit den Einrichtungen der Forschung den Vollzug, namentlich die Behandlungsmethoden, wissenschaftlich fortzuentwickeln und seine Ergebnisse für Zwecke der Strafrechtspflege nutzbar zu machen.

(2) § 186 Absatz 1 gilt entsprechend.

Fünfter Abschnitt. Vollzug weiterer freiheitsentziehender Maßnahmen in Justizvollzugsanstalten, Datenschutz beim Vollzug von Ordnungs-, Sicherungs-, Zwangs- und Erzwingungshaft, Sozial- und Arbeitslosenversicherung, Schlußvorschriften

Erster Titel. Vollzug des Strafarrestes in Justizvollzugsanstalten

§ 167 Grundsatz. [1] Für den Vollzug des Strafarrestes in Justizvollzugsanstalten gelten § 119 Absatz 5 und 6 der Strafprozessordnung sowie die Vorschriften über den Vollzug der Freiheitsstrafe (§§ 2 bis 121b) entsprechend, soweit im Folgenden nichts anderes bestimmt ist. [2] § 50 findet nur in den Fällen einer in § 39 erwähnten Beschäftigung Anwendung.

§ 168 Unterbringung, Besuche und Schriftverkehr. (1) [1] Eine gemeinsame Unterbringung während der Arbeit, Freizeit und Ruhezeit (§§ 17 und 18) ist nur mit Einwilligung des Gefangenen zulässig. [2] Dies gilt nicht, wenn Strafarrest in Unterbrechung einer Strafhaft oder einer Unterbringung im Vollzuge einer freiheitsentziehenden Maßregel der Besserung und Sicherung vollzogen wird.

(2) Dem Gefangenen soll gestattet werden, einmal wöchentlich Besuch zu empfangen.

(3) Besuche und Schriftwechsel dürfen nur untersagt oder überwacht werden, wenn dies aus Gründen der Sicherheit oder Ordnung der Anstalt notwendig ist.

§ 169 Kleidung, Wäsche und Bettzeug. Der Gefangene darf eigene Kleidung, Wäsche und eigenes Bettzeug benutzen, wenn Gründe der Sicherheit nicht entgegenstehen und der Gefangene für Reinigung, Instandsetzung und regelmäßigen Wechsel auf eigene Kosten sorgt.

§ 170 Einkauf. Der Gefangene darf Nahrungs- und Genußmittel sowie Mittel zur Körperpflege in angemessenem Umfang durch Vermittlung der Anstalt auf eigene Kosten erwerben.

Zweiter Titel. Vollzug von Ordnungs-, Sicherungs-, Zwangs- und Erzwingungshaft

§ 171 Grundsatz. Für den Vollzug einer gerichtlich angeordneten Ordnungs-, Sicherungs-, Zwangs- und Erzwingungshaft gelten § 119 Absatz 5 und 6 der Strafprozessordnung sowie die Vorschriften über den Vollzug der Freiheitsstrafe (§§ 3 bis 49 sowie 51 bis 121b) entsprechend, soweit nicht Eigenart und Zweck der Haft entgegenstehen oder im Folgenden etwas anderes bestimmt ist.

VV zu § 171

1. [Vollzug der Zivilhaft]

[1] Im Vollzug der Zivilhaft dürfen über den bloßen Freiheitsentzug hinausgehende Beschränkungen nur angeordnet werden, soweit dies zur Abwendung einer Gefahr für Sicherheit oder Ordnung der Anstalt erforderlich ist. [2] Dies gilt nicht, wenn Zivilhaft in Unterbrechung einer Untersuchungshaft, einer Strafhaft oder einer Unterbringung im Vollzuge einer freiheitsentziehenden Maßregel der Besserung und Sicherung vollzogen wird.

2. [Ärztliche Untersuchung]

(1) Bei der Aufnahme und der Entlassung wird der Gefangene vom Anstaltsarzt untersucht.

(2) Der Anstaltsleiter kann in den Fällen der Nummer 1 Satz 1 ausnahmsweise gestatten, dass der Gefangene sich auf eigene Kosten innerhalb der Anstalt von einem Arzt seiner Wahl behandeln lässt.

3. [Ausführung des Gefangenen]

(1) Beantragt der Gefangene seine Ausführung zum Gericht, um die Handlung vorzunehmen oder die Erklärung abzugeben, zu deren Erzwingung, Erwirkung oder Erreichung die Haft angeordnet wurde, so ist der Antrag unverzüglich dem zuständigen Gericht zu übermitteln.

(2) [1] Die Ausführung des Gefangenen bedarf der Zustimmung des Gerichts, das die Haft angeordnet hat. [2] In Eilfällen ist die Zustimmung des Gerichts telefonisch einzuholen. [3] Die Kosten der Ausführung trägt der Gefangene.

4. [Abschiebungshaft im Wege der Amtshilfe]

Nrn. 1 bis 3 finden keine Anwendung, wenn Abschiebungshaft im Wege der Amtshilfe vollzogen wird.

§ 171a Fixierung. (1) Eine Fesselung, durch die die Bewegungsfreiheit des Gefangenen vollständig aufgehoben wird (Fixierung), ist nur zulässig, soweit und solange eine gegenwärtige erhebliche Gefahr von Gewalttätigkeiten gegen Personen, der Selbsttötung oder der Selbstverletzung besteht und die Fixierung zur Abwehr dieser Gefahr unerlässlich ist.

(2) [1] Eine absehbar kurzfristige Fixierung wird durch die Anstaltsleitung angeordnet. [2] Bei Gefahr im Verzug können auch andere zuständige Bedienstete der Anstalt die Fixierung vorläufig anordnen. [3] Die Entscheidung der Anstaltsleitung ist unverzüglich einzuholen.

(3) [1] Eine nicht nur kurzfristige Fixierung bedarf der vorherigen Anordnung durch das Gericht. [2] Bei Gefahr im Verzug kann die Anordnung der Fixierung durch die Anstaltsleitung oder einen anderen zuständigen Bediensteten der Anstalt getroffen werden. [3] Ein Arzt ist unverzüglich hinzuzuziehen. [4] Die richterliche Entscheidung ist unverzüglich herbeizuführen. [5] Einer richterlichen Entscheidung bedarf es nicht oder nicht mehr, wenn bereits zu Beginn der Fixierung abzusehen ist, dass die Entscheidung erst nach Wegfall des Grundes der Fixierung ergehen wird, oder wenn die Fixierung vor der Herbeiführung der richterlichen Entscheidung tatsächlich beendet und auch keine Wiederholung zu erwarten ist. [6] Ist eine richterliche Entscheidung beantragt und die Fixierung vor deren Erlangung beendet worden, so ist dies dem Gericht unverzüglich mitzuteilen.

(4) [1] Während der Dauer der Fixierung stellt ein Arzt eine angemessene medizinische Überwachung des Gefangenen sicher. [2] Geschulte Vollzugsbedienstete stellen durch ständigen Sicht- und Sprechkontakt die Betreuung des Gefangenen sicher.

(5) Die Anordnung, die maßgeblichen Gründe hierfür, ihre Durchsetzung, ihre Dauer und die Art der Überwachung sind durch die Anstalt zu dokumentieren.

(6) [1] Nach Beendigung einer Fixierung, die nicht gerichtlich angeordnet wurde, ist der Gefangene durch den Arzt auf sein Recht hinzuweisen, die Zulässigkeit der durchgeführten Maßnahme beim zuständigen Gericht überprüfen zu lassen. [2] Der Hinweis ist aktenkundig zu machen.

§ 172 Unterbringung. [1] Eine gemeinsame Unterbringung während der Arbeit, Freizeit und Ruhezeit (§§ 17 und 18) ist nur mit Einwilligung des Gefangenen zulässig. [2] Dies gilt nicht, wenn Ordnungshaft in Unterbrechung einer Strafhaft oder einer Unterbringung im Vollzuge einer freiheitsentziehenden Maßregel der Besserung und Sicherung vollzogen wird.

§ 173 Kleidung, Wäsche und Bettzeug. Der Gefangene darf eigene Kleidung, Wäsche und eigenes Bettzeug benutzen, wenn Gründe der Sicherheit nicht entgegenstehen und der Gefangene für Reinigung, Instandsetzung und regelmäßigen Wechsel auf eigene Kosten sorgt.

§ 174 Einkauf. Der Gefangene darf Nahrungs- und Genußmittel sowie Mittel zur Körperpflege in angemessenem Umfang durch Vermittlung der Anstalt auf eigene Kosten erwerben.

§ 175 Arbeit. Der Gefangene ist zu einer Arbeit, Beschäftigung oder Hilfstätigkeit nicht verpflichtet.

Dritter Titel. Arbeitsentgelt in Jugendstrafanstalten und im Vollzug der Untersuchungshaft

§ 176 Jugendstrafanstalten. (1) [1]Übt ein Gefangener in einer Jugendstrafanstalt eine ihm zugewiesene Arbeit aus, so erhält er unbeschadet der Vorschriften des Jugendarbeitsschutzgesetzes über die Akkord- und Fließarbeit ein nach § 43 Abs. 2 und 3 zu bemessendes Arbeitsentgelt. [2]Übt er eine sonstige zugewiesene Beschäftigung oder Hilfstätigkeit aus, so erhält er ein Arbeitsentgelt nach Satz 1, soweit dies der Art seiner Beschäftigung und seiner Arbeitsleistung entspricht. [3]§ 43 Abs. 5 bis 11 gilt entsprechend.

(2)[1)] *[1]Arbeitsfähige Gefangene, denen aus Gründen, die nicht in ihrer Person liegen, Arbeit nicht zugewiesen werden kann, erkrankte Gefangene, bei denen die Voraussetzungen des § 45 Abs. 2 vorliegen, und werdende Mütter, die eine Arbeit nicht verrichten, erhalten eine Ausfallentschädigung. [2]Höhe und Dauer der Ausfallentschädigung sind nach § 45 Abs. 3 bis 6 zu bestimmen.*

Fassung des Abs. 3 bis zum Erlass eines Bundesgesetzes[2)]**:**

(3) Wenn ein Gefangener ohne sein Verschulden kein Arbeitsentgelt und keine Ausbildungsbeihilfe erhält, wird ihm ein angemessenes Taschengeld gewährt, falls er bedürftig ist.

Fassung des Abs. 3 ab Erlass eines Bundesgesetzes[1)]**:**

(3) [1]Gefangene, die wegen Gebrechlichkeit nicht arbeiten oder denen eine Ausfallentschädigung nicht oder nicht mehr gewährt wird, erhalten ein angemessenes Taschengeld, falls sie bedürftig sind. [2]Gleiches gilt für Gefangene, die für eine Beschäftigung oder Hilfstätigkeit nach Absatz 1 Satz 2 kein Arbeitsentgelt erhalten.

(4) Im übrigen gelten § 44 und die §§ 49 bis 52 entsprechend.

VV zu § 176

(in der Fassung des § 199 Abs. 1 Nr. 5 StVollzG)

1. [Arbeitsentgelt in Jugendstrafanstalten]

(1) Das Arbeitsentgelt eines noch nicht achtzehn Jahre alten Gefangenen wird in der Form des Zeitlohnes ermittelt.

[1)] § 176 Abs. 2 und 3 werden durch besonderes Bundesgesetz in Kraft gesetzt (vgl. § 198 Abs. 3).
[2)] Fassung gilt gemäß § 199 Abs. 1 bis zum Inkrafttreten eines besonderen Bundesgesetzes nach § 198 Abs. 3.

(2) Für eine sonstige zugewiesene Beschäftigung wird ein Arbeitsentgelt gewährt, wenn ihr Ergebnis wirtschaftlich verwertbar ist und in einem vertretbaren Verhältnis zum Aufwand steht.

(3) Im übrigen gelten die VV zu § 43 entsprechend.

2. [Taschengeld in Jugendstrafanstalten]

Für das Taschengeld gelten die VV zu § 46 entsprechend.

3. [Hausgeld in Jugendstrafanstalten]

Für das Hausgeld gelten § 47 StVollzG (in der Fassung des § 199 Abs. 1 Nr. 2) und die VV hierzu entsprechend.

4. [Freies Beschäftigungsverhältnis]

(1) [1] Nummer 2 der VV zu § 39 gilt entsprechend, soweit dem Gefangenen das Eingehen eines freien Beschäftigungsverhältnisses gestattet ist. [2] Die Rechte des gesetzlichen Vertreters sind zu beachten.

(2) Die VV zu §§ 50 und 51 gelten entsprechend.

§ 177 Untersuchungshaft. [1] Übt der Untersuchungsgefangene eine ihm zugewiesene Arbeit, Beschäftigung oder Hilfstätigkeit aus, so erhält er ein nach § 43 Abs. 2 bis 5 zu bemessendes und bekannt zu gebendes Arbeitsentgelt. [2] Der Bemessung des Arbeitsentgelts ist abweichend von § 200 fünf vom Hundert der Bezugsgröße nach § 18 des Vierten Buches Sozialgesetzbuch zu Grunde zu legen (Eckvergütung). [3] § 43 Abs. 6 bis 11 findet keine Anwendung. [4] Für junge und heranwachsende Untersuchungsgefangene gilt § 176 Abs. 1 Satz 1 und 2 entsprechend.

VV zu § 177

(1) Für eine zugewiesene Beschäftigung wird ein Arbeitsentgelt gewährt, wenn ihr Ergebnis wirtschaftlich verwertbar ist und in einem vertretbaren Verhältnis zum Aufwand steht.

(2) Im übrigen gelten die Nrn. 1 bis 3 der VV zu § 43 entsprechend.

Vierter Titel. Unmittelbarer Zwang in Justizvollzugsanstalten

§ 178 [Unmittelbarer Zwang in Justizvollzugsanstalten] (1) Die §§ 94 bis 101 über den unmittelbaren Zwang gelten nach Maßgabe der folgenden Absätze auch für Justizvollzugsbedienstete außerhalb des Anwendungsbereichs des Strafvollzugsgesetzes (§ 1).

(2) [1] Beim Vollzug des Jugendarrestes, des Strafarrestes sowie der Ordnungs-, Sicherungs-, Zwangs- und Erzwingungshaft dürfen zur Vereitelung einer Flucht oder zur Wiederergreifung (§ 100 Abs. 1 Nr. 3) keine Schußwaffen gebraucht werden. [2] Dies gilt nicht, wenn Strafarrest oder Ordnungs-, Sicherungs-, Zwangs- oder Erzwingungshaft in Unterbrechung einer Untersuchungshaft, einer Strafhaft oder einer Unterbringung im Vollzuge einer freiheitsentziehenden Maßregel der Besserung und Sicherung vollzogen wird.

(3) Das Landesrecht kann, namentlich beim Vollzug der Jugendstrafe, weitere Einschränkungen des Rechtes zum Schußwaffengebrauch vorsehen.

Fünfter Titel. Datenschutz beim Vollzug von Ordnungs-, Sicherungs-, Zwangs- und Erzwingungshaft

§ 179 Datenerhebung. (1) Die Vollzugsbehörde darf personenbezogene Daten erheben, soweit deren Kenntnis für den ihr nach diesem Gesetz aufgegebenen Vollzug der Haft nach § 171 erforderlich ist.

(2) [1] Personenbezogene Daten sind bei der betroffenen Person zu erheben. [2] Ohne ihre Mitwirkung dürfen sie nur erhoben werden,

1. wenn eine Rechtsvorschrift dies vorsieht oder zwingend voraussetzt oder
2. wenn
   a) die zu erfüllende Aufgabe ihrer Art nach eine Erhebung bei anderen Personen oder Stellen erforderlich macht oder
   b) die Erhebung bei der betroffenen Person einen unverhältnismäßigen Aufwand erfordern würde

und keine Anhaltspunkte dafür bestehen, dass überwiegende schutzwürdige Interessen der betroffenen Person beeinträchtigt werden.

(2a) [1]Werden personenbezogene Daten bei der betroffenen Person auf Grund einer Rechtsvorschrift erhoben, die zur Auskunft verpflichtet, oder ist die Erteilung der Auskunft Voraussetzung für die Gewährung von Rechtsvorteilen, so ist die betroffene Person hierauf, sonst auf die Freiwilligkeit ihrer Angaben hinzuweisen. [2]Soweit nach den Umständen des Einzelfalls erforderlich oder auf Verlangen, ist sie über die Rechtsvorschrift und über die Folgen der Verweigerung von Angaben aufzuklären. [3]Werden personenbezogene Daten statt bei der betroffenen Person bei einer nicht-öffentlichen Stelle erhoben, so ist die Stelle auf die Rechtsvorschrift, die zur Auskunft verpflichtet, sonst auf die Freiwilligkeit ihrer Angaben hinzuweisen.

(3) Daten über Personen, die nicht Gefangene sind, dürfen ohne ihre Mitwirkung bei Personen oder Stellen außerhalb der Vollzugsbehörde nur erhoben werden, wenn sie für die Sicherheit der Anstalt oder die Sicherung des Vollzuges der Haft nach § 171 unerläßlich sind und die Art der Erhebung schutzwürdige Interessen der betroffenen Personen nicht beeinträchtigt.

(4) Die Rechte und Pflichten nach den Artikeln 13 und 14 der Verordnung (EU) 2016/679 des Europäischen Parlaments und des Rates vom 27. April 2016 zum Schutz natürlicher Personen bei der Verarbeitung personenbezogener Daten, zum freien Datenverkehr und zur Aufhebung der Richtlinie 95/46/EG (Datenschutz-Grundverordnung) (ABl. L 119 vom 4.5.2016, S. 1; L 314 vom 22.11.2016, S. 72; L 127 vom 23.5.2018, S. 2) bestehen ergänzend zu den in diesen Vorschriften genannten Ausnahmen nicht, wenn

1. bei der Erhebung personenbezogener Daten ohne Kenntnis der betroffenen Person andernfalls der Vollzug der Haft nach § 171 gefährdet wird oder
2. bei der Erhebung der Daten bei anderen Personen oder Stellen die Daten nach einer Rechtsvorschrift oder ihrem Wesen nach, namentlich wegen des überwiegenden berechtigten Interesses eines Dritten, geheim gehalten werden müssen.

§ 180 Verarbeitung. (1) [1]Die Vollzugsbehörde darf personenbezogene Daten verarbeiten, soweit dies für den ihr nach diesem Gesetz aufgegebenen Vollzug der Haft nach § 171 erforderlich ist. [2]Die Vollzugsbehörde kann einen Gefangenen verpflichten, einen Lichtbildausweis mit sich zu führen, wenn dies aus Gründen der Sicherheit oder Ordnung der Anstalt erforderlich ist.

(2) Für die Verarbeitung personenbezogener Daten zu einem anderen Zweck als zu demjenigen, zu dem die Daten erhoben wurden, findet § 23 des Bundesdatenschutzgesetzes Anwendung.

(3) [1]Über die in Absatz 1 und § 23 des Bundesdatenschutzgesetzes genannten Zwecke hinaus dürfen zuständigen öffentlichen Stellen personenbezogene Daten übermittelt werden, soweit dies für folgende Zwecke erforderlich ist:

1. gesetzlich angeordnete Statistiken der Rechtspflege,
2. Entscheidungen über Leistungen, die mit der Aufnahme in einer Justizvollzugsanstalt entfallen oder sich mindern,
3. die Einleitung von Hilfsmaßnahmen für Angehörige (§ 11 Absatz 1 Nummer 1 des Strafgesetzbuches) des Gefangenen,
4. dienstliche Maßnahmen der Bundeswehr im Zusammenhang mit der Aufnahme und Entlassung von Soldaten,
5. ausländerrechtliche Maßnahmen oder
6. die Durchführung der Besteuerung.

[2] Eine Übermittlung für andere Zwecke ist auch zulässig, soweit eine andere gesetzliche Vorschrift dies vorsieht und sich dabei ausdrücklich auf personenbezogene Daten über Gefangene bezieht.

(4) [1] Öffentlichen und nicht-öffentlichen Stellen darf die Vollzugsbehörde auf schriftlichen Antrag mitteilen, ob sich eine Person in Haft befindet sowie ob und wann ihre Entlassung voraussichtlich innerhalb eines Jahres bevorsteht, soweit

1. die Mitteilung zur Erfüllung der in der Zuständigkeit der öffentlichen Stelle liegenden Aufgaben erforderlich ist oder
2. von nicht-öffentlichen Stellen ein berechtigtes Interesse an dieser Mitteilung glaubhaft dargelegt wird und der Gefangene kein schutzwürdiges Interesse an dem Ausschluß der Übermittlung hat.

[2] Der Gefangene wird vor der Mitteilung gehört, es sei denn, es ist zu besorgen, daß dadurch die Verfolgung des Interesses des Antragstellers vereitelt oder wesentlich erschwert werden würde, und eine Abwägung ergibt, daß dieses Interesse des Antragstellers das Interesse des Gefangenen an seiner vorherigen Anhörung überwiegt. [3] Ist die Anhörung unterblieben, wird der betroffene Gefangene über die Mitteilung der Vollzugsbehörde nachträglich unterrichtet.

(5) [1] Akten mit personenbezogenen Daten dürfen nur anderen Vollzugsbehörden, den zur Dienst- oder Fachaufsicht oder zu dienstlichen Weisungen befugten Stellen sowie den für Haftentscheidungen zuständigen Gerichten sowie den Strafvollstreckungs- und Strafverfolgungsbehörden überlassen werden; die Überlassung an andere öffentliche Stellen ist zulässig, soweit die Erteilung einer Auskunft einen unvertretbaren Aufwand erfordert oder nach Darlegung der Akteneinsicht begehrenden Stellen für die Erfüllung der Aufgabe nicht ausreicht. [2] Entsprechendes gilt für die Überlassung von Akten an die von der Vollzugsbehörde mit Gutachten beauftragten Stellen.

(6) Sind mit personenbezogenen Daten, die nach den Absätzen 1 bis 3 übermittelt werden dürfen, weitere personenbezogene Daten der betroffenen Person oder eines Dritten in Akten so verbunden, dass eine Trennung nicht oder nur mit unvertretbarem Aufwand möglich ist, so ist die Übermittlung auch dieser Daten zulässig, soweit nicht berechtigte Interessen der betroffenen Person oder eines Dritten an deren Geheimhaltung offensichtlich überwiegen; eine Verarbeitung dieser Daten durch den Empfänger ist unzulässig.

(7) Personenbezogene Daten, die bei der Überwachung der Besuche oder des Schriftwechsels sowie bei der Überwachung des Inhaltes von Paketen bekanntgeworden sind, dürfen nur für die in § 23 Absatz 1 Nummer 3 bis 5 des Bundesdatenschutzgesetzes aufgeführten Zwecke, für das gerichtliche Verfahren

nach den §§ 109 bis 121 oder zur Wahrung der Sicherheit oder Ordnung der Anstalt verarbeitet werden.

(8) Personenbezogene Daten, die gemäß § 179 Abs. 3 über Personen, die nicht Gefangene sind, erhoben worden sind, dürfen nur zur Erfüllung des Erhebungszweckes, für die in § 23 Absatz 1 Nummer 3 und 5 des Bundesdatenschutzgesetzes geregelten Zwecke oder zur Verhinderung oder Verfolgung von Straftaten von erheblicher Bedeutung verarbeitet werden.

(9) Die Übermittlung von personenbezogenen Daten unterbleibt, soweit die in § 182 Abs. 2, § 184 Abs. 2 und 4 geregelten Einschränkungen oder besondere gesetzliche Verwendungsregelungen entgegenstehen.

(10) [1] Die Verantwortung für die Zulässigkeit der Übermittlung trägt die Vollzugsbehörde. [2] Erfolgt die Übermittlung auf Ersuchen einer öffentlichen Stelle, trägt diese die Verantwortung. [3] In diesem Fall prüft die Vollzugsbehörde nur, ob das Übermittlungsersuchen im Rahmen der Aufgaben des Empfängers liegt und die Absätze 7 bis 9 der Übermittlung nicht entgegenstehen, es sei denn, daß besonderer Anlaß zur Prüfung der Zulässigkeit der Übermittlung besteht.

(11) Die Unterrichtungspflicht nach Artikel 19 Satz 2 der Verordnung (EU) 2016/679 besteht nicht, soweit durch eine solche Unterrichtung der Zweck der Übermittlung der Daten gefährdet würde.

§ 181 Zweckbindung bei Übermittlungen. (1) [1] Von der Vollzugsbehörde an eine öffentliche Stelle übermittelte personenbezogene Daten dürfen nur zu dem Zweck verarbeitet werden, zu dessen Erfüllung sie übermittelt worden sind. [2] Der Empfänger darf die Daten für andere Zwecke nur verarbeiten, soweit sie ihm auch für diese Zwecke hätten übermittelt werden dürfen.

(2) [1] Die Übermittlung an eine nicht-öffentliche Stelle ist nur zulässig, wenn diese sich gegenüber der übermittelnden Vollzugsbehörde verpflichtet hat, die Daten nur für den Zweck zu verarbeiten, zu dessen Erfüllung sie ihr übermittelt werden. [2] Eine Verarbeitung dieser Daten für andere Zwecke ist zulässig, wenn die Daten auch für diese Zwecke hätten übermittelt werden dürfen und die übermittelnde Vollzugsbehörde zugestimmt hat.

§ 182 Schutz besonderer Kategorien personenbezogener Daten.

(1) [1] Das religiöse oder weltanschauliche Bekenntnis eines Gefangenen und personenbezogene Daten, die anläßlich ärztlicher Untersuchungen erhoben worden sind, dürfen in der Anstalt nicht allgemein kenntlich gemacht werden. [2] Andere personenbezogene Daten über den Gefangenen dürfen innerhalb der Anstalt allgemein kenntlich gemacht werden, soweit dies für ein geordnetes Zusammenleben in der Anstalt erforderlich ist; § 180 Absatz 7 bis 9 bleibt unberührt.

(2) [1] Personenbezogene Daten, die den in § 203 Absatz 1 Nummer 1, 2 und 6 des Strafgesetzbuchs genannten Personen von einem Gefangenen als Geheimnis anvertraut oder über einen Gefangenen sonst bekanntgeworden sind, unterliegen auch gegenüber der Vollzugsbehörde der Schweigepflicht. [2] Die in § 203 Absatz 1 Nummer 1, 2 und 6 des Strafgesetzbuchs genannten Personen haben sich gegenüber dem Anstaltsleiter zu offenbaren, soweit dies für die Aufgabenerfüllung der Vollzugsbehörde oder zur Abwehr von erheblichen Gefahren für Leib oder Leben des Gefangenen oder Dritter erforderlich ist. [3] Der Arzt ist zur Offenbarung ihm im Rahmen der allgemeinen Gesundheitsfürsorge bekannt-

gewordener Geheimnisse befugt, soweit dies für die Aufgabenerfüllung der Vollzugsbehörde unerläßlich oder zur Abwehr von erheblichen Gefahren für Leib oder Leben des Gefangenen oder Dritter erforderlich ist. [4]Sonstige Offenbarungsbefugnisse bleiben unberührt. [5]Der Gefangene ist vor der Erhebung über die nach den Sätzen 2 und 3 bestehenden Offenbarungsbefugnisse zu unterrichten.

(3) [1]Die nach Absatz 2 offenbarten Daten dürfen nur für den Zweck, für den sie offenbart wurden oder für den eine Offenbarung zulässig gewesen wäre, und nur unter denselben Voraussetzungen verarbeitet werden, unter denen eine in § 203 Absatz 1 Nummer 1, 2 und 6 des Strafgesetzbuchs genannte Person selbst hierzu befugt wäre. [2]Der Anstaltsleiter kann unter diesen Voraussetzungen die unmittelbare Offenbarung gegenüber bestimmten Anstaltsbediensteten allgemein zulassen.

(4) Sofern Ärzte oder Psychologen außerhalb des Vollzuges mit der Untersuchung oder Behandlung eines Gefangenen beauftragt werden, gilt Absatz 2 mit der Maßgabe entsprechend, daß der beauftragte Arzt oder Psychologe auch zur Unterrichtung des Anstaltsarztes oder des in der Anstalt mit der Behandlung des Gefangenen betrauten Psychologen befugt sind.

§ 183 Schutz der Daten in Akten und Dateisystemen. (1) Der einzelne Vollzugsbedienstete darf sich von personenbezogenen Daten nur Kenntnis verschaffen, soweit dies zur Erfüllung der ihm obliegenden Aufgabe oder für die Zusammenarbeit nach § 154 Abs. 1 erforderlich ist.

(2) [1]Akten und Dateisysteme mit personenbezogenen Daten sind nach den Artikeln 24, 25 und 32 der Verordnung (EU) 2016/679 durch die erforderlichen technischen und organisatorischen Maßnahmen gegen unbefugten Zugang und unbefugten Gebrauch zu schützen. [2]Gesundheitsakten und Krankenblätter sind getrennt von anderen Unterlagen zu führen und besonders zu sichern.

§ 184 Berichtigung, Löschung und Einschränkung der Verarbeitung.

(1) [1]Die in Dateisystemen gespeicherten personenbezogenen Daten sind spätestens zwei Jahre nach der Entlassung des Gefangenen oder der Verlegung des Gefangenen in eine andere Anstalt zu löschen. [2]Hiervon können bis zum Ablauf der Aufbewahrungsfrist für die Gefangenenpersonalakte die Angaben über Familienname, Vorname, Geburtsname, Geburtstag, Geburtsort, Eintritts- und Austrittsdatum des Gefangenen ausgenommen werden, soweit dies für das Auffinden der Gefangenenpersonalakte erforderlich ist.

(2) [1]Personenbezogene Daten in Akten dürfen nach Ablauf von zwei Jahren seit der Entlassung des Gefangenen nur verarbeitet werden, soweit dies

1. zur Verfolgung von Straftaten,
2. für die Durchführung wissenschaftlicher Forschungsvorhaben gemäß § 186 Absatz 1,
3. zur Behebung einer bestehenden Beweisnot,
4. zur Feststellung, Durchsetzung oder Abwehr von Rechtsansprüchen im Zusammenhang mit dem Vollzug einer Haft nach § 171

unerläßlich ist. [2]Diese Verwendungsbeschränkungen enden, wenn der Gefangene erneut zum Vollzug einer Haft nach § 171 aufgenommen wird oder die betroffene Person eingewilligt hat.

(3) [1] Bei der Aufbewahrung von Akten mit nach Absatz 2 der eingeschränkten Verarbeitung unterliegenden Daten dürfen folgende Fristen nicht überschritten werden:

Gefangenenpersonalakten, Gesundheitsakten und Krankenblätter	20 Jahre,
Gefangenenbücher	30 Jahre.

[2] Dies gilt nicht, wenn aufgrund bestimmter Tatsachen anzunehmen ist, daß die Aufbewahrung für die in Absatz 2 Satz 1 genannten Zwecke weiterhin erforderlich ist. [3] Die Aufbewahrungsfrist beginnt mit dem auf das Jahr der aktenmäßigen Weglegung folgenden Kalenderjahr. [4] Die archivrechtlichen Vorschriften des Bundes und der Länder bleiben unberührt.

(4) Wird festgestellt, daß unrichtige Daten übermittelt worden sind, ist dies dem Empfänger mitzuteilen, wenn dies zur Wahrung schutzwürdiger Interessen der betroffenen Person erforderlich ist.

§ 185 Auskunft an die betroffene Person, Akteneinsicht. [1] Das Recht auf Auskunft der betroffenen Person gemäß Artikel 15 der Verordnung (EU) 2016/679 besteht nicht, soweit die Voraussetzungen einer Ausnahme nach § 34 Absatz 1 des Bundesdatenschutzgesetzes vorliegen. [2] Steht der betroffenen Person ein Recht auf Auskunft zu, erhält sie Akteneinsicht, soweit eine Auskunft für die Wahrnehmung ihrer rechtlichen Interessen nicht ausreicht und sie hierfür auf die Einsichtnahme angewiesen ist. [3] An die Stelle der oder des Bundesbeauftragten in § 34 Absatz 3 des Bundesdatenschutzgesetzes tritt die oder der Landesbeauftragte für den Datenschutz, an die Stelle der obersten Bundesbehörde tritt die entsprechende Landesbehörde.

§ 186 Auskunft und Akteneinsicht für wissenschaftliche Zwecke und zur Wahrnehmung der Aufgaben des Europäischen Ausschusses zur Verhütung von Folter und unmenschlicher oder erniedrigender Behandlung oder Strafe. (1) Für die Auskunft und Akteneinsicht für wissenschaftliche Zwecke gilt § 476 der Strafprozessordnung entsprechend.

(2) Den Mitgliedern einer Delegation des Europäischen Ausschusses zur Verhütung von Folter und unmenschlicher oder erniedrigender Behandlung oder Strafe wird während des Besuchs in der Anstalt Einsicht in die Gefangenenpersonalakten, Gesundheitsakten und Krankenblätter gewährt oder Auskunft aus diesen Akten erteilt, soweit dies zur Wahrnehmung der Aufgaben des Ausschusses unbedingt erforderlich ist.

§ 187 *(aufgehoben)*

Sechster Titel. Anpassung des Bundesrechts

§ 188 *(aufgehoben)*

§ 189 *(nicht wiedergegebene Änderungsvorschrift)*

Siebter Titel. Sozial- und Arbeitslosenversicherung

§§ 190–193 *(nicht wiedergegebene Änderungsvorschriften)*

§ 194 *(aufgehoben)*

§ 195 Einbehaltung von Beitragsteilen. Soweit die Vollzugsbehörde Beiträge zur Kranken- und Rentenversicherung sowie zur Bundesagentur für Arbeit zu entrichten hat, kann sie von dem Arbeitsentgelt, der Ausbildungsbeihilfe oder der Ausfallentschädigung einen Betrag einbehalten, der dem Anteil des Gefangenen am Beitrag entsprechen würde, wenn er diese Bezüge als Arbeitnehmer erhielte.

VV zu § 195

[1] Der in § 195 bestimmte Beitragsanteil wird einbehalten. [2] Bei unbilliger Härte kann von der Einbehaltung des Betrages abgesehen werden.

Achter Titel. Einschränkung von Grundrechten. Inkrafttreten

§ 196 Einschränkung von Grundrechten. Durch dieses Gesetz werden die Grundrechte aus Artikel 2 Abs. 2 Satz 1 und 2 (körperliche Unversehrtheit und Freiheit der Person) und Artikel 10 Abs. 1 (Brief-, Post- und Fernmeldegeheimnis) des Grundgesetzes eingeschränkt.

§ 197 *(aufgehoben)*

§ 198[1] Inkrafttreten. (1) Dieses Gesetz tritt unbeschadet der §§ 199 und 201 am 1. Januar 1977 in Kraft, soweit die Absätze 2 und 3 nichts anderes bestimmen.

(2) 1. Am 1. Januar 1980 treten folgende Vorschriften in Kraft:

§ 37	– Arbeitszuweisung –
§ 39 Abs. 1	– Freies Beschäftigungsverhältnis –
§ 41 Abs. 2	– Zustimmungsbedürftigkeit bei weiterbildenden Maßnahmen –
§ 42	– Freistellung von der Arbeitspflicht –
§ 149 Abs. 1	– Arbeitsbetriebe, Einrichtungen zur beruflichen Bildung –
§ 162 Abs. 1	– Beiräte –.

2., 3. *(aufgehoben)*

(3) Durch besonderes Bundesgesetz werden die folgenden Vorschriften an inzwischen vorgenommene Gesetzesänderungen angepaßt und in Kraft gesetzt:

§ 41 Abs. 3	– Zustimmungsbedürftigkeit bei Beschäftigung in Unternehmerbetrieben –
§ 45	– Ausfallentschädigung –
§ 46	– Taschengeld –
§ 47	– Hausgeld –
§ 49	– Unterhaltsbeitrag –

---

[1] S. auch **Entscheidung des Bundesverfassungsgerichts** (BGBl. I 1998, 2208):

Aus dem Urteil des Bundesverfassungsgerichts vom 1. Juli 1998 – 2 BvR 441/90 u.a. – wird folgende Entscheidungsformel veröffentlicht:

…

II. § 198 Absatz 3 des Strafvollzugsgesetzes ist, soweit sich die Vorschrift auf die gesetzliche Altersrentenversicherung bezieht, mit dem Grundgesetz vereinbar.…

Die vorstehende Entscheidungsformel hat gemäß § 31 Abs. 2 des Gesetzes über das Bundesverfassungsgericht Gesetzeskraft.

§ 50	– Haftkostenbeitrag –
§ 65 Abs. 2 Satz 2	– Krankenversicherungsleistungen bei Krankenhausaufenthalt –
§ 93 Abs. 2	– Inanspruchnahme des Hausgeldes –
§ 176 Abs. 2 und 3	– Ausfallentschädigung und Taschengeld im Jugendstrafvollzug –
§ 189	– Verordnung über Kosten –
§ 190 Nr. 1 bis 10 und 13 bis 18, §§ 191 bis 193	– Sozialversicherung –.

(4) Über das Inkrafttreten des § 41 Abs. 3 – Zustimmungsbedürftigkeit bei Beschäftigung in Unternehmerbetrieben – wird zum 31. Dezember 1983 und über die Fortgeltung des § 201 Nr. 1 – Unterbringung im offenen Vollzug – wird zum 31. Dezember 1985 befunden.

§ 199 Übergangsfassungen. (1) Bis zum Inkrafttreten des besonderen Bundesgesetzes nach § 198 Abs. 3 gilt folgendes:

1. § 46 – Taschengeld – erhält folgende Fassung:
„Wenn ein Gefangener ohne sein Verschulden kein Arbeitsentgelt und keine Ausbildungsbeihilfe erhält, wird ihm ein angemessenes Taschengeld gewährt, falls er bedürftig ist."
2. § 47 – Hausgeld – erhält folgende Fassung:
„(1) Der Gefangene darf von seinen in diesem Gesetz geregelten Bezügen drei Siebtel monatlich (Hausgeld) und das Taschengeld (§ 46) für den Einkauf (§ 22 Abs. 1) oder anderweitig verwenden.
(2) Für Gefangene, die in einem freien Beschäftigungsverhältnis stehen (§ 39 Abs. 1) oder denen gestattet ist, sich selbst zu beschäftigen (§ 39 Abs. 2), wird aus ihren Bezügen ein angemessenes Hausgeld festgesetzt."
3. *(aufgehoben)*
4. § 93 Abs. 2 – Inanspruchnahme des Haushaltsgeldes – erhält folgende Fassung:
„(2) Bei der Geltendmachung dieser Forderungen kann auch ein den dreifachen Tagessatz der Eckvergütung nach § 43 Abs. 2 übersteigender Teil des Hausgeldes (§ 47) in Anspruch genommen werden."
5. § 176 Abs. 3 – Taschengeld im Jugendstrafvollzug – erhält folgende Fassung:
„(3) Wenn ein Gefangener ohne sein Verschulden kein Arbeitsentgelt und keine Ausbildungshilfe erhält, wird ihm ein angemessenes Taschengeld gewährt, falls er bedürftig ist."

(2) Bis zum 31. Dezember 2002 gilt § 9 Abs. 1 Satz 1 in der folgenden Fassung:
„Ein Gefangener soll in eine sozialtherapeutische Anstalt verlegt werden, wenn er wegen einer Straftat nach den §§ 174 bis 180 oder 182 des Strafgesetzbuches zu zeitiger Freiheitsstrafe von mehr als zwei Jahren verurteilt worden ist und die Behandlung in einer sozialtherapeutischen Anstalt nach § 6 Abs. 2 Satz 2 oder § 7 Abs. 4 angezeigt ist."

§ 200 Höhe des Arbeitsentgelts. Der Bemessung des Arbeitsentgelts nach § 43 sind 9 vom Hundert der Bezugsgröße nach § 18 des Vierten Buches Sozialgesetzbuch zu Grunde zu legen.

§ 201 Übergangsbestimmungen für bestehende Anstalten. Für Anstalten, mit deren Errichtung vor Inkrafttreten dieses Gesetzes begonnen wurde, gilt folgendes:

1. Abweichend von § 10 dürfen Gefangene ausschließlich im geschlossenen Vollzug untergebracht werden, solange die räumlichen, personellen und organisatorischen Anstaltsverhältnisse dies erfordern.
2. Abweichend von § 17 kann die gemeinschaftliche Unterbringung während der Arbeitszeit und Freizeit auch eingeschränkt werden, wenn und solange die räumlichen, personellen und organisatorischen Verhältnisse der Anstalt dies erfordern; die gemeinschaftliche Unterbringung während der Arbeitszeit jedoch nur bis zum Ablauf des 31. Dezember 1988.
3. [1] Abweichend von § 18 dürfen Gefangene während der Ruhezeit auch gemeinsam untergebracht werden, solange die räumlichen Verhältnisse der Anstalt dies erfordern. [2] Eine gemeinschaftliche Unterbringung von mehr als acht Personen ist nur bis zum Ablauf des 31. Dezember 1985 zulässig.
4. Abweichend von § 143 Abs. 1 und 2 sollen Justizvollzugsanstalten so gestaltet und gegliedert werden, daß eine auf die Bedürfnisse des einzelnen abgestellte Behandlung gewährleistet ist und daß die Gefangenen in überschaubaren Betreuungs- und Behandlungsgruppen zusammengefaßt werden können.
5. Abweichend von § 145 kann die Belegungsfähigkeit einer Anstalt nach Maßgabe der Nummern 2 und 3 festgesetzt werden.

§ 202 Freiheitsstrafe und Jugendhaft der Deutschen Demokratischen Republik. (1) Für den Vollzug der nach dem Strafgesetzbuch der Deutschen Demokratischen Republik gegen Jugendliche und Heranwachsende erkannten Freiheitsstrafe gelten die Vorschriften für den Vollzug der Jugendstrafe, für den Vollzug der Jugendhaft die Vorschriften über den Vollzug des Jugendarrestes.

(2) Im übrigen gelten für den Vollzug der nach dem Strafgesetzbuch der Deutschen Demokratischen Republik rechtskräftig erkannten Freiheitsstrafe und der Haftstrafe die Vorschriften des Strafvollzugsgesetzes über den Vollzug der Freiheitsstrafe.

1a. Verordnung über die Vergütungsstufen des Arbeitsentgelts und der Ausbildungsbeihilfe nach dem Strafvollzugsgesetz – Strafvollzugsvergütungsordnung (StVollzVergO) –[1)]

Vom 11. Januar 1977

(BGBl. I S. 57)

FNA 312-9-1-1

geänd. durch Art. 6 Zweites G zur Änd. des JugendgerichtsG und anderer Gesetze v. 13.12.2007 (BGBl. I S. 2894)

Auf Grund des § 48 des Gesetzes über den Vollzug der Freiheitsstrafe und der freiheitsentziehenden Maßregeln der Besserung und Sicherung – Strafvollzugsgesetz (StVollzG) –[2)] vom 16. März 1976 (BGBl. I S. 581, 2088), geändert durch Gesetz vom 18. August 1976 (BGBl. I S. 2181), wird im Einvernehmen mit dem Bundesminister für Arbeit und Sozialordnung und mit Zustimmung des Bundesrates verordnet:

§ 1 Grundlohn. (1) Der Grundlohn des Arbeitsentgelts (§ 43 Abs. 2 des Strafvollzugsgesetzes[2)]) wird nach folgenden Vergütungsstufen festgesetzt:

[1)] Nach der Neuregelung der Art. 72 ff. GG v. 23.5.1949 (BGBl. I S. 1), zuletzt geänd. durch G v. 29.9.2020 (BGBl. I S. 2048) durch das FöderalismusreformG v. 28.8.2006 (BGBl. I S. 2034) fällt der Strafvollzug einschließlich des Untersuchungshaftvollzugs in die Gesetzgebungskompetenz der Länder (Art. 74 Abs. 1 Nr. 1 iVm Art. 70 Abs. 1 GG v. 23.5.1949 (BGBl. I S. 1), zuletzt geänd. durch G v. 29.9.2020 (BGBl. I S. 2048)).

Die StrafvollzugsvergütungsO gilt gem. Art. 125a Abs. 1 GG v. 23.5.1949 (BGBl. I S. 1), zuletzt geänd. durch G v. 29.9.2020 (BGBl. I S. 2048) seit dem 1.9.2006 als Bundesrecht fort, kann aber durch Landesrecht ersetzt werden. Der Bundesgesetzgeber besitzt nach dem 31.8.2006 für Änderungen des StrafvollzugsvergütungsO keine Gesetzgebungskompetenz mehr.

Bisher haben die Länder folgende Vorschriften erlassen:
- **Baden-Württemberg:** JustizvollzugsvergütungsVO v. 30.11.2009 (GBl. S. 765)
- **Bayern:** Bayerische StrafvollzugsvergütungsVO v. 15.1.2008 (GVBl. S. 25)
- **Berlin:** JustizvollzugsvergütungsVO v. 1.9.2021 (GVBl. S. 1006, ber. S. 1352); beachte hierzu die Übergangsregelungen in § 9 dieser VO
- **Brandenburg:** Brandenburgische Justizvollzugs- und SicherungsverwahrungsvollzugsvergütungsO v. 22.5.2013 (GVBl. II Nr. 42)
- **Hamburg:** Hamburgische VollzugsvergütungsO v. 26.3.2015 (HmbGVBl. S. 57)
- **Hessen:** Hessische StrafvollzugsvergütungsVO v. 23.11.2011 (GVBl. I S. 751), zuletzt geänd. durch VO v. 29.3.2021 (GVBl. S. 277)
- **Mecklenburg-Vorpommern:** JustizvollzugsvergütungsVO v. 16.9.2013 (GVOBl. M-V S. 548)
- **Nordrhein-Westfalen:** LandesvollzugsvergütungsVO Nordrhein-Westfalen v. 31.8.2017 (GV. NRW. S. 778), geänd. durch Berichtigung v. 5.10.2017 (GV. NRW. S. 800)
- **Rheinland-Pfalz:** Justizvollzug und Sicherungsverwahrung-VergütungsstufenVO v. 24.5.2013 (GVBl. S. 155)
- **Sachsen:** Sächsische JustizvollzugsvergütungsVO v. 5.7.2016 (SächsGVBl. S. 380)
- **Sachsen-Anhalt:** JustizvollzugsvergütungsVO v. 21.1.2016 (GVBl. LSA S. 45)
- **Schleswig-Holstein:** VollzugsvergütungsVO v. 4.10.2016 (GVOBl. Schl.-H. S. 838), geänd. durch VO v. 21.5.2021 (GVOBl. Schl.-H. S. 649)

[2)] Nr. **1**.

Vergütungsstufe I	=	Arbeiten einfacher Art, die keine Vorkenntnisse und nur eine kurze Einweisungszeit erfordern und die nur geringe Anforderungen an die körperliche oder geistige Leistungsfähigkeit oder an die Geschicklichkeit stellen.
Vergütungsstufe II	=	Arbeiten der Stufe I, die eine Einarbeitungszeit erfordern.
Vergütungsstufe III	=	Arbeiten, die eine Anlernzeit erfordern und durchschnittliche Anforderungen an die Leistungsfähigkeit und die Geschicklichkeit stellen.
Vergütungsstufe IV	=	Arbeiten, die die Kenntnisse und Fähigkeiten eines Facharbeiters erfordern oder gleichwertige Kenntnisse und Fähigkeiten voraussetzen.
Vergütungsstufe V	=	Arbeiten, die über die Anforderungen der Stufe IV hinaus ein besonderes Maß an Können, Einsatz und Verantwortung erfordern.

(2) Der Grundlohn beträgt in der

Vergütungsstufe I	75 vom Hundert,
Vergütungsstufe II	88 vom Hundert,
Vergütungsstufe III	100 vom Hundert,
Vergütungsstufe IV	112 vom Hundert,
Vergütungsstufe V	125 vom Hundert

der Eckvergütung nach § 43 Abs. 2 Satz 2 des Strafvollzugsgesetzes.

(3) [1] Der Grundlohn nach Absatz 2 kann unterschritten werden, wenn die Arbeitsleistung den Anforderungen der jeweiligen Vergütungsstufe nicht genügt. [2] Während einer Einarbeitungs- oder Anlernzeit darf der Grundlohn um höchstens 20 vom Hundert verringert werden. [3] § 43 Abs. 3 Satz 2 des Strafvollzugsgesetzes bleibt unberührt.

§ 2 Zulagen. (1) Zum Grundlohn können Zulagen gewährt werden

1. für Arbeiten unter arbeitserschwerenden Umgebungseinflüssen, die das übliche Maß erheblich übersteigen, bis zu fünf vom Hundert des Grundlohnes,
2. für Arbeiten zu ungünstigen Zeiten bis zu fünf vom Hundert des Grundlohnes,
3. für Zeiten, die über die festgesetzte Arbeitszeit hinausgehen, bis zu 25 vom Hundert des Grundlohnes.

(2) [1] Eine Leistungszulage kann im Zeitlohn bis zu 30 vom Hundert, im Leistungslohn bis zu 15 vom Hundert des Grundlohnes gewährt werden, wenn die individuelle Arbeitsleistung dies rechtfertigt. [2] Bei der Bemessung der Leistungszulage können berücksichtigt werden:

1. Im Zeitlohn die Arbeitsmenge, die Arbeitsgüte, der Umgang mit Betriebsmitteln und Arbeitsmaterialien, die Leistungsbereitschaft und keine oder nur geringe Fehlzeiten,
2. im Leistungslohn die Arbeitsgüte sowie der Umgang mit Betriebsmitteln und Arbeitsmaterialien.

§ 3 Arbeitsentgelt für arbeitstherapeutische Beschäftigung. Soweit ein Arbeitsentgelt nach § 43 Abs. 4 des Strafvollzugsgesetzes[1] zu zahlen ist, beträgt es in der Regel 75 vom Hundert des Grundlohnes der Vergütungsstufe I.

§ 4 Ausbildungsbeihilfe. (1) Die Ausbildungsbeihilfe (§ 44 Abs. 1 des Strafvollzugsgesetzes[1]) wird vorbehaltlich der Absätze 2 und 3 nach der Vergütungsstufe III gewährt.

(2) Nach der Hälfte der Gesamtdauer der Maßnahme kann die Ausbildungsbeihilfe nach der Vergütungsstufe IV gewährt werden, wenn der Ausbildungsstand des Gefangenen dies rechtfertigt.

(3) Für die Teilnahme an einem Unterricht nach § 38 Abs. 1 Satz 1 des Strafvollzugsgesetzes oder an Maßnahmen der Berufsfindung kann die Ausbildungsbeihilfe nach der Vergütungsstufe II gewährt werden, wenn dies wegen der Kürze oder des Ziels der Maßnahmen gerechtfertigt ist.

(4) Für die Gewährung von besonderen Zulagen gilt § 2 entsprechend.

§ 5 *(aufgehoben)*

§ 6 Inkrafttreten. Diese Verordnung tritt am 1. Februar 1977 in Kraft.

---

[1] Nr. 1.

1.1. Gesetzbuch über den Justizvollzug in Baden-Württemberg (Justizvollzugsgesetzbuch – JVollzGB)[1)]

Vom 10. November 2009
(GBl. S. 545)

zuletzt geänd. durch Art. 7–11 G zur Änd. des Landesrichter- und -staatsanwaltsG und weiterer G v. 17.12.2020 (GBl. 2021 S. 1)

– Auszug –

Inhaltsübersicht

Buch 1. Gemeinsame Regelungen und Organisation (JVollzGB I)

[1)] Verkündet als Art. 1 G v. 10.11.2009 (GBl. S. 545); Inkrafttreten gem. Art. 3 Abs. 1 dieses G am 1.1.2010; vgl. hierzu Buch 1, Buch 2, Buch 3, Buch 4 und Buch 5 JVollzGB.

Buch 1. Gemeinsame Regelungen und Organisation (JVollzGB I)

Abschnitt 1. Anwendungsbereich und Aufgaben

§ 1 Anwendungsbereich (1) Dieses Gesetz regelt den Vollzug

1. der Untersuchungshaft, der einstweiligen Unterbringung, der sichernden Unterbringung bei vorbehaltener oder nachträglicher Sicherungsverwahrung, der Sicherungshaft, der Haft nach § 127b Absatz 2, § 230 Absatz 2, §§ 236, 275a Absatz 6, § 329 Absatz 3, § 412 Satz 1 und § 453c Absatz 1 der Strafprozessordnung (StPO),
2. der Freiheitsstrafe und des Strafarrestes,
3. der Jugendstrafe nach den §§ 17 und 18 des Jugendgerichtsgesetzes (JGG) und der Freiheitsstrafe nach § 114 JGG und

4. der Maßregel der Unterbringung in der Sicherungsverwahrung sowie anderer freiheitsentziehender Maßregeln der Besserung und Sicherung.

(2) Die Regelungen der Strafprozessordnung zur Vollziehung der Untersuchungshaft, namentlich zur Abwehr einer Flucht-, Verdunkelungs- oder Wiederholungsgefahr (§ 119 StPO), sowie die Vorschriften über die Kontaktsperre (§§ 31 bis 38a des Einführungsgesetzes zum Gerichtsverfassungsgesetz) bleiben unberührt.

§ 2 Ziele des Vollzugs. (1) [1] Die kriminalpräventive Zielsetzung des Strafvollzugs und des Jugendstrafvollzugs in Baden-Württemberg liegt im Schutz der Bürgerinnen und Bürger vor weiteren Straftaten. [2] Strafvollzug und Jugendstrafvollzug leisten einen Beitrag für die Eingliederung der Gefangenen in die Gesellschaft, die innere Sicherheit und für den Rechtsfrieden.

(2) Der Vollzug der Untersuchungshaft dient dem Zweck, durch sichere Unterbringung der Untersuchungsgefangenen die Durchführung eines geordneten Strafverfahrens zu gewährleisten und eine spätere Strafvollstreckung sicherzustellen.

(3) [1] Der Vollzug der Sicherungsverwahrung dient dem Ziel, die Gefährlichkeit der Untergebrachten für die Allgemeinheit so zu mindern, dass die Vollstreckung der Unterbringung möglichst bald zur Bewährung ausgesetzt oder für erledigt erklärt werden kann. [2] Im Vollzug der Sicherungsverwahrung sollen die Untergebrachten fähig werden, künftig in sozialer Verantwortung ein Leben ohne Straftaten zu führen. [3] Der Vollzug der Sicherungsverwahrung bezweckt zugleich den Schutz der Allgemeinheit vor erheblichen Straftaten.

Abschnitt 2. Grundsätze der Unterbringung

§ 3 Grundsätze zum Vollzug der Haftarten. (1) Die Freiheitsstrafe und der Strafarrest werden in Justizvollzugsanstalten des Landes vollzogen.

(2) Die Untersuchungshaft wird in besonderen Justizvollzugsanstalten, in Teilanstalten, Außenstellen oder Abteilungen von Justizvollzugsanstalten vollzogen.

(3) Die Unterbringung in der Sicherungsverwahrung wird in besonderen Justizvollzugsanstalten, in Teilanstalten, Außenstellen oder Abteilungen von Justizvollzugsanstalten (Einrichtungen der Sicherungsverwahrung) vollzogen.

(4) Die Jugendstrafe wird in besonderen Justizvollzugsanstalten, in Teilanstalten oder Außenstellen von Justizvollzugsanstalten (Jugendstrafanstalten) oder in besonderen Abteilungen von Justizvollzugsanstalten vollzogen.

(5) [1] Das Justizministerium bestimmt im Einvernehmen mit dem Sozialministerium die für den Jugendstrafvollzug in freier Form zugelassenen Einrichtungen. [2] Während der Unterbringung im Jugendstrafvollzug in freier Form besteht das Vollzugsverhältnis der Gefangenen zur Justizvollzugsanstalt fort.

§ 4 Trennungsgrundsätze. (1) [1] Frauen sind getrennt von Männern in besonderen Justizvollzugsanstalten für Frauen oder in getrennten Abteilungen in Justizvollzugsanstalten für Männer unterzubringen. [2] Sie sind auch sonst von den männlichen Gefangenen und männlichen Untergebrachten getrennt zu halten.

(2) [1]Untersuchungsgefangene sollen soweit möglich von anderen Gefangenen, insbesondere Strafgefangenen, getrennt gehalten werden. [2]Mit ihrer Zustimmung darf hiervon abgewichen werden.

(3) [1]Der Vollzug der Unterbringung in der Sicherungsverwahrung erfolgt vom Strafvollzug getrennt in Einrichtungen nach § 3 Absatz 3. [2]Von einer getrennten Unterbringung nach Satz 1 darf ausnahmsweise abgewichen werden

1. zur Behandlung, insbesondere in einer sozialtherapeutischen Anstalt,
2. zur Durchführung einer Behandlungsuntersuchung oder Begutachtung,
3. zur Behandlung einer Krankheit oder besseren medizinischen Versorgung in einem Justizvollzugskrankenhaus oder in einer Krankenabteilung einer Justizvollzugsanstalt,
4. auf Antrag der Untergebrachten aus wichtigem Grund,
5. zur Entlassungsvorbereitung in einer Einrichtung des offenen Vollzugs oder
6. vorübergehend zur Abwehr einer erheblichen Gefahr für die Sicherheit der Justizvollzugsanstalt oder für Leib oder Leben von Untergebrachten oder Dritten.

[3]Die Unterbringungsbedingungen sollen sich im Rahmen der vorhandenen Gegebenheiten von denen der Strafgefangenen unterscheiden, soweit dies mit der Aufgabenerfüllung der aufnehmenden Anstalt vereinbar ist. [4]Im Übrigen bleiben die Rechte der Untergebrachten nach diesem Gesetz unberührt.

(4) [1]Im Jugendstrafvollzug sollen Jugendliche, Heranwachsende und junge Erwachsene (junge Gefangene) getrennt untergebracht und altersgemäß erzogen werden. [2]Die sozialtherapeutische Behandlung junger Gefangener erfolgt in einer Außenstelle einer sozialtherapeutischen Anstalt oder in gesonderten Abteilungen von Jugendstrafanstalten. [3]Die Unterbringung von jungen weiblichen Gefangenen erfolgt in getrennten Abteilungen einer Justizvollzugsanstalt für Frauen oder einer Jugendstrafanstalt für junge männliche Gefangene.

(5) [1]Soweit junge Gefangene, ohne vom Jugendstrafvollzug ausgenommen zu sein, aus besonderen Gründen in Justizvollzugsanstalten gemeinsam mit Erwachsenen untergebracht sind, sollen sie von den anderen Gefangenen getrennt werden. [2]Der Vollzug erfolgt nach den Vorschriften dieses Gesetzes über den Jugendstrafvollzug.

(6) [1]Von der Trennung nach den Absätzen 1 und 3 bis 5 darf abgewichen werden, soweit es erforderlich ist, Gefangenen oder Untergebrachten die Teilnahme an Beschäftigungs-, Behandlungs- und Erziehungsmaßnahmen sowie Freizeitangeboten und Angeboten der Religionsausübung zu ermöglichen. [2]Junge Gefangene sind vor schädlichen Einflüssen zu schützen.

(7) [1]Beim Vollzug der Untersuchungshaft darf von der getrennten Unterbringung nach den Absätzen 1 und 2 abgesehen werden, um es Untersuchungsgefangenen zu ermöglichen, zu arbeiten oder an Bildungsmaßnahmen oder Freizeitangeboten teilzunehmen. [2]Ausnahmen von der getrennten Unterbringung nach Absatz 2 sind darüber hinaus zulässig

1. im Fall der Unterbringung von Untersuchungsgefangenen in einer Krankenabteilung einer Justizvollzugsanstalt oder in einem Justizvollzugskrankenhaus oder
2. wenn dies aus Gründen der Sicherheit oder Ordnung der Justizvollzugsanstalt, der Vollzugsorganisation oder aus anderen wichtigen Gründen erforderlich ist.

(8) Während eines Transports zur Durchführung einer Verlegung, Überstellung, Ausantwortung oder Vorführung von in der Sicherungsverwahrung Untergebrachten darf von der Trennung nach Absatz 3 Satz 1 abgewichen werden.

§ 5 Differenzierung. (1) Für den Vollzug der Freiheitsstrafe und der Jugendstrafe sind Haftplätze in verschiedenen Justizvollzugsanstalten oder Abteilungen vorzusehen, in denen eine auf die unterschiedlichen Bedürfnisse der Gefangenen abgestimmte Behandlung gewährleistet ist.

(2) Justizvollzugsanstalten des geschlossenen Vollzugs sehen eine sichere Unterbringung vor, Einrichtungen des offenen Vollzugs keine oder nur verminderte Vorkehrungen gegen Entweichungen.

§ 6 Gestaltung der Justizvollzugsanstalten. (1) [1]Justizvollzugsanstalten sind entsprechend ihrem Zweck und den jeweiligen Erkenntnissen der Erfordernisse eines zeitgemäßen Justizvollzugs auszugestalten. [2]Völkerrechtlichen Vorgaben und den internationalen Standards mit Menschenrechtsbezug, wie sie in den von den Vereinten Nationen oder Organen des Europarats beschlossenen einschlägigen Richtlinien und Empfehlungen enthalten sind, ist Rechnung zu tragen.

(2) [1]Justizvollzugsanstalten sollen eine bedarfsgerechte Anzahl und Ausstattung von Plätzen insbesondere für therapeutische Maßnahmen, für Maßnahmen der Beschäftigung, Freizeit, Sport und Seelsorge vorsehen. [2]Sie sollen so gegliedert werden, dass die Gefangenen und Untergebrachten in überschaubaren Betreuungs- und Behandlungsgruppen zusammengefasst werden können. [3]Die Gestaltung von Einrichtungen der Sicherungsverwahrung muss therapeutischen Erfordernissen entsprechen und Wohngruppenvollzug ermöglichen. [4]Die besonderen Belange von Gefangenen und Untergebrachten mit Migrationshintergrund sind zu berücksichtigen. [5]Insbesondere ist soziokulturellen und religiösen Bedürfnissen Rechnung zu tragen.

(3) Um die Entlassung aus dem Strafvollzug oder Jugendstrafvollzug vorzubereiten, sollen den geschlossenen Justizvollzugsanstalten offene Einrichtungen angegliedert oder zugeordnet oder gesonderte offene Justizvollzugsanstalten vorgesehen werden.

§ 7 Festsetzung der Belegungsfähigkeit. (1) [1]Die Aufsichtsbehörde setzt die Belegungsfähigkeit der Justizvollzugsanstalten fest. [2]Sie geht dabei von der Grundfläche der Hafträume ohne Einbeziehung der Fläche der Sanitäreinrichtungen (Nettogrundfläche) aus. [3]Die Aufsichtsbehörde berücksichtigt, dass eine ausreichende Anzahl von Plätzen für Arbeit, Ausbildung und Weiterbildung sowie von Räumen für Seelsorge, Freizeit, Sport, therapeutische Maßnahmen und Besuche zur Verfügung steht.

(2) [1]In Justizvollzugsanstalten, mit deren Errichtung vor Inkrafttreten dieses Gesetzes begonnen wurde, haben Gemeinschaftshafträume bei Doppelbelegung eine Nettogrundfläche von mindestens 4,5 Quadratmetern, bei einer höheren Belegung mindestens sechs Quadratmeter je Gefangener oder Gefangenem aufzuweisen. [2]Für An- und Zubauten bei Anstalten nach Satz 1, mit deren Errichtung nach Inkrafttreten dieses Gesetzes begonnen wurde, gilt Absatz 3 entsprechend.

(3) [1]Bei Justizvollzugsanstalten, mit deren Errichtung nach Inkrafttreten dieses Gesetzes begonnen wurde, ist im geschlossenen Vollzug eine Einzel-

unterbringung der Gefangenen zur Ruhezeit zugrunde zu legen. [2]Einzelhafträume haben eine Nettogrundfläche von mindestens neun Quadratmetern, Gemeinschaftshafträume von mindestens sieben Quadratmetern je Gefangener oder Gefangenem aufzuweisen.

(4) Gemeinschaftshafträume müssen über eine baulich abgetrennte und entlüftete Sanitäreinrichtung verfügen, falls nicht ein ständiger Zugang zu einer Toilette außerhalb des Haftraums besteht.

(5) Im geschlossenen Vollzug ist eine gemeinschaftliche Unterbringung von mehr als sechs Gefangenen nicht zulässig.

(6) In Einrichtungen der Sicherungsverwahrung haben Zimmer der Untergebrachten eine Nettogrundfläche in Höhe der doppelten Quadratmeterzahl der für Gefangene in einem Gemeinschaftshaftraum nach Absatz 3 vorgesehenen Fläche.

§ 8 Belegung der Hafträume. (1) [1]Hafträume dürfen nicht mit mehr Personen als zugelassen belegt werden. [2]Über Ausnahmen entscheidet die Anstaltsleiterin oder der Anstaltsleiter mit Zustimmung der Aufsichtsbehörde.

(2) [1]Die Mehrfachunterbringung in einem Haftraum entgegen § 7 Abs. 4 sowie bei Unterschreiten der Mindestfläche je Gefangenem bei vor Inkrafttreten dieser Vorschrift errichteten Justizvollzugsanstalten ist nur mit schriftlicher Zustimmung der Gefangenen zulässig. [2]Die Zustimmung kann jederzeit schriftlich oder zur Niederschrift der Vollzugsgeschäftsstelle widerrufen werden.

§ 9 Ausgestaltung der Räume und Kostenbeteiligung. (1) [1]Räume für den Aufenthalt während der Ruhe- und Freizeit sowie Gemeinschafts- und Besuchsräume sind wohnlich oder sonst ihrem Zweck entsprechend auszustatten. [2]Sie müssen hinreichend Luftinhalt haben und für eine gesunde Lebensführung ausreichend mit Heizung und Lüftung sowie Fensterfläche ausgestattet sein.

(2) Die Gefangenen und Untergebrachten können an den Betriebskosten der in ihrem Besitz befindlichen Geräte beteiligt werden.

§ 10 Mutter-Kind-Abteilung. (1) [1]Eine Gefangene kann mit ihrem Kind, das das dritte Lebensjahr noch nicht vollendet haben soll, in eine Mutter-Kind-Abteilung in einer Justizvollzugsanstalt für weibliche Gefangene aufgenommen werden, wenn beide für die Unterbringung dort geeignet sind, ein Platz für Mutter und Kind zur Verfügung steht, dies dem Wohl des Kindes entspricht und die oder der Aufenthaltsbestimmungsberechtigte zustimmt. [2]Vor der Unterbringung ist das Jugendamt zu hören.

(2) Die Kosten der Unterbringung des Kindes einschließlich der Gesundheitsfürsorge werden vom Justizvollzug regelmäßig nicht übernommen.

§ 11 Ausbildung und Beschäftigung. (1) In den Justizvollzugsanstalten sind Einrichtungen zur schulischen und beruflichen Bildung, zur arbeitstherapeutischen Beschäftigung sowie Arbeitsbetriebe vorzusehen.

(2) [1]Die in Absatz 1 genannten Einrichtungen und Betriebe sind den Verhältnissen außerhalb der Justizvollzugsanstalt anzugleichen. [2]Die Arbeitsschutz- und Unfallverhütungsvorschriften sind zu beachten.

(3) Die Schule im Jugendstrafvollzug soll als Ganztageseinrichtung betrieben werden.

Abschnitt 3. Organisation der Justizvollzugsanstalten

§ 12 Aufgabenwahrnehmung. (1) [1]Die Aufgaben in den Justizvollzugsanstalten werden grundsätzlich von beamteten Bediensteten des Landes wahrgenommen. [2]Sie können anderen Bediensteten sowie nebenamtlich oder vertraglich verpflichteten Personen übertragen werden.

(2) Die Erledigung von nicht hoheitlichen Aufgaben kann freien Trägern und privaten Dienstleistern übertragen werden.

(3) Mit der Erziehung junger Gefangener soll nur betraut werden, wer für die Erziehungsaufgabe des Jugendstrafvollzugs geeignet und ausgebildet ist.

(4) Für jede Justizvollzugsanstalt ist entsprechend ihrer Aufgabe die erforderliche Anzahl von Bediensteten, namentlich des allgemeinen Vollzugsdienstes, des Verwaltungsdienstes und des Werkdienstes sowie von Personen der verschiedenen Berufsgruppen, insbesondere der Seelsorger, Ärzte, Pädagogen, Psychologen und Sozialarbeiter, vorzusehen.

(5) Fortbildungsmaßnahmen für die in den Justizvollzugsanstalten tätigen Personen werden regelmäßig durchgeführt.

(6) [1]Für den Vollzug der Sicherungsverwahrung ist die erforderliche Anzahl von Bediensteten der verschiedenen Fachrichtungen, des allgemeinen Vollzugsdienstes und des Werkdienstes vorzusehen, um eine an den Vollzugszielen orientierte Behandlung und Betreuung der Untergebrachten zu gewährleisten. [2]Die in Einrichtungen der Sicherungsverwahrung tätigen Bediensteten müssen hierfür persönlich geeignet und fachlich qualifiziert sein. [3]Fortbildungen sowie Praxisberatung und Praxisbegleitung werden regelmäßig durchgeführt. [4]Die Bediensteten des allgemeinen Vollzugsdienstes, des psychologischen und des sozialen Dienstes sollen Wohngruppen zugeordnet werden. [5]Eine Betreuung in den Wohngruppen ist auch in der beschäftigungsfreien Zeit der Untergebrachten, insbesondere am Wochenende, in dem erforderlichen Umfang zu gewährleisten. [6]Entsprechendes gilt für Bedienstete, die mit der Betreuung und Behandlung von Strafgefangenen mit angeordneter oder vorbehaltener Sicherungsverwahrung betraut sind.

(7) [1]Anstaltsseelsorgerinnen und Anstaltsseelsorger werden im Einvernehmen mit der jeweiligen Religionsgemeinschaft haupt- oder nebenamtlich bestellt. [2]Das Nähere regeln Vereinbarungen zwischen dem Land und den Religionsgemeinschaften. [3]Wenn die geringe Zahl der Angehörigen einer Religionsgemeinschaft eine Seelsorge nach Satz 1 nicht rechtfertigt, ist die seelsorgerische Betreuung auf andere Weise zuzulassen. [4]Mit Zustimmung der Anstaltsleiterin oder des Anstaltsleiters dürfen die Anstaltsseelsorger sich freier Seelsorgehelfer bedienen und für Gottesdienste sowie für andere religiöse Veranstaltungen Seelsorgerinnen und Seelsorger von außen zuziehen.

§ 13 Anstaltsleitung. (1) [1]Für jede Justizvollzugsanstalt bestellt die Aufsichtsbehörde eine Beamtin oder einen Beamten des höheren Dienstes zur hauptamtlichen Anstaltsleiterin oder zum hauptamtlichen Anstaltsleiter. [2]Aus besonderen Gründen kann eine Justizvollzugsanstalt auch von einer Beamtin oder einem Beamten des gehobenen Dienstes geleitet werden.

(2) Die Anstaltsleiterin oder der Anstaltsleiter vertritt die Justizvollzugsanstalt nach außen und trägt die Verantwortung für den gesamten Vollzug.

§ 14 Mitverantwortung. (1) [1]Den Gefangenen und den Untergebrachten ist zu ermöglichen, eine Vertretung zu wählen. [2]Diese kann in Angelegenheiten von gemeinsamem Interesse, die sich ihrer Eigenart und der Aufgabe der Justizvollzugsanstalt nach für eine Mitwirkung eignen, Vorschläge und Anregungen an die Anstaltsleiterin oder den Anstaltsleiter herantragen. [3]Die Vorschläge und Anregungen sollen mit der Vertretung erörtert werden. [4]Die Gefangenen und die Untergebrachten werden zur Mitarbeit ermutigt.

(2) Wird die Unterbringung in der Sicherungsverwahrung in Teilanstalten, Außenstellen oder Abteilungen von Justizvollzugsanstalten vollzogen, ist der Mitverantwortung der Untergebrachten zu gestatten, an der Gefangenenmitverantwortung mitzuwirken, soweit Interessen und Belange der Untergebrachten berührt sind.

§ 15 Hausordnung. (1) [1]Die Anstaltsleiterin oder der Anstaltsleiter erlässt mit Zustimmung der Aufsichtsbehörde eine Hausordnung. [2]Dabei soll die Gefangenenmitverantwortung gehört werden. [3]In die Hausordnung sind insbesondere Regelungen aufzunehmen über

1. die Besuchszeiten, die Häufigkeit und Dauer der Besuche,
2. die Arbeitszeit, die Freizeit und Ruhezeit sowie
3. die Gelegenheit, Anträge und Beschwerden anzubringen oder sich an einen Vertreter der Aufsichtsbehörde zu wenden.

(2) Die Hausordnung ist den Gefangenen in geeigneter Weise zugänglich zu machen.

(3) Die Hausordnung oder zumindest wichtige Auszüge aus ihr sollen in den Muttersprachen der wesentlichen Gefangenengruppen der Justizvollzugsanstalt vorliegen.

§ 16 Zusammenarbeit und Einbeziehung Dritter. (1) Alle im Justizvollzug Tätigen arbeiten zusammen und wirken an der Erfüllung der Aufgaben des Vollzugs mit.

(2) [1]Die Justizvollzugsanstalten arbeiten mit anderen Einrichtungen, Organisationen und Personen, die für die Gefangenen und Untergebrachten förderliche soziale Hilfestellungen leisten oder deren Einfluss ihre Eingliederung, Behandlung oder Erziehung fördern können, eng zusammen. [2]Die Unterstützung insbesondere der in Sicherungsverwahrung Untergebrachten durch ehrenamtliche Betreuerinnen und Betreuer ist zu fördern.

(3) [1]Im Untersuchungshaftvollzug wirken Justizvollzugsanstalten, Gerichte und Staatsanwaltschaften so zusammen, dass insbesondere Möglichkeiten der Haftvermeidung ergriffen und die Sicherheit sowie die Ordnung der Justizvollzugsanstalt gewahrt werden. [2]Sie unterrichten sich gegenseitig unverzüglich über Umstände, deren Kenntnis für die Erfüllung ihrer jeweiligen Aufgaben erforderlich sind. [3]Bei Erhebung der öffentlichen Klage ist der Justizvollzugsanstalt eine Mehrfertigung der Anklageschrift zu übermitteln.

§ 17 Konferenzen. Zur Aufstellung und Überprüfung des Vollzugs- oder Erziehungsplans sowie zur Vorbereitung wichtiger Entscheidungen im Strafvollzug und im Jugendstrafvollzug führt die Anstaltsleiterin oder der Anstaltsleiter Konferenzen mit an der Behandlung und Erziehung maßgeblich Beteiligten durch.

§ 18 Anstaltsbeiräte. (1) [1] Bei den Justizvollzugsanstalten sind Beiräte zu bilden. [2] Das Nähere regelt die Aufsichtsbehörde.

(2) [1] Die Mitglieder des Beirats wirken bei der Gestaltung des Vollzugs und bei der Betreuung der Gefangenen mit. [2] Sie unterstützen die Anstaltsleiterin oder den Anstaltsleiter durch Anregungen und Verbesserungsvorschläge und helfen bei der Eingliederung der Gefangenen nach der Entlassung. [3] Im Jugendstrafvollzug sollen die Mitglieder in der Erziehung junger Menschen erfahren oder dazu befähigt sein.

(3) [1] Die Mitglieder des Beirats können namentlich Wünsche, Anregungen und Beanstandungen entgegennehmen. [2] Sie können sich über die Unterbringung, Beschäftigung, berufliche Bildung, Verpflegung, ärztliche Versorgung und Behandlung unterrichten, die Justizvollzugsanstalt und ihre Einrichtungen besichtigen und die Gefangenen in ihren Räumen aufsuchen. [3] Aussprache und Schriftwechsel werden nicht überwacht.

(4) [1] Die Mitglieder des Beirats haben über die ihnen in ihrem Amt bekannt gewordenen Angelegenheiten, soweit sie ihrer Natur nach vertraulich sind, Verschwiegenheit zu wahren. [2] Dies gilt auch nach Beendigung ihres Amts.

(5) Vollzugsbedienstete dürfen nicht Mitglieder des Beirats sein.

Abschnitt 4. Aufsicht über die Justizvollzugsanstalten

§ 19 Aufsichtsbehörde. [1] Das Justizministerium (Aufsichtsbehörde) führt die Aufsicht über die Justizvollzugsanstalten. [2] Die Aufsicht über Einrichtungen im Jugendstrafvollzug in freien Formen wird im Einvernehmen mit dem Sozialministerium geregelt.

§ 20 Vollstreckungsplan. [1] Die Aufsichtsbehörde regelt die örtliche und sachliche Zuständigkeit der Justizvollzugsanstalten nach allgemeinen Merkmalen in einem Vollstreckungsplan. [2] Der Vollstreckungsplan soll im Jugendstrafvollzug dazu beitragen, dass Jugendliche, Heranwachsende und junge Erwachsene getrennt werden.

§ 21 Zuständigkeit für Verlegungen. Die Aufsichtsbehörde kann Entscheidungen über Verlegungen in eine sozialtherapeutische Einrichtung oder in eine Behandlungsabteilung einer Justizvollzugsanstalt einer zentralen Stelle übertragen.

Abschnitt 5. Verhinderung von Mobilfunkverkehr; Videobeobachtung

§ 22 Feststellung von Mobilfunkendgeräten und Störung des Mobilfunkverkehrs. (1) [1] Gefangenen ist der Besitz und Betrieb von Mobilfunkendgeräten auf dem Gelände der Justizvollzugsanstalten untersagt. [2] Für Einrichtungen, die der Unterbringung von Freigängern dienen, können Ausnahmen zugelassen werden.

(2) [1] Die Justizvollzugsanstalten dürfen auf ihrem Gelände technische Geräte

1. zur Aktivierung von Mobilfunkendgeräten zum Zweck ihres Auffindens sowie

2. zur Störung von Frequenzen, die der Herstellung unerlaubter Mobilfunkverbindungen dienen,

betreiben. [2] Der Mobilfunkverkehr außerhalb des Geländes der Justizvollzugsanstalten darf hierdurch nicht beeinträchtigt werden.

§ 23 Videoüberwachung. [1] Die Justizvollzugsanstalten können das Anstaltsgelände sowie das Innere der Anstaltsgebäude offen mittels Videotechnik beobachten. [2] Die Anfertigung von Aufzeichnungen hiervon sowie die Beobachtung und Aufzeichnung der unmittelbaren Anstaltsumgebung sind zulässig, sofern dies zum Zweck der Aufrechterhaltung der Sicherheit oder Ordnung der Justizvollzugsanstalt oder zur Verhinderung oder Verfolgung von Straftaten oder Ordnungswidrigkeiten, durch welche die Sicherheit oder Ordnung der Justizvollzugsanstalt gefährdet wird, erforderlich ist.

Abschnitt 6. Nichtraucher- und Gesundheitsschutz

§ 24 Rauchverbot in Justizvollzugsanstalten. In Gebäuden und sonstigen vollständig umschlossenen Räumen von Justizvollzugsanstalten ist das Rauchen nach Maßgabe von § 25 verboten.

§ 25 Ausnahmen vom Rauchverbot. (1) In Hafträumen darf geraucht werden, wenn alle in ihnen untergebrachten Gefangenen damit einverstanden sind.

(2) [1] Die Anstaltsleiterin oder der Anstaltsleiter kann Ausnahmen vom Rauchverbot bei besonderen Veranstaltungen zulassen. [2] Die Anstaltsleiterin oder der Anstaltsleiter kann das Rauchen zudem in bestimmten baulich abgeschlossenen Räumen oder in entlüfteten Einrichtungen gestatten, wenn und soweit die Belange des Nichtraucherschutzes dadurch nicht beeinträchtigt werden.

§ 26 Gesundheitsschutz in Jugendstrafanstalten. In Einrichtungen des Jugendstrafvollzugs, in denen überwiegend Jugendliche untergebracht sind, darf aus Gründen des Gesundheitsschutzes nicht geraucht und kein Alkohol getrunken werden; §§ 24 und 25 finden keine Anwendung.

Abschnitt 7. Datenschutz

Unterabschnitt 1. Allgemeine Bestimmungen

§ 27 Aufgabe und Anwendungsbereich. (1) [1] Aufgabe der Vorschriften dieses Abschnitts ist es, bei der Verarbeitung personenbezogener Daten die Persönlichkeitsrechte von Gefangenen und sonstigen betroffenen Personen zu wahren, den Justizvollzugsanstalten die effiziente Erfüllung ihrer Aufgaben zu ermöglichen, die Sicherheit oder Ordnung der Justizvollzugsanstalten zu gewährleisten und einen Beitrag für die innere Sicherheit zu leisten. [2] Die Vorschriften dienen auch der Umsetzung der Richtlinie (EU) 2016/680 des Europäischen Parlamentes und des Rates vom 27. April 2016 zum Schutz natürlicher Personen bei der Verarbeitung personenbezogener Daten durch die zuständigen Behörden zum Zwecke der Verhütung, Ermittlung, Aufdeckung oder Verfolgung von Straftaten oder der Strafvollstreckung sowie zum freien Datenverkehr und zur Aufhebung des Rahmenbeschlusses 2008/977/JI des Rates (ABl. L 119 vom 4.5.2016, S. 89) sowie der Anpassung an die Verordnung (EU) 2016/679 des Europäischen Parlamentes und des Rates vom 27. April 2016 zum Schutz natürlicher Personen bei der Verarbeitung personenbezogener Daten, zum freien Datenverkehr und zur Aufhebung der Richtlinie 95/46/EG (Datenschutz-Grundverordnung) (ABl. L 119 vom 4.5. 2016 S. 1, ber. ABl. L 314 vom 22.11.2016, S. 72 und ABl. L 127 vom 23.5. 2018, S. 2).

(2) [1] Die Vorschriften dieses Abschnitts gelten für den Vollzug von gerichtlich angeordneten Freiheitsentziehungen in Justizvollzugsanstalten. [2] Sie finden mit Ausnahme der §§ 37 und 52 entsprechende Anwendung auf den Vollzug des Jugendarrests. [3] Soweit dieses Gesetz Vorschriften für Auftragsverarbeiter enthält, gilt es auch für diese.

(3) Beim Vollzug von Freiheitsentziehungen, die nicht wegen des Verdachts oder des Nachweises einer rechtswidrigen Tat angeordnet worden sind, finden § 48 Absatz 1 Satz 1 Nummer 3 sowie §§ 49, 50, 55, 89 und 90 keine Anwendung, wenn unter Berücksichtigung der Art der Daten und der Rechtsstellung der Gefangenen die betroffenen Personen ein schutzwürdiges Interesse am Ausschluss der Übermittlung haben.

§ 28 Behördliche Datenschutzbeauftragte oder behördlicher Datenschutzbeauftragter. (1) [1] Die Justizvollzugsanstalt bestellt eine Datenschutzbeauftragte oder einen Datenschutzbeauftragten zur Erfüllung der Aufgaben nach Absatz 2 (behördliche Datenschutzbeauftragte oder behördlicher Datenschutzbeauftragter). [2] Die Bestellung bedarf der Schriftform und ist dem Justizministerium sowie der oder dem Landesbeauftragten für den Datenschutz mitzuteilen. [3] Die Mitteilung soll den Namen und die Kontaktdaten der bestellten Person beinhalten.

(2) [1] Für die Benennung, Stellung und die Aufgaben der oder des behördlichen Datenschutzbeauftragten gelten §§ 5, 6 Absatz 1 bis 3, Absatz 4 Satz 1, Absatz 5 und 6, § 7 Absatz 1 Satz 1, Absatz 2 und 3 des Bundesdatenschutzgesetzes (BDSG) entsprechend. [2] Die Möglichkeiten zur Kündigung des Arbeitsverhältnisses der oder des behördlichen Datenschutzbeauftragten aus anderen Gründen bleiben unberührt.

§ 29 Zulässigkeit der Datenverarbeitung. Die Justizvollzugsanstalt darf personenbezogene Daten verarbeiten, wenn dieses Gesetz oder eine andere Rechtsvorschrift es erlaubt oder die betroffene Person eingewilligt hat.

Unterabschnitt 2. Datenverarbeitung zu Zwecken der Richtlinie (EU) 2016/680
Anwendungsbereich, Begriffsbestimmungen und allgemeine Grundsätze für die Datenverarbeitung

§ 30 Anwendungsbereich und vollzugliche Zwecke. (1) Die Vorschriften der Unterabschnitte 2 bis 6 regeln die Verarbeitung personenbezogener Daten durch die Justizvollzugsanstalten zu den Zwecken nach Artikel 1 Absatz 1 der Richtlinie (EU) 2016/680, insbesondere zum Zweck des ihnen aufgegebenen Vollzugs der Freiheitsentziehung.

(2) [1] Vollzugliche Zwecke in diesem Sinne sind

1. die Erreichung des jeweiligen Vollzugsziels,
2. der Schutz der Allgemeinheit vor weiteren Straftaten der Gefangenen,

3. die Aufrechterhaltung der Sicherheit und Ordnung in der Justizvollzugsanstalt,
4. die Sicherung des Vollzuges,
5. die Mitwirkung des Justizvollzuges an den ihm durch Gesetz übertragenen sonstigen Aufgaben, insbesondere an Gefangene betreffenden gerichtlichen Entscheidungen durch Abgabe von Stellungnahmen.

[2] An die Stelle des in Satz 1 Nummer 1 bestimmten Zwecks tritt für den Vollzug der Untersuchungshaft der Zweck, durch die sichere Unterbringung der Gefangenen die Durchführung eines geordneten Strafverfahrens zu gewährleisten.

§ 31 Begriffsbestimmungen. (1) Im Sinne dieses Gesetzes bezeichnet der Begriff:

1. der Gefangenen Personen, an denen Freiheitsstrafe, Jugendstrafe, Jugendarrest, Untersuchungshaft, Strafarrest oder die Unterbringung in der Sicherungsverwahrung vollzogen wird. Gefangene sind auch Personen, die sich in Haft nach § 127b Absatz 2, § 230 Absatz 2, §§ 236, 329 Absatz 3, § 412 Satz 1 oder § 453c der Strafprozessordnung (StPO) befinden, sowie Personen, die nach § 275a Absatz 6 StPO einstweilig untergebracht sind,
2. der personenbezogenen Daten alle Informationen, die sich auf eine identifizierte oder identifizierbare natürliche Person (betroffene Person) beziehen; als identifizierbar wird eine natürliche Person angesehen, die direkt oder indirekt, insbesondere mittels Zuordnung zu einer Kennung wie einem Namen, zu einer Kennnummer, zu Standortdaten, zu einer Online-Kennung oder zu einem oder mehreren besonderen Merkmalen, die Ausdruck der physischen, physiologischen, genetischen, psychischen, wirtschaftlichen, kulturellen oder sozialen Identität dieser Person sind, identifiziert werden kann,
3. der Verarbeitung das Erheben, Speichern, Verändern, Übermitteln, Nutzen und Löschen personenbezogener Daten; im Einzelnen ist, ungeachtet der dabei angewendeten Verfahren:
   a) Erheben das Beschaffen von personenbezogenen Daten über den Betroffenen,
   b) Speichern das Erfassen, Aufnehmen oder Aufbewahren von personenbezogenen Daten auf einem Datenträger zum Zwecke ihrer weiteren Verarbeitung,
   c) Verändern das inhaltliche Umgestalten gespeicherter personenbezogener Daten,
   d) Übermitteln das Bekanntgeben personenbezogener Daten an einen Dritten in der Weise, dass die Daten an den Dritten weitergegeben werden oder der Dritte zur Einsicht oder zum Abruf bereitgehaltene Daten einsieht oder abruft,
   e) Nutzen jede sonstige Verwendung personenbezogener Daten innerhalb der datenverarbeitenden Stelle,
   f) Löschen das Unkenntlichmachen gespeicherter personenbezogener Daten.

4. der Einschränkung der Verarbeitung die Markierung gespeicherter personenbezogener Daten mit dem Ziel, ihre künftige Verarbeitung einzuschränken,
5. des Profilings jede Art der automatisierten Verarbeitung personenbezogener Daten, bei der diese Daten verwendet werden, um bestimmte persönliche Aspekte, die sich auf eine natürliche Person beziehen, zu bewerten, insbesondere um Aspekte der Arbeitsleistung, der wirtschaftlichen Lage, der Gesundheit, der persönlichen Vorlieben, der Interessen, der Zuverlässigkeit, des Verhaltens, der Aufenthaltsorte oder der Ortswechsel dieser natürlichen Person zu analysieren oder vorherzusagen,
6. der Pseudonymisierung die Verarbeitung personenbezogener Daten in einer Weise, in der die Daten ohne Hinzuziehung zusätzlicher Informationen nicht mehr einer spezifischen betroffenen Person zugeordnet werden können, sofern diese zusätzlichen Informationen gesondert aufbewahrt werden und technischen und organisatorischen Maßnahmen unterliegen, die gewährleisten, dass die Daten keiner betroffenen Person zugewiesen werden können,
7. der Anonymisierung das Verändern personenbezogener Daten derart, dass die Einzelangaben über persönliche oder sachliche Verhältnisse nicht mehr oder nur mit einem unverhältnismäßig großen Aufwand an Zeit, Kosten und Arbeitskraft einer bestimmten oder bestimmbaren natürlichen Person zugeordnet werden kann,
8. des Dateisystems jede strukturierte Sammlung personenbezogener Daten, die nach bestimmten Kriterien zugänglich sind, unabhängig davon, ob diese Sammlung zentral, dezentral oder nach funktionalen oder geografischen Gesichtspunkten geordnet geführt wird,
9. des Verantwortlichen die natürliche oder juristische Person, Behörde, Einrichtung oder andere Stelle, die allein oder gemeinsam mit anderen über die Zwecke und Mittel der Verarbeitung von personenbezogenen Daten entscheidet,
10. des Auftragsverarbeiters eine natürliche oder juristische Person, Behörde, Einrichtung oder andere Stelle, die personenbezogene Daten im Auftrag der Justizvollzugsanstalt oder des Justizministeriums verarbeitet,
11. des Empfängers eine natürliche oder juristische Person, Behörde, Einrichtung oder andere Stelle, der personenbezogene Daten offengelegt werden, unabhängig davon, ob es sich bei ihr um einen Dritten handelt oder nicht; Behörden, die im Rahmen eines bestimmten Untersuchungsauftrags nach dem Unionsrecht oder anderen Rechtsvorschriften personenbezogene Daten erhalten, gelten jedoch nicht als Empfänger; die Verarbeitung dieser Daten durch die genannten Behörden erfolgt im Einklang mit den geltenden Datenschutzvorschriften gemäß den Zwecken der Verarbeitung,
12. der Verletzung des Schutzes personenbezogener Daten eine Verletzung der Sicherheit, die zur unbeabsichtigten oder unrechtmäßigen Vernichtung, zum Verlust, zur Veränderung oder zur unbefugten Offenlegung von oder zum unbefugten Zugang zu personenbezogenen Daten geführt hat, die verarbeitet wurden,
13. der besonderen Kategorien personenbezogener Daten personenbezogene Daten, aus denen die rassische oder ethnische Herkunft, politische Meinungen, religiöse oder weltanschauliche Überzeugungen oder die Gewerk-

schaftszugehörigkeit hervorgehen, sowie genetische Daten, biometrische Daten zur eindeutigen Identifizierung einer natürlichen Person, Gesundheitsdaten oder Daten zum Sexualleben oder zur sexuellen Orientierung,

14. der genetischen Daten personenbezogene Daten zu den ererbten oder erworbenen genetischen Eigenschaften einer natürlichen Person, die eindeutige Informationen über die Physiologie oder die Gesundheit dieser Person liefern, insbesondere solche, die aus der Analyse einer biologischen Probe der Person gewonnen wurden,
15. der biometrischen Daten mit speziellen technischen Verfahren gewonnene personenbezogene Daten zu den physischen, physiologischen oder verhaltenstypischen Merkmalen einer natürlichen Person, die die eindeutige Identifizierung dieser natürlichen Person ermöglichen oder bestätigen, insbesondere Gesichtsbilder oder daktyloskopische Daten,
16. der Gesundheitsdaten personenbezogene Daten, die sich auf die körperliche oder geistige Gesundheit einer natürlichen Person, einschließlich der Erbringung von Gesundheitsdienstleistungen, beziehen und aus denen Informationen über deren Gesundheitszustand hervorgehen,
17. der internationalen Organisation eine völkerrechtliche Organisation und ihre nachgeordneten Stellen sowie jede sonstige Einrichtung, die durch eine von zwei oder mehr Staaten geschlossene Übereinkunft oder auf der Grundlage einer solchen Übereinkunft geschaffen wurde,
18. der Einwilligung jede freiwillig für den bestimmten Fall, in informierter Weise und unmissverständlich abgegebene Willensbekundung in Form einer Erklärung oder einer sonstigen eindeutigen bestätigenden Handlung, mit der die betroffene Person zu verstehen gibt, dass sie mit der Verarbeitung der sie betreffenden personenbezogenen Daten einverstanden ist,
19. der erkennungsdienstlichen Unterlagen mittels erkennungsdienstlicher Maßnahmen gewonnene personenbezogene Daten in Form von Finger- und Handflächenabdrücken, Lichtbildern, äußerlichen körperlichen Merkmale, Körpermaßen und biometrischen Daten des Körpers und der Stimme.

(2) § 2 BDSG gilt entsprechend mit der Maßgabe, dass vom Begriff der öffentlichen Stellen auch Behörden, Organe der Rechtspflege und andere öffentlich-rechtlich organisierte Einrichtungen eines Mitgliedstaates der Europäischen Union umfasst sind.

§ 32 Grundsätze der Datenverarbeitung. (1) Im Vollzug ist das Recht einer jeden Person zu schützen, grundsätzlich selbst über die Preisgabe und Verwendung ihrer personenbezogenen Daten zu bestimmen.

(2) [1] Die Datenverarbeitung ist an dem Ziel auszurichten, so wenig personenbezogene Daten wie möglich zu verarbeiten. [2] Von den Möglichkeiten der Anonymisierung und Pseudonymisierung ist frühestmöglich Gebrauch zu machen, soweit dies nach dem Verarbeitungszweck möglich ist.

(3) [1] Die Justizvollzugsanstalt hat bei der Verarbeitung personenbezogener Daten so weit wie möglich zwischen den verschiedenen Kategorien betroffener Personen zu unterscheiden. [2] Dies betrifft insbesondere folgende Kategorien:

1. Personen, gegen die ein begründeter Verdacht besteht, dass sie eine Straftat begangen haben,

2. Personen, gegen die ein begründeter Verdacht besteht, dass sie in naher Zukunft eine Straftat begehen werden,
3. verurteilte Straftäter,
4. Opfer einer Straftat oder Personen, bei denen bestimmte Tatsachen darauf hindeuten, dass sie Opfer einer Straftat sein könnten, und
5. andere Personen wie insbesondere Zeugen, Hinweisgeber oder Personen, die mit den in den Nummern 1 bis 4 genannten Personen in Kontakt oder Verbindung stehen.

(4) [1] Bei der Verarbeitung personenbezogener Daten ist so weit wie möglich danach zu unterscheiden, ob diese auf Tatsachen oder auf persönlichen Einschätzungen beruhen. [2] Zu diesem Zweck soll die Justizvollzugsanstalt, soweit dies im Rahmen der jeweiligen Verarbeitung möglich und angemessen ist, Beurteilungen, die auf persönlichen Einschätzungen beruhen, als solche kenntlich machen. [3] Es muss außerdem feststellbar sein, welche Stelle die Unterlagen führt, die der auf einer persönlichen Einschätzung beruhenden Beurteilung zugrunde liegen.

(5) [1] Eine ausschließlich auf einer automatisierten Verarbeitung beruhende Entscheidung, die mit einer nachteiligen Rechtsfolge für die betroffene Person verbunden ist oder sie erheblich beeinträchtigt, ist nur zulässig, wenn sie in einer Rechtsvorschrift vorgesehen ist. [2] Entscheidungen nach Satz 1 dürfen nicht auf besonderen Kategorien personenbezogener Daten beruhen, sofern nicht geeignete Maßnahmen zum Schutz der Rechtsgüter sowie der berechtigten Interessen der betroffenen Personen getroffen wurden. [3] Profiling, das zur Folge hat, dass betroffene Personen auf der Grundlage von besonderen Kategorien personenbezogener Daten diskriminiert werden, ist verboten.

§ 33 Einwilligung. (1) Soweit die Verarbeitung personenbezogener Daten auf der Grundlage einer Einwilligung erfolgt, muss die Justizvollzugsanstalt die Einwilligung der betroffenen Person nachweisen können.

(2) Erfolgt die Einwilligung der betroffenen Person durch eine schriftliche Erklärung, die noch andere Sachverhalte betrifft, muss das Ersuchen um Einwilligung in verständlicher und leicht zugänglicher Form in einer klaren und einfachen Sprache so erfolgen, dass es von den anderen Sachverhalten klar zu unterscheiden ist.

(3) [1] Die betroffene Person hat das Recht, ihre Einwilligung jederzeit zu widerrufen. [2] Durch den Widerruf der Einwilligung wird die Rechtmäßigkeit der aufgrund der Einwilligung bis zum Widerruf erfolgten Verarbeitung nicht berührt. [3] Die betroffene Person ist vor Abgabe der Einwilligung hiervon in Kenntnis zu setzen.

(4) [1] Die Einwilligung ist nur wirksam, wenn sie auf der freien Entscheidung der betroffenen Person beruht. [2] Bei der Beurteilung, ob die Einwilligung freiwillig erteilt wurde, müssen die Umstände der Erteilung, etwa die besondere Situation der Freiheitsentziehung oder eines gegen die betroffene Person betriebenen Verfahrens, berücksichtigt werden. [3] Freiwilligkeit kann insbesondere vorliegen, wenn für die betroffene Person ein rechtlicher oder tatsächlicher Vorteil erreicht wird oder die verantwortliche Stelle und die betroffene Person gleichgelagerte Interessen verfolgen. [4] Die betroffene Person ist auf den vorgesehenen Zweck der Verarbeitung hinzuweisen. [5] Ist dies nach den Umständen

des Einzelfalles erforderlich oder verlangt die betroffene Person dies, ist sie auch über die Folgen der Verweigerung der Einwilligung zu belehren.

(5) Soweit besondere Kategorien personenbezogener Daten verarbeitet werden, muss sich die Einwilligung ausdrücklich auf diese Daten beziehen.

(6) Bei beschränkt geschäftsfähigen Gefangenen bestimmt sich die Einwilligungsfähigkeit nach der tatsächlichen Einsichtsfähigkeit.

Unterabschnitt 3. Datenverarbeitung zu Zwecken der Richtlinie (EU) 2016/680

Rechtsgrundlagen der Verarbeitung personenbezogener Daten

§ 34 Datenerhebung. (1) [1] Die Justizvollzugsanstalt darf personenbezogene Daten erheben, soweit deren Kenntnis für den ihr aufgegebenen Vollzug der Freiheitsentziehung erforderlich ist. [2] Die Erhebung besonderer Kategorien personenbezogener Daten zu diesem Zweck ist nur zulässig, wenn sie unbedingt erforderlich ist.

(2) [1] Personenbezogene Daten sind vorrangig bei der betroffenen Person zu erheben. [2] Werden sie auf Grund einer Rechtsvorschrift erhoben, die zur Auskunft verpflichtet, oder ist die Erteilung der Auskunft Voraussetzung für die Gewährung von Rechtsvorteilen, so ist die betroffene Person hierauf, sonst auf die Freiwilligkeit ihrer Angaben hinzuweisen.

(3) [1] Sofern es für die Aufgabenerfüllung der Justizvollzugsanstalt erforderlich ist und keine Anhaltspunkte dafür bestehen, dass überwiegende schutzwürdige Interessen der betroffenen Person beeinträchtigt werden, kann die Erhebung bei der betroffenen Person auch ohne deren Kenntnis sowie bei anderen Personen oder Stellen erfolgen. [2] Erfolgt die Erhebung bei einer nichtöffentlichen Stelle, so ist diese auf die Rechtsvorschrift, die zur Auskunft verpflichtet, sonst auf die Freiwilligkeit ihrer Angaben hinzuweisen.

(4) Daten über Personen, die nicht Gefangene sind, dürfen ohne ihre Mitwirkung bei Personen oder Stellen außerhalb der Justizvollzugsanstalt nur erhoben werden, wenn sie für Hilfsmaßnahmen für Angehörige der Gefangenen, die Behandlung von Gefangenen, die Sicherheit oder Ordnung der Justizvollzugsanstalt oder die Sicherung des Vollzugs der Freiheitsentziehung erforderlich sind und die Art der Erhebung nicht überwiegende schutzwürdige Interessen der betroffenen Person beeinträchtigt.

§ 35 Videotechnik. (1) [1] Die Beobachtung von Hafträumen mittels Videotechnik ist nur auf Anordnung der Anstaltsleiterin oder des Anstaltsleiters und zur Abwehr von erheblichen Gefahren für Leib oder Leben von Gefangenen oder Dritten oder zur Verhinderung und Verfolgung von erheblichen Straftaten zulässig. [2] Gleiches gilt für die Beobachtung von Kabinen der Sammeltransportfahrzeuge mittels Videotechnik. [3] Die Anstaltsleiterin oder der Anstaltsleiter kann allgemein anordnen, dass besonders gesicherte Hafträume mittels Videotechnik zu beobachten sind. [4] Die Anfertigung von Videoaufzeichnungen ist im Einzelfall zulässig. [5] Sofern in Hafträumen eine Beobachtung über einen Zeitraum von aufeinanderfolgend mehr als zwei Wochen erfolgt, bedarf sie der Zustimmung des Justizministeriums als Aufsichtsbehörde.

(2) [1] In hierfür besonders eingerichteten Hafträumen des Justizvollzugskrankenhauses ist auf ärztliche Anordnung eine optische und akustische Beobachtung von Gefangenen mittels Videotechnik zulässig, sofern zureichende An-

haltspunkte für Fremd- oder Eigengefährdung vorliegen oder dies aus Gründen der therapeutischen Sicherheit angezeigt ist. [2] Die Erhebung besonderer Kategorien personenbezogener Daten zu diesem Zweck ist nur zulässig, wenn sie unbedingt erforderlich ist. [3] Absatz 1 Satz 4 und 5 gilt entsprechend.

(3) [1] Die Beobachtung mittels Videotechnik und die Anfertigung von Videoaufzeichnungen nach diesem Gesetz dürfen auch durchgeführt werden, wenn Personen, hinsichtlich derer die Voraussetzungen der Datenerhebung nicht vorliegen, unvermeidbar betroffen werden. [2] Für die Dauer der religiösen Betreuung ist die Überwachung auf Verlangen der Seelsorgerin oder des Seelsorgers auszusetzen. [3] Die Videobeobachtung und -aufzeichnung ist durch geeignete Maßnahmen zum frühestmöglichen Zeitpunkt erkennbar zu machen, soweit nicht der Zweck der Maßnahme dadurch vereitelt wird.

§ 36 Radio-Frequenz-Identifikation (RFID) (1) Aus Gründen der Sicherheit oder Ordnung der Justizvollzugsanstalt oder zur Überwachung des Aufenthaltsorts von Gefangenen auf dem Anstaltsgelände kann die Justizvollzugsanstalt Daten über den Aufenthaltsort und den Zeitpunkt der Datenerhebung mittels RFID-Transponder durch Empfangsgeräte automatisiert erheben.

(2) [1] Mit Zustimmung der oder des Gefangenen kann ein RFID-Transponder zur automatisierten Identifikation und Lokalisierung so mit ihrem oder seinem Körper verbunden werden, dass eine ordnungsgemäße Trennung nur durch die Justizvollzugsanstalt erfolgen kann. [2] Von der Zustimmung können die Rücknahme besonderer Sicherungsmaßnahmen oder die Einteilung der oder des Gefangenen zu einer in bestimmten Bereichen auf dem Anstaltsgelände zu leistenden Arbeit abhängig gemacht werden.

§ 37 Elektronische Aufenthaltsüberwachung durch das Global Positioning System (GPS) (1) [1] Die elektronische Aufenthaltsüberwachung erfolgt durch die ergänzende technische Beaufsichtigung einer oder eines Gefangenen bei einer Ausführung ohne angeordnete Fesselung in Begleitung von Bediensteten der Justizvollzugsanstalt. [2] Die elektronische Aufenthaltsüberwachung dient dem Zweck, im Falle einer Entweichung der zu überwachenden Person diese auf Grundlage eines Bewegungsprofils erleichtert wieder ergreifen zu können. [3] Die elektronische Aufenthaltsüberwachung endet mit der ordnungsgemäßen Rückkehr der zu überwachenden Person in die Justizvollzugsanstalt.

(2) [1] Zur elektronischen Aufenthaltsüberwachung kann eine für die elektronische Aufenthaltsüberwachung zuständige zentrale Datenverarbeitungsstelle Daten über den Aufenthaltsort der Gefangenen und den Zeitpunkt der Datenerhebung (aufenthaltsbezogene Daten) mit der zugelassenen Technik, namentlich mittels Global Positioning (GPS) und Funksystemen, durch Empfangsgeräte erheben (Überwachungsstelle). [2] Es kann als Sender ein Überwachungsgerät zur automatisierten Identifikation und Lokalisierung mit dem Hand- oder Fußgelenk der zu überwachenden Person so verbunden werden, dass eine ordnungsgemäße Trennung nur durch die Justizvollzugsanstalt oder die Überwachungsstelle erfolgen kann.

(3) Verantwortliche Stelle im Sinne des Datenschutzgesetzes ist das Justizministerium.

(4) [1] Zur Einhaltung der Zweckbindung erfolgt die Erhebung und Verarbeitung der aufenthaltsbezogenen Daten automatisiert. [2] Bei jedem Abruf sind

zumindest der Zeitpunkt, die abgerufenen Daten und die Bearbeiter zu protokollieren.

(5) [1] Die nach Absatz 1 erhobenen aufenthaltsbezogenen Daten sind nach Abschluss der Ausführung innerhalb einer Frist von 24 Stunden automatisiert zu löschen. [2] Hierzu teilt die Justizvollzugsanstalt der Überwachungsstelle unverzüglich das Ende der elektronischen Aufenthaltsüberwachung mit, die die Löschung der Daten veranlasst, soweit nicht eine weitere Speicherung und Verarbeitung im Einzelfall zur Aufklärung und Ahndung eines Pflichtenverstoßes, zur Aufklärung oder Verfolgung von Straftaten oder zur Abwehr erheblicher gegenwärtiger Gefahr für das Leben, die körperliche Unversehrtheit, die persönliche Freiheit oder die sexuelle Selbstbestimmung Dritter erforderlich ist. [3] Ist die automatisierte Löschung der aufenthaltsbezogenen Daten zu diesen Zwecken auszusetzen, beantragt die Justizvollzugsanstalt dies unverzüglich bei der Überwachungsstelle. [4] Für die erweiterten Zwecke darf die Überwachungsstelle die Daten mit Zustimmung der Justizvollzugsanstalt unmittelbar den zuständigen Polizei- und Strafverfolgungsbehörden übermitteln.

(6) [1] Im Falle einer Entweichung darf die Überwachungsstelle den für die Fahndung oder die Wiederergreifung zuständigen Polizeidienststellen die bei der elektronischen Aufenthaltsüberwachung erhobenen aufenthaltsbezogenen Daten unmittelbar mitteilen. [2] Absatz 5 gilt entsprechend. [3] Die Frist des Absatzes 5 Satz 1 beginnt mit der Wiederergreifung der oder des Gefangenen oder mit der Beendigung der elektronischen Aufenthaltsüberwachung.

(7) Absatz 1 bis 6 finden im Jugendarrest keine Anwendung.

§ 38 Auslesen von Datenspeichern. (1) [1] Elektronische Datenspeicher sowie elektronische Geräte mit Datenspeicher, die Gefangene ohne Erlaubnis der Justizvollzugsanstalt besitzen, dürfen auf einzelfallbezogene schriftliche Anordnung der Anstaltsleitung ausgelesen werden, soweit tatsächliche Anhaltspunkte die Annahme rechtfertigen, dass dies zu erheblichen vollzuglichen Zwecken oder zu den in § 42 Absatz 1 Satz 1 Nummer 2, 4 oder 5 genannten Zwecken erforderlich ist. [2] Die so erhobenen Daten dürfen nur verarbeitet werden, soweit dies zu den in Satz 1 genannten Zwecken erforderlich ist.

(2) [1] Die nach Absatz 1 erhobenen Daten dürfen nicht verarbeitet werden, soweit sie zum Kernbereich privater Lebensgestaltung gehören. [2] Insoweit sind die Daten unverzüglich zu löschen. [3] Die Tatsachen der Erfassung der Daten und der Löschung sind zu dokumentieren. [4] Die Dokumentation darf ausschließlich für Zwecke der Datenschutzkontrolle verwendet werden. [5] Sie ist zu löschen, wenn sie für diese Zwecke nicht mehr erforderlich ist, spätestens jedoch am Ende des Kalenderjahres, das dem Jahr der Dokumentation folgt.

(3) Die Gefangenen sind bei der Aufnahme über die Möglichkeit des Auslesens von Datenspeichern zu belehren.

§ 39 Zweckänderung. [1] Eine Verarbeitung personenbezogener Daten zu einem anderen Zweck als demjenigen, zu dem sie erhoben wurden, ist zulässig, wenn es sich bei dem anderen Zweck um einen der in § 30 genannten Zwecke handelt, die Justizvollzugsanstalt befugt ist, Daten zu diesem Zweck zu verarbeiten, und die Verarbeitung zu diesem Zweck erforderlich und verhältnismäßig ist. [2] Die Verarbeitung personenbezogener Daten zu einem anderen, in § 30 nicht genannten Zweck ist zulässig, wenn sie in einer Rechtsvorschrift vorgesehen ist.

§ 40 Übermittlung, Nutzung, Veränderung und Speicherung von Daten zu Vollzugszwecken. (1) [1] Die Justizvollzugsanstalt darf personenbezogene Daten übermitteln, nutzen, verändern und speichern, soweit dies für den ihr aufgegebenen Vollzug der Freiheitsentziehung erforderlich ist. [2] Die Übermittlung, Nutzung, Veränderung und Speicherung besonderer Kategorien personenbezogener Daten ist zu diesem Zweck zulässig, wenn sie unbedingt erforderlich ist.

(2) Zu ihrer Aufgabenerfüllung kann die Justizvollzugsanstalt personenbezogene Daten auch unter Einsatz von elektronischen Kommunikationsdiensten, einschließlich solcher mit Bildübertragung, verarbeiten.

(3) [1] Die erhobenen personenbezogenen Daten können zu den Gefangenenpersonalakten genommen sowie elektronisch in Dateien gespeichert werden. [2] Erkennungsdienstliche Unterlagen können auch in kriminalpolizeilichen Sammlungen verwahrt werden.

(4) Die Justizvollzugsanstalt kann anordnen, dass Gefangene einen Lichtbildausweis mit sich führen.

(5) Sofern es aus Gründen der Sicherheit oder Ordnung der Justizvollzugsanstalt oder zur Überwachung des Aufenthaltsorts von Gefangenen in der Justizvollzugsanstalt erforderlich ist, kann die Justizvollzugsanstalt Ausweise mit einem RFID-Transponder ausstatten und anordnen, dass diese offen zu tragen sind.

§ 41 Übermittlung, Nutzung, Veränderung und Speicherung von Daten zu vollzugsbegleitenden Zwecken. (1) Eine Übermittlung, Nutzung, Veränderung und Speicherung personenbezogener Daten zu vollzugsbegleitenden Zwecken ist der Verarbeitung zu Vollzugszwecken gleichgestellt, soweit sie gerichtlichen Verfahren sowie deren außergerichtlicher Bearbeitung, der Wahrnehmung von Aufsichts- und Kontrollbefugnissen, der Rechnungsprüfung oder der Durchführung von Organisationsuntersuchungen für die verantwortliche Stelle dient.

(2) [1] Das gilt auch für die Übermittlung, Nutzung, Veränderung und Speicherung zu Ausbildungs- und Prüfungszwecken durch die verantwortliche Justizvollzugsanstalt und das Bildungszentrum Justizvollzug Baden-Württemberg sowie zu Zwecken wissenschaftlicher Forschung durch den Kriminologischen Dienst Baden-Württemberg, soweit nicht überwiegende schutzwürdige Interessen der betroffenen Person entgegenstehen. [2] Sofern der Ausbildungs-, Prüfungs- oder Forschungszweck es erlaubt und der Aufwand in einem angemessenen Verhältnis zu dem angestrebten Schutzzweck steht, sind die personenbezogenen Daten zu anonymisieren.

(3) [1] Die Justizvollzugsanstalt darf die Religionszugehörigkeit sowie sonstige personenbezogene Daten der Gefangenen, insbesondere Name, Geburtsdatum und Aufnahmedatum, zu Zwecken der Seelsorge im Justizvollzug verarbeiten und an die oder den Seelsorger übermitteln, soweit dies erforderlich ist, um die Seelsorge aufnehmen zu können. [2] Dies setzt voraus, dass die oder der Gefangene deutlich darauf hingewiesen wurde, dass die Angabe über die Religionszugehörigkeit freiwillig erfolgt und Zwecken der Seelsorge dient. [3] Eine Übermittlung ist unzulässig, wenn die oder der Gefangene dieser ausdrücklich widerspricht.

(4) [1] Die Justizvollzugsanstalt darf personenbezogene Daten von Gefangenen an Mitglieder des Anstaltsbeirats übermitteln, soweit dies für die Wahrnehmung der gesetzlichen Aufgaben der Beiräte erforderlich ist. [2] Besondere Kategorien personenbezogener Daten dürfen zu diesem Zweck übermittelt werden, soweit dies unbedingt erforderlich ist; die Übermittlung erkennungsdienstlicher Unterlagen ist unzulässig. [3] Anstelle der Übermittlung kann die Anstaltsleiterin oder der Anstaltsleiter die Einsichtnahme von Akten durch Mitglieder des Anstaltsbeirats zulassen, soweit eine solche zur Aufgabenerfüllung unerlässlich ist; Gesundheitsakten und Krankenblätter dürfen nur mit Zustimmung der oder des Gefangenen eingesehen werden. [4] Die Regelung über das Datengeheimnis nach § 73 Absatz 1 gilt entsprechend.

§ 42 Übermittlung, Nutzung, Veränderung und Speicherung von Daten zum Schutz der Allgemeinheit. (1) [1] Die Übermittlung, Nutzung, Veränderung und Speicherung personenbezogener Daten durch die Justizvollzugsanstalt ist auch zulässig, soweit dies

1. zur Abwehr von sicherheitsgefährdenden oder geheimdienstlichen Tätigkeiten für eine fremde Macht oder von Bestrebungen im Geltungsbereich dieses Gesetzes, die durch Anwendung von Gewalt oder darauf gerichtete Vorbereitungshandlungen
   a) gegen die freiheitliche demokratische Grundordnung, den Bestand oder die Sicherheit des Bundes oder eines Landes gerichtet sind,
   b) eine ungesetzliche Beeinträchtigung der Amtsführung der Verfassungsorgane des Bundes oder eines Landes oder ihrer Mitglieder zum Ziele haben oder
   c) auswärtige Belange der Bundesrepublik Deutschland gefährden,
2. zur Abwehr erheblicher Nachteile für das Gemeinwohl oder einer Gefahr für die öffentliche Sicherheit,
3. zur Abwehr einer schwerwiegenden Beeinträchtigung der Rechte einer anderen Person,
4. zur Verhinderung oder Verfolgung von Straftaten sowie zur Verhinderung oder Verfolgung von Ordnungswidrigkeiten von erheblicher Bedeutung, durch welche die Sicherheit oder Ordnung der Justizvollzugsanstalt gefährdet werden, oder
5. zur Identifizierung, Fahndung oder Festnahme von Gefangenen durch Vollstreckungs- und Strafverfolgungsbehörden in den Fällen, in denen eine Gefangene oder ein Gefangener entwichen ist oder sich sonst ohne Erlaubnis außerhalb der Justizvollzugsanstalt aufhält,

erforderlich ist. [2] Die Übermittlung, Nutzung, Veränderung und Speicherung besonderer Kategorien personenbezogener Daten ist zu den Zwecken nach Satz 1 zulässig, wenn sie unbedingt erforderlich ist.

(2) Die Justizvollzugsanstalt darf den für die Eingabe von Daten in das polizeiliche Informations- und Auskunftssystem zuständigen Polizeidienststellen den Beginn, die Unterbrechung und die Beendigung von Freiheitsentziehungen, die wegen des Verdachts oder des Nachweises einer rechtswidrigen Tat richterlich angeordnet worden sind, Verlegungen in eine andere Justizvollzugsanstalt, die Gewährung von vollzugsöffnenden Maßnahmen einschließlich des Verlassens der Justizvollzugsanstalt aus wichtigem Anlass, die Entlassungsadresse

sowie die zur Identifizierung der Gefangenen erforderlichen personenbezogenen Daten auch anlassunabhängig übermitteln.

§ 43 Identitätsfeststellung. (1) [1] Bestehen Zweifel an der Identität von Gefangenen, übermittelt die Justizvollzugsanstalt die von ihr gemäß § 34 erhobenen personenbezogenen Daten unverzüglich dem Landeskriminalamt, soweit dies zur Identitätsfeststellung erforderlich ist. [2] Das Landeskriminalamt veranlasst den Abgleich der übermittelten Daten zum Zwecke der Identifizierung der Gefangenen und teilt das Ergebnis der Justizvollzugsanstalt mit.

(2) Unter den Voraussetzungen des Absatzes 1 dürfen die Justizvollzugsanstalten auch das Bundeskriminalamt sowie das Bundesamt für Migration und Flüchtlinge um einen Abgleich der erkennungsdienstlichen Daten und Identitätsdaten ersuchen.

§ 44 Überprüfung Gefangener. (1) [1] Zum Zwecke der Aufrechterhaltung der Sicherheit der Anstalt prüft die Justizvollzugsanstalt, ob sicherheitsrelevante Erkenntnisse über Gefangene vorliegen. [2] Sicherheitsrelevant sind Erkenntnisse insbesondere über extremistische, gewaltorientierte Einstellungen oder Kontakte zu derartigen Organisationen, Gruppierungen oder Personen oder Kontakte zur organisierten Kriminalität.

(2) [1] Die Justizvollzugsanstalt darf Justiz- und Sicherheitsbehörden hierzu um Auskunft ersuchen. [2] Insbesondere

1. holt sie eine Auskunft nach § 41 Absatz 1 Nummer 1 des Bundeszentralregistergesetzes ein und
2. fragt sicherheitsrelevante Erkenntnisse der Polizeibehörden und des Landesamts für Verfassungsschutz ab.

[3] Hiervon soll nur abgesehen werden, wenn im Einzelfall aufgrund einer Gesamtwürdigung eine Gefährdung der Sicherheit der Anstalt ausgeschlossen werden kann.

(3) [1] Die Abfrage bei den Polizeibehörden erstreckt sich nur auf die personengebundenen Hinweise und die Erkenntnisse des polizeilichen Staatsschutzes. [2] Bei der Anfrage bei dem Landesamt für Verfassungsschutz erfolgt die Abfrage des nachrichtendienstlichen Informationssystems durch das Landesamt.

(4) [1] Die Justizvollzugsanstalt übermittelt den angefragten Behörden soweit möglich den Nachnamen, Geburtsnamen, die Vornamen, das Geburtsdatum, das Geschlecht, den Geburtsort, das Geburtsland und die Staatsangehörigkeit der Gefangenen. [2] Über Satz 1 hinaus sollen bekannt gewordene Aliaspersonalien, die voraussichtliche Vollzugsdauer sowie das Aktenzeichen der der Vollstreckung zugrundeliegenden Entscheidung mitgeteilt werden.

(5) [1] Die gemäß Absatz 2 Satz 2 Nummer 2 angefragten Behörden teilen den Justizvollzugsbehörden die sicherheitsrelevanten Erkenntnisse über die Gefangenen mit. [2] Die mitgeteilten Erkenntnisse werden in gesonderten Akten oder Dateien geführt.

(6) Die Verarbeitungs- und Übermittlungsbefugnis zur Aufrechterhaltung der Sicherheit der Anstalt schließt die Verarbeitungsbefugnis zum Zwecke der Vollzugs- und Eingliederungsplanung der Gefangenen ein.

§ 45 Überprüfung von Besuchspersonen. (1) [1] Bei Personen, die die Zulassung zum Besuch von besonders gefährlichen Gefangenen, zu denen sicherheitsrelevante Erkenntnisse nach § 44 Absatz 1 Satz 2 vorliegen, begehren, dürfen die Justizvollzugsanstalten mit deren Einwilligung eine Zuverlässigkeitsüberprüfung vornehmen. [2]Gleiches gilt für die Zulassung zum Besuch von Gefangenen oder zum Besuch der Anstalt bei tatsächlichen Anhaltspunkten einer drohenden Gefahr für die Sicherheit oder Ordnung der Anstalt. [3]§ 44 Absatz 1 bis 3 und 4 Satz 1 und Absatz 5 Satz 1 gilt entsprechend. [4]In den Fällen des § 44 Absatz 2 Satz 2 Nummer 2 teilen die Justizvollzugsanstalten auch mit, ob und für welche Gefangenen die Zulassung zum Besuch begehrt wird. [5]Sicherheitsrelevant können hierbei auch Erkenntnisse über erhebliche strafrechtliche Verurteilungen, eine bestehende Suchtproblematik oder andere für die Beurteilung der Zuverlässigkeit erhebliche Umstände sein.

(2) Absatz 1 gilt nicht für Besuche von Verteidigerinnen und Verteidigern und Beiständen sowie für Rechtsanwältinnen, Rechtsanwälte sowie Notarinnen und Notare in einer die Gefangenen betreffenden Rechtssache sowie für die in § 24 Absatz 3 des Dritten Buchs genannten Personen und Stellen.

(3) [1]Werden den Justizvollzugsbehörden sicherheitsrelevante Erkenntnisse bekannt, wird die betroffene Person nicht oder nur unter Beschränkungen zum Besuch zugelassen. [2]Gleiches gilt, wenn die betroffene Person die Einwilligung in eine Zuverlässigkeitsüberprüfung verweigert.

(4) Eine erneute Zuverlässigkeitsüberprüfung soll erfolgen, wenn neue sicherheitsrelevante Erkenntnisse vorliegen, spätestens jedoch nach Ablauf von fünf Jahren, sofern ihre Erforderlichkeit und die Voraussetzungen nach Absatz 1 fortbestehen.

§ 46 Überprüfung sonstiger anstaltsfremder Personen. (1) [1]Personen, die in Justizvollzugsanstalten oder an deren Einrichtungen tätig werden und in keinem Dienst- oder Arbeitsverhältnis zum Land stehen, dürfen zu diesen Tätigkeiten nur zugelassen werden, wenn keine Sicherheitsbedenken bestehen. [2]Die Justizvollzugsanstalten sollen zur Aufrechterhaltung der Sicherheit oder Ordnung der Anstalt mit Einwilligung der betroffenen Person eine Zuverlässigkeitsüberprüfung vornehmen. [3]§ 44 Absatz 1 bis 3 und 4 Satz 1 und Absatz 5 Satz 1 sowie § 45 Absatz 1 Satz 5, Absatz 3 und 4 gelten entsprechend.

(2) Ist eine Überprüfung in Eilfällen nicht möglich, soll eine Beaufsichtigung der Person bei der Tätigkeit in der Anstalt erfolgen.

(3) Die Justizvollzugsbehörden sollen von einer Abfrage nach Absatz 1 Satz 3 absehen, wenn aufgrund des Anlasses, der Art, des Umfangs oder der Dauer des Aufenthalts oder der Tätigkeit in der Anstalt eine Gefährdung der Sicherheit der Anstalt fernliegt.

§ 47 Fallkonferenzen. (1) [1]Im Rahmen von Fallkonferenzen dürfen die Justizvollzugsbehörden personenbezogene Daten, einschließlich solcher besonderer Kategorien, die sie zulässig erhoben haben, insbesondere den voraussichtlichen Entlassungszeitpunkt, die voraussichtliche Entlassungsadresse sowie die Vollzugs- und Eingliederungspläne, den Polizeibehörden des Bundes und der Länder übermitteln, sofern

1. tatsächliche Anhaltspunkte für die fortdauernde erhebliche Gefährlichkeit des jeweiligen Gefangenen für die Allgemeinheit vorliegen,
2. die Entlassung des jeweiligen Gefangenen aller Voraussicht nach in einem Zeitraum von nicht mehr als einem Jahr bevorsteht und

3. dies zur vorbeugenden Bekämpfung von Straftaten von erheblicher Bedeutung erforderlich ist.

[2] Fallkonferenzen dürfen auch zur Vorbereitung von Ausführungen, Vorführungen, Ausantwortungen, Überstellungen und Verlegungen bei tatsächlichen Anhaltspunkten für eine Gefahr der Entweichung, von Gewalttätigkeiten gegen Personen oder Sachen von bedeutendem Wert, deren Erhaltung im öffentlichen Interesse geboten ist, und der Selbstverletzung oder Selbsttötung von Gefangenen stattfinden. [3] An den Fallkonferenzen nach Satz 1 sollen die Bewährungshilfe und die Führungsaufsichtsstellen beteiligt werden. [4] Im Rahmen der Fallkonferenzen dürfen personenbezogene Daten, einschließlich solcher besonderer Kategorien, durch die Justizvollzugsbehörden bei den Polizeibehörden abgefragt und erhoben werden.

(2) [1] Im Rahmen von Fallkonferenzen dürfen die Justizvollzugsbehörden personenbezogene Daten, einschließlich solcher besonderer Kategorien, die sie zulässig erhoben haben, insbesondere den voraussichtlichen Entlassungszeitpunkt, die voraussichtliche Entlassungsadresse sowie die Vollzugs- und Eingliederungspläne den Verfassungsschutzbehörden des Bundes und der Länder übermitteln, sofern

1. bestimmte Tatsachen den Verdacht für sicherheitsgefährdende oder geheimdienstliche Tätigkeiten für eine fremde Macht oder für Bestrebungen in der Bundesrepublik Deutschland begründen, die durch Anwendung von Gewalt oder darauf gerichtete Vorbereitungshandlungen
   a) gegen die freiheitliche demokratische Grundordnung, den Bestand oder die Sicherheit des Bundes oder eines Landes gerichtet sind,
   b) eine ungesetzliche Beeinträchtigung der Amtsführung der Verfassungsorgane des Bundes oder eines Landes oder ihrer Mitglieder zum Ziele haben oder
   c) auswärtige Belange der Bundesrepublik Deutschland gefährden,
2. eine damit im Zusammenhang stehende Gefahr für die Sicherheit der Anstalt oder die Erreichung des Vollzugsziels in einem überschaubaren Zeitraum einzutreten droht und
3. dies zur Verhütung der in Satz 1 Nummer 2 genannten Gefahren notwendig ist.

[2] An den Fallkonferenzen sollen die Bewährungshilfe und die Führungsaufsichtsstellen beteiligt werden, sofern die Entlassung der Gefangenen in voraussichtlich nicht mehr als einem Jahr bevorsteht. [3] Im Rahmen der Fallkonferenzen dürfen personenbezogene Daten, einschließlich solcher besonderer Kategorien, durch die Justizvollzugsbehörden bei den Verfassungsschutzbehörden des Bundes und der Länder abgefragt und erhoben werden.

(3) [1] Fallkonferenzen dürfen zwischen den Justizvollzugsbehörden, den Polizeibehörden des Bundes und der Länder und den Verfassungsschutzbehörden des Bundes und der Länder stattfinden, sofern

1. bestimmte Tatsachen die Annahme einer gegenwärtigen Gefahr für Leib, Leben, Gesundheit oder Freiheit einer Person oder für Sachen von erheblichem Wert, deren Erhaltung im öffentlichen Interesse geboten ist, begründen,
2. bestimmte Tatsachen den Verdacht nach Absatz 2 Satz 1 Nummer 1 begründen und

3. dies zur Abwehr der in Nummer 1 genannten Gefahren notwendig ist.

[2] Absatz 2 Satz 2 gilt entsprechend. [3] Im Rahmen der vorgenannten Fallkonferenzen dürfen personenbezogene Daten, einschließlich solcher besonderer Kategorien, durch die Justizvollzugsbehörden bei den Polizeibehörden des Bundes und der Länder sowie den Verfassungsschutzbehörden des Bundes und der Länder auch abgefragt und erhoben werden.

(4) Die wesentlichen Ergebnisse der stattgefundenen Fallkonferenzen sind zu dokumentieren.

(5) Die Vollzugs- und Eingliederungsplanung bleibt den Justizvollzugsbehörden vorbehalten.

§ 48 Übermittlung, Nutzung, Veränderung und Speicherung von Daten zu vollzugsunterstützenden Zwecken. (1) [1] Die Justizvollzugsanstalt darf personenbezogene Daten mit Ausnahme der erkennungsdienstlichen Unterlagen nutzen, verändern und speichern sowie an die zuständigen öffentlichen Stellen sowie geeignete nichtöffentliche Stellen und Personen übermitteln, soweit dies

1. für Maßnahmen der Gerichtshilfe, Jugendgerichtshilfe, Bewährungshilfe, der Führungsaufsicht und der forensischen Ambulanzen, auch zur Vorbereitung und Vorprüfung dieser Maßnahmen im Rahmen der Entlassungsvorbereitung und Nachsorge,
2. für Hilfsmaßnahmen für Angehörige der Gefangenen oder
3. zur Vorbereitung und Durchführung sonstiger Maßnahmen, die die Fähigkeit der Gefangenen fördern, in sozialer Verantwortung ein Leben ohne Straftaten zu führen, einschließlich der Entlassungsvorbereitung und Nachsorge

erforderlich ist. [2] Die Übermittlung, Nutzung, Veränderung und Speicherung besonderer Kategorien personenbezogener Daten mit Ausnahme der erkennungsdienstlichen Unterlagen ist zu den Zwecken nach Satz 1 zulässig, wenn sie unbedingt erforderlich ist.

(2) Die Befugnisse nach Absatz 1 finden auch auf die Vorbereitung und Durchführung von Maßnahmen Anwendung, die erst nach der Haftentlassung zum Tragen kommen und der Eingliederung der Gefangenen in ein soziales und berufliches Umfeld dienen.

§ 49 Datenübermittlung zu vollzugsfremden Zwecken. [1] Die Übermittlung personenbezogener Daten mit Ausnahme der erkennungsdienstlichen Unterlagen durch die Justizvollzugsanstalt an die zuständigen öffentlichen Stellen ist auch zulässig, soweit dies für

1. Maßnahmen der Strafvollstreckung oder strafvollstreckungsrechtliche Entscheidungen oder
2. Entscheidungen in Gnadensachen

erforderlich ist. [2] Die Übermittlung, Nutzung, Veränderung und Speicherung besonderer Kategorien personenbezogener Daten mit Ausnahme der erkennungsdienstlichen Unterlagen ist zu den Zwecken nach Satz 1 zulässig, wenn sie unbedingt erforderlich ist.

§ 50 Datenübermittlung zum Zweck des Opferschutzes. Die Justizvollzugsanstalt darf den nach § 406d Absatz 2 StPO auskunftspflichtigen Stellen die für die Erteilung von Auskünften an die Verletzte oder den Verletzten erforderlichen Daten über die Vollziehung freiheitsentziehender Maßnahmen sowie die Gewährung von vollzugsöffnenden Maßnahmen einschließlich des Verlassens der Justizvollzugsanstalt aus wichtigem Anlass übermitteln.

§ 51 Schutz besonderer Kategorien personenbezogener Daten.

(1) [1] Personenbezogene Daten besonderer Kategorien dürfen in der Justizvollzugsanstalt nicht allgemein kenntlich gemacht werden. [2] Die an der Verarbeitung dieser Daten Beteiligten sind auf die besondere Schutzwürdigkeit der Daten hinzuweisen. [3] Gesundheitsakten und Krankenblätter sind, auch wenn sie in Dateien gespeichert sind, von anderen Unterlagen oder Dateien getrennt zu führen und besonders zu sichern. [4] Durch organisatorische Maßnahmen ist sicherzustellen, dass nur die in der Anstalt tätigen Personen Zugang zu den Akten oder Dateien nach Satz 3 erhalten, für deren Aufgabenerfüllung die Kenntnis dieser Daten unbedingt erforderlich ist. [5] Andere personenbezogene Daten über Gefangene dürfen innerhalb der Justizvollzugsanstalt allgemein kenntlich gemacht werden, soweit dies für ein geordnetes Zusammenleben in der Justizvollzugsanstalt erforderlich ist; § 61 Absatz 1 und 2 sowie § 62 Absatz 2 bleiben unberührt.

(2) [1] Personenbezogene Daten, die durch die in § 203 Absatz 1 Nummer 1, 2 und 6 des Strafgesetzbuchs (StGB) genannten Personen oder den seelsorgerlichen Dienst erhoben oder diesen sonst bekannt geworden sind, unterliegen auch gegenüber der Justizvollzugsanstalt der Schweigepflicht. [2] Die in § 203 Absatz 1 Nummer 1, 2 und 6 StGB genannten Personen haben sich gegenüber der Anstaltsleiterin oder dem Anstaltsleiter zu offenbaren, soweit dies zur Abwehr von Gefahren für die Sicherheit der Justizvollzugsanstalt oder für Leib oder Leben von Gefangenen oder Dritten erforderlich ist oder die Tatsachen sonst für die Aufgabenerfüllung der Justizvollzugsanstalt erforderlich sind. [3] Handelt es sich bei den zu offenbarenden Daten um personenbezogene Daten besonderer Kategorien, haben sich die genannten Personen zu offenbaren, soweit dies zur Erreichung der in Satz 2 genannten Zwecke unbedingt erforderlich ist. [4] Auch die Angehörigen der anderen Fachdienste im Justizvollzug mit Ausnahme des seelsorgerlichen Dienstes sowie alle anderen Vollzugsbediensteten haben sich gegenüber der Anstaltsleiterin oder dem Anstaltsleiter zu offenbaren, sofern dies für den Vollzug der Freiheitsentziehung erforderlich ist. [5] Sonstige Offenbarungspflichten und -befugnisse bleiben unberührt. [6] Die Gefangenen sind bei Eintritt in die Justizvollzugsanstalt über die nach Satz 2 bis 4 bestehenden Offenbarungspflichten zu unterrichten.

(3) [1] Die nach Absatz 2 Satz 2 und 3 offenbarten Daten dürfen nur für den Zweck, für den sie offenbart wurden oder für den eine Offenbarung zulässig gewesen wäre, und nur unter denselben Voraussetzungen verarbeitet werden, unter denen die in § 203 Absatz 1 Nummer 1, 2 und 6 StGB genannten Personen selbst hierzu befugt wären. [2] Die Anstaltsleiterin oder der Anstaltsleiter kann unter diesen Voraussetzungen die unmittelbare Offenbarung gegenüber bestimmten Anstaltsbediensteten oder der Vollzugskonferenz allgemein zulassen. [3] Medizinische Warnhinweise, die keinen Rückschluss auf konkrete Erkrankungen zulassen, sind in Akten und Dateien zulässig, soweit dies zur Abwehr von Gefahren für Leib oder Leben von Gefangenen oder Dritten erforderlich ist.

(4) Sofern Angehörige von Fachdiensten außerhalb des Vollzugs mit der Untersuchung, Behandlung oder Betreuung einer oder eines Gefangenen beauftragt werden, gilt Absatz 2 mit der Maßgabe entsprechend, dass die beauftragte Person auch zur Unterrichtung des entsprechenden Fachdienstes in der Justizvollzugsanstalt befugt ist.

§ 52 Besondere Übermittlungsbefugnisse bei Untersuchungsgefangenen. (1) [1] Wird Untersuchungshaft vollzogen oder ist Untersuchungshaft als Überhaft notiert, darf die Justizvollzugsanstalt personenbezogene Daten an das zuständige Gericht übermitteln, soweit dies für die vom Gericht anzuordnenden Maßnahmen sowie für die sonstigen die Untersuchungshaft betreffenden gerichtlichen Entscheidungen erforderlich ist. [2] Soweit Aufgaben oder Befugnisse auf die Staatsanwaltschaft oder deren Ermittlungspersonen übertragen sind, ist auch eine Übermittlung an diese Stelle zulässig. [3] Besondere Kategorien personenbezogener Daten dürfen nur übermittelt werden, soweit dies unbedingt erforderlich ist.

(2) [1] Die nach § 48 Absatz 1 Satz 1 Nummer 3 sowie §§ 49, 50 und 55 zulässigen Übermittlungen unterbleiben, wenn unter Berücksichtigung der Art der Information und der Rechtsstellung von Untersuchungsgefangenen die Betroffenen ein überwiegendes schutzwürdiges Interesse an dem Ausschluss der Übermittlung haben. [2] Durch die Übermittlung darf nicht der Eindruck entstehen, dass an der oder dem Untersuchungsgefangenen eine Strafe vollzogen wird.

§ 53 Besondere Übermittlungsbefugnisse bei jungen Gefangenen.

(1) [1] Über die §§ 40 bis 50, 52 und 55 hinaus darf die Justizvollzugsanstalt personenbezogene Daten mit Ausnahme der erkennungsdienstlichen Unterlagen an die in § 16 Absatz 2 dieses Buchs und § 2 Absatz 9 des Vierten Buchs genannten Stellen und Personen übermitteln, soweit eine Einwilligung nach § 33 erteilt wurde oder im Diagnoseverfahren die Erforderlichkeit der der Datenübermittlung zu Grunde liegenden Maßnahme festgestellt worden ist. [2] Die Übermittlung besonderer Kategorien personenbezogener Daten mit Ausnahme erkennungsdienstlicher Unterlagen ist zulässig, soweit sie für die Planung oder Durchführung der Maßnahme unbedingt erforderlich ist oder eine Einwilligung erteilt wurde.

(2) Bei minderjährigen Gefangenen ist die Übermittlung personenbezogener Daten mit Ausnahme der erkennungsdienstlichen Unterlagen an die Personensorgeberechtigten zulässig, sofern sie das Kindeswohl nicht gefährdet.

(3) Die sonstigen Befugnisse der Justizvollzugsanstalt zur Datenverarbeitung bleiben unberührt.

§ 54 Überlassung von Akten. (1) [1] Akten mit personenbezogenen Daten dürfen von der Justizvollzugsanstalt nur

1. anderen Justizvollzugsanstalten,
2. den zur Dienst- oder Fachaufsicht oder zu dienstlichen Weisungen befugten Stellen,
3. den für strafvollzugs-, strafvollstreckungs- und strafrechtliche Entscheidungen zuständigen Gerichten,
4. den Strafvollstreckungs- und Strafverfolgungsbehörden,
5. den mit Gutachten über Gefangene beauftragten Stellen sowie

6. den mit der Übernahme von Aufgaben des Vollzugs beauftragten Stellen (§ 60)

überlassen werden, sofern dies für die Aufgabenerfüllung der genannten Stellen erforderlich ist. [2]Die Überlassung an andere öffentliche Stellen ist zulässig, soweit die Erteilung einer Auskunft einen unvertretbaren Aufwand erfordert oder nach Darlegung der Akteneinsicht begehrenden Stellen für die Erfüllung der Aufgabe nicht ausreicht. [3]Entsprechendes gilt für die Überlassung an die für Maßnahmen der Gerichtshilfe, Jugendgerichtshilfe, Bewährungshilfe und Führungsaufsicht zuständigen Stellen, an die forensischen Ambulanzen sowie für die in die Entlassungsvorbereitung oder Nachsorge eingebundenen Stellen. [4]Sind in den Akten besondere Kategorien personenbezogener Daten enthalten, muss die Überlassung zu diesem Zweck unbedingt erforderlich sein.

(2) [1]Sind mit personenbezogenen Daten, die nach §§ 40 bis 49, 52, 53 und 55 übermittelt werden dürfen, weitere personenbezogene Daten der betroffenen Person oder Dritter in Akten so verbunden, dass eine Trennung nicht oder nur mit unvertretbarem Aufwand möglich ist, ist die Übermittlung auch dieser Daten zulässig, soweit nicht berechtigte Interessen der betroffenen Person oder Dritter an deren Geheimhaltung offensichtlich überwiegen; eine Verarbeitung dieser Daten durch den Empfänger ist unzulässig. [2]Soweit es sich um personenbezogene Daten besonderer Kategorien handelt, ist regelmäßig von einem überwiegenden berechtigten Interesse der betroffenen Person oder Dritter an der Geheimhaltung auszugehen.

(3) [1]Für die elektronische Versendung einer Gesamtheit von Dateien über eine Gefangene oder einen Gefangenen (elektronische Akte) gelten Absatz 1 und 2 entsprechend. [2]Die Art der Versendung wird durch Verwaltungsvorschrift geregelt.

§ 55 Auskunft und Akteneinsicht für wissenschaftliche Zwecke.

(1) Für die Auskunft und Akteneinsicht für wissenschaftliche Zwecke gilt § 476 StPO entsprechend.

(2) Die Befugnisse des Kriminologischen Dienstes Baden-Württemberg nach § 41 Absatz 2 und § 59 Absatz 2 Satz 1 Nummer 1 bleiben unberührt.

§ 56 Einsichtnahme in Gefangenenpersonalakten, Gesundheitsakten und Krankenblätter durch internationale Organisationen. Die Mitglieder einer Delegation des Europäischen Ausschusses zur Verhütung von Folter und unmenschlicher oder erniedrigender Behandlung oder Strafe erhalten während des Besuchs in der Justizvollzugsanstalt Einsicht in die Gefangenenpersonalakten, Gesundheitsakten und Krankenblätter im Justizvollzugskrankenhaus, soweit dies zur Wahrnehmung der Aufgaben des Ausschusses erforderlich ist.

§ 57 Elektronische Aktenführung. [1]Die Justizvollzugsanstalten können die Akten auch elektronisch führen. [2]Das Justizministerium wird ermächtigt, Regelungen für die elektronische Führung von Akten durch Rechtsverordnung zu treffen.

§ 58 Anstaltsübergreifende Datenverarbeitung. (1) [1]Bei Verlegungen und Überstellungen von Gefangenen oder in Verwaltungsvorgängen, an denen mehrere Justizvollzugsanstalten beteiligt sind, darf die Justizvollzugsanstalt anderen Justizvollzugsanstalten personenbezogene Daten übermitteln, soweit diese für die Erfüllung der Aufgaben der die Daten empfangenden Justizvollzugsanstalt erforderlich sind. [2] Sollen personenbezogene Daten besonderer Kategorien übermittelt werden, muss dies zur Aufgabenerfüllung der empfangenden Justizvollzugsanstalt unbedingt erforderlich sein. [3] Satz 1 und 2 gelten entsprechend für die Übermittlung von personenbezogenen Daten aus früher vollzogenen Inhaftierungen (Vorinhaftierungen) an andere Justizvollzugsanstalten. [4] Satz 1 bis 3 gelten entsprechend bei Verlegungen, Überstellungen und der Übermittlung von personenbezogenen Daten von Gefangenen aus Vorinhaftierungen an die Vollzugsbehörden anderer Bundesländer.

(2) [1] Die Justizvollzugsanstalt darf personenbezogene Daten von in anderen Justizvollzugsanstalten des Landes inhaftierten Gefangenen verarbeiten, soweit diese

1. zur anstaltsübergreifenden Steuerung der Belegung, insbesondere für Überstellungen und Verlegungen, oder
2. für die Erstellung von Kriminalprognosen über Gefangene

erforderlich sind. [2] Die Verarbeitung besonderer Kategorien personenbezogener Daten ist zulässig, wenn sie für die in Satz 1 genannten Zwecke unbedingt erforderlich ist.

(3) [1] Die Befugnisse zur anstaltsübergreifenden Datenverarbeitung bestehen auch, sofern zureichende tatsächliche Anhaltspunkte vorliegen, dass die Sicherheit oder Ordnung der Justizvollzugsanstalt durch anstaltsübergreifende Kontakte oder Strukturen dieser Gefangenen in besonderem Maße gefährdet ist. [2] Aus diesen Gründen darf die Justizvollzugsanstalt auch personenbezogene Daten mit Ausnahme erkennungsdienstlicher Unterlagen von Dritten verarbeiten, soweit zureichende tatsächliche Anhaltspunkte dafür vorliegen, dass diese in Kommunikationsstrukturen der Gefangenen eingebunden sind.

(4) Sofern das Justizministerium als Aufsichtsbehörde Aufgaben der Justizvollzugsanstalten selbst wahrnimmt oder Stellen innerhalb des Justizvollzugs des Landes mit der Wahrnehmung anstaltsübergreifender vollzuglicher Aufgaben beauftragt, stehen dem Justizministerium sowie den von ihm beauftragten Stellen die Befugnisse zur Verarbeitung personenbezogener Daten nach diesem Gesetz zu.

(5) [1] Bestehen auf Grund einer entsprechenden Vereinbarung Vollzugsgemeinschaften mit anderen Ländern, ist die Übermittlung personenbezogener Daten direkt an die beteiligten Justizvollzugsanstalten sowie deren Justizministerien als Aufsichtsbehörde zulässig, soweit dies für die vereinbarte länderübergreifende Aufgabenerfüllung erforderlich ist. [2] Die Übermittlung besonderer Kategorien personenbezogener Daten ist zulässig, wenn sie für die in Satz 1 genannten Zwecke unbedingt erforderlich ist. [3] Näheres regelt eine Verwaltungsvorschrift.

§ 59 Automatisierte Übermittlungs- und Abrufverfahren. (1) [1] Für die Übermittlung und den Abruf personenbezogener Daten dürfen automatisierte Verfahren eingerichtet werden, soweit dies unter Berücksichtigung der schutzwürdigen Interessen der betroffenen Person und der Aufgaben der beteiligten Stellen angemessen ist. [2] Die Übermittlung und der Abruf besonderer Kategorien personenbezogener Daten ist nur zulässig, wenn sie unbedingt erforderlich sind.

(2) [1]Am automatisierten Abrufverfahren können neben bestimmten Bediensteten der Justizvollzugsanstalten sowie des Justizministeriums als Aufsichtsbehörde beteiligt werden:

1. der Kriminologische Dienst Baden-Württemberg,
2. die Vollstreckungsbehörden sowie deren Aufsichtsbehörden,
3. die Jugendrichter als Vollstreckungsleiter,
4. die Strafvollstreckungskammern bei den Landgerichten und
5. die beauftragten Dritten als verantwortliche Stellen oder Personen.

[2]Darüber hinaus kann die Übermittlung personenbezogener Daten nach § 42 Absatz 2, § 44 Absatz 4 und § 58 Absatz 1 automatisiert erfolgen. [3]Das Justizministerium wird ermächtigt, durch Rechtsverordnung weitere Beteiligte an automatisierten Übermittlungs- und Abrufverfahren zu benennen, soweit dies erforderlich ist.

(3) [1]Die beteiligten Stellen haben zu gewährleisten, dass die Zulässigkeit des Übermittlungs- oder Abrufverfahrens kontrolliert werden kann. Hierzu haben sie schriftlich festzulegen:

1. den Anlass und Zweck des Verfahrens,
2. die Empfänger der Übermittlung,
3. die Art der abzurufenden oder zu übermittelnden Daten und
4. die erforderlichen technischen und organisatorischen Maßnahmen.

[2]Die verantwortliche Stelle hat insbesondere durch Zuweisung von beschränkten Abrufrechten sicherzustellen, dass nur die zur Aufgabenerfüllung des Empfängers erforderlichen Daten übermittelt werden können. [3]Die erforderlichen Festlegungen können auch durch das Justizministerium als Aufsichtsbehörde mit Wirkung für die ihrer Aufsicht unterliegenden Stellen des Landes getroffen werden.

(4) [1]Die Zulässigkeit einzelner Übermittlungen und Abrufe beurteilt sich nach den für die Erhebung und Übermittlung geltenden Vorschriften. [2]Die Verantwortung für die Zulässigkeit des einzelnen Abrufs trägt der Empfänger. [3]Die verantwortliche Stelle prüft die Zulässigkeit des Abrufs nur, wenn dazu ein besonderer Anlass besteht. [4]Die verantwortliche Stelle hat zu gewährleisten, dass der Abruf personenbezogener Daten durch geeignete Stichprobenverfahren festgestellt und überprüft werden kann.

§ 60 Datenverarbeitung bei Übertragung von Vollzugsaufgaben.

(1) [1]Werden Aufgaben des Vollzugs ganz oder teilweise an öffentliche oder nichtöffentliche Stellen oder Personen zur Erledigung übertragen, dürfen die für die Aufgabenwahrnehmung erforderlichen personenbezogenen Daten an diese übermittelt werden. [2]Soweit erforderlich, dürfen ihnen Dateien und Akten zur Aufgabenerfüllung überlassen werden.

(2) [1]Die Aufgaben sind von der Justizvollzugsanstalt oder dem Justizministerium als Aufsichtsbehörde mit Wirkung für die Justizvollzugsanstalt an einen sorgfältig auszuwählenden Dritten als verantwortliche Stelle oder Person zu übertragen. [2]Dabei ist auch zu berücksichtigen, ob die verantwortliche Stelle oder Person ausreichend Gewähr dafür bietet, dass er oder sie die für eine datenschutzgerechte Datenverarbeitung erforderlichen technischen und organisatorischen Maßnahmen zu treffen in der Lage ist. [3]Der Auftrag ist schriftlich zu erteilen und muss Angaben zu Gegenstand und Umfang der erforderlichen

Datenüberlassung sowie das Erfordernis der Verpflichtung des einzusetzenden Personals nach dem Verpflichtungsgesetz enthalten. [4]Die Justizvollzugsanstalt oder das Justizministerium als Auftraggeber haben sich das Recht vorzubehalten, die Einhaltung datenschutzrechtlicher Maßnahmen zu überprüfen.

(3) Soweit die übertragenen Vollzugsaufgaben innerhalb von Justizvollzugsanstalten geleistet werden, finden die nach § 27 Absatz 2 Satz 1 für die Verarbeitung personenbezogener Daten geltenden Vorschriften dieses Abschnitts entsprechende Anwendung.

§ 61 Einschränkungen der Verarbeitung, Übermittlungsverantwortung und Verfahren. (1) [1]Bei der Überwachung der Besuche, des Schriftwechsels, der Telekommunikation sowie des Paketverkehrs bekannt gewordene personenbezogene Daten dürfen nur für die in § 41 Absatz 1, § 42 Absatz 1, § 48 Absatz 1 und § 49 Satz 1 Nummer 1 und 2 aufgeführten Zwecke, zur Wahrung der Sicherheit oder Ordnung der Justizvollzugsanstalt oder nach Anhörung der Gefangenen für Zwecke der Behandlung verarbeitet werden. [2]Die Verarbeitung besonderer Kategorien personenbezogener Daten ist nur zulässig, wenn sie zu den in Satz 1 genannten Zwecken unbedingt erforderlich ist.

(2) Die Übermittlung von personenbezogenen Daten unterbleibt, soweit die in § 51 Absatz 2 sowie in § 81 Absatz 1 bis 3 und 6 geregelten Einschränkungen oder besondere gesetzliche Verwendungsregelungen entgegenstehen.

(3) [1]Die Verantwortung für die Zulässigkeit der Übermittlung personenbezogener Daten trägt die Justizvollzugsanstalt. [2]Erfolgt die Übermittlung an eine öffentliche Stelle im Geltungsbereich des Grundgesetzes auf deren Ersuchen, trägt diese die Verantwortung und erteilt erforderlichenfalls die Informationen nach Artikel 14 der Verordnung (EU) 2016/679. [3]Die Justizvollzugsanstalt hat im Falle des Satz 2 lediglich zu prüfen, ob das Übermittlungsersuchen im Rahmen der Aufgaben der ersuchenden öffentlichen Stelle liegt. [4]Die Rechtmäßigkeit des Ersuchens prüft sie nur, wenn im Einzelfall hierzu Anlass besteht.

§ 62 Zweckbindung. (1) [1]Von der Justizvollzugsanstalt übermittelte personenbezogene Daten dürfen nur zu dem Zweck verarbeitet werden, zu dessen Erfüllung sie übermittelt worden sind. [2]Der Empfänger darf die Daten für andere Zwecke nur verarbeiten, soweit sie ihm auch für diese Zwecke hätten übermittelt werden dürfen und wenn im Falle einer Übermittlung an nichtöffentliche Stellen die übermittelnde Justizvollzugsanstalt zugestimmt hat. [3]Die Justizvollzugsanstalt hat nichtöffentliche Empfänger auf die Zweckbindung nach Satz 1 und die Geltung des Datengeheimnisses nach § 73 Absatz 1 hinzuweisen.

(2) Personenbezogene Daten, die nach § 34 Absatz 4 über Personen, die nicht Gefangene sind, erhoben worden sind, dürfen nur zur Erfüllung des Erhebungszweckes sowie für die in § 42 Absatz 1 Nummer 1 bis 4 und § 48 Absatz 1 geregelten Zwecke verarbeitet werden.

§ 63 Datenübermittlung an Drittstaaten und internationale Organisationen. Für die Übermittlung von personenbezogenen Daten an Stellen in Drittstaaten oder an internationale Organisationen gelten §§ 78 bis 81 des Bundesdatenschutzgesetzes (BDSG) entsprechend.

Unterabschnitt 4. Datenverarbeitung zu Zwecken der Richtlinie (EU) 2016/680
Rechte der betroffenen Personen

§ 64 Allgemeine Informationen zu Datenverarbeitungen. Die Justizvollzugsanstalt stellt in allgemeiner Form und für die Gefangenen und andere betroffenen Personen zugänglich Informationen zur Verfügung über
1. den Namen und die Kontaktdaten der Justizvollzugsanstalt,
2. die Kontaktdaten des zuständigen Datenschutzbeauftragten,
3. die Zwecke, zu denen die personenbezogenen Daten verarbeitet werden,
4. die Kontaktdaten der oder des Landesbeauftragten für den Datenschutz und
5. die im Hinblick auf die Verarbeitung ihrer personenbezogenen Daten bestehenden Rechte der betroffenen Personen nach §§ 66, 67 und 69.

§ 65 Benachrichtigung betroffener Personen. (1) [1] Über eine ohne ihre Kenntnis vorgenommene Erhebung personenbezogener Daten werden die betroffenen Personen unter Angabe dieser Daten benachrichtigt, sofern sie nicht bereits auf andere Weise Kenntnis erlangt haben. [2] Die Benachrichtigung hat zumindest die folgenden Angaben zu enthalten:
1. die in § 64 genannten Angaben,
2. die Rechtsgrundlage der Verarbeitung,
3. die Dauer, für die die personenbezogenen Daten gespeichert werden, oder, falls keine Fristenregelungen bestehen, die Kriterien, nach denen sich die Dauer der Speicherung bestimmt,
4. die Kategorien von Empfängern der personenbezogenen Daten, auch der Empfänger in Drittländern oder in internationalen Organisationen und
5. erforderlichenfalls weitere Informationen.

(2) [1] Werden die durch Videotechnik erhobenen Daten einer bestimmten Person zugeordnet, so ist diese über eine weitere Verarbeitung zu benachrichtigen, sofern sie nicht bereits auf andere Weise Kenntnis von der weiteren Verarbeitung erlangt hat. [2] Die Benachrichtigung hat zumindest die in Absatz 1 Satz 2 genannten Angaben zu enthalten.

(3) In den Fällen von Absatz 1 und 2 kann die Justizvollzugsanstalt die Benachrichtigung aufschieben, einschränken oder unterlassen, soweit und solange andernfalls
1. die ordnungsgemäße Erfüllung der in ihrer Zuständigkeit liegenden Aufgaben gefährdet würde,
2. die Verhütung, Ermittlung, Aufdeckung oder Verfolgung von Straftaten oder von Ordnungswidrigkeiten von erheblicher Bedeutung oder die Strafvollstreckung beeinträchtigt würden,
3. die öffentliche Sicherheit gefährdet oder sonst dem Wohl des Bundes oder eines Landes Nachteile bereitet würden oder
4. Rechtsgüter Dritter gefährdet würden

und, wenn das Interesse an der Vermeidung dieser Gefahren das Informationsinteresse der betroffenen Person überwiegt.

(4) [1] Bezieht sich die Benachrichtigung auf die Übermittlung personenbezogener Daten an Behörden der Staatsanwaltschaft, an Polizeidienststellen, Verfassungsschutzbehörden oder, soweit sie in Erfüllung ihrer gesetzlichen Auf-

gaben im Anwendungsbereich der Abgabenordnung zur Überwachung und Prüfung personenbezogene Daten speichern, an Behörden der Finanzverwaltung, ist diesen Behörden vorab Gelegenheit zur Stellungnahme zu geben. [2]Satz 1 findet auch Anwendung auf die Übermittlung personenbezogener Daten an den Bundesnachrichtendienst, den Militärischen Abschirmdienst und, soweit die Sicherheit des Bundes berührt wird, an andere Behörden des Bundesministeriums der Verteidigung. [3]Satz 1 und 2 gelten entsprechend für die Herkunft der Daten von den genannten Behörden.

(5) Im Fall der Einschränkung nach Absatz 3 gilt § 66 Absatz 8 und 9 entsprechend.

§ 66 Auskunftsrecht, Akteneinsicht. (1) [1]Die Justizvollzugsanstalt erteilt betroffenen Personen auf Antrag Auskunft darüber, ob sie diese Personen betreffende Daten verarbeitet. [2]Betroffene Personen haben darüber hinaus das Recht, Informationen zu erhalten über

1. die personenbezogenen Daten, die Gegenstand der Verarbeitung sind, und die Kategorie, zu der sie gehören,
2. die verfügbaren Informationen über die Herkunft der Daten,
3. die Zwecke der Datenverarbeitung und deren Rechtsgrundlage,
4. die Empfänger oder die Kategorien von Empfängern, gegenüber denen die Daten offengelegt worden sind, insbesondere bei Empfängern in Drittländern oder bei internationalen Organisationen,
5. die Dauer, für die die personenbezogenen Daten gespeichert werden, oder, falls keine Fristenregelungen bestehen, die Kriterien, nach denen sich die Dauer der Speicherung bestimmt,
6. das Bestehen eines Rechts auf Berichtigung, Löschung oder Einschränkung der Verarbeitung personenbezogener Daten der betroffenen Person durch die Justizvollzugsanstalt,
7. das Recht, die Landesbeauftragte oder den Landesbeauftragten für den Datenschutz anzurufen, sowie deren oder dessen Kontaktdaten.

[3]Soweit eine Auskunft für die Wahrnehmung der rechtlichen Interessen der betroffenen Person nicht ausreicht und sie auf die Einsichtnahme angewiesen ist, erhält sie Akteneinsicht. [4]Auf einen entsprechenden Antrag ist Gefangenen in ihre Gesundheitsakten in der Regel Akteneinsicht zu gewähren.

(2) Absatz 1 gilt nicht für personenbezogene Daten, die nur deshalb verarbeitet werden, weil sie aufgrund gesetzlicher Aufbewahrungsvorschriften nicht gelöscht werden dürfen oder die ausschließlich Zwecken der Datensicherung oder der Datenschutzkontrolle dienen, wenn die Auskunftserteilung einen unverhältnismäßigen Aufwand erfordern würde und eine Verarbeitung zu anderen Zwecken durch geeignete technische und organisatorische Maßnahmen ausgeschlossen ist.

(3) Von der Auskunftserteilung ist abzusehen, wenn die betroffene Person keine Angaben macht, die das Auffinden der Daten ermöglichen, und deshalb der für die Erteilung der Auskunft erforderliche Aufwand außer Verhältnis zu dem von der betroffenen Person geltend gemachten Informationsinteresse steht.

(4) [1]Die Justizvollzugsanstalt kann unter den Voraussetzungen des § 65 Absatz 3 von der Auskunft nach Absatz 1 absehen oder die Auskunftserteilung

einschränken. [2]Dies gilt für die Akteneinsicht entsprechend. [3]Ein Recht auf Akteneinsicht besteht zudem nicht, wenn die Daten der betroffenen Person mit Daten Dritter oder geheimhaltungsbedürftigen nicht personenbezogenen Daten derart verbunden sind, dass ihre Trennung nicht oder nur mit unverhältnismäßig großem Aufwand möglich ist; in diesem Fall ist der betroffenen Person Auskunft zu erteilen.

(5) Die Auskunft und die Gewährung von Akteneinsicht können versagt werden, wenn sie den Zweck der Untersuchungshaft gefährden.

(6) § 65 Absatz 4 gilt entsprechend.

(7) [1]Die Justizvollzugsanstalt hat die betroffene Person über das Absehen von oder die Einschränkung einer Auskunft unverzüglich schriftlich zu unterrichten. [2]Dies gilt nicht, wenn bereits die Erteilung dieser Informationen eine Gefährdung oder ein Nachteil im Sinne des § 65 Absatz 3 mit sich bringen würde. [3]Die Unterrichtung nach Satz 1 ist zu begründen, es sei denn, dass die Mitteilung der Gründe den mit dem Absehen von oder der Einschränkung der Auskunft verfolgten Zweck gefährden würde.

(8) [1]Wird die betroffene Person nach Absatz 7 über das Absehen von oder die Einschränkung der Auskunft unterrichtet, kann sie ihr Auskunftsrecht auch über die Landesbeauftragte oder den Landesbeauftragten für den Datenschutz ausüben. [2]Die Justizvollzugsanstalt hat die betroffene Person über diese Möglichkeit sowie darüber zu unterrichten, dass sie die Landesbeauftragte oder den Landesbeauftragten für den Datenschutz anrufen oder gerichtlichen Rechtsschutz suchen kann. [3]Macht die betroffene Person von ihrem Recht nach Satz 1 Gebrauch, ist die Auskunft auf ihr Verlangen der oder dem Landesbeauftragten für den Datenschutz zu erteilen, soweit nicht das Justizministerium im Einzelfall feststellt, dass dadurch die Sicherheit des Bundes oder eines Landes gefährdet würde. [4]Die oder der Landesbeauftragte für den Datenschutz hat die betroffene Person zumindest darüber zu unterrichten, dass alle erforderlichen Prüfungen erfolgt sind oder eine Überprüfung durch sie stattgefunden hat. [5]Diese Mitteilung kann die Information enthalten, ob datenschutzrechtliche Verstöße festgestellt wurden. [6]Die Mitteilung der oder des Landesbeauftragten für den Datenschutz an die betroffene Person darf keine Rückschlüsse auf den Erkenntnisstand der Justizvollzugsanstalt zulassen, sofern diese keiner weitergehenden Auskunft zustimmt. [7]Die Justizvollzugsanstalt darf die Zustimmung nur insoweit und solange verweigern, wie sie nach Absatz 4 Satz 1 von einer Auskunft absehen oder sie einschränken könnte. [8]Die oder der Landesbeauftragte für den Datenschutz hat zudem die betroffene Person über ihr Recht auf gerichtlichen Rechtsschutz zu unterrichten.

(9) Die Justizvollzugsanstalt hat die sachlichen oder rechtlichen Gründe für die Entscheidung zu dokumentieren.

(10) Weitergehende Auskunftsrechte nach allgemeinen Grundsätzen finden für den Bereich des Justizvollzugs keine Anwendung.

§ 67 Rechte auf Berichtigung und Löschung sowie Einschränkung der Verarbeitung. (1) [1]Die betroffene Person hat das Recht, von der Justizvollzugsanstalt unverzüglich die Berichtigung sie betreffender unrichtiger Daten zu verlangen. [2]Insbesondere im Fall von Aussagen oder Beurteilungen betrifft die Frage der Richtigkeit nicht den Inhalt der Aussage oder Beurteilung. [3]Wenn die Richtigkeit oder Unrichtigkeit der Daten nicht festgestellt werden kann, tritt an die Stelle der Berichtigung eine Einschränkung der Verarbeitung. [4]In diesem Fall hat die Justizvollzugsanstalt die betroffene Person zu unterrichten, bevor sie die Einschränkung wieder aufhebt. [5]Die betroffene Person kann zudem die Vervollständigung unvollständiger personenbezogener Daten verlangen, wenn dies unter Berücksichtigung der Verarbeitungszwecke angemessen ist.

(2) Die betroffene Person hat das Recht, von der Justizvollzugsanstalt unverzüglich die Löschung sie betreffender Daten zu verlangen, wenn deren Verarbeitung unzulässig ist, deren Kenntnis für die Aufgabenerfüllung nicht mehr erforderlich ist oder diese zur Erfüllung einer rechtlichen Verpflichtung gelöscht werden müssen.

(3) [1]Anstatt die personenbezogenen Daten zu löschen, kann die Justizvollzugsanstalt deren Verarbeitung einschränken, wenn

1. die betroffene Person die Richtigkeit der personenbezogenen Daten bestreitet und die Richtigkeit oder Unrichtigkeit nicht festgestellt werden kann,
2. Grund zu der Annahme besteht, dass eine Löschung berechtigte Interessen einer betroffenen Person beeinträchtigen würde,
3. eine Löschung wegen der besonderen Art der Speicherung nicht oder nur mit unverhältnismäßigem Aufwand möglich ist oder
4. die Daten zu Beweiszwecken weiter aufbewahrt werden müssen.

[2]In ihrer Verarbeitung nach Satz 1 eingeschränkte Daten dürfen nur zu dem Zweck verarbeitet werden, der ihrer Löschung entgegenstand.

(4) Bei automatisierten Dateisystemen ist technisch sicherzustellen, dass eine Einschränkung der Verarbeitung eindeutig erkennbar ist und eine Verarbeitung für andere Zwecke nicht ohne weitere Prüfung möglich ist.

(5) [1]Hat die Justizvollzugsanstalt eine Berichtigung vorgenommen, hat sie einer Stelle, die ihr die personenbezogenen Daten zuvor übermittelt hat, die Berichtigung mitzuteilen. [2]In Fällen der Berichtigung, Löschung oder Einschränkung der Verarbeitung nach Absatz 1 bis 3 hat die Justizvollzugsanstalt Empfängern, denen die Daten übermittelt wurden, diese Maßnahmen mitzuteilen. [3]Der Empfänger hat die Daten zu berichtigen, zu löschen oder ihre Verarbeitung einzuschränken.

(6) [1]Die Justizvollzugsanstalt hat die betroffene Person über ein Absehen von der Berichtigung oder Löschung personenbezogener Daten oder über die an deren Stelle tretende Einschränkung der Verarbeitung schriftlich zu unterrichten. [2]Dies gilt nicht, wenn bereits die Erteilung dieser Informationen eine Gefährdung im Sinne des § 65 Absatz 3 mit sich bringen würde. [3]Die Unterrichtung nach Satz 1 ist zu begründen, es sei denn, dass die Mitteilung der Gründe den mit dem Absehen von der Unterrichtung verfolgten Zweck gefährden würde.

(7) § 66 Absatz 8 und 9 findet entsprechende Anwendung.

§ 68 Verfahren für die Ausübung der Rechte der betroffenen Person.

(1) [1]Die Justizvollzugsanstalt hat mit betroffenen Personen unter Verwendung einer klaren und einfachen Sprache in präziser, verständlicher und leicht zugänglicher Form zu kommunizieren. [2]Unbeschadet besonderer Formvorschriften soll sie bei der Beantwortung von Anträgen grundsätzlich die für den Antrag gewählte Form verwenden.

(2) Bei Anträgen hat die Justizvollzugsanstalt die betroffene Person unbeschadet des § 66 Absatz 7 und des § 67 Absatz 6 unverzüglich schriftlich darüber in Kenntnis zu setzen, wie verfahren wurde.

(3) [1]Die Erteilung von Informationen nach § 64, die Benachrichtigungen nach den §§ 65 und 76 und die Bearbeitung von Anträgen nach den §§ 66 und 67 erfolgen unentgeltlich. [2]Bei offenkundig unbegründeten oder exzessiven Anträgen nach den §§ 66 und 67 kann die Justizvollzugsanstalt entweder eine angemessene Gebühr auf der Grundlage der Verwaltungskosten verlangen oder sich weigern, aufgrund des Antrags tätig zu werden. [3]In diesem Fall muss die Justizvollzugsanstalt den offenkundig unbegründeten oder exzessiven Charakter des Antrags belegen können.

(4) Hat die Justizvollzugsanstalt begründete Zweifel an der Identität einer betroffenen Person, die einen Antrag nach den §§ 66 oder 67 gestellt hat, kann sie von ihr zusätzliche Informationen anfordern, die zur Bestätigung ihrer Identität erforderlich sind.

§ 69 Anrufung der oder des Landesbeauftragten für den Datenschutz.

(1) Jede betroffene Person kann sich unbeschadet anderweitiger Rechtsbehelfe mit einer Beschwerde an die Landesbeauftragte oder den Landesbeauftragten für den Datenschutz wenden, wenn sie der Auffassung ist, bei der Verarbeitung ihrer personenbezogenen Daten durch die verantwortlichen Stellen in ihren Rechten verletzt worden zu sein.

(2) Die oder der Landesbeauftragte für den Datenschutz unterrichtet die betroffene Person über den Stand und das Ergebnis der Prüfung und weist sie hierbei auf die Möglichkeit, gerichtlichen Rechtsschutz nach § 70 in Anspruch zu nehmen, hin.

(3) [1]Werden bei der oder dem Landesbeauftragten für den Datenschutz Beschwerden eingelegt, die eine Verarbeitung betreffen, die in die Zuständigkeit der oder des Bundesbeauftragten für den Datenschutz oder einer datenschutzrechtlichen Aufsichtsbehörde in einem anderen Mitgliedstaat der Europäischen Union fällt, leitet sie oder er diese Beschwerde unverzüglich an die zuständige Behörde weiter. [2]Die oder der Landesbeauftragte unterrichtet die betroffene Person über die Weiterleitung nach Satz 1.

§ 70 Rechtsschutz gegen Entscheidungen der oder des Landesbeauftragten für den Datenschutz oder bei deren oder dessen Untätigkeit.

(1) Jede natürliche oder juristische Person kann unbeschadet anderer Rechtsbehelfe gerichtlich gegen eine verbindliche Entscheidung der oder des Landesbeauftragten für den Datenschutz vorgehen.

(2) Absatz 1 gilt entsprechend zugunsten betroffener Personen, wenn sich die oder der Landesbeauftragte für den Datenschutz mit einer Beschwerde nach § 69 nicht befasst oder die betroffene Person nicht innerhalb von drei Monaten nach Einlegung der Beschwerde über den Stand oder das Ergebnis der Beschwerde in Kenntnis gesetzt hat.

Unterabschnitt 5. Datenverarbeitung zu Zwecken der Richtlinie (EU) 2016/680

Pflichten der Justizvollzugsanstalten und der Auftragsverarbeiter

§ 71 Datenverarbeitung im Auftrag. (1) [1]Die Justizvollzugsanstalten dürfen personenbezogene Daten durch andere Personen oder Stellen im Auftrag verarbeiten lassen. [2]Dies gilt auch für Prüfungs- oder Wartungsarbeiten und vergleichbare Hilfstätigkeiten einschließlich der Fernwartung, über deren Durchführung neben der verantwortlichen Stelle auch das Justizministerium als Aufsichtsbehörde mit Wirkung für die ihrer Aufsicht unterliegenden Stellen entscheiden kann.

(2) [1]Werden personenbezogene Daten im Auftrag einer Justizvollzugsanstalt durch andere Personen oder Stellen verarbeitet, bleibt die Justizvollzugsanstalt für die Einhaltung der Vorschriften dieses Gesetzes und anderer Vorschriften über den Datenschutz verantwortlich. [2]Die Rechte der betroffenen Personen auf Auskunft, Berichtigung, Löschung, Einschränkung der Verarbeitung und Schadensersatz sind in diesem Fall gegenüber der Justizvollzugsanstalt geltend zu machen.

(3) Eine Justizvollzugsanstalt darf nur solche Auftragsverarbeiter mit der Verarbeitung personenbezogener Daten beauftragen, die mit geeigneten technischen und organisatorischen Maßnahmen sicherstellen, dass die Verarbeitung im Einklang mit den gesetzlichen Anforderungen erfolgt und der Schutz der Rechte der betroffenen Personen gewährleistet wird.

(4) [1]Auftragsverarbeiter dürfen ohne vorherige schriftliche Genehmigung der Justizvollzugsanstalt keine weiteren Auftragsverarbeiter hinzuziehen. [2]Hat die Justizvollzugsanstalt dem Auftragsverarbeiter eine allgemeine Genehmigung zur Hinzuziehung weiterer Auftragsverarbeiter erteilt, hat der Auftragsverarbeiter die Justizvollzugsanstalt über jede beabsichtigte Hinzuziehung oder Ersetzung zu informieren. [3]Die Justizvollzugsanstalt kann in diesem Fall die Hinzuziehung oder Ersetzung untersagen.

(5) [1]Zieht ein Auftragsverarbeiter einen weiteren Auftragsverarbeiter hinzu, so hat er diesem dieselben Verpflichtungen aus seinem Vertrag mit der Justizvollzugsanstalt nach Absatz 6 aufzuerlegen, die auch für ihn gelten, soweit diese Pflichten für den weiteren Auftragsverarbeiter nicht schon aufgrund anderer Vorschriften verbindlich sind. [2]Erfüllt ein weiterer Auftragsverarbeiter diese Verpflichtungen nicht, so haftet der ihn beauftragende Auftragsverarbeiter gegenüber der Justizvollzugsanstalt für die Einhaltung der Pflichten des weiteren Auftragsverarbeiters.

(6) [1]Die Verarbeitung durch einen Auftragsverarbeiter hat auf der Grundlage eines Vertrags oder eines anderen Rechtsinstruments zu erfolgen, der oder das den Auftragsverarbeiter an die Justizvollzugsanstalt bindet und der oder das den Gegenstand, die Dauer, die Art und den Zweck der Verarbeitung, die Art der personenbezogenen Daten, die Kategorien betroffener Personen und die Rechte und Pflichten der Justizvollzugsanstalt festlegt. [2]Der Vertrag oder das andere Rechtsinstrument haben insbesondere vorzusehen, dass der Auftragsverarbeiter

1. nur auf dokumentierte Weisung der Justizvollzugsanstalt handelt; ist der Auftragsverarbeiter der Auffassung, dass eine Weisung rechtswidrig ist, hat er die Justizvollzugsanstalt unverzüglich zu informieren,

2. gewährleistet, dass die zur Verarbeitung der personenbezogenen Daten befugten Personen zur Vertraulichkeit verpflichtet werden, soweit sie keiner angemessenen gesetzlichen Verschwiegenheitspflicht unterliegen,
3. die Justizvollzugsanstalt mit geeigneten Mitteln dabei unterstützt, die Einhaltung der Bestimmungen über die Rechte der betroffenen Person zu gewährleisten,
4. alle personenbezogenen Daten nach Abschluss der Erbringung der Verarbeitungsleistungen nach Wahl der Justizvollzugsanstalt zurückgibt oder löscht und bestehende Kopien vernichtet, wenn nicht nach einer Rechtsvorschrift eine Verpflichtung zur Speicherung der Daten besteht,
5. der Justizvollzugsanstalt alle erforderlichen Informationen, insbesondere die gemäß § 82 erstellten Protokolle, zum Nachweis der Einhaltung seiner Pflichten zur Verfügung stellt,
6. Überprüfungen, die von der Justizvollzugsanstalt oder einem von dieser beauftragten Prüfer durchgeführt werden, ermöglicht und dazu beiträgt,
7. die in Absatz 4 und 5 aufgeführten Bedingungen für die Inanspruchnahme der Dienste eines weiteren Auftragsverarbeiters einhält,
8. alle gemäß § 74 erforderlichen Maßnahmen ergreift und
9. unter Berücksichtigung der Art der Verarbeitung und der ihm zur Verfügung stehenden Informationen die Justizvollzugsanstalt bei der Einhaltung der in den §§ 74 bis 77 und 84 genannten Pflichten unterstützt.

(7) Der Vertrag im Sinne des Absatzes 6 ist in schriftlicher oder elektronischer Form abzufassen.

(8) Ein Auftragsverarbeiter, der die Zwecke und Mittel der Verarbeitung unter Verstoß gegen diese Vorschrift bestimmt, gilt in Bezug auf diese Verarbeitung als Verantwortlicher anstelle der Justizvollzugsanstalt.

§ 72 Gemeinsam Verantwortliche. [1]Legen zwei oder mehr Verantwortliche gemeinsam die Zwecke und die Mittel der Verarbeitung fest, gelten sie als gemeinsam Verantwortliche. [2]Gemeinsam Verantwortliche haben ihre jeweiligen Aufgaben und datenschutzrechtlichen Verantwortlichkeiten in transparenter Form in einer Vereinbarung festzulegen, soweit diese nicht bereits in Rechtsvorschriften festgelegt sind. [3]Aus der Vereinbarung muss insbesondere hervorgehen, wer welchen Informationspflichten nachzukommen hat und wie und gegenüber wem betroffene Personen ihre Rechte wahrnehmen können. [4]Fehlt eine Regelung nach Satz 3, kann die betroffene Person ihre Rechte gegenüber jedem der gemeinsam Verantwortlichen geltend machen.

§ 73 Datengeheimnis. (1) [1]Den bei Justizvollzugsanstalten beschäftigten Personen ist es untersagt, personenbezogene Daten unbefugt zu verarbeiten oder sonst zu verwenden (Datengeheimnis). [2]Personen, die keine Amtsträger sind, sind bei der Aufnahme ihrer Tätigkeit nach dem Verpflichtungsgesetz vom 2. März 1974 (BGBl. I S. 469, 547), das durch § 1 Nummer 4 des Gesetzes vom 15. August 1974 (BGBl. I S. 1942) geändert worden ist, in der jeweils geltenden Fassung auf das Datengeheimnis zu verpflichten. [3]Das Datengeheimnis besteht auch nach Beendigung der Tätigkeit fort.

(2) [1]Alle im Justizvollzug Tätigen dürfen sich von personenbezogenen Daten Kenntnis verschaffen, soweit dies zur Erfüllung der ihnen obliegenden Aufgaben oder für die zur gemeinsamen Aufgabenerfüllung gebotene Zusammen-

arbeit aller Vollzugsbediensteten erforderlich ist. [2] Von personenbezogenen Daten besonderer Kategorien dürfen sie sich nur Kenntnis verschaffen, soweit dies zur Erfüllung der in Satz 1 genannten Zwecke unbedingt erforderlich ist.

§ 74 Anforderungen an die Sicherheit der Datenverarbeitung.

(1) § 64 BDSG gilt entsprechend.

(2) Das Justizministerium wird ermächtigt, die erforderlichen technischen und organisatorischen Maßnahmen durch Rechtsverordnung näher zu bestimmen.

§ 75 Meldung von Verletzungen. (1) [1] Im Falle einer Verletzung des Schutzes personenbezogener Daten hat die Justizvollzugsanstalt unverzüglich und möglichst innerhalb von 72 Stunden nach Bekanntwerden der Verletzung diese der oder dem Landesbeauftragten für den Datenschutz zu melden. [2] Erfolgt die Meldung nicht innerhalb von 72 Stunden, ist der späteren Meldung eine Begründung für die Verzögerung beizufügen.

(2) Die Meldung nach Absatz 1 kann unterbleiben, wenn die Verletzung des Schutzes personenbezogener Daten voraussichtlich nicht zu einem Risiko für die Rechte und Freiheiten natürlicher Personen führt.

(3) [1] Die Meldung nach Absatz 1 muss zumindest folgende Informationen enthalten:

1. eine Beschreibung der Art der Verletzung des Schutzes personenbezogener Daten, soweit möglich mit Angabe der Kategorien und der ungefähren Zahl der betroffenen Personen, der betroffenen Kategorien personenbezogener Daten und der ungefähren Zahl der betroffenen personenbezogenen Datensätze,
2. Name und Kontaktdaten der oder des Datenschutzbeauftragten oder einer sonstigen Anlaufstelle für weitere Informationen,
3. eine Beschreibung der wahrscheinlichen Folgen der Verletzung des Schutzes personenbezogener Daten und
4. eine Beschreibung der von der Justizvollzugsanstalt ergriffenen oder vorgeschlagenen Maßnahmen zur Behandlung der Verletzung des Schutzes personenbezogener Daten und gegebenenfalls der Maßnahmen zur Abmilderung ihrer möglichen nachteiligen Auswirkungen.

[2] Können zum Zeitpunkt der Meldung nach Absatz 1 nicht alle Informationen nach Absatz 3 bereitgestellt werden, kann die Justizvollzugsanstalt diese Informationen ohne unangemessene weitere Verzögerung schrittweise zur Verfügung stellen.

(4) Ein Auftragsverarbeiter hat eine Verletzung des Schutzes personenbezogener Daten nach Bekanntwerden unverzüglich der Justizvollzugsanstalt zu melden.

(5) Die Justizvollzugsanstalt dokumentiert Verletzungen des Schutzes personenbezogener Daten nach Absatz 1 einschließlich aller im Zusammenhang mit der Verletzung des Schutzes personenbezogener Daten stehenden Umstände, deren Auswirkungen und die ergriffenen Abhilfemaßnahmen in einer Weise, die es der oder dem Landesbeauftragten für den Datenschutz ermöglicht, die Einhaltung der Voraussetzungen nach dieser Vorschrift zu überprüfen.

(6) Soweit von einer Verletzung des Schutzes personenbezogener Daten personenbezogene Daten betroffen sind, die von einem oder an einen Verantwortlichen in einem anderen Mitgliedstaat der Europäischen Union übermittelt wurden, sind die in Absatz 3 genannten Informationen dem dortigen Verantwortlichen unverzüglich zu übermitteln.

(7) Die Justizvollzugsanstalt hat es zu ermöglichen, dass ihr vertrauliche Meldungen über in ihrem Verantwortungsbereich erfolgende Verstöße gegen Datenschutzvorschriften zugeleitet werden können.

(8) Weitere Pflichten der Justizvollzugsanstalt zu Benachrichtigungen über Verletzungen des Schutzes personenbezogener Daten bleiben unberührt.

§ 76 Benachrichtigung betroffener Personen. (1) [1] Geht mit der Verletzung des Schutzes personenbezogener Daten nach § 75 Absatz 1 voraussichtlich ein hohes Risiko für die Rechte und Freiheiten natürlicher Personen einher, benachrichtigt die Justizvollzugsanstalt die betroffenen Personen unverzüglich. [2] Die Benachrichtigung beschreibt in klarer und einfacher Sprache die Art der Verletzung und enthält zumindest die Angaben nach § 75 Absatz 3 Satz 1 Nummer 2 bis 4.

(2) [1] Von einer Benachrichtigung nach Absatz 1 kann abgesehen werden, wenn

1. die Justizvollzugsanstalt geeignete Vorkehrungen nach § 74 getroffen hat und diese Vorkehrungen auf die von der Verletzung des Schutzes personenbezogener Daten betroffenen Daten angewandt wurden, insbesondere solche, durch die die personenbezogenen Daten für alle Personen, die keine Zugangsbefugnis zu den personenbezogenen Daten besitzen, unzugänglich gemacht wurden, beispielsweise durch Verschlüsselung,
2. die Justizvollzugsanstalt nach Eintritt der Verletzung durch geeignete Maßnahmen sichergestellt hat, dass das hohe Risiko für die Rechte und Freiheiten der betroffenen Personen gemäß Absatz 1 aller Wahrscheinlichkeit nach nicht mehr besteht oder
3. die Benachrichtigung mit einem unverhältnismäßigen Aufwand verbunden wäre.

[2] In den Fällen des Satzes 1 Nummer 3 hat anstelle der persönlichen Benachrichtigung eine öffentliche Bekanntmachung oder eine ähnliche Maßnahme zu erfolgen, durch die die betroffenen Personen in vergleichbar wirksamer Weise informiert werden.

(3) [1] Unterlässt die Justizvollzugsanstalt die Benachrichtigung nach Absatz 1, kann die oder der Landesbeauftragte für den Datenschutz das Vorliegen der Voraussetzungen nach Absatz 2 prüfen und dies feststellen. [2] Ergibt die Prüfung nach Satz 1, dass die Voraussetzungen nach Absatz 2 nicht vorlagen, kann die oder der Landesbeauftragte für den Datenschutz unter Berücksichtigung der Wahrscheinlichkeit, mit der die Verletzung des Schutzes personenbezogener Daten zu einem hohen Risiko führt, von der Justizvollzugsanstalt die Nachholung der Benachrichtigung verlangen.

(4) Die Benachrichtigung der betroffenen Personen nach Absatz 1 kann unter den in § 65 Absatz 3 genannten Voraussetzungen aufgeschoben, eingeschränkt oder ganz unterlassen werden.

§ 77 Datenschutz-Folgenabschätzung. (1) Hat eine Form der Verarbeitung, insbesondere bei Verwendung neuer Technologien, aufgrund der Art, des Umfangs, der Umstände und der Zwecke der Verarbeitung voraussichtlich ein hohes Risiko für die Rechte und Freiheiten natürlicher Personen zur Folge, führt die Justizvollzugsanstalt vorab eine Abschätzung der Folgen der vorgesehenen Verarbeitungsvorgänge für den Schutz personenbezogener Daten durch.

(2) Für die Untersuchung mehrerer ähnlicher Verarbeitungsvorgänge mit ähnlich hohem Gefahrenpotential kann eine gemeinsame Datenschutz-Folgenabschätzung vorgenommen werden.

(3) Der Verantwortliche hat die Datenschutzbeauftragte oder den Datenschutzbeauftragten an der Durchführung der Folgenabschätzung zu beteiligen.

(4) Die Folgenabschätzung gemäß Absatz 1 hat den Rechten der von der Verarbeitung betroffenen Personen und sonstiger Betroffener Rechnung zu tragen und zumindest Folgendes zu enthalten:
1. eine allgemeine Beschreibung der geplanten Verarbeitungsvorgänge und der Zwecke der Verarbeitung,
2. eine Bewertung der Notwendigkeit und Verhältnismäßigkeit der Verarbeitungsvorgänge in Bezug auf deren Zweck,
3. eine Bewertung in Bezug auf die Rechte und Freiheiten der betroffenen Personen bestehenden Risiken und
4. die geplanten Maßnahmen, mit denen bestehenden Risiken abgeholfen werden soll, einschließlich der Garantien, der Sicherheitsvorkehrungen und der Verfahren, durch die der Schutz personenbezogener Daten sichergestellt und die Einhaltung der gesetzlichen Vorgaben nachgewiesen werden sollen.

(5) Soweit erforderlich, hat der Verantwortliche eine Überprüfung durchzuführen, ob die Verarbeitung den Maßgaben folgt, die sich aus der Folgenabschätzung ergeben haben.

§ 78 Verzeichnis von Verarbeitungstätigkeiten. (1) [1]Die Justizvollzugsanstalt hat ein Verzeichnis aller Kategorien von Verarbeitungstätigkeiten zu führen, die in ihre Zuständigkeit fallen. [2]Dieses Verzeichnis hat die folgenden Angaben zu enthalten:
1. den Namen und die Kontaktdaten der Justizvollzugsanstalt und gegebenenfalls des oder der gemeinsam mit ihr Verantwortlichen sowie den Namen und die Kontaktdaten der oder des behördlichen Datenschutzbeauftragten,
2. die Zwecke der Verarbeitung personenbezogener Daten,
3. die Kategorien von Empfängern, gegenüber denen die personenbezogenen Daten offengelegt worden sind oder noch offengelegt werden, einschließlich der in Drittländern oder internationalen Organisationen,
4. eine Beschreibung der Kategorien betroffener Personen und der Kategorien personenbezogener Daten,
5. gegebenenfalls die Verwendung von Profiling,
6. gegebenenfalls die Kategorien von Übermittlungen personenbezogener Daten an Stellen in einem Drittstaat oder an eine internationale Organisation,
7. Angaben über die Rechtsgrundlage der Verarbeitung, einschließlich der Übermittlung, für die die personenbezogenen Daten bestimmt sind,
8. die vorgesehenen Fristen für die Löschung der verschiedenen Kategorien personenbezogener Daten und

9. eine allgemeine Beschreibung der technischen und organisatorischen Maßnahmen gemäß § 74.

(2) Jeder Auftragsverarbeiter führt ein Verzeichnis zu allen Kategorien von Verarbeitungen, die er im Auftrag einer Justizvollzugsanstalt durchführt, das Folgendes enthält:

1. den Namen und die Kontaktdaten des Auftragsverarbeiters, der Justizvollzugsanstalt und gegebenenfalls jedes weiteren Verantwortlichen, in dessen Auftrag der Auftragsverarbeiter tätig ist, sowie einer oder eines etwaigen Datenschutzbeauftragten,
2. die Kategorien von Verarbeitungen, die im Auftrag jedes Verantwortlichen durchgeführt werden,
3. gegebenenfalls Übermittlungen von personenbezogenen Daten an ein Drittland oder an eine internationale Organisation, wenn vom Verantwortlichen entsprechend angewiesen, einschließlich der Identifizierung des Drittlandes oder der internationalen Organisation und
4. eine allgemeine Beschreibung der technischen und organisatorischen Maßnahmen gemäß § 74.

(3) Die in Absatz 1 und 2 genannten Verzeichnisse sind in schriftlicher oder in elektronischer Form zu führen.

(4) Justizvollzugsanstalt und Auftragsverarbeiter stellen auf Anforderung ihre Verzeichnisse der oder dem Landesbeauftragten für den Datenschutz zur Verfügung.

§ 79 Datenschutz durch Technikgestaltung und datenschutzfreundliche Voreinstellung. (1) [1] Die Justizvollzugsanstalt trifft sowohl zum Zeitpunkt der Festlegung der Mittel für die Verarbeitung als auch zum Zeitpunkt der Verarbeitung selbst angemessene Vorkehrungen, die geeignet sind, die Datenschutzgrundsätze wie etwa die Datensparsamkeit wirksam umzusetzen und die sicherstellen, dass die gesetzlichen Anforderungen eingehalten und die Rechte der betroffenen Personen geschützt werden. [2] Sie hat hierbei den Stand der Technik, die Implementierungskosten und die Art, den Umfang, die Umstände und die Zwecke der Verarbeitung sowie die unterschiedliche Eintrittswahrscheinlichkeit und Schwere der mit der Verarbeitung verbundenen Gefahren für die Rechtsgüter der betroffenen Personen zu berücksichtigen. [3] Insbesondere ist bei der Verarbeitung personenbezogener Daten und der Auswahl und Gestaltung von Datenverarbeitungssystemen § 32 Absatz 2 zu beachten.

(2) [1] Die Justizvollzugsanstalt trifft geeignete technische und organisatorische Maßnahmen, die sicherstellen, dass durch Voreinstellungen grundsätzlich nur solche personenbezogenen Daten verarbeitet werden, deren Verarbeitung für den jeweiligen bestimmten Verarbeitungszweck erforderlich ist. [2] Dies betrifft die Menge der erhobenen Daten, den Umfang ihrer Verarbeitung, ihre Speicherfrist und ihre Zugänglichkeit. [3] Die Maßnahmen müssen insbesondere gewährleisten, dass die Daten durch Voreinstellungen nicht automatisiert einer unbestimmten Anzahl von Personen zugänglich gemacht werden können.

§ 80 Verfahren bei Übermittlungen. (1) [1] Die Justizvollzugsanstalt ergreift angemessene Maßnahmen, um zu gewährleisten, dass personenbezogene Daten, die unrichtig, unvollständig oder nicht mehr aktuell sind, nicht übermittelt oder sonst zur Verfügung gestellt werden. [2] Zu diesem Zweck überprüft sie, soweit dies mit angemessenem Aufwand möglich ist, die Qualität der Daten vor ihrer Übermittlung oder Bereitstellung. [3]Bei jeder Übermittlung personenbezogener Daten fügt sie zudem, soweit dies möglich und angemessen ist, Informationen bei, die es dem Empfänger gestatten, die Richtigkeit, die Vollständigkeit und die Zuverlässigkeit der Daten sowie deren Aktualität zu beurteilen.

(2) [1]Gelten für die Verarbeitung von personenbezogenen Daten besondere Bedingungen, weist bei Datenübermittlungen die übermittelnde Stelle den Empfänger auf diese Bedingungen und die Pflicht zu ihrer Beachtung hin. [2]Die Hinweispflicht kann dadurch erfüllt werden, dass die Daten entsprechend markiert werden.

(3) Die übermittelnde Stelle darf auf Empfänger in anderen Mitgliedstaaten der Europäischen Union und auf Einrichtungen und sonstige Stellen, die nach Kapitel 4 und 5 des Titels V des Dritten Teils des Vertrags über die Arbeitsweise der Europäischen Union errichtet wurden, keine Bedingungen nach Absatz 2 anwenden, die nicht auch für entsprechende innerstaatliche Datenübermittlungen gelten.

§ 81 Berichtigung, Löschung und Einschränkung der Verarbeitung.

(1) [1]Die Justizvollzugsanstalt berichtigt personenbezogene Daten, wenn sie unrichtig sind. [2]Eine Berichtigung teilt sie einer Stelle, die die Daten zuvor an sie übermittelt hat, mit.

(2) Die Justizvollzugsanstalt löscht personenbezogene Daten unverzüglich, wenn ihre Verarbeitung unzulässig ist, sie zur Erfüllung einer rechtlichen Verpflichtung gelöscht werden müssen oder ihre Kenntnis für ihre Aufgabenerfüllung nicht mehr erforderlich ist.

(3) [1]§ 67 Absatz 3 bis 5 ist entsprechend anzuwenden. [2]Sind unrichtige personenbezogene Daten oder personenbezogene Daten unrechtmäßig übermittelt worden, ist dies dem Empfänger mitzuteilen.

(4) [1]Die in Dateien gespeicherten personenbezogenen Daten von Gefangenen und ihnen zuordenbaren Dritten sind fünf Jahre nach der Entlassung oder Verlegung der Gefangenen in eine andere Justizvollzugsanstalt zu löschen oder so zu anonymisieren, dass die Daten nicht mehr einer bestimmten oder bestimmbaren Person zugeordnet werden können. [2]Hiervon ausgenommen sind in Dateien gespeicherte personenbezogene Gesundheitsdaten; für sie gilt die Aufbewahrungsfrist für Gesundheitsakten und Krankenblätter. [3]Auch können bis zum Ablauf der Aufbewahrungsfrist für die Gefangenenpersonalakte Angaben über Familienname, Vorname, Geburtsname, Geburtstag, Geburtsort, Eintritts- und Austrittsdatum, die nach Verlegung zuständige Justizvollzugsanstalt sowie aktenbezogene Vermerke ausgenommen werden, die für das Auffinden und die weitere Verwendung der Gefangenenpersonalakte erforderlich sind. [4]In Dateien gespeicherte personenbezogene Daten von Dritten ohne Bezug zu Gefangenen sind drei Jahre nach ihrer Erhebung zu löschen oder nach Satz 1 zu anonymisieren.

(5) [1]Video-Aufzeichnungen und mittels RFID-Technik erhobene personenbezogene Daten sind vier Wochen nach ihrer Erhebung zu löschen, sofern und solange nicht ihre fortdauernde Speicherung oder Aufbewahrung im Einzelfall zur Aufklärung oder Verfolgung der dokumentierten Vorkommnisse erforderlich ist. [2]Video-Aufzeichnungen und mittels RFID-Technik erhobene personenbezogene Daten sind vier Wochen nach ihrer Erhebung zu löschen,

sofern und solange nicht ihre fortdauernde Speicherung oder Aufbewahrung im Einzelfall zur Aufklärung oder Verfolgung der dokumentierten Vorkommnisse erforderlich ist. Sie sind unverzüglich zu löschen, wenn überwiegende schutzwürdige Interessen der betroffenen Person einer weiteren Speicherung entgegenstehen.

(6) [1] Personenbezogene Daten in Akten dürfen nach Ablauf von fünf Jahren seit der Entlassung der Gefangenen nur übermittelt oder genutzt werden, soweit dies

1. zur Verfolgung von Straftaten,
2. für die Durchführung von Evaluations- oder Forschungsvorhaben,
3. zur Behebung einer bestehenden Beweisnot,
4. zur Feststellung, Durchsetzung oder Abwehr von Rechtsansprüchen im Zusammenhang mit dem Vollzug einer Freiheitsentziehung oder
5. zur Abwehr einer Gefahr für die Sicherheit einer Justizvollzugsanstalt

erforderlich ist. [2] Diese Verwendungsbeschränkungen enden, wenn die oder der Gefangene erneut in den Vollzug aufgenommen wird oder die betroffene Person eingewilligt hat.

(7) [1] Bei der Aufbewahrung von Akten mit nach Absatz 6 in der Verarbeitung eingeschränkten Daten dürfen folgende Fristen nicht überschritten werden:

1. bei Gefangenenpersonalakten, Gesundheitsakten und Krankenblättern 20 Jahre,
2. bei Gefangenenbüchern 30 Jahre.

[2] Dies gilt nicht, wenn auf Grund bestimmter Tatsachen anzunehmen ist, dass die Aufbewahrung für die in Absatz 6 Satz 1 genannten Zwecke weiterhin erforderlich ist. [3] Die Aufbewahrungsfrist beginnt mit dem auf das Jahr der aktenmäßigen Weglegung folgenden Kalenderjahr.

(8) Vor einer Löschung von Daten oder einer Vernichtung von Akten sind diese nach § 3 des Landesarchivgesetzes dem Landesarchiv zur Übernahme anzubieten.

(9) Die Einhaltung der vorgenannten Maßnahmen ist durch geeignete verfahrensrechtliche Vorkehrungen sicherzustellen.

§ 82 Protokollierung. (1) [1] Werden automatisierte Verarbeitungssysteme verwendet, haben Justizvollzugsanstalt und Auftragsverarbeiter zumindest die folgenden Vorgänge zu protokollieren:

1. Erhebung,
2. Veränderung,
3. Abfrage,
4. Offenlegung einschließlich Übermittlung,
5. Kombination und
6. Löschung

von personenbezogenen Daten. [2] Die Protokolle über Abfragen und Offenlegungen müssen es ermöglichen, die Begründung, das Datum und die Uhrzeit dieser Vorgänge und so weit wie möglich die Identität der Person, die die personenbezogenen Daten abgefragt oder offengelegt hat, und die Identität des Empfängers der Daten festzustellen. [3] Es genügt dabei, wenn sich die Begründung aus der Identifizierung der abfragenden oder offenlegenden Person ableiten lässt.

(2) [1]Die Protokolle werden ausschließlich zur Überprüfung der Rechtmäßigkeit der Datenverarbeitung, der Eigenüberwachung, der Sicherstellung der Integrität und Sicherheit der personenbezogenen Daten sowie für Straf- und Disziplinarverfahren verwendet. [2]Sie sind am Ende des zweiten auf deren Generierung folgenden Jahres zu löschen.

(3) Die Protokolle sind auf Verlangen der oder dem Landesbeauftragten für den Datenschutz zur Verfügung zu stellen.

Unterabschnitt 6. Datenverarbeitung zu Zwecken der Richtlinie (EU) 2016/680 Datenschutzaufsicht, Haftung und Sanktion

§ 83 Aufsicht der oder des Landesbeauftragten für den Datenschutz. Die Vorschriften der §§ 8 und 9 Absatz 1 bis 3 und 5 des Landesdatenschutzgesetzes für Justiz- und Bußgeldbehörden in der jeweils geltenden Fassung gelten entsprechend für die datenschutzrechtliche Aufsicht über die Justizvollzugsanstalten durch die Landesbeauftragte oder den Landesbeauftragten für den Datenschutz.

§ 84 Zusammenarbeit mit der oder dem Landesbeauftragten für den Datenschutz. (1) Die verantwortlichen Stellen sind verpflichtet, die Landesbeauftragte oder den Landesbeauftragten für den Datenschutz sowie ihre oder seine Beauftragten bei der Erfüllung ihrer oder seiner Aufgaben zu unterstützen.

(2) Das Justizministerium beteiligt die Landesbeauftragte oder den Landesbeauftragten für den Datenschutz rechtzeitig bei der Ausarbeitung von Rechts- und Verwaltungsvorschriften, welche die Verarbeitung personenbezogener Daten betreffen.

(3) [1]Die verantwortliche Stelle hat vor der Inbetriebnahme von neu anzulegenden Dateisystemen die Landesbeauftragte oder den Landesbeauftragten für den Datenschutz anzuhören, wenn

1. aus einer Datenschutz-Folgenabschätzung nach § 77 hervorgeht, dass die Verarbeitung ein hohes Risiko für die Rechtsgüter der betroffenen Personen zur Folge hätte, wenn der Verantwortliche keine Abhilfemaßnahmen treffen würde, oder
2. die Form der Verarbeitung, insbesondere bei der Verwendung neuer Technologien, Mechanismen oder Verfahren, eine erhebliche Gefahr für die Rechtsgüter der betroffenen Personen zur Folge hat.

[2]Die oder der Landesbeauftragte kann eine Liste der Verarbeitungsvorgänge erstellen, die der Pflicht zur Anhörung nach Satz 1 unterliegen.

(4) [1]Der oder dem Landesbeauftragten sind im Fall des Absatzes 3 vorzulegen:

1. die nach § 77 durchgeführte Datenschutz-Folgenabschätzung;
2. gegebenenfalls Angaben zu den jeweiligen Zuständigkeiten der verantwortlichen Stelle, der gemeinsam Verantwortlichen und der an der Verarbeitung beteiligten Auftragsverarbeiter;
3. Angaben zu den Zwecken und Mitteln der beabsichtigten Verarbeitung;

4. Angaben zu den zum Schutz der Rechtsgüter der betroffenen Personen vorgesehenen Maßnahmen und Garantien und
5. Name und Kontaktdaten der oder des Datenschutzbeauftragten.

[2] Auf Anforderung sind ihr oder ihm zudem alle sonstigen Informationen zu übermitteln, die sie oder er benötigt, um die Rechtmäßigkeit der Verarbeitung sowie insbesondere die in Bezug auf den Schutz der personenbezogenen Daten der betroffenen Personen bestehenden Gefahren und die diesbezüglichen Garantien bewerten zu können.

(5) [1] Falls die oder der Landesbeauftragte für den Datenschutz der Auffassung ist, dass die geplante Verarbeitung gegen datenschutzrechtliche Vorgaben verstoßen würde, insbesondere, weil die verantwortliche Stelle das Risiko nicht ausreichend ermittelt oder keine ausreichenden Abhilfemaßnahmen getroffen hat, kann sie oder er der verantwortlichen Stelle und gegebenenfalls dem Auftragsverarbeiter innerhalb eines Zeitraums von sechs Wochen nach Einleitung der Anhörung schriftliche Empfehlungen unterbreiten, welche Maßnahmen noch ergriffen werden sollten. [2] Die oder der Landesbeauftragte für den Datenschutz kann diese Frist um einen Monat verlängern, wenn die geplante Verarbeitung besonders komplex ist. [3] Sie oder er hat in diesem Fall innerhalb eines Monats nach Einleitung der Anhörung der verantwortlichen Stelle und gegebenenfalls den Auftragsverarbeiter über die Fristverlängerung zu informieren.

(6) [1] Hat die beabsichtigte Verarbeitung erhebliche Bedeutung für die Aufgabenerfüllung der verantwortlichen Stelle und ist sie daher besonders dringlich, kann sie mit der Verarbeitung nach Beginn der Anhörung, aber vor Ablauf der in Absatz 5 Satz 1 genannten Frist beginnen. [2] In diesem Fall sind die Empfehlungen der oder des Landesbeauftragten für den Datenschutz im Nachhinein zu berücksichtigen und sind die Art und Weise der Verarbeitung daraufhin gegebenenfalls anzupassen.

§ 85 Schadensersatz und Entschädigung. Für den Anspruch auf Schadensersatz und Entschädigung gilt § 83 des Bundesdatenschutzgesetzes entsprechend.

§ 86 Strafvorschrift. (1) Mit Freiheitsstrafe bis zu zwei Jahren oder mit Geldstrafe wird bestraft, wer

1. unbefugt von Vorschriften der Justizvollzugsgesetzbücher geschützte personenbezogene Daten, die nicht allgemein zugänglich sind,
   a) speichert, nutzt, verändert, übermittelt oder löscht,
   b) zum Abruf mittels automatisierten Verfahrens bereithält oder
   c) abruft oder sich oder einem anderen aus Dateien verschafft oder
2. die Übermittlung von personenbezogenen Daten, die durch die Vorschriften der Justizvollzugsgesetzbücher geschützt werden und nicht offenkundig sind, durch unrichtige Angaben erschleicht

und hierbei gegen Entgelt oder in der Absicht handelt, sich oder einen anderen zu bereichern oder einen anderen zu schädigen.

(2) [1] Die Tat wird nur auf Antrag verfolgt. [2] Antragsberechtigt sind die betroffene Person, die verantwortliche Stelle, der Auftragsverarbeiter, die oder der Landesbeauftragte für den Datenschutz und das Justizministerium.

Unterabschnitt 7. Datenverarbeitung zu anderen Zwecken

§ 87 Anwendungsbereich. Die Vorschriften dieses Unterabschnitts regeln die Datenverarbeitung der Justizvollzugsanstalten zu anderen Zwecken als denen nach Artikel 1 Absatz 1 der Richtlinie (EU) 680/2016.

§ 88 Anwendbare Vorschriften. Für Datenverarbeitungen der Justizvollzugsanstalten zu anderen Zwecken als denen nach Artikel 1 Absatz 1 der Richtlinie (EU) 680/2016 gelten die Verordnung (EU) 679/2016 und das Landesdatenschutzgesetz (LDSG), soweit sich aus den Vorschriften dieses Unterabschnitts nichts anderes ergibt.

§ 89 Datenverarbeitung zu vollzugsfremden Zwecken. (1) Die Übermittlung personenbezogener Daten mit Ausnahme der erkennungsdienstlichen Unterlagen durch die Justizvollzugsanstalt an die zuständigen öffentlichen Stellen ist zulässig, soweit dies für

1. gesetzlich angeordnete Statistiken der Rechtspflege,
2. sozialrechtliche Maßnahmen,
3. dienstliche Maßnahmen der Bundeswehr im Zusammenhang mit der Aufnahme und Entlassung von Soldaten oder
4. die Durchführung der Besteuerung sowie die Geltendmachung von sonstigen Forderungen von juristischen Personen des öffentlichen Rechts

erforderlich ist.

(2) Die Übermittlung, Nutzung, Veränderung und Speicherung personenbezogener Daten durch die Justizvollzugsanstalt ist auch zulässig, soweit dies für ausländerrechtliche Maßnahmen erforderlich ist.

(3) [1] An die zuständige Meldebehörde darf die Justizvollzugsanstalt die Aufnahme sowie die Entlassung von Gefangenen sowie die zur Aufgabenerfüllung der Meldebehörde erforderlichen Daten mitteilen. [2] Die erforderlichen Personalpapiere dürfen übersandt werden.

(4) [1] Eine Übermittlung zu den in Absatz 1 und 3 genannten Zwecken ist auch zulässig, soweit sie der Sicherung von eigenen Mitteilungs- und Meldepflichten der Gefangenen dient. [2] In diesen Fällen können Gefangene die von Amts wegen erfolgende Datenübermittlung durch den Nachweis abwenden, dass sie ihrer Verpflichtung innerhalb von vier Wochen nach Eintritt des mitteilungs- oder meldepflichtigen Ereignisses nachgekommen sind oder eine Verpflichtung aus anderen Gründen nicht oder nicht mehr besteht. [3] Hierüber sind die Gefangenen bei der Aufnahme in eine Justizvollzugsanstalt zu belehren.

(5) [1] Die nach Absatz 1, 3 und 4 zulässigen Übermittlungen unterbleiben, wenn unter Berücksichtigung der Art der Information und der Rechtsstellung von Untersuchungsgefangenen die Betroffenen ein überwiegendes schutzwürdiges Interesse an dem Ausschluss der Übermittlung haben. [2] Durch die Übermittlung darf nicht der Eindruck entstehen, dass an der oder dem Untersuchungsgefangenen eine Strafe vollzogen wird.

§ 90 Datenverarbeitung zum Zweck des Gläubigerschutzes. (1) [1] Öffentlichen und nichtöffentlichen Stellen darf die Justizvollzugsanstalt auf schriftlichen Antrag mitteilen, ob sich eine Person in Haft befindet sowie ob und wann ihre Entlassung voraussichtlich innerhalb eines Jahres bevorsteht, soweit

1. die Mitteilung zur Erfüllung der in der Zuständigkeit der öffentlichen Stelle liegenden Aufgaben erforderlich ist oder
2. von nichtöffentlichen Stellen ein berechtigtes Interesse an dieser Mitteilung glaubhaft dargelegt wird und die oder der Gefangene kein überwiegendes schutzwürdiges Interesse an dem Ausschluss der Übermittlung hat.

[2] Bei Untersuchungsgefangenen besteht die Mitteilung in der Angabe, ob sich eine Person in der Justizvollzugsanstalt in Untersuchungshaft befindet.

(2) Öffentlichen Stellen können darüber hinaus in der Vergangenheit liegende Inhaftierungen und die Entlassungsadresse von Gefangenen mitgeteilt werden, soweit die Mitteilung zur Erfüllung der in der Zuständigkeit der öffentlichen Stelle liegenden Aufgaben erforderlich ist.

(3) Der oder dem Verletzten sowie sonst aus einer Straftat Anspruchsberechtigten können über Absatz 1 hinaus auf schriftlichen Antrag Auskünfte über die Entlassungsadresse und die Vermögensverhältnisse von rechtskräftig verurteilten Gefangenen erteilt werden, wenn die Erteilung zur Feststellung oder Durchsetzung von Rechtsansprüchen im Zusammenhang mit der Straftat erforderlich ist.

(4) [1] In Haft befindliche Gefangene werden vor der Mitteilung gehört, sofern nicht zu besorgen ist, dass dadurch die Verfolgung des Interesses der Antragstellerin oder des Antragstellers vereitelt oder wesentlich erschwert werden würde, und eine Abwägung ergibt, dass dieses Interesse das Interesse der oder des Gefangenen an einer vorherigen Anhörung überwiegt. [2] Ist eine Anhörung unterblieben, wird die oder der Gefangene über die Mitteilung der Justizvollzugsanstalt nachträglich unterrichtet.

(5) [1] Die nach Absatz 1 bis 3 zulässigen Übermittlungen unterbleiben, wenn unter Berücksichtigung der Art der Information und der Rechtsstellung von Untersuchungsgefangenen die Betroffenen ein überwiegendes schutzwürdiges Interesse an dem Ausschluss der Übermittlung haben. [2] Durch die Übermittlung darf nicht der Eindruck entstehen, dass an der oder dem Untersuchungsgefangenen eine Strafe vollzogen wird.

§ 91 Strafvorschrift und Ordnungswidrigkeiten. (1) Mit Freiheitsstrafe bis zu zwei Jahren oder mit Geldstrafe wird bestraft, wer

1. unbefugt von den Unterabschnitten 1 und 7 dieses 7. Abschnitts oder der Verordnung (EU) 2016/679 geschützte personenbezogene Daten, die nicht allgemein zugänglich sind,
   a) speichert, nutzt, verändert, übermittelt oder löscht,
   b) zum Abruf mittels automatisierten Verfahrens bereithält oder
   c) abruft oder sich oder einem anderen aus Dateien verschafft oder
2. die Übermittlung von personenbezogenen Daten, die durch die Unterabschnitte 1 und 7 dieses 7. Abschnitts oder die Verordnung (EU) 2016/679 geschützt werden und nicht offenkundig sind, durch unrichtige Angaben erschleicht

und hierbei gegen Entgelt oder in der Absicht handelt, sich oder einen anderen zu bereichern oder einen anderen zu schädigen.

(2) [1] Die Tat wird nur auf Antrag verfolgt. [2] Antragsberechtigt sind die betroffene Person, die verantwortliche Stelle, der Auftragsverarbeiter, die oder der Landesbeauftragte für den Datenschutz und die Aufsichtsbehörden.

(3) Die Regelung des § 28 LDSG in seiner jeweils geltenden Fassung gilt für Ordnungswidrigkeiten entsprechend.

Unterabschnitt 8. Übergangsvorschrift

§ 92 Übergangsvorschrift für die Anpassung automatisierter Verarbeitungssysteme. (1) Automatisierte Verarbeitungssysteme, die vor dem 6. Mai 2016 eingerichtet worden sind und deren Anpassung an die Anforderungen dieses Gesetzes mit einem unverhältnismäßigen Aufwand verbunden ist, werden bis zum 6. Mai 2023 mit den Vorgaben dieses Gesetzes in Einklang gebracht.

(2) [1] Die Frist des Absatzes 1 kann bei Eintreten oder Vorliegen außergewöhnlicher Umstände verlängert werden, wenn hierdurch sonst schwerwiegende Schwierigkeiten für den Betrieb dieses automatisierten Verarbeitungssystems entstehen würden. [2] Die verlängerte Frist muss vor dem 6. Mai 2026 enden. [3] Die Verlängerung der Frist nach Satz 2 sowie die Gründe hierfür sind der Europäischen Kommission mitzuteilen.

(3) Bis zu diesem Zeitpunkt gelten § 46 Absatz 3 Satz 4 des Ersten Buchs (5. Juni 2019) in Verbindung mit § 9 Absatz 3 Nummer 7 des Landesdatenschutzgesetzes in der am 20. Juni 2018 geltenden Fassung weiter.

Abschnitt 8. Strafvollzugsbeauftragte

§ 93 Strafvollzugsbeauftragte. (1) Je einem von dem Präsidenten des Landtags von Baden-Württemberg der Aufsichtsbehörde benannten Mitglied der im Landtag vertretenen Fraktionen (Strafvollzugsbeauftragte) ist der Zutritt zu den Justizvollzugsanstalten des Landes ohne Anmeldung gestattet.

(2) [1] Bei ihren Besuchen in den Justizvollzugsanstalten können sich die Strafvollzugsbeauftragten über die Unterbringungs- und sonstigen Lebensverhältnisse der Gefangenen, die Arbeitsbedingungen der Vollzugsbediensteten sowie den baulichen Zustand der Anstalten unterrichten. [2] Gespräche mit Gefangenen werden nicht überwacht. [3] § 119 StPO bleibt unberührt.

Abschnitt 9. Einschränkung von Grundrechten

§ 94 Einschränkung von Grundrechten. Die Grundrechte auf freie Entfaltung der Persönlichkeit (Artikel 2 Abs. 1 des Grundgesetzes), körperliche Unversehrtheit (Artikel 2 Abs. 2 Satz 1 des Grundgesetzes) und der Freiheit der Person (Artikel 2 Abs. 2 Satz 2 und Artikel 104 Abs. 1 Satz 1 des Grundgesetzes) sowie das Brief-, Post- und Fernmeldegeheimnis (Artikel 10 Abs. 1 des Grundgesetzes) werden durch dieses Gesetzbuch eingeschränkt.

Buch 2. Untersuchungshaftvollzug (JVollzGB II)

(vom Abdruck wurde abgesehen)

Buch 3. Strafvollzug (JVollzGB III)

Abschnitt 1. Grundsätze

§ 1 Vollzugsziel. Im Vollzug der Freiheitsstrafe sollen die Gefangenen fähig werden, künftig in sozialer Verantwortung ein Leben ohne Straftaten zu führen.

§ 2 Behandlungsgrundsätze. (1) [1]Die Gefangenen sind unter Achtung ihrer Grund- und Menschenrechte zu behandeln. [2]Niemand darf unmenschlicher oder erniedrigender Behandlung unterworfen werden.

(2) Das Leben im Vollzug soll den allgemeinen Lebensverhältnissen soweit wie möglich angeglichen werden.

(3) [1]Schädlichen Folgen des Freiheitsentzugs ist entgegenzuwirken. [2]Die Gefangenen sind vor Übergriffen zu schützen.

(4) Der Vollzug ist darauf auszurichten, dass er den Gefangenen hilft, sich in das Leben in Freiheit einzugliedern.

(5) Zur Erreichung des Vollzugsziels sollen die Einsicht in die dem Opfer zugefügten Tatfolgen geweckt und geeignete Maßnahmen zum Ausgleich angestrebt werden.

(6) Bei der Gestaltung des Vollzugs und bei allen Einzelmaßnahmen werden die unterschiedlichen Lebenslagen und Bedürfnisse der weiblichen und männlichen Gefangenen berücksichtigt.

§ 3 Stellung der Gefangenen. (1) [1]Die Gefangenen wirken an ihrer Behandlung und an der Erreichung des Vollzugsziels mit. [2]Ihre Bereitschaft hierzu ist zu wecken und zu fördern.

(2) Soweit das Gesetz eine besondere Regelung nicht enthält, dürfen den Gefangenen nur Beschränkungen auferlegt werden, die zur Aufrechterhaltung der Sicherheit oder zur Abwendung einer schwerwiegenden Störung der Ordnung der Justizvollzugsanstalt unerlässlich sind.

Abschnitt 2. Planung, Ablauf und Öffnung des Vollzugs

§ 4 Aufnahme und Behandlungsuntersuchung. (1) [1]Bei der Aufnahme werden die Gefangenen über ihre Rechte und Pflichten in einer für sie verständlichen Form unterrichtet. [2]Nach der Aufnahme werden sie alsbald ärztlich untersucht und der Anstaltsleiterin oder dem Anstaltsleiter oder den von diesen beauftragten Bediensteten vorgestellt. [3]Beim Aufnahmeverfahren und bei der ärztlichen Untersuchung dürfen andere Gefangene nicht zugegen sein; Ausnahmen bedürfen der Zustimmung der oder des Gefangenen.

(2) [1]Nach der Aufnahme werden die Umstände erhoben, deren Kenntnis für eine planvolle Behandlung der Gefangenen im Vollzug und für die Eingliederung nach der Entlassung erforderlich sind. [2]Hiervon kann abgesehen werden, wenn dies mit Rücksicht auf die Vollzugsdauer nicht geboten erscheint. [3]Es ist zu prüfen, ob eine Verlegung in eine sozialtherapeutische Einrichtung oder andere therapeutische Maßnahmen angezeigt sind.

§ 5 Vollzugsplan. (1) Auf Grund der Behandlungsuntersuchung wird ein Vollzugsplan erstellt.

(2) Der Vollzugsplan enthält mindestens Angaben über
1. die Unterbringung im geschlossenen oder offenen Vollzug,
2. die Verlegung in eine sozialtherapeutische Einrichtung,
3. die Zuweisung zu Wohngruppen und Behandlungsgruppen,
4. den Arbeitseinsatz, Maßnahmen der schulischen Bildung und der beruflichen Aus- oder Weiterbildung,
5. die Teilnahme an Veranstaltungen der Weiterbildung,
6. besondere Hilfs- und Behandlungsmaßnahmen,
7. vollzugsöffnende Maßnahmen sowie
8. Entlassungsvorbereitung und Nachsorge.

(3) [1] Die Vollzugsplanung wird mit der oder dem Gefangenen erörtert. [2] Ihnen wird Gelegenheit gegeben, eine Stellungnahme in der Vollzugsplankonferenz abzugeben.

(4) [1] Der Vollzugsplan wird mit der Billigung durch die Anstaltsleiterin oder den Anstaltsleiter wirksam. [2] Die Aufsichtsbehörde kann sich vorbehalten, dass der Vollzugsplan in bestimmten Fällen erst mit ihrer Zustimmung wirksam wird.

(5) [1] Der Vollzugsplan ist in regelmäßigen Abständen auf seine Umsetzung hin zu überprüfen und mit der Entwicklung der oder des Gefangenen sowie weiteren für die Behandlung bedeutsamen Erkenntnissen in Einklang zu halten. [2] Hierfür sind im Vollzugsplan angemessene Fristen vorzusehen. [3] Die Fortschreibung des Vollzugsplans wird mit den Gefangenen erörtert.

§ 6 Verlegung, Überstellung und Ausantwortung. (1) Gefangene können abweichend vom Vollstreckungsplan in eine andere Justizvollzugsanstalt überstellt oder verlegt werden,
1. wenn ihre Behandlung oder Eingliederung nach der Entlassung hierdurch gefördert wird,
2. zur Prüfung ihrer Eignung für die Behandlung in einer sozialtherapeutischen Einrichtung,
3. zur Durchführung einer kriminalprognostischen Begutachtung oder
4. wenn dies aus Gründen der Vollzugsorganisation oder aus sonstigen wichtigen Gründen erforderlich ist.

(2) [1] In begründeten Fällen ist das befristete Überlassen von Gefangenen in den Gewahrsam einer Polizei-, Zoll- oder Finanzbehörde zulässig. [2] Die Justizvollzugsanstalt kann zur Durchführung der Ausantwortung Anordnungen treffen.

§ 7 Offener und geschlossener Vollzug. (1) Gefangene sollen in einer Justizvollzugsanstalt oder Abteilung des offenen Vollzugs untergebracht werden, wenn sie den besonderen Anforderungen des offenen Vollzugs genügen und insbesondere nicht zu befürchten ist, dass sie sich dem Vollzug der Freiheitsstrafe entziehen oder die Möglichkeiten des offenen Vollzugs zu Straftaten missbrauchen werden.

(2) [1] Eignen sich Gefangene nicht für den offenen Vollzug, so werden sie im geschlossenen Vollzug untergebracht. [2] Erweisen sich Gefangene für die Unterbringung im offenen Vollzug während des Aufenthalts dort als nicht geeignet, werden sie in den geschlossenen Vollzug zurückverlegt. [3] Gefangene können

auch dann im geschlossenen Vollzug untergebracht oder dorthin zurückverlegt werden, wenn dies zu ihrer Behandlung notwendig ist.

§ 8 Verlegung in eine sozialtherapeutische Einrichtung. (1) [1] Gefangene sollen in eine sozialtherapeutische Einrichtung verlegt werden, wenn deren besondere therapeutischen Mittel und sozialen Hilfen zu ihrer Resozialisierung angezeigt und erfolgversprechend sind, von ihnen ohne Behandlung erhebliche Straftaten zu erwarten sind und die Anstaltsleiterin oder der Anstaltsleiter der sozialtherapeutischen Einrichtung zustimmt. [2] Ist die Entscheidung über Verlegungen in eine sozialtherapeutische Einrichtung einer zentralen Stelle übertragen, bedarf es der Zustimmung nach Satz 1 nicht.

(2) Vor einer Verlegung ist die Bereitschaft der Gefangenen zur Teilnahme an therapeutischen Maßnahmen zu wecken und zu fördern.

(3) Gefangene sind zurückzuverlegen, wenn der Zweck der Behandlung aus Gründen, die in ihrer Person liegen, nicht erreicht werden kann.

(4) § 6 Abs. 1 und § 65 bleiben unberührt.

§ 9 Vollzugsöffnende Maßnahmen. (1) Gefangenen können mit ihrer Zustimmung vollzugsöffnende Maßnahmen gewährt werden, wenn sie für die jeweilige Maßnahme geeignet sind, insbesondere ihre Persönlichkeit ausreichend gefestigt und nicht zu befürchten ist, dass sie sich dem Vollzug der Freiheitsstrafe entziehen oder die Maßnahme zur Begehung von Straftaten missbrauchen werden.

(2) Als vollzugsöffnende Maßnahme kann insbesondere angeordnet werden, dass Gefangene

1. einer regelmäßigen Beschäftigung außerhalb der Justizvollzugsanstalt unter Aufsicht einer oder eines Vollzugsbediensteten (Außenbeschäftigung) oder ohne Aufsicht (Freigang) nachgehen dürfen,
2. die Justizvollzugsanstalt für eine bestimmte Tageszeit unter Aufsicht einer oder eines Vollzugsbediensteten (Ausführung) oder ohne Aufsicht (Ausgang), gegebenenfalls in Begleitung einer Bezugsperson (Ausgang in Begleitung), verlassen dürfen oder
3. bis zu 21 Kalendertage in einem Vollstreckungsjahr aus der Haft freigestellt werden (Freistellung aus der Haft).

(3) [1] Freistellung aus der Haft soll in der Regel erst gewährt werden, wenn sich Gefangene mindestens sechs Monate im Strafvollzug befunden haben. [2] Zu lebenslanger Freiheitsstrafe verurteilte Gefangene können aus der Haft freigestellt werden, wenn sie sich einschließlich einer vorhergehenden Untersuchungshaft oder einer anderen Freiheitsentziehung zehn Jahre im Vollzug befunden haben oder wenn sie in den offenen Vollzug überwiesen oder hierfür geeignet sind.

(4) Durch vollzugsöffnende Maßnahmen wird die Vollstreckung der Freiheitsstrafe nicht unterbrochen.

§ 10 Verlassen der Justizvollzugsanstalt aus wichtigem Anlass.

(1) [1] Aus wichtigem Anlass kann die Anstaltsleiterin oder der Anstaltsleiter Gefangenen Ausgang gewähren oder sie bis zu sieben Tage von der Haft freistellen; Freistellung aus anderem wichtigen Anlass als wegen einer lebens-

gefährlichen Erkrankung oder wegen des Todes Angehöriger darf sieben Tage im Vollstreckungsjahr nicht übersteigen. [2] § 9 Abs. 1 und 4 gilt entsprechend.

(2) Eine Freistellung aus wichtigem Anlass wird nicht auf die Freistellung aus der Haft angerechnet.

(3) [1] Kann Ausgang oder Freistellung aus den in § 9 Abs. 1 genannten Gründen nicht gewährt werden, kann die Anstaltsleiterin oder der Anstaltsleiter Gefangene ausführen lassen. [2] Die Aufwendungen hierfür haben die oder der Gefangene zu tragen, es sei denn, dies würde die Behandlung oder die Eingliederung behindern.

(4) Gefangene dürfen auch ohne ihre Zustimmung ausgeführt werden, wenn dies aus besonderen Gründen notwendig ist.

(5) [1] Die Absätze 1 bis 4 gelten für die Teilnahme von Gefangenen an gerichtlichen Terminen entsprechend. [2] Auf Ersuchen eines Gerichts lässt die Anstaltsleiterin oder der Anstaltsleiter Gefangene auch ohne deren Zustimmung vorführen, sofern ein Vorführungsbefehl vorliegt. [3] Die Justizvollzugsanstalt unterrichtet das Gericht über das Veranlasste.

§ 11 Weisungen und Aufhebung vollzugsöffnender Maßnahmen.

(1) Die Anstaltsleiterin oder der Anstaltsleiter kann Gefangenen für vollzugsöffnende Maßnahmen, das Verlassen der Justizvollzugsanstalt aus wichtigem Anlass oder zur Teilnahme an gerichtlichen Terminen Weisungen, insbesondere hinsichtlich ihres Aufenthaltsorts sowie der Freistellungsgestaltung, erteilen.

(1a) Bei Ausführungen ohne angeordnete Fesselung kann die Anstaltsleiterin oder der Anstaltsleiter Gefangenen die Weisung erteilen, die für eine elektronische Überwachung des Aufenthaltsorts erforderlichen technischen Mittel ständig in betriebsbereitem Zustand bei sich zu führen und deren Funktionsfähigkeit nicht zu beeinträchtigen, wenn dies erforderlich ist, um die Gefangenen davon abzuhalten, sich dem Vollzug der Freiheitsstrafe zu entziehen.

(2) [1] Die Anstaltsleiterin oder der Anstaltsleiter kann Maßnahmen nach den §§ 9 und 10 widerrufen, wenn

1. sie oder er auf Grund nachträglich eingetretener Umstände berechtigt wäre, die Maßnahme zu versagen,
2. Gefangene Weisungen nicht nachkommen oder
3. Gefangene die Maßnahme missbrauchen; bei schweren Verstößen sind die Maßnahmen zu widerrufen.

[2] Die Anstaltsleiterin oder der Anstaltsleiter kann Maßnahmen nach den §§ 9 und 10 mit Wirkung für die Zukunft zurücknehmen, wenn die Voraussetzungen für ihre Bewilligung nicht vorgelegen haben.

§ 12 Zustimmung der Aufsichtsbehörde. Die Aufsichtsbehörde kann sich vorbehalten, dass in bestimmten Fällen die Entscheidung über die Unterbringung von Gefangenen im offenen Vollzug, die Gewährung vollzugsöffnender Maßnahmen mit Ausnahme der Ausführung sowie die Gewährung von Maßnahmen nach § 10 Abs. 1 dieses Buchs, auch in Verbindung mit Absatz 5 Satz 1, erst mit ihrer Zustimmung wirksam wird.

Abschnitt 3. Grundversorgung

§ 13 Unterbringung. (1) [1]Gefangene sollen während der Ruhezeit allein in ihren Hafträumen untergebracht werden. [2]Mit ihrer Zustimmung können Gefangene auch während der Ruhezeit gemeinsam untergebracht werden, wenn eine schädliche Beeinflussung nicht zu befürchten ist.

(2) Auch ohne ihre Zustimmung ist eine gemeinsame Unterbringung zulässig, wenn Gefangene hilfsbedürftig sind oder eine Gefahr für Leben oder Gesundheit Gefangener besteht.

§ 14 Einschränkung gemeinschaftlicher Unterbringung während der Arbeit und der Freizeit. Die gemeinschaftliche Unterbringung während der Arbeitszeit und Freizeit kann eingeschränkt werden,

1. wenn ein schädlicher Einfluss auf andere Gefangene zu befürchten ist,
2. wenn Gefangene nach § 4 Abs. 2 untersucht werden, aber nicht länger als zwei Monate,
3. wenn es die Sicherheit oder Ordnung der Justizvollzugsanstalt erfordert oder
4. wenn die oder der Gefangene zustimmt.

§ 15 Ausstattung des Haftraums. [1]Gefangene dürfen ihren Haftraum in angemessenem Umfang mit eigenen Gegenständen ausstatten. [2]Hierdurch dürfen die Übersichtlichkeit des Haftraums sowie die Sicherheit und Ordnung der Justizvollzugsanstalt nicht beeinträchtigt werden.

§ 16 Kleidung. (1) [1]Gefangene tragen Anstaltskleidung. [2]Für die Freizeit erhalten sie besondere Oberbekleidung.

(2) [1]Die Anstaltsleiterin oder der Anstaltsleiter gestattet den Gefangenen bei einer Ausführung eigene Kleidung zu tragen, wenn zu erwarten ist, dass sie nicht entweichen werden. [2]Die Anstaltsleiterin oder der Anstaltsleiter kann dies auch sonst gestatten, sofern die Gefangenen für Reinigung, Instandsetzung und regelmäßigen Wechsel auf eigene Kosten sorgen.

§ 17 Verpflegung. (1) Die Verpflegung wird in Übereinstimmung mit den jeweils gültigen Werten für eine ausreichende und ausgewogene Ernährung in Gemeinschaftsverpflegung angeboten.

(2) Den Gefangenen soll ermöglicht werden, religiöse Speisevorschriften zu befolgen.

§ 18 Einkauf. (1) [1]Gefangene können von ihrem Haus- oder Taschengeld aus einem von der Justizvollzugsanstalt vermittelten Angebot Waren kaufen. [2]Das Warenangebot ist auf die Bedürfnisse der Gefangenen abzustimmen. [3]Gegenstände, die die Sicherheit oder Ordnung der Justizvollzugsanstalt gefährden, sind vom Einkauf ausgeschlossen. [4]Der Einkauf kann in Form eines Listeneinkaufs durchgeführt werden.

(2) In begründeten Ausnahmefällen, insbesondere wenn ein zugelassener Artikel sonst nicht beschafft werden kann, kann die Justizvollzugsanstalt einen Einkauf über andere sichere Bezugsquellen gestatten.

(3) Verfügen Gefangene weder über Sondergeld nach § 54 Abs. 1 noch ohne eigenes Verschulden über Haus- oder Taschengeld, wird ihnen gestattet, in angemessenem Umfang vom Eigengeld einzukaufen.

Abschnitt 4. Verkehr mit der Außenwelt

§ 19 Pflege sozialer Beziehungen. (1) [1]Gefangene haben das Recht, mit Personen außerhalb der Justizvollzugsanstalt im Rahmen der Vorschriften dieses Gesetzes zu verkehren. [2]Der Kontakt zu Angehörigen und Personen, von denen ein günstiger Einfluss auf die Gefangenen erwartet werden kann, wird gefördert.

(2) [1]Gefangene dürfen regelmäßig Besuch empfangen. [2]Die Gesamtdauer beträgt mindestens eine Stunde im Monat.

(3) Besuche sollen darüber hinaus zugelassen werden, wenn sie die Behandlung oder Eingliederung der Gefangenen fördern oder persönlichen, rechtlichen oder geschäftlichen Angelegenheiten dienen, die von den Gefangenen weder schriftlich erledigt, noch durch Dritte wahrgenommen oder bis zur Entlassung aufgeschoben werden können.

(4) [1]Aus Gründen der Sicherheit oder Ordnung der Justizvollzugsanstalt kann ein Besuch davon abhängig gemacht werden, dass sich die Besucherin oder der Besucher durchsuchen oder mit technischen Mitteln oder sonstigen Hilfsmitteln auf verbotene Gegenstände absuchen lässt. [2]Aus den gleichen Gründen kann die Anzahl der gleichzeitig zu einem Besuch zugelassenen Personen beschränkt werden.

§ 20 Verbot von Besuchen. Die Anstaltsleiterin oder der Anstaltsleiter kann Besuche untersagen,

1. wenn die Sicherheit oder Ordnung der Justizvollzugsanstalt gefährdet würde,
2. bei Besuchern, die nicht Angehörige der oder des Gefangenen im Sinne des Strafgesetzbuchs sind, wenn zu befürchten ist, dass sie einen schädlichen Einfluss auf die Gefangene oder den Gefangenen haben oder die Eingliederung behindern würden.

§ 21 Überwachung von Besuchen. (1) [1]Besuche dürfen aus Gründen der Behandlung oder der Sicherheit oder Ordnung der Justizvollzugsanstalt überwacht werden, es sei denn, es liegen im Einzelfall Erkenntnisse dafür vor, dass es der Überwachung nicht bedarf. [2]Die Unterhaltung darf überwacht werden, soweit dies im Einzelfall aus diesen Gründen erforderlich ist.

(2) [1]Die optische Überwachung von Besuchen kann durch technische Hilfsmittel erfolgen. [2]Auf eine Überwachung nach Satz 1 sind die Gefangenen und ihre Besucher vorher hinzuweisen. [3]Zur Verhinderung der Übergabe von Gegenständen können besondere Vorkehrungen, insbesondere durch Tischaufsätze oder Trennscheiben, getroffen werden, wenn bei der oder dem Gefangenen verbotene Gegenstände gefunden wurden oder sonst konkrete Anhaltspunkte vorliegen, dass es zu einer verbotenen Übergabe von Gegenständen kommt.

(3) [1]Gegenstände dürfen beim Besuch nur mit Erlaubnis der Justizvollzugsanstalt übergeben werden. [2]Gefangenen dürfen Nahrungs- und Genussmittel in geringer Menge übergeben werden. [3]Die Justizvollzugsanstalt kann anordnen, dass die Nahrungs- und Genussmittel durch ihre Vermittlung beschafft werden.

(4) [1]Ein Besuch darf abgebrochen werden, wenn Gefangene oder ihre Besucherinnen oder Besucher gegen Vorschriften dieses Gesetzes oder auf Grund dieses Gesetzes getroffene Anordnungen trotz Ermahnung verstoßen. [2]Einer

Ermahnung bedarf es nicht, wenn es unerlässlich ist, den Besuch sofort abzubrechen.

§ 22 Besuche bestimmter Personen. (1) [1]Besuche von Verteidigern sowie von Rechtsanwälten und Notaren in einer die Gefangene oder den Gefangenen betreffenden Rechtssache sind zu gestatten. [2]Die Justizvollzugsanstalt kann die Modalitäten der Besuche entsprechend ihren organisatorischen Möglichkeiten regeln. [3]Der Besuch kann davon abhängig gemacht werden, dass sich die Besucher vorher aus Gründen der Sicherheit oder Ordnung der Justizvollzugsanstalt durchsuchen oder mit technischen Mitteln oder sonstigen Hilfsmitteln auf verbotene Gegenstände absuchen lassen. [4]Eine Kenntnisnahme vom gedanklichen Inhalt der von Verteidigern mitgeführten Schriftstücke und sonstigen Unterlagen ist unzulässig.

(2) [1]Besuche von Verteidigern werden nicht überwacht. [2]Zur Übergabe von Schriftstücken und sonstigen Unterlagen bedürfen Verteidiger, Rechtsanwälte und Notare keiner Erlaubnis, sofern diese unmittelbar der Vorbereitung oder Durchführung der Verteidigung oder der Erledigung einer die Gefangene oder den Gefangenen betreffenden Rechtssache dienen. [3]Beim Besuch von Rechtsanwälten und Notaren kann die Übergabe von Schriftstücken oder sonstigen Unterlagen aus Gründen der Sicherheit oder Ordnung der Justizvollzugsanstalt von der Erlaubnis abhängig gemacht werden.

(3) § 24 Abs. 2 Satz 3 und 4 bleibt unberührt.

§ 23 Recht auf Schriftwechsel. (1) Gefangene haben das Recht, unbeschränkt Schreiben abzusenden und zu empfangen.

(2) Die Anstaltsleiterin oder der Anstaltsleiter kann den Schriftwechsel mit bestimmten Personen untersagen,

1. wenn die Sicherheit oder Ordnung der Justizvollzugsanstalt gefährdet würde,
2. bei Personen, die nicht Angehörige der oder des Gefangenen sind, wenn zu befürchten ist, dass der Schriftwechsel einen schädlichen Einfluss auf die Gefangene oder den Gefangenen haben oder ihre oder seine Eingliederung behindern würde.

(3) [1]Die Kosten des Schriftwechsels tragen die Gefangenen. [2]Sind sie dazu nicht in der Lage, kann die Justizvollzugsanstalt die Kosten in begründeten Fällen in angemessenem Umfang übernehmen.

§ 24 Überwachung des Schriftwechsels. (1) Der Schriftwechsel der Gefangenen darf überwacht werden, soweit dies aus Gründen der Behandlung oder aus Gründen der Sicherheit oder Ordnung der Justizvollzugsanstalt erforderlich ist.

(2) [1]Der Schriftwechsel der Gefangenen mit ihren Verteidigern wird nicht überwacht. [2]Die Schreiben dürfen, ohne sie zu öffnen, auf verbotene Gegenstände untersucht werden. [3]Liegt dem Vollzug der Freiheitsstrafe eine Straftat nach § 129a StGB, auch in Verbindung mit § 129b Abs. 1 StGB, zu Grunde, gelten § 148 Abs. 2 und § 148a StPO entsprechend; dies gilt nicht, wenn die Gefangenen sich in einer Einrichtung des offenen Vollzugs befinden, ihnen vollzugsöffnende Maßnahmen oder Freistellung aus der Haft nach § 89 Abs. 3 gewährt worden sind und ein Grund, der die Anstaltsleiterin oder den Anstaltsleiter zum Widerruf oder zur Zurücknahme von vollzugsöffnenden Maßnahmen oder der Freistellung ermächtigt, nicht vorliegt. [4]Satz 3 gilt auch, wenn

gegen Gefangene im Anschluss an die dem Vollzug der Freiheitsstrafe zu Grunde liegende Verurteilung eine Freiheitsstrafe wegen einer Straftat nach § 129a StGB, auch in Verbindung mit § 129b Abs. 1 StGB, zu vollstrecken ist.

(3) [1] Absatz 2 gilt entsprechend für Schreiben von Gefangenen an

1. die Volksvertretungen des Bundes und der Länder sowie an deren Mitglieder,
2. das Europäische Parlament und dessen Mitglieder,
3. den Europäischen Gerichtshof für Menschenrechte,
4. den Europäischen Ausschuss zur Verhütung von Folter und unmenschlicher oder erniedrigender Behandlung oder Strafe,
5. die Datenschutzbeauftragten des Bundes und der Länder sowie die Aufsichtsbehörden nach § 40 Bundesdatenschutzgesetz,
6. den Europäischen Datenschutzbeauftragten,
7. den Bürgerbeauftragten des Landes,
8. den Europäischen Bürgerbeauftragten,
9. den Menschenrechtsausschuss der Vereinten Nationen sowie
10. den Ausschuss der Vereinten Nationen gegen Folter, den zugehörigen Unterausschuss zur Verhütung von Folter und die entsprechenden nationalen Präventionsmechanismen,

wenn die Schreiben an die Anschriften dieser Stellen gerichtet sind und den Absender zutreffend angeben. [2] Schreiben der in Satz 1 genannten Stellen, die an Gefangene gerichtet sind, dürfen nicht überwacht werden, wenn die Identität des Absenders zweifelsfrei feststeht.

§ 25 Weiterleitung und Aufbewahrung von Schreiben. (1) Gefangene haben Absendung und Empfang ihrer Schreiben durch die Justizvollzugsanstalt vermitteln zu lassen, soweit nichts anderes gestattet ist.

(2) Eingehende und ausgehende Schreiben sind unverzüglich weiterzuleiten.

(3) [1] Gefangene haben eingehende Schreiben unverschlossen zu verwahren, sofern nichts anderes gestattet wird. [2] Die Schreiben können auch verschlossen zur Habe gegeben werden.

§ 26 Anhalten von Schreiben. (1) Schreiben können angehalten werden, wenn

1. das Ziel des Vollzugs oder die Sicherheit oder Ordnung einer Justizvollzugsanstalt gefährdet würde,
2. die Weitergabe in Kenntnis ihres Inhalts einen Straf- oder Bußgeldtatbestand verwirklichen würde,
3. sie grob unrichtige oder erheblich entstellende Darstellungen von Anstaltsverhältnissen enthalten,
4. sie grobe Beleidigungen enthalten,
5. sie die Eingliederung anderer Gefangener gefährden können oder
6. sie in Geheimschrift, unlesbar, unverständlich oder ohne zwingenden Grund in einer fremden Sprache abgefasst sind; ein zwingender Grund zur Abfassung eines Schreibens in fremder Sprache liegt in der Regel nicht vor bei einem Schriftwechsel zwischen deutschen Gefangenen und Dritten, die die deutsche Staatsangehörigkeit besitzen oder ihren Lebensmittelpunkt im Geltungsbereich des Grundgesetzes haben.

(2) Ausgehenden Schreiben, die unrichtige Darstellungen enthalten, kann ein Begleitschreiben beigefügt werden, wenn die oder der Gefangene auf der Absendung besteht.

(3) [1] Ist ein Schreiben angehalten worden, wird dies der oder dem Gefangenen mitgeteilt. [2] Hiervon kann vorübergehend abgesehen werden, wenn dies die Sicherheit oder Ordnung der Justizvollzugsanstalt erfordert. [3] Angehaltene Schreiben werden an die Absenderin oder den Absender zurückgegeben oder, sofern dies unmöglich oder aus besonderen Gründen untunlich ist, behördlich verwahrt.

(4) Schreiben, deren Überwachung ausgeschlossen ist, dürfen nicht angehalten werden.

§ 27 Telefongespräche. (1) Gefangenen kann gestattet werden, zu telefonieren.

(2) [1] Im Übrigen gelten für Telefonate die für den Besuch geltenden Vorschriften mit Ausnahme von § 19 Abs. 2 entsprechend. [2] Die Überwachung der Unterhaltung ist den Gesprächspartnern der Gefangenen unmittelbar nach Herstellung der Verbindung von der Justizvollzugsanstalt oder den Gefangenen mitzuteilen. [3] Die Gefangenen sind rechtzeitig vor Beginn des Telefongesprächs über die beabsichtigte Überwachung und die Mitteilungspflicht zu unterrichten.

(3) [1] Die Kosten der Telefongespräche tragen die Gefangenen. [2] Sind sie dazu nicht in der Lage, kann die Justizvollzugsanstalt die Kosten in begründeten Fällen in angemessenem Umfang übernehmen.

§ 28 Pakete. (1) [1] Der Empfang von Paketen bedarf der vorherigen Erlaubnis der Justizvollzugsanstalt. [2] Für den Ausschluss von Gegenständen gilt § 18 Abs. 1 Satz 3 entsprechend. [3] Pakete mit Nahrungs- und Genussmitteln sind ausgeschlossen.

(2) [1] Pakete sind in Gegenwart der oder des Gefangenen zu öffnen. [2] Ausgeschlossene Gegenstände können zur Habe der oder des Gefangenen genommen oder an die Absenderin oder den Absender zurückgesandt werden. [3] Nicht ausgehändigte Gegenstände, durch die bei der Aufbewahrung Personen verletzt oder Sachschäden verursacht werden können oder die verderblich sind, dürfen vernichtet werden. [4] Die hiernach getroffenen Maßnahmen werden der oder dem Gefangenen eröffnet.

(3) [1] Gefangenen kann gestattet werden, Pakete zu versenden. [2] Der Inhalt kann aus Gründen der Sicherheit oder Ordnung der Justizvollzugsanstalt überprüft werden.

(4) [1] Die Kosten des Paketverkehrs tragen die Gefangenen. [2] Sind sie dazu nicht in der Lage, kann die Justizvollzugsanstalt die Kosten in begründeten Fällen in angemessenem Umfang übernehmen.

Abschnitt 5. Religionsausübung

§ 29 Seelsorge. (1) [1] Gefangenen darf religiöse Betreuung durch eine Seelsorgerin oder einen Seelsorger ihrer Religionsgemeinschaft nicht versagt werden. [2] Ihnen ist auf Wunsch zu helfen, mit einer Seelsorgerin oder einem Seelsorger ihrer Religionsgemeinschaft in Verbindung zu treten. [3] Das Beicht- und Seelsorgegeheimnis ist unverletzlich.

(2) [1]Gefangene dürfen grundlegende religiöse Schriften besitzen. [2]Diese dürfen ihnen nur bei grobem Missbrauch entzogen werden.

(3) Gefangenen sind Gegenstände des religiösen Gebrauchs in angemessenem Umfang zu belassen.

§ 30 Religiöse Veranstaltungen. (1) Gefangene haben das Recht, am Gottesdienst und an anderen religiösen Veranstaltungen ihres Bekenntnisses teilzunehmen.

(2) Gefangene werden zu dem Gottesdienst oder zu religiösen Veranstaltungen einer anderen Religionsgemeinschaft zugelassen, wenn deren Seelsorgerin oder Seelsorger zustimmt.

(3) Gefangene können von der Teilnahme am Gottesdienst oder anderen religiösen Veranstaltungen ausgeschlossen werden, wenn dies aus überwiegenden Gründen der Sicherheit oder Ordnung der Justizvollzugsanstalt geboten ist; die Seelsorgerin oder der Seelsorger soll vorher gehört werden.

§ 31 Weltanschauungsgemeinschaften. Für Angehörige weltanschaulicher Bekenntnisse gelten die §§ 29 und 30 entsprechend.

Abschnitt 6. Gesundheitsfürsorge

§ 32 Gesunde Lebensführung und Aufenthalt im Freien. (1) [1]Den Gefangenen ist die Bedeutung einer gesunden Lebensführung in geeigneter Form zu vermitteln. [2]Sie sind insbesondere über die schädlichen Wirkungen des Suchtmittelkonsums aufzuklären.

(2) Die Justizvollzugsanstalt kann Anordnungen zum Gesundheitsschutz und zur Hygiene treffen.

(3) Den Gefangenen wird täglich mindestens eine Stunde Aufenthalt im Freien ermöglicht, wenn die Witterung dem nicht zwingend entgegensteht.

§ 33 Anspruch auf medizinische Leistung. (1) [1]Gefangene haben einen Anspruch auf notwendige, ausreichende und zweckmäßige medizinische Versorgung unter Beachtung des Grundsatzes der Wirtschaftlichkeit. [2]Der Anspruch umfasst Untersuchungen zur Früherkennung von Krankheiten und Vorsorgeleistungen. [3]Die Beurteilung der Notwendigkeit orientiert sich an der Versorgung der gesetzlich Versicherten. [4]Leistungen zur medizinischen Rehabilitation und ergänzende Leistungen werden erbracht, soweit die Belange des Vollzugs dem nicht entgegenstehen.

(2) Der Anspruch nach Absatz 1 umfasst die Versorgung mit Hilfsmitteln nach § 33 des Fünften Buchs Sozialgesetzbuch, wenn dies nicht mit Rücksicht auf die Kürze des Freiheitsentzugs unangemessen ist.

(3) An den Kosten für medizinische Leistungen können die Gefangenen in angemessenem Umfang beteiligt werden, höchstens jedoch bis zum Umfang der Beteiligung gesetzlich Versicherter.

§ 34 Verlegung aus medizinischen Gründen. (1) Kranke, pflegebedürftige oder hilfsbedürftige Gefangene können in eine zur Behandlung ihrer Krankheit oder in eine für ihre Versorgung besser geeignete Justizvollzugsanstalt oder in ein Justizvollzugskrankenhaus überstellt oder verlegt werden.

(2) [1]Erforderlichenfalls können Gefangene für die notwendige Dauer der Behandlung oder Versorgung in ein Krankenhaus außerhalb des Vollzugs gebracht werden. [2]Eine möglichst rasche Rückverlegung in ein Justizvollzugskrankenhaus oder eine Justizvollzugsanstalt ist anzustreben.

§ 35 Anspruch auf Krankenbehandlung in besonderen Fällen.
(1) Während einer Freistellung oder eines Ausgangs haben Gefangene einen Anspruch auf Krankenbehandlung in der für sie zuständigen Justizvollzugsanstalt.

(2) Der Anspruch auf Leistungen nach § 33 ruht, solange Gefangene aufgrund eines freien Beschäftigungsverhältnisses krankenversichert sind.

§ 36 Medizinische Behandlung zur sozialen Eingliederung. [1]Mit Zustimmung der Gefangenen soll die Justizvollzugsanstalt medizinische Behandlungen, insbesondere Operationen oder prothetische Maßnahmen, durchführen lassen, die die soziale Eingliederung der Gefangenen fördern. [2]Die Kosten tragen die Gefangenen. [3]Sind sie dazu nicht in der Lage, kann die Justizvollzugsanstalt die Kosten in begründeten Fällen in angemessenem Umfang übernehmen.

§ 37 Leistungen bei Schwangerschaft und Mutterschaft. (1) [1]Auf den gesundheitlichen Zustand einer schwangeren Gefangenen oder einer Gefangenen, die unlängst entbunden hat, ist Rücksicht zu nehmen. [2]Die Vorschriften des Mutterschutzgesetzes über die Gestaltung des Arbeitsplatzes gelten entsprechend.

(2) [1]Die Gefangene hat während der Schwangerschaft sowie bei und nach der Entbindung Anspruch auf ärztliche Betreuung einschließlich der Untersuchungen zur Feststellung der Schwangerschaft und zur Schwangerenvorsorge sowie auf Hebammenhilfe. [2]Die ärztliche Betreuung umfasst die Beratung der Schwangeren zur Bedeutung der Mundgesundheit für Mutter und Kind einschließlich des Zusammenhangs zwischen Ernährung und Krankheitsrisiko sowie die Einschätzung oder Bestimmung des Übertragungsrisikos von Karies.

(3) Bei Schwangerschaftsbeschwerden und im Zusammenhang mit der Entbindung werden Arznei-, Verbands- und Heilmittel geleistet.

§ 38 Entbindung und Geburtsanzeige. (1) [1]Eine schwangere Gefangene ist zur Entbindung in ein Krankenhaus außerhalb des Vollzugs zu bringen. [2]Ist dies aus besonderen Gründen nicht angezeigt, ist die Entbindung in einer Justizvollzugsanstalt mit Entbindungsabteilung vorzunehmen. [3]Bei der Entbindung wird Hilfe durch eine Hebamme und falls erforderlich durch eine Ärztin oder einen Arzt gewährt.

(2) In der Anzeige der Geburt an das Standesamt dürfen die Justizvollzugsanstalt als Geburtsstätte des Kindes, das Verhältnis der anzeigenden Person zur Justizvollzugsanstalt und die Gefangenschaft der Mutter nicht vermerkt sein.

§ 39 Benachrichtigung bei Erkrankung oder Todesfall. (1) [1]Erkranken Gefangene schwer, ist eine Angehörige oder ein Angehöriger, eine Vertrauensperson oder eine gesetzliche Vertreterin oder ein gesetzlicher Vertreter unverzüglich zu benachrichtigen. [2]Hiervon kann auf Wunsch der oder des Gefangenen abgesehen werden. [3]Im Fall des Todes von Gefangenen, ist eine der in Satz 1 genannten Personen unverzüglich zu benachrichtigen.

(2) Dem Wunsch von Gefangenen, auch andere Personen zu benachrichtigen, soll nach Möglichkeit entsprochen werden.

Abschnitt 7. Soziale Hilfe

§ 40 Grundsatz. Die soziale Hilfe der Justizvollzugsanstalt soll darauf gerichtet sein, die Gefangenen in die Lage zu versetzen, ihre persönlichen Angelegenheiten selbst zu regeln.

§ 41 Hilfe während des Vollzugs. (1) Bei der Aufnahme wird den Gefangenen geholfen, die notwendigen Maßnahmen für hilfsbedürftige Angehörige zu veranlassen und ihre Habe außerhalb der Justizvollzugsanstalt sicherzustellen.

(2) [1] Gefangenen ist eine Beratung in für sie bedeutsamen rechtlichen und sozialen Fragestellungen zu ermöglichen. [2] Ihnen ist zu helfen, für Unterhaltsberechtigte zu sorgen, Schulden zu regulieren und den durch die Straftat verursachten Schaden zu regeln. [3] Die Beratung soll hierbei auch die Benennung von Stellen und Einrichtungen außerhalb der Justizvollzugsanstalt umfassen.

(3) Auf Grund der Behandlungsuntersuchung oder auf Wunsch können suchtgefährdete oder süchtige Gefangene Suchtberatung und Vermittlung in Therapieeinrichtungen des Justizvollzugs oder anderer Träger erhalten.

Abschnitt 8. Arbeit, Ausbildung und Weiterbildung

§ 42 Beschäftigung. (1) Arbeit, arbeitstherapeutische Beschäftigung, schulische Bildung, Ausbildung und Weiterbildung dienen insbesondere dem Ziel, Fähigkeiten für eine Erwerbstätigkeit nach der Entlassung zu vermitteln, zu erhalten oder zu fördern.

(2) Die Justizvollzugsanstalt soll Gefangenen wirtschaftlich ergiebige Arbeit zuweisen und dabei ihre Fähigkeiten und Neigungen nach Möglichkeit berücksichtigen.

(3) Sind Gefangene zu wirtschaftlich ergiebiger Arbeit nicht fähig, sollen sie arbeitstherapeutisch beschäftigt werden.

(4) Geeigneten Gefangenen soll Gelegenheit zur schulischen oder beruflichen Bildung, Weiterbildung, Umschulung oder Teilnahme an anderen ausbildenden oder weiterbildenden Maßnahmen gegeben werden.

§ 43 Unterricht. (1) [1] Für geeignete Gefangene soll Unterricht in den zum Hauptschulabschluss führenden Fächern, ein der Förderschule entsprechender Unterricht oder nach Möglichkeit Unterricht zur Erlangung anderer staatlich anerkannter Schulabschlüsse vorgesehen werden. [2] Bei der beruflichen Ausbildung ist berufsbildender Unterricht vorzusehen; dies gilt auch für die berufliche Weiterbildung, soweit die Art der Maßnahme es erfordert.

(2) Unterricht soll während der Arbeitzeit[1)] stattfinden.

§ 44 Zeugnisse über Bildungsmaßnahmen. Aus dem Zeugnis über eine Bildungsmaßnahme darf die Inhaftierung einer Teilnehmerin oder eines Teilnehmers nicht erkennbar sein.

---

1) Richtig wohl: „Arbeitszeit".

§ 45 Freies Beschäftigungsverhältnis und Selbstbeschäftigung.

(1) [1] Gefangenen soll gestattet werden, einer Arbeit, Berufsausbildung oder beruflichen Weiterbildung auf der Grundlage eines freien Beschäftigungsverhältnisses außerhalb der Justizvollzugsanstalt nachzugehen, wenn dies im Rahmen des Vollzugsplans dem Ziel dient, Fähigkeiten für eine Erwerbstätigkeit nach der Entlassung zu vermitteln, zu erhalten oder zu fördern und nicht überwiegende Gründe des Vollzugs entgegenstehen. [2] § 9 Abs. 1 und Abs. 2 Nr. 1 sowie die §§ 11 und 12 bleiben unberührt.

(2) Gefangenen kann gestattet werden, sich selbst zu beschäftigen.

(3) Das Entgelt ist der Justizvollzugsanstalt zur Gutschrift für die Gefangenen zu überweisen.

§ 46 Sprachkompetenz. Aus Gründen der Integration und zur Förderung der Sprachkompetenz sollen Gefangenen, soweit erforderlich, Deutschkurse angeboten werden.

§ 47 Arbeitspflicht. (1) [1] Gefangene sind verpflichtet, eine ihnen zugewiesene, ihren Fähigkeiten angemessene Arbeit oder arbeitstherapeutische Beschäftigung auszuüben, soweit sie dazu körperlich in der Lage sind. [2] Sie können jährlich bis zu drei Monaten zu Hilfstätigkeiten in der Justizvollzugsanstalt verpflichtet werden, mit ihrer Zustimmung auch darüber hinaus. [3] Die Sätze 1 und 2 gelten nicht für Gefangene, die über 65 Jahre alt sind, und nicht für werdende und stillende Mütter, soweit gesetzliche Beschäftigungsverbote zum Schutz erwerbstätiger Mütter bestehen.

(2) [1] Die Teilnahme an einer Maßnahme nach § 42 Abs. 4 bedarf der Zustimmung der oder des Gefangenen. [2] Die Zustimmung darf nicht zur Unzeit widerrufen werden.

§ 48 Freistellung von der Arbeitspflicht. (1) [1] Haben Gefangene ein Jahr lang eine Beschäftigung nach § 42 oder Hilfstätigkeiten nach § 47 Abs. 1 Satz 2 ausgeübt, so können sie beanspruchen, 18 Werktage von der Arbeitspflicht freigestellt zu werden. [2] Zeiten, in denen Gefangene infolge Krankheit an ihrer Arbeitsleistung verhindert waren, werden auf das Jahr bis zu sechs Wochen jährlich angerechnet.

(2) Auf die Zeit der Freistellung von der Arbeitspflicht wird Freistellung aus der Haft angerechnet, soweit sie in die Arbeitszeit fällt und nicht wegen einer lebensgefährlichen Erkrankung oder des Todes einer oder eines Angehörigen erteilt worden ist.

(3) Die Gefangenen erhalten für die Zeit der Freistellung ihre zuletzt gezahlten Bezüge weiter.

(4) Urlaubsregelungen der Beschäftigungsverhältnisse außerhalb des Strafvollzugs bleiben unberührt.

§ 49 Arbeitsentgelt, Freistellung von der Arbeit und Anrechnung der Freistellung auf den Entlassungszeitpunkt. (1) Die Arbeit der Gefangenen wird anerkannt durch Arbeitsentgelt und Freistellung von der Arbeit, die auch als Freistellung aus der Haft genutzt oder auf den Entlassungszeitpunkt angerechnet werden kann.

(2) [1] Üben Gefangene eine zugewiesene Arbeit oder eine Hilfstätigkeit aus, so erhalten sie ein Arbeitsentgelt. [2] Der Bemessung des Arbeitsentgelts sind

neun Prozent der Bezugsgröße nach § 18 des Vierten Buchs Sozialgesetzbuch zu Grunde zu legen (Eckvergütung). [3]Ein Tagessatz ist der zweihundertfünfzigste Teil der Eckvergütung; das Arbeitsentgelt kann nach einem Stundensatz bemessen werden.

(3) [1]Das Arbeitsentgelt kann je nach Leistung der Gefangenen und der Art der Arbeit gestuft werden. [2]75 Prozent der Eckvergütung dürfen nur dann unterschritten werden, wenn die Arbeitsleistung Gefangener den Mindestanforderungen nicht genügt.

(4) Üben Gefangene eine zugewiesene arbeitstherapeutische Beschäftigung aus, erhalten sie ein Arbeitsentgelt, soweit dies der Art ihrer Beschäftigung und ihrer Arbeitsleistung entspricht.

(5) Die Höhe des Arbeitsentgelts ist den Gefangenen schriftlich bekannt zu geben.

(6) [1]Haben Gefangene zwei Monate lang zusammenhängend eine zugewiesene Tätigkeit oder eine Hilfstätigkeit ausgeübt, so werden sie auf ihren Antrag hin einen Werktag von der Arbeit freigestellt. [2]Die Regelung des § 48 bleibt unberührt. [3]Durch Zeiten, in denen Gefangene ohne Verschulden durch Krankheit, Ausführung, Ausgang, Freistellung aus der Haft, Freistellung von der Arbeitspflicht oder sonstige nicht von ihnen zu vertretende Gründe an der Arbeitsleistung gehindert sind, wird die Frist nach Satz 1 gehemmt. [4]Beschäftigungszeiträume von weniger als zwei Monaten bleiben unberücksichtigt.

(7) [1]Gefangene können beantragen, dass die Freistellung nach Absatz 6 Satz 1 in Form von Freistellung aus der Haft (Arbeitsfreistellung) gewährt wird. [2]§ 9 Abs. 1, 3 und 4 sowie die §§ 11 und 12 gelten entsprechend.

(8) § 48 Abs. 3 gilt entsprechend.

(9) Stellt die oder der Gefangene keinen Antrag nach Absatz 6 Satz 1 oder Absatz 7 Satz 1 oder kann die Freistellung nach Maßgabe der Regelung des Absatzes 7 Satz 2 nicht gewährt werden, so wird die Freistellung nach Absatz 6 Satz 1 von der Justizvollzugsanstalt auf den Entlassungszeitpunkt der oder des Gefangenen angerechnet.

(10) Eine Anrechnung nach Absatz 9 ist ausgeschlossen,

1. soweit eine lebenslange Freiheitsstrafe oder Sicherungsverwahrung verbüßt wird und ein Entlassungszeitpunkt noch nicht bestimmt ist,
2. bei einer Aussetzung der Vollstreckung des Rests einer Freiheitsstrafe oder einer Sicherungsverwahrung zur Bewährung, soweit wegen des von der Entscheidung des Gerichts bis zur Entlassung verbleibenden Zeitraums eine Anrechnung nicht mehr möglich ist,
3. wenn dies vom Gericht angeordnet wird, weil bei einer Aussetzung des Rests einer Freiheitsstrafe oder einer Sicherungsverwahrung zur Bewährung die Lebensverhältnisse der oder des Gefangenen oder die Wirkungen, die von der Aussetzung für sie oder ihn zu erwarten sind, die Vollstreckung bis zu einem bestimmten Zeitpunkt erfordern,
4. wenn nach § 456a Abs. 1 StPO von der Vollstreckung abgesehen wird,
5. bei Entlassung der oder des Gefangenen aus der Haft im Gnadenweg, soweit wegen des von der Gnadenentscheidung bis zur Entlassung verbleibenden Zeitraums eine Anrechnung nicht mehr möglich ist.

(11) [1]Soweit eine Anrechnung nach Absatz 10 ausgeschlossen ist, erhalten die Gefangenen bei der Entlassung für ihre Tätigkeit nach Absatz 2 als Aus-

gleichsentschädigung zusätzlich 15 Prozent des ihnen nach Absatz 2 und 3 gewährten Entgelts oder der Ausbildungsbeihilfe. [2]Der Anspruch entsteht erst mit der Entlassung; vor der Entlassung ist der Anspruch nicht verzinslich, nicht abtretbar und nicht vererblich. [3]Gefangenen, bei denen eine Anrechnung nach Absatz 10 Nr. 1 ausgeschlossen ist, wird die Ausgleichszahlung bereits nach Verbüßung von jeweils zehn Jahren der lebenslangen Freiheitsstrafe oder der Sicherungsverwahrung zum Eigengeld gutgeschrieben, soweit sie nicht vor diesem Zeitpunkt entlassen werden; § 57 Abs. 4 StGB gilt entsprechend.

§ 50 Ausbildungsbeihilfe. (1) [1]Nehmen Gefangene an einer Berufsausbildung, beruflichen Weiterbildung oder an einem Unterricht teil und sind sie zu diesem Zweck von der Arbeitspflicht freigestellt, so erhalten sie eine Ausbildungsbeihilfe, soweit ihnen keine Leistungen zum Lebensunterhalt zustehen, die freien Personen aus solchem Anlass gewährt werden. [2]Der Nachrang der Sozialhilfe nach § 2 Abs. 2 des Zwölften Buchs Sozialgesetzbuch wird nicht berührt.

(2) Für die Bemessung der Ausbildungsbeihilfe gilt § 49 Abs. 2 und 3 entsprechend.

(3) Werden Maßnahmen nach Absatz 1 stunden- oder tageweise durchgeführt, erhalten die Gefangenen eine Ausbildungsbeihilfe in Höhe des ihnen dadurch entgehenden Arbeitsentgelts.

§ 51 Haftkostenbeitrag. (1) [1]Als Teil der Kosten der Vollstreckung der Rechtsfolgen einer Tat (§ 464a Abs. 1 Satz 2 StPO) erhebt die Justizvollzugsanstalt einen Haftkostenbeitrag, wenn Gefangene

1. in einem freien Beschäftigungsverhältnis stehen,
2. sich selbst beschäftigen oder
3. während eines zusammenhängenden Zeitraums von mehr als einem Monat keine Bezüge nach diesem Gesetz erhalten und auf diese Zeit fallende Einkünfte erzielen. Die Gefangenen haben den Haftkostenbeitrag für diese Zeit bis zur Höhe der auf sie entfallenden Einkünfte zu entrichten.

[2]Der oder dem Gefangenen muss ein Betrag verbleiben, der dem mittleren Arbeitsentgelt in den Justizvollzugsanstalten des Landes entspricht, es sei denn, sie oder er arbeitet im Fall des Satzes 1 Nr. 3 entgegen einer bestehenden Pflicht schuldhaft nicht. [3]Von der Geltendmachung des Anspruchs ist abzusehen, soweit dies notwendig ist, um die Wiedereingliederung der oder des Gefangenen in die Gemeinschaft nicht zu gefährden.

(2) [1]Der Haftkostenbeitrag wird in Höhe des Betrags erhoben, der nach § 17 Abs. 1 Nr. 4 des Vierten Buchs Sozialgesetzbuch durchschnittlich zum 1. Oktober des vorhergehenden Jahres zur Bewertung der Sachbezüge festgesetzt ist. [2]Bei Selbstverpflegung entfallen die für die Verpflegung vorgesehenen Beträge. [3]Für den Wert der Unterkunft ist die festgesetzte Belegungsfähigkeit maßgebend. [4]Der Haftkostenbeitrag darf auch von dem unpfändbaren Teil der Bezüge, nicht aber zu Lasten des Hausgelds und der Ansprüche unterhaltsberechtigter Angehöriger angesetzt werden.

(3) [1]Die Gefangenen haben über ihre Einkünfte Auskunft zu erteilen, soweit dies zur Ermittlung des Haftkostenbeitrags erforderlich ist. [2]Die Angaben der Gefangenen dürfen abweichend von §§ 34 bis 45 des Ersten Buchs nur zur Ermittlung des Haftkostenbeitrags verarbeitet werden.

(4) Die Selbstbeschäftigung kann davon abhängig gemacht werden, dass Gefangene einen Haftkostenbeitrag bis zur Höhe des in Absatz 2 genannten Satzes monatlich im Voraus entrichten.

§ 52 Überbrückungsgeld. (1) Aus den in diesem Gesetz geregelten Bezügen und aus den Bezügen der Gefangenen, die in einem freien Beschäftigungsverhältnis stehen oder denen gestattet ist, sich selbst zu beschäftigen, ist ein Überbrückungsgeld zu bilden, das den notwendigen Lebensunterhalt der Gefangenen und ihrer Unterhaltsberechtigten in den ersten vier Wochen nach der Entlassung sichern soll.

(2) [1] Das Überbrückungsgeld wird den Gefangenen bei der Entlassung in die Freiheit ausbezahlt. [2] Die Justizvollzugsanstalt kann es ganz oder zum Teil der Bewährungshilfe oder einer mit der Entlassenenbetreuung befassten Stelle überweisen, die darüber entscheiden, wie das Geld innerhalb der ersten vier Wochen nach der Entlassung an die Entlassenen ausbezahlt wird. [3] Die Bewährungshilfe und die mit der Entlassenenbetreuung befasste Stelle sind verpflichtet, das Überbrückungsgeld von ihrem Vermögen gesondert zu halten. [4] Mit Zustimmung der Gefangenen kann das Überbrückungsgeld auch an Unterhaltsberechtigte überwiesen werden.

(3) Das Überbrückungsgeld kann für Ausgaben in Anspruch genommen werden, die der Eingliederung der Gefangenen dienen.

(4) [1] Der Anspruch auf Auszahlung des Überbrückungsgelds ist unpfändbar. [2] Erreicht es nicht die in Absatz 1 bestimmte Höhe, so ist in Höhe des Unterschiedsbetrags auch der Anspruch auf Auszahlung des Eigengelds unpfändbar. [3] Bargeld entlassener Gefangener, an die wegen der nach Satz 1 oder Satz 2 unpfändbaren Ansprüche Geld ausgezahlt worden ist, ist für die Dauer von vier Wochen seit der Entlassung insoweit der Pfändung nicht unterworfen, als es dem Teil der Ansprüche für die Zeit von der Pfändung bis zum Ablauf der vier Wochen entspricht.

(5) [1] Absatz 4 gilt nicht bei einer Pfändung wegen der in § 850d Abs. 1 Satz 1 der Zivilprozessordnung (ZPO) bezeichneten Unterhaltsansprüche. [2] Entlassenen Gefangenen ist jedoch so viel zu belassen, als sie für ihren notwendigen Unterhalt und zur Erfüllung ihrer sonstigen gesetzlichen Unterhaltspflichten für die Zeit von der Pfändung bis zum Ablauf von vier Wochen seit der Entlassung bedürfen.

§ 53 Taschen-, Haus- und Eigengeld. (1) [1] Gefangene, die ohne Verschulden kein Arbeitsentgelt und keine Ausbildungsbeihilfe erhalten, wird ein angemessenes Taschengeld gewährt, falls sie bedürftig sind. [2] Nicht verbrauchtes Taschengeld ist bei der Bedürftigkeitsprüfung nicht zu berücksichtigen.

(2) Gefangene dürfen monatlich drei Siebtel von ihren in diesem Gesetz geregelten Bezügen (Hausgeld) und das Taschengeld nach Absatz 1 für den Einkauf oder anderweitig verwenden.

(3) Bezüge Gefangener, die nicht als Hausgeld, Haftkostenbeitrag oder Überbrückungsgeld in Anspruch genommen werden, sind dem Eigengeld gutzuschreiben.

(4) Für Gefangene, die in einem freien Beschäftigungsverhältnis stehen oder denen gestattet ist, sich selbst zu beschäftigen, wird aus ihren Bezügen ein angemessenes Hausgeld festgesetzt.

§ 54 Sondergeld. (1) Für Gefangene kann monatlich ein Betrag in angemessener Höhe einbezahlt werden, der als Sondergeld gutzuschreiben ist und wie Hausgeld genutzt werden kann.

(2) Über Absatz 1 hinaus kann Sondergeld in angemessener Höhe für folgende Zwecke eingezahlt werden:

1. Maßnahmen der Eingliederung, insbesondere Kosten der Gesundheitsfürsorge und der Aus- und Fortbildung, und
2. Maßnahmen zur Pflege sozialer Beziehungen, insbesondere Telefonkosten und Fahrtkosten anlässlich vollzugsöffnender Maßnahmen.

(3) [1] Soweit das Guthaben des Sondergelds nach Absatz 1 die Summe von drei Monatseinzahlungen übersteigt, ist es dem Überbrückungsgeld zuzuführen. [2] Ist bereits ein Überbrückungsgeld in angemessener Höhe gebildet, ist das Guthaben dem Eigengeld zuzuschreiben. [3] Sondergeld im Sinne von Absatz 2 ist dem Eigengeld zuzuschreiben, wenn es zum bezeichneten Zweck nicht eingesetzt werden kann und eine Rückerstattung an die Einzahler nicht möglich ist.

(4) Der Anspruch auf Auszahlung des Sondergelds nach Absatz 1 und 2 ist unpfändbar.

§ 55 Rechtsverordnung. Das Justizministerium wird ermächtigt, zur Durchführung der §§ 49 und 50 im Einvernehmen mit dem Finanz- und Wirtschaftsministerium Vergütungsstufen und die Höhe der Vergütung in den einzelnen Vergütungsstufen einschließlich der Gewährung von Zulagen durch Rechtsverordnung zu bestimmen.

§ 56 Einbehaltung von Beitragsteilen. Soweit die Justizvollzugsanstalt Beiträge zur Bundesagentur für Arbeit zu entrichten hat, kann sie von dem Arbeitsentgelt einen Betrag einbehalten, der dem Anteil der oder des Gefangenen am Beitrag entsprechen würde, wenn sie oder er diese Bezüge als Arbeitnehmer erhielte.

Abschnitt 9. Freizeit

§ 57 Allgemeines. [1] Die Gefangenen sind zur Teilnahme und Mitwirkung an Angeboten der Freizeitgestaltung zu motivieren und anzuleiten. [2] Gefangene sollen insbesondere an Unterricht einschließlich Fernunterricht, Lehrgängen und sonstigen Veranstaltungen der Weiterbildung, Freizeitgruppen und Gruppengesprächen teilnehmen und ermutigt werden, den verantwortungsvollen Umgang mit neuen Medien zu erlernen und zu praktizieren sowie eine Bücherei zu benutzen. [3] Angebote zur sportlichen Betätigung, insbesondere während des Aufenthalts im Freien sind vorzuhalten.

§ 58 Besitz von Gegenständen zur Freizeitbeschäftigung. (1) [1] Gefangene dürfen in angemessenem Umfang Bücher und andere Gegenstände zur Freizeitbeschäftigung besitzen. [2] Die Angemessenheit des Umfangs kann auch an der in der Justizvollzugsanstalt verfügbaren Kapazität für Haftraumkontrollen und am Wert eines Gegenstands ausgerichtet werden.

(2) Absatz 1 Satz 1 gilt nicht, wenn der Besitz, die Überlassung oder die Benutzung eines Gegenstands

1. mit Strafe oder Geldbuße bedroht wäre,

2. das Ziel des Vollzugs oder die Sicherheit oder Ordnung der Justizvollzugsanstalt gefährden würde oder
3. die Überprüfung des Gegenstands auf eine mögliche missbräuchliche Verwendung mit vertretbarem Aufwand von der Justizvollzugsanstalt nicht leistbar wäre.

(3) [1]Die Zulassung von bestimmten Gerätetypen, insbesondere der elektronischen Unterhaltungsmedien, durch die Justizvollzugsanstalt kann der Zustimmung der Aufsichtsbehörde vorbehalten sein. [2]Die Aufsichtsbehörde kann allgemeine Richtlinien für die Gerätebeschaffenheit erlassen. [3]Eine ohne Zustimmung nach Satz 1 erfolgte Zulassung kann zurückgenommen werden.

(4) Die Erlaubnis kann unter den Voraussetzungen des Absatzes 2 widerrufen werden.

§ 59 Hörfunk und Fernsehen. (1) Der Besitz von Hörfunk- und Fernsehgeräten ist nach Maßgabe von § 58 zulässig.

(2) [1]Die Justizvollzugsanstalt kann den Betrieb von Empfangsanlagen und die Ausgabe von Hörfunk- und Fernsehgeräten einem Dritten übertragen. [2]Sofern sie hiervon Gebrauch macht, können Gefangene nicht den Besitz eigener Geräte verlangen.

(3) [1]Die Justizvollzugsanstalt entscheidet über die Einspeisung einzelner Rundfunk- und Fernsehprogramme in die Empfangsanlage. [2]Vor der Entscheidung soll die Gefangenenmitverantwortung gehört werden.

(4) Der Empfang von Bezahlfernsehen und der Einsatz von zusätzlichen Empfangseinrichtungen im Haftraum sind nicht statthaft.

§ 60 Zeitungen und Zeitschriften. [1]Gefangene dürfen Zeitungen und Zeitschriften in angemessenem Umfang durch Vermittlung der Justizvollzugsanstalt beziehen. [2]§ 58 Abs. 1 Satz 2, Abs. 2 und 4 gilt entsprechend.

Abschnitt 10. Sicherheit und Ordnung

§ 61 Grundsatz. (1) Das Verantwortungsbewusstsein der Gefangenen für ein geordnetes Zusammenleben in der Justizvollzugsanstalt ist zu wecken und zu fördern.

(2) Die Pflichten und Beschränkungen, die Gefangenen zur Aufrechterhaltung der Sicherheit oder Ordnung der Justizvollzugsanstalt auferlegt werden, sind so zu wählen, dass sie in einem angemessenen Verhältnis zu ihrem Zweck stehen und die Gefangenen nicht mehr und nicht länger als notwendig beeinträchtigen.

§ 62 Verhaltensvorschriften. (1) [1]Die Gefangenen haben sich nach der Tageseinteilung der Justizvollzugsanstalt (Arbeitszeit, Freizeit, Ruhezeit) zu richten. [2]Sie dürfen durch ihr Verhalten gegenüber Vollzugsbediensteten, Mitgefangenen und anderen Personen das geordnete Zusammenleben nicht stören.

(2) [1]Die Gefangenen haben die Anordnungen der Vollzugsbediensteten zu befolgen, auch wenn sie sich durch sie beschwert fühlen. [2]Einen ihnen zugewiesenen Bereich dürfen sie nicht ohne Erlaubnis verlassen.

(3) Die Gefangenen haben ihren Haftraum und die ihnen von der Justizvollzugsanstalt überlassenen Sachen in Ordnung zu halten und schonend zu behandeln.

(4) Die Gefangenen haben Umstände, die eine Gefahr für das Leben oder eine erhebliche Gefahr für die Gesundheit einer Person bedeuten, unverzüglich zu melden.

§ 63 Persönlicher Gewahrsam und Eigengeld. (1) [1]Die Gefangenen dürfen nur Sachen in Gewahrsam haben oder annehmen, die ihnen von der Justizvollzugsanstalt oder mit ihrer Zustimmung überlassen werden. [2]Ohne Zustimmung dürfen sie Sachen weder abgeben noch annehmen, außer solche von geringem Wert. [3]Die Justizvollzugsanstalt kann die Abgabe, Annahme und den Gewahrsam auch dieser Sachen von ihrer Zustimmung abhängig machen.

(2) [1]Eingebrachte Sachen, die die Gefangenen nicht in Gewahrsam haben dürfen, sind für sie aufzubewahren, sofern dies nach Art und Umfang möglich ist. [2]Eingebrachtes Geld wird als Eigengeld gutgeschrieben. [3]Den Gefangenen wird Gelegenheit gegeben, ihre Sachen, die sie während des Vollzugs und für die Entlassung nicht benötigen, abzusenden oder über das Eigengeld zu verfügen, soweit dieses nicht als Überbrückungsgeld notwendig ist.

(3) Weigern sich Gefangene, eingebrachte Gegenstände, deren Aufbewahrung nach Art oder Umfang nicht möglich ist, aus der Justizvollzugsanstalt zu verbringen, so ist die Justizvollzugsanstalt berechtigt, diese auf Kosten der oder des Gefangenen entfernen zu lassen.

(4) Aufzeichnungen und andere Gegenstände, die Kenntnisse über Sicherungsvorkehrungen einer Justizvollzugsanstalt vermitteln, dürfen vernichtet oder unbrauchbar gemacht werden.

§ 64 Durchsuchung und Kontrollen auf Suchtmittelmissbrauch.

(1) [1]Gefangene, ihre Sachen und die Hafträume dürfen durchsucht werden. [2]Die Durchsuchung männlicher Gefangener darf nur von Männern, die Durchsuchung weiblicher Gefangener darf nur von Frauen vorgenommen werden; dies gilt nicht für das Absuchen der Gefangenen mit technischen Mitteln oder mit sonstigen Hilfsmitteln. [3]Das Schamgefühl ist zu schonen.

(2) [1]Nur auf Anordnung der Anstaltsleiterin oder des Anstaltsleiters oder bei Gefahr im Verzug ist es im Einzelfall zulässig, eine mit einer Entkleidung verbundene körperliche Durchsuchung vorzunehmen. [2]Sie darf bei männlichen Gefangenen nur in Gegenwart von Männern, bei weiblichen Gefangenen nur in Gegenwart von Frauen erfolgen. [3]Sie ist in einem geschlossenen Raum durchzuführen. [4]Andere Gefangene dürfen nicht anwesend sein.

(3) Die Anstaltsleiterin oder der Anstaltsleiter kann allgemein anordnen, dass Gefangene bei der Aufnahme, nach Kontakten mit Besuchern und nach jeder Abwesenheit von der Justizvollzugsanstalt nach Absatz 2 durchsucht werden können.

(4) [1]Gefangene können Suchtmittelkontrollen unterzogen werden, wenn der Verdacht besteht, dass sie Suchtmittel besitzen oder konsumieren. [2]Die ergriffenen Maßnahmen dürfen nicht mit einem körperlichen Eingriff verbunden sein. [3]Bei Gefangenen, die die Mitwirkung an der Durchführung der Kontrolle verweigern, ist in der Regel davon auszugehen, dass Suchtmittelfreiheit nicht gegeben ist.

§ 65 Sichere Unterbringung. Gefangene können in eine andere Justizvollzugsanstalt verlegt werden, die zu ihrer sicheren Unterbringung besser geeignet ist, wenn in erhöhtem Maß Fluchtgefahr besteht oder sonst ihr Verhalten oder ihr Zustand eine Gefahr für die Sicherheit oder Ordnung der Justizvollzugsanstalt darstellt.

§ 66 Festnahmerecht. Gefangene, die entwichen sind oder sich sonst ohne Erlaubnis außerhalb der Justizvollzugsanstalt aufhalten, können durch die Justizvollzugsanstalt oder auf ihre Veranlassung hin festgenommen und in die Justizvollzugsanstalt zurückgebracht werden, solange ein unmittelbarer Bezug zum Strafvollzug besteht.

§ 67 Besondere Sicherungsmaßnahmen. (1) Gegen Gefangene können besondere Sicherungsmaßnahmen angeordnet werden, wenn nach ihrem Verhalten oder auf Grund ihres seelischen Zustands in erhöhtem Maß die Gefahr der Flucht, von Gewalttätigkeiten gegen Personen oder Sachen, der Selbsttötung oder der Selbstverletzung besteht.

(2) Als besondere Sicherungsmaßnahmen sind zulässig

1. der Entzug oder die Vorenthaltung von Gegenständen,
2. die Beobachtung bei Nacht,
3. die Absonderung von anderen Gefangenen,
4. der Entzug oder die Beschränkung des Aufenthalts im Freien,
5. die Unterbringung in einem besonders gesicherten Haftraum ohne gefährdende Gegenstände und
6. die Fesselung und die Fixierung.

(3) Maßnahmen nach Absatz 2 Nr. 1, 3 bis 5 sind auch zulässig, wenn die Gefahr einer Befreiung oder eine erhebliche Störung der Anstaltsordnung anders nicht vermieden oder behoben werden kann.

(4) Bei einer Ausführung, Vorführung oder beim Transport ist die Fesselung auch dann zulässig, wenn aus anderen Gründen als denen des Absatzes 1 Fluchtgefahr besteht.

(5) Besondere Sicherungsmaßnahmen dürfen nur soweit aufrechterhalten werden, wie es ihr Zweck erfordert.

§ 68 Einzelhaft. (1) Die unausgesetzte Absonderung Gefangener ist nur zulässig, wenn dies aus Gründen, die in der Person der oder des Gefangenen liegen, unerlässlich ist.

(2) [1] Einzelhaft von mehr als drei Monaten Gesamtdauer in einem Jahr bedarf der Zustimmung der Aufsichtsbehörde. [2] Diese Frist wird nicht dadurch unterbrochen, dass Gefangene am Gottesdienst oder am gemeinschaftlichen Aufenthalt im Freien teilnehmen.

§ 69 Fesselung und Fixierung. (1) [1] In der Regel dürfen Fesseln nur an den Händen oder an den Füssen angelegt werden. [2] Im Interesse der oder des Gefangenen kann eine andere Art der Fesselung angeordnet werden. [3] Die Fesselung wird zeitweise gelockert oder aufgehoben, soweit dies notwendig ist.

(2) [1] Eine Fesselung, durch die die Bewegungsfreiheit der oder des Gefangenen weitgehend oder vollständig aufgehoben wird (Fixierung), ist nur zur Abwendung einer gegenwärtigen erheblichen Gefahr einer Selbstverletzung oder Selbsttötung der oder des Gefangenen zulässig. [2] Eine Fixierung darf nur angeordnet werden, wenn und solange durch mildere Mittel eine erhebliche Selbstverletzung oder Selbsttötung der oder des Gefangenen nicht abgewendet

werden kann. [3] Bei Fixierungen ist insbesondere eine ständige und unmittelbare Überwachung sicherzustellen. [4] Anordnung, Gründe, Dauer und Art der Überwachung sowie Beendigung der Fixierung sind zu dokumentieren. [5] Nach Beendigung der Fixierung ist, sobald es der Zustand der oder des Gefangenen zulässt, eine zu dokumentierende Nachbesprechung durchzuführen, in der insbesondere die Gründe für die Fixierung zu nennen sind. [6] Nach Beendigung der Fixierung sind die Gefangenen darüber zu belehren, dass sie die Zulässigkeit der durchgeführten Fixierung gerichtlich überprüfen lassen können. [7] Für die verfahrensrechtliche Ausgestaltung der Fixierung insbesondere der richterlichen Entscheidung gilt § 80 Absatz 3 entsprechend.

§ 70 Anordnung besonderer Sicherungsmaßnahmen. (1) [1] Besondere Sicherungsmaßnahmen ordnet die Anstaltsleiterin oder der Anstaltsleiter an. [2] Bei Gefahr im Verzug können auch andere Bedienstete der Justizvollzugsanstalt diese Maßnahmen vorläufig anordnen. [3] Die Entscheidung der Anstaltsleiterin oder des Anstaltsleiters ist unverzüglich einzuholen.

(2) [1] Werden Gefangene ärztlich behandelt oder beobachtet oder bildet ihr seelischer Zustand den Anlass der Maßnahme, ist vor der Anordnung besonderer Sicherungsmaßnahmen die Ärztin oder der Arzt zu hören. [2] Ist dies wegen Gefahr im Verzug nicht möglich, wird die Stellungnahme unverzüglich eingeholt.

§ 71 Ärztliche Überwachung. (1) [1] Sind Gefangene in einem besonders gesicherten Haftraum untergebracht, gefesselt oder fixiert, sucht sie die Ärztin oder der Arzt alsbald und in der Folge möglichst täglich auf. [2] Dies gilt nicht bei einer Fesselung während einer Ausführung, Vorführung oder eines Transports.

(2) Solange Gefangenen der tägliche Aufenthalt im Freien entzogen wird, ist in regelmäßigen Abständen eine ärztliche Stellungnahme einzuholen.

§ 72 Ersatz von Aufwendungen. (1) [1] Gefangene sind verpflichtet, der Justizvollzugsanstalt Aufwendungen zu ersetzen, die sie durch eine vorsätzlich oder grob fahrlässig begangene Selbstverletzung oder Verletzung anderer Gefangener verursacht haben. [2] Ansprüche aus sonstigen Rechtsvorschriften bleiben unberührt.

(2) Die Justizvollzugsanstalt kann bei der Geltendmachung von Forderungen nach Absatz 1 oder wegen einer vorsätzlichen oder grob fahrlässigen Verletzung fremden Eigentums durch Gefangene auch einen den dreifachen Tagessatz der Eckvergütung nach § 49 Abs. 2 übersteigenden Teil des Hausgelds in Anspruch nehmen.

(3) Für die in Absatz 1 genannten Forderungen ist der ordentliche Rechtsweg gegeben.

(4) Von der Aufrechnung oder Vollstreckung wegen der in Absatz 1 und 2 genannten Forderungen ist abzusehen, wenn hierdurch die Behandlung der oder des Gefangenen oder ihre Eingliederung behindert würde.

Abschnitt 11. Unmittelbarer Zwang

§ 73 Allgemeine Voraussetzungen. (1) Bedienstete der Justizvollzugsanstalten dürfen unmittelbaren Zwang anwenden, wenn sie Vollzugs- und Sicherungsmaßnahmen rechtmäßig durchführen und der damit verfolgte Zweck auf keine andere Weise erreicht werden kann.

(2) Gegen andere Personen als Gefangene darf unmittelbarer Zwang angewendet werden, wenn sie es unternehmen, Gefangene zu befreien, in den Anstaltsbereich widerrechtlich einzudringen oder wenn sie sich unbefugt darin aufhalten.

(3) Das Recht zu unmittelbarem Zwang auf Grund anderer Regelungen bleibt unberührt.

§ 74 Begriffsbestimmungen. (1) Unmittelbarer Zwang ist die Einwirkung auf Personen oder Sachen durch körperliche Gewalt, ihre Hilfsmittel und durch Waffen.

(2) Körperliche Gewalt ist jede unmittelbare körperliche Einwirkung auf Personen oder Sachen.

(3) Hilfsmittel der körperlichen Gewalt sind namentlich Fesseln.

(4) Waffen sind die dienstlich zugelassenen Hieb- und Schusswaffen sowie Reizstoffe.

§ 75 Grundsatz der Verhältnismäßigkeit. (1) Unter mehreren möglichen und geeigneten Maßnahmen des unmittelbaren Zwangs sind diejenigen zu wählen, die den Einzelnen und die Allgemeinheit voraussichtlich am wenigsten beeinträchtigen.

(2) Unmittelbarer Zwang unterbleibt, wenn ein durch ihn zu erwartender Schaden erkennbar außer Verhältnis zu dem angestrebten Erfolg steht.

§ 76 Handeln auf Anordnung. (1) Wird unmittelbarer Zwang von Vorgesetzten oder sonst befugten Personen angeordnet, sind Vollzugsbedienstete verpflichtet, ihn anzuwenden, es sei denn, die Anordnung verletzt die Menschenwürde oder ist nicht zu dienstlichen Zwecken erteilt worden.

(2) [1] Die Anordnung darf nicht befolgt werden, wenn dadurch eine Straftat begangen würde. [2] Befolgen Vollzugsbedienstete sie trotzdem, trifft sie eine Schuld nur, wenn sie erkennen oder wenn es nach den ihnen bekannten Umständen offensichtlich ist, dass dadurch eine Straftat begangen wird.

(3) [1] Bedenken gegen die Rechtmäßigkeit der Anordnung haben die Vollzugsbediensteten der anordnenden Person gegenüber vorzubringen, soweit das nach den Umständen möglich ist. [2] Abweichende Vorschriften des allgemeinen Beamtenrechts über die Mitteilung solcher Bedenken an Vorgesetzte sind nicht anzuwenden.

§ 77 Androhung. [1] Unmittelbarer Zwang ist vorher anzudrohen. [2] Die Androhung darf nur dann unterbleiben, wenn die Umstände sie nicht zulassen oder unmittelbarer Zwang sofort angewendet werden muss, um eine rechtswidrige Tat, die den Tatbestand eines Strafgesetzes erfüllt, zu verhindern oder eine gegenwärtige Gefahr abzuwenden.

§ 78 Allgemeine Vorschriften für den Schusswaffengebrauch.

(1) [1] Schusswaffen dürfen nur gebraucht werden, wenn andere Maßnahmen des unmittelbaren Zwangs bereits erfolglos waren oder keinen Erfolg versprechen. [2] Gegen Personen ist ihr Gebrauch nur zulässig, wenn der Zweck nicht durch Waffenwirkung gegen Sachen erreicht wird.

(2) [1] Schusswaffen dürfen nur die dazu bestimmten Vollzugsbediensteten gebrauchen und nur, um angriffs- oder fluchtunfähig zu machen. [2] Ihr Ge-

brauch unterbleibt, wenn dadurch erkennbar Unbeteiligte mit hoher Wahrscheinlichkeit gefährdet würden.

(3) [1]Der Gebrauch von Schusswaffen ist vorher anzudrohen. [2]Als Androhung gilt auch ein Warnschuss. [3]Ohne Androhung dürfen Schusswaffen nur dann gebraucht werden, wenn dies zur Abwehr einer gegenwärtigen Gefahr für Leib oder Leben erforderlich ist.

§ 79 Besondere Vorschriften für den Schusswaffengebrauch. (1) [1]Gegen Gefangene dürfen Schusswaffen gebraucht werden,

1. wenn sie eine Waffe oder ein anderes gefährliches Werkzeug trotz wiederholter Aufforderung nicht ablegen,
2. wenn sie eine Meuterei (§ 121 StGB) unternehmen oder
3. um ihre Flucht zu vereiteln oder um sie wieder zu ergreifen.

[2]Um die Flucht aus einer Einrichtung des offenen Vollzugs zu vereiteln, dürfen keine Schusswaffen gebraucht werden.

(2) Gegen andere Personen dürfen Schusswaffen gebraucht werden, wenn sie es unternehmen, Gefangene gewaltsam zu befreien oder gewaltsam in eine Justizvollzugsanstalt einzudringen.

§ 80 Zwangsmaßnahmen in der Gesundheitsfürsorge. (1) [1]Medizinische Untersuchung, Behandlung und Ernährung sowie eine in diesem Zusammenhang erforderliche Fixierung sind gegen den natürlichen Willen der Gefangenen nur zulässig, soweit sie dazu dienen, eine Lebensgefahr oder eine gegenwärtige erhebliche Gefahr für die Gesundheit

1. der oder des Gefangenen oder
2. dritter Personen

abzuwenden. [2]Maßnahmen nach Satz 1 dürfen nur angeordnet werden, wenn

1. eine Ärztin oder ein Arzt die Gefangenen zuvor, soweit möglich, angemessen aufgeklärt und sie auch über die Gründe, Art, Umfang und Dauer der Maßnahme informiert hat,
2. eine Ärztin oder ein Arzt erfolglos versucht hat, die auf Vertrauen begründete Zustimmung der Gefangenen zu erreichen,
3. die Maßnahme Erfolg verspricht und als letztes Mittel eingesetzt wird, wenn mildere Mittel, insbesondere eine weniger eingreifende Behandlung, aussichtslos sind und
4. die mit der Maßnahme für den Gefangenen verbundenen Belastungen nicht zu dem erwartbaren Nutzen außer Verhältnis steht und der erwartbare Nutzen mögliche Schäden der Nichtbehandlung deutlich feststellbar überwiegt.

[3]Maßnahmen nach Satz 1 Nummer 1 sind darüber hinaus nur zulässig, wenn die oder der Gefangene zur Einsicht in die Notwendigkeit der Maßnahme oder zum Handeln nach dieser Einsicht krankheitsbedingt nicht in der Lage ist.

(2) [1]Maßnahmen nach Absatz 1 Satz 1 dürfen nur auf ärztliche Anordnung und unter ärztlicher Überwachung durchgeführt werden. [2]Bei Fixierungen ist insbesondere eine ständige und unmittelbare Überwachung sicherzustellen. [3]Die Maßnahmen sind zu dokumentieren, einschließlich ihres Zwangscharakters, ihrer Durchsetzungsweise, ihrer maßgeblichen Gründe, der Dauer und Art der Überwachung sowie der Wirkungsüberwachung. [4]Die Maßnahmen sind

unverzüglich aufzuheben, wenn die Voraussetzungen für ihre Anordnung weggefallen sind. [5] Eine zu dokumentierende Nachbesprechung durch die behandelnde Ärztin oder den behandelnden Arzt, in der insbesondere die Gründe für die Maßnahme zu nennen sind, muss erfolgen, sobald es der Gesundheitszustand zulässt. [6] Nach Beendigung der Maßnahmen nach Absatz 1 sind die Gefangenen darüber zu belehren, dass sie die Zulässigkeit der durchgeführten Maßnahmen gerichtlich überprüfen lassen können.

(3) [1] Eine Maßnahme nach Absatz 1 ist auf Antrag der Justizvollzugsanstalt nur mit vorheriger richterlicher Entscheidung zulässig. [2] Dies gilt nicht, wenn hierdurch die Behandlung verzögert würde und sich hieraus Nachteile für das Leben oder die Gesundheit der gefährdeten Person ergeben würden (Gefahr im Verzug). [3] Die richterliche Entscheidung ist unverzüglich nachträglich einzuholen. [4] Eine nachträgliche richterliche Entscheidung ist nicht erforderlich, wenn bereits zu Beginn der Maßnahme abzusehen ist, dass die Entscheidung erst nach Wegfall des Grundes der Maßnahme ergehen wird, oder die Maßnahme vor Herbeiführung der Entscheidung tatsächlich beendet und auch keine Wiederholung zu erwarten ist. [5] Handelt es sich um eine lediglich kurzfristige Fixierung, die absehbar die Dauer von einer halben Stunde unterschreitet, ist eine richterliche Entscheidung nicht erforderlich. [6] §§ 121a, 121b des Strafvollzugsgesetzes (StVollzG)[1)] gelten entsprechend.

(4) [1] Zur Gewährleistung des Gesundheitsschutzes und der Hygiene ist die zwangsweise körperliche Untersuchung der Gefangenen über Absatz 1 hinaus zulässig, wenn sie nicht mit einem körperlichen Eingriff verbunden ist. [2] Duldungspflichten der Gefangenen nach Vorschriften anderer Gesetze bleiben unberührt.

Abschnitt 12. Disziplinarmaßnahmen

§ 81 Voraussetzungen. (1) Verstoßen Gefangene schuldhaft gegen Pflichten, die ihnen durch dieses Gesetz oder auf Grund dieses Gesetzes auferlegt sind, können gegen sie möglichst in engem zeitlichen Zusammenhang mit der Pflichtverletzung Disziplinarmaßnahmen angeordnet werden.

(2) Von einer Disziplinarmaßnahme wird abgesehen, wenn es genügt, Gefangene zu verwarnen.

(3) Eine Disziplinarmaßnahme ist auch zulässig, wenn wegen derselben Verfehlung ein Straf- oder Bußgeldverfahren eingeleitet wird.

§ 82 Arten der Disziplinarmaßnahmen. (1) Die zulässigen Disziplinarmaßnahmen sind:

1. Verweis,
2. die Beschränkung oder der Entzug der Verfügung über das Hausgeld, das Sondergeld und des Einkaufs bis zu drei Monaten,
3. die Beschränkung oder der Entzug des Hörfunk- und Fernsehempfangs bis zu drei Monaten; der gleichzeitige Entzug jedoch nur bis zu zwei Wochen,
4. die Beschränkung oder der Entzug der Gegenstände für eine Beschäftigung in der Freizeit oder der Teilnahme an gemeinschaftlichen Veranstaltungen bis zu drei Monaten,

---

1) Nr. 1.

5. die getrennte Unterbringung während der Freizeit bis zu vier Wochen,
6. der Entzug der zugewiesenen Arbeit oder Beschäftigung bis zu vier Wochen unter Wegfall der in diesem Gesetz geregelten Bezüge,
7. die Beschränkung des Verkehrs mit Personen außerhalb der Justizvollzugsanstalt auf dringende Fälle bis zu drei Monaten,
8. Arrest bis zu vier Wochen.

(2) Arrest darf nur wegen schwerer oder mehrfach wiederholter Verfehlungen verhängt werden.

(3) Mehrere Disziplinarmaßnahmen können miteinander verbunden werden.

§ 83 Vollstreckung und Vollzug der Disziplinarmaßnahmen. (1) Disziplinarmaßnahmen werden in der Regel sofort vollstreckt.

(2) Eine Disziplinarmaßnahme kann ganz oder teilweise bis zu sechs Monaten zur Bewährung ausgesetzt werden.

(3) Wird die Verfügung über das Haus- oder Sondergeld beschränkt oder entzogen, ist das in dieser Zeit anfallende Geld dem Überbrückungsgeld hinzuzurechnen.

(4) [1] Wird der Verkehr von Gefangenen mit Personen außerhalb der Justizvollzugsanstalt eingeschränkt, ist ihnen Gelegenheit zu geben, dies einer Person, mit der sie im Schriftwechsel stehen oder die sie zu besuchen pflegt, mitzuteilen. [2] Der Schriftwechsel mit den in § 24 Abs. 2 und 3 genannten Empfängern, mit Gerichten und Justizbehörden in der Bundesrepublik sowie mit Rechtsanwälten und Notaren in einer die Gefangenen betreffenden Rechtssache bleibt unbeschränkt.

(5) [1] Arrest wird in Einzelhaft vollzogen. [2] Die Gefangenen können in einem besonderen Arrestraum untergebracht werden, der den Anforderungen entsprechen muss, die an einen zum Aufenthalt bei Tag und Nacht bestimmten Haftraum gestellt werden. [3] Soweit nichts anderes angeordnet wird, ruhen die Befugnisse der Gefangenen aus §§ 15 und 16 Abs. 2 sowie den §§ 18, 42, 43 und 57 bis 60.

§ 84 Disziplinarbefugnis. (1) [1] Disziplinarmaßnahmen ordnet die Anstaltsleiterin oder der Anstaltsleiter an. [2] Bei einer Verfehlung auf dem Weg in eine andere Justizvollzugsanstalt zum Zweck der Verlegung ist die Leiterin oder der Leiter der Bestimmungsanstalt zuständig. [3] Die Befugnis, Disziplinarmaßnahmen nach § 82 anzuordnen, kann nur auf Mitglieder der Anstalts- oder Vollzugsabteilungsleitung übertragen werden.

(2) Die Aufsichtsbehörde entscheidet, wenn sich Verfehlungen von Gefangenen gegen die Anstaltsleiterin oder den Anstaltsleiter richten.

(3) [1] Disziplinarmaßnahmen, die gegen Gefangene in einer anderen Justizvollzugsanstalt oder während einer Untersuchungshaft angeordnet worden sind, werden auf Ersuchen vollstreckt, soweit sie nicht zur Bewährung ausgesetzt sind. [2] § 83 Abs. 2 bleibt unberührt.

§ 85 Disziplinarverfahren. (1) [1] Der Sachverhalt ist zu klären. [2] Die oder der Gefangene wird gehört. [3] Die Erhebungen werden in einer Niederschrift festgelegt; die Einlassung der oder des Gefangenen wird vermerkt.

(2) [1] Bei schweren Verstößen soll sich die Anstaltsleiterin oder der Anstaltsleiter vor der Entscheidung mit Personen besprechen, die bei der Behandlung der oder des Gefangenen mitwirken. [2] Vor der Anordnung einer Disziplinarmaßnahme gegen Gefangene in ärztlicher Behandlung, gegen Schwangere oder stillende Mütter ist eine ärztliche Stellungnahme einzuholen.

(3) Die Entscheidung wird der oder dem Gefangenen von der Anstaltsleiterin oder dem Anstaltsleiter oder im Falle einer Übertragung der Disziplinarbefugnis nach § 84 Abs. 1 Satz 3 von der beauftragten Person mündlich eröffnet und mit einer kurzen Begründung schriftlich abgefasst.

§ 86 Ärztliche Mitwirkung. (1) [1] Bevor der Arrest vollzogen wird, ist eine ärztliche Stellungnahme einzuholen. [2] Während des Arrests steht die oder der Gefangene unter ärztlicher Aufsicht.

(2) Der Vollzug des Arrests unterbleibt oder wird unterbrochen, wenn die Gesundheit der oder des Gefangenen gefährdet würde.

Abschnitt 13. Entlassungsvorbereitung, Entlassung und Nachsorge

§ 87 Zusammenarbeit mit Dritten. Die Justizvollzugsanstalt arbeitet frühzeitig vor der voraussichtlichen Entlassung einer oder eines Gefangenen mit Institutionen und Personen, namentlich der Bewährungshilfe, zusammen, um ihr oder ihm insbesondere Arbeit, eine Wohnung und ein soziales Umfeld für die Zeit nach der Entlassung zu vermitteln und um es zu ermöglichen, eine im Vollzug begonnene Behandlung fortzuführen.

§ 88 Freistellung aus der Haft für Freigänger. [1] Gefangenen, die einer regelmäßigen Beschäftigung im Rahmen des Freigangs nachgehen, kann innerhalb von neun Monaten vor der Entlassung Freistellung aus der Haft von bis zu sechs Tagen im Monat gewährt werden. [2] § 9 Abs. 1 und 4 sowie die §§ 11 und 12 gelten entsprechend. [3] § 89 Abs. 3 Satz 1 findet keine Anwendung.

§ 89 Entlassungsvorbereitung. (1) Um die Entlassung vorzubereiten, sollen Gefangenen vollzugsöffnende Maßnahmen gewährt werden.

(2) Gefangene können in eine Einrichtung des offenen Vollzugs verlegt werden, wenn dies der Vorbereitung der Entlassung dient.

(3) [1] Innerhalb von drei Monaten vor der Entlassung kann zu deren Vorbereitung Freistellung aus der Haft bis zu einer Woche gewährt werden. [2] § 9 Abs. 1 und 4 sowie die §§ 11 und 12 gelten entsprechend.

(4) [1] Die Anstaltsleiterin oder der Anstaltsleiter kann Gefangenen in einer sozialtherapeutischen Einrichtung oder Gefangenen, die während des laufenden Freiheitsentzugs in einer sozialtherapeutischen Einrichtung behandelt worden sind, zur Vorbereitung der Entlassung Freistellung aus der Haft von bis zu sechs Monaten gewähren. [2] § 9 Abs. 1 und 4 sowie die §§ 11 und 12 gelten entsprechend; Absatz 3 Satz 1 und § 88 finden keine Anwendung. [3] Gefangene können insbesondere angewiesen werden, sich einer von der Justizvollzugsanstalt bestimmten Betreuungsperson zu unterstellen und jeweils für kurze Zeit in die Justizvollzugsanstalt zurückzukehren. [4] Die Freistellung aus der Haft wird widerrufen, wenn dies für die Behandlung der oder des Gefangenen notwendig ist.

§ 90 Entlassungsbeihilfe. (1) [1]Gefangene erhalten, soweit ihre eigenen Mittel nicht ausreichen, bei ihrer Entlassung aus der Haft von der Justizvollzugsanstalt eine Beihilfe zu den Reisekosten sowie erforderlichenfalls ausreichende Kleidung. [2]Bedürftige Gefangene erhalten darüber hinaus eine Beihilfe, die sie in die Lage versetzt, ohne Inanspruchnahme fremder Hilfe ihren notwendigen Lebensunterhalt zu bestreiten, bis sie ihn voraussichtlich anderweitig decken können. [3]Die Justizvollzugsanstalt kann die Überbrückungsbeihilfe ganz oder teilweise der Bewährungshilfe oder einer mit der Entlassenenbetreuung befassten Stelle überweisen, die darüber entscheidet, wie das Geld nach der Entlassung an die Gefangenen ausbezahlt wird. [4]Die Bewährungshilfe und die mit der Entlassenenbetreuung befasste Stelle sind verpflichtet, die Überbrückungsbeihilfe von ihrem Vermögen gesondert zu halten.

(2) [1]Der Anspruch auf Beihilfe zu den Reisekosten und die ausgezahlte Reisebeihilfe sind unpfändbar. [2]Für den Anspruch auf Überbrückungsbeihilfe und für Bargeld nach Auszahlung einer Überbrückungsbeihilfe an Gefangene gilt § 52 Abs. 4 Satz 1 und 3 und Abs. 5 entsprechend.

§ 91 Entlassungszeitpunkt. (1) Gefangene sind am letzten Tag der Strafzeit möglichst frühzeitig zu entlassen.

(2) [1]Der Entlassungszeitpunkt kann bis zu fünf Tage vorverlegt werden, wenn dringende Gründe dafür vorliegen, dass die oder der Gefangene zu ihrer oder seiner Eingliederung hierauf angewiesen ist. [2]Dies ist regelmäßig anzunehmen, wenn der Entlassungszeitpunkt auf ein Wochenende oder auf einen gesetzlichen Feiertag fällt. [3]Die Vorverlegung des Entlassungszeitpunkts muss im Hinblick auf die Länge der Strafzeit vertretbar sein.

Abschnitt 14. Beschwerderecht und Rechtsbehelfe

§ 92 Beschwerderecht. (1) [1]Die Gefangenen haben das Recht, sich mit Wünschen, Anregungen und Beschwerden in Angelegenheiten, die sie selbst betreffen, an die Anstaltsleiterin oder den Anstaltsleiter zu wenden. [2]Regelmäßige Sprechstunden sind einzurichten.

(2) Besichtigen Vertreter der Aufsichtsbehörde die Justizvollzugsanstalt, so ist zu gewährleisten, dass die Gefangenen sich in sie selbst betreffenden Angelegenheiten an diese wenden können.

(3) [1]Die Möglichkeit der Dienstaufsichtsbeschwerde bleibt unberührt. [2]Eingaben, Beschwerden und Dienstaufsichtsbeschwerden, die nach Form oder Inhalt nicht den im Verkehr mit Behörden üblichen Anforderungen entsprechen oder bloße Wiederholungen enthalten, brauchen nicht beschieden zu werden. [3]Die Gefangenen sind entsprechend zu unterrichten. [4]Eine Überprüfung des Vorbringens von Amts wegen bleibt unberührt.

§ 93 Rechtsbehelfe. Die §§ 109 bis 121b StVollzG[1]), auch in Verbindung mit § 130 StVollzG über das gerichtliche Verfahren, bleiben unberührt.

---

[1]) Nr. **1**.

Abschnitt 15. Sozialtherapeutische Einrichtungen

§ 94 Sozialtherapeutische Einrichtungen. Für den Vollzug nach § 8 sind sozialtherapeutische Anstalten oder Abteilungen (sozialtherapeutische Einrichtungen) vorzusehen.

§ 95 Nachgehende Betreuung. Die sozialtherapeutischen Einrichtungen sollen für entlassene und während des Freiheitsentzugs sozialtherapeutisch behandelte Gefangene eine vorübergehende nachgehende Betreuung gewährleisten, soweit diese anderweitig nicht sichergestellt werden kann.

§ 96 Aufnahme auf freiwilliger Grundlage. (1) [1] Frühere Gefangene der sozialtherapeutischen Einrichtungen können dort auf Antrag vorübergehend wieder aufgenommen werden, wenn das Ziel ihrer Behandlung gefährdet und ein Aufenthalt in der Einrichtung aus diesem Grund gerechtfertigt ist. [2] Der Antrag darf nicht zur Unzeit widerrufen werden.

(2) Gegen die Aufgenommenen dürfen Maßnahmen des Vollzugs nicht mit unmittelbarem Zwang durchgesetzt werden; § 73 Abs. 2 und 3 bleibt unberührt.

(3) § 51 gilt entsprechend.

Abschnitt 16. Besondere Vorschriften über den Vollzug der freiheitsentziehenden Maßregeln der Besserung und Sicherung

Unterabschnitt 1. Besondere Vorschriften bei angeordneter oder vorbehaltener Sicherungsverwahrung

§ 97 Ziele und Gestaltung des Vollzugs. (1) Bei Gefangenen mit angeordneter oder vorbehaltener Sicherungsverwahrung gelten die Vorschriften über den Vollzug der Freiheitsstrafe nach Maßgabe der Vorschriften dieses Unterabschnitts.

(2) Bei angeordneter oder vorbehaltener Sicherungsverwahrung dient der Vollzug der Freiheitsstrafe auch dem Ziel, die Gefährlichkeit der Gefangenen für die Allgemeinheit so zu mindern, dass die Vollstreckung der Unterbringung oder deren Anordnung möglichst entbehrlich wird.

(3) Ist Sicherungsverwahrung angeordnet oder vorbehalten, ist bereits der Vollzug der Freiheitsstrafe therapiegerichtet auszugestalten.

(4) [1] Die Erreichung der Vollzugsziele erfordert die Mitwirkung der Gefangenen. [2] Ihre Bereitschaft hierzu ist fortwährend zu wecken und zu fördern. [3] Die Motivationsmaßnahmen sind zu dokumentieren.

§ 98 Behandlungsuntersuchung. (1) An das Aufnahmeverfahren schließt sich zur Vorbereitung der Vollzugsplanung unverzüglich eine umfassende Behandlungsuntersuchung unter Berücksichtigung wissenschaftlicher Erkenntnisse an.

(2) [1] Die Behandlungsuntersuchung erstreckt sich auf alle Umstände, deren Kenntnis für eine planvolle Behandlung der Gefangenen und für die Beurteilung ihrer Gefährlichkeit maßgeblich sind. [2] Im Rahmen der Behandlungsuntersuchung sind insbesondere die Ursachen der Straftaten, die individuellen Risikofaktoren sowie der Behandlungsbedarf, die Behandlungsfähigkeit und die Behandlungsmotivation der Gefangenen festzustellen. [3] Gleichzeitig sollen die Fähigkeiten der Gefangenen ermittelt werden, deren Stärkung ihrer Ge-

fährlichkeit entgegenwirken kann. [4]Erkenntnisse aus vorangegangenen Freiheitsentziehungen sind einzubeziehen.

(3) [1]Bei der Behandlungsuntersuchung wirken Bedienstete verschiedener Fachrichtungen in enger Abstimmung zusammen. [2]Soweit dies erforderlich ist, sind externe Fachkräfte einzubeziehen. [3]Die Gefangenen wirken an der Behandlungsuntersuchung mit.

§ 99 Vollzugsplan. (1) [1]Aufgrund der Behandlungsuntersuchung wird unverzüglich ein Vollzugsplan erstellt, der die individuellen Behandlungsziele festlegt und die zu ihrer Erreichung geeigneten und erforderlichen Maßnahmen benennt. [2]Der Vollzugsplan enthält mindestens Angaben über

1. psychiatrische, psychotherapeutische oder sozialtherapeutische Behandlungsmaßnahmen,
2. andere Einzel- oder Gruppenbehandlungsmaßnahmen,
3. Maßnahmen zur Förderung der Behandlungsmotivation,
4. die Unterbringung in einer sozialtherapeutischen Einrichtung,
5. die Zuweisung zu Wohngruppen,
6. Art und Umfang der Beschäftigung,
7. Maßnahmen zur Gestaltung der Freizeit,
8. Maßnahmen zur Ordnung der finanziellen Verhältnisse,
9. Maßnahmen zur Ordnung der familiären Verhältnisse,
10. Maßnahmen zur Förderung von Außenkontakten,
11. Maßnahmen zur Vorbereitung eines sozialen Empfangsraums,
12. vollzugsöffnende Maßnahmen sowie
13. Entlassungsvorbereitung und Nachsorge.

(2) [1]Der Vollzugsplan ist fortlaufend auf seine Umsetzung hin zu überprüfen und mit der Entwicklung der Gefangenen sowie mit weiteren für die Behandlung bedeutsamen Erkenntnissen in Einklang zu halten. [2]Hierfür sind im Vollzugsplan angemessene Fristen vorzusehen, die sechs Monate nicht übersteigen sollen.

(3) [1]Zur Vorbereitung der Aufstellung und Fortschreibung des Vollzugsplans werden Konferenzen mit den an der Vollzugsgestaltung maßgeblich Beteiligten durchgeführt. [2]An der Behandlung mitwirkende Personen außerhalb des Vollzugs sollen in die Planung einbezogen werden; sie können mit Zustimmung der Gefangenen auch an den Konferenzen beteiligt werden.

(4) [1]Der Vollzugsplan wird mit der Billigung durch die Anstaltsleiterin oder den Anstaltsleiter wirksam. [2]Die Aufsichtsbehörde kann sich vorbehalten, dass der Vollzugsplan in bestimmten Fällen erst mit ihrer Zustimmung wirksam wird.

(5) [1]Die Vollzugsplanung wird mit den Gefangenen erörtert. [2]Ihnen wird Gelegenheit gegeben, eine Stellungnahme in der Vollzugsplankonferenz abzugeben. [3]Der Vollzugsplan ist ihnen auszuhändigen.

§ 100 Behandlung und Verlegung in eine sozialtherapeutische Einrichtung. (1) [1]Den Gefangenen sind die zur Erreichung der Vollzugsziele erforderlichen Behandlungsmaßnahmen anzubieten. [2]Diese haben wissenschaftliche Erkenntnisse zu berücksichtigen. [3]Soweit standardisierte Angebote nicht ausreichen oder keinen Erfolg versprechen, sind individuelle Behandlungsangebote zu entwickeln.

(2) [1] Bei der Behandlung wirken Bedienstete verschiedener Fachrichtungen in enger Abstimmung zusammen. [2] Soweit dies erforderlich ist, sind externe Fachkräfte einzubeziehen. [3] Die Gefangenen wirken an ihrer Behandlung mit. [4] Den Gefangenen sollen Bedienstete als feste Ansprechpartner zur Verfügung stehen.

(3) [1] Ist Sicherungsverwahrung angeordnet oder vorbehalten, sind Gefangene bereits während des Vollzugs der Freiheitsstrafe in eine sozialtherapeutische Abteilung oder Anstalt zu verlegen, wenn dies aus behandlerischen Gründen angezeigt ist. [2] Die Verlegung soll zu einem Zeitpunkt erfolgen, der den Abschluss der Behandlung während des Vollzugs der Freiheitsstrafe erwarten lässt.

§ 101 Freistellung aus der Haft zur Vorbereitung der Entlassung.

(1) [1] Abweichend von § 89 Absatz 3 Satz 1 kann die Justizvollzugsanstalt den Gefangenen nach Anhörung der Vollstreckungsbehörde zur Vorbereitung der Entlassung Freistellung aus der Haft bis zu sechs Monaten gewähren. [2] § 9 Absatz 1 und 4 sowie § 12 gelten entsprechend. [3] § 88 findet keine Anwendung.

(2) [1] Den Gefangenen sollen für die Freistellung nach Absatz 1 Weisungen erteilt werden. [2] Sie können insbesondere angewiesen werden, sich einer von der Justizvollzugsanstalt bestimmten Betreuungsperson zu unterstellen, sich an bestimmten Orten oder in bestimmten Einrichtungen außerhalb des Vollzugs aufzuhalten und jeweils für kurze Zeit in die Justizvollzugsanstalt zurückzukehren. [3] Die Freistellung nach Absatz 1 wird widerrufen, wenn dies die Behandlung erfordert.

§ 102 Nachgehende Betreuung. Die Justizvollzugsanstalt kann früheren Gefangenen auf Antrag Hilfestellung gewähren, soweit diese nicht anderweitig sichergestellt werden kann und der Erfolg der Behandlung gefährdet erscheint.

§ 103 Verbleib und Aufnahme auf freiwilliger Grundlage. (1) [1] Frühere Gefangene können auf ihren Antrag vorübergehend in einer Justizvollzugsanstalt verbleiben oder wieder aufgenommen werden, wenn die Eingliederung gefährdet ist. [2] Der Verbleib und die Aufnahme sind jederzeit widerruflich.

(2) [1] Gegen verbliebene oder aufgenommene Personen dürfen Maßnahmen des Vollzugs nicht mit unmittelbarem Zwang durchgesetzt werden. [2] § 73 Absatz 2 und 3 bleibt unberührt.

(3) Auf ihren Antrag sind die verbliebenen oder aufgenommenen Personen unverzüglich zu entlassen.

(4) § 51 gilt entsprechend.

Unterabschnitt 2. Unterbringung in einem psychiatrischen Krankenhaus oder in einer Entziehungsanstalt

§ 104 Unterbringung in einem psychiatrischen Krankenhaus. [1] Die Behandlung der Untergebrachten in einem psychiatrischen Krankenhaus richtet sich nach medizinischen Gesichtspunkten. [2] Soweit möglich, sollen sie geheilt oder ihr Zustand soweit gebessert werden, dass sie nicht mehr gefährlich sind. [3] Ihnen wird die nötige Aufsicht, Betreuung und Pflege zuteil.

§ 105 Unterbringung in einer Entziehungsanstalt. Ziel der Behandlung der Untergebrachten in einer Entziehungsanstalt ist es, sie von ihrem Hang zu heilen und die zu Grunde liegende Fehlhaltung zu beheben.

§ 106 Anwendung anderer Vorschriften. Der Vollzug der Unterbringung in einem psychiatrischen Krankenhaus oder in einer Entziehungsanstalt richtet sich nach §§ 32 bis 54 des Psychisch-Kranken-Hilfe-Gesetzes.

Abschnitt 17. Kriminologische Forschung im Strafvollzug

§ 107 Fortentwicklung des Vollzugs und kriminologische Forschung.

(1) [1]Der Strafvollzug ist fortzuentwickeln. [2]Maßnahmen zur Behandlung der Gefangenen sind auf der Grundlage wissenschaftlicher Erkenntnisse zu konzipieren, zu standardisieren und auf ihre Wirksamkeit zu überprüfen.

(2) Der Strafvollzug, insbesondere seine Aufgabenerfüllung und Gestaltung, die Umsetzung seiner Leitlinien und die Behandlungsmaßnahmen sowie deren Wirkungen auf das Vollzugsziel, wird regelmäßig durch den kriminologischen Dienst in Zusammenarbeit mit Hochschulen oder anderen Stellen wissenschaftlich begleitet und erforscht.

(3) In die Untersuchung ist einzubeziehen, ob die Gefangenen nach der Entlassung in der Lage sind, in sozialer Verantwortung ein Leben ohne Straftaten zu führen.

(4) Die Leitung der kriminologischen Forschung obliegt der Aufsichtsbehörde.

Abschnitt 18. Vollzug weiterer freiheitsentziehender Maßnahmen in Justizvollzugsanstalten

Unterabschnitt 1. Vollzug des Strafarrests

§ 108 Grundsatz. [1]Für den Vollzug des Strafarrests in Justizvollzugsanstalten gelten die Vorschriften über den Vollzug der Freiheitsstrafe entsprechend, soweit im Folgenden nichts anderes bestimmt ist. [2]§ 51 findet nur in den Fällen einer in § 45 erwähnten Beschäftigung Anwendung.

§ 109 Unterbringung, Besuche und Schriftwechsel. (1) [1]Eine gemeinsame Unterbringung während der Arbeit, Freizeit und Ruhezeit ist nur mit Einwilligung der Gefangenen zulässig. [2]Dies gilt nicht, wenn Strafarrest in Unterbrechung einer Strafhaft oder einer Unterbringung im Vollzug einer freiheitsentziehenden Maßregel der Besserung und Sicherung vollzogen wird.

(2) Den Gefangenen soll gestattet werden, einmal wöchentlich Besuch zu empfangen.

(3) Besuche und Schriftwechsel dürfen nur untersagt oder überwacht werden, wenn dies aus Gründen der Sicherheit oder Ordnung der Justizvollzugsanstalt notwendig ist.

§ 110 Kleidung, Wäsche und Bettzeug. Gefangene dürfen eigene Kleidung, Wäsche und eigenes Bettzeug benutzen, wenn Gründe der Sicherheit nicht entgegenstehen und die Gefangenen für Reinigung, Instandsetzung und regelmäßigen Wechsel auf eigene Kosten sorgen.

§ 111 Einkauf. Die Gefangenen dürfen Waren in angemessenem Umfang durch Vermittlung der Justizvollzugsanstalt auf eigene Kosten erwerben.

§ 112 Unmittelbarer Zwang. [1]Beim Vollzug des Strafarrests dürfen zur Vereitelung einer Flucht oder zur Wiederergreifung keine Schusswaffen gebraucht werden. [2]Dies gilt nicht, wenn Strafarrest in Unterbrechung einer Untersuchungshaft, einer Strafhaft oder einer Unterbringung im Vollzug einer freiheitsentziehenden Maßregel der Besserung und Sicherung vollzogen wird.

Unterabschnitt 2. Vollzug von Ordnungs-, Sicherungs-, Zwangs- und Erzwingungshaft

§ 113 Vollzug von Ordnungs-, Sicherungs-, Zwangs- und Erzwingungshaft. Die §§ 171 bis 175 StVollzG[1)], auch in Verbindung mit § 178 Absatz 1 bis 3 StVollzG, sowie §§ 179 bis 186 StVollzG, bleiben unberührt.

Buch 4. Jugendstrafvollzug (JVollzGB IV)

(vom Abdruck wurde abgesehen)

[1)] Nr. 1.

Buch 5. Vollzug der Sicherungsverwahrung (JVollzGB V)

Abschnitt 1. Grundsätze

§ 1 Ziele des Vollzugs. [1]Der Vollzug der Sicherungsverwahrung dient dem Ziel, die Gefährlichkeit der Untergebrachten für die Allgemeinheit so zu mindern, dass die Vollstreckung der Unterbringung möglichst bald zur Bewährung ausgesetzt oder für erledigt erklärt werden kann. [2]Im Vollzug der Sicherungsverwahrung sollen die Untergebrachten fähig werden, künftig in sozialer Verantwortung ein Leben ohne Straftaten zu führen.

§ 2 Gestaltung des Vollzugs. (1) [1]Die Untergebrachten sind unter Achtung ihrer Grund- und Menschenrechte zu behandeln. [2]Niemand darf unmenschlicher oder erniedrigender Behandlung unterworfen werden.

(2) [1]Der Vollzug der Sicherungsverwahrung ist freiheitsorientiert und therapiegerichtet auszugestalten. [2]Den Untergebrachten sind die zur Erreichung der Vollzugsziele erforderlichen Behandlungs- und Betreuungsmaßnahmen anzubieten.

(3) [1]Das Leben im Vollzug ist den allgemeinen Lebensverhältnissen soweit wie möglich anzugleichen. [2]Es soll den Bezug zum Leben außerhalb des Vollzugs erhalten, die Untergebrachten in ihrer Eigenverantwortung stärken und ihnen helfen, sich in das Leben in Freiheit einzugliedern. [3]Schädlichen Folgen des Freiheitsentzugs ist entgegenzuwirken. [4]Die Untergebrachten sind vor Übergriffen zu schützen.

(4) Bei der Gestaltung des Vollzugs und bei allen Einzelmaßnahmen werden die unterschiedlichen Lebenslagen und Bedürfnisse der Untergebrachten, insbesondere im Hinblick auf Alter, Geschlecht und Herkunft, berücksichtigt.

§ 3 Mitwirkung und Motivierung. (1) [1]Die Erreichung der Vollzugsziele erfordert die Mitwirkung der Untergebrachten. [2]Ihre Bereitschaft hierzu ist fortwährend zu wecken und zu fördern. [3]Die Motivationsmaßnahmen sind zu dokumentieren.

(2) [1]Zur Motivierung können auch besondere Vergünstigungen gewährt oder bereits gewährte besondere Vergünstigungen wieder entzogen werden. [2]Die Ansprüche der Untergebrachten nach diesem Gesetz bleiben unberührt.

§ 4 Stellung der Untergebrachten. (1) [1]Die Untergebrachten unterliegen den in diesem Gesetz vorgesehenen Beschränkungen ihrer Freiheit. [2]Soweit das Gesetz eine besondere Regelung nicht enthält, dürfen ihnen nur solche Beschränkungen auferlegt werden, die zur Aufrechterhaltung der Sicherheit oder zur Abwendung einer schwerwiegenden Störung der Ordnung der Justizvollzugsanstalt oder zum Schutz der Allgemeinheit vor erheblichen Straftaten unerlässlich sind.

(2) [1]Von mehreren geeigneten Maßnahmen ist diejenige zu wählen, die die Untergebrachten voraussichtlich am wenigsten beeinträchtigt. [2]Eine Maßnahme darf nicht zu einem Nachteil führen, der zu dem angestrebten Erfolg erkennbar außer Verhältnis steht. [3]Sie ist nur so lange zulässig, bis ihr Zweck erreicht ist oder nicht mehr erreicht werden kann.

Abschnitt 2. Aufnahme und Behandlung

§ 5 Aufnahmeverfahren. (1) [1]Bei der Aufnahme werden die Untergebrachten über ihre Rechte und Pflichten in einer für sie verständlichen Form unterrichtet. [2]Mit den Untergebrachten ist unverzüglich ein Zugangsgespräch zu führen, in dem sie auch über die Ausgestaltung der Unterbringung informiert werden.

(2) [1]Nach der Aufnahme werden die Untergebrachten alsbald ärztlich untersucht und der Anstaltsleiterin oder dem Anstaltsleiter oder den von diesen beauftragten Bediensteten vorgestellt. [2]Beim Aufnahmeverfahren und bei der ärztlichen Untersuchung dürfen andere Untergebrachte oder Gefangene nicht zugegen sein; Ausnahmen bedürfen der Zustimmung der oder des Untergebrachten.

§ 6 Behandlungsuntersuchung. (1) An das Aufnahmeverfahren schließt sich zur Vorbereitung der Vollzugsplanung unverzüglich eine umfassende Behandlungsuntersuchung unter Berücksichtigung wissenschaftlicher Erkenntnisse an.

(2) [1]Die Behandlungsuntersuchung erstreckt sich auf alle Umstände, deren Kenntnis für eine planvolle Behandlung der Untergebrachten und für die Beurteilung ihrer Gefährlichkeit maßgeblich sind. [2]Im Rahmen der Behandlungsuntersuchung sind insbesondere die Ursachen der Straftaten, die individuellen Risikofaktoren sowie der Behandlungsbedarf, die Behandlungsfähigkeit und die Behandlungsmotivation der Untergebrachten festzustellen. [3]Gleichzeitig sollen die Fähigkeiten der Untergebrachten ermittelt werden, deren Stärkung ihrer Gefährlichkeit entgegenwirken kann. [4]Erkenntnisse aus vorangegangenen Freiheitsentziehungen sind einzubeziehen.

(3) [1]Bei der Behandlungsuntersuchung wirken Bedienstete verschiedener Fachrichtungen in enger Abstimmung zusammen. [2]Soweit dies erforderlich ist, sind externe Fachkräfte einzubeziehen. [3]Die Untergebrachten wirken an der Behandlungsuntersuchung mit.

§ 7 Vollzugsplan. (1) [1]Aufgrund der Behandlungsuntersuchung wird unverzüglich ein Vollzugsplan erstellt, der die individuellen Behandlungsziele festlegt und die zu ihrer Erreichung geeigneten und erforderlichen Maßnahmen benennt. [2]Der Vollzugsplan enthält mindestens Angaben über

1. psychiatrische, psychotherapeutische oder sozialtherapeutische Behandlungsmaßnahmen,
2. andere Einzel- oder Gruppenbehandlungsmaßnahmen,
3. Maßnahmen zur Förderung der Behandlungsmotivation,
4. die Unterbringung in einer anderen sozialtherapeutischen Einrichtung,
5. die Zuweisung zu Wohngruppen,
6. Art und Umfang der Beschäftigung,
7. Maßnahmen zur Gestaltung der Freizeit,
8. Maßnahmen zur Ordnung der finanziellen Verhältnisse,
9. Maßnahmen zur Ordnung der familiären Verhältnisse,
10. Maßnahmen zur Förderung von Außenkontakten,
11. Maßnahmen zur Vorbereitung eines sozialen Empfangsraums,
12. vollzugsöffnende Maßnahmen sowie

13. Entlassungsvorbereitung und Nachsorge.

(2) [1]Der Vollzugsplan ist fortlaufend auf seine Umsetzung hin zu überprüfen und mit der Entwicklung der Untergebrachten sowie mit weiteren für die Behandlung bedeutsamen Erkenntnissen in Einklang zu halten. [2]Hierfür sind im Vollzugsplan angemessene Fristen vorzusehen, die sechs Monate nicht übersteigen sollen.

(3) [1]Zur Vorbereitung der Aufstellung und Fortschreibung des Vollzugsplans werden Konferenzen mit den an der Vollzugsgestaltung maßgeblich Beteiligten durchgeführt. [2]An der Behandlung mitwirkende Personen außerhalb des Vollzugs sollen in die Planung einbezogen werden; sie können mit Zustimmung der Untergebrachten auch an den Konferenzen beteiligt werden.

(4) [1]Der Vollzugsplan wird mit der Billigung durch die Anstaltsleiterin oder den Anstaltsleiter wirksam. [2]Die Aufsichtsbehörde kann sich vorbehalten, dass der Vollzugsplan in bestimmten Fällen erst mit ihrer Zustimmung wirksam wird.

(5) [1]Die Vollzugsplanung wird mit den Untergebrachten erörtert. [2]Ihnen wird Gelegenheit gegeben, eine Stellungnahme in der Vollzugsplankonferenz abzugeben. [3]Der Vollzugsplan ist ihnen auszuhändigen.

§ 8 Behandlung. (1) [1]Den Untergebrachten sind die zur Erreichung der Vollzugsziele erforderlichen Behandlungsmaßnahmen anzubieten. [2]Diese haben wissenschaftliche Erkenntnisse zu berücksichtigen. [3]Soweit standardisierte Angebote nicht ausreichen oder keinen Erfolg versprechen, sind individuelle Behandlungsangebote zu entwickeln.

(2) [1]Bei der Behandlung wirken Bedienstete verschiedener Fachrichtungen in enger Abstimmung zusammen. [2]Soweit dies erforderlich ist, sind externe Fachkräfte einzubeziehen. [3]Die Untergebrachten wirken an ihrer Behandlung mit.

(3) Den Untergebrachten sollen Bedienstete als feste Ansprechpartner zur Verfügung stehen.

§ 9 Sozialtherapeutische Behandlung. [1]Den Untergebrachten sind sozialtherapeutische Behandlungsmaßnahmen anzubieten, wenn dies aus behandlerischen Gründen angezeigt ist. [2]Die Behandlung soll in einer für den Vollzug der Sicherungsverwahrung zuständigen Justizvollzugsanstalt erfolgen.

§ 10 Verlegung, Überstellung und Ausantwortung. (1) Untergebrachte können abweichend vom Vollstreckungsplan in eine andere für den Vollzug der Sicherungsverwahrung zuständige Justizvollzugsanstalt verlegt oder überstellt werden, wenn

1. die Erreichung der Vollzugsziele hierdurch gefördert wird,
2. dies zur Abwehr einer Gefahr für die Sicherheit oder einer erheblichen Gefahr für die Ordnung der Justizvollzugsanstalt erforderlich ist oder
3. zwingende Gründe der Vollzugsorganisation dies erfordern.

(2) [1]Untergebrachte dürfen ausnahmsweise in eine für den Vollzug anderer Freiheitsentziehungen zuständige Justizvollzugsanstalt, Teilanstalt, Außenstelle oder Abteilung verlegt oder überstellt werden

1. zur Behandlung, insbesondere in einer sozialtherapeutischen Anstalt,
2. zur Durchführung einer Behandlungsuntersuchung oder Begutachtung,

3. zur Behandlung einer Krankheit oder besseren medizinischen Versorgung in einem Justizvollzugskrankenhaus oder in einer Krankenabteilung einer Justizvollzugsanstalt,
4. auf Antrag der Untergebrachten aus wichtigem Grund,
5. zur Entlassungsvorbereitung in einer Einrichtung des offenen Vollzugs oder
6. vorübergehend zur Abwehr einer erheblichen Gefahr für die Sicherheit der Justizvollzugsanstalt oder für Leib oder Leben von Untergebrachten oder Dritten.

[2]Die Unterbringungsbedingungen sollen sich im Rahmen der vorhandenen Gegebenheiten von denen der Strafgefangenen unterscheiden, soweit dies mit der Aufgabenerfüllung der aufnehmenden Anstalt vereinbar ist. [3]Im Übrigen bleiben die Rechte der Untergebrachten nach diesem Gesetz unberührt.

(3) Untergebrachte können mit Zustimmung der Aufsichtsbehörde in ein anderes Land verlegt werden, wenn die Voraussetzungen der Absätze 1 oder 2 vorliegen und die zuständige Behörde des anderen Landes zustimmt.

(4) [1]In begründeten Fällen ist das befristete Überlassen von Untergebrachten in den Gewahrsam einer Polizei-, Zoll- oder Finanzbehörde zulässig. [2]Die Justizvollzugsanstalt kann zur Durchführung der Ausantwortung Anordnungen treffen.

Abschnitt 3. Vollzugsöffnende Maßnahmen

§ 11 Vollzugsöffnende Maßnahmen. (1) Vollzugsöffnende Maßnahmen sind insbesondere

1. das Verlassen der Justizvollzugsanstalt für eine bestimmte Tageszeit in Begleitung einer Bezugsperson (Begleitausgang) oder ohne Begleitung (Ausgang),
2. das Verlassen der Justizvollzugsanstalt für mehr als einen Tag (Freistellung aus der Unterbringung), wobei die einzelne Freistellung die Dauer von zwei Wochen nicht übersteigen soll,
3. die regelmäßige Beschäftigung außerhalb der Justizvollzugsanstalt unter Aufsicht Vollzugsbediensteter (Außenbeschäftigung) oder ohne Aufsicht (Freigang).

(2) Vollzugsöffnende Maßnahmen nach Absatz 1 werden zur Erreichung der Vollzugsziele mit Zustimmung der Untergebrachten gewährt, sobald und soweit zwingende Gründe nicht entgegenstehen, insbesondere konkrete Anhaltspunkte die Gefahr begründen, dass die Untergebrachten sich dem Vollzug der Sicherungsverwahrung entziehen oder die vollzugsöffnenden Maßnahmen zur Begehung erheblicher Straftaten missbrauchen werden.

(3) [1]Werden vollzugsöffnende Maßnahmen nach Absatz 1 nicht gewährt, ist den Untergebrachten das Verlassen der Justizvollzugsanstalt für eine bestimmte Tageszeit unter ständiger und unmittelbarer Aufsicht durch Justizvollzugsbedienstete (Ausführung) zu gestatten. [2]Ausführungen erfolgen mindestens vier Mal im Jahr. [3]Sie dienen der Erhaltung der Lebenstüchtigkeit, der Förderung der Mitwirkung an der Behandlung oder der Vorbereitung weiterer vollzugsöffnender Maßnahmen und dürfen nur versagt werden, wenn konkrete Anhaltspunkte die Gefahr begründen, dass die Untergebrachten sich trotz besonderer Vorkehrungen dem Vollzug der Sicherungsverwahrung entziehen oder die Ausführung zu erheblichen Straftaten missbrauchen werden. [4]Die Ausfüh-

rungen unterbleiben auch dann, wenn die zur Sicherung erforderlichen Maßnahmen den Zweck der Ausführung gefährden.

(4) Durch vollzugsöffnende Maßnahmen wird die Vollstreckung der Sicherungsverwahrung nicht unterbrochen.

§ 12 Vollzugsöffnende Maßnahmen aus wichtigem Anlass. (1) [1]Vollzugsöffnende Maßnahmen können auch aus wichtigem Anlass gewährt werden. [2]Wichtige Anlässe sind insbesondere die Teilnahme an gerichtlichen Terminen, die medizinische Behandlung der Untergebrachten sowie der Tod oder die lebensgefährliche Erkrankung naher Angehöriger der Untergebrachten.

(2) § 11 Absatz 2 und 3 gilt entsprechend

(3) Ausführungen aus wichtigem Anlass sind auch ohne Zustimmung der Untergebrachten zulässig, wenn dies aus besonderen Gründen notwendig ist.

§ 13 Freistellung aus der Unterbringung und Verlegung in den offenen Vollzug zur Vorbereitung der Entlassung. (1) [1]Die Justizvollzugsanstalt kann den Untergebrachten nach Anhörung der Vollstreckungsbehörde zur Vorbereitung der Entlassung Freistellung aus der Unterbringung bis zu sechs Monaten gewähren. [2]§ 11 Absatz 2 und 4 gilt entsprechend.

(2) [1]Den Untergebrachten sollen für die Freistellung nach Absatz 1 Weisungen erteilt werden. [2]Sie können insbesondere angewiesen werden, sich einer von der Justizvollzugsanstalt bestimmten Betreuungsperson zu unterstellen, sich an bestimmten Orten oder in bestimmten Einrichtungen außerhalb des Vollzugs aufzuhalten und jeweils für kurze Zeit in die Justizvollzugsanstalt zurückzukehren. [3]Die Freistellung nach Absatz 1 wird widerrufen, wenn dies die Behandlung erfordert.

(3) Zur Entlassungsvorbereitung können Untergebrachte mit ihrer Zustimmung in Anstalten oder Abteilungen des offenen Vollzugs untergebracht werden, wenn sie dessen besonderen Anforderungen genügen, insbesondere nicht zu befürchten ist, dass sie sich dem Vollzug der Sicherungsverwahrung entziehen oder die Unterbringung im offenen Vollzug zu erheblichen Straftaten missbrauchen werden.

§ 14 Weisungen. (1) Die Justizvollzugsanstalt kann für die vollzugsöffnenden Maßnahmen Weisungen erteilen.

(1a) Bei Ausführungen ohne angeordnete Fesselung kann die Anstaltsleiterin oder der Anstaltsleiter Untergebrachten die Weisung erteilen, die für eine elektronische Überwachung des Aufenthaltsorts erforderlichen technischen Mittel ständig in betriebsbereitem Zustand bei sich zu führen und deren Funktionsfähigkeit nicht zu beeinträchtigen, wenn dies erforderlich ist, um die Untergebrachten davon abzuhalten, sich dem Vollzug der Sicherungsverwahrung zu entziehen.

(2) Bei der Ausgestaltung der vollzugsöffnenden Maßnahmen ist den Belangen des Opfers Rechnung zu tragen.

§ 15 Zustimmung der Aufsichtsbehörde. Die Aufsichtsbehörde kann sich vorbehalten, dass in bestimmten Fällen die Entscheidung über die Verlegung in den offenen Vollzug, die Gewährung vollzugsöffnender Maßnahmen mit Ausnahme der Ausführung sowie die Gewährung von vollzugsöffnenden Maßnahmen aus wichtigem Anlass und zur Vorbereitung der Entlassung erst mit ihrer Zustimmung wirksam wird.

Abschnitt 4. Unterbringung, Grundversorgung, Tageseinteilung

§ 16 Unterbringung. (1) Untergebrachte werden im geschlossenen Vollzug untergebracht.

(2) [1]Die Untergebrachten erhalten ein Zimmer zur alleinigen Nutzung. [2]Die Zimmer sind so zu gestalten, dass den Untergebrachten ausreichender Raum zum Wohnen und Schlafen zur Verfügung steht. [3]Ein baulich abgetrennter Sanitärbereich ist vorzusehen.

(3) [1]Sofern Untergebrachte hilfsbedürftig sind oder für sie eine Gefahr für Leben oder Gesundheit besteht, können sie mit anderen gemeinsam untergebracht werden, wenn diese zustimmen. [2]Bei Hilfsbedürftigkeit bedarf es der Zustimmung beider Untergebrachter.

§ 17 Ausstattung des Zimmers, persönlicher Besitz. [1]Die Untergebrachten dürfen ihr Zimmer in angemessenem Umfang mit eigenen Gegenständen ausstatten. [2]Hierdurch dürfen die Übersichtlichkeit des Zimmers sowie die Sicherheit und Ordnung der Justizvollzugsanstalt nicht beeinträchtigt werden.

§ 18 Kleidung. [1]Die Untergebrachten dürfen eigene Kleidung tragen und eigene Bettwäsche benutzen, soweit sie für Reinigung und Instandsetzung auf eigene Kosten sowie für regelmäßigen Wechsel sorgen. [2]Bei Bedarf oder auf Antrag der Untergebrachten stellt die Justizvollzugsanstalt Kleidung und Bettwäsche zur Verfügung und ordnet diese persönlich zu.

§ 19 Verpflegung. (1) [1]Die Untergebrachten nehmen an der Gemeinschaftsverpflegung der Justizvollzugsanstalt teil. [2]Sie sind gesund zu ernähren. [3]Auf ärztliche Anordnung wird ihnen eine besondere Verpflegung gewährt. [4]Ihnen wird ermöglicht, Speisevorschriften ihrer Religionsgemeinschaft zu befolgen.

(2) [1]Den Untergebrachten kann gestattet werden, sich selbst zu verpflegen, soweit nicht die Sicherheit oder schwerwiegende Gründe der Ordnung der Justizvollzugsanstalt entgegenstehen. [2]Die Untergebrachten sollen angeleitet werden, sich gesund zu ernähren.

(3) [1]Soweit Untergebrachte sich selbst verpflegen, tragen sie die Kosten und werden von der Gemeinschaftsverpflegung ausgenommen. [2]Die Justizvollzugsanstalt unterstützt die Untergebrachten durch einen zweckgebundenen Zuschuss mindestens in Höhe der ersparten Sachaufwendungen. [3]Die Justizvollzugsanstalt kann stattdessen Lebensmittel zur Verfügung stellen.

§ 20 Einkauf. (1) [1]Die Untergebrachten erhalten die Möglichkeit, unter Vermittlung der Justizvollzugsanstalt in angemessenem Umfang einzukaufen. [2]Die Justizvollzugsanstalt wirkt auf ein Angebot hin, das auf die Wünsche und Bedürfnisse der Untergebrachten Rücksicht nimmt. [3]Der Einkauf kann in Form eines Listeneinkaufs durchgeführt werden.

(2) [1]Gegenstände, die die Sicherheit oder Ordnung der Justizvollzugsanstalt gefährden, sind vom Einkauf ausgeschlossen.

(3) [1]Für den Einkauf dürfen die Untergebrachten ihr Hausgeld nach § 49 Absatz 2, ihr Taschengeld nach § 49 Absatz 1 und ihr Sondergeld nach § 50 Absatz 1 sowie ihr Eigengeld, soweit dieses nicht als Überbrückungsgeld notwendig ist (§ 48), verwenden.

§ 21 Tageseinteilung und Bewegungsfreiheit. (1) [1]Die Untergebrachten sollen durch die Tageseinteilung an eine eigenverantwortliche Lebensführung herangeführt werden. [2]Die Tageseinteilung umfasst insbesondere Zeiten der Behandlung, Beschäftigung und Freizeit sowie der Nachtruhe.

(2) [1]Außerhalb der Nachtruhe dürfen sich die Untergebrachten in den für sie vorgesehenen Bereichen der Justizvollzugsanstalt einschließlich des Außenbereichs frei bewegen. [2]Einschränkungen sind zulässig, soweit es die Sicherheit oder schwerwiegende Gründe der Ordnung der Justizvollzugsanstalt erfordern oder ein schädlicher Einfluss auf andere Untergebrachte zu befürchten ist.

Abschnitt 5. Verkehr mit der Außenwelt

§ 22 Pflege sozialer Beziehungen, Besuche. (1) [1]Die Untergebrachten haben das Recht, Kontakte mit Personen außerhalb der Justizvollzugsanstalt im Rahmen der Bestimmungen dieses Gesetzes zu pflegen. [2]Der Kontakt zu Angehörigen und Personen, von denen ein günstiger Einfluss auf die Untergebrachten erwartet werden kann, wird gefördert.

(2) [1]Die Untergebrachten dürfen regelmäßig Besuch empfangen. [2]Die Gesamtdauer des Besuchs beträgt mindestens zehn Stunden im Monat.

(3) Besuche sollen darüber hinaus zugelassen werden, wenn sie die Behandlung oder Eingliederung der Untergebrachten fördern oder persönlichen, rechtlichen oder geschäftlichen Angelegenheiten dienen, die von den Untergebrachten weder schriftlich erledigt, noch durch Dritte wahrgenommen oder bis zur Entlassung aufgeschoben werden können.

(4) Den Untergebrachten sollen über Absatz 2 hinausgehende mehrstündige unbeaufsichtigte Besuche (Langzeitbesuche) ermöglicht werden, wenn dies zur Förderung familiärer, partnerschaftlicher oder ihnen gleichzusetzender Kontakte der Untergebrachten geboten erscheint und die Untergebrachten hierfür geeignet sind.

(5) [1]Aus Gründen der Sicherheit oder Ordnung der Justizvollzugsanstalt kann ein Besuch davon abhängig gemacht werden, dass sich die Besucherin oder der Besucher durchsuchen oder mit technischen Mitteln oder sonstigen Hilfsmitteln auf verbotene Gegenstände absuchen lässt. [2]Aus den gleichen Gründen kann die Anzahl der gleichzeitig zu einem Besuch zugelassenen Personen beschränkt werden.

§ 23 Verbot von Besuchen. Die Anstaltsleiterin oder der Anstaltsleiter kann Besuche untersagen,

1. wenn die Sicherheit oder Ordnung der Justizvollzugsanstalt gefährdet würde,
2. bei Besucherinnen oder Besuchern, die nicht Angehörige der oder des Untergebrachten im Sinne des Strafgesetzbuchs sind, wenn zu befürchten ist, dass sie einen schädlichen Einfluss auf die Untergebrachte oder den Untergebrachten haben oder die Eingliederung behindern würden.

§ 24 Überwachung von Besuchen. (1) [1]Besuche dürfen aus Gründen der Behandlung oder der Sicherheit oder Ordnung der Justizvollzugsanstalt überwacht werden, es sei denn, es liegen im Einzelfall Erkenntnisse dafür vor, dass es der Überwachung nicht bedarf. [2]Die Unterhaltung darf überwacht werden, soweit dies im Einzelfall aus den in Satz 1 genannten Gründen erforderlich ist.

(2) [1]Die optische Überwachung von Besuchen kann durch technische Hilfsmittel erfolgen. [2]Auf eine Überwachung nach Satz 1 sind die Untergebrachten und ihre Besucher vorher hinzuweisen. [3]Zur Verhinderung der Übergabe von Gegenständen können besondere Vorkehrungen, insbesondere durch Tischaufsätze oder Trennscheiben, getroffen werden, wenn bei der oder dem Untergebrachten verbotene Gegenstände gefunden wurden oder sonst konkrete Anhaltspunkte vorliegen, dass es zu einer verbotenen Übergabe von Gegenständen kommt.

(3) [1]Gegenstände dürfen beim Besuch nur mit Erlaubnis der Justizvollzugsanstalt übergeben werden. [2]Untergebrachten dürfen Nahrungs- und Genussmittel in geringer Menge übergeben werden. [3]Die Justizvollzugsanstalt kann anordnen, dass die Nahrungs- und Genussmittel durch ihre Vermittlung beschafft werden.

(4) [1]Ein Besuch darf abgebrochen werden, wenn Untergebrachte oder ihre Besucherinnen oder Besucher gegen Vorschriften dieses Gesetzes oder aufgrund dieses Gesetzes getroffene Anordnungen trotz Ermahnung verstoßen. [2]Einer Ermahnung bedarf es nicht, wenn es unerlässlich ist, den Besuch sofort abzubrechen.

§ 25 Besuche bestimmter Personen. (1) [1]Besuche von Verteidigern sowie von Rechtsanwälten und Notaren in einer die Untergebrachte oder den Untergebrachten betreffenden Rechtssache sind zu gestatten. [2]Die Justizvollzugsanstalt kann die Modalitäten der Besuche entsprechend ihren organisatorischen Möglichkeiten regeln. [3]Der Besuch kann davon abhängig gemacht werden, dass sich die Besucher vorher aus Gründen der Sicherheit oder Ordnung der Justizvollzugsanstalt durchsuchen oder mit technischen Mitteln oder sonstigen Hilfsmitteln auf verbotene Gegenstände absuchen lassen. [4]Eine Kenntnisnahme vom gedanklichen Inhalt der von Verteidigern mitgeführten Schriftstücke und sonstigen Unterlagen ist unzulässig.

(2) [1]Besuche von Verteidigern werden nicht überwacht. [2]Zur Übergabe von Schriftstücken und sonstigen Unterlagen bedürfen Verteidiger, Rechtsanwälte und Notare keiner Erlaubnis, sofern dies unmittelbar der Vorbereitung oder Durchführung der Verteidigung oder der Erledigung einer die Untergebrachte oder den Untergebrachten betreffenden Rechtssache dient. [3]Beim Besuch von Rechtsanwälten und Notaren kann die Übergabe von Schriftstücken oder sonstigen Unterlagen aus Gründen der Sicherheit oder Ordnung der Justizvollzugsanstalt von der Erlaubnis abhängig gemacht werden.

(3) § 27 Absatz 2 Satz 3 bleibt unberührt.

§ 26 Recht auf Schriftwechsel. (1) Untergebrachte haben das Recht, unbeschränkt Schreiben abzusenden und zu empfangen.

(2) Die Anstaltsleiterin oder der Anstaltsleiter kann den Schriftwechsel mit bestimmten Personen untersagen,

1. wenn die Sicherheit oder Ordnung der Justizvollzugsanstalt gefährdet würde,

2. wenn zu befürchten ist, dass der Schriftwechsel mit Personen, die nicht Angehörige der Untergebrachten im Sinne des Strafgesetzbuchs sind, einen schädlichen Einfluss auf die Untergebrachten hat oder die Erreichung der Vollzugsziele behindert, oder
3. zu befürchten ist, dass der Schriftwechsel mit Personen, die Opfer der Straftat sind, einen schädlichen Einfluss auf diese hat.

(3) [1] Die Kosten des Schriftwechsels tragen die Untergebrachten. [2] Sind sie dazu nicht in der Lage, kann die Justizvollzugsanstalt die Kosten in begründeten Fällen in angemessenem Umfang übernehmen.

§ 27 Überwachung des Schriftwechsels. (1) Der Schriftwechsel der Untergebrachten darf überwacht werden, soweit dies aus Gründen der Behandlung oder aus Gründen der Sicherheit oder Ordnung der Justizvollzugsanstalt erforderlich ist.

(2) [1] Der Schriftwechsel der Untergebrachten mit ihren Verteidigern wird nicht überwacht. [2] Die Schreiben dürfen, ohne sie zu öffnen, auf verbotene Gegenstände untersucht werden. [3] Liegt dem Vollzug der Sicherungsverwahrung eine Straftat nach § 129a StGB, auch in Verbindung mit § 129b Absatz 1 StGB, zugrunde, gelten § 148 Absatz 2 und § 148a StPO entsprechend; dies gilt nicht, wenn die Untergebrachten sich in einer Einrichtung des offenen Vollzugs befinden, ihnen vollzugsöffnende Maßnahmen oder Freistellung aus der Unterbringung nach § 13 Absatz 1 gewährt worden sind und ein Grund, der die Anstaltsleiterin oder den Anstaltsleiter zum Widerruf oder zur Rücknahme von vollzugsöffnenden Maßnahmen oder der Freistellung ermächtigt, nicht vorliegt.

(3) [1] Absatz 2 gilt entsprechend für Schreiben von Untergebrachten an

1. die Volksvertretungen des Bundes und der Länder sowie an deren Mitglieder,
2. das Europäische Parlament und dessen Mitglieder,
3. den Europäischen Gerichtshof für Menschenrechte,
4. den Europäischen Ausschuss zur Verhütung von Folter und unmenschlicher oder erniedrigender Behandlung oder Strafe,
5. die Datenschutzbeauftragten des Bundes und der Länder sowie die Aufsichtsbehörden nach § 40 des Bundesdatenschutzgesetzes,
6. den Europäischen Datenschutzbeauftragten,
7. den Bürgerbeauftragten des Landes,
8. den Europäischen Bürgerbeauftragten,
9. den Menschenrechtsausschuss der Vereinten Nationen sowie
10. den Ausschuss der Vereinten Nationen gegen Folter, den zugehörigen Unterausschuss zur Verhütung von Folter und die entsprechenden nationalen Präventionsmechanismen,

wenn die Schreiben an die Anschriften dieser Stellen gerichtet sind und den Absender zutreffend angeben. [2] Schreiben der in Satz 1 genannten Stellen, die an Untergebrachte gerichtet sind, dürfen nicht überwacht werden, wenn die Identität des Absenders zweifelsfrei feststeht.

§ 28 Weiterleitung und Aufbewahrung von Schreiben. (1) Die Untergebrachten haben Absendung und Empfang ihrer Schreiben durch die Justizvollzugsanstalt vermitteln zu lassen, soweit nichts anderes gestattet ist.

(2) Eingehende und ausgehende Schreiben sind unverzüglich weiterzuleiten.

(3) [1]Die Untergebrachten haben eingehende Schreiben unverschlossen zu verwahren, sofern nichts anderes gestattet wird. [2]Die Schreiben können auch verschlossen zur Habe gegeben werden.

§ 29 Anhalten von Schreiben. (1) Schreiben können angehalten werden, wenn

1. die Vollzugsziele oder die Sicherheit oder Ordnung einer Justizvollzugsanstalt gefährdet würden,
2. die Weitergabe in Kenntnis ihres Inhalts einen Straf- oder Bußgeldtatbestand verwirklichen würde,
3. sie grob unrichtige oder erheblich entstellende Darstellungen von Anstaltsverhältnissen enthalten,
4. sie grobe Beleidigungen enthalten,
5. sie die Eingliederung anderer Untergebrachter oder Gefangener gefährden können oder
6. sie in Geheimschrift, unlesbar, unverständlich oder ohne zwingenden Grund in einer fremden Sprache abgefasst sind; ein zwingender Grund zur Abfassung eines Schreibens in fremder Sprache liegt in der Regel nicht vor bei einem Schriftwechsel zwischen deutschen Untergebrachten und Dritten, die die deutsche Staatsangehörigkeit besitzen oder ihren Lebensmittelpunkt im Geltungsbereich des Grundgesetzes haben.

(2) Ausgehenden Schreiben, die unrichtige Darstellungen enthalten, kann ein Begleitschreiben beigefügt werden, wenn die oder der Untergebrachte auf die Absendung besteht.

(3) [1]Ist ein Schreiben angehalten worden, wird dies der oder dem Untergebrachten mitgeteilt. [2]Hiervon kann vorübergehend abgesehen werden, wenn dies die Sicherheit oder Ordnung der Justizvollzugsanstalt erfordert. [3]Angehaltene Schreiben werden an die Absenderin oder den Absender zurückgegeben oder, sofern dies unmöglich oder aus besonderen Gründen untunlich ist, behördlich verwahrt.

(4) Schreiben, deren Überwachung ausgeschlossen ist, dürfen nicht angehalten werden.

§ 30 Telefongespräche. (1) [1]Den Untergebrachten ist zu gestatten, Telefongespräche unter Vermittlung der Justizvollzugsanstalt zu führen. [2]Beschränkungen zu Zeiten der Nachtruhe sind zulässig. [3]Die Vorschriften über die Überwachung, Untersagung und den Abbruch des Besuchs gelten entsprechend. [4]Eine beabsichtigte Überwachung teilt die Justizvollzugsanstalt den Untergebrachten rechtzeitig vor Beginn des Telefongesprächs und den Gesprächspartnern der Untergebrachten unmittelbar nach Herstellung der Verbindung mit.

(2) [1]Die Kosten der Telefongespräche tragen die Untergebrachten. [2]Sind sie dazu nicht in der Lage, kann die Justizvollzugsanstalt die Kosten in begründeten Fällen in angemessenem Umfang übernehmen.

§ 31 Pakete. (1) [1]Den Untergebrachten ist zu gestatten, Pakete zu empfangen. [2]Die Justizvollzugsanstalt kann Anzahl, Gewicht und Größe von Sendungen festsetzen und einzelne Gegenstände vom Paketempfang ausnehmen, soweit die Sicherheit oder Ordnung der Justizvollzugsanstalt oder die Erreichung der Vollzugsziele gefährdet wäre.

(2) [1]Pakete sind in Gegenwart der oder des Untergebrachten zu öffnen. [2]Ausgeschlossene Gegenstände können zur Habe genommen oder an die Absenderin oder den Absender zurückgesandt werden. [3]Nicht ausgehändigte Gegenstände, durch die bei der Aufbewahrung Personen verletzt oder Sachschäden verursacht werden können oder die verderblich sind, dürfen vernichtet werden. [4]Die hiernach getroffenen Maßnahmen werden der oder dem Untergebrachten eröffnet.

(3) [1]Den Untergebrachten ist zu gestatten, Pakete zu versenden. [2]Der Versand kann aus Gründen der Sicherheit oder Ordnung der Justizvollzugsanstalt untersagt werden. [3]Zu diesem Zweck kann der Inhalt überprüft werden.

(4) [1]Die Kosten des Paketverkehrs tragen die Untergebrachten. [2]Sind sie dazu nicht in der Lage, kann die Justizvollzugsanstalt die Kosten in begründeten Fällen in angemessenem Umfang übernehmen.

Abschnitt 6. Religionsausübung

§ 32 Seelsorge. (1) [1]Den Untergebrachten darf religiöse Betreuung durch eine Seelsorgerin oder einen Seelsorger ihrer Religionsgemeinschaft nicht versagt werden. [2]Ihnen ist auf Wunsch zu helfen, mit einer Seelsorgerin oder einem Seelsorger ihrer Religionsgemeinschaft in Verbindung zu treten. [3]Das Beicht- und Seelsorgegeheimnis ist unverletzlich.

(2) [1]Die Untergebrachten dürfen grundlegende religiöse Schriften besitzen. [2]Diese dürfen ihnen nur bei grobem Missbrauch entzogen werden.

(3) Den Untergebrachten sind Gegenstände des religiösen Gebrauchs in angemessenem Umfang zu belassen.

§ 33 Religiöse Veranstaltungen. (1) Die Untergebrachten haben das Recht, am Gottesdienst und an anderen religiösen Veranstaltungen ihres Bekenntnisses teilzunehmen.

(2) Die Untergebrachten werden zu dem Gottesdienst oder zu religiösen Veranstaltungen einer anderen Religionsgemeinschaft zugelassen, wenn deren Seelsorgerin oder Seelsorger zustimmt.

(3) Die Untergebrachten können von der Teilnahme am Gottesdienst oder anderen religiösen Veranstaltungen ausgeschlossen werden, wenn dies aus überwiegenden Gründen der Sicherheit oder Ordnung der Justizvollzugsanstalt geboten ist; die Seelsorgerin oder der Seelsorger soll vorher gehört werden.

§ 34 Weltanschauungsgemeinschaften. Für Angehörige weltanschaulicher Bekenntnisse gelten die §§ 32 und 33 entsprechend.

Abschnitt 7. Gesundheitsfürsorge und soziale Hilfe

§ 35 Gesunde Lebensführung. (1) [1]Den Untergebrachten ist die Bedeutung einer gesunden Lebensführung in geeigneter Form zu vermitteln. [2]Sie sind insbesondere über die schädlichen Wirkungen des Suchtmittelkonsums aufzuklären.

(2) [1] Die Justizvollzugsanstalt kann Anordnungen zum Gesundheitsschutz und zur Hygiene treffen.

§ 36 Anspruch auf medizinische Leistung. (1) [1] Die Untergebrachten haben einen Anspruch auf notwendige, ausreichende und zweckmäßige medizinische Versorgung unter Beachtung des Grundsatzes der Wirtschaftlichkeit. [2] Der Anspruch umfasst Untersuchungen zur Früherkennung von Krankheiten und Vorsorgeleistungen. [3] Die Beurteilung der Notwendigkeit orientiert sich an der Versorgung der gesetzlich Versicherten. [4] Leistungen zur medizinischen Rehabilitation und ergänzende Leistungen werden erbracht, soweit die Belange des Vollzugs dem nicht entgegenstehen.

(2) [1] Der Anspruch nach Absatz 1 umfasst die Versorgung mit Hilfsmitteln nach § 33 des Fünften Buches Sozialgesetzbuch, wenn dies nicht mit Rücksicht auf die Kürze des Freiheitsentzugs unangemessen ist.

(3) [1] An den Kosten für medizinische Leistungen können die Untergebrachten in angemessenem Umfang beteiligt werden, höchstens jedoch bis zum Umfang der Beteiligung gesetzlich Versicherter.

§ 37 Verlegung aus medizinischen Gründen. (1) [1] Kranke, pflegebedürftige oder hilfsbedürftige Untergebrachte können in eine zur Behandlung ihrer Krankheit oder in eine für ihre Versorgung besser geeignete Justizvollzugsanstalt oder in ein Justizvollzugskrankenhaus überstellt oder verlegt werden. [2] § 10 Absatz 2 Satz 2 und 3 bleibt unberührt.

(2) [1] Erforderlichenfalls können Untergebrachte für die notwendige Dauer der Behandlung oder Versorgung in ein Krankenhaus außerhalb des Vollzugs gebracht werden. [2] Eine möglichst rasche Rückverlegung in ein Justizvollzugskrankenhaus oder eine Justizvollzugsanstalt ist anzustreben.

§ 38 Anspruch auf Krankenbehandlung in besonderen Fällen.

(1) Während einer Freistellung oder eines Ausgangs haben Untergebrachte einen Anspruch auf Krankenbehandlung in der für sie zuständigen Justizvollzugsanstalt.

(2) Der Anspruch auf Leistungen nach § 36 ruht, solange Untergebrachte aufgrund eines freien Beschäftigungsverhältnisses krankenversichert sind.

§ 39 Medizinische Behandlung zur sozialen Eingliederung. [1] Mit Zustimmung der Untergebrachten soll die Justizvollzugsanstalt medizinische Behandlungen, insbesondere Operationen oder prothetische Maßnahmen, durchführen lassen, die die soziale Eingliederung der Untergebrachten fördern. [2] Die Kosten tragen die Untergebrachten. [3] Sind sie dazu nicht in der Lage, kann die Justizvollzugsanstalt die Kosten in begründeten Fällen in angemessenem Umfang übernehmen.

§ 40 Benachrichtigung bei Krankheit oder Todesfall. (1) [1] Erkranken Untergebrachte schwer, ist eine Angehörige oder ein Angehöriger, eine Vertrauensperson oder eine gesetzliche Vertreterin oder ein gesetzlicher Vertreter unverzüglich zu benachrichtigen. [2] Hiervon kann auf Wunsch der oder des Untergebrachten abgesehen werden. [3] Im Falle des Todes von Untergebrachten ist eine der in Satz 1 genannten Personen unverzüglich zu benachrichtigen.

(2) Dem Wunsch von Untergebrachten, auch andere Personen zu benachrichtigen, soll nach Möglichkeit entsprochen werden.

§ 41 Soziale Hilfe. (1) Die soziale Hilfe der Justizvollzugsanstalt soll darauf gerichtet sein, die Untergebrachten in die Lage zu versetzen, ihre persönlichen Angelegenheiten selbst zu regeln.

(2) Bei der Aufnahme wird den Untergebrachten geholfen, die notwendigen Maßnahmen für hilfsbedürftige Angehörige zu veranlassen und ihre Habe außerhalb der Justizvollzugsanstalt sicherzustellen.

(3) [1] Den Untergebrachten ist eine Beratung in für sie bedeutsamen rechtlichen und sozialen Fragestellungen zu ermöglichen. [2] Ihnen ist zu helfen, für Unterhaltsberechtigte zu sorgen, Schulden zu regulieren und den durch die Straftat verursachten Schaden zu regeln. [3] Die Beratung soll hierbei auch die Benennung von Stellen und Einrichtungen außerhalb der Justizvollzugsanstalt umfassen.

(4) Aufgrund der Behandlungsuntersuchung oder auf Wunsch können suchtgefährdete oder süchtige Untergebrachte Suchtberatung und Vermittlung in Therapieeinrichtungen des Justizvollzugs oder anderer Träger erhalten.

Abschnitt 8. Beschäftigung und Vergütung

§ 42 Beschäftigung. (1) Die Untergebrachten sind nicht zur Arbeit verpflichtet.

(2) Den Untergebrachten sollen Arbeit, arbeitstherapeutische Maßnahmen sowie schulische und berufliche Bildung (Beschäftigung) angeboten werden, die ihre Fähigkeiten, Fertigkeiten und Neigungen berücksichtigen.

(3) Die Beschäftigung soll insbesondere dazu dienen, die Fähigkeiten und Fertigkeiten für eine regelmäßige Erwerbstätigkeit zur Sicherung des Lebensunterhalts nach der Entlassung und eine geordnete Tagesstruktur zu vermitteln, zu fördern und zu erhalten.

(4) Den Untergebrachten ist zu gestatten, sich selbst zu beschäftigen, soweit nicht die Sicherheit oder Ordnung der Justizvollzugsanstalt oder die Erreichung der Vollzugsziele gefährdet werden.

(5) [1] Den Untergebrachten kann gestattet werden, einem freien Beschäftigungsverhältnis außerhalb der Justizvollzugsanstalt nachzugehen. [2] § 11 Absatz 1 Nummer 3 und Absatz 2 gilt entsprechend.

§ 43 Unterricht, Zeugnisse. (1) [1] Für geeignete Untergebrachte soll Unterricht in den zum Hauptschulabschluss führenden Fächern, ein der Förderschule entsprechender Unterricht oder nach Möglichkeit Unterricht zur Erlangung anderer staatlich anerkannter Schulabschlüsse vorgesehen werden. [2] Bei der beruflichen Ausbildung ist berufsbildender Unterricht vorzusehen; dies gilt auch für die berufliche Weiterbildung, soweit die Art der Maßnahme es erfordert.

(2) Aus Gründen der Integration und zur Förderung der Sprachkompetenz sollen Untergebrachten, soweit erforderlich, Deutschkurse angeboten werden.

(3) Bildungsmaßnahmen sollen während der Beschäftigungszeit stattfinden.

(4) Aus dem Zeugnis über eine Bildungsmaßnahme darf der Vollzug der Sicherungsverwahrung nicht erkennbar sein.

§ 44 Freistellung von der Beschäftigung. (1) [1] Haben Untergebrachte ein halbes Jahr lang eine Beschäftigung nach § 42 Absatz 2 ausgeübt, so können sie beanspruchen, zwölf Werktage von der Beschäftigung freigestellt zu werden.

[2] Zeiten, in denen Untergebrachte infolge Krankheit an der Beschäftigung verhindert waren, werden auf das Halbjahr mit bis zu drei Wochen angerechnet. [3] Zeiten, in denen Untergebrachte die angebotene Beschäftigung aus anderen Gründen nicht ausgeübt haben, können in angemessenem Umfang angerechnet werden.

(2) Auf die Zeit der Freistellung von der Beschäftigung wird Freistellung aus der Unterbringung angerechnet, soweit sie in die Beschäftigungszeit fällt und nicht wegen einer lebensgefährlichen Erkrankung oder des Todes einer oder eines Angehörigen erteilt worden ist.

(3) Die Untergebrachten erhalten für die Zeit der Freistellung ihre zuletzt gezahlte Vergütung weiter.

(4) Urlaubsregelungen aus freien Beschäftigungsverhältnissen außerhalb des Vollzugs bleiben unberührt.

§ 45 Vergütung. (1) [1] Untergebrachte, die eine angebotene Arbeit oder arbeitstherapeutische Beschäftigung ausüben, erhalten ein Arbeitsentgelt. [2] Der Bemessung des Arbeitsentgelts sind 16 Prozent der Bezugsgröße nach § 18 des Vierten Buches Sozialgesetzbuch zugrunde zu legen (Eckvergütung). [3] Ein Tagessatz ist der zweihundertfünfzigste Teil der Eckvergütung; das Arbeitsentgelt kann nach einem Stundensatz bemessen werden.

(2) [1] Das Arbeitsentgelt kann je nach Leistung der Untergebrachten und der Art der Arbeit gestuft werden. [2] 75 Prozent der Eckvergütung dürfen nicht unterschritten werden. [3] Die Höhe des Arbeitsentgelts ist den Untergebrachten schriftlich bekannt zu geben.

(3) Das Justizministerium wird ermächtigt, im Einvernehmen mit dem Ministerium für Finanzen und Wirtschaft Vergütungsstufen und die Höhe der Vergütung in den einzelnen Vergütungsstufen, einschließlich der Gewährung von Zulagen, durch Rechtsverordnung zu bestimmen.

§ 46 Ausbildungsbeihilfe. (1) [1] Nehmen Untergebrachte während der Beschäftigungszeit an einer schulischen oder beruflichen Bildungsmaßnahme teil, so erhalten sie eine Ausbildungsbeihilfe, soweit ihnen keine Leistungen zum Lebensunterhalt zustehen, die freien Personen aus solchem Anlass gewährt werden. [2] Der Nachrang der Sozialhilfe nach § 2 Absatz 2 des Zwölften Buches Sozialgesetzbuch wird nicht berührt.

(2) Für die Bemessung der Ausbildungsbeihilfe gilt § 45 entsprechend.

(3) Werden Maßnahmen nach Absatz 1 stunden- oder tageweise durchgeführt, erhalten die Untergebrachten eine Ausbildungsbeihilfe in Höhe des ihnen dadurch entgehenden Arbeitsentgelts.

§ 47 Entschädigung bei Teilnahme an Behandlungsmaßnahmen. [1] Nehmen Untergebrachte während der Beschäftigungszeit an einer Behandlungsmaßnahme nach § 7 Absatz 1 Satz 2 Nummer 1 oder Nummer 2 teil, so erhalten sie eine Entschädigung in Höhe des ihnen dadurch entgehenden Arbeitsentgelts oder der ihnen dadurch entgehenden Ausbildungsbeihilfe.

Abschnitt 9. Gelder der Untergebrachten, Kostenbeteiligung

§ 48 Überbrückungsgeld. (1) Aus den in diesem Gesetz geregelten Bezügen und aus den Bezügen der Untergebrachten, die in einem freien Beschäftigungsverhältnis stehen oder sich selbst beschäftigen, ist ein Überbrückungsgeld zu bilden, das den notwendigen Lebensunterhalt der Untergebrachten und ihrer Unterhaltsberechtigten in den ersten vier Wochen nach der Entlassung sichern soll.

(2) [1] Das Überbrückungsgeld wird den Untergebrachten bei der Entlassung in die Freiheit ausbezahlt. [2] Die Justizvollzugsanstalt kann es ganz oder zum Teil der Bewährungshilfe oder einer mit der Entlassenenbetreuung befassten Stelle überweisen, die darüber entscheiden, wie das Geld innerhalb der ersten vier Wochen nach der Entlassung an die Entlassenen ausbezahlt wird. [3] Die Bewährungshilfe und die mit der Entlassenenbetreuung befasste Stelle sind verpflichtet, das Überbrückungsgeld von ihrem Vermögen gesondert zu halten. [4] Mit Zustimmung der Untergebrachten kann das Überbrückungsgeld auch an Unterhaltsberechtigte überwiesen werden.

(3) Das Überbrückungsgeld kann für Ausgaben in Anspruch genommen werden, die der Eingliederung der Untergebrachten dienen.

(4) [1] Der Anspruch auf Auszahlung des Überbrückungsgelds ist unpfändbar. [2] Erreicht es nicht die in Absatz 1 bestimmte Höhe, so ist in Höhe des Unterschiedsbetrags auch der Anspruch auf Auszahlung des Eigengelds unpfändbar. [3] Bargeld entlassener Untergebrachter, an die wegen der nach Satz 1 oder Satz 2 unpfändbaren Ansprüche Geld ausgezahlt worden ist, ist für die Dauer von vier Wochen seit der Entlassung insoweit der Pfändung nicht unterworfen, als es dem Teil der Ansprüche für die Zeit von der Pfändung bis zum Ablauf der vier Wochen entspricht.

(5) [1] Absatz 4 gilt nicht bei einer Pfändung wegen der in § 850d Absatz 1 Satz 1 der Zivilprozessordnung (ZPO) bezeichneten Unterhaltsansprüche. [2] Entlassenen Untergebrachten ist jedoch so viel zu belassen, als sie für ihren notwendigen Unterhalt und zur Erfüllung ihrer sonstigen gesetzlichen Unterhaltspflichten für die Zeit von der Pfändung bis zum Ablauf von vier Wochen seit der Entlassung bedürfen.

§ 49 Taschengeld, Haus- und Eigengeld. (1) [1] Untergebrachten, die die Regelaltersgrenze erreicht haben oder denen keine Beschäftigung angeboten werden kann oder die aufgrund Krankheit keiner Beschäftigung nachgehen können, wird auf Antrag Taschengeld gewährt, soweit sie bedürftig sind. [2] Die Höhe wird mit 24 Prozent der Eckvergütung nach § 45 Absatz 1 bemessen. [3] Bedürftig sind Untergebrachte, soweit ihnen im laufenden Monat aus sonstigen Einkünften nicht ein Betrag bis zur Höhe des Taschengeldes zur Verfügung steht. [4] Nicht verbrauchtes Taschengeld ist bei der Bedürftigkeitsprüfung nicht zu berücksichtigen.

(2) [1] Untergebrachte dürfen monatlich drei Siebtel von ihren in diesem Gesetz geregelten Bezügen (Hausgeld) und das Taschengeld nach Absatz 1 für den Einkauf oder anderweitig verwenden. [2] § 20 Absatz 3 bleibt unberührt.

(3) Bezüge Untergebrachter, die nicht als Hausgeld oder Überbrückungsgeld in Anspruch genommen werden, sind dem Eigengeld gutzuschreiben.

(4) Für Untergebrachte, die in einem freien Beschäftigungsverhältnis stehen oder die sich selbst beschäftigen, wird aus ihren Bezügen ein angemessenes Hausgeld festgesetzt.

§ 50 Sondergeld. (1) Für Untergebrachte kann monatlich ein Betrag in angemessener Höhe einbezahlt werden, der als Sondergeld gutzuschreiben ist und wie Hausgeld genutzt werden kann.

(2) Über Absatz 1 hinaus kann Sondergeld in angemessener Höhe für folgende Zwecke eingezahlt werden:

1. Maßnahmen der Eingliederung, insbesondere Kosten der Gesundheitsfürsorge und der Aus- und Weiterbildung, und
2. Maßnahmen zur Pflege sozialer Beziehungen, insbesondere Telefonkosten und Fahrtkosten anlässlich vollzugsöffnender Maßnahmen.

(3) [1] Soweit das Guthaben des Sondergelds nach Absatz 1 die Summe von drei Monatseinzahlungen übersteigt, ist es dem Überbrückungsgeld zuzuführen. [2] Ist bereits ein Überbrückungsgeld in angemessener Höhe gebildet, ist das Guthaben dem Eigengeld zuzuschreiben. [3] Sondergeld im Sinne von Absatz 2 ist dem Eigengeld gutzuschreiben, wenn es zum bezeichneten Zweck nicht eingesetzt werden kann und eine Rückerstattung an den Einzahler nicht möglich ist.

(4) Der Anspruch auf Auszahlung des Sondergelds nach den Absatz 1 und 2 ist unpfändbar.

§ 51 Einbehaltung von Beitragsteilen. Soweit die Justizvollzugsanstalt Beiträge zur Bundesagentur für Arbeit zu entrichten hat, kann sie von dem Arbeitsentgelt einen Betrag einbehalten, der dem Anteil der oder des Untergebrachten am Beitrag entsprechen würde, wenn sie oder er diese Bezüge als Arbeitnehmer erhielte.

§ 52 Kostenbeteiligung. (1) An den Kosten für Unterbringung und Verpflegung werden die Untergebrachten nicht beteiligt.

(2) [1] An den Kosten für sonstige Leistungen können die Untergebrachten durch Erhebung von Kostenbeiträgen in angemessener Höhe beteiligt werden. [2] Dies gilt insbesondere für

1. Leistungen auf dem Gebiet der Gesundheitsfürsorge, höchstens jedoch im Umfang der Beteiligung gesetzlich Versicherter (§ 36 Absatz 3),
2. medizinische Behandlung zur sozialen Eingliederung (§ 39),
3. die Aufbewahrung, Entfernung, Verwertung oder Vernichtung eingebrachter Sachen,
4. die Überlassung von Geräten der Unterhaltungs- und Informationselektronik,
5. Stromkosten, die durch die Nutzung der in ihrem Besitz befindlichen Gegenstände entstehen.

(3) [1] Von der Erhebung von Kostenbeiträgen ist abzusehen, soweit dies notwendig ist, um die Erreichung der Vollzugsziele nicht zu gefährden. [2] Für Zeiten, in denen Untergebrachte bedürftig sind, soll von der Erhebung von Kostenbeiträgen abgesehen werden.

Abschnitt 10. Freizeit

§ 53 Freizeit. (1) [1] Die Untergebrachten erhalten Gelegenheit und Anregung, ihre Freizeit sinnvoll zu gestalten. [2] Die Justizvollzugsanstalt hat insbesondere Angebote zur sportlichen und kulturellen Betätigung sowie Bildungsangebote vorzuhalten. [3]Die Benutzung einer Bücherei ist zu ermöglichen.

(2) [1]Die Untergebrachten sind zur Teilnahme und Mitwirkung an Angeboten der Freizeitgestaltung zu motivieren und anzuleiten. [2]Die Gestaltung der Freizeit kann auch dazu dienen, die Untergebrachten an die Behandlung heranzuführen.

§ 54 Besitz von Gegenständen zur Freizeitbeschäftigung. (1) [1]Die Untergebrachten dürfen in angemessenem Umfang Bücher und andere Gegenstände zur Freizeitbeschäftigung besitzen. [2]Die Angemessenheit des Umfangs kann auch an der in der Justizvollzugsanstalt verfügbaren Kapazität für Zimmerkontrollen und am Wert eines Gegenstands ausgerichtet werden.

(2) [1]Absatz 1 Satz 1 gilt nicht, wenn der Besitz, die Überlassung oder die Benutzung eines Gegenstands

1. mit Strafe oder Geldbuße bedroht wäre,
2. die Vollzugsziele oder die Sicherheit oder Ordnung der Justizvollzugsanstalt gefährden würde oder
3. die Überprüfung des Gegenstands auf eine mögliche missbräuchliche Verwendung mit vertretbarem Aufwand von der Justizvollzugsanstalt nicht zu leisten wäre.

(3) [1]Die Zulassung von bestimmten Gerätetypen, insbesondere der elektronischen Unterhaltungsmedien, durch die Einrichtung kann der Zustimmung der Aufsichtsbehörde vorbehalten sein. [2]Die Aufsichtsbehörde kann allgemeine Richtlinien für die Gerätebeschaffenheit erlassen. [3]Eine ohne Zustimmung nach Satz 1 erteilte Zulassung kann zurückgenommen werden.

(4) Die Erlaubnis kann unter den Voraussetzungen des Absatzes 2 widerrufen werden.

§ 55 Hörfunk und Fernsehen. (1) Der Besitz von Hörfunk- und Fernsehgeräten ist nach Maßgabe von § 54 zulässig.

(2) [1]Die Justizvollzugsanstalt kann den Betrieb von Empfangsanlagen und die Ausgabe von Hörfunk- und Fernsehgeräten einem Dritten übertragen. [2]Sofern sie hiervon Gebrauch macht, können die Untergebrachten nicht den Besitz eigener Geräte verlangen.

(3) [1]Die Justizvollzugsanstalt entscheidet über die Einspeisung einzelner Rundfunk- und Fernsehprogramme in die Empfangsanlage. [2]Vor der Entscheidung soll die Interessenvertretung der Untergebrachten gehört werden.

(4) Der Empfang von Bezahlfernsehen und der Einsatz von zusätzlichen Empfangseinrichtungen im Zimmer sind nicht statthaft.

§ 56 Zeitungen und Zeitschriften. [1]Untergebrachte dürfen Zeitungen und Zeitschriften in angemessenem Umfang durch Vermittlung der Justizvollzugsanstalt beziehen. [2]§ 54 Absatz 1 Satz 2, Absatz 2 und 4 gilt entsprechend.

Abschnitt 11. Sicherheit und Ordnung

§ 57 Grundsatz. (1) [1]Das Verantwortungsbewusstsein der Untergebrachten für ein geordnetes und gewaltfreies Zusammenleben in der Justizvollzugsanstalt ist zu wecken und zu fördern. [2]Die Untergebrachten sind zu einvernehmlicher Streitbeilegung zu befähigen.

(2) Die Pflichten und Beschränkungen, die Untergebrachten zur Aufrechterhaltung der Sicherheit oder Ordnung der Justizvollzugsanstalt auferlegt werden, sind so zu wählen, dass sie in einem angemessenen Verhältnis zu ihrem Zweck stehen und die Untergebrachten nicht mehr und nicht länger als notwendig beeinträchtigen.

§ 58 Verhaltensvorschriften und Zusammenleben. (1) Die Untergebrachten dürfen durch ihr Verhalten gegenüber Bediensteten, anderen Untergebrachten und Dritten das geordnete Zusammenleben in der Justizvollzugsanstalt nicht stören.

(2) [1]Die Untergebrachten haben die Anordnungen der Bediensteten zu befolgen, auch wenn sie sich durch diese beschwert fühlen. [2]Einen ihnen zugewiesenen Bereich dürfen sie nicht ohne Erlaubnis verlassen.

(3) Die Untergebrachten haben die ihnen von der Justizvollzugsanstalt überlassenen Sachen, ihre Zimmer sowie gemeinschaftlich genutzte Räume in Ordnung zu halten und zu reinigen.

(4) Die Untergebrachten haben Umstände, die eine Gefahr für das Leben oder eine erhebliche Gefahr für die Gesundheit einer Person bedeuten, unverzüglich zu melden.

§ 59 Persönlicher Gewahrsam und Eigengeld. (1) [1]Die Untergebrachten dürfen nur Sachen in Gewahrsam haben oder annehmen, die ihnen von der Justizvollzugsanstalt oder mit ihrer Zustimmung überlassen werden. [2]Ohne Zustimmung dürfen sie Sachen weder abgeben noch annehmen, außer solche von geringem Wert. [3]Die Justizvollzugsanstalt kann die Abgabe, die Annahme und den Gewahrsam auch dieser Sachen von ihrer Zustimmung abhängig machen.

(2) [1]Eingebrachte Sachen, die die Untergebrachten nicht in Gewahrsam haben dürfen, sind für sie aufzubewahren, sofern dies nach Art und Umfang möglich ist. [2]Eingebrachtes Geld wird als Eigengeld gutgeschrieben. [3]Den Untergebrachten wird Gelegenheit gegeben, ihre Sachen, die sie während des Vollzugs und für die Entlassung nicht benötigen, abzusenden oder über das Eigengeld zu verfügen, soweit dieses nicht als Überbrückungsgeld notwendig ist.

(3) Weigern sich Untergebrachte, eingebrachte Gegenstände, deren Aufbewahrung nach Art oder Umfang nicht möglich ist, aus der Justizvollzugsanstalt zu verbringen, so ist die Justizvollzugsanstalt berechtigt, diese auf Kosten der oder des Untergebrachten entfernen zu lassen.

(4) Aufzeichnungen und andere Gegenstände, die Kenntnisse über Sicherungsvorkehrungen einer Justizvollzugsanstalt vermitteln, dürfen vernichtet oder unbrauchbar gemacht werden.

§ 60 Durchsuchung und Kontrollen auf Suchtmittelmissbrauch.

(1) [1]Untergebrachte, ihre Sachen und ihre Zimmer dürfen durchsucht werden. [2]Die Durchsuchung männlicher Untergebrachter darf nur von Männern, die Durchsuchung weiblicher Untergebrachter darf nur von Frauen vorgenommen werden; dies gilt nicht für das Absuchen der Untergebrachten mit technischen Mitteln oder mit sonstigen Hilfsmitteln. [3]Das Schamgefühl ist zu schonen.

(2) [1]Nur auf Anordnung der Anstaltsleiterin oder des Anstaltsleiters oder bei Gefahr im Verzug ist es im Einzelfall zulässig, eine mit einer Entkleidung verbundene körperliche Durchsuchung vorzunehmen. [2]Sie darf bei männlichen Untergebrachten nur in Gegenwart von Männern, bei weiblichen Untergebrachten nur in Gegenwart von Frauen erfolgen. [3]Sie ist in einem geschlossenen Raum durchzuführen. [4]Andere Untergebrachte oder Gefangene dürfen nicht anwesend sein.

(3) Die Anstaltsleiterin oder der Anstaltsleiter kann allgemein anordnen, dass Untergebrachte bei der Aufnahme, nach Kontakten mit Besuchern und nach jeder Abwesenheit von der Justizvollzugsanstalt nach Absatz 2 durchsucht werden können.

(4) [1]Untergebrachte können Suchtmittelkontrollen unterzogen werden, wenn der Verdacht besteht, dass sie Suchtmittel besitzen oder konsumieren. [2]Die ergriffenen Maßnahmen dürfen nicht mit einem körperlichen Eingriff verbunden sein. [3]Bei Untergebrachten, die die Mitwirkung an der Durchführung der Kontrolle verweigern, ist in der Regel davon auszugehen, dass Suchtmittelfreiheit nicht gegeben ist.

§ 61 Festnahmerecht. Untergebrachte, die entwichen sind oder sich sonst ohne Erlaubnis außerhalb der Justizvollzugsanstalt aufhalten, können durch die Justizvollzugsanstalt oder auf ihre Veranlassung hin festgenommen und in die Justizvollzugsanstalt zurückgebracht werden, solange ein unmittelbarer Bezug zum Vollzug der Sicherungsverwahrung besteht.

§ 62 Besondere Sicherungsmaßnahmen. (1) Gegen Untergebrachte können besondere Sicherungsmaßnahmen angeordnet werden, wenn nach ihrem Verhalten oder aufgrund ihres seelischen Zustandes in erhöhtem Maße die Gefahr der Flucht, von Gewalttätigkeiten gegen Personen oder Sachen, der Selbsttötung oder der Selbstverletzung besteht.

(2) Als besondere Sicherungsmaßnahmen sind zulässig

1. der Entzug oder die Vorenthaltung von Gegenständen,
2. die Beobachtung bei Nacht, auch mit technischen Hilfsmitteln,
3. die Absonderung von anderen Untergebrachten,
4. der Entzug oder die Beschränkung des Aufenthalts im Freien,
5. die Unterbringung in einem besonders gesicherten Raum ohne gefährdende Gegenstände und
6. die Fesselung und die Fixierung.

(3) Maßnahmen nach Absatz 2 Nummer 1 und 3 bis 5 sind auch zulässig, wenn die Gefahr einer Befreiung oder eine erhebliche Störung der Anstaltsordnung anders nicht vermieden oder behoben werden kann.

(4) Eine Absonderung von mehr als vierundzwanzig Stunden Dauer ist nur zulässig, wenn sie zur Abwehr einer in der Person der oder des Untergebrachten liegenden Gefahr unerlässlich ist.

(5) [1]In der Regel dürfen Fesseln nur an den Händen oder an den Füßen angelegt werden. [2]Im Interesse der Untergebrachten kann eine andere Art der Fesselung angeordnet werden. [3]Die Fesselung wird zeitweise gelockert oder aufgehoben, soweit dies notwendig ist.

(6) Bei einer Ausführung, Vorführung oder beim Transport ist die Fesselung auch dann zulässig, wenn aus anderen Gründen als denen des Absatzes 1 Fluchtgefahr besteht.

(7) [1] Eine Fesselung, durch die die Bewegungsfreiheit der oder des Untergebrachten weitgehend oder vollständig aufgehoben wird (Fixierung), ist nur zur Abwendung einer gegenwärtigen erheblichen Gefahr einer Selbstverletzung oder Selbsttötung der oder des Untergebrachten zulässig. [2] Eine Fixierung darf nur angeordnet werden, wenn und solange durch mildere Mittel eine erhebliche Selbstverletzung oder Selbsttötung der oder des Untergebrachten nicht abgewendet werden kann. [3] Bei Fixierungen ist insbesondere eine ständige und unmittelbare Überwachung sicherzustellen. [4] Anordnung, Gründe, Dauer und Art der Überwachung sowie Beendigung der Fixierung sind zu dokumentieren. [5] Nach Beendigung der Fixierung ist, sobald es der Zustand der oder des Untergebrachten zulässt, eine zu dokumentierende Nachbesprechung durchzuführen, in der insbesondere die Gründe für die Fixierung zu nennen sind. [6] Nach Beendigung der Fixierung sind die Untergebrachten darüber zu belehren, dass sie die Zulässigkeit der durchgeführten Fixierung gerichtlich überprüfen lassen können. [7] Für die verfahrensrechtliche Ausgestaltung der Fixierung insbesondere der richterlichen Entscheidung gilt § 72a Absatz 3 entsprechend.

§ 63 Anordnung besonderer Sicherungsmaßnahmen und Verfahren.

(1) [1] Besondere Sicherungsmaßnahmen ordnet die Anstaltsleiterin oder der Anstaltsleiter an. [2] Bei Gefahr im Verzug können auch andere Bedienstete der Justizvollzugsanstalt diese Maßnahmen vorläufig anordnen. [3] Die Entscheidung der Anstaltsleiterin oder des Anstaltsleiters ist unverzüglich einzuholen.

(2) Die an der Behandlung maßgeblich beteiligten Personen sind alsbald über die Anordnung zu unterrichten.

(3) [1] Werden Untergebrachte ärztlich behandelt oder beobachtet oder bildet ihr seelischer Zustand den Anlass der Maßnahme, ist vor der Anordnung besonderer Sicherungsmaßnahmen die Ärztin oder der Arzt zu hören. [2] Ist dies wegen Gefahr im Verzug nicht möglich, wird die Stellungnahme unverzüglich eingeholt.

(4) [1] Besondere Sicherungsmaßnahmen dürfen nur soweit aufrecht erhalten werden, wie es ihr Zweck erfordert. [2] Sie sind in angemessenen Abständen daraufhin zu überprüfen, ob und in welchem Umfang sie noch erforderlich sind.

(5) [1] Besondere Sicherungsmaßnahmen sollen den Untergebrachten erläutert werden. [2] Die Anordnung, Entscheidungen zur Fortdauer und die Durchführung der Maßnahmen einschließlich der Beteiligung nach Absatz 3 sind zu dokumentieren.

(6) [1] Besondere Sicherungsmaßnahmen nach § 62 Absatz 2 Nummer 5 und 6 sind der Aufsichtsbehörde unverzüglich mitzuteilen, wenn sie länger als drei Tage aufrechterhalten werden. [2] Absonderung und Unterbringung in einem besonders gesicherten Raum von mehr als 30 Tagen Gesamtdauer innerhalb von zwölf Monaten bedürfen der Zustimmung der Aufsichtsbehörde. [3] Diese Frist wird nicht dadurch unterbrochen, dass Untergebrachte am Gottesdienst oder am gemeinschaftlichen Aufenthalt im Freien teilnehmen.

(7) [1] Während der Absonderung oder Unterbringung in einem besonders gesicherten Raum sind die Untergebrachten in besonderem Maße zu betreuen. [2] Sind die Untergebrachten darüber hinaus gefesselt, sind sie ständig und in unmittelbarem Sichtkontakt zu beobachten.

§ 64 Ärztliche Überwachung. (1) [1] Sind Untergebrachte in einem besonders gesicherten Raum untergebracht, gefesselt oder fixiert, sucht sie die Ärztin oder der Arzt alsbald und in der Folge möglichst täglich auf. [2] Dies gilt nicht bei einer Fesselung während einer Ausführung, Vorführung oder eines Transports.

(2) Solange Untergebrachten der tägliche Aufenthalt im Freien entzogen wird, ist in regelmäßigen Abständen eine ärztliche Stellungnahme einzuholen.

§ 65 Ersatz von Aufwendungen. (1) [1] Untergebrachte sind verpflichtet, der Justizvollzugsanstalt Aufwendungen zu ersetzen, die sie durch eine vorsätzlich oder grob fahrlässig begangene Selbstverletzung oder Verletzung anderer Untergebrachter oder Gefangener verursacht haben. [2] Ansprüche aus sonstigen Rechtsvorschriften bleiben unberührt.

(2) Die Justizvollzugsanstalt kann bei der Geltendmachung von Forderungen nach Absatz 1 oder wegen einer vorsätzlichen oder grob fahrlässigen Verletzung fremden Eigentums durch Untergebrachte auch einen den dreifachen Tagessatz der Eckvergütung nach § 45 Absatz 1 übersteigenden Teil des Hausgelds in Anspruch nehmen.

(3) Für die in Absatz 1 genannten Forderungen ist der ordentliche Rechtsweg gegeben.

(4) Von der Aufrechnung oder Vollstreckung wegen der in Absatz 1 und 2 genannten Forderungen ist abzusehen, wenn hierdurch die Behandlung der oder des Untergebrachten oder ihre oder seine Eingliederung behindert würde.

Abschnitt 12. Unmittelbarer Zwang

§ 66 Allgemeine Voraussetzungen. (1) Bedienstete der Justizvollzugsanstalt dürfen unmittelbaren Zwang anwenden, wenn sie Vollzugs- und Sicherungsmaßnahmen rechtmäßig durchführen und der damit verfolgte Zweck auf keine andere Weise erreicht werden kann.

(2) Gegen andere Personen als Untergebrachte darf unmittelbarer Zwang angewendet werden, wenn sie es unternehmen, Untergebrachte zu befreien, in den Anstaltsbereich widerrechtlich einzudringen oder wenn sie sich unbefugt darin aufhalten.

(3) Das Recht zu unmittelbarem Zwang aufgrund anderer Regelungen bleibt unberührt.

§ 67 Begriffsbestimmungen. (1) Unmittelbarer Zwang ist die Einwirkung auf Personen oder Sachen durch körperliche Gewalt, ihre Hilfsmittel und durch Waffen.

(2) Körperliche Gewalt ist jede unmittelbare körperliche Einwirkung auf Personen oder Sachen.

(3) Hilfsmittel der körperlichen Gewalt sind namentlich Fesseln.

(4) Waffen sind die dienstlich zugelassenen Hieb- und Schusswaffen sowie Reizstoffe.

§ 68 Grundsatz der Verhältnismäßigkeit. (1) Unter mehreren möglichen und geeigneten Maßnahmen des unmittelbaren Zwangs sind diejenigen zu wählen, die den Einzelnen und die Allgemeinheit voraussichtlich am wenigsten beeinträchtigen.

(2) Unmittelbarer Zwang unterbleibt, wenn ein durch ihn zu erwartender Schaden erkennbar außer Verhältnis zu dem angestrebten Erfolg steht.

§ 69 Handeln auf Anordnung. (1) Wird unmittelbarer Zwang von Vorgesetzten oder sonst befugten Personen angeordnet, sind Vollzugsbedienstete verpflichtet, ihn anzuwenden, es sei denn, die Anordnung verletzt die Menschenwürde oder ist nicht zu dienstlichen Zwecken erteilt worden.

(2) [1] Die Anordnung darf nicht befolgt werden, wenn dadurch eine Straftat begangen würde. [2] Befolgen Vollzugsbedienstete sie trotzdem, trifft sie eine Schuld nur, wenn sie erkennen oder wenn es nach den ihnen bekannten Umständen offensichtlich ist, dass dadurch eine Straftat begangen wird.

(3) [1] Bedenken gegen die Rechtmäßigkeit der Anordnung haben die Vollzugsbediensteten der anordnenden Person gegenüber vorzubringen, soweit das nach den Umständen möglich ist. [2] Abweichende Vorschriften des allgemeinen Beamtenrechts über die Mitteilung solcher Bedenken an Vorgesetzte sind nicht anzuwenden.

§ 70 Androhung. [1] Unmittelbarer Zwang ist vorher anzudrohen. [2] Die Androhung darf nur dann unterbleiben, wenn die Umstände sie nicht zulassen oder unmittelbarer Zwang sofort angewendet werden muss, um eine rechtswidrige Tat, die den Tatbestand eines Strafgesetzes erfüllt, zu verhindern oder eine gegenwärtige Gefahr abzuwenden.

§ 71 Allgemeine Vorschriften für den Schusswaffengebrauch.

(1) [1] Schusswaffen dürfen nur gebraucht werden, wenn andere Maßnahmen des unmittelbaren Zwangs bereits erfolglos waren oder keinen Erfolg versprechen. [2] Gegen Personen ist ihr Gebrauch nur zulässig, wenn der Zweck nicht durch Waffenwirkung gegen Sachen erreicht wird.

(2) [1] Schusswaffen dürfen nur die dazu bestimmten Vollzugsbediensteten gebrauchen und nur, um angriffs- oder fluchtunfähig zu machen. [2] Ihr Gebrauch unterbleibt, wenn dadurch erkennbar Unbeteiligte mit hoher Wahrscheinlichkeit gefährdet würden.

(3) [1] Der Gebrauch von Schusswaffen ist vorher anzudrohen. [2] Als Androhung gilt auch ein Warnschuss. [3] Ohne Androhung dürfen Schusswaffen nur dann gebraucht werden, wenn dies zur Abwehr einer gegenwärtigen Gefahr für Leib oder Leben erforderlich ist.

§ 72 Besondere Vorschriften für den Schusswaffengebrauch. (1) [1] Gegen Untergebrachte dürfen Schusswaffen nur gebraucht werden,

1. wenn sie eine Waffe oder ein anderes gefährliches Werkzeug trotz wiederholter Aufforderung nicht ablegen,
2. wenn sie eine Meuterei (§ 121 StGB) unternehmen oder
3. um ihre Flucht zu vereiteln oder um sie wieder zu ergreifen.

[2] Um die Flucht aus einer Einrichtung des offenen Vollzugs zu vereiteln, dürfen keine Schusswaffen gebraucht werden.

(2) Gegen andere Personen dürfen Schusswaffen nur gebraucht werden, wenn sie es unternehmen, Untergebrachte gewaltsam zu befreien oder gewaltsam in eine Justizvollzugsanstalt einzudringen.

§ 72a Zwangsmaßnahmen in der Gesundheitsfürsorge. (1) [1] Medizinische Untersuchung, Behandlung und Ernährung sowie eine in diesem Zusammenhang erforderliche Fixierung sind gegen den natürlichen Willen der Untergebrachten nur zulässig, soweit sie dazu dienen, eine Lebensgefahr oder eine gegenwärtige erhebliche Gefahr für die Gesundheit

1. der oder des Untergebrachten oder
2. dritter Personen

abzuwenden. [2] Maßnahmen nach Satz 1 dürfen nur angeordnet werden, wenn

1. eine Ärztin oder ein Arzt die Untergebrachten zuvor, soweit möglich, angemessen aufgeklärt und sie auch über die Gründe, Art, Umfang und Dauer der Maßnahme informiert hat,
2. eine Ärztin oder ein Arzt erfolglos versucht hat, die auf Vertrauen begründete Zustimmung der Untergebrachten zu erreichen,
3. die Maßnahme Erfolg verspricht und als letztes Mittel eingesetzt wird, wenn mildere Mittel, insbesondere eine weniger eingreifende Behandlung, aussichtslos sind und
4. die mit der Maßnahme für den Untergebrachten verbundenen Belastungen nicht zu dem erwartbaren Nutzen außer Verhältnis steht und der erwartbare Nutzen mögliche Schäden der Nichtbehandlung deutlich feststellbar überwiegt.

[3] Maßnahmen nach Satz 1 Nummer 1 sind darüber hinaus nur zulässig, wenn die oder der Untergebrachte zur Einsicht in die Notwendigkeit der Maßnahme oder zum Handeln nach dieser Einsicht krankheitsbedingt nicht in der Lage ist.

(2) [1] Maßnahmen nach Absatz 1 Satz 1 dürfen nur auf ärztliche Anordnung und unter ärztlicher Überwachung durchgeführt werden. [2] Bei Fixierungen ist insbesondere eine ständige und unmittelbare Überwachung sicherzustellen. [3] Die Maßnahmen sind zu dokumentieren, einschließlich ihres Zwangscharakters, ihrer Durchsetzungsweise, ihrer maßgeblichen Gründe, der Dauer und Art der Überwachung sowie der Wirkungsüberwachung. [4] Die Maßnahmen sind unverzüglich aufzuheben, wenn die Voraussetzungen für ihre Anordnung weggefallen sind. [5] Eine zu dokumentierende Nachbesprechung durch die behandelnde Ärztin oder den behandelnden Arzt, in der insbesondere die Gründe für die Maßnahme zu nennen sind, muss erfolgen, sobald es der Gesundheitszustand zulässt. [6] Nach Beendigung der Maßnahmen nach Absatz 1 sind die Untergebrachten darüber zu belehren, dass sie die Zulässigkeit der durchgeführten Maßnahmen gerichtlich überprüfen lassen können.

(3) [1] Eine Maßnahme nach Absatz 1 ist auf Antrag der Justizvollzugsanstalt nur mit vorheriger richterlicher Entscheidung zulässig. [2] Dies gilt nicht, wenn hierdurch die Behandlung verzögert würde und sich hieraus Nachteile für das Leben oder die Gesundheit der gefährdeten Person ergeben würden (Gefahr im Verzug). [3] Die richterliche Entscheidung ist unverzüglich nachträglich einzuholen. [4] Eine nachträgliche richterliche Entscheidung ist nicht erforderlich, wenn bereits zu Beginn der Maßnahme abzusehen ist, dass die Entscheidung erst nach Wegfall des Grundes der Maßnahme ergehen wird, oder die Maßnahme vor Herbeiführung der Entscheidung tatsächlich beendet und auch keine Wieder-

holung zu erwarten ist. [5] Handelt es sich um eine lediglich kurzfristige Fixierung, die absehbar die Dauer von einer halben Stunde unterschreitet, ist eine richterliche Entscheidung nicht erforderlich. [6] §§ 121a, 121b StVollzG[1)] gelten entsprechend.

(4) [1] Zur Gewährleistung des Gesundheitsschutzes und der Hygiene ist die zwangsweise körperliche Untersuchung der Untergebrachten über Absatz 1 hinaus zulässig, wenn sie nicht mit einem körperlichen Eingriff verbunden ist. [2] Duldungspflichten der Untergebrachten nach Vorschriften anderer Gesetze bleiben unberührt.

Abschnitt 13. Disziplinarmaßnahmen

§ 73 Disziplinarmaßnahmen. (1) Disziplinarmaßnahmen können angeordnet werden, wenn Untergebrachte rechtswidrig und schuldhaft

1. eine Straftat oder Ordnungswidrigkeit begehen,
2. verbotene Gegenstände in die Justizvollzugsanstalt einbringen oder solche Gegenstände weitergeben oder besitzen,
3. entweichen oder zu entweichen versuchen,
4. unerlaubt Betäubungsmittel oder andere berauschende Stoffe konsumieren oder
5. wiederholt oder schwerwiegend gegen sonstige Pflichten verstoßen, die ihnen durch dieses Gesetz oder aufgrund dieses Gesetzes auferlegt sind.

(2) Von einer Disziplinarmaßnahme wird abgesehen, wenn es genügt, die Untergebrachten zu verwarnen.

(3) Zulässige Disziplinarmaßnahmen sind

1. der Verweis,
2. der Ausschluss von einzelnen Freizeitveranstaltungen bis zu zwei Monaten,
3. die Beschränkung oder der Entzug der Bewegungsfreiheit außerhalb des Zimmers der oder des Untergebrachten bis zu einem Monat,
4. die Beschränkung oder der Entzug des Fernsehempfangs bis zu einem Monat,
5. der Entzug von Geräten der Unterhaltungselektronik bis zu einem Monat,
6. Arrest bis zu vier Wochen.

(4) Mehrere Disziplinarmaßnahmen können miteinander verbunden werden.

(5) Zur Abwendung oder Milderung von Disziplinarmaßnahmen können im Wege einvernehmlicher Streitbeilegung Vereinbarungen getroffen werden, insbesondere die Wiedergutmachung des Schadens, die Entschuldigung bei Geschädigten oder die Erbringung von Leistungen für die Gemeinschaft.

(6) Arrest darf nur wegen schwerer oder mehrfach wiederholter Verfehlungen verhängt werden.

(7) Disziplinarmaßnahmen sind auch zulässig, wenn wegen derselben Verfehlung ein Straf- oder Bußgeldverfahren eingeleitet wird.

(8) Unabhängig von einer disziplinarischen Ahndung sollen Pflichtverstöße nach Absatz 1 im Rahmen der Behandlung aufgearbeitet werden.

[1)] Nr. 1.

§ 74 Vollstreckung und Aussetzung zur Bewährung. (1) Disziplinarmaßnahmen werden in der Regel sofort vollstreckt.

(2) [1]Disziplinarmaßnahmen können ganz oder teilweise bis zu sechs Monaten zur Bewährung ausgesetzt werden. [2]Die Aussetzung zur Bewährung kann ganz oder teilweise widerrufen werden, wenn die Untergebrachten erneut gegen Pflichten verstoßen.

(3) Die Vollstreckung unterbleibt, wird verschoben oder unterbrochen, wenn der Erfolg der Behandlung nachhaltig gefährdet wäre.

(4) [1]Für die Dauer des Arrests werden die Untergebrachten abgesondert. [2]Sie können in einem besonderen Raum untergebracht werden, der den Anforderungen entsprechen muss, die an ein zum Aufenthalt bei Tag und Nacht bestimmtes Zimmer gestellt werden. [3]Soweit nichts anderes angeordnet wird, ruhen die Befugnisse der Untergebrachten zur Teilnahme an Maßnahmen außerhalb des Raumes, in dem Arrest vollzogen wird, sowie die Befugnisse zur Ausstattung des Zimmers mit eigenen Gegenständen, zum Fernsehempfang und zum Einkauf. [4]Gegenstände für die Freizeitbeschäftigung mit Ausnahme des Lesestoffs sind nicht zugelassen. [5]Die Rechte zur Teilnahme an unaufschiebbaren Behandlungsmaßnahmen, am Gottesdienst und anderen religiösen Veranstaltungen sowie auf einen täglichen mindestens einstündigen Aufenthalt im Freien bleiben unberührt.

§ 75 Disziplinarbefugnis. (1) [1]Disziplinarmaßnahmen ordnet die Anstaltsleiterin oder der Anstaltsleiter an. [2]Bei einer Verfehlung auf dem Weg in eine andere Justizvollzugsanstalt zum Zweck der Verlegung ist die Leiterin oder der Leiter der Bestimmungsanstalt zuständig. [3]Die Befugnis, Disziplinarmaßnahmen anzuordnen, kann nur auf Mitglieder der Anstalts- oder Vollzugsabteilungsleitung übertragen werden.

(2) Die Aufsichtsbehörde entscheidet, wenn sich Verfehlungen von Untergebrachten gegen die Anstaltsleiterin oder den Anstaltsleiter richten.

(3) [1]Disziplinarmaßnahmen, die gegen Untergebrachte in einer anderen Justizvollzugsanstalt oder während des Strafvollzugs angeordnet worden sind, werden auf Ersuchen vollstreckt, soweit sie nicht zur Bewährung ausgesetzt sind. [2]§ 74 Absatz 2 bleibt unberührt.

§ 76 Disziplinarverfahren. (1) [1]Der Sachverhalt ist zu klären. [2]Die oder der Untergebrachte wird gehört. [3]Sie oder er wird darüber unterrichtet, welche Verfehlung ihr oder ihm zur Last gelegt wird, und darauf hingewiesen, dass es ihr oder ihm freisteht, sich zu äußern oder nicht zur Sache auszusagen. [4]Es sind sowohl belastende als auch entlastende Umstände zu ermitteln. [5]Die Erhebungen werden in einer Niederschrift festgelegt; die Einlassung der oder des Untergebrachten wird vermerkt.

(2) Mehrere Verfehlungen, die gleichzeitig zu beurteilen sind, werden durch eine Entscheidung geahndet.

(3) [1]Bei schweren Verstößen soll sich die Anstaltsleiterin oder der Anstaltsleiter vor der Entscheidung mit Personen besprechen, die bei der Behandlung der oder des Untergebrachten mitwirken. [2]Vor der Anordnung einer Disziplinarmaßnahme gegen Untergebrachte in ärztlicher Behandlung ist eine ärztliche Stellungnahme einzuholen.

(4) Die Entscheidung wird der oder dem Untergebrachten von der Anstaltsleiterin oder dem Anstaltsleiter oder im Falle einer Übertragung der Disziplinarbefugnis nach § 75 Absatz 1 Satz 3 von der beauftragten Person mündlich eröffnet und mit einer kurzen Begründung schriftlich abgefasst.

(5) [1] Bevor der Arrest vollzogen wird, ist eine ärztliche Stellungnahme einzuholen. [2] Während des Arrests stehen die oder der Untergebrachte unter ärztlicher Aufsicht. [3] Der Vollzug des Arrests unterbleibt oder wird unterbrochen, wenn ansonsten die Gesundheit der oder des Untergebrachten gefährdet würde.

Abschnitt 14. Entlassungsvorbereitung, Entlassung und nachgehende Betreuung

§ 77 Vorbereitung der Entlassung. [1] Die Justizvollzugsanstalt wirkt frühzeitig vor der voraussichtlichen Entlassung darauf hin, dass die Untergebrachten nach ihrer Entlassung insbesondere über eine geeignete Unterkunft und eine Arbeits- oder Ausbildungsstelle verfügen sowie bei Bedarf in therapeutische oder andere nachsorgende Maßnahmen vermittelt werden. [2] Hierbei arbeitet die Justizvollzugsanstalt frühzeitig mit öffentlichen Stellen sowie freien Trägern und Personen, die die Eingliederung der Untergebrachten fördern, zusammen.

§ 78 Entlassung. (1) [1] Die Untergebrachten sollen am Tag ihrer Entlassung möglichst frühzeitig, jedenfalls noch am Vormittag entlassen werden. [2] Bei Bedarf soll die Justizvollzugsanstalt den Transport zur Unterkunft sicherstellen.

(2) [1] Der Entlassungszeitpunkt kann bis zu fünf Tage vorverlegt werden, wenn dringende Gründe dafür vorliegen, dass die oder der Untergebrachte zu ihrer oder seiner Eingliederung hierauf angewiesen ist. [2] Dies ist regelmäßig anzunehmen, wenn der Entlassungszeitpunkt auf ein Wochenende oder auf einen gesetzlichen Feiertag fällt.

(3) [1] Untergebrachte erhalten, soweit ihre eigenen Mittel nicht ausreichen, bei ihrer Entlassung aus der Unterbringung von der Justizvollzugsanstalt eine Beihilfe zu den Reisekosten sowie erforderlichenfalls ausreichende Kleidung. [2] Bedürftige Untergebrachte erhalten darüber hinaus eine Beihilfe, die sie in die Lage versetzt, ohne Inanspruchnahme fremder Hilfe ihren notwendigen Lebensunterhalt zu bestreiten, bis sie ihn voraussichtlich anderweitig decken können. [3] Die Justizvollzugsanstalt kann die Überbrückungsbeihilfe ganz oder teilweise der Bewährungshilfe oder einer mit der Entlassenenbetreuung befassten Stelle überweisen, die darüber entscheidet, wie das Geld nach der Entlassung an die Untergebrachten ausbezahlt wird. [4] Die Bewährungshilfe und die mit der Entlassenenbetreuung befasste Stelle sind verpflichtet, die Überbrückungsbeihilfe von ihrem Vermögen gesondert zu halten.

(4) [1] Der Anspruch auf Beihilfe zu den Reisekosten und die ausgezahlte Reisebeihilfe sind unpfändbar. [2] Für den Anspruch auf Überbrückungsbeihilfe und für Bargeld nach Auszahlung einer Überbrückungsbeihilfe an Untergebrachte gilt § 48 Absatz 4 Satz 1 und 3 sowie Absatz 5 entsprechend.

§ 79 Nachgehende Betreuung. Die Justizvollzugsanstalt kann früheren Untergebrachten auf Antrag Hilfestellung gewähren, soweit diese nicht anderweitig sichergestellt werden kann und der Erfolg der Behandlung gefährdet erscheint.

§ 80 Verbleib und Aufnahme auf freiwilliger Grundlage. (1) [1]Frühere Untergebrachte können auf ihren Antrag vorübergehend in einer Justizvollzugsanstalt verbleiben oder wiederaufgenommen werden, wenn die Eingliederung gefährdet ist. [2]Der Verbleib und die Aufnahme sind jederzeit widerruflich.

(2) [1]Gegen verbliebene oder aufgenommene Personen dürfen Maßnahmen des Vollzugs nicht mit unmittelbarem Zwang durchgesetzt werden. [2]§ 66 Absatz 2 und 3 bleibt unberührt.

(3) Auf ihren Antrag sind die verbliebenen oder aufgenommenen Personen unverzüglich zu entlassen.

Abschnitt 15. Aufhebung von Maßnahmen, Beschwerderecht, Rechtsbehelfe

§ 81 Aufhebung von Maßnahmen. (1) Die Aufhebung von Maßnahmen zur Regelung einzelner Angelegenheiten auf dem Gebiet des Vollzugs der Sicherungsverwahrung richtet sich nach den nachfolgenden Absätzen, soweit dieses Gesetz keine abweichende Bestimmung enthält.

(2) Rechtswidrige Maßnahmen können ganz oder teilweise mit Wirkung für die Zukunft oder für die Vergangenheit zurückgenommen werden.

(3) Rechtmäßige Maßnahmen können ganz oder teilweise mit Wirkung für die Zukunft oder für die Vergangenheit widerrufen werden, wenn

1. aufgrund nachträglich eingetretener oder bekannt gewordener Umstände die Maßnahmen hätten unterbleiben können,
2. die Maßnahmen missbraucht werden oder
3. erteilte Weisungen nicht befolgt werden.

(4) [1]Begünstigende Maßnahmen dürfen nach den Absätzen 2 oder 3 nur zurückgenommen oder widerrufen werden, wenn die vollzuglichen Interessen an der Aufhebung in Abwägung mit dem schutzwürdigen Vertrauen der Betroffenen auf den Bestand der Maßnahmen überwiegen. [2]Belastende rechtswidrige Maßnahmen sind aufzuheben, soweit hierdurch das Leben oder die Gesundheit einer Person oder die Sicherheit oder Ordnung der Justizvollzugsanstalt nicht gefährdet wird.

§ 82 Beschwerderecht. (1) [1]Die Untergebrachten haben das Recht, sich mit Wünschen, Anregungen und Beschwerden in Angelegenheiten, die sie selbst betreffen, an die Anstaltsleiterin oder den Anstaltsleiter zu wenden. [2]Regelmäßige Sprechstunden sind einzurichten.

(2) Besichtigen Vertreter der Aufsichtsbehörde die Justizvollzugsanstalt, so ist zu gewährleisten, dass die Untergebrachten sich in sie selbst betreffenden Angelegenheiten an diese wenden können.

(3) [1]Die Möglichkeit der Dienstaufsichtsbeschwerde bleibt unberührt. [2]Eingaben, Beschwerden und Dienstaufsichtsbeschwerden, die nach Form und Inhalt nicht den im Verkehr mit Behörden üblichen Anforderungen entsprechen oder bloße Wiederholungen enthalten, brauchen nicht beschieden zu werden. [3]Die Untergebrachten sind entsprechend zu unterrichten. [4]Eine Überprüfung des Vorbringens von Amts wegen bleibt unberührt.

§ 83 Rechtsbehelfe. Die §§ 109 bis 121b des Strafvollzugsgesetzes (StVollzG)[1] über das gerichtliche Verfahren bleiben unberührt.

Abschnitt 16. Kriminologische Forschung

§ 84 Fortentwicklung des Vollzugs und kriminologische Forschung.

(1) [1] Der Vollzug der Sicherungsverwahrung ist fortzuentwickeln. [2] Maßnahmen zur Behandlung der Untergebrachten sind auf der Grundlage wissenschaftlicher Erkenntnisse zu konzipieren, zu standardisieren und auf ihre Wirksamkeit zu überprüfen.

(2) Der Vollzug der Sicherungsverwahrung, insbesondere seine Aufgabenerfüllung und Gestaltung, die Umsetzung seiner Leitlinien und die Behandlungsmaßnahmen sowie deren Wirkungen auf die Vollzugsziele, wird regelmäßig durch den Kriminologischen Dienst in Zusammenarbeit mit Hochschulen oder anderen Stellen wissenschaftlich begleitet und erforscht.

(3) In die Untersuchung ist einzubeziehen, ob die Untergebrachten nach der Entlassung in der Lage sind, in sozialer Verantwortung ein Leben ohne Straftaten zu führen.

(4) Die Leitung der kriminologischen Forschung obliegt der Aufsichtsbehörde.

---

[1] Nr. **1**.

1.2. Gesetz über den Vollzug der Freiheitsstrafe und der Jugendstrafe (Bayerisches Strafvollzugsgesetz – BayStVollzG)

Vom 10. Dezember 2007
(GVBl. S. 866)

BayRS 312-2-1-J

zuletzt geänd. durch § 6 G zur Änderung des Bayerischen Familiengeldgesetzes und anderer Gesetze v. 8.7.2020 (GVBl. S. 330)

– Auszug –

Nichtamtliche Inhaltsübersicht

Teil 1. Anwendungsbereich

Art. 1 Anwendungsbereich Dieses Gesetz regelt den Vollzug der Freiheitsstrafe, der Jugendstrafe und des Strafarrests in Justizvollzugsanstalten.

Teil 2. Vollzug der Freiheitsstrafe

Abschnitt 1. Grundsätze

Art. 2 Aufgaben des Vollzugs. [1]Der Vollzug der Freiheitsstrafe dient dem Schutz der Allgemeinheit vor weiteren Straftaten. [2]Er soll die Gefangenen befähigen, künftig in sozialer Verantwortung ein Leben ohne Straftaten zu führen (Behandlungsauftrag).

Art. 3 Behandlung im Vollzug. [1]Die Behandlung umfasst alle Maßnahmen, die geeignet sind, auf eine künftige deliktfreie Lebensführung hinzuwirken. [2]Sie dient der Verhütung weiterer Straftaten und dem Opferschutz. [3]Die Behandlung beinhaltet insbesondere schulische und berufliche Bildung, Arbeit, psychologische und sozialpädagogische Maßnahmen, seelsorgerische Betreuung und Freizeitgestaltung. [4]Art und Umfang der Behandlung orientieren sich an den für die Tat ursächlichen Defiziten der Gefangenen.

Art. 4 Schutz der Allgemeinheit. Der Schutz der Allgemeinheit vor weiteren Straftaten wird durch eine sichere Unterbringung und sorgfältige Beaufsichtigung der Gefangenen, eine gründliche Prüfung vollzugsöffnender Maßnahmen sowie geeignete Behandlungsmaßnahmen gewährleistet.

Art. 5 Gestaltung des Vollzugs. (1) Das Leben im Vollzug soll den allgemeinen Lebensverhältnissen soweit als möglich angeglichen werden.

(2) Schädlichen Folgen des Freiheitsentzugs ist entgegenzuwirken.

(3) Der Vollzug ist darauf auszurichten, dass er den Gefangenen hilft, sich in das Leben in Freiheit einzugliedern.

Art. 5a Opferbezogene Vollzugsgestaltung. (1) [1]Die Belange der Opfer sind bei der Gestaltung des Vollzugs, insbesondere bei vollzugsöffnenden Maßnahmen sowie bei der Eingliederung und Entlassung der Gefangenen, zu berücksichtigen. [2]Dem Schutzinteresse gefährdeter Dritter ist Rechnung zu tragen.

(2) [1]Die Einsicht der Gefangenen in ihre Verantwortung für die Tat, insbesondere für die beim Opfer verschuldeten Tatfolgen, soll geweckt werden. [2]Die Gefangenen sind anzuhalten, den durch die Straftat verursachten Schaden wiedergutzumachen. [3]Die Durchführung eines Täter-Opfer-Ausgleichs ist in geeigneten Fällen anzustreben.

Art. 6 Stellung der Gefangenen. (1) [1]Die Gefangenen sollen an der Gestaltung ihrer Behandlung und an der Erfüllung des Behandlungsauftrags mitwirken. [2]Ihre Bereitschaft hierzu ist zu wecken und zu fördern.

(2) [1]Die Gefangenen unterliegen den in diesem Gesetz vorgesehenen Beschränkungen ihrer Freiheit. [2]Soweit das Gesetz eine besondere Regelung nicht enthält, dürfen ihnen nur Beschränkungen auferlegt werden, die zur

Aufrechterhaltung der Sicherheit oder zur Abwendung einer schwerwiegenden Störung der Ordnung der Anstalt unerlässlich sind.

Abschnitt 2. Planung des Vollzugs

Art. 7 Aufnahmeverfahren. (1) Beim Aufnahmeverfahren ist das Persönlichkeitsrecht der Gefangenen in besonderem Maße zu wahren.

(2) [1] Die Gefangenen werden über ihre Rechte und Pflichten unterrichtet. [2] Mit den Gefangenen wird ein Zugangsgespräch geführt.

(3) Nach der Aufnahme werden die Gefangenen alsbald ärztlich untersucht.

Art. 8 Behandlungsuntersuchung. (1) [1] Nach dem Aufnahmeverfahren wird damit begonnen, die Persönlichkeit und die Lebensverhältnisse der Gefangenen zu erforschen. [2] Hiervon kann abgesehen werden, wenn dies mit Rücksicht auf die Vollzugsdauer nicht geboten erscheint.

(2) [1] Die Behandlungsuntersuchung erstreckt sich auf die Umstände, deren Kenntnis für eine planvolle Behandlung der Gefangenen im Vollzug und für die Eingliederung nach ihrer Entlassung notwendig ist. [2] Es ist zu prüfen, ob eine Verlegung in eine sozialtherapeutische Einrichtung nach Art. 11 Abs. 1 oder 2 oder andere therapeutische Maßnahmen angezeigt sind.

Art. 9 Vollzugsplan, Beteiligung der Gefangenen. (1) [1] Auf Grund der Behandlungsuntersuchung gemäß Art. 8 wird ein Vollzugsplan erstellt. [2] Er enthält insbesondere Angaben über vollzugliche, pädagogische und sozialpädagogische sowie therapeutische Maßnahmen. [3] Das Nähere regelt das Staatsministerium der Justiz durch Verwaltungsvorschrift.

(2) Der Vollzugsplan ist jeweils nach Ablauf eines Jahres an die Entwicklung der Gefangenen und die weiteren Ergebnisse der Persönlichkeitserforschung anzupassen.

(3) Über eine Verlegung in eine sozialtherapeutische Einrichtung gemäß Art. 11 Abs. 1 oder 2 ist jeweils nach Ablauf von sechs Monaten neu zu entscheiden.

(4) Die Planung der Behandlung wird mit den Gefangenen erörtert.

Art. 10 Verlegung, Überstellung, Ausantwortung. (1) Gefangene können abweichend vom Vollstreckungsplan in eine andere für den Vollzug der Freiheitsstrafe zuständige Anstalt verlegt werden, wenn

1. die Behandlung der Gefangenen oder ihre Eingliederung nach der Entlassung hierdurch gefördert wird oder
2. dies aus Gründen der Vollzugsorganisation oder aus anderen wichtigen Gründen erforderlich ist.

(2) Gefangene dürfen aus wichtigem Grund in eine andere Anstalt überstellt werden.

(3) Gefangene dürfen befristet dem Gewahrsam einer Polizei-, Zoll- oder Finanzbehörde überlassen werden.

Art. 11 Verlegung in eine sozialtherapeutische Einrichtung. (1) Gefangene sind in eine sozialtherapeutische Einrichtung zu verlegen, wenn sie wegen einer Straftat nach den §§ 174 bis 180 oder § 182 des Strafgesetzbuchs (StGB) zu Freiheitsstrafe von mehr als zwei Jahren verurteilt worden sind und die Behandlung in einer sozialtherapeutischen Einrichtung angezeigt ist.

(2) Andere Gefangene, von denen schwerwiegende Straftaten gegen Leib oder Leben oder gegen die sexuelle Selbstbestimmung zu erwarten sind, sollen in eine sozialtherapeutische Einrichtung verlegt werden, wenn deren besondere therapeutische Mittel und soziale Hilfen zu ihrer Resozialisierung angezeigt sind.

(3) Vor einer Verlegung nach Abs. 1 oder 2 ist die Bereitschaft der Gefangenen zur Teilnahme an therapeutischen Maßnahmen zu wecken und zu fördern.

(4) Wenn der Zweck der Behandlung aus Gründen, die in der Person der Gefangenen liegen, nicht erreicht werden kann, unterbleibt die Verlegung nach Abs. 1 oder 2; nach einer bereits erfolgten Verlegung sind sie zurückzuverlegen.

(5) Art. 10 und 92 bleiben unberührt.

Art. 12 Geschlossener und offener Vollzug. (1) Gefangene sind im geschlossenen Vollzug unterzubringen.

(2) Gefangene sollen mit ihrer Zustimmung in einer Einrichtung des offenen Vollzugs untergebracht werden, wenn sie den besonderen Anforderungen des offenen Vollzugs genügen und insbesondere nicht zu befürchten ist, dass sie sich dem Vollzug der Freiheitsstrafe entziehen oder die Möglichkeiten des offenen Vollzugs zu Straftaten missbrauchen werden.

(3) Gefangene sollen in den geschlossenen Vollzug zurückverlegt werden, wenn dies zu ihrer Behandlung notwendig ist; sie sind zurückzuverlegen, wenn sie den Anforderungen nach Abs. 2 nicht entsprechen.

Art. 13 Lockerungen des Vollzugs. (1) Als Lockerung des Vollzugs kann insbesondere angeordnet werden, dass Gefangene

1. außerhalb der Anstalt regelmäßig einer Beschäftigung unter Aufsicht (Außenbeschäftigung) oder ohne Aufsicht Vollzugsbediensteter (Freigang) nachgehen dürfen oder
2. für eine bestimmte Tageszeit die Anstalt unter Aufsicht (Ausführung) oder ohne Aufsicht Vollzugsbediensteter (Ausgang) verlassen dürfen.

(2) Diese Lockerungen dürfen mit Zustimmung der Gefangenen angeordnet werden, wenn nicht zu befürchten ist, dass die Gefangenen sich dem Vollzug der Freiheitsstrafe entziehen oder die Lockerungen des Vollzugs zu Straftaten missbrauchen werden.

Art. 14 Urlaub aus der Haft. (1) [1]Den Gefangenen kann Urlaub aus der Haft bis zu 21 Kalendertagen im Vollstreckungsjahr gewährt werden. [2]Art. 13 Abs. 2 gilt entsprechend.

(2) Der Urlaub soll in der Regel erst gewährt werden, wenn die Gefangenen sich mindestens sechs Monate im Strafvollzug befunden haben.

(3) Zu lebenslanger Freiheitsstrafe verurteilte Gefangene können beurlaubt werden, wenn sie sich einschließlich einer vorhergehenden Untersuchungshaft oder einer anderen Freiheitsentziehung zwölf Jahre im Vollzug befunden haben oder wenn sie in den offenen Vollzug überwiesen oder hierfür geeignet sind.

(4) [1]Gefangenen, die zum Freigang (Art. 13 Abs. 1 Nr. 1) zugelassen oder hierfür geeignet sind, kann innerhalb von neun Monaten vor der Entlassung

weiterer Urlaub bis zu sechs Tagen im Monat gewährt werden. [2] Art. 17 Abs. 3 Satz 1 findet keine Anwendung.

(5) Durch den Urlaub wird die Strafvollstreckung nicht unterbrochen.

Art. 15 Besondere Vorschriften für Gewalt- und Sexualstraftäter.

[1] Bei Gefangenen, gegen die während des laufenden Freiheitsentzugs eine Strafe wegen einer schwerwiegenden Straftat gegen Leib oder Leben oder gegen die sexuelle Selbstbestimmung mit Ausnahme der §§ 180a und 181a StGB vollzogen wurde oder zu vollziehen ist, ist eine Unterbringung im offenen Vollzug, eine Lockerung des Vollzugs oder eine Gewährung von Urlaub aus dem Vollzug besonders gründlich zu prüfen. [2] Bei der Entscheidung sind auch die Feststellungen im Urteil und die im Ermittlungs- oder Strafverfahren erstatteten Gutachten zu berücksichtigen.

Art. 16 Weisungen, Aufhebung von Lockerungen und Urlaub.

(1) Der Anstaltsleiter oder die Anstaltsleiterin kann den Gefangenen für Lockerungen und Urlaub Weisungen erteilen.

(2) [1] Er oder sie kann Lockerungen und Urlaub widerrufen, wenn

1. er oder sie auf Grund nachträglich eingetretener Umstände berechtigt wäre, die Maßnahmen zu versagen,
2. die Gefangenen die Maßnahmen missbrauchen oder
3. die Gefangenen einer Weisung nicht nachkommen.

[2] Er oder sie kann Lockerungen und Urlaub mit Wirkung für die Zukunft zurücknehmen, wenn die Voraussetzungen für ihre Bewilligung nicht vorgelegen haben.

Art. 17 Entlassungsvorbereitung. (1) Um die Entlassung vorzubereiten, soll der Vollzug gelockert werden (Art. 13).

(2) Gefangene können in eine Einrichtung des offenen Vollzugs (Art. 12 Abs. 2) verlegt werden, wenn dies der Vorbereitung der Entlassung dient.

(3) [1] Innerhalb von drei Monaten vor der Entlassung kann zu deren Vorbereitung Sonderurlaub bis zu einer Woche gewährt werden. [2] Art. 13 Abs. 2, Art. 14 Abs. 5, Art. 15 und 16 gelten entsprechend.

Art. 18 Entlassungszeitpunkt. (1) Die Gefangenen sollen am letzten Tag der Strafzeit möglichst frühzeitig, jedenfalls noch am Vormittag entlassen werden.

(2) Fällt das Strafende auf einen Samstag oder Sonntag, einen gesetzlichen Feiertag, den ersten Werktag nach Ostern oder Pfingsten oder in die Zeit vom 22. Dezember bis zum 6. Januar, so können die Gefangenen an dem diesem Tag oder Zeitraum vorhergehenden Werktag entlassen werden, wenn dies nach der Länge der Strafzeit vertretbar ist und fürsorgerische Gründe nicht entgegenstehen.

(3) Der Entlassungszeitpunkt kann bis zu zwei Tage vorverlegt werden, wenn dringende Gründe dafür vorliegen, dass die Gefangenen zu ihrer Eingliederung hierauf angewiesen sind.

Abschnitt 3. Unterbringung und Ernährung der Gefangenen

Art. 19 Unterbringung während der Arbeit und Freizeit. (1) [1]Die Gefangenen arbeiten gemeinsam. [2]Dasselbe gilt für Berufsausbildung, berufliche Weiterbildung sowie arbeitstherapeutische und sonstige Beschäftigung während der Arbeitszeit.

(2) [1]Während der Freizeit können sich die Gefangenen in der Gemeinschaft mit anderen aufhalten. [2]Für die Teilnahme an gemeinschaftlichen Veranstaltungen kann der Anstaltsleiter oder die Anstaltsleiterin mit Rücksicht auf die räumlichen, personellen und organisatorischen Verhältnisse der Anstalt besondere Regelungen treffen.

(3) Die gemeinschaftliche Unterbringung während der Arbeitszeit und Freizeit kann eingeschränkt werden, wenn

1. ein schädlicher Einfluss auf andere Gefangene zu befürchten ist,
2. die Gefangenen nach Art. 8 untersucht werden, aber nicht länger als zwei Monate,
3. es die Sicherheit oder Ordnung der Anstalt erfordert oder
4. die Gefangenen zustimmen.

Art. 20 Unterbringung während der Ruhezeit. (1) [1]Gefangene sollen während der Ruhezeit allein in ihren Hafträumen untergebracht werden. [2]Mit ihrer Zustimmung können Gefangene auch während der Ruhezeit gemeinsam untergebracht werden, wenn eine schädliche Beeinflussung nicht zu befürchten ist.

(2) Auch ohne ihre Zustimmung ist eine gemeinsame Unterbringung zulässig, sofern ein Gefangener oder eine Gefangene hilfsbedürftig ist oder eine Gefahr für Leben oder Gesundheit eines oder einer Gefangenen besteht oder die räumlichen Verhältnisse der Anstalt dies erfordern.

(3) Eine gemeinschaftliche Unterbringung von mehr als acht Gefangenen ist nicht zulässig.

Art. 21 Ausstattung des Haftraums und persönlicher Besitz. (1) [1]Gefangene dürfen ihren Haftraum in angemessenem Umfang mit eigenen Sachen ausstatten. [2]Lichtbilder nahestehender Personen und Erinnerungsstücke von persönlichem Wert werden ihnen belassen.

(2) Vorkehrungen und Gegenstände, die die Übersichtlichkeit des Haftraums behindern oder in anderer Weise Sicherheit oder Ordnung der Anstalt gefährden, können ausgeschlossen werden.

Art. 22 Kleidung. (1) Gefangene tragen Anstaltskleidung.

(2) [1]Der Anstaltsleiter oder die Anstaltsleiterin gestattet den Gefangenen, bei einer Ausführung eigene Kleidung zu tragen, wenn zu erwarten ist, dass sie nicht entweichen werden. [2]Er oder sie kann dies auch sonst gestatten, sofern die Gefangenen für Reinigung, Instandsetzung und regelmäßigen Wechsel auf eigene Kosten sorgen.

Art. 23 Anstaltsverpflegung. [1]Zusammensetzung und Nährwert der Anstaltsverpflegung werden ärztlich überwacht. [2]Auf ärztliche Anordnung wird besondere Verpflegung gewährt. [3]Den Gefangenen ist zu ermöglichen, Speisevorschriften ihrer Religionsgemeinschaft zu befolgen.

Art. 24 Einkauf. (1) [1]Die Gefangenen können sich vom Hausgeld (Art. 50) oder Taschengeld (Art. 54) aus einem von der Anstalt vermittelten Angebot Nahrungs- und Genussmittel sowie Mittel zur Körperpflege kaufen. [2]Die Anstalt soll für ein Angebot sorgen, das auf Wünsche und Bedürfnisse der Gefangenen Rücksicht nimmt.

(2) [1]Gegenstände, die die Sicherheit oder Ordnung der Anstalt gefährden, können vom Einkauf ausgeschlossen werden. [2]Auf ärztliche Anordnung kann den Gefangenen der Einkauf einzelner Nahrungs- und Genussmittel ganz oder teilweise untersagt werden, wenn zu befürchten ist, dass sie ihre Gesundheit ernsthaft gefährden. [3]In Krankenhäusern und Krankenabteilungen kann der Einkauf einzelner Nahrungs- und Genussmittel auf ärztliche Anordnung allgemein untersagt oder eingeschränkt werden.

(3) Verfügen die Gefangenen ohne eigenes Verschulden nicht über Haus- oder Taschengeld, wird ihnen gestattet, in angemessenem Umfang vom Eigengeld einzukaufen.

Art. 25 Sondereinkauf. (1) Sondereinkauf aus einem durch die Anstalt vermittelten Angebot von Nahrungs- und Genussmitteln ist zugelassen zu Weihnachten, Ostern und einem von den Gefangenen zu wählenden weiteren Zeitpunkt.

(2) Gefangenen, die nicht einer christlichen Religionsgemeinschaft angehören, kann anstelle des Weihnachts- und des Ostereinkaufs je ein Sondereinkauf zu einem anderen Zeitpunkt gestattet werden.

(3) Für den Sondereinkauf können die Gefangenen in angemessenem Umfang das zu diesem Zweck nach Art. 53 eingezahlte Sondergeld oder ihr Eigengeld (Art. 52) verwenden.

(4) Art. 24 bleibt unberührt.

Abschnitt 4. Besuch, Schriftwechsel, Urlaub, Ausgang und Ausführung aus wichtigem Anlass

Art. 26 Grundsatz. [1]Gefangene haben das Recht, mit Personen außerhalb der Anstalt im Rahmen der Vorschriften dieses Gesetzes zu verkehren. [2]Der Verkehr mit Personen außerhalb der Anstalt ist zu fördern.

Art. 27 Recht auf Besuch. (1) [1]Gefangene dürfen regelmäßig Besuch empfangen. [2]Die Gesamtdauer beträgt mindestens eine Stunde im Monat. [3]Das Weitere regelt die Hausordnung.

(2) Besuche sollen darüber hinaus zugelassen werden, wenn sie die Behandlung oder Eingliederung der Gefangenen fördern oder persönlichen, rechtlichen oder geschäftlichen Angelegenheiten dienen, die nicht von den Gefangenen schriftlich erledigt, durch Dritte wahrgenommen oder bis zur Entlassung aufgeschoben werden können.

(3) Aus Gründen der Sicherheit oder Ordnung der Anstalt kann ein Besuch davon abhängig gemacht werden, dass sich die Besucher durchsuchen oder mit technischen Mitteln oder sonstigen Hilfsmitteln auf verbotene Gegenstände absuchen lassen.

Art. 28 Besuchsverbot. Der Anstaltsleiter oder die Anstaltsleiterin kann Besuche untersagen,

1. wenn die Sicherheit oder Ordnung der Anstalt gefährdet würde,
2. bei Besuchern, die nicht Angehörige des oder der Gefangenen im Sinn des Strafgesetzbuchs sind, wenn zu befürchten ist, dass sie einen schädlichen Einfluss auf den Gefangenen oder die Gefangene haben oder deren Eingliederung behindern würden.

Art. 29 Besuche bestimmter Personen. [1]Besuche von Verteidigern, Angehörigen der Gerichtshilfe, der Bewährungshilfe und der Aufsichtsstellen für die Führungsaufsicht sowie von Rechtsanwälten oder Notaren in einer den Gefangenen oder die Gefangene betreffenden Rechtssache sind zu gestatten. [2]Art. 27 Abs. 3 gilt entsprechend. [3]Eine inhaltliche Überprüfung der vom Verteidiger oder der Verteidigerin mitgeführten Schriftstücke und sonstigen Unterlagen ist nicht zulässig. [4]Art. 32 Abs. 1 Sätze 2 und 3 bleiben unberührt.

Art. 30 Überwachung der Besuche. (1) [1]Die Besuche dürfen aus Gründen der Behandlung oder der Sicherheit oder Ordnung der Anstalt überwacht werden, es sei denn, es liegen im Einzelfall Erkenntnisse dafür vor, dass es der Überwachung nicht bedarf. [2]Die Überwachung und Aufzeichnung mit technischen Mitteln ist zulässig, wenn die Besucher und die Gefangenen vor dem Besuch darauf hingewiesen werden. [3]Die Aufzeichnungen sind spätestens mit Ablauf eines Monats zu löschen.

(2) [1]Die Unterhaltung darf nur überwacht werden, soweit dies im Einzelfall aus den in Abs. 1 genannten Gründen erforderlich ist. [2]Abs. 1 Sätze 2 und 3 sind nicht anwendbar.

(3) Zur Verhinderung der Übergabe von unerlaubten Gegenständen kann im Einzelfall angeordnet werden, dass der Besuch unter Verwendung einer Trennvorrichtung abzuwickeln ist.

(4) [1]Ein Besuch darf abgebrochen werden, wenn Besucher oder Gefangene gegen die Vorschriften dieses Gesetzes oder die auf Grund dieses Gesetzes getroffenen Anordnungen trotz Abmahnung verstoßen. [2]Die Abmahnung unterbleibt, wenn es unerlässlich ist, den Besuch sofort abzubrechen.

(5) Besuche von Verteidigern werden nicht überwacht.

(6) [1]Gegenstände dürfen beim Besuch nur mit Erlaubnis übergeben werden. [2]Dies gilt nicht für die bei dem Besuch von Verteidigern übergebenen Schriftstücke und sonstigen Unterlagen sowie für die bei dem Besuch von Rechtsanwälten oder Notaren zur Erledigung einer den Gefangenen oder die Gefangene betreffenden Rechtssache übergebenen Schriftstücke und sonstigen Unterlagen; bei dem Besuch von Rechtsanwälten oder Notaren kann die Übergabe aus Gründen der Sicherheit oder Ordnung der Anstalt von der Erlaubnis abhängig gemacht werden. [3]Art. 32 Abs. 1 Sätze 2 und 3 bleiben unberührt.

Art. 31 Recht auf Schriftwechsel. (1) Gefangene haben das Recht, unbeschränkt Schreiben abzusenden und zu empfangen.

(2) Der Anstaltsleiter oder die Anstaltsleiterin kann den Schriftwechsel mit bestimmten Personen untersagen,

1. wenn die Sicherheit oder Ordnung der Anstalt gefährdet würde,
2. bei Personen, die nicht Angehörige des oder der Gefangenen im Sinn des Strafgesetzbuchs sind, wenn zu befürchten ist, dass der Schriftwechsel einen

schädlichen Einfluss auf den Gefangenen oder die Gefangene hat oder deren Eingliederung behindern würde.

(3) [1] Die Kosten des Schriftverkehrs tragen die Gefangenen. [2] Sind sie dazu nicht in der Lage, kann die Anstalt die Kosten in begründeten Fällen in angemessenem Umfang übernehmen.

Art. 32 Überwachung des Schriftwechsels. (1) [1] Der Schriftwechsel der Gefangenen mit ihren Verteidigern wird nicht überwacht. [2] Liegt dem Vollzug der Freiheitsstrafe eine Straftat nach § 129a StGB, auch in Verbindung mit § 129b Abs. 1 StGB, zugrunde, gelten § 148 Abs. 2, § 148a der Strafprozessordnung (StPO) entsprechend; dies gilt nicht, wenn die Gefangenen sich in einer Einrichtung des offenen Vollzugs befinden oder wenn ihnen Lockerungen des Vollzugs gemäß Art. 13 Abs. 1 Nr. 1 oder 2 zweite Alternative oder Urlaub gemäß Art. 14 oder Art. 17 Abs. 3 gewährt worden sind und ein Grund, der den Anstaltsleiter oder die Anstaltsleiterin nach Art. 16 Abs. 2 zum Widerruf oder zur Rücknahme von Lockerungen und Urlaub ermächtigt, nicht vorliegt. [3] Satz 2 gilt auch, wenn gegen Strafgefangene im Anschluss an die dem Vollzug der Freiheitsstrafe zugrunde liegende Verurteilung eine Freiheitsstrafe wegen einer Straftat nach § 129a StGB, auch in Verbindung mit § 129b Abs. 1 StGB, zu vollstrecken ist.

(2) [1] Nicht überwacht werden Schreiben der Gefangenen an

1. Volksvertretungen des Bundes und der Länder und ihre Mitglieder,
2. die Aufsichtsbehörden des Bundes und der Länder im Sinne des Bundesdatenschutzgesetzes,
3. das Europäische Parlament und seine Mitglieder,
4. den Europäischen Gerichtshof,
5. den Europäischen Datenschutzbeauftragten,
6. den Europäischen Bürgerbeauftragten,
7. die Agentur der Europäischen Union für Grundrechte,
8. die Parlamentarische Versammlung des Europarates,
9. den Europäischen Gerichtshof für Menschenrechte,
10. den Europäischen Ausschuss zur Verhütung von Folter und unmenschlicher oder erniedrigender Behandlung oder Strafe,
11. die Europäische Kommission gegen Rassismus und Intoleranz,
12. den Menschenrechtsausschuss der Vereinten Nationen,
13. die Ausschüsse der Vereinten Nationen für die Beseitigung der Rassendiskriminierung und für die Beseitigung der Diskriminierung der Frau,
14. den Ausschuss der Vereinten Nationen gegen Folter und den zugehörigen Unterausschuss zur Verhütung der Folter und
15. die Nationale Stelle zur Verhütung von Folter,

soweit die Schreiben an die Anschrift der jeweiligen Stelle gerichtet sind und den Absender zutreffend angeben. [2] Eingehende Schreiben, die an Gefangene gerichtet sind, werden nur dann nicht überwacht, sofern zweifelsfrei eine der in Satz 1 genannten Stellen Absender ist.

(3) Der übrige Schriftwechsel darf ohne Anwesenheit der Gefangenen überwacht werden, soweit es aus Gründen der Behandlung oder der Sicherheit oder Ordnung der Anstalt erforderlich ist.

Art. 33 Weiterleitung von Schreiben, Aufbewahrung. (1) Gefangene haben Absendung und Empfang ihrer Schreiben durch die Anstalt vermitteln zu lassen, soweit nichts anderes gestattet ist.

(2) Eingehende und ausgehende Schreiben sind unverzüglich weiterzuleiten.

(3) Gefangene haben eingehende Schreiben unverschlossen zu verwahren, sofern nichts anderes gestattet wird; sie können sie verschlossen zur Habe geben.

Art. 34 Anhalten von Schreiben. (1) Der Anstaltsleiter oder die Anstaltsleiterin kann Schreiben anhalten, wenn

1. die Erfüllung des Behandlungsauftrags oder die Sicherheit oder Ordnung der Anstalt gefährdet würde,
2. die Weitergabe in Kenntnis ihres Inhalts einen Straf- oder Bußgeldtatbestand verwirklichen würde,
3. sie grob unrichtige oder erheblich entstellende Darstellungen von Anstaltsverhältnissen enthalten,
4. sie grobe Beleidigungen enthalten,
5. sie die Eingliederung anderer Gefangener gefährden können oder
6. sie in Geheimschrift, unlesbar, unverständlich oder ohne zwingenden Grund in einer fremden Sprache abgefasst sind; ein zwingender Grund zur Abfassung eines Schreibens in einer fremden Sprache liegt in der Regel nicht vor bei einem Schriftwechsel zwischen deutschen Gefangenen und Dritten, die die deutsche Staatsangehörigkeit oder ihren Lebensmittelpunkt im Geltungsbereich des Grundgesetzes haben.

(2) Ausgehenden Schreiben, die unrichtige Darstellungen enthalten, kann ein Begleitschreiben beigefügt werden, wenn der oder die Gefangene auf der Absendung besteht.

(3) [1] Die Anhaltung der Schreiben wird den Gefangenen mitgeteilt. [2] Angehaltene Schreiben werden behördlich verwahrt oder an den Absender zurückgegeben.

(4) Schreiben, deren Überwachung nach Art. 32 Abs. 1 und 2 ausgeschlossen ist, dürfen nicht angehalten werden.

Art. 35 Ferngespräche. (1) [1] Gefangenen kann in dringenden Fällen gestattet werden, Ferngespräche zu führen. [2] Die Vorschriften über den Besuch gelten entsprechend. [3] Ist die Überwachung der fernmündlichen Unterhaltung erforderlich, ist die beabsichtigte Überwachung den Gesprächspartnern der Gefangenen unmittelbar nach Herstellung der Verbindung durch die Anstalt oder die Gefangenen mitzuteilen. [4] Die Gefangenen sind rechtzeitig vor Beginn der fernmündlichen Unterhaltung über die beabsichtigte Überwachung und die Mitteilungspflicht nach Satz 3 zu unterrichten.

(2) [1] Die Kosten der Ferngespräche tragen die Gefangenen. [2] Sind sie dazu nicht in der Lage, kann die Anstalt die Kosten in begründeten Fällen in angemessenem Umfang übernehmen.

(3) [1] Die Anstalt darf technische Geräte zur Störung von Frequenzen betreiben, die der Herstellung unerlaubter Mobilfunkverbindungen auf dem Anstaltsgelände dienen. [2] Sie hat hierbei die von der Bundesnetzagentur gemäß § 55 Abs. 1 Satz 5 des Telekommunikationsgesetzes festgelegten Rahmenbedingun-

gen zu beachten. [3] Der Mobilfunkverkehr außerhalb des Geländes der Anstalt darf nicht beeinträchtigt werden.

Art. 36 Pakete. (1) [1] Der Empfang von Paketen bedarf der vorherigen Erlaubnis der Anstalt. [2] Für den Ausschluss von Gegenständen gilt Art. 24 Abs. 2 Satz 1 entsprechend. [3] Pakete mit Nahrungs- und Genussmitteln sind ausgeschlossen.

(2) [1] Pakete sind in Gegenwart des oder der Gefangenen zu öffnen. [2] Ausgeschlossene Gegenstände können zur Habe genommen oder dem Absender zurückgesandt werden. [3] Nicht ausgehändigte Gegenstände, durch die bei der Versendung oder Aufbewahrung Personen verletzt oder Sachschäden verursacht werden können, dürfen vernichtet werden. [4] Die hiernach getroffenen Maßnahmen werden dem oder der Gefangenen eröffnet.

(3) [1] Gefangenen kann gestattet werden, Pakete zu versenden. [2] Der Inhalt kann aus Gründen der Sicherheit oder Ordnung der Anstalt überprüft werden.

(4) [1] Die Kosten des Paketverkehrs nach Abs. 2 und 3 tragen die Gefangenen. [2] Sind sie dazu nicht in der Lage, kann die Anstalt die Kosten in begründeten Fällen in angemessenem Umfang übernehmen.

Art. 37 Ausgang, Urlaub und Ausführung aus wichtigem Anlass.

(1) [1] Aus wichtigem Anlass kann der Anstaltsleiter oder die Anstaltsleiterin Gefangenen Ausgang gewähren oder sie bis zu sieben Tagen beurlauben; der Urlaub aus anderem wichtigen Anlass als wegen einer lebensgefährlichen Erkrankung oder wegen des Todes Angehöriger darf sieben Tage im Jahr nicht übersteigen. [2] Art. 13 Abs. 2, Art. 14 Abs. 5, Art. 15 und 16 gelten entsprechend.

(2) Der Urlaub nach Abs. 1 wird nicht auf den regelmäßigen Urlaub gemäß Art. 14 Abs. 1 angerechnet.

(3) [1] Kann Ausgang oder Urlaub aus den in Art. 13 Abs. 2 genannten Gründen nicht gewährt werden, kann der Anstaltsleiter oder die Anstaltsleiterin Gefangene ausführen lassen. [2] Die Kosten tragen die Gefangenen. [3] Der Anspruch ist nicht geltend zu machen, wenn dies die Behandlung oder die Eingliederung behindern würde.

(4) Gefangene dürfen auch ohne ihre Zustimmung ausgeführt werden, wenn dies aus besonderen Gründen notwendig ist.

Art. 38 Gerichtliche Termine. (1) [1] Der Anstaltsleiter oder die Anstaltsleiterin kann Gefangenen zur Teilnahme an einem gerichtlichen Termin Ausgang oder Urlaub erteilen, wenn anzunehmen ist, dass sie der Ladung folgen und keine Entweichungs- oder Missbrauchsgefahr (Art. 13 Abs. 2) besteht. [2] Art. 14 Abs. 5, Art. 15 und 16 gelten entsprechend.

(2) [1] Wenn Gefangene zu einem gerichtlichen Termin geladen sind und Ausgang oder Urlaub nicht gewährt wird, lässt der Anstaltsleiter oder die Anstaltsleiterin sie mit ihrer Zustimmung zu dem Termin ausführen, sofern wegen Entweichungs- oder Missbrauchsgefahr (Art. 13 Abs. 2) keine überwiegenden Gründe entgegenstehen. [2] Sind die Gefangenen als Partei oder Beteiligte geladen, ist ihre Ausführung nur zu ermöglichen, wenn ihr persönliches Erscheinen durch das Gericht oder von Gesetzes wegen angeordnet ist. [3] Die Kosten tragen die Gefangenen. [4] Sind sie dazu nicht in der Lage, kann die

Anstalt die Kosten in begründeten Fällen in angemessenem Umfang übernehmen.

(3) Auf Ersuchen eines Gerichts lässt der Anstaltsleiter oder die Anstaltsleiterin Gefangene vorführen, sofern ein Vorführungsbefehl vorliegt.

(4) Die Anstalt unterrichtet das Gericht über das Veranlasste.

Abschnitt 5. Arbeit, Ausbildung, Weiterbildung

Art. 39 Beschäftigung. (1) Arbeit, arbeitstherapeutische Beschäftigung, Ausbildung und Weiterbildung dienen insbesondere dem Ziel, Fähigkeiten für eine Erwerbstätigkeit nach der Entlassung zu vermitteln, zu erhalten oder zu fördern.

(2) [1] Die Anstalt soll den Gefangenen wirtschaftlich ergiebige Arbeit zuweisen und dabei ihre Fähigkeiten, Fertigkeiten und Neigungen berücksichtigen. [2] Sie soll auch im Zusammenwirken mit den Vereinigungen und Stellen des Arbeits- und Wirtschaftslebens dazu beitragen, dass die Gefangenen beruflich gefördert, beraten und vermittelt werden. [3] Die Arbeitsschutz- und Unfallverhütungsvorschriften sind zu beachten.

(3) Sind Gefangene zu wirtschaftlich ergiebiger Arbeit nicht fähig, sollen sie arbeitstherapeutisch beschäftigt werden.

(4) [1] Geeigneten Gefangenen soll Gelegenheit zur Berufsausbildung, beruflichen Weiterbildung oder Teilnahme an anderen ausbildenden oder weiterbildenden Maßnahmen gegeben werden. [2] Die Teilnahme an einer dieser Maßnahmen bedarf der Zustimmung des oder der Gefangenen. [3] Die Zustimmung darf nicht zur Unzeit widerrufen werden.

(5) [1] Maßnahmen nach Abs. 1 können in von privaten Unternehmen unterhaltenen Betrieben und sonstigen Einrichtungen durchgeführt werden. [2] Hierbei kann die technische und fachliche Leitung Angehörigen dieser Unternehmen übertragen werden.

Art. 40 Unterricht. (1) [1] Für geeignete Gefangene, die den erfolgreichen Abschluss der Haupt- oder Mittelschule nicht erreicht haben, soll Unterricht in den zum erfolgreichen Abschluss der Mittelschule führenden Fächern oder ein der Förderschule entsprechender Unterricht vorgesehen werden. [2] Bei der beruflichen Ausbildung ist berufsbildender Unterricht vorzusehen; dies gilt auch für die berufliche Weiterbildung, soweit die Art der Maßnahme es erfordert.

(2) Gefangene haben an einem von der Anstalt angebotenen Deutschunterricht teilzunehmen, wenn sie der deutschen Sprache nicht ausreichend mächtig sind, um sich nach ihrer Entlassung im Alltag fließend in deutscher Sprache verständigen zu können, und körperlich sowie geistig dazu in der Lage sind.

(3) [1] Gefangene haben an einem von der Anstalt angebotenen Integrationsunterricht teilzunehmen, wenn sie Integrationsdefizite aufweisen und körperlich sowie geistig dazu in der Lage sind. [2] Der Integrationsunterricht dient den in Art. 1 des Bayerischen Integrationsgesetzes genannten Integrationszielen.

(4) Unterricht soll während der Arbeitszeit stattfinden.

Art. 41 Zeugnisse über Bildungsmaßnahmen. Aus dem Zeugnis über eine Bildungsmaßnahme darf die Inhaftierung eines Teilnehmers oder einer Teilnehmerin nicht erkennbar sein.

Art. 42 Freies Beschäftigungsverhältnis, Selbstbeschäftigung. (1) [1]Gefangenen soll gestattet werden, einer Arbeit, Berufsausbildung oder beruflichen Weiterbildung auf der Grundlage eines freien Beschäftigungsverhältnisses außerhalb der Anstalt nachzugehen, wenn dies im Rahmen des Vollzugsplans dem Ziel dient, Fähigkeiten für eine Erwerbstätigkeit nach der Entlassung zu vermitteln, zu erhalten oder zu fördern und nicht überwiegende Gründe des Vollzugs entgegenstehen. [2]Art. 13 Abs. 1 Nr. 1, Abs. 2, Art. 15 und 16 bleiben unberührt.

(2) Gefangenen kann gestattet werden, sich selbst zu beschäftigen.

(3) Die Anstalt kann verlangen, dass ihr das Entgelt zur Gutschrift für den Gefangenen oder die Gefangene überwiesen wird.

Art. 43 Arbeitspflicht. [1]Gefangene sind verpflichtet, eine ihnen zugewiesene, ihren Fähigkeiten angemessene Arbeit oder arbeitstherapeutische Beschäftigung auszuüben, soweit sie dazu körperlich und geistig in der Lage sind. [2]Sie können zu Hilfstätigkeiten in der Anstalt verpflichtet werden. [3]Diese Tätigkeiten sollen in der Regel nicht über drei Monate jährlich hinausgehen. [4]Die Sätze 1 und 2 gelten nicht für Gefangene, die über 65 Jahre alt sind, und nicht für werdende und stillende Mütter, soweit gesetzliche Beschäftigungsverbote zum Schutz erwerbstätiger Mütter bestehen.

Art. 44 Ablösung. Gefangene können von einer Beschäftigung oder einem Unterricht nach Art. 39, 40, 42 oder 43 Satz 2 abgelöst werden, wenn dies aus Gründen der Sicherheit oder Ordnung der Anstalt oder aus Gründen der Behandlung erforderlich ist oder wenn sich herausstellt, dass sie den Anforderungen nicht genügen.

Art. 45 Freistellung von der Arbeitspflicht. (1) [1]Haben die Gefangenen ein Jahr lang eine Beschäftigung nach Art. 39 oder Hilfstätigkeiten nach Art. 43 Satz 2 ausgeübt, so können sie beanspruchen, 18 Werktage von der Arbeitspflicht freigestellt zu werden. [2]Zeiten, in denen Gefangene infolge Krankheit an ihrer Arbeitsleistung verhindert waren, werden bis zu sechs Wochen jährlich angerechnet.

(2) Auf die Zeit der Freistellung wird Urlaub aus der Haft (Art. 14, 37) angerechnet, soweit er in die Arbeitszeit fällt und nicht wegen einer lebensgefährlichen Erkrankung oder des Todes eines oder einer Angehörigen erteilt worden ist.

(3) Die Gefangenen erhalten für die Zeit der Freistellung ihre zuletzt gezahlten Bezüge weiter.

(4) Urlaubsregelungen der Beschäftigungsverhältnisse außerhalb des Strafvollzugs bleiben unberührt.

Art. 46 Arbeitsentgelt, Arbeitsurlaub, Anrechnung der Freistellung auf den Entlassungszeitpunkt. (1) Die Arbeit der Gefangenen wird anerkannt durch Arbeitsentgelt und eine Freistellung von der Arbeit, die auch als Urlaub aus der Haft (Arbeitsurlaub) genutzt oder auf den Entlassungszeitpunkt angerechnet werden kann.

(2) [1]Üben Gefangene eine zugewiesene Arbeit oder eine Hilfstätigkeit nach Art. 43 Satz 2 aus, so erhalten sie ein Arbeitsentgelt. [2]Der Bemessung des Arbeitsentgelts sind 9 v.H. der Bezugsgröße nach § 18 des Vierten Buches

Sozialgesetzbuch (SGB IV) zugrunde zu legen (Eckvergütung). [3]Ein Tagessatz ist der zweihundertfünfzigste Teil der Eckvergütung; das Arbeitsentgelt wird nach einem Stundensatz bemessen.

(3) [1]Das Arbeitsentgelt kann je nach Leistung der Gefangenen und der Art der Arbeit gestuft werden. [2]75 v.H. der Eckvergütung dürfen nur dann unterschritten werden, wenn die Arbeitsleistungen der Gefangenen den Mindestanforderungen nicht genügen.

(4) Üben Gefangene eine zugewiesene arbeitstherapeutische Beschäftigung aus, erhalten sie ein Arbeitsentgelt, soweit dies der Art ihrer Beschäftigung und ihrer Arbeitsleistung entspricht.

(5) Das Arbeitsentgelt ist den Gefangenen schriftlich bekannt zu geben.

(6) [1]Haben die Gefangenen zwei Monate lang zusammenhängend eine Beschäftigung nach Art. 39 oder eine Hilfstätigkeit nach Art. 43 Satz 2 ausgeübt, so werden sie auf ihren Antrag hin einen Werktag von der Arbeit freigestellt. [2]Die Regelung des Art. 45 bleibt unberührt. [3]Durch Zeiten, in denen die Gefangenen ohne Verschulden durch Krankheit, Ausführung, Ausgang, Urlaub aus der Haft, Freistellung von der Arbeitspflicht oder sonstige nicht von ihnen zu vertretende Gründe an der Arbeitsleistung gehindert sind, wird die Frist nach Satz 1 gehemmt. [4]Beschäftigungszeiträume von weniger als zwei Monaten bleiben unberücksichtigt.

(7) [1]Die Gefangenen können beantragen, dass die Freistellung nach Abs. 6 in Form von Arbeitsurlaub gewährt wird. [2]Art. 13 Abs. 2, Art. 14 Abs. 2, 3 und 5, Art. 15 und 16 gelten entsprechend.

(8) Art. 45 Abs. 3 gilt entsprechend.

(9) Nehmen die Gefangenen nicht innerhalb eines Jahres nach Vorliegen der Voraussetzungen die Freistellung nach Abs. 6 Satz 1 oder Abs. 7 Satz 1 in Anspruch oder kann die Freistellung nach Maßgabe der Regelung des Abs. 7 Satz 2 nicht gewährt werden, so wird die Freistellung nach Abs. 6 Satz 1 von der Anstalt auf den Entlassungszeitpunkt angerechnet.

(10) Eine Anrechnung nach Abs. 9 ist ausgeschlossen,

1. soweit eine lebenslange Freiheitsstrafe verbüßt wird und ein Entlassungszeitpunkt noch nicht bestimmt ist,
2. bei einer Aussetzung der Vollstreckung des Restes einer Freiheitsstrafe zur Bewährung, soweit wegen des von der Entscheidung des Gerichts bis zur Entlassung verbleibenden Zeitraums eine Anrechnung nicht mehr möglich ist,
3. wenn dies vom Gericht angeordnet wird, weil bei einer Aussetzung der Vollstreckung des Restes einer Freiheitsstrafe zur Bewährung die Lebensverhältnisse des oder der Gefangenen oder die Wirkungen, die von der Aussetzung für ihn oder sie zu erwarten sind, die Vollstreckung bis zu einem bestimmten Zeitpunkt erfordern,
4. wenn nach § 456a Abs. 1 StPO von der Vollstreckung abgesehen wird,
5. wenn der oder die Gefangene im Gnadenweg aus der Haft entlassen wird.

(11) [1]Soweit eine Anrechnung nach Abs. 10 ausgeschlossen ist, erhalten die Gefangenen bei Entlassung für ihre Tätigkeit nach Abs. 2 als Ausgleichsentschädigung zusätzlich 15 v.H. des ihnen nach den Abs. 2 und 3 gewährten Entgelts oder der ihnen nach Art. 47 gewährten Ausbildungsbeihilfe. [2]Der Anspruch entsteht erst mit der Entlassung. [3]Gefangenen, bei denen eine An-

rechnung nach Abs. 10 Nr. 1 ausgeschlossen ist, wird die Ausgleichszahlung bereits nach Verbüßung von jeweils zehn Jahren der lebenslangen Freiheitsstrafe zum Eigengeld (Art. 52) gutgeschrieben, soweit sie nicht vor diesem Zeitpunkt entlassen werden; § 57 Abs. 4 StGB gilt entsprechend.

Art. 47 Ausbildungsbeihilfe. (1) [1]Nehmen Gefangene an einer Berufsausbildung, beruflichen Weiterbildung oder an einem Unterricht teil und sind sie zu diesem Zweck von der Arbeitspflicht freigestellt, so erhalten sie eine Ausbildungsbeihilfe, soweit ihnen keine Leistungen zum Lebensunterhalt zustehen, die freien Personen aus solchem Anlass gewährt werden. [2]Der Nachrang der Sozialhilfe nach § 2 Abs. 2 des Zwölften Buches Sozialgesetzbuch wird nicht berührt.

(2) Für die Bemessung der Ausbildungsbeihilfe gelten Art. 46 Abs. 2 und 3 entsprechend.

(3) Nehmen Gefangene während der Arbeitszeit stunden- oder tageweise am Unterricht oder an anderen zugewiesenen Maßnahmen gemäß Art. 39 Abs. 4 teil, so erhalten sie in Höhe des ihnen dadurch entgehenden Arbeitsentgelts eine Ausbildungsbeihilfe.

Art. 48 Rechtsverordnung. Das Staatsministerium der Justiz wird ermächtigt, zur Durchführung der Art. 46 und 47 eine Rechtsverordnung über die Vergütungsstufen zu erlassen.

Art. 49 Haftkostenbeitrag. (1) [1]Als Teil der Kosten der Vollstreckung der Rechtsfolgen einer Tat (§ 464a Abs. 1 Satz 2 StPO) erhebt die Anstalt von den Gefangenen einen Haftkostenbeitrag. [2]Ein Haftkostenbeitrag wird nicht erhoben, wenn der oder die Gefangene

1. Bezüge nach diesem Gesetz erhält oder
2. ohne Verschulden nicht arbeiten kann oder
3. nicht arbeitet, weil er oder sie nicht zur Arbeit verpflichtet ist.

[3]Haben Gefangene, die ohne Verschulden während eines zusammenhängenden Zeitraums von mehr als einem Monat nicht arbeiten können oder nicht arbeiten, weil sie nicht zur Arbeit verpflichtet sind, auf diese Zeit entfallende Einkünfte, so haben sie den Haftkostenbeitrag für diese Zeit bis zur Höhe der auf sie entfallenden Einkünfte zu entrichten. [4]Den Gefangenen muss ein Betrag verbleiben, der der Eckvergütung (Art. 46 Abs. 2 Satz 2) entspricht. [5]Von der Geltendmachung des Anspruchs ist abzusehen, soweit dies notwendig ist, um die Wiedereingliederung der Gefangenen in die Gemeinschaft nicht zu gefährden.

(2) [1]Der Haftkostenbeitrag wird im Kalenderjahr in Höhe des Betrags erhoben, der nach § 17 Abs. 1 Satz 1 Nr. 4 SGB IV durchschnittlich zum 1. Oktober des vorhergehenden Jahres zur Bewertung der Sachbezüge festgesetzt ist. [2]Bei Selbstverpflegung entfallen die für die Verpflegung vorgesehenen Beträge. [3]Für den Wert der Unterkunft ist die festgesetzte Belegungsfähigkeit maßgebend.

(3) Die Selbstbeschäftigung (Art. 42 Abs. 2) kann davon abhängig gemacht werden, dass der oder die Gefangene einen Haftkostenbeitrag bis zur Höhe des in Abs. 2 genannten Satzes monatlich im Voraus entrichtet.

Abschnitt 6. Gelder der Gefangenen

Art. 50 Hausgeld. (1) Gefangene dürfen von ihren in diesem Gesetz geregelten Bezügen drei Siebtel monatlich (Hausgeld) für den Einkauf (Art. 24 Abs. 1) oder anderweitig verwenden.

(2) Für Gefangene, die in einem freien Beschäftigungsverhältnis stehen (Art. 42 Abs. 1) oder denen gestattet ist, sich selbst zu beschäftigen (Art. 42 Abs. 2), wird aus ihren Bezügen ein angemessenes Hausgeld festgesetzt.

Art. 51 Überbrückungsgeld. (1) Aus den in diesem Gesetz geregelten Bezügen und aus den Bezügen der Gefangenen, die in einem freien Beschäftigungsverhältnis stehen (Art. 42 Abs. 1) oder denen gestattet ist, sich selbst zu beschäftigen (Art. 42 Abs. 2), ist ein Überbrückungsgeld zu bilden, das den notwendigen Lebensunterhalt der Gefangenen und ihrer Unterhaltsberechtigten für die ersten vier Wochen nach der Entlassung sichern soll.

(2) [1] Das Überbrückungsgeld wird den Gefangenen bei der Entlassung in die Freiheit ausgezahlt. [2] Die Anstalt kann es auch ganz oder zum Teil den Bewährungshelfern oder einer mit der Entlassenenbetreuung befassten Stelle überweisen, die darüber entscheiden, wie das Geld innerhalb der ersten vier Wochen nach der Entlassung an die Gefangenen ausgezahlt wird. [3] Die Bewährungshelfer und die mit der Entlassenenbetreuung befasste Stelle sind verpflichtet, das Überbrückungsgeld von ihrem Vermögen gesondert zu halten. [4] Mit Zustimmung der Gefangenen kann das Überbrückungsgeld auch den Unterhaltsberechtigten überwiesen werden.

(3) Der Anstaltsleiter oder die Anstaltsleiterin kann gestatten, dass das Überbrückungsgeld für Ausgaben in Anspruch genommen wird, die der Eingliederung der Gefangenen dienen.

Art. 52 Eigengeld. (1) [1] Als Eigengeld wird gutgeschrieben

1. eingebrachtes Geld,
2. Bezüge der Gefangenen, die nicht als Hausgeld, Haftkostenbeitrag oder Überbrückungsgeld in Anspruch genommen werden,
3. Geld, das für die Gefangenen eingezahlt wird.

[2] Art. 53 bleibt unberührt.

(2) Die Gefangenen können über ihr Eigengeld verfügen, soweit dieses nicht als Überbrückungsgeld notwendig ist.

Art. 53 Sondergeld. [1] Für die Gefangenen kann zum Zweck des Sondereinkaufs gemäß Art. 25 oder für die Kosten einer Krankenbehandlung Geld einbezahlt werden. [2] Dieses ist als Sondergeld gutzuschreiben. [3] Kann das Geld nicht oder nicht in vollem Umfang für den konkret zu bezeichnenden Zweck eingesetzt werden, ist es zum Eigengeld gutzuschreiben.

Art. 54 Taschengeld. [1] Wenn Gefangene ohne Verschulden kein Arbeitsentgelt und keine Ausbildungsbeihilfe erhalten, wird ihnen auf Antrag ein angemessenes Taschengeld gewährt, falls sie bedürftig sind. [2] Das Taschengeld darf für den Einkauf (Art. 24 Abs. 1) oder anderweitig verwendet werden.

Abschnitt 7. Religionsausübung

Art. 55 Seelsorge. (1) [1]Den Gefangenen darf religiöse Betreuung durch einen Seelsorger oder eine Seelsorgerin ihrer Religionsgemeinschaft nicht versagt werden. [2]Auf ihren Wunsch ist ihnen zu helfen, mit einem Seelsorger oder einer Seelsorgerin ihrer Religionsgemeinschaft in Verbindung zu treten.

(2) [1]Gefangene dürfen grundlegende religiöse Schriften besitzen. [2]Sie dürfen ihnen nur bei grobem Missbrauch entzogen werden.

(3) Den Gefangenen sind Gegenstände des religiösen Gebrauchs in angemessenem Umfang zu belassen.

Art. 56 Religiöse Veranstaltungen. (1) Gefangene haben das Recht, am Gottesdienst und an anderen religiösen Veranstaltungen ihres Bekenntnisses teilzunehmen.

(2) Zu dem Gottesdienst oder zu religiösen Veranstaltungen einer anderen Religionsgemeinschaft werden Gefangene zugelassen, wenn deren Seelsorger zustimmen.

(3) Gefangene können von der Teilnahme am Gottesdienst oder anderen religiösen Veranstaltungen ausgeschlossen werden, wenn dies aus überwiegenden Gründen der Sicherheit oder Ordnung geboten ist; der Seelsorger oder die Seelsorgerin soll vorher gehört werden.

Art. 57 Weltanschauungsgemeinschaften. Für Angehörige weltanschaulicher Bekenntnisse gelten die Art. 55 und 56 entsprechend.

Abschnitt 8. Gesundheitsfürsorge

Art. 58 Allgemeine Regeln. (1) [1]Für die körperliche und geistige Gesundheit der Gefangenen ist zu sorgen. [2]Art. 108 bleibt unberührt.

(2) Die Gefangenen haben die notwendigen Maßnahmen zum Gesundheitsschutz und zur Hygiene zu unterstützen.

(3) Der Schutz der Nichtraucher ist, soweit es bauliche und organisatorische Maßnahmen ermöglichen, zu gewährleisten.

Art. 59 Gesundheitsuntersuchungen, medizinische Vorsorgeleistungen. (1) Gefangene, die das 35. Lebensjahr vollendet haben, haben jedes zweite Jahr Anspruch auf eine ärztliche Gesundheitsuntersuchung zur Früherkennung von Krankheiten, insbesondere zur Früherkennung von Herz-Kreislauf- und Nierenerkrankungen sowie der Zuckerkrankheit.

(2) Gefangene haben höchstens einmal jährlich Anspruch auf eine Untersuchung zur Früherkennung von Krebserkrankungen, Frauen frühestens vom Beginn des 20. Lebensjahres an, Männer frühestens vom Beginn des 45. Lebensjahres an.

(3) Voraussetzung für die Untersuchungen nach Abs. 1 und 2 ist, dass

1. es sich um Krankheiten handelt, die wirksam behandelt werden können,
2. das Vor- oder Frühstadium dieser Krankheiten durch diagnostische Maßnahmen erfassbar ist,
3. die Krankheitszeichen medizinisch-technisch genügend eindeutig zu erfassen sind.

(4) Weibliche Gefangene haben für ihre Kinder, die mit ihnen in der Anstalt untergebracht sind, Anspruch auf Untersuchungen zur Früherkennung von Krankheiten, die die körperliche oder geistige Entwicklung ihrer Kinder in nicht geringfügigem Maße gefährden.

(5) Gefangene haben Anspruch auf ärztliche Behandlung und Versorgung mit Arznei-, Verband-, Heil- und Hilfsmitteln, wenn diese notwendig sind, um

1. eine Schwächung der Gesundheit, die in absehbarer Zeit voraussichtlich zu einer Krankheit führen würde, zu beseitigen,
2. einer Gefährdung der gesundheitlichen Entwicklung eines Kindes entgegenzuwirken,
3. Krankheiten zu verhüten oder deren Verschlimmerung zu vermeiden oder
4. Pflegebedürftigkeit zu vermeiden.

Art. 60 Krankenbehandlung. [1] Gefangene haben Anspruch auf Krankenbehandlung, wenn sie notwendig ist, um eine Krankheit zu erkennen, zu heilen, ihre Verschlimmerung zu verhüten oder Krankheitsbeschwerden zu lindern. [2] Die Krankenbehandlung umfasst

1. ärztliche Behandlung,
2. zahnärztliche Behandlung,
3. Versorgung mit Zahnersatz einschließlich Zahnkronen und Suprakonstruktionen,
4. Versorgung mit Arznei-, Verband-, Heil- und Hilfsmitteln,
5. Krankenhausbehandlung,
6. Leistungen zur medizinischen Rehabilitation und ergänzende Leistungen, soweit die Belange des Vollzugs dem nicht entgegenstehen.

Art. 61 Versorgung mit Hilfsmitteln. (1) [1] Gefangene haben Anspruch auf Versorgung mit Seh- und Hörhilfen, Körperersatzstücken, orthopädischen und anderen Hilfsmitteln, die im Einzelfall erforderlich sind, um den Erfolg der Krankenbehandlung zu sichern, einer drohenden Behinderung vorzubeugen oder eine Behinderung auszugleichen, sofern dies nicht mit Rücksicht auf die Kürze des noch verbleibenden Freiheitsentzugs ungerechtfertigt ist und soweit die Hilfsmittel nicht als allgemeine Gebrauchsgegenstände des täglichen Lebens anzusehen sind. [2] Der Anspruch umfasst auch die ohne Verschulden des oder der Gefangenen notwendige Änderung, Instandsetzung und Ersatzbeschaffung von Hilfsmitteln sowie die Ausbildung in ihrem Gebrauch, soweit die Belange des Vollzugs dem nicht entgegenstehen.

(2) [1] Ein Anspruch auf Sehhilfen besteht nur, wenn der oder die Gefangene auf beiden Augen eine schwere Sehbeeinträchtigung im Sinn des § 33 Abs. 2 Satz 2 des Fünften Buches Sozialgesetzbuch aufweist. [2] Liegen diese Voraussetzungen nicht vor, können Gefangene Sehhilfen erhalten, wenn sie die Kosten tragen oder wenn sie bedürftig sind. [3] Ein Anspruch auf therapeutische Sehhilfen besteht, wenn diese der Behandlung von Augenverletzungen oder Augenerkrankungen dienen. [4] Anspruch auf Versorgung mit Kontaktlinsen besteht nur in medizinisch zwingend erforderlichen Ausnahmefällen. [5] Ein erneuter Anspruch auf Versorgung mit Sehhilfen besteht nur bei einer Änderung der Sehfähigkeit um mindestens 0,5 Dioptrien.

Art. 62 Krankenbehandlung im Urlaub. Während eines Urlaubs oder Ausgangs haben Gefangene nur einen Anspruch auf Krankenbehandlung in der für sie zuständigen Anstalt.

Art. 63 Art und Umfang der Leistungen, Kostenbeteiligung. (1) Für die Art der Gesundheitsuntersuchungen und medizinischen Vorsorgeleistungen sowie für den Umfang dieser Leistungen und der Leistungen zur Krankenbehandlung einschließlich der Versorgung mit Hilfsmitteln gelten die entsprechenden Vorschriften des Sozialgesetzbuchs und die auf Grund dieser Vorschriften getroffenen Regelungen.

(2) [1] Gefangene können an den Kosten der Krankenbehandlung im Sinn des Art. 60 in angemessenem Umfang beteiligt werden. [2] Für nicht verschreibungspflichtige Arzneimittel werden in der Regel die vollen Kosten erhoben.

Art. 64 Ruhen der Ansprüche. Der Anspruch auf Leistungen nach den Art. 59 bis 61 ruht, solang die Gefangenen auf Grund eines freien Beschäftigungsverhältnisses (Art. 42 Abs. 1) krankenversichert sind.

Art. 65 Ärztliche Behandlung zur sozialen Eingliederung. [1] Mit Zustimmung des oder der Gefangenen soll die Anstalt ärztliche Behandlungen, insbesondere Operationen oder prothetische Maßnahmen durchführen lassen, die ihre soziale Eingliederung fördern. [2] Die Kosten tragen die Gefangenen. [3] Sind sie dazu nicht in der Lage, kann die Anstalt die Kosten in begründeten Fällen in angemessenem Umfang übernehmen.

Art. 66 Aufenthalt im Freien. Arbeiten Gefangene nicht im Freien, so wird ihnen täglich mindestens eine Stunde Aufenthalt im Freien ermöglicht, wenn die Witterung dies zu der festgesetzten Zeit zulässt.

Art. 67 Überstellung, Verlegung. (1) Kranke Gefangene können in ein Anstaltskrankenhaus oder in eine für die Behandlung ihrer Krankheit besser geeignete Anstalt überstellt oder verlegt werden.

(2) Kann die Krankheit in einer Anstalt oder einem Anstaltskrankenhaus nicht erkannt oder behandelt werden oder ist es nicht möglich, die Gefangenen rechtzeitig in ein Anstaltskrankenhaus zu überstellen oder zu verlegen, sind sie in ein Krankenhaus außerhalb des Vollzugs zu bringen.

Art. 68 Benachrichtigung bei Erkrankung oder Todesfall. (1) [1] Werden Gefangene schwer krank, so ist ein Angehöriger, eine Person ihres Vertrauens oder der gesetzliche Vertreter oder die gesetzliche Vertreterin unverzüglich zu benachrichtigen. [2] Dasselbe gilt, wenn Gefangene sterben.

(2) Dem Wunsch der Gefangenen, auch andere Personen zu benachrichtigen, soll nach Möglichkeit entsprochen werden.

Abschnitt 9. Freizeit

Art. 69 Allgemeines. [1] Gefangene erhalten Gelegenheit, sich in ihrer Freizeit sinnvoll zu beschäftigen. [2] Im Rahmen des Behandlungsauftrags sollen die Gefangenen Gelegenheit erhalten, eine Bücherei zu benutzen und an sonstigen Freizeitangeboten der Anstalt teilzunehmen, insbesondere an Unterricht, Lehrgängen, sonstigen Veranstaltungen der Weiterbildung, Sport, Freizeitgruppen, Gruppengesprächen sowie kulturellen Veranstaltungen.

Art. 70 Zeitungen und Zeitschriften. (1) Gefangene dürfen Zeitungen und Zeitschriften in angemessenem Umfang durch Vermittlung der Anstalt beziehen.

(2) [1]Ausgeschlossen sind Zeitungen und Zeitschriften, deren Verbreitung mit Strafe oder Geldbuße bedroht ist. [2]Einzelne Ausgaben oder Teile von Zeitungen oder Zeitschriften können den Gefangenen vorenthalten werden, wenn sie die Erfüllung des Behandlungsauftrags oder die Sicherheit oder Ordnung der Anstalt erheblich gefährden würden.

Art. 71 Hörfunk und Fernsehen. (1) [1]Eigene Hörfunk- und Fernsehgeräte werden unter den Voraussetzungen des Art. 72 zugelassen. [2]Die Betriebskosten können den Gefangenen auferlegt werden.

(2) Der Hörfunk- und Fernsehempfang kann vorübergehend ausgesetzt oder einzelnen Gefangenen untersagt werden, wenn dies zur Aufrechterhaltung der Sicherheit oder Ordnung der Anstalt unerlässlich ist.

Art. 72 Besitz von Gegenständen für die Freizeitbeschäftigung.

(1) Gefangene dürfen in angemessenem Umfang Bücher und andere Gegenstände zur Fortbildung oder zur Freizeitbeschäftigung besitzen.

(2) Dies gilt nicht, wenn der Besitz, die Überlassung oder die Benutzung des Gegenstands

1. mit Strafe oder Geldbuße bedroht wäre oder
2. die Erfüllung des Behandlungsauftrags oder die Sicherheit oder Ordnung der Anstalt gefährden würde; eine solche Gefährdung liegt in der Regel bei elektronischen Unterhaltungsmedien vor.

(3) Die Erlaubnis kann unter den Voraussetzungen des Abs. 2 widerrufen werden.

Art. 73 Kostenbeteiligung. Die Gefangenen können in angemessenem Umfang an den Stromkosten, die durch die Nutzung der in ihrem Besitz befindlichen Gegenstände entstehen, beteiligt werden.

Abschnitt 10. Soziale und psychologische Hilfe

Art. 74 Grundsatz. Die Beratungs-, Betreuungs- und Behandlungsangebote der Anstalt dienen dazu, die für die Tat ursächlichen Defizite des oder der Gefangenen abzubauen, zur Lösung persönlicher Schwierigkeiten beizutragen und die Entlassung vorzubereiten.

Art. 75 Soziale Hilfe. Die soziale Hilfe soll darauf gerichtet sein, die Gefangenen in die Lage zu versetzen, ihre Angelegenheiten selbst zu ordnen und zu regeln.

Art. 76 Psychologische Behandlung. (1) Psychologische Behandlungsmaßnahmen setzen eine diagnostische Abklärung und eine Einschätzung des Rückfallrisikos voraus.

(2) Die psychotherapeutischen Behandlungsmethoden haben sich an den nach dem Psychotherapeutengesetz anerkannten Verfahren, die sonstigen psychologischen Behandlungsmaßnahmen an den wissenschaftlichen Erkenntnissen über die Behandlung von Straftätern zu orientieren.

Art. 77 Hilfe bei der Aufnahme. (1) Bei der Aufnahme wird den Gefangenen geholfen, die notwendigen Maßnahmen für hilfsbedürftige Angehörige zu veranlassen und ihre Habe außerhalb der Anstalt sicherzustellen.

(2) Die Gefangenen sind über die Aufrechterhaltung einer Sozialversicherung zu beraten.

Art. 78 Hilfe während des Vollzugs. Die Gefangenen werden in dem Bemühen unterstützt, ihre Rechte und Pflichten wahrzunehmen, insbesondere das Wahlrecht auszuüben, sowie für Unterhaltsberechtigte zu sorgen.

Art. 79 Hilfe zur Entlassung. [1] Um die Entlassung vorzubereiten, sind die Gefangenen bei der Ordnung ihrer persönlichen, wirtschaftlichen und sozialen Angelegenheiten zu beraten. [2] Die Beratung erstreckt sich auch auf die Benennung der für Sozialleistungen zuständigen Stellen. [3] Den Gefangenen ist insbesondere zu helfen, Arbeit, Unterkunft und persönlichen Beistand für die Zeit nach der Entlassung zu finden.

Art. 80 Entlassungsbeihilfe. (1) Die Gefangenen erhalten, soweit ihre eigenen Mittel nicht ausreichen, von der Anstalt eine Beihilfe zu den Reisekosten sowie eine Überbrückungsbeihilfe und erforderlichenfalls ausreichende Kleidung.

(2) Die Überbrückungsbeihilfe soll die Gefangenen in die Lage versetzen, ohne Inanspruchnahme fremder Hilfe ihren notwendigen Lebensunterhalt zu bestreiten, bis sie ihn anderweitig decken können.

(3) [1] Art. 51 Abs. 2 Sätze 2 und 3 gelten entsprechend. [2] Die Überbrückungsbeihilfe kann ganz oder teilweise auch den Unterhaltsberechtigten überwiesen werden.

Art. 81 Hilfe nach Entlassung. Auf Antrag der Gefangenen kann die Anstalt nach deren Entlassung vorübergehend Hilfestellung im Einzelfall gewähren, soweit diese nicht anderweitig durchgeführt werden kann und der Erfolg der Behandlung der Gefangenen gefährdet ist.

Abschnitt 11. Besondere Vorschriften für den Frauenstrafvollzug

Art. 82 Leistungen bei Schwangerschaft und Mutterschaft. (1) [1] Bei einer Schwangeren oder einer Gefangenen, die unlängst entbunden hat, ist auf ihren Zustand Rücksicht zu nehmen. [2] Die Vorschriften des Mutterschutzgesetzes über die Gestaltung des Arbeitsplatzes sind entsprechend anzuwenden.

(2) [1] Die Gefangene hat während der Schwangerschaft, bei und nach der Entbindung Anspruch auf ärztliche Betreuung und auf Hebammenhilfe in der Anstalt. [2] Zur ärztlichen Betreuung während der Schwangerschaft gehören insbesondere Untersuchungen zur Feststellung der Schwangerschaft sowie Vorsorgeuntersuchungen einschließlich der laborärztlichen Untersuchungen.

(3) [1] Zur Entbindung ist die Schwangere in ein Krankenhaus außerhalb des Vollzugs zu bringen. [2] Ist dies aus besonderen Gründen nicht angezeigt, so ist die Entbindung in einer Anstalt mit Entbindungsabteilung vorzunehmen. [3] Bei der Entbindung wird Hilfe durch eine Hebamme und, falls erforderlich, durch einen Arzt oder eine Ärztin gewährt.

Art. 83 Arznei-, Verband- und Heilmittel. Bei Schwangerschaftsbeschwerden und im Zusammenhang mit der Entbindung werden Arznei-, Verband- und Heilmittel geleistet.

Art. 84 Art, Umfang und Ruhen der Leistungen bei Schwangerschaft und Mutterschaft. Art. 62, 63 Abs. 1, Art. 64 und 67 gelten für die Leistungen nach Art. 82 und 83 entsprechend.

Art. 85 Geburtsanzeige. In der Anzeige der Geburt an das Standesamt dürfen die Anstalt als Geburtsstätte des Kindes, das Verhältnis der anzeigenden Person zur Anstalt und die Inhaftierung der Mutter nicht vermerkt sein.

Art. 86 Mütter mit Kindern. (1) [1]Ist das Kind einer Gefangenen noch nicht schulpflichtig, so kann es mit Zustimmung der aufenthaltsbestimmungsberechtigten Person in der Anstalt untergebracht werden, in der sich seine Mutter befindet, wenn dies seinem Wohl entspricht. [2]Vor der Unterbringung ist das Jugendamt zu hören.

(2) [1]Die Unterbringung einschließlich der Gesundheitsfürsorge erfolgt auf Kosten der für das Kind unterhaltspflichtigen Person. [2]Von der Geltendmachung des Kostenersatzanspruchs kann abgesehen werden, wenn hierdurch die gemeinsame Unterbringung von Mutter und Kind gefährdet würde.

(3) [1]Kann die Krankheit eines nach Abs. 1 mit der Mutter in der Anstalt untergebrachten Kindes dort nicht erkannt oder behandelt werden, ist das Kind in ein Krankenhaus außerhalb des Vollzugs zu bringen. [2]Soweit die Anwesenheit der Mutter medizinisch erforderlich ist und vollzugliche Gründe nicht entgegenstehen, ist auch die Mutter dorthin zu bringen.

Abschnitt 12. Sicherheit und Ordnung

Art. 87 Grundsatz. (1) Das Verantwortungsbewusstsein der Gefangenen für ein geordnetes Zusammenleben in der Anstalt ist zu wecken und zu fördern.

(2) Die Pflichten und Beschränkungen, die den Gefangenen zur Aufrechterhaltung der Sicherheit oder Ordnung der Anstalt auferlegt werden, sind so zu wählen, dass sie in einem angemessenen Verhältnis zu ihrem Zweck stehen und die Gefangenen nicht mehr und nicht länger als notwendig beeinträchtigen.

Art. 88 Verhaltensvorschriften. (1) [1]Die Gefangenen haben sich nach der Tageseinteilung der Anstalt (Arbeitszeit, Freizeit, Ruhezeit) zu richten. [2]Sie dürfen durch ihr Verhalten gegenüber Vollzugsbediensteten, Mitgefangenen und anderen Personen das geordnete Zusammenleben nicht stören.

(2) [1]Die Gefangenen haben die Anordnungen der Vollzugsbediensteten zu befolgen, auch wenn sie sich durch sie beschwert fühlen. [2]Einen ihnen zugewiesenen Bereich dürfen sie nicht ohne Erlaubnis verlassen.

(3) Ihren Haftraum und die ihnen von der Anstalt überlassenen Sachen haben sie in Ordnung zu halten und schonend zu behandeln.

(4) Die Gefangenen haben Umstände, die eine Gefahr für das Leben oder eine erhebliche Gefahr für die Gesundheit einer Person bedeuten, unverzüglich zu melden.

Art. 89 Ersatz von Aufwendungen. (1) [1]Die Gefangenen sind verpflichtet, der Anstalt Aufwendungen zu ersetzen, die sie durch eine vorsätzliche oder grob fahrlässige Selbstverletzung oder Verletzung anderer Gefangener verursacht haben. [2] Ansprüche aus sonstigen Rechtsvorschriften bleiben unberührt.

(2) Bei der Geltendmachung dieser Forderungen kann auch ein den dreifachen Tagessatz der Eckvergütung nach Art. 46 Abs. 2 Satz 2 übersteigender Teil des Hausgeldes in Anspruch genommen werden.

(3) Für die in Abs. 1 genannten Forderungen ist der ordentliche Rechtsweg gegeben.

(4) Von der Aufrechnung oder Vollstreckung wegen der in Abs. 1 genannten Forderungen ist abzusehen, wenn hierdurch die Behandlung der Gefangenen oder ihre Eingliederung behindert würde.

Art. 90 Eingebrachte Sachen, persönlicher Gewahrsam. (1) [1] Die Gefangenen dürfen nur Sachen in Gewahrsam haben oder annehmen, die ihnen von der Anstalt oder mit ihrer Zustimmung überlassen werden. [2] Ohne Zustimmung dürfen sie Sachen weder abgeben noch annehmen, außer solche von geringem Wert. [3] Die Anstalt kann die Abgabe, Annahme und den Gewahrsam auch dieser Sachen von ihrer Zustimmung abhängig machen.

(2) [1] Eingebrachte Sachen, die die Gefangenen nicht in Gewahrsam haben dürfen, sind für sie aufzubewahren, sofern dies nach Art und Umfang möglich ist. [2] Den Gefangenen wird Gelegenheit gegeben, ihre Sachen, die sie während des Vollzugs und für ihre Entlassung nicht benötigen, abzusenden.

(3) Weigern sich Gefangene, eingebrachtes Gut, dessen Aufbewahrung nach Art und Umfang nicht möglich ist, aus der Anstalt zu verbringen, so ist die Anstalt berechtigt, diese Gegenstände auf Kosten der Gefangenen aus der Anstalt entfernen zu lassen.

(4) Aufzeichnungen und andere Gegenstände, die Kenntnisse über Sicherungsvorkehrungen der Anstalt vermitteln, dürfen von der Anstalt vernichtet oder unbrauchbar gemacht werden.

Art. 91 Durchsuchung. (1) [1] Gefangene, ihre Sachen und die Hafträume dürfen durchsucht werden. [2] Die Durchsuchung männlicher Gefangener darf nur von Männern, die Durchsuchung weiblicher Gefangener darf nur von Frauen vorgenommen werden; dies gilt nicht für das Absuchen der Gefangenen mit technischen Mitteln oder mit sonstigen Hilfsmitteln. [3] Das Schamgefühl ist zu schonen.

(2) [1] Nur bei Gefahr im Verzug oder auf Anordnung des Anstaltsleiters oder der Anstaltsleiterin im Einzelfall ist es zulässig, eine mit einer Entkleidung verbundene körperliche Durchsuchung vorzunehmen. [2] Sie darf bei männlichen Gefangenen nur in Gegenwart von Männern, bei weiblichen Gefangenen nur in Gegenwart von Frauen erfolgen. [3] Sie ist in einem geschlossenen Raum durchzuführen. [4] Andere Gefangene dürfen nicht anwesend sein.

(3) Der Anstaltsleiter oder die Anstaltsleiterin kann allgemein anordnen, dass Gefangene bei der Aufnahme, nach Kontakten mit Besuchern und nach jeder Abwesenheit von der Anstalt nach Abs. 2 zu durchsuchen sind.

(4) [1] Elektronische Datenspeicher sowie elektronische Geräte mit Datenspeichern, die Gefangene ohne Erlaubnis der Anstalt in Gewahrsam haben, dürfen auf schriftliche Anordnung des Anstaltsleiters oder der Anstaltsleiterin im Einzelfall ausgelesen werden, soweit tatsächliche Anhaltspunkte die Annahme

rechtfertigen, dass dies zu vollzuglichen Zwecken oder für die in Art. 197 Abs. 2 genannten Zwecke erforderlich ist. [2]Die so erhobenen Daten dürfen nur für die in Satz 1 genannten Zwecke verarbeitet werden.

(5) [1]Nach Abs. 4 erhobene Daten dürfen nicht weiterverarbeitet werden, soweit

1. sie Inhalte betreffen, über die das Zeugnis nach den §§ 53, 53a StPO verweigert werden könnte, oder sie einem Vertrauensverhältnis mit anderen Berufsgeheimnisträgern zuzuordnen sind oder
2. sie dem Kernbereich privater Lebensgestaltung zuzurechnen sind.

[2]Für Gefangene gilt Satz 1 Nr. 2 nur, soweit die weitere Verarbeitung auch unter Berücksichtigung der verfolgten Verarbeitungszwecke sowie der Unzulässigkeit des Besitzes und der Nutzung des Datenspeichers für die betroffenen Gefangenen unzumutbar ist. [3]Soweit die weitere Verarbeitung nach den Sätzen 1 und 2 unzulässig ist, sind die Daten unverzüglich zu löschen. [4]Die Erfassung und die Löschung der Daten sind zu dokumentieren. [5]Für die Dokumentation gilt Art. 199 Abs. 4 entsprechend.

(6) [1]Die Gefangenen sind bei der Aufnahme über die Möglichkeit des Auslesens von Datenspeichern zu belehren. [2]Die Belehrung ist aktenkundig zu machen.

Art. 92 Sichere Unterbringung. Gefangene können in eine Anstalt verlegt werden, die zu ihrer sicheren Unterbringung besser geeignet ist, wenn in erhöhtem Maß Fluchtgefahr gegeben ist oder sonst ihr Verhalten oder ihr Zustand eine Gefahr für die Sicherheit oder Ordnung der Anstalt darstellt.

Art. 93 Erkennungsdienstliche Maßnahmen. (1) Zur Sicherung des Vollzugs, zur Aufrechterhaltung der Sicherheit oder Ordnung der Anstalt oder zur Identitätsfeststellung sind mit Kenntnis der Gefangenen zulässig

1. die Aufnahme von Lichtbildern,
2. die Feststellung äußerlicher körperlicher Merkmale,
3. Messungen,
4. die Erfassung biometrischer Merkmale von Fingern, Händen, Gesicht und Stimme.

(2) [1]Die hierbei gewonnenen Unterlagen oder Daten werden zu den Gefangenenpersonalakten genommen oder in personenbezogenen Dateien gespeichert. [2]Sie können auch in kriminalpolizeilichen Sammlungen verwahrt werden. [3]Die nach Abs. 1 erhobenen Daten dürfen nur für die in Abs. 1, Art. 95 Abs. 2 und Art. 197 Abs. 2 Satz 1 Nr. 3 genannten Zwecke verarbeitet und genutzt werden. [4]Art. 201 Abs. 4 Satz 2 bleibt unberührt.

Art. 94 Maßnahmen zur Feststellung von Suchtmittelkonsum.

(1) [1]Zur Aufrechterhaltung der Sicherheit und Ordnung der Anstalt kann der Anstaltsleiter oder die Anstaltsleiterin allgemein oder im Einzelfall Maßnahmen anordnen, die geeignet sind, den Missbrauch von Suchtmitteln festzustellen. [2]Diese Maßnahmen dürfen nicht mit einem körperlichen Eingriff verbunden sein.

(2) Wird Suchtmittelmissbrauch festgestellt, können die Kosten der Maßnahme den Gefangenen auferlegt werden.

Art. 95 Festnahmerecht. (1) Gefangene, die entwichen sind oder sich sonst ohne Erlaubnis außerhalb der Anstalt aufhalten, können durch die Anstalt oder auf ihre Veranlassung hin festgenommen und in die Anstalt zurückgebracht werden.

(2) Die nach diesem Gesetz erhobenen Daten dürfen den Vollstreckungs- und Strafverfolgungsbehörden übermittelt werden, soweit dies für Zwecke der Fahndung und Festnahme der entwichenen oder sich sonst ohne Erlaubnis außerhalb der Anstalt aufhaltenden Gefangenen erforderlich ist.

Art. 96 Besondere Sicherungsmaßnahmen. (1) Gegen Gefangene können besondere Sicherungsmaßnahmen angeordnet werden, wenn nach ihrem Verhalten oder auf Grund ihres seelischen Zustands in erhöhtem Maß Fluchtgefahr oder die Gefahr von Gewalttätigkeiten gegen Personen oder Sachen oder die Gefahr des Selbstmords oder der Selbstverletzung besteht.

(2) Als besondere Sicherungsmaßnahmen sind zulässig:
1. der Entzug oder die Vorenthaltung von Gegenständen,
2. die ständige Beobachtung, auch mit technischen Mitteln,
3. die Absonderung von anderen Gefangenen,
4. der Entzug oder die Beschränkung des Aufenthalts im Freien,
5. die Unterbringung in einem besonders gesicherten Haftraum ohne gefährdende Gegenstände und
6. die Fesselung.

(3) Maßnahmen nach Abs. 2 Nrn. 1, 3 bis 5 sind auch zulässig, wenn die Gefahr einer Befreiung oder eine erhebliche Störung der Anstaltsordnung anders nicht vermieden oder behoben werden kann.

(4) Bei einer Ausführung, Vorführung oder beim Transport ist die Fesselung auch dann zulässig, wenn aus anderen Gründen als denen des Abs. 1 in erhöhtem Maß Fluchtgefahr besteht.

(5) Besondere Sicherungsmaßnahmen dürfen nur soweit aufrechterhalten werden, als es ihr Zweck erfordert.

Art. 97 Einzelhaft. (1) Die unausgesetzte Absonderung eines oder einer Gefangenen (Einzelhaft) ist nur zulässig, wenn dies aus Gründen, die in der Person des oder der Gefangenen liegen, unerlässlich ist.

(2) Einzelhaft von mehr als drei Monaten Gesamtdauer in einem Jahr bedarf der Zustimmung der Aufsichtsbehörde.

Art. 98 Fesselung, Fixierung. (1) [1] Fesseln dürfen nur an den Händen oder an den Füßen, im Ausnahmefall auch an Händen und Füßen angelegt werden; Satz 2 und Abs. 2 bleiben unberührt. [2] Im Interesse des oder der Gefangenen kann der Anstaltsleiter oder die Anstaltsleiterin eine andere Art der Fesselung anordnen. [3] Die Fesselung wird zeitweise gelockert, soweit dies notwendig ist.

(2) [1] Eine Fesselung der Gefangenen, durch welche die Bewegungsfreiheit an allen Gliedmaßen aufgehoben wird (Fixierung), ist nur zulässig, wenn und solange sie zur Abwendung einer gegenwärtigen erheblichen Gefahr von Gewalttätigkeiten gegen Personen oder des Selbstmords oder der Selbstverletzung unerlässlich ist. [2] Es sind zu dokumentieren
1. die Anordnung der Fixierung und deren Gründe,

2. Entscheidungen zur Fortdauer,
3. die Durchführung und Überwachung der Maßnahmen einschließlich der Beteiligung des ärztlichen Dienstes und
4. der Hinweis nach Satz 3.

[3] Nach Beendigung der Fixierung sind die Gefangenen auf die Möglichkeit hinzuweisen, die Zulässigkeit der Fixierung nachträglich gerichtlich überprüfen zu lassen.

Art. 99 Anordnung besonderer Sicherungsmaßnahmen, Verfahren.

(1) [1] Besondere Sicherungsmaßnahmen ordnet vorbehaltlich des Abs. 3 der Anstaltsleiter oder die Anstaltsleiterin an. [2] Bei Gefahr im Verzug können auch andere Bedienstete der Anstalt diese Maßnahmen vorläufig anordnen. [3] Die Entscheidung des Anstaltsleiters oder der Anstaltsleiterin ist unverzüglich einzuholen.

(2) [1] Vorher ist der Arzt oder die Ärztin zu hören, wenn
1. Gefangene ärztlich behandelt oder beobachtet werden,
2. der seelische Zustand der Gefangenen Anlass der Maßnahme ist oder
3. eine Fixierung angeordnet werden soll.

[2] Ist dies wegen Gefahr im Verzug nicht möglich, wird die ärztliche Stellungnahme unverzüglich eingeholt.

(3) [1] Die Fixierung bedarf der vorherigen Anordnung des zuständigen Gerichts, es sei denn, es handelt sich um eine kurzfristige Maßnahme. [2] Bei Gefahr im Verzug kann ohne vorherige Anordnung nach Satz 1 mit der Fixierung begonnen werden. [3] Die richterliche Entscheidung ist unverzüglich nachzuholen, es sei denn, es ist absehbar, dass die Fixierung vor Erlangung einer richterlichen Entscheidung beendet sein und eine zeitnahe Wiederholung nicht erforderlich werden wird.

(4) [1] Während der Absonderung von anderen Gefangenen, der Unterbringung in einem besonders gesicherten Haftraum oder der Fixierung sind die Gefangenen in besonderem Maß zu betreuen. [2] Sind die Gefangenen fixiert oder während der Absonderung oder der Unterbringung in einem besonders gesicherten Haftraum sonst gefesselt, sind sie durch geeignete Bedienstete ständig und unmittelbar zu beobachten. [3] Bei der Fixierung dürfen nur Bedienstete zur Beobachtung eingesetzt werden, die ärztlich in solche Aufgaben eingewiesen wurden.

Art. 100 Ärztliche Überwachung. (1) [1] Gefangene, die in einem besonders gesicherten Haftraum untergebracht oder gefesselt sind (Art. 96 Abs. 2 Nrn. 5 und 6), sucht der Arzt oder die Ärztin alsbald und in der Folge möglichst täglich auf. [2] Dies gilt nicht bei einer Fesselung während einer Ausführung, Vorführung oder eines Transports (Art. 96 Abs. 4). [3] Bei einer Fixierung stellt der Arzt oder die Ärztin eine angemessene ärztliche Überwachung sicher.

(2) Der Arzt oder die Ärztin ist regelmäßig zu hören, solang Gefangenen der tägliche Aufenthalt im Freien entzogen wird.

Abschnitt 13. Unmittelbarer Zwang

Art. 101 Allgemeine Voraussetzungen. (1) Bedienstete der Anstalten dürfen unmittelbaren Zwang anwenden, wenn sie Vollzugs- und Sicherungsmaßnahmen rechtmäßig durchführen und der damit verfolgte Zweck auf keine andere Weise erreicht werden kann.

(2) Gegen andere Personen als Gefangene darf unmittelbarer Zwang angewendet werden, wenn sie es unternehmen, Gefangene zu befreien oder in den Anstaltsbereich widerrechtlich einzudringen, oder wenn sie sich unbefugt darin aufhalten.

(3) Das Recht zu unmittelbarem Zwang auf Grund anderer Regelungen bleibt unberührt.

Art. 102 Begriffsbestimmungen. (1) Unmittelbarer Zwang ist die Einwirkung auf Personen oder Sachen durch körperliche Gewalt, ihre Hilfsmittel und durch Waffen.

(2) Körperliche Gewalt ist jede unmittelbare körperliche Einwirkung auf Personen oder Sachen.

(3) Hilfsmittel der körperlichen Gewalt sind insbesondere Fesseln.

(4) Waffen sind die dienstlich zugelassenen Hieb- und Schusswaffen sowie Reizstoffe.

Art. 103 Grundsatz der Verhältnismäßigkeit. (1) Unter mehreren möglichen und geeigneten Maßnahmen des unmittelbaren Zwangs sind diejenigen zu wählen, die den Einzelnen und die Allgemeinheit voraussichtlich am wenigsten beeinträchtigen.

(2) Unmittelbarer Zwang unterbleibt, wenn ein durch ihn zu erwartender Schaden erkennbar außer Verhältnis zu dem angestrebten Erfolg steht.

Art. 104 Handeln auf Anordnung. (1) Wird unmittelbarer Zwang von einer vorgesetzten oder sonst befugten Person angeordnet, sind Vollzugsbedienstete verpflichtet, ihn anzuwenden, es sei denn, die Anordnung verletzt die Menschenwürde oder ist nicht zu dienstlichen Zwecken erteilt worden.

(2) [1] Die Anordnung darf nicht befolgt werden, wenn dadurch eine Straftat begangen würde. [2] Befolgen Vollzugsbedienstete sie trotzdem, trifft sie eine Schuld nur, wenn sie erkennen oder wenn es nach den ihnen bekannten Umständen offensichtlich ist, dass dadurch eine Straftat begangen wird.

(3) [1] Bedenken gegen die Rechtmäßigkeit der Anordnung haben die Vollzugsbediensteten der anordnenden Person gegenüber vorzubringen, soweit das nach den Umständen möglich ist. [2] Abweichende Vorschriften des allgemeinen Beamtenrechts über die Mitteilung solcher Bedenken an einen Vorgesetzten (§ 36 Abs. 2 und 3 des Beamtenstatusgesetzes) sind nicht anzuwenden.

Art. 105 Androhung. [1] Unmittelbarer Zwang ist vorher anzudrohen. [2] Die Androhung darf nur dann unterbleiben, wenn die Umstände sie nicht zulassen oder unmittelbarer Zwang sofort angewendet werden muss, um eine rechtswidrige Tat, die den Tatbestand eines Strafgesetzes erfüllt, zu verhindern oder eine gegenwärtige Gefahr abzuwenden.

Art. 106 Allgemeine Vorschriften für den Schusswaffengebrauch.

(1) [1] Schusswaffen dürfen nur gebraucht werden, wenn andere Maßnahmen des unmittelbaren Zwangs bereits erfolglos waren oder keinen Erfolg versprechen. [2] Gegen Personen ist ihr Gebrauch nur zulässig, wenn der Zweck nicht durch Waffenwirkung gegen Sachen erreicht wird.

(2) [1]Schusswaffen dürfen nur die dazu bestimmten Vollzugsbediensteten gebrauchen und nur, um angriffs- oder fluchtunfähig zu machen. [2]Ihr Gebrauch unterbleibt, wenn dadurch erkennbar Unbeteiligte mit hoher Wahrscheinlichkeit gefährdet würden.

(3) [1]Der Gebrauch von Schusswaffen ist vorher anzudrohen. [2]Als Androhung gilt auch ein Warnschuss. [3]Ohne Androhung dürfen Schusswaffen nur dann gebraucht werden, wenn das zur Abwehr einer gegenwärtigen Gefahr für Leib oder Leben erforderlich ist.

Art. 107 Besondere Vorschriften für den Schusswaffengebrauch.

(1) [1]Gegen Gefangene dürfen Schusswaffen gebraucht werden,
1. wenn sie eine Waffe oder ein anderes gefährliches Werkzeug trotz wiederholter Aufforderung nicht ablegen,
2. wenn sie eine Meuterei (§ 121 StGB) unternehmen oder
3. um ihre Flucht zu vereiteln oder um sie wieder zu ergreifen.

[2]Um die Flucht aus einer Einrichtung des offenen Vollzugs zu vereiteln, dürfen keine Schusswaffen gebraucht werden.

(2) Gegen andere Personen dürfen Schusswaffen gebraucht werden, wenn sie es unternehmen, Gefangene gewaltsam zu befreien oder gewaltsam in eine Anstalt einzudringen.

Art. 108 Zwangsmaßnahmen auf dem Gebiet der Gesundheitsfürsorge. (1) Medizinische Untersuchung und Behandlung sowie Ernährung sind auch gegen den natürlichen Willen der Gefangenen zulässig, um
1. eine konkrete Gefahr für das Leben oder eine konkrete schwerwiegende Gefahr für die Gesundheit der betroffenen Gefangenen oder
2. eine konkrete Gefahr für das Leben oder die Gesundheit einer dritten Person

abzuwenden.

(2) Maßnahmen nach Abs. 1 dürfen nur angeordnet werden, wenn
1. ärztlich über Art, Dauer, Erfolgsaussichten und Risiken der beabsichtigten Maßnahmen aufgeklärt wurde,
2. zuvor frühzeitig, ernsthaft und ohne Druck auszuüben versucht wurde, die Zustimmung der Gefangenen zu erhalten,
3. die Maßnahmen zur Abwehr der Gefahr geeignet sind,
4. mildere Mittel keinen Erfolg versprechen,
5. der zu erwartende Nutzen die zu erwartenden Beeinträchtigungen deutlich überwiegt,
6. Art und Dauer auf das zwingend erforderliche Maß beschränkt werden und
7. in den Fällen des Abs. 1 Nr. 1 zusätzlich
   a) die betroffenen Gefangenen krankheitsbedingt nicht zur Einsicht in die Notwendigkeit der Maßnahme oder zum Handeln gemäß dieser Einsicht fähig sind und
   b) der nach § 1901a des Bürgerlichen Gesetzbuches (BGB) zu beachtende Wille der Gefangenen nicht entgegensteht.

(3) [1]Die Maßnahmen dürfen nur auf Anordnung und unter Leitung eines Arztes oder einer Ärztin durchgeführt werden. [2]Die Anordnung bedarf der Zustimmung des Anstaltsleiters oder der Anstaltsleiterin. [3]Sie gilt höchstens für

die Dauer von zwölf Wochen und kann wiederholt getroffen werden. [4]Das Recht zur Leistung erster Hilfe für den Fall, dass ein Arzt oder eine Ärztin nicht rechtzeitig erreichbar und mit dem Aufschub Lebensgefahr verbunden ist, bleibt unbeschadet. [5]Die Maßnahmen sind zu dokumentieren; dabei werden festgehalten:

1. die Gründe für ihre Anordnung,
2. ihr Zwangscharakter,
3. die Art und Weise ihrer Durchführung,
4. die vorgenommenen Kontrollen,
5. die ärztliche Überwachung der Wirksamkeit,
6. die Aufklärung nach Abs. 2 Nr. 1 und der Versuch, die Zustimmung des Gefangenen zu erhalten, nach Abs. 2 Nr. 2,
7. Erklärungen des oder der Gefangenen, die im Zusammenhang mit Zwangsmaßnahmen von Bedeutung sein können.

(4) [1]Die Anordnung der Maßnahme ist vor ihrer Durchführung schriftlich bekannt zu geben

1. dem oder der Gefangenen und
2. einem Betreuer oder einem Bevollmächtigten im Sinn des § 1896 Abs. 2 Satz 2 BGB; soweit eine solche Person nicht bekannt ist, regt die Justizvollzugsanstalt unverzüglich die Bestellung eines Betreuers bei Gericht an.

[2]Die Bekanntgabe ist mit der Belehrung zu verbinden, dass gegen die Anordnung bei Gericht um einstweiligen Rechtsschutz nachgesucht und Antrag auf gerichtliche Entscheidung gestellt werden kann. [3]Die Maßnahme darf erst dann vollzogen werden, wenn der oder die Gefangene und eine Person nach Satz 1 Nr. 2 die Gelegenheit hatten, eine gerichtliche Entscheidung herbeizuführen.

(5) [1]Bei Gefahr in Verzug kann von den Vorgaben gemäß Abs. 2 Nr. 1, 2, Abs. 3 Satz 2 und Abs. 4 abgewichen werden. [2]Unterbliebene Mitteilungen nach Abs. 2 Nr. 1 sowie Abs. 4 Satz 1 sind unverzüglich nachzuholen.

(6) Die zwangsweise körperliche Untersuchung zum Gesundheitsschutz und zur Hygiene ist über die Abs. 1 bis 5 hinaus zulässig, wenn sie nicht mit einem körperlichen Eingriff verbunden ist.

Abschnitt 14. Disziplinarmaßnahmen

Art. 109 Voraussetzungen. (1) Verstoßen Gefangene schuldhaft gegen Pflichten, die ihnen durch dieses Gesetz oder auf Grund dieses Gesetzes auferlegt sind, kann der Anstaltsleiter oder die Anstaltsleiterin gegen sie Disziplinarmaßnahmen anordnen.

(2) Von einer Disziplinarmaßnahme wird abgesehen, wenn es genügt, die Gefangenen zu verwarnen.

(3) Eine Disziplinarmaßnahme ist auch zulässig, wenn wegen derselben Verfehlung ein Straf- oder Bußgeldverfahren eingeleitet wird.

Art. 110 Arten der Disziplinarmaßnahmen. (1) Die zulässigen Disziplinarmaßnahmen sind:

1. Verweis,

2. die Beschränkung oder der Entzug der Verfügung über das Hausgeld und des Einkaufs gemäß Art. 24 und 25 bis zu drei Monaten,
3. die Beschränkung oder der Entzug des Hörfunk- und Fernsehempfangs bis zu drei Monaten,
4. die Beschränkung oder der Entzug der Gegenstände für eine Beschäftigung in der Freizeit oder der Teilnahme an gemeinschaftlichen Veranstaltungen bis zu drei Monaten,
5. die getrennte Unterbringung während der Freizeit bis zu vier Wochen,
6. der Entzug der zugewiesenen Arbeit oder Beschäftigung bis zu vier Wochen unter Wegfall der in diesem Gesetz geregelten Bezüge,
7. die Beschränkung des Verkehrs mit Personen außerhalb der Anstalt auf dringende Fälle bis zu drei Monaten,
8. Arrest bis zu vier Wochen.

(2) Arrest darf nur wegen schwerer oder mehrfach wiederholter Verfehlungen verhängt werden.

(3) Mehrere Disziplinarmaßnahmen können miteinander verbunden werden.

Art. 111 Vollzug der Disziplinarmaßnahmen, Aussetzung zur Bewährung. (1) Disziplinarmaßnahmen werden in der Regel sofort vollstreckt.

(2) Eine Disziplinarmaßnahme kann ganz oder teilweise bis zu sechs Monaten zur Bewährung ausgesetzt werden.

(3) Wird die Verfügung über das Hausgeld beschränkt oder entzogen, ist das in dieser Zeit anfallende Hausgeld dem Überbrückungsgeld hinzuzurechnen.

(4) [1] Wird der Verkehr der Gefangenen mit Personen außerhalb der Anstalt eingeschränkt, ist ihnen Gelegenheit zu geben, dies einer Person, mit der sie im Schriftwechsel stehen oder die sie zu besuchen pflegt, mitzuteilen. [2] Der Schriftwechsel mit den in Art. 32 Abs. 1 und 2 genannten Empfängern, mit Gerichten und Justizbehörden in der Bundesrepublik Deutschland sowie mit Rechtsanwälten und Notaren in einer den Gefangenen oder die Gefangene betreffenden Rechtssache bleibt unbeschränkt.

(5) [1] Arrest wird in Einzelhaft vollzogen. [2] Gefangene können in einem besonderen Arrestraum untergebracht werden, der den Anforderungen entsprechen muss, die an einen zum Aufenthalt bei Tag und Nacht bestimmten Haftraum gestellt werden. [3] Soweit nichts anderes angeordnet wird, ruhen die Befugnisse der Gefangenen aus den Art. 21, 22, 24, 25, 39, 40 und 70 bis 72.

Art. 112 Disziplinarbefugnis. (1) [1] Disziplinarmaßnahmen ordnet der Anstaltsleiter oder die Anstaltsleiterin an. [2] Bei einer Verfehlung auf dem Weg in eine andere Anstalt zum Zweck der Verlegung oder bei einer Überstellung ist der Leiter oder die Leiterin der Bestimmungsanstalt zuständig. [3] Ist im Fall einer Überstellung die Durchführung des Disziplinarverfahrens dort aus besonderen Gründen nicht möglich, liegt die Disziplinarbefugnis bei dem Leiter oder der Leiterin der Stammanstalt.

(2) Die Aufsichtsbehörde entscheidet, wenn sich die Verfehlung des oder der Gefangenen gegen den Anstaltsleiter oder die Anstaltsleiterin richtet.

(3) [1]Disziplinarmaßnahmen, die gegen Gefangene in einer anderen Anstalt oder während einer Untersuchungshaft angeordnet worden sind, werden auf Ersuchen vollstreckt. [2]Art. 111 Abs. 2 bleibt unberührt.

Art. 113 Verfahren. (1) [1]Der Sachverhalt ist zu klären. [2]Vor der Anhörung werden die Gefangenen darüber unterrichtet, welche Verfehlung ihnen zur Last gelegt wird und dass es ihnen freisteht, sich zur Sache zu äußern. [3]Die Erhebungen, insbesondere die Einlassungen der Gefangenen, werden schriftlich festgehalten.

(2) Bei schweren Verstößen soll der Anstaltsleiter oder die Anstaltsleiterin sich vor der Entscheidung in einer Konferenz mit Personen besprechen, die bei der Behandlung der Gefangenen mitwirken.

(3) Die Entscheidung wird den Gefangenen mündlich eröffnet und mit einer kurzen Begründung schriftlich abgefasst.

Art. 114 Ärztliche Mitwirkung. (1) [1]Bevor der Arrest vollzogen wird, ist der Arzt oder die Ärztin zu hören. [2]Während des Arrests stehen die Gefangenen unter ärztlicher Aufsicht.

(2) Der Vollzug des Arrests unterbleibt oder wird unterbrochen, wenn die Gesundheit der Gefangenen gefährdet würde.

Abschnitt 15. Beschwerde, Aufhebung von Maßnahmen und Gefangenenmitverantwortung

Art. 115 Beschwerde. (1) [1]Gefangene erhalten Gelegenheit, sich mit Wünschen, Anregungen und Beschwerden in Angelegenheiten, die sie selbst betreffen, an den Anstaltsleiter oder die Anstaltsleiterin zu wenden. [2]Regelmäßige Sprechstunden sind einzurichten.

(2) Besichtigen Vertreter der Aufsichtsbehörde die Anstalt, so ist zu gewährleisten, dass Gefangene sich in Angelegenheiten, die sie selbst betreffen, an diese wenden können.

(3) Die Möglichkeit der Dienstaufsichtsbeschwerde bleibt unberührt.

Art. 115a Aufhebung von Maßnahmen. [1]Kann der Zweck einer vollzuglichen Maßnahme dauerhaft nicht erreicht werden, so soll sie beendet werden. [2]Im Übrigen gelten für den Widerruf und die Rücknahme von Maßnahmen nach diesem Gesetz Art. 48 bis 49a des Bayerischen Verwaltungsverfahrensgesetzes entsprechend, soweit dieses Gesetz keine abweichende Regelung enthält.

Art. 116 Gefangenenmitverantwortung. (1) [1]Den Gefangenen soll ermöglicht werden, an der Verantwortung für Angelegenheiten von gemeinsamem Interesse teilzunehmen, die sich ihrer Eigenart und der Aufgabe der Anstalt nach für ihre Mitwirkung eignen. [2]Eine weitgehende Übernahme der Mitverantwortung für die alltäglichen Abläufe wird angestrebt.

(2) [1]Die Einrichtung von Mitwirkungsgremien wird von den Anstalten gefördert und begleitet. [2]Den Gefangenen soll insbesondere ermöglicht werden, Vertreter zu wählen, die die gemeinsamen Interessen an den Anstaltsleiter oder die Anstaltsleiterin und den Beirat herantragen können.

Abschnitt 16. Sozialtherapeutische Einrichtungen

Art. 117 Sozialtherapeutische Einrichtungen. Die Behandlung nach Art. 11 erfolgt in sozialtherapeutischen Anstalten oder Abteilungen (sozialtherapeutische Einrichtungen).

Art. 118 Urlaub zur Vorbereitung der Entlassung. (1) [1]Gefangenen kann zur Vorbereitung der Entlassung von dem Anstaltsleiter oder der Anstaltsleiterin Sonderurlaub bis zu sechs Monaten gewährt werden. [2]Art. 13 Abs. 2, Art. 14 Abs. 5 und Art. 15 gelten entsprechend.

(2) [1]Den Beurlaubten sollen für den Urlaub Weisungen erteilt werden. [2]Sie können insbesondere angewiesen werden, sich einer von der Anstalt bestimmten Betreuungsperson zu unterstellen und jeweils für kurze Zeit in die Anstalt zurückzukehren.

(3) [1]Art. 16 Abs. 2 gilt entsprechend. [2]Der Urlaub wird widerrufen, wenn dies für die Behandlung der Gefangenen notwendig ist.

Art. 119 Nachsorge. Die sozialtherapeutischen Einrichtungen sollen nach Entlassung der Gefangenen die im Vollzug begonnene Betreuung vorübergehend fortführen, soweit diese nicht anderweitig durchgeführt werden kann.

Art. 120 Aufnahme auf freiwilliger Grundlage. (1) [1]Frühere Gefangene können auf Antrag vorübergehend wieder in die sozialtherapeutische Einrichtung aufgenommen werden, wenn der Erfolg ihrer Behandlung gefährdet und ein Aufenthalt in der Einrichtung aus diesem Grund gerechtfertigt ist. [2]Ein Widerruf des Antrags darf nicht zur Unzeit erfolgen.

(2) [1]Gegen die Aufgenommenen dürfen Maßnahmen des Vollzugs nicht mit unmittelbarem Zwang durchgesetzt werden. [2]Art. 101 Abs. 2 und 3 bleiben unberührt.

Teil 3. Vollzug der Jugendstrafe

(vom Abdruck wurde abgesehen)

Teil 4. Besondere Vorschriften bei angeordneter oder vorbehaltener Sicherungsverwahrung

Abschnitt 1. Besondere Vorschriften bei angeordneter oder vorbehaltener Sicherungsverwahrung im Vollzug der Freiheitsstrafe

Art. 159 Gestaltung des Vollzugs. [1]Bei angeordneter oder vorbehaltener Sicherungsverwahrung dient der Vollzug der Freiheitsstrafe neben den in Art. 2 genannten Aufgaben dem Ziel, die Gefährlichkeit der Gefangenen für die Allgemeinheit so zu mindern, dass die Vollstreckung der Sicherungsverwahrung oder deren Anordnung möglichst entbehrlich wird. [2]Dies erfordert die Mitwirkung der Gefangenen. [3]Die Bereitschaft der Gefangenen hierzu ist fortwährend zu wecken und zu fördern. [4]Die Motivationsmaßnahmen sind zu dokumentieren.

Art. 160 Behandlungsuntersuchung. [1]An das Aufnahmeverfahren schließt sich zur Vorbereitung der Vollzugsplanung unverzüglich eine umfassende Behandlungsuntersuchung nach Art. 8 unter Berücksichtigung des Stands der wissenschaftlichen Erkenntnisse an, die sich auf alle Umstände, deren Kenntnis für eine planvolle Behandlung der Gefährlichkeit der Gefangenen zum Schutz der Allgemeinheit und für die Eingliederung nach ihrer Entlassung notwendig ist, erstreckt. [2] Im Rahmen der Behandlungsuntersuchung sind insbesondere die Ursachen der Straftaten, die individuellen Risikofaktoren sowie der Behandlungsbedarf, die Behandlungsfähigkeit und die Behandlungsmotivation der Gefangenen festzustellen. [3] Gleichzeitig sollen die Fähigkeiten der Gefangenen ermittelt werden, deren Stärkung einer Gefährlichkeit für die Allgemeinheit entgegenwirkt. [4] Erkenntnisse aus vorangegangenen Freiheitsentziehungen sind einzubeziehen.

Art. 161 Vollzugsplan. (1) [1] Auf der Grundlage der in der Behandlungsuntersuchung gewonnenen Erkenntnisse wird unverzüglich ein Vollzugsplan nach Art. 9 aufgestellt, der die individuellen Behandlungsziele festlegt und die zu ihrem Erreichen geeigneten und erforderlichen Maßnahmen benennt. [2] Er enthält insbesondere Angaben über

1. sozialtherapeutische, psychotherapeutische oder psychiatrische Behandlungsmaßnahmen,
2. andere Einzel- oder Gruppenbehandlungsmaßnahmen,
3. Maßnahmen zur Förderung der Behandlungsbereitschaft,
4. die Unterbringung in einer sozialtherapeutischen Einrichtung,
5. die Zuweisung zu Wohngruppen,
6. Art und Umfang der Beschäftigung,
7. Vorschläge zur Gestaltung der Freizeit,
8. Vorschläge zur Ordnung der finanziellen Verhältnisse,
9. Vorschläge zur Ordnung der familiären Verhältnisse,
10. Vorschläge zur Förderung von Außenkontakten,
11. Maßnahmen zur Vorbereitung eines sozialen Empfangsraums,
12. Vollzugslockerungen, Urlaub und offener Vollzug,
13. Maßnahmen der Entlassungsvorbereitung und Nachsorge.

(2) [1] Der Vollzugsplan ist fortlaufend der Entwicklung der Gefangenen anzupassen und mit weiteren für die Behandlung bedeutsamen Erkenntnissen in Einklang zu halten. [2] Hierfür hat der Vollzugsplan eine angemessene Frist vorzusehen, die sechs Monate nicht übersteigen soll.

(3) An der Behandlung mitwirkende Personen außerhalb des Vollzugs sollen in die Planung einbezogen werden.

(4) [1] Die Vollzugsplanung wird mit den Gefangenen erörtert. [2] Der Vollzugsplan ist ihnen auszuhändigen.

Art. 162 Behandlung, Verlegung in eine sozialtherapeutische Einrichtung. (1) [1] Den Gefangenen sind die neben Art. 3 erforderlichen Behandlungsmaßnahmen nach § 66c Abs. 2 StGB anzubieten. [2] Diese haben wissenschaftliche Erkenntnisse zu berücksichtigen. [3] Bei der Behandlung wirken Bedienstete der verschiedenen Fachrichtungen in enger Abstimmung zusammen. [4] Seelsorgerische Betreuung ist anzubieten. [5] Soweit dies erforderlich ist, sind externe Fachkräfte einzubeziehen. [6] Den Gefangenen sollen feste Ansprechpartner zur Verfügung stehen.

(2) [1] Ist Sicherungsverwahrung angeordnet oder vorbehalten, sind Gefangene bereits während des Vollzugs der Freiheitsstrafe in eine sozialtherapeutische Einrichtung zu verlegen, wenn die Teilnahme an den dortigen Behandlungsprogrammen zur Verringerung ihrer Gefährlichkeit für die Allgemeinheit angezeigt ist. [2] Die Verlegung soll zu einem Zeitpunkt erfolgen, der den Abschluss der Behandlung während des Vollzugs der Freiheitsstrafe erwarten lässt.

Art. 163 Urlaub zur Vorbereitung der Entlassung, Nachsorge und Aufnahme auf freiwilliger Grundlage. Bei angeordneter und vorbehaltener Sicherungsverwahrung gelten Art. 118 bis 120 entsprechend.

Abschnitt 2. Besondere Vorschriften bei vorbehaltener Sicherungsverwahrung im Vollzug der Jugendstrafe

Art. 164 Vorbehaltene Sicherungsverwahrung. [1] Ist bei Gefangenen im Vollzug der Jugendstrafe die Anordnung der Sicherungsverwahrung vorbehalten, gelten die Vorschriften in Abschnitt 1 entsprechend, soweit Zweck und Eigenart des Vollzugs der Jugendstrafe nicht entgegenstehen. [2] § 7 Abs. 3 und § 106 Abs. 5 JGG bleiben unberührt.

Teil 5. Vollzugsbehörden

Abschnitt 1. Arten und Einrichtung der Justizvollzugsanstalten

Art. 165 Justizvollzugsanstalten. Die in Art. 1 genannten Freiheitsentziehungen werden in Justizvollzugsanstalten vollzogen.

Art. 166 Trennung des Vollzugs. (1) Jugendstrafe wird in eigenen Justizvollzugsanstalten (Jugendstrafvollzugsanstalten) vollzogen.

(2) Frauen und Männer sind getrennt voneinander in gesonderten Anstalten oder Abteilungen unterzubringen.

(3) Von der getrennten Unterbringung nach Abs. 2 darf abgewichen werden, um den Gefangenen die Teilnahme an Behandlungsmaßnahmen in einer anderen Anstalt oder in einer anderen Abteilung zu ermöglichen.

Art. 167 Differenzierung. (1) Für den Vollzug der Freiheitsstrafe und der Jugendstrafe sind Haftplätze in verschiedenen Anstalten oder Abteilungen vorzusehen, die den unterschiedlichen Behandlungsbedürfnissen der Gefangenen und den Sicherheitserfordernissen Rechnung tragen.

(2) [1] In Anstalten des geschlossenen Vollzugs gewährleisten besondere bauliche und technische Vorkehrungen eine sichere Unterbringung der Gefangenen. [2] Einrichtungen des offenen Vollzugs sehen nur verminderte Vorkehrungen gegen Entweichungen vor.

Art. 168 Einrichtungen für Mütter mit Kindern. In Anstalten für Frauen sollen Einrichtungen vorgesehen werden, in denen Mütter mit ihren Kindern untergebracht werden können.

Art. 169 Gestaltung der Anstalten. (1) Justizvollzugsanstalten sind so zu gestalten, dass eine auf die Bedürfnisse der Einzelnen abgestellte Behandlung gewährleistet ist.

(2) Die Anstalten sollen so gegliedert werden, dass die Gefangenen in überschaubaren Betreuungs- und Behandlungsgruppen zusammengefasst werden können.

Art. 170 Größe und Ausgestaltung der Räume. [1] Räume für den Aufenthalt während der Ruhe- und Freizeit sowie Gemeinschafts- und Besuchsräume sind wohnlich oder sonst ihrem Zweck entsprechend auszugestalten. [2] Sie müssen hinreichend Luftinhalt haben und für eine gesunde Lebensführung ausreichend mit Heizung und Lüftung, Boden- und Fensterfläche ausgestattet sein.

Art. 171 Festsetzung der Belegungsfähigkeit. [1] Das Staatsministerium der Justiz setzt die Belegungsfähigkeit für jede Anstalt so fest, dass eine angemessene Unterbringung während der Ruhezeit (Art. 20) gewährleistet ist. [2] Dabei ist zu berücksichtigen, dass eine ausreichende Anzahl von Plätzen für Arbeit, Ausbildung und Weiterbildung sowie von Räumen für Seelsorge, Freizeit, Sport, therapeutische Maßnahmen und Besuche zur Verfügung steht.

Art. 172 Verbot der Überbelegung. (1) Hafträume dürfen nicht mit mehr Personen als zugelassen belegt werden.

(2) Ausnahmen hiervon sind nur vorübergehend und nur mit Zustimmung des Staatsministeriums der Justiz zulässig.

Abschnitt 2. Aufsicht über die Justizvollzugsanstalten

Art. 173 Aufsichtsbehörde. (1) Das Staatsministerium der Justiz führt die Aufsicht über die Justizvollzugsanstalten (Aufsichtsbehörde).

(2) [1] Soweit die Aufsichtsbehörde nicht über eigene Fachkräfte verfügt, ist fachliche Beratung sicherzustellen. [2] Hierzu können Fachberater oder Fachberaterinnen bestellt werden.

Art. 174 Vollstreckungsplan. Die Aufsichtsbehörde regelt in dem Vollstreckungsplan für den Freistaat Bayern die örtliche und sachliche Zuständigkeit der Justizvollzugsanstalten nach allgemeinen Merkmalen.

Abschnitt 3. Innerer Aufbau der Justizvollzugsanstalten

Art. 175 Zusammenarbeit. (1) [1] Alle im Vollzug Tätigen arbeiten zusammen und wirken daran mit, die Aufgaben des Vollzugs zu erfüllen. [2] Die Sicherheit der Anstalt ist durch die erforderlichen organisatorischen Maßnahmen und geeignete Behandlungsmaßnahmen zu gewährleisten.

(2) Die Anstalten arbeiten mit Behörden, Verbänden der freien Wohlfahrtspflege, Vereinen und Personen, deren Einfluss die Eingliederung der Gefangenen fördern kann, eng zusammen.

(3) Die Anstalt stellt durch geeignete organisatorische Maßnahmen sicher, dass die Bundesagentur für Arbeit die ihr obliegenden Aufgaben wie Berufsberatung, Ausbildungsvermittlung und Arbeitsvermittlung durchführen kann.

(4) Soweit erforderlich, ist zur Entlassungsvorbereitung insbesondere mit der Bewährungshilfe, den Aufsichtsstellen für die Führungsaufsicht und den Einrichtungen der Strafentlassenenhilfe frühzeitig Kontakt aufzunehmen.

Art. 176 Vollzugsbedienstete. (1) [1]Die Aufgaben der Justizvollzugsanstalten werden von Vollzugsbeamten wahrgenommen. [2]Aus besonderen Gründen können sie auch anderen Bediensteten der Justizvollzugsanstalten sowie nebenamtlichen oder vertraglich verpflichteten Personen übertragen werden.

(2) Für jede Anstalt ist entsprechend ihrer Aufgabe die erforderliche Anzahl von Bediensteten der verschiedenen Berufsgruppen, insbesondere des allgemeinen Vollzugsdienstes, des Werkdienstes, des Krankenpflegedienstes und des Verwaltungsdienstes, sowie von Seelsorgern, Ärzten, Pädagogen, Psychologen und Sozialarbeitern vorzusehen.

Art. 177 Anstaltsleiter oder Anstaltsleiterin. (1) [1]Für jede Justizvollzugsanstalt ist ein Beamter oder eine Beamtin, der oder die für ein Amt ab der Besoldungsgruppe A 14 qualifiziert ist, hauptamtlich mit der Leitung zu beauftragen (Anstaltsleiter oder Anstaltsleiterin). [2]Aus besonderen Gründen kann eine Anstalt auch von einem Beamten oder einer Beamtin, der oder die für ein Amt ab der Besoldungsgruppe A 10 qualifiziert ist, geleitet werden.

(2) [1]Der Anstaltsleiter oder die Anstaltsleiterin vertritt die Anstalt nach außen. [2]Er oder sie trägt die Verantwortung für den gesamten Vollzug, soweit nicht bestimmte Aufgabenbereiche der Verantwortung anderer Vollzugsbediensteter oder ihrer gemeinsamen Verantwortung übertragen sind.

(3) Die Befugnis, die Durchsuchung nach Art. 91 Abs. 2, die besonderen Sicherungsmaßnahmen nach Art. 96 und die Disziplinarmaßnahmen nach Art. 110 anzuordnen oder einer Zwangsmaßnahme auf dem Gebiet der Gesundheitsfürsorge nach Art. 108 zuzustimmen, darf nur mit Zustimmung der Aufsichtsbehörde übertragen werden.

Art. 178 Seelsorge. (1) Seelsorger werden im Einvernehmen mit der jeweiligen Religionsgemeinschaft im Hauptamt bestellt oder vertraglich verpflichtet.

(2) Wenn die geringe Anzahl der Angehörigen einer Religionsgemeinschaft eine Seelsorge nach Abs. 1 nicht rechtfertigt, ist die seelsorgerische Betreuung auf andere Weise zuzulassen.

(3) Mit Zustimmung des Anstaltsleiters oder der Anstaltsleiterin dürfen die Anstaltsseelsorger sich freier Seelsorgehelfer bedienen und für Gottesdienste sowie für andere religiöse Veranstaltungen Seelsorger von außen zuziehen.

(4) [1]Den Seelsorgern obliegt insbesondere die religiöse Betreuung der Gefangenen. [2]Die Seelsorger wirken ferner mit bei der Behandlungsuntersuchung der Gefangenen, bei der Aufstellung, Durchführung und Änderung des Vollzugsplans, bei der Freizeitgestaltung der Gefangenen, bei der sozialen Hilfe für die Gefangenen und bei der Aus- und Fortbildung der Vollzugsbediensteten.

Art. 179 Ärztliche Versorgung. (1) [1]Die ärztliche Versorgung ist durch hauptamtliche Ärzte sicherzustellen. [2]Sie kann aus besonderen Gründen nebenamtlichen oder vertraglich verpflichteten Ärzten übertragen werden.

(2) [1]Die Pflege der Kranken soll von Personen ausgeübt werden, die eine Erlaubnis nach dem Krankenpflegegesetz besitzen. [2]Solang Personen im Sinn von Satz 1 nicht zur Verfügung stehen, können auch Bedienstete eingesetzt werden, die eine sonstige Ausbildung in der Krankenpflege erfahren haben.

(3) [1]Den Ärzten obliegt insbesondere die Gesundheitsfürsorge für die Gefangenen, die Überwachung der gesundheitlichen und hygienischen Verhältnisse in der Anstalt, die ärztliche Überwachung der Anstaltsverpflegung und die

Durchführung von Zwangsmaßnahmen auf dem Gebiet der Gesundheitsfürsorge. [2] Sie wirken ferner mit bei der Behandlungsuntersuchung der Gefangenen, bei der Aufstellung, Durchführung und Änderung des Vollzugsplans, bei der Beurteilung der Gefangenen, bei der Anordnung und beim Vollzug besonderer Sicherungsmaßnahmen und von Disziplinarmaßnahmen in dem vorgesehenen Umfang sowie bei der Aus- und Fortbildung der Vollzugsbediensteten.

Art. 180 Pädagogischer Dienst. (1) [1] Die pädagogische Behandlung ist durch hauptamtliche Lehrkräfte sicherzustellen. [2] Aus besonderen Gründen kann sie auch nebenamtlichen oder vertraglich verpflichteten Lehrkräften übertragen werden.

(2) [1] Den Lehrkräften obliegt insbesondere die Erteilung von Unterricht und die Organisation der Ausbildung für die Gefangenen, die Sorge für sonstige Maßnahmen der Aus- und Weiterbildung der Gefangenen sowie die Beratung und Betreuung der Gefangenen in Fragen der Aus- und Weiterbildung. [2] Die Lehrkräfte wirken ferner mit bei der Behandlungsuntersuchung der Gefangenen, bei der Aufstellung, Durchführung und Änderung des Vollzugsplans, bei der Beurteilung und der Freizeitgestaltung der Gefangenen, der Gestaltung des kulturellen Lebens der Anstalt sowie bei der Aus- und Fortbildung der Vollzugsbediensteten.

Art. 181 Sozialdienst. (1) Die sozialpädagogische Behandlung und Betreuung der Gefangenen ist durch hauptamtliche Sozialarbeiter sicherzustellen.

(2) [1] Den Sozialarbeitern obliegt insbesondere die soziale Hilfe für die Gefangenen. [2] Die Sozialarbeiter wirken ferner mit bei der Behandlungsuntersuchung der Gefangenen, bei der Aufstellung, Durchführung und Änderung des Vollzugsplans, bei der Beurteilung und der Freizeitgestaltung der Gefangenen sowie bei der Aus- und Fortbildung der Vollzugsbediensteten.

Art. 182 Psychologischer Dienst. (1) [1] Die psychologische Behandlung ist durch hauptamtliche Psychologen sicherzustellen. [2] Aus besonderen Gründen kann sie nebenamtlichen oder vertraglich verpflichteten Psychologen übertragen werden.

(2) [1] Zu den Aufgaben des psychologischen Dienstes gehören insbesondere Diagnostik und Prognostik, Krisenintervention und psychologische Beratung, Psychotherapie sowie Dokumentation und Evaluation. [2] Die Psychologen wirken ferner mit bei der Behandlungsuntersuchung der Gefangenen, der Aufstellung, Durchführung und Änderung des Vollzugsplans sowie der Personalauswahl, Organisationsentwicklung und Aus- und Fortbildung des Personals.

Art. 183 Konferenzen. Zur Aufstellung und Überprüfung des Vollzugsplans und zur Vorbereitung wichtiger Entscheidungen im Vollzug führt der Anstaltsleiter oder die Anstaltsleiterin Konferenzen mit den an der Behandlung maßgeblich Beteiligten durch.

Art. 184 Hausordnung. (1) [1] Der Anstaltsleiter oder die Anstaltsleiterin erlässt eine Hausordnung. [2] Sie bedarf der Zustimmung der Aufsichtsbehörde.

(2) In die Hausordnung sind insbesondere die Anordnungen aufzunehmen über

1. Besuchszeiten, Häufigkeit und Dauer der Besuche,
2. Arbeitszeit, Freizeit und Ruhezeit,

3. auf der Grundlage dieses Gesetzes besonders auferlegte Pflichten sowie
4. die Gelegenheit, Anträge und Beschwerden anzubringen, oder sich an Vertreter der Aufsichtsbehörde zu wenden.

(3) Gefangene erhalten einen Abdruck der Hausordnung.

Abschnitt 4. Anstaltsbeiräte

Art. 185 Beiräte. (1) Bei den Justizvollzugsanstalten sind Beiräte zu bilden.

(2) [1]Der oder die Vorsitzende und deren Vertreter werden aus der Mitte des Bayerischen Landtags gewählt. [2]Vollzugsbedienstete dürfen nicht Mitglieder der Beiräte sein.

(3) Die Mitglieder der Beiräte arbeiten ehrenamtlich.

Art. 186 Aufgaben. [1]Die Mitglieder des Beirats wirken bei der Gestaltung des Vollzugs und bei der Betreuung der Gefangenen mit. [2]Sie unterstützen den Anstaltsleiter oder die Anstaltsleiterin durch Anregungen und Verbesserungsvorschläge und helfen bei der Eingliederung der Gefangenen nach der Entlassung.

Art. 187 Befugnisse. (1) [1]Die Mitglieder des Beirats können insbesondere Wünsche, Anregungen und Beanstandungen entgegennehmen. [2]Sie können sich über die Unterbringung, Beschäftigung, berufliche Bildung, Verpflegung, ärztliche Versorgung und Behandlung unterrichten sowie die Anstalt und ihre Einrichtungen besichtigen.

(2) [1]Die Mitglieder des Beirats können die Gefangenen in ihren Räumen aufsuchen. [2]Aussprache und Schriftwechsel werden nicht überwacht.

Art. 188 Pflicht zur Verschwiegenheit. [1]Die Mitglieder des Beirats sind verpflichtet, außerhalb ihres Amtes über alle Angelegenheiten, die ihrer Natur nach vertraulich sind, besonders über Namen und Persönlichkeit der Gefangenen, Verschwiegenheit zu bewahren. [2]Dies gilt auch nach Beendigung ihres Amtes.

Abschnitt 5. Kriminologische Forschung im Strafvollzug

Art. 189 Kriminologischer Dienst. (1) Dem kriminologischen Dienst obliegt es, in Zusammenarbeit mit den Einrichtungen der Forschung den Vollzug, insbesondere die Behandlungsmethoden, wissenschaftlich fortzuentwickeln und seine Ergebnisse für Zwecke der Strafrechtspflege nutzbar zu machen.

(2) Art. 197 Abs. 4a gilt entsprechend.

Teil 6. Vollzug des Strafarrests, Akten, Datenschutz, Arbeitslosenversicherung

Abschnitt 1. Vollzug des Strafarrests in Justizvollzugsanstalten

Art. 190 Grundsatz. [1]Für den Vollzug des Strafarrests in Justizvollzugsanstalten gelten die Vorschriften über den Vollzug der Freiheitsstrafe (Art. 2 bis 116) entsprechend, soweit im Folgenden nichts anderes bestimmt ist. [2]Art. 49 findet nur in den Fällen einer in Art. 42 erwähnten Beschäftigung Anwendung.

Art. 191 Unterbringung, Besuche und Schriftverkehr. (1) [1] Eine gemeinsame Unterbringung während der Arbeit, Freizeit und Ruhezeit (Art. 19 und 20) ist nur mit Einwilligung der Gefangenen zulässig. [2] Dies gilt nicht, wenn Strafarrest in Unterbrechung einer Strafhaft oder einer Unterbringung im Vollzug einer freiheitsentziehenden Maßregel der Besserung und Sicherung vollzogen wird.

(2) Den Gefangenen soll gestattet werden, einmal wöchentlich Besuch zu empfangen.

(3) Besuche und Schriftwechsel dürfen nur untersagt oder überwacht werden, wenn dies aus Gründen der Sicherheit oder Ordnung der Anstalt notwendig ist.

Art. 192 Kleidung, Wäsche und Bettzeug. Gefangene dürfen eigene Kleidung, Wäsche und eigenes Bettzeug benutzen, wenn Gründe der Sicherheit nicht entgegenstehen und die Gefangenen für Reinigung, Instandsetzung und regelmäßigen Wechsel auf eigene Kosten sorgen.

Art. 193 Einkauf. Gefangene dürfen Nahrungs- und Genussmittel sowie Mittel zur Körperpflege in angemessenem Umfang durch Vermittlung der Anstalt auf eigene Kosten erwerben.

Art. 194 Unmittelbarer Zwang. [1] Beim Vollzug des Strafarrests dürfen zur Vereitelung einer Flucht oder zur Wiederergreifung (Art. 107 Abs. 1 Nr. 3) keine Schusswaffen gebraucht werden. [2] Dies gilt nicht, wenn Strafarrest in Unterbrechung einer Untersuchungshaft, einer Strafhaft oder einer Unterbringung im Vollzug einer freiheitsentziehenden Maßregel der Besserung und Sicherung vollzogen wird.

Abschnitt 2. Akten

Art. 195 Akten. (1) Über jeden Gefangenen und jede Gefangene werden Personalakten geführt (Gefangenenpersonalakten).

(2) Für jeden Gefangenen und jede Gefangene sind vom Arzt oder der Ärztin Gesundheitsakten zu führen.

(3) Über die im Rahmen einer Therapie erhobenen Daten im Sinn von Art. 201 Abs. 1 Satz 1 Nr. 2 und 3 sind Therapieakten zu führen.

(4) Die in Abs. 1 bis 3 genannten Akten können auch elektronisch geführt werden.

Abschnitt 3. Datenschutz

Art. 196 Datenerhebung. (1) [1] Die Anstalt darf personenbezogene Daten erheben, soweit deren Kenntnis für die Erfüllung ihrer Aufgaben erforderlich ist. [2] Sie darf beim Landesamt für Verfassungsschutz Anfragen nach vorhandenen Erkenntnissen stellen, die für die Aufrechterhaltung der Sicherheit und Ordnung der Anstalt erhebliche Bedeutung haben. [3] Bei Gefangenen soll von der Abfrage nur abgesehen werden, wenn im Einzelfall auf Grund einer Gesamtwürdigung eine Gefährdung der Sicherheit oder Ordnung der Anstalt ausgeschlossen wird.

(2) [1] Daten über Personen, die nicht Gefangene sind, dürfen ohne ihre Mitwirkung bei Personen oder Stellen außerhalb der Anstalt nur erhoben werden,

wenn sie für die Behandlung der Gefangenen, die Sicherheit der Anstalt oder die Sicherung des Vollzugs einer Freiheitsstrafe unerlässlich sind und die Art der Erhebung schutzwürdige Interessen der betroffenen Person nicht beeinträchtigt. [2]Im Übrigen gilt Art. 4 Abs. 2 des Bayerischen Datenschutzgesetzes (BayDSG) entsprechend.

Art. 197 Datenweiterverarbeitung. (1) [1]Die Anstalt darf personenbezogene Daten weiterverarbeiten, soweit dies für die Erfüllung ihrer Aufgaben erforderlich ist. [2]Die Anstalt kann Gefangene verpflichten, einen Lichtbildausweis mit sich zu führen, wenn dies aus Gründen der Sicherheit oder Ordnung der Anstalt erforderlich ist.

(2) [1]Die Verarbeitung personenbezogener Daten für andere Zwecke ist zulässig, soweit dies

1. zur Abwehr erheblicher Nachteile für das Gemeinwohl oder einer Gefahr für die öffentliche Sicherheit,
2. zur Abwehr einer schwerwiegenden Beeinträchtigung der Rechte einer anderen Person,
3. zur Verhinderung oder Verfolgung von Ordnungswidrigkeiten, durch die die Sicherheit oder Ordnung der Anstalt gefährdet werden, oder von Straftaten oder
4. für Maßnahmen der Strafvollstreckung oder strafvollstreckungsrechtliche Entscheidungen

erforderlich ist. [2]Die Anstalten können personenbezogene Daten an Verfassungsschutzbehörden des Bundes oder der Länder, den Bundesnachrichtendienst und den Militärischen Abschirmdienst übermitteln, wenn die Daten konkrete Erkenntnisse zu einer Gefährdung der jeweiligen Rechtsgüter erkennen lassen, die für die Lagebeurteilung nach Maßgabe der Aufgaben der genannten Behörden bedeutsam sind; Art. 24 des Bayerischen Verfassungsschutzgesetzes bleibt unberührt.

(3) Eine Verarbeitung für andere Zwecke liegt über die Fälle des Art. 6 Abs. 1 BayDSG hinaus nicht vor, soweit sie dem gerichtlichen Rechtsschutz nach den §§ 109 bis 121 des Strafvollzugsgesetzes (StVollzG)[1)] dient.

(4) [1]Über die in Abs. 1 und 2 geregelten Zwecke hinaus dürfen zuständigen öffentlichen Stellen personenbezogene Daten übermittelt werden, soweit dies für

1. Maßnahmen der Gerichtshilfe, Jugendgerichtshilfe, Bewährungshilfe oder Führungsaufsicht,
2. Entscheidungen in Gnadensachen,
3. Statistiken der Rechtspflege,
4. sozialrechtliche Maßnahmen,
5. die Einleitung von Hilfsmaßnahmen für Angehörige (§ 11 Abs. 1 Nr. 1 StGB) der Gefangenen,
6. dienstliche Maßnahmen der Bundeswehr im Zusammenhang mit der Aufnahme und Entlassung von Soldaten,
7. ausländerrechtliche Maßnahmen oder

[1)] Nr. 1.

8. die Durchführung der Besteuerung oder die Geltendmachung von sonstigen Forderungen von juristischen Personen des öffentlichen Rechts

erforderlich ist. [2] Eine Übermittlung für andere Zwecke ist auch zulässig, soweit eine andere gesetzliche Vorschrift dies vorsieht und sich dabei ausdrücklich auf personenbezogene Daten über Gefangene bezieht.

(4a) [1] Die Regelungen der Strafprozessordnung für die Übermittlung personenbezogener Daten in Akten an Hochschulen, andere Einrichtungen, die wissenschaftliche Forschung betreiben, und öffentliche Stellen für wissenschaftliche Zwecke gelten entsprechend. [2] Es können auch elektronisch gespeicherte personenbezogene Daten übermittelt werden. [3] Die Übermittlung ist, soweit dies zur Erfüllung des jeweiligen Zwecks ausreicht, auf anonymisierte und pseudonymisierte Daten zu beschränken und kann auch auf elektronischem Wege erfolgen.

(5) [1] Öffentlichen und nichtöffentlichen Stellen darf die Anstalt auf schriftlichen Antrag mitteilen, ob sich eine Person in Haft befindet sowie ob und wann ihre Entlassung voraussichtlich bevorsteht und wie die Entlassungsadresse lautet, soweit

1. die Mitteilung zur Erfüllung der in der Zuständigkeit der öffentlichen Stelle liegenden Aufgaben erforderlich ist oder
2. von nichtöffentlichen Stellen ein berechtigtes Interesse an dieser Mitteilung glaubhaft dargelegt wird und die Gefangenen kein schutzwürdiges Interesse an dem Ausschluss der Übermittlung haben.

[2] Verletzten einer Straftat können darüber hinaus auf schriftlichen Antrag Auskünfte über die Vermögensverhältnisse von Gefangenen erteilt werden, wenn die Erteilung zur Feststellung oder Durchsetzung von Rechtsansprüchen im Zusammenhang mit der Straftat erforderlich ist. [3] Die Gefangenen werden vor der Mitteilung gehört, es sei denn, hierdurch droht eine Vereitelung des Zwecks der Mitteilung. [4] Ist die Anhörung unterblieben, werden die betroffenen Gefangenen über die Mitteilung der Anstalt nachträglich unterrichtet. [5] Besteht Anlass zu der Besorgnis, dass die Offenlegung von Lebensumständen von Verletzten einer Straftat deren Leib oder Leben gefährdet, kann die Offenlegung gegenüber den Gefangenen ganz unterbleiben. [6] Die Mitteilung der Anschrift der Verletzten an die Gefangenen bedarf der Einwilligung der Verletzten.

(6) [1] Akten mit personenbezogenen Daten dürfen nur anderen Justizvollzugsanstalten, Einrichtungen für Sicherungsverwahrung, Jugendarrestanstalten, den zur Dienst- oder Fachaufsicht oder zu dienstlichen Weisungen befugten Stellen, den für strafvollzugs-, strafvollstreckungs- und strafrechtliche Entscheidungen zuständigen Gerichten sowie den Strafvollstreckungs- und Strafverfolgungsbehörden überlassen werden; die Überlassung an andere öffentliche Stellen ist zulässig, soweit die Erteilung einer Auskunft einen unvertretbaren Aufwand erfordert oder nach Darlegung der Akteneinsicht begehrenden Stellen für die Erfüllung der Aufgabe nicht ausreicht. [2] Entsprechendes gilt für die Überlassung von Akten an die von der Anstalt mit Gutachten beauftragten Stellen.

(7) Bei der Überwachung der Besuche oder des Schriftwechsels sowie bei der Überwachung des Inhalts von Paketen bekannt gewordene personenbezogene Daten dürfen nur für die in Abs. 2 aufgeführten Zwecke, für das gerichtliche Verfahren nach den §§ 109 bis 121 StVollzG, zur Wahrung der Sicherheit

oder Ordnung der Anstalt oder nach Anhörung der Gefangenen für Zwecke der Behandlung verarbeitet werden.

(8) Personenbezogene Daten, die gemäß Art. 196 Abs. 2 Satz 1 über Personen, die nicht Gefangene sind, erhoben worden sind, dürfen nur zur Erfüllung des Erhebungszwecks oder für die in Abs. 2 geregelten Zwecke verarbeitet werden.

(9) [1] Daten, die erhoben wurden, ohne dass die Voraussetzungen für ihre Erhebung vorgelegen haben, dürfen nur dann weiterverarbeitet werden, wenn dies erforderlich ist zur Abwehr einer gegenwärtigen Gefahr für

1. den Bestand oder die Sicherheit des Bundes oder eines Landes,
2. Leben, Gesundheit oder Freiheit oder
3. Güter der Allgemeinheit, deren Bedrohung die Grundlagen der Existenz der Menschen berührt.

[2] Über die Verarbeitung nach Satz 1 entscheidet der Anstaltsleiter oder die Anstaltsleiterin oder der Stellvertreter.

(10) [1] Soweit möglich soll erkennbar werden, ob Daten auf Tatsachen oder persönlichen Einschätzungen beruhen. [2] Bei einer Datenverarbeitung soll nach Möglichkeit unterschieden werden, ob die Daten Verdächtige, Verurteilte, Opfer oder andere Personen betreffen.

Art. 198 Allgemeine Regelungen der Datenübermittlung. (1) [1] Die Anstalt unterlässt die Übermittlung personenbezogener Daten, die erkennbar unrichtig, unvollständig oder nicht mehr auf dem gegenwärtigen Stand sind. [2] Soweit möglich unterzieht sie die Daten vor Übermittlung einer diesbezüglichen Überprüfung. [3] Die empfangende Stelle beurteilt die Richtigkeit, Vollständigkeit, die Zuverlässigkeit und Aktualität der Daten in eigener Zuständigkeit. [4] Die übermittelnde Stelle fügt nach Möglichkeit die zur Prüfung erforderlichen Informationen bei.

(2) [1] Werden Daten nach ihrer Übermittlung nach Art. 202 Abs. 4 gelöscht oder wird nach Art. 202 Abs. 5 ihre Verarbeitung eingeschränkt, ist dies dem Empfänger unverzüglich mitzuteilen. [2] Erweisen sich personenbezogene Daten nach ihrer Übermittlung als unrichtig, sind sie unverzüglich zu berichtigen,

1. bei einer Übermittlung durch die Anstalt gegenüber der empfangenden Stelle, wenn dies zur Wahrung schutzwürdiger Interessen des Betroffenen erforderlich ist, und
2. bei einer Übermittlung an die Anstalt gegenüber der übermittelnden Stelle, soweit dies möglich und zumutbar ist.

(3) [1] Erweist sich die Übermittlung personenbezogener Daten als unrechtmäßig, ist dies der empfangenden Stelle unverzüglich mitzuteilen. [2] Die Daten dürfen von dieser nicht mehr verarbeitet werden und sind unverzüglich in der Verarbeitung einzuschränken, wenn sie zu Zwecken der Dokumentation noch benötigt werden; andernfalls sind sie von dieser unverzüglich zu löschen.

(4) [1] Die empfangende Stelle darf die übermittelten personenbezogenen Daten nur zu dem Zweck verarbeiten, zu dem sie ihr übermittelt worden sind. [2] Die empfangende Stelle darf die Daten für andere Zwecke nur verarbeiten, soweit sie ihr auch für diese Zwecke hätten übermittelt werden dürfen. [3] Bestehen für die Verarbeitung besondere Bedingungen, ist die empfangende Stelle darauf hinzuweisen. [4] Nicht öffentliche Stellen im Sinn des Art. 1 BayDSG

bedürfen für die Weiterverarbeitung nach Satz 2 der Zustimmung der Anstalt; sie sind auf die Regelungen des Halbsatzes 1 sowie der Sätze 1 und 2 hinzuweisen.

(5) Die Anstalt darf auf Empfänger in anderen Mitgliedstaaten der Europäischen Union oder in Staaten, die die Bestimmungen des Schengen-Besitzstandes auf Grund eines Assoziierungsübereinkommens mit der Europäischen Union über die Umsetzung, Anwendung und Entwicklung des Schengen-Besitzstandes anwenden, sowie auf Organisationen der Europäischen Union keine Bedingungen anwenden, die nicht auch für entsprechende innerstaatliche Datenübermittlungen gelten.

Art. 199 Zentrale Datei, automatisiertes Verfahren. (1) Die gemäß Art. 196 erhobenen Daten können für sämtliche Anstalten im Geltungsbereich dieses Gesetzes in einer zentralen Datei gespeichert werden.

(2) [1] Die Einrichtung eines automatisierten Verfahrens, das die Verarbeitung, insbesondere die Übermittlung oder den Abruf personenbezogener Daten aus der zentralen Datei gemäß den Art. 196 Abs. 1 Satz 2, Art. 197 Abs. 2 und 4 ermöglicht, ist zulässig. [2] Die automatisierte Übermittlung der für § 32 Abs. 2 Satz 1 des Bundeskriminalamtgesetzes erforderlichen personenbezogenen Daten kann auch anlassunabhängig erfolgen. [3] Art. 7 Abs. 1 Satz 2 BayDSG gilt entsprechend.

(3) [1] Folgende Verarbeitungsvorgänge nach Abs. 2 müssen protokolliert werden:

1. Erhebung,
2. Veränderung,
3. Abruf,
4. Offenlegung einschließlich Übermittlung,
5. Verknüpfung und
6. Löschung.

[2] Die Protokolle über Abrufe und Offenlegungen müssen die dafür maßgeblichen Gründe nennen sowie Datum und Uhrzeit dieser Vorgänge enthalten und, soweit möglich, die Feststellung der Identität der abrufenden oder offenlegenden Person sowie des Empfängers ermöglichen.

(4) [1] Die nach Abs. 3 erstellten Protokolle dürfen nur verwendet werden zur

1. Überprüfung der Rechtmäßigkeit der Datenverarbeitung einschließlich der Eigenüberwachung,
2. Gewährleistung der Integrität und Sicherheit der personenbezogenen Daten,
3. Verhütung oder Verfolgung von Straftaten und Ordnungswidrigkeiten und
4. Kontrolle durch den Landesbeauftragten für den Datenschutz (Landesbeauftragter).

[2] Sie sind dem Landesbeauftragten auf Anforderung in auswertbarer Weise zur Verfügung zu stellen. [3] Soweit sie für Zwecke des Satzes 1 nicht mehr benötigt werden, spätestens aber nach Ablauf des dritten Kalenderjahres, das dem Jahr der Protokollierung folgt, sind sie zu löschen. [4] Die Auswertung für Zwecke des Satzes 1 Nr. 3 bedarf der Anordnung des Anstaltsleiters oder der Anstaltsleiterin, der oder die die Anordnungsbefugnis allgemein oder im Einzelfall auf

Beamte oder Beamtinnen, die die Voraussetzungen für den Einstieg in die vierte Qualifikationsebene erfüllen, delegieren kann.

Art. 200 Datenschutz-Folgenabschätzung und Anhörung des Landesbeauftragten. (1) Soweit die Verarbeitung personenbezogener Daten automatisiert erfolgt, gelten Art. 35 Abs. 1, 2 und 7 der Verordnung (EU) 2016/679 (Datenschutz-Grundverordnung – DSGVO) und Art. 14 Abs. 1 BayDSG entsprechend.

(2) § 69 des Bundesdatenschutzgesetzes (BDSG) gilt entsprechend.

Art. 201 Besondere Kategorien personenbezogener Daten, Schutz der Daten. (1) [1] Personenbezogene Daten, die

1. Ärzten, Zahnärzten oder Angehörigen eines solchen Heilberufs, der für die Berufsausübung oder die Führung der Berufsbezeichnung eine staatlich geregelte Ausbildung erfordert,
2. Berufspsychologen mit staatlich anerkannter wissenschaftlicher Abschlussprüfung,
3. staatlich anerkannten Sozialarbeitern oder staatlich anerkannten Sozialpädagogen

von Gefangenen als Geheimnis anvertraut oder über Gefangene sonst bekannt geworden sind, unterliegen auch gegenüber der Anstalt der Schweigepflicht. [2] Die in Satz 1 genannten Personen haben sich gegenüber dem Anstaltsleiter oder der Anstaltsleiterin zu offenbaren, soweit dies für die Aufgabenerfüllung der Anstalt oder zur Abwehr von erheblichen Gefahren für Leib oder Leben der Gefangenen oder Dritter erforderlich ist. [3] Der Arzt oder die Ärztin ist zur Offenbarung ihm oder ihr im Rahmen der allgemeinen Gesundheitsfürsorge bekannt gewordener Geheimnisse befugt, soweit dies für die Aufgabenerfüllung der Anstalt unerlässlich oder zur Abwehr von erheblichen Gefahren für Leib oder Leben der Gefangenen oder Dritter erforderlich ist. [4] Sonstige Offenbarungsbefugnisse, insbesondere nach einer Entbindung von der Schweigepflicht, bleiben unberührt. [5] Die Gefangenen sind vor der Erhebung über die nach den Sätzen 2 und 3 bestehenden Offenbarungsbefugnisse zu unterrichten.

(2) [1] Die nach Abs. 1 offenbarten Daten dürfen nur für den Zweck, für den sie offenbart wurden oder für den eine Offenbarung zulässig gewesen wäre, und nur unter denselben Voraussetzungen verarbeitet oder genutzt werden, unter denen eine in Abs. 1 Satz 1 Nr. 1 bis 3 genannte Person selbst hierzu befugt wäre. [2] Der Anstaltsleiter oder die Anstaltsleiterin kann unter diesen Voraussetzungen die unmittelbare Offenbarung gegenüber bestimmten Anstaltsbediensteten allgemein zulassen. [3] Warnhinweise, die keinen Rückschluss auf konkrete Erkrankungen zulassen, sind zulässig, soweit dies zur Abwehr von erheblichen Gefahren für Leib oder Leben der Gefangenen oder Dritter erforderlich ist.

(3) Sofern Ärzte oder Psychologen außerhalb des Vollzugs mit der Untersuchung oder Behandlung Gefangener beauftragt werden, gilt Abs. 1 entsprechend mit der Maßgabe, dass die beauftragte Person auch zur Unterrichtung der in der Anstalt mit der entsprechenden Behandlung betrauten Person befugt ist.

(4) [1] Im Übrigen ist die Verarbeitung besonderer Kategorien personenbezogener Daten im Sinn des Art. 9 Abs. 1 DSGVO zulässig,

1. soweit andernfalls die Erfüllung vollzuglicher Aufgaben gefährdet oder wesentlich erschwert ist,
2. zur Abwehr von Gefahren für ein bedeutendes Rechtsgut,
3. wenn dies für Maßnahmen der Strafverfolgung und -vollstreckung, der Gerichtshilfe, Jugendgerichtshilfe, Bewährungshilfe oder Führungsaufsicht sowie für Entscheidungen in Gnadensachen erforderlich ist,
4. wenn die betroffene Person der Datenverarbeitung zugestimmt hat und die Daten nur für den Zweck verarbeitet werden, zu dem die Zustimmung erteilt wurde,
5. wenn die betroffene Person sie bereits offensichtlich öffentlich gemacht hat,
6. wenn dies zu Zwecken der Eigensicherung erforderlich ist oder
7. soweit dies für die in Art. 197 Abs. 4a und Art. 204 Abs. 4 genannten Zwecke erforderlich ist.

2 Solche Daten sollen besonders gekennzeichnet und der Zugriff darauf besonders ausgestaltet werden, wenn und soweit dies der Schutz der betroffenen Personen erfordert. 3 Vor Erteilung der Zustimmung nach Satz 1 Nr. 4 ist die betroffene Person über den Zweck der Verarbeitung sowie darüber aufzuklären, dass sie die Zustimmung verweigern sowie jederzeit widerrufen kann; die Zustimmung ist zu dokumentieren. 4 Gesundheits- und Therapieakten sind getrennt von anderen Unterlagen zu führen und besonders zu sichern.

(5) Andere personenbezogene Daten über die Gefangenen dürfen vorbehaltlich abweichender Regelung innerhalb der Anstalt allgemein kenntlich gemacht werden, soweit dies für ein geordnetes Zusammenleben in der Anstalt erforderlich ist.

Art. 202 Berichtigung, Löschung und Einschränkung der Verarbeitung. (1) 1 Personenbezogene Daten sind zu berichtigen, wenn sie unrichtig sind. 2 Die Berichtigung kann auch eine Ergänzung der Daten erforderlich machen, wenn eine mangelnde Vollständigkeit die Unrichtigkeit der Daten für den Verarbeitungszweck zur Folge hat. 3 Ist die Berichtigung nicht möglich oder nicht hinreichend, ist eine weitere Verarbeitung der Daten unzulässig.

(2) Die Anstalt soll angemessene Maßnahmen ergreifen, dass gespeicherte personenbezogene Daten sachlich richtig, vollständig und erforderlichenfalls auf dem neusten Stand sind, und zu diesem Zweck die Qualität der Daten überprüfen.

(3) 1 Die Speicherung von personenbezogenen Daten ist auf das erforderliche Maß zu beschränken. 2 Personenbezogene Daten sind spätestens fünf Jahre nach der Entlassung der Gefangenen oder ihrer Verlegung in eine andere Anstalt zu löschen. 3 Bis zum Ablauf einer Aufbewahrungsfrist nach Abs. 6 Satz 1 für die Gefangenenpersonalakten können die Angaben über Familienname, Vorname, Geburtsname, Geburtstag, Geburtsort, Eintritts- und Austrittsdatum der Gefangenen verarbeitet werden, soweit dies für das Auffinden der Gefangenenpersonalakte erforderlich ist.

(4) Personenbezogene Daten sind unverzüglich zu löschen, wenn
1. ihre Erhebung oder weitere Verarbeitung unzulässig war oder
2. sie zur Erfüllung einer rechtlichen Verpflichtung gelöscht werden müssen.

(5) 1 Die Löschung unterbleibt, soweit und solange

1. Grund zu der Annahme besteht, dass schutzwürdige Interessen der betroffenen Person beeinträchtigt würden,
2. die Daten für Beweiszwecke einer weiteren Aufbewahrung bedürfen,
3. dies zur Verfolgung oder Verhütung von Straftaten erforderlich ist,
4. dies im Einzelfall nicht oder nur mit unverhältnismäßig hohem Aufwand möglich ist,
5. dies zur Durchführung wissenschaftlicher Forschungsvorhaben nach Art. 197 Abs. 4a erforderlich ist oder
6. ein Fall des Art. 197 Abs. 9 vorliegt.

[2] In diesen Fällen sind die Daten in der Verarbeitung einzuschränken. [3] Sie dürfen nur zu den in Satz 1 Nr. 2, 3, 5 und 6 genannten Zwecken oder mit Einwilligung der betroffenen Person verarbeitet werden.

(6) [1] Die Löschung von Daten in Akten unterbleibt außerdem bis zum Ablauf von in Rechtsvorschriften bestimmten Aufbewahrungsfristen. [2] Die Akten können länger aufbewahrt werden, sofern dies im Einzelfall für die in Abs. 5 Satz 1 genannten Zwecke weiterhin erforderlich ist. [3] Abs. 5 Satz 2 und 3 gilt entsprechend. [4] Die Einschränkung der Verarbeitung endet, wenn die Gefangenen erneut zum Vollzug einer Freiheitsstrafe aufgenommen werden oder die betroffene Person einwilligt.

(7) [1] Es ist ein Verfahren festzulegen, das die Einhaltung der Fristen sicherstellt. [2] Die archivrechtlichen Vorschriften bleiben unberührt.

Art. 203 Ausübung der Rechte der betroffenen Person. (1) [1] Die Anstalt informiert die Gefangenen und andere betroffene Personen in allgemeiner und verständlicher Form über

1. die Zwecke, zu denen personenbezogene Daten verarbeitet werden,
2. ihre Bezeichnung und Kontaktdaten und diejenigen des behördlichen Datenschutzbeauftragten,
3. die Kontaktdaten des Landesbeauftragten sowie das Recht, sich an ihn zu wenden,
4. die Rechte auf Auskunft, Berichtigung, Löschung und Einschränkung der Verarbeitung personenbezogener Daten.

[2] Die Anstalt weist auf Verlangen darüber hinaus in geeigneter Weise auf die Rechtsgrundlage der Datenerhebung sowie auf eine im Einzelfall bestehende gesetzliche Auskunftspflicht oder die Freiwilligkeit der Auskunft hin. [3] Über eine ohne ihre Kenntnis vorgenommene Erhebung personenbezogener Daten wird die betroffene Person unverzüglich unter Angabe dieser Daten unterrichtet.

(2) [1] Die Informationen nach Abs. 1 Satz 2 und 3 können zunächst unterbleiben, soweit und solange

1. die Erreichung der in Art. 196 Abs. 1 genannten Zwecke auf andere Weise gefährdet oder wesentlich erschwert würde,
2. dies für die in Art. 197 Abs. 2 genannten Zwecke erforderlich ist oder
3. anzunehmen ist, dass dies überwiegenden Interessen oder Belangen der betroffenen Person oder Dritter dient.

[2] Sind die Voraussetzungen nach Satz 1 entfallen, ist die betroffene Person zu benachrichtigen und sind unterbliebene Informationen unverzüglich zu ertei-

len. [3]Die Benachrichtigung hat zumindest die Angaben nach Abs. 1 Satz 1, die Rechtsgrundlage der Datenerhebung und gegebenenfalls der weiteren Verarbeitung, Informationen über die mutmaßliche Dauer der Datenspeicherung oder, falls diese Angabe nicht möglich ist, Kriterien hierfür sowie gegebenenfalls über die Kategorien der Empfänger der Daten zu enthalten. [4]Bezieht sich die Benachrichtigung auf die Herkunft personenbezogener Daten von oder deren Übermittlung an die Staatsanwaltschaft, Polizei, Finanzverwaltung, Organe der überörtlichen Rechnungsprüfung, den Verfassungsschutz, den Bundesnachrichtendienst, den Militärischen Abschirmdienst oder andere Behörden des Bundesministeriums der Verteidigung, ist sie nur nach Zustimmung dieser Stellen zulässig.

(3) [1]Die betroffene Person kann nach Maßgabe des Art. 202 Abs. 1, 4 und 5 die unverzügliche Berichtigung, Löschung oder Einschränkung der Verarbeitung verlangen. [2]Im Fall von Aussagen, Beurteilungen oder anderweitigen Wertungen betrifft die Frage der Richtigkeit nicht deren Inhalt, sondern die Tatsache, ob die Aussage, Beurteilung oder anderweitige Wertung so erfolgt ist. [3]Kann die Richtigkeit der Daten nicht erwiesen werden, werden die Daten in der Verarbeitung eingeschränkt. [4]In diesem Fall wird die betroffene Person unterrichtet, bevor die Einschränkung der Verarbeitung aufgehoben wird. [5]Bestehen begründete Zweifel an der Identität der antragstellenden Person, kann die Bearbeitung ihres Anliegens von der Erbringung geeigneter Nachweise abhängig gemacht werden.

(4) [1]Die betroffene Person wird unverzüglich darüber in Kenntnis gesetzt, wie mit dem Antrag nach Abs. 3 verfahren wird, falls über ihn nicht unverzüglich entschieden wird. [2]Soweit ein Antrag abgelehnt wird, ist die betroffene Person hierüber schriftlich und unter Mitteilung der Gründe zu unterrichten. [3]Sie ist darauf hinzuweisen, dass sie Beschwerde bei dem Landesbeauftragten einlegen, ihre Rechte auch über diesen ausüben oder gerichtlichen Rechtsschutz in Anspruch nehmen kann. [4]Abs. 2 Satz 1 gilt entsprechend.

(5) Bei offensichtlich unbegründeten oder in ungebührlichem Umfang gestellten Anträgen können angemessene Kosten erhoben werden, soweit nicht ausnahmsweise schon von der Bearbeitung abgesehen werden kann.

Art. 204 Auskunftsrecht und Akteneinsicht. (1) [1]Die Anstalt teilt einer Person auf Antrag mit, ob sie betreffende personenbezogene Daten verarbeitet werden. [2]Ist dies der Fall, erhält die Person ihrem Antrag entsprechend Auskunft über sie betreffende personenbezogene Daten und über

1. die Rechtsgrundlage und die Zwecke der Verarbeitung,
2. verfügbare Informationen zur Herkunft der Daten oder, falls dies im Einzelfall nicht möglich ist, zu den Kategorien personenbezogener Daten, die verarbeitet werden,
3. die Empfänger, gegenüber denen die personenbezogenen Daten offengelegt wurden,
4. die für deren Speicherung vorgesehene Dauer oder, falls dies im Einzelfall nicht möglich ist, die Kriterien für deren Festlegung,
5. die bestehenden Rechte auf Berichtigung, Löschung oder Einschränkung der Verarbeitung und
6. die Kontaktdaten des Landesbeauftragten und die Möglichkeit, bei ihm Beschwerde einzulegen.

[3] Art. 203 Abs. 2 Satz 4 und Abs. 3 Satz 5 sowie Art. 10 Abs. 2 BayDSG gelten entsprechend.

(2) [1] Art. 203 Abs. 4 und 5 gilt entsprechend. [2] Die Gründe für die Ablehnung eines Antrags sind zu dokumentieren. [3] Sie sind dem Landesbeauftragten für dessen Kontrolle in auswertbarer Weise zur Verfügung zu stellen, soweit nicht die Aufsichtsbehörde im Einzelfall feststellt, dass dadurch die Sicherheit des Bundes oder eines Landes gefährdet würde. [4] Eine Mitteilung des Landesbeauftragten an die betroffene Person im Beschwerdeverfahren darf keine Rückschlüsse auf den Erkenntnisstand der Anstalt oder der in Art. 203 Abs. 2 Satz 4 genannten Stellen zulassen, sofern diese nicht einer weitergehenden Auskunft zustimmen.

(3) [1] Soweit eine Auskunft für die Wahrnehmung der rechtlichen Interessen der betroffenen Person nicht ausreicht und sie hierfür auf die Einsichtnahme angewiesen ist, erhält sie Akteneinsicht. [2] Abs. 1 Satz 3 gilt entsprechend.

(4) Die Mitglieder einer Delegation des Europäischen Ausschusses zur Verhütung von Folter und unmenschlicher oder erniedrigender Behandlung oder Strafe erhalten während des Besuchs in der Anstalt Einsicht in die Gefangenenpersonalakten und Gesundheitsakten, soweit dies zur Wahrnehmung der Aufgaben des Ausschusses erforderlich ist.

Art. 205[1] Weitere Bestimmungen. (1) Die datenschutzrechtlichen Regelungen über Anstalten gelten entsprechend für die Aufsichtsbehörde.

(2) Die §§ 78 bis 81 BDSG gelten entsprechend.

(3) Das Bayerische Datenschutzgesetz findet ergänzend Anwendung.

[Abs. 4 bis 6.5.2023:]

(4) [1] Protokollierungen im Sinn von Art. 199 Abs. 3 müssen bei vor dem 6. Mai 2016 eingerichteten automatisierten Verarbeitungssystemen erst ab 6. Mai 2023 erfolgen, wenn andernfalls ein unverhältnismäßiger Aufwand entstünde. [2] Die Anwendung von Satz 1 ist zu begründen, zu dokumentieren und der Aufsichtsbehörde mitzuteilen. [3] Der Landesbeauftragte ist über das betroffene Verarbeitungssystem und die Gründe für die Anwendung von Satz 1 zu unterrichten.

Abschnitt 4. Arbeitslosenversicherung

Art. 206 Einbehaltung von Beitragsteilen. Soweit die Anstalt Beiträge zur Bundesagentur für Arbeit zu entrichten hat, hat sie von dem Arbeitsentgelt oder der Ausbildungsbeihilfe einen Betrag einzubehalten, der dem Anteil der Gefangenen am Beitrag entsprechen würde, wenn sie diese Bezüge als Arbeitnehmer erhielten.

Teil 7. Schlussvorschriften

Art. 207 Einschränkung von Grundrechten. Auf Grund dieses Gesetzes können die Grundrechte auf Leben, körperliche Unversehrtheit und Freiheit der Person sowie das Brief-, Post- und Fernmeldegeheimnis (Art. 2 Abs. 2 Sätze 1 und 2 sowie Art. 10 Abs. 1 des Grundgesetzes, Art. 102 Abs. 1, Art. 112 Abs. 1 und Art. 109 der Verfassung) eingeschränkt werden.

---

[1] Art. 205 Abs. 4 tritt gem. Art. 209 Abs. 2 mit Ablauf des 6.5.2023 außer Kraft.

Art. 208 Regelungsumfang. Dieses Gesetz ersetzt im Freistaat Bayern § 92 Abs. 1 JGG sowie das Strafvollzugsgesetz[1] mit Ausnahme der Vorschrift des § 43 Abs. 11 Satz 2 Halbsatz 2 StVollzG und der Vorschriften über den Pfändungsschutz (§ 50 Abs. 2 Satz 5, § 51 Abs. 4 und 5, § 75 Abs. 3, §§ 130 und 176 Abs. 4 StVollzG), das gerichtliche Verfahren (§§ 109 bis 121b und 130 StVollzG), die Untersuchungshaft (§ 177 StVollzG), die Sicherungsverwahrung (§§ 129 bis 135 StVollzG), die Unterbringung in einem psychiatrischen Krankenhaus und einer Entziehungsanstalt (§§ 136 bis 138 StVollzG), den Vollzug von Ordnungs-, Sicherungs-, Zwangs- und Erzwingungshaft (§§ 171 bis 175 StVollzG) sowie den unmittelbaren Zwang in Justizvollzugsanstalten beim Vollzug der Untersuchungshaft, der einstweiligen Unterbringung nach § 126a StPO, des Jugendarrests und der Ordnungs-, Sicherungs-, Zwangs- und Erzwingungshaft (§ 178 Abs. 1 und 2 StVollzG).

Art. 209 Inkrafttreten, Außerkrafttreten. (1) [1] Dieses Gesetz tritt am 1. Januar 2008 in Kraft. [2] Abweichend von Satz 1 treten Art. 137 Abs. 2 Sätze 2 bis 5 am 1. Januar 2011 in Kraft.

(2) Art. 205 Abs. 4 tritt mit Ablauf des 6. Mai 2023 außer Kraft.

[1] Nr. 1.

1.3. Gesetz über den Vollzug der Freiheitsstrafe in Berlin (Berliner Strafvollzugsgesetz – StVollzG Bln)[1)]

Vom 4. April 2016
(GVBl. S. 152)

BRV 250-8

zuletzt geänd. durch Art. 2 G zur Umsetzung der RL (EU) 2016/680 im bereichsspezifischen Datenschutzrecht des Berliner Justizvollzugs, der Sozialen Dienste der Justiz des Landes Berlin und der Führungsaufsichtsstelle beim Landgericht Berlin v. 27.9.2021 (GVBl. S. 1145)

Inhaltsübersicht

[1)] Verkündet als Art. 1 des Gesetzes zur Weiterentwicklung des Berliner Justizvollzugs v. 4.4.2016 (GVBl. S. 152); Inkrafttreten gem. Art. 6 dieses Gesetzes am 1.10.2016.

Abschnitt 1. Allgemeine Bestimmungen

§ 1 Anwendungsbereich. Dieses Gesetz regelt den Vollzug der Freiheitsstrafe (Vollzug) und den Vollzug des Strafarrests in Justizvollzugsanstalten (Anstalten).

§ 2 Ziel und Aufgabe des Vollzugs. [1]Der Vollzug dient dem Ziel, die Gefangenen zu befähigen, künftig in sozialer Verantwortung ein Leben ohne Straftaten zu führen. [2]Er hat die Aufgabe, die Allgemeinheit vor weiteren Straftaten zu schützen.

§ 3 Grundsätze der Vollzugsgestaltung. (1) Der Vollzug ist auf die Auseinandersetzung der Gefangenen mit ihren Straftaten und deren Folgen auszurichten.

(2) Der Vollzug wirkt von Beginn an auf die Eingliederung der Gefangenen in das Leben in Freiheit hin.

(3) Das Leben im Vollzug ist den allgemeinen Lebensverhältnissen soweit wie möglich anzugleichen.

(4) Schädlichen Folgen des Freiheitsentzugs ist entgegenzuwirken.

(5) [1] Der Bezug der Gefangenen zum gesellschaftlichen Leben ist zu wahren und zu fördern. [2] Personen und Einrichtungen außerhalb des Vollzugs sollen in den Vollzugsalltag einbezogen werden. [3] Den Gefangenen ist sobald wie möglich die Teilnahme am Leben in der Freiheit zu gewähren.

(6) Die unterschiedlichen Bedürfnisse der Gefangenen, insbesondere im Hinblick auf Geschlecht, Alter, Herkunft, Religion, Weltanschauung, Behinderung und sexuelle Identität, werden bei der Vollzugsgestaltung im Allgemeinen und im Einzelfall berücksichtigt.

(7) [1] Gefangene mit angeordneter oder vorbehaltener Sicherungsverwahrung sind individuell und intensiv zu betreuen, um ihre Unterbringung in der Sicherungsverwahrung entbehrlich zu machen. [2] Soweit standardisierte Maßnahmen nicht ausreichen oder keinen Erfolg versprechen, sind individuelle Maßnahmen zu entwickeln.

(8) Beim Vollzug der Ersatzfreiheitsstrafe sind die Gefangenen zur Abwendung der weiteren Vollstreckung vorrangig bei der Tilgung ihrer Geldstrafe zu unterstützen.

§ 4 Stellung der Gefangenen, Mitwirkung. (1) [1] Die Persönlichkeit der Gefangenen ist zu achten. [2] Ihre Selbständigkeit im Vollzugsalltag ist soweit wie möglich zu erhalten und zu fördern.

(2) [1] Die Gefangenen werden an der Gestaltung des Vollzugsalltags beteiligt. [2] Vollzugliche Maßnahmen sind ihnen zu erläutern.

(3) [1] Zur Erreichung des Vollzugsziels bedarf es der Mitwirkung der Gefangenen. [2] Ihre Bereitschaft hierzu ist zu wecken und zu fördern.

(4) [1] Die Gefangenen unterliegen den in diesem Gesetz vorgesehenen Beschränkungen ihrer Freiheit. [2] Soweit das Gesetz eine besondere Regelung nicht enthält, dürfen ihnen nur Beschränkungen auferlegt werden, die zur Aufrechterhaltung der Sicherheit oder zur Abwendung einer schwerwiegenden Störung der Ordnung der Anstalt unerlässlich sind.

§ 5 Soziale Hilfe und Eigenverantwortung. [1] Die Gefangenen werden darin unterstützt, ihre persönlichen, wirtschaftlichen und sozialen Schwierigkeiten zu beheben. [2] Sie sollen dazu angeregt und in die Lage versetzt werden, ihre Angelegenheiten eigenverantwortlich zu regeln, insbesondere eine Schuldenregulierung herbeizuführen.

§ 6 Verletztenbezogene Vollzugsgestaltung. (1) Die berechtigten Belange der Verletzten von Straftaten sind bei der Gestaltung des Vollzugs, insbesondere bei der Erteilung von Weisungen für Lockerungen, bei der Eingliederung und Entlassung der Gefangenen, zu berücksichtigen.

(2) Der Vollzug ist darauf auszurichten, dass die Gefangenen sich mit den Folgen ihrer Straftat für die Verletzten und insbesondere auch deren Angehörige auseinandersetzen und Verantwortung für ihre Straftat übernehmen.

(3) Die Gefangenen sollen angehalten werden, den durch die Straftat verursachten materiellen und immateriellen Schaden wieder gut zu machen.

(4) [1] Für Fragen des Schutzes von Verletzten und des Tatausgleichs sollen Ansprechpartnerinnen oder Ansprechpartner in den Anstalten zur Verfügung stehen. [2] Verletzte, die sich an die Anstalten wenden, sind in geeigneter Form auf ihre Rechte, auch ihre Auskunftsansprüche nach § 55 des Justizvollzugsdatenschutzgesetzes Berlin vom 27. September 2021 (GVBl. S. 1145) in der jeweils geltenden Fassung hinzuweisen. [3] § 56 des Justizvollzugsdatenschutzgesetzes Berlin bleibt unberührt.

Abschnitt 2. Aufnahme- und Diagnostikverfahren, Vollzugs- und Eingliederungsplanung

§ 7 Aufnahmeverfahren. (1) [1] Mit den Gefangenen wird unverzüglich nach der Aufnahme ein Aufnahmegespräch geführt, in dem ihre gegenwärtige Lebenssituation erörtert wird und sie über ihre Rechte und Pflichten informiert werden. [2] Sofern es für die sprachliche Verständigung mit den Gefangenen erforderlich ist, sind Sprachmittlerinnen oder Sprachmittler hinzuzuziehen. [3] Den Gefangenen wird ein Exemplar der Hausordnung ausgehändigt oder in anderer Weise dauerhaft zugänglich gemacht. [4] Dieses Gesetz, die von ihm in Bezug genommenen Gesetze sowie die zu seiner Ausführung erlassenen Rechtsverordnungen und Verwaltungsvorschriften sind den Gefangenen auf Verlangen zugänglich zu machen.

(2) Während des Aufnahmeverfahrens dürfen andere Gefangene nicht zugegen sein.

(3) Die Gefangenen werden alsbald ärztlich untersucht.

(4) Die Gefangenen werden dabei unterstützt, etwaig notwendige Maßnahmen für hilfsbedürftige Angehörige, zur Erhaltung des Arbeitsplatzes und der Wohnung und zur Sicherung ihrer Habe außerhalb der Anstalt zu veranlassen.

(5) Bei Gefangenen, die eine Ersatzfreiheitsstrafe verbüßen, sind die Möglichkeiten der Abwendung der Vollstreckung durch freie Arbeit oder Tilgung der Geldstrafe, auch in Raten, zu erörtern und zu fördern, um so auf eine möglichst baldige Entlassung hinzuwirken.

§ 8 Diagnostikverfahren. (1) An das Aufnahmeverfahren schließt sich zur Vorbereitung der Vollzugs- und Eingliederungsplanung das Diagnostikverfahren an.

(2) [1] Das Diagnostikverfahren muss wissenschaftlichen Erkenntnissen genügen. [2] Insbesondere bei Gefangenen mit angeordneter oder vorbehaltener Sicherungsverwahrung ist es von Bediensteten mit einschlägiger wissenschaftlicher Qualifikation durchzuführen.

(3) [1] Das Diagnostikverfahren erstreckt sich auf die Persönlichkeit und die Lebensverhältnisse der Gefangenen, die Ursachen und Umstände der Straftat sowie alle sonstigen Gesichtspunkte, deren Kenntnis für eine zielgerichtete und wirkungsorientierte Vollzugsgestaltung und die Eingliederung der Gefangenen nach der Entlassung notwendig erscheint. [2] Neben den Unterlagen aus der Voll-

streckung und dem Vollzug vorangegangener Freiheitsentziehungen sind insbesondere auch Erkenntnisse der Gerichts- und Bewährungshilfe sowie der Führungsaufsichtsstellen einzubeziehen.

(4) [1] Im Diagnostikverfahren werden die im Einzelfall die Straffälligkeit begünstigenden Faktoren ermittelt. [2] Gleichzeitig sollen auch diejenigen Umstände ermittelt werden, deren Stärkung einer erneuten Straffälligkeit der Gefangenen entgegenwirken kann.

(5) [1] Bei einer voraussichtlichen Vollzugsdauer von bis zu einem Jahr kann das Diagnostikverfahren auf die Umstände beschränkt werden, deren Kenntnis für eine angemessene Vollzugsgestaltung unerlässlich und für die Eingliederung erforderlich ist. [2] Wird ausschließlich Ersatzfreiheitsstrafe vollzogen, tritt an die Stelle des Diagnostikverfahrens in der Regel die Feststellung der für eine angemessene Vollzugsgestaltung wesentlichen Gesichtspunkte zur Person und zum Lebensumfeld der Gefangenen.

(6) Das Ergebnis ihres Diagnostikverfahrens wird mit den Gefangenen erörtert.

§ 9 Vollzugs- und Eingliederungsplanung. (1) [1] Auf der Grundlage des Ergebnisses des Diagnostikverfahrens wird ein Vollzugs- und Eingliederungsplan erstellt. [2] Er zeigt den Gefangenen bereits zu Beginn der Strafhaft unter Berücksichtigung der voraussichtlichen Vollzugsdauer die zur Erreichung des Vollzugsziels erforderlichen Maßnahmen auf. [3] Daneben kann er weitere Hilfsangebote und Empfehlungen enthalten. [4] Auf die Fähigkeiten, Fertigkeiten und Neigungen der Gefangenen ist Rücksicht zu nehmen.

(2) [1] Der Vollzugs- und Eingliederungsplan wird regelmäßig innerhalb der ersten sechs Wochen erstellt, nachdem die Vollstreckungsbehörde der Anstalt eine mit der Bescheinigung der Rechtskraft versehene beglaubigte Abschrift der zu vollziehenden gerichtlichen Entscheidung nebst Gründen übermittelt hat. [2] Bei einer voraussichtlichen Vollzugsdauer von unter einem Jahr verkürzt sich die Frist des Satzes 1 auf vier Wochen.

(3) [1] Der Vollzugs- und Eingliederungsplan sowie die darin vorgesehenen Maßnahmen werden regelmäßig alle sechs Monate, spätestens aber alle zwölf Monate überprüft und fortgeschrieben. [2] Die Entwicklung der Gefangenen und die in der Zwischenzeit gewonnenen Erkenntnisse sind zu berücksichtigen. [3] Die durchgeführten Maßnahmen sind zu dokumentieren.

(4) [1] Die Vollzugs- und Eingliederungsplanung wird mit den Gefangenen erörtert. [2] Dabei werden deren Anregungen und Vorschläge einbezogen, soweit sie der Erreichung des Vollzugsziels dienen.

(5) [1] Zur Erstellung und Fortschreibung des Vollzugs- und Eingliederungsplans führt die Anstalt eine Konferenz mit den an der Vollzugsgestaltung maßgeblich Beteiligten durch. [2] Standen die Gefangenen vor ihrer Inhaftierung unter Bewährung oder Führungsaufsicht, so können auch die für sie bislang zuständigen Bewährungshelferinnen oder Bewährungshelfer an der Konferenz beteiligt werden. [3] Den Gefangenen wird der Vollzugs- und Eingliederungsplan regelmäßig in der Konferenz eröffnet und erläutert. [4] Sie können auch darüber hinaus an der Konferenz beteiligt werden.

(6) [1] An der Eingliederung mitwirkende Personen außerhalb des Vollzugs sollen in die Planung einbezogen werden. [2] Sie können mit Zustimmung der Gefangenen auch an der Konferenz beteiligt werden.

(7) Werden die Gefangenen nach der Entlassung voraussichtlich unter Bewährungs- oder Führungsaufsicht gestellt, so ist den künftig zuständigen Bewährungshelferinnen oder Bewährungshelfern in den letzten zwölf Monaten vor dem voraussichtlichen Entlassungszeitpunkt die Teilnahme an der Konferenz zu ermöglichen und es sind ihnen Ausfertigungen des Vollzugs- und Eingliederungsplans und der nachfolgenden Fortschreibungen zu übersenden.

(8) Der Vollzugs- und Eingliederungsplan und seine Fortschreibungen werden den Gefangenen ausgehändigt.

§ 10 Inhalt des Vollzugs- und Eingliederungsplans. (1) [1] Der Vollzugs- und Eingliederungsplan sowie seine Fortschreibungen enthalten insbesondere folgende Angaben:

1. Zusammenfassung der für die Vollzugs- und Eingliederungsplanung maßgeblichen Ergebnisse des Diagnostikverfahrens,
2. voraussichtlicher Entlassungszeitpunkt,
3. Unterbringung im geschlossenen oder offenen Vollzug,
4. Maßnahmen zur Förderung der Mitwirkungsbereitschaft,
5. Unterbringung in einer sozialtherapeutischen Einrichtung und Teilnahme an deren Behandlungsprogrammen,
6. Teilnahme an einzel- oder gruppentherapeutischen Maßnahmen,
7. Berücksichtigung indizierter medizinischer Maßnahmen, sofern diese zur Erreichung des Vollzugsziels erforderlich sind,
8. Teilnahme an Maßnahmen zur Behandlung von Suchtmittelabhängigkeit und Suchtmittelmissbrauch,
9. Teilnahme an strukturierten sozialpädagogischen Maßnahmen,
10. Teilnahme an schulischen und beruflichen Qualifizierungsmaßnahmen einschließlich Alphabetisierungs- und Deutschkursen,
11. Teilnahme an arbeitstherapeutischen Maßnahmen oder am Arbeitstraining,
12. Arbeit,
13. freies Beschäftigungsverhältnis, Selbstbeschäftigung,
14. Teilnahme an Sportangeboten und Maßnahmen zur strukturierten Gestaltung der Freizeit,
15. Ausführungen zur Erreichung des Vollzugsziels, Außenbeschäftigung,
16. Lockerungen zur Erreichung des Vollzugsziels,
17. Aufrechterhaltung, Förderung und Gestaltung von Außenkontakten,
18. Schuldnerberatung, Schuldenregulierung und Erfüllung von Unterhaltspflichten,
19. Ausgleich von Tatfolgen,
20. Maßnahmen zur Vorbereitung von Entlassung, Eingliederung, Nachsorge und zur Bildung eines Eingliederungsgeldes und
21. Frist zur Fortschreibung des Vollzugs- und Eingliederungsplans.

[2] Bei angeordneter oder vorbehaltener Sicherungsverwahrung enthalten der Vollzugs- und Eingliederungsplan sowie seine Fortschreibungen darüber hinaus Angaben zu individuellen Maßnahmen nach § 3 Absatz 7 Satz 2 und zu einer Antragstellung gemäß § 119a Absatz 2 des Strafvollzugsgesetzes[1)] vom 16. März

---

[1)] Nr. 1.

1976 (BGBl. I S. 581, 2088 und 1977 I S. 436), das zuletzt durch Artikel 152 der Verordnung vom 31. August 2015 (BGBl. I S. 1474) geändert worden ist.

(2) [1] Maßnahmen nach Absatz 1 Satz 1 Nummer 5 bis 11 und § 3 Absatz 7 Satz 2, die nach dem Ergebnis des Diagnostikverfahrens als zur Erreichung des Vollzugsziels zwingend erforderlich erachtet werden, sind als solche zu kennzeichnen und gehen allen anderen Maßnahmen vor. [2] Andere Maßnahmen dürfen nicht gestattet werden, soweit sie die Teilnahme an Maßnahmen nach Satz 1 beeinträchtigen würden.

(3) [1] Spätestens ein Jahr vor dem voraussichtlichen Entlassungszeitpunkt hat die Planung zur Vorbereitung der Eingliederung zu beginnen. [2] Anknüpfend an die bisherige Vollzugs- und Eingliederungsplanung werden ab diesem Zeitpunkt die Maßnahmen nach Absatz 1 Satz 1 Nummer 20 konkretisiert oder ergänzt. [3] Insbesondere ist Stellung zu nehmen zur

1. Unterbringung im offenen Vollzug oder zum Aufenthalt in einer Übergangseinrichtung,
2. Unterkunft sowie Arbeit oder Ausbildung nach der Entlassung,
3. Unterstützung bei notwendigen Behördengängen und der Beschaffung der notwendigen persönlichen Dokumente,
4. Beteiligung der Bewährungshilfe und der Forensischen Ambulanzen,
5. Kontaktaufnahme zu Einrichtungen der Entlassenenhilfe,
6. Fortsetzung von im Vollzug noch nicht abgeschlossenen Maßnahmen,
7. Anregung von Auflagen und Weisungen für die Bewährungs- oder Führungsaufsicht,
8. Vermittlung in nachsorgende Maßnahmen und
9. nachgehenden Betreuung durch Vollzugsbedienstete.

(4) [1] Bei einer voraussichtlichen Vollzugsdauer von bis zu einem Jahr hat für die Vollzugs- und Eingliederungsplanung der Gefangenen eine Stellungnahme entsprechend den Vorgaben des Absatzes 3 Satz 2 und 3 zu erfolgen. [2] Darüber hinaus sind in den Vollzugs- und Eingliederungsplan nur diejenigen Maßnahmen nach Absatz 1 Satz 1 aufzunehmen, die für die Erreichung des Vollzugsziels als zwingend erforderlich erachtet werden.

(5) Wird ausschließlich Ersatzfreiheitsstrafe vollzogen, so kann der Vollzugs- und Eingliederungsplan abweichend von den Absätzen 1, 3 und 4 in der Regel auf die folgenden Angaben beschränkt werden:

1. Zusammenfassung der für eine angemessene Vollzugsgestaltung festgestellten wesentlichen Gesichtspunkte nach § 8 Absatz 5 Satz 2,
2. Unterbringung im geschlossenen oder offenen Vollzug,
3. Unterstützung bei der Abwendung der weiteren Vollstreckung der Ersatzfreiheitsstrafe durch freie Arbeit oder Zahlung der restlichen Geldstrafe,
4. Maßnahmen zur Stabilisierung der Lebenssituation während und nach dem Vollzug und
5. Maßnahmen zur Vorbereitung der Entlassung.

Abschnitt 3. Unterbringung und Verlegung

§ 11 Trennungsgrundsätze. (1) [1] Gefangene unterschiedlichen Geschlechts werden getrennt voneinander untergebracht. [2] Eine gemeinsame Unterbringung zum Zweck der medizinischen Behandlung und gemeinsame Maßnahmen, insbesondere zur schulischen und beruflichen Qualifizierung, sind zulässig.

(2) Von dem Grundsatz der getrennten Unterbringung gemäß Absatz 1 Satz 1 kann im Einzelfall unter Berücksichtigung der Persönlichkeit und der Bedürfnisse der Gefangenen, der Erreichung des Vollzugsziels und der Sicherheit oder Ordnung der Anstalt, einschließlich der Bedürfnisse der übrigen Gefangenen, insbesondere dann abgewichen werden, wenn sich Gefangene

1. auf Grund ihrer geschlechtlichen Identität nicht dem in ihrem amtlichen Personenstandseintrag angegebenen, sondern einem anderen Geschlecht oder
2. dauerhaft weder dem männlichen noch dem weiblichen Geschlecht

als zugehörig empfinden.

§ 12 Unterbringung während der Einschlusszeiten. (1) [1]Die Gefangenen werden im geschlossenen Vollzug während der Einschlusszeiten in ihren Hafträumen einzeln untergebracht. [2]Wenn schädliche Einflüsse nicht zu befürchten sind, können Gefangene mit ihrer Zustimmung in dafür zugelassenen Hafträumen zu zweit untergebracht werden; dies gilt auch dann, wenn eine Gefahr für Leben oder eine ernsthafte Gefahr für die Gesundheit einer oder eines Gefangenen besteht. [3]Die Anstalt setzt die Einschlusszeiten unter Berücksichtigung der in § 3 geregelten Grundsätze der Vollzugsgestaltung fest.

(2) [1]Über die Fälle des Absatzes 1 Satz 2 hinaus ist eine gemeinsame Unterbringung nur im offenen Vollzug, während der stationären Behandlung im Justizvollzugskrankenhaus oder vorübergehend und aus zwingenden Gründen zulässig. [2]Schädliche Einflüsse auf die Gefangenen dürfen hierdurch nicht zu befürchten sein.

§ 13 Aufenthalt außerhalb der Einschlusszeiten. (1) Außerhalb der Einschlusszeiten dürfen sich die Gefangenen in Gemeinschaft aufhalten.

(2) Der gemeinschaftliche Aufenthalt kann eingeschränkt werden,

1. wenn ein schädlicher Einfluss auf andere Gefangene zu befürchten ist,
2. wenn es die Sicherheit oder Ordnung der Anstalt erfordert oder
3. während der stationären Behandlung im Justizvollzugskrankenhaus.

§ 14 Unterbringung in Wohnbereichen. (1) [1]Wohnbereiche werden baulich abgegrenzt für eine bestimmte Anzahl von Gefangenen eingerichtet. [2]Neben den Hafträumen gehören zu jedem Wohnbereich Einrichtungen zur gemeinsamen Nutzung, insbesondere Küchen und Aufenthaltsbereiche. [3]Die Wohnbereiche werden in der Regel von fest zugeordneten Bediensteten betreut.

(2) [1]Der Vollzug in Wohnbereichen dient der Einübung sozialverträglichen Zusammenlebens, insbesondere von Toleranz sowie der Übernahme von Verantwortung für sich und andere. [2]Die Gefangenen sollen dazu angehalten werden, ihren Vollzugsalltag außerhalb der Einschlusszeiten der Anstalt selbständig zu regeln und zu gestalten.

§ 15 Unterbringung von weiblichen Gefangenen mit ihren Kindern.

(1) [1]Bis zur Vollendung ihres dritten Lebensjahres können Kinder von weiblichen Gefangenen mit Zustimmung der oder des Aufenthaltsbestimmungsberechtigten mit ihrer Mutter gemeinsam in der Anstalt untergebracht werden, wenn

Sicherheitsgründe nicht entgegenstehen. [2] Vor der Unterbringung ist das Jugendamt zu hören.

(2) [1] Die Unterbringung erfolgt auf Kosten der für das Kind Unterhaltspflichtigen. [2] Von der Geltendmachung des Kostenersatzanspruchs kann ausnahmsweise abgesehen werden, wenn hierdurch die gemeinsame Unterbringung gefährdet würde.

§ 16 Geschlossener und offener Vollzug. (1) [1] Die Gefangenen werden im geschlossenen oder im offenen Vollzug untergebracht. [2] Abteilungen des offenen Vollzugs sehen keine oder nur verminderte Vorkehrungen gegen Entweichungen vor.

(2) Die Gefangenen sind im offenen Vollzug unterzubringen, wenn sie dessen besonderen Anforderungen genügen, insbesondere nicht zu befürchten ist, dass sie sich dem Vollzug entziehen oder die Möglichkeiten des offenen Vollzugs zur Begehung von Straftaten missbrauchen werden.

(3) [1] Genügen die Gefangenen den besonderen Anforderungen des offenen Vollzugs nicht oder nicht mehr, so werden sie im geschlossenen Vollzug untergebracht. [2] Gefangene können abweichend von Absatz 2 im geschlossenen Vollzug untergebracht oder dorthin zurückverlegt werden, wenn dies zur Erreichung des Vollzugsziels notwendig ist. [3] § 17 Absatz 3 gilt entsprechend.

§ 17 Verlegung und Überstellung. (1) Die Gefangenen können abweichend vom Vollstreckungsplan in eine andere Anstalt verlegt werden, wenn

1. die Erreichung des Vollzugsziels hierdurch gefördert wird,
2. in erhöhtem Maße die Gefahr der Entweichung oder Befreiung gegeben ist oder sonst ihr Verhalten oder ihr Zustand eine Gefahr für die Sicherheit der Anstalt darstellt und die aufnehmende Anstalt zur sicheren Unterbringung der Gefangenen besser geeignet ist oder
3. Gründe der Vollzugsorganisation oder andere wichtige Gründe dies erfordern.

(2) Die Gefangenen dürfen aus wichtigem Grund, insbesondere zur Durchführung medizinischer Maßnahmen, zur Begutachtung oder Besuchszusammenführung, befristet in eine andere Anstalt überführt werden (Überstellung).

(3) [1] Vor Verlegung oder vor Überstellung sind die Gefangenen anzuhören. [2] Bei einer Gefährdung der Sicherheit kann dies auch nachgeholt werden. [3] Die Verlegung wird den Verteidigerinnen oder den Verteidigern auf Antrag der Gefangenen unverzüglich mitgeteilt.

Abschnitt 4. Sozialtherapie und sozialtherapeutische Einrichtungen

§ 18 Sozialtherapie. (1) [1] Sozialtherapie dient der Verringerung einer erheblichen Gefährlichkeit der Gefangenen. [2] Auf der Grundlage einer therapeutischen Gemeinschaft bedient sie sich psychotherapeutischer, sozialpädagogischer und arbeitstherapeutischer Methoden, die in umfassenden Behandlungsprogrammen verbunden werden. [3] Personen aus dem Lebensumfeld der Gefangenen außerhalb des Vollzugs werden in die Behandlung einbezogen.

(2) [1] Gefangene sind in einer sozialtherapeutischen Einrichtung unterzubringen, wenn ihre Teilnahme an den dortigen Behandlungsprogrammen zur Verringerung ihrer erheblichen Gefährlichkeit angezeigt ist. [2] Eine erhebliche Gefährlichkeit liegt vor, wenn schwerwiegende Straftaten gegen Leib oder Leben,

die persönliche Freiheit oder gegen die sexuelle Selbstbestimmung zu erwarten sind.

(3) [1]Andere Gefangene können in einer sozialtherapeutischen Einrichtung untergebracht werden, wenn die Teilnahme an den dortigen Behandlungsprogrammen zur Erreichung des Vollzugsziels angezeigt ist. [2]In diesen Fällen bedarf die Unterbringung der Zustimmung der sozialtherapeutischen Einrichtung.

(4) [1]Die Unterbringung soll zu einem Zeitpunkt erfolgen, der entweder den Abschluss der Behandlung zum voraussichtlichen Entlassungszeitpunkt erwarten lässt oder die Fortsetzung der Behandlung nach der Entlassung ermöglicht. [2]Ist Sicherungsverwahrung angeordnet oder vorbehalten, soll die Unterbringung zu einem Zeitpunkt erfolgen, der den Abschluss der Behandlung noch während des Vollzugs der Freiheitsstrafe erwarten lässt.

(5) Die Unterbringung der Gefangenen in der sozialtherapeutischen Einrichtung wird beendet, wenn das Ziel der Behandlung aus Gründen, die in ihrer Person liegen, nicht erreicht werden kann.

§ 19 Sozialtherapeutische Einrichtungen. (1) Sozialtherapie wird in sozialtherapeutischen Anstalten oder in besonderen Abteilungen sonstiger Anstalten (sozialtherapeutische Einrichtungen) vollzogen.

(2) [1]Der Vollzug erfolgt in überschaubaren Wohngruppen, deren Ausgestaltung an den Grundsätzen sozialtherapeutischer Behandlung auszurichten ist. [2]Die Wohngruppen werden jeweils durch Mitarbeiterinnen oder Mitarbeiter des Sozialdienstes, Psychologinnen oder Psychologen und fest zugeordnete Bedienstete des allgemeinen Vollzugsdienstes betreut.

(3) Neben den Haft- und Therapieräumen gehören zum Wohngruppenvollzug Einrichtungen zur gemeinsamen Nutzung, insbesondere Küchen und Aufenthaltsräume.

Abschnitt 5. Arbeitstherapeutische Maßnahmen, Arbeitstraining, schulische und berufliche Qualifizierungsmaßnahmen und Arbeit

§ 20 Ziel von Qualifizierung und Arbeit. [1]Arbeitstherapeutische Maßnahmen, Arbeitstraining, schulische und berufliche Qualifizierungsmaßnahmen und Arbeit haben insbesondere das Ziel, die Fähigkeiten der Gefangenen zur Aufnahme einer Erwerbstätigkeit nach der Entlassung zu vermitteln, zu verbessern oder zu erhalten. [2]Beschäftigung im Vollzug ist daher danach auszurichten, dass sie den Erfordernissen des Arbeitsmarktes Rechnung trägt.

§ 21 Arbeitstherapeutische Maßnahmen. Arbeitstherapeutische Maßnahmen dienen dazu, dass die Gefangenen Eigenschaften wie Selbstvertrauen, Durchhaltevermögen und Konzentrationsfähigkeit einüben, um sie stufenweise an die Grundanforderungen des Arbeitslebens heranzuführen.

§ 22 Arbeitstraining. [1]Arbeitstraining dient dazu, Gefangenen, die nicht in der Lage sind, einer regelmäßigen und erwerbsorientierten Beschäftigung nachzugehen, Fähigkeiten und Fertigkeiten zu vermitteln, die eine Eingliederung in das leistungsorientierte Arbeitsleben fördern. [2]Die in der Anstalt dafür vorgehaltenen Maßnahmen sind danach auszurichten, dass sie den Gefangenen für den Arbeitsmarkt relevante Qualifikationen vermitteln.

§ 23 Schulische und berufliche Qualifizierungsmaßnahmen. (1) [1] Schulische und berufliche Aus- und Weiterbildung und vorberufliche Qualifizierung im Vollzug (schulische und berufliche Qualifizierungsmaßnahmen) haben das Ziel, den Gefangenen die Fähigkeiten zur Eingliederung und zur Aufnahme einer Erwerbstätigkeit nach der Entlassung zu vermitteln sowie vorhandene Fähigkeiten zu erhalten oder zu verbessern. [2] Sie werden in der Regel als Vollzeitmaßnahme durchgeführt. [3] Bei der Festlegung von Inhalten, Methoden und Organisationsformen der Qualifizierungsangebote werden die Bedürfnisse und Besonderheiten der jeweiligen Zielgruppe berücksichtigt.

(2) Berufliche Qualifizierungsmaßnahmen sind darauf auszurichten, den Gefangenen für den Arbeitsmarkt relevante Qualifikationen zu vermitteln.

(3) Geeigneten Gefangenen soll die Teilnahme an einer schulischen oder beruflichen Aus- oder Weiterbildung ermöglicht werden, die zu einem anerkannten Abschluss führt.

(4) [1] Die Vollzugs- und Eingliederungsplanung ist darauf auszurichten, dass die Gefangenen Qualifizierungsmaßnahmen während ihrer Haftzeit abschließen oder danach fortsetzen können. [2] Können Maßnahmen während der Haftzeit nicht abgeschlossen werden, soll die Anstalt dafür Sorge tragen, dass die begonnene Qualifizierungsmaßnahme nach der Entlassung fortgesetzt werden kann. [3] Sie kann hierbei mit außervollzuglichen Einrichtungen zusammenarbeiten.

(5) Nachweise über schulische und berufliche Qualifizierungsmaßnahmen dürfen keinen Hinweis auf die Inhaftierung enthalten.

§ 24 Arbeitspflicht. (1) [1] Gefangene sind zur Teilnahme an arbeitstherapeutischen Maßnahmen oder Arbeitstraining oder zu Arbeit verpflichtet, wenn und soweit sie dazu in der Lage sind. [2] § 10 Absatz 2 bleibt unberührt. [3] Bei der Zuweisung einer Beschäftigung sind Fähigkeiten, Fertigkeiten und Neigungen der Gefangenen zu berücksichtigen.

(2) Die Verpflichtung entfällt mit dem Erreichen des gesetzlichen Renteneintrittsalters und für weibliche Gefangene soweit das gesetzliche Beschäftigungsverbot zum Schutz erwerbstätiger werdender und stillender Mütter nach dem Mutterschutzgesetz in der Fassung der Bekanntmachung vom 20. Juni 2002 (BGBl. I S. 2318), das zuletzt durch Artikel 6 des Gesetzes vom 23. Oktober 2012 (BGBl. I S. 2246) geändert worden ist, in der jeweils geltenden Fassung besteht.

§ 25 Beschäftigungsbedingungen und Ablösung. (1) [1] Nehmen die Gefangenen an Maßnahmen gemäß §§ 21 bis 23 teil oder üben sie eine Arbeit gemäß § 24 aus, so gelten die von der Anstalt festgelegten Beschäftigungsbedingungen. [2] Für schwangere und stillende Gefangene sind die Vorschriften des Mutterschutzgesetzes über die Gestaltung des Arbeitsplatzes entsprechend anzuwenden.

(2) Die Gefangenen können von den in Absatz 1 Satz 1 benannten Beschäftigungen abgelöst werden, wenn

1. sie den Anforderungen nicht gewachsen sind,
2. sie trotz Abmahnung wiederholt gegen die Beschäftigungsvorschriften verstoßen,
3. dies zur Erfüllung der Vollzugs- und Eingliederungsplanung geboten ist oder
4. dies aus Gründen der Sicherheit oder Ordnung der Anstalt erforderlich ist.

(3) [1] Vor Ablösung sind die Gefangenen anzuhören. [2] Bei einer Gefährdung der Sicherheit der Anstalt kann dies auch nachgeholt werden. [3] Werden Gefangene

nach Absatz 2 Nummer 2 oder aufgrund ihres Verhaltens nach Absatz 2 Nummer 4 abgelöst, gelten sie als verschuldet ohne Beschäftigung.

§ 26 Freies Beschäftigungsverhältnis, Selbstbeschäftigung. (1) [1] Gefangenen, die zum Freigang gemäß § 42 Absatz 1 Nummer 4 zugelassen sind, soll gestattet werden, einer Arbeit, Berufsausbildung oder beruflichen Weiterbildung auf der Grundlage eines freien Beschäftigungsverhältnisses oder der Selbstbeschäftigung außerhalb der Anstalt nachzugehen, wenn die Beschäftigungsstelle geeignet ist und nicht überwiegende Gründe des Vollzugs entgegenstehen. [2] § 44 gilt entsprechend.

(2) [1] Das Entgelt ist der Anstalt zur Gutschrift für die Gefangenen zu überweisen. [2] Die Anstalt kann in geeigneten Fällen hiervon Ausnahmen zulassen.

§ 27 Freistellung. (1) [1] Haben die Gefangenen ein halbes Jahr lang gearbeitet, so können sie beanspruchen, zehn Arbeitstage von der Arbeit freigestellt zu werden. [2] Zeiten, in denen die Gefangenen infolge Krankheit an der Arbeitsleistung gehindert waren, werden auf das Halbjahr mit bis zu 15 Arbeitstagen angerechnet. [3] Der Anspruch verfällt, wenn die Freistellung nicht innerhalb eines Jahres nach seiner Entstehung erfolgt ist.

(2) [1] Auf die Zeit der Freistellung wird Langzeitausgang gemäß § 42 Absatz 1 Nummer 3 angerechnet, sofern er in die Arbeitszeit fällt. [2] Gleiches gilt für einen Langzeitausgang nach § 43 Absatz 1, sofern er nicht wegen des Todes oder einer lebensgefährlichen Erkrankung naher Angehöriger erteilt worden ist.

(3) Die Gefangenen erhalten für die Zeit der Freistellung ihr Arbeitsentgelt weiter.

(4) Urlaubsregelungen freier Beschäftigungsverhältnisse außerhalb der Anstalt bleiben unberührt.

(5) Für arbeitstherapeutische Maßnahmen, Arbeitstraining sowie für schulische und berufliche Qualifizierungsmaßnahmen gelten die Absätze 1 bis 4 entsprechend, sofern diese den Umfang der regelmäßigen wöchentlichen Arbeitszeit erreichen.

Abschnitt 6. Besuche, Telefongespräche, Schriftwechsel, andere Formen der Telekommunikation und Pakete

§ 28 Grundsatz. [1] Die Gefangenen haben das Recht, mit Personen außerhalb der Anstalt im Rahmen der Bestimmungen dieses Gesetzes zu verkehren. [2] Die Anstalt fördert den Kontakt der Gefangenen mit Personen, von denen ein günstiger Einfluss erwartet werden kann.

§ 29 Besuch. (1) [1] Die Gefangenen dürfen regelmäßig Besuch empfangen. [2] Die Gesamtdauer beträgt mindestens zwei Stunden im Monat. [3] Bei Besuchen von minderjährigen Kindern der Gefangenen erhöht sich die Gesamtdauer der Besuchszeit nach Satz 2 um eine weitere Stunde. [4] Näheres zum Verfahren und zum Ablauf der Besuche regelt die Anstalt.

(2) Besuche von Angehörigen im Sinne von § 11 Absatz 1 Nummer 1 des Strafgesetzbuchs werden besonders unterstützt.

(3) Besuche sollen über die Fälle des Absatzes 1 hinaus zugelassen werden, wenn sie die Eingliederung der Gefangenen fördern oder persönlichen, rechtlichen oder geschäftlichen Angelegenheiten dienen, die nicht von den Gefange-

nen schriftlich erledigt, durch Dritte wahrgenommen oder bis zur Entlassung aufgeschoben werden können.

(4) Die Anstalt kann über Absatz 1 hinausgehend mehrstündige, unbeaufsichtigte Besuche (Langzeitbesuche) zulassen, wenn dies zur Pflege der familiären, partnerschaftlichen oder diesen gleichzusetzender Kontakte der Gefangenen geboten erscheint und die Gefangenen hierfür geeignet sind.

(5) Besuche von Verteidigerinnen und Verteidigern sowie von Rechtsanwältinnen, Rechtsanwälten, Notarinnen und Notaren in einer die jeweiligen Gefangenen betreffenden Rechtssache sind zu gestatten.

§ 30 Untersagung von Besuchen. Besuche können untersagt werden, wenn
1. die Sicherheit oder Ordnung der Anstalt gefährdet würde,
2. zu befürchten ist, dass Personen, die nicht Angehörige der Gefangenen im Sinne von § 11 Absatz 1 Nummer 1 des Strafgesetzbuchs sind, einen schädlichen Einfluss auf die Gefangenen haben oder die Erreichung des Vollzugsziels behindern, oder
3. zu befürchten ist, dass die Begegnung mit den Gefangenen Personen, die Verletzte der Straftat waren, schadet.

§ 31 Durchführung der Besuche. (1) [1] Aus Gründen der Sicherheit der Anstalt können Besuche davon abhängig gemacht werden, dass die Besucherinnen und Besucher sich und ihre mitgeführten Sachen durchsuchen und mit technischen oder sonstigen Hilfsmitteln absuchen lassen. [2] Die Durchsuchung darf nur von Personen des gleichen Geschlechts vorgenommen werden; das Schamgefühl ist zu schonen.

(2) [1] Eine inhaltliche Überprüfung der von Verteidigerinnen und Verteidigern sowie von Rechtsanwältinnen, Rechtsanwälten, Notarinnen und Notaren beim Besuch in einer die jeweiligen Gefangenen betreffenden Rechtssache mitgeführten Schriftstücke und sonstigen Unterlagen ist nicht zulässig. [2] § 37 Absatz 2 Satz 2 und 3 bleibt unberührt.

(3) [1] Besuche werden vorbehaltlich des Absatzes 4 regelmäßig beaufsichtigt. [2] Über Ausnahmen entscheidet die Anstalt. [3] Die Beaufsichtigung kann mittels optisch-elektronischer Einrichtungen durchgeführt werden.

(4) Besuche von Verteidigerinnen und Verteidigern sowie von Rechtsanwältinnen, Rechtsanwälten, Notarinnen und Notaren in einer die jeweiligen Gefangenen betreffenden Rechtssache werden nicht beaufsichtigt.

(5) [1] Besuche dürfen abgebrochen werden, wenn Besucherinnen, Besucher oder Gefangene gegen dieses Gesetz oder aufgrund dieses Gesetzes getroffene Anordnungen trotz Abmahnung verstoßen. [2] Die Abmahnung unterbleibt, wenn es unerlässlich ist, den Besuch sofort abzubrechen.

(6) [1] Beim Besuch dürfen Gefangene grundsätzlich keine Gegenstände, und Besucherinnen und Besucher nur Gegenstände, die sie innerhalb der Anstalt an dafür zugelassenen Einrichtungen zum Einkauf für die Gefangenen erworben haben, übergeben. [2] Dies gilt nicht für die bei dem Besuch der Verteidigerinnen und Verteidiger übergebenen Schriftstücke und sonstigen Unterlagen sowie für die bei dem Besuch von Rechtsanwältinnen, Rechtsanwälten, Notarinnen und Notaren zur Erledigung einer die jeweiligen Gefangenen betreffenden Rechtssache übergebenen Schriftstücke und sonstigen Unterlagen. [3] Bei dem Besuch von Rechtsanwältinnen, Rechtsanwälten, Notarinnen und Notaren kann die

Übergabe aus Gründen der Sicherheit oder Ordnung der Anstalt von der Erlaubnis der Anstalt abhängig gemacht werden. [4] § 37 Absatz 2 Satz 2 und 3 bleibt unberührt.

(7) Die Anstalt kann im Einzelfall die Nutzung einer Trennvorrichtung anordnen, wenn dies zum Schutz von Personen oder zur Verhinderung einer Übergabe von Gegenständen erforderlich ist.

§ 32 Überwachung von Gesprächen. (1) Gespräche dürfen nur überwacht werden, soweit es im Einzelfall wegen einer Gefährdung der Erreichung des Vollzugsziels oder aus Gründen der Sicherheit erforderlich ist.

(2) Gespräche mit Verteidigerinnen und Verteidigern sowie mit Rechtsanwältinnen, Rechtsanwälten, Notarinnen und Notaren in einer die jeweiligen Gefangenen betreffenden Rechtssache werden nicht überwacht.

§ 33 Telefongespräche. (1) [1] Den Gefangenen kann gestattet werden, Telefongespräche durch Vermittlung der Anstalt zu führen. [2] Die Vorschriften über den Besuch der § 29 Absatz 5, §§ 30, 31 Absatz 5 und § 32 gelten entsprechend. [3] Die angeordnete Überwachung teilt die Anstalt den Gefangenen rechtzeitig vor Beginn des Telefongesprächs und den Gesprächspartnerinnen und Gesprächspartnern der Gefangenen unmittelbar nach Herstellung der Verbindung mit.

(2) [1] Die Kosten der Telefongespräche tragen die Gefangenen. [2] Sind sie dazu nicht in der Lage, so kann die Anstalt die Kosten in begründeten Fällen in angemessenem Umfang übernehmen.

§ 34 Schriftwechsel. (1) [1] Die Gefangenen haben das Recht, Schreiben abzusenden und zu empfangen. [2] Sie sind frühzeitig zu einem Schriftwechsel mit ihren Angehörigen und mit Einrichtungen außerhalb des Vollzugs, die sie bei ihrer Eingliederung unterstützen können, zu motivieren und anzuleiten.

(2) [1] Die Kosten des Schriftwechsels tragen die Gefangenen. [2] Sind sie dazu nicht in der Lage, so kann die Anstalt die Kosten in begründeten Fällen in angemessenem Umfang übernehmen.

§ 35 Untersagung von Schriftwechsel. Der Schriftwechsel mit bestimmten Personen kann untersagt werden, wenn

1. die Sicherheit oder Ordnung der Anstalt gefährdet würde,
2. zu befürchten ist, dass diese Personen, die nicht Angehörige der Gefangenen im Sinne von § 11 Absatz 1 Nummer 1 des Strafgesetzbuchs sind, einen schädlichen Einfluss auf die Gefangenen haben oder die Erreichung des Vollzugsziels behindern, oder
3. zu befürchten ist, dass dieser Personen, die Verletzte der Straftat waren, schadet.

§ 36 Sichtkontrolle, Weiterleitung und Aufbewahrung von Schreiben.

(1) [1] Die Gefangenen haben das Absenden und den Empfang von Schreiben durch die Anstalt vermitteln zu lassen, soweit nichts anderes gestattet ist. [2] Ein- und ausgehende Schreiben sind unverzüglich weiterzuleiten.

(2) Ein- und ausgehende Schreiben werden im geschlossenen Vollzug regelmäßig durch Sichtkontrolle auf verbotene Gegenstände überprüft.

(3) [1] Bei der Sichtkontrolle des Schriftwechsels der Gefangenen mit ihren Verteidigerinnen und Verteidigern sowie mit Rechtsanwältinnen, Rechtsanwälten, Notarinnen und Notaren in einer sie betreffenden Rechtssache dürfen die ein-

und ausgehenden Schreiben nur ungeöffnet auf verbotene Gegenstände untersucht werden. [2] Besteht der Verdacht, dass diese Schreiben verbotene Gegenstände enthalten, oder bestehen Zweifel am Vorliegen eines Mandatsverhältnisses oder der Berufsträgereigenschaft, so werden sie an die Absenderinnen oder Absender zurückgesandt oder den absendenden Gefangenen zurückgegeben, sofern nicht der dringende Verdacht besteht, dass ungeöffnete Schreiben verbotene strafrechtlich relevante Gegenstände enthalten und eine Sicherstellung nach strafprozessualen Vorschriften in Betracht kommt.

(4) [1] Die Gefangenen haben eingehende Schreiben unverschlossen zu verwahren, sofern nichts anderes gestattet wird. [2] Sie können sie verschlossen zu ihrer Habe geben.

§ 37 Überwachung von Schriftwechsel. (1) Der Schriftwechsel darf nur überwacht werden, soweit dies wegen einer Gefährdung der Erreichung des Vollzugsziels oder aus Gründen der Sicherheit erforderlich ist.

(2) [1] Der Schriftwechsel der Gefangenen mit ihren Verteidigerinnen und Verteidigern sowie mit Rechtsanwältinnen, Rechtsanwälten, Notarinnen und Notaren in einer die jeweiligen Gefangenen betreffenden Rechtssache wird nicht überwacht. [2] Liegt dem Vollzug eine Straftat nach § 129a, auch in Verbindung mit § 129b Absatz 1 des Strafgesetzbuchs zugrunde, so gelten § 148 Absatz 2 und § 148a der Strafprozessordnung entsprechend; dies gilt nicht, wenn die Gefangenen sich im offenen Vollzug befinden oder wenn ihnen Lockerungen nach § 42 gewährt worden sind und ein Grund, der die Anstalt zum Widerruf von Lockerungen ermächtigt, nicht vorliegt. [3] Satz 2 gilt auch, wenn eine Freiheitsstrafe wegen einer Straftat nach § 129a, auch in Verbindung mit § 129b Absatz 1 des Strafgesetzbuchs, erst im Anschluss an den Vollzug der Freiheitsstrafe, der eine andere Verurteilung zugrunde liegt, zu vollstrecken ist.

§ 38 Anhalten von Schreiben. (1) Schreiben können angehalten werden, wenn

1. bei deren Weitergabe die Erreichung des Vollzugsziels oder die Sicherheit oder Ordnung der Anstalt gefährdet würde,
2. die Weitergabe in Kenntnis ihres Inhalts einen Straf- oder Bußgeldtatbestand verwirklichen würde,
3. sie grob unrichtige oder erheblich entstellende Darstellungen von Anstaltsverhältnissen oder grobe Beleidigungen enthalten,
4. sie die Eingliederung anderer Gefangener gefährden können,
5. zu befürchten ist, dass der Schriftwechsel mit den Gefangenen Personen, die Verletzte der Straftat waren, schadet oder
6. sie in Geheim- oder Kurzschrift, unlesbar, unverständlich oder ohne zwingenden Grund in einer fremden Sprache abgefasst sind.

(2) Ausgehenden Schreiben, die unrichtige Darstellungen enthalten, kann ein Begleitschreiben beigefügt werden, wenn die Gefangenen auf das Absenden bestehen.

(3) [1] Sind Schreiben angehalten worden, wird dies den Gefangenen mitgeteilt. [2] Soweit angehaltene Schreiben nicht als Beweismittel nach strafprozessualen Vorschriften sichergestellt werden, werden sie an die Absenderin oder den Absender zurückgegeben oder, sofern dies unmöglich oder aus besonderen Gründen nicht angezeigt ist, von der Anstalt verwahrt.

(4) Schreiben, deren Überwachung nach § 37 Absatz 2 ausgeschlossen ist, dürfen nicht angehalten werden.

§ 39 Kontakte mit bestimmten Institutionen und Personen. (1) [1] Der Schriftwechsel der Gefangenen mit

1. den Volksvertretungen des Bundes und der Länder sowie deren Mitgliedern,
2. dem Bundesverfassungsgericht und dem für sie zuständigen Landesverfassungsgericht,
3. der oder dem für sie zuständigen Bürgerbeauftragten eines Landes,
4. der oder dem Datenschutzbeauftragten des Bundes oder der Länder,
5. dem Europäischen Parlament sowie dessen Mitgliedern,
6. dem Europäischen Gerichtshof für Menschenrechte,
7. dem Europäischen Gerichtshof,
8. der oder dem Europäischen Datenschutzbeauftragten,
9. der oder dem Europäischen Bürgerbeauftragten,
10. dem Europäischen Ausschuss zur Verhütung von Folter und unmenschlicher oder erniedrigender Behandlung oder Strafe,
11. der Europäischen Kommission gegen Rassismus und Intoleranz,
12. dem Menschenrechtsausschuss der Vereinten Nationen,
13. den Ausschüssen der Vereinten Nationen für die Beseitigung der Rassendiskriminierung und für die Beseitigung der Diskriminierung der Frau,
14. dem Ausschuss der Vereinten Nationen gegen Folter, dem zugehörigen Unterausschuss zur Verhütung von Folter und den entsprechenden Nationalen Präventivmechanismen,
15. den konsularischen Vertretungen ihres Heimatlandes,
16. der für sie zuständigen Führungsaufsichtsstelle, Bewährungs- und Gerichtshilfe,
17. der oder dem Opferbeauftragten des Landes Berlin und
18. den Anstaltsbeiräten und dem Berliner Vollzugsbeirat sowie deren Mitgliedern

wird nicht überwacht, wenn die Schreiben an die Anschriften dieser Stellen oder Personen gerichtet sind und die Absenderinnen oder Absender zutreffend angegeben sind. [2] Schreiben der in Satz 1 genannten Stellen oder Personen, die an die Gefangenen gerichtet sind, dürfen nicht überwacht werden, wenn die Identität der Absenderinnen oder Absender zweifelsfrei feststeht. [3] In diesem Fall ist jedoch eine Sichtkontrolle entsprechend § 36 Absatz 3 vorzunehmen. [4] § 37 Absatz 2 Satz 2 und 3 gilt entsprechend.

(2) Für den Schriftwechsel zur Ausübung des Wahlrechts gilt Absatz 1 entsprechend.

(3) Schreiben, deren Überwachung nach Absatz 1 ausgeschlossen ist, dürfen nicht nach § 38 angehalten werden.

(4) [1] Besuche von Mitgliedern der in Absatz 1 Satz 1 genannten Stellen und von dort aufgeführten Personen sind zu gestatten. [2] Sie werden weder beaufsichtigt noch die geführten Gespräche überwacht. [3] Im Übrigen gilt für die Durchführung der Besuche § 31 Absatz 1, 2, 5 und 6 Satz 3 und 4 sowie Absatz 7 entsprechend.

(5) [1] Telefongespräche mit Mitgliedern der in Absatz 1 Satz 1 genannten Stellen und von dort aufgeführten Personen sind zu gestatten und werden nicht überwacht. [2] Im Übrigen gilt § 33 entsprechend.

§ 40 Andere Formen der Telekommunikation. [1] Die Anstalt kann den Gefangenen gestatten, andere von der Aufsichtsbehörde zugelassene Formen der Telekommunikation auf ihre Kosten zu nutzen. [2] Im Übrigen finden in Abhängigkeit von der Art der Telekommunikation die Vorschriften dieses Abschnitts über den Schriftwechsel, den Besuch und über Telefongespräche entsprechende Anwendung.

§ 41 Pakete. (1) [1] Den Gefangenen kann gestattet werden, Pakete zu empfangen. [2] Der Empfang von Paketen mit Nahrungs-, Genuss- und Körperpflegemitteln sowie Arzneimitteln ist untersagt. [3] Die Anstalt kann Anzahl, Gewicht und Größe von Sendungen und einzelnen Gegenständen festsetzen. [4] Über § 50 Absatz 1 Satz 2 hinaus kann sie Gegenstände und Verpackungsformen ausschließen, die einen unverhältnismäßigen Kontrollaufwand verursachen würden.

(2) Die Anstalt kann die Annahme von Paketen, deren Einbringung nicht gestattet ist oder die die Voraussetzungen des Absatzes 1 nicht erfüllen, ablehnen oder solche Pakete an die Absenderinnen oder Absender zurücksenden.

(3) [1] Pakete sind in Gegenwart der Gefangenen zu öffnen, an die sie adressiert sind. [2] Sie sind auf verbotene Gegenstände zu durchsuchen. [3] Mit nicht zugelassenen oder ausgeschlossenen Gegenständen ist gemäß § 53 Absatz 3 zu verfahren. [4] Sie können auch auf Kosten der Gefangenen zurückgesandt werden.

(4) Der Empfang von Paketen kann vorübergehend versagt werden, wenn dies wegen einer Gefährdung der Sicherheit oder Ordnung der Anstalt unerlässlich ist.

(5) [1] Den Gefangenen kann gestattet werden, Pakete zu versenden. [2] Der Inhalt kann aus Gründen der Sicherheit oder Ordnung der Anstalt überprüft werden. [3] § 35 gilt entsprechend.

(6) [1] Die Kosten des Paketversandes tragen die Gefangenen. [2] Sind sie dazu nicht in der Lage, kann die Anstalt die Kosten in begründeten Fällen in angemessenem Umfang übernehmen.

Abschnitt 7. Lockerungen und sonstige Aufenthalte außerhalb der Anstalt

§ 42 Lockerungen zur Erreichung des Vollzugsziels. (1) Aufenthalte außerhalb der Anstalt ohne Aufsicht (Lockerungen) sind insbesondere

1. das Verlassen der Anstalt für bis zu 24 Stunden in Begleitung einer von der Anstalt zugelassenen Person (Begleitausgang),
2. das Verlassen der Anstalt für bis zu 24 Stunden ohne Begleitung (unbegleiteter Ausgang),
3. das Verlassen der Anstalt für mehr als 24 Stunden (Langzeitausgang) und
4. die regelmäßige Beschäftigung außerhalb der Anstalt (Freigang).

(2) Die Lockerungen dürfen gewährt werden, wenn sie der Erreichung des Vollzugsziels dienen und verantwortet werden kann zu erproben, dass die Gefangenen sich weder dem Vollzug der Freiheitsstrafe entziehen noch die Lockerungen zur Begehung von Straftaten missbrauchen werden.

(3) [1] Ein Langzeitausgang nach Absatz 1 Nummer 3 soll im geschlossenen Vollzug in der Regel erst gewährt werden, wenn die Gefangenen sich mindestens sechs Monate im Strafvollzug befunden haben. [2] Zu lebenslanger Freiheitsstrafe verurteilte Gefangene können einen Langzeitausgang erst erhalten, wenn sie sich einschließlich einer vorhergehenden Untersuchungshaft oder einer anderen Freiheitsentziehung in der Regel zehn Jahre im Vollzug befunden haben oder wenn sie im offenen Vollzug untergebracht sind.

(4) Durch Lockerungen wird die Vollstreckung der Freiheitsstrafe nicht unterbrochen.

§ 43 Lockerungen aus wichtigem Anlass. (1) [1] Lockerungen können auch aus wichtigem Anlass gewährt werden. [2] Wichtige Anlässe sind insbesondere die Teilnahme an gerichtlichen Terminen, die medizinische Behandlung der Gefangenen sowie der Tod oder eine lebensgefährliche Erkrankung naher Angehöriger.

(2) § 42 Absatz 2 und 4 gilt entsprechend.

§ 44 Weisungen für Lockerungen. [1] Für Lockerungen sind die nach den Umständen des Einzelfalles erforderlichen Weisungen zu erteilen. [2] Bei der Ausgestaltung der Lockerungen ist auch den Belangen der Verletzten von Straftaten Rechnung zu tragen.

§ 45 Ausführung, Außenbeschäftigung, Vorführung und Ausantwortung. (1) [1] Den Gefangenen kann das Verlassen der Anstalt unter ständiger und unmittelbarer Aufsicht durch Bedienstete (Ausführung) gestattet werden, wenn dies aus besonderen Gründen notwendig ist. [2] Die Gefangenen können auch gegen ihren Willen ausgeführt werden. [3] Liegt die Ausführung ausschließlich im Interesse der Gefangenen, so können ihnen die Kosten auferlegt werden, soweit dies die Erreichung des Vollzugsziels oder die Eingliederung nicht behindert.

(2) [1] Den Gefangenen kann gestattet werden, außerhalb der Anstalt einer regelmäßigen Beschäftigung unter ständiger Aufsicht oder unter Aufsicht in unregelmäßigen Abständen durch Bedienstete (Außenbeschäftigung) nachzugehen. [2] § 42 Absatz 2 und 4 gilt entsprechend.

(3) Auf Ersuchen eines Gerichts werden Gefangene vorgeführt, sofern ein Vorführungsbefehl vorliegt.

(4) Gefangene dürfen befristet dem Gewahrsam eines Gerichts, einer Staatsanwaltschaft oder einer Polizei-, Ordnungs-, Zoll- oder Finanzbehörde auf Antrag überlassen werden (Ausantwortung).

Abschnitt 8. Vorbereitung der Eingliederung, Entlassung und nachgehende Betreuung

§ 46 Vorbereitung der Eingliederung. (1) [1] Die Maßnahmen zur sozialen und beruflichen Eingliederung sind auf den Zeitpunkt der voraussichtlichen Entlassung in die Freiheit abzustellen. [2] Die Gefangenen sind bei der Ordnung ihrer persönlichen, wirtschaftlichen und sozialen Angelegenheiten zu unterstützen. [3] Dies umfasst die Vermittlung in nachsorgende Maßnahmen.

(2) [1] Die Anstalt arbeitet frühzeitig unter Beteiligung der Gefangenen mit den Agenturen für Arbeit, den Meldebehörden, den Trägern der Sozialversicherung und der Sozialhilfe, den Hilfeeinrichtungen anderer Behörden, den Verbänden der Freien Wohlfahrtspflege, der Forensisch-Therapeutischen Ambulanz und

weiteren Personen und Einrichtungen außerhalb des Vollzugs zusammen, insbesondere, um zu erreichen, dass die Gefangenen nach ihrer Entlassung über eine geeignete Unterkunft und eine Arbeits- oder Ausbildungsstelle verfügen. [2]Die Bewährungshilfe und die Führungsaufsichtsstelle beteiligen sich frühzeitig an der sozialen und beruflichen Eingliederung der Gefangenen.

(3) [1]Den Gefangenen können Aufenthalte in geeigneten Einrichtungen außerhalb des Vollzugs (Übergangseinrichtungen) gewährt werden, wenn dies zur Vorbereitung der Eingliederung erforderlich ist. [2]Haben Gefangene die Hälfte ihrer zeitigen Freiheitsstrafe im Vollzug verbüßt, mindestens jedoch sechs Monate, kann ihnen auch ein zusammenhängender Langzeitausgang bis zu sechs Monaten gewährt werden, wenn dies zur Vorbereitung der Eingliederung erforderlich ist. [3]§ 42 Absatz 2 und 4 sowie § 44 gelten entsprechend.

(4) [1]In einem Zeitraum von sechs Monaten vor der voraussichtlichen Entlassung sind den Gefangenen die zur Vorbereitung der Eingliederung erforderlichen Lockerungen zu gewähren, sofern nicht mit hoher Wahrscheinlichkeit zu erwarten ist, dass die Gefangenen sich dem Vollzug der Freiheitsstrafe entziehen oder die Lockerungen zur Begehung von Straftaten missbrauchen werden. [2]§ 42 Absatz 4 und § 44 gelten entsprechend.

§ 47 Entlassung. (1) Die Gefangenen sollen am letzten Tag ihrer Strafzeit möglichst frühzeitig, jedenfalls noch am Vormittag, entlassen werden.

(2) Fällt das Strafende auf einen Sonnabend oder Sonntag, einen gesetzlichen Feiertag, den ersten Werktag nach Ostern oder Pfingsten oder in die Zeit vom 22. Dezember bis zum 2. Januar, so können die Gefangenen an dem diesem Tag oder Zeitraum vorhergehenden Werktag entlassen werden, wenn dies gemessen an der Dauer der Strafzeit vertretbar ist und fürsorgerische Gründe nicht entgegenstehen.

(3) Der Entlassungszeitpunkt kann bis zu zwei Tage vorverlegt werden, wenn die Gefangenen zu ihrer Eingliederung hierauf dringend angewiesen sind.

(4) Bedürftigen Gefangenen kann eine Entlassungsbeihilfe in Form eines Reisekostenzuschusses, angemessener Kleidung oder einer sonstigen notwendigen Unterstützung gewährt werden.

§ 48 Nachgehende Betreuung. [1]Mit Zustimmung der Anstalt können Bedienstete an der nachgehenden Betreuung Entlassener mit deren Einverständnis mitwirken, wenn ansonsten die Eingliederung gefährdet wäre. [2]Die nachgehende Betreuung kann auch außerhalb der Anstalt erfolgen. [3]In der Regel ist sie auf die ersten sechs Monate nach der Entlassung beschränkt. [4]Erfolgt die nachgehende Betreuung innerhalb der Anstalt gilt § 49 Absatz 1 Satz 3 und Absatz 2 bis 4 entsprechend.

§ 49 Verbleib oder Aufnahme auf freiwilliger Grundlage. (1) [1]Sofern es die Belegungssituation zulässt, können die entlassenen Gefangenen auf Antrag ausnahmsweise vorübergehend in der Anstalt verbleiben oder wieder aufgenommen werden, wenn die Eingliederung gefährdet und ein Aufenthalt in der Anstalt aus diesem Grunde gerechtfertigt ist. [2]§ 48 Satz 3 gilt entsprechend. [3]Der freiwillige Aufenthalt erfolgt auf vertraglicher Basis.

(2) Gegen die sich in der Anstalt befugt aufhaltenden Entlassenen dürfen Maßnahmen des Vollzugs nicht mit unmittelbarem Zwang durchgesetzt werden.

(3) [1] Bei Störung des Anstaltsbetriebs durch die Entlassenen oder aus vollzugsorganisatorischen Gründen kann der freiwillige Aufenthalt jederzeit beendet werden. [2] Die Entlassenen sind vorher zu hören.

(4) Die in der Anstalt verbliebenen oder wieder aufgenommenen Entlassenen dürfen die Anstalt auf ihren Wunsch jederzeit unverzüglich verlassen.

Abschnitt 9. Grundversorgung und Freizeit

§ 50 Einbringen von Gegenständen. (1) [1] Gegenstände dürfen durch oder für die Gefangenen nur mit Zustimmung der Anstalt eingebracht werden. [2] Die Anstalt kann die Zustimmung verweigern, wenn die Gegenstände ihrer Art oder Beschaffenheit nach geeignet sind, die Sicherheit oder Ordnung der Anstalt oder die Erreichung des Vollzugsziels zu gefährden oder ihre Aufbewahrung nach Art oder Umfang nicht möglich ist.

(2) [1] Das Einbringen von Nahrungs-, Genuss- und Körperpflegemitteln sowie von Arzneimitteln ist nicht gestattet. [2] Die Anstalt kann eine abweichende Regelung treffen.

§ 51 Gewahrsam an Gegenständen. (1) Die Gefangenen dürfen Gegenstände nur mit Zustimmung der Anstalt in Gewahrsam haben, annehmen oder abgeben.

(2) Ohne Zustimmung dürfen sie abweichend von Absatz 1 Gegenstände von geringem Wert an andere Gefangene weitergeben und von anderen Gefangenen annehmen; die Abgabe und Annahme dieser Gegenstände nebst dem Gewahrsam daran können von der Zustimmung der Anstalt abhängig gemacht werden.

§ 52 Ausstattung des Haftraums. (1) [1] Die Gefangenen dürfen ihren Haftraum in angemessenem Umfang mit eigenen Gegenständen ausstatten oder diese dort aufbewahren. [2] Gegenstände, die einzeln oder in ihrer Gesamtheit geeignet sind, die Sicherheit oder Ordnung der Anstalt, insbesondere die Übersichtlichkeit des Haftraumes, oder die Erreichung des Vollzugsziels zu gefährden, dürfen nicht in den Haftraum eingebracht werden. [3] Entgegen Satz 2 eingebrachte Gegenstände werden daraus entfernt.

(2) [1] Die Gefangenen tragen die Kosten für die aus Gründen der Sicherheit der Anstalt notwendige technische Überprüfung der von ihnen im Haftraum genutzten Elektrogeräte. [2] Sind sie dazu nicht in der Lage, so kann die Anstalt die Kosten in begründeten Fällen in angemessenem Umfang übernehmen.

§ 53 Aufbewahrung und Vernichtung von Gegenständen. (1) [1] Gegenstände, die die Gefangenen nicht im Haftraum aufbewahren dürfen oder wollen, werden von der Anstalt aufbewahrt, soweit dies nach Art und Umfang möglich ist und Gründe der Sicherheit oder Ordnung der Anstalt, insbesondere auch hygienische Gründe, nicht dagegen sprechen. [2] Die Anstalt kann eine angemessene Beschränkung des Umfangs der aufzubewahrenden Gegenstände vornehmen.

(2) [1] Den Gefangenen wird Gelegenheit gegeben, ihre Gegenstände, die sie während des Vollzugs und für ihre Entlassung nicht benötigen, zu versenden. [2] § 41 Absatz 6 gilt entsprechend.

(3) [1] Werden Gegenstände, deren Aufbewahrung nach Absatz 1 ausgeschlossen ist, von den Gefangenen trotz Aufforderung nicht innerhalb einer angemessenen Frist aus der Anstalt verbracht, so darf die Anstalt diese Gegenstände auf Kosten

der Gefangenen außerhalb der Anstalt verwahren, verwerten oder vernichten. [2]Für das Verfahren der Verwertung und Vernichtung gilt § 40 des Allgemeinen Sicherheits- und Ordnungsgesetzes in der Fassung vom 11. Oktober 2006 (GVBl. S. 930), das zuletzt durch Gesetz vom 7. April 2015 (GVBl. S. 66) geändert worden ist, in der jeweils geltenden Fassung entsprechend.

(4) Aufzeichnungen und andere Gegenstände, die Kenntnisse über Sicherungsvorkehrungen der Anstalt vermitteln oder Schlussfolgerungen auf diese zulassen, dürfen vernichtet oder unbrauchbar gemacht werden.

§ 54 Zeitungen und Zeitschriften. [1]Die Gefangenen dürfen auf eigene Kosten Zeitungen und Zeitschriften in angemessenem Umfang durch Vermittlung der Anstalt beziehen. [2]Ausgeschlossen sind Zeitungen und Zeitschriften, deren Verbreitung mit Strafe oder Geldbuße bedroht ist. [3]Einzelne Ausgaben oder Teile von Zeitungen und Zeitschriften können den Gefangenen vorenthalten oder entzogen werden, wenn die Kenntnisnahme von deren Inhalten die Erreichung des Vollzugsziels oder die Sicherheit oder Ordnung der Anstalt erheblich gefährden würde.

§ 55 Religiöse Schriften und Gegenstände. [1]Die Gefangenen dürfen grundlegende religiöse Schriften sowie in angemessenem Umfang Gegenstände des religiösen Gebrauchs besitzen. [2]Diese dürfen den Gefangenen nur bei grobem Missbrauch entzogen werden.

§ 56 Rundfunk, Informations- und Unterhaltungselektronik. (1) [1]Der Zugang zum Hörfunk- und Fernsehempfang (Rundfunk) ist zu ermöglichen. [2]Die Anstalt entscheidet über die Einspeisung einzelner Hörfunk- und Fernsehprogramme, soweit eine Empfangsanlage vorhanden ist. [3]Die Wünsche und Bedürfnisse der Gefangenen sind angemessen zu berücksichtigen.

(2) [1]Eigene Hörfunk- und Fernsehgeräte der Gefangenen werden zugelassen, wenn nicht Gründe des § 52 Absatz 1 Satz 2 entgegenstehen. [2]Die Gefangenen können auf von der Anstalt vermittelte Mietgeräte oder Haftraummediensysteme verwiesen werden. [3]In diesem Fall ist den Gefangenen abweichend von Satz 1 der Besitz eigener Geräte im Haftraum in der Regel nicht gestattet.

(3) [1]Die Gefangenen haben die Kosten für die Überprüfung, Überlassung und den Betrieb der von ihnen genutzten Hörfunk- und Fernsehgeräte sowie die Bereitstellung des Hörfunk- und Fernsehempfangs zu tragen. [2]Sind sie dazu nicht in der Lage, so kann die Anstalt die Kosten in begründeten Fällen in angemessenem Umfang übernehmen.

(4) [1]Andere Geräte der Informations- und Unterhaltungselektronik können unter den Voraussetzungen des Absatzes 2 Satz 1 zugelassen werden. [2]§ 40 bleibt unberührt.

§ 57 Kleidung. (1) Die Gefangenen tragen Anstaltskleidung.

(2) [1]Die Anstalt kann eine von Absatz 1 abweichende Regelung treffen. [2]Für Reinigung, Instandsetzung und regelmäßigen Wechsel der eigenen Kleidung haben die Gefangenen auf ihre Kosten zu sorgen.

§ 58 Verpflegung. [1]Zusammensetzung und Nährwert der Anstaltsverpflegung haben den Anforderungen an eine gesunde Ernährung zu entsprechen. [2]Auf ärztliche Anordnung wird besondere Verpflegung gewährt. [3]Den Gefangenen ist zu ermöglichen, Speisevorschriften ihrer Religionsgemeinschaft zu befolgen sowie sich fleischlos zu ernähren. [4]Geschlechtsspezifische Unterschiede in der Ernährungsweise von Gefangenen sind zu berücksichtigen.

§ 59 Einkauf. (1) [1]Den Gefangenen wird ermöglicht einzukaufen. [2]Die Anstalt wirkt auf ein Angebot hin, das auf Wünsche und Bedürfnisse der Gefangenen Rücksicht nimmt. [3]Das Verfahren des Einkaufs regelt die Anstalt. [4]Gegenstände, die nach Art oder Menge geeignet sind, die Sicherheit oder Ordnung der Anstalt zu gefährden, sind vom Einkauf ausgeschlossen oder mengenmäßig zu beschränken.

(2) [1]Nahrungs- und Genussmittel können nur vom Haus- und Taschengeld, andere Gegenstände in angemessenem Umfang auch vom Eigengeld eingekauft werden. [2]Dies gilt nicht für den ersten Einkauf, den die Gefangenen unmittelbar nach ihrer Aufnahme in eine Anstalt tätigen.

§ 60 Freizeit. (1) [1]Zur Ausgestaltung der Freizeit hat die Anstalt insbesondere Angebote zur sportlichen und kulturellen Betätigung, Bildungsangebote sowie Angebote zur kreativen Entfaltung vorzuhalten. [2]Die Anstalt stellt eine angemessen ausgestattete Bücherei zur Verfügung.

(2) Die Gefangenen sind zur Teilnahme und Mitwirkung an Angeboten der Freizeitgestaltung zu motivieren und anzuleiten.

Abschnitt 10. Vergütung, Gelder der Gefangenen und Haftkostenbeitrag

§ 61 Vergütung. (1) Die Gefangenen erhalten eine Vergütung in Form von

1. Arbeitsentgelt für die Teilnahme an arbeitstherapeutischen Maßnahmen oder am Arbeitstraining nach § 10 Absatz 1 Satz 1 Nummer 11 oder für Arbeit nach § 10 Absatz 1 Satz 1 Nummer 12 oder
2. Ausbildungsbeihilfe für die Teilnahme an schulischen und beruflichen Qualifizierungsmaßnahmen nach § 10 Absatz 1 Satz 1 Nummer 10.

(2) [1]Der Bemessung der Vergütung sind 9 Prozent der Bezugsgröße nach § 18 des Vierten Buches Sozialgesetzbuch – Gemeinsame Vorschriften für die Sozialversicherung – in der Fassung der Bekanntmachung vom 12. November 2009 (BGBl. I S. 3710, 3973; 2011 I S. 363), das zuletzt durch Artikel 28 des Gesetzes vom 20. November 2015 (BGBl. I S. 2010) geändert worden ist, in der jeweils geltenden Fassung zugrunde zu legen (Eckvergütung). [2]Ein Tagessatz ist der 250. Teil der Eckvergütung; die Vergütung kann nach einem Stundensatz bemessen werden.

(3) [1]Die Vergütung kann je nach Art der Maßnahme und Leistung der Gefangenen gestuft werden. [2]Sie beträgt mindestens 75 Prozent der Eckvergütung. [3]Die für Justiz zuständige Senatsverwaltung wird ermächtigt, die Vergütungsstufen durch Rechtsverordnung zu bestimmen.

(4) Soweit Beiträge zur Bundesagentur für Arbeit zu entrichten sind, kann von dem Arbeitsentgelt oder der Ausbildungsbeihilfe ein Betrag einbehalten werden, der dem Anteil der Gefangenen am Beitrag entsprechen würde, wenn sie diese Vergütung als Arbeitnehmerin oder Arbeitnehmer erhielten.

(5) Die Höhe der Vergütung ist den Gefangenen schriftlich bekannt zu geben.

(6) Gefangene, die an einer Maßnahme nach § 23 teilnehmen, erhalten hierfür nur eine Ausbildungsbeihilfe, soweit kein Anspruch auf Leistungen zum Lebensunterhalt besteht, die außerhalb des Vollzugs aus solchem Anlass gewährt werden.

§ 62 Vergütungsfortzahlung. Nehmen Gefangene an Maßnahmen nach § 10 Absatz 1 Satz 1 Nummer 5 bis 9 oder § 3 Absatz 7 Satz 2 teil, die während ihrer regulären Beschäftigungszeit stattfinden und nach § 10 Absatz 2 für zwingend erforderlich erachtet wurden, so wird ihnen als finanzieller Ausgleich für diesen Zeitraum eine Fortzahlung der Vergütung nach § 61 Absatz 1 gewährt.

§ 63 Zusätzliche Anerkennung und Ausgleichsentschädigung. (1) [1] Haben Gefangene jeweils drei Monate lang zusammenhängend eine Tätigkeit nach §§ 21 bis 24 ausgeübt, so erhalten sie auf Antrag als zusätzliche Anerkennung über die Vergütung nach §§ 61 und 62 und die Freistellung nach § 27 hinaus eine weitere Freistellung von zwei Beschäftigungstagen unter Fortzahlung der Vergütung entsprechend § 27 Absatz 3. [2] Die Gefangenen erhalten auf Antrag die Freistellung in Form von Langzeitausgang, sofern die Voraussetzungen nach § 42 Absatz 2 und 3 vorliegen.

(2) Anstatt die weiteren Freistellungstage nach Absatz 1 zu nehmen, können die Gefangenen auch beantragen, dass diese durch gleichwertige Vergütung entsprechend § 27 Absatz 3, die ihrem Hausgeldkonto gutzuschreiben ist, abgegolten werden.

(3) [1] Nehmen die Gefangenen die zusätzliche Anerkennung nach Absatz 1 oder 2 nicht innerhalb eines Jahres nach Vorliegen der Voraussetzungen in Anspruch, so wird der Entlassungszeitpunkt vorbehaltlich des Absatzes 4 um die Freistellungstage nach Absatz 1 Satz 1 vorverlegt. [2] Durch Zeiten, in denen die Gefangenen ohne ihr Verschulden durch Krankheit, Lockerungen, Freistellung oder sonstige nicht von ihnen zu vertretende Gründe an der Tätigkeit nach §§ 21 bis 24 gehindert sind, wird die Frist nach Absatz 1 Satz 1 gehemmt. [3] Beschäftigungszeiträume von weniger als drei Monaten bleiben unberücksichtigt.

(4) Eine Vorverlegung des Entlassungszeitpunktes nach Absatz 3 Satz 1 ist ausgeschlossen,

1. bei Gefangenen, die eine lebenslange Freiheitsstrafe verbüßen oder bei denen Sicherungsverwahrung angeordnet oder vorbehalten und ein Entlassungszeitpunkt noch nicht bestimmt ist,
2. bei einer Aussetzung der Vollstreckung des Restes einer Freiheitsstrafe zur Bewährung, soweit wegen des von der Entscheidung des Gerichts bis zur Entlassung verbleibenden Zeitraums eine Anrechnung nicht mehr möglich ist,
3. wenn dies vom Gericht angeordnet wird, weil bei einer Aussetzung der Vollstreckung des Restes einer Freiheitsstrafe zur Bewährung die Lebensverhältnisse der Gefangenen oder die Wirkungen, die von der Aussetzung für sie zu erwarten sind, die Vollstreckung bis zu einem bestimmten Zeitpunkt erfordern,
4. wenn nach § 456a Absatz 1 der Strafprozessordnung von der Vollstreckung abgesehen wird oder
5. wenn Gefangene im Gnadenwege aus der Haft entlassen werden.

(5) [1] Soweit eine Vorverlegung des Entlassungszeitpunktes nach Absatz 4 ausgeschlossen ist, erhalten Gefangene bei ihrer Entlassung eine Ausgleichsentschädigung von zusätzlich 15 Prozent der ihnen für den Zeitraum, der Grundlage für die Gewährung der Freistellungstage gewesen ist, nach §§ 61 und 62 gezahlten

Vergütung. [2]Der Anspruch entsteht erst mit der Entlassung. [3]Vor der Entlassung ist der Anspruch nicht verzinslich. [4]Gefangenen, bei denen eine Vorverlegung des Entlassungszeitpunktes nach Absatz 4 Nummer 1 ausgeschlossen ist, wird die Ausgleichszahlung abweichend von Satz 2 bereits nach Verbüßung von jeweils zehn Jahren Freiheitsstrafe zum Eigengeld nach § 64 gutgeschrieben, soweit sie nicht vor diesem Zeitpunkt entlassen werden. [5]§ 57 Absatz 4 des Strafgesetzbuchs gilt entsprechend.

(6) [1]Bei der Verlegung in ein anderes Land, nach dessen Landesrecht weder erworbene Freistellungstage nach Absatz 1 noch die Vorverlegung des Entlassungszeitpunktes nach Absatz 3 Satz 1 gewährt werden können, hat die Anstalt die gleichwertige Vergütung nach Absatz 2 zu gewähren. [2]Bei der Verlegung in ein anderes Land, das nach seinem Landesrecht keine gleichwertige Vergütung im Sinne von Absatz 2 vorsieht, ist ein Antrag auf Abgeltung der Freistellungstage nach Absatz 2 spätestens am Tag der Verlegung zu stellen.

§ 64 Eigengeld. (1) Das Eigengeld besteht aus den Beträgen, die die Gefangenen bei Strafantritt in die Anstalt mitbringen und die sie während der Haftzeit erhalten, sowie den Teilen der Vergütung, die nicht als Hausgeld, Eingliederungsgeld oder Haftkostenbeitrag in Anspruch genommen werden.

(2) [1]Die Gefangenen können über das Eigengeld verfügen. [2]§ 59 Absatz 2 und §§ 67 und 68 bleiben unberührt.

§ 65 Taschengeld. (1) [1]Bedürftigen Gefangenen wird Taschengeld gewährt. [2]Bedürftig sind Gefangene, soweit ihnen aus Hausgeld (§ 67) und Eigengeld (§ 64) monatlich ein Betrag bis zur Höhe des Taschengelds nach Absatz 3 voraussichtlich nicht zur Verfügung steht. [3]Es bleiben bis zur Höhe des Taschengeldbetrages unberücksichtigt Arbeitsentgelt für die Teilnahme an arbeitstherapeutischen Maßnahmen oder am Arbeitstraining nach § 61 Absatz 1 Nummer 1, nicht verbrauchtes Taschengeld sowie zweckgebundene Einzahlungen nach § 68 Absatz 1 Satz 1.

(2) Die Anstalt kann anordnen, dass Gefangene für die Dauer von bis zu drei Monaten als nicht bedürftig gelten, wenn ihnen ein Betrag nach Absatz 1 Satz 2 deshalb nicht zur Verfügung steht, weil sie einer ihnen zugewiesenen zumutbaren Beschäftigung nach §§ 21 bis 24 nicht nachgehen oder von einer ausgeübten Beschäftigung im Sinne von § 25 Absatz 3 Satz 3 verschuldet abgelöst wurden.

(3) [1]Das Taschengeld beträgt 14 Prozent der Eckvergütung nach § 61 Absatz 2 Satz 1. [2]Es wird zu Beginn des Monats im Voraus gewährt. [3]Gehen den Gefangenen im Laufe des Monats nach Absatz 1 zu berücksichtigende Gelder zu, so wird zum Ausgleich ein Betrag bis zur Höhe des gewährten Taschengeldes einbehalten.

(4) [1]Die Gefangenen dürfen über das Taschengeld im Rahmen der Bestimmungen dieses Gesetzes verfügen. [2]Es wird dem Hausgeldkonto gutgeschrieben.

§ 66 Konten, Bargeld. (1) Gelder der Gefangenen werden auf Hausgeld-, Eigengeld- und Eingliederungsgeldkonten in der Anstalt geführt.

(2) [1]Der Besitz von Bargeld in der Anstalt ist den Gefangenen nicht gestattet. [2]Im offenen Vollzug kann eine abweichende Regelung getroffen werden.

(3) Geld in Fremdwährung wird in der Regel in der Zahlstelle verwahrt oder zur Habe genommen.

§ 67 Hausgeld. (1) Das Hausgeld wird aus drei Siebteln der nach §§ 61 und 62 geregelten Vergütung gebildet.

(2) Für Gefangene, die aus einem freien Beschäftigungsverhältnis, aus einer Selbstbeschäftigung oder anderweitig regelmäßige Einkünfte haben, wird daraus ein angemessenes monatliches Hausgeld festgesetzt.

(3) Für Gefangene, die über Eigengeld nach § 64 verfügen und keine hinreichende Vergütung nach diesem Gesetz erhalten, gilt Absatz 2 entsprechend.

(4) [1] Die Gefangenen dürfen über das Hausgeld im Rahmen der Bestimmungen dieses Gesetzes verfügen. [2] Der Anspruch auf Auszahlung ist nicht übertragbar.

§ 68 Zweckgebundene Einzahlungen, Eingliederungsgeld. (1) [1] Für Maßnahmen der Eingliederung, insbesondere Kosten der Gesundheitsfürsorge und der Aus- und Fortbildung, und für Maßnahmen der Pflege sozialer Beziehungen, insbesondere Telefonkosten und Fahrtkosten anlässlich von Lockerungen, kann zweckgebunden Geld eingezahlt werden. [2] Das Geld darf nur für den jeweiligen Zweck verwendet werden. [3] Der Anspruch auf Auszahlung ist nicht übertragbar.

(2) [1] Die Gefangenen dürfen für Zwecke der Eingliederung ein Guthaben in angemessener Höhe bilden (Eingliederungsgeld) und auch bereits vor der Entlassung darüber verfügen. [2] Der Anspruch auf Auszahlung ist nicht übertragbar. [3] Bei der Verlegung in ein anderes Land, nach dessen Landesrecht gebildetes Eingliederungsgeld nicht anerkannt werden kann, wird das Eingliederungsgeld vorbehaltlich des Satzes 4 dem Eigengeldkonto gutgeschrieben. [4] Sofern das aufnehmende Land die Bildung eines Überbrückungsgeldes im Sinne des § 51 des Strafvollzugsgesetzes[1)] vorsieht, können die Gefangenen bis spätestens zum Tag ihrer Verlegung erklären, dass ihr Eingliederungsgeld vom aufnehmenden Land als Überbrückungsgeld behandelt werden soll; geben die Gefangenen bis zu ihrer Verlegung diese Erklärung nicht ab, so wird das gebildete Eingliederungsgeld ihrem Eigengeldkonto gutgeschrieben.

§ 69 Haftkostenbeitrag. (1) [1] Die Anstalt erhebt von Gefangenen, die sich in einem freien Beschäftigungsverhältnis befinden, sich selbst beschäftigen oder über anderweitige regelmäßige Einkünfte verfügen, für diese Zeit einen Haftkostenbeitrag. [2] Vergütungen und zusätzliche Anerkennungen nach den §§ 61 bis 63 bleiben unberücksichtigt. [3] Von Gefangenen, die sich selbst beschäftigen, kann der Haftkostenbeitrag monatlich im Voraus ganz oder teilweise gefordert werden. [4] Den Gefangenen muss täglich ein Tagessatz gemäß § 61 Absatz 2 Satz 2 verbleiben. [5] Von der Geltendmachung des Anspruchs ist abzusehen, soweit die Wiedereingliederung der Gefangenen hierdurch gefährdet würde.

(2) [1] Der Haftkostenbeitrag wird in Höhe des Betrages erhoben, der nach § 17 Absatz 1 Satz 1 Nummer 4 des Vierten Buches Sozialgesetzbuch durchschnittlich zur Bewertung der Sachbezüge festgesetzt ist. [2] Die für Justiz zuständige Senatsverwaltung stellt den Durchschnittsbetrag für jedes Kalenderjahr nach den am 1. Oktober des vorhergehenden Jahres geltenden Bewertungen der Sachbezüge fest. [3] Bei Selbstverpflegung entfallen die für die Verpflegung vorgesehenen Beträge. [4] Für den Wert der Unterkunft ist die festgesetzte Belegungsfähigkeit maßgebend.

---

1) Nr. **1**.

Abschnitt 11. Gesundheitsfürsorge

§ 70 Art und Umfang der medizinischen Leistungen, Kostenbeteiligung. (1) [1] Die Gefangenen haben einen Anspruch auf notwendige, ausreichende und zweckmäßige medizinische Leistungen unter Beachtung des Grundsatzes der Wirtschaftlichkeit und unter Berücksichtigung des Leistungsumfangs der gesetzlichen Krankenversicherung. [2] Der Anspruch umfasst auch Vorsorgeleistungen, ferner die Versorgung mit medizinischen Hilfsmitteln, soweit diese nicht außer Verhältnis zur Dauer des Freiheitsentzugs steht und die Hilfsmittel nicht als allgemeine Gebrauchsgegenstände des täglichen Lebens anzusehen sind. [3] Den besonderen Belangen behinderter und chronisch kranker Gefangener ist Rechnung zu tragen.

(2) Für Leistungen, die über Absatz 1 hinausgehen, können den Gefangenen die Kosten auferlegt werden.

§ 71 Durchführung der medizinischen Leistungen, Forderungsübergang. (1) Medizinische Leistungen nach § 70 Absatz 1 erfolgen in der Anstalt, erforderlichenfalls nach § 76 oder § 17 Absatz 2 in einer hierfür besser geeigneten Anstalt, im Vollzugskrankenhaus oder ausnahmsweise auch außerhalb der Anstalt.

(2) Wird die Strafvollstreckung während einer Behandlung von Gefangenen unterbrochen oder beendet, so hat das Land nur für diejenigen Leistungen die Kosten zu tragen, die bis zur Unterbrechung oder Beendigung der Strafvollstreckung erbracht worden sind.

(3) [1] Gesetzliche Schadensersatzansprüche, die Gefangenen infolge einer Körperverletzung zustehen, gehen insoweit auf das Land über, als den Gefangenen Leistungen nach § 70 Absatz 1 zu gewähren sind. [2] Von der Geltendmachung der Ansprüche ist im Interesse der Gefangenen abzusehen, wenn hierdurch die Erreichung des Vollzugsziels oder die Eingliederung gefährdet würde.

§ 72 Medizinische Behandlung zur sozialen Eingliederung. Mit Zustimmung der Gefangenen soll die Anstalt medizinische Behandlungen, insbesondere Operationen oder prothetische Maßnahmen, durchführen lassen, die die soziale Eingliederung fördern.

§ 73 Gesundheitsschutz und Hygiene. (1) [1] Die Anstalt unterstützt die Gefangenen bei der Wiederherstellung und Erhaltung ihrer körperlichen, geistigen und seelischen Gesundheit. [2] Sie fördert das Bewusstsein für gesunde Ernährung und Lebensführung. [3] Die Gefangenen haben die notwendigen Anordnungen zum Gesundheitsschutz und zur Hygiene zu befolgen.

(2) [1] Den Gefangenen wird ermöglicht, sich täglich mindestens eine Stunde im Freien aufzuhalten. [2] § 86 Absatz 2 Satz 1 Nummer 4 in Verbindung mit Absatz 4 Satz 2 bleibt unberührt.

(3) [1] Der Nichtraucherschutz ist angemessen zu gewährleisten. [2] Den Gefangenen soll die Teilnahme an Raucherentwöhnungsmaßnahmen ermöglicht werden.

§ 74 Krankenbehandlung während Lockerungen. (1) [1] Während Lockerungen haben die Gefangenen außer im Falle unaufschiebbarer Notfallmaßnahmen einen Anspruch auf medizinische Leistungen nach § 70 Absatz 1 gegen das Land nur in der für sie zuständigen Anstalt. [2] Eine ambulante Krankenbehandlung kann in der nächstgelegenen Anstalt erfolgen, wenn eine Rückkehr in die zuständige Anstalt nicht zumutbar ist. [3] § 43 Absatz 1 Satz 2 zweiter Fall bleibt unberührt.

(2) Der Anspruch auf Leistungen nach § 70 Absatz 1 ruht, solange die Gefangenen aufgrund eines freien Beschäftigungsverhältnisses krankenversichert sind.

§ 75 Zwangsmaßnahmen auf dem Gebiet der Gesundheitsfürsorge.

(1) [1] Eine medizinische Untersuchung und Behandlung ist ohne Einwilligung der Gefangenen zulässig, um den Erfolg eines Selbsttötungsversuchs zu verhindern. [2] Eine Maßnahme nach Satz 1 ist auch zulässig, wenn von den Gefangenen eine gegenwärtige schwerwiegende Gefahr für die Gesundheit einer anderen Person ausgeht.

(2) Über die Fälle des Absatzes 1 hinaus sind medizinische Untersuchung und Behandlung sowie eine Ernährung zwangsweise bei gegenwärtiger Lebensgefahr oder schwerwiegender Gefahr für die Gesundheit der oder des Gefangenen zulässig, wenn diese oder dieser zur Einsicht in das Vorliegen der Gefahr und die Notwendigkeit der Maßnahme oder zum Handeln gemäß solcher Einsicht krankheitsbedingt nicht fähig ist und eine gegen die Durchführung gerichtete wirksame Patientenverfügung im Sinne des § 1901a Absatz 1 Satz 1 des Bürgerlichen Gesetzbuchs der Anstalt nicht vorliegt.

(3) Zwangsmaßnahmen nach Absatz 1 Satz 2 und Absatz 2 dürfen nur angeordnet werden, wenn

1. die Gefangenen durch eine Ärztin oder einen Arzt über Notwendigkeit, Art, Umfang, Dauer, zu erwartende Folgen und Risiken der Maßnahme in einer ihrer Auffassungsgabe und ihrem Gesundheitszustand angemessenen Weise aufgeklärt wurden,
2. der ernsthafte und ohne Ausübung von Druck unternommene Versuch einer Ärztin oder eines Arztes, eine Zustimmung der Gefangenen zu der Maßnahme zu erreichen, erfolglos geblieben ist,
3. die Maßnahme zur Abwendung einer Gefahr nach Absatz 1 Satz 2 oder Absatz 2 geeignet, in Art, Umfang und Dauer erforderlich und für die Beteiligten zumutbar ist und
4. der von der Maßnahme erwartete Nutzen die mit der Maßnahme verbundene Belastung deutlich überwiegt und der bei Unterlassen der Maßnahme mögliche Schaden deutlich schwerer wiegt als die mit der Maßnahme verbundene Belastung.

(4) [1] Maßnahmen nach den Absätzen 1 und 2 dürfen nur auf Anordnung und unter Leitung einer Ärztin oder eines Arztes durchgeführt werden. [2] Unberührt bleibt die Leistung erster Hilfe für den Fall, dass eine Ärztin oder ein Arzt nicht rechtzeitig erreichbar und mit einem Aufschub Lebensgefahr verbunden ist. [3] In den Fällen des Absatzes 1 Satz 2 und Absatzes 2 bedarf die Anordnung der Zustimmung der Anstaltsleiterin oder des Anstaltsleiters und der Aufsichtsbehörde. [4] Die Anordnung wird den Verteidigerinnen und den Verteidigern auf Antrag der Gefangenen unverzüglich mitgeteilt. [5] Die Gründe und die Voraussetzungen für die Anordnung einer Maßnahme nach den Absätzen 1 oder 2, die ergriffenen Maßnahmen einschließlich ihres Zwangscharakters, die Durchsetzungsweise, die Wirkungsüberwachung sowie der Untersuchungs- und Behandlungsablauf sind zu dokumentieren. [6] Gleiches gilt für Erklärungen der Gefangenen, die im Zusammenhang mit Zwangsmaßnahmen von Bedeutung sein können.

(5) [1]Die Anordnung einer Maßnahme nach Absatz 1 Satz 2 oder Absatz 2 ist den Gefangenen vor Durchführung der Maßnahme schriftlich bekannt zu geben. [2]Sie sind darüber zu belehren, dass sie gegen die Anordnung bei Gericht um einstweiligen Rechtsschutz ersuchen und auch Antrag auf gerichtliche Entscheidung stellen können. [3]Mit dem Vollzug einer Anordnung ist zuzuwarten, bis die Gefangenen Gelegenheit hatten, eine gerichtliche Entscheidung herbeizuführen.

(6) Bei Gefahr im Verzug finden Absatz 3 Nummer 1 und 2, Absatz 4 Satz 3 und Absatz 5 keine Anwendung.

(7) [1]Zur Gewährleistung des Gesundheitsschutzes und der Hygiene ist die zwangsweise körperliche Untersuchung der Gefangenen zulässig, wenn sie nicht mit einem körperlichen Eingriff verbunden ist. [2]Sie darf nur von den von der Anstaltsleiterin oder dem Anstaltsleiter dazu bestimmten Bediensteten auf der Grundlage einer ärztlichen Stellungnahme angeordnet werden. [3]Durchführung und Überwachung unterstehen ärztlicher Leitung. [4]Kann die körperliche Untersuchung das Schamgefühl verletzen, so wird sie von einer Person gleichen Geschlechts oder von einer Ärztin oder einem Arzt vorgenommen; bei berechtigtem Interesse der Gefangenen soll ihrem Wunsch, die Untersuchung einer Person oder einem Arzt bestimmten Geschlechts zu übertragen, entsprochen werden. [5]Duldungspflichten der Gefangenen nach Vorschriften anderer Gesetze bleiben unberührt.

§ 76 Überstellung und Verlegung aus medizinischen Gründen. (1) Erkrankte Gefangene können in das Justizvollzugskrankenhaus überstellt oder in eine für die medizinische Behandlung und Betreuung besser geeignete Anstalt verlegt werden.

(2) Können Krankheiten von Gefangenen in einer Anstalt oder im Justizvollzugskrankenhaus nicht erkannt oder behandelt werden oder ist es nicht möglich, Gefangene rechtzeitig in das Justizvollzugskrankenhaus zu überstellen, sind sie in ein Krankenhaus oder eine andere entsprechend geeignete medizinische Einrichtung außerhalb des Vollzugs zu bringen.

(3) Zur Entbindung sind schwangere Gefangene in ein Krankenhaus außerhalb des Vollzugs zu bringen, sofern dies im Hinblick auf den Geburtsvorgang möglich ist.

§ 77 Benachrichtigungspflicht. [1]Erkranken Gefangene schwer oder versterben sie, wird eine Angehörige oder ein Angehöriger benachrichtigt. [2]Im Falle einer schweren Erkrankung ist die Einwilligung der Gefangenen erforderlich. [3]Kann die Einwilligung, insbesondere aus Krankheitsgründen, nicht erlangt werden, so erfolgt die Benachrichtigung, wenn diese dem mutmaßlichen Interesse der Gefangenen entspricht. [4]Dem Wunsch der Gefangenen, auch andere Personen zu benachrichtigen, soll nach Möglichkeit entsprochen werden.

Abschnitt 12. Religionsausübung

§ 78 Seelsorge. [1]Den Gefangenen ist religiöse Betreuung durch eine Seelsorgerin oder einen Seelsorger ihrer Religionsgemeinschaft zu ermöglichen. [2]Auf Wunsch ist ihnen zu helfen, mit einer Seelsorgerin oder einem Seelsorger in Verbindung zu treten.

§ 79 Religiöse Veranstaltungen. (1) Die Gefangenen haben das Recht, am Gottesdienst und an anderen religiösen Veranstaltungen ihrer Religionsgemeinschaft teilzunehmen.

(2) Die Zulassung zu Gottesdiensten oder religiösen Veranstaltungen einer anderen Religionsgemeinschaft bedarf der Zustimmung der Seelsorgerin oder des Seelsorgers dieser Religionsgemeinschaft.

(3) [1] Gefangene können von der Teilnahme am Gottesdienst oder anderen religiösen Veranstaltungen ausgeschlossen werden, wenn dies aus überwiegenden Gründen der Sicherheit oder Ordnung der Anstalt geboten ist. [2] Die Seelsorgerin oder der Seelsorger ist dazu vorher anzuhören; bei einer Gefährdung der Sicherheit der Anstalt kann dies auch nachgeholt werden.

§ 80 Weltanschauungsgemeinschaften. Für Angehörige weltanschaulicher Bekenntnisse gelten §§ 55, 78 und 79 entsprechend.

Abschnitt 13. Sicherheit und Ordnung

§ 81 Grundsatz der Sicherheit und Ordnung. (1) [1] Sicherheit und Ordnung der Anstalt bilden die Grundlage des auf die Erreichung des Vollzugsziels ausgerichteten Anstaltslebens und tragen dazu bei, dass in der Anstalt ein gewaltfreies Klima herrscht. [2] Die Sicherheitsstandards richten sich nach den Aufgaben der Anstalt.

(2) [1] Die Pflichten und Beschränkungen, die den Gefangenen zur Aufrechterhaltung der Sicherheit oder Ordnung der Anstalt auferlegt werden, sind so zu wählen, dass sie in einem angemessenen Verhältnis zu ihrem Zweck stehen und die Gefangenen nicht mehr und nicht länger als notwendig beeinträchtigen. [2] Es sind insbesondere geschlechtsspezifische Belange sowie die besonderen Belange lebensälterer und behinderter Gefangener zu berücksichtigen.

§ 82 Allgemeine Verhaltenspflichten. (1) [1] Die Gefangenen sind für das geordnete Zusammenleben in der Anstalt mitverantwortlich und müssen mit ihrem Verhalten dazu beitragen. [2] Ihr Bewusstsein hierfür ist zu entwickeln und zu stärken. [3] Auf eine einvernehmliche und gewaltfreie Streitbeilegung ist hinzuwirken.

(2) Die Gefangenen haben die Anordnungen der Bediensteten zu befolgen, auch wenn sie sich durch diese beschwert fühlen.

(3) Die Gefangenen haben ihren Haftraum und die ihnen von der Anstalt überlassenen Sachen in Ordnung zu halten und schonend zu behandeln.

(4) Die Gefangenen haben Umstände, die eine Gefahr für das Leben oder eine erhebliche Gefahr für die Gesundheit einer Person bedeuten, unverzüglich zu melden.

§ 83 Absuchung, Durchsuchung und Haftraumrevision. (1) [1] Die Gefangenen und ihre Sachen dürfen, auch unter Verwendung technischer oder sonstiger Hilfsmittel, abgesucht und durchsucht werden. [2] Entsprechendes gilt für die Hafträume (Haftraumrevision). [3] Schreiben und Unterlagen, die gemäß § 37 Absatz 2 oder § 39 Absatz 1 nicht überwacht werden dürfen, werden in Gegenwart der Gefangenen nur einer groben Sichtung auf verbotene Beilagen oder Schriftstücke unterzogen.

(2) [1] Es kann allgemein angeordnet werden, dass bei der Aufnahme, nach Kontakten mit Besucherinnen oder Besuchern sowie nach jeder Abwesenheit von der Anstalt in der Regel eine mit einer Entkleidung verbundene körperliche Durchsuchung der Gefangenen durchzuführen ist. [2] Ansonsten ist eine solche Durchsuchung nur bei Gefahr im Verzug oder auf Anordnung der von der Anstaltsleiterin oder dem Anstaltsleiter dazu bestimmten Bediensteten im Einzelfall zulässig.

(3) [1] Die Durchsuchung der Gefangenen darf nur von Personen des gleichen Geschlechts vorgenommen werden. [2] Entkleidungen erfolgen einzeln in einem geschlossenen Raum. [3] Während der Entkleidung dürfen bei männlichen Gefangenen nur männliche Bedienstete und bei weiblichen Gefangenen nur weibliche Bedienstete zugegen sein. [4] Abweichend von den Sätzen 1 und 3 soll bei berechtigtem Interesse der Gefangenen ihrem Wunsch, die mit der Entkleidung verbundene körperliche Durchsuchung Bediensteten eines bestimmten Geschlechts zu übertragen, entsprochen werden; nur Bedienstete des benannten Geschlechts dürfen in diesem Fall während der Entkleidung anwesend sein. [5] Das Schamgefühl ist zu schonen.

§ 84 Maßnahmen zur Feststellung von Suchtmittelgebrauch. [1] Zur Aufrechterhaltung der Sicherheit oder Ordnung der Anstalt können allgemein oder im Einzelfall Maßnahmen angeordnet werden, die geeignet sind, den Gebrauch von Suchtmitteln festzustellen. [2] Diese Maßnahmen dürfen nicht mit einem körperlichen Eingriff verbunden sein.

§ 85 Festnahmerecht. [1] Gefangene, die entwichen sind oder sich sonst ohne Erlaubnis außerhalb der Anstalt aufhalten, können durch die Anstalt oder auf deren Veranlassung festgenommen und zurückgebracht werden. [2] Führt die Verfolgung oder die von der Anstalt veranlasste Fahndung nicht alsbald zur Wiederergreifung, so sind die weiteren Maßnahmen der Vollstreckungsbehörde zu überlassen.

§ 86 Besondere Sicherungsmaßnahmen. (1) Gegen Gefangene können besondere Sicherungsmaßnahmen angeordnet werden, wenn nach ihrem Verhalten oder aufgrund ihres seelischen Zustandes in erhöhtem Maße die Gefahr der Entweichung, von Gewalttätigkeiten gegen Personen oder Sachen, der Selbsttötung oder der Selbstverletzung besteht.

(2) [1] Als besondere Sicherungsmaßnahmen sind zulässig:

1. der Entzug oder die Vorenthaltung von Gegenständen,
2. die Beobachtung der Gefangenen in ihren Hafträumen, im besonders gesicherten Haftraum oder im Krankenzimmer,
3. die Trennung von allen anderen Gefangenen (Absonderung),
4. der Entzug oder die Beschränkung des Aufenthalts im Freien,
5. die Unterbringung in einem besonders gesicherten Haftraum ohne gefährdende Gegenstände und
6. die Fesselung oder die Fixierung mittels spezieller Gurtsysteme an dafür vorgesehenen Gegenständen, insbesondere Matratzen oder Liegen.

[2] Mehrere besondere Sicherungsmaßnahmen können nebeneinander angeordnet werden, wenn die Gefahr anders nicht abgewendet werden kann.

(3) Der Entzug oder die Vorenthaltung von Gegenständen, die Absonderung und die Beschränkung des Aufenthalts im Freien sind auch zulässig, wenn die Gefahr einer Befreiung oder eine erhebliche Störung der Ordnung der Anstalt anders nicht vermieden oder behoben werden kann.

(4) [1] Eine Absonderung von mehr als 24 Stunden Dauer ist nur zulässig, wenn sie zur Abwehr einer in der Person der oder des Gefangenen liegenden Gefahr unerlässlich ist. [2] Ein Entzug des Aufenthalts im Freien ist nur zulässig, wenn eine Unterbringung im besonders gesicherten Haftraum erfolgt und aufgrund fortbestehender erheblicher Gefahr der Selbst- oder Fremdgefährdung nicht verantwortet werden kann, einen täglichen Aufenthalt im Freien zu gewähren.

(5) [1] In der Regel darf die Fesselung nur an den Händen oder an den Füßen der Gefangenen erfolgen. [2] Zur Verhinderung von Entweichungen dürfen Gefangene bei einer Ausführung, Vorführung oder beim Transport auch über die Fälle des Absatzes 1 hinaus im erforderlichen Umfang gefesselt werden.

(6) Eine Fixierung des Körpers oder von Teilen davon ist nur zulässig, wenn die gegenwärtige und erhebliche Gefahr besteht, dass Gefangene sich selbst oder andere ernsthaft zu verletzen oder zu töten versuchen, und die Fixierung zur Abwehr dieser Gefahr unerlässlich ist.

(7) [1] Hinsichtlich der Art und des Umfangs der Fesselung oder Fixierung sind die Gefangenen zu schonen. [2] Die Fesselung oder Fixierung ist unverzüglich zu lockern, wenn die Gefahr sich verringert hat oder dies zeitweise, beispielsweise zur Nahrungsaufnahme oder ärztlichen Untersuchung, notwendig ist. [3] Sie ist zu entfernen, sobald die Gefahr nicht mehr fortbesteht oder durch mildere Mittel abgewendet werden kann.

§ 87 Anordnung besonderer Sicherungsmaßnahmen, Verfahren.

(1) [1] Besondere Sicherungsmaßnahmen ordnen die von der Anstaltsleiterin oder dem Anstaltsleiter dazu bestimmten Bediensteten an. [2] Bei Gefahr im Verzug können auch andere Bedienstete diese Maßnahmen vorläufig anordnen; die Entscheidung der nach Satz 1 zuständigen Bediensteten ist unverzüglich einzuholen.

(2) [1] Werden die Gefangenen ärztlich behandelt oder beobachtet oder bildet ihr seelischer Zustand den Anlass der besonderen Sicherungsmaßnahme, so ist vorher eine ärztliche Stellungnahme zu den gesundheitlichen Auswirkungen einzuholen. [2] Ist dies wegen Gefahr im Verzug nicht möglich, so wird die Stellungnahme unverzüglich nachträglich eingeholt.

(3) Besondere Sicherungsmaßnahmen sind in angemessenen Abständen daraufhin zu überprüfen, ob und in welchem Umfang sie aufrechterhalten werden müssen.

(4) [1] Den Gefangenen sind besondere Sicherungsmaßnahmen zusammen mit deren Anordnung zu erläutern. [2] Bei einer Gefährdung der Sicherheit kann dies ausnahmsweise nachgeholt werden. [3] Die Anordnung, Entscheidungen zur Fortdauer und die Durchführung der Maßnahmen einschließlich der ärztlichen Beteiligung sind mit einer kurzen Begründung schriftlich abzufassen.

(5) [1] Abweichend von Absatz 1 ist eine nicht nur kurzfristige Fixierung gemäß § 86 Absatz 2 Satz 1 Nummer 6 und Absatz 6 nur auf Grund vorheriger Anordnung durch das zuständige Gericht zulässig. [2] Eine Fixierung ist kurzfristig, wenn sie absehbar die Dauer einer halben Stunde unterschreitet. [3] Die richterliche Entscheidung ist durch die Anstaltsleiterin oder den Anstaltsleiter oder von ihr oder ihm dazu bestimmten Bediensteten zu beantragen. [4] Bei Gefahr im Verzug

können auch die Anstaltsleiterin oder der Anstaltsleiter oder, wenn ihre oder seine Entscheidung nicht rechtzeitig eingeholt werden kann, andere Bedienstete eine Fixierung nach Satz 1 vorläufig anordnen; die richterliche Entscheidung ist unverzüglich nachträglich einzuholen. [5] Ist eine richterliche Entscheidung beantragt und die Fixierung vor deren Erlangung beendet worden, ist dies dem Gericht unverzüglich mitzuteilen.

(6) [1] Über Absatz 4 Satz 3 hinaus sind bei jeder Fixierung die Anordnung und die dafür maßgeblichen Gründe sowie der Verlauf, die Art der Überwachung und die Beendigung umfassend zu dokumentieren. [2] Nach Beendigung einer Fixierung, die nicht gemäß Absatz 5 richterlich angeordnet worden ist, sind die Gefangenen unverzüglich auf ihr Recht hinzuweisen, die Rechtmäßigkeit der durchgeführten Fixierung gerichtlich überprüfen zu lassen; auch dies ist zu dokumentieren.

(7) [1] Eine Absonderung, Unterbringung im besonders gesicherten Haftraum oder Fixierung sind der Aufsichtsbehörde unverzüglich mitzuteilen, wenn sie länger als drei Tage aufrechterhalten werden. [2] Sind die Gefangenen in einem besonders gesicherten Haftraum untergebracht und fixiert, so hat die Mitteilung an die Aufsichtsbehörde nach Ablauf von 24 Stunden zu erfolgen. [3] Auf Antrag der Gefangenen sind deren Verteidigerinnen oder Verteidiger über die besonderen Sicherungsmaßnahmen nach Satz 1 unverzüglich zu benachrichtigen.

(8) [1] Die Absonderung und die Unterbringung im besonders gesicherten Haftraum von mehr als 30 Tagen Gesamtdauer innerhalb von zwölf Monaten bedürfen der Zustimmung der Aufsichtsbehörde. [2] Während der Absonderung und Unterbringung im besonders gesicherten Haftraum sind die Gefangenen in besonderem Maße zu betreuen. [3] Sind die Gefangenen darüber hinaus fixiert, so sind sie ständig und in unmittelbarem Sichtkontakt zu beobachten.

§ 88 Ärztliche Überwachung. (1) [1] Sind die Gefangenen in einem besonders gesicherten Haftraum untergebracht, so sucht sie die Ärztin oder der Arzt alsbald auf. [2] Sind die Gefangenen fixiert, so ist unverzüglich eine Ärztin oder ein Arzt hinzuzuziehen. [3] In den Fällen der Sätze 1 und 2 ist jeweils eine angemessene regelmäßige medizinische Überwachung sicherzustellen.

(2) Die Ärztin oder der Arzt ist regelmäßig zu den gesundheitlichen Auswirkungen zu hören, solange den Gefangenen im besonders gesicherten Haftraum der tägliche Aufenthalt im Freien entzogen ist oder sie länger als 24 Stunden abgesondert sind.

Abschnitt 14. Unmittelbarer Zwang

§ 89 Begriffsbestimmungen. (1) Unmittelbarer Zwang ist die Einwirkung auf Personen oder Sachen durch körperliche Gewalt, durch Hilfsmittel der körperlichen Gewalt oder durch Waffen.

(2) Körperliche Gewalt ist jede unmittelbare körperliche Einwirkung auf Personen oder Sachen.

(3) [1] Hilfsmittel der körperlichen Gewalt sind insbesondere Fesseln und Reizstoffe. [2] Waffen sind Hieb- und Schusswaffen.

(4) Es dürfen nur dienstlich zugelassene Hilfsmittel und Waffen verwendet werden.

§ 90 Allgemeine Voraussetzungen. (1) Zur Durchführung rechtmäßiger Vollzugs- und Sicherungsmaßnahmen dürfen Bedienstete unmittelbaren Zwang anwenden, soweit der damit verfolgte Zweck auf keine andere Weise erreicht werden kann.

(2) Gegen andere Personen als Gefangene darf unmittelbarer Zwang angewendet werden, wenn sie es unternehmen, Gefangene zu befreien oder widerrechtlich in die Anstalt einzudringen, oder wenn sie sich unbefugt darin aufhalten.

(3) Das Recht zur Anwendung unmittelbaren Zwangs durch andere Hoheitsträger, insbesondere Polizeivollzugsbedienstete, bleibt unberührt.

§ 91 Grundsatz der Verhältnismäßigkeit. (1) Unter mehreren möglichen und geeigneten Maßnahmen des unmittelbaren Zwangs sind diejenigen zu wählen, die Einzelne und die Allgemeinheit voraussichtlich am wenigsten beeinträchtigen.

(2) Unmittelbarer Zwang unterbleibt, wenn ein durch ihn zu erwartender Schaden erkennbar außer Verhältnis zu dem angestrebten Erfolg steht.

§ 92 Androhung. [1] Unmittelbarer Zwang ist vorher anzudrohen. [2] Die Androhung darf nur dann unterbleiben, wenn die Umstände sie nicht zulassen oder unmittelbarer Zwang sofort angewendet werden muss, um eine rechtswidrige Tat, die den Tatbestand eines Strafgesetzes erfüllt, zu verhindern oder eine gegenwärtige Gefahr abzuwenden.

§ 93 Schusswaffengebrauch. (1) [1] Schusswaffen dürfen nur gebraucht werden, wenn andere Maßnahmen des unmittelbaren Zwangs bereits erfolglos waren oder keinen Erfolg versprechen. [2] Gegen Personen ist ihr Gebrauch nur zulässig, wenn der Zweck nicht durch Waffenwirkung gegen Sachen erreicht werden kann.

(2) [1] Schusswaffen dürfen nur die dazu bestimmten Bediensteten gebrauchen und nur, um angriffs- oder fluchtunfähig zu machen. [2] Ihr Gebrauch unterbleibt, wenn eine Gefährdung Unbeteiligter nicht ausgeschlossen werden kann.

(3) [1] Der Gebrauch von Schusswaffen ist vorher anzudrohen. [2] Als Androhung gilt auch ein Warnschuss. [3] Ohne Androhung dürfen Schusswaffen nur dann gebraucht werden, wenn dies zur Abwehr einer gegenwärtigen Gefahr für Leib oder Leben erforderlich ist.

(4) [1] Gegen Gefangene dürfen Schusswaffen gebraucht werden,

1. wenn sie eine Waffe oder ein anderes gefährliches Werkzeug trotz wiederholter Aufforderung nicht ablegen,
2. wenn sie eine Meuterei nach § 121 des Strafgesetzbuchs unternehmen oder
3. um ihre Entweichung zu vereiteln oder sie wiederzuergreifen.

[2] Satz 1 Nummer 3 findet keine Anwendung auf Gefangene, die im offenen Vollzug untergebracht sind.

(5) Gegen andere Personen dürfen Schusswaffen gebraucht werden, wenn sie es unternehmen, Gefangene gewaltsam zu befreien oder gewaltsam in eine Anstalt einzudringen.

Abschnitt 15. Disziplinarverfahren

§ 94 Disziplinarmaßnahmen. (1) Disziplinarmaßnahmen können angeordnet werden, wenn die Gefangenen rechtswidrig und schuldhaft

1. andere Personen oder Mitgefangene mit Worten oder mittels einer Tätlichkeit beleidigen, körperlich misshandeln, bedrohen oder nötigen,
2. fremde Sachen zerstören, beschädigen oder unbefugt deren Erscheinungsbild nicht nur unerheblich und nicht nur vorübergehend verändern,
3. in sonstiger Weise gegen Strafgesetze verstoßen oder eine Ordnungswidrigkeit begehen,
4. Lebensmittel, Verpackungen sowie andere Gegenstände unsachgemäß entgegen der Hausordnung entsorgen,
5. verbotene Gegenstände in die Anstalt einbringen, sich an deren Einbringung beteiligen, sie besitzen oder weitergeben,
6. unerlaubt Betäubungsmittel oder andere berauschende Stoffe konsumieren,
7. entweichen oder zu entweichen versuchen,
8. gegen Weisungen im Zusammenhang mit der Gewährung von Lockerungen verstoßen oder
9. in nicht unerheblicher Weise gegen sonstige Pflichten oder Anordnungen verstoßen, die ihnen durch dieses Gesetz oder aufgrund dieses Gesetzes auferlegt sind, und dadurch die Sicherheit oder Ordnung der Anstalt stören.

(2) Zulässige Disziplinarmaßnahmen sind

1. der Verweis,
2. die Beschränkung oder die Unterbindung des Fernsehempfangs für die Dauer von bis zu drei Monaten,
3. der Entzug anderer Geräte der Informations- und Unterhaltungselektronik mit Ausnahme eines Hörfunkgeräts für die Dauer von bis zu drei Monaten,
4. die Beschränkung oder der Entzug der Gegenstände für die Freizeitbeschäftigung mit Ausnahme des Lesestoffs für die Dauer von bis zu drei Monaten,
5. die Beschränkung oder der Entzug des Aufenthalts in Gemeinschaft oder der Teilnahme an einzelnen Freizeitveranstaltungen für die Dauer von bis zu drei Monaten,
6. der Entzug des Einkaufs für die Dauer von bis zu einem Monat,
7. die Kürzung der Vergütung nach §§ 61 und 62 um zehn Prozent für die Dauer von bis zu drei Monaten,
8. der Entzug der zugewiesenen Arbeit oder der Teilnahme an Maßnahmen nach §§ 21 bis 23 für die Dauer von bis zu vier Wochen unter Wegfall der nach §§ 61 und 62 geregelten Vergütung und
9. der Arrest von bis zu vier Wochen.

(3) [1] Arrest darf nur wegen schwerer oder wiederholter Verfehlungen verhängt werden. [2] Gegen Schwangere und weibliche Gefangene, die gemeinsam mit ihren Kindern in der Anstalt untergebracht sind, darf ein Arrest nicht verhängt werden.

(4) Mehrere Disziplinarmaßnahmen können miteinander verbunden werden.

(5) Disziplinarmaßnahmen sind auch zulässig, wenn wegen derselben Verfehlung ein Straf- oder Bußgeldverfahren eingeleitet wird.

§ 95 Vollzug der Disziplinarmaßnahmen, Aussetzung zur Bewährung.

(1) Disziplinarmaßnahmen werden in der Regel sofort vollstreckt.

(2) [1] Die Vollstreckung von Disziplinarmaßnahmen kann ganz oder teilweise bis zu sechs Monate zur Bewährung ausgesetzt werden. [2] Die Aussetzung zur Bewährung kann ganz oder teilweise widerrufen werden, wenn die Gefangenen die ihr zugrundeliegenden Erwartungen nicht erfüllen.

(3) [1] Für die Dauer des Arrests werden die Gefangenen getrennt von anderen Gefangenen untergebracht. [2] Sie können in einem besonderen Arrestraum untergebracht werden, der den Anforderungen entsprechen muss, die an einen zum Aufenthalt bei Tag und Nacht bestimmten Haftraum gestellt werden. [3] Soweit nichts anderes angeordnet wird, ruhen die Befugnisse der Gefangenen zur Teilnahme an Maßnahmen außerhalb des Raums, in dem Arrest vollstreckt wird, sowie die Befugnisse zur Ausstattung des Haftraums mit eigenen Gegenständen, zum Fernsehempfang und Einkauf. [4] Gegenstände für die Freizeitbeschäftigung mit Ausnahme des Lesestoffs sind nicht zugelassen. [5] Die Rechte zur Teilnahme am Gottesdienst und anderen religiösen Veranstaltungen in der Anstalt sowie auf Aufenthalt im Freien bleiben unberührt.

§ 96 Disziplinarbefugnis. (1) [1] Disziplinarmaßnahmen ordnen die von der Anstaltsleiterin oder dem Anstaltsleiter dazu bestimmten Bediensteten an. [2] Bei einer Verfehlung auf dem Weg in eine andere Anstalt zum Zweck der Verlegung sind die damit betrauten Bediensteten der Anstalt am Bestimmungsort zuständig.

(2) Richtet sich die Verfehlung gegen die Anstaltsleiterin oder den Anstaltsleiter, so ist die Aufsichtsbehörde für die Anordnung von Disziplinarmaßnahmen zuständig.

(3) [1] Disziplinarmaßnahmen, die gegen die Gefangenen in einer anderen Anstalt oder während einer Untersuchungshaft angeordnet worden sind, werden auf Ersuchen vollstreckt. [2] § 95 Absatz 2 bleibt unberührt.

§ 97 Verfahren. (1) [1] Bei der Klärung des Sachverhalts sind sowohl belastende als auch entlastende Umstände zu ermitteln. [2] Die betroffenen Gefangenen werden gehört. [3] Sie werden darüber unterrichtet, welche Verfehlungen ihnen zur Last gelegt werden. [4] Sie sind darauf hinzuweisen, dass es ihnen freisteht, sich zu äußern oder nicht zur Sache auszusagen. [5] Die Äußerungen der Gefangenen und die Ergebnisse der Ermittlungen sind zu dokumentieren.

(2) [1] In geeigneten Fällen können zur Abwendung von Disziplinarmaßnahmen im Wege einvernehmlicher Streitbeilegung Vereinbarungen getroffen werden. [2] Insbesondere kommen die Wiedergutmachung des Schadens, die Entschuldigung bei Geschädigten, die Erbringung von Leistungen für die Gemeinschaft und der vorübergehende Verbleib auf dem Haftraum in Betracht. [3] Erfüllen die Gefangenen die Vereinbarung, so hat die Anordnung einer Disziplinarmaßnahme aufgrund dieser Verfehlung zu unterbleiben.

(3) Mehrere Verfehlungen, die gleichzeitig zu beurteilen sind, werden durch eine Entscheidung geahndet.

(4) [1] Die für die Anordnung von Disziplinarmaßnahmen zuständigen Bediensteten sollen sich vor der Entscheidung mit anderen Bediensteten besprechen, die maßgeblich an der Vollzugsgestaltung mitwirken. [2] Bei Schwangeren, stillenden Gefangenen oder Gefangenen, die sich in regelmäßiger ärztlicher Behandlung

befinden, ist zudem eine Ärztin oder ein Arzt zu den gesundheitlichen Auswirkungen zu hören.

(5) Die Entscheidung wird den Gefangenen mündlich eröffnet und mit einer kurzen Begründung schriftlich abgefasst.

(6) [1] Bevor Arrest vollzogen wird, ist eine Ärztin oder ein Arzt zur Arrestfähigkeit zu hören. [2] Während des Arrests stehen die Gefangenen unter ärztlicher Aufsicht. [3] Der Vollzug des Arrests unterbleibt oder wird unterbrochen, wenn ansonsten die Gesundheit der oder des Gefangenen gefährdet würde.

Abschnitt 16. Aufhebung von Maßnahmen und Beschwerderecht

§ 98 Aufhebung von Maßnahmen. (1) Die Aufhebung von Maßnahmen zur Regelung einzelner Angelegenheiten auf dem Gebiet des Vollzugs richtet sich nach den Absätzen 2 bis 5, soweit dieses Gesetz keine abweichende Bestimmung enthält.

(2) Rechtswidrige Maßnahmen können ganz oder teilweise mit Wirkung für die Vergangenheit oder die Zukunft zurückgenommen werden.

(3) Rechtmäßige Maßnahmen können ganz oder teilweise mit Wirkung für die Zukunft widerrufen werden, wenn

1. aufgrund nachträglich eingetretener oder bekannt gewordener Umstände die Maßnahmen hätten versagt werden können,
2. die Maßnahmen missbraucht werden oder
3. Weisungen nicht befolgt werden.

(4) [1] Begünstigende Maßnahmen dürfen nach den Absätzen 2 oder 3 nur aufgehoben werden, wenn die vollzuglichen Interessen an der Aufhebung in Abwägung mit dem schutzwürdigen Vertrauen der Betroffenen auf den Bestand der Maßnahmen überwiegen. [2] Davon ist insbesondere auszugehen, wenn die Aufhebung der Maßnahme unerlässlich ist, um die Sicherheit der Anstalt zu gewährleisten.

(5) Der gerichtliche Rechtsschutz bleibt unberührt.

§ 99 Beschwerderecht. (1) Die Gefangenen erhalten Gelegenheit, sich in Angelegenheiten, die sie selbst betreffen, mit Wünschen, Anregungen und Beschwerden an die Anstalt zu wenden.

(2) Besichtigen Vertreterinnen oder Vertreter der Aufsichtsbehörde die Anstalt, so ist zu gewährleisten, dass die Gefangenen sich in Angelegenheiten, die sie selbst betreffen, an diese wenden können.

(3) Die Möglichkeit der Dienstaufsichtsbeschwerde bleibt unberührt.

Abschnitt 17. Kriminologische Forschung

§ 100 Evaluation, kriminologische Forschung. (1) Behandlungsprogramme für die Gefangenen sind auf der Grundlage wissenschaftlicher Erkenntnisse zu konzipieren, zu standardisieren und auf ihre Wirksamkeit hin zu überprüfen.

(2) [1] Der Vollzug, insbesondere seine Aufgabenerfüllung und Gestaltung, die Umsetzung seiner Leitlinien sowie die Behandlungsprogramme und deren Wirkungen auf die Erreichung des Vollzugsziels, soll regelmäßig durch den Kriminologischen Dienst, durch eine Hochschule oder durch eine andere geeignete Stelle

wissenschaftlich begleitet und erforscht werden. [2] § 42 des Justizvollzugsdatenschutzgesetzes Berlin findet mit der Maßgabe Anwendung, dass die Daten auch an den Kriminologischen Dienst des Berliner Justizvollzugs übermittelt werden dürfen.

Abschnitt 18. Aufbau und Organisation der Anstalten

§ 101 Anstalten. (1) [1] In den Anstalten werden Teilanstalten oder Bereiche eingerichtet, die in Wohnbereiche gemäß § 14 unterteilt den unterschiedlichen vollzuglichen Anforderungen Rechnung tragen. [2] Es sind sozialtherapeutische Anstalten oder Abteilungen gemäß § 19 Absatz 1 vorzusehen.

(2) [1] Es sind bedarfsgerechte Einrichtungen, insbesondere für schulische und berufliche Qualifizierung, Arbeitstraining und Arbeitstherapie sowie zur Ausübung von Arbeit, vorzuhalten. [2] Diese können von gemeinnützigen freien Trägern oder anderen Dritten technisch und fachlich geleitet werden.

(3) [1] Haft- und Funktionsräume, insbesondere Gruppen- und Gemeinschaftsräume, sind bedarfsgerecht vorzuhalten und zweckentsprechend auszustatten. [2] Entsprechendes gilt für Räume zum Zweck des Besuchs, der Freizeit, des Sports und der Seelsorge.

§ 102 Festsetzung der Belegungsfähigkeit, Verbot der Überbelegung. (1) [1] Die Aufsichtsbehörde setzt die Belegungsfähigkeit der Anstalt so fest, dass eine angemessene Unterbringung der Gefangenen gewährleistet ist. [2] § 101 Absatz 2 und 3 ist zu berücksichtigen.

(2) Hafträume dürfen nicht mit mehr Gefangenen als zugelassen, im geschlossenen Vollzug jedoch höchstens mit zwei Gefangenen, belegt werden.

(3) Ausnahmen von Absatz 2 sind nur vorübergehend und nur mit Zustimmung der Aufsichtsbehörde zulässig.

§ 103 Leitung der Anstalt. (1) [1] Jede Anstalt wird von einer Anstaltsleiterin oder einem Anstaltsleiter geleitet. [2] Zu ihren oder seinen Aufgaben und Befugnissen als Führungskraft gehören insbesondere

1. die Gesamtverantwortung für den Vollzug und dessen Gestaltung, auch im Hinblick auf die Eingliederung und sichere Unterbringung der Gefangenen,
2. die Vertretung der Anstalt nach außen,
3. die Haushalts- sowie Wirtschaftsführung für die gesamte Anstalt,
4. die Regelung von Zuständigkeiten in Form eines Geschäftsverteilungsplans,
5. die Umsetzung der dezentralen Fach- und Ressourcenverantwortung nebst dem dazugehörigen Berichtswesen,
6. das Personalmanagement, insbesondere die bedarfs-, anforderungs- und eignungsgerechte Beschäftigung der Bediensteten und eine gezielte Personalentwicklung und
7. das Qualitätsmanagement.

(2) [1] Die Anstalt teilt der Aufsichtsbehörde in regelmäßigen Abständen die im Rahmen ihrer Geschäftsverteilung vorgenommenen personellen Zuständigkeiten hinsichtlich der folgenden Aufgaben mit:

1. Festsetzung von Einschlusszeiten nach § 12 Absatz 1 Satz 3,
2. Entscheidungen nach § 16 oder über Verlegungen nach § 17 Absatz 1,

3. Untersagungen oder Überwachungen von Besuchen, Schriftwechseln und Telefonaten nach §§ 30, 32, 33, 35 und 37,
4. Anordnung der zwangsweisen körperlichen Untersuchung nach § 75 Absatz 7 Satz 2, der mit einer Entkleidung verbundenen körperlichen Durchsuchung nach § 83 Absatz 2, der besonderen Sicherungsmaßnahmen nach § 87 Absatz 1 Satz 1, der Maßnahmen zur Feststellung von Suchtmittelgebrauch nach § 84 sowie der Disziplinarmaßnahmen nach § 96 Absatz 1 Satz 1 und
5. Erarbeitung und Erlass einer Hausordnung nach § 108.

[2]Die Aufsichtsbehörde kann sich die Zustimmung zur Übertragung einzelner Aufgabenbereiche auf andere Bedienstete vorbehalten.

(3) Die Anstaltsleiterin oder der Anstaltsleiter ist hauptamtlich tätig und steht in einem öffentlich-rechtlichen Dienst- und Treueverhältnis zum Land.

§ 104 Bedienstete. [1]Die Anstalt wird mit dem für die Erreichung des Vollzugsziels und die Erfüllung ihrer Aufgaben erforderlichen Personal, insbesondere im allgemeinen Vollzugsdienst, im Werkdienst, im sozialen, psychologischen, pädagogischen und medizinischen Dienst und im Verwaltungsdienst, ausgestattet. [2]Die Aufgaben der Anstalt werden von Vollzugsbeamtinnen und Vollzugsbeamten wahrgenommen. [3]Aus besonderen Gründen können sie auch anderen Bediensteten der Anstalten sowie nebenamtlichen oder vertraglich verpflichteten Personen übertragen werden. [4]Soweit es erforderlich ist, sind externe Fachkräfte einzubeziehen. [5]Die Bediensteten werden fortgebildet und erhalten Praxisberatung und -begleitung sowie die Gelegenheit zur Supervision.

§ 105 Seelsorgerinnen und Seelsorger. (1) [1]Seelsorgerinnen und Seelsorger werden im Einvernehmen mit der Aufsichtsbehörde von der jeweiligen Religionsgemeinschaft hauptamtlich oder nebenamtlich berufen. [2]Ist dies aus organisatorischen Gründen einer Religionsgemeinschaft nicht möglich oder rechtfertigt die geringe Anzahl der Angehörigen einer Religionsgemeinschaft eine Seelsorge nach Satz 1 nicht, so ist die seelsorgerische Betreuung auf andere Weise zuzulassen; Näheres hierzu regelt die Aufsichtsbehörde.

(2) Die Seelsorgerinnen und Seelsorger wirken in enger Zusammenarbeit mit den anderen im Vollzug Tätigen eigenverantwortlich an der Erreichung des Vollzugsziels mit.

(3) Mit Zustimmung der Anstalt dürfen die Anstaltsseelsorgerinnen und Anstaltsseelsorger sich freier Seelsorgehelferinnen und Seelsorgehelfer bedienen und diese für Gottesdienste sowie für andere religiöse Veranstaltungen von außen zuziehen.

(4) [1]Seelsorgerische Einzelgespräche und Telefonate mit nach Absatz 1 zugelassenen Seelsorgerinnen und Seelsorgern sind zu gestatten und werden weder beaufsichtigt noch überwacht; seelsorgerischer Schriftwechsel der Gefangenen mit nach Absatz 1 zugelassenen Seelsorgerinnen und Seelsorgern wird ebenfalls nicht überwacht. [2]Im Übrigen gelten § 31 Absatz 1, 2, 5 und 6 Satz 3 und 4 sowie Absatz 7, §§ 33, 36 Absatz 3, § 37 Absatz 2 Satz 2 und 3 sowie § 38 Absatz 4 entsprechend.

§ 106 Medizinische Versorgung. (1) Die ärztliche Versorgung ist sicherzustellen.

(2) [1]Die Pflege der Kranken soll von Bediensteten ausgeführt werden, die eine Erlaubnis nach dem Krankenpflegegesetz vom 16. Juli 2003 (BGBl. I S. 1442), das

zuletzt durch Artikel 9 des Gesetzes vom 16. Juli 2015 (BGBl. I S. 1211) geändert worden ist, in der jeweils geltenden Fassung besitzen. [2] Solange diese nicht zur Verfügung stehen, können auch Bedienstete eingesetzt werden, die eine sonstige Ausbildung in der Krankenpflege erfahren haben.

§ 107 Interessenvertretung der Gefangenen. [1] Den Gefangenen wird ermöglicht, Vertretungen zu wählen. [2] Die Vertretungen können in Angelegenheiten von gemeinsamem Interesse, die sich ihrer Eigenart nach für eine Mitwirkung eignen, Vorschläge und Anregungen an die Anstalt herantragen. [3] Diese sollen mit der Vertretung erörtert werden.

§ 108 Hausordnung. [1] Die Anstalt erlässt zur Gestaltung und Organisation des Vollzugsalltags eine Hausordnung auf der Grundlage dieses Gesetzes. [2] Vor deren Erlass oder Änderung wird die Interessenvertretung der Gefangenen beteiligt. [3] Die Aufsichtsbehörde kann sich die Genehmigung der Hausordnung vorbehalten. [4] Die Hausordnung ist in die am häufigsten benötigten Fremdsprachen zu übersetzen.

Abschnitt 19. Aufsicht, Beirat und Besichtigungen

§ 109 Aufsichtsbehörde. (1) Die für Justiz zuständige Senatsverwaltung führt die Aufsicht über die Anstalten (Aufsichtsbehörde) und sichert gemeinsam mit ihnen die Qualität des Vollzugs.

(2) [1] An der Aufsicht über die Fachdienste sind eigene Fachkräfte zu beteiligen. [2] Soweit die Aufsichtsbehörde nicht über eigene Fachkräfte verfügt, ist fachliche Beratung sicherzustellen.

(3) Die Aufsichtsbehörde kann sich Entscheidungen über Verlegungen und Überstellungen vorbehalten.

§ 110 Vollstreckungsplan, Vollzugsgemeinschaften. (1) Die Aufsichtsbehörde regelt die örtliche und sachliche Zuständigkeit der Anstalten in einem Vollstreckungsplan.

(2) Im Rahmen von Vollzugsgemeinschaften kann der Vollzug auch in Vollzugseinrichtungen anderer Länder vorgesehen werden.

§ 111 Anstaltsbeiräte. (1) [1] Bei jeder Anstalt ist ein Anstaltsbeirat zu bilden. [2] Bei der Besetzung des Anstaltsbeirats ist auf ein ausgewogenes Verhältnis der Geschlechter hinzuwirken sowie eine Beteiligung von Vertreterinnen und Vertretern mit Migrationshintergrund gemäß § 4 Absatz 6 in Verbindung mit § 2 des Partizipations- und Integrationsgesetzes des Landes Berlin vom 15. Dezember 2010 (GVBl. S. 560) in der jeweils geltenden Fassung anzustreben. [3] Bedienstete dürfen nicht Mitglieder des Beirats sein.

(2) [1] Die Mitglieder des Beirats wirken beratend bei der Gestaltung des Vollzugs und der Eingliederung der Gefangenen mit. [2] Sie fördern das Verständnis für den Vollzug und seine gesellschaftliche Akzeptanz und vermitteln Kontakte zu öffentlichen und privaten Einrichtungen.

(3) Der Beirat steht der Anstaltsleiterin oder dem Anstaltsleiter, den Bediensteten und den Gefangenen als Ansprechpartner zur Verfügung.

(4) [1] Die Mitglieder des Beirats können sich über die Unterbringung der Gefangenen und die Gestaltung des Vollzugs informieren, die Anstalt gemäß § 113

Absatz 1 besichtigen und sie ohne Begleitung durch Bedienstete begehen. [2] Sie können die Gefangenen in ihren Hafträumen aufsuchen.

(5) [1] Die Mitglieder des Beirats sind verpflichtet, außerhalb ihres Amtes über alle Angelegenheiten, die ihrer Natur nach vertraulich sind, insbesondere über Namen und Persönlichkeit der Gefangenen, Verschwiegenheit zu bewahren. [2] Dies gilt auch nach Beendigung ihres Amtes.

(6) Die Aufsichtsbehörde regelt die Berufung, Amtszeit, Zusammensetzung, Sitzungsgelder und Abberufung der ehrenamtlichen Beiratsmitglieder.

§ 112 Berliner Vollzugsbeirat. (1) [1] Der Berliner Vollzugsbeirat wirkt bei der Planung und Fortentwicklung des gesamten Berliner Vollzugs beratend mit. [2] Er erörtert mit der Aufsichtsbehörde seine Anregungen und Verbesserungsvorschläge in grundlegenden Angelegenheiten. [3] Zur Förderung einer vertrauensvollen Zusammenarbeit informieren sich der Berliner Vollzugsbeirat und die Aufsichtsbehörde in regelmäßigen Abständen gegenseitig.

(2) [1] Der Berliner Vollzugsbeirat besteht aus den jeweils gewählten Vorsitzenden der einzelnen Anstaltsbeiräte oder sonst von diesen bestimmten Mitgliedern. [2] Die weiteren Mitglieder setzen sich aus Personen zusammen, die aufgrund ihrer beruflichen Tätigkeit oder Zugehörigkeit zu einer Organisation besonders geeignet sind, sich für die Belange des gesamten Berliner Vollzugs und entsprechend § 3 Absatz 6 für die unterschiedlichen Bedürfnisse der Gefangenen einzusetzen.

(3) § 111 Absatz 1 Satz 2 und 3 und Absatz 4 bis 6 gilt entsprechend.

§ 113 Besichtigungen. (1) Den Mitgliedern der in § 39 Absatz 1 Satz 1 genannten Stellen und den dort aufgeführten Personen ist die Besichtigung der Anstalten zu gestatten.

(2) [1] Anderen Personen kann die Besichtigung insbesondere zu Ausbildungszwecken und aus Gründen eines beruflichen oder sonstigen sachlichen Interesses gestattet werden. [2] An die Erlaubnis können Auflagen geknüpft werden. [3] Die Erlaubnis ist zu versagen, wenn durch die Besichtigung die Sicherheit oder Ordnung der Anstalt gefährdet wird. [4] Besichtigungen durch Medienvertreterinnen und Medienvertreter bedürfen der Zustimmung der Aufsichtsbehörde.

(3) Die Persönlichkeitsrechte der Gefangenen sind zu berücksichtigen.

Abschnitt 20. Vollzug des Strafarrests

§ 114 Grundsatz des Vollzugs des Strafarrests. (1) Für den Vollzug des Strafarrests in Anstalten gelten die Bestimmungen der §§ 2 bis 113 entsprechend, soweit § 115 nicht Abweichendes bestimmt.

(2) § 115 Absatz 1 bis 3, 7 und 8 gilt nicht, wenn Strafarrest in Unterbrechung einer anderen freiheitsentziehenden Maßnahme vollzogen wird.

§ 115 Besondere Bestimmungen. (1) Strafarrestantinnen und Strafarrestanten sollen im offenen Vollzug untergebracht werden.

(2) Eine gemeinsame Unterbringung ist nur mit Einwilligung der Strafarrestantinnen und Strafarrestanten zulässig.

(3) Besuche, Telefongespräche und Schriftwechsel dürfen nur untersagt oder überwacht werden, wenn dies aus Gründen der Sicherheit oder Ordnung der Anstalt notwendig ist.

(4) Den Strafarrestantinnen und Strafarrestanten soll gestattet werden, einmal wöchentlich Besuch zu empfangen.

(5) Strafarrestantinnen und Strafarrestanten dürfen eigene Kleidung tragen und eigenes Bettzeug benutzen, wenn Gründe der Sicherheit der Anstalt nicht entgegenstehen und sie für Reinigung, Instandsetzung und regelmäßigen Wechsel auf eigene Kosten sorgen.

(6) Sie dürfen Nahrungs-, Genuss- und Körperpflegemittel in angemessenem Umfang durch Vermittlung der Anstalt auf eigene Kosten erwerben.

(7) Eine mit einer Entkleidung verbundene körperliche Durchsuchung ist nur bei Gefahr im Verzug zulässig.

(8) Zur Vereitelung einer Entweichung und zur Wiederergreifung dürfen Schusswaffen nicht gebraucht werden.

Abschnitt 21. Schlussbestimmungen

§ 116 Einschränkung von Grundrechten. Durch dieses Gesetz werden die Grundrechte der körperlichen Unversehrtheit (Artikel 2 Absatz 2 Satz 1 des Grundgesetzes), der Freiheit der Person (Artikel 2 Absatz 2 Satz 2 des Grundgesetzes) und des Brief-, Post- und Fernmeldegeheimnisses (Artikel 10 Absatz 1 des Grundgesetzes) eingeschränkt.

§ 117 Ersetzung von Bundesrecht. Dieses Gesetz ersetzt nach Artikel 125a Absatz 1 Satz 2 des Grundgesetzes in seinem Geltungsbereich das Strafvollzugsgesetz[1)] vom 16. März 1976 (BGBl. I S. 581, 2088 und 1977 I S. 436), das zuletzt durch Artikel 152 der Verordnung vom 31. August 2015 (BGBl. I S. 1474) geändert worden ist, mit Ausnahme der Vorschriften über

1. den Pfändungsschutz (§ 43 Absatz 11 Satz 2, § 50 Absatz 2 Satz 5, § 51 Absatz 4 und 5, § 75 Absatz 3 des Strafvollzugsgesetzes),
2. die Geburtsanzeige (§ 79 des Strafvollzugsgesetzes),
3. das Handeln auf Anordnung (§ 97 des Strafvollzugsgesetzes),
4. das gerichtliche Verfahren (§§ 109 bis 121 des Strafvollzugsgesetzes),
5. die Unterbringung in einem psychiatrischen Krankenhaus und einer Entziehungsanstalt (§§ 136 bis 138 des Strafvollzugsgesetzes) und
6. den Vollzug von Ordnungs-, Sicherungs-, Zwangs- und Erzwingungshaft (§§ 171 bis 175, 178 Absatz 2 des Strafvollzugsgesetzes).

§ 118 Übergangsbestimmung. (1) [1] Für im Zeitpunkt des Inkrafttretens dieses Gesetzes gemäß § 51 des Strafvollzugsgesetzes[1)] bereits gebildetes Überbrückungsgeld können die Gefangenen binnen der ersten sechs Wochen ab Inkrafttreten dieses Gesetzes entscheiden, ob und in welcher Höhe sie es ihrem Eigengeld- oder ihrem Eingliederungsgeldkonto gutschreiben wollen. [2] Treffen Gefangene innerhalb dieser Frist keine Entscheidung, so wird gebildetes Überbrückungsgeld ihrem Eigengeldkonto gutgeschrieben. [3] Die Anstalt hat die Gefangenen hierüber entsprechend zu belehren.

(2) Bis zum 31. Dezember 2017 ist § 29 Absatz 1 Satz 2 mit der Maßgabe anzuwenden, dass die Gesamtdauer für den Besuch mindestens eine Stunde im Monat beträgt.

---

1) Nr. 1.

1.4. Gesetz über den Vollzug der Freiheitsstrafe, der Jugendstrafe und der Untersuchungshaft im Land Brandenburg (Brandenburgisches Justizvollzugsgesetz – BbgJVollzG)

Vom 24. April 2013

(GVBl. I Nr. 14)

Sa BbgLR 481-1

zuletzt geänd. durch Art. 4 G zur Umsetzung der RL (EU) 2016/680 für die Verarbeitung personenbezogener Daten durch die Polizei sowie den Justiz- und Maßregelvollzug des Landes Brandenburg und zur Änd. weiterer Gesetze v. 19.6.2019 (GVBl. I Nr. 43)

Der Landtag hat das folgende Gesetz beschlossen:

Inhaltsübersicht

Abschnitt 1. Allgemeine Bestimmungen

§ 1 Anwendungsbereich, Allgemeine Begriffsbestimmungen. (1) Dieses Gesetz regelt den Vollzug der Freiheitsstrafe, der Jugendstrafe, der Untersuchungshaft und des Strafarrests in Justizvollzugsanstalten (Anstalten).

(2) Für den Vollzug der Haft nach § 127b Absatz 2, § 230 Absatz 2, §§ 236, 329 Absatz 4 Satz 1, § 412 Satz 1 und § 453c der Strafprozessordnung sowie der einstweiligen Unterbringung nach § 275a Absatz 6 der Strafprozessordnung gelten die Bestimmungen für den Vollzug der Untersuchungshaft entsprechend.

(3) Gefangene im Sinne dieses Gesetzes sind Strafgefangene, Jugendstrafgefangene und Untersuchungsgefangene.

(4) Junge Untersuchungsgefangene im Sinne dieses Gesetzes sind solche, die zur Tatzeit das 21. Lebensjahr noch nicht vollendet hatten und die das 24. Lebensjahr noch nicht vollendet haben.

(5) Junge Gefangene im Sinne dieses Gesetzes sind Jugendstrafgefangene und junge Untersuchungsgefangene.

§ 2 Ziel und Aufgabe des Vollzugs der Freiheits- und Jugendstrafe. [1] Der Vollzug der Freiheitsstrafe und der Jugendstrafe dient dem Ziel, die Straf- und Jugendstrafgefangenen zu befähigen, künftig in sozialer Verantwortung ein Leben ohne Straftaten zu führen. [2] Er hat die Aufgabe, die Allgemeinheit vor weiteren Straftaten zu schützen.

§ 3 Aufgabe des Vollzugs der Untersuchungshaft, Zusammenarbeit. (1) Der Vollzug der Untersuchungshaft hat die Aufgabe, durch sichere Unterbringung der Untersuchungsgefangenen die Durchführung eines geordneten Strafverfahrens zu gewährleisten und der Gefahr weiterer Straftaten zu begegnen.

(2) Die Anstalt arbeitet eng mit Gericht und Staatsanwaltschaft zusammen, um die Aufgabe des Vollzugs der Untersuchungshaft zu erfüllen und die Sicherheit und Ordnung der Anstalt zu gewährleisten.

(3) Die Anstalt hat Anordnungen nach § 119 Absatz 1 der Strafprozessordnung zu beachten und umzusetzen.

§ 4 Stellung der Gefangenen. (1) [1] Die Persönlichkeit der Gefangenen ist zu achten. [2] Ihre Selbstständigkeit im Vollzugsalltag ist so weit wie möglich zu erhalten und zu fördern.

(2) [1] Die Gefangenen werden an der Gestaltung des Vollzugsalltags beteiligt. [2] Vollzugliche Maßnahmen sind ihnen regelmäßig zu erläutern.

(3) [1] Die Gefangenen unterliegen den in diesem Gesetz vorgesehenen Beschränkungen ihrer Freiheit. [2] Soweit das Gesetz eine besondere Regelung nicht enthält, dürfen ihnen nur Beschränkungen auferlegt werden, die zur Aufrechterhaltung der Sicherheit oder zur Abwendung einer schwerwiegenden Störung der Ordnung der Anstalt oder im Vollzug der Untersuchungshaft zur Umsetzung einer Anordnung nach § 119 Absatz 1 der Strafprozessordnung unerlässlich sind. [3] Sie müssen in einem angemessenen Verhältnis zum Zweck der Anordnung stehen und dürfen die Gefangenen nicht mehr und nicht länger als notwendig beeinträchtigen.

§ 5 Besondere Stellung der Untersuchungsgefangenen. [1] Die Untersuchungsgefangenen gelten als unschuldig. [2] Sie sind so zu behandeln, dass der Anschein vermieden wird, sie würden zur Verbüßung einer Strafe festgehalten.

§ 6 Mitwirkung im Vollzug der Freiheits- und Jugendstrafe. (1) [1] Zur Erreichung des Vollzugsziels bedarf es der Mitwirkung der Straf- und Jugendstrafgefangenen. [2] Ihre Bereitschaft hierzu ist zu wecken und zu fördern.

(2) Die Jugendstrafgefangenen sind verpflichtet, an der Erreichung des Vollzugsziels mitzuwirken.

§ 7 Allgemeine Gestaltungsgrundsätze. (1) Das Leben im Vollzug ist den allgemeinen Lebensverhältnissen so weit wie möglich anzugleichen.

(2) Schädlichen Folgen des Freiheitsentzugs ist entgegenzuwirken.

(3) Ein besonderes Augenmerk ist auf die Verhütung von Selbsttötungen und den Schutz der Gefangenen vor Übergriffen Mitgefangener zu richten.

(4) Die unterschiedlichen Bedürfnisse der Gefangenen, insbesondere im Hinblick auf Geschlecht, Alter, Herkunft, Religion, Behinderung und sexuelle Identität werden bei der Vollzugsgestaltung berücksichtigt.

§ 8 Grundsätze der Gestaltung des Vollzugs der Freiheits- und Jugendstrafe. (1) [1] Der Vollzug der Freiheits- und Jugendstrafe ist auf die Auseinandersetzung der Straf- und Jugendstrafgefangenen mit ihren Straftaten, deren Ursachen und deren Folgen auszurichten. [2] Das Bewusstsein für die den Opfern zugefügten Schäden soll geweckt werden.

(2) Der Vollzug der Freiheits- und Jugendstrafe wird von Beginn an auf die Eingliederung der Straf- und Jugendstrafgefangenen in das Leben in Freiheit ausgerichtet.

(3) Die Straf- und Jugendstrafgefangenen sind zu einer selbstständigen, eigenverantwortlichen und gemeinschaftsfähigen Lebensführung in Achtung der Rechte anderer zu befähigen.

(4) [1] Strafgefangene mit angeordneter oder vorbehaltener Sicherungsverwahrung und Jugendstrafgefangene mit vorbehaltener Sicherungsverwahrung sind

individuell und intensiv zu betreuen, um ihre Unterbringung in der Sicherungsverwahrung entbehrlich zu machen. [2] Soweit standardisierte Maßnahmen nicht ausreichen oder keinen Erfolg versprechen, sind individuell zugeschnittene Behandlungsangebote zu unterbreiten.

(5) [1] Der Bezug der Straf- und Jugendstrafgefangenen zum gesellschaftlichen Leben ist zu wahren und zu fördern. [2] Personen und Einrichtungen außerhalb des Vollzugs sollen in den Vollzugsalltag einbezogen werden. [3] Straf- und Jugendstrafgefangenen ist so bald wie möglich die Teilnahme am Leben in der Freiheit zu gewähren.

§ 9 Erzieherische Gestaltung des Vollzugs der Jugendstrafe. (1) Der Vollzug der Jugendstrafe ist erzieherisch zu gestalten und auf die Förderung der Jugendstrafgefangenen auszurichten.

(2) Erziehung und Förderung erfolgen durch Maßnahmen und Programme zur Entwicklung und Stärkung der Fähigkeiten und Fertigkeiten der Jugendstrafgefangenen im Hinblick auf die Erreichung des Vollzugsziels.

(3) [1] Durch differenzierte Angebote soll auf den jeweiligen Entwicklungsstand und den unterschiedlichen Erziehungs- und Förderbedarf der Jugendstrafgefangenen eingegangen werden. [2] Die besonderen Lebenslagen und Bedürfnisse von minderjährigen Jugendstrafgefangenen sind zu berücksichtigen.

(4) Die Maßnahmen und Programme richten sich insbesondere auf die Auseinandersetzung mit den eigenen Straftaten, deren Ursachen und Folgen, die schulische und berufliche Qualifizierung, die soziale Integration und die verantwortliche Gestaltung des alltäglichen Zusammenlebens, der freien Zeit sowie der Außenkontakte.

(5) Die Personensorgeberechtigten und die Eltern von volljährigen Jugendstrafgefangenen mit deren Einverständnis sind, soweit dies möglich ist und dem Vollzugsziel nicht zuwiderläuft, in die Planung und Gestaltung des Vollzugs einzubeziehen.

§ 10 Erzieherische Gestaltung des Vollzugs der Untersuchungshaft an jungen Untersuchungsgefangenen. (1) Für den Vollzug der Untersuchungshaft an jungen Untersuchungsgefangenen gilt § 9 Absatz 1 und 3 entsprechend.

(2) Die Personensorgeberechtigten sind, soweit dies möglich ist, in die Gestaltung des Vollzugs einzubeziehen, ebenso die Eltern volljähriger junger Untersuchungsgefangener auf deren Antrag.

(3) [1] Von der Anwendung der Bestimmungen dieses Gesetzes über junge Untersuchungsgefangene kann abgesehen werden, wenn diese volljährig sind und die erzieherische Ausgestaltung des Vollzugs für sie nicht oder nicht mehr angezeigt ist. [2] Diese Bestimmungen können ausnahmsweise auch über die Vollendung des 24. Lebensjahres hinaus angewendet werden, wenn dies im Hinblick auf die voraussichtlich nur noch geringe Dauer der Untersuchungshaft zweckmäßig erscheint.

(4) Beschränkungen können minderjährigen Untersuchungsgefangenen auch auferlegt werden, soweit es dringend geboten ist, um sie vor einer Gefährdung ihrer Entwicklung zu bewahren.

§ 11 Soziale Hilfe. (1) [1] Die Gefangenen werden darin unterstützt, ihre persönlichen, wirtschaftlichen und sozialen Schwierigkeiten zu beheben. [2] Sie

sollen dazu angeregt und in die Lage versetzt werden, ihre Angelegenheiten selbst zu regeln. [3]Bei Freiheits- und Jugendstrafen bis zu zwei Jahren hält die bislang zuständige Bewährungshelferin oder der bislang zuständige Bewährungshelfer auch während des Vollzugs Kontakt zu ihren oder seinen Probanden und beteiligt sich an der Gewährung der Hilfen.

(2) [1]Die Straf- und Jugendstrafgefangenen sollen angehalten werden, den durch die Straftat verursachten materiellen und immateriellen Schaden wieder gutzumachen und eine Schuldenregulierung herbeizuführen. [2]Sie erhalten Hilfe insbesondere bei der Feststellung und Regelung von Unterhaltsverpflichtungen und Schadensersatzforderungen sowie Beratung in sozialen und finanziellen Angelegenheiten.

(3) [1]Die Beratung der Untersuchungsgefangenen soll die Benennung von Stellen und Einrichtungen außerhalb der Anstalt umfassen, die sich um eine Vermeidung der weiteren Untersuchungshaft bemühen. [2]Auf Wunsch sind den Untersuchungsgefangenen Stellen und Einrichtungen zu benennen, die sie in ihrem Bestreben unterstützen können, einen Ausgleich mit dem Tatopfer zu erreichen oder auf andere Weise zur Wiedergutmachung beizutragen.

Abschnitt 2. Aufnahme, Diagnose, Vollzugs- und Eingliederungsplanung

§ 12 Aufnahmeverfahren. (1) [1]Mit den Gefangenen wird unverzüglich nach der Aufnahme ein Zugangsgespräch geführt, in dem ihre gegenwärtige Lebenssituation erörtert wird und sie über ihre Rechte und Pflichten in einer für sie verständlichen Form informiert werden. [2]Soweit erforderlich, ist eine Sprachmittlerin oder ein Sprachmittler oder eine Gebärdendolmetscherin oder ein Gebärdendolmetscher hinzuzuziehen. [3]Den Gefangenen wird ein Exemplar der Hausordnung ausgehändigt oder in anderer Form zur Verfügung gestellt. [4]Dieses Gesetz, die von ihm in Bezug genommenen Gesetze sowie die zu seiner Ausführung erlassenen Rechtsverordnungen und Verwaltungsvorschriften sind den Gefangenen auf Verlangen zugänglich zu machen.

(2) Während des Aufnahmeverfahrens dürfen andere Gefangene nicht zugegen sein.

(3) Die Gefangenen werden alsbald ärztlich untersucht.

(4) Die Gefangenen werden dabei unterstützt, etwa notwendige Maßnahmen für hilfsbedürftige Angehörige, zur Erhaltung des Arbeitsplatzes und der Wohnung und zur Sicherung ihrer Habe außerhalb der Anstalt zu veranlassen.

(5) Den Untersuchungsgefangenen ist Gelegenheit zu geben, eine Angehörige oder einen Angehörigen oder eine Vertrauensperson von der Aufnahme in die Anstalt zu benachrichtigen.

(6) Die Personensorgeberechtigten, die zuständige Vollstreckungsleiterin oder der zuständige Vollstreckungsleiter und das Jugendamt werden von der Aufnahme der jungen Gefangenen unverzüglich unterrichtet.

(7) Bei Strafgefangenen, die eine Ersatzfreiheitsstrafe verbüßen, sind die Möglichkeiten der Abwendung der Vollstreckung durch freie Arbeit oder ratenweise Tilgung der Geldstrafe zu erörtern und zu fördern, um so auf eine möglichst baldige Entlassung hinzuwirken.

§ 13 Diagnoseverfahren. (1) Im Vollzug der Freiheits- und Jugendstrafe schließt sich an das Aufnahmeverfahren das Diagnoseverfahren zur Vorbereitung der Vollzugs- und Eingliederungsplanung an.

(2) [1] Das Diagnoseverfahren muss wissenschaftlichen Erkenntnissen genügen. [2] Insbesondere bei Strafgefangenen mit angeordneter oder vorbehaltener Sicherungsverwahrung und Jugendstrafgefangenen mit vorbehaltener Sicherungsverwahrung ist es von Personen mit einschlägiger wissenschaftlicher Qualifikation durchzuführen.

(3) [1] Das Diagnoseverfahren erstreckt sich auf die Persönlichkeit, die Lebensverhältnisse, die Ursachen und Umstände der Straftat sowie alle sonstigen Gesichtspunkte, deren Kenntnis für eine zielgerichtete und wirkungsorientierte Vollzugsgestaltung und die Eingliederung nach der Entlassung notwendig erscheint. [2] Neben den Unterlagen aus der Vollstreckung und dem Vollzug vorangegangener Freiheitsentziehungen sind insbesondere auch Erkenntnisse der Gerichts-, Jugendgerichts- und Bewährungshilfe sowie der Führungsaufsichtsstellen einzubeziehen.

(4) [1] Im Diagnoseverfahren werden die im Einzelfall die Straffälligkeit begünstigenden Faktoren ermittelt. [2] Gleichermaßen werden die Fähigkeiten der Straf- und Jugendstrafgefangenen ermittelt, deren Stärkung einer erneuten Straffälligkeit entgegenwirken kann.

(5) [1] Im Vollzug der Freiheitsstrafe kann bei einer voraussichtlichen Vollzugsdauer bis zu einem Jahr das Diagnoseverfahren auf die Umstände beschränkt werden, deren Kenntnis für eine angemessene Vollzugsgestaltung unerlässlich und für die Eingliederung erforderlich ist. [2] Unabhängig von der Vollzugsdauer gilt dies auch, wenn ausschließlich Ersatzfreiheitsstrafen zu vollziehen sind.

(6) Im Vollzug der Jugendstrafe ist das Diagnoseverfahren maßgeblich auf die Ermittlung des Förder- und Erziehungsbedarfs auszurichten.

(7) Das Ergebnis des Diagnoseverfahrens wird mit den Straf- und Jugendstrafgefangenen erörtert.

§ 14 Vollzugs- und Eingliederungsplanung. (1) [1] Auf der Grundlage des Ergebnisses des Diagnoseverfahrens wird ein Vollzugs- und Eingliederungsplan erstellt. [2] Er zeigt den Straf- und Jugendstrafgefangenen bereits zu Beginn der Haftzeit unter Berücksichtigung der voraussichtlichen Vollzugsdauer die zur Erreichung des Vollzugsziels erforderlichen Maßnahmen auf. [3] Daneben kann er weitere Hilfsangebote und Empfehlungen enthalten. [4] Auf die Fähigkeiten, Fertigkeiten und Neigungen der Straf- und Jugendstrafgefangenen ist Rücksicht zu nehmen. [5] Stehen zur Erreichung des Vollzugsziels mehrere geeignete Maßnahmen zur Verfügung, so haben die Straf- und Jugendstrafgefangenen ein Wahlrecht.

(2) [1] Der Vollzugs- und Eingliederungsplan wird regelmäßig innerhalb der ersten acht Wochen nach der Aufnahme erstellt. [2] Diese Frist verkürzt sich bei einer voraussichtlichen Vollzugsdauer von unter einem Jahr auf vier Wochen.

(3) [1] Der Vollzugs- und Eingliederungsplan sowie die darin vorgesehenen Maßnahmen werden für Straf- und Jugendstrafgefangene regelmäßig alle sechs Monate, spätestens aber alle zwölf Monate überprüft und fortgeschrieben. [2] Bei Jugendstrafen von weniger als drei Jahren erfolgt die Überprüfung regelmäßig alle vier Monate. [3] Die Entwicklung der Straf- und Jugendstrafgefangenen und

die in der Zwischenzeit gewonnenen Erkenntnisse sind zu berücksichtigen. [4]Die durchgeführten Maßnahmen sind zu dokumentieren.

(4) [1]Die Vollzugs- und Eingliederungsplanung wird mit den Straf- und Jugendstrafgefangenen erörtert. [2]Dabei werden deren Anregungen und Vorschläge einbezogen, soweit sie der Erreichung des Vollzugsziels dienen.

(5) [1]Zur Erstellung und Fortschreibung des Vollzugs- und Eingliederungsplans führt die Anstaltsleiterin oder der Anstaltsleiter eine Konferenz mit den an der Vollzugsgestaltung maßgeblich Beteiligten durch. [2]Standen die Straf- und Jugendstrafgefangenen vor ihrer Inhaftierung unter Bewährungs- oder Führungsaufsicht, ist auch die für sie bislang zuständige Bewährungshelferin oder der für sie bislang zuständige Bewährungshelfer an der ersten Konferenz zu beteiligen. [3]Bei Freiheits- und Jugendstrafen bis zu zwei Jahren ist ihre oder seine regelmäßige Teilnahme auch an den weiteren Konferenzen vorzusehen. [4]Den Straf- und Jugendstrafgefangenen wird der Vollzugs- und Eingliederungsplan in der Konferenz eröffnet und erläutert. [5]Sie können auch darüber hinaus an der Konferenz beteiligt werden.

(6) [1]Personen außerhalb des Vollzugs, die an der Eingliederung mitwirken, sind nach Möglichkeit in die Planung einzubeziehen. [2]Sie können mit Zustimmung der Straf- und Jugendstrafgefangenen auch an der Konferenz beteiligt werden.

(7) Werden die Straf- und Jugendstrafgefangenen nach der Entlassung voraussichtlich unter Bewährungs- oder Führungsaufsicht gestellt, so ist der künftig zuständigen Bewährungshelferin oder dem künftig zuständigen Bewährungshelfer in den letzten zwölf Monaten vor dem voraussichtlichen Entlassungszeitpunkt die Teilnahme an der Konferenz zu ermöglichen und sind ihr oder ihm der Vollzugs- und Eingliederungsplan und seine Fortschreibungen zu übersenden.

(8) [1]Der Vollzugs- und Eingliederungsplan und seine Fortschreibungen werden den Straf- und Jugendstrafgefangenen ausgehändigt. [2]Im Vollzug der Jugendstrafe werden sie der Vollstreckungsleiterin oder dem Vollstreckungsleiter und auf Verlangen den Personensorgeberechtigten übersandt.

§ 15 Inhalt des Vollzugs- und Eingliederungsplans. (1) [1]Der Vollzugs- und Eingliederungsplan sowie seine Fortschreibungen enthalten insbesondere folgende Angaben:

1. Zusammenfassung der für die Vollzugs- und Eingliederungsplanung maßgeblichen Ergebnisse des Diagnoseverfahrens,
2. voraussichtlicher Entlassungszeitpunkt,
3. Unterbringung im geschlossenen oder offenen Vollzug,
4. Unterbringung in einer Wohneinheit,
5. Maßnahmen zur Förderung der Mitwirkungsbereitschaft,
6. Unterbringung in einer Wohngruppe und Teilnahme am Wohngruppenvollzug,
7. Unterbringung in einer sozialtherapeutischen Abteilung und Teilnahme an deren Behandlungsprogrammen,
8. Teilnahme an einzel- oder gruppentherapeutischen Maßnahmen, insbesondere Psychotherapie,
9. Teilnahme an psychiatrischen Behandlungsmaßnahmen,

10. Teilnahme an Maßnahmen zur Behandlung von Suchtmittelabhängigkeit und -missbrauch,
11. Teilnahme an Trainingsmaßnahmen zur Verbesserung der sozialen Kompetenzen,
12. Teilnahme an schulischen und beruflichen Qualifizierungsmaßnahmen einschließlich Alphabetisierungs- und Deutschkursen,
13. Teilnahme an arbeitstherapeutischen Maßnahmen oder am Arbeitstraining,
14. Arbeit,
15. Freies Beschäftigungsverhältnis, Selbstbeschäftigung,
16. Teilnahme an Sportangeboten und Maßnahmen zur strukturierten Gestaltung der Freizeit,
17. Ausführungen, Außenbeschäftigung,
18. Lockerungen zur Erreichung des Vollzugsziels,
19. Aufrechterhaltung, Förderung und Gestaltung von Außenkontakten, insbesondere familiärer Beziehungen,
20. Schuldnerberatung, Schuldenregulierung und Erfüllung von Unterhaltspflichten,
21. Ausgleich von Tatfolgen,
22. Maßnahmen zur Vorbereitung von Entlassung, Eingliederung und Nachsorge, Bildung eines Eingliederungsgeldes und
23. Frist zur Fortschreibung des Vollzugs- und Eingliederungsplans.

[2] Bei angeordneter oder vorbehaltener Sicherungsverwahrung enthalten der Vollzugs- und Eingliederungsplan sowie seine Fortschreibungen darüber hinaus Angaben zu sonstigen Maßnahmen im Sinne des § 8 Absatz 4 Satz 2 und einer Antragstellung im Sinne des § 119a Absatz 2 des Strafvollzugsgesetzes[1)].

(2) [1] Bei Strafgefangenen sind Maßnahmen nach Absatz 1 Satz 1 Nummer 7 bis 13 und Satz 2, die nach dem Ergebnis des Diagnoseverfahrens als zur Erreichung des Vollzugsziels zwingend erforderlich erachtet werden, als solche zu kennzeichnen und gehen allen anderen Maßnahmen vor. [2] Andere Maßnahmen dürfen nicht gestattet werden, soweit sie die Teilnahme an Maßnahmen nach Satz 1 beeinträchtigen würden.

(3) [1] Die Jugendstrafgefangenen sind verpflichtet, an den im Vollzugs- und Eingliederungsplan als erforderlich erachteten Maßnahmen teilzunehmen. [2] § 30 Absatz 1 bleibt unberührt.

(4) [1] Spätestens ein Jahr vor dem voraussichtlichen Entlassungszeitpunkt hat die Planung zur Vorbereitung der Eingliederung zu beginnen. [2] Anknüpfend an die bisherige Vollzugsplanung werden ab diesem Zeitpunkt die Maßnahmen nach Absatz 1 Satz 1 Nummer 22 konkretisiert oder ergänzt. [3] Insbesondere ist Stellung zu nehmen zu:

1. Unterbringung im offenen Vollzug, in einer Eingliederungsabteilung oder in einer Übergangseinrichtung,
2. Unterkunft sowie Arbeit oder Ausbildung nach der Entlassung,
3. Unterstützung bei notwendigen Behördengängen und der Beschaffung der notwendigen persönlichen Dokumente,
4. Beteiligung der Bewährungshilfe und der forensischen Ambulanzen,

---

1) Nr. 1.

5. Kontaktaufnahme zu Einrichtungen der Entlassenenhilfe und freien Trägern der Straffälligenhilfe sowie gegebenenfalls Unterrichtung der Personensorgeberechtigten und des Jugendamtes,
6. Fortsetzung von im Vollzug noch nicht abgeschlossenen Maßnahmen,
7. Anregung von Auflagen und Weisungen für die Bewährungs- oder Führungsaufsicht,
8. Vermittlung in nachsorgende Maßnahmen und
9. nachgehende Betreuung durch Bedienstete.

[4] Ab diesem Zeitpunkt enthält der Vollzugs- und Eingliederungsplan zudem für diejenigen Straf- und Jugendstrafgefangenen, bei denen der Eintritt der Führungsaufsicht zu erwarten ist, eine Gefährlichkeitsprognose. [5] Diese dient, vorbehaltlich der Entscheidung des Gerichts, der Bewährungshilfe als Grundlage für die weitere Arbeit mit den Straf- und Jugendstrafgefangenen.

§ 16 Ermittlung des Förder- und Erziehungsbedarfs der jungen Untersuchungsgefangenen, Maßnahmen. (1) Nach dem Aufnahmeverfahren wird der Förder- und Erziehungsbedarf der jungen Untersuchungsgefangenen unter Berücksichtigung ihrer Persönlichkeit und ihrer Lebensverhältnisse ermittelt.

(2) [1] In einer Konferenz mit an der Erziehung maßgeblich beteiligten Bediensteten werden der Förder- und Erziehungsbedarf erörtert und die sich daraus ergebenden Maßnahmen festgelegt. [2] Diese werden mit den jungen Untersuchungsgefangenen besprochen und den Personensorgeberechtigten auf Verlangen mitgeteilt.

(3) Den jungen Untersuchungsgefangenen ist eine Bedienstete oder ein Bediensteter als besondere Vertrauensperson zuzuordnen.

Abschnitt 3. Unterbringung und Verlegung

§ 17 Trennungsgrundsätze. (1) [1] Jeweils getrennt voneinander werden untergebracht

1. männliche und weibliche Gefangene,
2. Strafgefangene, Jugendstrafgefangene und Untersuchungsgefangene und
3. junge Untersuchungsgefangene und die übrigen Untersuchungsgefangenen.

[2] Die Unterbringung erfolgt in eigenständigen Anstalten, zumindest in getrennten Abteilungen.

(2) [1] Abweichend von Absatz 1 Satz 1 Nummer 2 können Untersuchungsgefangene zusammen mit Strafgefangenen untergebracht werden

1. mit Zustimmung der einzelnen Untersuchungsgefangenen,
2. zur Umsetzung einer Anordnung nach § 119 Absatz 1 der Strafprozessordnung oder
3. aus Gründen der Sicherheit oder Ordnung der Anstalt.

[2] Das gilt für junge Untersuchungsgefangene nur, wenn eine erzieherische Gestaltung des Vollzugs gewährleistet bleibt und schädliche Einflüsse auf die jungen Untersuchungsgefangenen nicht zu befürchten sind. [3] Unter den Voraussetzungen von Satz 1 und 2 können sie auch mit den übrigen Untersuchungsgefangenen und mit Jugendstrafgefangenen untergebracht werden.

(3) [1] Über Absatz 2 hinaus können Gefangene ausnahmsweise mit solchen anderer Haftarten untergebracht werden, wenn ihre geringe Anzahl eine getrennte Unterbringung nicht zulässt und das Vollzugsziel nicht gefährdet wird. [2] Bei jungen Gefangenen muss zudem die erzieherische Gestaltung des Vollzugs gewährleistet sein.

(4) Absatz 1 gilt nicht für eine Unterbringung zum Zwecke der medizinischen Behandlung.

(5) Gemeinsame Maßnahmen, insbesondere zur schulischen und beruflichen Qualifizierung, sind zulässig.

§ 18 Unterbringung während der Einschlusszeiten. (1) Die Gefangenen werden in ihren Hafträumen einzeln untergebracht.

(2) [1] Eine gemeinsame Unterbringung ist zulässig:

1. auf Antrag der Gefangenen, wenn schädliche Einflüsse nicht zu befürchten sind, oder
2. wenn Gefangene hilfsbedürftig sind oder eine Gefahr für Leben oder Gesundheit besteht.

[2] In den Fällen des Satzes 1 Nummer 2 bedarf es der Zustimmung der nicht gefährdeten oder hilfsbedürftigen Gefangenen zur gemeinsamen Unterbringung.

(3) Darüber hinaus ist eine gemeinsame Unterbringung nur vorübergehend und zur Überwindung einer nicht vorhersehbaren Notlage zulässig.

§ 19 Aufenthalt außerhalb der Einschlusszeiten. (1) Außerhalb der Einschlusszeiten dürfen sich die Gefangenen in Gemeinschaft aufhalten.

(2) Der gemeinschaftliche Aufenthalt kann eingeschränkt werden,

1. wenn es die Sicherheit oder Ordnung der Anstalt erfordert,
2. wenn ein schädlicher Einfluss auf andere Gefangene zu befürchten ist,
3. während des Diagnoseverfahrens, aber nicht länger als sechs Wochen,
4. bei jungen Gefangenen, wenn dies aus erzieherischen Gründen unerlässlich ist,
5. zur Umsetzung einer Anordnung nach § 119 Absatz 1 der Strafprozessordnung oder
6. bei jungen Untersuchungsgefangenen während der ersten zwei Wochen nach der Aufnahme.

§ 20 Unterbringung in einer Wohneinheit. (1) Zur Erhaltung ihrer Selbstständigkeit können Gefangene, die zu korrekter Führung unter geringerer Aufsicht fähig sind und die Bereitschaft zur Einordnung in die Gemeinschaft sowie zur Mitarbeit am Vollzugsziel mitbringen, mit ihrer Zustimmung in einer Wohneinheit untergebracht werden.

(2) [1] Eine Wohneinheit wird in einem baulich abgegrenzten Bereich eingerichtet, zu dem neben den Hafträumen weitere Räume und Einrichtungen zur gemeinsamen Nutzung gehören. [2] Diese Form der Unterbringung ermöglicht es den dort Untergebrachten, ihren Vollzugsalltag selbstständig zu regeln.

§ 21 Unterbringung von Eltern mit Kindern. (1) [1] Ein Kind kann mit Zustimmung des Aufenthaltsbestimmungsberechtigten bis zur Vollendung des dritten Lebensjahres gemeinsam mit seiner Mutter oder seinem Vater in der Anstalt untergebracht werden, wenn die baulichen Gegebenheiten dies zulassen und Sicherheitsgründe nicht entgegenstehen. 2 Vor der Unterbringung ist das Jugendamt zu hören.

(2) 1 Die Unterbringung erfolgt auf Kosten der oder des für das Kind Unterhaltspflichtigen. 2 Von der Geltendmachung des Kostenersatzanspruchs kann ausnahmsweise abgesehen werden, wenn hierdurch die gemeinsame Unterbringung von Mutter oder Vater und Kind gefährdet würde.

§ 22 Geschlossener und offener Vollzug. (1) 1 Die Straf- und Jugendstrafgefangenen werden im geschlossenen oder im offenen Vollzug untergebracht. 2 Anstalten des offenen Vollzugs sehen keine oder nur verminderte Vorkehrungen gegen Entweichungen vor.

(2) 1 Die Strafgefangenen sind im offenen Vollzug unterzubringen, wenn sie dessen Anforderungen genügen, insbesondere verantwortet werden kann zu erproben, dass sie sich dem Vollzug nicht entziehen oder die Möglichkeiten des offenen Vollzugs nicht zu Straftaten missbrauchen werden. 2 Sie können mit ihrer Zustimmung im geschlossenen Vollzug untergebracht werden oder verbleiben, wenn dies der Erreichung des Vollzugsziels dient.

(3) 1 Die Jugendstrafgefangenen sind im offenen Vollzug unterzubringen, wenn sie dessen Anforderungen genügen, insbesondere verantwortet werden kann zu erproben, dass sie sich dem Vollzug nicht entziehen oder die Möglichkeiten des offenen Vollzugs nicht zur Begehung von Straftaten missbrauchen werden. 2 Sie können im geschlossenen Vollzug untergebracht werden oder verbleiben, wenn dies der Erreichung des Vollzugsziels dient.

(4) Genügen die Straf- und Jugendstrafgefangenen den Anforderungen des offenen Vollzugs nicht mehr, werden sie im geschlossenen Vollzug untergebracht.

(5) Die Untersuchungsgefangenen werden im geschlossenen Vollzug untergebracht.

§ 23 Wohngruppenvollzug. (1) 1 Der Wohngruppenvollzug dient der Einübung sozialverträglichen Zusammenlebens, insbesondere von Toleranz sowie der Übernahme von Verantwortung für sich und andere. 2 Er ermöglicht den dort Untergebrachten, ihren Vollzugsalltag weitgehend selbstständig zu regeln.

(2) 1 Eine Wohngruppe wird in einem baulich abgegrenzten Bereich für bis zu 15 Personen eingerichtet, zu dem neben den Hafträumen weitere Räume und Einrichtungen zur gemeinsamen Nutzung gehören. 2 Sie wird in der Regel von fest zugeordneten Bediensteten verschiedener Fachrichtungen betreut.

(3) 1 Geeignete junge Gefangene sind in Wohngruppen unterzubringen. 2 Nicht geeignet sind in der Regel junge Gefangene, die aufgrund ihres Verhaltens nicht gruppenfähig sind.

(4) Geeignete Strafgefangene sollen in Wohngruppen untergebracht werden.

§ 24 Verlegung und Überstellung. (1) 1 Die Gefangenen können abweichend vom Vollstreckungsplan in eine andere Anstalt verlegt werden, wenn Gründe der Vollzugsorganisation oder andere wichtige Gründe dies erfordern. 2 Sie dürfen aus wichtigem Grund in eine andere Anstalt überstellt werden.

(2) Darüber hinaus können die Straf- und Jugendstrafgefangenen abweichend vom Vollstreckungsplan in eine andere Anstalt verlegt werden, wenn die Erreichung des Vollzugsziels hierdurch gefördert wird.

(3) Die Untersuchungsgefangenen können zur Umsetzung einer Anordnung nach § 119 Absatz 1 der Strafprozessordnung verlegt oder überstellt werden.

(4) [1] Vor einer Verlegung oder Überstellung von Untersuchungsgefangenen ist dem Gericht und der Staatsanwaltschaft Gelegenheit zur Stellungnahme zu geben. [2] § 12 Absatz 5 gilt entsprechend.

(5) Bei jungen Gefangenen werden die Personensorgeberechtigten und das Jugendamt, bei Jugendstrafgefangenen auch die Vollstreckungsleiterin oder der Vollstreckungsleiter von der Verlegung unverzüglich unterrichtet.

Abschnitt 4. Sozial- und Psychotherapie

§ 25 Sozialtherapie. (1) [1] Sozialtherapie dient der Verringerung einer erheblichen Gefährlichkeit der Straf- und Jugendstrafgefangenen. [2] Auf der Grundlage einer therapeutischen Gemeinschaft bedient sie sich psychotherapeutischer, sozialpädagogischer und arbeitstherapeutischer Methoden, die in umfassenden Behandlungsprogrammen verbunden werden. [3] Personen aus dem Lebensumfeld der Straf- und Jugendstrafgefangenen außerhalb des Vollzugs werden in die Behandlung einbezogen.

(2) [1] Straf- und Jugendstrafgefangene sind in einer sozialtherapeutischen Abteilung unterzubringen, wenn ihre Teilnahme an den dortigen Behandlungsprogrammen zur Verringerung ihrer erheblichen Gefährlichkeit angezeigt ist. [2] Eine erhebliche Gefährlichkeit liegt vor, wenn schwerwiegende Straftaten gegen Leib oder Leben, die persönliche Freiheit oder die sexuelle Selbstbestimmung zu erwarten sind.

(3) Im Übrigen können Straf- und Jugendstrafgefangene in einer sozialtherapeutischen Abteilung untergebracht werden, wenn die Teilnahme an den dortigen Behandlungsprogrammen zur Erreichung des Vollzugsziels angezeigt ist.

(4) [1] Die Unterbringung soll zu einem Zeitpunkt erfolgen, der entweder den Abschluss der Behandlung zum voraussichtlichen Entlassungszeitpunkt erwarten lässt oder die Fortsetzung der Behandlung nach der Entlassung ermöglicht. [2] Hierzu arbeitet die sozialtherapeutische Abteilung eng mit forensischen Ambulanzen oder anderen ambulanten Nachsorgeeinrichtungen zusammen. [3] Ist Sicherungsverwahrung angeordnet oder vorbehalten, soll die Unterbringung zu einem Zeitpunkt erfolgen, der den Abschluss der Behandlung noch während des Vollzugs der Freiheits- oder Jugendstrafe erwarten lässt.

(5) Die Unterbringung wird beendet, wenn das Ziel der Behandlung aus Gründen, die in der Person des Straf- oder Jugendstrafgefangenen liegen, nicht erreicht werden kann.

§ 26 Psychotherapie. [1] Psychotherapie im Vollzug dient insbesondere der Behandlung psychischer Störungen des Verhaltens und Erlebens, die in einem Zusammenhang mit der Straffälligkeit stehen. [2] Sie wird durch systematische Anwendung wissenschaftlich fundierter psychologischer Methoden der Gesprächsführung mit einer oder mehreren Personen durchgeführt.

Abschnitt 5. Arbeitstherapeutische Maßnahmen, Arbeitstraining, schulische und berufliche Qualifizierungsmaßnahmen, Arbeit

§ 27 Arbeitstherapeutische Maßnahmen. Arbeitstherapeutische Maßnahmen dienen dazu, dass die Gefangenen Eigenschaften wie Selbstvertrauen, Durchhaltevermögen und Konzentrationsfähigkeit einüben, um sie stufenweise an die Grundanforderungen des Arbeitslebens heranzuführen.

§ 28 Arbeitstraining. [1] Arbeitstraining dient dazu, Gefangenen, die nicht in der Lage sind, einer regelmäßigen und erwerbsorientierten Beschäftigung nachzugehen, Fähigkeiten und Fertigkeiten zu vermitteln, die eine Eingliederung in das leistungsorientierte Arbeitsleben fördern. [2] Die in der Anstalt dafür vorzuhaltenden Maßnahmen müssen den Anforderungen des Arbeitsmarktes Rechnung tragen.

§ 29 Schulische und berufliche Qualifizierungsmaßnahmen. (1) [1] Schulische und berufliche Aus- und Weiterbildung und vorberufliche Qualifizierung (schulische und berufliche Qualifizierungsmaßnahmen) im Vollzug haben das Ziel, die Fähigkeiten der Gefangenen zur Eingliederung und zur Aufnahme einer Erwerbstätigkeit nach der Haftentlassung zu vermitteln, zu verbessern oder zu erhalten. [2] Bei der Festlegung von Inhalten, Methoden und Organisationsformen der Bildungsangebote werden die Besonderheiten der jeweiligen Zielgruppe berücksichtigt. [3] Schulische und berufliche Aus- und Weiterbildung werden in der Regel als Vollzeitmaßnahmen durchgeführt.

(2) Schulpflichtige junge Gefangene nehmen in der Anstalt am allgemein- oder berufsbildenden Unterricht nach den für öffentliche Schulen geltenden Bestimmungen teil.

(3) [1] Die Jugendstrafgefangenen sind vorrangig zur Teilnahme an schulischen und beruflichen Orientierungs-, Berufsvorbereitungs-, Aus- und Weiterbildungsmaßnahmen oder speziellen Maßnahmen zur Förderung ihrer schulischen, beruflichen oder persönlichen Entwicklung verpflichtet. [2] Die minderjährigen Untersuchungsgefangenen können hierzu verpflichtet werden.

(4) Geeigneten Straf- und Jugendstrafgefangenen soll die Teilnahme an einer schulischen oder beruflichen Ausbildung ermöglicht werden, die zu einem anerkannten Abschluss führt.

(5) Geeigneten Untersuchungsgefangenen soll nach Möglichkeit Gelegenheit zum Erwerb oder zur Verbesserung schulischer und beruflicher Kenntnisse, auch zum Erwerb eines anerkannten Abschlusses, gegeben werden, soweit es die besonderen Bedingungen der Untersuchungshaft zulassen.

(6) Berufliche Qualifizierungsmaßnahmen sind danach auszurichten, dass sie den Gefangenen für den Arbeitsmarkt relevante Qualifikationen vermitteln.

(7) [1] Bei der Vollzugsplanung ist darauf zu achten, dass die Straf- und Jugendstrafgefangenen Qualifizierungsmaßnahmen während ihrer Haftzeit abschließen oder sie nach der Inhaftierung fortsetzen können. [2] Können Maßnahmen während der Haftzeit nicht abgeschlossen werden, trägt die Anstalt in Zusammenarbeit mit außervollzuglichen Einrichtungen dafür Sorge, dass die begonnene Qualifizierungsmaßnahme nach der Haft fortgesetzt werden kann.

(8) Nachweise über schulische und berufliche Qualifizierungsmaßnahmen dürfen keinen Hinweis auf die Inhaftierung enthalten.

§ 30 Arbeit. (1) Den Gefangenen soll Arbeit angeboten und ihnen auf Antrag oder mit ihrer Zustimmung zugewiesen werden, soweit dadurch nach dem Vollzugs- und Eingliederungsplan vorrangige Maßnahmen nicht beeinträchtigt werden.

(2) [1] Nehmen die Gefangenen eine Arbeit auf, gelten die von der Anstalt festgelegten Arbeitsbedingungen. [2] Die Arbeit darf nicht zur Unzeit niedergelegt werden.

§ 31 Freies Beschäftigungsverhältnis, Selbstbeschäftigung. (1) [1] Straf- und Jugendstrafgefangenen, die zum Freigang (§ 46 Absatz 1 Satz 1 Nummer 4) zugelassen sind, soll gestattet werden, einer Arbeit oder einer schulischen oder beruflichen Qualifizierungsmaßnahme auf der Grundlage eines freien Beschäftigungsverhältnisses oder der Selbstbeschäftigung außerhalb der Anstalt nachzugehen, wenn die Beschäftigungsstelle geeignet ist und nicht überwiegende Gründe des Vollzugs entgegenstehen. [2] § 48 gilt entsprechend.

(2) Das Entgelt ist der Anstalt zur Gutschrift für die Straf- und Jugendstrafgefangenen zu überweisen.

§ 32 Freistellung von der Arbeit. (1) [1] Haben die Gefangenen ein halbes Jahr lang gearbeitet, so können sie beanspruchen, zehn Arbeitstage von der Arbeit freigestellt zu werden. [2] Zeiten, in denen die Gefangenen infolge Krankheit an der Arbeitsleistung gehindert waren, werden bis zu 15 Arbeitstagen auf das Halbjahr angerechnet. [3] Der Anspruch verfällt, wenn die Freistellung nicht innerhalb eines Jahres nach seiner Entstehung erfolgt ist.

(2) [1] Auf die Zeit der Freistellung wird Langzeitausgang (§ 46 Absatz 1 Satz 1 Nummer 3) angerechnet, soweit er in die Arbeitszeit fällt. [2] Gleiches gilt für einen Langzeitausgang nach § 47 Absatz 1, soweit er nicht wegen des Todes oder einer lebensgefährlichen Erkrankung naher Angehöriger erteilt worden ist.

(3) Die Gefangenen erhalten für die Zeit der Freistellung ihr Arbeitsentgelt weiter.

(4) Urlaubsregelungen freier Beschäftigungsverhältnisse bleiben unberührt.

(5) Für Arbeitstraining, schulische und berufliche Qualifizierungsmaßnahmen gelten Absätze 1 bis 4 entsprechend, sofern diese den Umfang der regelmäßigen wöchentlichen Arbeitszeit erreichen.

Abschnitt 6. Besuche, Telefongespräche, Schriftwechsel, andere Formen der Telekommunikation und Pakete

§ 33 Grundsatz. [1] Die Gefangenen haben das Recht, mit Personen außerhalb der Anstalt im Rahmen der Bestimmungen dieses Gesetzes zu verkehren. [2] Der Verkehr mit der Außenwelt, insbesondere die Erhaltung der Kontakte zu Bezugspersonen und die Schaffung eines sozialen Empfangsraums, ist zu fördern.

§ 34 Besuch. (1) [1] Die Gefangenen dürfen regelmäßig Besuch empfangen. [2] Die Gesamtdauer beträgt im Vollzug der Freiheitsstrafe und der Untersuchungshaft mindestens vier, im Vollzug der Jugendstrafe und der Untersuchungshaft an jungen Untersuchungsgefangenen mindestens sechs Stunden im Monat.

(2) Besuche von Angehörigen im Sinne von § 11 Absatz 1 Nummer 1 des Strafgesetzbuches werden besonders unterstützt.

(3) Besuche sollen darüber hinaus zugelassen werden, wenn sie

1. persönlichen, rechtlichen oder geschäftlichen Angelegenheiten der Gefangenen dienen, die von diesen nicht schriftlich erledigt, durch Dritte wahrgenommen oder bis zur voraussichtlichen Entlassung aufgeschoben werden können,
2. die Eingliederung der Straf- und Jugendstrafgefangenen fördern oder
3. die Erziehung der jungen Gefangenen fördern.

(4) [1] Mehrstündige, unbeaufsichtigte Besuche (Langzeitbesuche) sind zuzulassen, wenn dies zur Pflege der familiären, partnerschaftlichen oder ihnen gleichzusetzender Kontakte der Straf- und Jugendstrafgefangenen geboten erscheint und die Straf- und Jugendstrafgefangenen hierfür geeignet sind. [2] Die Entscheidung trifft die Anstaltsleiterin oder der Anstaltsleiter.

(5) [1] Besuche von Verteidigerinnen oder Verteidigern sowie von Rechtsanwältinnen oder Rechtsanwälten und Notarinnen oder Notaren in einer die Gefangenen betreffenden Rechtssache sind zu gestatten. [2] Dies gilt auch für Besuche von Beiständen nach § 69 des Jugendgerichtsgesetzes.

§ 35 Untersagung der Besuche. Die Anstaltsleiterin oder der Anstaltsleiter kann Besuche untersagen, wenn

1. die Sicherheit oder Ordnung der Anstalt gefährdet würde,
2. bei Personen, die nicht Angehörige der Strafgefangenen und jungen Gefangenen im Sinne von § 11 Absatz 1 Nummer 1 des Strafgesetzbuches sind, zu befürchten ist, dass sie einen schädlichen Einfluss auf die Strafgefangenen oder jungen Gefangenen haben oder die Erreichung des Vollzugsziels behindern,
3. bei Personen, die Opfer der Straftat waren oder im Haftbefehl als Opfer benannt werden, zu befürchten ist, dass die Begegnung mit den Gefangenen einen schädlichen Einfluss auf sie hat,
4. die Personensorgeberechtigten nicht einverstanden sind.

§ 36 Durchführung der Besuche. (1) [1] Aus Gründen der Sicherheit können Besuche davon abhängig gemacht werden, dass sich die Besucherinnen und Besucher durchsuchen oder mit technischen Hilfsmitteln absuchen lassen. [2] § 86 Absatz 1 Satz 2 und 3 gilt entsprechend. [3] Eine inhaltliche Überprüfung der von Verteidigerinnen und Verteidigern oder von Beiständen nach § 69 des Jugendgerichtsgesetzes mitgeführten Schriftstücke und sonstigen Unterlagen ist nicht zulässig. [4] § 42 Absatz 2 Satz 2 und 3 bleibt unberührt.

(2) [1] Besuche werden regelmäßig beaufsichtigt. [2] Über Ausnahmen entscheidet die Anstaltsleiterin oder der Anstaltsleiter. [3] Die Beaufsichtigung kann mittels optisch-elektronischer Einrichtungen durchgeführt werden; die betroffenen Personen sind vorher darauf hinzuweisen. [4] Eine Aufzeichnung findet nicht statt.

(3) Besuche von Verteidigerinnen und Verteidigern und von Beiständen nach § 69 des Jugendgerichtsgesetzes werden nicht beaufsichtigt.

(4) [1] Besuche dürfen abgebrochen werden, wenn Besucherinnen oder Besucher oder Gefangene gegen dieses Gesetz oder aufgrund dieses Gesetzes

getroffene Anordnungen trotz Abmahnung verstoßen oder von den Besucherinnen oder Besuchern ein schädlicher Einfluss auf junge Gefangene ausgeht. [2]Dies gilt auch bei einem Verstoß gegen eine Anordnung nach § 119 Absatz 1 der Strafprozessordnung. [3]Die Abmahnung unterbleibt, wenn es unerlässlich ist, den Besuch sofort abzubrechen.

(5) [1]Gegenstände dürfen beim Besuch nicht übergeben werden. [2]Dies gilt nicht für die bei dem Besuch der Verteidigerinnen und Verteidiger oder der Beistände nach § 69 des Jugendgerichtsgesetzes übergebenen Schriftstücke und sonstigen Unterlagen sowie für die bei dem Besuch von Rechtsanwältinnen und Rechtsanwälten oder Notarinnen und Notaren zur Erledigung einer die Gefangenen betreffenden Rechtssache übergebenen Schriftstücke und sonstigen Unterlagen. [3]Bei dem Besuch von Rechtsanwältinnen und Rechtsanwälten oder Notarinnen und Notaren kann die Übergabe aus Gründen der Sicherheit oder Ordnung der Anstalt von der Erlaubnis der Anstaltsleiterin oder des Anstaltsleiters abhängig gemacht werden. [4]§ 42 Absatz 2 Satz 2 und 3 bleibt unberührt.

(6) Die Anstaltsleiterin oder der Anstaltsleiter kann im Einzelfall die Nutzung einer Trennvorrichtung anordnen, wenn dies zum Schutz von Personen oder zur Verhinderung einer Übergabe von Gegenständen erforderlich ist.

§ 37 Überwachung der Gespräche. (1) Gespräche dürfen überwacht werden, soweit es im Einzelfall

1. aus Gründen der Sicherheit,
2. bei den Straf- und Jugendstrafgefangenen wegen einer Gefährdung der Erreichung des Vollzugsziels oder
3. bei jungen Gefangenen aus Gründen der Erziehung

erforderlich ist.

(2) Gespräche mit Verteidigerinnen und Verteidigern oder mit Beiständen nach § 69 des Jugendgerichtsgesetzes werden nicht überwacht.

§ 38 Telefongespräche. (1) [1]Den Gefangenen kann gestattet werden, Telefongespräche zu führen. [2]Die Bestimmungen über den Besuch gelten entsprechend. [3]Eine beabsichtigte Überwachung teilt die Anstalt den Gefangenen rechtzeitig vor Beginn des Telefongesprächs und den Gesprächspartnerinnen oder Gesprächspartnern der Gefangenen unmittelbar nach Herstellung der Verbindung mit.

(2) [1]Die Kosten der Telefongespräche tragen die Gefangenen. [2]Sind sie dazu nicht in der Lage, kann die Anstalt die Kosten in begründeten Fällen in angemessenem Umfang übernehmen.

§ 39 Schriftwechsel. (1) Die Gefangenen haben das Recht, Schreiben abzusenden und zu empfangen.

(2) [1]Die Kosten des Schriftwechsels tragen die Gefangenen. [2]Sind sie dazu nicht in der Lage, kann die Anstalt die Kosten in begründeten Fällen in angemessenem Umfang übernehmen.

§ 40 Untersagung des Schriftwechsels. Die Anstaltsleiterin oder der Anstaltsleiter kann den Schriftwechsel mit bestimmten Personen untersagen, wenn

1. die Sicherheit oder Ordnung der Anstalt gefährdet würde,

2. bei Personen, die nicht Angehörige der Strafgefangenen und jungen Gefangenen im Sinne von § 11 Absatz 1 Nummer 1 des Strafgesetzbuches sind, zu befürchten ist, dass der Schriftwechsel einen schädlichen Einfluss auf die Strafgefangenen oder jungen Gefangenen haben oder die Erreichung des Vollzugsziels behindern würde, oder
3. bei Personen, die Opfer der Straftat waren oder im Haftbefehl als Opfer benannt werden, zu befürchten ist, dass der Schriftwechsel mit den Gefangenen einen schädlichen Einfluss auf sie hätte,
4. die Personensorgeberechtigten nicht einverstanden sind.

§ 41 Sichtkontrolle, Weiterleitung und Aufbewahrung von Schreiben.

(1) Die Gefangenen haben das Absenden und den Empfang ihrer Schreiben durch die Anstalt vermitteln zu lassen, soweit nichts anderes gestattet ist.

(2) Ein- und ausgehende Schreiben werden in Anwesenheit der Gefangenen auf verbotene Gegenstände kontrolliert und sind unverzüglich weiterzuleiten.

(3) [1]Die Gefangenen haben eingehende Schreiben unverschlossen zu verwahren, sofern nichts anderes gestattet wird. [2]Sie können sie verschlossen zu ihrer Habe geben.

§ 42 Überwachung des Schriftwechsels. (1) Der Schriftwechsel darf überwacht werden, soweit es im Einzelfall

1. aus Gründen der Sicherheit,
2. bei den Straf- und Jugendstrafgefangenen wegen einer Gefährdung der Erreichung des Vollzugsziels oder
3. bei jungen Gefangenen aus Gründen der Erziehung

erforderlich ist.

(2) [1]Der Schriftwechsel der Gefangenen mit ihren Verteidigerinnen und Verteidigern oder Beiständen nach § 69 des Jugendgerichtsgesetzes wird nicht überwacht. [2]Liegt dem Vollzug der Freiheits- oder Jugendstrafe eine Straftat nach § 129a, auch in Verbindung mit § 129b Absatz 1 des Strafgesetzbuches zugrunde, gelten § 148 Absatz 2 und § 148a der Strafprozessordnung entsprechend; dies gilt nicht, wenn die Straf- oder Jugendstrafgefangenen sich im offenen Vollzug befinden oder wenn ihnen Lockerungen nach § 46 gewährt worden sind und ein Grund, der die Anstaltsleiterin oder den Anstaltsleiter zum Widerruf von Lockerungen ermächtigt, nicht vorliegt. [3]Satz 2 gilt auch, wenn eine Freiheits- oder Jugendstrafe wegen einer Straftat nach § 129a, auch in Verbindung mit § 129b Absatz 1 des Strafgesetzbuches erst im Anschluss an den Vollzug der Freiheits- oder Jugendstrafe, der eine andere Verurteilung zugrunde liegt, zu vollstrecken ist.

(3) [1]Nicht überwacht werden Schreiben der Gefangenen an Volksvertretungen des Bundes und der Länder sowie an deren Mitglieder, soweit die Schreiben an die Anschriften dieser Volksvertretungen gerichtet sind und die Absenderin oder den Absender zutreffend angeben. [2]Entsprechendes gilt für Schreiben an das Europäische Parlament und dessen Mitglieder, den Europäischen Gerichtshof für Menschenrechte, den Europäischen Ausschuss zur Verhütung von Folter und unmenschlicher oder erniedrigender Behandlung oder Strafe, den Ausschuss der Vereinten Nationen gegen Folter, den zugehörigen Unterausschuss zur Verhütung von Folter und die entsprechenden Nationalen Präventionsmechanismen, die konsularische Vertretung ihres Heimatlandes und

weitere Einrichtungen, mit denen der Schriftverkehr aufgrund völkerrechtlicher Verpflichtungen der Bundesrepublik Deutschland geschützt ist. [3] Satz 1 gilt auch für den Schriftverkehr mit Gerichten, Staatsanwaltschaften und der Aufsichtsbehörde sowie den Bürgerbeauftragten der Länder und den Datenschutzbeauftragten des Bundes und der Länder. [4] Schreiben der in den Sätzen 1 bis 3 genannten Stellen, die an die Gefangenen gerichtet sind, werden nicht überwacht, sofern die Identität der Absenderin oder des Absenders zweifelsfrei feststeht.

§ 43 Anhalten von Schreiben. (1) Die Anstaltsleiterin oder der Anstaltsleiter kann Schreiben anhalten, wenn

1. die Sicherheit oder Ordnung der Anstalt gefährdet würde,
2. die Weitergabe in Kenntnis ihres Inhalts einen Straf- oder Bußgeldtatbestand verwirklichen würde,
3. sie grob unrichtige oder erheblich entstellende Darstellungen von Anstaltsverhältnissen oder grobe Beleidigungen enthalten,
4. sie in Geheim- oder Kurzschrift, unlesbar, unverständlich oder ohne zwingenden Grund in einer fremden Sprache abgefasst sind,
5. bei Straf- oder Jugendstrafgefangenen die Erreichung des Vollzugsziels gefährdet würde,
6. es die Aufgabe des Vollzugs der Untersuchungshaft erfordert oder
7. sie die Eingliederung anderer Straf- und Jugendstrafgefangener gefährden können.

(2) Ausgehenden Schreiben, die unrichtige Darstellungen enthalten, kann ein Begleitschreiben beigefügt werden, wenn die Gefangenen auf dem Absenden bestehen.

(3) [1] Sind Schreiben angehalten worden, wird das den Gefangenen mitgeteilt. [2] Hiervon kann im Vollzug der Untersuchungshaft abgesehen werden, wenn und solange es dessen Aufgabe erfordert. [3] Soweit angehaltene Schreiben nicht beschlagnahmt werden, werden sie an die Absenderin oder den Absender zurückgegeben oder, sofern dies unmöglich oder aus besonderen Gründen nicht angezeigt ist, verwahrt.

(4) Schreiben, deren Überwachung ausgeschlossen ist, dürfen nicht angehalten werden.

§ 44 Andere Formen der Telekommunikation. [1] Nach Zulassung anderer Formen der Telekommunikation im Sinne des Telekommunikationsgesetzes durch die Aufsichtsbehörde (§ 115 Absatz 1) kann die Anstaltsleiterin oder der Anstaltsleiter den Gefangenen gestatten, diese Formen auf ihre Kosten zu nutzen. [2] Die Bestimmungen dieses Abschnitts gelten entsprechend.

§ 45 Pakete. (1) [1] Der Empfang von Paketen bedarf der Erlaubnis der Anstalt, welche Zeitpunkt und Höchstmengen für die Sendungen und für einzelne Gegenstände festsetzen kann. [2] Für den Ausschluss von Gegenständen gilt § 55 Satz 2 entsprechend. [3] Die Anstalt kann darüber hinaus Gegenstände und Verpackungsformen ausschließen, die einen unverhältnismäßigen Kontrollaufwand bedingen.

(2) Die Anstalt kann die Annahme von Paketen, deren Einbringung nicht gestattet ist oder die die Voraussetzungen des Absatzes 1 nicht erfüllen, ablehnen oder solche Pakete an die Absenderin oder den Absender zurücksenden.

(3) [1] Pakete sind in Gegenwart der Gefangenen zu öffnen, an die sie adressiert sind. [2] Mit nicht zugelassenen oder ausgeschlossenen Gegenständen ist gemäß § 58 Absatz 3 zu verfahren. [3] Sie können auch auf Kosten der Gefangenen zurückgesandt werden.

(4) Der Empfang von Paketen kann vorübergehend versagt werden, wenn dies wegen der Gefährdung der Sicherheit oder Ordnung der Anstalt unerlässlich ist.

(5) [1] Den Gefangenen kann gestattet werden, Pakete zu versenden. [2] Der Inhalt kann aus Gründen der Sicherheit oder Ordnung der Anstalt überprüft werden.

(6) [1] Die Kosten des Paketversandes tragen die Gefangenen. [2] Sind sie dazu nicht in der Lage, kann die Anstalt die Kosten in begründeten Fällen in angemessenem Umfang übernehmen.

Abschnitt 7. Lockerungen und sonstige Aufenthalte außerhalb der Anstalt

§ 46 Lockerungen zur Erreichung des Vollzugsziels. (1) [1] Aufenthalte außerhalb der Anstalt ohne Aufsicht (Lockerungen) können den Straf- und Jugendstrafgefangenen zur Erreichung des Vollzugsziels gewährt werden, namentlich

1. das Verlassen der Anstalt für bis zu 24 Stunden in Begleitung einer von der Anstalt zugelassenen Person (Begleitausgang),
2. das Verlassen der Anstalt für bis zu 24 Stunden ohne Begleitung (unbegleiteter Ausgang),
3. das Verlassen der Anstalt für mehrere Tage (Langzeitausgang),
4. die regelmäßige Beschäftigung außerhalb der Anstalt (Freigang) und
5. im Vollzug der Jugendstrafe die Unterbringung in besonderen Erziehungseinrichtungen.

[2] Vor Gewährung von Lockerungen nach Satz 1 Nummer 5 wird die Vollstreckungsleiterin oder der Vollstreckungsleiter gehört.

(2) [1] Die Lockerungen dürfen gewährt werden, wenn verantwortet werden kann zu erproben, dass die Straf- und Jugendstrafgefangenen sich dem Vollzug der Freiheitsstrafe nicht entziehen oder die Lockerungen nicht zu Straftaten missbrauchen werden. [2] Jugendstrafgefangenen können sie versagt werden, wenn sie ihren Mitwirkungspflichten nicht nachkommen.

(3) Durch Lockerungen wird die Vollstreckung der Freiheits- oder Jugendstrafe nicht unterbrochen.

§ 47 Lockerungen aus sonstigen Gründen. (1) [1] Lockerungen können auch aus wichtigem Anlass gewährt werden. [2] Wichtige Anlässe sind insbesondere die Teilnahme an gerichtlichen Terminen, die medizinische Behandlung der Straf- und Jugendstrafgefangenen sowie der Tod oder eine lebensgefährliche Erkrankung naher Angehöriger.

(2) Erkranken Straf- oder Jugendstrafgefangene so schwer, dass aufgrund ihrer Erkrankung in Kürze mit dem Tod gerechnet werden muss, so können sie bis zu einer Entscheidung der Vollstreckungsbehörde über einen Strafausstand nach § 455 Absatz 4 der Strafprozessordnung Langzeitausgang erhalten.

(3) § 46 Absatz 2 und 3 gilt entsprechend.

§ 48 Weisungen für Lockerungen, Zustimmung der Aufsichtsbehörde. (1) [1]Für Lockerungen sind die nach den Umständen des Einzelfalles erforderlichen Weisungen zu erteilen. [2]Bei der Ausgestaltung der Lockerungen ist nach Möglichkeit auch den Belangen der Opfer Rechnung zu tragen.

(2) Zu lebenslanger Freiheitsstrafe verurteilten Strafgefangenen dürfen Lockerungen nur mit Zustimmung der Aufsichtsbehörde gewährt werden.

§ 49 Ausführung, Außenbeschäftigung, Vorführung, Ausantwortung. (1) [1]Den Gefangenen kann das Verlassen der Anstalt unter ständiger und unmittelbarer Aufsicht gestattet werden, wenn dies aus besonderen Gründen notwendig ist (Ausführung). [2]Die Gefangenen können auch gegen ihren Willen ausgeführt werden. [3]Liegt die Ausführung ausschließlich im Interesse der Gefangenen, können ihnen die Kosten auferlegt werden. [4]Hiervon ist bei Straf- und Jugendstrafgefangenen abzusehen, soweit dies die Erreichung des Vollzugsziels, insbesondere die Eingliederung, behindert.

(2) Ausführungen zur Befolgung einer gerichtlichen Ladung sind zu ermöglichen, soweit darin das persönliche Erscheinen angeordnet ist.

(3) Vor der Gewährung einer Ausführung Untersuchungsgefangener ist dem Gericht und der Staatsanwaltschaft Gelegenheit zur Stellungnahme zu geben.

(4) [1]Straf- und Jugendstrafgefangenen kann gestattet werden, außerhalb der Anstalt einer regelmäßigen Beschäftigung unter ständiger Aufsicht oder unter Aufsicht in unregelmäßigen Abständen (Außenbeschäftigung) nachzugehen. [2]§ 46 Absatz 2 gilt entsprechend.

(5) [1]Auf Ersuchen eines Gerichts werden Gefangene vorgeführt, sofern ein Vorführungsbefehl vorliegt. [2]Über Untersuchungsgefangene betreffende Vorführungsersuchen in anderen als dem der Inhaftierung zugrunde liegenden Verfahren sind das Gericht und die Staatsanwaltschaft unverzüglich zu unterrichten.

(6) [1]Gefangene dürfen befristet dem Gewahrsam eines Gerichts, einer Staatsanwaltschaft oder einer Polizei-, Zoll- oder Finanzbehörde auf Antrag überlassen werden (Ausantwortung). [2]Absatz 3 gilt entsprechend.

Abschnitt 8. Vorbereitung der Eingliederung, Entlassung und nachgehende Betreuung

§ 50 Vorbereitung der Eingliederung. (1) [1]Die Maßnahmen zur sozialen und beruflichen Eingliederung sind auf den Zeitpunkt der voraussichtlichen Entlassung in die Freiheit abzustellen. [2]Die Straf- und Jugendstrafgefangenen sind bei der Ordnung ihrer persönlichen, wirtschaftlichen und sozialen Angelegenheiten zu unterstützen. [3]Dies umfasst auch die Vermittlung in nachsorgende Maßnahmen.

(2) [1]Die Anstalt arbeitet frühzeitig mit den Kommunen, den Agenturen für Arbeit, den Trägern der Sozialversicherung und der Sozialhilfe, den Hilfe-

einrichtungen anderer Behörden, den forensischen Ambulanzen, den Verbänden der freien Wohlfahrtspflege und weiteren Personen und Einrichtungen außerhalb des Vollzugs zusammen, insbesondere um zu erreichen, dass die Straf- und Jugendstrafgefangenen nach ihrer Entlassung über eine geeignete Unterbringung und eine Arbeits- oder Ausbildungsstelle verfügen. [2] Bewährungshilfe und Führungsaufsichtsstellen beteiligen sich frühzeitig an der sozialen und beruflichen Eingliederung der Straf- und Jugendstrafgefangenen. [3] § 12 Absatz 6 gilt entsprechend.

(3) Um die Eingliederung vorzubereiten, sollen die Straf- und Jugendstrafgefangenen in eine Eingliederungsabteilung verlegt werden.

(4) [1] Den Straf- und Jugendstrafgefangenen können Aufenthalte in Einrichtungen außerhalb des Vollzugs (Übergangseinrichtungen) gewährt werden, wenn dies zur Vorbereitung der Eingliederung erforderlich ist. [2] Die Vollstreckungsleiterin oder der Vollstreckungsleiter ist zu hören. [3] Haben sich die Straf- und Jugendstrafgefangenen mindestens sechs Monate im Vollzug befunden, kann ihnen auch ein zusammenhängender Langzeitausgang bis zu sechs Monaten, zur Unterbringung in einer Einrichtung freier Träger auch darüber hinaus, gewährt werden, wenn dies zur Vorbereitung der Eingliederung erforderlich ist. [4] § 46 Absatz 2 und 3 sowie § 48 gelten entsprechend.

(5) In einem Zeitraum von sechs Monaten vor der voraussichtlichen Entlassung sind den Straf- und Jugendstrafgefangenen die zur Vorbereitung der Eingliederung erforderlichen Lockerungen zu gewähren, sofern nicht mit hoher Wahrscheinlichkeit zu erwarten ist, dass die Straf- und Jugendstrafgefangenen sich dem Vollzug der Freiheits- oder Jugendstrafe entziehen oder die Lockerungen zu Straftaten missbrauchen werden.

(6) [1] Die Beratung der Straf- und Jugendstrafgefangenen, die voraussichtlich nicht unter Bewährung oder Führungsaufsicht gestellt werden und bei denen nach ihrer Entlassung ein Hilfebedarf besteht, soll die Vermittlung des Kontaktes zu Stellen und Einrichtungen außerhalb der Anstalt umfassen, die die Eingliederung der Straf- und Jugendstrafgefangenen am Wohnort begleiten und fördern können. [2] Insbesondere sind die regionalen freien Träger frühzeitig in die Vorbereitung der Eingliederung einzubinden, um die Straf- und Jugendstrafgefangenen nach der Entlassung an ihrem Wohnort unverzüglich unterstützen zu können.

§ 51 Entlassung der Straf- und Jugendstrafgefangenen. (1) Die Straf- und Jugendstrafgefangenen sollen am letzten Tag ihrer Strafzeit möglichst frühzeitig, jedenfalls noch am Vormittag, entlassen werden.

(2) Fällt das Strafende auf einen Sonnabend oder Sonntag, einen gesetzlichen Feiertag, den ersten Werktag nach Ostern oder Pfingsten oder in die Zeit vom 22. Dezember bis zum 6. Januar, so können die Straf- und Jugendstrafgefangenen an dem diesem Tag oder Zeitraum vorhergehenden Werktag entlassen werden, wenn dies gemessen an der Dauer der Strafzeit vertretbar ist und fürsorgerische Gründe nicht entgegenstehen.

(3) Der Entlassungszeitpunkt kann bis zu zwei Tage vorverlegt werden, wenn die Straf- und Jugendstrafgefangenen zu ihrer Eingliederung hierauf dringend angewiesen sind.

(4) Bedürftigen Straf- und Jugendstrafgefangenen kann eine Entlassungsbeihilfe in Form eines Reisekostenzuschusses, angemessener Kleidung oder einer sonstigen notwendigen Unterstützung gewährt werden.

§ 52 Nachgehende Betreuung. [1] Mit Zustimmung der Anstaltsleiterin oder des Anstaltsleiters können Bedienstete an der nachgehenden Betreuung entlassener Straf- und Jugendstrafgefangener mit deren Einverständnis mitwirken, wenn ansonsten die Eingliederung gefährdet wäre. [2] Die nachgehende Betreuung kann auch außerhalb der Anstalt erfolgen. [3] In der Regel ist sie auf die ersten sechs Monate nach der Entlassung begrenzt.

§ 53 Verbleib oder Aufnahme auf freiwilliger Grundlage. (1) Sofern es die Belegungssituation zulässt, können die Straf- und Jugendstrafgefangenen auf Antrag ausnahmsweise vorübergehend in der Anstalt verbleiben oder wieder aufgenommen werden, wenn die Eingliederung gefährdet und ein Aufenthalt in der Anstalt aus diesem Grunde gerechtfertigt ist.

(2) [1] Die Jugendstrafgefangenen können ausnahmsweise nach ihrer Entlassung im Vollzug begonnene Ausbildungs- oder Behandlungsmaßnahmen fortführen, soweit diese nicht anderweitig durchgeführt werden können. [2] Hierzu können sie vorübergehend in der Anstalt untergebracht werden.

(3) [1] Die Unterbringung erfolgt auf vertraglicher Basis. [2] Gegen die in der Anstalt untergebrachten Entlassenen dürfen Maßnahmen des Vollzugs nicht mit unmittelbarem Zwang durchgesetzt werden.

(4) Bei Störung des Anstaltsbetriebes durch die Entlassenen oder aus vollzugsorganisatorischen Gründen können die Unterbringung und die Maßnahme jederzeit beendet werden.

§ 54 Entlassung der Untersuchungsgefangenen. (1) Auf Anordnung des Gerichts oder der Staatsanwaltschaft entlässt die Anstalt die Untersuchungsgefangenen unverzüglich aus der Haft, es sei denn, es ist in anderer Sache eine richterlich angeordnete Freiheitsentziehung zu vollziehen.

(2) [1] Aus fürsorgerischen Gründen kann den Untersuchungsgefangenen der freiwillige Verbleib in der Anstalt bis zum Vormittag des zweiten auf den Eingang der Entlassungsanordnung folgenden Werktages gestattet werden. [2] Der freiwillige Verbleib setzt das schriftliche Einverständnis der Untersuchungsgefangenen voraus, dass die bisher bestehenden Beschränkungen aufrechterhalten bleiben.

(3) § 51 Absatz 4 gilt entsprechend.

Abschnitt 9. Grundversorgung und Freizeit

§ 55 Einbringen von Gegenständen. [1] Gegenstände dürfen durch oder für die Gefangenen nur mit Zustimmung der Anstalt eingebracht werden. [2] Die Anstalt kann die Zustimmung verweigern, wenn die Gegenstände geeignet sind, die Sicherheit oder Ordnung der Anstalt oder die Erreichung des Vollzugsziels zu gefährden, oder ihre Aufbewahrung nach Art oder Umfang offensichtlich nicht möglich ist.

§ 56 Gewahrsam an Gegenständen. (1) Die Gefangenen dürfen Gegenstände nur mit Zustimmung der Anstalt in Gewahrsam haben, annehmen oder abgeben.

(2) Ohne Zustimmung dürfen sie Gegenstände von geringem Wert an andere Gefangene weitergeben und von anderen Gefangenen annehmen; die Abgabe und Annahme auch dieser Gegenstände und der Gewahrsam daran können von der Zustimmung der Anstalt abhängig gemacht werden.

§ 57 Ausstattung des Haftraums. [1] Die Gefangenen dürfen ihren Haftraum in angemessenem Umfang mit eigenen Gegenständen ausstatten oder diese dort aufbewahren. [2] Gegenstände dürfen nicht in den Haftraum eingebracht werden oder werden aus dem Haftraum entfernt, wenn sie geeignet sind,

1. die Sicherheit oder Ordnung der Anstalt, insbesondere die Übersichtlichkeit des Haftraums, zu gefährden oder
2. bei den Straf- und Jugendstrafgefangenen die Erreichung des Vollzugsziels zu gefährden.

§ 58 Aufbewahrung und Vernichtung von Gegenständen. (1) Gegenstände, die die Gefangenen nicht im Haftraum aufbewahren dürfen oder wollen, werden von der Anstalt aufbewahrt, soweit dies nach Art und Umfang möglich ist.

(2) [1] Den Gefangenen wird Gelegenheit gegeben, ihre Gegenstände, die sie während des Vollzugs und für ihre Entlassung nicht benötigen, zu versenden. [2] § 45 Absatz 6 gilt entsprechend.

(3) [1] Werden Gegenstände, deren Aufbewahrung nach Art oder Umfang nicht möglich ist, von den Gefangenen trotz Aufforderung nicht aus der Anstalt verbracht, so darf die Anstalt diese Gegenstände auf Kosten der Gefangenen außerhalb der Anstalt verwahren, verwerten oder vernichten. [2] Für die Voraussetzungen und das Verfahren der Verwertung und Vernichtung gilt § 27 des Brandenburgischen Polizeigesetzes entsprechend.

(4) Aufzeichnungen und andere Gegenstände, die Kenntnisse über Sicherungsvorkehrungen der Anstalt vermitteln oder Schlussfolgerungen auf diese zulassen, dürfen vernichtet oder unbrauchbar gemacht werden.

§ 59 Religiöse Schriften und Gegenstände. [1] Die Gefangenen dürfen grundlegende religiöse Schriften sowie in angemessenem Umfang Gegenstände des religiösen Gebrauchs besitzen. [2] Diese dürfen ihnen nur bei grobem Missbrauch entzogen werden.

§ 60 Zeitungen und Zeitschriften. (1) [1] Die Gefangenen dürfen auf eigene Kosten Zeitungen und Zeitschriften in angemessenem Umfang durch Vermittlung der Anstalt beziehen. [2] Ausgeschlossen sind lediglich Zeitungen und Zeitschriften, deren Verbreitung mit Strafe oder Geldbuße bedroht ist.

(2) Den Straf- und Jugendstrafgefangenen können einzelne Ausgaben vorenthalten oder entzogen werden, wenn deren Inhalte die Erreichung des Vollzugsziels oder die Sicherheit oder Ordnung der Anstalt erheblich gefährden würden.

(3) [1] Den Untersuchungsgefangenen können Zeitungen oder Zeitschriften vorenthalten werden, wenn dies zur Umsetzung einer Anordnung nach § 119 Absatz 1 der Strafprozessordnung erforderlich ist. [2] Für einzelne Ausgaben gilt dies auch dann, wenn deren Inhalte die Sicherheit oder Ordnung der Anstalt erheblich gefährden würden.

§ 61 Rundfunk, Informations- und Unterhaltungselektronik. (1) Der Zugang zum Rundfunk ist zu ermöglichen.

(2) [1] Eigene Hörfunk- und Fernsehgeräte werden zugelassen, wenn nicht Gründe des § 57 Satz 2 oder bei jungen Gefangenen erzieherische Gründe entgegenstehen. [2] Andere Geräte der Informations- und Unterhaltungselektronik können unter diesen Voraussetzungen zugelassen werden. [3] Die Gefangenen können auf Mietgeräte oder auf ein Haftraummediensystem verwiesen werden. [4] § 44 bleibt unberührt.

(3) Der Rundfunkempfang kann vorübergehend ausgesetzt oder einzelnen Gefangenen untersagt werden, wenn dies zur Aufrechterhaltung der Sicherheit oder Ordnung der Anstalt, bei einzelnen Untersuchungsgefangenen auch zur Umsetzung einer Anordnung nach § 119 Absatz 1 der Strafprozessordnung unerlässlich ist.

§ 62 Kleidung. (1) [1] Im geschlossenen Vollzug tragen die Straf- und Jugendstrafgefangenen Anstaltskleidung. [2] Die Anstaltsleiterin oder der Anstaltsleiter kann eine abweichende Regelung treffen.

(2) [1] Die Untersuchungsgefangenen dürfen eigene Kleidung tragen. [2] Dieses Recht kann eingeschränkt oder ausgeschlossen werden, soweit es zur Umsetzung einer Anordnung nach § 119 Absatz 1 der Strafprozessordnung oder zur Gewährleistung der Sicherheit oder Ordnung der Anstalt erforderlich ist.

(3) [1] Für Reinigung und Instandsetzung eigener Kleidung haben die Gefangenen auf ihre Kosten zu sorgen. [2] Die Anstaltsleiterin oder der Anstaltsleiter kann anordnen, dass Reinigung und Instandhaltung nur durch Vermittlung der Anstalt erfolgen dürfen.

§ 63 Verpflegung und Einkauf. (1) [1] Zusammensetzung und Nährwert der Anstaltsverpflegung entsprechen den Anforderungen an eine gesunde Ernährung und werden ärztlich überwacht. [2] Auf ärztliche Anordnung wird besondere Verpflegung gewährt. [3] Den Gefangenen ist zu ermöglichen, Speisevorschriften ihrer Religionsgemeinschaft zu befolgen oder sich fleischlos zu ernähren.

(2) [1] Den Gefangenen wird ermöglicht einzukaufen. [2] Die Anstalt wirkt auf ein Angebot hin, das auf Wünsche und Bedürfnisse der Gefangenen Rücksicht nimmt. [3] Das Verfahren des Einkaufs regelt die Anstaltsleiterin oder der Anstaltsleiter. [4] Straf- und Jugendstrafgefangene können Nahrungs-, Genuss- und Körperpflegemittel nur vom Haus- und Taschengeld, andere Gegenstände in angemessenem Umfang auch vom Eigengeld einkaufen.

§ 64 Annehmlichkeiten im Vollzug der Untersuchungshaft. Die Untersuchungsgefangenen dürfen sich auf ihre Kosten von den §§ 57 sowie 59 bis 63 nicht umfasste Annehmlichkeiten verschaffen, soweit und solange die Sicherheit oder Ordnung der Anstalt nicht gefährdet wird.

§ 65 Freizeit. (1) [1] Zur Ausgestaltung der Freizeit hat die Anstalt insbesondere Angebote zur sportlichen und kulturellen Betätigung und Bildungsangebote vorzuhalten. [2] Die Anstalt stellt eine angemessen ausgestattete Mediathek zur Verfügung.

(2) [1] Dem Sport kommt bei der Gestaltung des Vollzugs der Jugendstrafe und der Untersuchungshaft an jungen Untersuchungsgefangenen besondere Bedeutung zu. [2] Für die jungen Gefangenen sind ausreichende und geeignete Ange-

bote vorzuhalten, um ihnen eine sportliche Betätigung von mindestens vier Stunden wöchentlich zu ermöglichen.

(3) Im Vollzug der Jugendstrafe dient der Sport auch der Erreichung des Vollzugsziels und kann zur Diagnostik und gezielten Behandlung eingesetzt werden.

Abschnitt 10. Vergütung, Gelder der Gefangenen und Kosten

§ 66 Vergütung. (1) Die Gefangenen erhalten eine Vergütung in Form von

1. Arbeitsentgelt für Arbeit,[1)]
2. Ausbildungsbeihilfe für die Teilnahme an schulischen und beruflichen Qualifizierungsmaßnahmen, arbeitstherapeutischen Maßnahmen und Arbeitstraining oder[2)]
3. finanzieller Anerkennung für die Teilnahme an Maßnahmen nach § 15 Absatz 1 Satz 1 Nummer 8 bis 11 und Satz 2, soweit sie für die Strafgefangenen nach § 15 Absatz 2 als zwingend erforderlich, für die Jugendstrafgefangenen nach § 15 Absatz 3 als erforderlich erachtet wurden oder Teil des Behandlungsprogramms der sozialtherapeutischen Abteilung sind.[2)]

(2) [1]Der Bemessung der Vergütung sind 9 Prozent der Bezugsgröße nach § 18 des Vierten Buches Sozialgesetzbuch zugrunde zu legen (Eckvergütung). [2]Ein Tagessatz ist der 250. Teil der Eckvergütung; die Vergütung kann nach einem Stundensatz bemessen werden.

(3) [1]Die Vergütung kann je nach Art der Maßnahme und Leistung der Gefangenen gestuft werden. [2]Sie beträgt mindestens 75 Prozent der Eckvergütung. [3]Das für den Justizvollzug zuständige Mitglied der Landesregierung wird ermächtigt, durch Rechtsverordnung Vergütungsstufen zu regeln.[3)]

(4) Soweit Beiträge zur Bundesagentur für Arbeit zu entrichten sind, kann vom Arbeitsentgelt oder der Ausbildungsbeihilfe ein Betrag einbehalten werden, der dem Anteil der Gefangenen am Beitrag entsprechen würde, wenn sie diese Bezüge als Arbeitnehmerin oder Arbeitnehmer erhielten.

(5) Die Höhe der Vergütung ist den Gefangenen schriftlich bekannt zu geben.

(6) Die Gefangenen, die an einer Maßnahme nach § 29 teilnehmen, erhalten hierfür nur eine Ausbildungsbeihilfe, soweit kein Anspruch auf Leistungen zum Lebensunterhalt besteht, die außerhalb des Vollzugs aus solchem Anlass gewährt werden.

§ 67 Eigengeld. (1) Das Eigengeld besteht aus den Beträgen, die die Gefangenen bei der Aufnahme in die Anstalt mitbringen und die sie während der Haftzeit erhalten, und der Vergütung, soweit diese nicht im Vollzug der Freiheits- und Jugendstrafe als Hausgeld oder Eingliederungsgeld und im Vollzug der Freiheitsstrafe als Haftkostenbeitrag in Anspruch genommen wird.

[1)] Siehe hierzu ua: §§ 1, 3 und 4 der Brandenburgische Justizvollzugs- und Sicherungsverwahrungsvollzugsvergütungsordnung v. 22.5.2013 (GVBl. II Nr. 42) v. 22.5.2013 (GVBl. II Nr. 42).

[2)] Siehe hierzu ua: §§ 1, 3 und 4 der Brandenburgische Justizvollzugs- und Sicherungsverwahrungsvollzugsvergütungsordnung v. 22.5.2013 (GVBl. II Nr. 42) v. 22.5.2013 (GVBl. II Nr. 42)

[3)] § 66 Abs. 3 Satz 3 tritt am Tag nach der Verkündung in Kraft; vgl. § 143 Abs. 2.

(2) [1]Die Gefangenen können über das Eigengeld verfügen. [2]§ 63 Absatz 2 sowie die §§ 70 und 71 bleiben unberührt.

§ 68 Taschengeld. (1) [1]Bedürftigen Straf- und Jugendstrafgefangenen wird auf Antrag Taschengeld gewährt. [2]Bedürftig sind sie, soweit ihnen aus Hausgeld (§ 70) und Eigengeld (§ 67) monatlich ein Betrag bis zur Höhe des Taschengeldes voraussichtlich nicht zur Verfügung steht. [3]Finanzielle Anerkennungen nach § 66 Absatz 1 Nummer 3 bleiben bis zur Höhe des Taschengeldbetrags unberücksichtigt.

(2) [1]Straf- und Jugendstrafgefangene gelten als nicht bedürftig, wenn ihnen ein Betrag nach Absatz 1 Satz 2 deshalb nicht zur Verfügung steht, weil sie eine ihnen zumutbare Arbeit nicht angenommen oder eine ausgeübte Arbeit verschuldet verloren haben. [2]Das gilt auch dann, wenn Jugendstrafgefangene eine nach § 15 Absatz 3 als erforderlich erachtete Arbeit nicht aufgenommen oder verschuldet verloren haben.

(3) [1]Bedürftigen Untersuchungsgefangenen wird auf Antrag Taschengeld gewährt. [2]Bedürftig sind sie, soweit ihnen im laufenden Monat ein Betrag bis zur Höhe des Taschengeldes voraussichtlich nicht aus eigenen Mitteln zur Verfügung steht.

(4) [1]Das Taschengeld beträgt 14 Prozent der Eckvergütung (§ 66 Absatz 2). [2]Es wird zu Beginn des Monats im Voraus gewährt. [3]Gehen den Gefangenen im Laufe des Monats Gelder zu, wird zum Ausgleich ein Betrag bis zur Höhe des gewährten Taschengeldes einbehalten.

(5) [1]Die Gefangenen dürfen über das Taschengeld im Rahmen der Bestimmungen dieses Gesetzes verfügen. [2]Im Vollzug der Freiheits- und Jugendstrafe wird es dem Hausgeldkonto gutgeschrieben.

§ 69 Konten, Bargeld. (1) Für die Straf- und Jugendstrafgefangenen werden Hausgeld- und Eigengeldkonten, für die Untersuchungsgefangenen nur Eigengeldkonten in der Anstalt geführt.

(2) [1]Der Besitz von Bargeld in der Anstalt ist den Gefangenen nicht gestattet. [2]Über Ausnahmen entscheidet die Anstaltsleiterin oder der Anstaltsleiter.

(3) Geld in Fremdwährung wird zur Habe genommen.

§ 70 Hausgeld. (1) Das Hausgeld wird aus drei Siebteln der in diesem Gesetz geregelten Vergütung gebildet.

(2) Für Straf- und Jugendstrafgefangene, die aus einem freien Beschäftigungsverhältnis, aus einer Selbstbeschäftigung oder anderweitig regelmäßige Einkünfte haben, wird daraus ein angemessenes monatliches Hausgeld festgesetzt.

(3) Für Straf- und Jugendstrafgefangene, die über Eigengeld (§ 67) verfügen und keine hinreichende Vergütung nach diesem Gesetz erhalten, gilt Absatz 2 entsprechend.

(4) [1]Die Straf- und Jugendstrafgefangenen dürfen über das Hausgeld im Rahmen der Bestimmungen dieses Gesetzes verfügen. [2]Der Anspruch auf Auszahlung ist nicht übertragbar.

§ 71 Zweckgebundene Einzahlungen. [1]Für Maßnahmen der Eingliederung, insbesondere Kosten der Gesundheitsfürsorge und der Aus- und Fortbildung, und für Maßnahmen der Pflege sozialer Beziehungen, insbesondere

Telefonkosten und Fahrtkosten anlässlich Lockerungen, kann zweckgebunden Geld eingezahlt werden. [2]Das Geld darf nur für diese Zwecke verwendet werden. [3]Der Anspruch auf Auszahlung ist nicht übertragbar.

§ 72 Haftkostenbeitrag, Kostenbeteiligung. (1) [1]Die Anstalt erhebt von den Strafgefangenen, die sich in einem freien Beschäftigungsverhältnis befinden oder über anderweitige regelmäßige Einkünfte verfügen, für diese Zeit einen Haftkostenbeitrag. [2]Vergütungen nach diesem Gesetz bleiben unberücksichtigt. [3]Den Strafgefangenen muss täglich ein Tagessatz gemäß § 66 Absatz 2 Satz 2 verbleiben. [4]Von der Geltendmachung des Anspruchs ist abzusehen, soweit die Wiedereingliederung der Strafgefangenen hierdurch gefährdet würde.

(2) [1]Der Haftkostenbeitrag wird in Höhe des Betrages erhoben, der nach § 17 Absatz 1 Satz 1 Nummer 4 des Vierten Buches Sozialgesetzbuch durchschnittlich zur Bewertung der Sachbezüge festgesetzt ist. [2]Bei Selbstverpflegung entfallen die für die Verpflegung vorgesehenen Beträge. [3]Für den Wert der Unterkunft ist die festgesetzte Belegungsfähigkeit maßgebend.

(3) Die Gefangenen können an den Betriebskosten der in ihrem Gewahrsam befindlichen Geräte beteiligt werden.

§ 73 Eingliederungsgeld. (1) [1]Die Strafgefangenen dürfen für Zwecke der Eingliederung nach der Entlassung ein Guthaben in angemessener Höhe bilden (Eingliederungsgeld). [2]Die Jugendstrafgefangenen sind hierzu verpflichtet. [3]Der Anspruch auf Auszahlung ist nicht übertragbar.

(2) [1]Die Straf- und Jugendstrafgefangenen dürfen bereits vor der Entlassung für Zwecke des Absatzes 1 Satz 1 über das Eingliederungsgeld verfügen. [2]Die Anstaltsleiterin oder der Anstaltsleiter kann ihnen gestatten, das Eingliederungsgeld zur Entschädigung der Opfer ihrer Straftaten in Anspruch zu nehmen.

Abschnitt 11. Gesundheitsfürsorge

§ 74 Art und Umfang der medizinischen Leistungen, Kostenbeteiligung. (1) [1]Die Gefangenen haben einen Anspruch auf notwendige, ausreichende und zweckmäßige medizinische Leistungen unter Beachtung des Grundsatzes der Wirtschaftlichkeit und unter Berücksichtigung des allgemeinen Standards der gesetzlichen Krankenversicherung. [2]Der Anspruch umfasst auch Vorsorgeleistungen, ferner die Versorgung mit medizinischen Hilfsmitteln, soweit diese mit Rücksicht auf die Dauer des Freiheitsentzugs nicht ungerechtfertigt ist und die Hilfsmittel nicht als allgemeine Gebrauchsgegenstände des täglichen Lebens anzusehen sind.

(2) [1]An den Kosten nach Absatz 1 können die Gefangenen in angemessenem Umfang beteiligt werden, höchstens jedoch bis zum Umfang der Beteiligung vergleichbarer gesetzlich Versicherter. [2]Für Leistungen, die über Absatz 1 hinausgehen, können den Gefangenen die gesamten Kosten auferlegt werden.

(3) [1]Erhalten die Gefangenen Leistungen nach Absatz 1 infolge einer mutwilligen Selbstverletzung, sind sie in angemessenem Umfang an den Kosten zu beteiligen. [2]Bei den Straf- und Jugendstrafgefangenen unterbleibt die Kostenbeteiligung, wenn hierdurch die Erreichung des Vollzugsziels, insbesondere die Eingliederung, gefährdet würde.

(4) [1]Den Untersuchungsgefangenen soll die Anstaltsleiterin oder der Anstaltsleiter nach Anhörung des ärztlichen Dienstes der Anstalt auf ihren Antrag

hin gestatten, auf ihre Kosten externen ärztlichen Rat einzuholen. [2]Die Erlaubnis kann versagt werden, wenn die Untersuchungsgefangenen die gewählte ärztliche Vertrauensperson und den ärztlichen Dienst der Anstalt nicht wechselseitig von der Schweigepflicht entbinden oder wenn es zur Umsetzung einer Anordnung nach § 119 Absatz 1 der Strafprozessordnung oder zur Aufrechterhaltung der Sicherheit oder Ordnung der Anstalt erforderlich ist. [3]Die Konsultation soll in der Anstalt stattfinden.

§ 75 Durchführung der medizinischen Leistungen, Forderungsübergang. (1) [1]Medizinische Diagnostik, Behandlung und Versorgung kranker und hilfsbedürftiger Gefangener erfolgen in der Anstalt, erforderlichenfalls in einer hierfür besser geeigneten Anstalt oder einem Vollzugskrankenhaus, ausnahmsweise auch außerhalb des Vollzugs. [2]Erfolgt eine Behandlung junger Gefangener außerhalb der Anstalt, sind die Personensorgeberechtigten und das Jugendamt, im Vollzug der Jugendstrafe ist auch die Vollstreckungsleiterin oder der Vollstreckungsleiter zu unterrichten. [3]Im Vollzug der Untersuchungshaft ist dem Gericht und der Staatsanwaltschaft im Falle einer Behandlung außerhalb der Anstalt nach Möglichkeit Gelegenheit zur Stellungnahme zu geben.

(2) Wird die Strafvollstreckung während einer Behandlung von Straf- oder Jugendstrafgefangenen unterbrochen oder beendet oder werden Untersuchungsgefangene während einer Behandlung aus der Haft entlassen, so hat das Land nur diejenigen Kosten zu tragen, die bis zur Unterbrechung oder Beendigung der Strafvollstreckung oder bis zur Entlassung angefallen sind.

(3) [1]Gesetzliche Schadensersatzansprüche, die Gefangenen infolge einer Körperverletzung gegen Dritte zustehen, gehen insoweit auf das Land über, als den Gefangenen Leistungen nach § 74 Absatz 1 zu gewähren sind. [2]Von der Geltendmachung der Ansprüche ist im Interesse der Straf- oder Jugendstrafgefangenen abzusehen, wenn hierdurch die Erreichung des Vollzugsziels, insbesondere die Eingliederung, gefährdet würde.

§ 76 Ärztliche Behandlung zur sozialen Eingliederung. [1]Mit Zustimmung der Straf- oder Jugendstrafgefangenen soll die Anstalt ärztliche Behandlungen, insbesondere Operationen oder prothetische Maßnahmen, durchführen lassen, die ihre soziale Eingliederung fördern. [2]Die Kosten tragen die Straf- oder Jugendstrafgefangenen. [3]Sind sie dazu nicht in der Lage, kann die Anstalt die Kosten in begründeten Fällen in angemessenem Umfang übernehmen.

§ 77 Gesundheitsschutz und Hygiene. (1) [1]Die Anstalt unterstützt die Gefangenen bei der Wiederherstellung und Erhaltung ihrer körperlichen, geistigen und seelischen Gesundheit. [2]Sie fördert das Bewusstsein für gesunde Ernährung und Lebensführung. [3]Die Gefangenen haben die notwendigen Anordnungen zum Gesundheitsschutz und zur Hygiene zu befolgen.

(2) Den Gefangenen wird ermöglicht, sich täglich mindestens eine Stunde im Freien aufzuhalten.

§ 78 Krankenbehandlung während Lockerungen. (1) [1]Die Straf- und Jugendstrafgefangenen haben während Lockerungen einen Anspruch auf medizinische Leistungen gegen das Land nur in der für sie zuständigen Anstalt. [2]§ 47 Absatz 1 bleibt unberührt.

(2) Der Anspruch auf Leistungen ruht, solange die Straf- und Jugendstrafgefangenen aufgrund eines freien Beschäftigungsverhältnisses krankenversichert sind.

§ 79 Zwangsmaßnahmen auf dem Gebiet der Gesundheitsfürsorge.

(1) [1] Eine medizinische Untersuchung und Behandlung ist ohne Einwilligung der Gefangenen zulässig, um den Erfolg eines Selbsttötungsversuchs zu verhindern. [2] Eine Maßnahme nach Satz 1 ist auch zulässig, wenn von den Gefangenen eine schwerwiegende Gefahr für die Gesundheit einer anderen Person ausgeht und die Maßnahme verhältnismäßig ist.

(2) Eine medizinische Untersuchung und Behandlung sowie eine Zwangsernährung sind bei Lebensgefahr oder schwerwiegender Gefahr für die Gesundheit der Gefangenen zulässig, wenn diese zur Einsicht in das Vorliegen der Gefahr und die Notwendigkeit der Maßnahme oder zum Handeln gemäß solcher Einsicht krankheitsbedingt nicht fähig sind.

(3) Eine Maßnahme nach Absatz 2 darf nur angeordnet werden, wenn

1. eine Patientenverfügung im Sinne des § 1901a Absatz 1 Satz 1 des Bürgerlichen Gesetzbuches, deren Festlegungen auf die aktuelle Lebens- und Behandlungssituation zutreffen und gegen die Durchführung der Maßnahme gerichtet sind, der Anstalt nicht vorliegt,
2. die Gefangenen durch eine Ärztin oder einen Arzt über Notwendigkeit, Art, Umfang, Dauer, zu erwartende Folgen und Risiken der Maßnahme in einer ihrer Auffassungsgabe und ihrem Gesundheitszustand angemessenen Weise aufgeklärt wurden,
3. der ernsthafte und ohne Ausübung von Druck unternommene Versuch einer Ärztin oder eines Arztes, ein Einverständnis der Gefangenen mit der Maßnahme zu erwirken, erfolglos geblieben ist,
4. die Maßnahme zur Abwendung einer Gefahr nach Absatz 2 geeignet und erforderlich ist und
5. der von der Maßnahme erwartete Nutzen die mit der Maßnahme verbundene Belastung und den durch das Unterlassen der Maßnahme möglichen Schaden deutlich überwiegt.

(4) [1] Maßnahmen nach den Absätzen 1 und 2 dürfen nur von der Anstaltsleiterin oder dem Anstaltsleiter auf der Grundlage einer ärztlichen Empfehlung angeordnet werden. [2] Die Anordnung bedarf der Zustimmung der medizinischen Fachaufsicht. [3] Durchführung und Überwachung unterstehen ärztlicher Leitung. [4] Unberührt bleibt die Leistung erster Hilfe für den Fall, dass eine Ärztin oder ein Arzt nicht rechtzeitig erreichbar und mit einem Aufschub Lebensgefahr verbunden ist. [5] Die Gründe für die Anordnung einer Maßnahme nach Absatz 1 oder Absatz 2, in den Fällen des Absatzes 2 auch das Vorliegen der dort genannten Voraussetzungen sowie die ergriffene Maßnahme, einschließlich ihres Zwangscharakters, die Durchsetzungsweise, die Wirkungsüberwachung sowie der Untersuchungs- und Behandlungsverlauf sind zu dokumentieren. [6] Gleiches gilt für Erklärungen der Gefangenen, die im Zusammenhang mit Zwangsmaßnahmen von Bedeutung sein können.

(5) [1] Die Anordnung einer Maßnahme nach Absatz 1 Satz 2 oder Absatz 2 ist den Gefangenen vor Durchführung der Maßnahme schriftlich bekannt zu geben. [2] Sie sind darüber zu belehren, dass sie gegen die Anordnung bei Gericht um einstweiligen Rechtsschutz ersuchen und auch Antrag auf gerichtliche

Entscheidung stellen können. [3] Mit dem Vollzug einer Anordnung ist zuzuwarten, bis die Gefangenen Gelegenheit hatten, eine gerichtliche Entscheidung herbeizuführen.

(6) Bei Gefahr im Verzug finden Absatz 3 Nummer 2 und 3 und Absatz 5 keine Anwendung.

(7) [1] Die zwangsweise körperliche Untersuchung der Gefangenen zum Gesundheitsschutz und zur Hygiene ist zulässig, wenn sie nicht mit einem körperlichen Eingriff verbunden ist. [2] Sie darf nur von der Anstaltsleiterin oder dem Anstaltsleiter auf der Grundlage einer ärztlichen Stellungnahme angeordnet werden. [3] Durchführung und Überwachung unterstehen ärztlicher Leitung.

§ 80 Benachrichtigungspflicht. [1] Erkranken Gefangene schwer oder versterben sie, werden Angehörige und Personensorgeberechtigte sowie gegebenenfalls Verteidigerinnen und Verteidiger und Beistände nach § 69 des Jugendgerichtsgesetzes benachrichtigt. [2] Dem Wunsch der Gefangenen, auch andere Personen zu benachrichtigen, soll nach Möglichkeit entsprochen werden.

Abschnitt 12. Religionsausübung

§ 81 Seelsorge. [1] Den Gefangenen darf religiöse Betreuung durch eine Seelsorgerin oder einen Seelsorger nicht versagt werden. [2] Auf Wunsch ist ihnen zu helfen, mit einer Seelsorgerin oder einem Seelsorger ihrer Religionsgemeinschaft in Verbindung zu treten.

§ 82 Religiöse Veranstaltungen. (1) Die Gefangenen haben das Recht, am Gottesdienst und an anderen religiösen Veranstaltungen ihres Bekenntnisses in der Anstalt teilzunehmen.

(2) Die Zulassung zu den Gottesdiensten oder religiösen Veranstaltungen einer anderen Religionsgemeinschaft bedarf der Zustimmung der Seelsorgerin oder des Seelsorgers der Religionsgemeinschaft.

(3) Gefangene können von der Teilnahme am Gottesdienst oder an anderen religiösen Veranstaltungen ausgeschlossen werden, wenn dies aus überwiegenden Gründen der Sicherheit oder Ordnung, bei Untersuchungsgefangenen auch zur Umsetzung einer Anordnung nach § 119 Absatz 1 der Strafprozessordnung geboten ist; die Seelsorgerin oder der Seelsorger soll vorher gehört werden.

§ 83 Weltanschauungsgemeinschaften. Für Angehörige weltanschaulicher Bekenntnisse gelten die §§ 59, 81 und 82 entsprechend.

Abschnitt 13. Sicherheit und Ordnung

§ 84 Grundsatz. (1) Sicherheit und Ordnung der Anstalt bilden die Grundlage des Anstaltslebens und tragen dazu bei, dass in der Anstalt ein gewaltfreies Klima herrscht.

(2) Die Pflichten und Beschränkungen, die den Gefangenen zur Aufrechterhaltung der Sicherheit oder Ordnung der Anstalt auferlegt werden, sind so zu wählen, dass sie in einem angemessenen Verhältnis zu ihrem Zweck stehen und die Gefangenen nicht mehr und nicht länger als notwendig beeinträchtigen.

§ 85 Allgemeine Verhaltenspflichten. (1) [1]Die Gefangenen sind für das geordnete Zusammenleben in der Anstalt mitverantwortlich und müssen mit ihrem Verhalten dazu beitragen. [2]Auf eine einvernehmliche Streitbeilegung ist hinzuwirken.

(2) Die Gefangenen haben die Anordnungen der Bediensteten zu befolgen, auch wenn sie sich durch diese beschwert fühlen.

(3) Die Gefangenen haben ihren Haftraum und die ihnen von der Anstalt überlassenen Sachen in Ordnung zu halten und schonend zu behandeln.

(4) Die Gefangenen haben Umstände, die eine Gefahr für das Leben oder eine erhebliche Gefahr für die Gesundheit einer Person bedeuten, unverzüglich zu melden.

§ 86 Absuchung, Durchsuchung. (1) [1]Die Gefangenen, ihre Sachen und die Hafträume dürfen mit technischen Mitteln oder sonstigen Hilfsmitteln abgesucht und durchsucht werden. [2]Die Durchsuchung der männlichen Gefangenen darf nur von Männern, die Durchsuchung weiblicher Gefangener darf nur von Frauen vorgenommen werden. [3]Das Schamgefühl ist zu schonen.

(2) [1]Nur bei Gefahr im Verzug oder auf Anordnung der Anstaltsleiterin oder des Anstaltsleiters im Einzelfall ist es zulässig, eine mit einer Entkleidung verbundene körperliche Durchsuchung vorzunehmen. [2]Sie darf bei männlichen Gefangenen nur in Gegenwart von Männern, bei weiblichen Gefangenen nur in Gegenwart von Frauen erfolgen. [3]Sie ist in einem geschlossenen Raum durchzuführen. [4]Andere Gefangene dürfen nicht anwesend sein.

(3) Die Anstaltsleiterin oder der Anstaltsleiter kann allgemein anordnen, dass die Gefangenen in der Regel bei der Aufnahme, nach Kontakten mit Besucherinnen und Besuchern sowie nach jeder unbeaufsichtigten Abwesenheit von der Anstalt nach Absatz 2 zu durchsuchen sind.

(4) [1]Die Anordnung ist zu begründen. [2]Anordnung, Durchführung und Ergebnis der Durchsuchungen nach den Absätzen 2 und 3 sind aktenkundig zu machen.

§ 87 Sichere Unterbringung. [1]Gefangene können in eine Anstalt verlegt werden, die zu ihrer sicheren Unterbringung besser geeignet ist, wenn in erhöhtem Maße die Gefahr der Entweichung oder Befreiung gegeben ist oder sonst ihr Verhalten oder ihr Zustand eine Gefahr für die Sicherheit der Anstalt darstellt. [2]§ 24 Absatz 4 und 5 gilt entsprechend.

§ 88 Maßnahmen zur Feststellung von Suchtmittelgebrauch. (1) [1]Zur Aufrechterhaltung der Sicherheit oder Ordnung der Anstalt kann die Anstaltsleiterin oder der Anstaltsleiter allgemein oder im Einzelfall Maßnahmen anordnen, die geeignet sind, den Gebrauch von Suchtmitteln festzustellen. [2]Diese Maßnahmen dürfen nicht mit einem körperlichen Eingriff verbunden sein.

(2) Verweigern Gefangene die Mitwirkung an Maßnahmen nach Absatz 1 ohne hinreichenden Grund, ist davon auszugehen, dass Suchtmittelfreiheit nicht gegeben ist.

(3) Wird verbotener Suchtmittelgebrauch festgestellt, können die Kosten der Maßnahmen den Gefangenen auferlegt werden.

§ 89 Festnahmerecht. [1]Gefangene, die entwichen sind oder sich sonst ohne Erlaubnis außerhalb der Anstalt aufhalten, können durch die Anstalt oder auf deren Veranlassung festgenommen und zurückgebracht werden. [2] Führt die Verfolgung oder die von der Anstalt veranlasste Fahndung nicht alsbald zur Wiederergreifung, so sind die weiteren Maßnahmen der Vollstreckungsbehörde zu überlassen.

§ 90 Besondere Sicherungsmaßnahmen. (1) Gegen Gefangene können besondere Sicherungsmaßnahmen angeordnet werden, wenn nach ihrem Verhalten oder aufgrund ihres seelischen Zustandes in erhöhtem Maße die Gefahr der Entweichung, von Gewalttätigkeiten gegen Personen oder Sachen, der Selbsttötung oder der Selbstverletzung besteht.

(2) Als besondere Sicherungsmaßnahmen sind zulässig:

1. der Entzug oder die Vorenthaltung von Gegenständen,
2. die Beobachtung der Gefangenen, auch mit optisch-elektronischen Einrichtungen,
3. die Trennung von allen anderen Gefangenen (Absonderung),
4. die Beschränkung des Aufenthalts im Freien,
5. die Unterbringung in einem besonders gesicherten Haftraum ohne gefährdende Gegenstände und
6. die Fesselung.

(3) Maßnahmen nach Absatz 2 Nummer 1 und 3 bis 5 sind auch zulässig, wenn die Gefahr einer Befreiung oder eine erhebliche Störung der Ordnung anders nicht vermieden oder behoben werden kann, nach Absatz 2 Nummer 4 jedoch nicht bei jungen Gefangenen.

(4) Eine Absonderung von mehr als 24 Stunden Dauer ist nur zulässig, wenn sie zur Abwehr einer in der Person des Gefangenen liegenden Gefahr unerlässlich ist.

(5) [1] In der Regel dürfen Fesseln nur an den Händen oder an den Füßen angelegt werden. [2] Im Interesse der Gefangenen kann die Anstaltsleiterin oder der Anstaltsleiter eine andere Art der Fesselung anordnen. [3] Die Fesselung wird zeitweise gelockert, soweit dies notwendig ist.

(6) Eine Fesselung, durch die die Bewegungsfreiheit vollständig aufgehoben wird (Fixierung), ist nur zulässig, soweit und solange die Gefahr von Gewalttätigkeiten gegen Personen, der Selbsttötung oder der Selbstverletzung in erhöhtem Maß besteht und die Fixierung zur Abwehr dieser Gefahr unerlässlich ist.

(7) Besteht die Gefahr der Entweichung, dürfen die Gefangenen bei einer Ausführung, Vorführung oder beim Transport gefesselt werden.

§ 91 Anordnung besonderer Sicherungsmaßnahmen, Verfahren.

(1) [1] Besondere Sicherungsmaßnahmen ordnet die Anstaltsleiterin oder der Anstaltsleiter an. [2] Bei Gefahr im Verzug können auch andere Bedienstete diese Maßnahmen vorläufig anordnen; die Entscheidung der Anstaltsleiterin oder des Anstaltsleiters ist unverzüglich einzuholen.

(2) [1] Eine nicht nur kurzfristige Fixierung bedarf einer vorherigen richterlichen Anordnung. [2] Bei Gefahr im Verzug können auch die Anstaltsleiterin oder der Anstaltsleiter die Fixierung vorläufig anordnen; die Entscheidung des Gerichts ist unverzüglich einzuholen. [3] Wird die vorläufige Anordnung der Fixie-

rung vor Erlangung einer richterlichen Entscheidung aufgehoben, so ist dies dem Gericht unverzüglich mitzuteilen.

(3) [1]Werden die Gefangenen ärztlich behandelt oder beobachtet oder bildet ihr seelischer Zustand den Anlass der besonderen Sicherungsmaßnahme, ist vorher eine ärztliche Stellungnahme einzuholen. [2]Ist dies wegen Gefahr im Verzug nicht möglich, wird die Stellungnahme unverzüglich nachträglich eingeholt.

(4) [1]Die Entscheidung wird den Gefangenen von der Anstaltsleiterin oder dem Anstaltsleiter mündlich eröffnet und mit einer kurzen Begründung schriftlich abgefasst. [2]Die Anordnung ist aktenkundig zu machen. [3]Die Anordnung einer Fixierung, deren Grund und deren Verlauf, insbesondere die Art der Überwachung und Betreuung, sind umfassend zu dokumentieren.

(5) [1]Besondere Sicherungsmaßnahmen dürfen nur so weit aufrechterhalten werden, wie es ihr Zweck erfordert. [2]Sie sind in angemessenen Abständen daraufhin zu überprüfen, ob und in welchem Umfang sie aufrechterhalten werden müssen. [3]Das Ergebnis der Überprüfungen und die Durchführung der Maßnahmen einschließlich der Beteiligung des ärztlichen Dienstes sind aktenkundig zu machen.

(6) [1]Absonderung, Unterbringung im besonders gesicherten Haftraum und Fesselung sind der Aufsichtsbehörde, im Vollzug der Untersuchungshaft auch dem Gericht und der Staatsanwaltschaft, unverzüglich mitzuteilen, wenn sie länger als zwei Tage aufrechterhalten werden. [2]Absonderung und Unterbringung im besonders gesicherten Haftraum von mehr als 20 Tagen Gesamtdauer innerhalb von zwölf Monaten bedürfen der Zustimmung der Aufsichtsbehörde.

(7) [1]Während der Absonderung, der Fixierung und Unterbringung im besonders gesicherten Haftraum sind die Gefangenen in besonderem Maße zu betreuen. [2]Sind die Gefangenen fixiert, sind sie durch Bedienstete ständig und in unmittelbarem Sichtkontakt zu beobachten.

(8) [1]Nach Beendigung der Fixierung sind die Gefangenen auf ihr Recht hinzuweisen, die Rechtmäßigkeit der Anordnung gerichtlich überprüfen zu lassen. [2]Der Hinweis ist aktenkundig zu machen.

§ 92 Ärztliche Überwachung. (1) [1]Sind die Gefangenen in einem besonders gesicherten Haftraum untergebracht oder gefesselt, sucht sie die Ärztin oder der Arzt alsbald und in der Folge täglich auf. [2]Dies gilt nicht bei einer Fesselung während einer Ausführung, Vorführung oder eines Transports sowie bei Bewegungen innerhalb der Anstalt.

(2) Die Ärztin oder der Arzt ist regelmäßig zu hören, solange Gefangene länger als 24 Stunden abgesondert sind.

Abschnitt 14. Unmittelbarer Zwang

§ 93 Begriffsbestimmungen. (1) Unmittelbarer Zwang ist die Einwirkung auf Personen oder Sachen durch körperliche Gewalt, ihre Hilfsmittel oder durch Waffen.

(2) Körperliche Gewalt ist jede unmittelbare körperliche Einwirkung auf Personen oder Sachen.

(3) [1]Hilfsmittel der körperlichen Gewalt sind namentlich Fesseln. [2]Waffen sind Hieb- und Schusswaffen.

(4) Es dürfen nur dienstlich zugelassene Hilfsmittel und Waffen verwendet werden.

§ 94 Allgemeine Voraussetzungen. (1) Bedienstete dürfen unmittelbaren Zwang anwenden, wenn sie Vollzugs- und Sicherungsmaßnahmen rechtmäßig durchführen und der damit verfolgte Zweck auf keine andere Weise erreicht werden kann.

(2) Gegen andere Personen als Gefangene darf unmittelbarer Zwang angewendet werden, wenn sie es unternehmen, Gefangene zu befreien oder widerrechtlich in die Anstalt einzudringen, oder wenn sie sich unbefugt darin aufhalten.

(3) Das Recht zu unmittelbarem Zwang aufgrund anderer Regelungen bleibt unberührt.

§ 95 Grundsatz der Verhältnismäßigkeit. (1) Unter mehreren möglichen und geeigneten Maßnahmen des unmittelbaren Zwangs sind diejenigen zu wählen, die den Einzelnen und die Allgemeinheit voraussichtlich am wenigsten beeinträchtigen.

(2) Unmittelbarer Zwang unterbleibt, wenn ein durch ihn zu erwartender Schaden erkennbar außer Verhältnis zu dem angestrebten Erfolg steht.

§ 96 Androhung. [1] Unmittelbarer Zwang ist vorher anzudrohen. [2] Die Androhung darf nur dann unterbleiben, wenn die Umstände sie nicht zulassen oder unmittelbarer Zwang sofort angewendet werden muss, um eine rechtswidrige Tat, die den Tatbestand eines Strafgesetzes erfüllt, zu verhindern oder eine gegenwärtige Gefahr abzuwenden.

§ 97 Schusswaffengebrauch. (1) [1] Der Gebrauch von Schusswaffen durch Bedienstete innerhalb der Anstalt ist verboten. [2] Das Recht zum Schusswaffengebrauch aufgrund anderer Vorschriften durch Polizeivollzugsbedienstete bleibt davon unberührt.

(2) [1] Außerhalb der Anstalt dürfen Schusswaffen durch Bedienstete nur nach Maßgabe der folgenden Absätze und nur dann gebraucht werden, wenn andere Maßnahmen des unmittelbaren Zwangs bereits erfolglos waren oder keinen Erfolg versprechen. [2] Gegen Personen ist ihr Gebrauch nur zulässig, wenn der Zweck nicht durch Waffenwirkung gegen Sachen erreicht werden kann.

(3) [1] Schusswaffen dürfen nur die dazu bestimmten Bediensteten gebrauchen und nur, um angriffs- oder fluchtunfähig zu machen. [2] Ihr Gebrauch unterbleibt, wenn dadurch erkennbar Unbeteiligte mit hoher Wahrscheinlichkeit gefährdet würden.

(4) [1] Der Gebrauch von Schusswaffen ist vorher anzudrohen. [2] Als Androhung gilt auch ein Warnschuss. [3] Ohne Androhung dürfen Schusswaffen nur dann gebraucht werden, wenn dies zur Abwehr einer gegenwärtigen Gefahr für Leib oder Leben erforderlich ist.

(5) [1] Gegen Gefangene dürfen Schusswaffen gebraucht werden,

1. wenn sie eine Waffe oder ein anderes gefährliches Werkzeug trotz wiederholter Aufforderung nicht ablegen,
2. wenn sie eine Meuterei (§ 121 des Strafgesetzbuches) unternehmen oder
3. um ihre Entweichung zu vereiteln oder um sie wieder zu ergreifen.

[2]Satz 1 Nummer 2 und 3 findet auf minderjährige Gefangene keine Anwendung. [3]Satz 1 Nummer 3 findet keine Anwendung auf Gefangene, die im offenen Vollzug untergebracht sind.

(6) Gegen andere Personen dürfen Schusswaffen gebraucht werden, wenn sie es unternehmen, Gefangene gewaltsam zu befreien.

Abschnitt 15. Erzieherische Maßnahmen, Einvernehmliche Streitbeilegung, Disziplinarmaßnahmen

§ 98 Erzieherische Maßnahmen. (1) [1]Verstöße der jungen Gefangenen gegen Pflichten, die ihnen durch oder aufgrund dieses Gesetzes auferlegt sind, sind unverzüglich im erzieherischen Gespräch aufzuarbeiten. [2]Daneben können Maßnahmen angeordnet werden, die geeignet sind, den jungen Gefangenen ihr Fehlverhalten bewusst zu machen (erzieherische Maßnahmen). [3]Als erzieherische Maßnahmen kommen namentlich in Betracht die Erteilung von Weisungen und Auflagen, die Beschränkung oder der Entzug einzelner Gegenstände für die Freizeitbeschäftigung und der Ausschluss von gemeinsamer Freizeit oder von einzelnen Freizeitveranstaltungen bis zur Dauer einer Woche.

(2) [1]§ 99 Absatz 1 findet entsprechende Anwendung. [2]Erfüllen die jungen Gefangenen die Vereinbarung, ist die Anordnung erzieherischer Maßnahmen ausgeschlossen.

(3) Die Anstaltsleiterin oder der Anstaltsleiter legt fest, welche Bediensteten befugt sind, erzieherische Gespräche zu führen und erzieherische Maßnahmen anzuordnen.

(4) Es sollen solche erzieherischen Maßnahmen angeordnet werden, die mit der Verfehlung in Zusammenhang stehen.

§ 99 Einvernehmliche Streitbeilegung. (1) [1]Verstoßen Gefangene gegen Pflichten, die ihnen durch oder aufgrund dieses Gesetzes auferlegt sind, können in geeigneten Fällen zur Abwendung von Disziplinarmaßnahmen im Wege einvernehmlicher Streitbeilegung Vereinbarungen getroffen werden. [2]Insbesondere kommen die Wiedergutmachung des Schadens, die Entschuldigung beim Geschädigten, die Erbringung von Leistungen für die Gemeinschaft und das vorübergehende Verbleiben im Haftraum in Betracht. [3]Die Vereinbarungen sind in der Gefangenenpersonalakte zu dokumentieren.

(2) Erfüllen die Gefangenen die Vereinbarungen, so ist die Durchführung eines Disziplinarverfahrens unzulässig.

§ 100 Disziplinarmaßnahmen. (1) Disziplinarmaßnahmen können angeordnet werden, wenn die Gefangenen rechtswidrig und schuldhaft

1. andere Personen verbal oder tätlich angreifen,
2. Lebensmittel oder fremde Sachen zerstören oder beschädigen,
3. in sonstiger Weise gegen Strafgesetze verstoßen oder eine Ordnungswidrigkeit begehen,
4. verbotene Gegenstände in die Anstalt einbringen, sich an deren Einbringung beteiligen, sie besitzen oder weitergeben,
5. unerlaubt Betäubungsmittel oder andere berauschende Stoffe herstellen oder konsumieren,
6. entweichen oder zu entweichen versuchen,

7. gegen Weisungen im Zusammenhang mit der Gewährung von Lockerungen verstoßen,
8. gegen eine Anordnung nach § 119 Absatz 1 der Strafprozessordnung verstoßen,
9. wiederholt oder schwerwiegend gegen sonstige Pflichten verstoßen, die ihnen durch dieses Gesetz oder aufgrund dieses Gesetzes auferlegt sind, und dadurch das geordnete Zusammenleben in der Anstalt stören oder
10. im Vollzug der Jugendstrafe sich zugewiesenen Aufgaben entziehen.

(2) Disziplinarmaßnahmen dürfen gegen junge Gefangene nur angeordnet werden, wenn erzieherische Maßnahmen nicht nach § 98 Absatz 2 Satz 2 ausgeschlossen sind oder nicht ausreichen, um ihnen das Unrecht ihrer Handlung zu verdeutlichen.

(3) [1] Zulässige Disziplinarmaßnahmen sind

1. der Verweis,
2. die Beschränkung oder der Entzug des Fernsehempfangs bis zu drei Monaten,
3. die Beschränkung oder der Entzug der Gegenstände für die Freizeitbeschäftigung, mit Ausnahme des Lesestoffs, bis zu drei Monaten,
4. die Beschränkung oder der Entzug des Aufenthalts in Gemeinschaft oder der Teilnahme an einzelnen Freizeitveranstaltungen bis zu vier Wochen,
5. die Beschränkung des Einkaufs bis zu zwei Monaten,
6. die Beschränkung oder der Entzug von Annehmlichkeiten nach § 64 bis zu drei Monaten,
7. die Kürzung des Arbeitsentgelts um 10 Prozent bis zu drei Monaten.

[2] Auf junge Gefangene findet Satz 1 Nummer 1 keine Anwendung; Maßnahmen nach Satz 1 Nummer 2, 3, 6 und 7 sind nur bis zu zwei Monaten, die Maßnahme nach Satz 1 Nummer 5 ist nur bis zu vier Wochen zulässig. [3] Maßnahmen nach Satz 1 Nummer 4 sind auf die Teilnahme an gemeinschaftlicher Freizeit und einzelne Freizeitveranstaltungen begrenzt.

(4) Mehrere Disziplinarmaßnahmen können miteinander verbunden werden.

(5) Disziplinarmaßnahmen sind auch zulässig, wenn wegen derselben Verfehlung ein Straf- oder Bußgeldverfahren eingeleitet wird.

(6) [1] Bei der Auswahl der Disziplinarmaßnahmen im Vollzug der Untersuchungshaft sind Grund und Zweck der Haft sowie die psychischen Auswirkungen der Untersuchungshaft und des Strafverfahrens auf die Untersuchungsgefangenen zu berücksichtigen. [2] Durch die Anordnung und den Vollzug einer Disziplinarmaßnahme dürfen die Verteidigung, die Verhandlungsfähigkeit und die Verfügbarkeit der Untersuchungsgefangenen für die Verhandlung nicht beeinträchtigt werden.

§ 101 Vollzug der Disziplinarmaßnahmen, Aussetzung zur Bewährung. (1) [1] Disziplinarmaßnahmen werden in der Regel sofort vollstreckt. [2] Die Vollstreckung ist auszusetzen, soweit es zur Gewährung eines effektiven Rechtsschutzes erforderlich ist.

(2) [1] Disziplinarmaßnahmen können ganz oder teilweise bis zu sechs Monaten zur Bewährung ausgesetzt werden. [2] Die Aussetzung zur Bewährung kann

ganz oder teilweise widerrufen werden, wenn Gefangene die ihr zugrunde liegenden Erwartungen nicht erfüllen.

(3) Im Vollzug der Untersuchungshaft angeordnete Disziplinarmaßnahmen können ganz oder zum Teil auch während einer der Untersuchungshaft unmittelbar nachfolgenden Haft vollstreckt werden.

§ 102 Disziplinarbefugnis. (1) [1]Disziplinarmaßnahmen ordnet die Anstaltsleiterin oder der Anstaltsleiter an. [2]Bei einer Verfehlung auf dem Weg in eine andere Anstalt zum Zweck der Verlegung ist die Leiterin oder der Leiter der Bestimmungsanstalt zuständig.

(2) Die Aufsichtsbehörde entscheidet, wenn sich die Verfehlung gegen die Anstaltsleiterin oder den Anstaltsleiter richtet.

(3) [1]Disziplinarmaßnahmen, die in einer anderen Anstalt angeordnet worden sind, werden auf Ersuchen vollstreckt. [2]§ 101 Absatz 2 bleibt unberührt.

§ 103 Verfahren. (1) [1]Der Sachverhalt ist zu klären. [2]Hierbei sind sowohl belastende als auch entlastende Umstände zu ermitteln. [3]Die betroffenen Gefangenen werden gehört. [4]Sie werden darüber unterrichtet, welche Verfehlungen ihnen zur Last gelegt werden. [5]Sie sind darauf hinzuweisen, dass es ihnen freisteht sich zu äußern. [6]Die Erhebungen werden in einer Niederschrift festgelegt; die Einlassung der Gefangenen wird vermerkt.

(2) Mehrere Verfehlungen, die gleichzeitig zu beurteilen sind, werden durch eine Entscheidung geahndet.

(3) [1]Die Anstaltsleiterin oder der Anstaltsleiter soll sich vor der Entscheidung mit Personen besprechen, die an der Vollzugsgestaltung mitwirken. [2]Bei Schwangeren, stillenden Müttern oder bei Gefangenen, die sich in ärztlicher Behandlung befinden, ist eine Ärztin oder ein Arzt zu hören.

(4) [1]Vor der Entscheidung über eine Disziplinarmaßnahme erhalten die Gefangenen Gelegenheit, sich zu dem Ergebnis der Ermittlungen zu äußern. [2]Die Entscheidung wird den Gefangenen von der Anstaltsleiterin oder vom Anstaltsleiter mündlich eröffnet und mit einer kurzen Begründung schriftlich abgefasst.

Abschnitt 16. Aufhebung von Maßnahmen, Beschwerde

§ 104 Aufhebung von Maßnahmen. (1) Die Aufhebung von Maßnahmen zur Regelung einzelner Angelegenheiten auf dem Gebiet des Vollzugs richtet sich nach den nachfolgenden Absätzen, soweit dieses Gesetz keine abweichende Bestimmung enthält.

(2) Rechtswidrige Maßnahmen können ganz oder teilweise mit Wirkung für die Vergangenheit und die Zukunft zurückgenommen werden.

(3) Rechtmäßige Maßnahmen können ganz oder teilweise mit Wirkung für die Zukunft widerrufen werden, wenn

1. aufgrund nachträglich eingetretener oder bekannt gewordener Umstände die Maßnahmen hätten unterbleiben können,
2. die Maßnahmen missbraucht werden oder
3. Weisungen nicht befolgt werden.

(4) [1]Begünstigende Maßnahmen dürfen nach Absatz 2 oder Absatz 3 nur aufgehoben werden, wenn die vollzuglichen Interessen an der Aufhebung in Abwägung mit dem schutzwürdigen Vertrauen der Betroffenen auf den Bestand der Maßnahmen überwiegen. [2]Davon ist auszugehen, wenn die Aufhebung einer Maßnahme unerlässlich ist, um die Sicherheit der Anstalt zu gewährleisten.

(5) Der gerichtliche Rechtsschutz bleibt unberührt.

§ 105 Beschwerderecht. (1) Die Gefangenen erhalten Gelegenheit, sich mit Wünschen, Anregungen und Beschwerden in vollzuglichen Angelegenheiten, die sie selbst betreffen, an die Anstaltsleiterin oder den Anstaltsleiter zu wenden.

(2) Besichtigen Vertreterinnen oder Vertreter der Aufsichtsbehörde die Anstalt, so ist zu gewährleisten, dass die Gefangenen sich in vollzuglichen Angelegenheiten, die sie selbst betreffen, an diese wenden können.

(3) Die Möglichkeit der Dienstaufsichtsbeschwerde bleibt unberührt.

Abschnitt 17. Kriminologische Forschung

§ 106 Evaluation, kriminologische Forschung, Berichtspflicht.

(1) Behandlungsprogramme für Straf- und Jugendstrafgefangene sind auf der Grundlage wissenschaftlicher Erkenntnisse zu konzipieren, zu standardisieren und auf ihre Wirksamkeit hin zu überprüfen.

(2) Der Vollzug der Freiheits- und der Jugendstrafe, insbesondere seine Aufgabenerfüllung und Gestaltung, die Umsetzung seiner Leitlinien sowie die Behandlungsprogramme und deren Wirkungen auf die Erreichung des Vollzugsziels, soll regelmäßig von dem kriminologischen Dienst, von einer Hochschule oder von einer anderen Stelle wissenschaftlich begleitet und erforscht werden.

(3) Das für den Justizvollzug zuständige Mitglied der Landesregierung berichtet dem Rechtsausschuss des Landtages erstmals im Jahr 2014 und sodann im zweiten und im vierten Jahr der jeweiligen Legislaturperiode unter Einbeziehung der sich aus den wissenschaftlichen Untersuchungen nach den Absätzen 1 und 2 ergebenden Erkenntnisse zum Stand des Justizvollzugs im Land Brandenburg.

Abschnitt 18. Aufbau und Organisation der Anstalten

§ 107 Anstalten. (1) [1]Es werden Anstalten und Abteilungen eingerichtet, die den unterschiedlichen vollzuglichen Anforderungen Rechnung tragen. [2]Für den Vollzug der Freiheits- und Jugendstrafe sind insbesondere sozialtherapeutische Abteilungen und Eingliederungsabteilungen vorzusehen.

(2) [1]Es sind bedarfsgerechte Einrichtungen für therapeutische Maßnahmen, schulische und berufliche Qualifizierung, Arbeitstraining, Arbeitstherapie und Arbeit vorzusehen. [2]Gleiches gilt für Besuche, Freizeit, Sport und Seelsorge.

(3) Haft- und Funktionsräume sind zweckentsprechend auszustatten.

(4) Unterhalten private Unternehmen Betriebe in Anstalten, kann die technische und fachliche Leitung ihren Mitarbeiterinnen und Mitarbeitern übertragen werden.

§ 108 Festsetzung der Belegungsfähigkeit, Verbot der Überbelegung.

(1) [1]Die Aufsichtsbehörde setzt die Belegungsfähigkeit der Anstalt so fest, dass eine angemessene Unterbringung der Gefangenen gewährleistet ist. [2]§ 107 Absatz 2 ist zu berücksichtigen.

(2) Hafträume dürfen nicht mit mehr Gefangenen als zugelassen, höchstens jedoch mit zwei Gefangenen, belegt werden.

(3) Ausnahmen von Absatz 2 sind nur vorübergehend und nur mit Zustimmung der Aufsichtsbehörde zulässig.

(4) Ein für eine Belegung mit zwei Gefangenen zugelassener Haftraum muss über eine Grundfläche von mindestens 14 Quadratmetern verfügen.

§ 109 Anstaltsleitung. (1) [1]Die Anstaltsleiterin oder der Anstaltsleiter trägt die Verantwortung für den gesamten Vollzug und vertritt die Anstalt nach außen. [2]Sie oder er kann einzelne Aufgabenbereiche auf andere Bedienstete übertragen. [3]Die Aufsichtsbehörde kann sich die Zustimmung zur Übertragung vorbehalten.

(2) [1]Für jede Anstalt ist eine Beamtin oder ein Beamter des höheren Dienstes zur hauptamtlichen Leiterin oder zum hauptamtlichen Leiter zu bestellen. [2]Aus besonderen Gründen kann eine Anstalt auch von einer Beamtin oder einem Beamten des gehobenen Dienstes geleitet werden.

§ 110 Bedienstete. (1) [1]Die Anstalt wird mit dem für die Erreichung des Vollzugsziels und die Erfüllung ihrer Aufgaben erforderlichen Personal, insbesondere im medizinischen, psychologischen, pädagogischen und sozialen Dienst, im allgemeinen Vollzugsdienst und im Werkdienst, ausgestattet. [2]Die im Vollzug der Jugendstrafe und der Untersuchungshaft an jungen Untersuchungsgefangenen tätigen Bediensteten müssen für die erzieherische Gestaltung geeignet und qualifiziert sein.

(2) [1]Für die Betreuung von Strafgefangenen mit angeordneter oder vorbehaltener Sicherungsverwahrung und Jugendstrafgefangenen mit vorbehaltener Sicherungsverwahrung nach § 66c Absatz 2 des Strafgesetzbuches ist besonders qualifiziertes Personal vorzusehen und eine fachübergreifende Zusammenarbeit zu gewährleisten. [2]Soweit erforderlich, sind externe Fachkräfte einzubeziehen.

(3) Fortbildung sowie Praxisberatung und -begleitung werden regelmäßig durchgeführt.

§ 111 Anstaltsseelsorgerinnen, Anstaltsseelsorger. (1) [1]Die Anstalt wird mit der für die religiöse Betreuung der Gefangenen erforderlichen Anzahl von Seelsorgerinnen oder Seelsorgern (Anstaltsseelsorgerinnen, Anstaltsseelsorger) ausgestattet. [2]Anstaltsseelsorgerinnen und Anstaltsseelsorger werden von der jeweiligen Religionsgemeinschaft im Einvernehmen mit der Aufsichtsbehörde berufen. [3]Sie wirken in enger Zusammenarbeit mit den anderen im Vollzug Tätigen eigenverantwortlich an der Erreichung des Vollzugsziels mit.

(2) Wenn die geringe Anzahl der Angehörigen einer Religionsgemeinschaft eine Seelsorge nach Absatz 1 nicht rechtfertigt, ist die seelsorgerische Betreuung auf andere Weise zuzulassen.

(3) Mit Zustimmung der Anstaltsleiterin oder des Anstaltsleiters darf die Anstaltsseelsorgerin oder der Anstaltsseelsorger sich freier Seelsorgehelferinnen

und Seelsorgehelfer bedienen und diese für Gottesdienste sowie für andere religiöse Veranstaltungen von außen zuziehen.

§ 112 Medizinische Versorgung. (1) Die ärztliche Versorgung ist sicherzustellen.

(2) [1]Die Pflege der Kranken soll von Bediensteten ausgeführt werden, die eine Erlaubnis nach dem Krankenpflegegesetz besitzen. [2]Solange diese nicht zur Verfügung stehen, können auch Bedienstete eingesetzt werden, die eine sonstige Ausbildung in der Krankenpflege erfahren haben.

§ 113 Interessenvertretung der Gefangenen. [1]Den Gefangenen soll ermöglicht werden, Vertretungen zu bilden. [2]Diese können in Angelegenheiten von gemeinsamem Interesse, die sich ihrer Eigenart nach für eine Mitwirkung eignen, Vorschläge und Anregungen an die Anstalt herantragen. [3]Diese sind mit der Vertretung zu erörtern.

§ 114 Hausordnung. [1]Die Anstaltsleiterin oder der Anstaltsleiter erlässt zur Gestaltung und Organisation des Vollzugsalltags eine Hausordnung auf der Grundlage dieses Gesetzes. [2]Die Aufsichtsbehörde kann sich die Genehmigung vorbehalten. [3]Die Hausordnung ist in die am häufigsten benötigten Fremdsprachen zu übersetzen.

Abschnitt 19. Aufsicht, Beirat

§ 115 Aufsichtsbehörde. (1) Das für den Justizvollzug zuständige Mitglied der Landesregierung führt die Aufsicht über die Anstalten (Aufsichtsbehörde).

(2) An der Aufsicht über die Gesundheitsfürsorge sowie die Betreuung und Behandlung der Gefangenen sind pädagogische, sozialpädagogische, psychologische, psychiatrische und medizinische Fachkräfte zu beteiligen.

(3) Die Aufsichtsbehörde kann sich Entscheidungen über Verlegungen und Überstellungen vorbehalten.

§ 116 Vollstreckungsplan, Vollzugsgemeinschaften. (1) Die Aufsichtsbehörde regelt die örtliche und sachliche Zuständigkeit der Anstalten in einem Vollstreckungsplan.

(2) Im Rahmen von Vollzugsgemeinschaften kann der Vollzug auch in Vollzugseinrichtungen anderer Länder vorgesehen werden.

§ 117 Beirat. (1) [1]Bei der Anstalt ist ein Beirat zu bilden. [2]Auf eine ausgewogene Besetzung mit Frauen und Männern wird hingewirkt. [3]Bedienstete dürfen nicht Mitglieder des Beirats sein.

(2) [1]Die Mitglieder des Beirats wirken beratend bei der Gestaltung des Vollzugs und der Eingliederung der Gefangenen mit. [2]Sie fördern das Verständnis für den Vollzug und seine gesellschaftliche Akzeptanz und vermitteln Kontakte zu öffentlichen und privaten Einrichtungen.

(3) Der Beirat steht der Anstaltsleiterin oder dem Anstaltsleiter, den Bediensteten und den Gefangenen als Ansprechpartner zur Verfügung.

(4) [1]Die Mitglieder des Beirats können sich über die Unterbringung der Gefangenen und die Gestaltung des Vollzugs sowie die Arbeitsbedingungen der Bediensteten unterrichten und die Anstalt besichtigen. [2]Sie können die Ge-

fangenen in ihren Räumen aufsuchen. [3]Unterhaltung und Schriftwechsel werden nicht überwacht.

(5) [1]Die Mitglieder des Beirats sind verpflichtet, außerhalb ihres Amtes über alle Angelegenheiten, die ihrer Natur nach vertraulich sind, besonders über Namen und Persönlichkeit der Gefangenen, Verschwiegenheit zu bewahren. [2]Dies gilt auch nach Beendigung ihres Amtes.

Abschnitt 20. Verhinderung von Mobilfunkverkehr

§ 118 Verbot und Störung des Mobilfunkverkehrs. (1) [1]Der Besitz und die Benutzung von Geräten zur funkbasierten Übertragung von Informationen sind auf dem Anstaltsgelände des geschlossenen Vollzugs verboten. [2]Die Anstaltsleiterin oder der Anstaltsleiter kann abweichende Regelungen treffen.

(2) [1]Die Anstalt darf technische Geräte betreiben, die

1. das Auffinden von Geräten zur Funkübertragung ermöglichen,
2. Geräte zur Funkübertragung zum Zwecke des Auffindens aktivieren können oder
3. Frequenzen stören oder unterdrücken, die der Herstellung oder Aufrechterhaltung unerlaubter Funkverbindungen auf dem Anstaltsgelände dienen.

[2]Sie hat die von der Bundesnetzagentur gemäß § 55 Absatz 1 Satz 5 des Telekommunikationsgesetzes festgelegten Rahmenbedingungen zu beachten. [3]Frequenznutzungen außerhalb des Anstaltsgeländes dürfen nicht erheblich gestört werden.

Abschnitt 21. Vollzug des Strafarrests

§ 119 Grundsatz. (1) Für den Vollzug des Strafarrests in Anstalten gelten die die Strafgefangenen betreffenden Bestimmungen dieses Gesetzes entsprechend, soweit § 120 nicht Abweichendes bestimmt.

(2) § 120 Absatz 1 bis 3, 7 und 8 gilt nicht, wenn Strafarrest in Unterbrechung einer anderen freiheitsentziehenden Maßnahme vollzogen wird.

§ 120 Besondere Bestimmungen. (1) Strafarrestanten sollen im offenen Vollzug untergebracht werden.

(2) Eine gemeinsame Unterbringung ist nur mit Einwilligung der Strafarrestanten zulässig.

(3) Besuche, Telefongespräche und Schriftwechsel dürfen nur untersagt oder überwacht werden, wenn dies aus Gründen der Sicherheit oder Ordnung der Anstalt notwendig ist.

(4) Den Strafarrestanten soll gestattet werden, einmal wöchentlich Besuch zu empfangen.

(5) Strafarrestanten dürfen eigene Kleidung tragen und eigenes Bettzeug benutzen, wenn Gründe der Sicherheit nicht entgegenstehen und sie für Reinigung, Instandsetzung und regelmäßigen Wechsel auf eigene Kosten sorgen.

(6) Sie dürfen Nahrungs- und Genussmittel sowie Mittel zur Körperpflege in angemessenem Umfang durch Vermittlung der Anstalt auf eigene Kosten erwerben.

(7) Eine mit einer Entkleidung verbundene körperliche Durchsuchung ist nur bei Gefahr im Verzug zulässig.

(8) Zur Vereitelung einer Entweichung und zur Wiederergreifung dürfen Schusswaffen nicht gebraucht werden.

Abschnitt 22. Datenschutz

§ 121 Anwendung des Brandenburgischen Polizei-, Justizvollzugs- und Maßregelvollzugsdatenschutzgesetzes. Das Brandenburgische Polizei-, Justizvollzugs- und Maßregelvollzugsdatenschutzgesetz findet Anwendung, soweit in diesem Gesetz nicht Abweichendes geregelt ist.

§ 122 Grundsatz, Begriffsbestimmungen. (1) Die Anstalt und die Aufsichtsbehörde dürfen personenbezogene Daten verarbeiten, soweit deren Kenntnis für vollzugliche Zwecke erforderlich ist.

(2) Vollzugliche Zwecke sind die Erreichung des Vollzugsziels, der Schutz der Allgemeinheit vor weiteren Straftaten der Gefangenen, die Aufrechterhaltung der Sicherheit und Ordnung der Anstalt sowie die Sicherung des Vollzugs.

§ 123 Erhebung von Daten über Gefangene bei Dritten. Daten über Gefangene dürfen ohne deren Kenntnis bei Dritten nur erhoben werden, wenn

1. eine Rechtsvorschrift dies vorsieht oder zwingend voraussetzt,
2. die zu erfüllende Aufgabe nach Art oder Zweck eine Erhebung bei anderen Personen oder Stellen erforderlich macht oder
3. die Erhebung bei den Gefangenen einen unverhältnismäßigen Aufwand erfordern würde

und keine Anhaltspunkte dafür bestehen, dass überwiegende schutzwürdige Interessen der Gefangenen beeinträchtigt werden.

§ 124 Erhebung von Daten über andere Personen. Daten über andere Personen als die Gefangenen dürfen für vollzugliche Zwecke ohne deren Kenntnis nur erhoben werden, wenn dies unerlässlich ist und die Art der Erhebung schutzwürdige Interessen dieser Personen nicht beeinträchtigt.

§ 125 Unterrichtungspflichten. [1] Die Betroffenen werden über eine ohne ihre Kenntnis vorgenommene Erhebung ihrer Daten unterrichtet, soweit vollzugliche Zwecke dadurch nicht gefährdet werden. [2] Sind die Daten bei anderen Personen oder Stellen erhoben worden, kann die Unterrichtung unterbleiben, wenn

1. die Daten nach einer Rechtsvorschrift oder ihrem Wesen nach, namentlich wegen des überwiegenden berechtigten Interesses Dritter, geheim gehalten werden müssen oder
2. der Aufwand der Unterrichtung außer Verhältnis zum Schutzzweck steht

und keine Anhaltspunkte dafür bestehen, dass überwiegende schutzwürdige Interessen der Betroffenen beeinträchtigt werden.

§ 126 Besondere Formen der Datenerhebung. (1) Zur Sicherung des Vollzugs und zur Aufrechterhaltung der Sicherheit oder Ordnung der Anstalt, insbesondere zur Identitätsfeststellung, sind mit Kenntnis der Gefangenen folgende erkennungsdienstliche Maßnahmen zulässig:

1. die Abnahme von Finger- und Handflächenabdrücken,
2. die Aufnahme von Lichtbildern,
3. die Feststellung äußerlicher körperlicher Merkmale,
4. die elektronische Erfassung biometrischer Merkmale und
5. Messungen.

(2) [1] Aus Gründen der Sicherheit oder Ordnung ist die Beobachtung einzelner Bereiche des Anstaltsgebäudes einschließlich des Gebäudeinneren, des Anstaltsgeländes oder der unmittelbaren Umgebung der Anstalt mit optisch-elektronischen Einrichtungen (Videoüberwachung) zulässig. [2] Eine Aufzeichnung der Videobilder darf nur im Bereich der unmittelbaren Außensicherung der Anstalt sowie darüber hinaus im Einzelfall auf Anordnung der Anstaltsleiterin oder des Anstaltsleiters in besonders sicherheitsrelevanten Bereichen erfolgen. [3] Die Videoüberwachung ist durch geeignete Maßnahmen erkennbar zu machen, soweit ihr Zweck dadurch nicht vereitelt wird. [4] Eine Videoüberwachung von Hafträumen ist ausgeschlossen. [5] § 90 Absatz 2 Nummer 2 bleibt unberührt.

(3) Das Betreten des Anstaltsgeländes durch vollzugsfremde Personen kann davon abhängig gemacht werden, dass diese zur Identitätsfeststellung

1. ihren Vornamen, ihren Namen und ihre Anschrift angeben und durch amtliche Ausweise nachweisen und
2. die Erfassung biometrischer Merkmale des Gesichts, der Augen, der Hände, der Stimme oder der Unterschrift dulden, soweit dies erforderlich ist, um eine verwechslungsbedingte Entlassung von Gefangenen zu verhindern.

(4) [1] Die Anstaltsleiterin oder der Anstaltsleiter kann das Auslesen von elektronischen Datenspeichern sowie elektronischen Geräten mit Datenspeichern anordnen, die Gefangene ohne Erlaubnis besitzen, wenn konkrete Anhaltspunkte die Annahme rechtfertigen, dass dies für vollzugliche Zwecke erforderlich ist. [2] Die Gefangenen sind bei der Aufnahme über die Möglichkeit des Auslesens von Datenspeichern zu belehren.

§ 127 Übermittlung und Nutzung für weitere Zwecke. (1) Für eine Übermittlung oder Nutzung von personenbezogenen Daten stehen die Zwecke des gerichtlichen Rechtsschutzes den vollzuglichen Zwecken des § 122 Absatz 2 gleich.

(2) [1] Die Übermittlung und Nutzung von personenbezogenen Daten ist über Absatz 1 hinaus auch zulässig, soweit dies erforderlich ist

1. zur Abwehr von sicherheitsgefährdenden oder geheimdienstlichen Tätigkeiten für eine fremde Macht oder von Bestrebungen im Geltungsbereich des Grundgesetzes, die durch Anwendung von Gewalt oder darauf gerichtete Vorbereitungshandlungen
   a) gegen die freiheitliche demokratische Grundordnung, den Bestand oder die Sicherheit des Bundes oder eines Landes gerichtet sind,
   b) eine ungesetzliche Beeinträchtigung der Amtsführung der Verfassungsorgane des Bundes oder eines Landes oder ihrer Mitglieder zum Ziel haben oder
   c) auswärtige Belange der Bundesrepublik Deutschland gefährden,
2. zur Abwehr erheblicher Nachteile für das Gemeinwohl oder einer Gefahr für die öffentliche Sicherheit,

3. zur Abwehr einer schwerwiegenden Beeinträchtigung der Rechte einer anderen Person,
4. zur Verhinderung oder Verfolgung von Straftaten sowie zur Verhinderung oder Verfolgung von Ordnungswidrigkeiten, durch welche die Sicherheit oder Ordnung der Anstalt gefährdet werden oder
5. für Maßnahmen der Strafvollstreckung oder strafvollstreckungsrechtliche Entscheidungen sowie für die Anordnung von Maßnahmen nach § 119 Absatz 1 der Strafprozessordnung.

[2]Weitergehende Übermittlungspflichten gegenüber der Verfassungsschutzbehörde nach § 14 Absatz 1 des Brandenburgischen Verfassungsschutzgesetzes bleiben unberührt.

§ 128 Datenübermittlung an öffentliche Stellen. (1) [1]Den zuständigen öffentlichen Stellen dürfen personenbezogene Daten übermittelt werden, soweit dies erforderlich ist für

1. die Vorbereitung und Durchführung von Maßnahmen der Gerichtshilfe, Jugendgerichtshilfe, Bewährungshilfe, Führungsaufsicht oder forensischen Ambulanzen,
2. Entscheidungen in Gnadensachen,
3. gesetzlich angeordnete Statistiken der Rechtspflege,
4. Maßnahmen der für Sozialleistungen zuständigen Leistungsträger,
5. die Einleitung von Hilfsmaßnahmen für Angehörige der Gefangenen im Sinne des § 11 Absatz 1 Nummer 1 des Strafgesetzbuches,
6. dienstliche Maßnahmen der Bundeswehr im Zusammenhang mit der Aufnahme und Entlassung von Soldaten,
7. ausländerrechtliche Maßnahmen oder
8. die Durchführung der Besteuerung.

[2]Eine Übermittlung für andere Zwecke ist auch zulässig, soweit eine andere gesetzliche Bestimmung dies vorsieht und sich dabei ausdrücklich auf Daten über Gefangene bezieht.

(2) Absatz 1 gilt entsprechend, wenn sich die öffentlichen Stellen zur Erfüllung ihrer Aufgaben nichtöffentlicher Stellen bedienen und deren Mitwirkung ohne Übermittlung der Daten unmöglich oder wesentlich erschwert würde.

§ 129 Verarbeitung besonders erhobener Daten. (1) Bei der Überwachung der Besuche, der Telefongespräche, anderer Formen der Telekommunikation oder des Schriftwechsels sowie bei der Überprüfung des Inhalts von Paketen bekannt gewordene personenbezogene Daten dürfen für die in § 122 Absatz 2 und § 127 Absatz 1 genannten Zwecke verarbeitet werden.

(2) [1]Die aufgrund erkennungsdienstlicher Maßnahmen nach § 126 Absatz 1 gewonnenen Daten und Unterlagen werden zu den Gefangenenpersonalakten genommen oder in personenbezogenen Dateien gespeichert. [2]Sie dürfen nur für die in § 126 Absatz 1, § 127 Absatz 2 Satz 1 Nummer 4 genannten Zwecke verarbeitet oder den Vollstreckungs- und Strafverfolgungsbehörden zum Zwecke der Fahndung und Festnahme der entwichenen oder sich sonst ohne Erlaubnis außerhalb der Anstalt aufhaltenden Gefangenen übermittelt werden.

(3) Die zur Identifikation von vollzugsfremden Personen nach § 126 Absatz 3 erhobenen Daten dürfen ausschließlich verarbeitet werden

1. zum Zweck des Abgleichs beim Verlassen der Vollzugsanstalt oder
2. zur Verfolgung von während des Aufenthalts in der Anstalt begangenen Straftaten; in diesem Fall können die Daten auch an Strafverfolgungsbehörden ausschließlich zum Zwecke der Verfolgung dieser Straftaten übermittelt werden.

(4) [1] Die beim Auslesen von Datenspeichern nach § 126 Absatz 4 erhobenen Daten dürfen nur verarbeitet werden, soweit dies zu den dort genannten Zwecken erforderlich ist. [2] Das gilt nicht, soweit sie zum Kernbereich der privaten Lebensgestaltung der Gefangenen oder Dritter gehören.

(5) Nach § 124 erhobene Daten über Personen, die nicht Gefangene sind, dürfen nur zur Erfüllung des Erhebungszwecks oder für die in § 127 Absatz 2 Satz 1 Nummer 1 bis 3 geregelten Zwecke oder zur Verhinderung oder Verfolgung von Straftaten von erheblicher Bedeutung verarbeitet werden.

§ 130 Mitteilung über Haftverhältnisse. (1) Die Anstalt oder die Aufsichtsbehörde darf öffentlichen oder nichtöffentlichen Stellen auf schriftlichen Antrag mitteilen, ob sich eine Person in Haft befindet sowie ob und wann die Entlassung aus dem Vollzug einer Freiheits- oder Jugendstrafe voraussichtlich innerhalb eines Jahres bevorsteht, soweit

1. die Mitteilung zur Erfüllung der in der Zuständigkeit der öffentlichen Stelle liegenden Aufgaben erforderlich ist oder
2. von nichtöffentlichen Stellen
   a) ein berechtigtes Interesse an dieser Mitteilung glaubhaft dargelegt wird und
   b) die Gefangenen kein schutzwürdiges Interesse an dem Ausschluss der Übermittlung haben.

(2) Die Mitteilung ist in der Gefangenenpersonalakte zu dokumentieren.

(3) Den Verletzten einer Straftat sowie deren Rechtsnachfolgerinnen und Rechtsnachfolgern können darüber hinaus auf schriftlichen Antrag Auskünfte über die Entlassungsadresse oder die Vermögensverhältnisse von Straf- und Jugendstrafgefangenen erteilt werden, wenn die Erteilung zur Feststellung oder Durchsetzung von Rechtsansprüchen im Zusammenhang mit der Straftat erforderlich ist.

(4) [1] Die Gefangenen werden vor der Mitteilung gehört, es sei denn, es ist zu besorgen, dass dadurch die Verfolgung des Interesses der Antragstellerinnen und Antragsteller vereitelt oder wesentlich erschwert werden würde, und eine Abwägung ergibt, dass dieses Interesse das Interesse der Gefangenen an ihrer vorherigen Anhörung überwiegt. [2] Ist die Anhörung unterblieben, werden die betroffenen Gefangenen über die Mitteilung nachträglich unterrichtet.

(5) [1] Bei einer nicht nur vorläufigen Einstellung des Verfahrens, einer unanfechtbaren Ablehnung der Eröffnung des Hauptverfahrens oder einem rechtskräftigen Freispruch sind auf Antrag der betroffenen Untersuchungsgefangenen die Stellen, die eine Mitteilung nach Absatz 1 Nummer 1 erhalten haben, über den Verfahrensausgang in Kenntnis zu setzen. [2] Die betroffenen Untersuchungsgefangenen sind bei der Anhörung oder nachträglichen Unterrichtung nach Absatz 4 auf ihr Antragsrecht hinzuweisen.

§ 131 Überlassung von Akten. (1) Akten dürfen nur

1. anderen Anstalten und Aufsichtsbehörden,
2. der Gerichtshilfe, der Jugendgerichtshilfe, der Bewährungshilfe, den Führungsaufsichtsstellen und den forensischen Ambulanzen,
3. den für strafvollzugs-, strafvollstreckungs- und strafrechtliche Entscheidungen zuständigen Gerichten und
4. den Strafvollstreckungs- und Strafverfolgungsbehörden

überlassen oder im Falle elektronischer Aktenführung in Form von Duplikaten übermittelt werden.

(2) [1]Die Überlassung an andere öffentliche Stellen und nichtöffentliche Stellen, denen Aufgaben nach Absatz 1 Nummer 2 gemäß § 128 Absatz 2 übertragen sind, ist zulässig, soweit die Erteilung einer Auskunft einen unvertretbaren Aufwand erfordert oder nach Darlegung der Akteneinsicht begehrenden Stellen für die Erfüllung der Aufgabe nicht ausreicht. [2]Entsprechendes gilt für die Überlassung von Akten an die von einer Anstalt oder Aufsichtsbehörde, einer Strafvollstreckungsbehörde oder einem Gericht mit Gutachten beauftragten Stellen.

§ 132 Kenntlichmachung in der Anstalt, Lichtbildausweise. (1) Mit Ausnahme des religiösen oder weltanschaulichen Bekenntnisses, personenbezogener Daten über die ethnische Herkunft, sexuelle Identität, politische Meinungen, die Gewerkschaftszugehörigkeit und der personenbezogenen Daten von Gefangenen, die anlässlich ärztlicher Untersuchungen erhoben worden sind, dürfen Daten von Gefangenen in der Anstalt allgemein kenntlich gemacht werden, soweit dies für ein geordnetes Zusammenleben erforderlich ist.

(2) [1]Die Anstalt kann die Gefangenen verpflichten, einen Lichtbildausweis mit sich zu führen, wenn dies aus Gründen der Sicherheit oder Ordnung der Anstalt erforderlich ist. [2]Dieser ist bei der Verlegung in eine andere Anstalt oder bei der Entlassung einzuziehen oder zu vernichten.

§ 133 Offenbarungspflichten und -befugnisse der Berufsgeheimnisträgerinnen und Berufsgeheimnisträger. (1) Soweit in den folgenden Absätzen nicht Abweichendes geregelt ist, unterliegen

1. Ärztinnen und Ärzte, Zahnärztinnen und Zahnärzte oder Angehörige eines anderen Heilberufs, der für die Berufsausübung oder die Führung der Berufsbezeichnung eine staatlich geregelte Ausbildung erfordert,
2. Berufspsychologinnen und Berufspsychologen mit staatlich anerkannter wissenschaftlicher Abschlussprüfung und
3. staatlich anerkannte Sozialarbeiterinnen und Sozialarbeiter oder staatlich anerkannte Sozialpädagoginnen und Sozialpädagogen

hinsichtlich der ihnen als Berufsgeheimnisträgerinnen und Berufsgeheimnisträger von Gefangenen anvertrauten oder sonst über Gefangene bekannt gewordenen Geheimnisse auch gegenüber der Anstalt und der Aufsichtsbehörde der Schweigepflicht.

(2) Die in Absatz 1 genannten Personen haben sich gegenüber der Anstaltsleiterin oder dem Anstaltsleiter zu offenbaren, soweit dies für die Aufgabenerfüllung der Anstalt oder der Aufsichtsbehörde oder zur Abwehr von erheblichen Gefahren für Leib oder Leben von Gefangenen oder Dritten erforderlich ist.

(3) [1]Ärztinnen und Ärzte sind gegenüber der Anstaltsleiterin oder dem Anstaltsleiter zur Offenbarung im Rahmen der allgemeinen Gesundheitsfürsorge bekannt gewordener Geheimnisse befugt, soweit dies für die Aufgabenerfüllung der Anstalt oder der Aufsichtsbehörde unerlässlich oder zur Abwehr von erheblichen Gefahren für Leib oder Leben von Gefangenen oder Dritten erforderlich ist. [2]Sonstige Offenbarungsbefugnisse und -pflichten bleiben unberührt.

(4) Die Gefangenen sind vor der Erhebung über die nach Absatz 2 und 3 bestehenden Offenbarungspflichten zu unterrichten.

(5) [1]Die nach den Absätzen 2 und 3 offenbarten Daten dürfen nur für den Zweck, für den sie offenbart wurden oder für den eine Offenbarung zulässig gewesen wäre, und nur unter denselben Voraussetzungen verarbeitet oder genutzt werden, unter denen eine in Absatz 1 genannte Person selbst hierzu befugt wäre. [2]Die Anstaltsleiterin oder der Anstaltsleiter kann unter diesen Voraussetzungen die unmittelbare Offenbarung gegenüber bestimmten Bediensteten allgemein zulassen.

(6) Sofern Ärztinnen und Ärzte oder Psychologinnen und Psychologen außerhalb des Vollzugs mit der Untersuchung, Behandlung oder Betreuung von Gefangenen beauftragt werden, gilt Absatz 1 bis 3 mit der Maßgabe entsprechend, dass die beauftragten Personen auch zur Unterrichtung der oder des in der Anstalt tätigen Ärztin oder Arztes oder der oder des in der Anstalt mit der Behandlung oder Betreuung der Gefangenen betrauten Psychologin oder Psychologen befugt sind.

§ 134 *(aufgehoben)*

§ 135 Auskunft an die Betroffenen, Akteneinsicht. (1) Den Gefangenen wird Akteneinsicht gewährt, wenn eine Auskunft für die Wahrnehmung ihrer rechtlichen Interessen nicht ausreicht und sie hierfür auf die Einsichtnahme angewiesen sind.

(2) Die Auskunftserteilung und die Gewährung von Akteneinsicht unterbleiben, soweit die Auskunft oder die Einsichtnahme die ordnungsgemäße Erfüllung der Aufgaben der datenverarbeitenden Stelle oder die Erreichung des Vollzugsziels gefährden würde.

§ 136 Auskunft und Akteneinsicht zur Wahrnehmung der Aufgaben des Europäischen Ausschusses zur Verhütung von Folter und unmenschlicher oder erniedrigender Behandlung oder Strafe. Den Mitgliedern einer Delegation des Europäischen Ausschusses zur Verhütung von Folter und unmenschlicher oder erniedrigender Behandlung oder Strafe wird während des Besuchs in der Anstalt Einsicht in die Gefangenenpersonalakten, Gesundheitsakten und Krankenblätter gewährt oder Auskunft aus diesen Akten erteilt, soweit dies zur Wahrnehmung der Aufgaben des Ausschusses unerlässlich ist.

§ 137 Löschung. [1]Die in Dateien mit Ausnahme der in Gefangenenpersonalakten, Gesundheitsakten, Therapieakten, psychologischen und pädagogischen Testunterlagen und Krankenblättern sowie Gefangenenbüchern gespeicherten personenbezogenen Daten sind spätestens zwei Jahre nach der Entlassung oder der Verlegung der Gefangenen in eine andere Anstalt zu löschen. [2]Hiervon können bis zum Ablauf der Aufbewahrungsfrist nach § 140 die

Angaben über Familienname, Vorname, Geburtsname, Geburtstag, Geburtsort, Eintritts- und Austrittsdatum der Gefangenen ausgenommen werden, soweit dies für das Auffinden der Gefangenenpersonalakte erforderlich ist.

§ 138 Löschung besonders erhobener Daten. (1) [1] Erkennungsdienstliche Unterlagen mit Ausnahme von Lichtbildern und der Beschreibung von körperlichen Merkmalen der Straf- und Jugendstrafgefangenen, die nach § 126 Absatz 1 erkennungsdienstlich behandelt worden sind, sind nach ihrer Entlassung aus dem Vollzug unverzüglich zu löschen, sobald die Vollstreckung der richterlichen Entscheidung, die dem Vollzug zugrunde gelegen hat, abgeschlossen ist. [2] Im Vollzug der Untersuchungshaft gilt dies bei einer nicht nur vorläufigen Einstellung des Verfahrens, einer unanfechtbaren Ablehnung der Eröffnung des Hauptverfahrens oder einem rechtskräftigen Freispruch.

(2) Mittels optisch-elektronischer Einrichtungen nach § 126 Absatz 2 erhobene Daten sind spätestens nach 72 Stunden zu löschen, soweit nicht die weitere Aufbewahrung im Einzelfall zu Beweiszwecken unerlässlich ist.

(3) Nach § 126 Absatz 3 Nummer 2 erhobene Daten sind unverzüglich zu löschen, nachdem die Personen die Anstalt verlassen haben.

(4) [1] Nach § 126 Absatz 4 erhobene Daten sind unverzüglich zu löschen, soweit eine Verarbeitung nach § 129 Absatz 4 unzulässig ist. [2] Die Daten sind spätestens 72 Stunden nach dem Ende des Auslesens zu löschen, soweit nicht die weitere Aufbewahrung im Einzelfall zu Beweiszwecken unerlässlich ist.

§ 139 Sperrung und Verwendungsbeschränkungen. (1) Personenbezogene Daten in den in § 137 Satz 1 genannten Dateien sind nach Ablauf von zwei Jahren seit der Entlassung oder der Verlegung der Gefangenen in eine andere Anstalt zu kennzeichnen, um ihre weitere Verarbeitung oder Nutzung einzuschränken (Sperrung).

(2) Die nach Absatz 1 gesperrten Daten dürfen nur übermittelt oder genutzt werden, soweit dies unerlässlich ist:

1. zur Verfolgung von Straftaten,
2. für die Durchführung wissenschaftlicher Forschungsvorhaben gemäß § 106,
3. zur Behebung einer bestehenden Beweisnot oder
4. zur Feststellung, Durchsetzung oder Abwehr von Rechtsansprüchen im Zusammenhang mit dem Vollzug einer Jugend- oder Freiheitsstrafe oder einer Untersuchungshaft.

(3) Die Sperrung nach Absatz 1 endet, wenn die Gefangenen erneut zum Vollzug einer Jugend- oder Freiheitsstrafe oder einer Untersuchungshaft aufgenommen werden oder die Betroffenen eingewilligt haben.

§ 140 Aufbewahrungsfristen, Fristberechnung. (1) Bei der Aufbewahrung der nach § 139 gesperrten Daten darf eine Frist von 30 Jahren nicht überschritten werden.

(2) Die Aufbewahrungsfrist beginnt mit dem auf das Jahr der aktenmäßigen Weglegung folgenden Kalenderjahr.

(3) Die Bestimmungen des Brandenburgischen Archivgesetzes bleiben unberührt.

Abschnitt 23. Schlussbestimmungen

§ 141 Einschränkung von Grundrechten. Durch dieses Gesetz werden die Rechte auf körperliche Unversehrtheit und Freiheit der Person (Artikel 2 Absatz 2 des Grundgesetzes, Artikel 8 Absatz 1 und Artikel 9 Absatz 1 der Verfassung des Landes Brandenburg), auf Unverletzlichkeit des Brief-, Post- und Fernmeldegeheimnisses (Artikel 10 Absatz 1 des Grundgesetzes, Artikel 16 Absatz 1 der Verfassung des Landes Brandenburg), auf Meinungsfreiheit (Artikel 19 Absatz 1 der Verfassung des Landes Brandenburg) und auf Datenschutz (Artikel 11 der Verfassung des Landes Brandenburg) eingeschränkt.

§ 142 Übergangsregelung. Bis zum 31. Dezember 2016 ist § 25 Absatz 2 in folgender Fassung anzuwenden: „Strafgefangene, die wegen einer Straftat nach den §§ 174 bis 180 oder 182 des Strafgesetzbuches zu zeitiger Freiheitsstrafe von mehr als zwei Jahren verurteilt worden sind oder bei denen Sicherungsverwahrung angeordnet oder vorbehalten ist, sowie Jugendstrafgefangene, bei denen Sicherungsverwahrung vorbehalten ist, sind in einer sozialtherapeutischen Abteilung unterzubringen, wenn ihre Teilnahme an den dortigen Behandlungsprogrammen angezeigt ist.“

§ 143 Inkrafttreten, Außerkrafttreten. (1) [1]Dieses Gesetz tritt vorbehaltlich des Absatzes 2 am 1. Juni 2013 in Kraft. [2]Gleichzeitig treten das Brandenburgische Untersuchungshaftvollzugsgesetz vom 8. Juli 2009 (GVBl. I S. 271) und das Brandenburgische Jugendstrafvollzugsgesetz vom 18. Dezember 2007 (GVBl. I S. 348), das durch Artikel 15 des Gesetzes vom 3. April 2009 (GVBl. I S. 26, 59) geändert worden ist, außer Kraft.

(2) § 66 Absatz 3 Satz 3 tritt am Tag nach der Verkündung[1)] dieses Gesetzes in Kraft.

[1)] Verkündet am 24.4.2013.

1.5. Bremisches Strafvollzugsgesetz[1)]

Vom 25. November 2014
(Brem.GBl. S. 639)

Sa BremR 312–h–1

zuletzt geänd. durch Art. 6 Nr. 3 G zur Änd. des Bremischen PolizeiG und weiterer Gesetze v. 24.11. 2020 (Brem.GBl. S. 1486)

Inhaltsübersicht

---

1) Verkündet als Art. 1 G zur Neuregelung des Vollzugs der Freiheitsstrafe in der Freien Hansestadt Bremen v. 25.11.2014 (Brem.GBl. S. 639); Inkrafttreten gem. Art. 3 dieses G am 1.1.2015.

Abschnitt 1. Allgemeine Bestimmungen

§ 1 Anwendungsbereich. Dieses Gesetz regelt den Vollzug der Freiheitsstrafe (Vollzug) und des Strafarrests in Justizvollzugsanstalten der Freien Hansestadt Bremen (Anstalten).

§ 2 Ziel und Aufgabe des Vollzugs. [1]Der Vollzug dient dem Ziel, die Gefangenen zu befähigen, künftig in sozialer Verantwortung ein Leben ohne Straftaten zu führen. [2]Er hat die Aufgabe, die Allgemeinheit vor weiteren Straftaten zu schützen.

§ 3 Grundsätze der Vollzugsgestaltung. (1) Der Vollzug ist auf die Auseinandersetzung der Gefangenen mit ihren Straftaten und deren Folgen auszurichten.

(2) Der Vollzug wirkt von Beginn an auf die Eingliederung der Gefangenen in das Leben in Freiheit hin.

(3) [1]Gefangene mit angeordneter oder vorbehaltener Sicherungsverwahrung sind individuell und intensiv zu betreuen, um ihre Unterbringung in der Sicherungsverwahrung entbehrlich zu machen. [2]Soweit standardisierte Maßnahmen nicht ausreichen oder keinen Erfolg versprechen, sind individuelle Maßnahmen zu entwickeln.

(4) Das Leben im Vollzug ist den allgemeinen Lebensverhältnissen soweit wie möglich anzugleichen.

(5) Schädlichen Folgen des Freiheitsentzugs ist entgegenzuwirken.

(6) [1]Der Bezug der Gefangenen zum gesellschaftlichen Leben ist zu wahren und zu fördern. [2]Personen und Einrichtungen außerhalb des Vollzugs sollen in den Vollzugsalltag einbezogen werden. [3]Den Gefangenen ist sobald wie möglich die Teilnahme am Leben in der Freiheit zu gewähren.

(7) Die unterschiedlichen Bedürfnisse der Gefangenen, insbesondere im Hinblick auf Geschlecht, Alter und Herkunft, werden bei der Vollzugsgestaltung im Allgemeinen und im Einzelfall berücksichtigt.

§ 4 Stellung der Gefangenen, Mitwirkung. (1) [1]Die Persönlichkeit der Gefangenen ist zu achten. [2]Ihre Selbstständigkeit im Vollzugsalltag ist soweit wie möglich zu erhalten und zu fördern.

(2) [1]Die Gefangenen werden an der Gestaltung des Vollzugsalltags beteiligt. [2]Vollzugliche Maßnahmen sollen ihnen erläutert werden.

(3) [1]Zur Erreichung des Vollzugsziels bedarf es der Mitwirkung der Gefangenen. [2]Ihre Bereitschaft hierzu ist zu wecken und zu fördern.

(4) [1]Die Gefangenen unterliegen den in diesem Gesetz vorgesehenen Beschränkungen ihrer Freiheit. [2]Soweit das Gesetz eine besondere Regelung nicht enthält, dürfen ihnen nur Beschränkungen auferlegt werden, die zur Aufrechterhaltung der Sicherheit oder zur Abwendung einer schwerwiegenden Störung der Ordnung der Anstalt erforderlich sind.

§ 5 Soziale Hilfe. (1) [1]Die Gefangenen werden darin unterstützt, ihre persönlichen, wirtschaftlichen und sozialen Schwierigkeiten zu beheben. [2]Sie sollen dazu angeregt und in die Lage versetzt werden, ihre Angelegenheiten selbst zu regeln, insbesondere eine Schuldenregulierung herbeizuführen.

(2) Die Gefangenen sollen angehalten werden, den durch die Straftat verursachten materiellen und immateriellen Schaden wieder gutzumachen.

Abschnitt 2. Aufnahme, Diagnose, Vollzugs- und Eingliederungsplanung

§ 6 Aufnahmeverfahren. (1) [1]Mit den Gefangenen wird unverzüglich nach der Aufnahme ein Zugangsgespräch geführt, in dem ihre gegenwärtige Lebenssituation erörtert wird und sie über ihre Rechte und Pflichten informiert werden. [2]Ihnen wird ein Exemplar der Hausordnung ausgehändigt. [3]Dieses Gesetz, die von ihm in Bezug genommenen Gesetze sowie die zu seiner Ausführung erlassenen Rechtsverordnungen und Verwaltungsvorschriften sind den Gefangenen auf Verlangen zugänglich zu machen.

(2) Während des Aufnahmeverfahrens dürfen andere Gefangenen nicht zugegen sein.

(3) Die Gefangenen werden alsbald ärztlich untersucht.

(4) Die Gefangenen werden dabei unterstützt, etwa notwendige Maßnahmen für hilfsbedürftige Angehörige, zur Erhaltung des Arbeitsplatzes und der Wohnung und zur Sicherung ihrer Habe außerhalb der Anstalt zu veranlassen.

(5) Bei Gefangenen, die eine Ersatzfreiheitsstrafe verbüßen, sind die Möglichkeiten der Abwendung der Vollstreckung durch freie Arbeit oder ratenweise Tilgung der Geldstrafe zu erörtern und zu fördern, um so auf eine möglichst frühzeitige Entlassung hinzuwirken.

§ 7 Diagnoseverfahren. (1) An das Aufnahmeverfahren schließt sich zur Vorbereitung der Vollzugs- und Eingliederungsplanung das Diagnoseverfahren an.

(2) [1] Das Diagnoseverfahren muss wissenschaftlichen Erkenntnissen genügen. [2] Insbesondere bei Gefangenen mit angeordneter oder vorbehaltener Sicherungsverwahrung ist es von Personen mit einschlägiger wissenschaftlicher Qualifikation durchzuführen.

(3) [1] Das Diagnoseverfahren erstreckt sich auf die Persönlichkeit, die Lebensverhältnisse, die Ursachen und Umstände der Straftat sowie alle sonstigen Gesichtspunkte, deren Kenntnis für eine zielgerichtete und wirkungsorientierte Vollzugsgestaltung und die Eingliederung der Gefangenen nach der Entlassung notwendig erscheint. [2] Neben den Unterlagen aus der Vollstreckung und dem Vollzug vorangegangener Freiheitsentziehungen sind insbesondere auch Erkenntnisse der Gerichts- und Bewährungshilfe sowie der Führungsaufsichtsstellen einzubeziehen.

(4) [1] Im Diagnoseverfahren werden die im Einzelfall die Straffälligkeit begünstigenden Faktoren ermittelt. [2] Gleichzeitig sollen die Fähigkeiten der Gefangenen ermittelt werden, deren Stärkung einer erneuten Straffälligkeit entgegenwirken kann.

(5) [1] Bei einer voraussichtlichen Vollzugsdauer bis zu einem Jahr kann das Diagnoseverfahren auf die Umstände beschränkt werden, deren Kenntnis für eine angemessene Vollzugsgestaltung unerlässlich und für die Eingliederung erforderlich ist. [2] Unabhängig von der Vollzugsdauer gilt dies auch, wenn ausschließlich Ersatzfreiheitsstrafen zu vollziehen sind.

§ 8 Vollzugs- und Eingliederungsplanung. (1) [1] Auf der Grundlage des Ergebnisses des Diagnoseverfahrens wird innerhalb der ersten drei Monate nach der Aufnahme ein Vollzugs- und Eingliederungsplan erstellt. [2] Diese Frist verkürzt sich bei einer voraussichtlichen Vollzugsdauer von unter einem Jahr auf vier Wochen. [3] Der Vollzugs- und Eingliederungsplan zeigt den Gefangenen bereits zu Beginn der Strafhaft unter Berücksichtigung der voraussichtlichen Vollzugsdauer die zur Erreichung des Vollzugsziels erforderlichen Maßnahmen auf. [4] Daneben kann er weitere Hilfsangebote und Empfehlungen enthalten. [5] Auf die Fähigkeiten, Fertigkeiten und Neigungen der Gefangenen ist Rücksicht zu nehmen.

(2) [1] Der Vollzugs- und Eingliederungsplan sowie die darin vorgesehenen Maßnahmen werden regelmäßig alle sechs Monate, spätestens aber alle zwölf Monate überprüft und fortgeschrieben. [2] Die Entwicklung der Gefangenen und die in der Zwischenzeit gewonnenen Erkenntnisse sind zu berücksichtigen. [3] Die durchgeführten Maßnahmen sind zu dokumentieren.

(3) [1] Die Vollzugs- und Eingliederungsplanung wird mit den Gefangenen erörtert. [2] Dabei werden deren Anregungen und Vorschläge einbezogen, soweit sie der Erreichung des Vollzugsziels dienen.

(4) [1]Zur Erstellung und Fortschreibung des Vollzugs- und Eingliederungsplans führt die Anstaltsleitung eine Konferenz mit den an der Vollzugsgestaltung maßgeblich Beteiligten durch. [2]Standen die Gefangenen vor ihrer Inhaftierung unter Bewährung oder Führungsaufsicht, kann auch der für sie bislang zuständige Bewährungshelfer oder die für sie bislang zuständige Bewährungshelferin an der Konferenz beteiligt werden. [3]Den Gefangenen wird der Vollzugs- und Eingliederungsplan in der Konferenz eröffnet und erläutert. [4]Sie können auch darüber hinaus an der Konferenz beteiligt werden. [5]In den Fällen des § 7 Absatz 5 kann auch ein vereinfachtes Verfahren Anwendung finden.

(5) [1]An der Eingliederung mitwirkende Personen außerhalb des Vollzugs sind nach Möglichkeit in die Planung einzubeziehen. [2]Sie können mit Zustimmung der Gefangenen auch an der Konferenz beteiligt werden.

(6) Werden die Gefangenen nach der Entlassung voraussichtlich unter Bewährungs- oder Führungsaufsicht gestellt, so ist dem künftig zuständigen Bewährungshelfer oder der künftig zuständigen Bewährungshelferin in den letzten zwölf Monaten vor dem voraussichtlichen Entlassungszeitpunkt die Teilnahme an der Konferenz zu ermöglichen und sind ihm oder ihr der Vollzugs- und Eingliederungsplan und seine Fortschreibungen zu übersenden.

(7) Der Vollzugs- und Eingliederungsplan und seine Fortschreibungen werden den Gefangenen ausgehändigt.

§ 9 Inhalt des Vollzugs- und Eingliederungsplans. (1) [1]Der Vollzugs- und Eingliederungsplan sowie seine Fortschreibungen enthalten insbesondere folgende Angaben:

1. Zusammenfassung der für die Vollzugs- und Eingliederungsplanung maßgeblichen Ergebnisse des Diagnoseverfahrens,
2. voraussichtlicher Entlassungszeitpunkt,
3. Unterbringung im geschlossenen oder offenen Vollzug,
4. Maßnahmen zur Förderung der Mitwirkungsbereitschaft,
5. Unterbringung in einer Wohngruppe und Teilnahme am Wohngruppenvollzug,
6. Unterbringung in einer sozialtherapeutischen Abteilung und Teilnahme an deren Behandlungsprogrammen,
7. Teilnahme an einzelnen oder gruppentherapeutischen Maßnahmen, insbesondere psychologische Intervention und Psychotherapie,
8. Teilnahme an psychiatrischen Behandlungsmaßnahmen,
9. Teilnahme an Maßnahmen zur Behandlung von Suchtmittelabhängigkeit und -missbrauch,
10. Teilnahme an Trainingsmaßnahmen zur Verbesserung der sozialen Kompetenz,
11. Teilnahme an schulischen und beruflichen Qualifizierungsmaßnahmen einschließlich Alphabetisierungs- und Deutschkursen,
12. Teilnahme an arbeitstherapeutischen Maßnahmen oder am Arbeitstraining,
13. Arbeit,
14. freies Beschäftigungsverhältnis, Selbstbeschäftigung,
15. Teilnahme an Sportangeboten und Maßnahmen zur strukturierten Gestaltung der Freizeit,
16. Ausführungen, Außenbeschäftigung,

17. Lockerungen zur Erreichung des Vollzugsziels,
18. Aufrechterhaltung, Förderung und Gestaltung von Außenkontakten,
19. Schuldnerberatung, Schuldenregulierung und Erfüllung von Unterhaltspflichten,
20. Ausgleich von Tatfolgen,
21. Maßnahmen zur Vorbereitung von Entlassung, Eingliederung und Nachsorge und
22. Frist zur Fortschreibung des Vollzugs- und Eingliederungsplans.

[2] Bei angeordneter oder vorbehaltener Sicherungsverwahrung enthalten der Vollzugs- und Eingliederungsplan sowie seine Fortschreibungen darüber hinaus Angaben zu sonstigen Maßnahmen im Sinne des § 3 Absatz 3 Satz 2 und einer Antragstellung im Sinne des § 119a Absatz 2 Strafvollzugsgesetzes[1)].

(2) [1] Maßnahmen nach Absatz 1 Satz 1 Nummer 6 bis 13 und Satz 2, die nach dem Ergebnis des Diagnoseverfahrens als zur Erreichung des Vollzugsziels zwingend erforderlich erachtet werden, sind als solche zu kennzeichnen und gehen allen anderen Maßnahmen vor. [2] Andere Maßnahmen dürfen nicht gestattet werden, soweit sie die Teilnahme an Maßnahmen nach Satz 1 beeinträchtigen würden.

(3) [1] Spätestens ein Jahr vor dem voraussichtlichen Entlassungszeitpunkt hat die Planung zur Vorbereitung der Eingliederung zu beginnen. [2] Anknüpfend an die bisherige Vollzugsplanung werden ab diesem Zeitpunkt die Maßnahmen nach Absatz 1 Satz 1 Nummer 21 konkretisiert oder ergänzt. [3] Insbesondere ist Stellung zu nehmen zu:

1. Unterbringung im offenen Vollzug,
2. Unterkunft sowie Arbeit oder Ausbildung nach der Entlassung,
3. Unterstützung bei notwendigen Behördengängen und der Beschaffung der notwendigen persönlichen Dokumente,
4. Beteiligung der Bewährungshilfe und der forensischen Ambulanzen,
5. Kontaktaufnahme zu Einrichtungen der Entlassenenhilfe,
6. Fortsetzung von im Vollzug noch nicht abgeschlossenen Maßnahmen,
7. Auflagen und Weisungen für die Bewährungs- oder Führungsaufsicht in Abstimmung mit der Bewährungshilfe,
8. Vermittlung in nachsorgende Maßnahmen,
9. nachgehende Betreuung durch Vollzugsbedienstete.

Abschnitt 3. Unterbringung, Verlegung

§ 10 Trennung von männlichen und weiblichen Gefangenen. [1] Männliche und weibliche Gefangene werden getrennt untergebracht. [2] Eine gemeinsame Unterbringung zum Zweck der medizinischen Behandlung sowie gemeinsame Maßnahmen, insbesondere zur schulischen und beruflichen Qualifizierung, sind zulässig.

§ 11 Unterbringung während der Einschlusszeiten. (1) Die Gefangenen werden in ihren Hafträumen einzeln untergebracht.

[1)] Nr. 1.

(2) [1] Mit ihrer Zustimmung können sie gemeinsam untergebracht werden, wenn schädliche Einflüsse nicht zu befürchten sind. [2] Bei einer Gefahr für Leben oder Gesundheit oder bei Hilfsbedürftigkeit ist die Zustimmung der gefährdeten oder hilfsbedürftigen Gefangenen zur gemeinsamen Unterbringung entbehrlich.

(3) Darüber hinaus ist eine gemeinsame Unterbringung nur vorübergehend und aus zwingenden Gründen zulässig.

§ 12 Aufenthalt außerhalb der Einschlusszeiten. (1) Außerhalb der Einschlusszeiten dürfen sich die Gefangenen in Gemeinschaft aufhalten.

(2) Der gemeinschaftliche Aufenthalt kann eingeschränkt werden,

1. wenn ein schädlicher Einfluss auf andere Gefangene zu befürchten ist,
2. wenn es die Sicherheit oder Ordnung der Anstalt erfordert oder
3. während des Diagnoseverfahrens.

§ 13 Wohngruppenvollzug. (1) [1] Der Wohngruppenvollzug dient der Einübung sozialverträglichen Zusammenlebens, insbesondere von Toleranz sowie der Übernahme von Verantwortung für sich und andere. [2] Er ermöglicht den dort untergebrachten Gefangenen, ihren Vollzugsalltag weitgehend selbstständig zu regeln.

(2) [1] Eine Wohngruppe wird in einem baulich abgegrenzten Bereich eingerichtet, zu dem neben den Hafträumen weitere Räume und Einrichtungen zur gemeinsamen Nutzung gehören. [2] Sie wird in der Regel von fest zugeordneten Bediensteten betreut.

§ 14 Unterbringung von Müttern mit Kindern. (1) [1] Ist das Kind einer Gefangenen noch nicht drei Jahre alt, kann es mit Zustimmung des Aufenthaltsbestimmungsberechtigten in der Anstalt untergebracht werden, wenn die baulichen Gegebenheiten dies zulassen und Sicherheitsgründe nicht entgegenstehen. [2] Vor der Unterbringung ist das Jugendamt zu hören.

(2) [1] Die Unterbringung erfolgt auf Kosten der für das Kind Unterhaltspflichtigen. [2] Von der Geltendmachung des Kostenersatzanspruchs kann ausnahmsweise abgesehen werden, wenn hierdurch die gemeinsame Unterbringung von Mutter und Kind gefährdet würde.

§ 15 Geschlossener und offener Vollzug. (1) [1] Die Gefangenen werden im geschlossenen oder offenen Vollzug untergebracht. [2] Abteilungen des offenen Vollzugs sehen keine oder nur verminderte Vorkehrungen gegen Entweichungen vor.

(2) Die Gefangenen sollen im offenen Vollzug untergebracht werden, wenn sie dessen besonderen Anforderungen genügen und namentlich nicht zu befürchten ist, dass sie sich dem Vollzug entziehen oder die Möglichkeiten des offenen Vollzugs zu Straftaten missbrauchen werden.

(3) Genügen die Gefangenen den besonderen Anforderungen der Unterbringung im offenen Vollzug nicht mehr, werden sie im geschlossenen Vollzug untergebracht.

§ 16 Verlegung und Überstellung. (1) Die Gefangenen können abweichend vom Vollstreckungsplan in eine andere Anstalt verlegt werden, wenn die Erreichung des Vollzugsziels hierdurch gefördert wird oder wenn Gründe der Vollzugsorganisation oder andere wichtige Gründe dies erfordern.

(2) Die Gefangenen dürfen aus wichtigem Grund in eine andere Anstalt überstellt werden.

Abschnitt 4. Sozialtherapie, psychologische Intervention und Psychotherapie

§ 17 Sozialtherapie. (1) [1] Sozialtherapie dient der Verringerung einer erheblichen Gefährlichkeit der Gefangenen. [2] Auf der Grundlage einer therapeutischen Gemeinschaft bedient sie sich insbesondere psychotherapeutischer, sozialpädagogischer und arbeitstherapeutischer Methoden, die in umfassenden Behandlungsprogrammen verbunden werden. [3] Personen aus dem Lebensumfeld der Gefangenen außerhalb des Vollzugs können in die Behandlung einbezogen werden.

(2) [1] Gefangene sind in einer sozialtherapeutischen Abteilung unterzubringen, wenn ihre Teilnahme an den dortigen Behandlungsprogrammen zur Verringerung ihrer erheblichen Gefährlichkeit angezeigt ist. [2] Eine erhebliche Gefährlichkeit liegt vor, wenn schwerwiegende Straftaten gegen Leib oder Leben, die persönliche Freiheit oder gegen die sexuelle Selbstbestimmung zu erwarten sind.

(3) Andere Gefangene können in einer sozialtherapeutischen Abteilung untergebracht werden, wenn die Teilnahme an den dortigen Behandlungsprogrammen zur Erreichung des Vollzugsziels angezeigt ist.

(4) [1] Die Unterbringung soll zu einem Zeitpunkt erfolgen, der entweder den Abschluss der Behandlung zum voraussichtlichen Entlassungszeitpunkt erwarten lässt oder die Fortsetzung der Behandlung nach der Entlassung ermöglicht. [2] Ist Sicherungsverwahrung angeordnet oder vorbehalten, soll die Unterbringung zu einem Zeitpunkt erfolgen, der den Abschluss der Behandlung noch während des Vollzugs der Freiheitsstrafe erwarten lässt.

(5) Die Unterbringung wird beendet, wenn das Ziel der Behandlung aus Gründen, die in der Person der Gefangenen liegen, nicht erreicht werden kann.

§ 18 Psychologische Intervention und Psychotherapie. [1] Psychologische Intervention und Psychotherapie im Vollzug dienen insbesondere der Behandlung psychischer Störungen des Verhaltens und Erlebens, die in einem Zusammenhang mit der Straffälligkeit stehen. [2] Sie werden durch systematische Anwendung psychologisch wissenschaftlich fundierter Methoden der Gesprächsführung mit einer oder mehreren Personen durchgeführt.

Abschnitt 5. Arbeitstherapeutische Maßnahmen, Arbeitstraining, schulische und berufliche Qualifizierungsmaßnahmen, Arbeit

§ 19 Arbeitstherapeutische Maßnahmen. Arbeitstherapeutische Maßnahmen dienen dazu, dass die Gefangenen Eigenschaften wie Selbstvertrauen, Durchhaltevermögen und Konzentrationsfähigkeit einüben, um sie stufenweise an die Grundanforderungen des Arbeitslebens heranzuführen.

§ 20 Arbeitstraining. [1] Arbeitstraining dient dazu, Gefangenen, die nicht in der Lage sind, einer regelmäßigen und erwerbsorientierten Beschäftigung nachzugehen, Fähigkeiten und Fertigkeiten zu vermitteln, die eine Eingliederung in das leistungsorientierte Arbeitsleben fördern. [2] Die dafür vorzuhaltenden Maßnahmen sind danach auszurichten, dass sie den Gefangenen für den Arbeitsmarkt relevante Qualifikationen vermitteln.

§ 21 Schulische und berufliche Qualifizierungsmaßnahmen. (1) [1] Schulische und berufliche Aus- und Weiterbildung und vorberufliche Qualifizierung im Vollzug (schulische und berufliche Qualifizierungsmaßnahmen) haben das Ziel, die Fähigkeiten der Gefangenen zur Eingliederung und zur Aufnahme einer Erwerbstätigkeit nach der Haftentlassung zu vermitteln, zu verbessern oder zu erhalten. [2] Sie werden in der Regel als Vollzeitmaßnahme durchgeführt. [3] Bei der Festlegung von Inhalten, Methoden und Organisationsformen der Bildungsangebote werden die Besonderheiten der jeweiligen Zielgruppe berücksichtigt.

(2) Berufliche Qualifizierungsmaßnahmen sind darauf auszurichten, den Gefangenen für den Arbeitsmarkt relevante Qualifikationen zu vermitteln.

(3) Geeigneten Gefangenen soll die Teilnahme an einer schulischen oder beruflichen Ausbildung ermöglicht werden, die zu einem anerkannten Abschluss führt.

(4) [1] Bei der Vollzugsplanung ist darauf zu achten, dass die Gefangenen Qualifizierungsmaßnahmen während ihrer Haftzeit abschließen oder danach fortsetzen können. [2] Können Maßnahmen während der Haftzeit nicht abgeschlossen werden, trägt die Anstalt in Zusammenarbeit mit außervollzuglichen Einrichtungen dafür Sorge, dass die begonnene Qualifizierungsmaßnahme nach der Haft fortgesetzt werden kann.

(5) Nachweise über schulische und berufliche Qualifizierungsmaßnahmen dürfen keinen Hinweis auf die Inhaftierung enthalten.

§ 22 Arbeit. [1] Die Zuweisung von Arbeit dient dazu, die Gefangenen an ein strukturiertes Arbeitsleben heranzuführen. [2] Die Gefangenen sind im Rahmen des § 9 Absatz 2 verpflichtet, die ihnen zugewiesene Arbeit auszuüben, soweit sie zu deren Verrichtung körperlich in der Lage sind. [3] Es gelten die von der Anstalt festgelegten Arbeitsbedingungen.

§ 23 Freies Beschäftigungsverhältnis, Selbstbeschäftigung. (1) [1] Gefangenen, die zum Freigang im Sinne des § 38 Absatz 1 Nummer 4 zugelassen sind, soll gestattet werden, einer Arbeit, Berufsausbildung oder beruflichen Weiterbildung auf der Grundlage eines freien Beschäftigungsverhältnisses oder der Selbstbeschäftigung außerhalb der Anstalt nachzugehen, wenn die Beschäftigungsstelle geeignet ist und nicht überwiegende Gründe des Vollzugs entgegenstehen. [2] § 40 gilt entsprechend.

(2) Das Entgelt ist der Anstalt zur Gutschrift für die Gefangenen zu überweisen.

§ 24 Freistellung von der Arbeit. (1) [1] Haben die Gefangenen ein halbes Jahr lang gearbeitet, so können sie beanspruchen, zehn Arbeitstage von der Arbeit freigestellt zu werden. [2] Zeiten, in denen die Gefangenen infolge Krankheit an der Arbeitsleistung verhindert waren, werden auf das Halbjahr mit bis zu 15 Arbeitstagen angerechnet. [3] Der Anspruch verfällt, wenn die Freistellung nicht innerhalb eines Jahres nach seiner Entstehung erfolgt ist.

(2) [1] Auf die Zeit der Freistellung wird Langzeitausgang nach § 38 Absatz 1 Nummer 3 angerechnet, soweit er in die Arbeitszeit fällt. [2] Gleiches gilt für einen Langzeitausgang nach § 39 Absatz 1, soweit er nicht wegen des Todes oder einer lebensgefährlichen Erkrankung naher Angehöriger erteilt worden ist.

(3) Der Zeitraum der Freistellung muss mit den betrieblichen Belangen vereinbar sein.

(4) Die Gefangenen erhalten für die Zeit der Freistellung ihr Arbeitsentgelt weiter.

(5) Urlaubsregelungen freier Beschäftigungsverhältnisse bleiben unberührt.

(6) Für Maßnahmen nach §§ 19, 20 oder 21 Absatz 1 gelten die Absätze 1 bis 5 entsprechend, sofern diese den Umfang der regelmäßigen wöchentlichen Arbeitszeit erreichen.

Abschnitt 6. Besuche, Telefongespräche, Schriftwechsel, andere Formen der Telekommunikation und Pakete

§ 25 Grundsatz. Die Gefangenen haben das Recht, mit Personen außerhalb der Anstalt im Rahmen der Bestimmungen dieses Gesetzes zu verkehren.

§ 26 Besuch. (1) [1]Die Gefangenen dürfen regelmäßig Besuch empfangen. [2]Die Gesamtdauer beträgt mindestens zwei Stunden im Monat, bei Besuchen von Kindern unter 14 Jahren erhöht sich die Gesamtdauer um eine weitere Stunde.

(2) Besuche von Angehörigen im Sinne des § 11 Absatz 1 Nummer 1 des Strafgesetzbuchs werden besonders unterstützt.

(3) Besuche sollen darüber hinaus zugelassen werden, wenn sie die Eingliederung der Gefangenen fördern oder persönlichen, rechtlichen oder geschäftlichen Angelegenheiten dienen, die nicht von den Gefangenen schriftlich erledigt, durch Dritte wahrgenommen oder bis zur Entlassung aufgeschoben werden können.

(4) [1]Die Anstaltsleitung kann über Absatz 1 hinausgehend mehrstündige, unbeaufsichtigte Besuche (Langzeitbesuche) zulassen, wenn dies zur Pflege der familiären, partnerschaftlichen oder ihnen gleichzusetzender Kontakte der Gefangenen geboten erscheint und die Gefangenen hierfür geeignet sind. [2]Ungeeignet sind in der Regel Gefangene, die zu einer Freiheitsstrafe von mindestens 2 Jahren wegen einer vorsätzlichen Straftat verurteilt sind, die sich gegen das Leben, die körperliche Unversehrtheit, die persönliche Freiheit oder die sexuelle Selbstbestimmung richtet. [3]Langzeitbesuche, an denen Kinder unter 18 Jahren teilnehmen, werden beaufsichtigt.

(5) Besuche von Verteidigern und Verteidigerinnen sowie von Rechtsanwälten, Rechtsanwältinnen und Notaren und Notarinnen in einer die Gefangenen betreffenden Rechtssache sind zu gestatten.

§ 27 Untersagung der Besuche. Die Anstaltsleitung kann Besuche untersagen, wenn

1. die Sicherheit oder Ordnung der Anstalt gefährdet würde,
2. bei Personen, die nicht Angehörige der Gefangenen im Sinne des § 11 Absatz 1 Nummer 1 des Strafgesetzbuchs sind, zu befürchten ist, dass sie einen schädlichen Einfluss auf die Gefangenen haben oder die Erreichung des Vollzugsziels behindern, oder
3. bei Personen, die Opfer der Straftat waren, zu befürchten ist, dass die Begegnung mit den Gefangenen einen schädlichen Einfluss auf sie hat.

§ 28 Durchführung der Besuche. (1) [1]Aus Gründen der Sicherheit können Besuche davon abhängig gemacht werden, dass sich die Besucher mit technischen Hilfsmitteln absuchen oder durchsuchen lassen. [2]Eine inhaltliche Überprüfung der von Verteidigern oder Verteidigerinnen mitgeführten Schriftstücke und sonstigen Unterlagen ist nicht zulässig. [3] § 34 Absatz 2 Satz 2 und 3 bleibt unberührt.

(2) [1] Besuche werden regelmäßig beaufsichtigt. [2] Über Ausnahmen entscheidet die Anstaltsleitung. [3] Die Beaufsichtigung kann mit technischen Hilfsmitteln durchgeführt werden; die betroffenen Personen sind vorher darauf hinzuweisen.

(3) Besuche von Verteidigern oder Verteidigerinnen werden nicht beaufsichtigt.

(4) [1] Besuche dürfen abgebrochen werden, wenn Besucher oder Gefangene gegen dieses Gesetz oder aufgrund dieses Gesetzes getroffene Anordnungen trotz Abmahnung verstoßen. [2] Die Abmahnung unterbleibt, wenn es unerlässlich ist, den Besuch sofort abzubrechen.

(5) [1] Gegenstände dürfen beim Besuch nicht übergeben werden. [2] Dies gilt nicht für die bei dem Besuch der Verteidiger oder Verteidigerinnen übergebenen Schriftstücke und sonstigen Unterlagen sowie für die bei dem Besuch von Rechtsanwälten oder Notaren oder Rechtsanwältinnen oder Notarinnen zur Erledigung einer die Gefangenen betreffenden Rechtssache übergebenen Schriftstücke und sonstigen Unterlagen. [3] Bei dem Besuch von Rechtsanwälten, Rechtsanwältinnen oder Notaren und Notarinnen kann die Übergabe aus Gründen der Sicherheit oder Ordnung der Anstalt von der Erlaubnis der Anstaltsleitung abhängig gemacht werden. [4] § 34 Absatz 2 Satz 2 und 3 bleibt unberührt.

(6) Die Anstaltsleitung kann im Einzelfall die Nutzung einer Trennvorrichtung anordnen, wenn dies zum Schutz von Personen oder zur Verhinderung einer Übergabe von Gegenständen erforderlich ist.

§ 29 Überwachung der Gespräche. (1) Gespräche dürfen nur überwacht werden, soweit es im Einzelfall wegen einer Gefährdung der Erreichung des Vollzugsziels oder aus Gründen der Sicherheit erforderlich ist.

(2) Gespräche mit Verteidigern und Verteidigerinnen werden nicht überwacht.

§ 30 Telefongespräche. (1) [1] Den Gefangenen kann gestattet werden, Telefongespräche zu führen. [2] Telefongespräche mit Angehörigen der Gefangenen im Sinne des § 11 Absatz 1 Nummer 1 des Strafgesetzbuchs sind zu gestatten. [3] Die Bestimmungen über den Besuch gelten entsprechend. [4] Eine beabsichtigte Überwachung teilt die Anstalt den Gefangenen rechtzeitig vor Beginn des Telefongesprächs und den Gesprächspartnern der Gefangenen unmittelbar nach Herstellung der Verbindung mit.

(2) [1] Die Kosten der Telefongespräche tragen die Gefangenen. [2] Sind sie dazu nicht in der Lage, kann die Anstalt die Kosten in begründeten Fällen in angemessenem Umfang übernehmen.

(3) [1] Der Besitz und die Benutzung von Geräten zur funkbasierten Übertragung von Informationen sind auf dem Anstaltsgelände verboten, soweit diese nicht dienstlich zugelassen sind. [2] Die Anstaltsleitung kann abweichende Regelungen treffen.

(4) [1] Die Anstalt darf technische Geräte betreiben, die

1. das Auffinden von Geräten zur Funkübertragung ermöglichen,
2. Geräte zur Funkübertragung zum Zwecke des Auffindens aktivieren können oder
3. Frequenzen stören oder unterdrücken, die der Herstellung oder Aufrechterhaltung unerlaubter Funkverbindungen auf dem Anstaltsgelände dienen.

[2] Sie hat die von der Bundesnetzagentur gemäß § 55 Absatz 1 Satz 5 des Telekommunikationsgesetzes festgelegten Rahmenbedingungen zu beachten. [3] Frequenznutzungen außerhalb des Anstaltsgeländes dürfen nicht erheblich gestört werden.

§ 31 Schriftwechsel. (1) Die Gefangenen haben das Recht, Schreiben abzusenden und zu empfangen.

(2) [1] Die Kosten des Schriftwechsels tragen die Gefangenen. [2] Sind sie dazu nicht in der Lage, kann die Anstalt die Kosten in begründeten Fällen in angemessenem Umfang übernehmen.

§ 32 Untersagung des Schriftwechsels. Die Anstaltsleitung kann den Schriftwechsel mit bestimmten Personen untersagen, wenn

1. die Sicherheit oder Ordnung der Anstalt gefährdet würde,
2. bei Personen, die nicht Angehörige der Gefangenen im Sinne des § 11 Absatz 1 Nummer 1 des Strafgesetzbuchs sind, zu befürchten ist, dass der Schriftwechsel einen schädlichen Einfluss auf die Gefangenen hat oder die Erreichung des Vollzugsziels behindert oder
3. bei Personen, die Opfer der Straftat waren, zu befürchten ist, dass der Schriftwechsel einen schädlichen Einfluss auf sie hat.

§ 33 Sichtkontrolle, Weiterleitung und Aufbewahrung von Schreiben.

(1) [1] Die Gefangenen haben das Absenden und den Empfang von Schreiben durch die Anstalt vermitteln zu lassen, soweit nichts anderes gestattet ist. [2] Ein- und ausgehende Schreiben sind unverzüglich weiterzuleiten.

(2) Ein- und ausgehende Schreiben werden in der Regel in Anwesenheit der Gefangenen auf verbotene Gegenstände kontrolliert.

(3) [1] Die Gefangenen haben eingehende Schreiben unverschlossen zu verwahren, sofern nichts anderes gestattet wird. [2] Sie können sie verschlossen zu ihrer Habe geben.

§ 34 Überwachung des Schriftwechsels. (1) Der Schriftwechsel darf nur überwacht werden, soweit es im Einzelfall wegen einer Gefährdung der Erreichung des Vollzugsziels oder aus Gründen der Sicherheit erforderlich ist.

(2) [1] Der Schriftwechsel der Gefangenen mit ihren Verteidigern und Verteidigerinnen wird nicht überwacht. [2] Liegt dem Vollzug eine Straftat nach § 129a, auch in Verbindung mit § 129b Absatz 1 des Strafgesetzbuchs zugrunde, gelten § 148 Absatz 2 und § 148a der Strafprozessordnung entsprechend; dies gilt nicht, wenn die Gefangenen sich im offenen Vollzug befinden oder wenn ihnen Lockerungen nach § 38 gewährt worden sind und ein Grund, der die Anstaltsleitung zum Widerruf von Lockerungen ermächtigt, nicht vorliegt. [3] Satz 2 gilt auch, wenn eine Freiheitsstrafe wegen einer Straftat nach § 129a, auch in Verbindung mit § 129b Absatz 1 des Strafgesetzbuchs erst im Anschluss an den Vollzug der Freiheitsstrafe, der eine andere Verurteilung zugrunde liegt, zu vollstrecken ist.

(3) [1] Nicht überwacht werden ferner Schreiben der Gefangenen an Volksvertretungen des Bundes und der Länder sowie an deren Mitglieder, soweit die Schreiben an die Anschriften dieser Volksvertretungen gerichtet sind und den Absender zutreffend angeben. [2] Entsprechendes gilt für Schreiben an das Europäische Parlament und dessen Mitglieder, den Europäischen Gerichtshof für Menschenrechte, den Europäischen Ausschuss zur Verhütung von Folter und un-

menschlicher oder erniedrigender Behandlung oder Strafe, den Ausschuss der Vereinten Nationen gegen Folter und die entsprechenden Nationalen Präventionsmechanismen, die konsularische Vertretung ihres Heimatlandes und weitere Einrichtungen, mit denen der Schriftverkehr aufgrund völkerrechtlicher Verpflichtungen der Bundesrepublik Deutschland geschützt ist. [3] Satz 1 gilt auch für den Schriftverkehr mit den Bürgerbeauftragten der Länder und den Datenschutzbeauftragten des Bundes und der Länder. [4] Nicht überwacht werden ferner Schreiben der Gefangenen an Gerichte, Staatsanwaltschaften und die Aufsichtsbehörde. [5] Schreiben der in den Sätzen 1 bis 4 genannten Stellen, die an die Gefangenen gerichtet sich, werden nicht überwacht, sofern die Identität des Absenders zweifelsfrei feststeht.

§ 35 Anhalten von Schreiben. (1) Die Anstaltsleitung kann Schreiben anhalten, wenn

1. die Erreichung des Vollzugsziels oder die Sicherheit oder Ordnung der Anstalt gefährdet würde,
2. die Weitergabe in Kenntnis ihres Inhalts einen Straf- oder Bußgeldtatbestand verwirklichen würde,
3. sie grob unrichtige oder erheblich entstellende Darstellungen von Anstaltsverhältnissen oder grobe Beleidigungen enthalten,
4. sie die Eingliederung anderer Gefangener gefährden können oder
5. sie in Geheim- oder Kurzschrift, unlesbar, unverständlich oder ohne zwingenden Grund in einer fremden Sprache abgefasst sind.

(2) Ausgehenden Schreiben, die unrichtige Darstellungen enthalten, kann ein Begleitschreiben beigefügt werden, wenn die Gefangenen auf dem Absenden bestehen.

(3) [1] Sind Schreiben angehalten worden, wird das den Gefangenen mitgeteilt. [2] Angehaltene Schreiben werden an den Absender zurückgegeben oder, sofern dies unmöglich oder aus besonderen Gründen nicht angezeigt ist, verwahrt.

(4) Schreiben, deren Überwachung ausgeschlossen ist, dürfen nicht angehalten werden.

§ 36 Andere Formen der Telekommunikation. [1] Nach Zulassung anderer Formen der Telekommunikation im Sinne des Telekommunikationsgesetzes durch die Aufsichtsbehörde kann die Anstaltsleitung den Gefangenen gestatten, diese Formen auf ihre Kosten zu nutzen. [2] Die Bestimmungen dieses Abschnitts gelten entsprechend.

§ 37 Pakete. (1) [1] Den Gefangenen kann gestattet werden, Pakete zu empfangen. [2] Der Empfang von Paketen mit Nahrungs- und Genussmitteln ist untersagt. [3] Die Anstalt kann Anzahl, Gewicht und Größe von Sendungen und einzelnen Gegenständen festsetzen. [4] Über § 46 Absatz 1 Satz 2 hinaus kann sie Gegenstände und Verpackungsformen ausschließen, die einen unverhältnismäßigen Kontrollaufwand bedingen.

(2) Die Anstalt kann die Annahme von Paketen, deren Einbringung nicht gestattet ist oder die die Voraussetzungen des Absatzes 1 nicht erfüllen, ablehnen oder solche Pakete an den Absender zurücksenden.

(3) [1] Pakete sind in Gegenwart der Gefangenen zu öffnen, an die sie adressiert sind. [2] Mit nicht zugelassenen oder ausgeschlossenen Gegenständen ist gemäß

§ 49 Absatz 3 zu verfahren. [3] Sie können auch auf Kosten der Gefangenen zurückgesandt werden.

(4) Der Empfang von Paketen kann vorübergehend versagt werden, wenn dies wegen der Gefährdung der Sicherheit oder Ordnung unerlässlich ist.

(5) [1] Den Gefangenen kann gestattet werden, Pakete zu versenden. [2] Der Inhalt kann aus Gründen der Sicherheit oder Ordnung überprüft werden.

(6) [1] Die Kosten des Paketversandes tragen die Gefangenen. [2] Sind sie dazu nicht in der Lage, kann die Anstalt die Kosten in begründeten Fällen in angemessenem Umfang übernehmen.

Abschnitt 7. Lockerungen und sonstige Aufenthalte außerhalb der Anstalt

§ 38 Lockerungen zur Erreichung des Vollzugsziels. (1) Aufenthalte außerhalb der Anstalt ohne Aufsicht (Lockerungen) können den Gefangenen zur Erreichung des Vollzugsziels gewährt werden, namentlich

1. das Verlassen der Anstalt für eine bestimmte Tageszeit in Begleitung einer von der Anstalt zugelassenen Person (begleiteter Ausgang),
2. das Verlassen der Anstalt für eine bestimmte Tageszeit ohne Begleitung (unbegleiteter Ausgang),
3. das Verlassen der Anstalt für mehrere Tage (Langzeitausgang) und
4. die regelmäßige Beschäftigung außerhalb der Anstalt (Freigang).

(2) [1] Diese Lockerungen dürfen angeordnet werden, wenn nicht zu befürchten ist, dass die Gefangenen sich dem Vollzug der Freiheitsstrafe entziehen oder die Lockerungen zu Straftaten missbrauchen werden. [2] Die Anordnung bedarf der Zustimmung der Gefangenen.

(3) [1] Langzeitausgang nach Absatz 1 Nummer 3 soll in der Regel erst gewährt werden, wenn die Gefangenen sich mindestens sechs Monate im Strafvollzug befunden haben. [2] Zu lebenslanger Freiheitsstrafe verurteilte Gefangene können einen Langzeitausgang in der Regel erst erhalten, wenn sie sich einschließlich einer vorhergehenden Untersuchungshaft oder einer anderen Freiheitsentziehung zehn Jahre im Vollzug befunden haben oder wenn sie im offenen Vollzug untergebracht sind.

(4) Durch Lockerungen wird die Vollstreckung der Freiheitsstrafe nicht unterbrochen.

§ 39 Lockerungen aus sonstigen Gründen. (1) [1] Lockerungen können auch aus wichtigem Anlass gewährt werden. [2] Wichtige Anlässe sind insbesondere die Teilnahme an gerichtlichen Terminen, die medizinische Behandlung der Gefangenen sowie der Tod oder eine lebensgefährliche Erkrankung naher Angehöriger der Gefangenen.

(2) § 38 Absatz 2 und 4 gilt entsprechend.

§ 40 Weisungen für Lockerungen. [1] Für Lockerungen sind die nach den Umständen des Einzelfalles erforderlichen Weisungen zu erteilen. [2] Bei der Ausgestaltung der Lockerungen ist auch den berechtigten Belangen der Opfer Rechnung zu tragen. [3] Lockerungen sollen versagt werden, wenn sie im Einzelfall den berechtigten Belangen der Opfer widersprechen.

§ 41 Ausführungen, Außenbeschäftigung, Vorführung, Ausantwortung.

(1) [1] Den Gefangenen kann das Verlassen der Anstalt unter ständiger und unmittelbarer Aufsicht gestattet werden, wenn dies aus besonderen Gründen notwendig ist (Ausführung). [2] Die Gefangenen können auch gegen ihren Willen ausgeführt werden. [3] Liegt die Ausführung ausschließlich im Interesse der Gefangenen, können ihnen die Kosten auferlegt werden, soweit dies die Behandlung oder die Eingliederung nicht behindert.

(2) [1] Den Gefangenen kann gestattet werden, außerhalb der Anstalt einer regelmäßigen Beschäftigung unter ständiger Aufsicht oder unter Aufsicht in unregelmäßigen Abständen (Außenbeschäftigung) nachzugehen. [2] § 38 Absatz 2 gilt entsprechend.

(3) Auf Ersuchen eines Gerichts werden Gefangene vorgeführt, sofern ein Vorführungsbefehl vorliegt.

(4) Gefangene dürfen befristet dem Gewahrsam eines Gerichts, einer Staatsanwaltschaft oder einer Polizei-, Zoll- oder Finanzbehörde auf Antrag überlassen werden (Ausantwortung).

Abschnitt 8. Vorbereitung der Eingliederung, Entlassung und nachgehende Betreuung

§ 42 Vorbereitung der Eingliederung. (1) [1] Die Maßnahmen zur sozialen und beruflichen Eingliederung sind auf den Zeitpunkt der Entlassung in die Freiheit abzustellen. [2] Die Gefangenen sind bei der Ordnung ihrer persönlichen, wirtschaftlichen und sozialen Angelegenheiten zu unterstützen. [3] Dies umfasst die Vermittlung in nachsorgende Maßnahmen.

(2) [1] Die Anstalt arbeitet frühzeitig mit Personen und Einrichtungen außerhalb des Vollzugs zusammen, insbesondere, um zu erreichen, dass die Gefangenen nach ihrer Entlassung über eine geeignete Unterkunft und eine Arbeits- oder Ausbildungsstelle verfügen. [2] Bewährungshilfe und Führungsaufsicht beteiligen sich frühzeitig an der sozialen und beruflichen Eingliederung der Gefangenen.

(3) [1] Haben sich die Gefangenen mindestens sechs Monate im Vollzug befunden, kann ihnen auch ein zusammenhängender Langzeitausgang bis zu sechs Monaten gewährt werden, wenn dies zur Vorbereitung der Eingliederung erforderlich ist. [2] § 38 Absatz 2 und 4 sowie § 40 gelten entsprechend.

(4) In einem Zeitraum von sechs Monaten vor der voraussichtlichen Entlassung sind den Gefangenen die zur Vorbereitung der Eingliederung erforderlichen Lockerungen zu gewähren, sofern nicht mit hoher Wahrscheinlichkeit zu erwarten ist, dass die Gefangenen sich dem Vollzug der Freiheitsstrafe entziehen oder die Lockerungen zu Straftaten missbrauchen werden.

§ 43 Entlassung. (1) Die Gefangenen sollen am letzten Tag ihrer Strafzeit möglichst frühzeitig, jedenfalls noch am Vormittag, entlassen werden.

(2) Fällt das Strafende auf einen Sonnabend oder Sonntag, einen gesetzlichen Feiertag, den ersten Werktag nach Ostern oder Pfingsten oder in die Zeit vom 22. Dezember bis zum 6. Januar, so können die Gefangenen an dem diesem Tag oder Zeitraum vorhergehenden Werktag entlassen werden, wenn dies gemessen an der Dauer der Strafzeit vertretbar ist und fürsorgerische Gründe nicht entgegenstehen.

(3) Der Entlassungszeitpunkt kann bis zu zwei Tage vorverlegt werden, wenn die Gefangenen zu ihrer Eingliederung hierauf dringend angewiesen sind.

(4) Bedürftigen Gefangenen kann eine Entlassungsbeihilfe in Form eines Reisekostenzuschusses, angemessener Kleidung oder einer sonstigen notwendigen Unterstützung gewährt werden.

§ 44 Nachgehende Betreuung. [1] Mit Zustimmung der Anstaltsleitung können Bedienstete an der nachgehenden Betreuung Entlassener mit deren Einverständnis mitwirken, wenn ansonsten die Eingliederung gefährdet wäre. [2] Die nachgehende Betreuung kann auch außerhalb der Anstalt erfolgen. [3] In der Regel ist sie auf die ersten sechs Monate nach der Entlassung beschränkt.

§ 45 Verbleib oder Aufnahme auf freiwilliger Grundlage. (1) [1] Sofern es die Belegungssituation zulässt, können die Gefangenen auf Antrag ausnahmsweise vorübergehend in der Anstalt verbleiben oder wieder aufgenommen werden, wenn die Eingliederung gefährdet und ein Aufenthalt in der Anstalt aus diesem Grunde gerechtfertigt ist. [2] Die Unterbringung erfolgt auf vertraglicher Basis.

(2) Gegen die in der Anstalt untergebrachten Entlassenen dürfen Maßnahmen des Vollzugs nicht mit unmittelbarem Zwang durchgesetzt werden.

(3) Bei Störung des Anstaltsbetriebs durch die Entlassenen oder aus vollzugsorganisatorischen Gründen kann die Unterbringung jederzeit beendet werden.

Abschnitt 9. Grundversorgung und Freizeit

§ 46 Einbringen von Gegenständen. (1) [1] Gegenstände dürfen durch oder für die Gefangenen nur mit Zustimmung der Anstalt eingebracht werden. [2] Die Anstalt kann die Zustimmung verweigern, wenn die Gegenstände geeignet sind, die Sicherheit oder Ordnung der Anstalt oder die Erreichung des Vollzugsziels zu gefährden oder ihre Aufbewahrung nach Art oder Umfang offensichtlich nicht möglich ist.

(2) [1] Das Einbringen von Nahrungs- und Genussmitteln ist nicht gestattet. [2] Die Anstaltsleitung kann eine abweichende Regelung treffen.

§ 47 Gewahrsam an Gegenständen. (1) Die Gefangenen dürfen Gegenstände nur mit Zustimmung der Anstalt in Gewahrsam haben, annehmen oder abgeben.

(2) Ohne Zustimmung dürfen sie Gegenstände von geringem Wert an andere Gefangene weitergeben und von anderen Gefangenen annehmen; die Abgabe und Annahme dieser Gegenstände und der Gewahrsam daran können von der Zustimmung der Anstalt abhängig gemacht werden.

§ 48 Ausstattung des Haftraums. [1] Die Gefangenen dürfen ihren Haftraum in angemessenem Umfang mit eigenen Gegenständen ausstatten oder diese dort aufbewahren. [2] Gegenstände, die geeignet sind, die Sicherheit oder Ordnung der Anstalt, insbesondere die Übersichtlichkeit des Haftraums, oder die Erreichung des Vollzugsziels zu gefährden, dürfen nicht in den Haftraum eingebracht werden oder werden daraus entfernt.

§ 49 Aufbewahrung und Vernichtung von Gegenständen. (1) Gegenstände, die die Gefangenen nicht im Haftraum aufbewahren dürfen oder wollen, werden von der Anstalt aufbewahrt, soweit dies nach Art und Umfang möglich ist.

(2) [1] Den Gefangenen wird Gelegenheit gegeben, ihre Gegenstände, die sie während des Vollzugs und für ihre Entlassung nicht benötigen, zu versenden. [2] § 37 Absatz 6 gilt entsprechend.

(3) [1] Werden Gegenstände, deren Aufbewahrung nach Art oder Umfang nicht möglich ist, von den Gefangenen trotz Aufforderung nicht aus der Anstalt verbracht, so darf die Anstalt diese Gegenstände auf Kosten der Gefangenen außerhalb der Anstalt verwahren, verwerten oder vernichten. [2] Für die Voraussetzungen und das Verfahren der Verwertung und Vernichtung gilt § 23 des Bremischen Polizeigesetzes entsprechend.

(4) Aufzeichnungen und andere Gegenstände, die Kenntnisse über Sicherungsvorkehrungen der Anstalt vermitteln oder Schlussfolgerungen auf diese zulassen, dürfen vernichtet oder unbrauchbar gemacht werden.

§ 50 Zeitungen und Zeitschriften, religiöse Schriften und Gegenstände.

(1) [1] Die Gefangenen dürfen auf eigene Kosten Zeitungen und Zeitschriften in angemessenem Umfang durch Vermittlung der Anstalt beziehen. [2] Ausgeschlossen sind lediglich Zeitungen und Zeitschriften, deren Verbreitung mit Strafe oder Geldbuße bedroht ist. [3] Einzelne Ausgaben können den Gefangenen vorenthalten oder entzogen werden, wenn deren Inhalte die Erreichung des Vollzugsziels oder die Sicherheit oder Ordnung der Anstalt erheblich gefährden würden.

(2) [1] Die Gefangenen dürfen grundlegende religiöse Schriften sowie in angemessenem Umfang Gegenstände des religiösen Gebrauchs besitzen. [2] Diese dürfen den Gefangenen nur bei grobem Missbrauch entzogen werden.

§ 51 Rundfunk, Informations- und Unterhaltungselektronik. (1) Der Zugang zum Rundfunk ist zu ermöglichen.

(2) [1] Eigene Hörfunk- und Fernsehgeräte werden zugelassen, wenn nicht Gründe des § 48 Satz 2 entgegenstehen. [2] Andere Geräte der Informations- und Unterhaltungselektronik können unter diesen Voraussetzungen zugelassen werden. [3] Die Gefangenen können auf Mietgeräte oder auf ein Haftraummediensystem verwiesen werden. [4] § 36 bleibt unberührt.

(3) Der Rundfunkempfang kann vorübergehend ausgesetzt oder einzelnen Gefangenen untersagt werden, wenn dies zur Aufrechterhaltung der Sicherheit oder Ordnung der Anstalt unerlässlich ist.

§ 52 Kleidung. (1) Die Gefangenen tragen Anstaltskleidung.

(2) [1] Die Anstaltsleitung kann eine abweichende Regelung treffen. [2] Für Reinigung und Instandsetzung eigener Kleidung haben die Gefangenen auf ihre Kosten zu sorgen.

§ 53 Verpflegung und Einkauf. (1) [1] Zusammensetzung und Nährwert der Anstaltsverpflegung entsprechen den Anforderungen an eine gesunde Ernährung und werden ärztlich überwacht. [2] Auf ärztliche Anordnung wird besondere Verpflegung gewährt. [3] Den Gefangenen ist zu ermöglichen, Speisevorschriften ihrer Religionsgemeinschaft zu befolgen.

(2) [1] Den Gefangenen wird ermöglicht einzukaufen. [2] Die Anstalt wirkt auf ein Angebot hin, das auf Wünsche und Bedürfnisse der Gefangenen Rücksicht nimmt. [3] Das Verfahren des Einkaufs regelt die Anstaltsleitung. [4] Nahrungs-,

Genuss- und Körperpflegemittel können nur vom Haus- und Taschengeld, andere Gegenstände in angemessenen Umfang auch vom Eigengeld eingekauft werden.

§ 54 Freizeit. (1) [1]Zur Ausgestaltung der Freizeit hat die Anstalt insbesondere Angebote zur sportlichen und kulturellen Betätigung und Bildungsangebote vorzuhalten. [2]Die Anstalt stellt eine angemessen ausgestattete Bücherei zur Verfügung.

(2) Die Gefangenen sind zur Teilnahme und Mitwirkung an Angeboten der Freizeitgestaltung zu motivieren und anzuleiten.

Abschnitt 10. Vergütung, Gelder der Gefangenen und Kosten

§ 55 Vergütung und Anrechnung der Freistellung auf den Entlassungszeitpunkt. (1) Die Gefangenen erhalten eine Vergütung in Form von

1. finanzieller Anerkennung für die Teilnahme an Maßnahmen nach § 9 Absatz 1 Satz 1 Nummer 7 bis 10 und Satz 2, soweit sie nach § 9 Absatz 2 für zwingend erforderlich erachtet wurden oder Teil des Behandlungsprogramms der sozialtherapeutischen Abteilung sind,
2. Ausbildungsbeihilfe für die Teilnahme an schulischen und beruflichen Qualifizierungsmaßnahmen nach § 9 Absatz 1 Satz 1 Nummer 11 oder
3. Arbeitsentgelt für die Teilnahme an Maßnahmen nach § 9 Absatz 1 Satz 1 Nummer 12 und 13.

(2) [1]Der Bemessung der Vergütung sind 9 Prozent der Bezugsgröße nach § 18 des Vierten Buches Sozialgesetzbuch zugrunde zu legen (Eckvergütung). [2]Ein Tagessatz ist der 250. Teil der Eckvergütung; die Vergütung kann nach einem Stundensatz bemessen werden.

(3) [1]Die Vergütung kann je nach Art der Maßnahme und Leistung der Gefangenen gestuft werden. [2]Sie beträgt mindestens 60 Prozent der Eckvergütung. [3]Der Senator für Justiz und Verfassung wird ermächtigt, in einer Rechtsverordnung Vergütungsstufen zu bestimmen.

(4) Soweit Beiträge zur Bundesagentur für Arbeit zu entrichten sind, kann vom Arbeitsentgelt oder der Ausbildungsbeihilfe ein Betrag einbehalten werden, der dem Anteil der Gefangenen am Beitrag entsprechen würde, wenn sie diese Vergütung als Arbeitnehmer erhielten.

(5) Die Höhe der Vergütung ist den Gefangenen schriftlich bekannt zu geben.

(6) Die Gefangenen, die an einer Maßnahme nach § 21 teilnehmen, erhalten hierfür nur eine Ausbildungsbeihilfe, soweit kein Anspruch auf Leistungen zum Lebensunterhalt besteht, die außerhalb des Vollzugs aus solchem Anlass gewährt werden.

(7) [1]Haben Gefangene drei Monate lang zusammenhängend eine Tätigkeit nach den §§ 19 bis 22 ausgeübt, so erhalten sie eine Freistellung von zwei Arbeitstagen. [2]Die Regelung des § 24 Absatz 1 bleibt unberührt. [3]Durch Zeiten, in denen Gefangene ohne ihr Verschulden durch Krankheit, Lockerungen, Freistellung von der Arbeit oder sonstige nicht von ihnen zu vertretende Gründe an der Tätigkeit nach §§ 19 bis 22 gehindert sind, wird die Frist nach Satz 1 gehemmt. [4]Beschäftigungszeiträume von weniger als drei Monaten bleiben unberücksichtigt.

(8) [1] Die Gefangenen können beantragen, dass die Freistellung nach Absatz 7 in Form von Langzeitausgang gewährt wird. [2] § 38 Absatz 2 bis 4 und § 40 gelten entsprechend.

(9) § 24 Absatz 4 gilt entsprechend.

(10) [1] Nehmen die Gefangenen nicht innerhalb eines Jahres nach Vorliegen der Voraussetzungen die Freistellung nach Absatz 7 Satz 1 in Anspruch, so wird diese von der Anstalt auf den Entlassungszeitpunkt angerechnet. [2] Eine Anrechnung nach Satz 1 ist ausgeschlossen,

1. bei Gefangenen, die eine lebenslange Freiheitsstrafe verbüßen oder bei denen Sicherungsverwahrung angeordnet oder vorbehalten und ein Entlassungszeitpunkt noch nicht bestimmt ist,
2. bei einer Aussetzung der Vollstreckung des Restes einer Freiheitsstrafe zur Bewährung, soweit wegen des von der Entscheidung des Gerichts bis zur Entlassung verbleibenden Zeitraums eine Anrechnung nicht mehr möglich ist,
3. wenn dies vom Gericht angeordnet wird, weil bei einer Aussetzung der Vollstreckung des Restes einer Freiheitsstrafe zur Bewährung die Lebensverhältnisse der Gefangenen oder die Wirkungen, die von der Aussetzung für sie zu erwarten sind, die Vollstreckung bis zu einem bestimmten Zeitpunkt erfordern,
4. wenn nach § 456a Absatz 1 der Strafprozessordnung von der Vollstreckung abgesehen wird oder
5. wenn die Gefangenen im Gnadenwege aus der Haft entlassen werden.

(11) [1] Soweit eine Anrechnung nach Absatz 10 ausgeschlossen ist, erhalten die Gefangenen bei ihrer Entlassung für ihre Tätigkeit als Ausgleichsentschädigung zusätzlich 15 vom Hundert der ihnen gewährten Vergütung. [2] Der Anspruch entsteht erst mit der Entlassung. [3] Gefangenen, bei denen eine Anrechnung nach Absatz 10 Satz 2 Nummer 1 ausgeschlossen ist, wird die Ausgleichszahlung bereits nach Verbüßung von jeweils zehn Jahren Freiheitsstrafe zum Eigengeld nach § 57 gutgeschrieben, soweit sie nicht vor diesem Zeitpunkt entlassen werden. [4] § 57 Absatz 4 des Strafgesetzbuches gilt entsprechend.

§ 56 Überbrückungsgeld. (1) Aus den in diesem Gesetz geregelten Bezügen und aus den Bezügen der Gefangenen, die in einem freien Beschäftigungsverhältnis stehen oder denen gestattet ist, sich selbst zu beschäftigen, ist ein Überbrückungsgeld zu bilden, das den notwendigen Lebensunterhalt der Gefangenen und ihrer Unterhaltsberechtigten in den ersten vier Wochen nach der Entlassung sichern soll.

(2) [1] Das Überbrückungsgeld wird den Gefangenen bei der Entlassung in die Freiheit ausbezahlt. [2] Die Anstalt kann es ganz oder zum Teil der Bewährungshilfe oder einer mit der Entlassenenbetreuung befassten Stelle überweisen, die darüber entscheiden, wie das Geld innerhalb der ersten vier Wochen nach der Entlassung an die Entlassenen ausbezahlt wird. [3] Die Bewährungshilfe und die mit der Entlassenenbetreuung befasste Stelle sind verpflichtet, das Überbrückungsgeld von ihrem Vermögen gesondert zu halten. [4] Mit Zustimmung der Gefangenen kann das Überbrückungsgeld auch an Unterhaltsberechtigte überwiesen werden.

(3) [1] Die Anstaltsleitung kann gestatten, dass das Überbrückungsgeld für Ausgaben in Anspruch genommen wird, die der Eingliederung der Gefangenen dienen. [2] Dies gilt auch für die Entrichtung einer Geldstrafe.

§ 57 Eigengeld. (1) Das Eigengeld besteht aus den Beträgen, die die Gefangenen bei Strafantritt mitbringen und die sie während der Haftzeit erhalten, und den Teilen der Vergütung, die nicht als Hausgeld, Haftkostenbeitrag oder Überbrückungsgeld in Anspruch genommen werden.

(2) [1] Die Gefangenen können über das Eigengeld verfügen. [2] § 53 Absatz 2, §§ 60 und 61 bleiben unberührt.

§ 58 Taschengeld. (1) [1] Bedürftigen Gefangenen wird auf Antrag Taschengeld gewährt. [2] Bedürftig sind Gefangene, soweit ihnen aus Hausgeld nach § 60 und Eigengeld nach § 57 monatlich ein Betrag bis zur Höhe des Taschengelds voraussichtlich nicht zur Verfügung steht. [3] Finanzielle Anerkennungen nach § 55 Absatz 1 Nummer 1 bleiben bis zur Höhe des Taschengeldbetrages unberücksichtigt.

(2) Gefangene gelten nicht als bedürftig, wenn ihnen ein Betrag nach Absatz 1 Satz 2 deshalb nicht zur Verfügung steht, weil sie eine ihnen zugewiesene zumutbare Arbeit nicht angenommen haben oder eine ausgeübte Arbeit verschuldet verloren haben.

(3) [1] Das Taschengeld beträgt 14 Prozent der Eckvergütung nach § 55 Absatz 2. [2] Es wird zu Beginn des Monats im Voraus gewährt. [3] Gehen den Gefangenen im Laufe des Monats Gelder zu, wird zum Ausgleich ein Betrag bis zur Höhe des gewährten Taschengelds einbehalten.

(4) [1] Die Gefangenen dürfen über das Taschengeld im Rahmen der Bestimmungen dieses Gesetzes verfügen. [2] Es wird dem Hausgeldkonto gutgeschrieben.

§ 59 Konten, Bargeld. (1) Gelder der Gefangenen werden auf Hausgeld- und Eigengeldkonten in der Anstalt geführt.

(2) [1] Der Besitz von Bargeld in der Anstalt ist den Gefangenen nicht gestattet. [2] Über Ausnahmen entscheidet die Anstaltsleitung.

(3) Geld in Fremdwährung wird zur Habe genommen.

§ 60 Hausgeld. (1) Das Hausgeld wird aus drei Siebteln der in diesem Gesetz geregelten Vergütung gebildet.

(2) Für Gefangene, die aus einem freien Beschäftigungsverhältnis, aus einer Selbstbeschäftigung oder anderweitig regelmäßige Einkünfte haben, wird daraus ein angemessenes monatliches Hausgeld festgesetzt.

(3) Für Gefangene, die über Eigengeld nach § 57 verfügen und keine hinreichende Vergütung nach diesem Gesetz erhalten, gilt Absatz 2 entsprechend.

(4) [1] Die Gefangenen dürfen über das Hausgeld im Rahmen der Bestimmungen dieses Gesetzes verfügen. [2] Der Anspruch auf Auszahlung ist nicht übertragbar.

§ 61 Zweckgebundene Einzahlungen. [1] Für Maßnahmen der Eingliederung, insbesondere Kosten der Gesundheitsfürsorge und der Aus- und Fortbildung, und für Maßnahmen der Pflege sozialer Beziehungen, insbesondere Telefonkosten und Fahrtkosten anlässlich Lockerungen, kann zweckgebunden Geld eingezahlt werden. [2] Das Geld darf nur für diese Zwecke verwendet werden. [3] Der Anspruch auf Auszahlung ist nicht übertragbar.

§ 62 Haftkostenbeitrag, Kostenbeteiligung. (1) [1] Die Anstalt erhebt von Gefangenen, die sich in einem freien Beschäftigungsverhältnis befinden, sich selbst beschäftigen oder über anderweitige regelmäßige Einkünfte verfügen, für diese Zeit einen Haftkostenbeitrag. [2] Von Gefangenen, die sich selbst beschäftigen, kann der Haftkostenbeitrag monatlich im Voraus ganz oder teilweise gefordert werden. [3] Vergütungen nach diesem Gesetz bleiben unberücksichtigt. [4] Den Gefangenen muss täglich ein Tagessatz gemäß § 55 Absatz 2 Satz 2 verbleiben. [5] Von der Geltendmachung des Anspruches ist abzusehen, soweit die Wiedereingliederung der Gefangenen hierdurch gefährdet würde.

(2) [1] Der Haftkostenbeitrag wird in Höhe des Betrages erhoben, der nach § 17 Absatz 1 Nummer 4 des Vierten Buches Sozialgesetzbuch durchschnittlich zur Bewertung der Sachbezüge festgesetzt ist. [2] Bei Selbstverpflegung entfallen die für die Verpflegung vorgesehenen Beträge. [3] Für den Wert der Unterkunft ist die festgesetzte Belegungsfähigkeit maßgebend.

(3) Die Gefangenen können an den Betriebskosten der in ihrem Gewahrsam befindlichen Geräte beteiligt werden.

Abschnitt 11. Gesundheitsfürsorge

§ 63 Art und Umfang der medizinischen Leistungen, Kostenbeteiligung. (1) [1] Die Gefangenen haben einen Anspruch auf notwendige, ausreichende und zweckmäßige medizinische Leistungen unter Beachtung des Grundsatzes der Wirtschaftlichkeit und unter Berücksichtigung des allgemeinen Standards der gesetzlichen Krankenversicherung. [2] Der Anspruch umfasst auch Vorsorgeleistungen, ferner die Versorgung mit medizinischen Hilfsmitteln, soweit diese mit Rücksicht auf die Dauer des Freiheitsentzuges nicht ungerechtfertigt ist und die Hilfsmittel nicht als allgemeine Gebrauchsgegenstände des täglichen Lebens anzusehen sind.

(2) [1] An den Kosten nach Absatz 1 können die Gefangenen in angemessenem Umfang beteiligt werden, höchstens jedoch bis zum Umfang der Beteiligung vergleichbarer gesetzlich Versicherter. [2] Für Leistungen, die über Absatz 1 hinausgehen, können den Gefangenen die gesamten Kosten auferlegt werden.

(3) [1] Erhalten Gefangene Leistungen nach Absatz 1 infolge einer mutwilligen Selbstverletzung, sind sie in angemessenem Umfang an den Kosten zu beteiligen. [2] Die Kostenbeteiligung unterbleibt, wenn hierdurch die Erreichung des Vollzugszieles, insbesondere die Eingliederung der Gefangenen, gefährdet würde.

§ 64 Durchführung der medizinischen Leistungen, Forderungsübergang. (1) Medizinische Diagnose, Behandlung und Versorgung kranker und hilfsbedürftiger Gefangener erfolgen in der Anstalt, erforderlichenfalls in einer hierfür besser geeigneten Anstalt oder einem Vollzugskrankenhaus, ausnahmsweise auch außerhalb des Vollzuges.

(2) Wird die Strafvollstreckung während einer Behandlung von Gefangenen unterbrochen oder beendet, so hat das Land nur diejenigen Kosten zu tragen, die bis zur Unterbrechung oder Beendigung der Strafvollstreckung angefallen sind.

(3) [1] Gesetzliche Schadensersatzansprüche, die Gefangenen infolge einer Körperverletzung gegen Dritte zustehen, gehen insoweit auf das Land über, als den Gefangenen Leistungen nach § 63 Absatz 1 zu gewähren sind. [2] Von der Geltendmachung der Ansprüche ist im Interesse Gefangener abzusehen, wenn hierdurch die Erreichung des Vollzugsziels gefährdet würde.

§ 65 Ärztliche Behandlung zur sozialen Eingliederung. [1] Mit Zustimmung der Gefangenen soll die Anstalt ärztliche Behandlungen, insbesondere

Operationen oder prothetische Maßnahmen, durchführen lassen, die die soziale Eingliederung fördern. [2] Die Kosten tragen die Gefangenen. [3] Sind sie dazu nicht in der Lage, kann die Anstalt die Kosten in begründeten Fällen in angemessenem Umfang übernehmen.

§ 66 Gesundheitsschutz und Hygiene. (1) [1] Die Anstalt unterstützt die Gefangenen bei der Wiederherstellung und Erhaltung ihrer körperlichen, geistigen und seelischen Gesundheit. [2] Sie fördert das Bewusstsein für gesunde Ernährung und Lebensführung. [3] Die Gefangenen haben die notwendigen Anordnungen zum Gesundheitsschutz und zur Hygiene zu befolgen.

(2) Den Gefangenen wird ermöglicht, sich täglich mindestens eine Stunde im Freien aufzuhalten.

§ 67 Krankenbehandlung während Lockerungen. (1) [1] Während Lockerungen haben die Gefangenen einen Anspruch auf medizinische Leistungen gegen das Land nur in der für sie zuständigen Anstalt. [2] § 39 bleibt unberührt.

(2) Der Anspruch auf Leistungen ruht, solange die Gefangenen aufgrund eines freien Beschäftigungsverhältnisses krankenversichert sind.

§ 68 Zwangsmaßnahmen auf dem Gebiet der Gesundheitsfürsorge.

(1) Medizinische Untersuchung und Behandlung sowie Ernährung sind zwangsweise gegen den natürlichen Willen Gefangener nur zulässig bei

1. Lebensgefahr,
2. erheblicher Gefahr einer schwerwiegenden Schädigung der Gesundheit der Gefangenen oder
3. erheblicher Gefahr einer schwerwiegenden Schädigung der Gesundheit anderer Personen.

(2) Zwangsmaßnahmen nach Absatz 1 dürfen nur angeordnet werden, wenn

1. eine Patientenverfügung im Sinne des § 1901a Absatz 1 Satz 1 des Bürgerlichen Gesetzbuches, deren Festlegungen auf die aktuelle Lebens- und Behandlungssituation zutreffen und gegen die Durchführung der Maßnahmen gerichtet sind, nicht vorliegt,
2. erfolglos versucht worden ist, die auf Vertrauen gegründete Zustimmung der Gefangenen zu der Untersuchung, Behandlung oder Ernährung zu erwirken,
3. deren Anordnung den Gefangenen angekündigt wurde und sie über Art, Umfang, Dauer und zu erwartende Folgen und Risiken der Maßnahme in einer der Auffassungsgabe und dem Gesundheitszustand der Gefangenen angemessenen Weise durch einen Arzt oder eine Ärztin aufgeklärt wurden,
4. die Maßnahme zur Abwendung der Lebens- oder Gesundheitsgefahr geeignet, erforderlich, für die Betroffenen nicht mit unverhältnismäßigen Belastungen und Folgen verbunden ist und mildere Mittel keinen Erfolg versprechen und
5. der zu erwartende Nutzen der Maßnahme die mit der Maßnahme verbundenen Belastungen und den möglichen Schaden der Nichtbehandlung deutlich überwiegt.

(3) [1] Zur Durchführung von Zwangsmaßnahmen in den Fällen des Absatz 1 Nummer 1 und 2 ist die Anstalt nicht berechtigt, solange von einer freien Willensbestimmung der Gefangenen ausgegangen werden kann. [2] Liegen Anhaltspunkte vor, dass Gefangene zur Einsicht in die Notwendigkeit von medizinischen

Behandlungsmaßnahmen oder zum Handeln gemäß solcher Einsicht krankheitsbedingt nicht fähig sind, hat die Anstaltsleitung bei dem zuständigen Gericht unverzüglich die Bestellung einer Betreuung von Amts wegen anzuregen. [3]Die Entscheidung des Gerichts ist abzuwarten.

(4) [1]Zwangsmaßnahmen nach Absatz 1 werden durch einen Arzt oder eine Ärztin angeordnet, geleitet und überwacht. [2]Die Anordnung bedarf der Zustimmung der Anstaltsleitung. [3]Gleiches gilt für Erklärungen der Gefangenen, die im Zusammenhang mit Zwangsmaßnahmen von Bedeutung sein können. [4]Die Gründe für die Anordnung der Maßnahmen nach Absatz 1, das Vorliegen der Voraussetzungen nach Absatz 2 sowie die ergriffenen Maßnahmen, einschließlich ihres Zwangscharakters, der Durchsetzungsweise, der Wirkungsüberwachung sowie der Untersuchungs- und Behandlungsverlauf sind zu dokumentieren.

(5) [1]Anordnungen nach Absatz 4 sind den Gefangenen unverzüglich bekannt zu geben. [2]Sie sind darüber zu belehren, dass sie gegen die Anordnung Antrag auf gerichtliche Entscheidung stellen und bei Gericht um einstweiligen Rechtsschutz ersuchen können. [3]Mit dem Vollzug einer Anordnung ist zuzuwarten, bis die Gefangenen Gelegenheit hatten, eine gerichtliche Entscheidung herbeizuführen.

(6) Von den Anforderungen nach Absatz 2 Nummer 2 und 3, Absatz 3 Satz 3 und Absatz 5 Satz 3 kann abgesehen werden, wenn Gefahr im Verzug besteht.

(7) Zur Gewährleistung des Gesundheitsschutzes und der Hygiene ist die zwangsweise körperliche Untersuchung der Gefangenen zulässig, wenn sie nicht mit einem körperlichen Eingriff verbunden ist.

§ 69 Benachrichtigungspflicht. (1) [1]Erkranken Gefangene schwer oder versterben sie, werden die Angehörigen benachrichtigt. [2]Dem Wunsch, auch andere Personen zu benachrichtigen, soll nach Möglichkeit entsprochen werden.

(2) [1]Eine Benachrichtigung nach Absatz 1 Satz 1 setzt die Einwilligung der Gefangenen voraus. [2]Kann die Einwilligung nicht erlangt werden, erfolgt die Benachrichtigung, wenn die Gefangenen einer Benachrichtigung nicht widersprochen haben und keine sonstigen Anhaltspunkte dafür bestehen, dass eine Benachrichtigung nicht angebracht ist.

Abschnitt 12. Religionsausübung

§ 70 Seelsorge. [1]Den Gefangenen darf religiöse Betreuung durch einen Seelsorger oder eine Seelsorgerin ihrer Religionsgemeinschaft nicht versagt werden. [2]Auf Wunsch ist ihnen zu helfen, mit einem Seelsorger oder einer Seelsorgerin in Verbindung zu treten.

§ 71 Religiöse Veranstaltungen. (1) Die Gefangenen haben das Recht, am Gottesdienst und an anderen religiösen Veranstaltungen ihres Bekenntnisses teilzunehmen.

(2) Die Zulassung zu Gottesdiensten oder religiösen Veranstaltungen einer anderen Religionsgemeinschaft bedarf der Zustimmung des Seelsorgers oder der Seelsorgerin der Religionsgemeinschaft.

(3) Gefangene können von der Teilnahme am Gottesdienst oder anderen religiösen Veranstaltungen ausgeschlossen werden, wenn dies aus überwiegenden Gründen der Sicherheit oder Ordnung geboten ist; der Seelsorger oder die Seelsorgerin soll vorher gehört werden.

§ 72 Weltanschauungsgemeinschaften. Für Angehörige weltanschaulicher Bekenntnisse gelten § 50 Absatz 2, §§ 70 und 71 entsprechend.

Abschnitt 13. Sicherheit und Ordnung

§ 73 Grundsatz. (1) Sicherheit und Ordnung der Anstalt bilden die Grundlage des auf die Erreichung des Vollzugsziels ausgerichteten Anstaltslebens und tragen dazu bei, dass in der Anstalt ein gewaltfreies Klima herrscht.

(2) Die Pflichten und Beschränkungen, die den Gefangenen zur Aufrechterhaltung der Sicherheit oder Ordnung der Anstalt auferlegt werden, sind so zu wählen, dass sie in einem angemessenen Verhältnis zu ihrem Zweck stehen und die Gefangenen nicht mehr und nicht länger als notwendig beeinträchtigen.

§ 74 Allgemeine Verhaltenspflichten. (1) [1]Die Gefangenen sind für das geordnete Zusammenleben in der Anstalt mitverantwortlich und müssen mit ihrem Verhalten dazu beitragen. [2]Ihr Bewusstsein hierfür ist zu entwickeln und zu stärken. [3]Die Gefangenen sind zu einvernehmlicher Streitbeilegung zu befähigen.

(2) [1]Die Gefangenen haben die Anordnungen der Bediensteten zu befolgen, auch wenn sie sich durch diese beschwert fühlen. [2]Einen ihnen zugewiesenen Bereich dürfen die Gefangenen nicht ohne Erlaubnis verlassen.

(3) Die Gefangenen haben ihren Haftraum und die ihnen von der Anstalt überlassenen Sachen in Ordnung zu halten und schonend zu behandeln.

(4) Die Gefangenen haben Umstände, die eine Gefahr für das Leben oder eine erhebliche Gefahr für die Gesundheit einer Person bedeuten, unverzüglich zu melden.

§ 75 Absuchung, Durchsuchung. (1) [1]Die Gefangenen, ihre Sachen und die Hafträume dürfen mit technischen Mitteln oder sonstigen Hilfsmitteln abgesucht und durchsucht werden. [2]Die Durchsuchung männlicher Gefangener darf nur von Männern, die Durchsuchung weiblicher Gefangener darf nur von Frauen vorgenommen werden. [3]Das Schamgefühl ist zu schonen.

(2) [1]Nur bei Gefahr im Verzug oder auf Anordnung der Anstaltsleitung im Einzelfall ist es zulässig, eine mit einer Entkleidung verbundene körperliche Durchsuchung vorzunehmen. [2]Sie darf bei männlichen Gefangenen nur in Gegenwart von Männern, bei weiblichen Gefangenen nur in Gegenwart von Frauen erfolgen. [3]Sie ist in einem geschlossenen Raum durchzuführen. [4]Andere Gefangene dürfen nicht anwesend sein.

(3) Die Anstaltsleitung kann allgemein anordnen, dass die Gefangenen in der Regel bei der Aufnahme, vor und nach Kontakten mit Besuchspersonen sowie vor und nach jeder Abwesenheit von der Anstalt nach Absatz 2 zu durchsuchen sind.

§ 76 Sichere Unterbringung. Gefangene können in eine Anstalt verlegt werden, die zu ihrer sicheren Unterbringung besser geeignet ist, wenn in erhöhtem Maße die Gefahr der Entweichung oder Befreiung gegeben ist oder sonst ihr Verhalten oder ihr Zustand eine Gefahr für die Sicherheit der Anstalt darstellt.

§ 77 Maßnahmen zur Feststellung von Suchtmittelgebrauch. (1) [1]Zur Aufrechterhaltung der Sicherheit oder Ordnung der Anstalt kann die Anstaltsleitung allgemein oder im Einzelfall Maßnahmen anordnen, die geeignet sind, den Gebrauch von Suchtmitteln festzustellen. [2]Diese Maßnahmen dürfen nicht mit einem körperlichen Eingriff verbunden sein.

(2) Verweigern Gefangene die Mitwirkung an Maßnahmen nach Absatz 1 ohne hinreichenden Grund, ist davon auszugehen, dass Suchtmittelfreiheit nicht gegeben ist.

(3) Wird verbotener Suchtmittelgebrauch festgestellt, können die Kosten der Maßnahmen den Gefangenen auferlegt werden.

§ 77a Überflugverbot. (1) Über dem Anstaltsgelände und in einer Entfernung von weniger als 100 m von dessen Begrenzung ist der Betrieb von Flugmodellen und unbemannten Luftfahrtsystemen in einer Höhe von bis zu 150 m über Grund und Wasser verboten.

(2) Für vollzugliche oder sonstige öffentliche Zwecke kann die Anstaltsleitung den Betrieb im Einzelfall gestatten.

(3) Für den Bereich außerhalb des Anstaltsgeländes kann die Gestattung auch für private Zwecke erteilt werden, wenn keine Gefährdung für die Sicherheit und Ordnung der Anstalt zu befürchten ist.

§ 78 Festnahmerecht. [1]Gefangene, die entwichen sind oder sich sonst ohne Erlaubnis außerhalb der Anstalt aufhalten, können durch die Anstalt oder auf deren Veranlassung festgenommen und zurückgebracht werden. [2]Führt die Verfolgung oder die von der Anstalt veranlasste Fahndung nicht alsbald zur Wiederergreifung, so sind die weiteren Maßnahmen der Vollstreckungsbehörde zu überlassen.

§ 79 Besondere Sicherungsmaßnahmen. (1) Gegen Gefangene können besondere Sicherungsmaßnahmen angeordnet werden, wenn nach ihrem Verhalten oder aufgrund ihres seelischen Zustandes in erhöhtem Maße die Gefahr der Entweichung, von Gewalttätigkeiten gegen Personen oder Sachen, der Selbsttötung oder der Selbstverletzung besteht.

(2) Als besondere Sicherungsmaßnahmen sind zulässig:

1. der Entzug oder die Vorenthaltung von Gegenständen,
2. die Beobachtung der Gefangenen, auch mit technischen Hilfsmitteln,
3. die Trennung von allen anderen Gefangenen (Absonderung),
4. der Entzug oder die Beschränkung des Aufenthalts im Freien,
5. die Unterbringung in einem besonders gesicherten Haftraum ohne gefährdende Gegenstände und
6. die Fesselung.

(3) Maßnahmen nach Absatz 2 Nummer 1 und 3 bis 5 sind auch zulässig, wenn die Gefahr einer Befreiung oder eine erhebliche Störung der Ordnung anders nicht vermieden oder behoben werden kann.

(4) Eine Absonderung von mehr als vierundzwanzig Stunden Dauer ist nur zulässig, wenn sie zur Abwehr einer in der Person der Gefangenen liegenden Gefahr unerlässlich ist.

(5) [1]In der Regel dürfen Fesseln nur an den Händen oder an den Füßen angelegt werden. [2]Im Interesse der Gefangenen kann die Anstaltsleitung eine andere Art der Fesselung anordnen. [3]Die Fesselung wird zeitweise gelockert, soweit dies notwendig ist.

(6) Eine Fesselung, durch die die Bewegungsfreiheit der Gefangenen vollständig aufgehoben wird (Fixierung), ist nur zulässig, soweit und solange dies zur Abwehr einer gegenwärtigen erheblichen Gefahr von Gewalttätigkeiten gegen Personen, der Selbsttötung oder der Selbstverletzung unerlässlich ist.

(7) Besteht die Gefahr der Entweichung, dürfen die Gefangenen bei einer Ausführung, Vorführung oder beim Transport gefesselt werden.

§ 80 Anordnung besonderer Sicherungsmaßnahmen. (1) [1]Besondere Sicherungsmaßnahmen ordnet vorbehaltlich des Absatzes 2 die Anstaltsleitung an. [2]Bei Gefahr im Verzug können auch andere Bedienstete diese Maßnahmen vorläufig anordnen; die Entscheidung der Anstaltsleitung ist unverzüglich einzuholen.

(2) [1]Eine nicht nur kurzfristige Fixierung bedarf der vorherigen Anordnung durch das Gericht. [2]Eine kurzfristige Fixierung liegt vor, wenn sie absehbar die Dauer von dreißig Minuten unterschreitet. [3]Bei Gefahr im Verzug kann die Anordnung der Fixierung durch die Anstaltsleitung oder einen anderen zuständigen Bediensteten der Anstalt getroffen werden. [4]Ein Arzt ist unverzüglich hinzuzuziehen. [5]Die richterliche Entscheidung ist unverzüglich herbeizuführen. [6]Einer richterlichen Entscheidung bedarf es nicht oder nicht mehr, wenn bereits zu Beginn der Fixierung abzusehen ist, dass die Entscheidung erst nach Wegfall des Grundes der Fixierung ergehen wird, oder wenn die Fixierung vor der Herbeiführung der richterlichen Entscheidung tatsächlich beendet und zeitnah auch keine Wiederholung zu erwarten ist. [7]Ist eine richterliche Entscheidung beantragt und die Fixierung vor deren Erlangung beendet worden, so ist dies dem Gericht unverzüglich mitzuteilen.

(3) [1]Werden die Gefangenen ärztlich behandelt oder beobachtet oder bildet ihr seelischer Zustand den Anlass der besonderen Sicherungsmaßnahme, ist vorher eine ärztliche Stellungnahme einzuholen. [2]Ist dies wegen Gefahr im Verzug nicht möglich, wird die Stellungnahme unverzüglich nachträglich eingeholt.

(4) [1]Die Entscheidung wird den Gefangenen von der Anstaltsleitung mündlich eröffnet und mit einer kurzen Begründung schriftlich abgefasst. [2]Wird eine Fixierung angeordnet, so sind die Anordnung, die maßgeblichen Gründe hierfür, ihre Durchsetzung, ihre Dauer und die Art der Überwachung durch die Anstalt zu dokumentieren. [3]Wird gemäß Absatz 2 Satz 6 eine richterliche Entscheidung nicht herbeigeführt, sind auch die Gründe für die Annahme zu dokumentieren, dass die Entscheidung erst nach Wegfall des Grundes der Fixierung ergehen wird oder dass zeitnah keine Wiederholung zu erwarten ist.

§ 80a Verfahren. (1) Besondere Sicherungsmaßnahmen sind in angemessenen Abständen daraufhin zu überprüfen, ob und in welchem Umfang sie aufrechterhalten werden müssen.

(2) [1]Nicht nur kurzfristige Fixierungen sind der Aufsichtsbehörde unverzüglich mitzuteilen. [2]Besondere Sicherungsmaßnahmen nach § 79 Absatz 2 Nummer 3, 5 und 6 sind der Aufsichtsbehörde unverzüglich mitzuteilen, wenn sie länger als drei Tage aufrechterhalten werden. [3]Absonderung und Unterbringung im besonders gesicherten Haftraum von mehr als 30 Tagen Gesamtdauer innerhalb von zwölf Monaten bedürfen der Zustimmung der Aufsichtsbehörde.

(3) [1]Während der Absonderung und Unterbringung im besonders gesicherten Haftraum sind die Gefangenen in besonderem Maße zu betreuen. [2]Sind die Gefangenen darüber hinaus gefesselt, sind sie durch einen Bediensteten ständig

und in unmittelbarem Sichtkontakt zu beobachten. [3] Während der Dauer einer Fixierung muss eine Betreuung durch unmittelbaren Sicht- und Sprechkontakt zu einem geschulten Vollzugsbediensteten zu jedem Zeitpunkt gewährleistet sein.

(4) [1] Nach Beendigung einer Fixierung, die nicht richterlich angeordnet wurde, sind die Gefangenen auf ihr Recht hinzuweisen, die Zulässigkeit der durchgeführten Maßnahme beim zuständigen Gericht überprüfen zu lassen. [2] Der Hinweis ist zu dokumentieren.

§ 81 Ärztliche Überwachung. (1) Während der Dauer einer Fixierung stellt ein Arzt eine angemessene medizinische Überwachung der Gefangenen sicher.

(2) [1] Sind die Gefangenen in einem besonders gesicherten Haftraum untergebracht oder gefesselt, sucht sie der Arzt oder die Ärztin alsbald und in der Folge möglichst täglich auf. [2] Dies gilt nicht bei einer Fesselung während einer Ausführung, Vorführung oder eines Transportes sowie bei Bewegungen innerhalb der Anstalt.

(3) Der Arzt oder die Ärztin ist regelmäßig zu hören, solange den Gefangenen der tägliche Aufenthalt im Freien entzogen ist oder ohne Fixierung sie länger als vierundzwanzig Stunden abgesondert sind.

Abschnitt 14. Unmittelbarer Zwang

§ 82 Begriffsbestimmungen. (1) Unmittelbarer Zwang ist die Einwirkung auf Personen oder Sachen durch körperliche Gewalt, ihre Hilfsmittel oder durch Waffen.

(2) Körperliche Gewalt ist jede unmittelbare körperliche Einwirkung auf Personen oder Sachen.

(3) [1] Hilfsmittel der körperlichen Gewalt sind insbesondere Fesseln und Reizstoffe. [2] Waffen sind Hieb- und Schusswaffen.

(4) Es dürfen nur dienstlich zugelassene Hilfsmittel und Waffen verwendet werden.

§ 83 Allgemeine Voraussetzungen. (1) Bedienstete dürfen unmittelbaren Zwang anwenden, wenn sie Vollzugs- und Sicherungsmaßnahmen rechtmäßig durchführen und der damit verfolgte Zweck auf keine andere Weise erreicht werden kann.

(2) Gegen andere Personen als Gefangene darf unmittelbarer Zwang angewendet werden, wenn sie es unternehmen, Gefangene zu befreien oder widerrechtlich in die Anstalt einzudringen, oder wenn sie sich unbefugt darin aufhalten.

(3) Das Recht zu unmittelbarem Zwang aufgrund anderer Regelungen bleibt unberührt.

§ 84 Grundsatz der Verhältnismäßigkeit. (1) Unter mehreren möglichen und geeigneten Maßnahmen des unmittelbaren Zwangs sind diejenigen zu wählen, die den Einzelnen und die Allgemeinheit voraussichtlich am wenigsten beeinträchtigen.

(2) Unmittelbarer Zwang unterbleibt, wenn ein durch ihn zu erwartender Schaden erkennbar außer Verhältnis zu dem angestrebten Erfolg steht.

§ 85 Androhung. [1] Unmittelbarer Zwang ist vorher anzudrohen. [2] Die Androhung darf nur dann unterbleiben, wenn die Umstände sie nicht zulassen oder unmittelbarer Zwang sofort angewendet werden muss, um eine rechtswidrige Tat, die den Tatbestand eines Strafgesetzes erfüllt, zu verhindern oder eine gegenwärtige Gefahr abzuwenden.

§ 86 Schusswaffengebrauch. (1) [1] Schusswaffen dürfen nur gebraucht werden, wenn andere Maßnahmen des unmittelbaren Zwangs bereits erfolglos waren oder keinen Erfolg versprechen. [2] Gegen Personen ist ihr Gebrauch nur zulässig, wenn der Zweck nicht durch Waffenwirkung gegen Sachen erreicht werden kann.

(2) [1] Schusswaffen dürfen nur die dazu bestimmten Bediensteten gebrauchen und nur, um angriffs- oder fluchtunfähig zu machen. [2] Ihr Gebrauch unterbleibt, wenn dadurch erkennbar Unbeteiligte mit hoher Wahrscheinlichkeit gefährdet würden.

(3) [1] Der Gebrauch von Schusswaffen ist vorher anzudrohen. [2] Als Androhung gilt auch ein Warnschuss. [3] Ohne Androhung dürfen Schusswaffen nur dann gebraucht werden, wenn dies zur Abwehr einer gegenwärtigen Gefahr für Leib oder Leben erforderlich ist.

(4) [1] Gegen Gefangene dürfen Schusswaffen gebraucht werden,

1. wenn sie eine Waffe oder ein anderes gefährliches Werkzeug trotz wiederholter Aufforderung nicht ablegen,
2. wenn sie eine Meuterei im Sinne des § 121 des Strafgesetzbuchs unternehmen oder
3. um ihre Entweichung zu vereiteln oder um sie wiederzuergreifen.

[2] Um die Flucht aus einer Anstalt des offenen Vollzugs zu vereiteln, dürfen keine Schusswaffen gebraucht werden.

(5) Gegen andere Personen dürfen Schusswaffen gebraucht werden, wenn sie es unternehmen, Gefangene gewaltsam zu befreien oder gewaltsam in eine Anstalt einzudringen.

Abschnitt 15. Disziplinarverfahren

§ 87 Disziplinarmaßnahmen. (1) Disziplinarmaßnahmen können angeordnet werden, wenn die Gefangenen rechtswidrig und schuldhaft

1. andere Personen verbal oder tätlich angreifen,
2. Lebensmittel oder fremde Sachen zerstören oder beschädigen,
3. in sonstiger Weise gegen Strafgesetze verstoßen oder eine Ordnungswidrigkeit begehen,
4. verbotene Gegenstände in die Anstalt einbringen, sich an deren Einbringung beteiligen, sie besitzen oder weitergeben,
5. unerlaubt Betäubungsmittel oder andere berauschende Stoffe konsumieren,
6. entweichen oder zu entweichen versuchen,
7. gegen Weisungen im Zusammenhang mit der Gewährung von Lockerungen verstoßen oder
8. wiederholt oder schwerwiegend gegen sonstige Pflichten verstoßen, die ihnen durch dieses Gesetz oder aufgrund dieses Gesetzes auferlegt sind, und dadurch das geordnete Zusammenleben in der Anstalt stören.

(2) Zulässige Disziplinarmaßnahmen sind:

1. der Verweis,
2. die Beschränkung oder der Entzug des Fernsehempfangs bis zu drei Monaten,
3. die Beschränkung oder der Entzug der Gegenstände für die Freizeitbeschäftigung mit Ausnahme des Lesestoffs bis zu drei Monaten,
4. die Beschränkung oder der Entzug der Teilnahme an einzelnen Freizeitveranstaltungen bis zu drei Monaten,
5. die Beschränkung des Einkaufs bis zu drei Monaten,
6. die getrennte Unterbringung während der Freizeit bis zu vier Wochen,
7. die Kürzung des Arbeitsentgelts um zehn Prozent bis zu drei Monaten,
8. der Entzug der zugewiesenen Arbeit bis zu vier Wochen unter Wegfall der in diesem Gesetz geregelten Bezüge und
9. der Arrest bis zu vier Wochen.

(3) Arrest darf nur wegen schwerer oder wiederholter Verfehlungen verhängt werden.

(4) Mehrere Disziplinarmaßnahmen können miteinander verbunden werden.

(5) Disziplinarmaßnahmen sind auch zulässig, wenn wegen derselben Verfehlung ein Straf- oder Bußgeldverfahren eingeleitet wird.

§ 88 Vollzug der Disziplinarmaßnahmen, Aussetzung zur Bewährung.

(1) [1] Disziplinarmaßnahmen werden in der Regel sofort vollstreckt. [2] Die Vollstreckung ist auszusetzen, soweit es zur Gewährung eines effektiven Rechtsschutzes erforderlich ist.

(2) [1] Disziplinarmaßnahmen können ganz oder teilweise bis zu sechs Monaten zur Bewährung ausgesetzt werden. [2] Die Aussetzung zur Bewährung kann ganz oder teilweise widerrufen werden, wenn die Gefangenen die ihr zugrundeliegenden Erwartungen nicht erfüllen.

(3) [1] Für die Dauer des Arrests werden die Gefangenen abgesondert. [2] Sie können in einem besonderen Arrestraum untergebracht werden, der den Anforderungen entsprechen muss, die an einen zum Aufenthalt bei Tag und Nacht bestimmten Haftraum gestellt werden. [3] Soweit nichts anderes angeordnet wird, ruhen die Befugnisse der Gefangenen zur Teilnahme an Maßnahmen außerhalb des Raumes, in dem Arrest vollstreckt wird, sowie die Befugnisse zur Ausstattung des Haftraums mit eigenen Gegenständen, zum Fernsehempfang und Einkauf. [4] Gegenstände für die Freizeitbeschäftigung mit Ausnahme des Lesestoffs sind nicht zugelassen. [5] Die Rechte zur Teilnahme am Gottesdienst und auf Aufenthalt im Freien bleiben unberührt.

§ 89 Disziplinarbefugnis. (1) [1] Disziplinarmaßnahmen ordnet die Anstaltsleitung an. [2] Bei einer Verfehlung auf dem Weg in eine andere Anstalt zum Zweck der Verlegung ist die Leitung der Bestimmungsanstalt zuständig.

(2) Die Aufsichtsbehörde entscheidet, wenn sich die Verfehlung gegen die Anstaltsleitung richtet.

(3) [1] Disziplinarmaßnahmen, die gegen die Gefangenen in einer anderen Anstalt oder während einer Untersuchungshaft angeordnet worden sind, werden auf Ersuchen vollstreckt. [2] § 88 Absatz 2 bleibt unberührt.

§ 90 Verfahren. (1) [1]Der Sachverhalt ist zu klären. [2]Hierbei sind sowohl belastende als auch entlastende Umstände zu ermitteln. [3]Die betroffenen Gefangenen werden gehört. [4]Sie werden darüber unterrichtet, welche Verfehlungen ihnen zur Last gelegt werden. [5]Sie sind darauf hinzuweisen, dass es ihnen freisteht sich zu äußern oder nicht zur Sache auszusagen. [6]Die Erhebungen werden in einer Niederschrift festgelegt; die Einlassung der Gefangenen wird vermerkt.

(2) [1]In geeigneten Fällen können zur Abwendung von Disziplinarmaßnahmen im Wege einvernehmlicher Streitbeilegung Vereinbarungen getroffen werden. [2]Insbesondere kommen die Wiedergutmachung des Schadens, die Entschuldigung bei Geschädigten, die Erbringung von Leistungen für die Gemeinschaft und der vorübergehende Verbleib auf dem Haftraum in Betracht. [3]Erfüllen die Gefangenen die Vereinbarung, ist die Anordnung einer Disziplinarmaßnahme aufgrund dieser Verfehlung unzulässig.

(3) Mehrere Verfehlungen, die gleichzeitig zu beurteilen sind, werden durch eine Entscheidung geahndet.

(4) [1]Die Anstaltsleitung soll sich vor der Entscheidung mit Personen besprechen, die maßgeblich an der Vollzugsgestaltung mitwirken. [2]Bei Schwangeren, stillenden Müttern oder bei Gefangenen, die sich in ärztlicher Behandlung befinden, ist ein Arzt oder eine Ärztin zu hören.

(5) [1]Vor der Entscheidung über eine Disziplinarmaßnahme erhalten die Gefangenen die Gelegenheit, sich zu dem Ergebnis der Ermittlungen zu äußern. [2]Die Entscheidung wird den Gefangenen von der Anstaltsleitung mündlich eröffnet und mit einer kurzen Begründung schriftlich abgefasst.

(6) [1]Bevor Arrest vollzogen wird, ist ein Arzt oder eine Ärztin zu hören. [2]Während des Arrests stehen die Gefangenen unter ärztlicher Aufsicht. [3]Der Vollzug unterbleibt oder wird unterbrochen, wenn ansonsten die Gesundheit der Gefangenen gefährdet würde.

Abschnitt 16. Aufhebung von Maßnahmen, Beschwerde

§ 91 Aufhebung von Maßnahmen. (1) Die Aufhebung von Maßnahmen zur Regelung einzelner Angelegenheiten auf dem Gebiet des Vollzugs richtet sich nach den nachfolgenden Absätzen, soweit dieses Gesetz keine abweichende Bestimmung enthält.

(2) Rechtswidrige Maßnahmen können ganz oder teilweise mit Wirkung für die Vergangenheit und die Zukunft zurückgenommen werden.

(3) Rechtmäßige Maßnahmen können ganz oder teilweise mit Wirkung für die Zukunft widerrufen werden, wenn

1. aufgrund nachträglich eingetretener oder bekannt gewordener Umstände die Maßnahmen hätten versagt werden können,
2. die Maßnahmen missbraucht werden oder
3. Weisungen nicht befolgt werden.

(4) [1]Begünstigende Maßnahmen dürfen nach den Absätzen 2 oder 3 nur aufgehoben werden, wenn die vollzuglichen Interessen an der Aufhebung in Abwägung mit dem schutzwürdigen Vertrauen der Betroffenen auf den Bestand der Maßnahmen überwiegen. [2]Davon ist auszugehen, wenn die Aufhebung einer Maßnahme unerlässlich ist, um die Sicherheit der Anstalt zu gewährleisten.

(5) Der gerichtliche Rechtsschutz bleibt unberührt.

§ 92 Beschwerderecht. (1) Die Gefangenen erhalten Gelegenheit, sich in Angelegenheiten, die sie selbst betreffen, mit Wünschen, Anregungen und Beschwerden an die Anstaltsleitung zu wenden.

(2) Besichtigen Vertreter oder Vertreterinnen der Aufsichtsbehörde die Anstalt, so ist zu gewährleisten, dass die Gefangenen sich in Angelegenheiten, die sie selbst betreffen, an diese wenden können.

(3) Die Möglichkeit der Dienstaufsichtsbeschwerde bleibt unberührt.

Abschnitt 17. Kriminologische Forschung

§ 93 Evaluation, kriminologische Forschung. (1) Behandlungsprogramme für die Gefangenen sind auf der Grundlage wissenschaftlicher Erkenntnisse zu konzipieren, zu standardisieren und auf ihre Wirksamkeit hin zu überprüfen.

(2) Der Strafvollzug, insbesondere seine Aufgabenerfüllung und Gestaltung, die Umsetzung seiner Leitlinien sowie die Behandlungsprogramme und deren Wirkungen auf die Erreichung des Vollzugsziels, soll regelmäßig durch den kriminologischen Dienst, durch eine Hochschule oder durch eine andere Stelle wissenschaftlich begleitet und erforscht werden.

Abschnitt 18. Aufbau und Organisation der Anstalten

§ 94 Anstalten. (1) [1] Es werden Anstalten und Abteilungen eingerichtet, die den unterschiedlichen vollzuglichen Anforderungen Rechnung tragen. [2] Insbesondere sind sozialtherapeutische Abteilungen vorzusehen.

(2) [1] Es ist eine bedarfsgerechte Anzahl und Ausstattung von Plätzen für therapeutische Maßnahmen, schulische und berufliche Qualifizierung, Arbeitstraining und Arbeitstherapie sowie zur Ausübung von Arbeit vorzusehen. [2] Entsprechendes gilt für Besuche, Freizeit, Sport und Seelsorge.

(3) Haft- und Funktionsräume sind zweckentsprechend auszustatten.

(4) Unterhalten private Unternehmen Betriebe in Anstalten, kann die technische und fachliche Leitung ihren Mitarbeitern übertragen werden.

§ 95 Festsetzung der Belegungsfähigkeit, Verbot der Überbelegung.

(1) [1] Die Aufsichtsbehörde setzt die Belegungsfähigkeit der Anstalt so fest, dass eine angemessene Unterbringung der Gefangenen gewährleistet ist. [2] § 94 Absatz 2 ist zu berücksichtigen.

(2) Hafträume dürfen nicht mit mehr Gefangenen als zugelassen belegt werden.

(3) Ausnahmen von Absatz 2 sind nur vorübergehend und nur mit Zustimmung der Aufsichtsbehörde zulässig.

§ 96 Anstaltsleitung. (1) [1] Für jede Anstalt ist ein Beamter des höheren Dienstes zum hauptamtlichen Leiter zu bestellen (Anstaltsleitung). [2] Aus besonderen Gründen kann eine Anstalt auch von einem Beamten des gehobenen Dienstes geleitet werden.

(2) [1] Die Anstaltsleitung trägt die Verantwortung für den gesamten Vollzug und vertritt die Anstalt nach außen. [2] Sie kann einzelne Aufgabenbereiche auf andere Bedienstete übertragen. [3] Die Aufsichtsbehörde kann sich die Zustimmung zur Übertragung vorbehalten.

§ 97 Bedienstete. (1) [1]Die Anstalt wird mit dem für die Erreichung des Vollzugsziels und die Erfüllung ihrer Aufgaben erforderlichen Personal ausgestattet. [2]Fortbildung sowie Praxisberatung und -begleitung für die Bediensteten sind zu gewährleisten.

(2) [1]Für die Betreuung von Gefangenen mit angeordneter oder vorbehaltener Sicherungsverwahrung ist besonders qualifiziertes Personal vorzusehen und eine fachübergreifende Zusammenarbeit zu gewährleisten. [2]Soweit erforderlich, sind externe Fachkräfte einzubeziehen.

§ 98 Seelsorger und Seelsorgerinnen. (1) Seelsorger und Seelsorgerinnen werden im Einvernehmen mit der jeweiligen Religionsgemeinschaft im Hauptamt bestellt oder vertraglich verpflichtet.

(2) Wenn die geringe Anzahl der Angehörigen einer Religionsgemeinschaft eine Seelsorge nach Absatz 1 nicht rechtfertigt, ist die seelsorgerische Betreuung auf andere Weise zuzulassen.

(3) Mit Zustimmung der Anstaltsleitung darf der Anstaltsseelsorger oder die Anstaltsseelsorgerin sich freier Seelsorgehelfer und freier Seelsorgehelferinnen bedienen und diese für Gottesdienste sowie für andere religiöse Veranstaltungen von außen zuziehen.

§ 99 Medizinische Versorgung. (1) Die ärztliche Versorgung ist sicherzustellen.

(2) [1]Die Pflege der Kranken soll von Bediensteten ausgeführt werden, die eine Erlaubnis nach dem Krankenpflegegesetz besitzen. [2]Solange diese nicht zur Verfügung stehen, können auch Bedienstete eingesetzt werden, die eine sonstige Ausbildung in der Krankenpflege erfahren haben.

§ 100 Interessenvertretung der Gefangenen. [1]Den Gefangenen soll ermöglicht werden, Vertretungen zu wählen. [2]Diese können in Angelegenheiten von gemeinsamem Interesse, die sich ihrer Eigenart nach für eine Mitwirkung eignen, Vorschläge und Anregungen an die Anstalt herantragen. [3]Diese sollen mit der Vertretung erörtert werden.

§ 101 Hausordnung. [1]Die Anstaltsleitung erlässt zur Gestaltung und Organisation des Vollzugsalltags eine Hausordnung auf der Grundlage dieses Gesetzes. [2]Die Aufsichtsbehörde kann sich die Genehmigung der Hausordnung vorbehalten.

Abschnitt 19. Aufsicht, Vollstreckungsplan, Vollzugsgemeinschaften, Beirat

§ 102 Aufsichtsbehörde. (1) Der Senator oder die Senatorin für Justiz und Verfassung führt die Aufsicht über die Anstalt (Aufsichtsbehörde).

(2) Die Aufsichtsbehörde kann sich Entscheidungen über Verlegungen und Überstellungen vorbehalten.

§ 103 Vollstreckungsplan, Vollzugsgemeinschaften. (1) Die Aufsichtsbehörde regelt die örtliche und sachliche Zuständigkeit der Anstalten in einem Vollstreckungsplan.

(2) Im Rahmen von Vollzugsgemeinschaften kann der Vollzug auch in Vollzugseinrichtungen anderer Länder vorgesehen werden.

§ 104 Beirat. (1) [1] Bei der Anstalt ist ein Beirat zu bilden. [2] Die Bestellung der Mitglieder des Beirats erfolgt durch den Rechtsausschuss. [3] Bedienstete dürfen nicht Mitglieder des Beirats sein.

(2) [1] Die Mitglieder des Beirats wirken beratend bei der Gestaltung des Vollzugs und der Eingliederung der Gefangenen mit. [2] Sie fördern das Verständnis für den Vollzug und seine gesellschaftliche Akzeptanz und vermitteln Kontakte zu öffentlichen und privaten Anstalten.

(3) Der Beirat steht der Anstaltsleitung, den Bediensteten und den Gefangenen als Ansprechpartner zur Verfügung.

(4) [1] Die Mitglieder des Beirats können sich über die Unterbringung der Gefangenen und die Gestaltung des Vollzugs unterrichten und die Anstalt besichtigen. [2] Sie können die Gefangenen in ihren Hafträumen aufsuchen. [3] Unterhaltung und Schriftwechsel werden nicht überwacht.

(5) [1] Die Mitglieder des Beirats sind verpflichtet, außerhalb ihres Amtes über alle Angelegenheiten, die ihrer Natur nach vertraulich sind, besonders über Namen und Persönlichkeit der Gefangenen, Verschwiegenheit zu bewahren. [2] Dies gilt auch nach Beendigung ihres Amtes.

Abschnitt 20. Vollzug des Strafarrests

§ 105 Grundsatz. (1) Für den Vollzug des Strafarrests in Anstalten gelten die Bestimmungen dieses Gesetzes entsprechend, soweit § 106 nicht Abweichendes bestimmt.

(2) § 106 Absatz 1 bis 3, 7 und 8 gilt nicht, wenn Strafarrest in Unterbrechung einer anderen freiheitsentziehenden Maßnahme vollzogen wird.

§ 106 Besondere Bestimmungen. (1) Strafarrestierte sollen im offenen Vollzug untergebracht werden.

(2) Eine gemeinsame Unterbringung ist nur mit Einwilligung der Strafarrestierten zulässig.

(3) Besuche, Telefongespräche und Schriftwechsel dürfen nur untersagt oder überwacht werden, wenn dies aus Gründen der Sicherheit oder Ordnung der Anstalt notwendig ist.

(4) Den Strafarrestierten soll gestattet werden, einmal wöchentlich Besuch zu empfangen.

(5) Strafarrestierten dürfen eigene Kleidung tragen und eigenes Bettzeug benutzen, wenn Gründe der Sicherheit nicht entgegenstehen und sie für Reinigung, Instandsetzung und regelmäßigen Wechsel auf eigene Kosten sorgen.

(6) Sie dürfen Nahrungs- und Genussmittel sowie Mittel zur Körperpflege in angemessenem Umfang durch Vermittlung der Anstalt auf eigene Kosten erwerben.

(7) Eine mit einer Entkleidung verbundene körperliche Durchsuchung ist nur bei Gefahr im Verzug zulässig.

(8) Zur Vereitelung einer Entweichung und zur Wiederergreifung dürfen Schusswaffen nicht gebraucht werden.

Abschnitt 21. *(aufgehoben)*

§§ 107–126 *(aufgehoben)*

Abschnitt 21a. Bußgeldvorschriften

§ 126a Bußgeldvorschriften. (1) Ordnungswidrig handelt, wer vorsätzlich oder fahrlässig Flugmodelle oder unbemannte Luftfahrtsysteme entgegen § 77a unbefugt betreibt.

(2) Die Ordnungswidrigkeit und der Versuch einer Ordnungswidrigkeit können mit einer Geldbuße bis zu 10 000 Euro geahndet werden.

(3) [1] Gegenstände, auf die sich die Ordnungswidrigkeit bezieht oder die zu ihrer Vorbereitung oder Begehung gebraucht oder bestimmt worden sind, können eingezogen werden. [2] § 23 des Gesetzes über Ordnungswidrigkeiten ist anzuwenden.

(4) Sachlich zuständige Verwaltungsbehörde für die Verfolgung und Ahndung von Ordnungswidrigkeiten ist die Justizvollzugsanstalt Bremen.

Abschnitt 22. Schlussbestimmungen

§ 127 Einschränkung von Grundrechten. Durch dieses Gesetz werden die Grundrechte aus Artikel 2 Absatz 2 Satz 1 und 2 (körperliche Unversehrtheit und Freiheit der Person) und Artikel 10 Absatz 1 (Brief-, Post- und Fernmeldegeheimnis) des Grundgesetzes eingeschränkt.

§ 128 Verhältnis zum Bundesrecht. [1] Dieses Gesetz ersetzt gemäß Artikel 125a Absatz 1 des Grundgesetzes in der Freien Hansestadt Bremen das Strafvollzugsgesetz[1)] vom 16. März 1976 (BGBl. I.S. 581, 2088, 1977 I S. 436), das zuletzt durch Artikel 7 des Gesetzes vom 25. April 2013 (BGBl. I S. 935) geändert worden ist. [2] Die Vorschriften des Strafvollzugsgesetzes über

1. den Pfändungsschutz (§ 50 Absatz 2 Satz 5, § 51 Absatz 4 und 5, § 75 Absatz 3),
2. das gerichtliche Verfahren (§§ 109 bis 121, § 121a und § 121b, § 50 Absatz 5 Satz 2),
3. die Unterbringung in einem psychiatrischen Krankenhaus und in einer Entziehungsanstalt (§§ 136 bis 138),
4. den Vollzug von Ordnungs-, Sicherungs-, Zwangs- und Erzwingungshaft (§§ 171 bis 175),
5. den unmittelbaren Zwang in Justizvollzugsanstalten für andere Arten des Freiheitsentzugs (§ 178)

gelten fort.

§ 129 Übergangsbestimmungen. Bis zum Inkrafttreten einer Verordnung nach § 55 Absatz 3 gilt die Strafvollzugsvergütungsordnung[2)] vom 11. Januar 1977 (BGBl. I S. 57), die durch Artikel 6 des Gesetzes vom 13. Dezember 2007 (BGBl. I S. 2894) geändert worden ist, in der jeweils geltenden Fassung, für die Anwendung des § 55 fort.

[1)] Nr. **1**.
[2)] Nr. **1a**.

1.6. Gesetz über den Vollzug der Freiheitsstrafe (Hamburgisches Strafvollzugsgesetz – HmbStVollzG)[1)]

Vom 14. Juli 2009
(HmbGVBl. S. 257)

BS Hbg 3120-3

zuletzt geänd. durch Art. 1 Covid-19-G zur Regelung der AnO und Umsetzung von Maßnahmen zum Gesundheitsschutz und der Hygiene in den hamburgischen Justizvollzugsanstalten v. 27.4.2021 (HmbGVBl. S. 285)

Inhaltsübersicht

[1)] Verkündet als Art. 1 G v. 14.7.2009 (HmbGVBl. S. 257); Inkrafttreten gem. Art. 4 des G am 1.9. 2009.

Teil 1. Anwendungsbereich

§ 1 Anwendungsbereich Dieses Gesetz regelt den Vollzug der Freiheitsstrafe.

Teil 2. Vollzug der Freiheitsstrafe

Abschnitt 1. Grundsätze

§ 2 Aufgaben des Vollzuges. [1]Der Vollzug dient dem Ziel, die Gefangenen zu befähigen, künftig in sozialer Verantwortung ein Leben ohne Straftaten zu führen. [2]Gleichermaßen hat er die Aufgabe, die Allgemeinheit vor weiteren Straftaten zu schützen. [3]Zwischen dem Vollzugsziel und der Aufgabe, die Allgemeinheit vor weiteren Straftaten zu schützen, besteht kein Gegensatz.

§ 3 Gestaltung des Vollzuges. (1) [1]Das Leben im Vollzug ist den allgemeinen Lebensverhältnissen soweit wie möglich anzugleichen. [2]Schädlichen Folgen des Freiheitsentzuges ist entgegenzuwirken. [3]Der Vollzug ist von Beginn an darauf auszurichten, dass er den Gefangenen hilft, sich in das Leben in Freiheit einzugliedern.

(2) [1]Die Belange von Sicherheit und Ordnung der Anstalt sowie die Belange der Allgemeinheit sind zu beachten. [2]Die unterschiedlichen Lebenslagen und Bedürfnisse von weiblichen und männlichen Gefangenen werden bei der Vollzugsgestaltung und bei Einzelmaßnahmen berücksichtigt. [3]Insbesondere ist auf die Schaffung und die Bewahrung eines gewaltfreien Klimas im Vollzug zu achten.

§ 4 Grundsätze der Behandlung. [1]Den Gefangenen werden im Rahmen eines an ihren persönlichen Erfordernissen orientierten Vollzugs- und Behandlungsprozesses alle vollzuglichen Maßnahmen und therapeutischen Programme angeboten, die geeignet sind, ihnen Chancen zur Förderung ihrer Eingliederung in ein Leben in sozialer Verantwortung ohne Straftaten zu vermitteln und ihre Fähigkeiten zur Selbsthilfe zu stärken (Behandlung). [2]Die Behandlung dient der Prävention und dem Schutz der Opfer von Straftaten. [3]Als Bestandteil der Behandlung sollen sich die Maßnahmen und Programme insofern auch auf die Auseinandersetzung der Gefangenen mit den eigenen Straftaten, deren Ursachen und Folgen, insbesondere für die Opfer, richten.

§ 5 Stellung der Gefangenen. (1) [1]Die Gefangenen sind verpflichtet, an der Gestaltung ihrer Behandlung und an der Erfüllung des Vollzugsziels mitzuwirken. [2]Ihre Bereitschaft hierzu ist zu wecken und zu fördern.

(2) Die Bereitschaft zur Mitwirkung kann durch Maßnahmen der Belohnung und Anerkennung gefördert werden, bei denen die Beteiligung an Maßnahmen, wie auch besonderer Einsatz und erreichte Fortschritte angemessen zu berücksichtigen sind.

(3) [1]Die Gefangenen unterliegen den in diesem Gesetz vorgesehenen Beschränkungen ihrer Freiheit. [2]Soweit das Gesetz eine besondere Regelung nicht enthält, dürfen ihnen nur Beschränkungen auferlegt werden, die zur Aufrechterhaltung der Sicherheit oder zur Abwendung einer schwerwiegenden Störung der Ordnung der Anstalt unerlässlich sind.

(4) Vollzugsmaßnahmen sollen den Gefangenen erläutert werden.

Abschnitt 2. Planung und Ablauf des Vollzuges

§ 6 Aufnahme. (1) [1]Mit den Gefangenen wird unverzüglich ein Aufnahmegespräch geführt. [2]Sie werden umgehend ärztlich untersucht.

(2) Die Gefangenen werden bei der Aufnahme

1. in einer für sie verständlichen Form über ihre Rechte und Pflichten, insbesondere über ihre Pflicht zur Mitwirkung (§ 5 Absatz 1) und über die Möglichkeiten der Aufrechterhaltung einer Sozialversicherung unterrichtet,
2. darin unterstützt, die notwendigen Maßnahmen für hilfsbedürftige Angehörige zu veranlassen und ihre Habe außerhalb der Anstalt sicherzustellen.

(3) Beim Aufnahmeverfahren dürfen andere Gefangene in der Regel nicht zugegen sein.

(4) Bei Gefangenen, die eine Ersatzfreiheitsstrafe verbüßen oder die im Anschluss an Freiheitsstrafe Ersatzfreiheitsstrafe zu verbüßen haben werden, sind die Möglichkeiten der Verkürzung der Vollstreckung durch gemeinnützige Arbeit oder ratenweise Tilgung der Geldstrafe zu erörtern und zu fördern, um so auf eine möglichst baldige Entlassung hinzuwirken.

§ 7 Behandlungsuntersuchung. (1) Die Behandlung der Gefangenen beginnt mit der fachkundigen Erforschung ihrer Persönlichkeit und ihrer Lebensverhältnisse (Behandlungsuntersuchung) einschließlich der in § 9 Absatz 4 des Hamburgischen Resozialisierungs- und Opferhilfegesetzes genannten Sachverhalten.

(2) [1] Die Behandlungsuntersuchung erstreckt sich auf die Persönlichkeit, die Lebensverhältnisse, die Ursachen und Umstände der Straftat sowie alle sonstigen Gesichtspunkte, deren Kenntnis für eine zielgerichtete und wirkungsorientierte Vollzugsgestaltung und die Eingliederung der Gefangenen nach der Entlassung notwendig erscheint. [2] Neben den vollstreckungsrechtlichen Unterlagen sind mit Zustimmung der Gefangenen insbesondere auch Erkenntnisse der Gerichts- und Bewährungshilfe sowie der Führungsaufsichtsstellen einzubeziehen.

(3) [1] In der Behandlungsuntersuchung werden die im Einzelfall die Straffälligkeit begünstigenden Faktoren ermittelt. [2] Gleichzeitig sollen die Fähigkeiten der Gefangenen ermittelt werden, deren Stärkung einer erneuten Straffälligkeit entgegenwirken kann.

(4) [1] Die Untersuchung kann bei einer voraussichtlichen Vollzugsdauer bis zu einem Jahr auf die Umstände beschränkt werden, deren Kenntnis für eine angemessene Vollzugsgestaltung unerlässlich und für die Eingliederung erforderlich ist. [2] Unabhängig von der Vollzugsdauer gilt dies auch, wenn ausschließlich Ersatzfreiheitsstrafen zu vollziehen sind.

(5) Die Ergebnisse der Untersuchung sind zu dokumentieren und mit den Gefangenen zu erörtern.

§ 8 Resozialisierungsplan. (1) Auf der Grundlage der Behandlungsuntersuchung wird regelmäßig innerhalb der ersten sechs Wochen nach der Aufnahme ein Resozialisierungsplan erstellt.

(2) [1] Der Resozialisierungsplan enthält insbesondere folgende Angaben:

1. Unterbringung im geschlossenen oder offenen Vollzug,
2. Zuweisung zu Wohngruppen und Behandlungsgruppen oder -abteilungen,
3. Unterbringung in einer sozialtherapeutischen Einrichtung,
4. Teilnahme an Maßnahmen der schulischen oder beruflichen Aus- oder Weiterbildung oder Zuweisung von Arbeit,

5. besondere Hilfs- und Behandlungsmaßnahmen, insbesondere Schuldenregulierung einschließlich Unterhaltszahlungen, Schadensausgleich, Maßnahmen des Täter-Opfer-Ausgleichs, Suchtberatung, Maßnahmen des Verhaltenstrainings,
6. Lockerungen des Vollzuges,
7. Vorbereitung der Eingliederung.

[2] Die Angaben sind in Grundzügen zu begründen.

(3) [1] Die Gefangenen werden darin unterstützt, ihre persönlichen, wirtschaftlichen und sozialen Schwierigkeiten zu beheben. [2] Sie sollen dazu angeregt und in die Lage versetzt werden, ihre Angelegenheiten selbst zu regeln, insbesondere eine Schuldenregulierung herbeizuführen. [3] Sie sollen angehalten werden, den durch die Straftat verursachten materiellen und immateriellen Schaden wiedergutzumachen.

(4) [1] Der Resozialisierungsplan ist mit der Entwicklung der Gefangenen in Einklang zu halten. [2] Er wird regelmäßig alle sechs Monate überprüft und fortgeschrieben. [3] Bei einer Vollzugsdauer von mehr als drei Jahren verlängert sich die Frist auf zwölf Monate.

(5) [1] Der Resozialisierungsplan und seine Fortschreibungen sind mit den Gefangenen zu erörtern. [2] Der Resozialisierungsplan ist ihnen auszuhändigen.

(6) [1] Zur Aufstellung und Fortschreibung des Resozialisierungsplans führt die Anstaltsleitung Konferenzen mit an der Behandlung maßgeblich Beteiligten durch. [2] An der Behandlung maßgeblich mitwirkende Personen außerhalb des Vollzuges sollen in die Planung einbezogen werden. [3] Sie können mit Zustimmung der Gefangenen auch an den Konferenzen beteiligt werden. [4] Standen die Gefangenen vor ihrer Inhaftierung unter Bewährungs- oder Führungsaufsicht, kann mit Zustimmung der Gefangenen auch die für sie zuständige Bewährungshelferin oder der für sie zuständige Bewährungshelfer an der Konferenz beteiligt werden.

(7) [1] Werden die Gefangenen nach der Entlassung voraussichtlich unter Bewährungs- oder Führungsaufsicht gestellt, so ist mit Zustimmung der Gefangenen der künftig zuständigen Bewährungshelferin oder dem künftig zuständigen Bewährungshelfer in den letzten zwölf Monaten vor dem voraussichtlichen Entlassungszeitpunkt die Teilnahme an der Konferenz zu ermöglichen und sind ihr bzw. ihm der Resozialisierungsplan und seine Fortschreibungen zu übersenden.

(8) Sofern die oder der Gefangene durch eine Fallmanagerin oder einen Fallmanager nach dem Hamburgischen Resozialisierungs- und Opferhilfegesetz betreut wird, finden die Absätze 6 und 7 entsprechende Anwendung.

§ 8a Opferschutz. [1] Für besonders gefährliche Sexual- und Gewaltstraftäterinnen und Sexual- und Gewaltstraftäter wird eine Risikoeinschätzung durch eine psychologische Fachkraft erstellt. [2] Bei der Suche und Gestaltung des sozialen Empfangsraumes nach der Entlassung sind die Schutzinteressen des Opfers einzubeziehen. [3] Vorschläge für gerichtliche Weisungen an die oder den Betroffenen, die auch dem Schutz des Opfers dienen sollen, werden in einer Fallkonferenz der in § 30 Absatz 2 Satz 2 des Hamburgischen Resozialisierungs- und Opferhilfegesetzes genannten Stellen erörtert und dem Gericht vorgeschlagen.

§ 9 Verlegung, Überstellung, Ausantwortung. (1) Die Gefangenen dürfen abweichend vom Vollstreckungsplan in eine andere für den Vollzug der Freiheitsstrafe zuständige Anstalt verlegt werden, wenn ihre Behandlung oder ihre Eingliederung nach der Entlassung hierdurch gefördert wird oder dies aus Gründen der Vollzugsorganisation oder aus anderen wichtigen Gründen erforderlich ist.

(2) Die Gefangenen dürfen auch verlegt werden, wenn in erhöhtem Maß Fluchtgefahr gegeben ist oder sonst ihr Verhalten, ihr Zustand oder ihre Kontakte zu anderen Gefangenen eine Gefahr für die Sicherheit oder Ordnung der Anstalt darstellen und die aufnehmende Anstalt wegen der mit der Verlegung bewirkten Veränderungen der Haftverhältnisse oder wegen höherer Sicherheitsvorkehrungen zur sicheren Unterbringung der Gefangenen besser geeignet ist.

(3) Die Gefangenen dürfen aus wichtigem Grund vorübergehend in eine andere Anstalt überstellt werden.

(4) § 92 bleibt unberührt.

(5) Die Gefangenen dürfen auf begründeten Antrag befristet einer Polizeibehörde übergeben werden (Ausantwortung).

§ 10 Sozialtherapie. (1) Gefangene sind in einer sozialtherapeutischen Einrichtung unterzubringen, wenn sie wegen einer Straftat nach den §§ 174 bis 180 oder 182 des Strafgesetzbuchs zu einer Freiheitsstrafe von mehr als zwei Jahren verurteilt worden sind und die Behandlung in einer sozialtherapeutischen Einrichtung angezeigt ist.

(2) Andere Gefangene können mit ihrer Zustimmung in eine sozialtherapeutische Einrichtung verlegt werden, wenn die besonderen therapeutischen Mittel und sozialen Hilfen zu ihrer Behandlung angezeigt sind und die Leitung der Einrichtung zustimmt.

(3) [1] Kann der Zweck der Behandlung aus Gründen, die in der Person von Gefangenen liegen, nicht erreicht werden, ist von einer Verlegung nach Absatz 1 oder 2 abzusehen oder die Gefangenen sind zurückzuverlegen. [2] Über die Verlegung von Gefangenen nach Absatz 1 ist jeweils spätestens nach Ablauf von sechs Monaten neu zu entscheiden.

(4) § 9 bleibt unberührt.

§ 11 Geschlossener und offener Vollzug. (1) Die Gefangenen werden im geschlossenen oder offenen Vollzug untergebracht.

(2) [1] Die Gefangenen sollen im offenen Vollzug untergebracht werden, wenn sie hierfür geeignet sind. [2] Geeignet sind Gefangene, wenn sie den besonderen Anforderungen des offenen Vollzuges genügen, insbesondere, wenn nicht zu befürchten ist, dass sie sich dem Vollzug entziehen oder die Möglichkeiten des offenen Vollzuges zu Straftaten missbrauchen werden.

(3) [1] Ist gegen Gefangene eine Freiheitsstrafe wegen einer Straftat nach den §§ 174 bis 180, 182 des Strafgesetzbuchs, wegen grober Gewalttätigkeit gegen Personen oder, sofern diese Straftaten als Rauschtat begangen wurden, wegen Vollrausches (§ 323a des Strafgesetzbuchs) zu vollziehen oder war dies während eines vorangegangenen Freiheitsentzuges der Fall, ist vor ihrer Verlegung in den offenen Vollzug eine schriftliche Stellungnahme einer psychologischen Fachkraft, die nicht mit den Gefangenen therapeutisch befasst ist oder war, oder

ein psychiatrisches Gutachten einzuholen. [2]Hiervon kann mit Zustimmung der Aufsichtsbehörde abgesehen werden, wenn die betroffene Freiheitsstrafe während eines vorangegangenen Freiheitsentzuges zu vollziehen war und die seither eingetretene Entwicklung der Gefangenen eine fachdienstliche Begutachtung nicht mehr erfordert.

§ 12 Lockerungen. (1) [1]Den Gefangenen kann als Lockerung des Vollzuges insbesondere erlaubt werden,

1. die Anstalt für eine bestimmte Tageszeit unter Aufsicht (Ausführung) zu verlassen,
2. die Anstalt für eine bestimmte Tageszeit in Begleitung einer von der Anstalt zugelassenen Person (Begleitausgang) zu verlassen,
3. die Anstalt für eine bestimmte Tageszeit ohne Aufsicht (Ausgang) zu verlassen,
4. die Anstalt für die Dauer von bis zu 24 Kalendertagen in einem Vollstreckungsjahr zu verlassen (Freistellung von der Haft),
5. außerhalb der Anstalt regelmäßig einer Beschäftigung unter Aufsicht (Außenbeschäftigung) oder ohne Aufsicht (Freigang) nachzugehen.

[2]Die Lockerungen dürfen gewährt werden, wenn verantwortet werden kann zu erproben, dass die Gefangenen sich dem Vollzug der Freiheitsstrafe nicht entziehen oder die Lockerungen nicht zu Straftaten missbrauchen werden. [3]Gefangenen, die sich seit mindestens fünf Jahren ununterbrochen in Freiheitsentziehung befinden, sollen darüber hinaus jährlich mindestens zwei Ausführungen gemäß Satz 1 Nummer 1 zur Erhaltung der Lebenstüchtigkeit gewährt werden, wenn nicht konkrete Anhaltspunkte die Gefahr begründen, dass die Gefangenen sich trotz Sicherungsmaßnahmen einschließlich ständiger und unmittelbarer Aufsicht dem Vollzug entziehen oder die Ausführung zu erheblichen Straftaten missbrauchen werden. [4]§ 11 Absatz 3 gilt in den Fällen des Satzes 1 Nummern 2 bis 5 und des Satzes 3 entsprechend.

(2) Lockerungen können versagt werden, wenn die Gefangenen ihren Mitwirkungspflichten nicht nachkommen.

(3) Durch die Freistellung von der Haft wird die Strafvollstreckung nicht unterbrochen.

(4) Die Anstaltsleitung kann den Gefangenen Weisungen für Lockerungen erteilen.

(5) [1]Bei der Entscheidung über Gewährung und Ausgestaltung der Lockerungen sind die Belange der Opfer zu berücksichtigen. [2]§ 406d Absätze 2 und 3 der Strafprozessordnung gilt entsprechend.

(6) Im Rahmen der Resozialisierungsplanung ist zu prüfen, ob vorgesehene Vollzugslockerungen mit Weisungen zur Unterbindung von Kontaktaufnahmen mit dem Opfer oder dessen Angehörigen verbunden werden sollen.

§ 13 Lockerungen aus wichtigem Anlass. (1) Die Anstaltsleitung kann Gefangenen aus Anlass der lebensgefährlichen Erkrankung oder des Todes von Angehörigen oder aus anderem wichtigen Anlass nach Maßgabe des § 12 Ausgang oder weitere Freistellung von der Haft gewähren, aus anderem wichtigen Anlass jedoch nur jeweils bis zu sieben Kalendertagen.

(2) [1]Sind die Gefangenen für die Gewährung von Ausgang oder für die Freistellung von der Haft nicht geeignet, kann die Anstaltsleitung sie ausführen

lassen. [2]Die Kosten tragen die Gefangenen. [3]Der Anspruch ist nicht geltend zu machen, wenn dies die Behandlung oder die Eingliederung behindern würde.

(3) [1]Kranke Gefangene, bei denen auf Grund ihrer Krankheit in Kürze mit dem Tod gerechnet werden muss, können bis zur Entscheidung über einen Strafausstand von der Haft freigestellt werden, wenn nicht zu befürchten ist, dass sie die Freistellung von der Haft zu Straftaten von erheblicher Bedeutung missbrauchen werden. [2]§ 12 Absätze 3 und 4 gilt entsprechend.

§ 14 Lockerungen aus Anlass gerichtlicher Termine. (1) Die Anstaltsleitung kann Gefangenen nach Maßgabe des § 12 Absätze 1, 3 und 4 Ausgang oder weitere Freistellung von der Haft zur Teilnahme an gerichtlichen Terminen gewähren, wenn anzunehmen ist, dass sie der Ladung folgen.

(2) [1]Wenn Gefangene zu gerichtlichen Terminen geladen sind und Ausgang oder Freistellung von der Haft nicht gewährt wird, lässt die Anstaltsleitung sie mit ihrer Zustimmung zu den Terminen ausführen, sofern wegen Entweichungs- oder Missbrauchsgefahr (§ 12 Absatz 1 Satz 2) keine überwiegenden Gründe entgegenstehen. [2]Sind die Gefangenen als Partei oder Beteiligte geladen, ist ihre Ausführung nur zu ermöglichen, wenn ihr persönliches Erscheinen angeordnet oder von Gesetzes wegen erforderlich ist, sonst kann sie ermöglicht werden. [3]Die Kosten tragen die Gefangenen. [4]Sind sie dazu nicht in der Lage, kann die Anstalt die Kosten in begründeten Fällen in angemessenem Umfang übernehmen.

(3) [1]Auf Ersuchen eines Gerichts lässt die Anstaltsleitung die Gefangenen vorführen. [2]Sie erteilt die erforderlichen Weisungen und entscheidet über besondere Sicherungsmaßnahmen, insbesondere über die Dauer der während der Vorführung erforderlichen Fesselung der Gefangenen.

(4) Die Anstalt unterrichtet das Gericht über das Veranlasste.

§ 15 Lockerungen zur Vorbereitung der Eingliederung. (1) Um die Eingliederung vorzubereiten, sollen den Gefangenen Lockerungen gewährt werden (§ 12).

(2) [1]Darüber hinaus können den Gefangenen nach Maßgabe des § 12 zur Vorbereitung der Eingliederung

1. innerhalb von drei Monaten vor der Entlassung weitere Freistellung von der Haft bis zu sieben Kalendertagen,
2. in einer sozialtherapeutischen Einrichtung (§ 10) weitere Freistellung von der Haft bis zu sechs Monaten vor der Entlassung,

gewährt werden. [2]Gefangenen im offenen Vollzug, die mehrere Jahre ihrer Freiheitsstrafe im geschlossenen Vollzug verbracht haben und der längerfristigen Eingliederung bedürfen, kann nach Maßgabe des § 12 weitere Freistellung von der Haft bis zu sechs Monaten vor der Entlassung gewährt werden. [3]In einer sozialtherapeutischen Anstalt kann zur Vorbereitung der Eingliederung in begründeten Einzelfällen nach Unterrichtung der Strafvollstreckungskammer weitere Freistellung von der Haft in eine geeignete Wohnform für einen längeren als den in Satz 1 Nummer 2 genannten Zeitraum erfolgen.

(3) Zum Freigang zugelassene Gefangene können innerhalb von neun Monaten vor der Entlassung weitere Freistellung von der Haft bis zu sechs Tagen im Monat erhalten; Absatz 2 Nummer 1 findet keine Anwendung.

(4) Die Gefangenen können in den offenen Vollzug (§ 11) verlegt werden, wenn dies der Vorbereitung der Eingliederung dient.

(5) [1] Werden Lockerungen nach Absatz 2 Satz 1 Nummer 2 oder Satz 2 gewährt, sollen den Gefangenen Weisungen erteilt werden. [2] Sie können insbesondere angewiesen werden, sich einer von der Anstalt bestimmten Betreuungsperson zu unterstellen und jeweils für kurze Zeit in die Anstalt zurückzukehren.

§ 16 Vorbereitung der Eingliederung. [1] Zur Vorbereitung der Eingliederung sind die Gefangenen bei der Ordnung ihrer persönlichen, wirtschaftlichen und sozialen Angelegenheiten zu beraten und zu unterstützen. [2] Die Bereitschaft der Gefangenen, ihre Angelegenheiten dabei soweit wie möglich selbstständig zu regeln, ist zu wecken und zu fördern. [3] Die Anstalt arbeitet daneben frühzeitig mit den in § 107 Absatz 1 genannten Behörden, Institutionen und Personen zusammen, um zu erreichen, dass die Eingliederung der Gefangenen gefördert wird und sie insbesondere über eine geeignete Unterbringung, eine Arbeits- oder Ausbildungsstelle und, soweit dies im Einzelfall geboten erscheint, persönliche Betreuung verfügen. [4] Insbesondere mit der Fachstelle Übergangsmanagement, der Bewährungshilfe, den Aufsichtsstellen für die Führungsaufsicht und weiteren Stellen der Entlassenenhilfe ist frühzeitig Kontakt aufzunehmen. [5] Die Kontaktaufnahme zu den zuständigen Fallmanagerinnen oder Fallmanagern soll in der Regel sechs Monate vor der voraussichtlichen Haftentlassung erfolgen. [6] Die Fallmanagerinnen oder die Fallmanager leiten nach Zustimmung der betroffenen Gefangenen im Einvernehmen mit der Justizvollzugsanstalt Maßnahmen zur Planung der Eingliederung und zur praktischen Vorbereitung der Haftentlassung ein. [7] Die Bewährungshilfe beteiligt sich nach der Beauftragung durch das zuständige Gericht an entsprechenden Maßnahmen.

§ 17 Entlassung. (1) [1] Die Gefangenen sollen am letzten Tag ihrer Strafzeit möglichst frühzeitig, jedenfalls noch am Vormittag entlassen werden. [2] Dies gilt auch, wenn sie auf Grund einer gerichtlichen Entscheidung oder auf Grund eines Gnadenerweises vorzeitig zu entlassen sind.

(2) Fällt das Strafende auf einen Samstag oder Sonntag, einen gesetzlichen Feiertag, den ersten Werktag nach Ostern oder Pfingsten oder in die Zeit vom 22. Dezember bis zum 6. Januar, so können die Gefangenen an dem diesem Tag oder Zeitraum vorhergehenden Werktag entlassen werden, wenn sie sich zum Zeitpunkt der beabsichtigten Entlassung mindestens einen Monat ununterbrochen im Vollzug befinden und fürsorgerische Gründe nicht entgegenstehen.

(2a) [1] Fällt das Strafende in die Zeit vom 1. Dezember bis zum 6. Januar, so können die Gefangenen an dem diesem Zeitraum vorhergehenden Werktag entlassen werden, wenn

1. sie sich zum Zeitpunkt der beabsichtigten Entlassung mindestens drei Monate ununterbrochen im Vollzug befinden und
2. fürsorgerische Gründe nicht entgegenstehen.

[2] Satz 1 findet keine Anwendung bei Gefangenen,

1. sofern mit dem Strafende eine Freiheitsstrafe von mindestens einem Jahr endet,

2. bei denen ein sich unmittelbar anschließender, über den 6. Januar hinausgehender Vollzug vorgemerkt ist,
3. bei denen die Vollzugsanstalt oder Vollstreckungsbehörde Kenntnis davon hat, dass mit der Ausweisung oder Abschiebung zu rechnen oder ein Auslieferungsverfahren anhängig ist,
4. die strafrechtlich verfolgt werden, weil ihnen zur Last gelegt wird, während des Vollzuges oder während einer Strafunterbrechung Straftaten begangen zu haben,
5. gegen die in der Strafhaft in den fünf Monaten vor dem in Satz 1 genannten Zeitraum ein nicht zur Bewährung ausgesetzter Arrest als Disziplinarmaßnahme verhängt wurde oder
6. die in den fünf Monaten vor dem in Satz 1 genannten Zeitraum entwichen oder aus einer Lockerung nicht oder schuldhaft verspätet zurückkehrten.

[3] Wenn der durch gerichtliche Entscheidung nach § 57 des Strafgesetzbuchs, § 14a Absatz 2 des Wehrstrafgesetzes in der Fassung vom 24. Mai 1974 (BGBl. I S. 1214), zuletzt geändert am 30. Oktober 2017 (BGBl. I S. 3618, 3623), in der jeweils geltenden Fassung festgelegte Entlassungszeitpunkt in die Zeit vom 1. Dezember bis zum 6. Januar fällt, gelten Sätze 1 und 2 mit der Maßgabe entsprechend, dass die Gefangenen an dem Werktag entlassen werden können, der auf den Tag der Rechtskraft der gerichtlichen Entscheidung folgt, frühestens jedoch an dem vor dem 1. Dezember liegenden Werktag. [4] Absatz 2 bleibt unberührt. [5] Absatz 3 findet keine Anwendung.

(3) Die Entlassung kann bis zu zwei Tagen vorverlegt werden, wenn die Gefangenen zu ihrer Eingliederung hierauf angewiesen sind.

(4) Absätze 2 bis 3 gelten auch nach einer Anrechnung der Freistellung auf den Entlassungszeitpunkt (§ 40 Absatz 5 Satz 1) oder wenn eine Strafe oder Ersatzfreiheitsstrafe infolge der Vorverlegung überhaupt nicht vollzogen wird.

(5) Bedürftigen Gefangenen kann bei der Entlassung ein Zuschuss zu den Reisekosten, angemessene Kleidung und sonstige notwendige Unterstützung gewährt werden.

§ 18 Unterstützung nach der Entlassung. (1) Die Anstalt kann Gefangenen auf Antrag auch nach der Entlassung Hilfestellung gewähren, soweit diese nicht anderweitig, insbesondere nicht durch die betreuende Fallmanagerin oder den betreuenden Fallmanager oder die Bewährungshilfe sichergestellt werden kann und der Erfolg der Behandlung gefährdet erscheint.

(2) Sozialtherapeutische Einrichtungen können auf Antrag der Gefangenen eine im Vollzug begonnene Betreuung nach der Entlassung vorübergehend fortführen, soweit sie nicht anderweitig durchgeführt werden kann.

(3) [1] Im Zuge der nachgehenden Betreuung nach Absatz 2 können Gefangene auf Antrag vorübergehend wieder in den dort genannten Einrichtungen aufgenommen werden, wenn der Erfolg ihrer Behandlung gefährdet und die Aufnahme aus diesem Grunde gerechtfertigt ist. [2] Die Anträge der Gefangenen und die Aufnahme sind jederzeit widerruflich. [3] Gegen die Aufgenommenen dürfen Maßnahmen des Vollzuges nicht mit unmittelbarem Zwang durchgesetzt werden. [4] § 79 Absätze 2 und 3 bleibt unberührt.

Abschnitt 3. Unterbringung und Ernährung der Gefangenen

§ 19 Unterbringung während der Arbeit und der Freizeit. (1) [1] Die Gefangenen arbeiten in der Gemeinschaft mit anderen, soweit dies mit Rücksicht auf die Anforderungen der verfügbaren Arbeitsplätze möglich ist. [2] Dasselbe gilt für Berufsausbildung, berufliche Weiterbildung sowie arbeitstherapeutische und sonstige Beschäftigung während der Arbeitszeit.

(2) [1] Während der Freizeit können die Gefangenen sich in der Gemeinschaft mit anderen aufhalten. [2] Für die Teilnahme an gemeinschaftlichen Veranstaltungen kann die Anstaltsleitung mit Rücksicht auf die räumlichen, personellen und organisatorischen Verhältnisse der Anstalt besondere Regelungen treffen.

(3) Die gemeinschaftliche Unterbringung während der Arbeitszeit und Freizeit kann eingeschränkt werden, wenn

1. die Gefangenen nach § 7 untersucht werden, aber nicht länger als zwei Monate,
2. es die Sicherheit oder Ordnung der Anstalt erfordert,
3. ein schädlicher Einfluss auf andere Gefangene zu befürchten ist oder
4. die Gefangenen zustimmen.

§ 20 Unterbringung während der Ruhezeit. [1] Die Gefangenen werden während der Ruhezeit allein in ihren Hafträumen untergebracht. [2] Sie können auch während der Ruhezeit gemeinsam untergebracht werden, wenn

1. Gefangene hilfsbedürftig sind oder eine Gefahr für Leben oder Gesundheit von Gefangenen besteht und bei einer gemeinsamen Unterbringung mit nicht hilfsbedürftigen oder gefährdeten Gefangenen diese zugestimmt haben,
2. im offenen Vollzug die räumlichen Verhältnisse der Anstalt dies erfordern.

§ 21 Mütter mit Kindern. (1) [1] Ist das Kind einer Gefangenen noch nicht fünf Jahre alt und gibt es keine Alternative, so kann es mit Zustimmung der Inhaber des Aufenthaltsbestimmungsrechts in der Anstalt untergebracht werden, in der sich seine Mutter befindet, wenn dies seinem Wohl entspricht. [2] Vor der Unterbringung ist das Jugendamt zu hören.

(2) [1] Die Unterbringung einschließlich der Gesundheitsfürsorge erfolgt auf Kosten der für das Kind Unterhaltspflichtigen. [2] Von der Geltendmachung des Kostenersatzanspruchs kann abgesehen werden, wenn hierdurch die gemeinsame Unterbringung von Mutter und Kind gefährdet würde.

§ 22 Ausstattung des Haftraumes, persönlicher Besitz. (1) [1] Die Gefangenen dürfen ihre Hafträume in angemessenem Umfang mit eigenen Sachen ausstatten. [2] Lichtbilder nahe stehender Personen und Erinnerungsstücke von persönlichem Wert werden ihnen belassen.

(2) Vorkehrungen und Gegenstände, die die Übersichtlichkeit des Haftraumes behindern oder in anderer Weise Sicherheit oder Ordnung der Anstalt gefährden, können ausgeschlossen werden.

(3) Die Anstaltsleitung kann besondere Regelungen zum angemessenen Umfang der Haftraumausstattung und zu Art und Umfang der Vorkehrungen und Gegenstände nach Absatz 2, insbesondere zu Wertgrenzen für Armbanduhren, Schmuckgegenstände und Elektrogeräte, treffen.

§ 23 Kleidung. (1) ¹Die Gefangenen dürfen eigene Kleidung tragen, wenn sie für Reinigung und Instandsetzung auf eigene Kosten sorgen. ²§ 22 Absatz 2 gilt entsprechend.

(2) Die Anstaltsleitung kann das Tragen von Anstaltskleidung allgemein oder im Einzelfall anordnen, wenn dies aus Gründen der Sicherheit oder Ordnung der Anstalt erforderlich ist.

§ 24 Verpflegung. ¹Die Gefangenen erhalten Anstaltsverpflegung. ²Zusammensetzung und Nährwert der Anstaltsverpflegung werden ärztlich überwacht. ³Religiöse Speisegebote werden beachtet.

§ 25 Einkauf. (1) Die Gefangenen können regelmäßig aus einem von der Anstalt vermittelten Angebot einkaufen (Regeleinkauf).

(2) Die Gefangenen können in angemessenem Umfang dreimal jährlich zusätzlich zu dem Regeleinkauf einkaufen.

(3) Für die Organisation des Einkaufs und den Inhalt des Warenangebots kann die Anstaltsleitung unter Würdigung der Wünsche und Bedürfnisse der Gefangenen besondere Regelungen treffen.

(4) ¹Gegenstände, die die Sicherheit oder Ordnung der Anstalt gefährden, können vom Einkauf ausgeschlossen werden. ²Auf ärztliche Anordnung kann den Gefangenen der Einkauf einzelner Nahrungs- und Genussmittel ganz oder teilweise untersagt werden, wenn zu befürchten ist, dass sie ihre Gesundheit ernsthaft gefährden. ³In Krankenhäusern und Krankenabteilungen kann der Einkauf einzelner Nahrungs- und Genussmittel auf ärztliche Anordnung allgemein untersagt oder eingeschränkt werden.

Abschnitt 4. Verkehr mit Personen außerhalb der Anstalt

§ 26 Besuch. (1) ¹Die Gefangenen dürfen regelmäßig Besuch empfangen. ²Die Gesamtdauer beträgt mindestens eine Stunde im Monat.

(2) Kontakte der Gefangenen zu ihren Angehörigen im Sinne des Strafgesetzbuchs werden besonders gefördert.

(3) Besuche sollen darüber hinaus zugelassen werden, wenn sie die Behandlung oder die Eingliederung der Gefangenen fördern oder persönlichen, rechtlichen oder geschäftlichen Angelegenheiten dienen, die nicht von den Gefangenen schriftlich erledigt, durch Dritte wahrgenommen oder bis zur Entlassung der Gefangenen aufgeschoben werden können.

(4) ¹Die Anstaltsleitung kann Besuche, deren ununterbrochene Dauer ein Mehrfaches der Gesamtdauer nach Absatz 1 Satz 2 beträgt und die in der Regel nicht überwacht werden (Langzeitbesuche), zulassen, wenn dies mit Rücksicht auf die Dauer der zu vollziehenden Freiheitsstrafe zur Behandlung der Gefangenen, insbesondere zur Förderung ihrer partnerschaftlichen oder ihnen gleichzusetzender Kontakte, geboten erscheint und die Gefangenen hierfür geeignet sind. ²Für die Durchführung der Langzeitbesuche kann die Anstaltsleitung mit Rücksicht auf die räumlichen, personellen und organisatorischen Verhältnisse der Anstalt besondere Regelungen treffen.

(5) ¹Aus Gründen der Sicherheit und Ordnung der Anstalt können die Besuche davon abhängig gemacht werden, dass Besucherinnen und Besucher sich durchsuchen lassen. ²Für Art und Umfang der Durchsuchungen, insbesondere für den Einsatz technischer Hilfsmittel, und für den für Durchsuchungen

in Betracht kommenden Personenkreis kann die Anstaltsleitung mit Rücksicht auf die Sicherheitsbedürfnisse der Anstalt besondere Regelungen treffen.

(6) Die Anstaltsleitung kann Besuche untersagen,

1. wenn die Sicherheit oder Ordnung der Anstalt gefährdet würde,
2. bei Besucherinnen und Besuchern, die nicht Angehörige der Gefangenen im Sinne des Strafgesetzbuchs sind, wenn zu befürchten ist, dass sie einen schädlichen Einfluss auf die Gefangenen haben oder ihre Eingliederung behindern würden.

§ 27 Überwachung der Besuche. (1) [1]Besuche dürfen aus Gründen der Behandlung oder der Sicherheit oder Ordnung der Anstalt überwacht werden, es sei denn, es liegen im Einzelfall Erkenntnisse dafür vor, dass es der Überwachung nicht bedarf. [2]Die Überwachung der Besuche mit optisch-elektronischen Einrichtungen (Videobeobachtung) ist zulässig. [3]Die Gefangenen und die Besucherinnen und Besucher sind vor dem Besuch darauf hinzuweisen.

(2) [1]Die Unterhaltung darf nur überwacht werden, soweit dies im Einzelfall aus den in Absatz 1 Satz 1 genannten Gründen erforderlich ist. [2]Absatz 1 Sätze 2 und 3 findet keine Anwendung.

(3) [1]Besuche dürfen abgebrochen werden, wenn Besucherinnen und Besucher oder Gefangene gegen die Vorschriften dieses Gesetzes oder die auf Grund dieses Gesetzes getroffenen Anordnungen trotz Abmahnung verstoßen. [2]Die Abmahnung unterbleibt, wenn es unerlässlich ist, den Besuch sofort abzubrechen.

(4) [1]Gegenstände dürfen beim Besuch nur mit Erlaubnis übergeben werden. [2]Die Anstaltsleitung kann im Einzelfall die Nutzung einer Trennvorrichtung anordnen, wenn dies mit Rücksicht auf die Sicherheit oder Ordnung der Anstalt zur Verhinderung einer unerlaubten Übergabe von Gegenständen erforderlich ist.

§ 28 Besuche von Rechtsanwältinnen und Rechtsanwälten und Notarinnen und Notaren. (1) [1]Besuche von Rechtsanwältinnen, Rechtsanwälten, Notarinnen und Notaren in einer die Gefangenen betreffenden Rechtssache sind zu gestatten. [2]§ 26 Absatz 5 gilt entsprechend.

(2) Besuche von Rechtsanwältinnen, Rechtsanwälten, Notarinnen und Notaren werden nicht überwacht.

(3) Beim Besuch von Rechtsanwältinnen, Rechtsanwälten, Notarinnen und Notaren mitgeführte Schriftstücke und sonstige Unterlagen dürfen übergeben werden, ihre inhaltliche Überprüfung ist nicht zulässig.

(4) Liegt dem Vollzug der Freiheitsstrafe eine Straftat nach § 129a, auch in Verbindung mit § 129b Absatz 1 des Strafgesetzbuchs zugrunde oder ist eine solche Freiheitsstrafe im Anschluss an den Vollzug einer wegen einer anderen Straftat verhängten Freiheitsstrafe zu vollziehen, gelten § 148 Absatz 2 und § 148a der Strafprozessordnung entsprechend, es sei denn, die Gefangenen befinden sich im offenen Vollzug (§ 11) oder ihnen werden Lockerungen gewährt (§ 12) und Gründe für einen Widerruf oder eine Zurücknahme der Lockerungen (§ 92 Absätze 2 und 3) liegen nicht vor.

§ 29 Schriftwechsel. (1) [1]Die Gefangenen dürfen unbeschränkt Schreiben absenden und empfangen. [2]Absendung und Empfang der Schreiben vermittelt die Anstalt, eingehende und ausgehende Schreiben werden unverzüglich weitergeleitet.

(2) Die Anstaltsleitung kann den Schriftwechsel mit bestimmten Personen untersagen,

1. wenn die Sicherheit oder Ordnung der Anstalt gefährdet würde,
2. bei Personen, die nicht Angehörige der Gefangenen im Sinne des Strafgesetzbuchs sind, wenn zu befürchten ist, dass der Schriftwechsel einen schädlichen Einfluss auf die Gefangenen haben oder ihre Eingliederung behindern würde.

(3) [1] Die Kosten des Schriftwechsels tragen die Gefangenen. [2] Sind sie dazu nicht in der Lage, kann die Anstalt sie in besonders begründeten Fällen in angemessenem Umfang übernehmen.

§ 30 Überwachung des Schriftwechsels. (1) Der Schriftwechsel darf aus Gründen der Behandlung oder der Sicherheit oder Ordnung der Anstalt überwacht werden.

(2) [1] Der Schriftwechsel mit Mitgliedern der Anstaltsbeiräte (§§ 114 bis 117) und mit Rechtsanwältinnen, Rechtsanwälten, Notarinnen und Notaren soweit sie von den Gefangenen mit der Vertretung einer Rechtsangelegenheit nachweislich beauftragt wurden, wird nicht überwacht. [2] Für den Schriftwechsel mit Rechtsanwältinnen, Rechtsanwälten, Notarinnen und Notaren gilt § 28 Absatz 4 entsprechend.

(3) Nicht überwacht werden ferner Schreiben der Gefangenen

1. an Volksvertretungen des Bundes und der Länder, an das Europäische Parlament und an die Mitglieder dieser Gremien, soweit die Schreiben an die Anschriften der Gremien gerichtet sind und die Absender zutreffend angeben,
2. an den Europäischen Gerichtshof für Menschenrechte,
3. an den Europäischen Ausschuss zur Verhütung von Folter und unmenschlicher oder erniedrigender Behandlung oder Strafe,
4. an die Nationale Stelle zur Verhütung von Folter,
5. an sonstige Organisationen oder Einrichtungen, mit denen der Schriftverkehr auf Grund völkerrechtlicher Verpflichtungen der Bundesrepublik Deutschland geschützt ist,
6. an die Datenschutzbeauftragten des Bundes, der Länder und der Aufsichtsbehörde,
7. an Gerichte, Staatsanwaltschaften und die Aufsichtsbehörde (§ 111) und
8. an nicht in der Anstalt tätige Ärztinnen oder Ärzte, die nachweislich mit der Untersuchung oder Behandlung der Gefangenen befasst sind.

(4) Schreiben der in Absatz 3 genannten Stellen, die an die Gefangenen gerichtet sind, werden nicht überwacht, sofern die Identität der Absender zweifelsfrei feststeht.

§ 31 Anhalten von Schreiben. (1) Die Anstaltsleitung kann Schreiben anhalten,

1. wenn durch sie das Vollzugsziel oder die Sicherheit oder Ordnung der Anstalt gefährdet würde,

2. wenn die Weitergabe in Kenntnis ihres Inhalts einen Straf- oder Bußgeldtatbestand verwirklichte,
3. wenn sie grob unrichtige oder erheblich entstellende Darstellungen von Anstaltsverhältnissen enthalten,
4. wenn sie grobe Beleidigungen enthalten,
5. wenn sie die Eingliederung anderer Gefangener gefährden können oder
6. wenn sie in Geheimschrift, unlesbar, unverständlich oder ohne zwingenden Grund in einer fremden Sprache abgefasst sind.

(2) Ausgehenden Schreiben, die unrichtige Darstellungen enthalten, kann ein Begleitschreiben beigefügt werden, wenn die Gefangenen auf der Absendung bestehen.

(3) [1] Ist ein Schreiben angehalten worden, werden die Gefangenen unterrichtet. [2] Angehaltene Schreiben werden an die Absender zurückgegeben oder behördlich verwahrt.

(4) Schreiben, deren Überwachung nach § 30 Absätze 2 bis 4 ausgeschlossen ist, dürfen nicht angehalten werden.

§ 32 Telekommunikation. (1) [1] Den Gefangenen kann gestattet werden, auf eigene Kosten Telefongespräche zu führen. [2] Die Gespräche dürfen aus Gründen der Behandlung oder der Sicherheit oder Ordnung der Anstalt überwacht werden. [3] Ist die Überwachung des Telefongesprächs erforderlich, ist die beabsichtigte Überwachung den Gesprächspartnern der Gefangenen durch die Anstalt oder durch die Gefangenen unmittelbar nach Herstellung der Verbindung mitzuteilen. [4] § 30 Absatz 2 Satz 1 und Absatz 3 gilt entsprechend. [5] Die Gefangenen sind rechtzeitig vor Beginn des Telefongesprächs über die beabsichtigte Überwachung und die Mitteilungspflicht nach Satz 3 zu unterrichten.

(2) [1] Nach Zulassung anderer Formen der Telekommunikation im Sinne des Telekommunikationsgesetzes vom 22. Juni 2004 (BGBl. I S. 1190), zuletzt geändert am 3. Mai 2012 (BGBl. I S. 958), in der jeweils geltenden Fassung durch die Aufsichtsbehörde kann die Anstaltsleitung den Gefangenen gestatten, diese Formen auf ihre Kosten zu nutzen. [2] Die Bestimmungen dieses Abschnitts gelten entsprechend.

(3) [1] Auf dem Gelände der Anstalt können technische Geräte zur Störung von Frequenzen betrieben werden, die der Herstellung unerlaubter Mobilfunkverbindungen dienen. [2] Es ist sicherzustellen, dass der Mobilfunkverkehr außerhalb des Anstaltsgeländes hierdurch nicht beeinträchtigt wird. [3] Die von der Bundesnetzagentur gemäß § 55 Absatz 1 Satz 5 des Telekommunikationsgesetzes festgelegten Rahmenbedingungen sind zu beachten.

§ 33 Pakete. (1) [1] Der Empfang von Paketen bedarf der Erlaubnis der Anstalt, welche Zeitpunkt und Höchstmenge für die Sendung und für einzelne Gegenstände festsetzen kann. [2] § 25 Absatz 4 Satz 1 gilt entsprechend. [3] Der Empfang von Paketen mit Nahrungs- und Genussmitteln ist nicht gestattet.

(2) [1] Pakete sind in Gegenwart der Gefangenen zu öffnen. [2] Ausgeschlossene Gegenstände können zu ihrer Habe genommen oder den Absendern zurückgesandt werden. [3] Nicht ausgehändigte Gegenstände, durch die bei der Versendung oder Aufbewahrung Personen verletzt oder Sachschäden verursacht

werden können, dürfen vernichtet werden. 4 Die hiernach getroffenen Maßnahmen werden den Gefangenen eröffnet.

(3) 1 Den Gefangenen kann gestattet werden, Pakete zu versenden. 2 Die Anstalt kann ihren Inhalt aus Gründen der Sicherheit oder Ordnung der Anstalt überprüfen.

(4) 1 Die Kosten des Paketverkehrs tragen die Gefangenen. 2 Sind sie dazu nicht in der Lage, kann die Anstalt sie in besonders begründeten Fällen in angemessenem Umfang übernehmen.

Abschnitt 5. Beschäftigung

§ 34 Beschäftigung. (1) 1 Arbeit, arbeitstherapeutische Beschäftigung und Maßnahmen der beruflichen und schulischen Aus- und Weiterbildung (Beschäftigung) sind auf Grund ihrer zentralen Bedeutung für die Erfüllung des Eingliederungsauftrags im Strafvollzug besonders zu fördern. 2 Sie dienen insbesondere dem Ziel, Fähigkeiten für eine Erwerbstätigkeit nach der Entlassung zu vermitteln, zu erhalten oder zu fördern.

(1a) Zur Abwendung der Vollstreckung von Ersatzfreiheitsstrafe kann nach der Tilgungsverordnung vom 11. Dezember 2012 (HmbGVBl. 2012 S. 521, 2013 S. 8) in der jeweiligen Fassung auch im Vollzug gemeinnützige Arbeit geleistet werden.

(2) 1 Die Anstalt soll den Gefangenen sofern sie nicht Ersatzfreiheitsstrafe verbüßen, der Eingliederung förderliche Arbeit oder arbeitstherapeutische oder sonstige Beschäftigung zuweisen und dabei ihre Fähigkeiten, Fertigkeiten und Neigungen berücksichtigen. 2 Sie soll auch im Zusammenwirken mit den Vereinigungen und Stellen des Arbeits- und Wirtschaftslebens dazu beitragen, dass die Gefangenen beruflich gefördert, beraten und vermittelt werden.

(2a) 1 Gefangenen, die Ersatzfreiheitsstrafe verbüßen, soll die Anstalt gemeinnützige Arbeit zur Abwendung der Vollstreckung von Ersatzfreiheitsstrafe nach der Tilgungsverordnung anbieten. 2 Steht keine Beschäftigungsmöglichkeit im Sinne des Satzes 1 zur Verfügung, soll die Anstalt Gefangenen, die Ersatzfreiheitsstrafe verbüßen, der Eingliederung förderliche Arbeit oder arbeitstherapeutische oder sonstige Beschäftigung zuweisen, wobei ihre Fähigkeiten, Fertigkeiten und Neigungen zu berücksichtigen sind. Gefangenen, die im Anschluss an Freiheitsstrafe oder Jugendstrafe Ersatzfreiheitsstrafe zu verbüßen haben werden, soll die Anstalt gemeinnützige Arbeit zur Abwendung der Vollstreckung von Ersatzfreiheitsstrafe nach der Tilgungsverordnung anbieten. 3 Haben diese während der Freiheitsstrafe oder Jugendstrafe bereits eine Ausbildungsmaßnahme begonnen, kann von dem Angebot nach Satz 3 zugunsten der Weiterführung der Ausbildungsmaßnahme abgesehen werden. 4 Dies gilt auch während der Verbüßung der Ersatzfreiheitsstrafe. 5 Absatz 2 Satz 2 bleibt unberührt.

(3) Aus Gründen der Integration und zur Förderung der Sprachkompetenz sollen Gefangenen Deutschkurse angeboten werden.

(4) 1 Geeigneten Gefangenen soll Gelegenheit zur Berufsausbildung, beruflichen Weiterbildung oder Teilnahme an anderen ausbildenden oder weiterbildenden Maßnahmen (Bildungsmaßnahmen) gegeben werden. 2 Bei der beruflichen Ausbildung ist berufsbildender Unterricht vorzusehen; dies gilt auch für die berufliche Weiterbildung, soweit die Art der Maßnahme es erfordert.

(5) Sind Gefangene zu wirtschaftlich ergiebiger Arbeit nicht fähig, sollen sie arbeitstherapeutisch beschäftigt werden.

(6) [1] Für geeignete Gefangene soll Unterricht in den zum ersten allgemeinbildenden Schulabschluss führenden Fächern oder nach Möglichkeit zur Erlangung anderer staatlich anerkannter Schulabschlüsse sowie zur Grundbildung und Berufsvorbereitung vorgesehen werden. [2] Unterricht soll während der Arbeitszeit stattfinden.

§ 35 Abschluss im Vollzug begonnener Bildungsmaßnahmen.

(1) [1] Die Anstalt kann Gefangenen auf schriftlichen Antrag gestatten, nach der Entlassung eine im Vollzug begonnene Bildungsmaßnahme fortzuführen und abzuschließen, soweit

1. dies anderweitig nicht möglich oder nicht zumutbar ist,
2. dies zur Eingliederung erforderlich ist,
3. der Abschluss der Maßnahme in einem engen zeitlichen Zusammenhang zum Entlassungszeitpunkt steht und
4. Gründe der Sicherheit oder Ordnung der Anstalt dem nicht entgegenstehen.

[2] Hierzu können die Betroffenen, sofern sie es wünschen und es die Belegungssituation zulässt, über den Entlassungszeitpunkt hinaus in der Anstalt verbleiben oder vorübergehend wieder aufgenommen werden. [3] Die Anträge auf Fortführung, Verbleib oder Wiederaufnahme sind jederzeit widerruflich. [4] Erfolgt ein Widerruf, sind die verbliebenen oder aufgenommenen Personen unverzüglich zu entlassen.

(2) [1] Für die Betroffenen gelten die Vorschriften dieses Gesetzes entsprechend mit der Maßgabe, dass Maßnahmen des Vollzuges nicht mit unmittelbarem Zwang durchgesetzt werden können. [2] Das Hausrecht bleibt hiervon unberührt.

(3) Bei Gefährdung der Sicherheit oder Ordnung der Anstalt kann die Gestattung jederzeit widerrufen werden.

§ 36 Freies Beschäftigungsverhältnis, Selbstbeschäftigung. (1) Den Gefangenen soll gestattet werden, einer Arbeit, Berufsausbildung oder beruflichen Weiterbildung auf der Grundlage eines freien Beschäftigungsverhältnisses außerhalb der Anstalt nachzugehen oder sich innerhalb oder außerhalb der Anstalt selbst zu beschäftigen, wenn sie hierfür geeignet sind, dies im Rahmen des Resozialisierungsplans dem Ziel dient, Fähigkeiten für eine Erwerbstätigkeit nach der Entlassung zu vermitteln, zu erhalten oder zu fördern und nicht überwiegende Gründe des Vollzuges entgegenstehen.

(2) § 12 Absatz 1 Satz 1 Nummer 5 und Sätze 2 und 3, Absätze 2 und 4 bleibt unberührt.

(3) Die Anstalt kann verlangen, dass ihr das Entgelt zur Gutschrift für die Gefangenen überwiesen wird.

§ 37 Zeugnisse. Aus Zeugnissen oder Bescheinigungen über die Teilnahme an Bildungsmaßnahmen darf nicht erkennbar sein, dass sie während des Vollzuges einer Freiheitsstrafe erworben wurden.

§ 38 Arbeitspflicht. (1) [1] Die Gefangenen sind verpflichtet, eine ihnen zugewiesene, ihren körperlichen Fähigkeiten angemessene Arbeit oder arbeitstherapeutische Beschäftigung auszuüben, zu deren Verrichtung sie auf Grund ihres Zustands in der Lage sind. [2]Sie können zu Hilfstätigkeiten in der Anstalt verpflichtet werden. [3]Diese Tätigkeiten sollen in der Regel nicht über drei Monate jährlich hinausgehen. [4]Soweit gemeinnützige Arbeit nach § 34 Absatz 1a geleistet wird, steht dies der Erfüllung der Arbeitspflicht gleich. [5]Die Sätze 1 und 2 gelten nicht für Gefangene, die die Regelaltersgrenze der gesetzlichen Rentenversicherung erreicht haben. [6]Die gesetzlichen Beschäftigungsverbote zum Schutz erwerbstätiger Mütter finden Anwendung.

(2) [1]Die Teilnahme an einer Maßnahme nach § 34 Absatz 4 bedarf der Zustimmung der Gefangenen. [2]Die Zustimmung darf nicht zur Unzeit widerrufen werden.

§ 39 Freistellung von der Arbeitspflicht. (1) [1]Gefangene, die sechs Monate lang zusammenhängend eine Tätigkeit nach § 34 Absatz 2 oder Absatz 2a Satz 2 oder eine Hilfstätigkeit nach § 38 Absatz 1 Satz 2 ausgeübt haben, werden auf ihren Antrag hin elf Arbeitstage von der Arbeitspflicht freigestellt. [2]Zeiten, in denen die Gefangenen infolge Krankheit an ihrer Arbeitsleistung verhindert waren, werden bis zu drei Wochen halbjährlich angerechnet. [3]Auf die Zeit der Freistellung von der Arbeitspflicht werden Lockerungen nach § 12 Absatz 1 Satz 1 Nummer 4 angerechnet, soweit sie in die Arbeitszeit fallen.

(2) [1]Die Freistellung von der Arbeitspflicht kann nur innerhalb von sechs Monaten nach Ablauf eines Berechnungszeitraumes in Anspruch genommen werden. [2]Die Gesamtdauer der Freistellungen von der Arbeitspflicht innerhalb eines Jahres darf zweiundzwanzig Arbeitstage nicht übersteigen.

(3) Die Gefangenen erhalten für die Zeit der Freistellung von der Arbeitspflicht ihre zuletzt gezahlten Bezüge weiter.

(4) Urlaubsregelungen der Beschäftigungsverhältnisse außerhalb des Strafvollzuges bleiben unberührt.

§ 40 Vergütung der Arbeitsleistung. (1) [1]Die Arbeitsleistung der Gefangenen wird vergütet mit einem Arbeitsentgelt und mit einer Freistellung von der Arbeit, die auch als Freistellung von der Haft genutzt oder auf den Entlassungszeitpunkt angerechnet werden kann. [2]Darüber hinaus können sie auf Antrag einen Erlass von Verfahrenskosten nach Absatz 8 erhalten. [3]Sätze 1 und 2 finden keine Anwendung in den Fällen des § 34 Absatz 2a Sätze 1 und 3.

(2) [1]Üben die Gefangenen eine Tätigkeit nach § 34 Absatz 2 oder 3 oder eine Hilfstätigkeit nach § 38 Absatz 1 Satz 2 aus, so erhalten sie ein Arbeitsentgelt. [2]Dies gilt auch, sofern die Gefangenen arbeitstherapeutisch beschäftigt werden und dies der Art ihrer Beschäftigung und ihrer Arbeitsleistung entspricht. [3]Das Arbeitsentgelt

1. ist unter Zugrundelegung von 9 vom Hundert der Bezugsgröße nach § 18 des Vierten Buches Sozialgesetzbuch in der Fassung vom 23. Januar 2006 (BGBl. I S. 89, 466), zuletzt geändert am 26. August 2008 (BGBl. I S. 1728, 1730), in der jeweils geltenden Fassung zu bemessen (Eckvergütung); ein Tagessatz ist der zweihundertfünfzigste Teil der Eckvergütung; ein Stundensatz kann ermittelt werden,
2. kann je nach Leistung der Gefangenen und der Art der Arbeit gestuft werden; 75 vom Hundert der Eckvergütung dürfen nur dann unterschritten werden, wenn die Arbeitsleistungen der Gefangenen den Mindestanforderungen nicht genügen,
3. ist den Gefangenen schriftlich bekannt zu geben.

(3) [1] Haben die Gefangenen zwei Monate lang zusammenhängend eine Tätigkeit nach § 34 Absatz 2 oder eine Hilfstätigkeit nach § 38 Absatz 1 Satz 2 ausgeübt, so werden sie auf ihren Antrag hin einen Kalendertag von der Arbeit freigestellt. [2] § 39 bleibt unberührt, § 39 Absatz 3 gilt entsprechend. [3] Durch Zeiten, in denen die Gefangenen ohne ihr Verschulden infolge Krankheit, Lockerungen, Freistellung von der Arbeitspflicht oder sonstiger nicht von ihnen zu vertretenden Gründe an der Arbeitsleistung gehindert sind, wird die Frist nach Satz 1 gehemmt. [4] Beschäftigungszeiträume von weniger als zwei Monaten bleiben unberücksichtigt.

(4) [1] Die Gefangenen können beantragen, dass die Freistellung nach Absatz 3 in Form der Freistellung von der Haft nach Maßgabe des § 12 gewährt wird. [2] § 39 Absatz 3 gilt entsprechend.

(5) [1] Nehmen die Gefangenen die Freistellung nach Absatz 3 oder 4 nicht innerhalb eines Jahres nach Vorliegen der Voraussetzungen in Anspruch oder kann die Freistellung nach Absatz 4 nicht gewährt werden, weil die Gefangenen hierfür nicht geeignet sind, so wird die Freistellung auf den Entlassungszeitpunkt des Gefangenen angerechnet. [2] Eine Anrechnung ist ausgeschlossen, wenn

1. dies durch das Gericht im Zuge einer Entscheidung über eine Aussetzung der Vollstreckung des Restes einer Freiheitsstrafe zur Bewährung angeordnet wird,
2. der Zeitraum, der nach einer Entscheidung des Gerichts über eine Aussetzung der Vollstreckung des Restes einer Freiheitsstrafe zur Bewährung bis zur Entlassung verbleibt, für eine Anrechnung zu kurz ist,
3. die Gefangenen im Gnadenwege aus der Haft entlassen werden,
4. nach § 456a Absatz 1 der Strafprozessordnung von der Vollstreckung abgesehen wird,
5. die Gefangenen eine lebenslange Freiheitsstrafe verbüßen und ein Entlassungszeitpunkt noch nicht bestimmt ist.

(6) [1] Ist eine Anrechnung nach Absatz 5 ausgeschlossen, erhalten die Gefangenen bei ihrer Entlassung eine Ausgleichsentschädigung. [2] Die Höhe der Ausgleichsentschädigung beträgt 15 vom Hundert des nach Absatz 2 gewährten Arbeitsentgelts oder der ihnen nach § 41 gewährten Ausbildungsbeihilfe. [3] Der nicht verzinsliche, nicht abtretbare und nicht vererbliche Anspruch auf Auszahlung der Ausgleichsentschädigung entsteht mit der Entlassung.

(7) Ist eine Anrechnung nach Absatz 5 Satz 2 Nummer 5 ausgeschlossen, wird die Ausgleichszahlung den Gefangenen bereits nach Verbüßung von jeweils zehn Jahren der lebenslangen Freiheitsstrafe zum Eigengeld (§ 48) gutgeschrieben, sofern die Gefangenen nicht vor diesem Zeitpunkt entlassen werden; § 57 Absatz 4 des Strafgesetzbuchs gilt entsprechend.

(8) [1] Gefangene können auf Antrag einen Erlass von Verfahrenskosten erhalten. [2] Sie erwerben einen Anspruch auf Erlass der von ihnen zu tragenden Kosten des Strafverfahrens im Sinne von § 464a der Strafprozessordnung, soweit diese der Freien und Hansestadt Hamburg zustehen, wenn sie

1. jeweils sechs Monate zusammenhängend eine Tätigkeit nach § 34 ausgeübt haben, in Höhe der von ihnen zuletzt erzielten monatlichen Vergütung, höchstens aber fünf vom Hundert der zu tragenden Kosten, oder

2. unter Vermittlung der Anstalt von ihrer Vergütung nach § 40 Absätze 1 und 2 Schadenswiedergutmachung leisten, in Höhe der Hälfte der geleisteten Zahlungen.

§ 41 Ausbildungsbeihilfe, Entgeltfortzahlung. (1) [1]Nehmen die Gefangenen an einer Maßnahme der beruflichen oder schulischen Aus- und Weiterbildung teil, so erhalten sie eine Ausbildungsbeihilfe, soweit ihnen keine Leistungen zum Lebensunterhalt zustehen, die freien Personen aus solchem Anlass gewährt werden. [2]Der Nachrang der Sozialhilfe nach § 2 Absatz 2 des Zwölften Buches Sozialgesetzbuch vom 27. Dezember 2003 (BGBl. I S. 3022, 3023), zuletzt geändert am 28. Mai 2008 (BGBl. I S. 874, 891), in der jeweils geltenden Fassung wird nicht berührt.

(2) [1]Für die Bemessung der Ausbildungsbeihilfe gilt § 40 Absatz 2 entsprechend. [2]Die Regelungen für die Freistellung von der Arbeitspflicht nach § 39 und für die Freistellung von der Arbeit nach § 40 Absätze 3 bis 7 sind entsprechend anzuwenden.

(3) Nehmen die Gefangenen stunden- oder tageweise an einzel- oder gruppentherapeutischen Maßnahmen, an Maßnahmen zur Behandlung von Suchtmittelabhängigkeit und -missbrauch, an Trainingsmaßnahmen zur Verbesserung der sozialen Kompetenz sowie sozialtherapeutischen Behandlungsmaßnahmen teil, so erhalten sie in Höhe des ihnen dadurch entgehenden Arbeitsentgelts gemäß § 40 Absatz 2 oder der Ausbildungsbeihilfe gemäß Absatz 2 eine Entgeltfortzahlung.

§ 42 Arbeitslosenversicherung. Soweit die Vollzugsbehörden Beiträge zur Bundesagentur für Arbeit zu entrichten haben – § 347 Nummer 3 des Dritten Buches Sozialgesetzbuch vom 24. März 1997 (BGBl. I S. 594, 595), zuletzt geändert am 26. August 2008 (BGBl. I S. 1728, 1730), in der jeweils geltenden Fassung –, können sie von dem Arbeitsentgelt oder der Ausbildungsbeihilfe einen Betrag einbehalten, der dem Anteil der Gefangenen am Beitrag entspräche, wenn sie diese Bezüge als Arbeitnehmer erhielten.

§ 43 Vergütungsordnung. [1]Der Senat wird ermächtigt, durch Rechtsverordnung nähere Bestimmungen zur Vergütung nach den §§ 40 und 41 zu erlassen (Vergütungsordnung). [2]Der Senat kann die Ermächtigung nach Satz 1 durch Rechtsverordnung auf die zuständige Behörde weiter übertragen.

Abschnitt 6. Gelder der Gefangenen

§ 44 Grundsatz. [1]Die Gelder der Gefangenen werden auf Hausgeldkonten, Überbrückungsgeldkonten und Eigengeldkonten der Gefangenen in der Anstalt geführt. [2]Für Freigänger (§ 36) sind Ausnahmen mit Zustimmung der Anstaltsleitung zulässig. [3]Die Gelder dürfen nach Maßgabe der §§ 45 bis 48 verwendet werden.

§ 45 Hausgeld. (1) [1]Das Hausgeld wird aus monatlich drei Siebteln der in diesem Gesetz geregelten Bezüge der Gefangenen (§§ 40, 41) gebildet. [2]Es darf für den Einkauf (§ 25) oder anderweitig verwendet werden.

(2) Für Gefangene, die in einem freien Beschäftigungsverhältnis stehen oder denen gestattet ist, sich selbst zu beschäftigen (§ 36 Absatz 1), wird aus ihren Bezügen ein angemessenes Hausgeld festgesetzt.

§ 46 Taschengeld. [1]Den Gefangenen wird auf Antrag ein Taschengeld in Höhe von 14 vom Hundert der Eckvergütung (§ 40 Absatz 2 Satz 3 Nummer 1) gewährt, wenn sie ohne ihr Verschulden weder Arbeitsentgelt noch Ausbildungsbeihilfe erhalten und ihnen im laufenden Monat aus Hausgeld (§ 45) und Eigengeld (§ 48) nicht ein Betrag bis zur Höhe des Taschengeldes zur Verfügung steht und sie auch im Übrigen bedürftig sind. [2]Es wird dem Hausgeldkonto gutgeschrieben und darf für den Einkauf (§ 25) oder anderweitig verwendet werden.

§ 47 Überbrückungsgeld. (1) [1]Das Überbrückungsgeld wird aus den in diesem Gesetz geregelten Bezügen (§§ 40, 41) und aus den Bezügen der Gefangenen gebildet, die in einem freien Beschäftigungsverhältnis stehen oder denen gestattet ist, sich selbst zu beschäftigen (§ 36 Absatz 1), soweit die Bezüge den Gefangenen nicht als Hausgeld zur Verfügung stehen und das Überbrückungsgeld noch nicht die angemessene Höhe erreicht hat. [2]Die angemessene Höhe wird von der Aufsichtsbehörde (§ 111) festgesetzt.

(2) [1]Das Überbrückungsgeld dient dem Lebensunterhalt der Gefangenen und ihrer Unterhaltsberechtigten für die ersten vier Wochen nach ihrer Entlassung. [2]Es wird den Gefangenen bei der Entlassung in die Freiheit ausgezahlt. [3]Die Anstalt kann es ganz oder zum Teil den Bewährungshelfern oder einer mit der Entlassenenbetreuung befassten Stelle überweisen, die darüber entscheiden, wie das Geld innerhalb der ersten vier Wochen nach der Entlassung an die Gefangenen ausgezahlt wird. [4]Die Bewährungshelfer und die mit der Entlassenenbetreuung befasste Stelle sind verpflichtet, das Überbrückungsgeld von ihrem Vermögen gesondert zu halten. [5]Mit Zustimmung der Gefangenen kann das Überbrückungsgeld auch den Unterhaltsberechtigten überwiesen werden.

(3) [1]Die Gefangenen dürfen vor ihrer Entlassung nicht über das Überbrückungsgeld verfügen. [2]Die Anstaltsleitung kann jedoch gestatten, dass das Überbrückungsgeld in Anspruch genommen wird

1. für notwendige Maßnahmen der Entlassungsvorbereitung, insbesondere zur Erlangung eines Arbeitsplatzes und einer Unterkunft,
2. bei Aufnahme eines freien Beschäftigungsverhältnisses oder einer Selbstbeschäftigung außerhalb der Anstalt in den ersten beiden Monaten zur Finanzierung der hierfür erforderlichen Mittel, insbesondere von Kleidung und Kosten zu benutzender Verkehrsmittel,
3. für Kosten der Krankenbehandlung nach § 60 Absätze 2 und 3,

wenn die Maßnahmen ohne die Inanspruchnahme des Überbrückungsgeldes gefährdet wären. [3]Die Anstaltsleitung kann Gefangenen auch gestatten, dass das Überbrückungsgeld in Anspruch genommen wird, um die Vollstreckung von Ersatzfreiheitsstrafe zu vermeiden oder um Opfer ihrer Straftaten zu entschädigen, soweit der Zweck nach Absatz 2 Satz 1 dadurch nicht gefährdet wird.

§ 48 Eigengeld. (1) Das Eigengeld wird gebildet

1. aus Bargeld, das den Gefangenen gehört und ihnen als Eigengeld gutzuschreiben ist,
2. aus Geldern, die für die Gefangenen eingezahlt werden, und
3. aus Bezügen der Gefangenen, die nicht als Hausgeld, Haftkostenbeitrag oder Überbrückungsgeld in Anspruch genommen werden.

(2) [1] Hat das Überbrückungsgeld noch nicht die nach § 47 Absatz 1 bestimmte Höhe erreicht, so ist die Verfügung über das Eigengeld in Höhe des Unterschiedbetrages ausgeschlossen. [2] § 47 Absatz 3 Satz 2 gilt entsprechend. [3] Daneben kann die Anstaltsleitung die Inanspruchnahme von Eigengeld für den Einkauf (§ 25) im ersten Monat nach der Aufnahme gestatten.

(3) Hat das Überbrückungsgeld die nach § 47 Absatz 1 bestimmte Höhe erreicht, dürfen die Gefangenen über das Eigengeld verfügen, für den Einkauf (§ 25) jedoch nur, wenn sie ohne ihr Verschulden nicht über Haus- oder Taschengeld in ausreichendem Umfang verfügen und nur in angemessener Höhe.

(4) [1] Wird für Gefangene Geld eingezahlt, das ausdrücklich für einen zusätzlichen Einkauf (§ 25 Absatz 2) bestimmt ist, ist es als zweckgebundenes Eigengeld gutzuschreiben. [2] Zweckgebundenes Eigengeld, das nicht oder nicht in vollem Umfang für den folgenden zusätzlichen Einkauf verwendet wird, ist in Höhe des nicht verwendeten Betrages als Eigengeld nach Absatz 1 zu behandeln.

(5) Wurde den Gefangenen Bargeld als Eigengeld gutgeschrieben, das sie unerlaubt in die Anstalt eingebracht oder einzubringen versucht haben oder das sie in der Anstalt aus anderen Gründen unerlaubt im Besitz hatten, dürfen sie über das Eigengeld in Höhe des gutgeschrieben Betrages nicht verfügen.

§ 49 Haftkostenbeitrag, Kostenbeteiligung. (1) [1] Als Teil der Kosten der Vollstreckung der Rechtsfolgen einer Tat (§ 464a Absatz 1 Satz 2 der Strafprozessordnung) erhebt die Anstalt von den Gefangenen einen Haftkostenbeitrag. [2] Ein Haftkostenbeitrag wird nicht erhoben, wenn die Gefangenen

1. Bezüge nach diesem Gesetz erhalten,
2. ohne ihr Verschulden nicht arbeiten können oder
3. nicht arbeiten, weil sie nicht zur Arbeit verpflichtet sind.

[3] Haben Gefangene, die ohne ihr Verschulden während eines zusammenhängenden Zeitraumes von mehr als einem Monat nicht arbeiten können oder nicht arbeiten, weil sie nicht zur Arbeit verpflichtet sind, auf diese Zeit entfallende Einkünfte, so haben sie den Haftkostenbeitrag für diese Zeit bis zur Höhe der auf sie entfallenden Einkünfte zu entrichten. [4] Den Gefangenen muss ein Betrag verbleiben, der der Eckvergütung (§ 40 Absatz 2 Satz 3 Nummer 1) entspricht. [5] Von der Geltendmachung des Anspruchs ist abzusehen, soweit dies notwendig ist, um die Wiedereingliederung der Gefangenen in die Gemeinschaft nicht zu gefährden.

(2) [1] Der Haftkostenbeitrag wird im Kalenderjahr in Höhe des Betrags erhoben, der nach § 17 Absatz 1 Satz 1 Nummer 4 des Vierten Buches Sozialgesetzbuch durchschnittlich zur Bewertung der Sachbezüge festgesetzt ist. [2] Die Aufsichtsbehörde stellt den Durchschnittsbetrag für jedes Kalenderjahr nach den am 1. Oktober des vorhergehenden Jahres geltenden Bewertungen der Sachbezüge fest. [3] Bei Selbstverpflegung entfallen die für die Verpflegung vorgesehenen Beträge. [4] Für den Wert der Unterkunft ist die festgesetzte Belegungsfähigkeit maßgebend. [5] Der Haftkostenbeitrag darf nicht zu Lasten des Hausgeldes und der Ansprüche unterhaltsberechtigter Angehöriger angesetzt werden.

(3) Die Gefangenen können in angemessenem Umfang an den Stromkosten beteiligt werden, die durch die Nutzung der in ihrem Besitz befindlichen Gegenstände entstehen.

Abschnitt 7. Freizeit

§ 50 Allgemeines. [1]Die Gefangenen erhalten im Rahmen der Behandlung Gelegenheit, sich in ihrer Freizeit sinnvoll zu beschäftigen. [2]Die Teilnahme an Lehrgängen und anderen Veranstaltungen der Weiterbildung, an Freizeitgruppen, an Gruppengesprächen sowie an sportlichen und kulturellen Veranstaltungen und die Nutzung einer Bücherei soll ermöglicht werden.

§ 51 Zeitungen und Zeitschriften. (1) Die Gefangenen dürfen auf eigene Kosten Zeitungen und Zeitschriften in angemessenem Umfang durch Vermittlung der Anstalt beziehen.

(2) [1]Ausgeschlossen sind Zeitungen und Zeitschriften, deren Verbreitung mit Strafe oder Geldbuße bedroht ist. [2]Einzelne Ausgaben oder Teile von Zeitungen oder Zeitschriften können den Gefangenen vorenthalten werden, wenn sie das Vollzugsziel oder die Sicherheit oder Ordnung der Anstalt erheblich gefährden würden.

§ 52 Rundfunk. (1) [1]Die Gefangenen dürfen eigene Rundfunkgeräte unter den Voraussetzungen des § 53 besitzen, soweit ihnen nicht von der Anstalt Geräte überlassen werden. [2]Die Betriebskosten können den Gefangenen auferlegt werden. [3]Andere Geräte der Informations- und Unterhaltungselektronik können unter diesen Voraussetzungen zugelassen werden.

(2) Der Rundfunkempfang kann vorübergehend ausgesetzt oder einzelnen Gefangenen untersagt werden, wenn dies zur Aufrechterhaltung der Sicherheit oder Ordnung der Anstalt unerlässlich ist.

(3) Ein Anspruch der Gefangenen auf Teilnahme an einem durch die Anstalt vermittelten gemeinschaftlichen Rundfunkempfang besteht nicht.

§ 53 Gegenstände der Freizeitbeschäftigung. (1) Die Gefangenen dürfen in angemessenem Umfang Bücher und andere Gegenstände zur Fortbildung oder zur Freizeitbeschäftigung besitzen.

(2) Dies gilt nicht, wenn der Besitz, die Überlassung oder die Benutzung des Gegenstands das Vollzugsziel oder die Sicherheit oder Ordnung der Anstalt gefährden würde.

Abschnitt 8. Religionsausübung

§ 54 Seelsorge. (1) [1]Den Gefangenen darf religiöse Betreuung durch Seelsorgerinnen und Seelsorger ihrer Religionsgemeinschaft nicht versagt werden. [2]Auf ihren Wunsch ist ihnen zu helfen, mit Seelsorgerinnen oder Seelsorgern ihrer Religionsgemeinschaft in Verbindung zu treten.

(2) [1]Die Gefangenen dürfen grundlegende religiöse Schriften besitzen. [2]Sie dürfen ihnen nur bei grobem Missbrauch entzogen werden.

(3) Den Gefangenen sind Gegenstände des religiösen Gebrauchs in angemessenem Umfang zu belassen.

§ 55 Religiöse Veranstaltungen. (1) Die Gefangenen haben das Recht, am Gottesdienst und an anderen religiösen Veranstaltungen ihres Bekenntnisses teilzunehmen.

(2) Zu dem Gottesdienst oder zu religiösen Veranstaltungen einer anderen Religionsgemeinschaft werden die Gefangenen zugelassen, wenn die Seelsorgerinnen oder Seelsorger der anderen Religionsgemeinschaft zustimmen.

(3) Die Gefangenen können von der Teilnahme am Gottesdienst oder anderen religiösen Veranstaltungen ausgeschlossen werden, wenn dies aus überwiegenden Gründen der Sicherheit oder Ordnung geboten ist; die Seelsorgerinnen oder Seelsorger sollen vorher gehört werden.

§ 56 Weltanschauungsgemeinschaften. Für Angehörige weltanschaulicher Bekenntnisse gelten §§ 54 und 55 entsprechend.

Abschnitt 9. Gesundheitsfürsorge

§ 57 Gesundheitsuntersuchungen, Vorsorgeleistungen, Gesundheitsschutz und Hygiene. (1) Die Gefangenen haben Anspruch auf Gesundheitsuntersuchungen und medizinische Vorsorgeleistungen.

(2) Weibliche Gefangene haben für ihre Kinder, die mit ihnen in der Anstalt untergebracht sind, Anspruch auf Untersuchungen zur Früherkennung von Krankheiten, die die körperliche oder geistige Entwicklung ihrer Kinder gefährden.

(3) Gefangene können sich zur Verhütung von Zahnerkrankungen einmal pro Kalenderjahr zahnärztlich untersuchen lassen.

(4) Die Gefangenen haben die notwendigen Anordnungen zum Gesundheitsschutz und zur Hygiene zu befolgen sowie die dafür erforderlichen Maßnahmen zur Umsetzung des Gesundheitsschutzes und der Hygiene in der Anstalt zu dulden.

§ 58 Krankenbehandlung. [1] Gefangene haben Anspruch auf Krankenbehandlung. [2] Die Krankenbehandlung umfasst

1. ärztliche Behandlung einschließlich Psychotherapie,
2. zahnärztliche Behandlung,
3. Versorgung mit Zahnersatz einschließlich Zahnkronen und Suprakonstruktionen,
4. Versorgung mit Arznei-, Verband-, Heil- und Hilfsmitteln,
5. Krankenhausbehandlung,
6. Leistungen zur medizinischen Rehabilitation und ergänzende Leistungen, soweit Belange des Vollzugs dem nicht entgegenstehen.

§ 59 Versorgung mit Hilfsmitteln. [1] Gefangene haben Anspruch auf Versorgung mit Seh- und Hörhilfen, Körperersatzstücken, orthopädischen und anderen Hilfsmitteln, sofern dies nicht mit Rücksicht auf die Kürze des verbleibenden Freiheitsentzugs ungerechtfertigt ist. [2] Der Anspruch umfasst auch die notwendige Änderung, Instandsetzung und Ersatzbeschaffung von Hilfsmitteln sowie die Ausbildung in ihrem Gebrauch, soweit Belange des Vollzuges dem nicht entgegenstehen.

§ 60 Art und Umfang der Leistungen, Kostenbeteiligung. (1) Art und Umfang der Gesundheitsuntersuchungen und medizinischen Vorsorgeleistungen (§ 57), der Leistungen zur Krankenbehandlung (§ 58) und der Versorgung mit Hilfsmitteln (§ 59) entsprechen den Leistungen nach den Vorschriften des Sozialgesetzbuches und den auf Grund dieser Vorschriften getroffenen Regelungen.

(2) An den Kosten für Leistungen nach den §§ 57 bis 59 können die Gefangenen in angemessenem Umfang beteiligt werden, höchstens jedoch bis zum Umfang der Beteiligung vergleichbarer gesetzlich Versicherter.

(3) Für Leistungen, die nach Art oder Umfang über das in Absatz 1 genannte Maß hinausgehen, können den Gefangenen die gesamten Kosten auferlegt werden.

§ 61 Behandlung aus besonderem Anlass. [1]Mit Zustimmung der Gefangenen soll die Anstalt ärztliche Behandlungen, insbesondere Operationen oder prothetische Maßnahmen durchführen lassen, die ihre soziale Eingliederung fördern. [2]Die Kosten tragen die Gefangenen. [3]Sind sie dazu nicht in der Lage, kann die Anstalt sie in begründeten Fällen in angemessenem Umfang übernehmen.

§ 62 Aufenthalt im Freien. Den Gefangenen wird ermöglicht, sich täglich mindestens eine Stunde im Freien aufzuhalten, wenn die Witterung dies zulässt.

§ 63 Überstellung, Verlegung zum Zweck der Behandlung. (1) Kranke Gefangene können in das Zentralkrankenhaus der Untersuchungshaftanstalt überstellt oder in eine für die Behandlung ihrer Krankheit besser geeignete Anstalt verlegt werden.

(2) Kann die Krankheit der Gefangenen in einer Anstalt oder im Zentralkrankenhaus der Untersuchungshaftanstalt nicht erkannt oder behandelt werden oder ist es nicht möglich, die Gefangenen rechtzeitig in das Zentralkrankenhaus zu überstellen, sind sie in ein Krankenhaus außerhalb des Vollzuges zu bringen.

(3) Wird während des Aufenthaltes der Gefangenen in einem Krankenhaus außerhalb des Vollzuges die Strafvollstreckung unterbrochen, so tragen die Vollzugsbehörden die bis zum Beginn der Strafunterbrechung angefallenen Kosten.

§ 64 *(aufgehoben)*

§ 65 Behandlung während Lockerungen, freies Beschäftigungsverhältnis. (1) Während einer Freistellung von der Haft oder eines Ausgangs haben die Gefangenen gegen die Vollzugsbehörden nur einen Anspruch auf Krankenbehandlung in den für sie zuständigen Anstalten.

(2) Der Anspruch auf Leistungen nach den §§ 57 bis 59 ruht, solange die Gefangenen auf Grund eines freien Beschäftigungsverhältnisses (§ 36 Absatz 1) krankenversichert sind.

§ 66 Schwangerschaft und Mutterschaft. (1) [1]Weibliche Gefangene haben während der Schwangerschaft sowie bei und nach der Entbindung Anspruch auf ärztliche Betreuung und auf Hebammenhilfe in der Anstalt sowie auf die notwendigen Arznei-, Verband- und Heilmittel. [2]Zur ärztlichen Betreuung gehören insbesondere Untersuchungen zur Feststellung der Schwangerschaft sowie Vorsorgeuntersuchungen einschließlich der laborärztlichen Untersuchungen.

(2) [1] Zur Entbindung sind weibliche Gefangene in ein Krankenhaus außerhalb des Vollzuges zu bringen. [2] Ist dies aus besonderen Gründen nicht angezeigt, so ist die Entbindung im Zentralkrankenhaus der Untersuchungshaftanstalt vorzunehmen.

(3) § 60 Absatz 1 und §§ 63 und 65 gelten entsprechend.

(4) In der Anzeige einer Geburt an das Standesamt dürfen die Anstalt als Geburtsstätte des Kindes, das Verhältnis der Anzeigenden zur Anstalt und die Inhaftierung der Mutter nicht vermerkt sein.

§ 67 Benachrichtigung bei Erkrankung oder Todesfall. (1) Erkranken Gefangene schwer oder versterben sie, so sind ihre Angehörigen oder die gesetzlichen Vertreter unverzüglich zu benachrichtigen.

(2) Dem Wunsch von Gefangenen, auch andere Personen zu benachrichtigen, soll nach Möglichkeit entsprochen werden.

(3) Versterben Gefangene, so gilt für die Unterrichtung von Opfern § 406d Absätze 2 und 3 der Strafprozessordnung entsprechend.

(4) Beim Tod ausländischer Staatsangehöriger ist die zuständige Auslandsvertretung zu verständigen.

Abschnitt 10. Sicherheit und Ordnung

§ 68 Grundsatz, Verhaltensregelungen. (1) Die Pflichten und Beschränkungen, die den Gefangenen zur Aufrechterhaltung der Sicherheit und Ordnung der Anstalt auferlegt werden, sind so zu wählen, dass sie in einem angemessenen Verhältnis zu ihrem Zweck stehen und die Gefangenen nicht mehr und nicht länger als notwendig beeinträchtigen.

(2) Die Gefangenen sind verpflichtet,

1. die Tageseinteilung der Anstalt (Arbeitszeit, Freizeit, Ruhezeit) zu beachten,
2. durch ihr Verhalten gegenüber anderen Personen, insbesondere gegenüber Vollzugsbediensteten und anderen Gefangenen, nicht das geordnete Zusammenleben zu stören,
3. Anordnungen der Bediensteten zu befolgen, auch wenn sie sich beschwert fühlen,
4. den ihnen zugewiesenen Bereich nicht ohne Erlaubnis zu verlassen,
5. ihren Haftraum und die ihnen von der Anstalt überlassenen Sachen in Ordnung zu halten und schonend zu behandeln,
6. Umstände, die eine Gefahr für das Leben oder eine erhebliche Gefahr für die Gesundheit einer Person bedeuten, unverzüglich zu melden.

§ 69 Persönlicher Gewahrsam. (1) [1] Die Gefangenen dürfen nur Sachen in Gewahrsam haben, die ihnen von der Anstalt oder mit ihrer Zustimmung überlassen werden. [2] Sie dürfen Sachen weder an andere Gefangene abgeben noch von anderen Gefangenen annehmen, es sei denn, es handelt sich um Sachen von offensichtlich geringem Wert. [3] Die Anstalt kann die Abgabe, die Annahme und den Gewahrsam auch dieser Sachen von ihrer Zustimmung abhängig machen.

(2) [1]Eingebrachte Sachen, die die Gefangenen nicht in Gewahrsam haben dürfen, sind für sie aufzubewahren, sofern dies nach Art und Umfang möglich ist. [2]Den Gefangenen wird Gelegenheit gegeben, ihre Sachen, die sie während des Vollzugs und für ihre Entlassung nicht benötigen, abzusenden.

(3) Weigern sich Gefangene, eingebrachtes Gut, dessen Aufbewahrung nach Art und Umfang nicht möglich ist, aus der Anstalt zu verbringen, so ist die Anstalt berechtigt, diese Gegenstände auf Kosten der Gefangenen aus der Anstalt entfernen zu lassen.

(4) Aufzeichnungen und andere Gegenstände, die Kenntnisse über Sicherungsvorkehrungen der Anstalt vermitteln, dürfen von der Anstalt vernichtet oder unbrauchbar gemacht werden.

§ 70 Durchsuchung. (1) [1]Zur Aufrechterhaltung der Sicherheit und Ordnung der Anstalt dürfen Gefangene, ihre Sachen und die Hafträume jederzeit durchsucht werden, die Sachen und die Hafträume auch in Abwesenheit der Gefangenen. [2]Zur Unterstützung der Durchsuchung dürfen technische Mittel eingesetzt werden, bei der Durchsuchung der Sachen und Hafträume auch Spürhunde. [3]Die Durchsuchung männlicher Gefangener darf nur von Männern, die Durchsuchung weiblicher Gefangener darf nur von Frauen vorgenommen werden. [4]Das Schamgefühl ist zu schonen.

(2) [1]Bei Gefahr im Verzug oder auf Anordnung der Anstaltsleitung im Einzelfall ist eine mit einer Entkleidung verbundene körperliche Durchsuchung zulässig. [2]Sie darf bei männlichen Gefangenen nur in Gegenwart von Männern, bei weiblichen Gefangenen nur in Gegenwart von Frauen erfolgen und ist in einem geschlossenen Raum durchzuführen. [3]Andere Gefangene dürfen nicht anwesend sein.

(3) Die Anstaltsleitung kann allgemein anordnen, dass Gefangene bei der Aufnahme, nach Kontakten mit Besucherinnen und Besuchern und nach jeder Abwesenheit von ihrer Unterkunft in der Anstalt nach Absatz 2 zu durchsuchen sind.

§ 71 Erkennungsdienstliche Maßnahmen. (1) Zur Sicherung des Vollzuges, zur Aufrechterhaltung der Sicherheit oder Ordnung der Anstalt oder zur Identitätsfeststellung sind mit Kenntnis der Gefangenen zulässig

1. die Aufnahme von Lichtbildern,
2. die Erfassung biometrischer Merkmale von Fingern, Händen, Gesicht und Stimme,
3. die Feststellung äußerlicher körperlicher Merkmale,
4. Körpermessungen.

(2) [1]Die gewonnenen Unterlagen und Daten werden zu den Gefangenenpersonalakten genommen oder in personenbezogenen Dateien gespeichert. [2]Sie können auch in kriminalpolizeilichen Sammlungen verwahrt werden.

(3) [1]Bestehen Zweifel an der Identität einer Gefangenen oder eines Gefangenen, ergreifen die Vollzugsbehörden geeignete Maßnahmen zur Identitätsfeststellung. [2]Sie können zu diesem Zweck Fingerabdruckdaten an das Landeskriminalamt, das Bundeskriminalamt oder das Bundesamt für Migration und Flüchtlinge übermitteln. [3]Weichen die personenbezogenen Daten von den den Vollzugsbehörden bekannten Daten ab, teilen die angefragten Behörden den Vollzugsbehörden die abweichenden Daten mit. [4]Die Daten dürfen auch im

Wege eines automatisierten Abrufverfahrens oder einer regelmäßigen Datenübermittlung abgefragt und übermittelt werden. [5]Der Senat kann durch Rechtsverordnung weitere Einzelheiten zur Datenerhebung und -übermittlung sowie zum Verfahren der Ersuchen regeln. [6]Der Senat kann die Ermächtigung nach Satz 5 durch Rechtsverordnung auf die zuständige Behörde weiter übertragen.

(4) [1]Die nach Absatz 1 erhobenen Daten dürfen von den Vollzugsbehörden im Übrigen nur für die in Absatz 1, die in § 73 Absatz 2 und in § 10 Absatz 2 Satz 1 Nummer 4, Absatz 3 Satz 1 Nummer 2 und Nummer 3 Buchstabe e des Hamburgischen Justizvollzugsdatenschutzgesetzes vom 18. Mai 2018 (HmbGVBl. S. 158) genannten Zwecke verarbeitet werden. [2]Die Übermittlung der Unterlagen oder Daten an Polizeibehörden des Bundes oder der Länder ist auch zulässig, soweit dies zur Abwehr einer gegenwärtigen Gefahr für erhebliche Rechtsgüter innerhalb der Anstalt erforderlich ist. [3]Die Daten dürfen ferner öffentlichen Stellen auf deren Ersuchen übermittelt werden, soweit die betroffenen Personen verpflichtet wären, eine unmittelbare Erhebung der zu übermittelnden Daten durch die empfangende Stelle zu dulden oder an einer solchen Erhebung mitzuwirken. [4]Die ersuchende Stelle hat in ihrem Ersuchen die Rechtsgrundlage der Mitwirkungs- oder Duldungspflicht mitzuteilen. [5]Beruht diese Pflicht auf einer Regelung gegenüber der betroffenen Person im Einzelfall, weist die ersuchende Stelle zugleich nach, dass eine entsprechende Regelung ergangen und vollziehbar ist.

(5) Die in Dateien gespeicherten personenbezogenen Daten sind spätestens drei Jahre nach der Entlassung oder Verlegung der Gefangenen in eine andere Anstalt zu löschen.

§ 72 Feststellung von Suchtmittelmissbrauch. (1) [1]Zur Aufrechterhaltung der Sicherheit oder Ordnung der Anstalt kann die Anstaltsleitung bei Gefangenen, bei denen der konkrete Verdacht des Suchtmittelmissbrauchs besteht, allgemein oder im Einzelfall Maßnahmen anordnen, die geeignet sind, den Suchtmittelmissbrauch festzustellen. [2]Die Maßnahmen dürfen nicht mit einem körperlichen Eingriff verbunden sein.

(2) Wird Suchtmittelmissbrauch festgestellt, können die Kosten der Maßnahme den Gefangenen auferlegt werden.

§ 73 Festnahmerecht. (1) Gefangene, die entwichen sind oder sich sonst ohne Erlaubnis außerhalb der Anstalt aufhalten, können durch die Anstalt oder auf ihre Veranlassung hin festgenommen und in die Anstalt zurückgebracht werden.

(2) Die nach diesem Gesetz erhobenen Daten dürfen den Vollstreckungs- und Strafverfolgungsbehörden übermittelt werden, soweit dies für Zwecke der Fahndung und Festnahme der entwichenen oder sich sonst ohne Erlaubnis außerhalb der Anstalt aufhaltenden Gefangenen erforderlich ist.

§ 74 Besondere Sicherungsmaßnahmen. (1) Gegen Gefangene können besondere Sicherungsmaßnahmen angeordnet werden, wenn nach ihrem Verhalten oder auf Grund ihres seelischen Zustandes in erhöhtem Maß Fluchtgefahr oder die Gefahr von Gewalttätigkeiten gegen Personen oder Sachen oder die Gefahr der Selbsttötung oder der Selbstverletzung besteht.

(2) [1]Als besondere Sicherungsmaßnahmen sind zulässig:

1. der Entzug oder die Vorenthaltung von Gegenständen,
2. die Beobachtung der Gefangenen, in besonderen Hafträumen auch mit technischen Hilfsmitteln, insbesondere auch durch den Einsatz von optisch-elektronischen Einrichtungen (§ 21 des Hamburgischen Justizvollzugsdatenschutzgesetzes),
3. die Absonderung von anderen Gefangenen,
4. der Entzug oder die Beschränkung des Aufenthalts im Freien,
5. die Unterbringung in einem besonders gesicherten Haftraum ohne gefährdende Gegenstände und
6. die Fesselung.

[2]Eine Fesselung nach Satz 1 Nummer 6 von nach § 70 Absatz 2 entkleideten Gefangenen darf nur erfolgen, wenn und solange dies unerlässlich ist. [3]In diesen Fällen sind besondere Maßnahmen zur Schonung des Schamgefühls zu treffen, soweit dies möglich ist.

(3) [1]Die unausgesetzte Absonderung Gefangener (Einzelhaft) ist nur zulässig, wenn sie aus den Gründen des Absatzes 1 unerlässlich ist. [2]Einzelhaft von mehr als drei Monaten Gesamtdauer in einem Jahr bedarf der Zustimmung der Aufsichtsbehörde. [3]Diese Frist wird nicht dadurch unterbrochen, dass die Gefangenen am Gottesdienst oder an der Freistunde teilnehmen. [4]Während des Vollzuges der Einzelhaft sind die Gefangenen in besonderem Maße zu betreuen.

(4) Maßnahmen nach Absatz 2 Satz 1 Nummern 1 und 3 bis 5 sind auch zulässig, wenn die Gefahr einer Befreiung oder eine erhebliche Störung der Anstaltsordnung anders nicht vermieden oder behoben werden kann.

(5) Bei einer Ausführung, Vorführung oder beim Transport ist die Fesselung auch zulässig, wenn zu befürchten ist, dass die Gefangenen sich dem Vollzug entziehen werden (einfache Fluchtgefahr).

(6) [1]Fesseln dürfen in der Regel nur an den Händen oder an den Füßen angelegt werden. [2]Im Interesse der Gefangenen kann die Anstaltsleitung eine andere Art der Fesselung anordnen. [3]Eine Fixierung sämtlicher Gliedmaßen ist nur zulässig, soweit und solange eine gegenwärtige erhebliche Gefahr von Gewalttätigkeiten gegen Personen, der Selbsttötung oder der Selbstverletzung besteht und die Fixierung zur Abwehr dieser Gefahr unerlässlich ist.

§ 75 Anordnungsbefugnis, Verfahren. (1) [1]Besondere Sicherungsmaßnahmen ordnet die Anstaltsleitung an. [2]Bei Gefahr im Verzug können auch andere Bedienstete der Anstalt diese Maßnahmen vorläufig anordnen. [3]Die Entscheidung der Anstaltsleitung ist unverzüglich einzuholen. [4]Eine nicht nur kurzfristige Fixierung im Sinne von § 74 Absatz 6 Satz 3 ist nur auf Grund vorheriger Anordnung durch das zuständige Gericht zulässig. [5]Eine Fixierung ist kurzfristig, wenn sie absehbar die Dauer einer halben Stunde unterschreitet. [6]Die gerichtliche Anordnung erfolgt auf Grund eines Antrags der Anstaltsleitung, bei Gefahr im Verzug anderer Bediensteter der Anstalt. [7]Bei Gefahr im Verzug können auch die Anstaltsleitung oder, wenn deren Entscheidung nicht rechtzeitig eingeholt werden kann, andere Bedienstete der Anstalt eine Fixierung nach Satz 4 vorläufig anordnen; die richterliche Entscheidung ist unverzüglich nachträglich einzuholen. [8]Die nachträgliche Einholung einer richterlichen Entscheidung gemäß Satz 7 ist nicht erforderlich, wenn bereits zu Beginn der Fixierung abzusehen ist, dass die richterliche Entscheidung erst nach

Wegfall des Grundes ihrer Anordnung ergehen wird, oder die Fixierung vor Herbeiführung der Entscheidung tatsächlich beendet und auch keine Wiederholung zu erwarten ist.

(2) [1] Die Entscheidung wird den Gefangenen von der Anstaltsleitung mündlich eröffnet und mit einer kurzen Begründung schriftlich abgefasst. [2] Bei einer Fixierung im Sinne von § 74 Absatz 6 Satz 3 sind die Anordnung und die dafür maßgeblichen Gründe sowie der Verlauf, die Dauer, die Art der Überwachung und die Beendigung zu dokumentieren. [3] Nach Beendigung der Fixierung sind die Gefangenen unverzüglich auf ihr Recht hinzuweisen, die Rechtmäßigkeit der durchgeführten Fixierung gerichtlich überprüfen zu lassen; auch dies ist zu dokumentieren.

(3) Besondere Sicherungsmaßnahmen sind in angemessenen Abständen daraufhin zu überprüfen, ob und in welchem Umfang sie aufrechterhalten werden müssen.

(4) Besondere Sicherungsmaßnahmen nach § 74 Absatz 2 Satz 1 Nummern 5 und 6 sind der Aufsichtsbehörde unverzüglich mitzuteilen, wenn sie länger als drei Tage aufrechterhalten werden.

§ 76 Ärztliche Überwachung besonderer Sicherungsmaßnahmen.

(1) [1] Werden Gefangene ärztlich behandelt oder beobachtet oder bildet ihr seelischer Zustand den Anlass für die Anordnung einer besonderen Sicherungsmaßnahme, ist vorher eine ärztliche Stellungnahme einzuholen. [2] Ist dies wegen Gefahr im Verzug nicht möglich, wird die Stellungnahme unverzüglich nachträglich eingeholt.

(2) Sind Gefangene in einem besonders gesicherten Haftraum untergebracht oder nach § 74 Absatz 2 Satz 1 Nummer 6 gefesselt, so sucht die Anstaltsärztin oder der Anstaltsarzt sie unverzüglich und sodann im erforderlichen Umfang, mindestens jedoch täglich auf.

(3) Die Ärztin oder der Arzt sind regelmäßig zu hören, solange den Gefangenen der tägliche Aufenthalt im Freien entzogen wird oder Einzelhaft (§ 74 Absatz 3) andauert.

(4) [1] Während der Absonderung und Unterbringung in einem besonders gesicherten Haftraum sind die Gefangenen in besonderem Maße zu betreuen. [2] Sind die Gefangenen darüber hinaus gefesselt, sind sie durch einen Bediensteten ständig und in unmittelbarem Sichtkontakt zu beobachten, im Falle einer Fixierung im Sinne von § 74 Absatz 6 Satz 3 durch eine für die Überwachung von Fixierungen geschulte Bedienstete oder einen für die Überwachung von Fixierungen geschulten Bediensteten.

§ 77 Ersatz von Aufwendungen. (1) [1] Die Gefangenen sind verpflichtet, der Anstalt Aufwendungen zu ersetzen, die sie durch eine vorsätzliche oder grob fahrlässige Selbstverletzung oder Verletzung anderer Gefangener oder Beschädigung fremder Sachen verursacht haben. [2] Ansprüche aus sonstigen Rechtsvorschriften bleiben unberührt.

(2) Bei der Geltendmachung dieser Forderungen kann auch ein den dreifachen Tagessatz der Eckvergütung nach § 40 Absatz 2 Satz 3 Nummer 1 übersteigender Teil des Hausgeldes in Anspruch genommen werden.

(3) Von der Aufrechnung oder Vollstreckung wegen der in Absatz 1 genannten Forderungen ist abzusehen, soweit hierdurch die Behandlung der Gefangenen oder ihre Eingliederung behindert würde.

Abschnitt 11. Unmittelbarer Zwang

§ 78 Begriffsbestimmungen. (1) Unmittelbarer Zwang ist die Einwirkung auf Personen oder Sachen durch körperliche Gewalt, ihre Hilfsmittel und durch Waffen.

(2) Körperliche Gewalt ist jede unmittelbare körperliche Einwirkung auf Personen oder Sachen.

(3) Hilfsmittel der körperlichen Gewalt sind insbesondere Fesseln und Reizstoffe.

(4) Waffen sind die dienstlich zugelassenen Hieb- und Schusswaffen.

§ 79 Voraussetzungen. (1) Bedienstete des Vollzuges dürfen unmittelbaren Zwang anwenden, wenn sie Vollzugs- und Sicherungsmaßnahmen rechtmäßig durchführen und der damit verfolgte Zweck auf andere Weise nicht erreicht werden kann.

(2) Gegen andere Personen als Gefangene darf unmittelbarer Zwang angewendet werden, wenn sie es unternehmen, Gefangene zu befreien oder in den Anstaltsbereich widerrechtlich einzudringen, oder wenn sie sich unbefugt darin aufhalten.

(3) Das Recht zu unmittelbarem Zwang auf Grund anderer Regelungen bleibt unberührt.

§ 80 Grundsatz der Verhältnismäßigkeit. (1) Unter mehreren möglichen und geeigneten Maßnahmen des unmittelbaren Zwangs sind diejenigen zu wählen, die die einzelne Person und die Allgemeinheit voraussichtlich am wenigsten beeinträchtigen.

(2) Unmittelbarer Zwang unterbleibt, wenn ein durch ihn zu erwartender Schaden erkennbar außer Verhältnis zu dem angestrebten Erfolg steht.

§ 81 Handeln auf Anordnung. (1) Wird unmittelbarer Zwang von Vorgesetzten oder sonst befugten Personen angeordnet, sind die Bediensteten verpflichtet, die Anordnung zu befolgen, es sei denn, sie verletzt die Menschenwürde oder ist nicht zu dienstlichen Zwecken erteilt worden.

(2) [1] Die Anordnung darf nicht befolgt werden, wenn dadurch eine Straftat begangen würde. [2] Befolgen die Bediensteten sie trotzdem, trifft sie eine Schuld nur, wenn sie erkennen oder wenn es nach den ihnen bekannten Umständen offensichtlich ist, dass dadurch eine Straftat begangen wird.

(3) [1] Bedenken gegen die Rechtmäßigkeit der Anordnung haben die Bediensteten den Anordnenden gegenüber vorzubringen, soweit das nach den Umständen möglich ist. [2] Abweichende Vorschriften des allgemeinen Beamtenrechts über die Mitteilung solcher Bedenken an Vorgesetzte sind nicht anzuwenden.

§ 82 Androhung. [1] Unmittelbarer Zwang ist vorher anzudrohen. [2] Die Androhung darf nur unterbleiben, wenn die Umstände sie nicht zulassen oder unmittelbarer Zwang sofort angewendet werden muss, um eine rechtswidrige

Tat zu verhindern, die den Tatbestand eines Strafgesetzes erfüllt, oder eine gegenwärtige Gefahr abzuwenden.

§ 83 Vorschriften für den Schusswaffengebrauch. (1) [1]Schusswaffen dürfen nur gebraucht werden, wenn andere Maßnahmen des unmittelbaren Zwangs bereits erfolglos waren oder keinen Erfolg versprechen. [2]Gegen Personen ist ihr Gebrauch nur zulässig, wenn der Zweck nicht durch Waffenwirkung gegen Sachen erreicht wird.

(2) [1]Schusswaffen dürfen nur die dazu bestimmten Bediensteten gebrauchen und nur, um angriffs- oder fluchtunfähig zu machen. [2]Ihr Gebrauch unterbleibt, wenn erkennbar Unbeteiligte mit hoher Wahrscheinlichkeit gefährdet würden.

(3) [1]Gegen Gefangene dürfen Schusswaffen gebraucht werden,

1. wenn sie eine Waffe oder ein anderes gefährliches Werkzeug trotz wiederholter Aufforderung nicht ablegen,
2. wenn sie eine Meuterei (§ 121 des Strafgesetzbuchs) unternehmen,
3. um ihre Flucht zu vereiteln oder um sie wieder zu ergreifen.

[2]Um die Flucht aus dem offenen Vollzug zu vereiteln, dürfen Schusswaffen nicht gebraucht werden.

(4) Gegen andere Personen dürfen Schusswaffen gebraucht werden, wenn sie es unternehmen, Gefangene gewaltsam zu befreien oder gewaltsam in eine Anstalt einzudringen.

(5) [1]Als Androhung (§ 82) des Gebrauchs von Schusswaffen gilt auch ein Warnschuss. [2]Ohne Androhung dürfen Schusswaffen nur gebraucht werden, wenn das zur Abwehr einer gegenwärtigen Gefahr für Leib oder Leben erforderlich ist.

§ 84 Zwangsmaßnahmen auf dem Gebiet der Gesundheitsfürsorge.

(1) [1]Bei Lebensgefahr, schwerwiegender Gefahr für die Gesundheit der Gefangenen oder bei schwerwiegender Gefahr für die Gesundheit anderer Personen sind medizinische Untersuchung und Behandlung sowie Ernährung gegen den natürlichen Willen der Gefangenen unter den Voraussetzungen der Absätze 2 bis 5 zulässig, wenn diese zur Einsicht in die Schwere der Krankheit und die Notwendigkeit der Maßnahme oder zum Handeln gemäß solcher Einsicht krankheitsbedingt nicht fähig sind. [2]Bei schwerwiegender Gefahr für die Gesundheit anderer Personen sind medizinische Untersuchung und Behandlung unter den Voraussetzungen der Absätze 2 bis 5 auch gegen den freien Willen der Gefangenen zulässig.

(2) Eine Maßnahme nach Absatz 1 darf nur angeordnet werden, wenn

1. erfolglos versucht worden ist, die Zustimmung der Gefangenen zu der Untersuchung, Behandlung oder Ernährung zu erwirken,
2. die Gefangenen über Art, Umfang und Dauer der Maßnahme durch eine Ärztin oder einen Arzt aufgeklärt wurden,
3. die Maßnahme zur Abwendung der Gefahren nach Absatz 1 geeignet und erforderlich ist,
4. der von der Maßnahme erwartete Nutzen die mit der Maßnahme verbundenen Belastungen deutlich überwiegt und

5. die Maßnahme nicht mit einer erheblichen Gefahr für das Leben oder die Gesundheit der Gefangenen verbunden ist.

(3) [1]Maßnahmen nach Absatz 1 dürfen nur auf Anordnung und unter Leitung einer Ärztin oder eines Arztes durchgeführt werden, unbeschadet der Leistung erster Hilfe für den Fall, dass eine Ärztin oder ein Arzt nicht rechtzeitig erreichbar und mit einem Aufschub Lebensgefahr verbunden ist. [2]Die Anordnung bedarf der Zustimmung der Leitung der Anstalt und einer Ärztin oder eines Arztes, die oder der nicht in der Anstalt tätig ist. [3]Die Gründe für die Anordnung der Maßnahme nach Absatz 1, das Vorliegen der Voraussetzungen des Absatzes 2 sowie die ergriffene Maßnahme, einschließlich ihres Zwangscharakters, der Durchsetzungsweise, der Wirkungsüberwachung sowie der Untersuchungs- und Behandlungsverlauf sind zu dokumentieren. [4]Gleiches gilt für Erklärungen der Gefangenen, die im Zusammenhang mit Zwangsmaßnahmen von Bedeutung sein können.

(4) [1]Anordnungen nach Absatz 3 sind den Gefangenen unverzüglich bekannt zu geben. [2]Sie sind darüber zu belehren, dass sie gegen die Anordnung bei Gericht um einstweiligen Rechtsschutz ersuchen und auch Antrag auf gerichtliche Entscheidung stellen können. [3]Mit dem Vollzug einer Anordnung ist zuzuwarten, bis die Gefangenen Gelegenheit hatten, eine Entscheidung im einstweiligen Rechtsschutz herbeizuführen.

(5) Von den Bestimmungen in Absatz 2 Nummern 1 und 2, Absatz 3 Satz 2 und Absatz 4 Sätze 2 und 3 kann abgesehen werden, wenn Gefahr im Verzug besteht.

(6) Zur Gewährleistung des Gesundheitsschutzes und der Hygiene ist die zwangsweise körperliche Untersuchung der Gefangenen zulässig, wenn sie nicht mit einem körperlichen Eingriff verbunden ist.

Abschnitt 12. Pflichtwidrigkeiten der Gefangenen

§ 85 Disziplinarmaßnahmen. (1) [1]Verstoßen Gefangene rechtswidrig und schuldhaft gegen Pflichten, die ihnen durch dieses Gesetz oder auf Grund dieses Gesetzes auferlegt sind, kann die Anstaltsleitung Disziplinarmaßnahmen anordnen, es sei denn, es genügt, die Gefangenen zu verwarnen. [2]Satz 1 gilt nicht für Verstöße gegen die Mitwirkungspflichten der Gefangenen nach § 5 Absatz 1.

(2) Disziplinarmaßnahmen können angeordnet werden, wenn die Gefangenen rechtswidrig und schuldhaft

1. gegen Strafgesetze verstoßen oder eine Ordnungswidrigkeit begehen,
2. andere Personen verbal oder tätlich angreifen,
3. sich den ihnen zugewiesenen Aufgaben entziehen,
4. verbotene Gegenstände in die Anstalt einbringen,
5. sich am Einschmuggeln verbotener Gegenstände beteiligen oder sie besitzen,
6. entweichen oder zu entweichen versuchen,
7. Lebensmittel oder fremde Sachen zerstören oder beschädigen,
8. unerlaubt Betäubungsmittel oder andere berauschende Stoffe konsumieren,
9. gegen Weisungen im Zusammenhang mit der Gewährung von Lockerungen verstoßen oder

10. in sonstiger Weise wiederholt oder schwerwiegend gegen die Hausordnung verstoßen oder das geordnete Zusammenleben in der Anstalt stören.

§ 86 Arten der Disziplinarmaßnahmen. (1) Die zulässigen Disziplinarmaßnahmen sind:

1. Verweis,
2. die Beschränkung oder der Entzug der Verfügung über das Hausgeld und des Einkaufs bis zu drei Monaten,
3. die Beschränkung oder der Entzug des Rundfunkempfangs bis zu drei Monaten,
4. die Beschränkung oder der Entzug der Gegenstände für eine Beschäftigung in der Freizeit mit Ausnahme des Lesestoffs oder die Beschränkung oder der Entzug der Teilnahme an gemeinschaftlichen Veranstaltungen bis zu drei Monaten,
5. die getrennte Unterbringung während der Freizeit bis zu vier Wochen,
6. der Entzug der zugewiesenen Arbeit oder Beschäftigung bis zu vier Wochen unter Wegfall der in diesem Gesetz geregelten Bezüge,
7. die Beschränkung der Freistellung von der Haft gemäß § 12 Absatz 1 Satz 1 Nummer 4 und § 15 Absätze 2 und 3,
8. Arrest bis zu zwei Wochen.

(2) Arrest darf nur wegen schwerer oder mehrfach wiederholter Verfehlungen verhängt werden.

(3) Mehrere Disziplinarmaßnahmen können miteinander verbunden werden.

(4) Disziplinarmaßnahmen sind unabhängig von der Einleitung eines Straf- oder Bußgeldverfahren wegen desselben Sachverhalts zulässig.

§ 87 Vollzug der Disziplinarmaßnahmen, Aussetzung zur Bewährung. (1) Disziplinarmaßnahmen werden in der Regel sofort vollzogen.

(2) Der Vollzug einer Disziplinarmaßnahme kann ganz oder teilweise bis zu sechs Monaten zur Bewährung ausgesetzt werden.

(3) [1]Wird die Verfügung über das Hausgeld beschränkt oder entzogen, ist das in dieser Zeit anfallende Hausgeld dem Überbrückungsgeld gutzuschreiben. [2]Die Festsetzung des Überbrückungsgeldes nach § 47 Absatz 1 Satz 2 ist entsprechend anzupassen.

(4) [1]Arrest wird in Einzelhaft vollzogen. [2]Die Gefangenen können in einem besonderen Arrestraum untergebracht werden, der den Anforderungen entsprechen muss, die an einen zum Aufenthalt bei Tag und Nacht bestimmten Haftraum gestellt werden. [3]Soweit nichts anderes angeordnet wird, ruhen die Befugnisse der Gefangenen aus § 22, § 23 Absatz 1, §§ 25, 34 bis 36 und 51 bis 53.

§ 88 Anordnungsbefugnis. (1) [1]Disziplinarmaßnahmen ordnet die Anstaltsleitung an. [2]Bei einer Pflichtwidrigkeit während eines Transports in eine andere Anstalt ist die Leitung der Bestimmungsanstalt zuständig. [3]Ist die Durchführung des Disziplinarverfahrens dort nicht möglich, liegt die Disziplinarbefugnis bei der Leitung der Stammanstalt.

(2) Die Aufsichtsbehörde entscheidet, wenn sich die Pflichtwidrigkeit der Gefangenen gegen die Anstaltsleitung richtet.

(3) [1]Disziplinarmaßnahmen, die gegen Gefangene in einer anderen Anstalt oder während einer Untersuchungshaft angeordnet worden sind, werden auf Ersuchen vollzogen. [2]§ 87 Absatz 2 bleibt unberührt.

§ 89 Verfahren. (1) [1]Der Sachverhalt ist umfassend zu klären. [2]Die Gefangenen werden vor ihrer Anhörung über den Inhalt der ihnen zur Last gelegten Pflichtwidrigkeit und über ihr Recht, sich nicht zur Sache zu äußern, belehrt. [3]Die Erhebungen, insbesondere die Ergebnisse der Anhörungen der Gefangenen und anderer Befragter, werden schriftlich festgehalten.

(2) [1]In geeigneten Fällen können zur Abwendung von Disziplinarmaßnahmen im Wege einvernehmlicher Streitbeilegung Vereinbarungen getroffen werden. [2]Insbesondere kommen die Wiedergutmachung des Schadens, die Entschuldigung bei Geschädigten, die Erbringung von Leistungen für die Gemeinschaft und der vorübergehende Verbleib auf dem Haftraum in Betracht. [3]Erfüllen die Gefangenen die Vereinbarung, ist die Anordnung einer Disziplinarmaßnahme auf Grund dieser Verfehlung unzulässig.

(3) Bei schweren Verstößen soll die Anstaltsleitung sich vor der Entscheidung mit Personen besprechen, die bei der Behandlung der Gefangenen mitwirken.

(4) Die Entscheidung wird den Gefangenen von der Anstaltsleitung mündlich eröffnet und mit einer kurzen Begründung schriftlich abgefasst.

§ 90 Ärztliche Mitwirkung. (1) [1]Vor dem Vollzug von Disziplinarmaßnahmen nach § 86 Absatz 1 Nummern 2 bis 7, die gegen Gefangene in ärztlicher Behandlung oder gegen Schwangere oder stillende Mütter angeordnet wurden, ist die Ärztin oder der Arzt zu hören. [2]Während des Arrestes stehen die Gefangenen unter ärztlicher Aufsicht.

(2) Der Vollzug der Disziplinarmaßnahme unterbleibt oder wird unterbrochen, wenn die Gesundheit der Gefangenen gefährdet würde.

Abschnitt 13. Verfahrensregelungen

§ 91 Beschwerderecht. (1) [1]Die Gefangenen erhalten Gelegenheit, sich mit Wünschen, Anregungen und Beschwerden in Angelegenheiten, die sie selbst betreffen, schriftlich und mündlich an die Anstaltsleitung zu wenden. [2]Regelmäßige Sprechstunden sind einzurichten.

(2) Die Abwicklung der Sprechstunden nach Absatz 1 Satz 2 kann in Anstalten, die wegen ihrer Größe in Teilanstalten oder in mehrere eigenständige Hafthäuser gegliedert sind, auf die Leitung der Teilanstalten oder die Leitung der Hafthäuser übertragen werden.

(3) Besichtigt ein Vertreter oder eine Vertreterin der Aufsichtsbehörde die Anstalt, so ist zu gewährleisten, dass die Gefangenen sich in Angelegenheiten, die sie selbst betreffen, an sie wenden können.

(4) Die Möglichkeit der Dienstaufsichtsbeschwerde bleibt unberührt.

§ 92 Anordnung, Aufhebung vollzuglicher Maßnahmen. (1) Die Anstaltsleitung kann Maßnahmen zur Regelung allgemeiner Angelegenheiten der baulichen, personellen, organisatorischen und konzeptionellen Gestaltung des Vollzuges anordnen oder mit Wirkung für die Zukunft ändern, wenn neue strukturelle oder organisatorische Entwicklungen des Vollzuges, neue Anforderungen an die (instrumentelle, administrative oder soziale) Anstaltssicherheit oder neue wissenschaftliche Erkenntnisse dies aus Gründen der Behandlung, der Aufrechterhaltung der Sicherheit oder zur Abwendung einer schwerwiegenden Störung der Ordnung der Anstalt erforderlich machen.

(2) Die Anstaltsleitung kann rechtmäßige Maßnahmen zur Regelung einzelner Angelegenheiten auf dem Gebiete des Strafvollzuges ganz oder teilweise mit Wirkung für die Zukunft widerrufen, wenn

1. sie auf Grund nachträglich eingetretener oder bekannt gewordener Umstände berechtigt wäre, die Maßnahme zu versagen,
2. sie auf Grund einer geänderten Rechtsvorschrift berechtigt wäre, die Maßnahme zu versagen und ohne den Widerruf das öffentliche Interesse gefährdet würde,
3. die Gefangenen die Maßnahme missbrauchen oder
4. die Gefangenen Weisungen nach § 12 Absatz 4 nicht nachkommen.

(3) Die Anstaltsleitung kann Maßnahmen zur Regelung einzelner Angelegenheiten auf dem Gebiete des Strafvollzuges ganz oder teilweise mit Wirkung für die Zukunft zurücknehmen, wenn die Voraussetzungen für ihre Bewilligung nicht vorgelegen haben.

Teil 3. Besondere Vorschriften bei angeordneter oder vorbehaltener Sicherungsverwahrung

§ 93 Aufgaben, Gestaltung des Vollzuges. (1) Bei angeordneter oder vorbehaltener Sicherungsverwahrung dient der Vollzug der Freiheitsstrafe auch dem Ziel, die Gefährlichkeit der Gefangenen für die Allgemeinheit so zu mindern, dass die Vollstreckung der Unterbringung oder deren Anordnung entbehrlich wird.

(2) [1]Bereits im Vollzug der Freiheitsstrafe ist eine individuelle, intensive und therapiegerichtete Betreuung im Sinne von § 66c Absatz 1 Nummer 1 des Strafgesetzbuchs anzubieten. [2]Die Bereitschaft der Gefangenen, an der Erreichung der Vollzugsziele mitzuwirken, ist fortwährend zu wecken und zu fördern. [3]Die Motivationsmaßnahmen sind zu dokumentieren.

§ 94 Behandlungsuntersuchung. (1) An das Aufnahmeverfahren schließt sich zur Vorbereitung der Resozialisierungsplanung unverzüglich eine umfassende Behandlungsuntersuchung an.

(2) [1]Die Behandlungsuntersuchung erstreckt sich auf alle Umstände, die für die Beurteilung der Gefährlichkeit der Gefangenen maßgeblich sind. [2]Im Rahmen der Behandlungsuntersuchung sind die Ursachen der Straftaten, die individuellen Risikofaktoren sowie der Behandlungsbedarf, die Behandlungsfähigkeit und die Behandlungsmotivation der Gefangenen festzustellen. [3]Gleichzeitig sollen die Fähigkeiten der Gefangenen ermittelt werden, deren Stärkung der Gefährlichkeit der Gefangenen entgegen wirkt. [4]Erkenntnisse aus vorangegangenen Freiheitsentziehungen sind einzubeziehen.

(3) Die Behandlungsuntersuchung berücksichtigt wissenschaftliche Erkenntnisse.

(4) Die Ergebnisse der Untersuchung sind zu dokumentieren und mit den Gefangenen zu erörtern.

§ 95 Resozialisierungsplan. (1) [1]Auf der Grundlage der in der Behandlungsuntersuchung gewonnenen Erkenntnisse wird unverzüglich ein Resozialisierungsplan aufgestellt, der unter Berücksichtigung auch des Alters, der Persönlichkeit und des Entwicklungsstands die individuellen Behandlungsziele festlegt und die zu ihrer Erreichung geeigneten und erforderlichen Maßnahmen benennt. [2]Er enthält insbesondere Angaben über

1. psychiatrische, psychotherapeutische oder sozialtherapeutische Behandlungsmaßnahmen,
2. andere Einzel- oder Gruppenbehandlungsmaßnahmen,
3. Maßnahmen zur Förderung der Behandlungsmotivation,
4. die Unterbringung in einer sozialtherapeutischen Einrichtung,
5. die Zuweisung zu Wohngruppen,
6. Art und Umfang der Beschäftigung,
7. Maßnahmen zur Gestaltung der Freizeit,
8. Maßnahmen zur Ordnung der finanziellen Verhältnisse,
9. Maßnahmen zur Ordnung der familiären Verhältnisse,
10. Maßnahmen zur Förderung von Außenkontakten,
11. Maßnahmen zur Vorbereitung eines sozialen Empfangsraums,
12. Lockerungen, Verlegung in den offenen Vollzug,
13. Vorbereitung der Eingliederung und Nachsorge.

[3]Der Resozialisierungsplan ist in Grundzügen zu begründen.

(2) [1]Der Resozialisierungsplan ist fortlaufend der Entwicklung der Gefangenen anzupassen und mit weiteren für die Behandlung bedeutsamen Erkenntnissen in Einklang zu halten. [2]Der Resozialisierungsplan und die darin vorgesehenen Maßnahmen werden regelmäßig alle sechs Monate überprüft und fortgeschrieben. [3]Die durchgeführten Maßnahmen sind zu dokumentieren.

(3) [1]Der Resozialisierungsplan wird mit den Gefangenen erörtert. [2]Dabei werden deren Anregungen und Vorschläge einbezogen, soweit sie der Erreichung des Resozialisierungsziels dienen. [3]Den Gefangenen wird der Resozialisierungsplan eröffnet und erläutert. [4]Sie können darüber hinaus an der Konferenz beteiligt werden. [5]Der Resozialisierungsplan ist den Gefangenen auszuhändigen.

(4) § 8 Absätze 6 bis 8 findet entsprechende Anwendung.

§ 96 Behandlung, Unterbringung in einer sozialtherapeutischen Einrichtung, Freistellung von der Haft. (1) [1]Den Gefangenen sind die zur Erreichung der Vollzugsziele erforderlichen Behandlungsmaßnahmen anzubieten. [2]Diese haben wissenschaftlichen Erkenntnissen zu entsprechen. [3]Soweit standardisierte Angebote nicht ausreichen oder keinen Erfolg versprechen, sind individuelle Behandlungsangebote zu entwickeln.

(2) [1]Bei der Behandlung wirken Bedienstete verschiedener Fachrichtungen in enger Abstimmung zusammen. [2]Soweit dies erforderlich ist, sind externe Fachkräfte einzubeziehen. [3]Den Gefangenen sollen Bedienstete als feste Ansprechpartnerinnen bzw. Ansprechpartner zur Verfügung stehen.

(3) [1]Ist Sicherungsverwahrung angeordnet oder vorbehalten, sind Gefangene bereits während des Vollzuges der Freiheitsstrafe in einer sozialtherapeutischen Einrichtung unterzubringen, wenn ihre Teilnahme an den dortigen Behand-

lungsprogrammen zur Verringerung der Gefährlichkeit für die Allgemeinheit angezeigt ist. [2]Die Unterbringung soll zu einem Zeitpunkt erfolgen, der den Abschluss der Behandlung während des Vollzuges der Freiheitsstrafe erwarten lässt.

(4) [1]Die Anstalt kann den Gefangenen nach Anhörung der Vollstreckungsbehörde zur Vorbereitung der Eingliederung Freistellung von der Haft bis zu sechs Monaten gewähren. [2]§ 12 Absatz 1 Sätze 2 und 3 gilt entsprechend.

(5) § 26 Absatz 1 gilt mit der Maßgabe, dass die Gesamtdauer des Besuchs mindestens fünf Stunden im Monat beträgt.

§ 97 Unterstützung nach der Entlassung. (1) Die Anstalt kann früheren Gefangenen auf Antrag Hilfestellung gewähren, soweit diese nicht anderweitig, insbesondere nicht durch die betreuende Fallmanagerin oder den betreuenden Fallmanager oder die Bewährungshilfe sichergestellt werden kann und der Erfolg der Behandlung gefährdet erscheint.

(2) [1]Frühere Gefangene können auf ihren Antrag vorübergehend in einer Anstalt des Justizvollzuges verbleiben oder wiederaufgenommen werden, wenn die Eingliederung gefährdet ist. [2]Der Verbleib und die Aufnahme sind jederzeit widerruflich.

(3) Gegen verbliebene oder aufgenommene Personen dürfen Maßnahmen des Vollzuges nicht mit unmittelbarem Zwang durchgesetzt werden.

(4) Auf ihren Antrag sind die verbliebenen oder aufgenommenen Personen unverzüglich zu entlassen.

Teil 4. Vollzugsbehörden

Abschnitt 1. Arten und Einrichtungen der Justizvollzugsanstalten

§ 98 Justizvollzugsanstalten, Trennungsgrundsätze. (1) Der Vollzug von Freiheitsstrafen erfolgt in Justizvollzugsanstalten (Anstalten) der Freien und Hansestadt Hamburg.

(2) Freiheitsstrafe und Jugendstrafe werden in getrennten Anstalten vollzogen.

(3) Frauen und Männer werden in der Regel in getrennten Anstalten oder Abteilungen untergebracht.

(4) Von der getrennten Unterbringung nach Absatz 3 darf abgewichen werden, um die Teilnahme an Behandlungsmaßnahmen in einer anderen Anstalt oder in einer anderen Abteilung zu ermöglichen.

§ 99 Differenzierung. (1) [1]Es sind Haftplätze in verschiedenen Anstalten oder Abteilungen vorzusehen, die den Sicherheitserfordernissen Rechnung tragen und eine auf die Bedürfnisse des Einzelnen abgestellte Behandlung gewährleisten. [2]Die Gliederung der Anstalten soll die Unterbringung der Gefangenen in überschaubaren Betreuungs- und Behandlungsgruppen ermöglichen.

(2) Für den Vollzug nach § 10 (Sozialtherapie) sind eigenständige Anstalten oder getrennte Abteilungen (sozialtherapeutische Einrichtung) vorzusehen.

(3) Anstalten des geschlossenen Vollzugs sehen eine sichere Unterbringung der Gefangenen vor, Anstalten oder Abteilungen des offenen Vollzugs nur verminderte Vorkehrungen gegen Entweichungen.

§ 100 Mütter mit Kindern. In Anstalten oder Abteilungen für Frauen sollen Einrichtungen vorgesehen werden, in denen Mütter mit ihren Kindern untergebracht werden können.

§ 101 Größe und Gestaltung der Räume. [1] Räume für den Aufenthalt während der Ruhe- und Freizeit sowie Gemeinschafts- und Besuchsräume sind wohnlich oder sonst ihrem Zweck entsprechend auszugestalten. [2] Sie müssen hinreichend Luftinhalt haben und für eine gesunde Lebensführung ausreichend mit Heizung und Lüftung, Boden- und Fensterfläche ausgestattet sein.

§ 102 Festsetzung der Belegungsfähigkeit. [1] Die Aufsichtsbehörde setzt die Belegungsfähigkeit für jede Anstalt so fest, dass eine angemessene Unterbringung während der Ruhezeit (§ 20) gewährleistet ist. [2] Dabei ist zu berücksichtigen, dass eine ausreichende Anzahl von Plätzen für Arbeit, Ausbildung und Weiterbildung sowie von Räumen für Seelsorge, Freizeit, Sport, therapeutische Maßnahmen und Besuche zur Verfügung steht.

§ 103 Verbot der Überbelegung. (1) Hafträume dürfen nicht mit mehr Personen als zugelassen belegt werden.

(2) Ausnahmen hiervon sind nur vorübergehend und nur mit Zustimmung der Aufsichtsbehörde zulässig.

Abschnitt 2. Organisation der Justizvollzugsanstalten

§ 104 Anstaltsleitung. (1) [1] Die Aufsichtsbehörde bestellt für jede Anstalt eine Beamtin oder einen Beamten des höheren Dienstes zur hauptamtlichen Leiterin oder zum hauptamtlichen Leiter. [2] Aus besonderen Gründen kann eine Anstalt auch von einer Beamtin oder einem Beamten des gehobenen Dienstes geleitet werden.

(2) Die Anstaltsleiterin oder der Anstaltsleiter trägt die Verantwortung für den gesamten Vollzug, soweit nicht bestimmte Aufgabenbereiche der Verantwortung anderer Bediensteter oder ihrer gemeinsamen Verantwortung übertragen sind, und vertritt die Anstalt nach außen.

(3) Die Befugnis, Durchsuchungen nach § 70 Absatz 2, besondere Sicherungsmaßnahmen nach § 74 und Disziplinarmaßnahmen nach § 86 anzuordnen, darf nur mit Zustimmung der Aufsichtsbehörde übertragen werden.

(4) Die Aufsichtsbehörde bestimmt die stellvertretende Anstaltsleiterin oder den stellvertretenden Anstaltsleiter.

§ 105 Bedienstete des Vollzuges. (1) [1] Die Aufgaben der Anstalten werden von Vollzugsbeamten wahrgenommen. [2] Aus besonderen Gründen können sie auch anderen Bediensteten der Anstalten sowie nebenamtlichen oder vertraglich verpflichteten Personen übertragen werden.

(2) [1] Für jede Anstalt ist entsprechend ihrer Aufgabe die erforderliche Anzahl von Bediensteten der verschiedenen Berufsgruppen vorzusehen. [2] Sie wirken in enger Zusammenarbeit an den Aufgaben des Vollzuges (§ 2) mit.

§ 106 Seelsorgerinnen, Seelsorger. (1) Seelsorgerinnen und Seelsorger werden im Einvernehmen mit der jeweiligen Religionsgemeinschaft im Hauptamt bestellt oder vertraglich verpflichtet.

(2) Wenn die geringe Anzahl der Angehörigen einer Religionsgemeinschaft eine Seelsorge nach Absatz 1 nicht rechtfertigt, ist die seelsorgerische Betreuung auf andere Weise zuzulassen.

(3) Mit Zustimmung der Anstaltsleitung dürfen die Anstaltsseelsorgerinnen und Anstaltsseelsorger freie Seelsorgehelferinnen und Seelsorgehelfer hinzuziehen und an Gottesdiensten sowie anderen religiösen Veranstaltungen Seelsorgerinnen und Seelsorger von außen beteiligen.

§ 107 Zusammenarbeit. (1) Die Anstalten arbeiten mit der betreuenden Fallmanagerin oder dem betreuenden Fallmanager, den Behörden und Stellen der Entlassenen- und Straffälligenhilfe, der Bewährungs- und Jugendbewährungshilfe, den Aufsichtsstellen für die Führungsaufsicht, der Agentur für Arbeit Hamburg, dem Jobcenter team.arbeit.hamburg, den weiteren Trägern der Sozialversicherung und der Sozialhilfe, den Hilfeeinrichtungen anderer Behörden, den Verbänden der freien Wohlfahrtspflege sowie mit Vereinen und Personen, deren Einfluss die Eingliederung des Gefangenen fördern kann, insbesondere auch ehrenamtlich engagierten Personen, eng zusammen.

(2) Die Anstalten stellen durch geeignete organisatorische Maßnahmen sicher, dass die Bundesagentur für Arbeit die ihr obliegenden Aufgaben der Berufsberatung, Ausbildungsvermittlung und Arbeitsvermittlung durchführen kann.

§ 108 Konferenzen. [1] Zur Vorbereitung wichtiger Entscheidungen im Vollzug führt die Anstaltsleitung Konferenzen mit den hieran maßgeblich Beteiligten durch. [2] § 8 Absatz 6 bleibt unberührt.

§ 109 Gefangenenmitverantwortung. Den Gefangenen wird ermöglicht, an der Verantwortung für Angelegenheiten von gemeinsamem Interesse teilzunehmen, die sich ihrer Eigenart und der Aufgabe der Anstalt nach für ihre Mitwirkung eignen.

§ 110 Hausordnung. (1) [1] Die Anstaltsleitung erlässt eine Hausordnung. [2] Sie bedarf der Zustimmung der Aufsichtsbehörde.

(2) In die Hausordnung sind namentlich die Anordnungen aufzunehmen über

1. die Besuchszeiten, Häufigkeit und Dauer der Besuche,
2. die Arbeitszeit, Freizeit und Ruhezeit sowie
3. die Gelegenheit, Anträge und Beschwerden anzubringen, oder sich an eine Vertreterin oder einen Vertreter der Aufsichtsbehörde zu wenden.

(3) Die Gefangenen erhalten einen Abdruck der Hausordnung.

Abschnitt 3. Aufsicht über die Justizvollzugsanstalten

§ 111 Aufsichtsbehörde. Die für Justiz zuständige Behörde (Aufsichtsbehörde) führt die Dienst- und Fachaufsicht über die Anstalten.

§ 112 Vollstreckungsplan. Die Aufsichtsbehörde regelt die örtliche und sachliche Zuständigkeit der Anstalten in einem Vollstreckungsplan.

§ 113 Evaluation, kriminologische Forschung. (1) Behandlungsprogramme für die Gefangenen sind auf der Grundlage wissenschaftlicher Erkenntnisse zu konzipieren, zu standardisieren und auf ihre Wirksamkeit hin zu überprüfen.

(2) [1]Der Vollzug, insbesondere seine Aufgabenerfüllung und Gestaltung, die Umsetzung seiner Leitlinien sowie die Behandlungsprogramme und deren Wirkungen auf das Vollzugsziel, soll regelmäßig durch den kriminologischen Dienst, durch eine Hochschule oder durch eine andere Stelle wissenschaftlich begleitet und erforscht werden. [2]§ 476 der Strafprozessordnung gilt entsprechend mit der Maßgabe, dass auch elektronisch gespeicherte personenbezogene Daten übermittelt werden können.

Abschnitt 4. Anstaltsbeiräte

§ 114 Bildung der Anstaltsbeiräte. (1) Bei den Anstalten sind Beiräte zu bilden.

(2) [1]Die Mitglieder des Beirates werden für jeden Beirat von der Bürgerschaft auf Vorschlag der Aufsichtsbehörde für die Dauer der Wahlperiode der Bürgerschaft gewählt. [2]Einem Beirat gehören mindestens drei Mitglieder an. [3]Sie führen ihr Amt bis zur Wahl ihrer Nachfolgerin oder ihres Nachfolgers fort. [4]Mitglieder eines Beirates können durch die Bürgerschaft aus ihrem Amt entlassen werden. [5]Bedienstete dürfen nicht Mitglieder der Beiräte sein.

(3) Das Nähere regelt die Aufsichtsbehörde.

§ 115 Aufgabe. [1]Die Mitglieder des Beirats wirken bei der Gestaltung des Vollzugs und bei der Betreuung der Gefangenen mit. [2]Sie unterstützen die Anstaltsleitung durch Anregungen und Verbesserungsvorschläge und helfen bei der Eingliederung der Gefangenen nach der Entlassung.

§ 116 Befugnisse. (1) [1]Die Mitglieder des Beirats können insbesondere Wünsche, Anregungen und Beanstandungen entgegennehmen. [2]Sie können sich über die Unterbringung, Beschäftigung, berufliche Bildung, Verpflegung, ärztliche Versorgung und Behandlung unterrichten sowie die Anstalt und ihre Einrichtungen besichtigen.

(2) Die Mitglieder des Beirats können die Gefangenen in ihren Räumen ohne Überwachung aufsuchen.

§ 117 Verschwiegenheitspflicht. [1]Die Mitglieder des Beirats sind verpflichtet, außerhalb ihres Amtes über alle Angelegenheiten, die ihrer Natur nach vertraulich sind, besonders über Namen und Persönlichkeit der Gefangenen, Verschwiegenheit zu bewahren. [2]Dies gilt auch nach Beendigung ihres Amtes.

Abschnitt 5. *(aufgehoben)*

§§ 118–128 *(aufgehoben)*

Teil 5. Schlussvorschriften

§ 129 Einschränkung von Grundrechten. Durch dieses Gesetz werden die Grundrechte aus Artikel 2 Absatz 2 Sätze 1 und 2 (körperliche Unversehrtheit und Freiheit der Person) und Artikel 10 Absatz 1 (Brief-, Post- und Fernmeldegeheimnis) des Grundgesetzes eingeschränkt.

§ 130 Ersetzung und Fortgeltung von Bundesrecht. Dieses Gesetz ersetzt gemäß Artikel 125a Absatz 1 des Grundgesetzes in seinem Geltungsbereich das Strafvollzugsgesetz[1] vom 16. März 1976 (BGBl. 1976 I S. 581, 2088, 1977 I S. 436), zuletzt geändert am 5. Dezember 2012 (BGBl. I S. 2425, 2428), mit Ausnahme der Vorschriften über

1. den Pfändungsschutz (§ 50 Absatz 2 Satz 5, § 51 Absätze 4 und 5, § 75 Absatz 3),
2. das gerichtliche Verfahren (§§ 109 bis 121),
3. die Unterbringung in einem psychiatrischen Krankenhaus und einer Entziehungsanstalt (§§ 136 bis 138),
4. den Vollzug des Strafarrestes in Justizvollzugsanstalten (§§ 167 bis 170),
5. den Vollzug von Ordnungs-, Sicherungs-, Zwangs- und Erzwingungshaft (§§ 171 bis 175) und
6. den unmittelbaren Zwang in Justizvollzugsanstalten für andere Arten des Freiheitsentzugs (§ 178).

[1] Nr. **1**.

1.7. Hessisches Strafvollzugsgesetz (HStVollzG)[1)]

Vom 28. Juni 2010
(GVBl. I S. 185)

FFN 24-42

zuletzt geänd. durch Art. 2 Zweites G zur Änd. hessischer VollzugsG v. 12.11.2020 (GVBl. S. 778)

Inhaltsübersicht

[1)] Verkündet als Art. 1 des G zur Schaffung und Änd. hess. VollzugsG v. 28.6.2010 (GVBl. I S. 185); Inkrafttreten gem. Art. 6 dieses G am 1.11.2010.

Erster Abschnitt. Anwendungsbereich

§ 1 Anwendungsbereich. Dieses Gesetz regelt den Vollzug der Freiheitsstrafe in Justizvollzugsanstalten.

Zweiter Abschnitt. Vollzug der Freiheitsstrafe

Erster Titel. Grundsätze des Vollzugs der Freiheitsstrafe

§ 2 Ziel und Aufgaben des Vollzugs. (1) Im Vollzug der Freiheitsstrafe sollen die Gefangenen fähig werden, künftig in sozialer Verantwortung ein Leben ohne Straftaten zu führen (Vollzugsziel Resozialisierung).

(2) [1] Aufgabe des Vollzugs ist es, den Gefangenen die zur Erreichung des Vollzugszieles erforderlichen Befähigungen zu vermitteln (Eingliederungsauftrag). [2] Während des Vollzugs sind die Gefangenen sicher unterzubringen und zu beaufsichtigen (Sicherungsauftrag). [3] Beides dient dem Schutz der Allgemeinheit vor weiteren Straftaten.

§ 3 Gestaltung des Vollzugs. (1) [1] Das Leben im Strafvollzug ist den allgemeinen Lebensverhältnissen so weit wie möglich anzugleichen.. [2] Dabei sind die Belange der Sicherheit und Ordnung der Anstalt zu beachten.

(2) Schädlichen Folgen des Freiheitsentzugs ist entgegenzuwirken.

(3) Der Vollzug wird von Beginn an darauf ausgerichtet, den Gefangenen bei der Eingliederung in ein Leben in Freiheit ohne Straftaten zu helfen.

(4) Bei der Gestaltung des Vollzugs sind die unterschiedlichen Betreuungs- und Behandlungserfordernisse der Gefangenen, insbesondere im Hinblick auf Alter, Behinderungen einschließlich seelischer und psychischer Beeinträchtigungen, Geschlecht und Herkunft, zu berücksichtigen.

§ 4 Mitwirkung der Gefangenen. [1] Die Gefangenen sollen an Maßnahmen zu ihrer Eingliederung mitwirken. [2] Insbesondere sollen Gefangene, die über keine oder nur geringe Kenntnisse der deutschen Sprache verfügen, zur Sicherstellung der Durchführung notwendiger vollzuglicher Maßnahmen an angebotenen Deutschkursen teilnehmen. [3] Die Bereitschaft der Gefangenen zur Mitwirkung ist zu wecken und zu fördern.

§ 5 Grundsätze vollzuglicher Maßnahmen. (1) [1] Vollzugliche Maßnahmen dienen der Aufarbeitung von Defiziten, die ursächlich für die Straffälligkeit sind, und der Entwicklung von Fähigkeiten und Fertigkeiten, die geeignet sind, auf eine künftige Lebensführung ohne Straftaten hinzuwirken.

[2]Hierzu gehört auch die gezielte Vermittlung eines an den verfassungsrechtlichen Grundsätzen ausgerichteten Werteverständnisses. [3]Die Bereitschaft zu einer eigenverantwortlichen und gemeinschaftsfähigen Lebensführung in Achtung der Rechte anderer ist zu fördern. [4]Die Einsicht der Gefangenen in das Unrecht der Tat und in die beim Opfer verursachten Tatfolgen soll vermittelt und durch geeignete Maßnahmen zum Ausgleich der Tatfolgen vertieft werden.

(2) Den Gefangenen sollen gezielt Maßnahmen angeboten werden, die ihnen die Möglichkeit eröffnen, sich nach Verbüßung der Strafe in die Gesellschaft einzugliedern, soweit sie solcher Maßnahmen bedürfen und solche für sich nutzen können.

(3) [1]Kann der Zweck einer vollzuglichen Maßnahme dauerhaft nicht erreicht werden, so soll sie beendet werden. [2]Im Übrigen gelten für den Widerruf und die Rücknahme von Maßnahmen nach diesem Gesetz die Vorschriften der §§ 48 bis 49a des Hessischen Verwaltungsverfahrensgesetzes entsprechend, soweit dieses Gesetz keine abweichende Regelung enthält.

§ 6 Stellung der Gefangenen. (1) [1]Die Gefangenen unterliegen den in diesem Gesetz vorgesehenen Freiheitsbeschränkungen. [2]Soweit das Gesetz eine besondere Regelung nicht enthält, dürfen nur Beschränkungen auferlegt werden, die zur Aufrechterhaltung der Sicherheit oder zur Abwendung einer schwerwiegenden Störung der Ordnung der Anstalt unerlässlich sind.

(2) Vollzugliche Maßnahmen sollen den Gefangenen erläutert werden.

§ 7 Einbeziehung Dritter. Die Anstalten arbeiten mit öffentlichen Stellen sowie privaten Organisationen und Personen, die der Eingliederung der Gefangenen förderlich sein können, zusammen.

Zweiter Titel. Planung des Vollzugs

§ 8 Aufnahme. (1) [1]Mit den Gefangenen wird unverzüglich ein Aufnahmegespräch geführt, bei dem andere Gefangene nicht zugegen sein dürfen. [2]Dabei wird die aktuelle Lebenssituation erörtert und die Gefangenen werden über ihre Rechte und Pflichten informiert. [3]Ihnen ist die Hausordnung sowie ein Exemplar dieses Gesetzes zugänglich zu machen. [4]Die Gefangenen sind verpflichtet, die für die Aufnahme und die Planung des Vollzugs erforderlichen Angaben über ihre persönlichen Verhältnisse zu machen.

(2) Die Gefangenen werden alsbald ärztlich untersucht.

(3) Die Gefangenen sind dabei zu unterstützen, gegebenenfalls notwendige Maßnahmen für hilfsbedürftige Angehörige zu veranlassen sowie ihre Habe außerhalb der Anstalt sicherzustellen.

(4) Bei Gefangenen mit Ersatzfreiheitsstrafen sind die Möglichkeiten der Tilgung uneinbringlicher Geldstrafen durch gemeinnützige Arbeit oder Ratenzahlung zu erörtern und zu fördern.

§ 9 Feststellung des Maßnahmenbedarfs. (1) Nach der Aufnahme werden den Gefangenen die Aufgaben des Vollzugs sowie die vorhandenen Beschäftigungs-, Bildungs-, Ausbildungs- und Freizeitmaßnahmen erläutert.

(2) [1]Der Maßnahmenbedarf wird in Diagnoseverfahren ermittelt. [2]Die Untersuchungen erstrecken sich auf die Persönlichkeit, die Lebensverhältnisse, die Entwicklung der Straffälligkeit und die Umstände der Straftat sowie alle sons-

tigen Umstände, deren Kenntnis für eine zielführende Vollzugsgestaltung und für die Eingliederung nach der Entlassung notwendig erscheint. [3]Erkenntnisse der Bewährungshilfe und der Gerichtshilfe sind einzubeziehen.

(3) Die Untersuchungen können bei einer Vollzugsdauer von bis zu einem Jahr im Vollzug der Freiheitsstrafe auf die Umstände beschränkt werden, deren Kenntnis für angemessene Maßnahmen in der verbleibenden Haftzeit und für die Entlassungsvorbereitung unerlässlich ist.

§ 10 Vollzugsplan. (1) Aufgrund der Untersuchungen und des festgestellten Maßnahmenbedarfs wird alsbald ein Vollzugsplan erstellt.

(2) [1]Der Vollzugsplan wird in einer Konferenz (§ 75 Abs. 3) beraten und mit den Gefangenen erörtert. [2]Deren Anregungen und Vorschläge werden angemessen einbezogen.

(3) Der Vollzugsplan ist mit der Entwicklung der Gefangenen und weiteren Erkenntnissen zu ihrer Persönlichkeit in Einklang zu halten und in angemessenen Abständen, zumindest im Abstand von zwölf Monaten, mit den Gefangenen zu erörtern und fortzuschreiben.

(4) [1]Der Vollzugsplan enthält – je nach Stand des Vollzugs – insbesondere folgende Angaben:

1. Ausführungen zu den dem Vollzugsplan zugrunde liegenden Annahmen zur Entwicklung des straffälligen Verhaltens sowie des sich daraus ergebenden Maßnahmenbedarfs,
2. Art der Unterbringung im Vollzug, insbesondere die Verlegung in eine sozialtherapeutische Anstalt nach § 12,
3. Art und Umfang der Zuweisung von Arbeit, der Teilnahme an schulischen, berufsorientierenden, berufsqualifizierenden oder arbeitstherapeutischen Maßnahmen,
4. Art und Umfang der Teilnahme an therapeutischer Behandlung oder anderen Hilfsmaßnahmen,
5. Maßnahmen der Gesundheitsfürsorge,
6. Teilnahme an Freizeitmaßnahmen unter besonderer Berücksichtigung des Sports,
7. vollzugsöffnende Maßnahmen,
8. Maßnahmen zur Pflege der familiären Beziehungen und zur Gestaltung der Außenkontakte,
9. Maßnahmen zum Ausgleich von Tatfolgen,
10. Maßnahmen zur Schuldenregulierung,
11. Maßnahmen zur Vorbereitung der Entlassung.

[2]In den Fällen des § 9 Abs. 3 kann sich der Vollzugsplan auf Angaben zu den dort genannten Umständen beschränken. [3]Für Gefangene, die ausschließlich Ersatzfreiheitsstrafe von insgesamt bis zu 180 Tagessätzen verbüßen, kann von der Erstellung eines Vollzugsplans abgesehen werden.

(5) Den Gefangenen werden der Vollzugsplan und seine Fortschreibungen ausgehändigt.

§ 11 Verlegung, Überstellung und Ausantwortung. (1) Die Gefangenen können abweichend vom Vollstreckungsplan (§ 71 Abs. 1) in eine andere Justizvollzugsanstalt verlegt oder überstellt werden, wenn dies

1. zur Erfüllung des Eingliederungsauftrags,
2. aus Gründen der Sicherheit und Ordnung der Anstalt,
3. aus Gründen der Vollzugsorganisation oder
4. aus anderen wichtigen Gründen

erforderlich ist.

(2) Gefangene dürfen befristet dem Gewahrsam einer Strafverfolgungsbehörde überlassen werden, wenn dies zur Erfüllung der Aufgaben dieser Behörde erforderlich ist (Ausantwortung).

§ 12 Sozialtherapie. (1) [1] Gefangene sind in eine sozialtherapeutische Anstalt zu verlegen, wenn sie wegen einer Straftat nach den §§ 174 bis 180, 182 bis 184e, 184i oder 184j des Strafgesetzbuchs verurteilt worden sind und die Behandlung in einer sozialtherapeutischen Anstalt angezeigt ist. [2] Andere Gefangene sollen in eine sozialtherapeutische Anstalt verlegt werden, soweit deren besondere therapeutische Mittel und soziale Hilfen zur Eingliederung angezeigt sind.

(2) [1] Für eine Verlegung nach Abs. 1 kommen insbesondere Gefangene in Betracht, die zu einer Freiheitsstrafe von mehr als zwei Jahren auch als Gesamtstrafe verurteilt sind und bei denen eine erhebliche Störung der sozialen und persönlichen Entwicklung vorliegt. [2] Die Verlegung soll nach Möglichkeit zu einem Zeitpunkt erfolgen, der den Abschluss der Behandlung zum voraussichtlichen Entlassungszeitpunkt erwarten lässt.

(3) [1] Die Gefangenen sind zurückzuverlegen, wenn der Zweck der Behandlung aus Gründen, die in der Person der Gefangenen liegen, nicht erreicht werden kann. [2] § 11 bleibt unberührt.

(4) Ist eine Unterbringung in einer sozialtherapeutischen Anstalt aus Gründen, die nicht in der Person der Gefangenen liegen, nicht oder noch nicht möglich, sind anderweitige therapeutische Behandlungsmaßnahmen zu treffen.

(5) [1] Frühere Gefangene können auf ihren Antrag vorübergehend in der sozialtherapeutischen Anstalt verbleiben oder wieder aufgenommen werden, wenn ihre Eingliederung gefährdet und ein Aufenthalt aus diesem Grund gerechtfertigt ist. [2] § 29 Abs. 2 und 3 gilt entsprechend.

(6) Auf Antrag soll die sozialtherapeutische Anstalt den Gefangenen auch eine nachgehende Betreuung gewähren, wenn dies ihrer besseren Eingliederung dient und die Betreuung nicht anderweitig durchgeführt werden kann.

§ 13 Geschlossener Vollzug und vollzugsöffnende Maßnahmen.

(1) [1] Die Gefangenen werden grundsätzlich im geschlossenen Vollzug untergebracht. [2] Sie können nach Maßgabe des § 71 Abs. 2 Nr. 2 im offenen Vollzug aufgenommen werden.

(2) [1] Vollzugsöffnende Maßnahmen können zur Erfüllung des Eingliederungsauftrags gewährt werden, wenn die Gefangenen für die jeweilige Maßnahme geeignet sind, insbesondere nicht zu befürchten ist, dass sie sich dem Vollzug der Freiheitsstrafe entziehen oder die Maßnahmen zur Begehung von Straftaten oder auf andere Weise missbrauchen. [2] Bei der Prüfung von vollzugsöffnenden Maßnahmen sind der Schutz der Allgemeinheit und die Belange des Opferschutzes in angemessener Weise zu berücksichtigen.

(3) [1] Als vollzugsöffnende Maßnahmen kommen insbesondere in Betracht:

1. Unterbringung im offenen Vollzug,
2. regelmäßige Beschäftigung außerhalb der Anstalt unter Aufsicht von Vollzugsbediensteten (Außenbeschäftigung) oder ohne Aufsicht (Freigang),
3. Verlassen der Anstalt für eine bestimmte Zeit ohne Aufsicht von Vollzugsbediensteten (Ausgang) oder in Begleitung einer von der Anstalt bestimmten Person (Ausgang in Begleitung),
4. Freistellung aus der Haft bis zu 21 Kalendertagen in einem Vollstreckungsjahr.

[2] Werden vollzugsöffnende Maßnahmen nach Satz 1 nicht gewährt, kann zur Erfüllung des Eingliederungsauftrags das Verlassen der Anstalt unter ständiger und unmittelbarer Aufsicht für eine bestimmte Tageszeit (Ausführung) gestattet werden. [3] Dies ist ausgeschlossen, wenn

1. konkrete Anhaltspunkte die Gefahr begründen, dass die Gefangenen sich trotz Sicherungsmaßnahmen dem Vollzug entziehen oder die Ausführung zu Straftaten missbrauchen werden oder
2. die zur Sicherung erforderlichen Maßnahmen den Zweck der Ausführung gefährden.

[4] Die Abs. 4 bis 6 und 8 finden auf Ausführungen nach diesem Gesetz keine Anwendung.

(4) Von vollzugsöffnenden Maßnahmen sind Gefangene ausgeschlossen, gegen die Untersuchungs-, Auslieferungs- oder Abschiebungshaft angeordnet ist.

(5) In den Fällen, in denen

1. der Vollstreckung eine Straftat im Zusammenhang mit grober Gewalttätigkeit gegen Personen oder gegen die sexuelle Selbstbestimmung nach §§ 174 bis 180, 182 bis 184e, 184i oder 184j des Strafgesetzbuchs zugrunde liegt oder einer früheren Vollstreckung innerhalb der letzten fünf Jahre zugrunde gelegen hat,
2. gegen Gefangene eine freiheitsentziehende Maßregel der Besserung und Sicherung angeordnet und noch nicht vollzogen oder eine solche Maßregel wegen Aussichtslosigkeit für erledigt erklärt worden ist,
3. Gefangene erheblich suchtgefährdet sind,
4. Gefangene innerhalb der letzten fünf Jahre
   a) aus dem Vollzug entwichen sind oder dies versucht haben,
   b) nicht aus vollzugsöffnenden Maßnahmen zurückgekehrt sind oder
   c) wegen einer während des Vollzugs begangenen Straftat verurteilt wurden,
5. gegen Gefangene ein Ausweisungs-, Auslieferungs-, Ermittlungs- oder Strafverfahren anhängig ist,
6. gegen Gefangene eine vollziehbare Ausweisungsverfügung besteht und sie aus der Haft abgeschoben werden sollen,
7. über Gefangene sicherheitsrelevante Erkenntnisse betreffend Bestrebungen oder Verhaltensweisen im Sinne von § 2 Abs. 2 des Hessischen Verfassungsschutzgesetzes vom 25. Juni 2018 (GVBl. S. 302) in seiner jeweils geltenden Fassung vorliegen,

können vollzugsöffnende Maßnahmen nur gewährt werden, wenn besondere Umstände die Annahme begründen, dass eine Flucht- und Missbrauchsgefahr im Sinne von Abs. 2 Satz 1 nicht gegeben ist.

(6) Vollzugsöffnende Maßnahmen sollen in der Regel nicht gewährt werden, wenn weniger als zehn Jahre einer lebenslangen Freiheitsstrafe verbüßt oder noch mehr als 24 Monate einer zeitigen Freiheitsstrafe bis zum voraussichtlichen Entlassungszeitpunkt oder bis zum Beginn des Vollzugs einer Maßregel der Besserung und Sicherung zu vollziehen sind.

(7) Durch vollzugsöffnende Maßnahmen wird die Vollstreckung der Freiheitsstrafe nicht unterbrochen.

(8) [1] Wenn die Anstalt erwägt, vollzugsöffnende Maßnahmen nach diesem Gesetz zu gewähren, ist in den Fällen des Abs. 5 Nr. 1 der Entscheidung in der Regel ein Sachverständigengutachten zugrunde zu legen. [2] In schwerwiegenden Fällen, insbesondere bei Freiheitsstrafen von über vier Jahren wegen der in Abs. 5 Nr. 1 genannten Straftaten oder in den Fällen des Abs. 5 Nr. 2, sollen der Entscheidung zwei Gutachten zugrunde gelegt werden. [3] In den Fällen des Satz 1 und 2 kann auf vorhandene aktuelle Gutachten, die zur Frage der Eignung für vollzugsöffnende Maßnahmen Stellung nehmen, zurückgegriffen werden. [4] Gutachten sind gegebenenfalls so rechtzeitig einzuholen, dass die Entscheidung über die vollzugsöffnende Maßnahme zum vorgesehenen Zeitpunkt getroffen werden kann.

§ 14 Weisungen, Rücknahme und Widerruf. (1) [1] Für vollzugsöffnende Maßnahmen können Gefangenen Weisungen erteilt werden. [2] Insbesondere können sie angewiesen werden,

1. Anordnungen zu befolgen, die sich auf Aufenthalt, Ausbildung, Arbeit oder Freizeit oder auf Ordnung ihrer wirtschaftlichen Verhältnisse beziehen,
2. sich zu festgesetzten Zeiten bei einer bestimmten Stelle oder Person zu melden,
3. Kontakte mit bestimmten Personen oder Gruppen zu meiden,
4. bestimmte Gegenstände nicht zu besitzen,
5. Alkohol oder andere berauschende Stoffe zu meiden,
6. in regelmäßigen Abständen Proben zur Überwachung einer Weisung nach Nr. 5 abzugeben.

(2) Vollzugsöffnende Maßnahmen können zurückgenommen werden, wenn die Voraussetzungen für ihre Bewilligung nicht vorgelegen haben.

(3) Vollzugsöffnende Maßnahmen können widerrufen werden, wenn

1. aufgrund nachträglich eingetretener Umstände die Maßnahmen hätten versagt werden können,
2. die Maßnahmen missbraucht werden oder
3. Weisungen nicht befolgt werden.

§ 15 Verlassen der Anstalt aus wichtigem Anlass. (1) [1] Aus wichtigem Anlass kann Ausgang oder zusätzlich zu der Freistellung nach § 13 Abs. 3 Nr. 4 bis zu sieben Tagen Freistellung aus der Haft gewährt werden. [2] Die Beschränkung auf sieben Tage gilt nicht bei einer lebensgefährlichen Erkrankung oder wegen des Todes von Angehörigen. [3] § 13 Abs. 2 und 7 sowie § 14 gelten entsprechend.

(2) [1] Kann Ausgang oder Freistellung aus der Haft aus den in § 13 Abs. 2 genannten Gründen nicht gewährt werden, können die Gefangenen mit ihrer Zustimmung ausgeführt werden, sofern nicht die in § 13 Abs. 3 Satz 3 genann-

ten Gründe entgegenstehen. [2]Die Kosten der Ausführung können den Gefangenen auferlegt werden, wenn dies die Eingliederung nicht behindert.

(3) [1]Ausführungen, insbesondere aus medizinischen Gründen oder zur Beschaffung von Ausweisdokumenten, sind auch ohne Zustimmung der Gefangenen zulässig, wenn dies aus besonderem Grund notwendig ist. [2]Auf Ersuchen eines Gerichts erfolgt eine Vorführung.

§ 16 Entlassungsvorbereitung. (1) [1]Die Anstalt arbeitet frühzeitig, spätestens sechs Monate vor dem voraussichtlichen Entlassungszeitpunkt, darauf hin, dass die Gefangenen über eine geeignete Unterbringung und eine Arbeits- oder Ausbildungsstelle verfügen sowie bei Bedarf in nachsorgende Maßnahmen vermittelt werden. [2]Hierbei arbeitet sie mit Dritten (§ 7), insbesondere der Bewährungshilfe, den Führungsaufsichtsstellen und der freien Straffälligenhilfe zum Zwecke der sozialen und beruflichen Eingliederung der Gefangenen zusammen. [3]Die Bewährungshilfe ist zu einer solchen Zusammenarbeit schon während des Vollzugs verpflichtet, um einen bestmöglichen Übergang der Betreuung zu gewährleisten.

(2) [1]Zur Vorbereitung der Entlassung sollen vollzugsöffnende Maßnahmen gewährt werden. [2]§ 13 Abs. 2 bis 4 und 7 sowie § 14 gelten entsprechend. [3]Darüber hinaus können Gefangene in einer Abteilung oder Anstalt des Entlassungsvollzugs untergebracht werden.

(3) [1]Gefangenen kann Freistellung aus der Haft zur Entlassungsvorbereitung von insgesamt bis zu drei Monaten, in den Fällen des § 12 Abs. 1 von bis zu sechs Monaten gewährt werden. [2]§ 13 Abs. 2, 4, 5 und 7 gilt entsprechend. [3]Freistellung aus der Haft nach § 13 Abs. 3 Nr. 4 wird hierauf angerechnet. [4]Gefangenen sind geeignete Weisungen nach § 14 Abs. 1 zu erteilen. [5]Die Gewährung kann davon abhängig gemacht werden, dass die Überwachung erteilter Weisungen mit Einwilligung der Gefangenen durch den Einsatz elektronischer Überwachungssysteme („elektronische Fußfessel") unterstützt wird. [6]Während der Entlassungsfreistellung werden die Gefangenen durch die Anstalt betreut.

§ 17 Entlassung und Hilfen. (1) [1]Gefangene sollen am letzten Tag ihrer Strafzeit möglichst frühzeitig, jedenfalls noch am Vormittag, entlassen werden. [2]Fällt das Strafende auf einen Sonnabend, Sonntag oder einen gesetzlichen Feiertag, den ersten Werktag nach Ostern oder Pfingsten oder in die Zeit vom 22. Dezember bis zum 2. Januar, so können Gefangene an dem diesem Tag oder Zeitraum vorhergehenden Werktag entlassen werden, wenn dies nach der Länge der Strafzeit vertretbar ist und andere Gründe nicht entgegenstehen. [3]Der Entlassungszeitpunkt kann unbeschadet von Satz 2 bis zu zwei Tage vorverlegt werden, wenn die Gefangenen zu ihrer Eingliederung oder aus anderen dringenden Gründen hierauf angewiesen sind.

(2) [1]Gefangenen kann auf ihren Antrag gestattet werden, bis zu zwei Tage über den Entlassungszeitpunkt hinaus in der Anstalt zu verbleiben, wenn dies unerlässlich ist, um eine geordnete Entlassung zu gewährleisten. [2]§ 29 Abs. 2 und 3 gilt entsprechend.

(3) Bedürftigen Gefangenen kann eine Entlassungsbeihilfe, insbesondere ein Reisekostenzuschuss oder angemessene Kleidung gewährt werden.

Dritter Titel. Unterbringung und Versorgung der Gefangenen

§ 18 Unterbringung. (1) [1]Während der Ruhezeit werden die Gefangenen einzeln im Haftraum untergebracht. [2]Soweit eine schädliche Beeinflussung der Gefangenen nicht zu befürchten ist, kann eine gemeinsame Unterbringung erfolgen, wenn

1. die Gefangenen der gemeinsamen Unterbringung zustimmen,
2. die Gefangenen im offenen Vollzug untergebracht sind,
3. sich die Gefangenen im Justizvollzugskrankenhaus oder auf einer Kranken- oder Pflegestation einer Anstalt befinden,
4. für Gefangene eine Gefahr für Leben oder eine Hilfsbedürftigkeit besteht und die anderen von einer gemeinsamen Unterbringung betroffenen Gefangenen dieser zustimmen oder
5. dies aus wichtigen Gründen, insbesondere zur Überwindung einer Notlage, zur Bewältigung von Belegungsspitzen oder zur Durchführung von Baumaßnahmen, auch in anderen Anstalten, erforderlich ist und für die betroffenen Gefangenen einen Zeitraum von sechs Monaten nicht überschreitet.

[3]Eine Belegung mit mehr als drei Gefangenen in einem Haftraum ist unzulässig.

(2) [1]Arbeit und Freizeit finden grundsätzlich in Gemeinschaft statt. [2]Dies kann eingeschränkt werden, wenn

1. ein schädlicher Einfluss auf andere Gefangene zu befürchten ist,
2. die Gefangenen nach § 9 Abs. 2 untersucht werden, höchstens für zwei Monate,
3. es die Sicherheit oder Ordnung der Anstalt erfordert oder
4. die Gefangenen einwilligen.

(3) Geeignete Gefangene können aus Gründen der Behandlung unter Beachtung insbesondere der vorhandenen baulichen Gegebenheiten der Anstalt in Wohngruppen untergebracht werden.

§ 19 Ausstattung des Haftraums. (1) [1]Gefangene dürfen ihren Haftraum in angemessenem Umfang mit eigenen Gegenständen ausstatten. [2]Die Übersichtlichkeit des Haftraums darf nicht behindert und Kontrollen nach § 46 Abs. 1 dürfen nicht unzumutbar erschwert werden.

(2) Gegenstände, deren Besitz, Überlassung oder Benutzung mit Strafe oder Geldbuße bedroht ist oder die geeignet sind, die Eingliederung oder die Sicherheit oder die Ordnung der Anstalt zu gefährden, sind ausgeschlossen.

§ 20 Persönlicher Besitz. (1) [1]Gefangene dürfen Gegenstände nur mit Erlaubnis der jeweiligen Anstalt in diese einbringen, einbringen lassen, annehmen, besitzen oder abgeben. [2]Die Erlaubnis ist, soweit dieses Gesetz nichts anderes bestimmt, bei Gegenständen im Sinne von § 19 Abs. 1 Satz 2 und Abs. 2 zu versagen, zurückzunehmen oder zu widerrufen. [3]Sie erlischt, wenn Gefangene an Gegenständen Veränderungen vornehmen, die geeignet sind, die Sicherheit oder die Ordnung der Anstalt zu gefährden. [4]Die Erlaubnis kann auf bestimmte Bereiche der Anstalt beschränkt werden. [5]Die Erteilung oder das Fortbestehen einer Erlaubnis kann insbesondere bei Elektrogeräten von auf Kosten der Gefangenen vorzunehmenden Sicherheitsmaßnahmen abhängig gemacht werden. [6]Ohne Erlaubnis dürfen sie Gegenstände von geringem Wert von anderen Gefangenen annehmen; die Anstalt kann Annahme und Besitz auch dieser Gegenstände von ihrer Erlaubnis abhängig machen oder weitere Ausnahmen zulassen.

(2) [1] Eingebrachte Gegenstände, die Gefangene nicht in Besitz haben dürfen, sind für sie aufzubewahren, sofern dies nach Art und Umfang möglich ist. [2] Andernfalls ist den Gefangenen Gelegenheit zu geben, die Gegenstände außerhalb der Anstalt aufbewahren zu lassen. [3] Das Gleiche gilt für Gegenstände, die die Gefangenen während des Vollzugs und für ihre Entlassung nicht benötigen.

(3) [1] Werden Gegenstände, deren Aufbewahrung nach Art oder Umfang nicht zumutbar ist, von den Gefangenen trotz Aufforderung nicht aus der Anstalt verbracht, so darf die Anstalt diese Gegenstände auf Kosten der Gefangenen außerhalb der Anstalt verwahren, verwerten oder vernichten. [2] Für die Voraussetzungen und das Verfahren der Verwertung und Vernichtung gilt § 42 des Hessischen Gesetzes über die öffentliche Sicherheit und Ordnung, für die Inanspruchnahme der Kosten gilt § 52 Abs. 2 und 3 entsprechend.

§ 21 Kleidung. (1) Die Gefangenen tragen Anstaltskleidung.

(2) [1] Das Tragen eigener Kleidung kann durch die Anstaltsleitung ausnahmsweise gestattet werden. [2] Für deren Reinigung, Instandsetzung und regelmäßigen Wechsel haben die Gefangenen selbst zu sorgen. [3] § 19 Abs. 2 gilt entsprechend.

§ 22 Verpflegung und Einkauf. (1) [1] Die Gefangenen erhalten Verpflegung durch die Anstalt. [2] Zusammensetzung und Nährwert müssen den Anforderungen an eine gesunde Ernährung entsprechen und ärztlich überwacht werden. [3] Auf ärztliche Anordnung wird besondere Verpflegung gewährt. [4] Den Gefangenen ist zu ermöglichen, Speisevorschriften ihrer Religionsgemeinschaft zu befolgen.

(2) [1] Die Gefangenen können von ihrem Hausgeld (§ 40), Taschengeld (§ 41) oder insoweit zweckgebundenem Eigengeld (§ 44 Abs. 2) aus einem von der Anstalt vermittelten Angebot einkaufen. [2] Die Anstalt soll für ein Angebot sorgen, das auf Wünsche und Bedürfnisse der Gefangenen Rücksicht nimmt.

(3) Verfügen Gefangene ohne eigenes Verschulden nicht über Haus- oder Taschengeld, kann ihnen gestattet werden, in angemessenem Umfang vom Eigengeld (§ 44 Abs. 1) einzukaufen.

§ 23 Gesundheitsvorsorge. (1) [1] Die Bedeutung einer gesunden Lebensführung ist den Gefangenen in geeigneter Form zu vermitteln. [2] Die Gefangenen haben an Maßnahmen zum allgemeinen Gesundheitsschutz und zur Hygiene mitzuwirken; sofern dies zu den vorgenannten Zwecken unerlässlich ist, kann den Gefangenen auch ein Mundschutz angelegt werden.

(2) Die Anstalt kann Anordnungen zum Gesundheitsschutz und zur Hygiene treffen.

(3) Den Gefangenen wird ein Aufenthalt im Freien von mindestens einer Stunde täglich ermöglicht, wenn die Witterung dem nicht zwingend entgegensteht.

§ 24 Medizinische Versorgung. (1) [1] Gefangene haben einen Anspruch auf notwendige, ausreichende und zweckmäßige medizinische Versorgung unter

Beachtung des Grundsatzes der Wirtschaftlichkeit. [2]Der Anspruch umfasst auch Untersuchungen zur Früherkennung von Krankheiten und Vorsorgeleistungen. [3]Die Beurteilung der Notwendigkeit orientiert sich an der Versorgung der gesetzlich Versicherten.

(2) Der Anspruch umfasst weiter die Versorgung mit Hilfsmitteln nach § 33 des Fünften Buchs Sozialgesetzbuch, sofern dies nicht mit Rücksicht auf die Kürze des Freiheitsentzugs unangemessen ist.

(3) [1]An den Kosten für Leistungen nach den Abs. 1 und 2 können Gefangene in angemessenem Umfang beteiligt werden, höchstens jedoch bis zum Umfang der Beteiligung vergleichbarer gesetzlich Versicherter. [2]Für die Beteiligung an den Kosten gilt § 52 Abs. 2 Satz 2 entsprechend.

(4) [1]Kranke oder hilfsbedürftige Gefangene können in eine zur Behandlung ihrer Krankheit oder ihrer Versorgung besser geeignete Justizvollzugsanstalt oder in ein Justizvollzugskrankenhaus überstellt oder verlegt werden. [2]Erforderlichenfalls können Gefangene auch in ein Krankenhaus außerhalb des Vollzugs gebracht werden.

(5) Während eines Ausgangs oder einer Freistellung nach § 13 Abs. 3 Nr. 4 oder § 16 Abs. 3 Satz 1 haben Gefangene nur einen Anspruch auf medizinische Versorgung in der für sie zuständigen Anstalt.

(6) Der Anspruch auf medizinische Versorgung ruht, solange Gefangene aufgrund eines freien Beschäftigungsverhältnisses krankenversichert sind.

(7) Wird die Strafvollstreckung während einer Behandlung von Gefangenen außerhalb einer Einrichtung des Justizvollzugs unterbrochen oder beendet, so hat die Anstalt nur die Kosten zu tragen, die bis zu diesem Zeitpunkt angefallen sind.

(8) [1]Bei schwerer Erkrankung oder Tod von Gefangenen werden die der Anstalt bekannten nächsten Angehörigen unverzüglich benachrichtigt, im Falle der schweren Erkrankung nur, wenn die Gefangenen hierin eingewilligt haben. [2]Dem Wunsch der Gefangenen, auch andere Personen zu benachrichtigen, soll nach Möglichkeit entsprochen werden. [3]Die Gefangenen sind bei Aufnahme über die Möglichkeit einer Einwilligung zu belehren.

§ 25 Zwangsmaßnahmen auf dem Gebiet der Gesundheitsfürsorge.

(1) Medizinische Untersuchung und Behandlung sowie Ernährung sind zwangsweise gegen den natürlichen Willen Gefangener nur zulässig bei

1. Lebensgefahr,
2. erheblicher Gefahr einer schwerwiegenden Schädigung der Gesundheit der Gefangenen oder
3. erheblicher Gefahr einer schwerwiegenden Schädigung der Gesundheit anderer Personen.

(2) Zwangsmaßnahmen nach Abs. 1 dürfen nur angeordnet werden, wenn

1. erfolglos versucht worden ist, die auf Vertrauen gegründete Zustimmung der Gefangenen zu der Untersuchung, Behandlung oder Ernährung zu erwirken,
2. deren Anordnung den Gefangenen angekündigt wurde und sie über Art, Umfang und Dauer der Maßnahmen durch eine Ärztin oder einen Arzt aufgeklärt wurden,

3. die Maßnahme zur Abwendung der Lebens- oder Gesundheitsgefahr geeignet, erforderlich, für die Betroffenen nicht mit unverhältnismäßigen Belastungen und Folgen verbunden ist und mildere Mittel keinen Erfolg versprechen und
4. der zu erwartende Nutzen der Maßnahmen den möglichen Schaden der Nichtbehandlung deutlich überwiegt.

(3) [1] Zur Durchführung von Zwangsmaßnahmen in den Fällen des Abs. 1 Nr. 1 und 2 ist die Anstalt nicht berechtigt, solange von einer freien Willensbestimmung der Gefangenen ausgegangen werden kann. [2] Liegen Anhaltspunkte vor, dass Gefangene zur Einsicht in die Notwendigkeit von medizinischen Behandlungsmaßnahmen oder zum Handeln gemäß solcher Einsicht krankheitsbedingt nicht fähig sind, hat die Anstalt bei dem zuständigen Gericht unverzüglich die Bestellung einer Betreuung von Amts wegen anzuregen. [3] Die Entscheidung des Gerichts ist abzuwarten.

(4) [1] Zwangsmaßnahmen nach Abs. 1 werden durch eine Ärztin oder einen Arzt angeordnet, geleitet und überwacht. [2] Die Anordnung bedarf der Zustimmung der Anstaltsleitung. [3] Die Gründe für die Anordnung der Maßnahmen nach Abs. 1, das Vorliegen der Voraussetzungen nach Abs. 2 sowie die ergriffenen Maßnahmen, einschließlich ihres Zwangscharakters, der Durchsetzungsweise, der Wirkungsüberwachung sowie der Untersuchungs- und Behandlungsverlauf sind zu dokumentieren.

(5) [1] Anordnungen nach Abs. 4 sind den Gefangenen unverzüglich bekannt zu geben. [2] Sie sind darüber zu belehren, dass sie gegen die Anordnung Antrag auf gerichtliche Entscheidung stellen und bei Gericht um einstweiligen Rechtsschutz ersuchen können. [3] Mit dem Vollzug einer Anordnung ist zuzuwarten, bis die Gefangenen Gelegenheit hatten, eine gerichtliche Entscheidung herbeizuführen.

(6) Von den Anforderungen nach Abs. 2 Nr. 1 und 2, Abs. 3 Satz 3 und Abs. 5 Satz 3 kann abgesehen werden, wenn Gefahr im Verzug besteht.

(7) Zur Gewährleistung des Gesundheitsschutzes und der Hygiene ist die zwangsweise körperliche Untersuchung der Gefangenen zulässig, wenn sie nicht mit einem körperlichen Eingriff verbunden ist.

§ 26 Soziale und psychologische Hilfe. (1) [1] Die Beratungs-, Betreuungs- und Behandlungsmaßnahmen der Anstalt sind darauf auszurichten, Persönlichkeitsdefizite der Gefangenen, die ursächlich für die Straffälligkeit sind, abzubauen sowie sie zu befähigen, ihre persönlichen, sozialen und wirtschaftlichen Schwierigkeiten eigenständig zu bewältigen und ihre Entlassung vorzubereiten; dabei ist der Pflege familiärer Beziehungen besonderes Gewicht beizumessen. [2] Dazu gehört auch, den durch die Straftat verursachten Schaden wieder gut zu machen, eine Schuldenregulierung herbeizuführen und Unterhaltsverpflichtungen nachzukommen. [3] Gefangene sind hinsichtlich der Mitgliedschaft in einer Sozialversicherung und deren Leistungen für die Zeit während der Haft und nach der Haft zu beraten.

(2) Soweit Gefangene psychologischer oder psychotherapeutischer Behandlung oder Betreuung bedürfen, werden nach diagnostischer Abklärung die erforderlichen und geeigneten Maßnahmen durchgeführt.

Vierter Titel. Arbeit, Ausbildung, Weiterbildung

§ 27 Arbeit, berufliche und schulische Aus- und Weiterbildung.

(1) [1]Arbeit, arbeitstherapeutische Beschäftigung und Maßnahmen der beruflichen und schulischen Aus- und Weiterbildung (Beschäftigung) sind aufgrund ihrer zentralen Bedeutung für die Erfüllung des Eingliederungsauftrags im Strafvollzug besonders zu fördern. [2]Beschäftigung dient insbesondere dem Ziel, die Fähigkeiten und Fertigkeiten für eine regelmäßige Erwerbstätigkeit zur Sicherung des Lebensunterhalts nach der Entlassung zu vermitteln, zu fördern oder zu erhalten.

(2) [1]Arbeitsfähige Gefangene sind bis zum Erreichen der gesetzlichen Altersgrenze zur Arbeit oder sonstiger Beschäftigung verpflichtet, soweit gesetzliche Vorschriften nicht entgegenstehen. [2]Die Vorschriften des Mutterschutzgesetzes vom 23. Mai 2017 (BGBl. I S. 1228), geändert durch Gesetz vom 12. Dezember 2019 (BGBl. I S. 2652), über die Gestaltung des Arbeitsplatzes und die Beschäftigungsverbote finden entsprechende Anwendung.

(3) [1]Die Anstalt soll Gefangenen der Eingliederung förderliche Arbeit oder arbeitstherapeutische oder sonstige Beschäftigung zuweisen und dabei ihre Fähigkeiten, Fertigkeiten und Neigungen berücksichtigen. [2]Geeigneten Gefangenen soll eine berufliche oder schulische Aus- oder Weiterbildung oder die Teilnahme an anderen ausbildenden oder weiterbildenden Maßnahmen ermöglicht werden. [3]Tätigkeiten nach Satz 1 und 2 sollen nicht durch Teilnahme an anderen vollzuglichen Maßnahmen unterbrochen werden.

(4) [1]Den Gefangenen kann ausnahmsweise gestattet werden, sich selbst zu beschäftigen, wenn dies dem Ziel dient, Fähigkeiten und Fertigkeiten für eine Erwerbstätigkeit nach der Entlassung zu vermitteln, zu fördern oder zu erhalten und nicht überwiegende Gründe des Vollzugs entgegenstehen. [2]Die Anstalt kann verlangen, dass ihr den Gefangenen zustehende Entgelte zur Gutschrift für diese überwiesen werden.

(5) [1]Bildungsmaßnahmen haben sich an der voraussichtlichen Dauer der Inhaftierung sowie den außerhalb der Anstalt geltenden Anforderungen auszurichten. [2]Die Gefangenen sollen nach der Entlassung auf den erworbenen Qualifikationen aufbauen können. [3]Mit den zuständigen Stellen ist rechtzeitig zusammenzuarbeiten.

(6) Zur Vorbereitung oder Durchführung von Maßnahmen nach Abs. 3 ist Gefangenen, die nicht über ausreichende Kenntnisse der deutschen Sprache verfügen, die Teilnahme an Deutschkursen zu ermöglichen.

(7) [1]Den Gefangenen soll nach Maßgabe des § 13 Abs. 2 und 4 bis 6 gestattet werden, einer schulischen oder beruflichen Aus- und Weiterbildung, Umschulung oder Arbeit außerhalb der Anstalt im Rahmen des Freigangs nach § 13 Abs. 3 Nr. 2 nachzugehen. [2]Abs. 4 Satz 2 gilt entsprechend.

(8) Die Zeugnisse oder Nachweise über eine Bildungsmaßnahme dürfen keinen Hinweis auf die Inhaftierung enthalten.

(9) [1]Haben die Gefangenen sechs Monate lang zusammenhängend eine Beschäftigung ausgeübt, werden sie hiervon auf Antrag zehn Arbeitstage freigestellt. [2]Dabei werden Zeiten, in denen die Gefangenen infolge Krankheit verhindert waren, bis zur Dauer von drei Wochen im halben Jahr als Beschäftigungszeiten angerechnet. [3]Sonstige Fehlzeiten hemmen den Ablauf des Zeitraums nach Satz 1. [4]Gefangene erhalten für die Zeit der Freistellung nach Satz 1

die zuletzt gezahlten Bezüge weiter. [5]Der Anspruch auf Freistellung verfällt, wenn die Freistellung nicht innerhalb eines halben Jahres nach seiner Entstehung in Anspruch genommen wurde. [6]Auf die Zeit der Freistellung nach Satz 1 wird Freistellung aus der Haft nach § 13 Abs. 3 Nr. 4 angerechnet, soweit sie in die Arbeitszeit fällt.

§ 28 Ablösung. (1) Gefangene können von der zugewiesenen Beschäftigung abgelöst werden, wenn

1. sie den Anforderungen nicht gewachsen sind,
2. sie die Aufnahme oder Ausübung der Beschäftigung verweigern,
3. dies zur Erfüllung des Eingliederungsauftrags erforderlich ist oder
4. dies aus Gründen der Sicherheit oder Ordnung der Anstalt erforderlich ist.

(2) Werden Gefangene nach Abs. 1 Nr. 2 oder aufgrund ihres Verhaltens nach Abs. 1 Nr. 4 abgelöst, gelten sie für drei Monate als verschuldet ohne Beschäftigung.

§ 29 Abschluss im Vollzug begonnener Bildungsmaßnahmen.

(1) [1]Die Anstalt kann Gefangenen auf Antrag gestatten, nach der Entlassung eine im Vollzug begonnene Bildungsmaßnahme fortzuführen und abzuschließen, soweit

1. dies anderweitig nicht möglich oder nicht zumutbar ist,
2. dies zur Eingliederung erforderlich ist,
3. der Abschluss der Maßnahme in einem engen zeitlichen Zusammenhang zum Entlassungszeitpunkt steht und
4. Gründe der Sicherheit oder Ordnung der Anstalt dem nicht entgegenstehen.

[2]Hierzu können sie ausnahmsweise freiwillig über den Entlassungszeitpunkt hinaus in einer Anstalt verbleiben oder wieder aufgenommen werden, sofern es die Belegungssituation zulässt.

(2) [1]Für diese Personen gelten die Vorschriften dieses Gesetzes entsprechend mit der Maßgabe, dass Maßnahmen des Vollzugs nicht mit unmittelbarem Zwang durchgesetzt werden können. [2]Das Hausrecht bleibt hiervon unberührt.

(3) Bei Gefährdung der Sicherheit oder Ordnung der Anstalt kann die Gestattung jederzeit widerrufen werden.

Fünfter Titel. Freizeit, Sport

§ 30 Gestaltung der freien Zeit. (1) Die Gefangenen erhalten Gelegenheit, sich in ihrer Freizeit eigenverantwortlich und sinnvoll zu beschäftigen.

(2) [1]Die Anstalt hat eine angemessen ausgestattete Bücherei vorzuhalten. [2]Die Gefangenen dürfen auf eigene Kosten Zeitungen und Zeitschriften in angemessenem Umfang durch Vermittlung der Anstalt beziehen. [3]§ 19 Abs. 1 Satz 2 gilt entsprechend. [4]Ausgeschlossen sind Zeitungen und Zeitschriften, deren Verbreitung mit Strafe oder Geldbuße bedroht ist. [5]Einzelne Ausgaben oder Teile von Zeitungen oder Zeitschriften können den Gefangenen vorenthalten werden, wenn sie die Eingliederung oder die Sicherheit oder Ordnung der Anstalt erheblich gefährden.

(3) Den Gefangenen ist Gelegenheit zu geben, am Fernseh- und Hörfunkempfang teilzunehmen.

(4) [1]Die Gefangenen dürfen eigene Hörfunk- und Fernsehgeräte sowie in angemessenem Umfang Bücher und andere Gegenstände zur Fortbildung oder zur Freizeitbeschäftigung besitzen. [2]Andere elektronische Geräte in den Hafträumen können zu den in Satz 1 genannten Zwecken im Einzelfall zugelassen werden. [3]Das Einbringen der in Satz 1 und 2 genannten Gegenstände wird durch die Anstalt geregelt. [4]§ 19 gilt entsprechend.

(5) Der Hörfunk- und Fernsehempfang kann vorübergehend ausgesetzt oder einzelnen Gefangenen untersagt werden, wenn dies zur Aufrechterhaltung der Sicherheit oder Ordnung der Anstalt unerlässlich ist.

§ 31 Sport. [1]Die Gefangenen erhalten Gelegenheit, in ihrer Freizeit Sport zu treiben. [2]Hierfür sind ausreichende Angebote vorzuhalten.

Sechster Titel. Religionsausübung und Seelsorge

§ 32 Religionsausübung und Seelsorge. (1) [1]Den Gefangenen ist eine seelsorgerische und religiöse Betreuung durch ihre Religionsgemeinschaft zu ermöglichen. [2]Auf ihren Wunsch ist ihnen zu helfen, mit der Seelsorge ihrer Religionsgemeinschaft in Verbindung zu treten.

(2) [1]Den Gefangenen sind Gegenstände des religiösen Gebrauchs in angemessenem Umfang zu belassen. [2]§ 19 Abs. 1 Satz 2 gilt entsprechend. [3]Grundlegende religiöse Schriften dürfen ihnen nur bei grobem Missbrauch entzogen werden.

(3) [1]Die Gefangenen haben das Recht, am Gottesdienst und an anderen religiösen Veranstaltungen ihres Bekenntnisses teilzunehmen. [2]Zu religiösen Veranstaltungen einer anderen Religionsgemeinschaft werden Gefangene zugelassen, wenn deren Seelsorgerin oder Seelsorger einwilligt. [3]Gefangene können von der Teilnahme ausgeschlossen werden, wenn dies aus überwiegenden Gründen der Sicherheit oder Ordnung der Anstalt geboten ist; die Seelsorgerin oder der Seelsorger soll vorher gehört werden.

(4) Für Angehörige weltanschaulicher Bekenntnisse gelten die Abs. 1 bis 3 entsprechend.

Siebter Titel. Außenkontakte der Gefangenen

§ 33 Grundsätze. (1) [1]Die Gefangenen haben im Rahmen der Vorschriften dieses Abschnitts das Recht, mit Personen außerhalb der Anstalt zu verkehren. [2]Kontakte der Gefangenen zu ihren Angehörigen im Sinne von § 11 Abs. 1 Nr. 1 des Strafgesetzbuchs werden besonders gefördert.

(2) Die Anstaltsleitung kann im Einzelfall den Kontakt untersagen

1. zu bestimmten Personen, wenn die Sicherheit oder Ordnung der Anstalt gefährdet würde,
2. wenn zu befürchten ist, dass der Kontakt geeignet ist, Bestrebungen im Sinne von § 2 Abs. 2 des Hessischen Verfassungsschutzgesetzes in seiner jeweils geltenden Fassung oder entsprechende Verhaltensweisen zu fördern,
3. zu Opfern der Straftat, wenn zu befürchten ist, dass der Kontakt schädliche Auswirkungen auf diese hat, oder wenn die Untersagung eines Kontakts sonst aus Gründen des Opferschutzes geboten erscheint oder

4. im Übrigen zu Personen, die nicht Angehörige der oder des Gefangenen im Sinne des § 11 Abs. 1 Nr. 1 des Strafgesetzbuchs sind, wenn zu befürchten ist, dass sie einen schädlichen Einfluss auf die Gefangene oder den Gefangenen haben oder deren Eingliederung behindern würden oder der Kontakt geeignet ist, auf eine extremistische Verhaltensweise hinzuwirken.

(3) [1] Besuche von und Schriftverkehr mit Verteidigerinnen und Verteidigern sind zu gewährleisten und alle Kontakte mit ihnen dürfen nicht überwacht werden. [2] § 148 Abs. 2 und § 148a der Strafprozessordnung gelten entsprechend. [3] Satz 1 gilt entsprechend für bevollmächtigte Rechtsanwältinnen und Rechtsanwälte sowie Notarinnen und Notare in die Gefangenen betreffenden Rechtssachen.

(4) Nicht überwacht werden auch Kontakte mit den in § 119 Abs. 4 Satz 2 der Strafprozessordnung genannten Personen und Stellen, soweit

1. bei mündlicher Kommunikation die Identität der Kontaktperson zweifelsfrei feststeht,
2. ausgehende Schreiben an den jeweiligen Dienstsitz gerichtet sind und den Absender zutreffend angeben oder
3. bei eingehenden Schreiben begründete Zweifel an der Identität des Absenders nicht vorliegen oder auf andere Weise als durch Überwachung ausgeräumt werden können.

(5) [1] Die Kosten für Telekommunikation sowie abgehende Schreiben und Pakete tragen die Gefangenen. [2] Sind sie hierzu nicht in der Lage, kann die Anstalt die Kosten in begründeten Fällen in angemessenem Umfang übernehmen.

§ 34 Besuch. (1) [1] Die Gefangenen dürfen regelmäßig Besuch empfangen. [2] Die Gesamtdauer beträgt mindestens zwei Stunden im Monat, auf die auch Zeiten der Videotelekommunikation angerechnet werden. [3] Besuche von Kindern der Gefangenen sind besonders zu fördern.

(2) Besuche sollen darüber hinaus ermöglicht werden, wenn sie der Eingliederung dienen oder zur Wahrnehmung persönlicher, familiärer, rechtlicher oder sonstiger wichtiger Angelegenheiten erforderlich sind.

(3) [1] Aus Gründen der Sicherheit kann ein Besuch, auch in den Fällen des § 33 Abs. 3 und 4, davon abhängig gemacht werden, dass sich die Besucherin oder der Besucher absuchen oder durchsuchen lässt. [2] § 46 Abs. 1 gilt entsprechend.

(4) [1] Abgesehen von den Fällen des § 33 Abs. 3 und 4 dürfen Besuche aus Gründen der Sicherheit oder Ordnung der Anstalt oder aus Gründen der Behandlung offen überwacht werden; die Überwachung erstreckt sich hierbei sowohl auf die Gefangenen als auch auf deren Besuch. [2] Die Unterhaltung darf nur überwacht werden, soweit dies im Einzelfall aus den in Satz 1 genannten Gründen erforderlich ist, und, soweit sie besondere Kategorien personenbezogener Daten nach § 41 Nr. 15 des Hessischen Datenschutz- und Informationsfreiheitsgesetzes zum Gegenstand hat, unbedingt erforderlich ist. [3] Ein Besuch darf abgebrochen werden, wenn Beteiligte gegen die Vorschriften dieses Gesetzes oder die aufgrund dieses Gesetzes getroffenen Anordnungen trotz Ermahnung verstoßen. [4] Dies gilt auch, wenn Verhaltensweisen von Besuchspersonen geeignet sind, einen schädlichen Einfluss auf die Gefangenen auszuüben. [5] Einer Ermahnung bedarf es nicht, wenn es unerlässlich ist, den Besuch sofort

abzubrechen. [6]Gegenstände dürfen beim Besuch nur mit Erlaubnis übergeben werden. [7]Dies gilt nicht für die bei dem Besuch von Verteidigerinnen und Verteidigern sowie von Personen nach § 33 Abs. 4 übergebenen Schriftstücke und sonstigen Unterlagen.

(5) [1]Die optische Überwachung eines Besuchs kann auch durch technische Hilfsmittel erfolgen, insbesondere durch optisch-elektronische Einrichtungen (Videoüberwachung). [2]Die Aufzeichnung und Speicherung von nach Satz 1 erhobenen Daten sind zulässig, wenn sie zum Erreichen des verfolgten Zwecks unbedingt erforderlich sind. [3]Die betroffenen Personen sind auf Maßnahmen nach Satz 1 und 2 vorher hinzuweisen. [4]Die Anstalt kann die Nutzung einer Trennvorrichtung anordnen, wenn dies zum Schutz von Personen oder zur Verhinderung einer Übergabe von Gegenständen erforderlich ist. [5]Eine Erforderlichkeit ist insbesondere in der Regel anzunehmen, wenn ein Fall des § 47 Abs. 3 vorliegt oder Gefangene aus anderen Gründen im Verdacht stehen, unerlaubt Suchtmittel zu besitzen oder solche konsumiert zu haben oder bei den Gefangenen Gegenstände gefunden wurden, die zu nicht gestatteten Außenkontakten genutzt werden können.

§ 35 Schriftwechsel. (1) [1]Die Gefangenen haben das Recht, Schreiben abzusenden und zu empfangen. [2]Sie haben Absendung und Empfang ihrer Schreiben durch die Anstalt vermitteln zu lassen, soweit nichts anderes gestattet ist.

(2) [1]Abgesehen von den Fällen des § 33 Abs. 3 und 4 darf der Schriftwechsel überwacht werden, soweit es zur Erfüllung von Ziel und Aufgaben des Vollzugs der Freiheitsstrafe nach § 2, insbesondere aus Gründen der Sicherheit oder Ordnung der Anstalt oder aus Gründen der Behandlung unbedingt erforderlich ist; Gefangene sind auf entsprechende Maßnahmen bei Aufnahme hinzuweisen. [2]Besteht der Verdacht, dass ein Schreiben, das nach § 33 Abs. 3 und 4 keiner Überwachung unterliegt, unzulässige Einlagen enthält, so wird dieses mit Einverständnis und im Beisein der Gefangenen einer Sichtkontrolle ohne Kenntnisnahme des gedanklichen Inhalts unterzogen, andernfalls an den Absender zurückgesandt oder den Gefangenen zurückgegeben.

(3) [1]Eingehende und ausgehende Schreiben sind umgehend, fristgebundene unverzüglich weiterzuleiten. [2]Davon abweichend soll die Anstaltsleitung Schreiben anhalten, wenn

1. einer der in § 33 Abs. 2 genannten Gründe vorliegt,
2. der Inhalt des Schreibens einen Straf- oder Bußgeldtatbestand erfüllt oder im Falle der Weiterleitung erfüllen würde,
3. sie grob unrichtige oder erheblich entstellende Darstellungen von Anstaltsverhältnissen enthalten,
4. sie in Geheimschrift, unlesbar, unverständlich oder ohne zwingenden Grund in einer fremden Sprache abgefasst sind.

[3]Ausgehenden Schreiben, die unrichtige Darstellungen enthalten, kann ein Begleitschreiben beigefügt werden, wenn die Gefangenen auf der Absendung bestehen. [4]Ist ein Schreiben angehalten worden, wird das den Gefangenen mitgeteilt. [5]Angehaltene Schreiben werden an die Absender zurückgegeben oder, sofern dies unmöglich oder aus besonderen Gründen untunlich ist, von der Anstalt verwahrt.

§ 36 Telekommunikation. (1) [1]Den Gefangenen kann gestattet werden, Telefongespräche zu führen. [2]Aus wichtigen Gründen können sie andere Telekommunikationsmittel durch Vermittlung und unter Aufsicht der Anstalt nutzen.

(2) [1]Für Telefongespräche und sonstige Kommunikation im Sinne des Abs. 1 gilt § 34 Abs. 4 entsprechend. [2]Findet danach eine Überwachung statt, so sind die Gefangenen und die anderen Gesprächsbeteiligten vor Beginn der Überwachung hierauf hinzuweisen. [3]Für schriftliche Kommunikation gelten die Vorschriften über den Schriftwechsel entsprechend.

(3) [1]Ist ein Telekommunikationssystem eingerichtet, kann außer in den Fällen des § 33 Abs. 3 und 4 die Teilnahme daran davon abhängig gemacht werden, dass die Gefangenen und die anderen Gesprächsbeteiligten in eine mögliche stichprobenartige Überwachung der Telekommunikation, auch zur Feststellung der Identität der Gesprächsbeteiligten, einwilligen. [2]Die Gesprächsbeteiligten sind auf die mögliche Überwachung unmittelbar nach Herstellung der Verbindung hinzuweisen.

(4) [1]Gefangenen ist der Besitz und Betrieb von Mobilfunkendgeräten und sonstigen Telekommunikationsanlagen auf dem Gelände der Anstalt untersagt. [2]Die Anstalt darf technische Geräte zur Feststellung, Störung oder Unterdrückung von Frequenzen betreiben, die der Herstellung unerlaubter Telekommunikation auf dem Anstaltsgelände, insbesondere des Mobilfunkverkehrs, dienen. [3]Frequenznutzungen außerhalb des Geländes der Anstalten dürfen nicht erheblich gestört werden.

§ 37 Pakete. (1) [1]Der Empfang von Paketen bedarf der Erlaubnis der Anstalt. [2]Sie kann Zeitpunkt und Höchstmenge für die Sendung und für einzelne Gegenstände festsetzen. [3]Der Empfang von Paketen mit Nahrungs- und Genussmitteln ist den Gefangenen nicht gestattet. [4]Für den Ausschluss von Gegenständen gilt § 19 Abs. 2 entsprechend. [5]Der Empfang von Paketen kann versagt werden, wenn dies wegen Gefährdung der Sicherheit oder Ordnung der Anstalt unerlässlich ist.

(2) [1]Pakete sind in Gegenwart der Gefangenen zu öffnen. [2]Ausgeschlossene Gegenstände können zu ihrer Habe genommen oder dem Absender zurückgesandt werden. [3]Sie dürfen vernichtet werden, wenn bei der Versendung oder Aufbewahrung Personen verletzt oder Sachschäden verursacht werden können oder wenn sie leicht verderblich sind. [4]Die hiernach getroffenen Maßnahmen werden den Gefangenen eröffnet.

(3) [1]Den Gefangenen kann gestattet werden, Pakete zu versenden. [2]Die Anstalt kann ihren Inhalt aus Gründen der Sicherheit oder Ordnung der Anstalt überprüfen.

Achter Titel. Anerkennung für Arbeit und Ausbildung, Gelder der Gefangenen

§ 38 Vergütung von Arbeit und Ausbildung. (1) [1]Wer eine Tätigkeit nach § 27 Abs. 3 Satz 1 ausübt, erhält Arbeitsentgelt. [2]Gefangene, die während der Arbeitszeit ganz oder teilweise an einer Maßnahme nach § 27 Abs. 3 Satz 2 teilnehmen, erhalten hierfür eine Ausbildungsbeihilfe, soweit kein Anspruch auf andere Leistungen besteht, die freien Personen aus solchem Anlass zustehen.

(2) [1]Der Bemessung der Vergütung nach Abs. 1 sind neun Prozent der Bezugsgröße nach § 18 des Vierten Buchs Sozialgesetzbuch zugrunde zu legen (Eckvergütung). [2]Ein Tagessatz ist der zweihundertfünfzigste Teil der Eckvergütung; die Vergütung kann nach einem Stunden- oder Minutensatz bemessen werden.

(3) [1]Die Vergütung kann je nach Art der Maßnahme und der Leistung der Gefangenen gestuft werden. [2]Die für Strafvollstreckungs- und Strafvollzugsrecht zuständige Ministerin oder der hierfür zuständige Minister wird ermächtigt, durch Rechtsverordnung[1)] entsprechende Vergütungsstufen festzusetzen, sowie die Vergütung im Zeit- oder Leistungslohn und die Gewährung von Zulagen zu regeln.

(4) Die Höhe der Ausbildungsbeihilfe oder des Arbeitsentgelts wird den Gefangenen schriftlich bekannt gegeben.

(5) Soweit Beiträge zur Arbeitslosenversicherung zu entrichten sind, soll vom Arbeitsentgelt oder der Ausbildungsbeihilfe ein Betrag einbehalten werden, der dem Anteil der Gefangenen am Beitrag entsprechen würde, wenn sie diese Bezüge als Arbeitnehmerin oder Arbeitnehmer erhielten.

§ 39 Zusätzliche Anerkennung von Arbeit und Ausbildung. (1) [1]Als zusätzliche Anerkennung neben der Vergütung nach § 38 können Gefangene auf Antrag eine

1. weitere Freistellung nach Abs. 2 Satz 1,
2. Freistellung aus der Haft nach Abs. 2 Satz 2 oder
3. Vorverlegung des Entlassungszeitpunkts nach Abs. 2 Satz 3

erhalten. [2]Stellen die Gefangenen keinen Antrag, findet Nr. 3 Anwendung. [3]Darüber hinaus können sie auf Antrag einen Erlass von Verfahrenskosten

1. nach Abs. 5 Nr. 1 und
2. durch Schadenswiedergutmachung nach Abs. 5 Nr. 2

erhalten.

(2) [1]Unabhängig von einer Freistellung nach § 27 Abs. 9 erhalten Gefangene für jeweils drei Monate zusammenhängender Ausübung einer Tätigkeit nach § 27 Abs. 3 eine Freistellung von zwei Werktagen. [2]Diese Freistellung kann in Form von Freistellung aus der Haft (§ 13 Abs. 3 Nr. 4) gewährt werden; § 13 Abs. 2 und 4 bis 7 sowie § 14 gelten entsprechend. [3]Nicht in Anspruch genommene Freistellungstage nach Abs. 1 werden auf den Entlassungszeitpunkt angerechnet.

(3) Eine Vorverlegung nach Abs. 1 Satz 1 Nr. 3 ist ausgeschlossen, wenn

1. sie im Falle einer Aussetzung der Vollstreckung des Restes einer Freiheitsstrafe zur Bewährung wegen der von der Entscheidung des Gerichts bis zur Entlassung verbleibenden Zeit nicht mehr möglich ist,
2. dies vom Gericht nach § 454 Abs. 1 Satz 5 der Strafprozessordnung angeordnet wird,
3. nach § 456a Abs. 1 der Strafprozessordnung von der Vollstreckung abgesehen wird,
4. die Gefangenen im Gnadenwege aus der Haft entlassen werden,

[1)] Siehe die Hess. StrafvollzugsvergütungsVO v. 23.11.2011 (GVBl. I S. 751), zuletzt geänd. durch VO v. 29.3.2021 (GVBl. S. 277).

5. eine lebenslange Freiheitsstrafe vollstreckt wird und ein Entlassungszeitpunkt noch nicht bestimmt ist.

(4) [1] In den Fällen des Abs. 3 erhalten die Gefangenen bei ihrer Entlassung zusätzlich eine Ausgleichsentschädigung in Höhe von 15 vom Hundert der Bezüge, die sie für die geleistete Tätigkeit, die Grundlage für die Gewährung der Freistellungstage gewesen ist, erhalten haben. [2] Liegt ein Fall des Abs. 3 Nr. 5 vor, wird die Ausgleichszahlung bereits nach Verbüßung von jeweils zehn Jahren der dort genannten Freiheitsentziehung zum Eigengeld gutgeschrieben, soweit die Entlassung nicht vor diesem Zeitpunkt erfolgt.

(5) Gefangene erwerben einen Anspruch auf Erlass der von ihnen zu tragenden Kosten des Strafverfahrens im Sinne von § 464a der Strafprozessordnung, soweit diese dem Land Hessen zustehen, wenn sie

1. jeweils sechs Monate zusammenhängend eine Tätigkeit nach § 27 Abs. 3 ausgeübt haben, in Höhe der von ihnen in diesem Zeitraum erzielten Vergütung, höchstens aber fünf vom Hundert der zu tragenden Kosten, oder
2. unter Vermittlung der Anstalt von ihrer Vergütung nach § 38 Schadenswiedergutmachung leisten, in Höhe der Hälfte der geleisteten Zahlungen.

(6) Für Abs. 2 Satz 1 und Abs. 5 Nr. 1 gilt § 27 Abs. 9 Satz 3 und 4 entsprechend.

§ 40 Hausgeld. (1) Die Gefangenen erhalten von der ihnen nach § 38 zustehenden Vergütung drei Siebtel monatlich als Hausgeld.

(2) Für Gefangene, die in einem freien Beschäftigungsverhältnis stehen oder denen gestattet ist, sich selbst zu beschäftigen, wird aus ihren Bezügen oder Einkünften ein angemessenes Hausgeld festgesetzt.

§ 41 Taschengeld. (1) Gehen Gefangene ohne ihr Verschulden keiner Tätigkeit nach § 27 Abs. 3 nach, wird ihnen auf Antrag ein Taschengeld gewährt, soweit sie bedürftig sind.

(2) Das Taschengeld beträgt bis zu 14 vom Hundert der Vergütung nach § 38 Abs. 2, soweit ihnen in dem Monat, für den das Taschengeld beantragt wurde, aus Hausgeld und Eigengeld nicht ein Betrag bis zu dieser Höhe zur Verfügung steht.

§ 42 Überbrückungsgeld. (1) Aus den in diesem Gesetz geregelten Bezügen und aus den Bezügen oder Einkünften der Gefangenen, die in einem freien Beschäftigungsverhältnis stehen oder denen gestattet ist, sich selbst zu beschäftigen, ist ein Überbrückungsgeld zu bilden, das den notwendigen Lebensunterhalt der Gefangenen und der Unterhaltsberechtigten für die ersten vier Wochen nach der Entlassung sichern soll.

(2) [1] Das Überbrückungsgeld wird den Gefangenen bei der Entlassung in die Freiheit ausgezahlt. [2] Liegen Anhaltspunkte dafür vor, dass Gefangene das Überbrückungsgeld nicht zweckentsprechend verwenden, kann die Anstalt es ganz oder teilweise der Bewährungshilfe zur Verwaltung für die Gefangenen in den ersten vier Wochen nach der Entlassung überlassen.

(3) [1] Die Anstaltsleitung kann gestatten, dass das Überbrückungsgeld schon vor der Entlassung für Ausgaben in Anspruch genommen wird, die der Eingliederung der Gefangenen dienen. [2] Eine Verwendung zur Tilgung von Ersatzfreiheitsstrafen ist zulässig.

§ 43 Haftkostenbeitrag. (1) Als Teil der Kosten der Vollstreckung der Rechtsfolgen einer Tat im Sinne des § 464a Abs. 1 Satz 2 der Strafprozessordnung erhebt die Anstalt von den Gefangenen einen Haftkostenbeitrag.

(2) [1] Ein Haftkostenbeitrag wird nicht erhoben, wenn Gefangene

1. eine Vergütung nach § 38 erhalten,
2. ohne Verschulden eine Tätigkeit nach § 27 Abs. 3 oder 4 nicht ausüben oder hierzu nicht verpflichtet sind.

[2] Satz 1 Nr. 2 gilt nicht, wenn Gefangene eine Rente oder sonstige regelmäßige Einkünfte beziehen. [3] Den Gefangenen ist jedoch arbeitstäglich ein Betrag in Höhe der Eckvergütung (§ 38 Abs. 2) zu belassen.

(3) Im Übrigen kann von der Erhebung eines Haftkostenbeitrags ganz oder teilweise aus besonderen Gründen abgesehen werden, insbesondere zur Förderung von Unterhaltszahlungen, Schadenswiedergutmachung, sonstiger Schuldenregulierung oder für besondere Aufwendungen zur Eingliederung.

(4) [1] Der Haftkostenbeitrag wird in Höhe des Betrages erhoben, der nach § 17 Abs. 1 Satz 1 Nr. 4 des Vierten Buchs Sozialgesetzbuch durchschnittlich zur Bewertung der Sachbezüge festgesetzt ist. [2] Die Aufsichtsbehörde stellt den Betrag jährlich fest.

(5) [1] Gefangene können an den über die Grundversorgung der Anstalt hinausgehenden Kosten des Justizvollzugs angemessen beteiligt werden. [2] Dies gilt insbesondere für die Betriebskosten der in ihrem Besitz befindlichen selbst genutzten Gegenstände und Geräte. [3] Sie haben ferner die Kosten zu tragen, die durch die Inanspruchnahme gewünschter Leistungen der Anstalt oder von ihr vermittelter Leistungen Dritter entstehen.

§ 44 Eigengeld. (1) [1] Vergütung nach § 38 oder Bezüge aus einem freien Beschäftigungsverhältnis, die nicht als Hausgeld, Haftkostenbeitrag oder Überbrückungsgeld in Anspruch genommen werden, sowie Gelder, die Gefangene in die Anstalt einbringen oder die für sie von Dritten eingebracht werden, sind als Eigengeld gutzuschreiben. [2] Die Gefangenen können über ihr Eigengeld verfügen, soweit dieses nicht als Überbrückungsgeld notwendig ist.

(2) Für die Gefangenen kann zweimal jährlich zu besonderen Anlässen mit Erlaubnis der Anstalt Geld zum Zweck eines Sondereinkaufs einbezahlt werden; darüber hinaus kann die Anstaltsleitung zweckgebundene Einzahlungen Dritter für Ausgaben gestatten, die dem Zugangseinkauf, der medizinischen Versorgung, der Gewährleistung der Informationsfreiheit oder der Eingliederung der Gefangenen dienen (zweckgebundenes Eigengeld).

Neunter Titel. Sicherheit und Ordnung

§ 45 Grundsätze, Verhaltensvorschriften. (1) [1] Sicherheit und Ordnung der Anstalt tragen maßgeblich zu einem an der Erfüllung des Eingliederungsauftrags ausgerichteten Anstaltsleben bei. [2] Das Verantwortungsbewusstsein der Gefangenen für ein geordnetes Zusammenleben in der Anstalt ist zu wecken und zu stärken.

(2) [1] Die Pflichten und Beschränkungen, die den Gefangenen zur Aufrechterhaltung der Sicherheit oder Ordnung der Anstalt auferlegt werden, sind so zu wählen, dass sie in einem angemessenen Verhältnis zu ihrem Zweck stehen und die Gefangenen nicht mehr und nicht länger als notwendig beeinträchtigen.

[2] Soweit es zur Gewährleistung von Sicherheit oder Ordnung der Anstalt unbedingt erforderlich ist, erfolgt eine offene optische Überwachung der Gefangenen außerhalb der Hafträume mit technischen Hilfsmitteln, insbesondere Videoüberwachung. [3] Soweit es zum Schutz von Vollzugsbediensteten, Gefangenen oder Dritten gegen eine Gefahr für Leib, Leben oder Freiheit unbedingt erforderlich ist, erfolgt in Bereichen einer zu bestimmenden Anstalt und innerhalb von Transportfahrzeugen dieser Anstalt, in denen nicht bereits eine Videoüberwachung erfolgt, unter Rücksichtnahme auf das Schamgefühl der Gefangenen eine Beobachtung durch offenes technisches Erfassen mittels Bild- und Tonübertragung; soweit es für die Durchführung der Beobachtung unerlässlich ist, können hierbei personenbezogene Daten auch über andere Personen als Gefangene verarbeitet werden. [4] § 34 Abs. 5 Satz 2 und 3 gilt für Maßnahmen nach Satz 2 und 3 entsprechend. [5] Die Hessische Ministerin der Justiz oder der Hessische Minister der Justiz wird ermächtigt, durch Rechtsverordnung die nach Satz 3 zu bestimmende Anstalt und die zeitliche Dauer eines dort durchzuführenden Modellprojekts festzulegen.

(3) [1] Die Gefangenen haben sich nach der Tageseinteilung der Anstalt zu richten. [2] Sie dürfen durch ihr Verhalten gegenüber Vollzugsbediensteten, Mitgefangenen und anderen Personen das geordnete Zusammenleben nicht stören.

(4) [1] Die Gefangenen haben die Anordnungen der Vollzugsbediensteten zu befolgen. [2] Einen ihnen zugewiesenen Bereich dürfen sie nicht ohne Erlaubnis verlassen.

(5) Die Gefangenen haben die Hafträume und die ihnen von der Anstalt überlassenen Sachen in Ordnung zu halten und schonend zu behandeln.

(6) Die Gefangenen haben Umstände, die eine erhebliche Gefahr für eine Person oder eine erhebliche Störung der Sicherheit oder Ordnung der Anstalt begründen oder darauf hindeuten, unverzüglich zu melden.

(7) Die Anstalt kann die erforderlichen Maßnahmen treffen, um eine im Einzelfall bestehende Gefahr für die Sicherheit oder Ordnung der Anstalt durch andere Personen als Gefangene abzuwehren.

§ 46 Absuchung, Durchsuchung und Untersuchung. (1) [1] Gefangene, ihre Sachen und die Hafträume dürfen, auch mit technischen oder sonstigen Hilfsmitteln, abgesucht oder durchsucht werden. [2] Die Durchsuchung Gefangener darf nur von Personen gleichen Geschlechts vorgenommen werden; bei Personen, die sich weder dem männlichen noch dem weiblichen Geschlecht zuordnen lassen oder wenn die Sicherheit oder Ordnung der Anstalt wegen Gefahr im Verzug dies erfordert, ist eine Durchsuchung auch durch Bedienstete eines anderen Geschlechts unter besonderer Berücksichtigung der Umstände des Einzelfalles zulässig. [3] Auf das Schamgefühl ist Rücksicht zu nehmen.

(2) [1] Nur bei Gefahr im Verzuge oder auf Anordnung der Anstaltsleitung im Einzelfall ist es zulässig, eine mit einer Entkleidung verbundene körperliche Durchsuchung vorzunehmen. [2] Abs. 1 Satz 2 und 3 gilt entsprechend. [3] Die Durchsuchung ist an einem Ort durchzuführen, der einen Sichtkontakt Unbeteiligter nicht zulässt. [4] Andere Gefangene dürfen nicht anwesend sein.

(3) Abweichend von Abs. 2 Satz 1 kann die Anstaltsleitung anordnen, dass Gefangene bei der Aufnahme, vor und nach Kontakten mit Besuchspersonen sowie vor und nach jeder Abwesenheit von der Anstalt nach Abs. 2 zu durchsuchen sind; im Einzelfall unterbleibt eine Entkleidung, wenn aufgrund be-

sonderer Umstände eine Gefahr für die Sicherheit oder Ordnung der Anstalt fernliegend erscheint.

(4) Die mit einem medizinischen Eingriff verbundene Untersuchung von Körperöffnungen ist durch den ärztlichen Dienst vorzunehmen.

(5) Bei der Durchsuchung von Hafträumen nach Abs. 1 Satz 1 dürfen Unterlagen, die von Gefangenen als Schreiben von Personen nach § 33 Abs. 3 und 4 gekennzeichnet sind, einer Sichtkontrolle auf verbotene Gegenstände ohne Kenntnisnahme des Inhalts unterzogen werden.

§ 47 Bekämpfung des Suchtmittelmissbrauchs. (1) Zur Bekämpfung des Suchtmittelmissbrauchs werden Kontrollen durchgeführt.

(2) [1] Eine Kontrolle kann allgemein angeordnet werden, wenn dies zur Aufrechterhaltung der Sicherheit oder Ordnung der Anstalt, zur Erfüllung des Eingliederungsauftrags oder zur Gesundheitsvorsorge geboten ist. [2] Gegen einzelne Gefangene kann eine Kontrolle angeordnet werden, wenn sie im Verdacht stehen, unerlaubt Suchtmittel zu besitzen oder solche konsumiert zu haben.

(3) Bei Gefangenen, die eine Mitwirkung an der Durchführung der Kontrolle ohne hinreichenden Grund verweigern, ist in der Regel davon auszugehen, dass Suchtmittelfreiheit nicht gegeben ist.

(4) [1] Räumen Gefangene bei einem positiven Kontrollergebnis den Suchtmittelmissbrauch oder bei Verdacht der Manipulation der Probe die Manipulation nicht ein, ist eine Kontrolluntersuchung durch ein externes Fachlabor durchzuführen. [2] Bestätigt sich das positive Kontrollergebnis oder die Manipulation der Probe, haben die Gefangenen die Kosten für die zusätzliche Untersuchung zu tragen.

§ 48 Lichtbildausweise. [1] Die Anstalt kann Gefangene verpflichten, einen Lichtbildausweis mit sich zu führen, wenn dies aus Gründen der Sicherheit oder Ordnung der Anstalt erforderlich ist. [2] Der Ausweis ist bei der Entlassung oder der Verlegung in eine andere Anstalt einzuziehen und zu vernichten.

§ 49 Festnahmerecht. Gefangene, die entwichen sind oder sich sonst ohne Erlaubnis außerhalb der Anstalt aufhalten, können durch die Anstalt oder auf deren Veranlassung hin im Rahmen der Nacheile festgenommen und in die Anstalt zurückgeführt werden.

§ 50 Besondere Sicherungsmaßnahmen. (1) Gegen Gefangene können, auch außerhalb der Anstalt, besondere Sicherungsmaßnahmen angeordnet werden, wenn nach deren Verhalten oder aufgrund des seelischen Zustandes in erhöhtem Maße die Gefahr der Entweichung, von Gewalttätigkeiten gegen Personen oder Sachen oder der Selbsttötung oder der Selbstverletzung besteht.

(2) [1] Als besondere Sicherungsmaßnahmen sind zulässig:

1. der Entzug oder die Vorenthaltung von Gegenständen,
2. die Beobachtung der Gefangenen, auch durch technische Hilfsmittel, insbesondere Videoüberwachung, soweit dies unbedingt erforderlich ist,
3. die Absonderung von anderen Gefangenen,
4. der Entzug oder die Beschränkung des Aufenthalts im Freien,
5. die Unterbringung in einem besonders gesicherten Haftraum ohne gefährdende Gegenstände und

6. die Fesselung bis hin zur vollständigen Aufhebung der Bewegungsfreiheit (Fixierung).

2 Eine Fixierung ist nur zulässig, soweit und solange dies zur Abwendung einer gegenwärtigen Gefahr der erheblichen Selbstverletzung oder Selbsttötung von Gefangenen unerlässlich ist.

(3) 1 Maßnahmen nach Abs. 2 Nr. 1 und 3 bis 5 sind auch zulässig, wenn die Gefahr einer Befreiung oder eine sonstige erhebliche Störung der Anstaltsordnung anders nicht abgewehrt werden kann. 2 Gleiches gilt für Maßnahmen nach Abs. 2 Nr. 1, 3 und 4, wenn Gefangene auf eine extremistische Verhaltensweise hinwirken.

(4) 1 Bei einer Ausführung, Vorführung oder beim Transport von Gefangenen, deren Eignung für vollzugsöffnende Maßnahmen nach § 13 Abs. 3 Satz 1 nicht festgestellt ist, ist die Fesselung, nicht jedoch die Fixierung, auch dann zulässig, wenn die vorgesehene Bewachung durch Bedienstete nicht ausreicht, die Gefahr einer Entweichung oder eines Angriffs auf Personen zu beseitigen. 2 Eine Bewachung im Sinne des Satz 1 ist in der Regel nicht ausreichend, wenn

1. die in § 13 Abs. 6 genannten Fristen noch nicht erreicht sind,
2. aufgrund der Kurzfristigkeit der Notwendigkeit der Maßnahme, insbesondere in Fällen der medizinischen Versorgung, eine Bewertung der Gesamtumstände nicht möglich ist oder
3. die Maßnahme an einem Ort durchgeführt wird, an dem sich die tatsächlichen Verhältnisse nicht mit der erforderlichen Sicherheit vorher bestimmen lassen,

es sei denn besondere Umstände lassen im Einzelfall die in Satz 1 genannten Gefahren auch ohne Fesselung fernliegend erscheinen. 3 Eine Fesselung ist bei Ausführungen, die der Vorbereitung der Entlassung nach § 16 Abs. 1 dienen, nur zulässig, wenn dies zur Abwehr der in Satz 1 genannten Gefahren unerlässlich ist.

(5) 1 In der Regel dürfen Fesseln, abgesehen von der Fixierung, nur an den Händen oder an den Füßen angelegt werden. 2 Im Interesse der Gefangenen kann die Anstaltsleitung eine andere Art der Fesselung anordnen.

(6) 1 Für die Beobachtung der Gefangenen durch technische Hilfsmittel nach Abs. 2 Nr. 2 gilt § 34 Abs. 5 Satz 2 und 3 entsprechend. 2 Eine dauerhafte Beobachtung unter Verwendung technischer Hilfsmittel ist nur zulässig, wenn und solange dies zur Abwendung der Gefahr einer Selbsttötung oder Selbstverletzung unbedingt erforderlich ist. 3 Eine Abdunklung zur Nachtzeit ist zu gewährleisten. 4 Das Schamgefühl ist soweit wie möglich zu schonen.

(7) Eine Absonderung von mehr als 24 Stunden ist nur zulässig, wenn dies unerlässlich ist.

(8) 1 Während der Absonderung oder Unterbringung in einem besonders gesicherten Raum sind die Gefangenen in besonderem Maße zu betreuen. 2 Sind die Gefangenen darüber hinaus gefesselt, sind sie ständig zu beobachten; bei einer Fixierung ist eine Sitzwache durch hierfür besonders geschulte Bedienstete durchzuführen. 3 Eine Absonderung von mehr als 30 Tagen Dauer oder mehr als 90 Tagen innerhalb von zwölf Monaten bedarf der Zustimmung der Aufsichtsbehörde.

§ 51 Anordnung besonderer Sicherungsmaßnahmen, ärztliche Überwachung. (1) [1]Besondere Sicherungsmaßnahmen ordnet die Anstaltsleitung an. [2]Bei Gefahr im Verzuge können auch andere Bedienstete der Anstalt diese Maßnahmen vorläufig anordnen. [3]Die Entscheidung der Anstaltsleitung ist unverzüglich einzuholen. [4]Abweichend von Satz 1 ordnet das Gericht eine nicht nur kurzfristige Fixierung auf Antrag der Anstaltsleitung an. [5]Bei Gefahr im Verzug kann die Anordnung einer nicht nur kurzfristigen Fixierung vorläufig durch die Anstaltsleitung oder andere Bedienstete der Anstalt getroffen werden; in diesem Fall ist unverzüglich eine Entscheidung des Gerichts über die Fortdauer oder Aufhebung der Maßnahme herbeizuführen. [6]Eine Fixierung gilt als nicht nur kurzfristig, wenn im Zeitpunkt der Anordnung der Maßnahme davon auszugehen ist, dass ihre Dauer eine halbe Stunde überschreiten wird oder dies im Laufe ihres Vollzuges erkennbar wird.

(2) [1]Vor der Anordnung ist eine Stellungnahme des ärztlichen oder psychologischen Dienstes einzuholen, wenn hierzu begründeter Anlass besteht; vor Anordnung einer Fixierung oder deren Beantragung ist regelmäßig eine ärztliche Stellungnahme zur Unerlässlichkeit der Fixierung einzuholen. [2]Ist dies wegen Gefahr im Verzuge nicht möglich, wird die Stellungnahme unverzüglich nachträglich eingeholt. [3]Wenn Gefangenen der tägliche Aufenthalt im Freien entzogen wird oder sie länger als 24 Stunden abgesondert sind, ist eine Stellungnahme des ärztlichen Dienstes spätestens nach drei Tagen und danach in angemessenen Abständen einzuholen.

(3) [1]Besondere Sicherungsmaßnahmen dürfen nur so weit aufrechterhalten werden, wie es ihr Zweck erfordert. [2]Eine Überprüfung hat in angemessenen Abständen zu erfolgen.

(4) [1]Sind Gefangene in einem besonders gesicherten Haftraum untergebracht oder gefesselt (§ 50 Abs. 2 Nr. 5 und 6), so sucht sie der ärztliche Dienst alsbald und danach in der Regel täglich auf. [2]Dies gilt nicht bei einer Fesselung während einer Ausführung, Vorführung oder eines Transports. [3]Während der Dauer einer nicht nur kurzfristigen Fixierung sucht der ärztliche Dienst die Gefangenen mindestens täglich auf und gibt eine ärztliche Stellungnahme zur fortdauernden Unerlässlichkeit der Fixierung ab.

(5) [1]Die besonderen Sicherungsmaßnahmen sind den Gefangenen zu erläutern. [2]Die Anordnung und die Durchführung der Maßnahmen einschließlich der Beteiligung des ärztlichen oder psychologischen Dienstes sind zu dokumentieren. [3]Im Falle einer Fixierung sind auch ihre maßgeblichen Gründe, die Einholung der Anordnung des Gerichts, ihre Durchsetzung, ihre Dauer und die Überwachung durch eine Sitzwache sowie die ärztlichen Stellungnahmen zu dokumentieren. [4] Nach der Beendigung der Fixierung sind die Gefangenen auf ihr Recht, die Rechtmäßigkeit der Fixierung gerichtlich überprüfen lassen zu können, hinzuweisen; der Hinweis ist aktenkundig zu machen.

(6) Besondere Sicherungsmaßnahmen nach § 50 Abs. 2 Nr. 5 und 6 sind der Aufsichtsbehörde unverzüglich zu berichten, wenn sie länger als drei Tage aufrechterhalten werden.

§ 52 Ersatz von Aufwendungen. (1) [1]Die Gefangenen sind verpflichtet, der Anstalt Aufwendungen zu ersetzen, die sie durch eine vorsätzliche oder grob fahrlässige Selbstverletzung, Verletzung anderer Personen oder Beschädigung fremder Sachen verursacht haben. [2]Gleiches gilt, wenn Gefangene Behandlungsmaßnahmen, mit denen sie sich zuvor einverstanden erklärt haben, mutwillig in Kenntnis der Tatsache verweigern, dass die Anstalt hierfür bereits nicht mehr rückgängig zu machende Verpflichtungen eingegangen ist. [3]Ansprüche aufgrund anderer Rechtsvorschriften bleiben unberührt.

(2) [1]Die Anstalt kann den Anspruch durch Bescheid gegen die Gefangenen geltend machen. [2]Bei der Geltendmachung dieser Forderungen kann auch ein den dreifachen Tagessatz der Eckvergütung (§ 38 Abs. 2) übersteigender Teil des Hausgelds (§ 40) in Anspruch genommen werden.

(3) Von der Aufrechnung oder Vollstreckung wegen der in Abs. 1 genannten Forderungen ist abzusehen, wenn hierdurch die Erfüllung des Eingliederungsauftrags gefährdet würde.

Zehnter Titel. Unmittelbarer Zwang

§ 53 Unmittelbarer Zwang. (1) [1]Unmittelbarer Zwang ist die Einwirkung auf Personen oder Sachen durch körperliche Gewalt, ihre Hilfsmittel und durch Waffen. [2]Körperliche Gewalt ist jede unmittelbare körperliche Einwirkung auf Personen oder Sachen. [3]Hilfsmittel der körperlichen Gewalt sind namentlich Fesseln. [4]Waffen sind die dienstlich zugelassenen Hieb- und Schusswaffen sowie Reizstoffe.

(2) [1]Vollzugsbedienstete dürfen unmittelbaren Zwang anwenden, wenn sie Vollzugs- und Sicherungsmaßnahmen rechtmäßig durchführen und der damit verfolgte Zweck auf keine andere Weise erreicht werden kann. [2]Gegen andere Personen als Gefangene darf unmittelbarer Zwang angewendet werden, wenn sie es unternehmen, Gefangene zu befreien oder, auch mittels technischer Geräte, insbesondere unbemannter Luftfahrtsysteme und Flugmodelle, in den Anstaltsbereich widerrechtlich einzudringen, unbefugt Gegenstände in den Anstaltsbereich einzubringen oder wenn sie sich unbefugt im Anstaltsbereich aufhalten; das Recht zur Ausübung von unmittelbarem Zwang gegen Sachen wird hierdurch nicht eingeschränkt. [3]Das Recht zur Ausübung von unmittelbarem Zwang aufgrund anderer Regelungen bleibt unberührt.

(3) [1]Unter mehreren möglichen und geeigneten Maßnahmen des unmittelbaren Zwangs ist diejenige zu wählen, die den Einzelnen und die Allgemeinheit voraussichtlich am wenigsten beeinträchtigt. [2]Unmittelbarer Zwang unterbleibt, wenn ein durch ihn zu erwartender Schaden erkennbar außer Verhältnis zu dem angestrebten Erfolg steht.

(4) [1]Unmittelbarer Zwang ist vorher anzudrohen. [2]Von der Androhung kann abgesehen werden, wenn die Umstände sie nicht zulassen, insbesondere wenn die sofortige Anwendung des Zwangsmittels zur Abwehr einer Gefahr notwendig ist.

§ 54 Schusswaffengebrauch. (1) [1]Schusswaffen dürfen gegen Gefangene nur

1. zur Abwehr eines gegenwärtigen rechtswidrigen Angriffs auf Leib oder Leben oder
2. zur Vereitelung einer Flucht oder zur Wiederergreifung

gebraucht werden, wenn andere Maßnahmen des unmittelbaren Zwanges bereits erfolglos waren oder keinen Erfolg versprechen. [2]Sie dürfen nur von den dazu bestimmten Vollzugsbediensteten mit dem Ziel gebraucht werden, angriffs- oder fluchtunfähig zu machen. [3]Ihr Gebrauch unterbleibt, wenn dadurch erkennbar Unbeteiligte mit hoher Wahrscheinlichkeit gefährdet würden. [4] Der Gebrauch von Schusswaffen ist vorher anzudrohen. [5] Als Androhung gilt auch ein Warnschuss. [6] Ohne Androhung dürfen Schusswaffen nur dann gebraucht werden, wenn das zur Abwehr eines Angriffs nach Satz 1 Nr. 1 unerlässlich ist.

(2) Um die Flucht von Gefangenen, die im offenen Vollzug untergebracht sind, zu vereiteln, dürfen keine Schusswaffen gebraucht werden.

(3) [1] Gegen andere Personen dürfen Schusswaffen gebraucht werden, wenn sie es unternehmen, Gefangene gewaltsam zu befreien oder gewaltsam in eine Anstalt einzudringen. [2] Abs. 1 Satz 2 bis 6 und Abs. 2 gelten entsprechend.

(4) Gegen Sachen, insbesondere gegen unbemannte Luftfahrtsysteme und Flugmodelle, dürfen Waffen gebraucht werden; Abs. 1 Satz 3 gilt entsprechend.

Elfter Titel. Disziplinarmaßnahmen

§ 55 Disziplinarmaßnahmen. (1) Disziplinarmaßnahmen können angeordnet werden, wenn Gefangene rechtswidrig und schuldhaft

1. gegen Strafgesetze verstoßen oder eine Ordnungswidrigkeit begehen,
2. die zugewiesenen Tätigkeiten nach § 27 Abs. 3 nicht ausüben,
3. ohne erforderliche Erlaubnis nach § 20 Abs. 1 Gegenstände in die Anstalt einbringen, einbringen lassen, annehmen, besitzen oder abgeben,
4. entweichen oder zu entweichen versuchen,
5. unerlaubt Betäubungsmittel oder andere berauschende Stoffe herstellen, konsumieren oder eine Kontrolle nach § 47 Abs. 2 verweigern oder manipulieren,
6. wiederholt oder schwerwiegend gegen sonstige Pflichten verstoßen, die ihnen durch dieses Gesetz oder aufgrund dieses Gesetzes auferlegt sind.

(2) Zulässige Disziplinarmaßnahmen sind

1. der Verweis,
2. der Ausschluss von gemeinsamer Freizeit bis zu vier Wochen oder von einzelnen Freizeitveranstaltungen bis zu drei Monaten,
3. der Entzug des Fernsehgeräts oder die Beschränkung des Fernsehempfangs bis zu drei Monaten,
4. die Beschränkung oder der Entzug von Gegenständen für eine Beschäftigung in der Freizeit bis zu drei Monaten,
5. die Beschränkung oder der Entzug der Verfügung über das Hausgeld und des Einkaufs bis zu drei Monaten,
6. der Entzug der Arbeit bis zu vier Wochen unter Wegfall der in diesem Gesetz geregelten Bezüge,
7. die Beschränkung oder der Entzug von Ausgangsstunden bei der Gewährung von vollzugsöffnenden Maßnahmen bis zu drei Monaten und
8. Arrest bis zu zwei Wochen.

(3) [1] In geeigneten Fällen kann von Disziplinarmaßnahmen abgesehen werden, wenn andere Maßnahmen ausreichend erscheinen. [2] Zu berücksichtigen ist ferner eine aus demselben Anlass angeordnete besondere Sicherungsmaßnahme.

(4) [1] Eine Disziplinarmaßnahme ist auch zulässig, wenn wegen derselben Verfehlung ein Straf- oder Bußgeldverfahren eingeleitet wird. [2] Mehrere Diszi-

plinarmaßnahmen können miteinander verbunden werden. [3]Der Verweis kann auch mit der Anordnung, gemeinnützige Arbeit zu leisten, verbunden werden. [4]Arrest darf nur wegen schwerer oder mehrfach wiederholter Verfehlungen verhängt werden.

§ 56 Verfahren und Vollstreckung. (1) [1]Disziplinarmaßnahmen ordnet die Anstaltsleitung an. [2]Bei einer Verfehlung, die während der Verlegung in eine andere Vollzugsanstalt begangen wird, ist die Leitung dieser Anstalt zuständig. [3]Wenn sich die Verfehlung gegen die Anstaltsleitung richtet, entscheidet die Aufsichtsbehörde.

(2) [1]Im Rahmen der Sachverhaltsaufklärung sind sowohl die belastenden als auch die entlastenden Umstände zu ermitteln. [2]Die Gefangenen werden gehört. [3]Sie sind darauf hinzuweisen, dass es ihnen freisteht, sich zu äußern. [4]Die Erhebungen werden in einer Niederschrift festgelegt; die Einlassung der Gefangenen wird vermerkt. [5]Bei schweren Verstößen soll vor der Entscheidung die Konferenz (§ 75 Abs. 3) beteiligt werden. [6]§ 51 Abs. 2 Satz 1 und 2 gilt entsprechend. [7]Die Entscheidung wird den Gefangenen mündlich eröffnet und schriftlich kurz begründet.

(3) [1]Disziplinarmaßnahmen werden in der Regel sofort vollstreckt. [2]Eine Disziplinarmaßnahme kann ganz oder teilweise bis zu sechs Monaten zur Bewährung ausgesetzt werden; die Aussetzung zur Bewährung kann widerrufen werden, wenn die Gefangenen erneut gegen Pflichten verstoßen. [3]Wird die Verfügung über das Hausgeld beschränkt oder entzogen, ist das in dieser Zeit anfallende Hausgeld dem Überbrückungsgeld hinzuzurechnen. [4]Disziplinarmaßnahmen, die gegen Gefangene in einer anderen Vollzugsanstalt oder während einer Untersuchungshaft angeordnet worden sind, werden auf Ersuchen vollstreckt. [5]Die Befugnis nach Satz 2 steht auch der ersuchten Anstalt zu.

(4) [1]Für die Dauer des Arrests werden die Gefangenen abgesondert. [2]Die Gefangenen können dazu in einem besonderen Arrestraum untergebracht werden, der den Anforderungen entsprechen muss, die an einen zum Aufenthalt bei Tag und Nacht bestimmten Haftraum gestellt werden. [3]Soweit nichts anderes angeordnet wird, ruhen die Befugnisse der Gefangenen nach § 19 Abs. 1 Satz 1, § 22 Abs. 2 Satz 1, § 27 Abs. 1 bis 3, Abs. 4 Satz 1, Abs. 6, Abs. 7 Satz 1 und Abs. 9, § 30 Abs. 1, Abs. 2 Satz 2, Abs. 3 und Abs. 4 Satz 1 und 2 sowie § 31 Satz 1. [4]Bevor der Arrest vollzogen wird, ist eine ärztliche Stellungnahme einzuholen. [5]Während des Arrests stehen die Gefangenen unter ärztlicher Aufsicht. [6]Der Vollzug des Arrests unterbleibt oder wird unterbrochen, wenn die Gesundheit der Gefangenen gefährdet würde.

Zwölfter Titel. Beschwerde

§ 57 Beschwerderecht. (1) [1]Gefangene können sich mit Wünschen, Anregungen und Beschwerden (Eingaben) in Angelegenheiten, die sie selbst betreffen, an die Anstaltsleitung wenden. [2]Eingaben, die beleidigenden Charakter haben oder bloße Wiederholungen enthalten, brauchen nicht in der Sache beschieden zu werden. [3]Gefangene sind über die Gründe zu unterrichten.

(2) Es ist zu gewährleisten, dass sich Gefangene in eigenen Angelegenheiten an hierfür zuständige Bedienstete der Aufsichtsbehörde, die die Anstalt aufsuchen, wenden können.

(3) Die Möglichkeit der Dienstaufsichtsbeschwerde bleibt unberührt.

Dreizehnter Titel. Datenschutz

§ 58 Zulässigkeit der Verarbeitung personenbezogener Daten.

(1) [1] Die Anstalt und die Aufsichtsbehörde dürfen personenbezogene Daten nur verarbeiten, wenn eine Rechtsvorschrift dies vorsieht oder zwingend voraussetzt oder soweit dies für den Vollzug der Freiheitsstrafe erforderlich und im Falle der Verarbeitung besonderer Kategorien personenbezogener Daten nach § 41 Nr. 15 des Hessischen Datenschutz- und Informationsfreiheitsgesetzes unbedingt erforderlich ist. [2] Soweit in den folgenden Vorschriften nichts Abweichendes geregelt ist, findet das Hessische Datenschutz- und Informationsfreiheitsgesetz Anwendung; dabei finden insbesondere die Vorschriften von Teil 3 des Hessischen Datenschutz- und Informationsfreiheitsgesetzes auf die Datenverarbeitung durch die Anstalt oder Aufsichtsbehörde Anwendung, soweit die Datenverarbeitung zu den in § 40 des Hessischen Datenschutz- und Informationsfreiheitsgesetzes genannten Zwecken erfolgt. [3] Bei der Verarbeitung personenbezogener Daten sind schutzwürdige Interessen der Betroffenen in jedem Fall der Verarbeitung zu berücksichtigen; sofern der Kernbereich privater Lebensgestaltung betroffen ist, darf keine Verarbeitung erfolgen.

(2) Zur Sicherung von Ziel und Aufgabe des Vollzugs der Freiheitsstrafe nach § 2, insbesondere zur Aufrechterhaltung der Sicherheit oder Ordnung der Anstalt, zur Identitätsfeststellung oder zur Aufrechterhaltung der medizinischen Versorgung und Gesundheitsfürsorge ist, soweit hierfür unbedingt erforderlich, die Verarbeitung folgender Daten von Gefangenen mit deren Kenntnis zulässig:

1. biometrische Daten von Fingern und Händen,
2. Lichtbilder,
3. Feststellungen äußerlicher körperlicher Merkmale,
4. Körpermessungen und
5. Gesundheitsdaten.

(3) [1] Alle zur Person der Gefangenen erhobenen und für den Vollzug der Freiheitsstrafe erforderlichen Daten einschließlich derjenigen, die nach Abs. 2 Nr. 1 bis 4 erhoben worden sind, sind in eine Gefangenenpersonalakte aufzunehmen, die auch elektronisch geführt werden kann. [2] Gesundheitsdaten und die sonstigen in § 61 Abs. 2 und 3 aufgeführten personenbezogenen Daten sind getrennt von der Gefangenenpersonalakte zu führen.

(4) [1] Die einzelnen Vollzugsbediensteten sowie die in § 61 Abs. 3, § 76 Abs. 1 Satz 2 und 3, § 77 Abs. 1 und § 81 genannten Personen dürfen von personenbezogenen Daten nur Kenntnis erhalten, soweit dies zur Erfüllung der ihnen obliegenden Aufgabe oder für die Zusammenarbeit nach § 76 Abs. 4 erforderlich ist. [2] Bei personenbezogenen Daten im Sinne von Abs. 2 ist über Satz 1 hinaus erforderlich, dass dies zur Erfüllung der ihnen obliegenden Aufgabe oder für die Zusammenarbeit nach § 76 Abs. 4 unbedingt erforderlich ist.

(5) [1] Die Anstalt ist befugt, zur Aufrechterhaltung der Sicherheit oder Ordnung der Anstalt die Identität aller Personen, die Zugang zur Anstalt begehren,

festzustellen. [2]Sofern unbedingt erforderlich, ist die Anstalt berechtigt, hierzu den Abgleich biometrischer Daten vorzunehmen.

(6) [1]Soweit dies zur Aufrechterhaltung von Sicherheit oder Ordnung der Anstalt erforderlich ist, werden Außenbereiche der Anstalt mit technischen Hilfsmitteln, insbesondere Videoüberwachung, offen überwacht, sofern keine Anhaltspunkte dafür bestehen, dass schutzwürdige Interessen der Betroffenen überwiegen. [2]Der Umstand der Überwachung und der Name und die Kontaktdaten der Verantwortlichen sind den Betroffenen durch geeignete Maßnahmen zum frühestmöglichen Zeitpunkt kenntlich zu machen. [3]§ 34 Abs. 5 Satz 2 gilt entsprechend; darüber hinaus ist eine Speicherung nur zulässig, wenn keine Anhaltspunkte dafür bestehen, dass schutzwürdige Interessen der Betroffenen überwiegen.

§ 58a Überprüfung anstaltsfremder Personen. (1) [1]Personen, die in der Anstalt tätig werden sollen und die zur Anstalt oder Aufsichtsbehörde nicht in einem Dienst- oder Arbeitsverhältnis stehen und nicht im Auftrag einer anderen Behörde Zugang begehren, können zu diesen Tätigkeiten nur zugelassen werden, wenn keine Sicherheitsbedenken bestehen. [2]Die Anstalt nimmt zur Aufrechterhaltung der Sicherheit oder Ordnung der Anstalt und zur Abwendung von Gefahren hierfür mit Einwilligung der betroffenen Person eine Zuverlässigkeitsüberprüfung vor. [3]Sie darf dazu

1. eine Auskunft nach § 41 Abs. 1 Nr. 1 des Bundeszentralregistergesetzes in der Fassung der Bekanntmachung vom 21. September 1984 (BGBl. I S. 1229, 1985 I S. 195), zuletzt geändert durch Gesetz vom 9. Oktober 2020 (BGBl. I S. 2075), einholen,
2. sicherheitsrelevante Erkenntnisse der Polizeibehörden und, soweit im Einzelfall erforderlich, des Landesamts für Verfassungsschutz abfragen; soweit möglich übermittelt die Anstalt den angefragten Behörden bei Maßnahmen nach Abs. 1 Satz 3 den Nachnamen, den Geburtsnamen, die Vornamen, das Geburtsdatum, das Geschlecht, den Geburtsort, das Geburtsland und die Staatsangehörigkeit der zu überprüfenden Personen sowie bekannt gewordene Aliasnamen.

[4]Ist eine Überprüfung in Eilfällen, beispielsweise bei kurzfristig notwendigen Reparaturarbeiten, nicht möglich, hat eine entsprechende Beaufsichtigung der Person bei der Tätigkeit in der Anstalt zu erfolgen. [5]Die Vorschriften des Sicherheitsüberprüfungs- und Verschlusssachengesetzes vom 19. Dezember 2014 (GVBl. S. 364), geändert durch Gesetz vom 11. Dezember 2019 (GVBl. S. 406), in seiner jeweils geltenden Fassung bleiben unberührt.

(2) [1]Abgesehen von den Fällen des § 33 Abs. 3 und 4 darf die Anstalt auch bei Personen, die die Kontaktaufnahme zu Gefangenen oder zum Besuch der Anstalt begehren, zur Aufrechterhaltung der Sicherheit oder Ordnung der Anstalt mit ihrer Einwilligung eine Zuverlässigkeitsüberprüfung vornehmen. [2]Abs. 1 Satz 3 gilt entsprechend; hierbei teilt die Anstalt den in Abs. 1 Satz 3 Nr. 2 genannten Behörden auch mit, dass und zu welchen Gefangenen die Person die Kontaktaufnahme begehrt.

(3) [1]Werden der Anstalt sicherheitsrelevante Erkenntnisse bekannt, wird die betroffene Person nicht oder nur unter Beschränkungen zu der Tätigkeit oder dem Besuch zugelassen. [2]Gleiches gilt, wenn die betroffene Person eine Ein-

willigung in eine Zuverlässigkeitsüberprüfung verweigert. [3] Sicherheitsrelevant sind insbesondere Erkenntnisse über

1. strafrechtliche Verurteilungen,
2. Vorinhaftierungen,
3. eine bestehende Suchtproblematik,
4. extremistische oder gewaltorientierte Einstellungen oder Verhaltensweisen sowie
5. Kontakte zu extremistischen oder gewaltorientierten Organisationen, Gruppierungen oder Personen oder zur organisierten Kriminalität.

(4) Personen nach Abs. 1 und 2 sind über die Benachrichtigung nach § 51 des Hessischen Datenschutz- und Informationsfreiheitsgesetzes hinaus über den Anlass der Zuverlässigkeitsprüfung, ihren möglichen Umfang nach Abs. 1 und 2 und über die Rechtsfolgen nach Abs. 3 mit der Einwilligungsanfrage zu belehren.

(5) Im Rahmen der Überprüfung bekannt gewordene Daten dürfen, soweit nicht aufgrund einer anderen gesetzlichen Vorschrift ihre Übermittlung gestattet oder vorgeschrieben ist, mit Ausnahme des für die Überprüfung einer Entscheidung nach Abs. 3 zuständigen Gerichts nicht an Dritte übermittelt werden.

(6) [1] Die Zuverlässigkeitsüberprüfung ist in der Regel nach Ablauf einer Frist von einem Jahr zu wiederholen, sofern ihre Erforderlichkeit nach Abs. 1 Satz 1 weiter besteht. [2] Sie kann zudem wiederholt werden, wenn neue sicherheitsrelevante Erkenntnisse dies nahelegen.

§ 58b Überprüfung Gefangener, Fallkonferenzen. (1) [1] Wenn dies zur Abwehr einer von Gefangenen ausgehenden Gefährdung für die Sicherheit oder Ordnung einer Anstalt erforderlich ist, prüft die Vollzugsbehörde im Einzelfall, ob sicherheitsrelevante Erkenntnisse im Sinne von § 58a Abs. 3 Satz 3 über Gefangene vorliegen, sofern tatsächliche Anhaltspunkte für solche Erkenntnisse und eine entsprechende Gefährdung vorhanden sind. [2] Hierzu darf sie neben den in § 58a Abs. 1 Satz 3 genannten Maßnahmen auch sicherheitsrelevante Erkenntnisse anderer Justizvollzugsbehörden in Hessen und den übrigen Ländern abfragen.

(2) Über § 58a Abs. 1 Satz 3 hinaus sollen die voraussichtliche Vollzugsdauer sowie das Aktenzeichen der der Vollstreckung zugrundeliegenden Entscheidung mitgeteilt werden.

(3) Im Rahmen der Anfrage mitgeteilte sicherheitsrelevante Erkenntnisse sind als gesonderter Teil der Gefangenenpersonalakte zu führen.

(4) Die Verarbeitungs- und Übermittlungsbefugnis für personenbezogene Daten über Gefangene zur Aufrechterhaltung der Sicherheit der Anstalt schließt die Verarbeitungsbefugnis zum Zwecke der Vollzugs- und Eingliederungsplanung der Gefangenen ein.

(5) [1] Die Anstalt und die Aufsichtsbehörde dürfen personenbezogene Daten, die sie zulässig erhoben haben, im Rahmen der gesetzlichen Vorschriften zur Übermittlung personenbezogener Daten und innerhalb der Zuständigkeit der jeweiligen Behörden

1. mit den Justiz- und Polizeibehörden des Bundes und der Länder in Fallkonferenzen austauschen, wenn

a) tatsächliche Anhaltspunkte für die nach einer Entlassung fortdauernde erhebliche Gefährlichkeit von Gefangenen für die Allgemeinheit vorliegen oder Führungsaufsicht angeordnet wurde und
b) dies zur Bekämpfung von Straftaten von erheblicher Bedeutung im Sinne von § 13 Abs. 3 Satz 1 des Hessischen Gesetzes über die öffentliche Sicherheit und Ordnung in seiner jeweils geltenden Fassung erforderlich ist,

2. mit den Verfassungsschutzbehörden des Bundes und der Länder in Fallkonferenzen austauschen, wenn
   a) bestimmte Tatsachen den Verdacht für Bestrebungen im Sinne von § 2 Abs. 2 des Hessischen Verfassungsschutzgesetzes in seiner jeweils geltenden Fassung begründen und
   b) eine damit im Zusammenhang stehende Gefahr für die Sicherheit oder Ordnung der Anstalt oder die Erreichung des Vollzugsziels in einem übersehbaren Zeitraum einzutreten droht und dies zur Verhütung dieser Gefahren erforderlich ist oder
3. behördenübergreifend mit den Justiz-, Polizei- und Verfassungsschutzbehörden des Bundes und der Länder in Fallkonferenzen austauschen, wenn
   a) bestimmte Tatsachen den Verdacht für Bestrebungen im Sinne von § 2 Abs. 2 des Hessischen Verfassungsschutzgesetzes in seiner jeweils geltenden Fassung begründen und
   b) bestimmte Tatsachen die Annahme einer gegenwärtigen Gefahr für Leib, Leben, Gesundheit oder Freiheit von Personen oder für Sachen von bedeutendem Wert, deren Erhaltung im öffentlichen Interesse geboten ist, begründen und die Durchführung von Fallkonferenzen zur Verhütung dieser Gefahren erforderlich ist.

[2] Besondere Kategorien personenbezogener Daten dürfen nur übermittelt werden, wenn dies unbedingt erforderlich ist. Der Datenaustausch nach anderen Bestimmungen dieses Gesetzes bleibt unberührt.

§ 59 Auslesen von Datenspeichern. [1] Elektronische Datenspeicher sowie elektronische Geräte mit Datenspeicher, die ohne Erlaubnis in die Anstalt eingebracht wurden, dürfen auf schriftliche Anordnung der Anstaltsleitung ausgelesen werden, soweit konkrete Anhaltspunkte die Annahme rechtfertigen, dass dies für die Erfüllung von Ziel und Aufgabe des Vollzugs der Freiheitsstrafe nach § 2, insbesondere zur Aufrechterhaltung der Sicherheit oder Ordnung der Anstalt, unbedingt erforderlich ist. [2] Die Gründe sind in der Anordnung festzuhalten. [3] Sind die Betroffenen bekannt, sind ihnen die Gründe vor dem Auslesen mitzuteilen. [4] Die Gefangenen sind bei der Aufnahme über die Möglichkeit des Auslesens von nicht gestatteten Datenspeichern zu belehren.

§ 60 Zweckbindung und Übermittlung. (1) Personenbezogene Daten dürfen zu Zwecken, für die sie nicht erhoben oder gespeichert worden sind, nur verarbeitet, insbesondere übermittelt werden, wenn ein Fall der §§ 20 bis 27 und 44 bis 45 des Hessischen Datenschutz- und Informationsfreiheitsgesetzes vorliegt, insbesondere soweit dies

1. zu den in § 40 des Hessischen Datenschutz- und Informationsfreiheitsgesetzes genannten Zwecken,
2. in gerichtlichen Verfahren wegen Maßnahmen nach diesem Gesetz,

3. für Maßnahmen der Gerichtshilfe, Bewährungshilfe oder Führungsaufsicht,
4. zur Vorbereitung und Durchführung von Maßnahmen der Entlassungsvorbereitung und Nachsorge,
5. für Entscheidungen in Gnadensachen,
6. für sozialrechtliche Maßnahmen,
7. für die Einleitung von Hilfsmaßnahmen für Angehörige der Gefangenen (§ 11 Abs. 1 Nr. 1 des Strafgesetzbuchs),
8. für dienstliche Maßnahmen der Bundeswehr im Zusammenhang mit der Aufnahme und Entlassung von Soldaten,
9. für ausländerrechtliche Maßnahmen,
10. für die Durchführung der Besteuerung,
11. zur Ausübung von Aufsichts- und Kontrollbefugnissen sowie zu Ausbildungs- und Prüfungszwecken oder
12. für gesetzlich angeordnete Statistiken der Rechtspflege

erforderlich und bei besonderen Kategorien personenbezogener Daten nach § 41 Nr. 15 des Hessischen Datenschutz- und Informationsfreiheitsgesetzes unbedingt erforderlich ist.

(2) [1] Bei der Überwachung der Besuche, der Telekommunikation oder des Schriftwechsels sowie bei der Überwachung des Inhalts von Paketen und dem Auslesen von Datenspeichern bekannt gewordene personenbezogene Daten dürfen über ihre Erhebung oder Speicherung hinaus nur verarbeitet, insbesondere übermittelt werden, wenn dies

1. nach Abs. 1 Nr. 1 oder 2 zulässig ist,
2. eine Rechtsvorschrift vorsieht, zwingend voraussetzt oder
3. die Wahrung der Sicherheit oder Ordnung der Anstalt oder die Erfüllung des Eingliederungsauftrags gebietet

und es unbedingt erforderlich ist. [2] Daten nach Satz 1 sind hinsichtlich des Ursprungs ihrer Erhebung und Speicherung eindeutig zu kennzeichnen. [3] § 4 Abs. 3 Satz 2 des Hessischen Datenschutz- und Informationsfreiheitsgesetzes bleibt unberührt.

(3) [1] Die Anstalt oder Aufsichtsbehörde kann auf Antrag mitteilen, ob sich jemand in Haft befindet sowie ob und wann die Entlassung voraussichtlich ansteht, soweit dies nach Abs. 1 zulässig ist. [2] Weiterhin können unter den Voraussetzungen des Satz 1 auf schriftlichen Antrag Auskünfte auch über die Vermögensverhältnisse der Gefangenen oder ihre Entlassungsadresse erteilt werden, wenn dies zur Feststellung oder Durchsetzung von Rechtsansprüchen im Zusammenhang mit der Straftat erforderlich ist. [3] Unter den Voraussetzungen von § 406d Abs. 2 und 3 der Strafprozessordnung können Mitteilungen über die erstmalige Gewährung von vollzugsöffnenden Maßnahmen (§ 13) auch durch die Anstalt erfolgen. [4] Die Gefangenen werden vor Mitteilungen nach Satz 1 bis 3 gehört, es sei denn, es ist zu besorgen, dass dadurch die Verfolgung des Interesses der Antragsteller vereitelt oder wesentlich erschwert werden würde. [5] Ist die Anhörung unterblieben, werden die betroffenen Gefangenen über die Mitteilung der Anstalt oder Aufsichtsbehörde nachträglich unterrichtet.

(4) [1] Akten mit personenbezogenen Daten dürfen nur anderen Anstalten, Aufsichtsbehörden, den für Strafvollzugs-, strafvollstreckungs- und strafrechtliche Entscheidungen zuständigen Gerichten sowie den Strafvollstreckungs-

und Strafverfolgungsbehörden überlassen werden; die Überlassung an andere öffentliche Stellen ist zulässig, soweit die Erteilung einer Auskunft einen unvertretbaren Aufwand erfordert oder nach Darlegung der die Akteneinsicht begehrenden Stellen für die Erfüllung der Aufgabe nicht ausreicht. [2] Entsprechendes gilt für die Überlassung von Akten an die von der Vollzugsbehörde mit Gutachten beauftragten Personen oder Stellen.

(5) [1] Von der Anstalt oder der Aufsichtsbehörde übermittelte personenbezogene Daten dürfen nur zu dem Zweck verarbeitet werden, zu dessen Erfüllung sie übermittelt worden sind. [2] Der Empfänger darf die Daten für andere Zwecke nur verarbeiten, soweit sie ihm auch für diese Zwecke hätten übermittelt werden dürfen und wenn im Falle einer Übermittlung an nicht öffentliche Stellen die übermittelnde Vollzugsbehörde eingewilligt hat. [3] Die Anstalt oder Aufsichtsbehörde hat den Empfänger auf die Zweckbindung nach Satz 1 hinzuweisen und für den Fall, dass die übermittelten Daten besondere Kategorien personenbezogener Daten nach § 41 Nr. 15 des Hessischen Datenschutz- und Informationsfreiheitsgesetzes enthalten, auf diese Einstufung.

(6) [1] Die Übermittlung von personenbezogenen Daten unterbleibt, soweit die in § 61 Abs. 2 und § 65 Abs. 4 und 6 geregelten Einschränkungen oder besondere gesetzliche Verwendungsregelungen entgegenstehen. [2] Dies gilt nicht, wenn ein nach Abs. 1 Nr. 1 bis 3 zuständiges Gericht diese Daten anfordert oder dies zur Erfüllung der Aufgaben der in § 119 Abs. 4 Satz 2 Nr. 13 der Strafprozessordnung genannten Stelle im Rahmen eines Besuchs der Anstalt erforderlich ist.

(7) [1] Die Verantwortung für die Zulässigkeit der Übermittlung trägt die übermittelnde Anstalt oder Aufsichtsbehörde. [2] Erfolgt die Übermittlung auf Ersuchen einer öffentlichen Stelle, trägt diese die Verantwortung. [3] In diesem Fall prüft die übermittelnde Anstalt oder Aufsichtsbehörde nur, ob das Übermittlungsersuchen im Rahmen der Aufgaben des Empfängers liegt und die Abs. 2 und 6 der Übermittlung nicht entgegenstehen, es sei denn, dass besonderer Anlass zur Prüfung der Zulässigkeit der Übermittlung besteht.

§ 61 Schutz besonderer Daten. (1) [1] Besondere Kategorien personenbezogener Daten nach § 41 Nr. 15 des Hessischen Datenschutz- und Informationsfreiheitsgesetzes, insbesondere das religiöse oder weltanschauliche Bekenntnis von Gefangenen und personenbezogene Daten, die anlässlich ärztlicher Untersuchungen erhoben worden sind, dürfen in der Anstalt nicht allgemein kenntlich gemacht werden. [2] Andere personenbezogene Daten über die Gefangenen dürfen innerhalb der Anstalt allgemein kenntlich gemacht werden, soweit dies für ein geordnetes Zusammenleben in der Anstalt erforderlich ist.

(2) [1] Personenbezogene Daten, die in der Anstalt tätigen Personen im Sinne von § 203 Abs. 1 Nr. 1, 2 und 6 des Strafgesetzbuchs von Gefangenen als Geheimnis anvertraut oder über Gefangene als Geheimnis sonst bekannt geworden sind, unterliegen auch gegenüber der Anstalt und der Aufsichtsbehörde der Schweigepflicht. [2] Die in Satz 1 genannten Personen sind befugt und verpflichtet, diese Daten gegenüber der Anstaltsleitung zu offenbaren, soweit dies für die Sicherheit der Anstalt, zur Planung vollzuglicher Maßnahmen oder zur Abwehr von erheblichen Gefahren für Leben oder Gesundheit von Gefangenen oder Dritten unbedingt erforderlich ist; dies gilt insbesondere dann, wenn eine gemeinsame Unterbringung, eine besondere Sicherungsmaßnahme oder eine Zwangsmaßnahme auf dem Gebiet der Gesundheitsfürsorge angeordnet

oder beantragt werden soll oder ein meldepflichtiger Fall nach § 6 Abs. 1 des Gesetzes zur Verhütung und Bekämpfung von Infektionskrankheiten beim Menschen vorliegt. [3]Eine Befugnis zur Offenbarung besteht auch, soweit es die Feststellung betrifft, ob Gefangene fähig sind, an bestimmten vollzuglichen Maßnahmen teilzunehmen oder ob sie an Behandlungsmaßnahmen teilnehmen und daran mitwirken.

(3) In Abs. 2 gelten Satz 2 und 3 entsprechend für die in § 203 Abs. 1 Nr. 1, 2, 4 und 6 des Strafgesetzbuchs genannten Personen außerhalb des Vollzugs, die mit der Untersuchung, Behandlung oder Betreuung von Gefangenen beauftragt wurden, mit der Maßgabe, dass die vorgenannten Personen lediglich zu einer Offenbarung befugt sind.

(4) Die Gefangenen sind bei der Aufnahme über die nach Abs. 2 Satz 2 und Abs. 3 bestehenden Offenbarungsbefugnisse und Offenbarungspflichten zu unterrichten.

(5) Die nach Abs. 2 und 3 offenbarten Daten dürfen nur für den Zweck, für den sie offenbart wurden oder für den eine Offenbarung zulässig gewesen wäre, und in dem hierfür unbedingt erforderlichen Umfang verarbeitet werden.

§ 62 Abruf durch die Aufsichtsbehörde, gemeinsame Datei, Einrichtung automatisierter Übermittlungs- und Abrufverfahren. (1) Zur Erfüllung ihrer Aufgaben kann die Aufsichtsbehörde Daten, die in der Anstalt gespeichert sind, abrufen.

(2) [1]Daten über die persönlichen Verhältnisse der Gefangenen, Vollstreckungsdaten, Daten zum Vollzugsverlauf und sicherheitsrelevante Daten können in einer von der Aufsichtsbehörde eingerichteten und geführten gemeinsamen Datei gespeichert werden. [2]Die Aufsichtsbehörde darf diese Daten, soweit erforderlich, verwenden zur übergeordneten Planung, zur Sicherung der Qualität des Vollzugs oder zur Durchführung von Einzelmaßnahmen. [3]Für die Anstalten sind die Daten Teil der jeweiligen Gefangenenpersonalakte. [4]Eingabe, Änderung und Löschung der Daten erfolgt jeweils durch die Anstalt, die für die Gefangene oder den Gefangenen zuständig ist. [5]Die Übermittlung und der Abruf personenbezogener Daten aus dieser Datei zu den in § 60 Abs. 1 genannten Zwecken sind zulässig, soweit diese Form der Datenübermittlung oder des Datenabrufs unter Berücksichtigung der schutzwürdigen Belange der betroffenen Personen und der Erfüllung des Zwecks der Übermittlung angemessen ist.

(3) Für die Ausgestaltung des Verfahrens nach Abs. 2 gilt § 58 des Hessischen Datenschutz- und Informationsfreiheitsgesetzes.

(4) [1]Zur Überprüfung von Gefangenen nach § 58b Abs. 1 darf zwischen den Justizvollzugsbehörden in Hessen und den übrigen Ländern ein automatisiertes Verfahren zum Abruf von

1. Nachnamen, Geburtsnamen, Vornamen, Geburtsdatum, Geschlecht, Geburtsort, Geburtsland und Staatsangehörigkeit der zu überprüfenden Gefangenen sowie bekannt gewordene Aliasnamen der Gefangenen,
2. Vorinhaftierungen der Gefangenen und
3. Informationen darüber, ob weitere sicherheitsrelevante Erkenntnisse zu den Gefangenen vorliegen

für eine anschließende Anfrage und Übermittlung personenbezogener Daten im Rahmen der gesetzlichen Vorschriften im Einzelfall bei den Justizvollzugsbehörden eingerichtet werden; die oder der Hessische Beauftragte für Datenschutz und Informationsfreiheit ist vor der Einrichtung oder wesentlichen Änderung des automatisierten Verfahrens anzuhören. [2] Durch Staatsvertrag kann im Übrigen mit anderen Ländern und dem Bund ein automatisierter Datenverbund nach Maßgabe der Abs. 2 und 3 eingerichtet werden.

§ 63 Datensicherung. (1) [1] Mit der Datenverarbeitung befasste Personen dürfen personenbezogene Daten nicht unbefugt verarbeiten. [2] Sie sind auf die bei ihrer Tätigkeit zu beachtenden Vorschriften über den Datenschutz zu unterrichten. [3] Auf die besonderen Anforderungen bei von Verarbeitung von Daten, die aus Videoüberwachung oder aus Maßnahmen nach § 60 Abs. 2 und § 61 Abs. 1 und 2 stammen oder besondere Kategorien personenbezogener Daten nach § 41 Nr. 15 des Hessischen Datenschutz- und Informationsfreiheitsgesetzes oder den Kernbereich privater Lebensgestaltung betreffen, sind sie gesondert hinzuweisen. [4] Das Datengeheimnis besteht auch nach der Beendigung der Tätigkeit fort.

(2) [1] Akten und Dateien mit personenbezogenen Daten sind nach Maßgabe des § 59 des Hessischen Datenschutz- und Informationsfreiheitsgesetzes durch technische und organisatorische Maßnahmen gegen unbefugten Zugriff zu schützen. [2] Gefangenenpersonalakten, Gesundheitsakten, Krankenblätter und sonstige in § 61 Abs. 2 und 3 aufgeführte personenbezogene Daten sind getrennt von anderen Unterlagen zu führen und besonders zu sichern.

§ 64 Information und Auskunft an die Betroffenen, Akteneinsicht.

[1] Die Betroffenen erhalten Auskunft und Information hinsichtlich der zu ihrer Person verarbeiteten Daten nach Maßgabe der §§ 50 bis 52 des Hessischen Datenschutz- und Informationsfreiheitsgesetzes, soweit die Datenverarbeitung zu den in § 40 des Hessischen Datenschutz- und Informationsfreiheitsgesetzes genannten Zwecken erfolgt; im Übrigen nach Maßgabe der §§ 31 bis 33 des Hessischen Datenschutz- und Informationsfreiheitsgesetzes. [2] Soweit dies zur Wahrnehmung rechtlicher Interessen erforderlich ist, wird dem Betroffenen Akteneinsicht gewährt.

§ 65 Berichtigung, Einschränkung der Verarbeitung und Löschung.

(1) Personenbezogene Daten sind nach Maßgabe der §§ 53 und 70 des Hessischen Datenschutz- und Informationsfreiheitsgesetzes zu berichtigen, zu löschen oder in der Verarbeitung einzuschränken, soweit sie zu den in § 40 des Hessischen Datenschutz- und Informationsfreiheitsgesetzes genannten Zwecken verarbeitet wurden und in den nachfolgenden Absätzen keine besonderen Regelungen getroffen sind; im Übrigen gilt § 34 des Hessischen Datenschutz- und Informationsfreiheitsgesetzes.

(2) [1] Personenbezogene Daten, die durch den Einsatz eines elektronischen Überwachungssystems erhoben wurden oder hierbei angefallen sind, sind nach Beendigung der Maßnahme unverzüglich, Videoaufnahmen, Aufnahmen mittels Bild- und Tonübertragung oder Ergebnisse von Maßnahmen nach § 59 spätestens 72 Stunden nach Ende des Kalendertages, an dem sie angefallen sind, zu löschen, soweit nicht zum Zeitpunkt der Entscheidung über die Löschung die weitere Aufbewahrung bei Einschränkung der Verarbeitung zu konkreten Beweiszwecken unbedingt erforderlich ist. [2] Sind personenbezogene Daten entgegen § 58 Abs. 1 Satz 3 verarbeitet worden, sind diese unverzüglich, spätestens

24 Stunden nach Ende des Kalendertages, an dem sie angefallen sind, zu löschen. [3]Die Tatsache der Löschung nach Satz 1 und 2 ist zu dokumentieren; die Dokumentation darf ausschließlich zu Zwecken der Datenschutzkontrolle verwendet werden und ist zu löschen, wenn sie für diese Zwecke nicht mehr erforderlich ist, spätestens jedoch am Ende des Kalenderjahres, das dem Jahr der Dokumentation folgt.

(3) [1]Personenbezogene Daten, die in der Gefangenenpersonalakte oder in anderen zur Person der Gefangenen geführten Dateien und Akten gespeichert sind, sind spätestens fünf Jahre nach der Entlassung oder der Verlegung der Gefangenen in eine andere Anstalt zu löschen; personenbezogene Daten, die gemäß § 58b Abs. 3 als besonderer Teil der Gefangenenpersonalakte geführt werden, sind, sofern ihre Speicherung nicht mehr erforderlich ist, unverzüglich, spätestens nach Ablauf von zwei Jahren ab ihrer Erhebung zu löschen. [2]Sonstige personenbezogene Daten, die in anderen Dateien und Akten gespeichert sind, sind, sofern ihre Speicherung nicht mehr erforderlich ist, unverzüglich, spätestens nach Ablauf von fünf Jahren ab ihrer Erhebung zu löschen.

(4) [1]Eine Löschung personenbezogener Daten unterbleibt, soweit ihre Speicherung bei Einschränkung ihrer Verarbeitung nach

1. § 53 des Hessischen Datenschutz- und Informationsfreiheitsgesetzes, insbesondere aufgrund ärztlichen Dokumentationspflichten, oder
2. § 34 des Hessischen Datenschutz- und Informationsfreiheitsgesetzes

erfolgt. [2]In ihrer Verarbeitung eingeschränkte Daten sind besonders zu kennzeichnen und dürfen außer bei Einwilligung der Betroffenen nur zu dem Zweck verarbeitet, insbesondere übermittelt werden, der ihrer Löschung entgegenstand. [3]Die Einschränkung der Verarbeitung endet, wenn Gefangene erneut zum Vollzug einer Freiheitsentziehung aufgenommen werden oder die Betroffenen eingewilligt haben. [4]Bei den in der Verarbeitung eingeschränkten personenbezogenen Daten können bis zum Ablauf der Aufbewahrungsfrist für die Gefangenenpersonalakte oder anderer zur Person der Gefangenen geführten Dateien oder Akten die Angaben über Familienname, Vorname, Geburtsname, Geburtstag, Geburtsort, Eintritts- und Austrittsdatum gespeichert werden, soweit dies für das Auffinden dieser Dateien oder Akten erforderlich ist.

(5) [1]Die Erforderlichkeit der Löschung, auch bei in der Verarbeitung eingeschränkten personenbezogenen Daten, ist jährlich zu kontrollieren. [2]Die Frist zur Kontrolle personenbezogener Daten, die in der Gefangenenpersonalakte oder in anderen zur Person der Gefangenen geführten Dateien und Akten gespeichert sind, beginnt mit der Entlassung oder Verlegung der Gefangenen in eine andere Anstalt, in sonstigen Fällen mit Erhebung der personenbezogenen Daten.

(6) [1]Folgende Aufbewahrungsfristen von Dateien und Akten, soweit diese in der Verarbeitung eingeschränkt sind, dürfen nicht überschritten werden:

1. 20 Jahre bei Daten aus Gefangenenpersonalakten, Gesundheitsakten und Krankenblättern,
2. 30 Jahre bei Daten aus Gefangenenbüchern.

[2]Dies gilt nicht, wenn konkrete Anhaltspunkte dafür vorliegen, dass die Aufbewahrung für die in Abs. 4 genannten Zwecke weiterhin erforderlich ist. [3]Die Aufbewahrungsfrist beginnt mit dem auf das Jahr der Weglegung folgenden Kalenderjahr. [4]Die Vorschriften des Hessischen Archivgesetzes vom 26. No-

vember 2012 (GVBl. S. 458), geändert durch Gesetz vom 5. Oktober 2017 (GVBl. S. 294), in seiner jeweils geltenden Fassung bleiben unberührt.

Vierzehnter Titel. Vollzug des Strafarrestes

§ 65a Für den Vollzug des Strafarrestes in Justizvollzugsanstalten gelten die Vorschriften über den Vollzug der Freiheitsstrafe (§ 2 bis § 65) entsprechend, soweit im Folgenden nichts Anderes bestimmt ist.

§ 65b (1) [1] Eine gemeinsame Unterbringung während der Arbeit, Freizeit und Ruhezeit ist nur mit Einwilligung der Gefangenen zulässig. [2] Das gilt nicht, wenn Strafarrest in Unterbrechung einer anderen freiheitsentziehenden Maßnahme vollzogen wird.

(2) [1] Den Gefangenen soll gestattet werden, einmal wöchentlich Besuch zu empfangen. [2] Besuche und Schriftwechsel dürfen nur untersagt oder überwacht werden, wenn dies aus Gründen der Sicherheit oder Ordnung der Anstalt notwendig ist.

(3) § 43 findet nur in den Fällen einer Beschäftigung nach § 27 Abs. 4 und 7 Anwendung.

(4) Gefangene dürfen eigene Kleidung, Wäsche und eigenes Bettzeug benutzen, wenn Gründe der Sicherheit und Ordnung der Anstalt nicht entgegenstehen und die Gefangenen für Reinigung, Instandsetzung und regelmäßigen Wechsel auf eigene Kosten sorgen.

(5) Gefangene dürfen Nahrungs- und Genussmittel sowie Mittel zur Körperpflege in angemessenem Umfang durch Vermittlung der Anstalt auf eigene Kosten erwerben.

(6) [1] Beim Vollzug des Strafarrests dürfen zur Vereitelung einer Flucht oder zur Wiederergreifung (§ 54 Abs. 1 Satz 1 Nr. 2) keine Schusswaffen gebraucht werden. [2] Abs. 1 Satz 2 gilt entsprechend.

Dritter Abschnitt. Besondere Vorschriften für Gefangene mit angeordneter oder vorbehaltener Sicherungsverwahrung

§ 66 Grundsatz. Für Gefangene mit angeordneter oder vorbehaltener Sicherungsverwahrung gelten die Vorschriften dieses Gesetzes, soweit nachfolgend nichts anderes bestimmt ist.

§ 67 Zusätzliche Aufgabe. Bei angeordneter oder vorbehaltener Sicherungsverwahrung dient der Vollzug auch dazu, die Gefährlichkeit der Gefangenen für die Allgemeinheit so zu minimieren, dass die Vollstreckung der Unterbringung oder deren Anordnung möglichst entbehrlich wird.

§ 68 Anwendung anderer Vorschriften, Ausnahmen. (1) Bereits im Vollzug der Freiheitsstrafe ist den Gefangenen eine individuelle, intensive und therapiegerichtete Betreuung im Sinne von § 66c Abs. 1 Nr. 1 des Strafgesetzbuchs einschließlich der hierzu erforderlichen Behandlungs- und Betreuungsmaßnahmen anzubieten.

(2) [1] Die Behandlungsmaßnahmen haben wissenschaftlichen Erkenntnissen zu entsprechen. [2] Soweit bestehende Angebote nicht ausreichen oder keinen Erfolg versprechen, sind individuell zugeschnittene Behandlungsangebote zu

unterbreiten. [3]Bei der Behandlung und Betreuung wirken Bedienstete der verschiedenen Fachrichtungen in enger Abstimmung zusammen. [4]Soweit dies erforderlich ist, sind externe Fachkräfte einzubeziehen.

(3) [1]Die Bereitschaft der Gefangenen zur Mitwirkung an Behandlungsmaßnahmen ist fortwährend zu wecken und zu fördern. [2]Die Motivationsmaßnahmen sind zu dokumentieren.

(4) [1]Die Untersuchungen nach § 9 erstrecken sich auch auf alle Umstände, die für die Beurteilung der Gefährlichkeit maßgeblich sind. [2]Im Rahmen der Behandlungsuntersuchung sind die Ursachen der Straftaten, die individuellen Risikofaktoren sowie der Behandlungsbedarf, die Behandlungsfähigkeit und die Behandlungsmotivation der Gefangenen festzustellen. [3]Gleichzeitig sollen die Fähigkeiten der Gefangenen ermittelt werden, deren Stärkung der Gefährlichkeit der Gefangenen entgegenwirken. [4]Erkenntnisse aus vorangegangenen Freiheitsentziehungen sind einzubeziehen.

(5) [1]Der Vollzugsplan enthält über § 10 Abs. 4 hinaus insbesondere Angaben über

1. psychiatrische, psychotherapeutische oder sozialtherapeutische Behandlungsmaßnahmen,
2. andere Einzel- oder Gruppenbehandlungsmaßnahmen,
3. Maßnahmen zur Förderung der Behandlungsmotivation und
4. eine gegebenenfalls erforderliche Nachsorge.

[2]Für die Fortschreibung des Vollzugsplans ist eine angemessene Frist vorzusehen, die sechs Monate nicht übersteigen soll. [3]An der Behandlung mitwirkende Personen außerhalb des Vollzugs sind nach Möglichkeit in die Planung einzubeziehen. [4]Sie können mit Zustimmung der Gefangenen auch an der Konferenz nach § 75 Abs. 3 beteiligt werden.

(6) [1]Über § 12 Abs. 1 Satz 1 hinaus sind die Gefangenen in eine sozialtherapeutische Anstalt oder Abteilung zu verlegen, wenn ihre Teilnahme an den dortigen Behandlungsprogrammen zur Verringerung ihrer Gefährlichkeit für die Allgemeinheit angezeigt ist. [2]Die Verlegung soll zu einem Zeitpunkt erfolgen, der den Abschluss der Behandlung während des Vollzugs der Freiheitsstrafe erwarten lässt.

(7) § 12 Abs. 5 und 6 gilt entsprechend mit der Maßgabe, dass die Wiederaufnahme in der Entlassungsanstalt erfolgt.

Vierter Abschnitt. Fortentwicklung des Vollzugs, kriminologische Forschung

§ 69 Fortentwicklung des Vollzugs, kriminologische Forschung.

(1) [1]Der Strafvollzug, insbesondere die Erfüllung seiner Aufgaben (§ 2), seine Gestaltung (§ 3) und die vollzuglichen Maßnahmen (§ 5), sollen regelmäßig durch den kriminologischen Dienst in Zusammenarbeit mit Hochschulen oder anderen Stellen wissenschaftlich begleitet und erforscht werden. [2]Die Ergebnisse dienen dem öffentlichen Interesse und sind für die Fortentwicklung des Vollzugs nutzbar zu machen.

(2) [1]Zum Zweck der wissenschaftlichen Forschung können die Anstalten und die Aufsichtsbehörde Daten über den Strafvollzug und die eine Freiheitsstrafe verbüßenden Gefangenen verarbeiten, insbesondere erheben und an die

in Abs. 1 genannten Stellen übermitteln. [2]Dazu gehören insbesondere Angaben über

1. die Anstalten und deren Personalausstattung einschließlich Dritter nach § 7,
2. die bei der Feststellung des Maßnahmenbedarfs nach § 9 Abs. 2 ermittelten Umstände,
3. den Vollstreckungs- und Vollzugsverlauf sowie
4. die Ausgestaltung des Vollzugs, namentlich die Durchführung von vollzuglichen Maßnahmen.

(3) Für die Übermittlung personenbezogener Daten gilt § 476 der Strafprozessordnung mit der Maßgabe entsprechend, dass

1. auch elektronisch gespeicherte personenbezogene Daten übermittelt werden können und
2. besondere Kategorien personenbezogener Daten nach § 41 Nr. 15 des Hessischen Datenschutz- und Informationsfreiheitsgesetzes nur übermittelt werden, soweit dies für den Zweck nach § 476 Abs. 1 Nr. 1 der Strafprozessordnung unbedingt erforderlich ist.

(4) Die Gestaltung der Voraussetzungen für eine wissenschaftliche Begleitung obliegt der Aufsichtsbehörde.

Fünfter Abschnitt. Aufbau der Anstalten

§ 70 Anstalten, Trennungsgrundsätze. (1) Die Freiheitsstrafe und der Strafarrest werden in Justizvollzugsanstalten (Anstalten) vollzogen.

(2) [1]Weibliche und männliche Gefangene werden getrennt voneinander untergebracht. [2]Bei Personen, die sich weder dem männlichen noch dem weiblichen Geschlecht zuordnen lassen oder wenn die Sicherheit oder Ordnung der Anstalt dies erfordern, erfolgt die Unterbringung unter Berücksichtigung der Umstände des Einzelfalles.

(3) [1]Für den Vollzug nach § 12 sind sozialtherapeutische Anstalten vorzusehen. [2]Aus besonderen Gründen können auch sozialtherapeutische Abteilungen in anderen Anstalten eingerichtet werden. [3]Für diese Abteilungen gelten die Vorschriften über die sozialtherapeutische Anstalt entsprechend.

(4) Von der getrennten Unterbringung nach den Abs. 2 und 3 kann abgewichen werden,

1. wenn eine Zustimmung der Gefangenen vorliegt,
2. wenn die Gefangenen hilfsbedürftig sind oder für sie eine Gefahr für Leben oder Gesundheit besteht,
3. um die Teilnahme an vollzuglichen Maßnahmen zu ermöglichen oder
4. wenn dringende Gründe der Vollzugsorganisation dies vorübergehend erfordern.

§ 71 Vollstreckungsplan. (1) Die örtliche und sachliche Zuständigkeit der Anstalten wird im Vollstreckungsplan durch die Aufsichtsbehörde nach allgemeinen Merkmalen geregelt.

(2) Der Vollstreckungsplan sieht insbesondere vor, dass

1. Verurteilte in eine Einweisungsanstalt oder -abteilung eingewiesen werden; diese bestimmt unter Berücksichtigung der vollzuglichen Aufgaben nach § 2 die für den weiteren Vollzug zuständige Anstalt,
2. Verurteilte im offenen Vollzug aufgenommen werden
   a) die sich zum Zeitpunkt der Ladung zum Strafantritt auf freiem Fuß befinden,
   b) die zu Freiheitsstrafe von insgesamt nicht mehr als zwei Jahren verurteilt wurden und
   c) bei denen nach Aktenlage kein Fall von § 13 Abs. 4 und 5 anzunehmen ist,
3. Verurteilte im geschlossenen Vollzug aufgenommen werden, soweit kein Fall von Nr. 2 vorliegt.

(3) In den Fällen des Abs. 2 Nr. 2 prüft die Anstalt den weiteren Verbleib im offenen Vollzug anhand der in § 13 Abs. 2, 4 und 5 genannten Voraussetzungen.

(4) Werden Gefangene, die sich bei Strafantritt auf freiem Fuß befunden haben, im geschlossenen Vollzug aufgenommen und sprechen nach Maßgabe des § 13 Abs. 2 und 4 bis 6 überwiegende Anhaltspunkte für eine Eignung für den offenen Vollzug, können sie zur Vermeidung schwerwiegender Nachteile vorbehaltlich der abschließenden Entscheidung der aufnehmenden Anstalt dort untergebracht werden.

§ 72 Differenzierung, Gestaltung und Organisation der Anstalten.

(1) [1]Die Anstalten sind so zu gestalten und zu differenzieren, dass die Aufgaben des Vollzugs (§§ 2 und 66) gewährleistet werden. [2]Personelle Ausstattung, sachliche Mittel und Organisation der Anstalten sind hieran auszurichten.

(2) [1]In Anstalten des geschlossenen Vollzugs gewährleisten besondere bauliche und technische Vorkehrungen eine sichere Unterbringung der Gefangenen. [2]Einrichtungen des offenen Vollzugs sehen nur verminderte oder keine Vorkehrungen gegen Entweichungen vor.

(3) [1]Räume für den Aufenthalt während der Ruhe- und Freizeit sowie Gemeinschafts- und Besuchsräume müssen eine hinreichende Grundfläche und lichte Höhe haben und ausreichend mit Heizung, Lüftung und Fensterfläche ausgestattet sein. [2]Sie sind zweckentsprechend auszugestalten.

(4) [1]Die Aufsichtsbehörde setzt die Belegungsfähigkeit für jede Anstalt fest. [2]Dabei ist zu berücksichtigen, dass eine ausreichende Anzahl von Plätzen für Ausbildung und Weiterbildung, Arbeit sowie von Räumen für Seelsorge, Freizeit, Sport, therapeutische Maßnahmen und Besuche zur Verfügung steht.

(5) [1]Hafträume dürfen nicht mit mehr Personen als vorgesehen belegt werden. [2]Ausnahmen hiervon sind nur vorübergehend und nur mit Zustimmung der Aufsichtsbehörde zulässig.

§ 73 Arbeitsbetriebe, Einrichtungen der schulischen und beruflichen Bildung. (1) In den Anstalten sind die notwendigen Arbeitsbetriebe sowie die erforderlichen Einrichtungen zur beruflichen und schulischen Bildung und arbeitstherapeutischen Beschäftigung vorzusehen.

(2) Bildung und Beschäftigung können auch durch nicht staatliche Stellen organisiert und durchgeführt werden.

§ 74 Unterbringung von Gefangenen mit Kindern. (1) [1]Nicht schulpflichtige Kinder von Gefangenen können mit Einwilligung der Inhaberin oder des Inhabers des Aufenthaltbestimmungsrechts mit ihnen gemeinsam in einer Justizvollzugsanstalt untergebracht werden, wenn dies dem Kindeswohl entspricht. [2]Vor der Unterbringung ist das Jugendamt zu hören.

(2) [1]Die Unterbringung erfolgt auf Kosten der für das Kind Unterhaltspflichtigen. [2]Von der Geltendmachung des Kostenersatzanspruchs kann abgesehen werden, wenn hierdurch die gemeinsame Unterbringung gefährdet würde.

(3) In geeigneten Anstalten sollen Einrichtungen vorgesehen werden, in denen Gefangene mit ihren Kindern untergebracht werden können.

§ 75 Anstaltsleitung. (1) [1]Die Anstaltsleitung (Anstaltsleiterin oder Anstaltsleiter) vertritt die Anstalt nach außen und trägt die Verantwortung für den gesamten Vollzug. [2]Sie kann bestimmte Entscheidungsbefugnisse auf andere Vollzugsbedienstete oder andere Vollzugsbehörden übertragen. [3]Die Aufsichtsbehörde kann sich die Zustimmung zur Übertragung vorbehalten.

(2) [1]Für jede Anstalt ist eine Beamtin oder ein Beamter des höheren Dienstes zur hauptamtlichen Leitung zu bestellen. [2]Aus besonderen Gründen kann eine Anstalt auch von einer Beamtin oder einem Beamten des gehobenen Dienstes geleitet werden.

(3) Zur Vorbereitung grundlegender Entscheidungen im Vollzug, insbesondere zur Aufstellung und Fortschreibung des Vollzugsplans und zur Entwicklung und Wahrung einheitlicher Qualitätsstandards, richtet die Anstaltsleitung Konferenzen mit den an der Betreuung und Behandlung maßgeblich Beteiligten ein.

§ 76 Vollzugsbedienstete. (1) [1]Die Aufgaben der Anstalt werden von Vollzugsbeamtinnen und Vollzugsbeamten wahrgenommen. [2]Aus besonderen Gründen können sie auch anderen Bediensteten sowie nebenamtlich bestellten oder vertraglich verpflichteten Personen übertragen werden. [3]Nicht hoheitliche Aufgaben können vertraglich verpflichteten Personen übertragen werden.

(2) Für jede Anstalt ist die erforderliche Anzahl von Bediensteten, insbesondere des allgemeinen Vollzugsdienstes, des Werkdienstes, des sozialen, psychologischen, pädagogischen und medizinischen Dienstes sowie der Verwaltung vorzusehen.

(3) [1]Das Personal muss für die Gestaltung des Vollzugs persönlich geeignet und fachlich qualifiziert sein. [2]Fortbildungen und, soweit es die Aufgabe erfordert, auch Praxisberatung und Begleitung für die Bediensteten werden regelmäßig durchgeführt.

(4) Alle im Vollzug Tätigen arbeiten zusammen und wirken daran mit, dessen Aufgaben zu erfüllen.

§ 77 Seelsorgerinnen und Seelsorger. (1) Die Seelsorgerin oder der Seelsorger wird im Einvernehmen mit der jeweiligen Religionsgemeinschaft im Hauptamt bestellt oder vertraglich verpflichtet.

(2) Wenn die geringe Zahl der Angehörigen einer Religionsgemeinschaft eine Seelsorge nach Abs. 1 nicht rechtfertigt, ist die seelsorgerische Betreuung auf andere Weise zu ermöglichen.

(3) Mit Zustimmung der Anstaltsleitung kann sich die Anstaltsseelsorge außenstehender Personen bedienen und sie insbesondere zur Mitwirkung an Gottesdiensten und anderen religiösen Veranstaltungen hinzuziehen.

§ 78 Interessenvertretung der Gefangenen. [1]Den Gefangenen soll ermöglicht werden, eine Vertretung in den Anstalten zu wählen. [2]Diese kann in allgemeinen Angelegenheiten der Gefangenen, die sich für eine Mitwirkung eignen, Vorschläge und Anregungen an die Anstaltsleitung herantragen.

§ 79 Hausordnung. (1) Die Anstaltsleitung erlässt eine Hausordnung.

(2) In die Hausordnung sind insbesondere Regelungen aufzunehmen über Besuchszeit, Häufigkeit und Dauer des Besuchs sowie Ausbildungs- und Arbeitszeit, Freizeit und Ruhezeit.

Sechster Abschnitt. Aufsicht über die Anstalten, Beiräte

§ 80 Aufsichtsbehörde. (1) Die Aufsicht über die Anstalten führt das Hessische Ministerium der Justiz.

(2) Die Aufsichtsbehörde bestimmt die Leitlinien des Vollzugs und sorgt in Zusammenarbeit mit den Anstalten für die Qualitätssicherung.

(3) Soweit sich die Aufsichtsbehörde zur Ausübung der Fachaufsicht fachlicher Beratung bedient, findet § 60 Abs. 6 keine Anwendung, soweit dieser die Weitergabe von Daten nach § 61 Abs. 2 ausschließt.

§ 81 Beiräte. (1) [1]Bei den Anstalten sind ehrenamtliche Beiräte zu bilden. [2]Vollzugsbedienstete dürfen nicht Mitglieder der Beiräte sein. [3]Die für Strafvollstreckungs- und Strafvollzugsrecht zuständige Ministerin oder der hierfür zuständige Minister wird ermächtigt, durch Rechtsverordnung die Bestellung, die Amtszeit und die Abberufung der Mitglieder zu regeln.

(2) [1]Der Beirat wirkt bei der Gestaltung des Vollzugs und bei der Betreuung der Gefangenen mit. [2]Er unterstützt die Anstaltsleitung durch Anregungen und hilft bei der Erfüllung des Eingliederungsauftrags.

(3) [1]Der Beirat kann insbesondere Wünsche, Anregungen und Beanstandungen entgegennehmen. [2]Er kann sich über die Unterbringung, Verpflegung, ärztliche Versorgung und Behandlung, schulische und berufliche Bildung sowie Beschäftigung unterrichten. [3]Hierzu können die Mitglieder des Beirats die Anstalt und ihre Einrichtungen besichtigen und die Gefangenen in ihren Räumen aufsuchen.

(4) [1]Die Mitglieder des Beirats sind, auch nach Beendigung ihrer Tätigkeit, verpflichtet, über alle im Rahmen ihrer Tätigkeit bekannt gewordenen Angelegenheiten Verschwiegenheit zu bewahren. [2]Dies gilt nicht für Mitteilungen, die zur Erfüllung ihrer Aufgaben erforderlich sind, oder über Tatsachen, die offenkundig sind oder ihrer Bedeutung nach keiner Geheimhaltung bedürfen.

Siebter Abschnitt. Schlussvorschriften

§ 82 Einschränkung von Grundrechten. Aufgrund dieses Gesetzes können eingeschränkt werden die Grundrechte auf

1. die körperliche Unversehrtheit (Art. 2 Abs. 2 Satz 1 des Grundgesetzes und Art. 3 der Verfassung des Landes Hessen),

2. die Freiheit der Person (Art. 2 Abs. 2 Satz 2 des Grundgesetzes und Art. 5 der Verfassung des Landes Hessen),
3. das Brief-, Post- und Fernmeldegeheimnis (Art. 10 Abs. 1 des Grundgesetzes und Art. 12 der Verfassung des Landes Hessen) und
4. die informationelle Selbstbestimmung (Art. 12a der Verfassung des Landes Hessen).

§ 83 Ersetzung und Fortgeltung von Bundesrecht. Dieses Gesetz ersetzt nach Art. 125a Abs. 1 Satz 2 des Grundgesetzes in seinem Geltungsbereich das Strafvollzugsgesetz[1], mit Ausnahme der Vorschriften über

1. den Pfändungsschutz (§ 50 Abs. 2 Satz 5, § 51 Abs. 4 und 5, § 75 Abs. 3),
2. das Handeln auf Anordnung (§ 97),
3. das gerichtliche Verfahren (§§ 109 bis 121b),
4. die Unterbringung in einem psychiatrischen Krankenhaus und einer Entziehungsanstalt (§§ 136 bis 138),
5. den Vollzug von Ordnungs-, Sicherungs-, Zwangs- und Erzwingungshaft (§§ 171 bis 175) und
6. den unmittelbaren Zwang in Justizvollzugsanstalten für andere Arten des Freiheitsentzugs (§ 178).

§ 84 Inkrafttreten. Dieses Gesetz tritt am ersten Tag des vierten Monats, der auf die Verkündung[2] folgt, in Kraft.

---

[1] Nr. 1.
[2] Verkündet am 6.7.2010.

1.8. Gesetz über den Vollzug der Freiheitsstrafe in Mecklenburg-Vorpommern (Strafvollzugsgesetz Mecklenburg-Vorpommern – StVollzG M-V)

Vom 7. Mai 2013

(GVOBl. M-V S. 322)

GS Meckl.-Vorp. 312-10

geänd. durch Art. 2 G über den Justizvollzugsdatenschutz in Mecklenburg-Vorpommern und zur Änd. weiterer G des Justizvollzuges v. 21.11.2020 (GVOBl. M-V S. 1254)

Der Landtag hat das folgende Gesetz beschlossen:

Inhaltsübersicht

Abschnitt 1. Allgemeine Bestimmungen

§ 1 Anwendungsbereich. Dieses Gesetz regelt den Vollzug der Freiheitsstrafe (Vollzug) und des Strafarrests in Justizvollzugsanstalten (Anstalten).

§ 2 Ziel und Aufgabe des Vollzugs. [1]Der Vollzug dient dem Ziel, die Gefangenen zu befähigen, künftig in sozialer Verantwortung ein Leben ohne Straftaten zu führen. [2]Er hat die Aufgabe, die Allgemeinheit vor weiteren Straftaten zu schützen.

§ 3 Grundsätze der Vollzugsgestaltung. (1) Der Vollzug ist auf die Auseinandersetzung der Gefangenen mit ihren Straftaten und deren Folgen auszurichten.

(2) Der Vollzug wirkt von Beginn an auf die Eingliederung der Gefangenen in das Leben in Freiheit hin.

(3) [1]Gefangene mit angeordneter oder vorbehaltener Sicherungsverwahrung sind individuell und intensiv zu betreuen, um ihre Unterbringung in der Sicherungsverwahrung entbehrlich zu machen. [2]Soweit standardisierte Maß-

nahmen nicht ausreichen oder keinen Erfolg versprechen, sind individuelle Maßnahmen zu entwickeln.

(4) Das Leben im Vollzug ist den allgemeinen Lebensverhältnissen soweit wie möglich anzugleichen.

(5) Schädlichen Folgen des Freiheitsentzugs ist entgegenzuwirken.

(6) [1] Der Bezug der Gefangenen zum gesellschaftlichen Leben ist zu wahren und zu fördern. [2] Personen und Einrichtungen außerhalb des Vollzugs sollen in den Vollzugsalltag einbezogen werden. [3] Den Gefangenen soll sobald wie möglich die Teilnahme am Leben in der Freiheit gewährt werden.

(7) Die unterschiedlichen Bedürfnisse der Gefangenen, insbesondere im Hinblick auf Geschlecht, Alter und Herkunft, werden bei der Vollzugsgestaltung im Allgemeinen und im Einzelfall berücksichtigt.

§ 4 Stellung der Gefangenen, Mitwirkung. (1) [1] Die Persönlichkeit der Gefangenen ist zu achten. [2] Ihre Selbstständigkeit im Vollzugsalltag ist soweit wie möglich zu erhalten und zu fördern.

(2) [1] Die Gefangenen werden an der Gestaltung des Vollzugsalltags beteiligt. [2] Vollzugliche Maßnahmen sollen ihnen erläutert werden.

(3) [1] Zur Erreichung des Vollzugsziels bedarf es der Mitwirkung der Gefangenen. [2] Ihre Bereitschaft hierzu ist zu fördern.

(4) [1] Die Gefangenen unterliegen den in diesem Gesetz vorgesehenen Beschränkungen ihrer Freiheit. [2] Soweit das Gesetz eine besondere Regelung nicht enthält, dürfen ihnen nur Beschränkungen auferlegt werden, die zur Aufrechterhaltung der Sicherheit oder zur Abwendung einer schwerwiegenden Störung der Ordnung der Anstalt unerlässlich sind.

§ 5 Soziale Hilfe und Wiedergutmachung. [1] Die Gefangenen werden darin unterstützt, ihre persönlichen, wirtschaftlichen und sozialen Schwierigkeiten zu beheben. [2] Sie sollen dazu angeregt und in die Lage versetzt werden, ihre Angelegenheiten selbst zu regeln, insbesondere Schulden zu regulieren und den durch die Straftat verursachten materiellen und immateriellen Schaden wieder gutzumachen.

Abschnitt 2. Aufnahme, Diagnose, Vollzugs- und Eingliederungsplanung

§ 6 Aufnahmeverfahren. (1) [1] Mit den Gefangenen wird unverzüglich nach der Aufnahme ein Zugangsgespräch geführt, in dem ihre gegenwärtige Lebenssituation erörtert wird und sie über ihre Rechte und Pflichten informiert werden. [2] Ihnen wird ein Exemplar der Hausordnung zur Verfügung gestellt. [3] Dieses Gesetz, die von ihm in Bezug genommenen Gesetze sowie die zu seiner Ausführung erlassenen Rechtsverordnungen und Verwaltungsvorschriften sind den Gefangenen auf Verlangen zugänglich zu machen.

(2) Während des Aufnahmeverfahrens dürfen andere Gefangene nicht zugegen sein.

(3) Die Gefangenen werden alsbald ärztlich untersucht.

(4) Die Gefangenen werden dabei unterstützt, etwa notwendige Maßnahmen für hilfsbedürftige Angehörige, zur Erhaltung des Arbeitsplatzes und der Wohnung und zur Sicherung ihrer Habe außerhalb der Anstalt zu veranlassen.

(5) [1]Bei Gefangenen, die eine Ersatzfreiheitsstrafe verbüßen oder zu verbüßen haben, sind die Möglichkeiten der Abwendung der Vollstreckung durch freie Arbeit oder ratenweise Tilgung der Geldstrafe zu erörtern. [2]Es ist auf eine möglichst baldige Entlassung hinzuwirken.

§ 7 Diagnoseverfahren. (1) An das Aufnahmeverfahren schließt sich zur Vorbereitung der Vollzugs- und Eingliederungsplanung das Diagnoseverfahren an.

(2) [1]Das Diagnoseverfahren muss wissenschaftlichen Erkenntnissen genügen. [2]Insbesondere bei Gefangenen mit angeordneter oder vorbehaltener Sicherungsverwahrung ist es von Personen mit einschlägiger wissenschaftlicher Qualifikation durchzuführen.

(3) [1]Das Diagnoseverfahren erstreckt sich auf die Persönlichkeit, die Lebensverhältnisse, die Ursachen und Umstände der Straftat sowie alle sonstigen Gesichtspunkte, deren Kenntnis für eine zielgerichtete und wirkungsorientierte Vollzugsgestaltung und die Eingliederung der Gefangenen nach der Entlassung notwendig erscheint. [2]Neben den Unterlagen aus der Vollstreckung und dem Vollzug vorangegangener Freiheitsentziehungen sind insbesondere auch Erkenntnisse der Gerichts- und Bewährungshilfe sowie der Führungsaufsichtsstelle einzubeziehen.

(4) [1]Im Diagnoseverfahren werden die im Einzelfall die Straffälligkeit begünstigenden Faktoren ermittelt. [2]Gleichzeitig sollen die Fähigkeiten der Gefangenen ermittelt werden, deren Stärkung einer erneuten Straffälligkeit entgegenwirken kann.

(5) [1]Bei einer voraussichtlichen Vollzugsdauer bis zu einem Jahr kann das Diagnoseverfahren auf die Umstände beschränkt werden, deren Kenntnis für eine angemessene Vollzugsgestaltung unerlässlich und für die Eingliederung erforderlich ist. [2]Unabhängig von der Vollzugsdauer gilt dies auch, wenn ausschließlich Ersatzfreiheitsstrafen zu vollziehen sind.

(6) Das Ergebnis des Diagnoseverfahrens wird mit den Gefangenen erörtert.

§ 8 Vollzugs- und Eingliederungsplanung. (1) [1]Auf der Grundlage des Ergebnisses des Diagnoseverfahrens wird ein Vollzugs- und Eingliederungsplan erstellt. [2]Er zeigt den Gefangenen unter Berücksichtigung der voraussichtlichen Vollzugsdauer die zur Erreichung des Vollzugsziels erforderlichen Maßnahmen auf. [3]Daneben kann er weitere Hilfsangebote und Empfehlungen enthalten. [4]Die Fähigkeiten, Fertigkeiten und Neigungen der Gefangenen sind zu berücksichtigen.

(2) [1]Der Vollzugs- und Eingliederungsplan wird regelmäßig innerhalb der ersten acht Wochen nach der Aufnahme erstellt. [2]Diese Frist verkürzt sich bei einer voraussichtlichen Vollzugsdauer von unter einem Jahr auf vier Wochen.

(3) [1]Die Vollzugs- und Eingliederungsplanung wird mit den Gefangenen erörtert. [2]Dabei werden deren Anregungen und Vorschläge einbezogen, soweit sie der Erreichung des Vollzugsziels dienen.

(4) [1]Der Vollzugs- und Eingliederungsplan sowie die darin vorgesehenen Maßnahmen werden regelmäßig alle sechs Monate überprüft und fortgeschrieben. [2]Die Entwicklung der Gefangenen und die in der Zwischenzeit gewonnenen Erkenntnisse sind zu berücksichtigen. [3]Die durchgeführten Maßnahmen sind zu dokumentieren.

(5) [1] Zur Erstellung und Fortschreibung des Vollzugs- und Eingliederungsplans führt der Anstaltsleiter oder die Anstaltsleiterin eine Konferenz mit den an der Vollzugsgestaltung maßgeblich Beteiligten durch. [2] Standen die Gefangenen vor ihrer Inhaftierung unter Bewährung oder Führungsaufsicht, können auch die für sie bislang zuständigen Bewährungshelfer oder Bewährungshelferinnen an der Konferenz beteiligt werden. [3] Den Gefangenen wird der Vollzugs- und Eingliederungsplan in der Konferenz eröffnet und erläutert.

(6) [1] An der Eingliederung mitwirkende Personen außerhalb des Vollzugs sind nach Möglichkeit in die Planung einzubeziehen. [2] Sie können mit Zustimmung der Gefangenen auch an der Konferenz beteiligt werden.

(7) [1] Werden die Gefangenen nach der Entlassung voraussichtlich unter Bewährungs- oder Führungsaufsicht gestellt, so ist dem künftig zuständigen Bewährungshelfer oder der künftig zuständigen Bewährungshelferin in den letzten zwölf Monaten vor dem voraussichtlichen Entlassungszeitpunkt die Teilnahme an der Konferenz zu ermöglichen. [2] Der Vollzugs- und Eingliederungsplan und seine Fortschreibungen sind dem künftig zuständigen Bewährungshelfer oder der zukünftig zuständigen Bewährungshelferin zu übersenden.

(8) Abschriften des Vollzugs- und Eingliederungsplans und seiner Fortschreibungen werden den Gefangenen ausgehändigt.

§ 9 Inhalt des Vollzugs- und Eingliederungsplans. (1) [1] Der Vollzugs- und Eingliederungsplan sowie seine Fortschreibungen enthalten insbesondere folgende Angaben:

1. Zusammenfassung der für die Vollzugs- und Eingliederungsplanung maßgeblichen Ergebnisse des Diagnoseverfahrens,
2. voraussichtlicher Entlassungszeitpunkt,
3. Unterbringung im geschlossenen oder offenen Vollzug,
4. Maßnahmen zur Förderung der Mitwirkungsbereitschaft,
5. Unterbringung in einer Wohngruppe und Teilnahme am Wohngruppenvollzug,
6. Unterbringung in einer sozialtherapeutischen Abteilung und Teilnahme an deren Behandlungsprogrammen,
7. Teilnahme an einzel- oder gruppentherapeutischen Maßnahmen, insbesondere psychologische Intervention und Psychotherapie,
8. Teilnahme an psychiatrischen Behandlungsmaßnahmen,
9. Teilnahme an Maßnahmen zur Behandlung von Suchtmittelabhängigkeit und -missbrauch,
10. Teilnahme an Trainingsmaßnahmen zur Verbesserung der sozialen Kompetenz,
11. Teilnahme an schulischen und beruflichen Qualifizierungsmaßnahmen einschließlich Alphabetisierungs- und Deutschkursen,
12. Teilnahme an arbeitstherapeutischen Maßnahmen oder am Arbeitstraining,
13. Arbeit,
14. freies Beschäftigungsverhältnis, Selbstbeschäftigung,
15. Teilnahme an Sportangeboten und Maßnahmen zur strukturierten Gestaltung der Freizeit,
16. Ausführungen, Außenbeschäftigung,
17. Lockerungen zur Erreichung des Vollzugsziels,

18. Aufrechterhaltung, Förderung und Gestaltung von Außenkontakten,
19. Schuldnerberatung, Schuldenregulierung und Erfüllung von Unterhaltspflichten,
20. Ausgleich von Tatfolgen einschließlich Täter-Opfer-Ausgleich,
21. Maßnahmen zur Vorbereitung von Entlassung, Eingliederung und Nachsorge und
22. Frist zur Fortschreibung des Vollzugs- und Eingliederungsplans.

[2]Bei angeordneter oder vorbehaltener Sicherungsverwahrung enthalten der Vollzugs- und Eingliederungsplan sowie seine Fortschreibungen darüber hinaus Angaben zu sonstigen Maßnahmen im Sinne des § 3 Absatz 3 Satz 2 und einer Antragstellung im Sinne des § 119a Absatz 2 des Strafvollzugsgesetzes[1)] des Bundes.

(2) [1]Maßnahmen nach Absatz 1 Satz 1 Nummer 6 bis 13 und Satz 2, die nach dem Ergebnis des Diagnoseverfahrens als zur Erreichung des Vollzugsziels zwingend erforderlich erachtet werden, sind als solche zu kennzeichnen und gehen allen anderen Maßnahmen vor. [2]Andere Maßnahmen dürfen nicht gestattet werden, soweit sie die Teilnahme an Maßnahmen nach Satz 1 beeinträchtigen würden.

(3) [1]Spätestens ein Jahr vor dem voraussichtlichen Entlassungszeitpunkt hat die Planung zur Vorbereitung der Eingliederung zu beginnen. [2]Anknüpfend an die bisherige Vollzugsplanung werden ab diesem Zeitpunkt die Maßnahmen nach Absatz 1 Satz 1 Nummer 21 konkretisiert oder ergänzt. [3]Insbesondere ist Stellung zu nehmen zu:

1. Unterbringung im offenen Vollzug, Übergangseinrichtung,
2. Unterkunft sowie Arbeit oder Ausbildung nach der Entlassung,
3. Unterstützung bei notwendigen Behördengängen und der Beschaffung der notwendigen persönlichen Dokumente,
4. Beteiligung des Landesamtes für ambulante Straffälligenarbeit,
5. Kontaktaufnahme zu Einrichtungen der Entlassenenhilfe,
6. Fortsetzung von im Vollzug noch nicht abgeschlossenen Maßnahmen,
7. Anregung von Auflagen und Weisungen für die Bewährungs- oder Führungsaufsicht,
8. Vermittlung in weiterführende Betreuung,
9. nachgehender Betreuung durch Vollzugsbedienstete.

Abschnitt 3. Unterbringung, Verlegung

§ 10 Trennungsgrundsätze. (1) Weibliche und männliche Gefangene werden getrennt voneinander untergebracht.

(2) Strafgefangene werden getrennt von nach Jugendstrafrecht verurteilten Gefangenen untergebracht.

(3) Von den Trennungsgrundsätzen nach den Absätzen 1 und 2 darf abgewichen werden, um die Teilnahme an gemeinsamen Maßnahmen, insbesondere zur schulischen und beruflichen Qualifizierung sowie zur Beschäftigung, zu ermöglichen.

[1)] Nr. 1.

§ 11 Unterbringung während der Einschlusszeiten. (1) Die Gefangenen im geschlossenen Vollzug werden in ihren Hafträumen einzeln untergebracht.

(2) [1] Mit ihrer Zustimmung können sie gemeinsam untergebracht werden, wenn schädliche Einflüsse nicht zu befürchten sind. [2] Bei einer Gefahr für die Gesundheit oder bei Hilfsbedürftigkeit ist die Zustimmung der gefährdeten oder hilfsbedürftigen Gefangenen zur gemeinsamen Unterbringung entbehrlich.

(3) Darüber hinaus ist eine gemeinsame Unterbringung nur vorübergehend und aus zwingenden Gründen zulässig.

§ 12 Aufenthalt außerhalb der Einschlusszeiten. (1) Außerhalb der Einschlusszeiten dürfen sich die Gefangenen in Gemeinschaft aufhalten.

(2) Der gemeinschaftliche Aufenthalt kann eingeschränkt werden,
1. wenn ein schädlicher Einfluss auf andere Gefangene zu befürchten ist,
2. wenn es die Sicherheit oder Ordnung der Anstalt erfordert oder
3. während des Diagnoseverfahrens, jedoch nicht länger als acht Wochen.

§ 13 Wohngruppenvollzug. (1) [1] Der Wohngruppenvollzug dient der Einübung sozialverträglichen Zusammenlebens, insbesondere von Toleranz sowie der Übernahme von Verantwortung für sich und andere. [2] Er ermöglicht den dort untergebrachten Gefangenen, ihren Vollzugsalltag weitgehend selbstständig zu regeln.

(2) [1] Eine Wohngruppe wird in einem baulich abgegrenzten Bereich mit bis zu 15 Gefangenen eingerichtet, zu dem neben den Hafträumen weitere Räume und Einrichtungen zur gemeinsamen Nutzung gehören. [2] Sie wird in der Regel von fest zugeordneten Bediensteten betreut.

§ 14 Unterbringung von Müttern mit Kindern. (1) [1] Ist das Kind einer Gefangenen noch nicht drei Jahre alt, kann es mit Zustimmung der Aufenthaltsbestimmungsberechtigten in der Anstalt untergebracht werden, wenn die baulichen Gegebenheiten dies zulassen und Sicherheitsgründe nicht entgegenstehen. [2] Vor der Unterbringung ist das Jugendamt zu hören.

(2) [1] Die Unterbringung erfolgt auf Kosten der für das Kind Unterhaltspflichtigen. [2] Von der Geltendmachung des Kostenersatzanspruchs kann ausnahmsweise abgesehen werden, wenn hierdurch die gemeinsame Unterbringung von Mutter und Kind gefährdet würde.

§ 15 Geschlossener und offener Vollzug. (1) [1] Die Gefangenen werden im geschlossenen oder offenen Vollzug untergebracht. [2] Abteilungen des offenen Vollzugs sehen keine oder nur verminderte Vorkehrungen gegen Entweichungen vor.

(2) Die Gefangenen sollen im offenen Vollzug untergebracht werden, wenn sie dessen besonderen Anforderungen genügen, insbesondere verantwortet werden kann zu erproben, dass sie sich dem Vollzug nicht entziehen und die Möglichkeiten des offenen Vollzugs nicht zur Begehung von Straftaten missbrauchen werden.

(3) Genügen die Gefangenen den besonderen Anforderungen des offenen Vollzugs nicht mehr, werden sie im geschlossenen Vollzug untergebracht.

§ 16 Verlegung und Überstellung. (1) Die Gefangenen können abweichend vom Vollstreckungsplan in eine andere Anstalt verlegt werden, wenn die Erreichung des Vollzugsziels hierdurch gefördert wird oder wenn Gründe der Vollzugsorganisation oder andere wichtige Gründe dies erfordern.

(2) Die Gefangenen dürfen aus wichtigem Grund in eine andere Anstalt überstellt werden.

Abschnitt 4. Sozialtherapie, psychologische Intervention und Psychotherapie

§ 17 Sozialtherapie. (1) [1] Sozialtherapie dient der Verringerung einer erheblichen Gefährlichkeit der Gefangenen. [2] Auf der Grundlage einer therapeutischen Gemeinschaft bedient sie sich insbesondere psychotherapeutischer, sozialpädagogischer und arbeitstherapeutischer Methoden, die in umfassenden Behandlungsprogrammen verbunden werden. [3] Personen aus dem Lebensumfeld der Gefangenen außerhalb des Vollzugs können in die Behandlung einbezogen werden.

(2) [1] Gefangene sind in einer sozialtherapeutischen Abteilung unterzubringen, wenn ihre Teilnahme an den dortigen Behandlungsprogrammen zur Verringerung ihrer erheblichen Gefährlichkeit angezeigt ist. [2] Eine erhebliche Gefährlichkeit liegt vor, wenn schwerwiegende Straftaten gegen Leib oder Leben, die persönliche Freiheit oder gegen die sexuelle Selbstbestimmung zu erwarten sind.

(3) Andere Gefangene können in einer sozialtherapeutischen Abteilung untergebracht werden, wenn die Teilnahme an den dortigen Behandlungsprogrammen zur Erreichung des Vollzugsziels angezeigt ist.

(4) [1] Die Unterbringung soll zu einem Zeitpunkt erfolgen, der entweder den Abschluss der Behandlung zum voraussichtlichen Entlassungszeitpunkt erwarten lässt oder die Fortsetzung der Behandlung nach der Entlassung ermöglicht. [2] Ist Sicherungsverwahrung angeordnet oder vorbehalten, soll die Unterbringung zu einem Zeitpunkt erfolgen, der den Abschluss der Behandlung noch während des Vollzugs der Freiheitsstrafe erwarten lässt.

(5) Die Unterbringung wird beendet, wenn das Ziel der Behandlung aus Gründen, die in der Person der Gefangenen liegen, nicht erreicht werden kann.

§ 18 Psychologische Intervention und Psychotherapie. [1] Psychologische Intervention und Psychotherapie im Vollzug dienen insbesondere der Behandlung psychischer Störungen des Verhaltens und Erlebens, die in einem Zusammenhang mit der Straffälligkeit stehen. [2] Sie werden durch systematische Anwendung psychologisch wissenschaftlich fundierter Methoden der Gesprächsführung mit einer Person oder mehreren Personen durchgeführt.

Abschnitt 5. Arbeitstherapeutische Maßnahmen, Arbeitstraining, schulische und berufliche Qualifizierungsmaßnahmen, Arbeit

§ 19 Arbeitstherapeutische Maßnahmen. Arbeitstherapeutische Maßnahmen dienen dazu, dass die Gefangenen Eigenschaften wie Selbstvertrauen,

Durchhaltevermögen und Konzentrationsfähigkeit einüben, um sie stufenweise an die Grundanforderungen des Arbeitslebens heranzuführen.

§ 20 Arbeitstraining. [1] Arbeitstraining dient dazu, Gefangenen, die nicht in der Lage sind, einer regelmäßigen und erwerbsorientierten Arbeit nachzugehen, Fähigkeiten und Fertigkeiten zu vermitteln, die eine Eingliederung in das leistungsorientierte Arbeitsleben fördern. [2] Die in der Anstalt dafür vorzuhaltenden Maßnahmen sind danach auszurichten, dass sie den Gefangenen für den Arbeitsmarkt relevante Qualifikationen vermitteln.

§ 21 Schulische und berufliche Qualifizierungsmaßnahmen. (1) [1] Schulische und berufliche Aus- und Weiterbildung im Vollzug (schulische und berufliche Qualifizierungsmaßnahmen) haben das Ziel, den Gefangenen Fähigkeiten und Fertigkeiten zur Eingliederung und zur Aufnahme einer Erwerbstätigkeit nach der Entlassung zu vermitteln sowie vorhandene Fähigkeiten zu erhalten, zu fördern und weiterzuentwickeln. [2] Sie werden in der Regel als Vollzeitmaßnahme durchgeführt. [3] Bei der Festlegung von Inhalten, Methoden und Organisationsformen der Bildungsangebote werden die Besonderheiten der jeweiligen Zielgruppe berücksichtigt.

(2) Berufliche Qualifizierungsmaßnahmen sind darauf auszurichten, den Gefangenen für den Arbeitsmarkt relevante Qualifikationen zu vermitteln.

(3) Geeigneten Gefangenen soll die Teilnahme an einer schulischen oder beruflichen Ausbildung ermöglicht werden, die zu einem anerkannten Abschluss führt.

(4) [1] Bei der Vollzugs- und Eingliederungsplanung ist darauf zu achten, dass die Gefangenen Qualifizierungsmaßnahmen während ihrer Haftzeit abschließen oder danach fortsetzen können. [2] Können Maßnahmen während der Haftzeit nicht abgeschlossen werden, trägt die Anstalt in Zusammenarbeit mit außervollzuglichen Einrichtungen dafür Sorge, dass die begonnene Qualifizierungsmaßnahme nach der Haft fortgesetzt werden kann.

(5) Nachweise über schulische und berufliche Maßnahmen dürfen keinen Hinweis auf die Inhaftierung enthalten.

§ 22 Arbeitspflicht. [1] Gefangene sind im Rahmen des § 9 Absatz 2 verpflichtet, die ihnen zugewiesene Arbeit auszuüben, soweit sie zu deren Verrichtung körperlich in der Lage sind. [2] Es gelten die von der Anstalt festgelegten Arbeitsbedingungen. [3] Im Interesse einer störungsfreien Organisation der Anstaltsbetriebe darf die Arbeit nicht zur Unzeit niedergelegt werden.

§ 23 Freies Beschäftigungsverhältnis, Selbstbeschäftigung. (1) [1] Gefangenen, die zum Freigang (§ 38 Absatz 1 Nummer 4) zugelassen sind, soll gestattet werden, einer Arbeit, Berufsausbildung oder beruflichen Weiterbildung auf der Grundlage eines freien Beschäftigungsverhältnisses oder der Selbstbeschäftigung außerhalb der Anstalt nachzugehen, wenn die Beschäftigungsstelle geeignet ist und nicht überwiegende Gründe des Vollzugs entgegenstehen. [2] § 40 gilt entsprechend.

(2) Das Entgelt ist der Anstalt zur Gutschrift für die Gefangenen zu überweisen.

§ 24 Freistellung von der Arbeit. (1) [1] Haben die Gefangenen ein halbes Jahr lang gearbeitet, so können sie beanspruchen, zehn Arbeitstage von der

Arbeit freigestellt zu werden. [2] Zeiten, in denen die Gefangenen infolge Krankheit an der Arbeitsleistung verhindert waren, werden auf das Halbjahr mit bis zu 15 Arbeitstagen angerechnet. [3] Der Anspruch verfällt, wenn die Freistellung nicht innerhalb eines Jahres nach seiner Entstehung erfolgt ist.

(2) [1] Auf die Zeit der Freistellung wird Langzeitausgang (§ 38 Absatz 1 Nummer 3) angerechnet, soweit er in die Arbeitszeit fällt. [2] Gleiches gilt für einen Langzeitausgang nach § 39 Absatz 1, soweit er nicht wegen des Todes oder einer lebensgefährlichen Erkrankung naher Angehöriger erteilt worden ist.

(3) Die Gefangenen erhalten für die Zeit der Freistellung ihr Arbeitsentgelt weiter.

(4) Urlaubsregelungen freier Beschäftigungsverhältnisse bleiben unberührt.

(5) Für Maßnahmen nach den §§ 19, 20 oder 21 Absatz 1 gelten die Absätze 1 bis 4 entsprechend, sofern diese den Umfang der regelmäßigen wöchentlichen Arbeitszeit erreichen.

Abschnitt 6. Besuche, Telefongespräche, Schriftwechsel, andere Formen der Telekommunikation und Pakete

§ 25 Grundsatz. Die Gefangenen haben das Recht, mit Personen außerhalb der Anstalt im Rahmen der Bestimmungen dieses Gesetzes zu verkehren.

§ 26 Recht auf Besuch. (1) [1] Die Gefangenen dürfen regelmäßig Besuch empfangen. [2] Die Gesamtdauer beträgt mindestens zwei Stunden im Monat, bei Besuchen von Kindern unter 14 Jahren erhöht sich die Gesamtdauer um weitere zwei Stunden.

(2) Besuche von Angehörigen im Sinne von § 11 Absatz 1 Nummer 1 des Strafgesetzbuchs werden besonders unterstützt.

(3) Besuche sollen darüber hinaus zugelassen werden, wenn sie die Eingliederung der Gefangenen fördern oder persönlichen, rechtlichen oder geschäftlichen Angelegenheiten dienen, die nicht von den Gefangenen schriftlich erledigt, durch Dritte wahrgenommen oder bis zur Entlassung aufgeschoben werden können.

(4) Der Anstaltsleiter oder die Anstaltsleiterin kann über Absatz 1 hinausgehend mehrstündige, unbeaufsichtigte Besuche (Langzeitbesuche) zulassen, wenn dies zur Pflege der familiären, partnerschaftlichen oder ihnen gleichzusetzender Kontakte der Gefangenen geboten erscheint und die Gefangenen hierfür geeignet sind.

(5) Besuche von Verteidigern oder Verteidigerinnen sowie von Rechtsanwälten, Rechtsanwältinnen, Notaren und Notarinnen in einer die Gefangenen betreffenden Rechtssache sind zu gestatten.

§ 27 Untersagung der Besuche. Der Anstaltsleiter oder die Anstaltsleiterin kann Besuche untersagen, wenn

1. die Sicherheit oder Ordnung der Anstalt gefährdet würde,
2. zu befürchten ist, dass Personen, die nicht Angehörige der Gefangenen im Sinne von § 11 Absatz 1 Nummer 1 des Strafgesetzbuchs sind, einen schädlichen Einfluss auf die Gefangenen haben oder die Erreichung des Vollzugsziels behindern oder

3. zu befürchten ist, dass Personen, die Opfer der Straftat waren, durch die Begegnung mit den Gefangenen in schädlicher Weise beeinflusst werden.

§ 28 Durchführung der Besuche. (1) [1] Aus Gründen der Sicherheit können Besuche davon abhängig gemacht werden, dass sich die Besucher oder Besucherinnen mit technischen Hilfsmitteln absuchen oder durchsuchen lassen. [2] Eine inhaltliche Überprüfung der von Verteidigern oder Verteidigerinnen mitgeführten Schriftstücke und sonstigen Unterlagen ist nicht zulässig. [3] § 34 Absatz 2 Satz 2 bis 4 bleibt unberührt.

(2) [1] Besuche werden regelmäßig beaufsichtigt. [2] Über Ausnahmen entscheidet der Anstaltsleiter oder die Anstaltsleiterin. [3] Die Beaufsichtigung kann mit technischen Hilfsmitteln zur optischen Überwachung durchgeführt werden, wenn die Besucher oder Besucherinnen und die Gefangenen vor dem Besuch erkennbar darauf hingewiesen werden.

(3) Besuche von Verteidigern oder Verteidigerinnen werden nicht beaufsichtigt.

(4) [1] Besuche dürfen abgebrochen werden, wenn Besucher oder Besucherinnen oder Gefangene gegen dieses Gesetz oder aufgrund dieses Gesetzes getroffene Anordnungen trotz Abmahnung verstoßen. [2] Die Abmahnung unterbleibt, wenn es unerlässlich ist, den Besuch sofort abzubrechen.

(5) [1] Gegenstände dürfen beim Besuch nicht übergeben werden. [2] Dies gilt nicht für die bei dem Besuch der Verteidiger oder Verteidigerinnen übergebenen Schriftstücke und sonstigen Unterlagen sowie für die bei dem Besuch von Rechtsanwälten, Rechtsanwältinnen, Notaren oder Notarinnen zur Erledigung einer die Gefangenen betreffenden Rechtssache übergebenen Schriftstücke und sonstigen Unterlagen. [3] Bei dem Besuch von Rechtsanwälten, Rechtsanwältinnen, Notaren oder Notarinnen kann die Übergabe aus Gründen der Sicherheit oder Ordnung der Anstalt von der Erlaubnis des Anstaltsleiters oder der Anstaltsleiterin abhängig gemacht werden. [4] § 34 Absatz 2 Satz 2 bis 4 bleibt unberührt.

(6) Der Anstaltsleiter oder die Anstaltsleiterin kann im Einzelfall die Nutzung einer Trennvorrichtung anordnen, wenn dies zum Schutz von Personen oder zur Verhinderung einer Übergabe von Gegenständen erforderlich ist.

§ 29 Überwachung der Gespräche. (1) Gespräche dürfen im Einzelfall akustisch überwacht werden, soweit es wegen einer Gefährdung der Erreichung des Vollzugsziels oder aus Gründen der Sicherheit erforderlich ist.

(2) Gespräche mit Verteidigern oder Verteidigerinnen werden nicht überwacht.

§ 30 Telefongespräche. (1) [1] Den Gefangenen kann gestattet werden, Telefongespräche zu führen. [2] Die Bestimmungen über den Besuch gelten entsprechend. [3] Eine beabsichtigte Überwachung teilt die Anstalt den Gefangenen rechtzeitig vor Beginn des Telefongesprächs und den Gesprächspersonen der Gefangenen unmittelbar nach Herstellung der Verbindung mit.

(2) [1] Die Kosten der Telefongespräche tragen die Gefangenen. [2] Sind sie dazu nicht in der Lage, kann die Anstalt die Kosten in begründeten Fällen in angemessenem Umfang übernehmen.

(3) [1] Der Besitz und die Benutzung von Geräten zur funkbasierten Übertragung von Informationen sind auf dem Anstaltsgelände verboten, soweit diese

nicht dienstlich zugelassen sind. [2]Der Anstaltsleiter oder die Anstaltsleiterin kann abweichende Regelungen treffen. [3]Die Anstalt darf technische Geräte betreiben, die

1. das Auffinden von Geräten zur Funkübertragung ermöglichen,
2. Geräte zur Funkübertragung zum Zwecke des Auffindens aktivieren können oder
3. Frequenzen stören oder unterdrücken, die der Herstellung oder Aufrechterhaltung unerlaubter Funkverbindungen auf dem Anstaltsgelände dienen.

[4]Sie hat dabei die von der Bundesnetzagentur gemäß § 55 Absatz 1 Satz 5 des Telekommunikationsgesetzes festgelegten Rahmenbedingungen zu beachten. [5]Frequenznutzungen außerhalb des Anstaltsgeländes dürfen nicht erheblich gestört werden.

§ 31 Recht auf Schriftwechsel. (1) Die Gefangenen haben das Recht, Schreiben abzusenden und zu empfangen.

(2) [1]Die Kosten des Schriftwechsels tragen die Gefangenen. [2]Sind sie dazu nicht in der Lage, kann die Anstalt die Kosten in begründeten Fällen in angemessenem Umfang übernehmen.

§ 32 Untersagung des Schriftwechsels. Der Anstaltsleiter oder die Anstaltsleiterin kann den Schriftwechsel mit bestimmten Personen untersagen, wenn

1. die Sicherheit oder Ordnung der Anstalt gefährdet würde,
2. zu befürchten ist, dass der Schriftwechsel bei Personen, die nicht Angehörige der Gefangenen im Sinne von § 11 Absatz 1 Nummer 1 des Strafgesetzbuchs sind, einen schädlichen Einfluss auf die Gefangenen hat oder die Erreichung des Vollzugsziels behindert oder
3. zu befürchten ist, dass Personen, die Opfer der Straftat waren, durch den Schriftwechsel mit den Gefangenen in schädlicher Weise beeinflusst werden.

§ 33 Sichtkontrolle, Weiterleitung und Aufbewahrung von Schreiben.

(1) [1]Die Gefangenen haben das Absenden und den Empfang von Schreiben durch die Anstalt vermitteln zu lassen, soweit nichts anderes gestattet ist. [2]Ein- und ausgehende Schreiben sind unverzüglich weiterzuleiten.

(2) Ein- und ausgehende Schreiben werden in Gegenwart der Gefangenen, an die sie adressiert oder von denen sie verfasst sind, auf verbotene Gegenstände kontrolliert.

(3) [1]Die Gefangenen haben eingehende Schreiben unverschlossen zu verwahren, sofern nichts anderes gestattet wird. [2]Sie können sie verschlossen zu ihrer Habe geben.

§ 34 Überwachung des Schriftwechsels. (1) Der Schriftwechsel darf nur überwacht werden, soweit es im Einzelfall wegen einer Gefährdung der Erreichung des Vollzugsziels oder aus Gründen der Sicherheit erforderlich ist.

(2) [1]Der Schriftwechsel der Gefangenen mit ihren Verteidigern oder Verteidigerinnen wird nicht überwacht. [2]Liegt dem Vollzug eine Straftat nach § 129a, auch in Verbindung mit § 129b Absatz 1 des Strafgesetzbuchs zu Grunde, gelten § 148 Absatz 2 und § 148a der Strafprozessordnung entsprechend. [3]Dies gilt nicht, wenn die Gefangenen sich im offenen Vollzug befinden

oder wenn ihnen Lockerungen nach § 38 gewährt worden sind und ein Grund, der den Anstaltsleiter oder die Anstaltsleiterin zur Aufhebung nach § 90 ermächtigt, nicht vorliegt. [4]Die Sätze 2 und 3 gelten auch, wenn eine Freiheitsstrafe wegen einer Straftat nach § 129a, auch in Verbindung mit § 129b Absatz 1 des Strafgesetzbuchs erst im Anschluss an den Vollzug der Freiheitsstrafe, der eine andere Verurteilung zu Grunde liegt, zu vollstrecken ist.

(3) [1]Nicht überwacht werden ferner Schreiben der Gefangenen an Volksvertretungen des Bundes und der Länder sowie an deren Mitglieder, soweit die Schreiben an die Anschriften dieser Volksvertretungen gerichtet sind und den Absender oder die Absenderin zutreffend angeben. [2]Entsprechendes gilt für Schreiben an das Europäische Parlament und dessen Mitglieder, den Europäischen Gerichtshof für Menschenrechte, den Europäischen Ausschuss zur Verhütung von Folter und unmenschlicher oder erniedrigender Behandlung oder Strafe, den Ausschuss der Vereinten Nationen gegen Folter, den zugehörigen Unterausschuss zur Verhütung von Folter und die entsprechenden Nationalen Präventionsmechanismen, die konsularische Vertretung ihres Heimatlandes und weitere Einrichtungen, mit denen der Schriftverkehr aufgrund völkerrechtlicher Verpflichtungen der Bundesrepublik Deutschland geschützt ist. [3]Satz 1 gilt auch für den Schriftverkehr mit den Bürgerbeauftragten der Länder und den Datenschutzbeauftragten des Bundes und der Länder. [4]Schreiben der in den Sätzen 1 bis 3 genannten Stellen, die an die Gefangenen gerichtet sind, werden nicht überwacht, sofern die Identität des Absenders oder der Absenderin zweifelsfrei feststeht.

§ 35 Anhalten von Schreiben. (1) Der Anstaltsleiter oder die Anstaltsleiterin kann Schreiben anhalten, wenn

1. die Erreichung des Vollzugsziels oder die Sicherheit oder Ordnung der Anstalt gefährdet würde,
2. die Weitergabe in Kenntnis ihres Inhalts einen Straf- oder Bußgeldtatbestand verwirklichen würde,
3. sie grob unrichtige oder erheblich entstellende Darstellungen von Anstaltsverhältnissen oder grobe Beleidigungen enthalten,
4. sie die Eingliederung anderer Gefangener gefährden können oder
5. sie in Geheim- oder Kurzschrift, unlesbar, unverständlich oder ohne zwingenden Grund in einer fremden Sprache abgefasst sind.

(2) Ausgehenden Schreiben, die unrichtige Darstellungen enthalten, kann ein Begleitschreiben beigefügt werden, wenn die Gefangenen auf das Absenden bestehen.

(3) [1]Sind Schreiben angehalten worden, wird das den Gefangenen mitgeteilt. [2]Angehaltene Schreiben werden an den Absender oder die Absenderin zurückgegeben oder, sofern dies unmöglich oder aus besonderen Gründen nicht angezeigt ist, verwahrt.

(4) Schreiben, deren Überwachung ausgeschlossen ist, dürfen nicht angehalten werden.

§ 36 Andere Formen der Telekommunikation. [1]Nach Zulassung anderer Formen der Telekommunikation im Sinne des Telekommunikationsgesetzes durch die Aufsichtsbehörde kann der Anstaltsleiter oder die Anstaltsleiterin den

Gefangenen gestatten, diese Formen auf ihre Kosten zu nutzen. [2]Die Bestimmungen dieses Abschnitts gelten entsprechend.

§ 37 Pakete. (1) [1]Den Gefangenen kann gestattet werden, Pakete zu empfangen. [2]Der Empfang von Paketen mit Nahrungs- und Genussmitteln ist untersagt. [3]Die Anstalt kann Anzahl, Gewicht und Größe von Sendungen und einzelnen Gegenständen festsetzen. [4]Über § 46 Absatz 1 Satz 2 hinaus kann sie Gegenstände und Verpackungsformen ausschließen, die einen unverhältnismäßigen Kontrollaufwand bedingen.

(2) Die Anstalt kann die Annahme von Paketen, deren Einbringung nicht gestattet ist oder die die Voraussetzungen des Absatzes 1 nicht erfüllen, ablehnen oder solche Pakete an den Absender oder die Absenderin zurücksenden.

(3) [1]Pakete sind in Gegenwart der Gefangenen, an die sie adressiert sind, zu öffnen und zu durchsuchen. [2]Mit nicht zugelassenen oder ausgeschlossenen Gegenständen ist gemäß § 49 Absatz 3 zu verfahren. [3]Sie können auch auf Kosten der Gefangenen zurückgesandt werden.

(4) Der Empfang von Paketen kann vorübergehend versagt werden, wenn dies wegen der Gefährdung der Sicherheit oder Ordnung unerlässlich ist.

(5) [1]Den Gefangenen kann gestattet werden, Pakete zu versenden. [2]Der Inhalt kann aus Gründen der Sicherheit oder Ordnung überprüft werden.

(6) [1]Die Kosten des Paketversandes tragen die Gefangenen. [2]Sind sie dazu nicht in der Lage, kann die Anstalt die Kosten in begründeten Fällen in angemessenem Umfang übernehmen.

Abschnitt 7. Lockerungen und sonstige Aufenthalte außerhalb der Anstalt

§ 38 Lockerungen zur Erreichung des Vollzugsziels. (1) Aufenthalte außerhalb der Anstalt ohne Aufsicht (Lockerungen) können den Gefangenen zur Erreichung des Vollzugsziels gewährt werden, insbesondere

1. das Verlassen der Anstalt für bis zu 24 Stunden in Begleitung einer von der Anstalt zugelassenen Person (Begleitausgang),
2. das Verlassen der Anstalt für bis zu 24 Stunden ohne Begleitung (unbegleiteter Ausgang),
3. das Verlassen der Anstalt für mehrere Tage (Langzeitausgang) und
4. die regelmäßige Beschäftigung außerhalb der Anstalt (Freigang).

(2) Die Lockerungen dürfen gewährt werden, wenn verantwortet werden kann zu erproben, dass die Gefangenen sich dem Vollzug der Freiheitsstrafe nicht entziehen und die Lockerungen nicht zu Straftaten missbrauchen werden.

(3) [1]Ein Langzeitausgang nach Absatz 1 Nummer 3 soll in der Regel erst gewährt werden, wenn die Gefangenen sich mindestens sechs Monate im Strafvollzug befunden haben. [2]Zu lebenslanger Freiheitsstrafe verurteilte Gefangene können einen Langzeitausgang erst erhalten, wenn sie sich einschließlich einer vorhergehenden Untersuchungshaft oder einer anderen Freiheitsentziehung zehn Jahre im Vollzug befunden haben oder wenn sie im offenen Vollzug untergebracht sind.

(4) Durch Lockerungen wird die Vollstreckung der Freiheitsstrafe nicht unterbrochen.

§ 39 Lockerungen aus sonstigen Gründen. (1) [1]Lockerungen können auch aus wichtigem Anlass gewährt werden. [2]Wichtige Anlässe sind insbesondere die Teilnahme an gerichtlichen Terminen, die medizinische Behandlung der Gefangenen sowie der Tod oder eine lebensgefährliche Erkrankung naher Angehöriger der Gefangenen.

(2) § 38 Absatz 2 und 4 gilt entsprechend.

§ 40 Weisungen für Lockerungen. [1]Für Lockerungen sind die nach den Umständen des Einzelfalles erforderlichen Weisungen zu erteilen. [2]Bei der Ausgestaltung der Lockerungen ist nach Möglichkeit den Belangen des Opfers Rechnung zu tragen.

§ 41 Ausführung, Außenbeschäftigung, Vorführung, Ausantwortung.

(1) [1]Den Gefangenen kann das Verlassen der Anstalt unter ständiger und unmittelbarer Aufsicht gestattet werden, wenn dies aus besonderen Gründen notwendig ist (Ausführung). [2]Die Gefangenen können auch gegen ihren Willen ausgeführt werden. [3]Liegt die Ausführung ausschließlich im Interesse der Gefangenen, können ihnen die Kosten auferlegt werden, soweit dies die Behandlung oder die Eingliederung nicht behindert.

(2) [1]Den Gefangenen kann gestattet werden, außerhalb der Anstalt einer regelmäßigen Beschäftigung unter ständiger Aufsicht oder unter Aufsicht in unregelmäßigen Abständen (Außenbeschäftigung) nachzugehen. [2]§ 38 Absatz 2 gilt entsprechend.

(3) Auf Ersuchen eines Gerichts werden Gefangene vorgeführt, sofern ein Vorführungsbefehl vorliegt.

(4) Gefangene dürfen befristet dem Gewahrsam eines Gerichts, einer Staatsanwaltschaft oder einer Polizei-, Zoll-, Ausländer- oder Finanzbehörde auf Antrag überlassen werden (Ausantwortung).

Abschnitt 8. Vorbereitung der Eingliederung, Entlassung und nachgehende Betreuung

§ 42 Vorbereitung der Eingliederung. (1) [1]Die Maßnahmen zur sozialen und beruflichen Eingliederung sind auf den Zeitpunkt der voraussichtlichen Entlassung in die Freiheit abzustellen. [2]Die Gefangenen sind bei der Ordnung ihrer persönlichen, wirtschaftlichen und sozialen Angelegenheiten zu unterstützen. [3]Dies umfasst die Vermittlung in weiterführende Betreuung.

(2) [1]Die Anstalt arbeitet frühzeitig mit Personen und Einrichtungen außerhalb des Vollzugs zusammen, insbesondere, um zu erreichen, dass die Gefangenen nach ihrer Entlassung über eine geeignete Unterbringung und eine Arbeits- oder Ausbildungsstelle verfügen. [2]Das Landesamt für ambulante Straffälligenarbeit ist ein Jahr vor dem voraussichtlichen Entlassungszeitpunkt an der sozialen und beruflichen Eingliederung der Gefangenen zu beteiligen, die nach der Entlassung voraussichtlich der Bewährungshilfe oder Führungsaufsicht unterstellt werden.

(3) [1]Den Gefangenen können Aufenthalte in Einrichtungen außerhalb des Vollzugs (Übergangseinrichtungen) gewährt werden, wenn dies zur Vorbereitung der Eingliederung erforderlich ist. [2]Haben sich die Gefangenen mindestens sechs Monate im Vollzug befunden, kann ihnen auch ein zusammenhängender Langzeitausgang bis zu sechs Monaten gewährt werden, wenn dies zur

Vorbereitung der Eingliederung zwingend erforderlich ist. [3] § 38 Absatz 2 und 4 sowie § 40 gelten entsprechend.

(4) In einem Zeitraum von sechs Monaten vor der voraussichtlichen Entlassung sind den Gefangenen die zur Vorbereitung der Eingliederung zwingend erforderlichen Lockerungen zu gewähren, sofern nicht mit hoher Wahrscheinlichkeit zu erwarten ist, dass die Gefangenen sich dem Vollzug der Freiheitsstrafe entziehen oder die Lockerungen zu Straftaten missbrauchen werden.

§ 43 Entlassung. (1) Die Gefangenen sollen am letzten Tag ihrer Strafzeit möglichst frühzeitig, jedenfalls noch am Vormittag, entlassen werden.

(2) Fällt das Strafende auf einen Sonnabend oder Sonntag, einen gesetzlichen Feiertag, den ersten Werktag nach Ostern oder Pfingsten oder in die Zeit vom 22. Dezember bis zum 6. Januar, so können die Gefangenen an dem diesem Tag oder Zeitraum vorhergehenden Werktag entlassen werden, wenn dies gemessen an der Dauer der Strafzeit vertretbar ist und fürsorgerische Gründe nicht entgegenstehen.

(3) Der Entlassungszeitpunkt kann bis zu zwei Tage vorverlegt werden, wenn die Gefangenen zu ihrer Eingliederung hierauf dringend angewiesen sind.

(4) Bedürftigen Gefangenen kann eine Entlassungsbeihilfe in Form eines Reisekostenzuschusses, angemessener Kleidung oder einer sonstigen notwendigen Unterstützung gewährt werden.

§ 44 Nachgehende Betreuung. [1] Mit Zustimmung des Anstaltsleiters oder der Anstaltsleiterin können Bedienstete an der nachgehenden Betreuung Entlassener mit deren Einverständnis mitwirken, wenn ansonsten die Eingliederung gefährdet wäre. [2] Die nachgehende Betreuung kann auch außerhalb der Anstalt erfolgen. [3] In der Regel ist sie auf die ersten sechs Monate nach der Entlassung beschränkt.

§ 45 Verbleib oder Aufnahme auf freiwilliger Grundlage. (1) [1] Sofern es die Belegungssituation zulässt, können die Gefangenen auf Antrag ausnahmsweise vorübergehend in der Anstalt verbleiben oder wieder aufgenommen werden, wenn die Eingliederung gefährdet und ein Aufenthalt in der Anstalt aus diesem Grunde gerechtfertigt ist. [2] Die Unterbringung erfolgt auf vertraglicher Basis.

(2) Gegen die in der Anstalt untergebrachten Entlassenen dürfen Maßnahmen des Vollzugs nicht mit unmittelbarem Zwang durchgesetzt werden.

(3) Bei Störung des Anstaltsbetriebes durch die Entlassenen oder aus vollzugsorganisatorischen Gründen kann die Unterbringung jederzeit beendet werden.

Abschnitt 9. Grundversorgung und Freizeit

§ 46 Einbringen von Gegenständen. (1) [1] Gegenstände dürfen durch oder für die Gefangenen nur mit Zustimmung der Anstalt eingebracht werden. [2] Die Anstalt kann die Zustimmung verweigern, wenn die Gegenstände geeignet sind, die Sicherheit oder Ordnung der Anstalt oder die Erreichung des Vollzugsziels zu gefährden oder ihre Aufbewahrung nach Art oder Umfang offensichtlich nicht möglich ist.

(2) [1]Das Einbringen von Nahrungs- und Genussmitteln im geschlossenen Vollzug ist nicht gestattet. [2]Der Anstaltsleiter oder die Anstaltsleiterin kann eine abweichende Regelung treffen.

§ 47 Gewahrsam an Gegenständen. (1) Die Gefangenen dürfen Gegenstände nur mit Zustimmung der Anstalt in Gewahrsam haben, annehmen oder abgeben.

(2) [1]Ohne Zustimmung dürfen sie Gegenstände von geringem Wert an andere Gefangene weitergeben und von anderen Gefangenen annehmen. [2]Die Anstalt kann Abgabe und Annahme dieser Gegenstände und den Gewahrsam daran von ihrer Zustimmung abhängig machen.

§ 48 Ausstattung des Haftraums. [1]Die Gefangenen dürfen ihren Haftraum in angemessenem Umfang mit eigenen Gegenständen ausstatten oder diese dort aufbewahren. [2]Vorkehrungen und Gegenstände, die die Übersichtlichkeit des Haftraums behindern oder in anderer Weise Sicherheit oder Ordnung der Anstalt oder die Erreichung des Vollzugsziels gefährden, sind auszuschließen oder aus dem Haftraum zu entfernen.

§ 49 Aufbewahrung und Vernichtung von Gegenständen. (1) Gegenstände, die die Gefangenen nicht im Haftraum aufbewahren dürfen oder wollen, werden von der Anstalt aufbewahrt, soweit dies nach Art und Umfang möglich ist.

(2) [1]Den Gefangenen wird Gelegenheit gegeben, ihre Gegenstände, die sie während des Vollzugs und für ihre Entlassung nicht benötigen, zu versenden. [2]§ 37 Absatz 6 gilt entsprechend.

(3) [1]Werden Gegenstände, deren Aufbewahrung nach Art oder Umfang nicht möglich ist, von den Gefangenen trotz Aufforderung nicht aus der Anstalt verbracht, so darf die Anstalt diese Gegenstände auf Kosten der Gefangenen außerhalb der Anstalt verwahren, verwerten oder vernichten. [2]Für die Voraussetzungen und das Verfahren der Verwertung und Vernichtung gelten die Bestimmungen des Sicherheits- und Ordnungsgesetzes Mecklenburg-Vorpommern entsprechend.

(4) Aufzeichnungen und andere Gegenstände, die Kenntnisse über Sicherungsvorkehrungen der Anstalt vermitteln oder Schlussfolgerungen auf diese zulassen, dürfen vernichtet oder unbrauchbar gemacht werden.

§ 50 Zeitungen und Zeitschriften, religiöse Schriften und Gegenstände. (1) [1]Die Gefangenen dürfen auf eigene Kosten Zeitungen und Zeitschriften in angemessenem Umfang durch Vermittlung der Anstalt beziehen. [2]Ausgeschlossen sind Zeitungen und Zeitschriften, deren Verbreitung mit Strafe oder Geldbuße bedroht ist. [3]Einzelne Ausgaben können den Gefangenen vorenthalten oder entzogen werden, wenn deren Inhalte die Erreichung des Vollzugsziels oder die Sicherheit oder Ordnung der Anstalt erheblich gefährden würden.

(2) [1]Die Gefangenen dürfen grundlegende religiöse Schriften sowie in angemessenem Umfang Gegenstände des religiösen Gebrauchs besitzen. [2]Diese dürfen den Gefangenen nur bei grobem Missbrauch entzogen werden.

§ 51 Rundfunk, Informations- und Unterhaltungselektronik. (1) Der Zugang zum Rundfunk ist zu ermöglichen.

(2) [1]Eigene Hörfunk- und Fernsehgeräte werden zugelassen, wenn nicht Gründe des § 48 Satz 2 entgegenstehen und wenn feststeht, dass sie keine unzulässigen Gegenstände enthalten. [2]Die dazu erforderliche Überprüfung und etwa notwendige Änderungen werden durch die Anstalt auf Kosten der Gefangenen veranlasst. [3]Andere Geräte der Informations- und Unterhaltungselektronik können unter diesen Voraussetzungen zugelassen werden. [4]§ 36 bleibt unberührt.

(3) [1]Die Gefangenen können auf Mietgeräte oder auf ein Haftraummediensystem verwiesen werden. [2]Die Anstalt kann die Bereitstellung und den Betrieb von Empfangsanlagen, die Bereitstellung, Vermietung oder Ausgabe von Hörfunk- und Fernsehgeräten sowie von anderen Geräten der Informations- und Unterhaltungselektronik einem Dritten gestatten oder übertragen.

(4) Der Rundfunk kann vorübergehend ausgesetzt oder einzelnen Gefangenen untersagt werden, wenn dies zur Aufrechterhaltung der Sicherheit und Ordnung der Anstalt unerlässlich ist.

§ 52 Kleidung. (1) Die Gefangenen tragen Anstaltskleidung.

(2) [1]Der Anstaltsleiter oder die Anstaltsleiterin kann eine abweichende Regelung treffen. [2]Für Reinigung und Instandsetzung eigener Kleidung haben die Gefangenen auf ihre Kosten durch Vermittlung der Anstalt zu sorgen.

§ 53 Verpflegung und Einkauf. (1) [1]Zusammensetzung und Nährwert der Anstaltsverpflegung haben den Anforderungen an eine gesunde Ernährung zu entsprechen und werden ärztlich überwacht. [2]Auf ärztliche Anordnung wird besondere Verpflegung gewährt. [3]Den Gefangenen ist zu ermöglichen, Speisevorschriften ihrer Religionsgemeinschaft zu befolgen.

(2) [1]Den Gefangenen wird ermöglicht einzukaufen. [2]Die Anstalt wirkt auf ein Angebot hin, das auf Wünsche und Bedürfnisse der Gefangenen Rücksicht nimmt. [3]Das Verfahren des Einkaufs regelt der Anstaltsleiter oder die Anstaltsleiterin. [4]Nahrungs-, Genuss- und Körperpflegemittel können nur vom Haus- und Taschengeld, andere Gegenstände in angemessenem Umfang auch vom Eigengeld eingekauft werden.

(3) [1]Gegenstände, die die Sicherheit oder Ordnung der Anstalt gefährden, können vom Einkauf ausgeschlossen werden. [2]Auf ärztliche Anordnung kann den Gefangenen der Einkauf einzelner Nahrungs- und Genussmittel ganz oder teilweise untersagt werden, wenn zu befürchten ist, dass sie die Gesundheit ernsthaft gefährden. [3]In Krankenhäusern oder Krankenabteilungen kann der Einkauf einzelner Nahrungs- und Genussmittel auf ärztliche Anordnung allgemein untersagt oder eingeschränkt werden.

§ 54 Freizeit. (1) [1]Zur Ausgestaltung der Freizeit hat die Anstalt insbesondere Angebote zur sportlichen und kulturellen Betätigung und Bildungsangebote vorzuhalten. [2]Dies gilt auch an Wochenenden und Feiertagen. [3]Die Anstalt stellt eine angemessen ausgestattete Bücherei zur Verfügung.

(2) Die Gefangenen sind zur Teilnahme und Mitwirkung an Angeboten der Freizeitgestaltung zu motivieren und anzuleiten.

Abschnitt 10. Vergütung, Gelder der Gefangenen und Kosten

§ 55 Vergütung und Anrechnung der Freistellung auf den Entlassungszeitpunkt. (1) Es gelten folgende Vergütungsregelungen:

1. Gefangene, die an schulischen oder beruflichen Qualifizierungsmaßnahmen nach § 9 Absatz 1 Satz 1 Nummer 11 teilnehmen, erhalten Ausbildungsbeihilfe,
2. Gefangene, die an einer arbeitstherapeutischen Maßnahme oder einem Arbeitstraining nach § 9 Absatz 1 Satz 1 Nummer 12 teilnehmen oder die einer Arbeit nach § 9 Absatz 1 Satz 1 Nummer 13 nachgehen, erhalten Arbeitsentgelt,
3. Gefangene, die während der Arbeitszeit ganz oder teilweise an einer schulischen oder beruflichen Orientierungs-, Aus- und Weiterbildungsmaßnahme oder an speziellen Maßnahmen zur Förderung ihrer schulischen, beruflichen oder persönlichen Entwicklung teilnehmen und zu diesem Zweck von ihrer Maßnahme nach § 9 Absatz 1 Satz 1 Nummer 11 bis 13 freigestellt werden, erhalten ihr Arbeitsentgelt oder ihre Ausbildungsbeihilfe fort.

(2) [1]Der Bemessung der Vergütung sind 9 Prozent der Bezugsgröße nach § 18 des Vierten Buches Sozialgesetzbuch zu Grunde zu legen (Eckvergütung). [2]Ein Tagessatz ist der 250. Teil der Eckvergütung; die Vergütung wird nach einem Stundensatz bemessen.

(3) [1]Die Vergütung kann je nach Art der Maßnahme und Leistung der Gefangenen gestuft werden. [2]Sie beträgt mindestens 60 Prozent der Eckvergütung. [3]Das für Justiz zuständige Ministerium wird ermächtigt, in einer Rechtsverordnung Vergütungsstufen zu bestimmen.

(4) Soweit Beiträge zur Bundesagentur für Arbeit zu entrichten sind, kann vom Arbeitsentgelt oder der Ausbildungsbeihilfe ein Betrag einbehalten werden, der dem Anteil der Gefangenen am Beitrag entsprechen würde, wenn sie diese Vergütung als Arbeitnehmer oder Arbeitnehmerin erhielten.

(5) Die Höhe der Vergütung ist den Gefangenen schriftlich bekannt zu geben.

(6) Die Gefangenen, die an einer Maßnahme nach § 21 teilnehmen, erhalten hierfür nur eine Ausbildungsbeihilfe, soweit kein Anspruch auf Leistungen zum Lebensunterhalt besteht, die außerhalb des Vollzugs aus solchem Anlass gewährt werden.

(7) [1]Unabhängig von einer Freistellung nach § 24 Absatz 1 erhalten Gefangene für jeweils drei Monate zusammenhängender Ausübung einer Tätigkeit nach den §§ 19 bis 22 eine Freistellung von zwei Werktagen. [2]Zeiträume von weniger als drei Monaten bleiben unberücksichtigt. [3]Nehmen die Gefangenen nicht innerhalb eines Jahres nach Vorliegen der Voraussetzungen die Freistellung nach Satz 1 in Anspruch, so wird diese von der Anstalt auf den Entlassungszeitpunkt angerechnet.

(8) Eine Anrechnung nach Absatz 7 Satz 3 ist ausgeschlossen

1. bei Gefangenen, die eine lebenslange Freiheitsstrafe verbüßen oder bei denen Sicherungsverwahrung angeordnet oder vorbehalten und ein Entlassungszeitpunkt noch nicht bestimmt ist,

2. bei einer Aussetzung der Vollstreckung des Restes einer Freiheitsstrafe zur Bewährung, soweit wegen des von der Entscheidung des Gerichts bis zur Entlassung verbleibenden Zeitraums eine Anrechnung nicht mehr möglich ist,
3. wenn dies vom Gericht angeordnet wird, weil bei einer Aussetzung der Vollstreckung des Restes einer Freiheitsstrafe zur Bewährung die Lebensverhältnisse der Gefangenen oder die Wirkungen, die von der Aussetzung für sie zu erwarten sind, die Vollstreckung bis zu einem bestimmten Zeitpunkt erfordern,
4. wenn nach § 456a Absatz 1 der Strafprozessordnung von der Vollstreckung abgesehen wird oder
5. wenn die Gefangenen im Gnadenwege aus der Haft entlassen werden.

(9) [1] Soweit eine Anrechnung nach Absatz 8 ausgeschlossen ist, erhalten die Gefangenen bei ihrer Entlassung für ihre Tätigkeit als Ausgleichsentschädigung zusätzlich 15 vom Hundert des ihnen gewährten Arbeitsentgelts oder der ihnen gewährten Ausbildungsbeihilfe. [2] Der Anspruch entsteht erst mit der Entlassung. [3] Gefangenen, bei denen eine Anrechnung nach Absatz 8 Nummer 1 ausgeschlossen ist, wird die Ausgleichszahlung bereits nach Verbüßung von jeweils zehn Jahren Freiheitsstrafe zum Eigengeld (§ 56) gutgeschrieben, soweit sie nicht vor diesem Zeitpunkt entlassen werden. [4] § 57 Absatz 4 des Strafgesetzbuchs gilt entsprechend.

§ 56 Eigengeld. (1) Das Eigengeld besteht aus den Beträgen, die die Gefangenen bei Strafantritt in die Anstalt mitbringen und die sie während der Haftzeit erhalten, und den Teilen der Vergütung, die nicht als Hausgeld oder Haftkostenbeitrag in Anspruch genommen werden.

(2) [1] Die Gefangenen können über das Eigengeld verfügen, soweit dieses Maßnahmen nach § 9 Absatz 1 Satz 1 Nummer 19 bis 21 nicht entgegensteht. [2] § 53 Absatz 2, § 59 und § 60 bleiben unberührt.

§ 57 Taschengeld. (1) [1] Bedürftigen Gefangenen wird auf Antrag Taschengeld gewährt. [2] Bedürftig sind Gefangene, soweit ihnen im laufenden Monat aus Hausgeld (§ 59) und Eigengeld (§ 56) ein Betrag bis zur Höhe des Taschengelds voraussichtlich nicht zur Verfügung steht. [3] § 60 bleibt unberührt.

(2) [1] Gefangene gelten nicht als bedürftig, wenn ihnen ein Betrag nach Absatz 1 Satz 2 deshalb nicht zur Verfügung steht, weil sie eine ihnen angebotene zumutbare Arbeit nicht angenommen haben oder eine ausgeübte Arbeit verschuldet verloren haben. [2] Entsprechendes gilt in Bezug auf schulische und berufliche Qualifizierungsmaßnahmen.

(3) [1] Das Taschengeld beträgt 14 Prozent der Eckvergütung (§ 55 Absatz 2). [2] Es wird zu Beginn des Monats im Voraus gewährt. [3] Gehen den Gefangenen im Laufe des Monats Gelder zu, wird zum Ausgleich ein Betrag bis zur Höhe des gewährten Taschengeldes einbehalten.

(4) [1] Die Gefangenen dürfen über das Taschengeld im Rahmen der Bestimmungen dieses Gesetzes verfügen. [2] Es wird dem Hausgeldkonto gutgeschrieben.

§ 58 Konten, Bargeld. (1) Gelder der Gefangenen werden auf Hausgeld- und Eigengeldkonten in der Anstalt geführt.

(2) [1] Der Besitz von Bargeld in der Anstalt ist den Gefangenen nicht gestattet. [2] Über Ausnahmen entscheidet der Anstaltsleiter oder die Anstaltsleiterin.

§ 59 Hausgeld. (1) Das Hausgeld wird aus drei Siebteln der in diesem Gesetz geregelten Vergütung gebildet.

(2) Für Gefangene, die aus einem freien Beschäftigungsverhältnis, aus einer Selbstbeschäftigung oder anderweitig regelmäßige Einkünfte haben, wird daraus ein angemessenes monatliches Hausgeld festgesetzt.

(3) Für Gefangene, die über Eigengeld (§ 56) verfügen und keine hinreichende Vergütung nach diesem Gesetz erhalten, gilt Absatz 2 entsprechend.

(4) [1] Die Gefangenen dürfen über das Hausgeld im Rahmen der Bestimmungen dieses Gesetzes verfügen. [2] Der Anspruch auf Auszahlung ist nicht übertragbar.

§ 60 Zweckgebundene Einzahlungen. [1] Für Maßnahmen der Eingliederung, insbesondere Kosten der Gesundheitsfürsorge und der Aus- und Fortbildung, und für Maßnahmen der Pflege sozialer Beziehungen, insbesondere Telefonkosten und Fahrtkosten anlässlich Lockerungen, kann zweckgebunden Geld eingezahlt werden. [2] Das Geld darf nur für diese Zwecke verwendet werden. [3] Der Anspruch auf Auszahlung ist nicht übertragbar.

§ 61 Haftkostenbeitrag, Kostenbeteiligung. (1) [1] Die Anstalt erhebt von Gefangenen, die sich in einem freien Beschäftigungsverhältnis befinden, sich selbst beschäftigen oder über anderweitige regelmäßige Einkünfte verfügen, für diese Zeit einen Haftkostenbeitrag. [2] Von Gefangenen, die sich selbst beschäftigen, kann der Haftkostenbeitrag monatlich im Voraus ganz oder teilweise gefordert werden. [3] Vergütungen nach diesem Gesetz bleiben unberücksichtigt. [4] Den Gefangenen muss täglich ein Tagessatz gemäß § 55 Absatz 2 Satz 2 verbleiben. [5] Von der Geltendmachung des Anspruchs ist abzusehen, soweit die Wiedereingliederung der Gefangenen hierdurch gefährdet würde.

(2) [1] Der Haftkostenbeitrag wird in Höhe des Betrages erhoben, der nach § 17 Absatz 1 Nummer 4 des Vierten Buches Sozialgesetzbuch durchschnittlich zur Bewertung der Sachbezüge festgesetzt ist. [2] Die Aufsichtsbehörde stellt den Durchschnittsbetrag für jedes Kalenderjahr nach den am 1. Oktober des vorhergehenden Jahres geltenden Bewertungen der Sachbezüge fest. [3] Bei Selbstverpflegung entfallen die für die Verpflegung vorgesehenen Beträge. [4] Für den Wert der Unterkunft ist die festgesetzte Belegungsfähigkeit maßgebend.

(3) Die Gefangenen können an den Betriebskosten der in ihrem Gewahrsam befindlichen Geräte beteiligt werden.

Abschnitt 11. Gesundheitsfürsorge

§ 62 Art und Umfang der medizinischen Leistungen, Kostenbeteiligung. (1) [1] Die Gefangenen haben einen Anspruch auf notwendige medizinische Leistungen unter Beachtung des Grundsatzes der Wirtschaftlichkeit und unter Berücksichtigung des allgemeinen Standards der gesetzlichen Krankenversicherung. [2] Der Anspruch umfasst auch Vorsorgeleistungen, ferner die Versorgung mit medizinischen Hilfsmitteln, soweit diese mit Rücksicht auf die Dauer des Freiheitsentzugs nicht ungerechtfertigt ist und die Hilfsmittel nicht als allgemeine Gebrauchsgegenstände des täglichen Lebens anzusehen sind.

(2) [1] An den Kosten nach Absatz 1 können die Gefangenen in angemessenem Umfang beteiligt werden, höchstens jedoch bis zum Umfang der Beteiligung vergleichbarer gesetzlich Versicherter. [2] Für Leistungen, die über Absatz 1 hinausgehen, können den Gefangenen die gesamten Kosten auferlegt werden.

(3) [1] Erhalten Gefangene Leistungen nach Absatz 1 infolge einer mutwilligen Selbstverletzung, sind sie in angemessenem Umfang an den Kosten zu beteiligen. [2] Die Kostenbeteiligung unterbleibt, wenn hierdurch die Erreichung des Vollzugsziels, insbesondere die Eingliederung der Gefangenen, gefährdet würde.

§ 63 Durchführung der medizinischen Leistungen, Forderungsübergang. (1) Medizinische Diagnostik, Behandlung und Versorgung kranker und hilfsbedürftiger Gefangener erfolgen in der Anstalt, erforderlichenfalls in einer hierfür besser geeigneten Anstalt, einem Vollzugskrankenhaus oder außerhalb des Vollzugs.

(2) Wird die Strafvollstreckung während einer Behandlung von Gefangenen unterbrochen oder beendet, so hat das Land nur diejenigen Kosten zu tragen, die bis zur Unterbrechung oder Beendigung der Strafvollstreckung angefallen sind.

(3) [1] Gesetzliche Schadensersatzansprüche, die Gefangenen gegen Dritte infolge einer Körperverletzung zustehen, gehen insoweit auf das Land über, als den Gefangenen Leistungen nach § 62 Absatz 1 zu gewähren sind. [2] Von der Geltendmachung der Ansprüche kann aus Billigkeitsgründen abgesehen werden, insbesondere, wenn hierdurch die Erreichung des Vollzugsziels gefährdet würde.

§ 64 Ärztliche Behandlung zur sozialen Eingliederung. [1] Mit Zustimmung der Gefangenen soll die Anstalt ärztliche Behandlungen, insbesondere Operationen oder prothetische Maßnahmen, durchführen lassen, die die soziale Eingliederung fördern. [2] Die Kosten tragen die Gefangenen. [3] Sind sie dazu nicht in der Lage, kann die Anstalt die Kosten in begründeten Fällen in angemessenem Umfang übernehmen.

§ 65 Gesundheitsschutz und Hygiene. (1) [1] Die Anstalt unterstützt die Gefangenen bei der Wiederherstellung und Erhaltung ihrer Gesundheit. [2] Sie fördert das Bewusstsein für gesunde Ernährung und Lebensführung. [3] Die Gefangenen haben die notwendigen Anordnungen zum Gesundheitsschutz und zur Hygiene zu befolgen. [4] Sie können an den Kosten für Hygienemaßnahmen angemessen beteiligt werden.

(2) Den Gefangenen wird ermöglicht, sich täglich mindestens eine Stunde im Freien aufzuhalten.

§ 66 Krankenbehandlung während Lockerungen. (1) [1] Während Lockerungen haben die Gefangenen einen Anspruch auf medizinische Leistungen gegen das Land nur in der für sie zuständigen Anstalt. [2] § 39 bleibt unberührt.

(2) Der Anspruch auf Leistungen ruht, solange die Gefangenen aufgrund eines freien Beschäftigungsverhältnisses krankenversichert sind.

§ 67 Zwangsmaßnahmen auf dem Gebiet der Gesundheitsfürsorge.

(1) Medizinische Untersuchung und Behandlung sowie Ernährung sind zwangsweise gegen den natürlichen Willen der Gefangenen nach Maßgabe der

Absätze 2 bis 4 zulässig, soweit die Gefangenen krankheitsbedingt die Notwendigkeit dieser Maßnahmen nicht erkennen oder nicht nach dieser Einsicht handeln können und die Maßnahmen erforderlich sind,

1. um eine gegenwärtige Lebensgefahr oder schwerwiegende Gefahr für die Gesundheit der Gefangenen oder
2. um eine von ihnen infolge ihrer Krankheit ausgehende gegenwärtige Lebensgefahr oder erhebliche Gefahr für die Gesundheit anderer Menschen abzuwenden.

(2) Zwangsmaßnahmen nach Absatz 1 dürfen nur durchgeführt werden, wenn

1. die Maßnahmen zur Abwendung der Gefahren geeignet und erforderlich sind,
2. mildere Mittel keinen Erfolg versprechen,
3. der zu erwartende Nutzen die zu erwartenden Beeinträchtigungen deutlich überwiegt,
4. Art und Dauer der Maßnahmen auf das zwingend erforderliche Maß beschränkt werden,
5. in den Fällen des Absatzes 1 Nummer 1 eine Patientenverfügung im Sinne des § 1901a Absatz 1 Satz 1 des Bürgerlichen Gesetzbuches, deren Festlegungen auf die aktuelle Lebens- und Behandlungssituation zutreffen und gegen die Durchführung der Maßnahmen gerichtet sind, nicht vorliegt,
6. vor Beginn der beabsichtigen Maßnahme durch eine Ärztin oder einen Arzt ernsthaft versucht wurde, eine auf Vertrauen gegründete, freiwillige Zustimmung der Gefangenen zu der Untersuchung, Behandlung oder Ernährung zu erhalten,
7. die Gefangenen durch eine Ärztin oder einen Arzt über Notwendigkeit, Art, Umfang, Dauer, Erfolgsaussichten und Risiken der beabsichtigten Maßnahme in einer ihrer Auffassungsgabe und ihrem Gesundheitszustand angemessenen Weise aufgeklärt wurden und
8. den Gefangenen nach Scheitern der Gespräche nach Nummer 6 die Beantragung der gerichtlichen Zustimmung zur Anordnung einer Zwangsmaßnahme nach Absatz 1 nebst der Möglichkeit der Durchführung dieser Maßnahme angekündigt worden ist.

(3) [1] Zwangsmaßnahmen nach Absatz 1 dürfen mit Zustimmung der Anstaltsleitung nur auf Anordnung und unter der Leitung einer Ärztin oder eines Arztes durchgeführt werden. [2] Die Anordnung bedarf zudem der vorherigen Zustimmung des gemäß§ 121a des Strafvollzugsgesetzes des Bundes zuständigen Amtsgerichts. [3] Das Recht zur Leistung erster Hilfe für den Fall, dass eine Ärztin oder ein Arzt nicht rechtzeitig erreichbar und mit dem Aufschub Lebensgefahr verbunden ist, bleibt unberührt. [4] Die Maßnahmen sind zu dokumentieren; dabei werden festgehalten:

1. die Gründe für die Anordnung,
2. ihr Zwangscharakter,
3. die Art und Weise ihrer Durchführung,
4. die ärztliche Überwachung der Wirksamkeit,
5. der Versuch, nach Absatz 2 Nummer 6 die Zustimmung der Gefangenen zu erhalten, und die Aufklärung nach Absatz 2 Nummer 7 und 8 sowie

6. sonstige Erklärungen der Gefangenen, die im Zusammenhang mit Zwangsmaßnahmen von Bedeutung sind, insbesondere auch mit freiem Willen erklärte, freiwillige Zustimmungen gemäß Absatz 2 Nummer 6.

(4) [1] Bei Gefahr im Verzug findet Absatz 2 Nummer 6 bis 8 keine Anwendung; die Zwangsmaßnahmen nach Absatz 1 dürfen ohne vorherige Zustimmung der Anstaltsleitung und des zuständigen Gerichts umgesetzt werden. [2] Die Zustimmungen der Anstaltsleitung und des Gerichts sind unverzüglich nachträglich einzuholen.

(5) [1] Eine zwangsweise körperliche Untersuchung der Gefangenen zum Gesundheitsschutz und zur Hygiene ist über Absatz 1 hinaus zulässig, wenn sie nicht mit einem körperlichen Eingriff verbunden ist. [2] Sie bedarf einer ärztlichen Anordnung und ist unter ärztlicher Leitung durchzuführen.

§ 68 Benachrichtigungspflicht. [1] Erkranken Gefangene schwer oder versterben sie, werden die Angehörigen benachrichtigt. [2] Dem Wunsch der Gefangenen, auch andere Personen zu benachrichtigen, soll entsprochen werden.

Abschnitt 12. Religionsausübung

§ 69 Seelsorge. [1] Den Gefangenen darf religiöse Betreuung durch einen Seelsorger oder eine Seelsorgerin nicht versagt werden. [2] Auf Wunsch ist ihnen zu helfen, mit einem Seelsorger oder einer Seelsorgerin in Verbindung zu treten.

§ 70 Religiöse Veranstaltungen. (1) Die Gefangenen haben das Recht, am Gottesdienst und an anderen religiösen Veranstaltungen teilzunehmen.

(2) Gefangene können von der Teilnahme am Gottesdienst oder anderen religiösen Veranstaltungen ausgeschlossen werden, wenn dies aus überwiegenden Gründen der Sicherheit oder Ordnung geboten ist; der Seelsorger oder die Seelsorgerin soll vorher gehört werden.

§ 71 Weltanschauungsgemeinschaften. Für Angehörige weltanschaulicher Bekenntnisse gelten § 50 Absatz 2, § 69 und § 70 entsprechend.

Abschnitt 13. Sicherheit und Ordnung

§ 72 Grundsatz. (1) Sicherheit und Ordnung der Anstalt bilden die Grundlage des auf die Erreichung des Vollzugsziels ausgerichteten Anstaltslebens und tragen dazu bei, dass in der Anstalt ein gewaltfreies Klima herrscht.

(2) Die Pflichten und Beschränkungen, die den Gefangenen zur Aufrechterhaltung der Sicherheit oder Ordnung der Anstalt auferlegt werden, sind so zu wählen, dass sie in einem angemessenen Verhältnis zu ihrem Zweck stehen und die Gefangenen nicht mehr und nicht länger als notwendig beeinträchtigen.

§ 73 Allgemeine Verhaltenspflichten. (1) [1] Die Gefangenen sind für das geordnete Zusammenleben in der Anstalt mitverantwortlich und müssen mit ihrem Verhalten dazu beitragen. [2] Ihr Bewusstsein hierfür ist zu entwickeln und zu stärken. [3] Die Gefangenen sollen zu einvernehmlicher Streitbeilegung befähigt werden.

(2) [1] Die Gefangenen haben die Anordnungen der Bediensteten zu befolgen, auch wenn sie sich durch diese beschwert fühlen. [2] Einen ihnen zugewiesenen Bereich dürfen sie nicht ohne Erlaubnis verlassen.

(3) Die Gefangenen haben ihren Haftraum und die ihnen von der Anstalt überlassenen Sachen in Ordnung zu halten und schonend zu behandeln.

(4) Die Gefangenen haben Umstände, die eine Gefahr für das Leben oder eine erhebliche Gefahr für die Gesundheit einer Person bedeuten, unverzüglich zu melden.

§ 74 Absuchung, Durchsuchung. (1) [1] Die Gefangenen, ihre Sachen und die Hafträume dürfen mit technischen Mitteln oder sonstigen Hilfsmitteln abgesucht und durchsucht werden. [2] Die Durchsuchung männlicher Gefangener darf nur von Männern, die Durchsuchung weiblicher Gefangener darf nur von Frauen vorgenommen werden. [3] Das Schamgefühl ist zu schonen.

(2) [1] Nur bei Gefahr im Verzug oder auf Anordnung des Anstaltsleiters oder der Anstaltsleiterin im Einzelfall ist es zulässig, eine mit einer Entkleidung verbundene körperliche Durchsuchung vorzunehmen. [2] Sie darf bei männlichen Gefangenen nur von Männern, bei weiblichen Gefangenen nur von Frauen vorgenommen werden. [3] Sie ist in einem geschlossenen Raum durchzuführen. [4] Andere Gefangene dürfen nicht anwesend sein.

(3) Der Anstaltsleiter oder die Anstaltsleiterin kann allgemein anordnen, dass die Gefangenen in der Regel bei der Aufnahme, nach Kontakten mit Besuchern oder Besucherinnen sowie nach jeder Abwesenheit von der Anstalt nach Absatz 2 zu durchsuchen sind.

§ 75 Sichere Unterbringung. Gefangene können in eine Anstalt verlegt werden, die zu ihrer sicheren Unterbringung besser geeignet ist, wenn in erhöhtem Maße die Gefahr der Entweichung oder Befreiung gegeben ist oder sonst ihr Verhalten, ihr Zustand oder ihre Kontakte zu anderen Gefangenen eine Gefahr für die Sicherheit der Anstalt darstellen.

§ 76 Maßnahmen zur Feststellung von Suchtmittelgebrauch. (1) [1] Zur Aufrechterhaltung der Sicherheit oder Ordnung der Anstalt kann der Anstaltsleiter oder die Anstaltsleiterin allgemein oder im Einzelfall Maßnahmen anordnen, die geeignet sind, den Gebrauch von Suchtmitteln festzustellen. [2] Diese Maßnahmen dürfen nicht mit einem körperlichen Eingriff verbunden sein.

(2) Wird verbotener Suchtmittelgebrauch festgestellt, können die Kosten der Maßnahmen den Gefangenen auferlegt werden.

§ 77 Festnahmerecht. [1] Gefangene, die entwichen sind oder sich sonst ohne Erlaubnis außerhalb der Anstalt aufhalten, können durch die Anstalt oder auf deren Veranlassung festgenommen und zurückgebracht werden. [2] Führt die Verfolgung oder die von der Anstalt veranlasste Fahndung nicht alsbald zur Wiederergreifung, so sind die weiteren Maßnahmen der Vollstreckungsbehörde zu überlassen.

§ 78 Besondere Sicherungsmaßnahmen. (1) Soweit in den nachfolgenden Absätzen nicht abweichend geregelt, können gegen Gefangene besondere Sicherungsmaßnahmen angeordnet werden, wenn nach ihrem Verhalten oder aufgrund ihres seelischen Zustandes in erhöhtem Maße die Gefahr der Entweichung, von Gewalttätigkeiten gegen Personen oder Sachen, der Selbsttötung oder der Selbstverletzung besteht.

(2) Als besondere Sicherungsmaßnahmen sind zulässig:

1. der Entzug oder die Vorenthaltung von Gegenständen,
2. die Beobachtung der Gefangenen, auch mit technischen Hilfsmitteln,
3. die Trennung von allen anderen Gefangenen (Absonderung),
4. die Beschränkung des Aufenthalts im Freien,
5. die Unterbringung in einem besonders gesicherten Haftraum ohne gefährdende Gegenstände und
6. die Fesselung und die Fixierung.

(3) Maßnahmen nach Absatz 2 Nummer 1 und 3 bis 5 sind auch zulässig, wenn die Gefahr einer Befreiung oder eine erhebliche Störung der Ordnung anders nicht vermieden oder behoben werden kann.

(4) Eine Absonderung von mehr als 24 Stunden Dauer ist nur zulässig, wenn sie zur Abwehr einer in der Person der Gefangenen liegenden Gefahr unerlässlich ist.

(5) [1] In der Regel dürfen Fesseln nur an den Händen oder an den Füßen angelegt werden. [2] Im Interesse der Gefangenen kann der Anstaltsleiter oder die Anstaltsleiterin eine andere Art der Fesselung anordnen. [3] Die Fesselung wird zeitweise gelockert, soweit dies notwendig ist.

(6) Eine Fesselung, durch welche die Bewegungsfreiheit der Gefangenen vollständig aufgehoben wird (Fixierung), ist nur zulässig, soweit und solange eine gegenwärtige erhebliche Gefahr von Gewalttätigkeiten gegen Personen, der Selbsttötung oder der Selbstverletzung besteht und die Fixierung zur Abwehr dieser Gefahr unerlässlich ist.

(7) Besteht die Gefahr der Entweichung, dürfen die Gefangenen bei einer Ausführung, Vorführung oder beim Transport gefesselt werden.

§ 79 Anordnung besonderer Sicherungsmaßnahmen, Verfahren.

(1) [1] Vorbehaltlich des Absatzes 3 Satz 1 ordnet die Anstaltsleitung besondere Sicherungsmaßnahmen an; dies gilt auch für kurzfristige Fixierungen, die absehbar die Dauer von einer halben Stunde unterschreiten. [2] Bei Gefahr im Verzug können auch andere Bedienstete diese Maßnahmen vorläufig anordnen; die Entscheidung der Anstaltsleitung ist unverzüglich einzuholen.

(2) [1] Werden die Gefangenen ärztlich behandelt oder beobachtet oder bildet ihr seelischer Zustand den Anlass der besonderen Sicherungsmaßnahme, ist vor der Anordnung einer besonderen Sicherungsmaßnahme nach Absatz 1 eine ärztliche Stellungnahme einzuholen. [2] Ist dies wegen Gefahr im Verzug nicht möglich, wird die Stellungnahme unverzüglich nachträglich eingeholt.

(3) [1] Eine nicht nur kurzfristige Fixierung, die absehbar die Dauer von einer halben Stunde überschreitet, bedarf grundsätzlich der vorherigen Anordnung durch das gemäß § 121a des Strafvollzugsgesetzes des Bundes zuständige Amtsgericht. [2] Bei Gefahr im Verzug kann die Anordnung der Fixierung durch die Anstaltsleitung oder einen anderen zuständigen Bediensteten der Anstalt getroffen werden. [3] Sofern nicht die in Satz 4 benannten Ausnahmen vorliegen, ist die gerichtliche Entscheidung unverzüglich nachträglich einzuholen. [4] Eine richterliche Entscheidung ist nicht erforderlich, wenn bereits zu Beginn der Fixierung abzusehen ist, dass die Entscheidung erst nach Wegfall des Grundes

für die Fixierung ergehen wird, oder die Fixierung vor Herbeiführung der Entscheidung tatsächlich beendet und auch keine zeitnahe Wiederholung zu erwarten ist. [5] Ist eine richterliche Entscheidung beantragt und die Fixierung vor deren Erlangung beendet worden, ist dies dem Gericht unverzüglich mitzuteilen.

(4) [1] Die Entscheidung über die Anordnung besonderer Sicherungsmaßnahmen nach Absatz 1 oder Absatz 3 Satz 2 wird den Gefangenen mündlich eröffnet und mit einer kurzen Begründung schriftlich abgefasst. [2] Bei einer Fixierung nach Absatz 1 oder Absatz 3 Satz 2 haben die Anstalten darüber hinaus die Anordnung und die dafür maßgeblichen Gründe zu dokumentieren.

(5) [1] Im Übrigen haben die Anstalten bei allen Fixierungen den Verlauf, die Dauer, die Art der Überwachung und die Beendigung zu dokumentieren. [2] Nach Beendigung einer Fixierung, die nicht gerichtlich angeordnet wurde, sind die Gefangenen auf ihr Recht hinzuweisen, die Zulässigkeit der durchgeführten Maßnahme bei dem für die Überprüfung vollzuglicher Maßnahmen zuständigen Gericht überprüfen zu lassen; auch dieser Hinweis ist aktenkundig zu machen.

(6) Die Anstalten haben besondere Sicherungsmaßnahmen in angemessenen Abständen daraufhin zu überprüfen, ob und in welchem Umfang sie aufrechterhalten werden müssen; dies gilt insbesondere bei Fixierungen.

(7) [1] Besondere Sicherungsmaßnahmen nach § 78 Absatz 2 Nummer 3, 5 und 6 sind der Aufsichtsbehörde unverzüglich mitzuteilen, wenn sie länger als drei Tage aufrechterhalten werden. [2] Absonderung und Unterbringung im besonders gesicherten Haftraum an mehr als 30 Tagen innerhalb von zwölf Monaten bedürfen der Zustimmung der Aufsichtsbehörde.

(8) [1] Während der Absonderung oder der Unterbringung im besonders gesicherten Haftraum sowie während einer Fixierung sind die Gefangenen in besonderem Maße zu betreuen. [2] Sind die Gefangenen fixiert oder sind sie während der Absonderung oder der Unterbringung im besonders gesicherten Haftraum in einer anderen Art gefesselt, sind sie durch Bedienstete ständig und in unmittelbarem Sicht- und Sprechkontakt zu beobachten. [3] Für diese Aufgaben dürfen bei einer Fixierung nur Bedienstete eingesetzt werden, die in diese Aufgaben eingewiesen worden sind.

§ 80 Ärztliche Überwachung. (1) [1] Sind die Gefangenen in einem besonders gesicherten Haftraum untergebracht oder gefesselt, sucht sie eine Ärztin oder ein Arzt alsbald und in der Folge möglichst täglich auf. [2] Während einer Fixierung ist unverzüglich eine Ärztin oder ein Arzt herbeizuziehen. [3] Satz 1 gilt nicht bei einer Fesselung während einer Ausführung, Vorführung oder eines Transportes sowie bei Bewegungen innerhalb der Anstalt.

(2) Die Ärztin oder der Arzt ist regelmäßig zu hören, solange die Gefangenen länger als 24 Stunden abgesondert sind.

Abschnitt 14. Unmittelbarer Zwang

§ 81 Begriffsbestimmungen. (1) Unmittelbarer Zwang ist die Einwirkung auf Personen oder Sachen durch körperliche Gewalt, Hilfsmittel der körperlichen Gewalt oder durch Waffen.

(2) Körperliche Gewalt ist jede unmittelbare körperliche Einwirkung auf Personen oder Sachen.

(3) [1] Hilfsmittel der körperlichen Gewalt sind insbesondere Fesseln und Reizstoffe. [2] Waffen sind Hieb- und Schusswaffen.

(4) Es dürfen nur dienstlich zugelassene Hilfsmittel und Waffen verwendet werden.

§ 82 Allgemeine Voraussetzungen. (1) Soweit es zur Durchführung rechtmäßiger Vollzugs- und Sicherungsmaßnahmen erforderlich ist, dürfen Bedienstete gegen Gefangene unmittelbaren Zwang anwenden, wenn der damit verfolgte Zweck auf keine andere Weise erreicht werden kann.

(2) Gegen andere Personen darf unmittelbarer Zwang angewendet werden, wenn sie es unternehmen, Gefangene zu befreien oder widerrechtlich in die Anstalt einzudringen, oder wenn sie sich unbefugt darin aufhalten.

(3) Das Recht zu unmittelbarem Zwang aufgrund anderer Regelungen bleibt unberührt.

§ 83 Grundsatz der Verhältnismäßigkeit. (1) Unter mehreren möglichen und geeigneten Maßnahmen des unmittelbaren Zwangs sind diejenigen zu wählen, die Einzelne und die Allgemeinheit voraussichtlich am wenigsten beeinträchtigen.

(2) Unmittelbarer Zwang unterbleibt, wenn ein durch ihn zu erwartender Schaden erkennbar außer Verhältnis zu dem angestrebten Erfolg steht.

§ 84 Androhung. [1] Unmittelbarer Zwang ist vorher anzudrohen. [2] Die Androhung darf nur dann unterbleiben, wenn die Umstände sie nicht zulassen oder unmittelbarer Zwang sofort angewendet werden muss, um eine rechtswidrige Tat, die den Tatbestand eines Strafgesetzes erfüllt, zu verhindern oder eine gegenwärtige Gefahr abzuwenden.

§ 85 Schusswaffengebrauch. (1) [1] Der Gebrauch von Schusswaffen durch Bedienstete innerhalb der Anstalt ist verboten. [2] Das Recht zum Schusswaffengebrauch durch Polizeivollzugsbedienstete bleibt davon unberührt.

(2) Außerhalb der Anstalt dürfen Schusswaffen nach Maßgabe der Absätze 3 bis 6 von den dazu bestimmten Bediensteten nur bei Aus- und Vorführungen sowie bei Gefangenentransporten gebraucht werden.

(3) [1] Schusswaffen dürfen nur gebraucht werden, wenn andere Maßnahmen des unmittelbaren Zwangs bereits erfolglos waren oder keinen Erfolg versprechen. [2] Gegen Personen ist ihr Gebrauch nur zulässig, wenn der Zweck nicht durch Waffenwirkung gegen Sachen erreicht werden kann und nur, um angriffs- oder fluchtunfähig zu machen. [3] Ihr Gebrauch unterbleibt, wenn eine Gefährdung Unbeteiligter nicht ausgeschlossen werden kann.

(4) [1] Der Gebrauch von Schusswaffen ist vorher anzudrohen. [2] Als Androhung gilt auch ein Warnschuss. [3] Ohne Androhung dürfen Schusswaffen nur dann gebraucht werden, wenn dies zur Abwehr einer gegenwärtigen Gefahr für Leib oder Leben erforderlich ist.

(5) Gegen Gefangene dürfen Schusswaffen gebraucht werden,

1. wenn sie eine Waffe oder ein anderes gefährliches Werkzeug trotz wiederholter Aufforderung nicht ablegen,

2. wenn sie eine Meuterei (§ 121 Strafgesetzbuch) unternehmen oder
3. um ihre Entweichung zu vereiteln oder um sie wiederzuergreifen.

(6) Gegen andere Personen dürfen Schusswaffen gebraucht werden, wenn sie es unternehmen, Gefangene gewaltsam zu befreien.

Abschnitt 15. Disziplinarmaßnahmen

§ 86 Disziplinarmaßnahmen. (1) Soweit andere Formen der Konfliktregelung oder eine Verwarnung nicht ausreichen, können Disziplinarmaßnahmen angeordnet werden, wenn die Gefangenen rechtswidrig und schuldhaft

1. andere Personen verbal oder tätlich angreifen,
2. Lebensmittel oder fremde Sachen zerstören oder beschädigen,
3. in sonstiger Weise gegen Strafgesetze verstoßen oder eine Ordnungswidrigkeit begehen,
4. verbotene Gegenstände in die Anstalt einbringen, sich an deren Einbringung beteiligen, sie besitzen oder weitergeben,
5. unerlaubt Betäubungsmittel oder andere berauschende Stoffe konsumieren,
6. entweichen oder zu entweichen versuchen,
7. gegen Weisungen im Zusammenhang mit der Gewährung von Lockerungen verstoßen oder
8. wiederholt oder schwerwiegend gegen sonstige Pflichten verstoßen, die ihnen durch dieses Gesetz oder aufgrund dieses Gesetzes auferlegt sind, und dadurch das geordnete Zusammenleben in der Anstalt stören.

(2) Zulässige Disziplinarmaßnahmen sind

1. der Verweis,
2. die Beschränkung oder der Entzug des Fernsehempfangs oder anderer Geräte der Informations- und Unterhaltungselektronik bis zu drei Monaten,
3. die Beschränkung oder der Entzug der Gegenstände für die Freizeitbeschäftigung mit Ausnahme des Lesestoffs bis zu drei Monaten,
4. die Beschränkung oder der Entzug des Aufenthalts in Gemeinschaft oder der Teilnahme an einzelnen Freizeitveranstaltungen bis zu drei Monaten,
5. die Beschränkung des Einkaufs bis zu drei Monaten,
6. die Kürzung des Arbeitsentgelts um 10 Prozent bis zu drei Monaten,
7. der Entzug der zugewiesenen Arbeit bis zu vier Wochen und
8. der Arrest bis zu vier Wochen.

(3) Arrest darf nur wegen schwerer oder wiederholter Verfehlungen verhängt werden.

(4) Mehrere Disziplinarmaßnahmen können miteinander verbunden werden.

(5) Disziplinarmaßnahmen sind auch zulässig, wenn wegen derselben Verfehlung ein Straf- oder Bußgeldverfahren eingeleitet wird.

§ 87 Vollzug der Disziplinarmaßnahmen, Aussetzung zur Bewährung. (1) Disziplinarmaßnahmen werden in der Regel sofort vollstreckt.

(2) [1] Disziplinarmaßnahmen können ganz oder teilweise bis zu sechs Monaten zur Bewährung ausgesetzt werden. [2] Die Aussetzung zur Bewährung kann

ganz oder teilweise widerrufen werden, wenn die Gefangenen die ihr zu Grunde liegenden Erwartungen nicht erfüllen.

(3) [1] Für die Dauer des Arrests werden die Gefangenen getrennt von anderen Gefangenen untergebracht. [2] Sie können in einem besonderen Arrestraum untergebracht werden, der den Anforderungen entsprechen muss, die an einen zum Aufenthalt bei Tag und Nacht bestimmten Haftraum gestellt werden. [3] Soweit nichts anderes angeordnet wird, ruhen die Befugnisse der Gefangenen zur Teilnahme an Maßnahmen außerhalb des Raumes, in dem Arrest vollstreckt wird, sowie die Befugnisse zur Ausstattung des Haftraums mit eigenen Gegenständen, zum Fernsehempfang und Einkauf. [4] Gegenstände für die Freizeitbeschäftigung mit Ausnahme des Lesestoffs sind nicht zugelassen. [5] Die Rechte zur Teilnahme am Gottesdienst und auf Aufenthalt im Freien bleiben unberührt.

§ 88 Disziplinarbefugnis. (1) [1] Disziplinarmaßnahmen ordnet der Anstaltsleiter oder die Anstaltsleiterin an. [2] Bei einer Verfehlung auf dem Weg in eine andere Anstalt zum Zweck der Verlegung ist der Leiter oder die Leiterin der Bestimmungsanstalt zuständig.

(2) Die Aufsichtsbehörde entscheidet, wenn sich die Verfehlung gegen den Anstaltsleiter oder die Anstaltsleiterin richtet.

(3) [1] Disziplinarmaßnahmen, die gegen die Gefangenen in einer anderen Anstalt oder während einer Untersuchungshaft angeordnet worden sind, werden auf Ersuchen vollstreckt. [2] § 87 Absatz 2 bleibt unberührt.

§ 89 Verfahren. (1) [1] Der Sachverhalt ist zu klären. [2] Hierbei sind sowohl belastende als auch entlastende Umstände zu ermitteln. [3] Die betroffenen Gefangenen werden gehört. [4] Sie werden darüber unterrichtet, welche Verfehlungen ihnen zur Last gelegt werden. [5] Sie sind darauf hinzuweisen, dass es ihnen freisteht sich zu äußern. [6] Die Erhebungen werden in einer Niederschrift festgelegt; die Einlassung der Gefangenen wird vermerkt.

(2) [1] In geeigneten Fällen können zur Abwendung von Disziplinarmaßnahmen im Wege einvernehmlicher Streitbeilegung Vereinbarungen getroffen werden. [2] Insbesondere kommen die Wiedergutmachung des Schadens, die Entschuldigung bei Geschädigten, die Erbringung von Leistungen für die Gemeinschaft und der vorübergehende Verbleib im Haftraum in Betracht. [3] Erfüllen die Gefangenen die Vereinbarung, ist die Anordnung einer Disziplinarmaßnahme aufgrund dieser Verfehlung unzulässig.

(3) Mehrere Verfehlungen, die gleichzeitig zu beurteilen sind, werden durch eine Entscheidung geahndet.

(4) [1] Der Anstaltsleiter oder die Anstaltsleiterin soll sich vor der Entscheidung mit Personen besprechen, die maßgeblich an der Vollzugsgestaltung mitwirken. [2] Die Gefangenen erhalten Gelegenheit, sich ihm oder ihr gegenüber zu dem Ergebnis der Ermittlungen zu äußern. [3] Bei Schwangeren, stillenden Müttern oder bei Gefangenen, die sich in ärztlicher Behandlung befinden, ist zusätzlich ein Arzt oder eine Ärztin zu hören.

(5) Die Entscheidung wird den Gefangenen vom Anstaltsleiter oder von der Anstaltsleiterin mündlich eröffnet und mit einer kurzen Begründung schriftlich abgefasst.

(6) [1]Bevor Arrest vollzogen wird, ist ein Arzt oder eine Ärztin zu hören. [2]Während des Arrests stehen die Gefangenen unter ärztlicher Aufsicht. [3]Der Vollzug unterbleibt oder wird unterbrochen, wenn ansonsten die Gesundheit der Gefangenen gefährdet würde.

Abschnitt 16. Aufhebung von Maßnahmen, Beschwerde

§ 90 Aufhebung von Maßnahmen. (1) Die Aufhebung von Maßnahmen zur Regelung einzelner Angelegenheiten auf dem Gebiet des Vollzugs richtet sich nach den folgenden Absätzen, soweit dieses Gesetz keine abweichende Bestimmung enthält.

(2) Rechtswidrige Maßnahmen können ganz oder teilweise mit Wirkung für die Vergangenheit und die Zukunft zurückgenommen werden.

(3) Rechtmäßige Maßnahmen können ganz oder teilweise mit Wirkung für die Zukunft widerrufen werden, wenn

1. aufgrund nachträglich eingetretener oder bekannt gewordener Umstände die Maßnahmen hätten versagt werden können,
2. die Maßnahmen missbraucht werden oder
3. Weisungen nicht befolgt werden.

(4) [1]Begünstigende Maßnahmen dürfen nach den Absätzen 2 oder 3 nur aufgehoben werden, wenn die vollzuglichen Interessen an der Aufhebung in Abwägung mit dem schutzwürdigen Vertrauen der Betroffenen auf den Bestand der Maßnahmen erheblich überwiegen. [2]Davon ist auszugehen, wenn eine Maßnahme unerlässlich ist, um insbesondere die Sicherheit der Anstalt zu gewährleisten.

(5) Der gerichtliche Rechtsschutz nach Maßgabe der §§ 109 bis 121 des Strafvollzugsgesetzes[1)] des Bundes bleibt unberührt.

§ 91 Beschwerderecht. (1) Die Gefangenen erhalten Gelegenheit, sich in Angelegenheiten, die sie selbst betreffen, mit Wünschen, Anregungen und Beschwerden an den Anstaltsleiter oder die Anstaltsleiterin zu wenden.

(2) Besichtigen Bedienstete der Aufsichtsbehörde die Anstalt, so ist zu gewährleisten, dass die Gefangenen sich in Angelegenheiten, die sie selbst betreffen, an diese wenden können.

(3) Die Möglichkeit der Dienstaufsichtsbeschwerde bleibt unberührt.

Abschnitt 17. Kriminologische Forschung

§ 92 Evaluation, kriminologische Forschung. (1) Behandlungsprogramme für die Gefangenen sind auf der Grundlage wissenschaftlicher Erkenntnisse zu konzipieren, zu standardisieren und auf ihre Wirksamkeit hin zu überprüfen.

(2) Der Vollzug, insbesondere seine Aufgabenerfüllung und Gestaltung, die Umsetzung seiner Leitlinien sowie die Behandlungsprogramme und deren Wirkungen auf die Erreichung des Vollzugsziels, soll regelmäßig durch den kriminologischen Dienst, durch eine Hochschule oder durch eine andere Stelle wissenschaftlich begleitet und erforscht werden.

[1)] Nr. **1**.

Abschnitt 18. Aufbau und Organisation der Anstalten

§ 93 Anstalten. (1) [1] Es werden Anstalten und Abteilungen eingerichtet, die den unterschiedlichen vollzuglichen Anforderungen Rechnung tragen. [2] Insbesondere sind sozialtherapeutische Abteilungen vorzusehen.

(2) [1] Es ist eine bedarfsgerechte Anzahl und Ausstattung von Plätzen für therapeutische Maßnahmen, schulische und berufliche Qualifizierung, Arbeitstraining und Arbeitstherapie sowie für Arbeit vorzusehen. [2] Entsprechendes gilt für Besuche, Freizeit, Sport und Seelsorge.

(3) Haft- und Funktionsräume sind zweckentsprechend auszustatten.

(4) Unterhalten private Unternehmen Betriebe in Anstalten, kann die technische und fachliche Leitung ihrem Personal übertragen werden.

§ 94 Festsetzung der Belegungsfähigkeit, Verbot der Überbelegung.

(1) [1] Die Aufsichtsbehörde setzt die Belegungsfähigkeit der Anstalt so fest, dass eine angemessene Unterbringung der Gefangenen gewährleistet ist. [2] § 93 Absatz 2 ist zu berücksichtigen.

(2) Hafträume dürfen nicht mit mehr Gefangenen als zugelassen belegt werden.

(3) Ausnahmen von Absatz 2 sind nur vorübergehend und nur mit Zustimmung der Aufsichtsbehörde zulässig.

§ 95 Anstaltsleitung. (1) [1] Der Anstaltsleiter oder die Anstaltsleiterin trägt die Verantwortung für den gesamten Vollzug und vertritt die Anstalt nach außen. [2] Er oder sie kann einzelne Aufgabenbereiche auf andere Bedienstete übertragen. [3] Die Aufsichtsbehörde kann sich die Zustimmung zur Übertragung vorbehalten.

(2) Für jede Anstalt ist ein Beamter oder eine Beamtin der Laufbahngruppe 2 zweites Einstiegsamt zum hauptamtlichen Leiter oder zur hauptamtlichen Leiterin zu bestellen.

§ 96 Bedienstete. (1) [1] Die Anstalt wird mit dem für die Erreichung des Vollzugsziels und die Erfüllung ihrer Aufgaben erforderlichen Personal, insbesondere Bediensteten des allgemeinen Vollzugsdienstes und des sozialen, psychologischen und pädagogischen Dienstes ausgestattet. [2] Fortbildung sowie Praxisberatung und -begleitung für die Bediensteten sind zu gewährleisten.

(2) [1] Für die Betreuung von Gefangenen mit angeordneter oder vorbehaltener Sicherungsverwahrung ist besonders qualifiziertes Personal vorzusehen und eine fachübergreifende Zusammenarbeit zu gewährleisten. [2] Soweit erforderlich, sind externe Fachkräfte einzubeziehen.

(3) Alle im Vollzug Tätigen arbeiten zusammen und wirken daran mit, dessen Aufgaben zu erfüllen.

§ 97 Seelsorger und Seelsorgerinnen. (1) Seelsorger oder Seelsorgerinnen werden im Einvernehmen mit dem für Justiz zuständigen Ministerium durch die jeweilige Religionsgemeinschaft im Haupt- oder Nebenamt bestellt oder vertraglich verpflichtet.

(2) Wenn die geringe Anzahl der Angehörigen einer Religionsgemeinschaft eine Seelsorge nach Absatz 1 nicht rechtfertigt, ist die seelsorgerische Betreuung auf andere Weise zuzulassen.

(3) Mit Zustimmung des für Justiz zuständigen Ministeriums darf der Anstaltsseelsorger oder die Anstaltsseelsorgerin sich freier Seelsorgehelfer oder Seelsorgehelferinnen bedienen und diese für Gottesdienste sowie für andere religiöse Veranstaltungen von außen hinzuziehen.

§ 98 Medizinische Versorgung. (1) Die ärztliche Versorgung ist sicherzustellen,

(2) [1]Die Pflege der Kranken soll von Bediensteten ausgeführt werden, die eine Erlaubnis nach dem Krankenpflegegesetz vom 16. Juli 2003 (BGBl. I S. 1442), das zuletzt durch Artikel 35 des Gesetzes vom 6. Dezember 2011 (BGBl. I S. 2515) geändert worden ist, besitzen. [2]Solange diese nicht zur Verfügung stehen, können auch Bedienstete eingesetzt werden, die eine sonstige Ausbildung in der Krankenpflege erfahren haben.

§ 99 Interessenvertretung der Gefangenen. [1]Den Gefangenen soll ermöglicht werden, Vertretungen zu wählen. [2]Diese können in Angelegenheiten von gemeinsamem Interesse, die sich ihrer Eigenart nach für eine Mitwirkung eignen, Vorschläge und Anregungen an die Anstalt herantragen. [3]Diese sollen mit der Vertretung erörtert werden.

§ 100 Hausordnung. [1]Der Anstaltsleiter oder die Anstaltsleiterin erlässt zur Gestaltung und Organisation des Vollzugsalltags eine Hausordnung auf der Grundlage dieses Gesetzes. [2]Die Aufsichtsbehörde kann sich die Genehmigung vorbehalten.

Abschnitt 19. Aufsicht, Beirat

§ 101 Aufsichtsbehörde. (1) Das für Justiz zuständige Ministerium führt die Aufsicht über die Anstalten (Aufsichtsbehörde).

(2) Die Aufsichtsbehörde kann sich Entscheidungen über Verlegungen und Überstellungen vorbehalten.

§ 102 Vollstreckungsplan, Vollzugsgemeinschaften. (1) Die Aufsichtsbehörde regelt die örtliche und sachliche Zuständigkeit der Anstalten in einem Vollstreckungsplan.

(2) Im Rahmen von Vollzugsgemeinschaften kann der Vollzug auch in Vollzugseinrichtungen anderer Länder vorgesehen werden.

§ 103 Beirat. (1) [1]Bei der Anstalt ist ein Beirat zu bilden. [2]Bedienstete dürfen nicht Mitglieder des Beirats sein. [3]Das für Justiz zuständige Ministerium wird ermächtigt, durch Rechtsverordnung das Verfahren der Bestellung des Beirats, seine Amtsdauer und die wesentlichen Punkte seiner Tätigkeit sowie die Anzahl und Entschädigung seiner Mitglieder zu regeln.

(2) [1]Die Mitglieder des Beirats wirken beratend bei der Gestaltung des Vollzugs und der Eingliederung der Gefangenen mit. [2]Sie fördern das Verständnis für den Vollzug und seine gesellschaftliche Akzeptanz und vermitteln Kontakte zu öffentlichen und privaten Einrichtungen.

(3) Der Beirat steht dem Anstaltsleiter oder der Anstaltsleiterin, den Bediensteten und den Gefangenen als Ansprechpartner zur Verfügung.

(4) [1] Die Mitglieder des Beirats können sich über die Unterbringung der Gefangenen und die Gestaltung des Vollzugs unterrichten und die Anstalt besichtigen. [2] Sie können die Gefangenen in ihren Räumen aufsuchen. [3] Unterhaltung und Schriftwechsel werden nicht überwacht.

(5) [1] Die Mitglieder des Beirats sind verpflichtet, außerhalb ihres Amtes über alle Angelegenheiten, die ihrer Natur nach vertraulich sind, besonders über Namen und Persönlichkeit der Gefangenen, Verschwiegenheit zu bewahren. [2] Dies gilt auch nach Beendigung ihres Amtes.

Abschnitt 20. Vollzug des Strafarrests

§ 104 Grundsatz. (1) Für den Vollzug des Strafarrests in Anstalten gelten die Bestimmungen dieses Gesetzes entsprechend, soweit § 105 nichts Abweichendes bestimmt.

(2) § 105 Absatz 1 bis 3, 7 und 8 gilt nicht, wenn Strafarrest in Unterbrechung einer anderen freiheitsentziehenden Maßnahme vollzogen wird.

§ 105 Besondere Bestimmungen. (1) Strafarrestanten sollen im offenen Vollzug untergebracht werden.

(2) Eine gemeinsame Unterbringung ist nur mit Einwilligung der Strafarrestanten zulässig.

(3) Besuche, Telefongespräche und Schriftwechsel dürfen nur untersagt oder überwacht werden, wenn dies aus Gründen der Sicherheit oder Ordnung der Anstalt notwendig ist.

(4) Den Strafarrestanten soll gestattet werden, einmal wöchentlich Besuch zu empfangen.

(5) Strafarrestanten dürfen eigene Kleidung tragen und eigenes Bettzeug benutzen, wenn Gründe der Sicherheit nicht entgegenstehen und sie für Reinigung, Instandsetzung und regelmäßigen Wechsel auf eigene Kosten sorgen.

(6) Sie dürfen Nahrungs- und Genussmittel sowie Mittel zur Körperpflege in angemessenem Umfang durch Vermittlung der Anstalt auf eigene Kosten erwerben.

(7) Eine mit einer Entkleidung verbundene körperliche Durchsuchung ist nur bei Gefahr im Verzug zulässig.

(8) Zur Vereitelung einer Entweichung und zur Wiederergreifung dürfen Schusswaffen nicht gebraucht werden.

Abschnitt 21. *(aufgehoben)*

§§ 106-116 *(aufgehoben)*

Abschnitt 22. Schlussbestimmungen

§ 117 Einschränkung von Grundrechten. Durch dieses Gesetz werden die Rechte auf körperliche Unversehrtheit und Freiheit der Person (Artikel 2 Absatz 2 Satz 1 und 2 des Grundgesetzes) und auf Unverletzlichkeit des Brief-,

Post- und Fernmeldegeheimnisses (Artikel 10 des Grundgesetzes) eingeschränkt.

§ 118 Inkrafttreten. Dieses Gesetz tritt am 1. Juni 2013 in Kraft.

Das vorstehende Gesetz wird hiermit ausgefertigt. Es ist im Gesetz- und Verordnungsblatt für Mecklenburg-Vorpommern zu verkünden.

1.9. Niedersächsisches Justizvollzugsgesetz (NJVollzG)

in der Fassung der Bekanntmachung vom 8. April 2014[1]
(Nds. GVBl. S. 106)

VORIS 34210

zuletzt geänd. durch Art. 3 § 7 G zur Änd. des Niedersächsischen G über die öffentliche Sicherheit und Ordnung und anderer Gesetze v. 20.5.2019 (Nds. GVBl. S. 88)

– Auszug –

Inhaltsübersicht

[1] Neubekanntmachung des NJVollZG v. 14.12.2007 (Nds. GVBl. S. 720) in der ab 1.6.2013 geltenden Fassung.

Erster Teil. Gemeinsame Bestimmungen

§ 1 Anwendungsbereich Dieses Gesetz regelt den Vollzug der Freiheitsstrafe, der Jugendstrafe und der Untersuchungshaft in den dafür bestimmten Anstalten des Landes Niedersachsen.

§ 2 Allgemeine Gestaltungsgrundsätze. (1) Das Leben im Vollzug soll den allgemeinen Lebensverhältnissen soweit wie möglich angepasst werden.

(2) Schädlichen Folgen des Freiheitsentzuges ist entgegenzuwirken.

(3) [1] Der Vollzug der Freiheitsstrafe und der Jugendstrafe soll die Mitarbeitsbereitschaft der Gefangenen im Vollzug fördern, ihre Eigenverantwortung stärken und ihnen helfen, sich in das Leben in Freiheit einzugliedern. [2] Die Einsicht der Gefangenen in das Unrecht ihrer Straftaten und ihre Bereitschaft, für deren Folgen einzustehen, sollen geweckt und gefördert werden.

§ 3 Rechtsstellung der Gefangenen. [1] Die oder der Gefangene unterliegt den in diesem Gesetz vorgesehenen Beschränkungen ihrer oder seiner Freiheit. [2] Soweit das Gesetz eine besondere Regelung nicht enthält, können ihr oder ihm die Beschränkungen auferlegt werden, die zur Aufrechterhaltung der Sicherheit oder Ordnung der Anstalt erforderlich sind. [3] Die Sicherheit der Anstalt umfasst auch den Schutz der Allgemeinheit vor Straftaten der Gefangenen.

§ 4 Grundsatz der Verhältnismäßigkeit. [1] Von mehreren möglichen und geeigneten Maßnahmen ist diejenige zu treffen, die die Gefangene oder den

Gefangenen voraussichtlich am wenigsten beeinträchtigt. [2]Eine Maßnahme darf nicht zu einem Nachteil führen, der zu dem erstrebten Erfolg erkennbar außer Verhältnis steht. [3]Sie ist nur so lange zulässig, bis ihr Zweck erreicht ist oder nicht mehr erreicht werden kann.

Zweiter Teil. Vollzug der Freiheitsstrafe

Erstes Kapitel. Allgemeine Vorschriften, Grundsätze

§ 5 Vollzugsziele. [1]Im Vollzug der Freiheitsstrafe sollen die Gefangenen fähig werden, künftig in sozialer Verantwortung ein Leben ohne Straftaten zu führen. [2]Zugleich dient der Vollzug der Freiheitsstrafe dem Schutz der Allgemeinheit vor weiteren Straftaten.

§ 6 Mitwirkung der Gefangenen. (1) [1]Gefangene sollen an der Erreichung des Vollzugszieles nach § 5 Satz 1 mitwirken. [2]Ihre Bereitschaft hierzu ist zu wecken und zu fördern.

(2) [1]Der oder dem Gefangenen sollen geeignete Maßnahmen angeboten werden, die sie oder ihn darin unterstützen, Verantwortung für ihre oder seine Straftat und deren Folgen zu übernehmen, sowie ihr oder ihm die Chance eröffnen, sich nach Verbüßung der Strafe in die Gesellschaft einzugliedern. [2]Kann der Zweck einer solchen Maßnahme dauerhaft nicht erreicht werden, insbesondere weil die oder der Gefangene nicht hinreichend daran mitarbeitet, so soll diese Maßnahme beendet werden.

§ 7 Vollzug der Freiheitsstrafe in Einrichtungen für den Vollzug der Jugendstrafe. Wird die Freiheitsstrafe nach den Vorschriften des Jugendgerichtsgesetzes (JGG) in einer Einrichtung für den Vollzug der Jugendstrafe vollzogen, so gelten für den Vollzug der Freiheitsstrafe die Vorschriften des Vierten Teils.

Zweites Kapitel. Planung und Verlauf des Vollzuges

§ 8 Aufnahme in die Anstalt. (1) Bei der Aufnahme in die Anstalt wird die oder der Gefangene über ihre oder seine Rechte und Pflichten unterrichtet.

(2) [1]Die oder der Gefangene und ihre oder seine Sachen werden durchsucht. [2]Mit der oder dem Gefangenen wird unverzüglich ein Zugangsgespräch geführt. [3]Sie oder er wird alsbald ärztlich untersucht.

(3) [1]Während des Aufnahmeverfahrens dürfen andere Gefangene nicht anwesend sein. [2]Erfordert die Verständigung mit der oder dem aufzunehmenden Gefangenen die Zuziehung einer Dolmetscherin oder eines Dolmetschers, so ist diese unverzüglich zu veranlassen. [3]Ist die sofortige Verständigung mit der oder dem aufzunehmenden Gefangenen in ihrem oder seinem Interesse oder zur Gewährleistung der Sicherheit der Anstalt erforderlich, so können andere Gefangene zur Übersetzung herangezogen werden, wenn die Zuziehung einer Dolmetscherin oder eines Dolmetschers nach Satz 2 nicht rechtzeitig möglich ist.

§ 9 Vollzugsplanung. (1) [1]Für die oder den Gefangenen ist eine Vollzugsplanung durchzuführen. [2]Beträgt die Vollzugsdauer über ein Jahr, so ist ein Vollzugsplan zu erstellen, der Angaben mindestens über folgende Maßnahmen enthält:

1. die Unterbringung im geschlossenen oder offenen Vollzug,
2. die Verlegung in eine sozialtherapeutische Anstalt oder Abteilung,
3. die Zuweisung zu Wohn- und anderen Gruppen, die der Erreichung des Vollzugszieles nach § 5 Satz 1 dienen,
4. den Arbeitseinsatz sowie Maßnahmen der schulischen oder beruflichen Aus- oder Weiterbildung,
5. besondere Hilfs- und Therapiemaßnahmen,
6. Lockerungen des Vollzuges und
7. notwendige Maßnahmen zur Vorbereitung der Entlassung.

(2) Nach der Aufnahme werden die zur Vorbereitung der Aufstellung des Vollzugsplans notwendigen Daten zur Persönlichkeit und zu den Lebensverhältnissen der oder des Gefangenen erhoben sowie die Ursachen und Folgen ihrer oder seiner Straftaten untersucht.

(3) [1]Der Vollzugsplan ist in Einklang mit der Entwicklung der oder des Gefangenen und weiteren Erkenntnissen zur Persönlichkeit, insbesondere der Bereitschaft, an der Erreichung des Vollzugszieles nach § 5 Satz 1 mitzuarbeiten, fortzuschreiben. [2]Hierfür sind im Vollzugsplan angemessene Fristen vorzusehen.

(4) Zur Vorbereitung der Aufstellung und Fortschreibung des Vollzugsplans werden Konferenzen mit den nach Auffassung der Vollzugsbehörde an der Vollzugsgestaltung maßgeblich Beteiligten durchgeführt.

(5) [1]Die Vollzugsplanung wird mit der oder dem Gefangenen erörtert. [2]Erfolgt die Vollzugsplanung in Form eines Vollzugsplans, so wird ihr oder ihm dieser in schriftlicher Form ausgehändigt.

§ 10 Verlegung, Überstellung, Ausantwortung. (1) Die oder der Gefangene kann abweichend vom Vollstreckungsplan in eine andere Anstalt verlegt werden, wenn

1. hierdurch die Eingliederung in das Leben in Freiheit nach der Entlassung oder sonst die Erreichung des Vollzugszieles nach § 5 Satz 1 gefördert wird,
2. sich während des Vollzuges herausstellt, dass die sichere Unterbringung der oder des Gefangenen auch in einer anderen Anstalt mit geringeren Sicherheitsvorkehrungen gewährleistet ist und durch die Verlegung die Erreichung des Vollzugszieles nach § 5 Satz 1 nicht gefährdet wird,
3. ihr oder sein Verhalten oder Zustand eine Gefahr für die Sicherheit der Anstalt oder eine schwerwiegende Störung der Ordnung darstellt und diese durch die Verlegung abgewehrt wird,
4. ohne Rücksicht auf ihr oder sein Verhalten oder ihren oder seinen Zustand eine Gefahr für die Sicherheit der Anstalt oder eine schwerwiegende Störung der Ordnung nicht anders abgewehrt werden kann,
5. dies aus Gründen der Vollzugsorganisation oder aus einem anderen wichtigen Grund erforderlich ist.

(2) Die oder der Gefangene darf aus wichtigem Grund in eine andere Anstalt überstellt werden.

(3) [1]Die oder der Gefangene kann mit ihrer oder seiner Zustimmung befristet dem Gewahrsam einer anderen Behörde überlassen werden, wenn diese zur Erfüllung ihrer Aufgaben darum ersucht (Ausantwortung). [2]Die Ausant-

wortung ist auch ohne Zustimmung der oder des Gefangenen zulässig, wenn die ersuchende Behörde aufgrund einer Rechtsvorschrift das Erscheinen der oder des Gefangenen zwangsweise durchsetzen könnte. [3] Die Verantwortung für die Sicherung des Gewahrsams und für das Vorliegen der Voraussetzungen des Satzes 2 trägt die ersuchende Behörde.

§ 11 Länderübergreifende Verlegungen. (1) [1] Die oder der Gefangene kann mit Zustimmung des für Justiz zuständigen Ministeriums (Fachministerium) in eine Anstalt eines anderen Landes verlegt werden, wenn die in diesem Gesetz geregelten Voraussetzungen für eine Verlegung vorliegen und die zuständige Behörde des anderen Landes der Verlegung in die dortige Anstalt zustimmt. [2] Dabei ist sicherzustellen, dass die nach diesem Gesetz erworbenen Ansprüche auf Arbeitsentgelt, Ausbildungsbeihilfe, Freistellung von der Arbeitspflicht und Ausgleichsentschädigung entweder durch das Land erfüllt oder in dem anderen Land anerkannt werden. [3] § 40 Abs. 10 gilt entsprechend, soweit Ansprüche auf Freistellung von der Arbeitspflicht infolge der Verlegung nicht erfüllt werden können.

(2) Gefangene aus einer Anstalt eines anderen Landes können mit Zustimmung des Fachministeriums in eine Anstalt des Landes aufgenommen werden.

§ 12 Geschlossener und offener Vollzug. (1) Die oder der Gefangene wird im geschlossenen Vollzug untergebracht, wenn nicht nach dem Vollstreckungsplan eine Einweisung in den offenen Vollzug oder in eine Einweisungsanstalt oder Einweisungsabteilung vorgesehen ist.

(2) Die oder der Gefangene soll in eine Anstalt oder Abteilung des offenen Vollzuges verlegt werden, wenn sie oder er den besonderen Anforderungen des offenen Vollzuges genügt und namentlich nicht zu befürchten ist, dass sie oder er sich dem Vollzug der Freiheitsstrafe entzieht oder die Möglichkeiten des offenen Vollzuges zu Straftaten missbrauchen wird.

(3) Befindet sich eine Gefangene oder ein Gefangener im offenen Vollzug, so soll sie oder er in eine Anstalt oder Abteilung des geschlossenen Vollzuges verlegt werden, wenn sie oder er es beantragt oder den Anforderungen nach Absatz 2 nicht genügt oder es zur Erreichung des Vollzugszieles nach § 5 Satz 1 erforderlich ist.

§ 13 Lockerungen des Vollzuges. (1) Als Lockerung des Vollzuges kann zur Erreichung des Vollzugszieles nach § 5 Satz 1 mit Zustimmung der oder des Gefangenen namentlich angeordnet werden, dass die oder der Gefangene

1. außerhalb der Anstalt regelmäßig einer Beschäftigung unter Aufsicht (Außenbeschäftigung) oder ohne Aufsicht Vollzugsbediensteter (Freigang) nachgehen darf,
2. für eine bestimmte Tageszeit die Anstalt unter Aufsicht (Ausführung) oder ohne Aufsicht Vollzugsbediensteter (Ausgang) verlassen darf oder
3. bis zu 21 Kalendertagen im Vollstreckungsjahr beurlaubt wird.

(2) Die Lockerungen nach Absatz 1 dürfen nur angeordnet werden, wenn nicht zu befürchten ist, dass die oder der Gefangene sich dem Vollzug der Freiheitsstrafe entzieht oder die Lockerungen zu Straftaten missbrauchen wird.

(3) [1] Ausgang und Freigang sollen erst angeordnet werden, wenn hinreichende Erkenntnisse über die Gefangene oder den Gefangenen vorliegen, aufgrund

derer verlässlich beurteilt werden kann, ob die Voraussetzungen des Absatzes 2 im Einzelfall gegeben sind; dabei sind die Vollzugsdauer und die Länge des davon bereits verbüßten Teils zu berücksichtigen. [2]Urlaub soll erst angeordnet werden, wenn sich die oder der Gefangene im Ausgang oder Freigang bewährt hat.

(4) Die oder der zu lebenslanger Freiheitsstrafe verurteilte Gefangene kann beurlaubt werden, wenn sie oder er sich einschließlich einer vorhergehenden Untersuchungshaft oder einer anderen Freiheitsentziehung zehn Jahre im Vollzug befunden hat oder wenn sie oder er in den offenen Vollzug verlegt worden ist; für Ausgang und Freigang gilt in der Regel eine Sperrfrist von acht Jahren.

(5) Der oder dem Gefangenen, die oder der sich für den offenen Vollzug eignet, aus besonderen Gründen aber in einer Anstalt oder Abteilung des geschlossenen Vollzuges untergebracht ist, können nach den für den offenen Vollzug geltenden Vorschriften Lockerungen gewährt werden.

(6) Durch den Urlaub wird die Strafvollstreckung nicht unterbrochen.

§ 14 Ausgang, Urlaub und Ausführung aus wichtigem Anlass.

(1) [1]Aus wichtigem Anlass kann die oder der Gefangene Ausgang erhalten oder bis zu sieben Tagen beurlaubt werden; der Urlaub aus anderem wichtigen Anlass als wegen einer lebensgefährlichen Erkrankung oder wegen des Todes einer oder eines Angehörigen darf sieben Tage im Jahr nicht übersteigen. [2]Kann Ausgang oder Urlaub aus den in § 13 Abs. 2 genannten Gründen nicht gewährt werden, so kann die Vollzugsbehörde die Gefangene oder den Gefangenen ausführen lassen.

(2) Die Lockerungen nach Absatz 1 werden nicht auf die Lockerungen nach § 13 angerechnet.

(3) [1]Der oder dem Gefangenen kann zur Teilnahme an einem gerichtlichen Termin Ausgang oder Urlaub gewährt werden, wenn anzunehmen ist, dass sie oder er der Ladung folgt. [2]Kann Ausgang oder Urlaub nicht gewährt werden, so soll die oder der Gefangene mit ihrer oder seiner Zustimmung ausgeführt werden. [3]Auf Ersuchen eines Gerichts oder einer Staatsanwaltschaft wird die oder der Gefangene vorgeführt.

(4) Die oder der Gefangene darf auch ohne ihre oder seine Zustimmung ausgeführt werden, wenn dies aus besonderem Grund notwendig ist.

(5) § 13 Abs. 2 und 6 sowie § 15 gelten entsprechend.

§ 15 Weisungen, Aufhebung von Lockerungen. (1) [1]Der oder dem Gefangenen können für Lockerungen Weisungen erteilt werden. [2]Dabei sind die Interessen der durch ihre oder seine Straftaten Verletzten sowie das Schutzinteresse gefährdeter Dritter zu berücksichtigen.

(2) Lockerungen können widerrufen werden, wenn die Vollzugsbehörde aufgrund nachträglich eingetretener Umstände berechtigt wäre, die Maßnahme zu versagen, die oder der Gefangene die Maßnahme missbraucht oder sie oder er den Weisungen nicht nachkommt.

(3) Lockerungen können mit Wirkung für die Zukunft zurückgenommen werden, wenn die Voraussetzungen für ihre Anordnung nicht vorgelegen haben.

§ 16 Begutachtung, Untersuchung. (1) [1]Die Vollzugsbehörde ordnet an, dass sich die oder der Gefangene begutachten oder körperlich untersuchen lässt, wenn dies zur Feststellung der Voraussetzungen einer Verlegung in den offenen Vollzug nach § 12 Abs. 2 oder einer Lockerung nach § 13 Abs. 2 erforderlich ist. [2]Die Erforderlichkeit ist in der Regel gegeben

1. bei zu lebenslanger Freiheitsstrafe verurteilten Gefangenen,
2. bei Gefangenen, die wegen einer Straftat
   a) nach den §§ 174 bis 180, 182, 211 oder 212 des Strafgesetzbuchs (StGB) oder
   b) nach § 323a StGB verurteilt worden sind, soweit die im Rausch begangene Tat eine der in Buchstabe a genannten Taten ist,

   oder
3. wenn Tatsachen die Annahme begründen, dass eine Abhängigkeit oder ein Missbrauch von Sucht- oder Arzneimitteln vorliegt.

[3]In den Fällen des Satzes 2 Nrn. 1 und 2 sollen Sachverständige verschiedener Fachrichtungen an der Begutachtung beteiligt werden.

(2) Blutentnahmen oder andere körperliche Eingriffe sind zulässig, wenn sie von einer Ärztin oder einem Arzt vorgenommen werden und ein Nachteil für die Gesundheit der oder des Gefangenen nicht zu befürchten ist.

(3) [1]Die Begutachtung oder körperliche Untersuchung bedarf der Zustimmung der oder des Gefangenen. [2]Verweigert die oder der Gefangene die Zustimmung, so ist in der Regel der Schluss zu ziehen, dass die Voraussetzungen für die Verlegung in den offenen Vollzug oder die Anordnung der Lockerung nicht gegeben sind. [3]Die oder der Gefangene ist hierauf bei der Anordnung nach Absatz 1 hinzuweisen.

(4) [1]Blut und sonstige Körperzellen dürfen nur für den der Anordnung zugrunde liegenden Zweck verwendet werden. [2]Für einen anderen vollzuglichen Zweck dürfen sie verwendet werden, wenn ihre Entnahme auch zu diesem Zweck zulässig wäre oder wenn die oder der Gefangene zustimmt. [3]Liegt eine Zustimmung der oder des Gefangenen nicht vor, so ist sie oder er über die Verwendung zu einem anderen vollzuglichen Zweck zu unterrichten. [4]Blut und sonstige Körperzellen sind unverzüglich zu vernichten, sobald sie für Zwecke nach Satz 1 oder 2 nicht mehr benötigt werden.

(5) [1]Eine Begutachtung oder körperliche Untersuchung kann auch angeordnet werden, wenn dies für die Vorbereitung einer anderen vollzuglichen Entscheidung, insbesondere zur Abwehr einer Gefahr für die Sicherheit oder Ordnung der Anstalt, erforderlich ist. [2]Die Absätze 2 bis 4 gelten entsprechend.

§ 17 Entlassungsvorbereitung. (1) Um die Entlassung vorzubereiten, sollen Lockerungen unter den Voraussetzungen des § 13 angeordnet werden.

(2) Eine Verlegung der oder des Gefangenen in den offenen Vollzug nach § 12 Abs. 2 soll unterbleiben, wenn diese die Vorbereitung der Entlassung beeinträchtigen würde.

(3) [1]Innerhalb von drei Monaten vor der Entlassung kann zu deren Vorbereitung Sonderurlaub bis zu einer Woche gewährt werden. [2]§ 13 Abs. 2 und 6 sowie § 15 gelten entsprechend.

(4) [1]Der Freigängerin und dem Freigänger (§ 13 Abs. 1 Nr. 1) kann innerhalb von neun Monaten vor der Entlassung Sonderurlaub bis zu sechs Tagen im Monat gewährt werden. [2]§ 13 Abs. 2 und 6 sowie § 15 gelten entsprechend. [3]Absatz 3 Satz 1 findet keine Anwendung.

§ 18 Entlassungszeitpunkt. (1) Die oder der Gefangene soll am letzten Tag ihrer oder seiner Strafzeit möglichst frühzeitig, jedenfalls noch am Vormittag, entlassen werden.

(2) Fällt das Strafende auf einen Sonnabend oder Sonntag, einen gesetzlichen Feiertag, den ersten Werktag nach Ostern oder Pfingsten oder in die Zeit vom 22. Dezember bis zum 2. Januar, so kann die oder der Gefangene an dem diesem Tag oder Zeitraum vorhergehenden Werktag entlassen werden, wenn dies nach der Länge der Strafzeit vertretbar ist und fürsorgerische Gründe nicht entgegenstehen.

(3) Der Entlassungszeitpunkt kann bis zu zwei Tagen vorverlegt werden, wenn dringende Gründe dafür vorliegen, dass die oder der Gefangene zu ihrer oder seiner Eingliederung hierauf angewiesen ist.

Drittes Kapitel. Unterbringung, Kleidung, Verpflegung und Einkauf

§ 19 Unterbringung während der Arbeitszeit und Freizeit. (1) [1]Gefangene arbeiten gemeinsam. [2]Dasselbe gilt für schulische und berufliche Aus- und Weiterbildung sowie für arbeitstherapeutische Beschäftigung während der Arbeitszeit.

(2) Während der Freizeit kann sich die oder der Gefangene in Gemeinschaft mit anderen aufhalten.

(3) Die gemeinschaftliche Unterbringung während der Arbeitszeit und Freizeit kann eingeschränkt werden

1. bis zu einer Dauer von zwei Monaten während der Erhebung und Untersuchung nach § 9 Abs. 2,
2. wenn ein schädlicher Einfluss auf andere Gefangene zu befürchten ist oder
3. wenn es die Sicherheit oder Ordnung der Anstalt erfordert.

§ 20 Unterbringung während der Ruhezeit. (1) [1]Die oder der Gefangene wird während der Ruhezeit allein in ihrem oder seinem Haftraum untergebracht. [2]Mit ihrer oder seiner Zustimmung kann die oder der Gefangene auch gemeinsam mit anderen Gefangenen untergebracht werden, wenn eine schädliche Beeinflussung nicht zu befürchten ist.

(2) Ohne Zustimmung der betroffenen Gefangenen ist eine gemeinsame Unterbringung nur zulässig, sofern eine oder einer von ihnen hilfsbedürftig ist, für eine oder einen von ihnen eine Gefahr für Leben oder Gesundheit besteht oder die räumlichen Verhältnisse der Anstalt dies erfordern.

§ 21 Ausstattung des Haftraums und persönlicher Besitz. [1]Die oder der Gefangene darf ihren oder seinen Haftraum mit Erlaubnis in angemessenem Umfang mit eigenen Sachen ausstatten. [2]Die Erlaubnis kann versagt oder widerrufen werden, soweit Sachen die Übersichtlichkeit des Haftraumes oder in anderer Weise die Sicherheit oder Ordnung der Anstalt beeinträchtigen.

§ 22 Kleidung. (1) Die oder der Gefangene trägt eigene Kleidung, wenn sie oder er für Reinigung und Instandsetzung auf eigene Kosten sorgt; anderenfalls trägt sie oder er Anstaltskleidung.

(2) Die Vollzugsbehörde kann das Tragen von Anstaltskleidung allgemein oder im Einzelfall anordnen, wenn dies aus Gründen der Sicherheit oder Ordnung der Anstalt erforderlich ist.

§ 23 Anstaltsverpflegung. [1] Gefangene sind gesund zu ernähren. [2] Auf ärztliche Anordnung wird besondere Verpflegung gewährt. [3] Der oder dem Gefangenen ist es zu ermöglichen, Speisevorschriften ihrer oder seiner Religionsgemeinschaft zu befolgen.

§ 24 Einkauf. (1) [1] Die oder der Gefangene kann sich aus einem von der Vollzugsbehörde vermittelten Angebot Nahrungs- und Genussmittel sowie Mittel zur Körperpflege kaufen. [2] Es soll für ein Angebot gesorgt werden, das auf die Wünsche und Bedürfnisse der Gefangenen Rücksicht nimmt.

(2) [1] Gegenstände, die die Sicherheit oder Ordnung der Anstalt gefährden, sind vom Einkauf ausgeschlossen. [2] In Anstaltskrankenhäusern und Krankenabteilungen kann der Einkauf einzelner Nahrungs- und Genussmittel auf ärztliche Anordnung allgemein untersagt oder eingeschränkt werden.

Viertes Kapitel. Besuche, Schriftwechsel, Telekommunikation und Pakete

§ 25 Recht auf Besuch. (1) [1] Die oder der Gefangene darf nach vorheriger Anmeldung regelmäßig Besuch empfangen. [2] Die Gesamtdauer beträgt mindestens vier Stunden im Monat.

(2) [1] Besuche sollen darüber hinaus zugelassen werden, wenn sie die Erreichung des Vollzugszieles nach § 5 Satz 1 fördern oder persönlichen, rechtlichen oder geschäftlichen Angelegenheiten dienen, die nicht von der oder dem Gefangenen schriftlich erledigt, durch Dritte wahrgenommen oder bis zur Entlassung der oder des Gefangenen aufgeschoben werden können. [2] Nach Satz 1 sollen auch mehrstündige unbeaufsichtigte Besuche (Langzeitbesuche) von Angehörigen im Sinne des Strafgesetzbuchs sowie von Personen, die einen günstigen Einfluss erwarten lassen, zugelassen werden, soweit die oder der Gefangene dafür geeignet ist.

(3) [1] Bei der Festlegung der Dauer und Häufigkeit der Besuche sowie der Besuchszeiten sind auch die allgemeinen Lebensverhältnisse der Besucherinnen und Besucher, insbesondere diejenigen von Familien mit minderjährigen Kindern, zu berücksichtigen. [2] Das Nähere regelt die Hausordnung.

(4) Zur Aufrechterhaltung der Sicherheit oder Ordnung der Anstalt kann der Besuch einer Person von ihrer Durchsuchung abhängig gemacht und die Anzahl der gleichzeitig zu einem Besuch zugelassenen Personen beschränkt werden.

§ 26 Besuchsverbot. Besuche können untersagt werden,

1. wenn die Sicherheit oder Ordnung der Anstalt gefährdet würde,
2. bei Besucherinnen und Besuchern, die nicht Angehörige der oder des Gefangenen im Sinne des Strafgesetzbuchs sind, wenn zu befürchten ist, dass sie

einen schädlichen Einfluss auf die Gefangene oder den Gefangenen haben oder ihre oder seine Eingliederung behindern würden.

§ 27 Besuche von Verteidigerinnen, Verteidigern, Rechtsanwältinnen, Rechtsanwälten, Notarinnen und Notaren. [1]Besuche von Verteidigerinnen und Verteidigern sowie von Rechtsanwältinnen, Rechtsanwälten, Notarinnen und Notaren in einer die Gefangene oder den Gefangenen betreffenden Rechtssache sind ohne Beschränkungen hinsichtlich ihrer Dauer oder Häufigkeit zulässig. [2]Die regelmäßigen Besuchszeiten legt die Vollzugsbehörde im Benehmen mit der Rechtsanwaltskammer in der Hausordnung fest. [3]§ 25 Abs. 4 gilt entsprechend. [4]Eine inhaltliche Überprüfung der von der Verteidigerin oder dem Verteidiger mitgeführten Schriftstücke und sonstigen Unterlagen ist nicht zulässig. [5]Abweichend von Satz 4 gilt § 30 Abs. 2 Sätze 2 bis 4 in den dort genannten Fällen entsprechend.

§ 28 Überwachung der Besuche. (1) [1]Besuche dürfen offen überwacht werden. [2]Die akustische Überwachung ist nur zulässig, wenn dies im Einzelfall zur Erreichung des Vollzugszieles nach § 5 Satz 1 oder zur Aufrechterhaltung der Sicherheit oder Ordnung der Anstalt erforderlich ist.

(2) Die Vollzugsbehörde kann anordnen, dass für das Gespräch zwischen der oder dem Gefangenen und den Besucherinnen und Besuchern Vorrichtungen vorzusehen sind, die die körperliche Kontaktaufnahme sowie die Übergabe von Schriftstücken und anderen Gegenständen ausschließen, wenn dies zur Aufrechterhaltung der Sicherheit oder zur Abwendung einer schwerwiegenden Störung der Ordnung der Anstalt unerlässlich ist.

(3) [1]Ein Besuch darf nach vorheriger Androhung abgebrochen werden, wenn Besucherinnen oder Besucher oder die oder der Gefangene gegen die Vorschriften dieses Gesetzes oder die aufgrund dieses Gesetzes getroffenen Anordnungen verstoßen. [2]Der Besuch kann sofort abgebrochen werden, wenn dies unerlässlich ist, um eine Gefahr für die Sicherheit der Anstalt oder einen schwer wiegenden Verstoß gegen die Ordnung der Anstalt abzuwehren.

(4) Besuche von Verteidigerinnen und Verteidigern werden nicht überwacht.

(5) [1]Gegenstände dürfen beim Besuch nur mit Erlaubnis übergeben werden. [2]Dies gilt nicht für die bei dem Besuch

1. einer Verteidigerin oder eines Verteidigers oder
2. einer Rechtsanwältin, eines Rechtsanwalts, einer Notarin oder eines Notars zur Erledigung einer die Gefangene oder den Gefangenen betreffenden Rechtssache

übergebenen Schriftstücke und sonstigen Unterlagen. [3]In den Fällen des Satzes 2 Nr. 2 kann die Übergabe aus Gründen der Sicherheit oder Ordnung der Anstalt von der Erteilung einer Erlaubnis abhängig gemacht werden.

(6) Abweichend von den Absätzen 4 und 5 Satz 2 Nr. 1 gilt § 30 Abs. 2 Sätze 2 bis 4 in den dort genannten Fällen entsprechend.

§ 29 Recht auf Schriftwechsel. (1) [1]Die oder der Gefangene hat das Recht, Schreiben abzusenden und zu empfangen. [2]In dringenden Fällen kann der oder dem Gefangenen gestattet werden, Schreiben als Telefaxe aufzugeben.

(2) Schriftwechsel mit bestimmten Personen kann untersagt werden, wenn
1. die Sicherheit oder Ordnung der Anstalt gefährdet würde oder
2. zu erwarten ist, dass der Schriftwechsel mit Personen, die nicht Angehörige der oder des Gefangenen im Sinne des Strafgesetzbuchs sind, einen schädlichen Einfluss auf die Gefangene oder den Gefangenen haben oder ihre oder seine Eingliederung behindern würde.

§ 30 Überwachung des Schriftwechsels. (1) Der Schriftwechsel darf überwacht werden, soweit es zur Erreichung des Vollzugszieles nach § 5 Satz 1 oder aus Gründen der Sicherheit oder Ordnung der Anstalt erforderlich ist.

(2) [1]Der Schriftwechsel der oder des Gefangenen mit der Verteidigerin oder dem Verteidiger wird nicht überwacht. [2]Liegt dem Vollzug der Freiheitsstrafe eine Straftat nach § 129a StGB, auch in Verbindung mit § 129b Abs. 1 StGB, zugrunde, so gelten § 148 Abs. 2 und § 148a der Strafprozessordnung (StPO) entsprechend. [3]Satz 2 gilt nicht, wenn sich die oder der Gefangene in einer Anstalt oder Abteilung des offenen Vollzuges befindet oder wenn ihr oder ihm Lockerungen nach § 13 Abs. 1 mit Ausnahme der Ausführung oder Sonderurlaub nach § 17 Abs. 3 gewährt worden sind und ein Grund, der die Vollzugsbehörde zum Widerruf oder zur Rücknahme ermächtigt, nicht vorliegt. [4]Die Sätze 2 und 3 gelten auch, wenn gegen eine Gefangene oder einen Gefangenen im Anschluss an die dem Vollzug der Freiheitsstrafe zugrunde liegende Verurteilung eine Freiheitsstrafe wegen einer Straftat nach § 129a StGB, auch in Verbindung mit § 129b Abs. 1 StGB, zu vollstrecken ist.

(3) [1]Nicht überwacht werden Schreiben der oder des Gefangenen an Volksvertretungen des Bundes und der Länder sowie an deren Mitglieder, wenn die Schreiben an die Anschriften dieser Volksvertretungen gerichtet sind und die Absender zutreffend angeben. [2]Entsprechendes gilt für Schreiben an das Europäische Parlament und dessen Mitglieder, den Europäischen Gerichtshof für Menschenrechte, den Europäischen Ausschuss zur Verhütung von Folter und unmenschlicher oder erniedrigender Behandlung oder Strafe und die Datenschutzbeauftragten des Bundes und der Länder. [3]Schreiben der in den Sätzen 1 und 2 genannten Stellen, die an eine Gefangene oder einen Gefangenen gerichtet sind, werden nicht überwacht, wenn die Identität der Absender zweifelsfrei feststeht.

§ 31 Weiterleitung von Schreiben, Aufbewahrung. (1) Die oder der Gefangene hat Absendung und Empfang ihrer oder seiner Schreiben durch die Vollzugsbehörde vermitteln zu lassen, soweit nicht etwas anderes gestattet ist.

(2) Eingehende und ausgehende Schreiben sind unverzüglich weiterzuleiten.

(3) Die oder der Gefangene hat eingehende Schreiben unverschlossen zu verwahren, sofern nicht etwas anderes gestattet wird; sie oder er kann die Schreiben verschlossen zur Habe geben.

§ 32 Anhalten von Schreiben. (1) Schreiben können angehalten werden, wenn
1. die Vollzugsziele oder die Sicherheit oder Ordnung der Anstalt gefährdet würden,
2. die Weitergabe in Kenntnis ihres Inhalts einen Straf- oder Bußgeldtatbestand verwirklichen würde,

3. sie grob unrichtige oder erheblich entstellende Darstellungen von Anstaltsverhältnissen enthalten,
4. sie grobe Beleidigungen enthalten,
5. sie die Eingliederung anderer Gefangener gefährden können oder
6. sie in Geheimschrift, unlesbar, unverständlich oder ohne zwingenden Grund in einer fremden Sprache abgefasst sind.

(2) [1] Ist ein Schreiben angehalten worden, so wird das der oder dem Gefangenen mitgeteilt. [2] Angehaltene Schreiben werden an die Absender zurückgegeben oder behördlich verwahrt, sofern eine Rückgabe unmöglich oder nicht geboten ist.

(3) Schreiben, deren Überwachung nach § 30 Abs. 2 und 3 ausgeschlossen ist, dürfen nicht angehalten werden.

§ 33 Telekommunikation. (1) [1] In dringenden Fällen soll der oder dem Gefangenen gestattet werden, Telefongespräche zu führen. [2] Die §§ 26 und 28 Abs. 1 Satz 2, Abs. 3 und 4 gelten entsprechend. [3] Ist eine akustische Überwachung beabsichtigt, so ist dies der Gesprächspartnerin oder dem Gesprächspartner unmittelbar nach Herstellung der Verbindung durch die Vollzugsbehörde oder die Gefangene oder den Gefangenen mitzuteilen. [4] Die oder der Gefangene ist rechtzeitig vor Beginn der Unterhaltung über die beabsichtigte Überwachung und die Mitteilungspflicht nach Satz 3 zu unterrichten. [5] Die Unterhaltung kann zeitversetzt überwacht und zu diesem Zweck gespeichert werden.

(2) [1] Der oder dem Gefangenen kann allgemein gestattet werden, Telefongespräche zu führen, wenn sie oder er sich mit zur Gewährleistung der Sicherheit und Ordnung der Anstalt von der Vollzugsbehörde erlassenen Nutzungsbedingungen einverstanden erklärt. [2] Soweit die Nutzungsbedingungen keine abweichenden Regelungen enthalten, gilt Absatz 1 Sätze 2 bis 5 entsprechend.

(3) [1] Die Zulassung einer anderen Form der Telekommunikation in der Anstalt bedarf der Zustimmung des Fachministeriums; die oder der Gefangene hat keinen Anspruch auf Erteilung der Zustimmung. [2] Hat das Fachministerium die Zustimmung erteilt, so kann die Vollzugsbehörde der oder dem Gefangenen allgemein oder im Einzelfall die Nutzung der zugelassenen Telekommunikationsform gestatten, wenn sichergestellt ist, dass hierdurch nicht die Sicherheit oder Ordnung der Anstalt gefährdet wird und sich die oder der Gefangene mit den von der Vollzugsbehörde zu diesem Zweck erlassenen Nutzungsbedingungen einverstanden erklärt. [3] Soweit die Nutzungsbedingungen keine abweichenden Regelungen enthalten, gelten für Telekommunikationsformen,

1. die einem Besuch vergleichbar sind, Absatz 1 Sätze 2 bis 5,
2. die einem Schriftwechsel vergleichbar sind, § 29 Abs. 2 sowie die §§ 30 bis 32

entsprechend.

(4) [1] Durch den Einsatz technischer Mittel kann verhindert werden, dass mittels einer innerhalb der Anstalt befindlichen Mobilfunkendeinrichtung unerlaubte Telekommunikationsverbindungen hergestellt oder aufrechterhalten werden. [2] Der Telekommunikationsverkehr außerhalb des räumlichen Bereichs der Anstalt darf nicht beeinträchtigt werden.

§ 34 Pakete. (1) [1]Die oder der Gefangene darf in angemessenem Umfang Pakete empfangen. [2]Der Empfang jedes Paketes bedarf der Erlaubnis. [3]Pakete dürfen Nahrungs- und Genussmittel sowie Gegenstände, die die Sicherheit oder Ordnung der Anstalt gefährden, nicht enthalten. [4]Pakete, für die keine Erlaubnis erteilt worden ist, sollen nicht angenommen werden.

(2) [1]Angenommene Pakete sind in Gegenwart der oder des Gefangenen zu öffnen. [2]Gegenstände nach Absatz 1 Satz 3 sind zur Habe zu nehmen, zurückzusenden oder, wenn es erforderlich ist, zu vernichten. [3]Die Maßnahmen werden der oder dem Gefangenen mitgeteilt.

(3) Der Empfang von Paketen kann befristet untersagt werden, wenn dies wegen einer Gefährdung der Sicherheit oder Ordnung der Anstalt unerlässlich ist.

(4) [1]Der oder dem Gefangenen kann gestattet werden, Pakete zu versenden. [2]Deren Inhalt kann aus Gründen der Sicherheit oder Ordnung der Anstalt überprüft werden.

Fünftes Kapitel. Arbeit, Aus- und Weiterbildung

§ 35 Zuweisung. (1) Arbeit, arbeitstherapeutische Beschäftigung sowie Aus- und Weiterbildung dienen insbesondere dem Ziel, Fähigkeiten für eine Erwerbstätigkeit nach der Entlassung zu vermitteln, zu erhalten oder zu fördern.

(2) [1]Die Vollzugsbehörde soll der oder dem Gefangenen wirtschaftlich ergiebige Arbeit oder, wenn dies der Vollzugsbehörde nicht möglich ist, eine angemessene Beschäftigung zuweisen und dabei ihre oder seine Fähigkeiten, Fertigkeiten und Neigungen berücksichtigen. [2]Die Vollzugsbehörde kann der oder dem Gefangenen als Tätigkeit nach Satz 1 jährlich bis zu drei Monaten eine dem Anstaltsbetrieb dienende Tätigkeit (Hilfstätigkeit) zuweisen; mit Zustimmung der oder des Gefangenen kann die Hilfstätigkeit auch für einen längeren Zeitraum zugewiesen werden. [3]Soweit die Vollzugsplanung dies vorsieht, soll der oder dem Gefangenen mit ihrer oder seiner Zustimmung statt einer Tätigkeit nach Satz 1 eine geeignete aus- oder weiterbildende Maßnahme zugewiesen werden.

(3) Ist die oder der Gefangene zu wirtschaftlich ergiebiger Arbeit nicht fähig, so soll ihr oder ihm eine geeignete arbeitstherapeutische Beschäftigung zugewiesen werden.

(4) Einer oder einem Gefangenen, die oder der die Regelaltersgrenze der gesetzlichen Rentenversicherung erreicht hat, darf eine Tätigkeit nach den Absätzen 1 bis 3 nur mit ihrer oder seiner Zustimmung zugewiesen werden.

(5) [1]Die zur Zuweisung einer Tätigkeit nach Absatz 2 Satz 2 oder 3 oder nach Absatz 4 erteilte Zustimmung kann widerrufen werden, jedoch nicht zur Unzeit. [2]Durch den wirksamen Widerruf erlischt die Zuweisung.

§ 36 Freies Beschäftigungsverhältnis, Selbstbeschäftigung. (1) [1]Der oder dem Gefangenen soll gestattet werden, einer Arbeit oder einer beruflichen Aus- oder Weiterbildung auf der Grundlage eines freien Beschäftigungsverhältnisses außerhalb der Anstalt nachzugehen, wenn dies im Rahmen der Vollzugsplanung dem Ziel dient, Fähigkeiten für eine Erwerbstätigkeit nach der Entlassung zu vermitteln, zu erhalten oder zu fördern, und nicht überwiegende Gründe des Vollzuges entgegenstehen. [2]§ 13 Abs. 1 Nr. 1, Abs. 2 und § 15 bleiben unberührt.

(2) [1] Der oder dem Gefangenen kann anstelle einer zugewiesenen Tätigkeit gestattet werden, selbständig einer Beschäftigung (Selbstbeschäftigung) nachzugehen. [2] Für eine Selbstbeschäftigung außerhalb der Anstalt bleiben § 13 Abs. 1 Nr. 1, Abs. 2 und § 15 unberührt. [3] Die Gestattung der Selbstbeschäftigung kann davon abhängig gemacht werden, dass die Gefangenen den Kostenbeitrag nach § 52 Abs. 1 ganz oder teilweise monatlich im Voraus entrichten.

(3) Die Vollzugsbehörde kann verlangen, dass ihr aus den Tätigkeiten nach Absatz 1 oder 2 erzielte Einkünfte der oder des Gefangenen zur Gutschrift überwiesen werden.

§ 37 Abschlusszeugnis. Aus dem Abschlusszeugnis über eine aus- oder weiterbildende Maßnahme darf die Inhaftierung nicht erkennbar sein.

§ 38 Arbeitspflicht. (1) Die oder der Gefangene ist verpflichtet, eine ihr oder ihm zugewiesene Tätigkeit auszuüben.

(2) [1] Maßnahmen nach § 9 Abs. 1 Satz 2 Nr. 5 sind während der Arbeitszeit zuzulassen, soweit dies im Rahmen der Vollzugsplanung zur Erreichung des Vollzugszieles nach § 5 Satz 1 erforderlich ist. [2] Sonstige vollzugliche Maßnahmen sollen während der Arbeitszeit zugelassen werden, soweit dies im überwiegenden Interesse der oder des Gefangenen oder aus einem anderen wichtigen Grund erforderlich ist.

§ 39 Freistellung von der Arbeitspflicht. (1) [1] Hat die oder der Gefangene ein Jahr lang eine zugewiesene Tätigkeit ausgeübt, so kann sie oder er beanspruchen, für die Dauer des jährlichen Mindesturlaubs nach § 3 Abs. 1 des Bundesurlaubsgesetzes von der Arbeitspflicht freigestellt zu werden; Zeiträume von unter einem Jahr bleiben unberücksichtigt. [2] Die Freistellung kann nur innerhalb eines Jahres nach Entstehung des Freistellungsanspruchs in Anspruch genommen werden. [3] Auf die Frist nach Satz 1 werden Zeiten,

1. in denen die oder der Gefangene infolge Krankheit an ihrer oder seiner Arbeitsleistung gehindert war, mit bis zu sechs Wochen jährlich,
2. in denen die oder der Gefangene Verletztengeld nach § 47 Abs. 6 des Siebten Buchs des Sozialgesetzbuchs erhalten hat,
3. in denen die oder der Gefangene nach Satz 1 oder nach § 40 Abs. 5 von der Arbeitspflicht freigestellt war,
4. die nach Absatz 3 auf die Freistellung angerechnet werden oder in denen die oder der Gefangene nach § 40 Abs. 6 beurlaubt war und
5. in denen die oder der Gefangene eine angebotene Arbeit oder angemessene Beschäftigung während des Vollzuges der vorausgehenden Untersuchungshaft ausgeübt hat,

angerechnet. [4] Zeiten, in denen die oder der Gefangene ihrer oder seiner Arbeitspflicht aus anderen Gründen nicht nachgekommen ist, können in angemessenem Umfang angerechnet werden. [5] Erfolgt keine Anrechnung nach Satz 3 oder 4, so wird die Frist für die Dauer der Fehlzeit gehemmt. [6] Abweichend von Satz 5 wird die Frist durch eine Fehlzeit unterbrochen, die unter Berücksichtigung des Vollzugszieles nach § 5 Satz 1 außer Verhältnis zur bereits erbrachten Arbeitsleistung steht.

(2) Der Zeitraum der Freistellung muss mit den betrieblichen Belangen vereinbar sein.

(3) Auf die Zeit der Freistellung wird Urlaub nach § 13 oder 14 Abs. 1 angerechnet, soweit er in die Arbeitszeit fällt und nicht wegen einer lebensgefährlichen Erkrankung oder des Todes Angehöriger gewährt worden ist.

(4) [1] Der oder dem Gefangenen wird für die Zeit der Freistellung das Arbeitsentgelt oder die Ausbildungsbeihilfe fortgezahlt. [2] Dabei ist der Durchschnitt der letzten drei abgerechneten Monate zugrunde zu legen.

(5) Urlaubsregelungen der Beschäftigungsverhältnisse außerhalb des Strafvollzuges bleiben unberührt.

§ 40 Anerkennung von Arbeit und Beschäftigung. (1) [1] Übt die oder der Gefangene eine zugewiesene Arbeit oder angemessene Beschäftigung aus, so erhält sie oder er ein Arbeitsentgelt. [2] Der Bemessung des Arbeitsentgelts sind neun vom Hundert der Bezugsgröße nach § 18 des Vierten Buchs des Sozialgesetzbuchs zugrunde zu legen (Eckvergütung).

(2) [1] Das Arbeitsentgelt kann je nach Leistung der oder des Gefangenen und der Art der Arbeit gestuft werden. [2] 75 vom Hundert der Eckvergütung dürfen nur dann unterschritten werden, wenn die Arbeitsleistungen der oder des Gefangenen den Mindestanforderungen nicht genügen.

(3) [1] Übt die oder der Gefangene eine arbeitstherapeutische Beschäftigung aus, so erhält sie oder er ein Arbeitsentgelt, soweit dies der Art der Beschäftigung und der Arbeitsleistung entspricht. [2] Nimmt die oder der Gefangene während der Arbeitszeit an im Vollzugsplan angegebenen Maßnahmen nach § 9 Abs. 1 Satz 2 Nr. 5 teil, so erhält sie oder er für die Dauer des Ausfalls der Arbeit eine Entschädigung in Höhe des Arbeitsentgelts. [3] § 39 Abs. 4 Satz 2 gilt entsprechend.

(4) Die Höhe des Arbeitsentgeltes ist der oder dem Gefangenen schriftlich bekannt zu geben.

(5) [1] Hat die oder der Gefangene zwei Monate lang zusammenhängend eine Arbeit oder eine angemessene oder arbeitstherapeutische Beschäftigung ausgeübt, so wird sie oder er auf Antrag einen Werktag von der Arbeitspflicht freigestellt (Freistellungstag); Zeiträume von weniger als zwei Monaten bleiben unberücksichtigt. [2] Die Freistellung nach § 39 bleibt unberührt. [3] Durch Zeiten, in denen die oder der Gefangene wegen Krankheit, Ausführung, Ausgang, Urlaub aus der Haft, Freistellung von der Arbeitspflicht oder aus sonstigen von ihr oder ihm nicht zu vertretenden Gründen ihrer oder seiner Arbeitspflicht nicht nachkommt, wird die Frist nach Satz 1 gehemmt. [4] Fehlzeiten, die von der oder dem Gefangenen zu vertreten sind, unterbrechen die Frist.

(6) [1] Auf Antrag kann der oder dem Gefangenen die Freistellung nach Absatz 5 in Form von Urlaub aus der Haft gewährt werden (Arbeitsurlaub). [2] § 13 Abs. 2 bis 6 und § 15 gelten entsprechend.

(7) § 39 Abs. 2 und 4 gilt entsprechend.

(8) Wird kein Antrag auf einen Freistellungstag (Absatz 5 Satz 1) oder auf Arbeitsurlaub (Absatz 6 Satz 1) gestellt oder kann Arbeitsurlaub nicht gewährt werden, so wird der Freistellungstag auf den Entlassungszeitpunkt angerechnet.

(9) Eine Anrechnung nach Absatz 8 ist ausgeschlossen,

1. soweit eine lebenslange Freiheitsstrafe vollstreckt wird oder die Unterbringung in der Sicherungsverwahrung angeordnet oder vorbehalten ist und ein Entlassungszeitpunkt noch nicht bestimmt ist,

2. bei einer Aussetzung der Vollstreckung des Restes einer Freiheitsstrafe oder einer Sicherungsverwahrung zur Bewährung, soweit wegen des von der Entscheidung des Gerichts bis zur Entlassung verbleibenden Zeitraums eine Anrechnung nicht mehr möglich ist,
3. wenn dies vom Gericht angeordnet wird, weil bei einer Aussetzung der Vollstreckung des Restes einer Freiheitsstrafe oder einer Sicherungsverwahrung zur Bewährung die Lebensverhältnisse der oder des Gefangenen oder die Wirkungen, die von der Aussetzung für sie oder ihn zu erwarten sind, die Vollstreckung bis zu einem bestimmten Zeitpunkt erfordern,
4. wenn nach § 456a Abs. 1 StPO von der Vollstreckung abgesehen wird,
5. wenn die oder der Gefangene im Gnadenwege aus der Haft entlassen wird.

(10) [1] Soweit eine Anrechnung nach Absatz 9 ausgeschlossen ist, erhält die oder der Gefangene bei der Entlassung als Ausgleichsentschädigung zusätzlich 15 vom Hundert des Arbeitsentgelts. [2] § 39 Abs. 4 Satz 2 gilt entsprechend. [3] Der Anspruch entsteht erst mit der Entlassung; vor der Entlassung ist der Anspruch nicht verzinslich, abtretbar und vererblich. [4] Ist eine Anrechnung nach Absatz 9 Nr. 1 ausgeschlossen, so wird die Ausgleichszahlung der oder dem Gefangenen bereits nach Verbüßung von jeweils zehn Jahren der lebenslangen Freiheitsstrafe oder Freiheitsstrafe mit angeordneter oder vorbehaltener Sicherungsverwahrung zum Eigengeld gutgeschrieben, soweit sie oder er nicht vor diesem Zeitpunkt entlassen wird; § 57 Abs. 4 StGB gilt entsprechend.

§ 41 Anerkennung von Aus- und Weiterbildung. [1] Nimmt die oder der Gefangene an einer zugewiesenen beruflichen Aus- oder Weiterbildung oder an zugewiesenem Unterricht teil, so erhält sie oder er eine Ausbildungsbeihilfe, soweit ihr oder ihm keine Leistungen zum Lebensunterhalt zustehen, die freien Personen aus solchem Anlass gewährt werden. [2] Der Nachrang der Sozialhilfe nach § 2 Abs. 2 des Zwölften Buchs des Sozialgesetzbuchs bleibt unberührt. [3] Für die Ausbildungsbeihilfe gilt im Übrigen § 40 mit Ausnahme des Absatzes 3 entsprechend.

§ 42 Einbehaltung von Beitragsteilen. Soweit die Vollzugsbehörde Beiträge an die Bundesagentur für Arbeit zu entrichten hat, hat sie von dem Arbeitsentgelt oder der Ausbildungsbeihilfe einen Betrag einzubehalten, der dem Anteil der oder des Gefangenen am Beitrag entspräche, wenn sie oder er diese Bezüge als Arbeitnehmerin oder Arbeitnehmer erhielte.

§ 43 Taschengeld. [1] Der oder dem Gefangenen ist auf Antrag ein angemessenes Taschengeld zu gewähren, soweit sie oder er unverschuldet bedürftig ist. [2] Das Taschengeld wird zu Beginn des Monats im Voraus gewährt. [3] Gehen der oder dem Gefangenen im laufenden Monat Gelder zu, so werden diese bis zur Höhe des gewährten Taschengeldes einbehalten.

§ 44 Verordnungsermächtigung. Das Fachministerium wird ermächtigt, zur Durchführung der §§ 40, 41 und 43 eine Verordnung über die Vergütungsstufen sowie die Bemessung des Arbeitsentgeltes, der Ausbildungsbeihilfe und des Taschengeldes zu erlassen.

Sechstes Kapitel. Gefangenengelder und Kostenbeteiligung

§ 45 Verwaltung der Gefangenengelder. (1) [1]Die Ansprüche der oder des Gefangenen gegen das Land auf Arbeitsentgelt (§ 40), Ausbildungsbeihilfe (§ 41) und Taschengeld (§ 43) sowie die der Vollzugsbehörde nach § 36 Abs. 3 überwiesenen Ansprüche der oder des Gefangenen gegen Dritte aus einem freien Beschäftigungsverhältnis oder einer Selbstbeschäftigung werden nach Maßgabe der folgenden Bestimmungen verwaltet, zu diesem Zweck auf gesonderten Konten als Hausgeld, Überbrückungsgeld oder Eigengeld gutgeschrieben und bestehen als Geldforderungen gegen das Land fort. [2]Gleiches gilt für die Ansprüche der oder des Gefangenen gegen das Land auf Auszahlung des von ihr oder ihm in den Vollzug eingebrachten Bargeldes sowie für sonstige der Vollzugsbehörde zur Gutschrift für die oder den Gefangenen überwiesenen oder eingezahlten Gelder. [3]Gelder, die der oder dem Gefangenen zur Verwendung während einer Lockerung ausgezahlt und nicht verbraucht werden, sind nach Beendigung der Lockerung dem Konto gutzuschreiben, von dem sie ausgezahlt worden sind.

(2) Die Befugnis der oder des Gefangenen, über ihre oder seine Guthaben auf den jeweiligen Konten zu verfügen, unterliegt während des Vollzuges den in diesem Kapitel geregelten Beschränkungen; Verfügungsbeschränkungen nach anderen Vorschriften dieses Gesetzes bleiben unberührt.

§ 46 Hausgeld. (1) Als Hausgeld gutgeschrieben werden Ansprüche

1. auf Arbeitsentgelt oder Ausbildungsbeihilfe zu drei Siebteln,
2. auf Taschengeld in voller Höhe,
3. aus einem freien Beschäftigungsverhältnis oder einer Selbstbeschäftigung, die der Vollzugsbehörde zur Gutschrift für die Gefangene oder den Gefangenen überwiesen worden sind (§ 36 Abs. 3), zu einem angemessenen Teil sowie
4. aus anderen regelmäßigen Einkünften, sofern die oder der Gefangene nicht zur Arbeit verpflichtet ist, zu einem angemessenen Teil.

(2) [1]Auf das Hausgeldkonto darf bis zu zwölf Mal jährlich ein zusätzlicher Geldbetrag überwiesen oder eingezahlt werden. [2]Die Summe dieser Beträge darf den zwölffachen Tagessatz der Eckvergütung nach § 40 Abs. 1 Satz 2 pro Jahr nicht übersteigen.

(3) Die Verfügung über das Guthaben auf dem Hausgeldkonto unterliegt keiner Beschränkung; es kann insbesondere für den Einkauf (§ 24) verwendet werden.

§ 47 Überbrückungsgeld. (1) [1]Als Überbrückungsgeld gutgeschrieben werden Ansprüche

1. auf Arbeitsentgelt oder Ausbildungsbeihilfe sowie
2. aus einem freien Beschäftigungsverhältnis oder einer Selbstbeschäftigung, die der Vollzugsbehörde zur Gutschrift für die oder den Gefangenen überwiesen worden sind (§ 36 Abs. 3), zu einem angemessenen Teil,

soweit sie nicht als Hausgeld gutgeschrieben werden und soweit die nach Absatz 2 Satz 2 festgesetzte Höhe noch nicht erreicht ist. [2]Wird die Befugnis, über das Hausgeld zu verfügen, disziplinarisch beschränkt oder entzogen (§ 95 Abs. 1 Nr. 2), so ist das in dieser Zeit anfallende Hausgeld dem Überbrückungsgeld hinzuzurechnen, auch soweit dadurch die nach Absatz 2 Satz 2 festgesetzte Höhe überschritten wird.

(2) [1]Das Überbrückungsgeld soll den notwendigen Lebensunterhalt der oder des Gefangenen und ihrer oder seiner Unterhaltsberechtigten in den ersten vier Wochen nach der Entlassung sichern. [2]Die Höhe des Überbrückungsgeldes wird von der Vollzugsbehörde festgesetzt.

(3) [1]Das Guthaben auf dem Überbrückungsgeldkonto wird der oder dem Gefangenen bei der Entlassung ausgezahlt. [2]Die Vollzugsbehörde kann es auch der Bewährungshelferin oder dem Bewährungshelfer oder einer mit der Entlassenenbetreuung befassten Stelle überweisen, die darüber entscheiden, wie das Geld innerhalb der ersten vier Wochen nach der Entlassung an die Gefangene oder den Gefangenen ausgezahlt wird. [3]Das Geld ist vom sonstigen Vermögen gesondert zu halten. [4]Mit Zustimmung der oder des Gefangenen kann das Überbrückungsgeld auch den Unterhaltsberechtigten überwiesen werden.

(4) Der oder dem Gefangenen kann gestattet werden, das Guthaben auf dem Überbrückungsgeldkonto für Ausgaben zu verwenden, die ihrer oder seiner Eingliederung oder dem Ausgleich eines durch ihre oder seine Straftaten verursachten Schadens dienen.

§ 48 Eigengeld. (1) [1]Soweit Ansprüche der in § 45 Abs. 1 bezeichneten Art nicht als Hausgeld oder Überbrückungsgeld gutgeschrieben werden, werden sie als Eigengeld gutgeschrieben. [2]§ 40 Abs. 10 Satz 4 bleibt unberührt.

(2) [1]Die Verwendung des Eigengeldes für den Einkauf (§ 24) ist ausgeschlossen. [2]Verfügt die oder der Gefangene ohne Verschulden nicht über Hausgeld, so ist ihr oder ihm zu gestatten, in angemessenem Umfang vom Eigengeld einzukaufen.

(3) [1]Hat das Überbrückungsgeld noch nicht die nach § 47 Abs. 2 Satz 2 festgesetzte Höhe erreicht, so ist die Verfügung über das Guthaben auf dem Eigengeldkonto in Höhe des Unterschiedsbetrages ausgeschlossen. [2]§ 47 Abs. 4 gilt entsprechend.

§ 49 Ersatzleistungen. Leistungen, die die Gefangenen als Ersatz für Arbeitsentgelt, Ausbildungsbeihilfe oder Einkünfte aus einem freien Beschäftigungsverhältnis oder einer Selbstbeschäftigung erhalten, werden wie die Leistungen behandelt, an deren Stelle sie treten.

§ 50 Abtretbarkeit, Pfändungsschutz. (1) Der Anspruch auf das Hausgeld ist nicht übertragbar.

(2) [1]Der Anspruch auf Auszahlung des Überbrückungsgeldes ist unpfändbar. [2]Erreicht es nicht die in § 47 Abs. 2 Satz 2 festgesetzte Höhe, so ist in Höhe des Unterschiedsbetrages auch der Anspruch auf Auszahlung des Eigengeldes nach § 48 Abs. 1 unpfändbar. [3]Bargeld einer oder eines entlassenen Gefangenen, das an sie oder ihn zur Erfüllung der nach Satz 1 oder 2 unpfändbaren Ansprüche ausgezahlt worden ist, ist in den ersten vier Wochen nach der Entlassung in Höhe des Überbrückungsgeldes der Pfändung nicht unterworfen.

(3) [1]Absatz 2 gilt nicht bei einer Pfändung wegen der in § 850d Abs. 1 Satz 1 der Zivilprozessordnung bezeichneten Unterhaltsansprüche. [2]Der oder dem entlassenen Gefangenen ist jedoch so viel zu belassen, wie sie oder er für ihren oder seinen notwendigen Unterhalt und zur Erfüllung sonstiger gesetzlicher

Unterhaltspflichten für die Zeit von der Pfändung bis zum Ablauf von vier Wochen seit der Entlassung bedarf.

§ 51 Durchsetzung von Ansprüchen des Landes. (1) Zur Durchsetzung eines Anspruches des Landes nach § 93 Abs. 1 Satz 1 oder § 121 des Strafvollzugsgesetzes (StVollzG)[1)] kann die Vollzugsbehörde gegen den Anspruch auf Auszahlung des Hausgeldes aufrechnen, soweit dieser den dreifachen Tagessatz der Eckvergütung nach § 40 Abs. 1 Satz 2 übersteigt.

(2) Die Durchsetzung von Ansprüchen des Landes hat zu unterbleiben, wenn dadurch die Erreichung des Vollzugszieles nach § 5 Satz 1 behindert würde.

§ 52 Kostenbeteiligung der Gefangenen. (1) [1] Die Vollzugsbehörde beteiligt die oder den Gefangenen an den Kosten für ihre oder seine Unterkunft und Verpflegung durch Erhebung eines Kostenbeitrages in Höhe des Betrages, der nach den Vorschriften des Vierten Buchs des Sozialgesetzbuchs durchschnittlich zur Bewertung der Sachbezüge festgesetzt ist. [2] Bei Selbstverpflegung entfallen die für die Verpflegung vorgesehenen Beträge. [3] Für den Wert der Unterkunft ist die festgesetzte Belegungsfähigkeit maßgebend.

(2) [1] Ein Kostenbeitrag nach Absatz 1 wird nicht erhoben, wenn die oder der Gefangene

1. Arbeitsentgelt oder Ausbildungsbeihilfe erhält oder
2. ohne Verschulden nicht arbeiten kann oder
3. nicht arbeitet, weil sie oder er nicht zur Arbeit verpflichtet ist.

[2] Hat die oder der Gefangene, die oder der ohne ihr oder sein Verschulden während eines zusammenhängenden Zeitraumes von mehr als einem Monat nicht arbeiten kann oder nicht arbeitet, weil sie oder er nicht zur Arbeit verpflichtet ist, auf diese Zeit entfallende Einkünfte, so hat sie oder er den Kostenbeitrag für diese Zeit bis zur Höhe der auf sie entfallenden Einkünfte zu entrichten. [3] Der oder dem Gefangenen muss ein Betrag verbleiben, der der Eckvergütung nach § 40 Abs. 1 Satz 2 entspricht.

(3) [1] An den Kosten des Landes für sonstige Leistungen kann die Vollzugsbehörde die Gefangene oder den Gefangenen durch Erhebung weiterer Kostenbeiträge in angemessener Höhe beteiligen. [2] Dies gilt insbesondere

1. für Lockerungen nach § 14 Abs. 1 und 3, soweit die Teilnahme am gerichtlichen Termin im überwiegenden Interesse der oder des Gefangenen liegt,
2. für Leistungen auf dem Gebiet der Gesundheitsfürsorge, soweit das Fünfte Buch des Sozialgesetzbuchs, die Reichsversicherungsordnung und die aufgrund dieser Gesetze erlassenen Regelungen eine Kostenbeteiligung der oder des Versicherten zulassen und die besonderen Verhältnisse des Strafvollzuges einer Übertragung nicht entgegenstehen, sowie für ärztliche Behandlungen nach § 61,
3. für die Aufbewahrung, Entfernung, Verwertung oder Vernichtung eingebrachter Sachen,

---

[1)] Nr. **1**.

4. für die Versorgung des Haftraums mit Strom für das Betreiben von Elektrogeräten, soweit diese Kosten über das zur Sicherstellung einer angemessenen Grundversorgung erforderliche Maß hinausgehen,
5. für den Schriftwechsel, die Telekommunikation und den Paketverkehr der Gefangenen sowie
6. für die Überlassung von Geräten der Unterhaltungs- und Informationselektronik.

[3] Die Erhebung von Kostenbeiträgen nach Satz 2 Nr. 6 ist ausgeschlossen für die Überlassung von Hörfunk- und Fernsehgeräten, wenn die oder der Gefangene auf diese Geräte verwiesen wurde und soweit hierdurch eine angemessene Grundversorgung mit Hörfunk- und Fernsehempfang sichergestellt wird. [4] Abweichend von den Sätzen 1 und 2 ist die oder der Gefangene an den Kosten des Landes zu beteiligen, soweit sie oder er aus einem privatrechtlichen Versicherungsvertrag einen Anspruch gegen den Versicherer auf Ersatz der Kosten hat.

(4) [1] Das Fachministerium wird ermächtigt, durch Verordnung näher zu regeln, unter welchen Voraussetzungen und in welcher Höhe Kostenbeiträge nach Absatz 3 erhoben werden können. [2] Für die Bemessung können pauschale Sätze festgelegt werden. [3] Für einzelne Kostenbeiträge kann vorgesehen werden, dass die tatsächlich entstandenen Kosten in voller Höhe von den Gefangenen zu tragen sind.

(5) [1] Von der Erhebung von Kostenbeiträgen ist abzusehen, soweit dies notwendig ist, um das Vollzugsziel nach § 5 Satz 1 nicht zu gefährden. [2] Für Zeiten, in denen die oder der Gefangene unverschuldet bedürftig ist, soll von der Erhebung von Kostenbeiträgen abgesehen werden. [3] Zur Durchsetzung eines Anspruchs nach Absatz 3 kann die Vollzugsbehörde gegen den Anspruch auf Hausgeld aufrechnen. [4] Die Durchsetzung eines Beitragsanspruchs nach Absatz 1 zu Lasten der Ansprüche unterhaltsberechtigter Angehöriger ist unzulässig.

(6) [1] Der Kostenbeitrag ist eine Justizverwaltungsabgabe, die von der Vollzugsbehörde erhoben wird. [2] Für das gerichtliche Verfahren gelten die §§ 109 bis 121 Abs. 4 StVollzG[1)] entsprechend.

Siebtes Kapitel. Religionsausübung

§ 53 Seelsorge. (1) [1] Der oder dem Gefangenen darf eine religiöse Betreuung durch eine Seelsorgerin oder einen Seelsorger ihrer oder seiner Religionsgemeinschaft nicht versagt werden. [2] Auf ihren oder seinen Wunsch ist ihr oder ihm zu helfen, mit einer Seelsorgerin oder einem Seelsorger ihrer oder seiner Religionsgemeinschaft in Verbindung zu treten.

(2) [1] Die oder der Gefangene darf grundlegende religiöse Schriften besitzen. [2] Sie dürfen ihr oder ihm nur bei grobem Missbrauch entzogen werden; auf Verlangen der oder des Gefangenen soll ihre oder seine Seelsorgerin oder ihr oder sein Seelsorger über den Entzug unterrichtet werden.

(3) Der oder dem Gefangenen sind sonstige Gegenstände des religiösen Gebrauchs in angemessenem Umfang zu belassen, soweit nicht überwiegende Gründe der Sicherheit der Anstalt entgegenstehen.

[1)] Nr. **1**.

§ 54 Religiöse Veranstaltungen. (1) Die oder der Gefangene hat das Recht, am Gottesdienst und an anderen religiösen Veranstaltungen ihres oder seines Bekenntnisses in der Anstalt teilzunehmen.

(2) Die oder der Gefangene wird zu dem Gottesdienst oder zu religiösen Veranstaltungen einer anderen Religionsgemeinschaft zugelassen, wenn deren Seelsorgerin oder Seelsorger zustimmt.

(3) Die oder der Gefangene kann von der Teilnahme am Gottesdienst oder anderen religiösen Veranstaltungen ausgeschlossen werden, wenn dies aus überwiegenden Gründen der Sicherheit oder Ordnung geboten ist; die Seelsorgerin oder der Seelsorger soll vorher gehört werden.

§ 55 Weltanschauungsgemeinschaften. Für Angehörige weltanschaulicher Bekenntnisse gelten die §§ 53 und 54 entsprechend.

Achtes Kapitel. Gesundheitsfürsorge

§ 56 Allgemeine Bestimmungen. (1) Die Vollzugsbehörde sorgt für die Gesundheit der oder des Gefangenen.

(2) Die oder der Gefangene hat die notwendigen Maßnahmen zum Gesundheitsschutz und zur Hygiene zu unterstützen.

§ 57 Medizinische Leistungen. (1) [1] Die oder der Gefangene hat Anspruch auf Schutzimpfungen, medizinische Vorsorgeleistungen, Gesundheitsuntersuchungen und Krankenbehandlung. [2] Eine Gefangene hat für ihre Kinder, die mit ihr in der Anstalt untergebracht sind und das sechste Lebensjahr nicht vollendet haben, auch Anspruch auf Kinderuntersuchungen.

(2) [1] Krankenbehandlung umfasst

1. ärztliche Behandlung einschließlich Psychotherapie als ärztliche und psychotherapeutische Behandlung,
2. zahnärztliche Behandlung,
3. Versorgung mit Zahnersatz einschließlich Zahnkronen und Suprakonstruktionen, soweit diese nicht mit Rücksicht auf die Kürze des Freiheitsentzuges unverhältnismäßig ist, insbesondere weil die Behandlung bis zum voraussichtlichen Entlassungszeitpunkt nicht abgeschlossen werden kann,
4. Versorgung mit Arznei-, Verband- und Heilmitteln,
5. Versorgung mit Hilfsmitteln, soweit dies nicht mit Rücksicht auf die Kürze des Freiheitsentzuges unverhältnismäßig ist, und
6. Leistungen zur medizinischen Rehabilitation und ergänzende Leistungen.

[2] Leistungen nach Satz 1 Nrn. 5 und 6 werden nur gewährt, soweit Belange des Vollzuges nicht entgegenstehen. [3] Der Anspruch auf Leistungen nach Satz 1 Nr. 5 umfasst auch die ohne Vorsatz oder grobe Fahrlässigkeit der oder des Gefangenen verursachte notwendige Änderung, Instandsetzung und Ersatzbeschaffung von Hilfsmitteln sowie die Ausbildung in ihrem Gebrauch.

(3) [1] Medizinische Vorsorgeleistungen umfassen die ärztliche Behandlung und Versorgung mit Arznei-, Verband-, Heil- und Hilfsmitteln nur nach Maßgabe des § 23 Abs. 1 des Fünften Buchs des Sozialgesetzbuchs. [2] Für die Versorgung mit Hilfsmitteln gilt Absatz 2 Satz 1 Nr. 5, Sätze 2 und 3 entsprechend.

§ 58 Krankenbehandlung bei Urlaub oder Ausgang. Während des Urlaubs oder Ausgangs hat die oder der Gefangene gegen das Land nur einen Anspruch auf Krankenbehandlung in der für sie oder ihn zuständigen Anstalt; in Notfällen wird der oder dem Gefangenen Krankenbehandlung auch in der nächstgelegenen niedersächsischen Anstalt gewährt.

§ 59 Leistungen, Art und Umfang. [1] Für Art und Umfang der in § 57 Abs. 1 genannten Leistungen gelten die Vorschriften des Fünften Buchs des Sozialgesetzbuchs und die aufgrund dieser Vorschriften getroffenen Regelungen entsprechend, soweit nicht in diesem Gesetz etwas anderes bestimmt ist. [2] Nach dem Fünften Buch des Sozialgesetzbuchs von der Versorgung ausgeschlossene Arznei-, Heil- oder Hilfsmittel können der oder dem Gefangenen zur Verfügung gestellt werden, soweit dies medizinisch angezeigt ist.

§ 60 Ruhen der Ansprüche. Der Anspruch auf Leistungen nach § 57 ruht, soweit die oder der Gefangene aufgrund eines freien Beschäftigungsverhältnisses krankenversichert ist.

§ 61 Ärztliche Behandlung zur sozialen Eingliederung. Mit Zustimmung der oder des Gefangenen kann die Vollzugsbehörde ärztliche Behandlungen, namentlich Operationen oder prothetische Maßnahmen durchführen lassen, die die soziale Eingliederung fördern.

§ 62 Aufenthalt im Freien. Arbeitet die oder der Gefangene nicht im Freien, so wird ihr oder ihm täglich mindestens eine Stunde Aufenthalt im Freien ermöglicht, wenn die Witterung dies zu der festgesetzten Zeit zulässt.

§ 63 Überstellung, Verlegung. (1) Eine kranke Gefangene oder ein kranker Gefangener kann in ein Anstaltskrankenhaus oder in eine für die Behandlung der Krankheit besser geeignete Anstalt überstellt oder verlegt werden.

(2) Kann eine Krankheit in einer Anstalt oder einem Anstaltskrankenhaus nicht erkannt oder behandelt werden oder ist es nicht möglich, die Gefangene oder den Gefangenen rechtzeitig in ein Anstaltskrankenhaus zu überstellen oder zu verlegen, so ist sie oder er in ein Krankenhaus außerhalb des Vollzuges zu bringen.

Neuntes Kapitel. Freizeit

§ 64 Sport. Die oder der Gefangene erhält Gelegenheit, in der Freizeit Sport zu treiben.

§ 65 Zeitungen und Zeitschriften. (1) Die oder der Gefangene darf Zeitungen und Zeitschriften in angemessenem Umfang durch Vermittlung der Vollzugsbehörde beziehen.

(2) [1] Ausgeschlossen sind Zeitungen und Zeitschriften, deren Verbreitung mit Strafe oder Geldbuße bedroht ist. [2] Einzelne Ausgaben oder Teile von Zeitungen oder Zeitschriften können der oder dem Gefangenen vorenthalten werden, wenn sie das Vollzugsziel nach § 5 Satz 1 oder die Sicherheit oder Ordnung der Anstalt erheblich gefährdeten.

§ 66 Hörfunk und Fernsehen. (1) Der oder dem Gefangenen wird nach Maßgabe der folgenden Absätze ermöglicht, am Hörfunk- und Fernsehempfang teilzunehmen.

(2) [1] Die Vollzugsbehörde hat den Besitz eines Hörfunk- und Fernsehgerätes im Haftraum zu erlauben, wenn dadurch die Erreichung des Vollzugszieles nach § 5 Satz 1 oder die Sicherheit oder Ordnung der Anstalt nicht gefährdet wird. [2] In der Erlaubnis kann die oder der Gefangene darauf verwiesen werden, anstelle eigener von der Vollzugsbehörde überlassene Geräte zu verwenden; eine solche Bestimmung kann auch nachträglich getroffen werden. [3] Die Erlaubnis kann zur Erreichung des Vollzugszieles nach § 5 Satz 1 oder zur Abwehr einer Gefahr für die Sicherheit oder Ordnung der Anstalt widerrufen werden.

(3) [1] Soweit der oder dem Gefangenen ein Gerät im Haftraum nicht zur Verfügung steht, kann sie oder er am gemeinschaftlichen Hörfunk- und Fernsehempfang der Anstalt teilnehmen. [2] Die Sendungen sind so auszuwählen, dass Wünsche und Bedürfnisse nach staatsbürgerlicher Information, Bildung und Unterhaltung angemessen berücksichtigt werden. [3] Der Hörfunk- und Fernsehempfang soll vorübergehend ausgesetzt oder einzelnen Gefangenen vorübergehend untersagt werden, wenn dies zur Aufrechterhaltung der Sicherheit oder Ordnung der Anstalt unerlässlich ist.

§ 67 Besitz von Gegenständen zur Fortbildung oder zur Freizeitbeschäftigung. (1) [1] Die oder der Gefangene darf mit Erlaubnis der Vollzugsbehörde in angemessenem Umfang sonstige Geräte der Informations- und Unterhaltungselektronik, Bücher sowie andere Gegenstände zur Fortbildung oder zur Freizeitbeschäftigung besitzen. [2] Die Erlaubnis ist zu versagen, wenn die Erreichung des Vollzugszieles nach § 5 Satz 1 oder die Sicherheit oder Ordnung der Anstalt gefährdet würde. [3] Die Erlaubnis kann unter den Voraussetzungen des Satzes 2 widerrufen werden.

(2) Im Übrigen gilt § 66 Abs. 2 Satz 2 für Geräte der Informations- und Unterhaltungselektronik entsprechend.

Zehntes Kapitel. Soziale Hilfen, durchgängige Betreuung

§ 68 Soziale Hilfen. (1) Soziale Hilfen sollen darauf gerichtet sein, die Gefangene oder den Gefangenen in die Lage zu versetzen, ihre oder seine Angelegenheiten selbst zu ordnen und zu regeln.

(2) Es ist Aufgabe der Vollzugsbehörden, darauf hinzuwirken, dass eine durchgängige Betreuung der Gefangenen sichergestellt ist, die ihnen auch nach der Entlassung hilft, in sozialer Verantwortung ein Leben ohne Straftaten zu führen.

(3) Die Zusammenarbeit mit Stellen und Personen außerhalb des Vollzuges, die besonderen Möglichkeiten dieses Gesetzes für die Entlassungsvorbereitung sowie die Hilfe zur Entlassung sind auf die durchgängige Betreuung auszurichten.

(4) [1] Die Vollzugsbehörden sollen darauf hinwirken, dass die zur durchgängigen Betreuung erforderlichen Informationen über die Gefangenen zwischen ihnen und den nach Absatz 3 zu beteiligenden Personen und Stellen außerhalb des Vollzuges ausgetauscht werden, soweit dies nach den für die jeweilige Behörde, Person oder Stelle geltenden Vorschriften über den Datenschutz zulässig ist. [2] Die Vollzugsbehörden sind nach Maßgabe des Satzes 1 insbesonde-

re verpflichtet, der für die Führungsaufsicht nach § 68a StGB zuständigen Aufsichtsstelle und den mit der Bewährungshilfe befassten Stellen die zur Vorbereitung und Durchführung der Führungsaufsicht und der Bewährungshilfe erforderlichen Informationen rechtzeitig vor der möglichen Entlassung der oder des Gefangenen zu übermitteln. 3 Soweit für den Datenaustausch nach Satz 1 die Einwilligung der oder des Gefangenen erforderlich ist, soll sie oder er über die Vor- und Nachteile eines solchen Datenaustauschs aufgeklärt und ermutigt werden, die erforderliche Einwilligung zu erklären.

(5) Die Personen und Stellen außerhalb des Vollzuges, die in besonderer Weise geeignet sind, an der durchgängigen Betreuung mitzuwirken, sollen über die Vollzugsplanung unterrichtet werden und Gelegenheit erhalten, sich an der Vollzugsplanung zu beteiligen, soweit dies nach Absatz 4 zulässig ist.

§ 69 Hilfen im Vollzug. (1) 1 Bei der Aufnahme wird die oder der Gefangene insbesondere dabei unterstützt, notwendige Maßnahmen für hilfsbedürftige Angehörige zu veranlassen und ihre oder seine Habe außerhalb der Anstalt sicherzustellen. 2 Die oder der Gefangene ist über die Aufrechterhaltung einer Sozialversicherung zu beraten.

(2) 1 Während des Vollzuges wird die oder der Gefangene insbesondere in dem Bemühen unterstützt, ihre oder seine Rechte und Pflichten wahrzunehmen, namentlich das Wahlrecht auszuüben sowie für Unterhaltsberechtigte zu sorgen. 2 Gleiches gilt für den Ausgleich eines durch ihre oder seine Straftat verursachten Schadens. 3 In geeigneten Fällen sollen der oder dem Gefangenen zur Durchführung von Maßnahmen zur Wiedergutmachung der Folgen ihrer oder seiner Straftat, insbesondere eines Täter-Opfer-Ausgleichs, Stellen und Einrichtungen außerhalb des Justizvollzuges benannt werden.

(3) 1 Um die Entlassung vorzubereiten, ist die oder der Gefangene insbesondere bei der Ordnung der persönlichen, wirtschaftlichen und sozialen Angelegenheiten zu beraten. 2 Die Beratung erstreckt sich auch auf die Benennung der für Sozialleistungen zuständigen Stellen. 3 Die oder der Gefangene ist dabei zu unterstützen, Arbeit, Unterkunft und persönlichen Beistand für die Zeit nach der Entlassung zu finden. 4 Bei vorzeitiger Entlassung einer oder eines Gefangenen unter Auflagen ist die Bewährungshilfe rechtzeitig zu beteiligen.

§ 70 Entlassungsbeihilfe. (1) Die oder der Gefangene erhält, soweit eigene Mittel nicht ausreichen, nach Maßgabe des Absatzes 2 eine Beihilfe zu den Reisekosten sowie eine Überbrückungsbeihilfe und erforderlichenfalls ausreichende Kleidung.

(2) 1 Bei der Bemessung der Höhe der Überbrückungsbeihilfe sind die Dauer des Freiheitsentzuges, der persönliche Arbeitseinsatz der oder des Gefangenen und die Wirtschaftlichkeit ihrer oder seiner Verfügungen über Eigengeld und Hausgeld während der Strafzeit zu berücksichtigen. 2 Die Überbrückungsbeihilfe kann ganz oder teilweise auch den Unterhaltsberechtigten überwiesen werden.

(3) 1 Der Anspruch auf Beihilfe zu den Reisekosten und die ausgezahlte Reisebeihilfe sind unpfändbar. 2 Für den Anspruch auf Überbrückungsbeihilfe und für Bargeld nach Auszahlung einer Überbrückungsbeihilfe an die oder den Gefangenen gilt § 50 Abs. 2 Sätze 1 und 3 und Abs. 3 entsprechend.

Elftes Kapitel. Besondere Vorschriften für den Vollzug an weiblichen Gefangenen

§ 71 Leistungen bei Schwangerschaft und Mutterschaft. (1) [1]Bei einer Schwangeren oder einer Gefangenen, die unlängst entbunden hat, ist auf ihren Zustand Rücksicht zu nehmen. [2]Die Vorschriften des Mutterschutzgesetzes über die Gestaltung des Arbeitsplatzes und das Bestehen von Beschäftigungsverboten gelten in Bezug auf die Arbeitspflicht entsprechend.

(2) [1]Die Gefangene hat während der Schwangerschaft, bei und nach der Entbindung Anspruch auf ärztliche Betreuung und auf Hebammenhilfe in der Anstalt. [2]Zur ärztlichen Betreuung gehören insbesondere Untersuchungen zur Feststellung der Schwangerschaft sowie Vorsorgeuntersuchungen einschließlich der laborärztlichen Untersuchungen.

(3) Zur Entbindung ist die Schwangere in ein Krankenhaus außerhalb des Vollzuges zu bringen.

(4) Bei Schwangerschaftsbeschwerden und im Zusammenhang mit der Entbindung werden Arznei-, Verband- und Heilmittel geleistet.

(5) Für Leistungen nach den Absätzen 2 bis 4 gelten im Übrigen die Vorschriften der Reichsversicherungsordnung über Leistungen bei Schwangerschaft und Mutterschaft sowie die §§ 58, 60 und 63 entsprechend, § 58 jedoch nicht für die Entbindung.

§ 72 Geburtsanzeige. In der Anzeige der Geburt an das Standesamt dürfen die Anstalt als Geburtsort des Kindes, das Verhältnis der anzeigenden Person zur Anstalt und die Gefangenschaft der Mutter nicht vermerkt sein.

§ 73 Mütter mit Kindern. (1) [1]Ist das Kind einer Gefangenen noch nicht schulpflichtig, so kann es mit Zustimmung der aufenthaltsbestimmungsberechtigten Person in der Anstalt untergebracht werden, in der sich seine Mutter befindet, wenn dies seinem Wohle dient. [2]Vor der Unterbringung ist das Jugendamt zu hören.

(2) [1]Die Unterbringung erfolgt auf Kosten der für das Kind Unterhaltspflichtigen. [2]Von der Geltendmachung des Kostenersatzanspruchs kann abgesehen werden, wenn hierdurch die gemeinsame Unterbringung von Mutter und Kind gefährdet würde.

Zwölftes Kapitel. Sicherheit und Ordnung

§ 74 Grundsatz. Das Verantwortungsbewusstsein der oder des Gefangenen für ein geordnetes Zusammenleben in der Anstalt ist zu wecken und zu fördern.

§ 75 Verhaltensvorschriften. (1) Die oder der Gefangene hat die rechtmäßigen Anordnungen der Vollzugsbediensteten zu befolgen.

(2) [1]Die oder der Gefangene hat sich nach der Tageseinteilung der Anstalt (Arbeitszeit, Freizeit, Ruhezeit) zu richten. [2]Sie oder er darf einen zugewiesenen Bereich nicht ohne Erlaubnis verlassen. [3]Sie oder er darf durch ihr oder sein Verhalten gegenüber Vollzugsbediensteten, Mitgefangenen und anderen Personen das geordnete Zusammenleben nicht stören.

(3) Der Haftraum und die von der Vollzugsbehörde überlassenen Sachen sind in Ordnung zu halten und schonend zu behandeln.

(4) Die oder der Gefangene hat Umstände, die eine Gefahr für das Leben oder eine erhebliche Gefahr für die Gesundheit einer Person bedeuten, unverzüglich zu melden.

§ 76 Persönlicher Gewahrsam. (1) [1]Die oder der Gefangene darf Sachen nur mit Erlaubnis der Vollzugsbehörde in Gewahrsam haben, annehmen oder abgeben. [2]Für Sachen von geringem Wert kann die Vollzugsbehörde ihre Zustimmung allgemein erteilen.

(2) [1]Eingebrachte Sachen, die die oder der Gefangene nicht in Gewahrsam haben darf, sind zu verwahren, sofern dies nach Art und Umfang möglich ist. [2]Der oder dem Gefangenen wird Gelegenheit gegeben, die Sachen abzusenden, die während des Vollzuges und für die Entlassung nicht benötigt werden.

(3) [1]Weigert sich die oder der Gefangene, eingebrachte Sachen, deren Aufbewahrung nach Art und Umfang nicht möglich ist, aus der Anstalt zu entfernen, so darf die Vollzugsbehörde diese Sachen außerhalb der Anstalt verwahren oder nach Maßgabe des Satzes 2 verwerten oder vernichten. [2]Für die Voraussetzungen und das Verfahren der Verwertung und Vernichtung gilt § 28 des Niedersächsischen Polizei- und Ordnungsbehördengesetzes entsprechend.

(4) Aufzeichnungen und andere Gegenstände, die Kenntnisse über Sicherungsvorkehrungen der Anstalt vermitteln, dürfen von der Vollzugsbehörde vernichtet oder unbrauchbar gemacht werden.

§ 77 Durchsuchung. (1) [1]Gefangene, ihre Sachen und die Hafträume dürfen durchsucht werden. [2]Die Durchsuchung männlicher Gefangener darf nur von Männern, die Durchsuchung weiblicher Gefangener nur von Frauen vorgenommen werden. [3]Satz 2 gilt nicht für das Absuchen mittels technischer Geräte ohne unmittelbaren körperlichen Kontakt. [4]Das Schamgefühl ist zu schonen.

(2) [1]Nur bei Gefahr im Verzuge oder auf Anordnung der Anstaltsleiterin oder des Anstaltsleiters im Einzelfall ist es zulässig, eine mit einer Entkleidung verbundene körperliche Durchsuchung vorzunehmen. [2]Sie darf bei männlichen Gefangenen nur in Gegenwart von Männern, bei weiblichen Gefangenen nur in Gegenwart von Frauen erfolgen. [3]Sie ist in einem geschlossenen Raum durchzuführen. [4]Andere Gefangene dürfen nicht anwesend sein.

(3) Die Vollzugsbehörde kann allgemein anordnen, dass Gefangene bei der Aufnahme, nach Kontakten mit Besucherinnen und Besuchern und nach jeder Abwesenheit von der Anstalt nach Absatz 2 zu durchsuchen sind.

§ 78 Erkennungsdienstliche Maßnahmen. (1) Zur Sicherung des Vollzuges, zur Aufrechterhaltung der Sicherheit oder Ordnung der Anstalt oder zur Identitätsfeststellung sind mit Kenntnis der oder des Gefangenen zulässig

1. die Aufnahme von Lichtbildern,
2. die Erfassung biometrischer Merkmale von Fingern, Händen, Gesicht,
3. Stimmaufzeichnungen,
4. Messungen des Körpers sowie
5. die Feststellung äußerlicher körperlicher Merkmale.

(2) [1]Die hierbei gewonnenen Unterlagen oder Daten werden zu der Gefangenenpersonalakte genommen oder mit dem Namen der oder des Gefangenen sowie deren oder dessen Aliasnamen, Geburtsdatum und Geburtsort in

Dateien gespeichert. [2] Sie können auch in kriminalpolizeilichen Sammlungen verwahrt werden. [3] Die nach Absatz 1 erhobenen Daten dürfen nur für die in Absatz 1, § 80 Abs. 2 und § 191 Abs. 3 Nr. 4 genannten Zwecke verarbeitet werden.

§ 79 Maßnahmen zur Identitätsfeststellung. [1] Wenn es die Sicherheit oder Ordnung der Anstalt erfordert, kann die oder der Gefangene verpflichtet werden, einen Ausweis mit den in § 78 Abs. 1 genannten Daten mit sich zu führen oder eine erneute Erhebung der in § 78 Abs. 1 genannten Daten zum Zweck des Abgleichs mit nach § 78 Abs. 2 Satz 1 gespeicherten Daten zu dulden. [2] Ausweise nach Satz 1 sind bei der Verlegung oder Entlassung der oder des Gefangenen zu vernichten.

§ 80 Festnahmerecht. (1) Eine Gefangene oder ein Gefangener, die oder der entwichen ist oder sich sonst ohne Erlaubnis außerhalb der Anstalt aufhält, kann durch die Vollzugsbehörde oder auf ihre Veranlassung hin festgenommen und in die Anstalt zurückgebracht werden.

(2) Nach § 78 Abs. 1 erhobene und nach den §§ 79 und 190 erhobene und zur Identifizierung oder Festnahme erforderliche Daten dürfen den Vollstreckungs- und Strafverfolgungsbehörden übermittelt werden, soweit dies für Zwecke der Fahndung und Festnahme der oder des entwichenen oder sich sonst ohne Erlaubnis außerhalb der Anstalt aufhaltenden Gefangenen erforderlich ist.

§ 81 Besondere Sicherungsmaßnahmen. (1) Gegen eine Gefangene oder einen Gefangenen kann eine besondere Sicherungsmaßnahme angeordnet werden, wenn nach ihrem oder seinem Verhalten oder aufgrund ihres oder seines seelischen Zustandes in erhöhtem Maße Fluchtgefahr oder die Gefahr von Gewalttätigkeiten gegen Personen oder Sachen oder die Gefahr der Selbsttötung oder der Selbstverletzung besteht und wenn die Maßnahme zur Abwendung der Gefahr unerlässlich ist.

(2) Als besondere Sicherungsmaßnahmen sind zulässig:

1. der Entzug oder die Vorenthaltung von Gegenständen,
2. die Beobachtung der oder des Gefangenen, auch mit technischen Hilfsmitteln,
3. die Absonderung von anderen Gefangenen,
4. der Entzug oder die Beschränkung des Aufenthalts im Freien,
5. die Unterbringung in einem besonders gesicherten Haftraum ohne gefährdende Gegenstände und
6. die Fesselung.

(3) Eine Maßnahme nach Absatz 2 Nrn. 1 und 3 bis 5 ist auch zulässig, wenn sie zur Abwendung der Gefahr einer Befreiung oder einer erheblichen Störung der Ordnung der Anstalt unerlässlich ist.

(4) Bei einer Ausführung, Vorführung oder beim Transport ist die Fesselung auch dann zulässig, wenn konkrete Anhaltspunkte die Annahme begründen, dass die Beaufsichtigung nicht ausreicht, die Gefahr einer Flucht zu vermeiden oder zu beheben.

§ 81a Beobachtung. (1) Die Beobachtung mit technischen Hilfsmitteln ist nur in besonders dafür vorgesehenen Räumen und in besonders gesicherten Hafträumen (§ 81 Abs. 2 Nr. 5) zulässig.

(2) [1]Bei der Beobachtung ist das Schamgefühl der oder des Gefangenen zu schonen. [2]Die Beobachtung des Toilettenbereichs ist unzulässig.

§ 82 Einzelhaft. (1) Die unausgesetzte Absonderung einer oder eines Gefangenen (Einzelhaft) ist nur zulässig, wenn dies aus Gründen, die in der Person der oder des Gefangenen liegen, unerlässlich ist.

(2) [1]Einzelhaft von mehr als drei Monaten Gesamtdauer in einem Jahr bedarf der Zustimmung des Fachministeriums. [2]Diese Frist wird nicht dadurch unterbrochen, dass die oder der Gefangene am Gottesdienst oder am Aufenthalt im Freien teilnimmt.

§ 83 Fesselung. [1]In der Regel dürfen Fesseln nur an den Händen oder an den Füßen angelegt werden. [2]Im Interesse der oder des Gefangenen kann eine andere Art der Fesselung angeordnet werden. [3]Die Fesselung wird zeitweise gelockert, soweit dies notwendig ist.

§ 84 Anordnung besonderer Sicherungsmaßnahmen. (1) [1]Besondere Sicherungsmaßnahmen ordnet die Anstaltsleiterin oder der Anstaltsleiter an. [2]Die Anordnung ist schriftlich zu begründen.

(2) [1]Bei Gefahr im Verzug können auch andere Justizvollzugsbedienstete besondere Sicherungsmaßnahmen vorläufig anordnen; Absatz 1 Satz 2 findet keine Anwendung. [2]Die Entscheidung der Anstaltsleiterin oder des Anstaltsleiters ist unverzüglich einzuholen; Absatz 1 Satz 2 gilt entsprechend.

(3) [1]Wird eine Gefangene oder ein Gefangener ärztlich behandelt oder beobachtet oder bildet ihr oder sein seelischer Zustand den Anlass der Maßnahme, so ist vorher die Ärztin oder der Arzt zu hören. [2]Ist dies wegen Gefahr im Verzuge nicht möglich, so wird die ärztliche Stellungnahme unverzüglich eingeholt.

(4) Die Anordnung ist unverzüglich zu widerrufen, wenn die Anordnungsvoraussetzungen nicht mehr vorliegen.

§ 85 Ärztliche Überwachung. (1) [1]Eine Gefangene oder einen Gefangenen, die oder der in einem besonders gesicherten Haftraum untergebracht oder gefesselt ist (§ 81 Abs. 2 Nrn. 5 und 6), sucht die Ärztin oder der Arzt alsbald und in der Folge möglichst täglich auf. [2]Dies gilt nicht bei einer Fesselung während einer Ausführung, Vorführung oder eines Transportes (§ 81 Abs. 4).

(2) Die Ärztin oder der Arzt ist regelmäßig zu hören, solange der oder dem Gefangenen der tägliche Aufenthalt im Freien entzogen wird.

§ 86 Ersatz von Aufwendungen. Auf den Anspruch auf Ersatz von Aufwendungen der Vollzugsbehörde, die die oder der Gefangene durch eine vorsätzliche oder grob fahrlässige Selbstverletzung oder eine Verletzung einer oder eines anderen Gefangenen verursacht hat, findet § 93 Abs. 1 Satz 1 StVollzG[1)] Anwendung.

[1)] Nr. **1**.

Dreizehntes Kapitel. Unmittelbarer Zwang

§ 87 Allgemeine Voraussetzungen. (1) Justizvollzugsbedienstete dürfen zur Durchsetzung von rechtmäßigen Vollzugs- und Sicherungsmaßnahmen unmittelbaren Zwang anwenden, wenn der damit verfolgte Zweck nicht auf eine andere Weise erreicht werden kann.

(2) Gegen andere Personen als Gefangene darf unmittelbarer Zwang angewendet werden, wenn sie es unternehmen, Gefangene zu befreien oder in den Anstaltsbereich widerrechtlich einzudringen, oder wenn sie sich unbefugt darin aufhalten.

(3) Das Recht zu unmittelbarem Zwang aufgrund anderer Regelungen bleibt unberührt.

§ 88 Begriffsbestimmungen. (1) Unmittelbarer Zwang ist die Einwirkung auf Personen oder Sachen durch körperliche Gewalt, ihre Hilfsmittel und durch Waffen.

(2) Körperliche Gewalt ist jede unmittelbare körperliche Einwirkung auf Personen oder Sachen.

(3) Hilfsmittel der körperlichen Gewalt sind insbesondere Fesseln, Diensthunde sowie Reiz- und Betäubungsstoffe.

(4) Waffen sind die dienstlich zugelassenen Hieb- und Schusswaffen.

§ 89 Handeln auf Anordnung. (1) Wird unmittelbarer Zwang von Vorgesetzten oder einer sonst befugten Person angeordnet, so sind Justizvollzugsbedienstete verpflichtet, ihn anzuwenden, es sei denn, die Anordnung verletzt die Menschenwürde oder ist nicht zu dienstlichen Zwecken erteilt worden.

(2) [1] Die Anordnung darf nicht befolgt werden, wenn dadurch eine Straftat begangen würde. [2] Befolgen Justizvollzugsbedienstete sie trotzdem, so trifft sie eine Schuld nur, wenn sie erkennen oder wenn es nach den ihnen bekannten Umständen offensichtlich ist, dass dadurch eine Straftat begangen wird.

(3) [1] Bedenken gegen die Rechtmäßigkeit der Anordnung haben die Justizvollzugsbediensteten den Anordnenden gegenüber vorzubringen, soweit das nach den Umständen möglich ist. [2] Abweichende Vorschriften des allgemeinen Beamtenrechts über die Mitteilung solcher Bedenken an Vorgesetzte (§ 36 Abs. 2 und 3 des Beamtenstatusgesetzes) sind nicht anzuwenden.

§ 90 Androhung. [1] Unmittelbarer Zwang ist vorher anzudrohen. [2] Die Androhung darf nur dann unterbleiben, wenn die Umstände sie nicht zulassen oder unmittelbarer Zwang sofort angewendet werden muss, um eine rechtswidrige Tat, die den Tatbestand eines Strafgesetzes erfüllt, zu verhindern oder eine gegenwärtige Gefahr abzuwenden.

§ 91 Allgemeine Vorschriften für den Schusswaffengebrauch.

(1) [1] Schusswaffen dürfen nur gebraucht werden, wenn andere Maßnahmen des unmittelbaren Zwanges bereits erfolglos waren oder keinen Erfolg versprechen. [2] Gegen Personen ist ihr Gebrauch nur zulässig, wenn der Zweck nicht durch Waffenwirkung gegen Sachen erreicht wird.

(2) [1] Schusswaffen dürfen nur die dazu bestimmten Justizvollzugsbediensteten gebrauchen und nur, um angriffs- oder fluchtunfähig zu machen. [2] Ihr Ge-

brauch unterbleibt, wenn dadurch erkennbar Unbeteiligte mit hoher Wahrscheinlichkeit gefährdet würden.

(3) [1]Der Gebrauch von Schusswaffen ist vorher anzudrohen. [2]Als Androhung gilt auch ein Warnschuss. [3]Ohne Androhung dürfen Schusswaffen nur dann gebraucht werden, wenn das zur Abwehr einer gegenwärtigen Gefahr für Leib oder Leben erforderlich ist.

§ 92 Besondere Vorschriften für den Schusswaffengebrauch. (1) [1]Gegen eine Gefangene oder einen Gefangenen dürfen Schusswaffen gebraucht werden,

1. wenn sie oder er eine Waffe oder ein anderes gefährliches Werkzeug trotz wiederholter Aufforderung nicht ablegt,
2. wenn sie oder er eine Gefangenenmeuterei (§ 121 StGB) unternimmt oder
3. um ihre oder seine Flucht zu vereiteln oder um sie oder ihn wiederzuergreifen.

[2]Um die Flucht aus einer Anstalt oder Abteilung des offenen Vollzuges zu vereiteln, dürfen keine Schusswaffen gebraucht werden.

(2) Gegen andere Personen dürfen Schusswaffen gebraucht werden, wenn sie es unternehmen, Gefangene gewaltsam zu befreien oder gewaltsam in eine Anstalt einzudringen.

§ 93 Zwangsmaßnahmen auf dem Gebiet der Gesundheitsfürsorge.

(1) [1]Eine medizinische Untersuchung und Behandlung ist ohne Einwilligung der oder des Gefangenen zulässig, um den Erfolg eines Selbsttötungsversuches zu verhindern. [2]Eine Maßnahme nach Satz 1 ist auch zulässig, wenn von einer oder einem Gefangenen eine schwerwiegende Gefahr für das Leben oder die Gesundheit einer anderen Person ausgeht, die Maßnahme verhältnismäßig ist und

1. die oder der Gefangene durch eine Ärztin oder einen Arzt über Notwendigkeit, Art, Umfang, Dauer, zu erwartende Folgen und Risiken der Maßnahme in einer ihrer oder seiner Auffassungsgabe und ihrem oder seinem Gesundheitszustand angemessenen Weise informiert wurde sowie
2. der ernsthafte und ohne Ausübung von Druck unternommene Versuch einer Ärztin oder eines Arztes, eine Einwilligung oder, wenn die oder der Gefangene zur Einsicht in das Vorliegen der Gefahr und die Notwendigkeit der Maßnahme oder zum Handeln gemäß solcher Einsicht krankheitsbedingt nicht fähig ist, ein Einverständnis zu der Maßnahme zu erreichen, erfolglos geblieben ist.

(2) Eine medizinische Untersuchung und Behandlung sowie eine Zwangsernährung sind auch bei Lebensgefahr oder schwerwiegender Gefahr für die Gesundheit der oder des Gefangenen zulässig, soweit diese oder dieser zur Einsicht in das Vorliegen der Gefahr und die Notwendigkeit der Maßnahme oder zum Handeln gemäß solcher Einsicht krankheitsbedingt nicht fähig ist.

(3) Eine Maßnahme nach Absatz 2 darf nur angeordnet werden, wenn

1. eine Patientenverfügung im Sinne des § 1901a Abs. 1 Satz 1 des Bürgerlichen Gesetzbuchs, deren Festlegungen auf die aktuelle Lebens- und Behandlungssituation zutreffen und gegen die Durchführung der Maßnahme gerichtet sind, nicht vorliegt,

2. eine Information gemäß Absatz 1 Satz 2 Nr. 1 erfolgt ist,
3. der entsprechend Absatz 1 Satz 2 Nr. 2 unternommene Versuch, ein Einverständnis zu erreichen, erfolglos geblieben ist,
4. die Maßnahme zur Abwendung der Gefahr nach Absatz 2 geeignet, nach ihrer geplanten Art und Dauer einschließlich der Auswahl und Dosierung der Medikamente sowie der begleitenden Kontrollen erforderlich ist, weniger eingreifende Maßnahmen aussichtlos sind und
5. der von der Maßnahme erwartete Nutzen die mit der Maßnahme verbundenen Belastungen und die durch das Unterlassen der Maßnahme möglichen Schäden deutlich überwiegt.

(4) [1] Maßnahmen nach den Absätzen 1 und 2 dürfen nur auf Anordnung und unter Leitung einer Ärztin oder eines Arztes durchgeführt werden, unbeschadet der Leistung erster Hilfe für den Fall, dass eine Ärztin oder ein Arzt nicht rechtzeitig erreichbar und mit einem Aufschub Lebensgefahr verbunden ist. [2] Die Anordnung bedarf in den Fällen des Absatzes 1 Satz 2 und des Absatzes 2 der Zustimmung einer Ärztin oder eines Arztes, die oder der für eine andere für den Vollzug von Freiheitsentziehungen nach diesem Gesetz bestimmte Anstalt tätig ist, und der Anstaltsleiterin oder des Anstaltsleiters. [3] Die Durchführung einer Maßnahme nach den Absätzen 1 oder 2 ist unter Angabe der Gründe für ihre Anordnung, ihres Zwangscharakters, der Art und Weise ihrer Durchführung, der vorgenommenen Kontrollen und der Überwachung der Wirksamkeit zu dokumentieren. [4] Gleiches gilt für Erklärungen der oder des Gefangenen, die im Zusammenhang mit Zwangsmaßnahmen von Bedeutung sein können.

(5) [1] Die Anordnung einer Maßnahme nach Absatz 1 Satz 2 oder Absatz 2 ist der oder dem Gefangenen vor ihrer Durchführung schriftlich bekannt zu geben. [2] Dabei sind die Art und Dauer der Maßnahme einschließlich der Auswahl und Dosierung der Medikamente und der begleitenden Kontrollen sowie die Intensität der erforderlichen ärztlichen Überwachung anzugeben. [3] Sie oder er ist darüber zu belehren, dass gegen die Anordnung bei Gericht um einstweiligen Rechtsschutz nachgesucht und auch Antrag auf gerichtliche Entscheidung gestellt werden kann. [4] Mit dem Vollzug einer Anordnung ist zuzuwarten, bis die oder der Gefangene Gelegenheit hatte, eine gerichtliche Entscheidung herbeizuführen.

(6) Bei Gefahr im Verzuge finden die Bestimmungen in Absatz 1 Satz 2 Nrn. 1 und 2, Absatz 3 Nrn. 2 und 3, Absatz 4 Satz 2 und Absatz 5 keine Anwendung.

(7) [1] Die zwangsweise körperliche Untersuchung der oder des Gefangenen zum Gesundheitsschutz und zur Hygiene ist nur zulässig, wenn sie nicht mit einem körperlichen Eingriff verbunden ist. [2] Sie bedarf der Anordnung einer Ärztin oder eines Arztes und ist unter deren oder dessen Leitung durchzuführen.

Vierzehntes Kapitel. Disziplinarmaßnahmen

§ 94 Voraussetzungen. (1) Verstößt eine Gefangene oder ein Gefangener schuldhaft gegen Pflichten, die ihr oder ihm durch dieses Gesetz oder aufgrund dieses Gesetzes auferlegt sind, so können gegen sie oder ihn Disziplinarmaßnahmen angeordnet werden.

(2) Von einer Disziplinarmaßnahme wird abgesehen, wenn es genügt, die Gefangene oder den Gefangenen zu verwarnen.

(3) Eine Disziplinarmaßnahme ist auch zulässig, wenn wegen derselben Verfehlung ein Straf- oder Bußgeldverfahren eingeleitet wird.

§ 95 Arten der Disziplinarmaßnahmen. (1) Die zulässigen Disziplinarmaßnahmen sind

1. Verweis,
2. die Beschränkung oder der Entzug der Verfügung über das Hausgeld und des Einkaufs bis zu drei Monaten,
3. die Beschränkung oder der Entzug des Hörfunk- und Fernsehempfangs bis zu drei Monaten,
4. die Beschränkung oder der Entzug der Gegenstände für eine Beschäftigung in der Freizeit oder der Teilnahme an gemeinschaftlichen Veranstaltungen bis zu vier Wochen,
5. die getrennte Unterbringung während der Freizeit bis zu vier Wochen,
6. der Entzug der zugewiesenen Arbeit oder Beschäftigung bis zu vier Wochen unter Wegfall der in diesem Gesetz geregelten Bezüge,
7. Arrest bis zu vier Wochen.

(2) Arrest darf nur wegen schwerer oder mehrfach wiederholter Verfehlungen verhängt werden.

(3) Mehrere Disziplinarmaßnahmen können miteinander verbunden werden.

(4) [1]Die Maßnahmen nach Absatz 1 Nrn. 3 bis 6 sollen möglichst nur angeordnet werden, wenn die Verfehlung mit den zu beschränkenden oder zu entziehenden Befugnissen im Zusammenhang steht. [2]Dies gilt nicht bei einer Verbindung mit Arrest.

§ 96 Vollzug der Disziplinarmaßnahmen, Aussetzung zur Bewährung. (1) Disziplinarmaßnahmen werden in der Regel sofort vollstreckt.

(2) Eine Disziplinarmaßnahme kann ganz oder teilweise bis zu sechs Monaten zur Bewährung ausgesetzt werden.

(3) [1]Arrest wird in Einzelhaft vollzogen. [2]Die oder der Gefangene kann in einem besonderen Arrestraum untergebracht werden, der den Anforderungen entsprechen muss, die an einen zum Aufenthalt bei Tag und Nacht bestimmten Haftraum gestellt werden. [3]Soweit nichts anderes angeordnet wird, ruhen die Befugnisse aus den §§ 21, 22, 24, 35 und 64 bis 67.

§ 97 Disziplinarbefugnis. (1) [1]Disziplinarmaßnahmen ordnet die Anstaltsleiterin oder der Anstaltsleiter an. [2]Bei einer Verfehlung auf dem Weg in eine andere Anstalt zum Zweck der Verlegung oder Überstellung ist die Anstaltsleiterin oder der Anstaltsleiter der Bestimmungsanstalt zuständig.

(2) Das Fachministerium entscheidet, wenn sich die Verfehlung der oder des Gefangenen gegen die Anstaltsleiterin oder den Anstaltsleiter richtet.

(3) [1]Disziplinarmaßnahmen, die gegen eine Gefangene oder einen Gefangenen in einer anderen Anstalt oder während einer Untersuchungshaft angeordnet worden sind, werden auf Ersuchen vollstreckt. [2]§ 96 Abs. 2 bleibt unberührt.

§ 98 Verfahren. (1) [1] Der Sachverhalt ist zu klären. [2] Die oder der Gefangene wird angehört. [3] Vor der Anhörung wird ihr oder ihm eröffnet, welche Verfehlung ihr oder ihm zur Last gelegt wird. [4] Gleichzeitig ist darauf hinzuweisen, dass es ihr oder ihm freisteht, sich zur Sache zu äußern oder nicht zur Sache auszusagen. [5] Die Einlassung der oder des Gefangenen und Beweiserhebungen werden schriftlich festgehalten.

(2) [1] Bei schweren Verstößen soll die Anstaltsleiterin oder der Anstaltsleiter sich vor der Entscheidung in einer Konferenz mit Personen besprechen, die bei der Vollzugsgestaltung mitwirken. [2] Vor der Anordnung einer Disziplinarmaßnahme gegen eine Gefangene oder einen Gefangenen, die oder der sich in ärztlicher Behandlung befindet, oder gegen eine Schwangere oder eine Gefangene, die unlängst entbunden hat, ist die Anstaltsärztin oder der Anstaltsarzt zu hören.

(3) [1] Die Entscheidung wird der oder dem Gefangenen von der Anstaltsleiterin oder dem Anstaltsleiter mündlich eröffnet und mit einer kurzen Begründung schriftlich abgefasst. [2] Die schriftliche Begründung wird der oder dem Gefangenen auf Verlangen ausgehändigt.

§ 99 Ärztliche Mitwirkung. (1) [1] Bevor der Arrest vollzogen wird, ist die Anstaltsärztin oder der Anstaltsarzt zu hören. [2] Während des Arrestes steht die oder der Gefangene unter ärztlicher Aufsicht.

(2) Der Vollzug des Arrestes unterbleibt oder wird unterbrochen, wenn die Gesundheit der oder des Gefangenen gefährdet würde.

Fünfzehntes Kapitel. Aufhebung von Verwaltungsakten, Beschwerderecht, gerichtlicher Rechtsschutz

§ 100 Aufhebung von Verwaltungsakten. Für den Widerruf und die Rücknahme von Verwaltungsakten nach diesem Gesetz gelten die Vorschriften des Niedersächsischen Verwaltungsverfahrensgesetzes über den Widerruf und die Rücknahme von Verwaltungsakten entsprechend, soweit dieses Gesetz eine besondere Regelung nicht enthält.

§ 101 Beschwerderecht. (1) Die oder der Gefangene erhält Gelegenheit, schriftlich und mündlich Wünsche, Anregungen und Beschwerden in eigenen Angelegenheiten bei der Vollzugsbehörde vorzubringen.

(2) Es ist zu gewährleisten, dass sich die oder der Gefangene in eigenen Angelegenheiten auch an Bedienstete der Aufsichtsbehörde wenden kann, die die Anstalt besichtigen.

§ 102 Gerichtlicher Rechtsschutz. Gegen eine Entscheidung oder sonstige Maßnahme zur Regelung einzelner Angelegenheiten oder ihre Ablehnung oder Unterlassung kann gerichtliche Entscheidung nach Maßgabe der §§ 109 bis 121 Abs. 4 StVollzG[1)] beantragt werden.

Sechzehntes Kapitel. Sozialtherapeutische Anstalten

§ 103 Sozialtherapeutische Anstalten und Abteilungen. [1] Für die sozialtherapeutische Behandlung im Vollzug sind sozialtherapeutische Anstalten oder

[1)] Nr. 1.

sozialtherapeutische Abteilungen in anderen Vollzugsanstalten einzurichten. [2]Für sozialtherapeutische Abteilungen gelten die Vorschriften über die sozialtherapeutischen Anstalten entsprechend.

§ 104 Verlegung in eine sozialtherapeutische Anstalt. (1) Die oder der Gefangene, die oder der wegen

1. einer Straftat nach den §§ 174 bis 180 oder 182 StGB oder
2. eines Verbrechens gegen das Leben, die körperliche Unversehrtheit oder die persönliche Freiheit oder nach den §§ 250, 251, auch in Verbindung mit den §§ 252 und 255, StGB

verurteilt worden ist, wird in eine sozialtherapeutische Anstalt verlegt, wenn die dortige Behandlung zur Verringerung einer erheblichen Gefährlichkeit der oder des Gefangenen für die Allgemeinheit angezeigt ist.

(2) Andere Gefangene können in eine sozialtherapeutische Anstalt verlegt werden, wenn der Einsatz der besonderen therapeutischen Mittel und sozialen Hilfen der Anstalt zur Erreichung des Vollzugszieles nach § 5 Satz 1 angezeigt ist.

(3) Die Verlegung soll zu einem Zeitpunkt erfolgen, der den Abschluss der Behandlung zum voraussichtlichen Entlassungszeitpunkt erwarten lässt.

(4) [1]Die oder der Gefangene ist zurückzuverlegen, wenn der Zweck der Behandlung aus Gründen, die in der Person der oder des Gefangenen liegen, nicht erreicht werden kann. [2]Die oder der Gefangene kann zurückverlegt werden, wenn sie oder er durch ihr oder sein Verhalten den Behandlungsverlauf anderer erheblich und nachhaltig stören.

(5) Die §§ 10 und 11 bleiben unberührt.

§ 105 Urlaub zur Vorbereitung der Entlassung. (1) [1]Die Vollzugsbehörde kann der oder dem Gefangenen nach Anhörung der Vollstreckungsbehörde zur Vorbereitung der Entlassung Sonderurlaub bis zu sechs Monaten gewähren. [2]§ 13 Abs. 2 und 6 gilt entsprechend.

(2) [1]Der oder dem Gefangenen sollen für den Urlaub Weisungen erteilt werden. [2]Sie oder er kann insbesondere angewiesen werden, sich einer bestimmten Betreuungsperson zu unterstellen und jeweils für kurze Zeit in die Anstalt zurückzukehren.

(3) [1]§ 15 Abs. 2 und 3 gilt entsprechend. [2]Der Urlaub wird widerrufen, wenn dies für die Behandlung der oder des Gefangenen notwendig ist.

§ 106 Aufnahme auf freiwilliger Grundlage. (1) [1]Eine frühere Gefangene oder ein früherer Gefangener kann auf Antrag vorübergehend wieder in die sozialtherapeutische Anstalt aufgenommen werden, wenn dadurch erheblichen Straftaten der in § 104 Abs. 1 genannten Art vorgebeugt werden kann. [2]Die Aufnahme ist jederzeit widerruflich.

(2) [1]Gegen die aufgenommene Person dürfen Maßnahmen des Vollzuges nicht mit unmittelbarem Zwang durchgesetzt werden. [2]Im Übrigen finden die sonstigen Vorschriften dieses Teils entsprechende Anwendung.

(3) Auf ihren Antrag ist die aufgenommene Person unverzüglich zu entlassen.

Dritter Teil. Vollzug der Freiheitsstrafe bei angeordneter oder vorbehaltener Sicherungsverwahrung[1)]

§ 107 Weiteres Vollzugsziel. Bei angeordneter oder vorbehaltener Sicherungsverwahrung dient der Vollzug der Freiheitsstrafe neben den Vollzugszielen nach § 5 auch dem Ziel, die Gefährlichkeit der Gefangenen für die Allgemeinheit so zu mindern, dass die Vollstreckung der Unterbringung in der Sicherungsverwahrung oder deren Anordnung entbehrlich wird.

§ 108 Allgemeiner Gestaltungsgrundsatz. Der Vollzug der Freiheitsstrafe ist therapiegerichtet auszugestalten.

§ 109 Maßnahmen zur Erreichung der Vollzugsziele. (1) Abweichend von § 6 sind der oder dem Gefangenen die zur Erreichung der Vollzugsziele nach § 5 Satz 1 und § 107 erforderlichen Betreuungs- und sonstigen Maßnahmen unverzüglich anzubieten; die Bereitschaft der oder des Gefangenen, an der Erreichung der Vollzugsziele nach § 5 Satz 1 und § 107 mitzuwirken, ist fortwährend zu wecken und zu fördern.

(2) [1] Zu den Betreuungsmaßnahmen nach Absatz 1 zählen insbesondere psychiatrische, psychotherapeutische und sozialtherapeutische Behandlungsmaßnahmen. [2] Behandlungsmaßnahmen müssen dem Stand der Wissenschaft entsprechen. [3] Soweit standardisierte Behandlungsmaßnahmen nicht ausreichen oder keinen Erfolg versprechen, sind neue Behandlungsangebote zu entwickeln.

(3) [1] Die Betreuung der oder des Gefangenen erfolgt durch Justizvollzugsbedienstete (§ 177), die verschiedenen Fachrichtungen angehören. [2] Soweit geeignete Justizvollzugsbedienstete nicht vorhanden sind oder es aus anderen Gründen zur Erreichung der Vollzugsziele nach § 5 Satz 1 und § 107 erforderlich ist, sind beauftragte Personen oder Stellen (§ 178) oder sonstige Personen einzubeziehen. [3] Bei der Durchführung der Behandlungsmaßnahmen wirken die in den Sätzen 1 und 2 genannten Personen oder Stellen in der Regel in enger Abstimmung zusammen, bei der Durchführung sonstiger Maßnahmen, soweit dies erforderlich ist.

(4) Die angebotenen oder durchgeführten wesentlichen Maßnahmen sind zu dokumentieren.

§ 110 Vollzugsplan. (1) Abweichend von § 9 Abs. 1 Satz 2 enthält der Vollzugsplan Angaben mindestens über folgende Maßnahmen:

1. psychiatrische, psychotherapeutische oder sozialtherapeutische Behandlungsmaßnahmen,
2. andere Einzel- oder Gruppenbehandlungsmaßnahmen,
3. die Verlegung in eine sozialtherapeutische Anstalt oder Abteilung,
4. die Zuweisung zu Wohn- oder anderen Gruppen, die der Erreichung der Vollzugsziele nach § 5 Satz 1 und § 107 dienen,

---

1) Siehe hierzu Niedersächsische Sicherungsverwahrungsvollzugsgesetz v. 12.12.2012 (Nds. GVBl. S. 566), zuletzt gaend. durch G v. 20.5.2019 (Nds. GVBl. S. 88) v. 12.12.2012 (Nds. GVBl. S. 566), verkündet als Art. 1 G v. 12.12.2012 (Nds. GVBl. S. 566).

5. Maßnahmen, die die Bereitschaft der oder des Gefangenen zur Mitwirkung an ihrer oder seiner Behandlung wecken und fördern sollen,
6. den Arbeitseinsatz sowie Maßnahmen der schulischen oder beruflichen Aus- oder Weiterbildung,
7. die Teilnahme an Freizeitangeboten,
8. Maßnahmen zur Ordnung der persönlichen, wirtschaftlichen und sozialen Angelegenheiten,
9. Lockerungen des Vollzuges,
10. Maßnahmen zur Förderung von Außenkontakten und zur Vorbereitung eines geeigneten sozialen Empfangsraums und
11. Maßnahmen zur Vorbereitung einer möglichen Entlassung und der durchgängigen Betreuung.

(2) Die Frist zur Fortschreibung des Vollzugsplans nach § 9 Abs. 3 Satz 2 soll jeweils sechs Monate nicht übersteigen.

§ 111 Urlaub zur Vorbereitung einer möglichen Entlassung. [1] Abweichend von § 17 Abs. 3 Satz 1 kann der oder dem Gefangenen zur Vorbereitung einer möglichen Entlassung Sonderurlaub bis zu sechs Monaten gewährt werden. [2] Der oder dem Gefangenen sollen für den Sonderurlaub Weisungen erteilt werden. [3] Sie oder er kann für diesen Sonderurlaub insbesondere angewiesen werden, sich einer von der Vollzugsbehörde bestimmten Betreuungsperson zu unterstellen, sich in Einrichtungen außerhalb des Vollzuges aufzuhalten und jeweils für kurze Zeit in die Anstalt zurückzukehren. [4] Der Sonderurlaub wird widerrufen, wenn dies für die Behandlung der oder des Gefangenen notwendig ist.

§ 111a Arbeitspflicht, Entschädigung. (1) Abweichend von § 38 Abs. 2 Satz 1 sind Maßnahmen nach § 110 Abs. 1 Nrn. 1, 2 und 5 während der Arbeitszeit zuzulassen, soweit dies im Rahmen der Vollzugsplanung zur Erreichung der Vollzugsziele nach § 5 Satz 1 oder § 107 erforderlich ist.

(2) § 40 Abs. 3 Satz 2 gilt mit der Maßgabe, dass die oder der Gefangene eine Entschädigung für die Teilnahme an einer nach Absatz 1 zugelassenen Maßnahme erhält.

§ 112 Verlegung in eine sozialtherapeutische Anstalt. (1) Abweichend von § 104 Abs. 1 ist eine Gefangene oder ein Gefangener in eine sozialtherapeutische Anstalt oder Abteilung zu verlegen, soweit dies zur Erreichung der Vollzugsziele nach § 5 Satz 1 und § 107 erforderlich ist.

(2) Bei der Bestimmung des voraussichtlichen Entlassungszeitpunktes nach § 104 Abs. 3 bleibt eine angeordnete oder vorbehaltene Sicherungsverwahrung außer Betracht.

§ 112a Nachgehende Betreuung. Die Vollzugsbehörde soll auf Antrag einer oder eines entlassenen Gefangenen vorübergehend Hilfestellung gewähren, soweit diese nicht durch eine andere Stelle sichergestellt ist und die Eingliederung gefährdet ist.

§ 112b Verbleib und Aufnahme auf freiwilliger Grundlage. (1) [1] Eine frühere Gefangene oder ein früherer Gefangener darf auf Antrag vorübergehend in Anstalten der Landesjustizverwaltung verbleiben oder ist wieder aufzunehmen, wenn die Eingliederung gefährdet ist. [2]Der Verbleib oder die Aufnahme ist jederzeit widerruflich.

(2) [1]Gegen verbliebene oder aufgenommene Person dürfen Maßnahmen des Vollzuges nicht mit unmittelbarem Zwang durchgesetzt werden. [2]Im Übrigen finden die sonstigen Vorschriften dieses Teils entsprechende Anwendung.

(3) Auf ihren Antrag ist die verbliebene oder aufgenommene Person unverzüglich zu entlassen.

§ 112c Anwendung von Vorschriften des Zweiten Teils. (1) Für den Vollzug der Freiheitsstrafe bei angeordneter oder vorbehaltener Sicherungsverwahrung gelten die Vorschriften des Zweiten Teils nur, soweit in den Vorschriften dieses Teils nichts anderes bestimmt ist.

(2) Bei der Ausübung von Ermessen und der Ausfüllung von Beurteilungsspielräumen ist auch zu berücksichtigen, inwieweit die jeweilige Maßnahme geeignet ist, die Bereitschaft der oder des Gefangenen, an der Erreichung der Vollzugsziele nach § 5 Satz 1 und § 107 mitzuwirken, zu wecken und zu fördern.

Vierter Teil. Vollzug der Jugendstrafe

(vom Abdruck wurde abgesehen)

Fünfter Teil. Vollzug der Untersuchungshaft

(vom Abdruck wurde abgesehen)

Sechster Teil. Vollzugsorganisation, Datenschutz, Übergangs- und Schlussbestimmungen

Erstes Kapitel. Vollzugsorganisation

Erster Abschnitt. Zweckbestimmung und Ausstattung der Anstalten, Unterbringung und Trennung

§ 170 Einrichtung von Anstalten und Abteilungen. (1) Die in § 1 genannten freiheitsentziehenden Maßnahmen werden in Anstalten der Landesjustizverwaltung vollzogen.

(2) Für die einzelnen Vollzugsarten (Freiheitsstrafe, Jugendstrafe, Untersuchungshaft an jungen Gefangenen und Untersuchungshaft an sonstigen Untersuchungsgefangenen), für den Vollzug an Frauen und Männern sowie für den Vollzug der Freiheitsstrafe an jungen Verurteilten sind jeweils gesonderte Anstalten oder Abteilungen einzurichten.

§ 171 Vollzug in den Anstalten und Abteilungen. (1) Der Vollzug an Frauen und Männern erfolgt in den dafür vorgesehenen gesonderten Anstalten oder Abteilungen.

(2) [1]Die einzelnen Vollzugsarten werden jeweils in den dafür bestimmten gesonderten Anstalten oder Abteilungen vollzogen. [2]Abweichend von Satz 1 kann der Vollzug an einer oder einem jungen Gefangenen auch in einer Jugendarrestanstalt erfolgen. [3]Darüber hinaus kann der Vollzug einer Vollzugsart in einer für eine andere Vollzugsart bestimmten Anstalt oder Abteilung erfolgen,

1. sofern eine Gefangene oder ein Gefangener hilfsbedürftig ist oder für eine oder einen von ihnen eine Gefahr für Leben oder Gesundheit besteht,
2. um einer oder einem Gefangenen die Teilnahme an vollzuglichen Maßnahmen in einer anderen Anstalt oder Abteilung zu ermöglichen,
3. aus dringenden Gründen der Vollzugsorganisation oder
4. mit Zustimmung der oder des Gefangenen.

[4] Betrifft die Abweichung von Satz 1 eine Untersuchungsgefangene oder einen Untersuchungsgefangenen, so bedarf es der Zustimmung des nach den Vorschriften des Fünften Teils zuständigen Gerichts; § 134 Abs. 3 Satz 1 und Abs. 6 gilt entsprechend.

§ 172 Getrennte Unterbringung. (1) [1] Frauen und Männer sind während und außerhalb der Ruhezeit getrennt voneinander unterzubringen. [2] Hiervon kann außerhalb der Ruhezeit abgewichen werden, um der oder dem Gefangenen die Teilnahme an vollzuglichen Maßnahmen in einer anderen Anstalt oder Abteilung zu ermöglichen.

(2) [1] Personen, an denen unterschiedliche Vollzugsarten zu vollziehen sind, sind während und außerhalb der Ruhezeit getrennt voneinander unterzubringen. [2] Liegen die Voraussetzungen der Vorschriften des Zweiten bis Fünften Teils für eine gemeinsame Unterbringung während der Ruhezeit vor, so darf abweichend von Satz 1 eine gemeinsame Unterbringung während der Ruhezeit erfolgen,

1. sofern eine Gefangene oder ein Gefangener hilfsbedürftig ist oder für eine oder einen von ihnen eine Gefahr für Leben oder Gesundheit besteht,
2. wenn dies vorübergehend aus zwingenden Gründen der Vollzugsorganisation erforderlich ist oder
3. mit Zustimmung der betroffenen Gefangenen.

[3] Liegen die Voraussetzungen der Vorschriften des Zweiten bis Fünften Teils für die gemeinschaftliche Unterbringung außerhalb der Ruhezeit vor, so darf abweichend von Satz 1 eine gemeinschaftliche Unterbringung außerhalb der Ruhezeit unter den Voraussetzungen des § 171 Abs. 2 Satz 3 erfolgen.

(3) Betrifft die Abweichung von Absatz 1 Satz 1 oder von Absatz 2 Satz 1 eine Untersuchungsgefangene oder einen Untersuchungsgefangenen, so gilt § 171 Abs. 2 Satz 4 entsprechend.

§ 173 Gestaltung, Differenzierung und Organisation der Anstalten. [1] Die Anstalten sind vom Fachministerium und von den Vollzugsbehörden so zu gestalten und zu differenzieren, dass Ziele und Aufgaben des Vollzuges gewährleistet werden. [2] Personelle Ausstattung, sachliche Mittel und Organisation der Anstalten sind hieran auszurichten.

§ 174 Belegungsfähigkeit und Ausgestaltung der Räume. (1) Das Fachministerium setzt die Belegungsfähigkeit sowie die Zahl der Einzel- und Gemeinschaftshafträume für jede Anstalt fest.

(2) [1] Räume für den Aufenthalt während der Ruhe- und Freizeit sowie Gemeinschafts- und Besuchsräume müssen zweckentsprechend ausgestaltet und für eine gesunde Lebensführung ausreichend mit Heizung, Lüftung, Boden- und Fensterfläche ausgestattet sein. [2] In Gemeinschaftshafträumen befindliche Sanitärbereiche sind baulich vollständig abzutrennen. [3] Die Größe der Gemein-

schaftshafträume muss für die darin untergebrachten Gefangenen unter Berücksichtigung der Umstände des Einzelfalles zumutbar sein. [4]Besuchsräume sind kindgerecht auszugestalten.

Zweiter Abschnitt. Wahrnehmung der Aufgaben der Vollzugsbehörden

§ 175 Zuständigkeit. (1) Die Anstalt ist als Vollzugsbehörde für die Entscheidungen und sonstigen Maßnahmen nach diesem Gesetz zuständig, soweit nicht etwas anderes bestimmt ist.

(2) Das Fachministerium kann bestimmte vollzugliche Aufgaben anstaltsübergreifend einer nachgeordneten Stelle übertragen.

§ 176 Anstaltsleitung. (1) [1]Die Anstaltsleiterin oder der Anstaltsleiter trägt die Verantwortung für den gesamten Vollzug in der Anstalt, vertritt die Anstalt in den ihr als Vollzugsbehörde obliegenden Angelegenheiten nach außen und regelt die Geschäftsverteilung innerhalb der Anstalt. [2]Die Befugnis, eine mit einer Entkleidung verbundene körperliche Durchsuchung, besondere Sicherungsmaßnahmen und Disziplinarmaßnahmen anzuordnen, darf sie oder er nur mit Zustimmung des Fachministeriums anderen Justizvollzugsbediensteten übertragen.

(2) [1]Die Anstaltsleiterin oder der Anstaltsleiter und ihre oder seine Vertreterinnen oder Vertreter müssen hauptamtlich tätig sein und in einem öffentlich-rechtlichen Dienst- und Treueverhältnis zum Land stehen. [2]Sie werden vom Fachministerium bestellt.

§ 177 Aufgabenwahrnehmung durch Justizvollzugsbedienstete.

(1) [1]Die Wahrnehmung der Aufgaben der Vollzugsbehörden wird Justizvollzugsbeamtinnen und Justizvollzugsbeamten übertragen. [2]Aus besonderen Gründen kann die Wahrnehmung der Aufgaben auch anderen Beamtinnen und Beamten, sonstigen Justizvollzugsbediensteten oder nebenamtlich in einer Anstalt beschäftigten Personen übertragen werden.

(2) [1]Im Jugendstrafvollzug und im Untersuchungshaftvollzug an jungen Gefangenen sollen Justizvollzugsbedienstete eingesetzt werden, die für den Umgang mit jungen Menschen besonders geeignet sind. [2]Die Eignung ist durch entsprechende Fortbildungen zu fördern.

§ 178 Beauftragung. [1]Fachlich geeignete und zuverlässige natürliche Personen, juristische Personen des öffentlichen oder privaten Rechts oder sonstige Stellen können beauftragt werden, Aufgaben für die Vollzugsbehörde wahrzunehmen, soweit dabei keine Entscheidungen oder sonstige in die Rechte der Gefangenen oder anderer Personen eingreifende Maßnahmen zu treffen sind. [2]Eine Übertragung von vollzuglichen Aufgaben zur eigenverantwortlichen Wahrnehmung ist ausgeschlossen.

§ 179 Seelsorge. (1) Seelsorgerinnen und Seelsorger werden im Einvernehmen mit der jeweiligen Religionsgemeinschaft im Hauptamt bestellt oder vertraglich verpflichtet.

(2) Wenn die geringe Zahl der Angehörigen einer Religionsgemeinschaft eine Seelsorge nach Absatz 1 nicht rechtfertigt, ist die seelsorgerische Betreuung auf andere Weise zuzulassen.

(3) Mit Zustimmung der Vollzugsbehörde dürfen die Anstaltsseelsorgerinnen und Anstaltsseelsorger freie Seelsorgehelferinnen und Seelsorgehelfer und für Gottesdienste sowie für andere religiöse Veranstaltungen Seelsorgerinnen und Seelsorger von außen zuziehen.

§ 180 Ärztliche Versorgung. (1) Die ärztliche Versorgung ist in der Regel durch hauptberuflich in der Anstalt tätige Ärztinnen und Ärzte sicherzustellen.

(2) [1] Die Pflege der Kranken soll von Personen ausgeübt werden, die eine Erlaubnis nach dem Krankenpflegegesetz besitzen. [2] Solange solche Personen nicht zur Verfügung stehen, können auch Bedienstete des allgemeinen Vollzugsdienstes eingesetzt werden, die anderweitig in der Krankenpflege ausgebildet sind.

§ 181 Zusammenarbeit. (1) [1] Im Strafvollzug ist insbesondere mit den Behörden und Stellen der Entlassenen- und Straffälligenhilfe, der Bewährungshilfe, den Aufsichtsstellen für die Führungsaufsicht, den Agenturen für Arbeit, den Einrichtungen für berufliche Bildung, den Trägern der Sozialversicherung und der Sozialhilfe, Gesundheits-, Ausländer- und Polizeibehörden, Sucht- und Schuldnerberatungsstellen, Ausländer- und Integrationsbeauftragten sowie Hilfeeinrichtungen anderer Behörden und den Verbänden der freien Wohlfahrtspflege eng zusammenzuarbeiten. [2] Die Vollzugsbehörden sollen mit Personen und Vereinen zusammenarbeiten, deren Einfluss die Eingliederung der Gefangenen sowie die Durchführung von Maßnahmen zur Wiedergutmachung der Folgen ihrer Straftaten fördern kann.

(2) Im Jugendstrafvollzug ist über die in Absatz 1 Satz 1 genannten Stellen hinaus insbesondere mit Schulen und Schulbehörden, der öffentlichen und freien Jugendhilfe sowie den Jugendämtern eng zusammenzuarbeiten.

(3) Im Untersuchungshaftvollzug gelten die Absätze 1 und 2 entsprechend, soweit Zweck und Eigenart der Untersuchungshaft die Zusammenarbeit erfordern.

§ 182 Interessenvertretung der Gefangenen. [1] Den Gefangenen soll ermöglicht werden, Vertretungen zu wählen. [2] Diese können in Angelegenheiten von gemeinsamem Interesse, die sich ihrer Eigenart und der Zweckbestimmung der Anstalt nach für eine Mitwirkung eignen, Vorschläge und Anregungen an die Vollzugsbehörde herantragen. [3] Die Vorschläge und Anregungen sollen mit der Vertretung erörtert werden.

§ 183 Hausordnung. (1) Die Anstaltsleiterin oder der Anstaltsleiter erlässt eine Hausordnung.

(2) In die Hausordnung sind namentlich Regelungen aufzunehmen über

1. die Besuchszeiten, Häufigkeit und Dauer der Besuche,
2. die Arbeitszeit, Freizeit und Ruhezeit sowie
3. die Gelegenheit, Anträge und Beschwerden anzubringen, oder sich an eine Vertreterin oder einen Vertreter der Aufsichtsbehörde zu wenden.

(3) Ein Abdruck der Hausordnung ist allgemein zugänglich auszuhängen und auf Verlangen auszuhändigen.

Dritter Abschnitt. Aufsicht und Vollstreckungsplan

§ 184 Aufsicht. (1) Das Fachministerium führt die Aufsicht über die Vollzugsbehörden.

(2) [1] Es kann sich Entscheidungen über Verlegungen vorbehalten oder solche Entscheidungen oder bestimmte Aufsichtsbefugnisse auf ihm nachgeordnete Stellen übertragen. [2] Im Fall der Übertragung wird das Fachministerium oberste Aufsichtsbehörde.

(3) Richterliche Entscheidungen im Rahmen des Untersuchungshaftvollzuges unterliegen nicht der Aufsicht.

§ 185 Vollstreckungsplan. [1] Das Fachministerium regelt die örtliche und sachliche Zuständigkeit der Vollzugsbehörden nach allgemeinen Merkmalen in einem Vollstreckungsplan. [2] Der Vollstreckungsplan sieht darüber hinaus vor, in welchen Fällen die für den Strafvollzug zuständige Vollzugsbehörde durch ein Einweisungsverfahren bestimmt wird und welche Stelle in einem solchen Verfahren die Einweisungsentscheidung trifft.

Vierter Abschnitt. Beiräte

§ 186 Bildung der Beiräte. (1) Bei den Anstalten sind Beiräte zu bilden.

(2) [1] Das Nähere regelt das Fachministerium durch Verordnung. [2] Die Verordnung enthält insbesondere Regelungen zur Anzahl der Beiratsmitglieder sowie über deren Berufung und Abberufung. [3] Justizvollzugsbedienstete sowie Bedienstete des Fachministeriums dürfen nicht Mitglied eines Beirats sein.

(3) Sind in einer Anstalt auch Sicherungsverwahrte untergebracht, so ist dies in der Verordnung nach Absatz 2 insbesondere bei der Bestimmung der Anzahl der Beiratsmitglieder zu berücksichtigen.

§ 187 Aufgaben und Befugnisse der Beiräte. (1) [1] Der Beirat wirkt bei der Gestaltung des Vollzuges durch Anregungen und Verbesserungsvorschläge mit. [2] Er kann Gefangene unterstützen, soweit dies mit den Zielen des Vollzuges oder dem Zweck der Untersuchungshaft im Einklang steht; er kann Strafgefangenen bei der Eingliederung nach der Entlassung helfen.

(2) [1] Der Beirat kann namentlich Wünsche, Anregungen und Beanstandungen entgegennehmen. [2] Er kann sich über die Unterbringung, Beschäftigung, berufliche Bildung, Verpflegung, ärztliche Versorgung, Betreuung, Förderung oder Therapie der Gefangenen unterrichten sowie die Anstalt und ihre Abteilungen besichtigen.

(3) [1] Der Beirat kann Gefangene in ihren Räumen aufsuchen. [2] Aussprache und Schriftwechsel werden nicht überwacht. [3] Der Besuch der oder des Untersuchungsgefangenen, das Aufsuchen in ihren oder seinen Räumen und Telefongespräche mit ihr oder ihm bedürfen der Erlaubnis des nach den Vorschriften des Fünften Teils zuständigen Gerichts. [4] Dieses kann die Erlaubnis versagen, wenn der Zweck der Untersuchungshaft es erfordert. [5] § 134 Abs. 3 Satz 1 gilt entsprechend.

§ 188 Pflicht zur Verschwiegenheit. [1] Die Mitglieder des Beirats sind verpflichtet, außerhalb ihrer Tätigkeit über alle Angelegenheiten, die ihrer Natur nach vertraulich sind, besonders über Namen und Persönlichkeit der Gefangenen, Verschwiegenheit zu bewahren. [2]Dies gilt auch nach Beendigung ihrer Tätigkeit.

Fünfter Abschnitt. Evaluation

§ 189 Evaluation. (1) [1]Die im Vollzug eingesetzten Maßnahmen, namentlich Therapien und Methoden zur Förderung der Gefangenen, sind vom Fachministerium und den Vollzugsbehörden in Zusammenarbeit mit Einrichtungen der Forschung im Hinblick auf ihre Wirksamkeit wissenschaftlich zu überprüfen. [2]Dabei sind alters- und geschlechtsspezifische Besonderheiten des Vollzuges zu berücksichtigen, soweit dies für die Aussagekraft der Untersuchung von Bedeutung ist. [3]Die Ergebnisse der Überprüfung sind für die Zwecke der Strafrechtspflege nutzbar zu machen. [4]Auf Grundlage der gewonnenen Erkenntnisse sind Konzepte für den Einsatz vollzuglicher Maßnahmen zu entwickeln und fortzuschreiben. [5]Auch im Übrigen sind die Erfahrungen mit der Ausgestaltung des Vollzuges durch dieses Gesetz sowie der Art und Weise der Anwendung der Vorschriften dieses Gesetzes zu überprüfen.

(2) [1]Zu diesen Zwecken sind landesweit von den einzelnen Vollzugsbehörden aussagefähige und auf Vergleichbarkeit angelegte Daten zu erheben, die eine Feststellung und Bewertung der Erfolge und Misserfolge des Vollzuges, insbesondere im Hinblick auf Rückfallhäufigkeiten, sowie die gezielte Erforschung der hierfür verantwortlichen Faktoren ermöglichen. [2]Entsprechende Daten für Bereiche außerhalb des räumlichen Geltungsbereiches dieses Gesetzes sind einzubeziehen und zu vergleichen, soweit solche Daten für das Fachministerium zugänglich sind. [3]§ 199 gilt entsprechend.

Zweites Kapitel. Datenschutz

§ 190 Datenerhebung. (1) [1]Personenbezogene Daten dürfen erhoben werden, soweit deren Kenntnis für die datenerhebende Stelle zur Erfüllung der ihr nach diesem Gesetz oder aufgrund dieses Gesetzes obliegenden Aufgaben erforderlich ist. [2]Eine Vollzugsbehörde darf für eine andere Vollzugsbehörde die personenbezogenen Daten erheben, die für diese zur Abwehr einer Gefahr für die Sicherheit oder Ordnung der Anstalt oder für eine nach diesem Gesetz zu treffende Prognoseentscheidung erforderlich sind.

(2) [1]Personenbezogene Daten sind bei der betroffenen Person mit ihrer Kenntnis zu erheben. [2]Für die Datenerhebung bei Dritten gilt § 9 Abs. 1 Satz 3 des Niedersächsischen Datenschutzgesetzes (NDSG). [3]Eine Erhebung ohne Kenntnis der betroffenen Person ist zulässig, wenn andernfalls die Aufgabenerfüllung erheblich gefährdet würde oder eine Rechtsvorschrift dies vorsieht oder zwingend voraussetzt. [4]Eine Datenerhebung durch den verdeckten Einsatz technischer Mittel ist unzulässig; unter den in Satz 3 genannten Voraussetzungen können kurzzeitig Bild- und Tonaufzeichnungen gemeinschaftlich genutzter Räume der Anstalt verdeckt angefertigt werden. [5]Nach Satz 4 erhobene Daten sind zu löschen, wenn ihre Kenntnis für die Daten verarbeitende Stelle zur Aufgabenerfüllung nicht mehr erforderlich ist.

(3) Personenbezogene Daten über Personen, die nicht Gefangene sind, dürfen ohne ihre Kenntnis außerhalb der Anstalt nur erhoben werden, wenn die Kenntnis der Daten für Gefangene betreffende Maßnahmen, die Sicherheit der Anstalt oder die Sicherung des Vollzuges einer der in § 1 genannten freiheitsentziehenden Maßnahmen unerlässlich ist und durch die Erhebung keine über-

wiegenden schutzwürdigen Interessen der betroffenen Person beeinträchtigt werden.

(4) [1]Über eine ohne ihre Kenntnis vorgenommene Erhebung personenbezogener Daten wird die betroffene Person unter Angabe dieser Daten unterrichtet, soweit dadurch die ordnungsgemäße Aufgabenerfüllung durch die verantwortliche Stelle nicht gefährdet wird. [2]Die Unterrichtung kann auch unterbleiben, wenn

1. die Daten nach einer Rechtsvorschrift oder ihrem Wesen nach, namentlich wegen überwiegender berechtigter Interessen Dritter, geheim gehalten werden müssen oder
2. der dadurch verursachte Aufwand außer Verhältnis zu dem Unterrichtungsinteresse der betroffenen Person steht.

(5) Für die Aufklärungs- und Hinweispflichten gilt § 9 Abs. 2 und 3 NDSG.

§ 191 Speicherung, Veränderung, Nutzung. (1) [1]Das Speichern, Verändern und Nutzen personenbezogener Daten ist zulässig, wenn es zur Erfüllung der Aufgaben nach diesem Gesetz erforderlich ist und die Daten zu diesem Zweck erhoben worden sind. [2]Ist keine Erhebung vorausgegangen, so dürfen die Daten nur für Zwecke verändert und genutzt werden, für die sie erstmals gespeichert worden sind.

(2) Das Speichern, Verändern und Nutzen für andere Zwecke ist zulässig, wenn die Daten auch für die geänderten Zwecke nach diesem Gesetz hätten erhoben werden dürfen.

(3) [1]Das Speichern, Verändern und Nutzen für andere Zwecke ist auch zulässig, soweit dies

1. zur Abwehr von sicherheitsgefährdenden oder geheimdienstlichen Tätigkeiten für eine fremde Macht oder von Bestrebungen im Geltungsbereich des Grundgesetzes, die durch Anwendung von Gewalt oder darauf gerichtete Vorbereitungshandlungen
   a) gegen die freiheitliche demokratische Grundordnung, den Bestand oder die Sicherheit des Bundes oder eines Landes gerichtet sind,
   b) eine ungesetzliche Beeinträchtigung der Amtsführung der Verfassungsorgane des Bundes oder eines Landes oder ihrer Mitglieder zum Ziel haben oder
   c) auswärtige Belange der Bundesrepublik Deutschland gefährden,
2. zur Abwehr erheblicher Nachteile für das Gemeinwohl oder einer Gefahr für die öffentliche Sicherheit,
3. zur Abwehr einer schwer wiegenden Beeinträchtigung der Rechte einer anderen Person,
4. zur Verhinderung oder Verfolgung von Ordnungswidrigkeiten, durch welche die Sicherheit oder Ordnung der Anstalt gefährdet werden, sowie von Straftaten oder
5. für Maßnahmen der Strafvollstreckung oder strafvollstreckungsrechtliche Entscheidungen

erforderlich ist. [2]Nach § 190 Abs. 3 erhobene personenbezogene Daten dürfen abweichend von Satz 1 für die dort in den Nummern 1 bis 3 genannten anderen Zwecke oder zur Verhinderung oder Verfolgung von Straftaten von erheblicher Bedeutung im Sinne der Strafprozessordnung gespeichert, verändert und genutzt werden.

(4) Ein Speichern, Verändern und Nutzen für andere Zwecke liegt nicht vor, wenn dies der Durchführung von vollzugliche Maßnahmen betreffenden Verfahren des gerichtlichen Rechtsschutzes oder den in § 10 Abs. 3 NDSG genannten Zwecken dient.

§ 192 Datenübermittlung. (1) Die Übermittlung personenbezogener Daten an andere öffentliche Stellen ist zulässig, wenn die Übermittlung zur Erfüllung der Aufgaben der übermittelnden oder der empfangenden Stelle erforderlich ist und die Daten nach § 191 gespeichert, verändert oder genutzt werden dürfen.

(2) [1] Über die in Absatz 1 geregelten Zwecke hinaus dürfen den zuständigen öffentlichen Stellen personenbezogene Daten übermittelt werden, soweit dies für

1. Maßnahmen der Gerichtshilfe, Jugendgerichtshilfe, Bewährungshilfe oder Führungsaufsicht,
2. Entscheidungen in Gnadensachen,
3. gesetzlich angeordnete Statistiken der Rechtspflege,
4. Entscheidungen über Leistungen, die mit der Aufnahme in einer Justizvollzugsanstalt entfallen oder sich mindern,
5. die Einleitung von Hilfsmaßnahmen für Angehörige (§ 11 Abs. 1 Nr. 1 StGB) der Gefangenen,
6. dienstliche Maßnahmen der Bundeswehr im Zusammenhang mit der Aufnahme und Entlassung von Soldaten,
7. ausländerrechtliche Maßnahmen oder
8. die Durchführung der Besteuerung

erforderlich ist. [2] Eine Übermittlung ist auch zulässig, soweit eine andere gesetzliche Vorschrift dies vorsieht und sich dabei ausdrücklich auf personenbezogene Daten über Gefangene bezieht.

(3) Öffentlichen und nichtöffentlichen Stellen darf die Vollzugsbehörde auf schriftlichen Antrag mitteilen, ob sich eine Person in Haft befindet sowie ob und wann ihre Entlassung voraussichtlich innerhalb eines Jahres bevorsteht, soweit

1. die Mitteilung zur Erfüllung der in der Zuständigkeit der öffentlichen Stelle liegenden Aufgaben erforderlich ist oder
2. von nichtöffentlichen Stellen ein berechtigtes Interesse an dieser Mitteilung glaubhaft dargelegt wird und die betroffene Person kein überwiegendes schutzwürdiges Interesse an dem Ausschluss der Übermittlung hat.

(4) [1] Der oder dem durch eine Straftat Verletzten können darüber hinaus auf schriftlichen Antrag Auskünfte über die Entlassungsadresse oder die Vermögensverhältnisse der oder des Strafgefangenen erteilt werden, wenn die Erteilung zur Feststellung oder Durchsetzung von Rechtsansprüchen im Zusammenhang mit der Straftat erforderlich ist. [2] Ferner sind der oder dem durch eine Straftat Verletzten auf schriftlichen Antrag Auskünfte über eine Unterbringung der oder des Strafgefangenen im offenen Vollzug oder die Gewährungen von Lockerungen des Vollzuges zu erteilen, wenn sie oder er ein berechtigtes Interesse darlegt und kein überwiegendes schutzwürdiges Interesse der betroffe-

nen Person am Ausschluss der Auskunftserteilung vorliegt; bei den in § 104 Abs. 1 genannten Straftaten bedarf es der Darlegung eines berechtigten Interesses nicht. [3] Die oder der durch eine Straftat Verletzte kann sich in den Fällen des Satzes 2 der Vermittlung durch eine Opferhilfeeinrichtung bedienen. [4] Die betroffene Person wird vor der Auskunftserteilung gehört, es sei denn, es ist zu besorgen, dass dadurch die Verfolgung der Interessen der oder des Verletzten vereitelt oder wesentlich erschwert werden würde, und eine Abwägung ergibt, dass diese Interessen das Interesse der betroffenen Person an der Anhörung überwiegt. [5] Ist die Anhörung unterblieben, so wird die betroffene Person über die Auskunftserteilung der Vollzugsbehörde nachträglich unterrichtet.

(5) [1] Akten mit personenbezogenen Daten dürfen auch bei Vorliegen der in den vorherigen Absätzen genannten Voraussetzungen nur anderen Vollzugsbehörden, den zur Dienst- oder Fachaufsicht oder zu dienstlichen Weisungen befugten Stellen, den für strafvollzugs-, strafvollstreckungs- und strafrechtliche Entscheidungen zuständigen Gerichten sowie den Strafvollstreckungs- und Strafverfolgungsbehörden überlassen werden. [2] Akten mit personenbezogenen Daten dürfen auch den durch die Europäische Konvention zur Verhütung von Folter und unmenschlicher oder erniedrigender Behandlung oder Strafe und durch das Übereinkommen der Vereinten Nationen gegen Folter und andere grausame, unmenschliche oder erniedrigende Behandlung oder Strafe legitimierten Stellen überlassen werden, soweit dies im Rahmen der Erfüllung ihrer Aufgaben unerlässlich ist; im Übrigen erhalten sie Akteneinsicht. [3] Die Überlassung an andere öffentliche Stellen ist zulässig, soweit die Erteilung einer Auskunft einen unvertretbaren Aufwand erfordert oder nach Darlegung der Akteneinsicht begehrenden Stellen für die Erfüllung der Aufgabe nicht ausreicht. [4] Entsprechendes gilt für die Überlassung von Akten an die von der Vollzugsbehörde mit Gutachten beauftragten Stellen.

(6) Sind mit personenbezogenen Daten, die nach Absatz 5 übermittelt werden dürfen, weitere personenbezogene Daten der betroffenen Person oder Dritter in Akten so verbunden, dass eine Trennung nicht oder nur mit unvertretbarem Aufwand möglich ist, so ist die Übermittlung auch dieser Daten zulässig, soweit nicht berechtigte Interessen der betroffenen Person oder einer oder eines Dritten an deren Geheimhaltung offensichtlich überwiegen; eine Verarbeitung dieser Daten durch die empfangende Stelle ist unzulässig.

(7) [1] Die Verantwortung für die Zulässigkeit der Übermittlung trägt die übermittelnde Stelle. [2] Erfolgt die Übermittlung auf Ersuchen einer öffentlichen Stelle, so trägt diese die Verantwortung. [3] In diesem Fall prüft die übermittelnde Stelle nur, ob das Übermittlungsersuchen im Rahmen der Aufgaben der empfangenden Stelle liegt, es sei denn, dass besonderer Anlass zur Prüfung der Zulässigkeit der Übermittlung besteht.

§ 193 Einrichtung automatisierter Abrufverfahren. (1) [1] Die Einrichtung automatisierter Verfahren, welche die Übermittlung personenbezogener Daten zu den in § 190 Abs. 1 Satz 2, § 191 Abs. 3 und § 192 Abs. 2 genannten Zwecken durch Abruf der zuständigen öffentlichen Stellen ermöglichen, ist zulässig, soweit dies unter Berücksichtigung der schutzwürdigen Interessen der Betroffenen und der Aufgaben der beteiligten Stellen angemessen ist. [2] Die Zulässigkeit des einzelnen Abrufs bestimmt sich nach den Vorschriften dieses Gesetzes.

(2) [1]Die beteiligten Stellen haben zu gewährleisten, dass die Zulässigkeit des Abrufverfahrens kontrolliert werden kann. [2]Hierzu haben sie die Datenempfänger, die Art der zu übermittelnden Daten, den Zweck des Abrufs sowie die wesentlichen bei den beteiligten Stellen zu treffenden Maßnahmen zur Kontrolle der Verarbeitung schriftlich festzulegen. [3]Die oder der Landesbeauftragte für den Datenschutz ist vorher zu hören.

§ 194 Zweckbindung. (1) [1]Die übermittelten personenbezogenen Daten dürfen nur zu dem Zweck verarbeitet werden, zu dessen Erfüllung sie übermittelt worden sind. [2]Die empfangende Person oder Stelle darf die Daten für andere Zwecke nur verarbeiten, soweit sie ihr auch für diese Zwecke hätten übermittelt werden dürfen; die Verarbeitung zu anderen Zwecken durch nichtöffentliche Stellen bedarf der Zustimmung der übermittelnden Stelle. [3]Die übermittelnde Stelle hat bei der Übermittlung an eine nichtöffentliche Person oder Stelle auf die Zweckbindung nach Satz 1 hinzuweisen.

(2) Unterliegt die empfangende Person oder Stelle nicht dem Anwendungsbereich dieses Gesetzes, so ist die Übermittlung nur zulässig, wenn nach den für sie geltenden Bestimmungen die Einhaltung der in Absatz 1 Sätze 1 und 2 geregelten Zweckbindung in vergleichbarer Weise gewährleistet ist.

§ 195 Schutz besonderer Daten. (1) [1]Das religiöse oder weltanschauliche Bekenntnis der oder des Gefangenen und personenbezogene Daten, die anlässlich ärztlicher Untersuchungen oder der Überwachung der Besuche, des Schriftwechsels, der Telekommunikation oder des Paketverkehrs erhoben worden sind, dürfen in der Anstalt nicht allgemein kenntlich gemacht werden. [2]Andere personenbezogene Daten über die Gefangene oder den Gefangenen dürfen innerhalb der Anstalt allgemein kenntlich gemacht werden, soweit dies für ein geordnetes Zusammenleben in der Anstalt erforderlich ist.

(2) [1]Die in § 203 Abs. 1 Nrn. 1, 2 und 5 StGB genannten Personen unterliegen auch gegenüber der Vollzugsbehörde der Schweigepflicht über personenbezogene Daten, die ihnen von einer oder einem Gefangenen als Geheimnis anvertraut worden oder über eine Gefangene oder einen Gefangenen sonst bekannt geworden sind. [2]Die in § 203 Abs. 1 Nrn. 1, 2 und 5 StGB genannten Personen haben sich gegenüber der Anstaltsleiterin oder dem Anstaltsleiter oder einer oder einem von ihr oder ihm beauftragten Justizvollzugsbediensteten zu offenbaren, soweit dies für die Aufgabenerfüllung der Vollzugsbehörde oder zur Abwehr von erheblichen Gefahren für Leib oder Leben der oder des Gefangenen oder Dritter erforderlich ist. [3]Die Ärztin oder der Arzt ist zur Offenbarung von Geheimnissen, die ihr oder ihm im Rahmen der allgemeinen Gesundheitsfürsorge bekannt geworden sind, abweichend von Satz 2 nur befugt, soweit dies für die Aufgabenerfüllung der Vollzugsbehörde unerlässlich oder zur Abwehr von erheblichen Gefahren für Leib oder Leben der Gefangenen oder Dritter erforderlich ist. [4]Sonstige Offenbarungsbefugnisse bleiben unberührt. [5]Die oder der Gefangene ist vor der Erhebung über die nach den Sätzen 2 und 3 bestehenden Offenbarungsbefugnisse zu unterrichten.

(3) [1]Die nach Absatz 2 offenbarten Daten dürfen nur für den Zweck, für den sie offenbart wurden, verarbeitet werden. [2]Für einen anderen Zweck dürfen sie nur verarbeitet werden, wenn die Voraussetzungen für die Offenbarung auch für diesen Zweck vorgelegen hätten.

(4) Sofern Ärztinnen oder Ärzte oder Psychologinnen oder Psychologen außerhalb des Vollzuges mit der Untersuchung oder Behandlung von Gefangenen beauftragt werden, gilt Absatz 2 mit der Maßgabe entsprechend, dass die beauftragte Person auch zur Unterrichtung der in der Anstalt für eine entsprechende Behandlung zuständigen Person befugt ist.

§ 196 Schutz der Daten in Akten und Dateien. (1) Die einzelnen Justizvollzugsbediensteten dürfen sich von personenbezogenen Daten nur Kenntnis verschaffen, soweit dies zur Erfüllung der ihnen obliegenden Aufgaben oder für die Zusammenarbeit mit den im Vollzug tätigen Personen oder Stellen erforderlich ist.

(2) [1] Akten und Dateien mit personenbezogenen Daten sind durch die erforderlichen technischen und organisatorischen Maßnahmen gegen unbefugten Zugang und unbefugten Gebrauch zu schützen. [2] Gesundheitsakten und Krankenblätter sind getrennt von anderen Unterlagen zu führen und besonders zu sichern.

§ 197 Berichtigung, Löschung und Sperrung. (1) [1] Die in Dateien gespeicherten personenbezogenen Daten sind zwanzig Jahre nach der Entlassung der oder des Gefangenen oder ihrer oder seiner Verlegung in eine andere Anstalt zu löschen. [2] Hiervon können bis zum Ablauf der Aufbewahrungsfrist für die Gefangenenpersonalakte die Angaben über Familienname, Vornamen, Geburtsname, Aliasnamen, Geburtstag, Geburtsort, Eintritts- und Austrittsdatum der Gefangenen ausgenommen werden, soweit dies für das Auffinden der Gefangenenpersonalakte erforderlich ist.

(2) [1] Personenbezogene Daten dürfen nach Ablauf von zwei Jahren seit der Entlassung der oder des Gefangenen nur noch verarbeitet werden, soweit dies

1. zur Verfolgung von Straftaten,
2. für die Durchführung wissenschaftlicher Forschungsvorhaben gemäß § 199,
3. zur Behebung einer bestehenden Beweisnot,
4. zur Feststellung, Durchsetzung oder Abwehr von Rechtsansprüchen im Zusammenhang mit dem Vollzug einer Freiheitsstrafe oder
5. zur Abwehr einer Gefahr für die Sicherheit einer Anstalt

unerlässlich ist. [2] Diese Verwendungsbeschränkungen enden, wenn die oder der Gefangene erneut zum Vollzug einer der in § 1 genannten freiheitsentziehenden Maßnahme aufgenommen wird oder die betroffene Person eingewilligt hat.

(3) [1] Bei der Aufbewahrung von Akten dürfen folgende Fristen nicht überschritten werden:

Gefangenenpersonalakten, Gesundheitsakten und Krankenblätter	20 Jahre,
Gefangenenbücher	30 Jahre.

[2] Dies gilt nicht, wenn aufgrund bestimmter Tatsachen anzunehmen ist, dass die Aufbewahrung für die in Absatz 2 Satz 1 genannten Zwecke weiterhin erforderlich ist. [3] Die Aufbewahrungsfrist beginnt mit dem auf das Jahr der aktenmäßigen Weglegung folgenden Kalenderjahr.

(4) Wird festgestellt, dass unrichtige Daten übermittelt worden sind, so ist dies der Empfängerin oder dem Empfänger mitzuteilen, wenn dies zur Wahrung schutzwürdiger Interessen der betroffenen Person erforderlich ist.

(5) Im Übrigen gilt für die Berichtigung, Löschung und Sperrung personenbezogener Daten § 17 NDSG.

§ 198 Auskunft an die Betroffenen, Akteneinsicht. Die Betroffenen erhalten nach Maßgabe des § 16 NDSG Auskunft und, soweit eine Auskunft für die Wahrnehmung ihrer rechtlichen Interessen nicht ausreicht und sie hierfür auf die Einsichtnahme angewiesen sind, Akteneinsicht.

§ 198a Einsicht in Gesundheitsakten und Krankenblätter. (1) Die zur Fachaufsicht befugten Stellen erhalten Einsicht in die Gesundheitsakten und Krankenblätter, soweit dies im Rahmen der Erfüllung ihrer Aufgaben zur Abwehr von erheblichen Gefahren für Leib oder Leben der oder des Gefangenen oder Dritter erforderlich ist.

(2) Vertreterinnen und Vertreter der durch die Europäische Konvention zur Verhütung von Folter und unmenschlicher oder erniedrigender Behandlung oder Strafe und durch das Übereinkommen der Vereinten Nationen gegen Folter und andere grausame, unmenschliche oder erniedrigende Behandlung oder Strafe legitimierten Stellen erhalten Einsicht in alle in einer Vollzugsbehörde geführten Gesundheitsakten und Krankenblätter, wenn Tatsachen den Verdacht von Folter, grausamer, unmenschlicher oder erniedrigender Behandlung oder Strafe in dieser Vollzugsbehörde begründen.

(3) Die oder der Gefangene ist vor der Erhebung über die nach den Absätzen 1 und 2 bestehenden Einsichtsrechte zu unterrichten.

§ 199 Auskunft und Akteneinsicht für wissenschaftliche Zwecke.

Für die Auskunft und Akteneinsicht für wissenschaftliche Zwecke gilt § 476 StPO entsprechend.

§ 200 Vorrang besonderer Rechtsvorschriften; Anwendung des Niedersächsischen Datenschutzgesetzes. (1) Soweit sonstige Rechtsvorschriften dieses Gesetzes Bestimmungen über die Verarbeitung personenbezogener Daten enthalten, gehen sie den Bestimmungen dieses Kapitels vor.

(2) Die Vorschriften des Niedersächsischen Datenschutzgesetzes gelten entsprechend, soweit dieses Gesetz keine Regelungen enthält und Zweck und Eigenart des Vollzuges der in § 1 genannten freiheitsentziehenden Maßnahmen nicht entgegenstehen.

Drittes Kapitel. Übergangs- und Schlussbestimmungen

§ 201 Übergangsbestimmungen. (1) Bis für die einzelnen Vollzugsarten eine Verordnung über die Vergütungsstufen sowie die Bemessung des Arbeitsentgeltes, der Ausbildungsbeihilfe und des Taschengeldes in Kraft tritt, gelten die die jeweilige Vollzugsart betreffenden Vorschriften des Strafvollzugsgesetzes[1] über die Bemessung des Arbeitsentgeltes und der Ausbildungsbeihilfe

[1] Nr. 1.

sowie die Strafvollzugsvergütungsordnung[1] vom 11. Januar 1977 (BGBl. I S. 57) in der jeweils geltenden Fassung fort.

(2) Bis für die einzelnen Vollzugsarten eine Verordnung über die Erhebung von Kostenbeiträgen in Kraft tritt, gelten die die jeweilige Vollzugsart betreffenden Vorschriften des Strafvollzugsgesetzes über die Erhebung von Kosten mit Ausnahme der Vorschriften über die Erhebung eines Haftkostenbeitrags fort.

§ 202 Einschränkung von Grundrechten. Durch dieses Gesetz werden die Grundrechte aus Artikel 2 Abs. 2 Sätze 1 und 2 (körperliche Unversehrtheit und Freiheit der Person), Artikel 6 Abs. 3 (Elternrecht) und Artikel 10 Abs. 1 (Brief-, Post- und Fernmeldegeheimnis) des Grundgesetzes eingeschränkt.

[1] Nr. **1a**.

1.10. Gesetz zur Regelung des Vollzuges der Freiheitsstrafe in Nordrhein-Westfalen (Strafvollzugsgesetz Nordrhein-Westfalen – StVollzG NRW)[1) 2)]

Vom 13. Januar 2015

(GV. NRW. S. 76)

SGV. NRW. 46

zuletzt geänd. durch Art. 1 G zur Rechtsschutzverbesserung bei Fixierungen im Justiz- und Maßregelvollzug und bei öffentl.-rechtl. Unterbringungen in psychiatrischen Einrichtungen v. 2.7.2019 (GV. NRW. S. 339)

Inhaltsübersicht

[1)] Verkündet als Art. 1 G v. 13.1.2015 (GV. NRW S. 76); Inkrafttreten gem. Art. 3 dieses G am 27.1.2015.

[2)] Dieses Gesetz ersetzt nach Artikel 125a Absatz 1 Satz 2 des Grundgesetzes v. 23.5.1949 (BGBl. I S. 1), zuletzt geänd. durch G v. 29.9.2020 (BGBl. I S. 2048) in seinem Geltungsbereich das Strafvollzugsgesetz (Nr. **1**). Zu den Ausnahmen siehe § 121.

Abschnitt 1. Grundsätze

§ 1 Ziel des Vollzuges. Der Vollzug der Freiheitsstrafe dient dem Ziel, Gefangene zu befähigen, künftig in sozialer Verantwortung ein Leben ohne Straftaten zu führen.

§ 2 Grundsätze der Vollzugsgestaltung. (1) [1]Das Leben im Vollzug ist den allgemeinen Lebensverhältnissen soweit wie möglich anzugleichen. [2]Der Vollzug ist von Beginn an darauf auszurichten, die Gefangenen zu befähigen, sich nach der Entlassung in das Leben in Freiheit einzugliedern. [3] Fähigkeiten der Gefangenen, die sie für ein selbstbestimmtes Leben in Freiheit und sozialer Verantwortung benötigen, sind zu stärken. [4] Schädlichen Folgen des Freiheitsentzuges ist entgegenzuwirken.

(2) [1] Die Persönlichkeit und die Würde der Gefangenen sind zu achten. [2] Die unterschiedlichen Lebenslagen und Bedürfnisse der Gefangenen, insbesondere im Hinblick auf Geschlecht, Alter, Zuwanderungshintergrund, Religion, Behinderung und sexuelle Identität, werden bei der Gestaltung des Vollzuges in angemessenem Umfang berücksichtigt.

(3) Alle im Vollzug Tätigen arbeiten zusammen und wirken mit, das Ziel des Vollzuges zu erreichen.

(4) [1] Gefangene unterliegen den in diesem Gesetz vorgesehenen Beschränkungen ihrer Freiheit. [2] Soweit das Gesetz eine besondere Regelung nicht enthält, können ihnen Beschränkungen auferlegt werden, die zur Aufrechterhaltung der Sicherheit oder zur Abwendung einer schwerwiegenden Störung der Ordnung der Anstalt erforderlich sind.

(5) [1] Von mehreren gleich geeigneten Maßnahmen ist diejenige zu wählen, die die Gefangenen voraussichtlich am wenigsten beeinträchtigt. [2] Eine Maßnahme darf nicht zu einem Nachteil führen, der zu dem angestrebten Erfolg erkennbar außer Verhältnis steht. [3] Sie ist nur so lange zulässig, bis ihr Zweck erreicht ist oder nicht mehr erreicht werden kann.

§ 3 Behandlungsvollzug. (1) [1] Grundlage der Erreichung des Vollzugsziels ist die Behandlung der Gefangenen. [2] Die Behandlungsmaßnahmen sind auf die Fähigkeiten und die Entwicklung der einzelnen Gefangenen während der Haft auszurichten. [3] Die Behandlung und die ihr zugrunde liegende Diagnostik haben wissenschaftlichen Erkenntnissen zu genügen. [4] Die angebotenen und durchgeführten Maßnahmen und ihre Ergebnisse sind zu dokumentieren.

(2) Die Behandlung berücksichtigt den individuellen Förderbedarf der Gefangenen und umfasst namentlich Maßnahmen zum Erwerb sozialer Kompetenzen, therapeutische Angebote, schulische Förderung, die Vermittlung beruflicher Fähigkeiten und Qualifikationen, Motivations- und Beratungsangebote für Suchtkranke sowie Schuldnerberatung.

(3) [1] Den Gefangenen soll ermöglicht werden, schulische und berufliche Qualifizierungsmaßnahmen sowie therapeutische und suchtbezogene Maßnahmen während des Vollzuges der Freiheitsstrafe abzuschließen oder nach der Entlassung fortzusetzen. [2] Geeignete Fördermaßnahmen öffentlicher Stellen, freier Träger sowie anderer Organisationen und Personen außerhalb des Vollzuges sind frühzeitig in die Vollzugsplanung und die Behandlung einzubeziehen.

§ 4 Mitwirkung und Motivierung, soziale Hilfe. (1) [1] Gefangene sollen an der Gestaltung der Behandlung und an der Erreichung des Vollzugsziels mitwirken; Art und Umfang der Behandlung werden ihnen erläutert. [2] Die Bereitschaft der Gefangenen zur Mitwirkung an der Behandlung ist zu wecken und zu fördern. [3] Sie sollen fortwährend an die gebotenen Behandlungsmaßnahmen herangeführt und während ihrer Durchführung begleitet und unterstützt werden.

(2) [1] Gefangene sollen befähigt werden, ihre Angelegenheiten eigenständig zu ordnen und zu regeln. [2] Sie werden bei der Bewältigung ihrer persönlichen,

wirtschaftlichen und sozialen Schwierigkeiten angeleitet und motiviert, angebotene Hilfe anzunehmen.

(3) Während des Vollzuges werden die Gefangenen in dem Bemühen unterstützt, ihre Rechte wahrzunehmen, und dazu angehalten, ihre Pflichten zu erfüllen, insbesondere ihr Wahlrecht auszuüben und für Unterhaltsberechtigte zu sorgen.

(4) [1] Die Gefangenen sind über die Auswirkungen der Inhaftierung auf die Sozialversicherung und die insoweit bestehenden Mitwirkungspflichten zu beraten. [2] Die Beratung soll sich auch auf die Benennung der für Sozialleistungen zuständigen Stellen erstrecken.

(5) Mit Gefangenen, gegen die eine Ersatzfreiheitsstrafe zu vollziehen ist, sind frühzeitig die Möglichkeiten einer Haftverkürzung zu erörtern.

§ 5 Einbeziehung Dritter. (1) [1] Die Anstalten arbeiten eng mit öffentlichen Stellen, freien Trägern sowie anderen Organisationen und Personen zusammen, die der Eingliederung der Gefangenen förderlich sein können. [2] Die Anstalten wirken rechtzeitig auf einen Austausch der erforderlichen Informationen hin.

(2) [1] Die Arbeit ehrenamtlicher Betreuerinnen und Betreuer wird unterstützt. [2] Sie sind verpflichtet, außerhalb ihrer Tätigkeit über alle Angelegenheiten, die vertraulich sind, insbesondere über Namen und Persönlichkeit der Gefangenen, Verschwiegenheit zu bewahren. [3] Dies gilt auch nach Beendigung ihrer Tätigkeit.

(3) [1] Zur Förderung der Eingliederung der Gefangenen wird die Bereitstellung von Angeboten und Leistungen Dritter in den Anstalten angestrebt. [2] Die hierfür erforderlichen Strukturen und Netzwerke sind einzurichten und fortzuentwickeln.

§ 6 Sicherheit. (1) Der Vollzug der Freiheitsstrafe dient auch dem Schutz der Allgemeinheit vor weiteren Straftaten.

(2) Die Sicherheit der Bevölkerung, der Bediensteten und der übrigen Mitarbeiterinnen und Mitarbeiter sowie der Gefangenen wird erreicht durch

1. baulich-technische Vorkehrungen,
2. organisatorische Regelungen und deren Umsetzung und
3. soziale und behandlungsfördernde Strukturen.

(3) [1] Die Sicherheitsstandards haben sich an den jeweiligen Aufgaben der Anstalten und den zu bewältigenden Gefahren zu orientieren. [2] Der innere Aufbau der Anstalten soll eine Binnendifferenzierung ermöglichen. [3] Bei der Festlegung der Sicherheitsstandards sind auch die besonderen Belange weiblicher und lebensälterer Gefangener sowie Gefangener mit Behinderungen einzubeziehen.

(4) Anstalten des offenen Vollzuges sehen keine oder nur verminderte Vorkehrungen gegen Entweichungen vor.

(5) [1] Die Sicherheit in den Anstalten soll ein gewaltfreies Klima fördern und die Gefangenen vor Übergriffen Mitgefangener schützen. [2] Ihre Fähigkeit zu gewaltfreier Konfliktlösung sowie zu einvernehmlicher Streitbeilegung ist zu entwickeln und zu stärken.

§ 7 Opferbezogene Gestaltung. (1) [1] Die berechtigten Belange der Opfer sind bei der Gestaltung des Vollzuges, insbesondere bei vollzugsöffnenden Maßnahmen und bei der Erteilung von Weisungen sowie bei der Eingliederung und Entlassung der Gefangenen, zu berücksichtigen. [2] Dem Schutzinteresse gefährdeter Dritter ist Rechnung zu tragen.

(2) [1] Die Einsicht der Gefangenen in das Unrecht der Tat und deren Folgen für die Opfer soll geweckt oder vertieft werden. [2] Die Gefangenen sollen durch geeignete Behandlungsmaßnahmen dazu angehalten werden, Verantwortung für ihre Tat zu übernehmen. [3] Die Gefangenen sind dabei zu unterstützen, den verursachten materiellen und immateriellen Schaden auszugleichen.

(3) Maßnahmen des Opferschutzes und des Tatausgleichs sind mit dem Ziel der Eingliederung der Gefangenen in Einklang zu bringen.

(4) Für Fragen des Opferschutzes und des Tatausgleichs sollen Ansprechpartnerinnen oder Ansprechpartner in den Anstalten zur Verfügung stehen.

(5) Opfer, die sich an die Anstalten wenden, sind in geeigneter Form, auch durch die Ansprechpartnerin oder den Ansprechpartner, auf ihre Rechte nach diesem Gesetz hinzuweisen.

Abschnitt 2. Aufnahme und Vollzugsplanung

§ 8 Aufnahme. (1) [1] Mit neu aufgenommenen Gefangenen ist möglichst am Tag der Aufnahme ein Zugangsgespräch zu führen, in dem sie über ihre Rechte und Pflichten unterrichtet werden und ihre aktuelle Lebenssituation erörtert wird. [2] Soweit Maßnahmen keinen Aufschub dulden, sind die Gefangenen bei ihrer Erledigung zu unterstützen. [3] Ihnen sind die Hausordnung sowie ein Exemplar dieses Gesetzes zugänglich zu machen. [4] Gefangene werden alsbald ärztlich untersucht.

(2) [1] Bei der Aufnahme, der ärztlichen Untersuchung und dem Zugangsgespräch dürfen andere Gefangene nicht zugegen sein. [2] Ausnahmen bedürfen der Einwilligung der betroffenen Gefangenen.

§ 9 Behandlungsuntersuchung. (1) [1] An das Aufnahmeverfahren schließt sich zur Vorbereitung der Vollzugsplanung die Behandlungsuntersuchung an. [2] Die Diagnostik dient der Feststellung der Umstände, deren Kenntnis für eine planvolle und wirksame Behandlung und Förderung der Gefangenen im Vollzug und für die Eingliederung nach der Entlassung notwendig ist. [3] Die Diagnostik erstreckt sich insbesondere auf die Persönlichkeit und die Lebensverhältnisse der Gefangenen, die Ursachen und Umstände der zu der Inhaftierung führenden Straftaten, die Lebenssituation bei der Entlassung und die Eignung für die Unterbringung in einer sozialtherapeutischen Einrichtung. [4] Die Fähigkeiten und Interessen der Gefangenen sowie weitere Umstände, deren Stärkung zu einer Lebensführung ohne Straftaten beitragen kann, sollen ermittelt werden. [5] Erkenntnisse aus dem Vollzug vorangegangener Freiheitsentziehungen sowie Erkenntnisse des ambulanten Sozialen Dienstes der Justiz sind nach Möglichkeit einzubeziehen.

(2) [1] Art und Umfang der Behandlungsuntersuchung richten sich nach der voraussichtlichen Dauer der Freiheitsentziehung. [2] Bei einer Vollzugsdauer von unter einem Jahr kann eine Kurzdiagnostik, auch im Wege standardisierter Verfahren, erfolgen.

(3) [1] Der Förderbedarf der Gefangenen soll sobald wie möglich nach ihrer Aufnahme festgestellt werden. [2] Soweit erforderlich, sind die Fachdienste frühzeitig zu beteiligen.

§ 10 Vollzugsplan. (1) [1] Auf der Grundlage der in der Behandlungsuntersuchung gewonnenen Erkenntnisse wird unverzüglich ein Vollzugsplan erstellt. [2] Die zur Erreichung des Vollzugsziels geeigneten und erforderlichen Maßnahmen sind zu benennen und Perspektiven für die künftige Entwicklung der Gefangenen aufzuzeigen. [3] Die für die Eingliederung und Entlassung zu treffenden Vorbereitungen sind frühzeitig in die Planung einzubeziehen. [4] Der Vollzugsplan enthält regelmäßig folgende Angaben:

1. festgestellter Förder- und Behandlungsbedarf,
2. Unterbringung im geschlossenen oder offenen Vollzug,
3. Sicherungshinweise,
4. Art der Unterbringung im Vollzug, insbesondere in Wohn- oder Behandlungsgruppen oder in einer sozialtherapeutischen Einrichtung,
5. Teilnahme an therapeutischen Behandlungs- oder anderen Hilfs- oder Fördermaßnahmen,
6. Teilnahme an schulischer oder beruflicher Bildung sowie arbeitstherapeutischer Förderung,
7. Art und Umfang der Zuweisung von Arbeit,
8. Gestaltung der Freizeit und des Sports,
9. vollzugsöffnende Maßnahmen,
10. Maßnahmen zur Pflege der familiären Kontakte und zur Gestaltung der Außenkontakte,
11. ehrenamtliche Betreuung,
12. opferbezogene Behandlungsmaßnahmen und Maßnahmen zum Ausgleich von Tatfolgen,
13. Maßnahmen zur Sicherung berechtigter Schutzinteressen von Opfern oder gefährdeten Dritten,
14. Schuldnerberatung und Schuldenregulierung,
15. Maßnahmen zur Haftverkürzung,
16. Suchtberatung,
17. voraussichtlicher Entlassungszeitpunkt,
18. Maßnahmen zur Vorbereitung der Entlassung, sonstige Maßnahmen der sozialen Eingliederung der Gefangenen nach der Entlassung und der Nachsorge sowie frühzeitige Vorlagefristen,
19. Empfehlungen zur Wahrnehmung von Angeboten und Leistungen Dritter zur Sicherung der Eingliederung nach der Entlassung und
20. Fristen zur Fortschreibung des Vollzugsplans.

(2) [1] Der Vollzugsplan und seine Umsetzung sind regelmäßig zu überprüfen und der Entwicklung der Gefangenen anzupassen sowie mit weiteren für die Behandlung bedeutsamen Erkenntnissen in Einklang zu halten. [2] Zur Fortschreibung des Vollzugsplans sind angemessene Fristen vorzusehen. [3] Diese dürfen einen Zeitraum von zwölf Monaten, bei Unterbringung in einer sozialtherapeutischen Einrichtung einen Zeitraum von in der Regel sechs Monaten,

nicht überschreiten. [4]Bei einer Vollzugsdauer bis zu einem Jahr sind die Fristen entsprechend zu verkürzen.

(3) [1]Zur Vorbereitung der Aufstellung und Fortschreibung des Vollzugsplans werden Konferenzen mit den an der Vollzugsgestaltung maßgeblich Beteiligten durchgeführt. [2]Personen und Stellen außerhalb des Vollzuges, die an der Behandlung, der Entlassungsvorbereitung sowie der Eingliederung der Gefangenen mitwirken, sollen in die Planung einbezogen werden; mit Einwilligung der Gefangenen können sie auch an den Konferenzen beteiligt werden.

(4) [1]Die Vollzugsplanung wird mit den Gefangenen erörtert. [2]Deren Anliegen und Vorschläge werden angemessen berücksichtigt. [3]Betroffenen Gefangenen kann die Teilnahme an der Vollzugsplankonferenz ermöglicht werden. [4]Eine Ausfertigung des Vollzugsplans ist ihnen auszuhändigen.

§ 11 Verlegung, Überstellung, Ausantwortung. (1) Gefangene können abweichend vom Vollstreckungsplan in eine andere für den Vollzug der Freiheitsstrafe zuständige Anstalt verlegt werden, wenn

1. ihre Behandlung während des Vollzuges oder ihre Eingliederung nach der Entlassung hierdurch gefördert wird,
2. in erhöhtem Maße Fluchtgefahr gegeben ist oder sonst das Verhalten der Gefangenen oder ihr Zustand eine Gefahr für die Sicherheit oder Ordnung der Anstalt darstellt und die aufnehmende Anstalt zur sicheren Unterbringung der Gefangenen besser geeignet ist oder
3. die Verlegung aus Gründen der Vollzugsorganisation oder aus anderen wichtigen Gründen erforderlich ist.

(2) Im Einvernehmen mit der aufnehmenden Anstalt dürfen Gefangene aus wichtigem Grund, insbesondere zur Durchführung medizinischer Maßnahmen, zur Begutachtung oder Besuchszusammenführung, in eine andere Anstalt überstellt werden.

(3) Gefangene dürfen befristet dem Gewahrsam einer anderen Behörde überlassen werden, wenn diese Behörde ihrerseits befugt ist, Gefangene in amtlichem Gewahrsam zu halten (Ausantwortung).

(4) [1]Vor Verlegungen und Überstellungen sind die Gefangenen anzuhören. [2]Bei einer Gefährdung der Sicherheit kann dies auch nachgeholt werden.

Abschnitt 3. Unterbringung

§ 12 Geschlossener und offener Vollzug. (1) [1]Gefangene werden im geschlossenen oder im offenen Vollzug untergebracht. [2]Sie sollen mit ihrer Zustimmung in einer Anstalt oder einer Abteilung des offenen Vollzuges untergebracht werden, wenn dies verantwortet werden kann, sie namentlich den besonderen Anforderungen des offenen Vollzuges genügen und nicht zu befürchten ist, dass sie sich dem Vollzug der Freiheitsstrafe entziehen oder die besonderen Verhältnisse des offenen Vollzuges zur Begehung von Straftaten missbrauchen werden.

(2) [1]Zur Vorbereitung der Entlassung sollen Gefangene mit ihrer Zustimmung frühzeitig in den offenen Vollzug verlegt werden. [2]Absatz 1 Satz 2 gilt entsprechend. [3]Die Missbrauchsgefahren sind insbesondere bei einer unmittelbar bevorstehenden Entlassung mit den Risiken einer unerprobten Entlassung abzuwägen.

(3) [1] Kann eine Unterbringung im offenen Vollzug noch nicht verantwortet werden, sind die tragenden Gründe zu dokumentieren und den Gefangenen die noch zu erfüllenden Voraussetzungen in verständlicher Form zu vermitteln. [2] Die Bereitschaft der Gefangenen zur Verlegung in den offenen Vollzug ist zu wecken und fortlaufend zu fördern.

(4) [1] Im offenen Vollzug untergebrachte Gefangene sollen in den geschlossenen Vollzug verlegt werden, wenn dies zu ihrer Behandlung notwendig ist. [2] Sie sind zu verlegen, wenn sie den Anforderungen nach Absatz 1 Satz 2 nicht entsprechen. [3] § 11 Absatz 4 gilt entsprechend.

(5) Die Gründe für eine Verlegung in den offenen Vollzug oder eine Verlegung vom offenen in den geschlossenen Vollzug sind ebenfalls zu dokumentieren.

§ 13 Sozialtherapie. (1) Gefangene, die wegen erheblicher Straftaten gegen die sexuelle Selbstbestimmung zu einer Freiheitsstrafe von mehr als zwei Jahren verurteilt worden sind, werden in eine sozialtherapeutische Einrichtung verlegt, wenn eine sozialtherapeutische Behandlung zur Eingliederung der Gefangenen angezeigt und erfolgversprechend ist.

(2) [1] Andere Gefangene sollen mit ihrer Zustimmung in eine sozialtherapeutische Einrichtung verlegt werden, wenn deren Teilnahme an den dortigen Behandlungsprogrammen zu ihrer Eingliederung und zur Verringerung erheblicher Gefahren, die von den Gefangenen für die Allgemeinheit ausgehen, angezeigt und erfolgversprechend ist. [2] Erhebliche Gefahren für die Allgemeinheit bestehen insbesondere dann, wenn auf Grund einer Störung der sozialen und persönlichen Entwicklung der oder des Gefangenen erhebliche Straftaten gegen das Leben, die körperliche Unversehrtheit, die persönliche Freiheit oder die sexuelle Selbstbestimmung zu erwarten sind.

(3) Die Verlegung und die Aufnahme in eine sozialtherapeutische Einrichtung bedürfen der Zustimmung der aufnehmenden sozialtherapeutischen Einrichtung, soweit die Entscheidung nicht von einer Einweisungsanstalt oder Einweisungsabteilung getroffen wurde.

(4) Die Bereitschaft der Gefangenen zur Teilnahme an einer sozialtherapeutischen Behandlung und zur Unterbringung in einer sozialtherapeutischen Einrichtung ist zu wecken und durch vorbereitende Maßnahmen zu fördern.

(5) Die Unterbringung soll zu einem Zeitpunkt erfolgen, der entweder den Abschluss der Behandlung zum voraussichtlichen Entlassungszeitpunkt erwarten lässt oder die Fortsetzung der Behandlung nach der Entlassung ermöglicht.

(6) Die Unterbringung der Gefangenen in der sozialtherapeutischen Einrichtung endet, wenn der Zweck der Behandlung aus Gründen, die in ihrer Person liegen, nicht erreicht werden kann.

§ 14 Unterbringung und Aufenthalt. (1) [1] Gefangene werden während der Ruhezeit in ihren Hafträumen allein untergebracht. [2] Eine gemeinsame Unterbringung ist zulässig, wenn

1. eine Gefahr für Leben oder Gesundheit der Gefangenen besteht,
2. Gefangene hilfsbedürftig sind,
3. dies im Einzelfall aus zwingenden Gründen der Anstaltsorganisation vorübergehend erforderlich ist,

4. sich die Gefangenen im Justizvollzugskrankenhaus oder in Kranken- oder Pflegeabteilungen von Justizvollzugseinrichtungen befinden,
5. sie im offenen Vollzug untergebracht sind,
6. die Gefangenen die gemeinsame Unterbringung beantragen oder
7. die gemeinsame Unterbringung geeignet erscheint, schädlichen Folgen der Inhaftierung entgegenzuwirken,

und in den Fällen der Nummern 1 bis 6 eine schädliche Beeinflussung der Gefangenen nicht zu befürchten ist.

(2) [1] Gefangene dürfen sich während der Arbeitszeit und der Freizeit in Gemeinschaft aufhalten. [2] Der gemeinschaftliche Aufenthalt kann eingeschränkt werden, wenn

1. ein schädlicher Einfluss auf andere Gefangene zu befürchten ist,
2. es aus Gründen der Sicherheit oder Ordnung der Anstalt erforderlich ist oder
3. besondere Umstände der Behandlungsuntersuchung gemäß § 9 dies vorübergehend erfordern, aber nicht länger als zwei Monate.

(3) Für die Teilnahme an gemeinschaftlichen Veranstaltungen kann die Anstalt mit Rücksicht auf ihre räumlichen, personellen und organisatorischen Verhältnisse besondere Regelungen treffen.

§ 15 Persönlicher Bereich. (1) [1] Gefangene tragen Anstaltskleidung. [2] Das Tragen eigener Kleidung innerhalb der Anstalt kann gestattet werden. [3] Bei Ausführungen und Vorführungen ist ihnen zu gestatten, eigene Kleidung zu tragen, wenn zu erwarten ist, dass sie nicht entweichen.

(2) [1] Gefangene dürfen ihren Haftraum in angemessenem Umfang mit eigenen Sachen ausstatten. [2] Sie dürfen nur in Gewahrsam haben, was ihnen von der Anstalt oder mit deren Erlaubnis überlassen worden ist. [3] Gegenstände, die die Übersichtlichkeit des Haftraums behindern, eine unverhältnismäßig aufwändige Überprüfung erfordern, sonst die Sicherheit oder Ordnung der Anstalt oder die Erreichung des Vollzugsziels gefährden können, dürfen sie nicht in Gewahrsam haben.

(3) [1] Eingebrachte Sachen, die Gefangene nicht in Gewahrsam haben dürfen, sind für sie aufzubewahren. [2] Lassen die Verhältnisse der Anstalt eine Aufbewahrung nicht zu und weigern sich Gefangene, die Sachen zu versenden, werden diese auf Kosten der Gefangenen vernichtet, verwertet oder aus der Anstalt entfernt.

(4) Aufzeichnungen und andere Gegenstände, die Kenntnisse über Sicherungsvorkehrungen einer Anstalt vermitteln, dürfen vernichtet oder unbrauchbar gemacht werden.

§ 16 Verpflegung. (1) [1] Gefangene erhalten Anstaltsverpflegung. [2] Zusammensetzung und Nährwert der Anstaltsverpflegung werden ärztlich überwacht. [3] Auf ärztliche Anordnung wird besondere Verpflegung gewährt. [4] Gefangenen ist zu ermöglichen, Speisevorschriften ihrer Religionsgemeinschaften zu befolgen oder sich vegetarisch zu ernähren.

(2) Im offenen Vollzug untergebrachten Gefangenen kann gestattet werden, sich auf eigene Kosten selbst zu verpflegen, soweit Gründe der Sicherheit oder Ordnung der Anstalt nicht entgegenstehen.

§ 17 Einkauf. (1) [1]Gefangene dürfen von ihrem Hausgeld (§ 36) oder Taschengeld (§ 35) aus einem von der Anstalt vermittelten Angebot Nahrungs- und Genussmittel sowie Mittel zur Körperpflege einkaufen. [2]Für ein Einkaufsangebot, das die Wünsche und Bedürfnisse der Gefangenen angemessen berücksichtigt, ist zu sorgen. [3]Im offenen Vollzug untergebrachten Gefangenen kann der Einkauf auch ohne Vermittlung der Anstalt gestattet werden.

(2) Verfügen Gefangene ohne eigenes Verschulden nicht über Hausgeld oder Taschengeld, wird ihnen gestattet, in angemessenem Umfang vom Eigengeld (§ 38) einzukaufen.

(3) Im Einzelfall kann Gefangenen auf Antrag gestattet werden, andere als in Absatz 1 genannte Gegenstände über sichere Bezugsquellen zu erwerben.

(4) Das Recht auf Einkauf kann aus Gründen der Sicherheit oder Ordnung der Anstalt eingeschränkt werden.

Abschnitt 4. Außenkontakte

§ 18 Grundsatz. (1) Gefangene dürfen nach Maßgabe der Vorschriften dieses Abschnitts

1. regelmäßig Besuch empfangen,
2. Schreiben absenden und empfangen,
3. Einrichtungen der Telekommunikation nutzen und
4. Pakete versenden und empfangen.

(2) Der Kontakt zu Angehörigen, insbesondere zu minderjährigen Kindern der Gefangenen, und anderen Personen, von denen ein günstiger Einfluss auf die Gefangenen zu erwarten ist, wird besonders gefördert.

(3) [1]Die Kosten des Schrift- und des Paketverkehrs sowie der Telekommunikation tragen die Gefangenen. [2]Bei bedürftigen Gefangenen können die Kosten in angemessenem Umfang übernommen werden.

§ 19 Besuche. (1) [1]Die Gesamtdauer der Besuche beträgt mindestens zwei Stunden im Monat. [2]Das Nähere regelt die Anstalt.

(2) [1]Zur besonderen Förderung der Besuche von minderjährigen Kindern der Gefangenen sollen zwei weitere Stunden zugelassen werden. [2]Ein familiengerechter Umgang zum Wohl der minderjährigen Kinder ist zu gestatten. [3]Bei der Ausgestaltung der Besuchsmöglichkeiten, namentlich der Besuchszeiten und der Rahmenbedingungen der Besuche, sind die Bedürfnisse der minderjährigen Kinder der Gefangenen zu berücksichtigen.

(3) Besuche sollen darüber hinaus zugelassen werden, wenn sie die Behandlung oder die Eingliederung der Gefangenen fördern oder persönlichen, rechtlichen oder geschäftlichen Angelegenheiten dienen, die von den Gefangenen nicht schriftlich oder durch Dritte wahrgenommen oder bis zur Entlassung der Gefangenen aufgeschoben werden können.

(4) Den Gefangenen können zudem mehrstündige, unbeaufsichtigte Besuche (Langzeitbesuche) ermöglicht werden, wenn dies zur Förderung oder zum Erhalt familiärer, partnerschaftlicher oder anderer gleichwertiger Kontakte der Gefangenen geboten erscheint und verantwortet werden kann.

(5) Aus Gründen der Sicherheit oder Ordnung der Anstalt kann die Zulassung einer Person zum Besuch von ihrer Durchsuchung oder einer Sicher-

heitsanfrage nach § 21 des Justizvollzugsdatenschutzgesetzes Nordrhein-Westfalen vom 12. Oktober 2018 (GV. NRW. S. 555) abhängig gemacht werden.

(6) Die Anstalt kann die Anzahl der gleichzeitig zum Besuch zugelassenen Personen beschränken.

§ 20 Überwachung von Besuchen. (1) [1]Besuche werden aus Gründen der Sicherheit oder Ordnung der Anstalt oder der Behandlung optisch überwacht, es sei denn, es liegen im Einzelfall Erkenntnisse dafür vor, dass es der Überwachung nicht bedarf. [2]Die optische Überwachung mit technischen Hilfsmitteln ist zulässig; § 24 Absatz 5 und 6 des Justizvollzugsdatenschutzgesetzes Nordrhein-Westfalen gilt entsprechend.

(2) [1]Die Anstaltsleitung kann eine offene akustische Überwachung anordnen, wenn dies aus Gründen der Behandlung erforderlich ist oder konkrete Anhaltspunkte für eine Gefahr der Sicherheit oder Ordnung der Anstalt vorliegen. [2]Die Anstaltsleitung kann im Einzelfall auch die Verwendung von Trennscheiben oder sonstigen Trennvorrichtungen anordnen, soweit dies zum Schutz von Personen oder zur Verhinderung einer Übergabe von Gegenständen erforderlich ist.

(3) [1]Der Besuch kann nach Abmahnung abgebrochen werden, wenn auf Grund des Verhaltens der Besucherinnen und Besucher oder der Gefangenen die Sicherheit oder Ordnung der Anstalt gefährdet wird. [2]Die Abmahnung unterbleibt, wenn es unerlässlich ist, den Besuch sofort abzubrechen.

(4) [1]Gegenstände dürfen beim Besuch nur mit Erlaubnis der Anstalt übergeben werden. [2]§ 15 Absatz 2 gilt entsprechend.

§ 21 Schriftwechsel. (1) [1]Die Anstalt vermittelt die Absendung und den Empfang der Schreiben der Gefangenen. [2]Eingehende und ausgehende Schreiben sind unverzüglich weiterzuleiten.

(2) [1]Gefangene haben eingehende Schreiben unverschlossen zu verwahren, soweit nichts anderes angeordnet ist. [2]Sie können die Schreiben auch verschlossen zu ihrer Habe geben.

§ 22 Überwachung des Schriftwechsels. (1) Eingehende und ausgehende Schreiben werden durch Sichtprüfung auf verbotene Gegenstände kontrolliert.

(2) Der Schriftwechsel der Gefangenen darf inhaltlich überwacht werden, soweit dies aus Gründen der Sicherheit oder Ordnung der Anstalt oder der Behandlung erforderlich ist.

§ 23 Anhalten von Schreiben. (1) Schreiben können angehalten werden, wenn

1. durch die Weitergabe die Sicherheit oder Ordnung der Anstalt oder die Erreichung des Vollzugsziels gefährdet würde,
2. die Weitergabe in Kenntnis ihres Inhalts einen Straf- oder Bußgeldtatbestand verwirklichen würde,
3. sie grobe Beleidigungen enthalten,
4. sie die Eingliederung anderer Gefangener gefährden können oder
5. sie in Geheimschrift, unlesbar, unverständlich oder ohne zwingenden Grund in einer fremden Sprache abgefasst sind.

(2) Ausgehenden Schreiben, die unrichtige Darstellungen enthalten, kann ein Begleitschreiben beigefügt werden, wenn Gefangene auf der Absendung bestehen.

(3) Schreiben, die ohne zwingenden Grund in einer fremden Sprache abgefasst sind, können auf Kosten der Gefangenen übersetzt werden, wenn sie auf der Absendung oder Aushändigung bestehen.

(4) [1] Werden Schreiben angehalten, wird dies den Gefangenen mitgeteilt. [2] Hiervon kann aus Gründen der Sicherheit oder Ordnung der Anstalt vorübergehend abgesehen werden. [3] Angehaltene Schreiben werden an die Absenderin oder an den Absender zurückgegeben oder, soweit dies unmöglich ist oder Gründe der Sicherheit oder Ordnung der Anstalt einer Rückgabe entgegenstehen, behördlich verwahrt.

(5) Schreiben, deren Überwachung ausgeschlossen ist, dürfen nicht angehalten werden.

§ 24 Telefongespräche. (1) Den Gefangenen kann gestattet werden, Telefongespräche durch Vermittlung der Anstalt zu führen, soweit es die räumlichen, personellen und organisatorischen Verhältnisse der Anstalt zulassen.

(2) [1] Die Anstaltsleitung kann eine Überwachung der Telefongespräche aus Gründen der Sicherheit oder Ordnung der Anstalt oder der Behandlung anordnen. [2] Eine beabsichtigte Überwachung wird den Gefangenen rechtzeitig vor Beginn des Telefongesprächs und den Gesprächspartnerinnen und Gesprächspartnern der Gefangenen unmittelbar nach Herstellung der Verbindung mitgeteilt.

(3) [1] Ist ein Telekommunikationssystem eingerichtet, kann Gefangenen die Teilnahme daran gestattet werden, soweit diese und ihre Gesprächspartnerinnen und Gesprächspartner in eine unregelmäßige Überwachung der Telekommunikation einwilligen. [2] Ihnen ist die beabsichtigte Überwachung unmittelbar nach Herstellung der Verbindung mitzuteilen.

(4) Für den Abbruch der Telefongespräche gilt § 20 Absatz 3 entsprechend.

§ 25 Verbot von Besuchen, Schriftwechsel und Telefongesprächen.

Besuche sowie Schriftwechsel und Telefongespräche können untersagt oder beschränkt werden, wenn im Einzelfall

1. die Sicherheit oder Ordnung der Anstalt gefährdet würde,
2. zu befürchten ist, dass der Kontakt mit Personen, die nicht Angehörige der Gefangenen gemäß § 11 Absatz 1 Nummer 1 des Strafgesetzbuches sind, einen schädlichen Einfluss auf die Gefangenen hat oder ihre Eingliederung behindert,
3. die Gefangenen mit Opfern von Straftaten der Gefangenen in Verbindung treten wollen und durch den Kontakt nachteilige Auswirkungen auf die Opfer oder gefährdete Dritte zu befürchten sind oder diese einer Kontaktaufnahme widersprochen haben oder
4. zu befürchten ist, dass der Kontakt Bestrebungen im Sinne des § 3 Absatz 1 in Verbindung mit Absatz 5 des Verfassungsschutzgesetzes Nordrhein-Westfalen vom 20. Dezember 1994 (GV. NRW. 1995, S. 28) in der jeweils geltenden Fassung oder entsprechende Verhaltensweisen fördert.

§ 26 Kontakt mit bestimmten Personen und Institutionen. (1) [1]Besuche von Verteidigerinnen und Verteidigern sowie von Rechtsanwältinnen, Rechtsanwälten, Notarinnen und Notaren in Rechtssachen der Gefangenen sind zu gestatten. [2]Die Zulassung dieser Personen zum Besuch kann von ihrer Durchsuchung abhängig gemacht werden, wenn dies aus Gründen der Sicherheit der Anstalt erforderlich ist. [3]Zur Übergabe von Schriftstücken und sonstigen Unterlagen, die unmittelbar der Verteidigung dienen, bedürfen Verteidigerinnen und Verteidiger keiner Erlaubnis. [4]Die Übergabe von Schriftstücken oder sonstigen Unterlagen durch Rechtsanwältinnen und Rechtsanwälte sowie Notarinnen und Notare kann aus Gründen der Sicherheit oder Ordnung der Anstalt von einer Erlaubnis abhängig gemacht werden.

(2) [1]Besuche von Verteidigerinnen und Verteidigern werden nicht überwacht. [2]Die Anstaltsleitung kann die Verwendung von Trennvorrichtungen anordnen, wenn dies zum Schutz von Personen erforderlich ist oder konkrete Anhaltspunkte für eine Gefahr der Sicherheit der Anstalt vorliegen. [3]Eine Kenntnisnahme des gedanklichen Inhalts der von den Verteidigerinnen und Verteidigern mitgeführten Schriftstücke und sonstigen Unterlagen ist nicht zulässig. [4]Absatz 3 Satz 3 und 4 bleibt unberührt.

(3) [1]Schriftwechsel der Gefangenen mit ihren Verteidigerinnen und Verteidigern wird nicht überwacht. [2]Die verschlossenen Schreiben dürfen auf verbotene Gegenstände untersucht werden. [3]Liegt dem Vollzug der Freiheitsstrafe eine Straftat nach § 129a des Strafgesetzbuches, auch in Verbindung mit § 129b Absatz 1 des Strafgesetzbuches, zugrunde, gelten § 148 Absatz 2 und § 148a der Strafprozessordnung entsprechend; dies gilt nicht, wenn Gefangene sich im offenen Vollzug befinden, ihnen über die Ausführung (§ 53 Absatz 2 Nummer 1), den Begleitausgang (§ 53 Absatz 2 Nummer 2) oder die Außenbeschäftigung (§ 53 Absatz 2 Nummer 4) hinaus vollzugsöffnende Maßnahmen gewährt worden sind und ein Grund zum Widerruf oder zur Rücknahme vollzugsöffnender Maßnahmen nicht vorliegt. [4]Satz 3 gilt auch, wenn gegen Gefangene im Anschluss an die dem Vollzug der Freiheitsstrafe zugrunde liegende Verurteilung eine Freiheitsstrafe wegen einer Straftat nach § 129a des Strafgesetzbuches, auch in Verbindung mit § 129b Absatz 1 des Strafgesetzbuches, zu vollstrecken ist.

(4) [1]Absatz 3 gilt entsprechend für den Schriftwechsel der Gefangenen mit

1. dem ambulanten Sozialen Dienst der Justiz,
2. den Volksvertretungen des Bundes und der Länder sowie ihren Mitgliedern,
3. dem Bundesverfassungsgericht und dem für sie zuständigen Landesverfassungsgericht,
4. der oder dem für sie zuständigen Bürgerbeauftragten eines Landes,
5. den Datenschutzbeauftragten des Bundes und der Länder,
6. dem Europäischen Parlament sowie seinen Mitgliedern,
7. dem Europäischen Gerichtshof für Menschenrechte,
8. dem Europäischen Gerichtshof,
9. der oder dem Europäischen Datenschutzbeauftragen,
10. der oder dem Europäischen Bürgerbeauftragen,
11. dem Europäischen Ausschuss zur Verhütung von Folter und unmenschlicher oder erniedrigender Behandlung oder Strafe,

12. der Europäischen Kommission gegen Rassismus und Intoleranz,
13. dem Menschenrechtsausschuss der Vereinten Nationen,
14. den Ausschüssen der Vereinten Nationen für die Beseitigung der Rassendiskriminierung und für die Beseitigung der Diskriminierung der Frau sowie der Abteilung der Vereinten Nationen für die Gleichstellung der Geschlechter und die Stärkung der Frau,
15. dem Ausschuss der Vereinten Nationen gegen Folter, dem dazugehörigen Unterausschuss zur Verhütung von Folter und den entsprechenden Nationalen Präventionsmechanismen und
16. der oder dem Justizvollzugsbeauftragten des Landes Nordrhein-Westfalen,

wenn die Schreiben an die Anschriften dieser Stellen gerichtet sind und die Absenderin oder den Absender zutreffend angeben. [2]Schreiben der in Satz 1 genannten Stellen, die an Gefangene gerichtet sind, dürfen nicht überwacht werden, wenn die Identität der Absenderin oder des Absenders feststeht. [3]Die Sätze 1 und 2 gelten entsprechend für den Schriftwechsel zur Ausübung des Wahlrechts.

(5) Absatz 1 Satz 1, Absatz 2 Satz 1, Absatz 3 Satz 3 und 4 sowie Absatz 4 gelten für Telefongespräche entsprechend.

§ 27 Andere Formen der Telekommunikation. [1]Den Gefangenen kann gestattet werden, andere von der Aufsichtsbehörde zugelassene Formen der Telekommunikation durch Vermittlung der Anstalt zu nutzen, wenn hierdurch die Sicherheit oder Ordnung der Anstalt nicht gefährdet wird. [2]Im Übrigen finden in Abhängigkeit von der Art der Telekommunikation die Vorschriften über den Schriftwechsel, den Besuch und über Telefongespräche entsprechende Anwendung.

§ 28 Pakete. (1) [1]Der Empfang von Paketen bedarf der Erlaubnis. [2]Vom Empfang ausgeschlossen sind Nahrungs- und Genussmittel sowie Inhalte, die geeignet sind, die Sicherheit oder Ordnung der Anstalt zu gefährden.

(2) [1]Pakete sind in Gegenwart der Gefangenen zu öffnen, an die sie adressiert sind. [2]Ausgeschlossene Gegenstände können zur Habe der Gefangenen genommen, der absendenden Person zurückgesandt oder, falls der Aufbewahrung oder Rücksendung besondere Gründe entgegenstehen, vernichtet werden. [3]Über die getroffenen Maßnahmen werden die Gefangenen unterrichtet.

(3) [1]Gefangenen kann gestattet werden, Pakete zu versenden. [2]Ihr Inhalt kann überprüft werden. [3]§ 25 gilt entsprechend.

Abschnitt 5. Beschäftigung, Vergütung

§ 29 Beschäftigung, Arbeitspflicht. (1) [1]Arbeit, arbeitstherapeutische Maßnahmen sowie schulische und berufliche Bildung (Beschäftigung) dienen insbesondere dem Ziel, Fähigkeiten und Fertigkeiten für eine regelmäßige Erwerbstätigkeit zur Sicherung des Lebensunterhaltes nach der Entlassung zu vermitteln, zu fördern und zu erhalten. [2]Gefangene sind verpflichtet, eine ihnen zugewiesene Beschäftigung auszuüben.

(2) [1]Beschäftigung soll die körperlichen und geistigen Fähigkeiten sowie die Interessen der Gefangenen berücksichtigen und muss zumutbar sein. [2]Gefangenen soll möglichst wirtschaftlich ergiebige Arbeit zugewiesen werden. [3]Sind

Gefangene zu wirtschaftlich ergiebiger Arbeit nicht fähig, sollen sie arbeitstherapeutisch beschäftigt werden.

(3) Gefangene können im Vollstreckungsjahr bis zu drei Monaten zu Hilfstätigkeiten in der Anstalt verpflichtet werden, mit ihrer Zustimmung auch darüber hinaus.

(4) Haben Gefangene die Regelaltersgrenze der gesetzlichen Rentenversicherung erreicht, darf ihnen eine Beschäftigung nur mit ihrer Zustimmung zugewiesen werden.

(5) [1] An Sonntagen und gesetzlichen Feiertagen sowie an Samstagen ruht die Arbeit, soweit nicht unaufschiebbare Arbeiten ausgeführt werden müssen. [2] Dürfen Gefangene auf Grund ihres Bekenntnisses an bestimmten Tagen nicht arbeiten, können sie auf Wunsch von der Arbeit befreit werden.

§ 30 Schulische und berufliche Bildung. (1) [1] Geeignete Gefangene sollen Gelegenheit zur Teilnahme an schulischen und beruflichen Orientierungs-, Aus- und Weiterbildungsmaßnahmen erhalten. [2] Sie sind in dem Bemühen zu unterstützen, einen anerkannten Abschluss oder eine anschlussfähige, für den Arbeitsmarkt relevante Teilqualifikation zu erlangen.

(2) [1] Analphabeten sollen das Lesen und Schreiben erlernen können. [2] Gefangenen, die der deutschen Sprache nicht ausreichend mächtig sind, sollen Deutschkurse angeboten werden.

(3) Zeugnisse und Nachweise über schulische und berufliche Bildung enthalten keine Hinweise auf eine Inhaftierung.

§ 31 Freies Beschäftigungsverhältnis, Selbstbeschäftigung. (1) [1] Gefangenen soll gestattet werden, einer Arbeit oder beruflichen Aus- und Weiterbildungsmaßnahme auf der Grundlage eines freien Beschäftigungsverhältnisses außerhalb der Anstalt nachzugehen, wenn dies im Rahmen der Vollzugsplanung dem Ziel dient, Fähigkeiten für eine Erwerbstätigkeit nach der Entlassung zu erhalten und zu fördern, und überwiegende Gründe des Vollzuges nicht entgegenstehen. [2] § 53 Absatz 1 und Absatz 2 Nummer 4 gilt entsprechend.

(2) [1] Den Gefangenen kann gestattet werden, sich selbst zu beschäftigen. [2] Absatz 1 gilt entsprechend.

(3) Die Anstalt kann verlangen, dass ihr das Entgelt zur Gutschrift für die Gefangenen überwiesen wird.

§ 32 Vergütung. (1) [1] Gefangene, die eine zugewiesene Arbeit oder eine Hilfstätigkeit nach § 29 Absatz 3 ausüben, erhalten ein Arbeitsentgelt, welches auf Grundlage von neun Prozent der Bezugsgröße nach § 18 des Vierten Buches Sozialgesetzbuch – Gemeinsame Vorschriften für die Sozialversicherung – in der Fassung der Bekanntmachung vom 12. November 2009 (BGBl. I S. 3710, 3973; 2011 I S. 363) in der jeweils geltenden Fassung bemessen wird (Eckvergütung). [2] Ein Tagessatz ist der zweihundertfünfzigste Teil der Eckvergütung.

(2) [1] Gefangenen, die während der Arbeitszeit ganz oder teilweise an einer schulischen oder beruflichen Orientierungs-, Aus- und Weiterbildungsmaßnahme teilnehmen, wird Ausbildungsbeihilfe gewährt, soweit ihnen keine Leistungen zum Lebensunterhalt zustehen, die nicht inhaftierten Personen aus solchem Anlass gewährt werden. [2] Für die Bemessung der Ausbildungsbeihilfe gilt Absatz 1 entsprechend.

(3) Gefangene, die an einer arbeitstherapeutischen Maßnahme teilnehmen, erhalten ein Arbeitsentgelt, soweit dies der Art ihrer Tätigkeit und ihrer Arbeitsleistung entspricht.

(4) [1] Arbeitsentgelt und Ausbildungsbeihilfe können je nach Leistung der Gefangenen und der Art der Tätigkeit gestuft werden. [2] 75 Prozent der Eckvergütung dürfen nur unterschritten werden, wenn die Leistungen Gefangener den Mindestanforderungen nicht genügen. [3] Das Justizministerium wird ermächtigt, zur Umsetzung der Vorschriften über die Vergütung eine Rechtsverordnung über die Bemessung des Arbeitsentgeltes, die Ausbildungsbeihilfe, die anrechenbaren Arbeitszeiten, die Zeiteinheiten in Stunden oder Minuten, die Entgeltart als Zeit- oder Leistungsentgelt, die Vergütungsstufen und die Gewährung von Zulagen zu erlassen.

(5) Soweit Beiträge zur Bundesagentur für Arbeit zu entrichten sind, soll von der Vergütung ein Betrag einbehalten werden, der dem Anteil der Gefangenen an dem Beitrag entsprechen würde, wenn sie diese Vergütung als Arbeitnehmer erhielten.

(6) Die Höhe der Vergütung ist den Gefangenen schriftlich bekannt zu geben.

§ 33 Freistellung. (1) [1] Gefangene, die ein Jahr lang eine zugewiesene Arbeit oder eine Hilfstätigkeit ausgeübt haben, sind innerhalb des darauffolgenden Jahres auf Antrag 20 Arbeitstage von der Arbeit freizustellen. [2] Bei der Festsetzung des Zeitpunktes der Freistellung sind die betrieblichen Belange zu berücksichtigen.

(2) [1] Zeiten, in denen Gefangene infolge Krankheit an der Arbeitsleistung gehindert oder nach den Absätzen 1 und 3 oder § 34 Absatz 1 von der Arbeitspflicht freigestellt waren oder Verletztengeld nach § 47 Absatz 6 des Siebten Buches Sozialgesetzbuch – Gesetzliche Unfallversicherung – (Artikel 1 des Gesetzes vom 7. August 1996, BGBl. I S. 1254) in der jeweils geltenden Fassung erhalten haben, werden auf das Jahr mit bis zu jeweils 30 Arbeitstagen angerechnet. [2] Sonstiges Fernbleiben kann in angemessenem Umfang auf die Zeit angerechnet werden. [3] Erfolgt eine Anrechnung nach den Sätzen 1 und 2 nicht, wird die Frist für die Dauer der Fehlzeit gehemmt, es sei denn, die Fehlzeit steht unter Berücksichtigung des Vollzugsziels außer Verhältnis zur bereits erbrachten Arbeitsleistung.

(3) Auf die Zeit der Freistellung wird Langzeitausgang (§ 53 Absatz 2 Nummer 3) angerechnet, soweit er in die Arbeitszeit fällt und nicht wegen einer lebensgefährlichen Erkrankung oder anlässlich des Todes von nahen Angehörigen erteilt worden ist.

(4) Gefangene erhalten für die Zeit der Freistellung Arbeitsentgelt in Höhe des Durchschnitts der in den letzten drei Monaten vor der Freistellung gutgeschriebenen Bezüge.

(5) [1] Für arbeitstherapeutische Maßnahmen sowie Bildungsmaßnahmen nach § 32 Absatz 2 gelten die Absätze 1 bis 4 entsprechend. [2] Bei der Festsetzung des Zeitpunktes der Freistellung ist auch der Stand der Bildungsmaßnahmen zu berücksichtigen.

(6) Urlaubsregelungen aus Beschäftigungsverhältnissen außerhalb der Anstalt bleiben unberührt.

§ 34 Anerkennung von Arbeit und Bildung, Ausgleichsentschädigung. (1) [1] Als zusätzliche Anerkennung neben der Vergütung nach § 32 und der Freistellung nach § 33 erhalten Gefangene auf Antrag für drei Monate zusammenhängender Ausübung einer Arbeit oder einer Hilfstätigkeit unter Fortzahlung der Vergütung zwei Tage

1. Freistellung von der Arbeitspflicht oder
2. Langzeitausgang, soweit dessen Voraussetzungen vorliegen.

[2] Stellen Gefangene keinen Antrag oder kann Langzeitausgang nicht gewährt werden, wird der Entlassungszeitpunkt vorverlegt. [3] Dies gilt auch, wenn Gefangene die Freistellung nach Satz 1 Nummer 1 nicht innerhalb eines Jahres nach Vorliegen der Voraussetzungen in Anspruch nehmen. [4] Durch Zeiten, in denen Gefangene ohne ihr Verschulden an der Erfüllung ihrer Arbeitspflicht gehindert sind, wird die Frist nach Satz 1 gehemmt. [5] Beschäftigungszeiträume von unter drei Monaten bleiben unberücksichtigt. [6] Langzeitausgang nach Satz 1 Nummer 2 wird nicht auf die Höchstdauer des Langzeitausgangs nach § 54 Absatz 1 Satz 1 angerechnet.

(2) Eine Vorverlegung des Entlassungszeitpunktes ist ausgeschlossen,

1. soweit ein Entlassungszeitpunkt auf Grund der Art der Strafe noch nicht bestimmt ist,
2. soweit bei einer Aussetzung der Vollstreckung des Restes einer Freiheitsstrafe zur Bewährung wegen des von der Entscheidung des Gerichts bis zur Entlassung verbleibenden Zeitraums eine Anrechnung nicht mehr möglich ist,
3. wenn dies vom Gericht angeordnet wird, weil bei einer Aussetzung der Vollstreckung des Restes einer Freiheitsstrafe zur Bewährung die Lebensverhältnisse der Gefangenen oder die Wirkungen, die von der Aussetzung für sie zu erwarten sind, die Vollstreckung bis zu einem bestimmten Zeitpunkt erfordern,
4. wenn nach § 456a Absatz 1 der Strafprozessordnung von der Vollstreckung abgesehen wird oder
5. wenn Gefangene im Gnadenwege aus der Haft entlassen werden.

(3) [1] Soweit eine Vorverlegung des Entlassungszeitpunktes nach Absatz 2 ausgeschlossen ist, erhalten Gefangene bei ihrer Entlassung zusätzlich eine Ausgleichsentschädigung in Höhe von 15 Prozent der Bezüge, die sie für die geleistete Tätigkeit, die Grundlage für die Gewährung der Freistellungstage nach Absatz 1 gewesen ist, erhalten haben. [2] Der Anspruch entsteht erst mit der Entlassung. [3] Vor der Entlassung ist der Anspruch nicht verzinslich. [4] Gefangenen, bei denen eine Vorverlegung nach Absatz 2 Nummer 1 ausgeschlossen ist, wird die Ausgleichszahlung bereits nach Verbüßung von zehn Jahren zum Eigengeld (§ 38) gutgeschrieben, soweit sie nicht vor diesem Zeitpunkt entlassen werden. [5] § 57 Absatz 4 des Strafgesetzbuches gilt entsprechend.

(4) Für Gefangene, die an Bildungsmaßnahmen nach § 32 Absatz 2 teilnehmen, gelten die Absätze 1 bis 3 entsprechend.

Abschnitt 6. Gelder der Gefangenen, Haftkostenbeitrag

§ 35 Taschengeld. (1) [1] Gefangenen wird während des Vollzuges der Strafe rückwirkend auf Antrag Taschengeld gewährt, soweit sie ohne ihr Verschulden bedürftig sind. [2]Das Taschengeld beträgt 14 Prozent der Eckvergütung (§ 32 Absatz 1).

(2) [1]Bedürftig sind Gefangene, soweit ihnen in dem Zeitraum, für den sie Taschengeld beantragen, aus Hausgeld (§ 36) und Eigengeld (§ 38) monatlich ein Betrag in Höhe des Taschengeldes nicht zur Verfügung steht und sie eine Vergütung nach § 32 nicht beanspruchen können. [2]Nicht verbrauchtes Taschengeld bleibt unberücksichtigt.

(3) [1]In Ausnahmefällen, namentlich zur Überbrückung eines Zeitraumes bis zu einer erstmaligen Gewährung von Arbeitsentgelt, Ausbildungsbeihilfe oder Taschengeld, kann den Gefangenen auf Antrag vorschussweise ein Taschengeld in Höhe von bis zu 50 Prozent des üblichen Taschengeldes gewährt werden. [2]Der Vorschuss ist mit dem ersten Arbeitsentgelt, der ersten Ausbildungsbeihilfe oder der ersten nachfolgenden Gewährung von Taschengeld zu verrechnen.

§ 36 Hausgeld. (1) Gefangene dürfen monatlich über drei Siebtel ihrer in diesem Gesetz geregelten Bezüge (Hausgeld) und das Taschengeld frei verfügen.

(2) Aus den Bezügen eines freien Beschäftigungsverhältnisses, einer Selbstbeschäftigung oder anderen regelmäßigen Einkünften wird ein angemessenes Hausgeld festgesetzt.

§ 37 Überbrückungsgeld. (1) [1]Aus den in diesem Gesetz geregelten Bezügen und aus den Bezügen der Gefangenen, die in einem freien Beschäftigungsverhältnis stehen oder denen gestattet ist, sich selbst zu beschäftigen, ist ein Überbrückungsgeld zu bilden, das den notwendigen Lebensunterhalt der Gefangenen und ihrer Unterhaltsberechtigten für die ersten vier Wochen nach der Entlassung sichern soll. [2]Die Höhe richtet sich nach den in § 28 des Zwölften Buches Sozialgesetzbuch – Sozialhilfe – (Artikel 1 des Gesetzes vom 27. Dezember 2003, BGBl. I S. 3022, 3023) in der jeweils geltenden Fassung festgeschriebenen Regelsätzen und soll für die Gefangenen den vierfachen und für ihre Unterhaltsberechtigten den zweifachen monatlichen Mindestbetrag nicht unterschreiten

(2) [1]Das Überbrückungsgeld ist in angemessenen, auf den voraussichtlichen Entlassungszeitpunkt abgestimmten Teilbeträgen anzusparen, die die Anstalt festsetzt. [2]Die Höhe der Teilbeträge ist regelmäßig zu überprüfen und bei grundlegenden Veränderungen anzupassen.

(3) [1]Das Überbrückungsgeld wird Gefangenen bei der Entlassung zur Verfügung gestellt. [2]Die Anstalt kann es ganz oder teilweise dem ambulanten Sozialen Dienst der Justiz oder mit Einwilligung der Gefangenen an eine andere mit der Entlassung befasste Stelle zur Verwaltung in den ersten vier Wochen nach der Entlassung überlassen, wenn diese das Geld von ihrem sonstigen Vermögen gesondert halten. [3]Mit Einwilligung der Gefangenen kann das Überbrückungsgeld auch an Unterhaltsberechtigte überwiesen werden.

(4) Die Anstaltsleitung kann den Gefangenen gestatten, Überbrückungsgeld schon vor der Entlassung für Ausgaben in Anspruch zu nehmen, die der Eingliederung der Gefangenen, namentlich auch der Tilgung von Geldstrafen (§ 4 Absatz 5) und dem Tatausgleich (§ 7), dienen, wenn zu erwarten ist, dass bei der Entlassung in Freiheit ein Überbrückungsgeld in angemessener Höhe zur Verfügung steht.

(5) Bei Verlegungen von Gefangenen aus Bundesländern, die die Bildung eines Überbrückungsgeldes nicht vorsehen, werden Gelder, die die Gefangenen vor der Verlegung für die Sicherung des Lebensunterhaltes nach der Entlassung angespart haben, mit der Gutschrift in der Aufnahmeanstalt Überbrückungsgeld nach diesem Gesetz.

§ 38 Eigengeld. [1]Gefangenen sind eingebrachte, für sie eingezahlte oder überwiesene Geldbeträge sowie Bezüge, die nicht als Hausgeld, Überbrückungsgeld oder als Haftkostenbeitrag in Anspruch genommen werden, als Eigengeld gutzuschreiben. [2]Gefangene dürfen über ihr Eigengeld verfügen, soweit dieses nicht als Überbrückungsgeld notwendig ist. [3]§ 37 Absatz 4 bleibt unberührt.

§ 39 Haftkostenbeitrag. (1) Als Teil der Kosten der Vollstreckung der Rechtsfolgen einer Tat (§ 464a Absatz 1 Satz 2 der Strafprozessordnung) erhebt die Anstalt von Gefangenen einen Haftkostenbeitrag.

(2) [1]Ein Haftkostenbeitrag wird nicht erhoben, wenn Gefangene

1. Bezüge nach diesem Gesetz erhalten oder
2. ohne Verschulden eine Beschäftigung nicht ausüben können oder nicht ausüben, weil sie hierzu nicht verpflichtet sind.

[2]Satz 1 gilt nicht, wenn Gefangene eine Rente oder sonstige regelmäßige Einkünfte beziehen. [3]Haben Gefangene, die ohne ihr Verschulden während eines zusammenhängenden Zeitraumes von mehr als einem Monat nicht arbeiten konnten oder nicht gearbeitet haben, weil sie nicht zur Arbeit verpflichtet waren, auf diese Zeit entfallende Einkünfte, so haben sie den Haftkostenbeitrag für diese Zeit bis zur Höhe der auf sie entfallenden Einkünfte zu entrichten. [4]Ihnen ist arbeitstäglich ein Betrag in Höhe eines Tagessatzes der Eckvergütung nach § 32 Absatz 1 zu belassen.

(3) Im Übrigen kann von der Erhebung eines Haftkostenbeitrags ganz oder teilweise abgesehen werden, soweit dies notwendig ist, um die Eingliederung der Gefangenen nicht zu gefährden.

(4) [1]Der Haftkostenbeitrag wird in Höhe des Betrages erhoben, der nach § 17 Absatz 1 Satz 1 Nummer 4 des Vierten Buches Sozialgesetzbuch durchschnittlich zur Bewertung der Sachbezüge festgesetzt ist. [2]Das Justizministerium stellt den Betrag jährlich durch Bekanntmachung fest. [3]Bei Selbstverpflegung entfallen die für die Verpflegung vorgesehenen Beträge. [4]Für den Wert der Unterkunft ist die festgesetzte Belegungsfähigkeit maßgebend.

(5) Die Selbstbeschäftigung (§ 31 Absatz 2) kann davon abhängig gemacht werden, dass die Gefangenen einen Haftkostenbeitrag bis zur Höhe des in Absatz 4 genannten Satzes im Voraus entrichten.

Abschnitt 7. Religionsausübung

§ 40 Seelsorge. (1) [1]Gefangenen darf die religiöse Betreuung durch eine Seelsorgerin oder einen Seelsorger ihrer Religionsgemeinschaft nicht versagt werden. [2]Auf Wunsch der Gefangenen ist ihnen zu helfen, mit einer Seelsorgerin oder einem Seelsorger ihrer Religionsgemeinschaft in Verbindung zu treten.

(2) [1] Gefangene dürfen grundlegende religiöse Schriften besitzen. [2] Sie dürfen ihnen nur bei grobem Missbrauch entzogen werden.

(3) Gefangenen sind Gegenstände des religiösen Gebrauchs in angemessenem Umfang zu belassen.

§ 41 Religiöse Veranstaltungen. (1) Gefangene dürfen in der Anstalt am Gottesdienst und an anderen religiösen Veranstaltungen ihres Bekenntnisses teilnehmen.

(2) Gefangene werden zu dem Gottesdienst oder zu religiösen Veranstaltungen einer anderen Religionsgemeinschaft in der Anstalt zugelassen, wenn deren Seelsorgerin oder Seelsorger zustimmt.

(3) [1] Gefangene können von der Teilnahme am Gottesdienst oder anderen religiösen Veranstaltungen ausgeschlossen werden, wenn dies aus überwiegenden Gründen der Sicherheit oder Ordnung geboten ist. [2] Die Anstaltsseelsorge ist zu hören.

§ 42 Weltanschauungsgemeinschaften. Für Angehörige weltanschaulicher Bekenntnisse gelten die §§ 40 und 41 entsprechend.

Abschnitt 8. Gesundheitsfürsorge

§ 43 Gesundheitsfürsorge, Aufenthalt im Freien. (1) [1] Für das körperliche, seelische, geistige und soziale Wohlergehen der Gefangenen ist zu sorgen. [2] Die Bedeutung einer gesunden Ernährung und Lebensführung ist den Gefangenen in geeigneter Form zu vermitteln. [3] Gefangene haben die notwendigen Maßnahmen zum Gesundheitsschutz und zur Hygiene zu unterstützen.

(2) Den Gefangenen wird täglich mindestens eine Stunde Aufenthalt im Freien ermöglicht, wenn die Witterung dem nicht zwingend entgegensteht.

§ 44 Suchtmedizinische Behandlung. Für suchtkranke Gefangene sind Möglichkeiten der suchtmedizinischen Behandlung vorzuhalten.

§ 45 Medizinische Leistungen, Kostenbeteiligung. (1) [1] Gefangene haben Anspruch auf notwendige, ausreichende und zweckmäßige medizinische Versorgung unter Beachtung des Grundsatzes der Wirtschaftlichkeit. [2] Der Anspruch umfasst auch Untersuchungen zur Früherkennung von Krankheiten und Vorsorgeleistungen, ferner die Versorgung mit Hilfsmitteln und prothetische Leistungen, sofern diese mit Rücksicht auf die Dauer des Freiheitsentzuges gerechtfertigt und soweit Hilfsmittel nicht als allgemeine Gebrauchsgegenstände des täglichen Lebens anzusehen sind. [3] Für Art und Umfang der Versorgung gelten die für gesetzlich Versicherte maßgeblichen Vorschriften des Sozialgesetzbuches und die auf Grund dieser Vorschriften getroffenen Regelungen entsprechend, soweit Besonderheiten des Vollzuges nicht entgegenstehen.

(2) Der Anspruch nach Absatz 1 ruht, solange Gefangene auf Grund eines freien Beschäftigungsverhältnisses krankenversichert sind.

(3) Die Gefangenen können an den Kosten für medizinische Leistungen in angemessenem Umfang beteiligt werden.

§ 46 Überstellung und Verlegung aus medizinischen Gründen.

(1) [1] Erkrankte Gefangene können in ein Justizvollzugskrankenhaus überstellt oder in eine für die medizinische Behandlung und Betreuung besser geeignete Anstalt verlegt werden. [2] Satz 1 gilt entsprechend für die Unterbringung und Betreuung pflegebedürftiger Gefangener und Gefangener mit körperlichen Behinderungen.

(2) Können Krankheiten von Gefangenen in einer Anstalt oder in einem Justizvollzugskrankenhaus nicht erkannt oder behandelt werden oder ist es nicht möglich, Gefangene rechtzeitig in ein Justizvollzugskrankenhaus zu überstellen, sind sie in ein Krankenhaus außerhalb des Vollzuges zu bringen.

§ 47 Krankenbehandlung während vollzugsöffnender Maßnahmen.

[1] Während einer vollzugsöffnenden Maßnahme haben Gefangene Anspruch auf Krankenbehandlung in der für sie zuständigen Anstalt. [2] Ist ihnen eine Rückkehr in die zuständige Anstalt nicht zumutbar, soll die Krankenbehandlung in der nächstgelegenen Anstalt vorgenommen werden. [3] Ist eine medizinische Notfallbehandlung in einem Krankenhaus erforderlich, trägt die zuständige Anstalt die Kosten im Umfang des § 45, wenn die Gefangenen Ansprüche aus einer Krankenversicherung nicht geltend machen können.

§ 48 Medizinische Behandlung zur sozialen Eingliederung. [1] Mit Einwilligung der Gefangenen sollen medizinische Behandlungen, die für die Eingliederung der Gefangenen erforderlich sind, ermöglicht werden. [2] Die Kosten tragen die Gefangenen. [3] Sind sie dazu nicht in der Lage, kann die Anstalt die Kosten in begründeten Fällen in angemessenem Umfang übernehmen.

§ 49 Benachrichtigung im Krankheits- oder Todesfall. (1) [1] Erkranken Gefangene schwer oder versterben sie, sind Angehörige oder gesetzliche Vertreterinnen oder Vertreter unverzüglich zu benachrichtigen. [2] Im Fall schwerer Erkrankung kann von der Benachrichtigung abgesehen werden, wenn dies dem ausdrücklich erklärten Willen der Gefangenen entspricht.

(2) Dem Wunsch der Gefangenen, auch andere Personen zu benachrichtigen, soll entsprochen werden.

Abschnitt 9. Freizeit

§ 50 Gestaltung der Freizeit. [1] Gefangene erhalten Gelegenheit, ihre Freizeit sinnvoll zu gestalten. [2] Sie sind zur Teilnahme und Mitwirkung anzuregen. [3] Es sind insbesondere Angebote zur kulturellen Betätigung, Bildungs- und Sportangebote sowie Angebote zur kreativen Entfaltung vorzuhalten. [4] Die Benutzung einer bedarfsgerecht ausgestatteten Bibliothek ist zu ermöglichen.

§ 51 Hörfunk und Fernsehen. (1) [1] Der Zugang zum Hörfunk- und Fernsehempfang ist zu ermöglichen. [2] Die Anstalt entscheidet über die Einspeisung einzelner Hörfunk- und Fernsehprogramme, soweit eine Empfangsanlage vorhanden ist. [3] Die Wünsche und Bedürfnisse der Gefangenen sind angemessen zu berücksichtigen.

(2) [1] Eigene Hörfunk- und Fernsehgeräte der Gefangenen können unter den Voraussetzungen des § 15 Absatz 2 zugelassen werden. [2] Gefangene können auf ein Haftraummediensystem verwiesen werden. [3] Der Betrieb von Empfangsanlagen und Haftraummediensystemen sowie die Ausgabe von Hörfunk- und

Fernsehgeräten können auf Dritte übertragen werden. [4]In diesen Fällen ist Gefangenen der Besitz eigener Geräte in der Regel nicht gestattet.

(3) Gefangene können an den Kosten für die Überlassung, die Überprüfung und den Betrieb von Hörfunkgeräten, Fernsehgeräten und Haftraummediensystemen sowie die Bereitstellung des Hörfunk- und Fernsehempfangs beteiligt werden.

§ 52 Gegenstände zur Freizeitgestaltung, Zeitungen und Zeitschriften. (1) [1]Gefangene dürfen nach Maßgabe der Anstalt in angemessenem Umfang sonstige Geräte der Informations- und Unterhaltungselektronik, Bücher sowie andere Gegenstände zur Aus- und Fortbildung oder Freizeitgestaltung besitzen. [2]§ 15 Absatz 2 und 3 gilt entsprechend.

(2) Gefangene dürfen Zeitungen und Zeitschriften durch Vermittlung der Anstalt in angemessenem Umfang auf eigene Kosten beziehen.

(3) [1]Ausgeschlossen sind Zeitungen und Zeitschriften, deren Verbreitung mit Strafe oder Geldbuße bedroht ist. [2]Einzelne Ausgaben oder Teile von Zeitungen oder Zeitschriften können Gefangenen vorenthalten werden, wenn sie die Sicherheit oder Ordnung der Anstalt oder das Vollzugsziel erheblich gefährden würden.

(4) Für Geräte der Informations- und Unterhaltungselektronik gilt § 51 Absatz 2 Satz 2 bis 4 und Absatz 3 entsprechend.

Abschnitt 10. Vollzugsöffnende Maßnahmen

§ 53 Vollzugsöffnende Maßnahmen. (1) [1]Mit Zustimmung der Gefangenen können vollzugsöffnende Maßnahmen gewährt werden, wenn verantwortet werden kann zu erproben, dass die Gefangenen sich dem Vollzug der Freiheitsstrafe nicht entziehen oder die vollzugsöffnenden Maßnahmen nicht zur Begehung von Straftaten missbrauchen werden. [2]Bei der Entscheidung über die Gewährung der Maßnahmen sind die Belange der Gefangenen mit den Schutzinteressen der Allgemeinheit abzuwägen, insbesondere sind die Persönlichkeit der Gefangenen, ihr Vollzugsverhalten, die Vollzugsdauer und die Art der Maßnahme zu berücksichtigen.

(2) Als vollzugsöffnende Maßnahmen zur Erreichung des Vollzugsziels kommen namentlich in Betracht:

1. das Verlassen der Anstalt für eine bestimmte Tageszeit unter der ständigen und unmittelbaren Aufsicht von Bediensteten (Ausführung),
2. das Verlassen der Anstalt für eine bestimmte Tageszeit in Begleitung einer von der Anstalt zugelassenen Person (Begleitausgang) oder ohne Begleitung (Ausgang),
3. das Verlassen der Anstalt für mehr als einen Tag (Langzeitausgang) und
4. die regelmäßige Beschäftigung außerhalb der Anstalt unter Aufsicht Bediensteter (Außenbeschäftigung) oder ohne Aufsicht (Freigang).

(3) [1]Können vollzugsöffnende Maßnahmen nach Absatz 2 Nummer 2 bis 4 noch nicht verantwortet werden, sind insbesondere langjährig im Vollzug befindlichen Gefangenen Ausführungen zu gewähren, um schädlichen Auswirkungen des Freiheitsentzuges frühzeitig entgegenzuwirken und ihre Lebenstüchtigkeit zu erhalten und zu festigen. [2]Die Ausführungen unterbleiben, wenn

die zur Sicherung erforderlichen Maßnahmen den Zweck der Ausführung gefährden.

(4) Bei Ausführungen zur Erhaltung der Lebenstüchtigkeit kann den Gefangenen, um Entweichungen entgegenzuwirken, nach Maßgabe des § 27 des Justizvollzugsdatenschutzgesetzes Nordrhein-Westfalen aufgegeben werden, die für eine elektronische Überwachung ihres Aufenthaltsortes erforderlichen technischen Mittel ständig in betriebsbereitem Zustand bei sich zu führen und deren Funktionsfähigkeit nicht zu beeinträchtigen.

(5) Kommen vollzugsöffnende Maßnahmen nicht in Betracht, sind die tragenden Gründe zu dokumentieren und den Gefangenen die noch zu erfüllenden Voraussetzungen in verständlicher Form zu vermitteln.

(6) Bei der Ausgestaltung vollzugsöffnender Maßnahmen ist den berechtigten Schutzinteressen der Opfer und gefährdeter Dritter Rechnung zu tragen.

(7) [1] Gefangene tragen die Reisekosten, die Kosten für ihren Lebensunterhalt und andere Aufwendungen während ihres Aufenthalts außerhalb der Anstalt. [2] Die Kosten von Ausführungen können den Gefangenen in angemessenem Umfang auferlegt werden, soweit dies die Behandlung oder die Eingliederung nicht behindert. [3] Bedürftigen Gefangenen kann die Anstalt zu ihren Aufwendungen eine Beihilfe in angemessenem Umfang gewähren.

(8) Vollzugsöffnende Maßnahmen werden nur zum Aufenthalt im Inland gewährt.

§ 54 Langzeitausgang. (1) [1] Langzeitausgang kann bis zu 24 Kalendertagen in einem Vollstreckungsjahr gewährt werden. [2] Tage, an denen die Gefangenen den Langzeitausgang antreten, werden nicht mitgerechnet.

(2) Im geschlossenen Vollzug untergebrachten Gefangenen soll Langzeitausgang erst gewährt werden, wenn sie sich mindestens sechs Monate im Strafvollzug befunden haben.

(3) Langzeitausgang soll in der Regel erst gewährt werden, wenn sich Gefangene im Ausgang bewährt haben.

(4) Zu lebenslanger Freiheitsstrafe verurteilten Gefangenen kann Langzeitausgang gewährt werden, wenn sie sich einschließlich einer vorhergehenden Untersuchungshaft oder einer anderen Freiheitsentziehung mindestens zehn Jahre im Vollzug befunden haben oder sie im offenen Vollzug untergebracht sind und sich dort bewährt haben.

§ 55 Vollzugsöffnende Maßnahmen aus wichtigem Anlass. (1) [1] Vollzugsöffnende Maßnahmen nach § 53 Absatz 2 Nummer 1 bis 3 können auch aus wichtigem Anlass gewährt werden. [2] Wichtige Anlässe sind insbesondere die Teilnahme an gerichtlichen Terminen, die medizinische Behandlung der Gefangenen sowie der Tod oder die lebensgefährliche Erkrankung naher Angehöriger der Gefangenen. [3] § 53 Absatz 1 gilt entsprechend.

(2) Bei Ausführungen aus wichtigem Anlass gilt § 53 Absatz 4 (elektronische Aufenthaltsüberwachung) entsprechend.

(3) Ausführungen aus wichtigem Anlass sind auch ohne Zustimmung der Gefangenen zulässig, wenn dies aus besonderen Gründen notwendig ist.

(4) [1] Langzeitausgang aus wichtigem Anlass, der nicht zur Teilnahme an gerichtlichen Terminen oder anlässlich des Todes oder der lebensgefährlichen Erkrankung naher Angehöriger gewährt wird, darf sieben Tage im Vollstre-

ckungsjahr nicht übersteigen. [2]Er wird nicht auf die Höchstdauer nach § 54 Absatz 1 Satz 1 angerechnet.

§ 56 Vorbereitung vollzugsöffnender Maßnahmen. (1) [1]Zur Vorbereitung vollzugsöffnender Maßnahmen ist die schriftliche Stellungnahme der psychologischen oder sozialen Fachdienste einzuholen, wenn dies zur Feststellung der Voraussetzungen vollzugsöffnender Maßnahmen erforderlich ist. [2]Der medizinische Dienst ist nur zu beteiligen, wenn eine körperliche oder sonstige medizinische Untersuchung vorzunehmen ist.

(2) [1]Bei Gefangenen, die zu lebenslanger Freiheitsstrafe verurteilt worden sind, und bei Gefangenen mit angeordneter oder vorbehaltener Sicherungsverwahrung soll zusätzlich eine Begutachtung durch fachlich unabhängige Sachverständige außerhalb des Vollzuges erfolgen. [2]Eine Begutachtung ist in der Regel entbehrlich, wenn seit der letzten Begutachtung nicht mehr als zwei Jahre verstrichen sind.

§ 57 Weisungen. [1]Für vollzugsöffnende Maßnahmen können Gefangenen Weisungen erteilt werden. [2]Insbesondere können die Gefangenen angewiesen werden,

1. Anordnungen zu befolgen, die sich auf Aufenthalt, Ausbildung, Arbeit oder Freizeit oder die Ordnung ihrer wirtschaftlichen Verhältnisse beziehen,
2. sich zu festgesetzten Zeiten bei einer bestimmten Stelle oder Person zu melden,
3. Kontakte mit bestimmten Personen oder Gruppen oder bestimmte Orte zu meiden,
4. sich den Opfern und deren Wohnbereich nicht zu nähern,
5. bestimmte Gegenstände nicht zu besitzen,
6. Alkohol oder andere berauschende Stoffe zu meiden oder
7. Proben zur Überwachung einer Weisung nach Nummer 6 in einer Anstalt oder bei einer anderen bestimmten Stelle abzugeben.

Abschnitt 11. Entlassung und soziale Eingliederung

§ 58 Vorbereitung der Entlassung, soziale Eingliederung. (1) [1]Die Anstalten bereiten gemeinsam mit den Gefangenen deren Entlassung vor. [2]Sie unterstützen die Gefangenen insbesondere bei der Beschaffung von Ausweispapieren und der Stellung von Anträgen bei Behörden. [3]Den Gefangenen sollen Kontakte zu außervollzuglichen Organisationen und Bildungsstätten sowie Stellen und Personen ermöglicht werden, die ihnen nach der Entlassung persönliche und soziale Hilfestellung leisten können. [4]§ 4 Absatz 2 gilt entsprechend.

(2) [1]Frühzeitig vor dem voraussichtlichen Entlassungstermin arbeiten die Anstalten mit öffentlichen Stellen, freien Trägern sowie anderen Organisationen und Personen zusammen, um insbesondere zu erreichen, dass die Gefangenen über eine geeignete Arbeit, eine angemessene Unterkunft und ein stabilisierendes soziales Umfeld verfügen. [2]Zur Integration in den Arbeitsmarkt sollen durch die vollzugsübergreifende Zusammenarbeit die Beschäftigungsperspektiven der Gefangenen verbessert werden.

(3) [1]Die für die Vermittlung in Hilfsangebote Dritter nach der Entlassung erforderlichen Strukturen und Netzwerke sind einzurichten und fortzuentwickeln (§ 5 Absatz 3 Satz 2). [2]Für die Koordination der Entlassungsplanung stehen Ansprechpartnerinnen oder Ansprechpartner in den Anstalten zur Verfügung.

§ 59 Vollzugsöffnende Maßnahmen zur Entlassungsvorbereitung.

(1) Um die Entlassung vorzubereiten, sollen vollzugsöffnende Maßnahmen gewährt werden.

(2) [1]Gefangenen kann über § 54 Absatz 1 Satz 1 hinaus innerhalb von drei Monaten vor der voraussichtlichen Entlassung Langzeitausgang bis zu zehn Tagen gewährt werden, wenn dies zur Eingliederung der Gefangenen erforderlich ist. [2]Gefangenen, welche die Voraussetzungen des Freigangs erfüllen, kann innerhalb von neun Monaten vor der voraussichtlichen Entlassung Langzeitausgang bis zu sechs Tagen im Monat gewährt werden. [3]Vollzugsöffnende Maßnahmen nach den Sätzen 1 und 2 können nicht nebeneinander gewährt werden.

(3) [1]Die Missbrauchsgefahren sind insbesondere bei einer unmittelbar bevorstehenden Entlassung mit den Risiken einer unerprobten Entlassung abzuwägen. [2]§ 53 Absatz 1, 5 bis 8 sowie §§ 56 und 57 gelten entsprechend

§ 60 Entlassung, Schlussbericht. (1) Die Gefangenen sollen am Tag ihrer Entlassung möglichst frühzeitig, jedenfalls noch am Vormittag, entlassen werden.

(2) Fällt das Strafende auf einen Samstag oder Sonntag, einen gesetzlichen Feiertag, den ersten Werktag nach Ostern oder Pfingsten oder in die Zeit vom 22. Dezember bis zum 6. Januar, können Gefangene an dem diesen Tagen oder Zeiträumen vorhergehenden Werktag entlassen werden, wenn dies nach der Länge der Strafzeit vertretbar ist und fürsorgerische Gründe nicht entgegenstehen.

(3) Der Entlassungszeitpunkt kann bis zu zwei Tage vorverlegt werden, wenn dringende Gründe dafür vorliegen, dass Gefangene zu ihrer Eingliederung hierauf angewiesen sind.

(4) [1]Die Anstalt erstellt zum Ende des Vollzuges einen an den Fähigkeiten und Entwicklungsmöglichkeiten der Gefangenen ausgerichteten Schlussbericht. [2]Dieser enthält in standardisierter Form Angaben über den fortbestehenden Förderbedarf, namentlich eine Darstellung der Art und der Ergebnisse der angebotenen und durchgeführten Maßnahmen sowie der Angebote und Leistungen Dritter (§ 10 Absatz 1 Satz 4 Nummer 19), soweit sie für die Eingliederung der Gefangenen von Bedeutung sind.

(5) [1]Eine Ausfertigung des Berichts ist den Gefangenen auszuhändigen. [2]Bei angeordneter Bewährungs- oder Führungsaufsicht ist eine Ausfertigung der zuständigen Leiterin oder dem zuständigen Leiter des ambulanten Sozialen Dienstes der Justiz zuzuleiten. [3]Mit Einwilligung der Gefangenen soll eine Ausfertigung des Berichts auch anderen Beteiligten zugeleitet werden, die an der Eingliederung der Gefangenen mitwirken.

(6) [1]Bedürftige Gefangene erhalten bei ihrer Entlassung einen Reisekostenzuschuss sowie eine Überbrückungsbeihilfe und bei Bedarf für die Entlassung ausreichende Kleidung. [2]Bei der Bemessung der Überbrückungsbeihilfe ist der

Zeitraum zu berücksichtigen, den Gefangene benötigen, um vorrangige Hilfe in Anspruch zu nehmen.

§ 61 Nachgehende Betreuung. Die Anstalt kann früheren Gefangenen bis zu sechs Monaten nach der Entlassung auf Antrag Hilfe unter Mitwirkung von Bediensteten gewähren (nachgehende Betreuung), wenn die Eingliederung gefährdet ist und die erforderliche Hilfe nicht anderweitig sichergestellt werden kann.

§ 62 Aufnahme auf freiwilliger Grundlage. (1) [1] Frühere Gefangene können innerhalb von sechs Monaten nach ihrer Entlassung auf ihren Antrag vorübergehend bis zu einem Monat wieder in die Anstalt, aus der sie zuvor entlassen worden sind, aufgenommen werden, wenn dies zur Verhinderung einer schwerwiegenden Straftat erforderlich ist. [2] Die Aufnahme ist jederzeit widerruflich. [3] Stellen frühere Gefangene den Antrag nach Satz 1 in einer anderen Anstalt, soll diese den Transport in die zuständige Anstalt veranlassen.

(2) Gegen aufgenommene Personen dürfen Maßnahmen des Vollzuges nicht mit unmittelbarem Zwang durchgesetzt werden.

(3) Auf ihren Antrag sind die aufgenommenen Personen unverzüglich zu entlassen.

(4) [1] An den Kosten ihrer Unterbringung können die Aufgenommenen beteiligt werden. [2] § 39 Absatz 3 und 4 gilt entsprechend.

Abschnitt 12. Sicherheit und Ordnung

§ 63 Grundsatz, Verhaltensvorschriften. (1) [1] Sicherheit und Ordnung bilden die Grundlage eines gewalt- und konfliktfreien Zusammenlebens in der Anstalt. [2] Die Anstalt trifft die erforderlichen Maßnahmen, um ein Entweichen der Gefangenen zu verhindern und die Sicherheit (§ 6) zu gewährleisten. [3] Die Anstalt ist befugt, zur Erfüllung ihrer Aufgaben die Identität aller Personen, die Zugang begehren, festzustellen.

(2) [1] Die Gefangenen haben sich nach der Tageseinteilung der Anstalt zu richten. [2] Sie sollen durch die Tageseinteilung auch an eine eigenverantwortliche Lebensgestaltung herangeführt werden. [3] Sie dürfen durch ihr Verhalten gegenüber Bediensteten, anderen Gefangenen und Dritten das geordnete Miteinander in der Anstalt nicht stören.

(3) [1] Die Gefangenen haben die Anordnungen der Bediensteten zu befolgen, auch wenn sie sich beschwert fühlen. [2] Einen ihnen zugewiesenen Bereich dürfen sie nicht ohne Erlaubnis verlassen.

(4) Gefangene sind verpflichtet, ihren Haftraum und die ihnen von der Anstalt überlassenen Gegenstände in Ordnung zu halten und schonend zu behandeln.

(5) Die Gefangenen haben Umstände, die eine Gefahr für das Leben oder eine erhebliche Gefahr für die Gesundheit einer Person bedeuten, unverzüglich zu melden.

§ 64 Durchsuchung. (1) Gefangene, ihre Sachen und die Hafträume dürfen durchsucht werden.

(2) [1] Die Anstaltsleitung kann allgemein anordnen, dass bei der Aufnahme, vor und nach Kontakten mit Besucherinnen oder Besuchern sowie vor und

nach jeder Abwesenheit von der Anstalt eine mit einer Entkleidung verbundene körperliche Durchsuchung Gefangener durchzuführen ist, die Entkleidung im Einzelfall jedoch unterbleibt, wenn hierdurch die Sicherheit oder Ordnung der Anstalt nicht gefährdet wird. [2] Ansonsten ist eine solche Durchsuchung nur bei Gefahr im Verzug oder auf Anordnung der Anstaltsleitung im Einzelfall zulässig.

(3) [1] Die Durchsuchung von männlichen Gefangenen darf nur von Männern, von weiblichen Gefangenen nur von Frauen durchgeführt werden. [2] Entkleidungen erfolgen einzeln in einem geschlossenen Raum. [3] Bei männlichen Gefangenen dürfen nur männliche Bedienstete und bei weiblichen Gefangenen nur weibliche Bedienstete zugegen sein. [4] Die Untersuchung von Körperöffnungen darf nur durch den ärztlichen Dienst vorgenommen werden. [5] Das Schamgefühl ist zu schonen.

§ 65 Maßnahmen zur Feststellung von Suchtmittelkonsum. (1) [1] Zur Aufrechterhaltung der Sicherheit oder Ordnung der Anstalt können allgemein oder im Einzelfall Maßnahmen angeordnet werden, die geeignet sind, den Missbrauch von Suchtmitteln festzustellen. [2] Diese Maßnahmen dürfen mit einem geringfügigen körperlichen Eingriff, namentlich einer Punktion der Fingerbeere zur Abnahme einer geringen Menge von Kapillarblut, verbunden sein, wenn die Gefangenen einwilligen.

(2) Wird Suchtmittelmissbrauch festgestellt, können die Kosten der Maßnahmen den betroffenen Gefangenen auferlegt werden.

§ 66 *(aufgehoben)*

§ 67 Maßnahmen zur Verhinderung unerlaubter Telekommunikation. [1] Auf dem Gelände der Anstalt dürfen technische Geräte zur Feststellung und Verhinderung unerlaubter Telekommunikation eingerichtet und betrieben werden. [2] Die Telekommunikation außerhalb des Geländes der Anstalten darf nicht beeinträchtigt werden.

§ 68 *(aufgehoben)*

§ 69 Besondere Sicherungsmaßnahmen. (1) Gegen Gefangene können besondere Sicherungsmaßnahmen angeordnet werden, wenn nach ihrem Verhalten oder auf Grund ihres seelischen Zustandes in erhöhtem Maße die Gefahr der Entweichung, von Gewalttätigkeiten gegen Personen oder Sachen oder die Gefahr der Selbstverletzung oder Selbsttötung besteht.

(2) Als besondere Sicherungsmaßnahmen sind zulässig:

1. der Entzug oder die Vorenthaltung von Gegenständen,
2. die Trennung von anderen Gefangenen (Absonderung),
3. der Entzug oder die Beschränkung des Aufenthalts im Freien,
4. die unregelmäßige oder ununterbrochene Beobachtung von Gefangenen, auch mit technischen Hilfsmitteln,
5. die Unterbringung in einem besonders gesicherten Haftraum ohne gefährdende Gegenstände und
6. die Fesselung oder Fixierung.

(3) Maßnahmen nach Absatz 2 Nummer 1 bis 3 und 5 sind auch zulässig, wenn die Gefahr einer Befreiung oder eine erhebliche Störung der Ordnung der Anstalt anders nicht abgewendet werden kann.

(4) [1] Bei der Beobachtung nach Absatz 2 Nummer 4 ist das Schamgefühl der Gefangenen zu schonen. [2] Nur im Ausnahmefall darf zusätzlich eine akustische Überwachung angeordnet werden.

(5) Für die Dauer der seelsorglichen Betreuung sind die Beobachtung und die akustische Überwachung auf Verlangen der Seelsorgerinnen oder Seelsorger auszusetzen.

(6) Eine Absonderung von mehr als 24 Stunden Dauer ist nur zulässig, wenn sie zur Abwehr einer in der Person der Gefangenen liegenden Gefahr unerlässlich ist.

(7) Fixierungen dürfen nur angeordnet werden, wenn dies zur Abwehr einer gegenwärtigen erheblichen Selbstgefährdung oder einer von den Gefangenen ausgehenden erheblichen Gefährdung bedeutender Rechtsgüter anderer unerlässlich ist und nach dem Verhalten der Gefangenen oder auf Grund ihres seelischen Zustandes andere, weniger einschneidende Maßnahmen zur Abwendung der Gefahr nicht ausreichen.

(8) [1] Fesseln dürfen in der Regel nur an Händen oder Füßen angelegt werden. [2] Bei Art und Umfang der Fesselung und Fixierung sind die Gefangenen zu schonen. [3] Die Fesselung oder Fixierung ist unverzüglich zu lockern oder zu entfernen, sobald die Gefahr nicht mehr fortbesteht oder durch mildere Mittel abgewendet werden kann.

(9) Bei einer Ausführung, Vorführung oder beim Transport ist die Fesselung auch dann zulässig, wenn die Beaufsichtigung nicht ausreicht, eine Entweichung zu verhindern.

§ 70 Anordnung besonderer Sicherungsmaßnahmen, Verfahren.

(1) [1] Besondere Sicherungsmaßnahmen ordnet die Anstaltsleitung an. [2] Bei Gefahr im Verzug können auch andere Bedienstete diese Maßnahmen vorläufig anordnen; die Entscheidung der Anstaltsleitung ist unverzüglich nachzuholen.

(2) Die an der Behandlung maßgeblich beteiligten Personen sind alsbald über die Anordnung zu unterrichten.

(3) Besondere Sicherungsmaßnahmen dürfen nur soweit aufrechterhalten werden, als es ihr Zweck erfordert.

(4) [1] Den Gefangenen sollen besondere Sicherungsmaßnahmen zusammen mit der Anordnung erläutert werden. [2] Bei einer Gefährdung der Sicherheit kann dies auch nachgeholt werden. [3] Nach der Beendigung einer Fixierung, die nicht richterlich angeordnet worden ist, sind die Gefangenen über die Möglichkeit zu belehren, die Rechtmäßigkeit der durchgeführten Maßnahme gerichtlich überprüfen zu lassen. [4] Die Anordnung, die hierfür maßgeblichen Gründe, Entscheidungen zur Fortdauer und die Durchführung der Maßnahmen einschließlich der Beteiligung des ärztlichen Dienstes sind zu dokumentieren. [5] Die Dokumentationspflicht erstreckt sich bei Fixierungen auch auf die Dauer der Maßnahme, die Art der Überwachung und die Erteilung einer Belehrung nach Satz 3.

(5) [1] Fixierungen nach § 69 Absatz 2 Nummer 6, durch die die Bewegungsfreiheit der Gefangenen absehbar nicht nur kurzfristig aufgehoben wird, bedürfen der vorherigen ärztlichen Stellungnahme und richterlichen Anordnung.

[2]Bei Gefahr im Verzug darf die Anstaltsleitung die Anordnung vorläufig treffen. [3]Die richterliche Entscheidung und ärztliche Stellungnahme sind unverzüglich nachzuholen. [4]Einer Antragstellung bei Gericht bedarf es nur dann nicht, wenn bereits zu Beginn der Maßnahme absehbar ist, dass die Entscheidung erst nach Wegfall des Grundes der Maßnahme ergehen wird oder die Maßnahme vor Herbeiführung der Entscheidung tatsächlich beendet und auch keine Wiederholung zu erwarten ist. [5]Das Gericht ist unverzüglich zu unterrichten, wenn die Fixierung nach Antragstellung bei Gericht, aber vor einer gerichtlichen Entscheidung, nicht mehr erforderlich ist.

(6) [1]Eine ununterbrochene Beobachtung von Gefangenen mit technischen Hilfsmitteln in Hafträumen, die dem Aufenthalt bei Tag und bei Nacht dienen, nach § 69 Absatz 2 Nummer 4 sowie besondere Sicherungsmaßnahmen nach § 69 Absatz 2 Nummer 5 und 6 sind der Aufsichtsbehörde unverzüglich mitzuteilen, wenn sie länger als drei Tage aufrechterhalten werden. [2]Eine Absonderung von mehr als 30 Tagen Gesamtdauer in einem Jahr bedarf der Zustimmung der Aufsichtsbehörde. [3]Auf Antrag der Gefangenen ist unverzüglich deren Verteidigerin oder deren Verteidiger zu benachrichtigen.

(7) [1]Während der Absonderung, der Unterbringung in einem besonders gesicherten Haftraum ohne gefährdende Gegenstände oder der Fixierung sind die Gefangenen in besonderem Maße zu betreuen. [2]Sind die Gefangenen fixiert, sind sie ständig und in unmittelbarem Sichtkontakt zu beobachten.

(8) Gerichtliche Zuständigkeit und gerichtliches Verfahren bei Fixierungen nach Absatz 5 richten sich nach den §§ 121a und 121b des Strafvollzugsgesetzes[1)] vom 16. März 1976 (BGBl. I S. 581, 2088; 1977 I S. 436) in der jeweils geltenden Fassung.

§ 71 Medizinische und psychologische Überwachung. (1) [1]Werden die Gefangenen ärztlich behandelt oder beobachtet oder bildet ihr seelischer Zustand den Anlass der Maßnahme, ist vor Anordnung der besonderen Sicherungsmaßnahme eine ärztliche Stellungnahme einzuholen. [2]Ist dies wegen Gefahr im Verzug nicht möglich, wird die Stellungnahme unverzüglich nachträglich eingeholt.

(2) [1]Der medizinische Dienst der Anstalt sucht Gefangene, die in einem besonders gesicherten Haftraum ohne gefährdende Gegenstände untergebracht oder gefesselt sind, alsbald und in der Folgezeit möglichst täglich auf. [2]Dies gilt nicht bei einer Fesselung während einer Ausführung, Vorführung oder eines Transports. [3]Solange Gefangenen der tägliche Aufenthalt im Freien entzogen wird oder sie länger als 24 Stunden abgesondert sind, ist der ärztliche Dienst regelmäßig zu hören.

(3) [1]Fixierungen werden medizinisch überwacht. [2]Die Durchführung der Fixierung sowie der Untersuchungs- und Behandlungsverlauf sind unabhängig von den Dokumentationspflichten nach § 70 Absatz 4 durch den medizinischen Dienst zu dokumentieren.

(4) In den Fällen der Absätze 2 und 3 sucht im Bedarfsfall auch der psychologische Dienst die betroffenen Gefangenen alsbald und möglichst täglich auf.

[1)] Nr. **1**.

Abschnitt 13. Unmittelbarer Zwang

§ 72 Begriffsbestimmungen. (1) Unmittelbarer Zwang ist die Einwirkung auf Personen oder Sachen durch körperliche Gewalt, ihre Hilfsmittel und durch Waffen.

(2) Körperliche Gewalt ist jede unmittelbare körperliche Einwirkung auf Personen oder Sachen.

(3) Hilfsmittel der körperlichen Gewalt sind namentlich Fesseln.

(4) Waffen sind dienstlich zugelassene Hieb- und Schusswaffen sowie Reizstoffe.

§ 73 Allgemeine Voraussetzungen. (1) Zur rechtmäßigen Durchführung von Vollzugs- und Sicherungsmaßnahmen darf unmittelbarer Zwang angewendet werden, soweit der damit verfolgte Zweck auf keine andere Weise erreicht werden kann.

(2) Gegen andere Personen als Gefangene darf unmittelbarer Zwang angewendet werden, wenn sie es unternehmen, Gefangene zu befreien oder in den Anstaltsbereich widerrechtlich einzudringen, oder wenn sie sich unbefugt darin aufhalten.

(3) Das Recht zu unmittelbarem Zwang auf Grund anderer Regelungen bleibt unberührt.

§ 74 Grundsatz der Verhältnismäßigkeit. (1) Unter mehreren möglichen und geeigneten Maßnahmen des unmittelbaren Zwangs sind diejenigen zu wählen, die den Einzelnen und die Allgemeinheit voraussichtlich am wenigsten beeinträchtigen.

(2) Unmittelbarer Zwang unterbleibt, wenn ein durch ihn zu erwartender Schaden erkennbar außer Verhältnis zu dem angestrebten Erfolg steht.

§ 75 Androhung. [1] Unmittelbarer Zwang ist vorher anzudrohen. [2] Die Androhung darf nur dann unterbleiben, wenn die Umstände sie nicht zulassen oder unmittelbarer Zwang sofort angewendet werden muss, um die Begehung einer rechtswidrigen Tat, die den Tatbestand eines Strafgesetzes erfüllt, zu verhindern oder eine gegenwärtige Gefahr abzuwenden.

§ 76 Allgemeine Vorschriften für den Schusswaffengebrauch.

(1) [1] Schusswaffen dürfen nur gebraucht werden, wenn andere Maßnahmen des unmittelbaren Zwangs bereits erfolglos waren oder keinen Erfolg versprechen. [2] Gegen Personen ist ihr Gebrauch nur zulässig, wenn der Zweck nicht durch Waffenwirkung gegen Sachen erreicht wird.

(2) [1] Schusswaffen dürfen nur die dazu bestimmten Bediensteten gebrauchen und nur, um angriffs- oder fluchtunfähig zu machen. [2] Ihr Gebrauch unterbleibt, wenn dadurch erkennbar Unbeteiligte mit hoher Wahrscheinlichkeit gefährdet würden.

(3) [1] Der Gebrauch von Schusswaffen ist vorher anzudrohen. [2] Als Androhung gilt auch ein Warnschuss. [3] Ohne Androhung dürfen Schusswaffen nur dann gebraucht werden, wenn dies zur Abwehr einer gegenwärtigen Gefahr für Leib oder Leben erforderlich ist.

§ 77 Besondere Vorschriften für den Schusswaffengebrauch. (1) Gegen Gefangene dürfen Schusswaffen gebraucht werden,

1. wenn sie eine Waffe oder ein anderes gefährliches Werkzeug trotz wiederholter Aufforderung nicht ablegen,
2. wenn sie eine Meuterei (§ 121 des Strafgesetzbuches) unternehmen oder
3. um ihre Flucht zu vereiteln oder sie wieder zu ergreifen.

(2) Um die Flucht aus dem offenen Vollzug zu vereiteln, dürfen Schusswaffen nicht gebraucht werden.

(3) Gegen andere Personen dürfen Schusswaffen gebraucht werden, wenn sie es unternehmen, Gefangene gewaltsam zu befreien oder gewaltsam in eine Anstalt einzudringen.

§ 78 Zwangsmaßnahmen zur Gefahrenabwehr auf dem Gebiet der Gesundheitsfürsorge. (1) [1] Medizinische Untersuchung und Behandlung sowie Ernährung sind gegen den natürlichen Willen der Gefangenen nur bei gegenwärtiger Lebensgefahr sowie gegenwärtiger schwerwiegender Gefahr für die Gesundheit der Gefangenen oder anderer Personen zulässig, wenn die oder der Gefangene zur Einsicht in die Notwendigkeit der Maßnahme oder zum Handeln nach dieser Einsicht krankheitsbedingt nicht in der Lage ist. [2] Maßnahmen nach Satz 1 dürfen nur angeordnet werden, wenn

1. erfolglos versucht worden ist, die Zustimmung der Gefangenen zu der Maßnahme zu erwirken,
2. die Anordnung der Maßnahme den Gefangenen angekündigt wurde und sie über Art, Umfang und Dauer der Maßnahme informiert wurden,
3. die Maßnahme zur Abwendung der Gefahr geeignet, in Art, Umfang und Dauer erforderlich und für die Beteiligten zumutbar ist,
4. der von der Maßnahme zu erwartende Nutzen die mit der Maßnahme verbundenen Belastungen deutlich überwiegt und
5. die Maßnahme nicht mit einer erheblichen Gefahr für das Leben der Gefangenen verbunden ist.

(2) [1] Maßnahmen nach Absatz 1 Satz 1 werden ärztlich angeordnet, geleitet und überwacht. [2] Die Anordnung erfolgt im Einvernehmen mit der Anstaltsleitung. [3] Das Vorliegen der Voraussetzungen nach Absatz 1 und die ergriffenen Maßnahmen, einschließlich ihres Zwangscharakters, der Durchsetzungsweise und der Wirkungsüberwachung, sowie der Untersuchungs- und Behandlungsverlauf sind zu dokumentieren.

(3) [1] Erfordert die Beurteilung der Gefahrenlage und die Abschätzung der Notwendigkeit einer Behandlung psychischer Erkrankungen eine angemessene Zeit der Beobachtung der Gefangenen oder droht der oder dem Gefangenen aufgrund einer anderen Erkrankung eine schwerwiegende Gesundheitsbeeinträchtigung, darf die Behandlung zwangsweise unter den weiteren Voraussetzungen der Absätze 1 und 2 nur begonnen werden, wenn

1. die Maßnahme der oder dem Gefangenen mindestens eine Woche vor ihrer Umsetzung schriftlich und mündlich unter Angabe der Gründe sowie Art, Umfang und Dauer in einer dem Gesundheitszustand entsprechenden Weise angekündigt worden ist,

2. die oder der Gefangene über die Möglichkeit belehrt worden ist, eine gerichtliche Entscheidung nach § 109 des Strafvollzugsgesetzes[1] herbeizuführen,
3. vor dem Eingriff durch ein von der behandelnden Einrichtung unabhängiges fachpsychiatrisches oder fachärztliches Votum bestätigt wird, dass
   a) die oder der zu behandelnde Gefangene einsichtsunfähig ist,
   b) die Vorteile des medizinischen Eingriffs gegenüber den damit verbundenen Nachteilen und Risiken deutlich überwiegen,
   c) die Maßnahme nicht mit einer erheblichen Gefahr für das Leben der oder des Gefangenen verbunden ist,
   d) eine schwerwiegende Gefahr für die Gesundheit der oder des Gefangenen droht, und
4. die Fachaufsichtsbehörde oder eine von ihr beauftragte Anstaltsärztin oder ein von ihr beauftragter Anstaltsarzt, die oder der an der Anordnung und Durchführung der Maßnahme nicht beteiligt ist, in die Maßnahme einwilligt.

[2] Die Anordnung gilt höchstens für die Dauer von drei Monaten. [3] Nach Ablauf dieser Zeit ist eine neue Anordnung zu treffen.

(4) Über Maßnahmen nach den Absätzen 1 und 3 sind Personensorgeberechtigte der Gefangenen unverzüglich zu unterrichten.

(5) [1] Zur Gewährleistung des Gesundheitsschutzes und der Hygiene ist die zwangsweise körperliche Untersuchung der Gefangenen über Absatz 1 hinaus zulässig, wenn sie nicht mit einem körperlichen Eingriff verbunden ist. [2] Duldungspflichten der Gefangenen nach Vorschriften anderer Gesetze bleiben unberührt.

Abschnitt 14. Disziplinarmaßnahmen

§ 79 Voraussetzungen, Konfliktregelung. (1) [1] Verstoßen Gefangene schuldhaft gegen Pflichten, die ihnen durch oder auf Grund dieses Gesetzes auferlegt sind, können gegen sie Disziplinarmaßnahmen angeordnet werden. [2] Disziplinarmaßnahmen sind auch zulässig, wenn wegen derselben Verfehlung ein Straf- oder Bußgeldverfahren eingeleitet wird.

(2) Von einer Disziplinarmaßnahme wird abgesehen, wenn es genügt, die Gefangenen zu verwarnen.

(3) Zur Abwendung oder Milderung von Disziplinarmaßnahmen können im Wege einvernehmlicher Streitbeilegung Vereinbarungen getroffen werden, die insbesondere die Wiedergutmachung des Schadens, die Entschuldigung bei Geschädigten oder die Erbringung von Leistungen für die Gemeinschaft zum Inhalt haben können.

§ 80 Disziplinarmaßnahmen. (1) Als Disziplinarmaßnahmen sind zulässig:
1. Verweis,
2. Beschränkung oder Entzug der Verfügung über das Hausgeld und des Einkaufs bis zu vier Wochen,

[1] Nr. 1.

3. Beschränkung oder Entzug der Teilnahme an gemeinsamen Veranstaltungen bis zu sechs Wochen,
4. getrennte Unterbringung während der Freizeit bis zu vier Wochen,
5. Beschränkung oder Entzug des Besitzes von Gegenständen mit Ausnahme des Lesestoffs bis zu vier Wochen,
6. Beschränkung oder Entzug des Hörfunk- oder Fernsehempfangs bis zu sechs Wochen und
7. Arrest bis zu vier Wochen.

(2) Arrest darf nur wegen schwerer oder mehrfach wiederholter Verfehlungen verhängt werden.

(3) Mehrere Disziplinarmaßnahmen können miteinander verbunden werden.

§ 81 Verfahren. (1) [1]Der Sachverhalt ist zu klären. [2]Hierbei sind sowohl belastende als auch entlastende Umstände zu ermitteln. [3]Die Gefangenen werden gehört. [4]Sie werden darüber unterrichtet, welche Verfehlungen ihnen zur Last gelegt werden. [5]Sie sind darauf hinzuweisen, dass es ihnen freisteht sich zu äußern oder nicht zur Sache auszusagen. [6]Die Äußerungen der Gefangenen und die Ergebnisse der Ermittlungen sind zu dokumentieren.

(2) [1]Disziplinarmaßnahmen ordnet die Anstaltsleitung an. [2]Die Aufsichtsbehörde entscheidet, wenn sich die Verfehlung Gefangener gegen die Anstaltsleiterin oder den Anstaltsleiter richtet. [3]Bei einer Verfehlung der Gefangenen auf dem Weg in eine andere Anstalt ist die Anstaltsleitung der Bestimmungsanstalt zuständig.

(3) Die Anstaltsleitung soll sich bei schweren Verstößen vor der Entscheidung in einer Konferenz mit Personen besprechen, die maßgeblich an der Behandlung der Gefangenen mitwirken.

(4) Vor der Anordnung einer Disziplinarmaßnahme gegen Gefangene, die sich in medizinischer Behandlung befinden, oder gegen eine Schwangere oder eine Gefangene, die unlängst entbunden hat, ist der ärztliche Dienst zu hören.

(5) [1]Disziplinarmaßnahmen sollen in einem engen zeitlichen Zusammenhang mit der Pflichtverletzung angeordnet werden. [2]Mehrere Verfehlungen, die gleichzeitig zu beurteilen sind, werden durch eine Entscheidung geahndet.

(6) [1]Die tragenden Gründe der Entscheidung werden schriftlich abgefasst und den Gefangenen mündlich eröffnet. [2]Auf Verlangen ist den Gefangenen die schriftliche Begründung auszuhändigen.

§ 82 Vollzug der Disziplinarmaßnahmen. (1) [1]Disziplinarmaßnahmen werden in der Regel sofort vollstreckt. [2]Die Vollstreckung ist auszusetzen, soweit es zur Gewährung eines effektiven Rechtsschutzes erforderlich ist.

(2) [1]Disziplinarmaßnahmen können ganz oder teilweise bis zu sechs Monaten zur Bewährung ausgesetzt werden. [2]Die Aussetzung zur Bewährung kann ganz oder teilweise widerrufen werden, wenn die Gefangenen erneut gegen Pflichten verstoßen.

(3) Wird die Verfügung über das Hausgeld beschränkt oder entzogen (§ 80 Absatz 1 Nummer 2), wird das in dieser Zeit anfallende Hausgeld dem Überbrückungsgeld hinzugerechnet.

(4) [1] Bevor Arrest (§ 80 Absatz 1 Nummer 7) vollzogen wird, ist der ärztliche Dienst zu hören. [2] Während des Arrestes stehen Gefangene unter ärztlicher Aufsicht. [3] Der Arrest unterbleibt oder wird unterbrochen, wenn ansonsten die Gesundheit der Gefangenen gefährdet würde.

(5) [1] Für die Dauer des Arrestes werden die Gefangenen abgesondert. [2] Sie können in einem besonderen Arrestraum untergebracht werden, der den Anforderungen entsprechen muss, die an einen zum Aufenthalt bei Tag und Nacht bestimmten Haftraum gestellt werden. [3] Soweit nichts anderes angeordnet ist, ruhen die Befugnisse der Gefangenen zur Beschäftigung, zur Teilnahme an Gemeinschaftsveranstaltungen, zum Einkauf, zum Fernsehempfang, zur Ausstattung des Haftraums mit persönlichen Gegenständen und zum Besitz persönlicher Gegenstände. [4] Der Zugang zu Büchern, Zeitungen und Zeitschriften ist zu ermöglichen. [5] Die Rechte zur Teilnahme an unaufschiebbaren Behandlungsmaßnahmen, zur Teilnahme am Gottesdienst und zum Aufenthalt im Freien nach § 43 Absatz 2 bleiben unberührt.

(6) [1] Disziplinarmaßnahmen, die gegen Gefangene in einer anderen Anstalt oder während des Vollzuges von Untersuchungshaft angeordnet worden sind, werden auf Ersuchen vollstreckt. [2] Absatz 2 bleibt unberührt.

Abschnitt 15. Aufhebung von Maßnahmen, Beschwerderecht

§ 83 Widerruf, Rücknahme. (1) Die Aufhebung von Maßnahmen zur Regelung einzelner Angelegenheiten auf dem Gebiet des Vollzuges der Freiheitsstrafe richtet sich nach den nachfolgenden Absätzen, soweit dieses Gesetz keine abweichende Bestimmung enthält.

(2) Rechtswidrige Maßnahmen können ganz oder teilweise mit Wirkung für die Zukunft oder die Vergangenheit zurückgenommen werden.

(3) Rechtmäßige Maßnahmen können ganz oder teilweise mit Wirkung für die Zukunft widerrufen werden, wenn

1. auf Grund nachträglich eingetretener oder bekannt gewordener Umstände die Maßnahmen hätten unterbleiben können,
2. die Maßnahmen missbraucht werden oder
3. Weisungen nicht befolgt werden.

(4) Begünstigende Maßnahmen nach den Absätzen 2 oder 3 dürfen nur aufgehoben werden, wenn das Interesse an der Aufhebung das schutzwürdige Vertrauen der Betroffenen auf den Bestand der Maßnahmen überwiegt.

§ 84 Beschwerderecht. [1] Die Gefangenen erhalten Gelegenheit, sich mit Wünschen, Anregungen und Beschwerden in Angelegenheiten, die sie selbst betreffen, an die Anstaltsleitung oder die von ihr beauftragten Personen zu wenden. [2] Die Möglichkeit, sich an die Justizvollzugsbeauftragte oder den Justizvollzugsbeauftragten des Landes Nordrhein-Westfalen zu wenden, bleibt unberührt.

Abschnitt 16. Besondere Vorschriften für den Frauenstrafvollzug

§ 85 Trennungsgrundsatz. [1] Weibliche Gefangene werden getrennt von männlichen Gefangenen in besonderen Anstalten oder Abteilungen einer Anstalt untergebracht. [2] Die gemeinsame Teilnahme an Behandlungsmaßnahmen,

Maßnahmen zur schulischen und beruflichen Bildung und kulturellen oder religiösen Veranstaltungen außerhalb der Hafträume ist zulässig.

§ 86 Schwangerschaft, Mutterschaft, Geburtsanzeige. (1) Die Anstalt soll im Benehmen mit den Justizbehörden und dem Jugendamt die Entlassung der Gefangenen aus der Haft vor oder unmittelbar nach der Geburt anstreben.

(2) [1] Auf den Zustand einer Schwangeren oder einer Gefangenen, die unlängst entbunden hat, ist Rücksicht zu nehmen. [2] Die Vorschriften des Mutterschutzgesetzes in der Fassung der Bekanntmachung vom 20. Juni 2002 (BGBl. I S. 2318) in der jeweils geltenden Fassung gelten entsprechend.

(3) [1] Bei Schwangerschaft und Entbindung hat die Gefangene Anspruch auf medizinische Behandlung und Hebammenhilfe in der Anstalt. [2] Zur medizinischen Behandlung während der Schwangerschaft gehören auch Untersuchungen zur Feststellung der Schwangerschaft und Vorsorgeuntersuchungen.

(4) Ist eine medizinische Behandlung in einem Krankenhaus wegen gravierender Schwangerschaftsbeschwerden während einer vollzugsöffnenden Maßnahme nach § 53 Absatz 2 erforderlich, trägt die Anstalt die Kosten, wenn der Gefangenen die Rückkehr in die Anstalt nicht zuzumuten ist und die Gefangene Ansprüche aus einer Krankenversicherung nicht geltend machen kann.

(5) Zur Entbindung ist die Schwangere in ein Krankenhaus außerhalb des Vollzuges zu bringen.

(6) Entbindet die Gefangene in einer Anstalt, dürfen in der Anzeige der Geburt an das Standesamt die Anstalt als Geburtsstätte des Kindes, das Verhältnis der anzeigenden Person zur Anstalt und die Inhaftierung der Mutter nicht vermerkt sein.

§ 87 Gefangene mit Kindern. (1) [1] Ist das Kind einer Gefangenen noch nicht schulpflichtig, so kann es mit Zustimmung der aufenthaltsbestimmungsberechtigten Person in einer Mutter-Kind-Abteilung einer Anstalt aufgenommen werden, wenn die Gefangene für die Unterbringung dort geeignet ist, ein Platz für sie und ihr Kind zur Verfügung steht und dies dem Wohl des Kindes dient. [2] Vor der Aufnahme ist das Jugendamt zu hören.

(2) [1] Die Kosten der Unterbringung des Kindes einschließlich der Gesundheitsfürsorge trägt die oder der zum Unterhalt des Kindes Verpflichtete. [2] Von der Erhebung der Kosten kann abgesehen werden, wenn hierdurch die gemeinsame Unterbringung der Gefangenen und ihres Kindes gefährdet würde.

(3) Ist das Kind in ein Krankenhaus außerhalb des Vollzuges zu bringen, kann gestattet werden, dass die Gefangene das Kind begleitet, wenn dies erforderlich ist.

Abschnitt 17. Sozialtherapeutische Einrichtungen

§ 88 Sozialtherapeutische Einrichtungen. (1) Sozialtherapeutische Behandlung wird in getrennten sozialtherapeutischen Anstalten oder in besonderen Abteilungen sonstiger Anstalten (sozialtherapeutische Einrichtungen) vollzogen.

(2) [1] Der Vollzug erfolgt in überschaubaren Wohngruppen, deren Ausgestaltung an den Grundsätzen sozialtherapeutischer Behandlung auszurichten ist.

[2]Die Wohngruppen werden jeweils durch eine Mitarbeiterin oder einen Mitarbeiter des Sozialen Dienstes, eine Psychologin oder einen Psychologen und fest zugeordnete Bedienstete des allgemeinen Vollzugsdienstes betreut. [3]Die Diagnostik soll durch Personen erfolgen, die nicht an der therapeutischen Betreuung der Gefangenen beteiligt sind.

§ 89 Langzeitausgang zur Vorbereitung der Entlassung. (1) [1]Gefangenen kann zur Vorbereitung der Entlassung aus einer sozialtherapeutischen Einrichtung Langzeitausgang bis zu sechs Monaten gewährt werden, insbesondere wenn ihre Unterkunft gesichert, ein Arbeits- oder Weiterbildungsplatz vorhanden und das soziale Umfeld für ihre Eingliederung förderlich ist. [2]§ 53 Absatz 1 und 5 bis 8 gilt entsprechend.

(2) [1]Gefangenen sollen für den Langzeitausgang Weisungen (§ 57) erteilt werden. [2]Sie sollen insbesondere angewiesen werden, sich einer von der Einrichtung bestimmten Betreuungsperson zu unterstellen und für eine bestimmte Zeit in die sozialtherapeutische Einrichtung zurückzukehren.

(3) [1]Der Langzeitausgang wird widerrufen, wenn dies aus Gründen der Behandlung der Gefangenen erforderlich ist. [2]§ 83 bleibt unberührt.

§ 90 Nachgehende Betreuung, Aufnahme auf freiwilliger Grundlage.

(1) Die sozialtherapeutischen Einrichtungen sollen nach Entlassung der Gefangenen die in der Einrichtung begonnene Betreuung und Behandlung auf Antrag der Gefangenen vorübergehend fortführen, wenn das Ziel der früheren Behandlung gefährdet ist und die Betreuung nicht anderweitig sichergestellt werden kann.

(2) Die nachgehende Betreuung kann in sozialtherapeutischen Nachsorgeambulanzen in den sozialtherapeutischen Einrichtungen durchgeführt werden.

(3) [1]Eine vorübergehende Aufnahme auf freiwilliger Grundlage nach der Entlassung der Gefangenen ist zulässig, wenn das Ziel der vorangegangenen Behandlung ansonsten gefährdet ist. [2]§ 62 Absatz 1 Satz 2 und 3 und Absatz 2 bis 4 gilt entsprechend.

Abschnitt 18. Besondere Vorschriften über den Vollzug der Freiheitsstrafe bei angeordneter, vorbehaltener oder nachträglicher Sicherungsverwahrung

§ 91 Ziele des Vollzuges. [1]Bei angeordneter oder vorbehaltener Sicherungsverwahrung dient der Vollzug der Freiheitsstrafe auch dem Ziel, die Gefahren, die von den Gefangenen für die Allgemeinheit ausgehen, so zu mindern, dass die Vollstreckung der Unterbringung oder deren Anordnung entbehrlich wird. [2]Ist eine Unterbringung in der Sicherungsverwahrung nachträglich angeordnet worden (§§ 66c Absatz 2, 66b des Strafgesetzbuches) oder droht eine solche Anordnung (Artikel 316e, 316f Absatz 2 des Einführungsgesetzes zum Strafgesetzbuch vom 2. März 1974 (BGBl. I S. 469; 1975 I S. 1916; 1976 I S. 507) in der jeweils geltenden Fassung), gilt Satz 1 entsprechend.

§ 92 Gestaltung des Vollzuges. (1) [1]Den Gefangenen ist unverzüglich eine individuelle, intensive und therapiegerichtete Betreuung im Sinne von § 66c

Absatz 1 Nummer 1 des Strafgesetzbuches anzubieten. [2] §§ 9 bis 11 des Sicherungsverwahrungsvollzugsgesetzes Nordrhein-Westfalen vom 30. April 2013 (GV. NRW. S. 212) in der jeweils geltenden Fassung gelten entsprechend. [5] In den Vollzugsplan und seine Fortschreibungen ist gesondert aufzunehmen, ob standardisierte Angebote ausreichen oder individuell zugeschnittene Behandlungsangebote notwendig sind und wahrgenommen werden.

(2) [1] Die Bereitschaft der Gefangenen, an der Erreichung der Vollzugsziele mitzuwirken, ist fortwährend zu wecken und zu fördern. [2] Die Motivationsmaßnahmen sind zu dokumentieren.

(3) [1] Gefangene sind abweichend von § 13 in sozialtherapeutische Einrichtungen zu verlegen, wenn ihre Teilnahme an den dortigen Behandlungsprogrammen zur Verringerung der Gefahren, die von ihnen für die Allgemeinheit ausgehen, angezeigt ist. [2] Die Verlegung erfolgt im Benehmen mit der aufnehmenden Einrichtung. [3] Die Gefangenen sollen so frühzeitig verlegt werden, dass ein Abschluss der Behandlung noch während des Vollzuges der Freiheitsstrafe zu erwarten ist.

(4) §§ 89, 90 gelten entsprechend.

(5) [1] Die vorzusehenden Bediensteten (§ 96 Absatz 2) sollen für die Betreuung und Behandlung von Gefangenen mit angeordneter oder vorbehaltener Sicherungsverwahrung besonders geeignet und qualifiziert sein. [2] Eine fachübergreifende Zusammenarbeit und die erforderliche Einbeziehung externer Fachkräfte sind zu gewährleisten.

(6) Ist die Unterbringung in der Sicherungsverwahrung nachträglich angeordnet oder droht eine solche Anordnung, gelten die Absätze 1 bis 5 entsprechend.

(7) [1] Wird gegen Gefangene im Anschluss an die Strafhaft die Sicherungsverwahrung vollzogen, werden die Guthaben der Gefangenen übertragen. [2] Haben die Gefangenen während des Vollzuges der Freiheitsstrafe Freistellungstage nach § 34 Absatz 1 Satz 1 erworben, wird ihnen eine Ausgleichsentschädigung nach § 34 Absatz 3 schon bei Antritt der Sicherungsverwahrung zum Eigengeld gutgeschrieben.

Abschnitt 19. Anstalten

§ 93 Organisation der Anstalten. (1) Freiheitsstrafen werden in Anstalten der Landesjustizverwaltung vollzogen, die entsprechend ihrem Zweck und den Erfordernissen eines behandlungsorientierten Strafvollzuges auszugestalten sind und eine auf die unterschiedlichen Bedürfnisse der Gefangenen abgestimmte Behandlung gewährleisten.

(2) [1] Für den Vollzug der Freiheitsstrafe sind Haftplätze in verschiedenen Anstalten oder Abteilungen vorzusehen, die eine dem Vollzugsziel entsprechende Behandlungsdifferenzierung ermöglichen. [2] Neben Anstalten des geschlossenen Vollzuges sind solche des offenen Vollzuges einzurichten; in Anstalten des geschlossenen Vollzuges können Abteilungen des offenen Vollzuges eingerichtet werden.

(3) [1] Es ist eine bedarfsgerechte Anzahl und Ausstattung von Plätzen, insbesondere für therapeutische Maßnahmen, für Maßnahmen der Beschäftigung, Freizeit, Sport, Seelsorge und Besuche, vorzusehen. [2] Gemeinschafts- und Besuchsräume sind wohnlich und zweckentsprechend auszustatten.

(4) Anstalten sollen so gegliedert werden, dass Gefangene in überschaubaren Betreuungs- und Behandlungsgruppen zusammengefasst werden können.

(5) [1] Die Einrichtung von Wohngruppen in baulich abgegrenzten Bereichen soll ermöglicht werden. [2] Die Wohngruppen sollen von fest zugeordneten Bediensteten betreut werden.

§ 94 Arbeitsbetriebe, Einrichtungen zur schulischen und beruflichen Bildung. (1) In den Anstalten sind Arbeitsbetriebe sowie Einrichtungen zur schulischen und beruflichen Bildung und zur arbeitstherapeutischen Beschäftigung in ausreichendem Umfang vorzusehen.

(2) [1] Die Arbeitsbetriebe und Einrichtungen sind den Verhältnissen außerhalb der Anstalten anzugleichen. [2] Die Arbeitsschutz- und Unfallverhütungsvorschriften sind zu beachten.

(3) [1] Bildung und Beschäftigung können auch in geeigneten Einrichtungen privater Unternehmen erfolgen. [2] In den von privaten Unternehmen unterhaltenen Betrieben und sonstigen Einrichtungen kann die technische und fachliche Leitung Angehörigen dieser Unternehmen übertragen werden.

§ 95 Festsetzung der Belegungsfähigkeit, Verbot der Überbelegung. (1) Die Aufsichtsbehörde setzt die Belegungsfähigkeit unter Berücksichtigung von § 14 Absatz 1 und § 93 Absatz 3 für jede Anstalt fest.

(2) [1] Hafträume dürfen nicht mit mehr Personen als zugelassen belegt werden. [2] Ausnahmen hiervon sind nur vorübergehend aus zwingenden Gründen zulässig und sind zu dokumentieren.

Abschnitt 20. Innerer Aufbau, Personal, Aufsicht

§ 96 Bedienstete. (1) [1] Die Aufgaben der Anstalten werden von Vollzugsbeamtinnen und Vollzugsbeamten wahrgenommen. [2] Aus besonderen Gründen können sie auch anderen Bediensteten der Anstalten sowie nebenamtlichen oder vertraglich verpflichteten Personen übertragen werden.

(2) [1] Für jede Anstalt ist die erforderliche Anzahl von geeigneten und fachlich qualifizierten Bediensteten, insbesondere des medizinischen, pädagogischen, psychologischen und sozialen Dienstes, des allgemeinen Vollzugsdienstes, des Verwaltungsdienstes, des Werkdienstes sowie der Seelsorge, vorzusehen. [2] Die Bediensteten werden fortgebildet und erhalten Praxisberatung und -begleitung sowie Gelegenheit zur Supervision.

(3) Die Zahl der Fachkräfte für sozialtherapeutische Einrichtungen ist so zu bemessen, dass eine nachgehende Betreuung früherer Gefangener gemäß §§ 90, 92 ermöglicht werden kann.

§ 97 Anstaltsleitung. (1) [1] Für jede Anstalt ist eine Beamtin oder ein Beamter zur hauptamtlichen Leiterin oder zum hauptamtlichen Leiter zu bestellen, die oder der die Voraussetzungen der Laufbahngruppe 2, zweites Einstiegsamt, erfüllt. [2] Aus besonderen Gründen kann eine Anstalt auch von einer Beamtin oder einem Beamten geleitet werden, die oder der die Voraussetzungen der Laufbahngruppe 2, erstes Einstiegsamt, erfüllt.

(2) [1] Die Anstaltsleitung vertritt die Anstalt nach außen und trägt die Verantwortung für den gesamten Vollzug. [2] Im Innenverhältnis kann sie die Ver-

antwortung für bestimmte Aufgabenbereiche auf andere Bedienstete übertragen.

(3) Die Befugnis, die Durchsuchung nach § 64 Absatz 2, die besonderen Sicherungsmaßnahmen nach § 69 und die Disziplinarmaßnahmen nach § 80 anzuordnen, darf nur mit Zustimmung der Aufsichtsbehörde übertragen werden.

§ 98 Seelsorge. (1) Seelsorgerinnen und Seelsorger werden im Einvernehmen mit der jeweiligen Religionsgemeinschaft im Hauptamt bestellt oder vertraglich verpflichtet.

(2) Wenn die geringe Zahl der Angehörigen einer Religionsgemeinschaft eine Seelsorge nach Absatz 1 nicht rechtfertigt, ist die seelsorgliche Betreuung auf andere Weise zuzulassen.

(3) Mit Zustimmung der Anstaltsleitung dürfen sich die Seelsorgerinnen und Seelsorger freier Seelsorgehelferinnen und Seelsorgehelfer bedienen und für Gottesdienste sowie für andere religiöse Veranstaltungen Seelsorgerinnen oder Seelsorger von außen hinzuziehen.

§ 99 Medizinische Versorgung. (1) [1] Die ärztliche Versorgung ist durch hauptamtliche Ärztinnen oder Ärzte sicherzustellen. [2] Sie kann aus besonderen Gründen nebenamtlichen oder vertraglich verpflichteten Ärztinnen oder Ärzten übertragen werden.

(2) [1] Die Pflege erkrankter Gefangener soll von Krankenpflegekräften im Sinne des Krankenpflegegesetzes vom 16. Juli 2003 (BGBl. I S. 1442) in der jeweils geltenden Fassung ausgeübt werden. [2] Stehen solche Kräfte nicht zur Verfügung, können Bedienstete des Vollzuges oder sonstige Kräfte eingesetzt werden, soweit sie eine entsprechende Qualifikation besitzen.

§ 100 Konferenzen. [1] Zur Aufstellung und Überprüfung des Vollzugsplans sowie zur Vorbereitung anderer wichtiger Entscheidungen im Vollzug, insbesondere bei erstmaliger Gewährung von vollzugsöffnenden Maßnahmen, Verlegung in den offenen Vollzug oder bei Maßnahmen zur Entlassungsvorbereitung, führt die Anstaltsleitung Konferenzen mit den an der Behandlung maßgeblich Beteiligten durch. [2] § 5 gilt entsprechend. [3] Das Konferenzergebnis und die tragenden Gründe der jeweiligen Entscheidung sind zu dokumentieren.

§ 101 Gefangenenmitverantwortung. [1] Gefangenen wird ermöglicht, eine Vertretung zu wählen. [2] Diese kann in Angelegenheiten von gemeinsamem Interesse, die sich ihrer Eigenart und der Aufgabe der Anstalt nach für eine Mitwirkung eignen, der Anstaltsleitung Vorschläge und Anregungen unterbreiten. [3] Diese sollen mit der Vertretung erörtert werden.

§ 102 Hausordnung. [1] Die Anstaltsleitung erlässt eine Hausordnung. [2] Diese informiert in verständlicher Form namentlich über die Rechte und Pflichten der Gefangenen und enthält Erläuterungen zur Organisation des Besuchs, zur Arbeitszeit, Freizeit und Ruhezeit sowie Hinweise zu den Möglichkeiten, Anträge und Beschwerden anzubringen.

§ 103 Aufsichtsbehörde. (1) Das Justizministerium führt die Aufsicht über die Anstalten und sichert gemeinsam mit ihnen die Qualität des Vollzuges.

(2) [1]An der Aufsicht über die Fachdienste sind eigene Fachkräfte zu beteiligen. [2]Soweit die Aufsichtsbehörde nicht über eigene Fachkräfte verfügt, ist fachliche Beratung sicherzustellen.

(3) Entscheidungen über Verlegungen können einer zentralen Stelle übertragen werden.

§ 104 Vollstreckungsplan, Einweisungsverfahren. (1) Die örtliche und sachliche Zuständigkeit der Anstalten wird durch die Aufsichtsbehörde in einem Vollstreckungsplan nach allgemeinen Merkmalen geregelt.

(2) [1]Der Vollstreckungsplan bestimmt insbesondere, welche Anstalten und Abteilungen sozialtherapeutische Einrichtungen oder solche des offenen Vollzuges sind. [2]Ferner legt er fest, welche Gefangenen zunächst einer Einweisungsanstalt oder Einweisungsabteilung zuzuführen sind und inwieweit Gefangene, die sich freiwillig zum Strafantritt stellen, zunächst bis zum Abschluss der Behandlungsuntersuchung in eine Anstalt oder Abteilung des offenen Vollzuges aufzunehmen sind.

Abschnitt 21. Beiräte

§ 105 Aufgaben der Beiräte. (1) [1]Bei den Anstalten sind Beiräte zu bilden. [2]Bedienstete dürfen nicht Mitglieder der Beiräte sein. [3]Bestellung, Amtszeit und Abberufung der Mitglieder regelt die Aufsichtsbehörde.

(2) [1]Die Mitglieder der Beiräte wirken bei der Gestaltung des Vollzuges und bei der Betreuung der Gefangenen mit. [2]Sie unterstützen die Anstaltsleitung durch Anregungen und Verbesserungsvorschläge und helfen bei der Eingliederung der Gefangenen nach der Entlassung.

§ 106 Befugnisse. (1) [1]Die Mitglieder der Beiräte können namentlich Wünsche, Anregungen und Beanstandungen von Gefangenen und Bediensteten entgegennehmen. [2]Sie können die Anstalt und ihre Einrichtungen besichtigen sowie sich über die Unterbringung, Beschäftigung, berufliche Bildung, Verpflegung, medizinische Versorgung und Behandlung unterrichten.

(2) [1]Die Mitglieder der Beiräte können die Gefangenen in ihren Räumen aufsuchen. [2]Aussprache und Schriftwechsel mit ihnen werden nicht überwacht.

§ 107 Pflicht zur Verschwiegenheit. [1]Die Mitglieder der Beiräte sind verpflichtet, außerhalb ihres Amtes über alle Angelegenheiten, die vertraulich sind, insbesondere über Namen und Persönlichkeit der Gefangenen, Verschwiegenheit zu bewahren. [2]Dies gilt auch nach Beendigung ihres Amtes.

Abschnitt 22. Kriminologischer Dienst, Schlussbestimmungen

§ 108 Kriminologischer Dienst. (1) Dem kriminologischen Dienst obliegt es, in Zusammenarbeit mit den Einrichtungen der Forschung den Vollzug, insbesondere die Behandlungsmethoden, wissenschaftlich zu begleiten und seine Ergebnisse für die Weiterentwicklung der Behandlungs- und Eingliederungsmaßnahmen und der Leitlinien des Vollzuges nutzbar zu machen.

(2) [1]Die Begleitforschung beinhaltet namentlich die regelmäßige Erhebung des Behandlungsbedarfs und die Auswertung des Behandlungsverlaufs. [2]In die

Bewertung sollen die Erfahrungen der Praxis und der oder des Justizvollzugsbeauftragten des Landes Nordrhein-Westfalen einfließen.

(3) § 19 des Justizvollzugsdatenschutzgesetzes Nordrhein-Westfalen gilt entsprechend.

§ 109 Einschränkung von Grundrechten. Durch dieses Gesetz werden die Grundrechte aus Artikel 2 Absatz 2 Satz 1 und 2 (körperliche Unversehrtheit und Freiheit der Person), Artikel 5 Absatz 1 Satz 1 (Informationsfreiheit) und Artikel 10 Absatz 1 (Brief-, Post- und Fernmeldegeheimnis) des Grundgesetzes eingeschränkt.

§ 110 Ersetzung und Fortgeltung von Bundesrecht. Dieses Gesetz ersetzt nach Artikel 125a Absatz 1 Satz 2 des Grundgesetzes in seinem Geltungsbereich das Strafvollzugsgesetz[1] vom 16. März 1976 (BGBl. I S. 581, 2088; 1977 I S. 436), das zuletzt durch Artikel 152 der Verordnung vom 31. August 2015 (BGBl. I S. 1474) geändert worden ist, mit Ausnahme der Vorschriften über

1. den Urlaub aus der Haft (§ 13 Absatz 5),
2. den Pfändungsschutz (§ 43 Absatz 11 Satz 2, § 50 Absatz 2 Satz 5, § 51 Absatz 4 und 5, § 75 Absatz 3),
3. das Festnahmerecht (§ 87),
4. den Ersatz von Aufwendungen (§ 93),
5. das Handeln auf Anordnung (§ 97),
6. das gerichtliche Verfahren (§§ 109 bis 121),
7. die Unterbringung in einem psychiatrischen Krankenhaus und einer Entziehungsanstalt (§§ 136 bis 138),
8. den Vollzug des Strafarrestes in Justizvollzugsanstalten (§§ 167 bis 170, 178 Absatz 2) und
9. den Vollzug von Ordnungs-, Sicherungs-, Zwangs- und Erzwingungshaft (§§ 171 bis 175, 178 Absatz 2).

§ 111 Übergangsvorschrift. Bis zum Inkrafttreten einer Verordnung nach § 32 Absatz 3 Satz 3 gilt die Strafvollzugsvergütungsordnung[2] vom 11. Januar 1977 (BGBl. I S. 57), die durch Artikel 6 des Gesetzes vom 13. Dezember 2007 (BGBl. I S. 2894) geändert worden ist, fort.

§ 112 Inkrafttreten, Berichtspflicht. (1) Dieses Gesetz tritt am ersten Tag des vierten auf die Verkündung[3] folgenden Kalendermonats in Kraft.

(2) Die Landesregierung berichtet dem Landtag bis zum 31. Dezember 2019 über die mit diesem Gesetz gemachten Erfahrungen.

---

[1] Nr. **1**.
[2] Nr. **1a**.
[3] Verkündet am 5.5.2017.

1.11. Landesjustizvollzugsgesetz (LJVollzG)[1) 2) 3)]

Vom 8. Mai 2013
(GVBl. S. 79)

BS Rh-Pf 35-1

zuletzt geänd. durch Art. 1 G zur Änd. des LJVollzG, des LSVVollzG, des LJAVollzG, des LJVollzDSG und der SchiedsamtsO v. 15.10.2020 (GVBl. S. 571)

Inhaltsübersicht

---

1) Verkündet als Art. 1 G zur Weiterentwicklung von Justizvollzug, Sicherungsverwahrung und Datenschutz v. 8.5.2013 (GVBl. S. 79); Inkrafttreten gem. Art. 5 Abs. 1 dieses G am 1.6.2013.

2) Das LandesjustizvollzugsG, das LandessicherungsverwahrungsvollzugsG v. 8.5.2013 (GVBl. S. 79, 102), zuletzt geänd. durch G v. 15.10.2020 (GVBl. S. 571) und das LandesjustizvollzugsdatenschutzG v. 3.6.2020 (GVBl. S. 218), geänd. durch G v. 15.10.2020 (GVBl. S. 571) ersetzen gem. Art. 125a Abs. 1 Satz 2 GG v. 23.5.1949 (BGBl. I S. 1), zuletzt geänd. durch G v. 29.9.2020 (BGBl. I S. 2048) in ihrem Geltungsbereich das Strafvollzugsgesetz (Nr. **1**) mit Ausnahme der Vorschriften über den Pfändungsschutz (§ 50 Abs. 2 Satz 5, § 51 Abs. 4 und 5, § 75 Abs. 3), das Handeln auf Anordnung (§ 97), das gerichtliche Verfahren (§§ 109–121), die Unterbringung in einem psychiatrischen Krankenhaus und einer Entziehungsanstalt (§§ 136–138), den Vollzug von Ordnungs-, Sicherungs-, Zwangs- und Erzwingungshaft (§§ 171–175) und den unmittelbaren Zwang in Justizvollzugsanstalten für andere Arten des Freiheitsentzugs (§ 178), vgl. Art. 4 G zur Weiterentwicklung von Justizvollzug, Sicherungsverwahrung und Datenschutz v. 8.5.2013 (GVBl. S. 79).

3) Siehe hierzu ua: das Landesjugendarrestvollzugsgesetz v. 6.10.2015 (GVBl. S. 354), zuletzt geänd. durch G v. 15.10.2020 (GVBl. S. 571) und das Maßregelvollzugsgesetz v. 22.12.2015 (GVBl. S. 487), zuletzt geänd. durch G v. 15.10.2020 (GVBl. S. 556).

Abschnitt 22. Schlussbestimmungen

Abschnitt 1. Allgemeine Bestimmungen

§ 1 Anwendungsbereich, allgemeine Begriffsbestimmungen. (1) Dieses Gesetz regelt den Vollzug der Freiheitsstrafe, der Jugendstrafe, der Untersuchungshaft und des Strafarrests in Justizvollzugsanstalten und Jugendstrafanstalten (Anstalten).

(2) Für den Vollzug der Haft nach § 127b Abs. 2, § 230 Abs. 2, den §§ 236 und 329 Abs. 3, § 412 Satz 1 und § 453c der Strafprozessordnung (StPO) sowie der einstweiligen Unterbringung nach § 275a Abs. 6 StPO gelten die Bestimmungen für den Vollzug der Untersuchungshaft entsprechend.

(3) Für den Vollzug der einstweiligen Unterbringung nach § 126a StPO gelten, soweit eine Anordnung nach § 119 Abs. 1 StPO nicht entgegensteht, das Maßregelvollzugsgesetz und die zu seiner Durchführung erlassenen Rechts- und Verwaltungsvorschriften in ihrer jeweils geltenden Fassung entsprechend.

(4) [1] Bei Verurteilung zu einer Freiheitsstrafe, deren Vollstreckung nicht zur Bewährung ausgesetzt wird und die nicht durch Anrechnung der Untersuchungshaft bereits erledigt ist, sind die Gefangenen mit Rechtskraft des Urteils nach den Bestimmungen über den Vollzug der Freiheitsstrafe zu behandeln, soweit sich dies schon vor der Aufnahme zum Vollzug der Freiheitsstrafe durchführen lässt. [2] Dies gilt nicht, wenn aufgrund eines anderen Haftbefehls weiterhin Untersuchungshaft zu vollziehen ist.

(5) Bei rechtskräftiger Verurteilung zu einer Jugendstrafe und bei rechtskräftiger Anordnung einer mit Freiheitsentziehung verbundenen Maßregel der Besserung und Sicherung gilt Absatz 4 sinngemäß.

(6) Gefangene im Sinne dieses Gesetzes sind Strafgefangene, Jugendstrafgefangene und Untersuchungsgefangene.

(7) Junge Untersuchungsgefangene im Sinne dieses Gesetzes sind solche, die zur Tatzeit das 21. Lebensjahr noch nicht vollendet hatten und die das 24. Lebensjahr noch nicht vollendet haben.

(8) Junge Gefangene im Sinne dieses Gesetzes sind Jugendstrafgefangene und junge Untersuchungsgefangene.

§ 2 Ziel und Aufgabe des Vollzugs der Freiheitsstrafe und der Jugendstrafe. [1] Der Vollzug der Freiheitsstrafe und der Jugendstrafe dient dem Ziel, die Strafgefangenen und die Jugendstrafgefangenen zu befähigen, künftig in sozialer Verantwortung ein Leben ohne Straftaten zu führen. [2] Er hat die Aufgabe, die Allgemeinheit vor weiteren Straftaten zu schützen.

§ 3 Aufgabe des Vollzugs der Untersuchungshaft, Zusammenarbeit. (1) Der Vollzug der Untersuchungshaft hat die Aufgabe, durch sichere Unterbringung der Untersuchungsgefangenen die Durchführung eines geordneten Strafverfahrens zu gewährleisten und der Gefahr weiterer Straftaten zu begegnen.

(2) [1] Die Anstalt, in der die Untersuchungshaft vollzogen wird, trifft die Entscheidungen nach diesem Gesetz. [2] Sie arbeitet eng mit Gericht und Staats-

anwaltschaft zusammen, um die Aufgabe des Vollzugs der Untersuchungshaft zu erfüllen und die Sicherheit und Ordnung der Anstalt zu gewährleisten.

(3) Die Anstalt hat Anordnungen nach § 119 Abs. 1 StPO zu beachten und umzusetzen.

§ 4 Stellung der Gefangenen. (1) [1]Die Persönlichkeit und die Würde der Gefangenen sind zu achten. [2]Ihre Selbstständigkeit im Vollzugsalltag ist so weit wie möglich zu erhalten und zu fördern.

(2) [1]Die Gefangenen werden an der Gestaltung des Vollzugsalltags beteiligt. [2]Vollzugliche Maßnahmen sollen ihnen erläutert werden.

(3) [1]Die Gefangenen unterliegen den in diesem Gesetz vorgesehenen Beschränkungen ihrer Freiheit. [2]Soweit das Gesetz eine besondere Regelung nicht enthält, dürfen ihnen nur Beschränkungen auferlegt werden, die zur Aufrechterhaltung der Sicherheit oder zur Abwendung einer schwerwiegenden Störung der Ordnung der Anstalt oder im Vollzug der Untersuchungshaft zur Umsetzung einer Anordnung nach § 119 Abs. 1 StPO unerlässlich sind. [3]Sie müssen in einem angemessenen Verhältnis zum Zweck der Anordnung stehen und dürfen die Gefangenen nicht mehr und nicht länger als notwendig beeinträchtigen.

§ 5 Besondere Stellung der Untersuchungsgefangenen. [1]Die Untersuchungsgefangenen gelten als unschuldig. [2]Sie sind so zu behandeln, dass der Anschein vermieden wird, sie würden zur Verbüßung einer Strafe festgehalten.

§ 6 Mitwirkung im Vollzug der Freiheitsstrafe und der Jugendstrafe.

(1) [1]Zur Erreichung des Vollzugsziels bedarf es der Mitwirkung der Strafgefangenen und der Jugendstrafgefangenen. [2]Ihre Bereitschaft hierzu ist zu wecken und zu fördern.

(2) Die Jugendstrafgefangenen sind verpflichtet, an der Erreichung des Vollzugsziels mitzuwirken.

§ 7 Allgemeine Gestaltungsgrundsätze. (1) Das Leben im Vollzug ist den allgemeinen Lebensverhältnissen so weit wie möglich anzugleichen.

(2) [1]Schädlichen Folgen des Freiheitsentzugs ist entgegenzuwirken. [2]Ein besonderes Augenmerk ist auf die Verhütung von Selbsttötungen zu richten.

(3) Die unterschiedlichen Bedürfnisse der Gefangenen, insbesondere im Hinblick auf Geschlecht, Alter und Herkunft, Behinderung und sexuelle Identität, werden bei der Vollzugsgestaltung im Allgemeinen und im Einzelfall berücksichtigt.

§ 8 Grundsätze der Gestaltung des Vollzugs der Freiheitsstrafe und der Jugendstrafe. (1) [1]Der Vollzug der Freiheitsstrafe und der Jugendstrafe ist auf die Auseinandersetzung der Strafgefangenen und der Jugendstrafgefangenen mit ihren Straftaten und deren Folgen auszurichten. [2]Das Bewusstsein für den dem Opfer zugefügten Schaden soll geweckt werden.

(2) Der Vollzug der Freiheitsstrafe und der Jugendstrafe wird von Beginn an auf die Eingliederung der Strafgefangenen und der Jugendstrafgefangenen in das Leben in Freiheit ausgerichtet.

(3) [1]Strafgefangene mit angeordneter oder vorbehaltener Sicherungsverwahrung und Jugendstrafgefangene mit vorbehaltener Sicherungsverwahrung sind

individuell und intensiv zu betreuen, um ihre Unterbringung in der Sicherungsverwahrung entbehrlich zu machen. [2] Soweit standardisierte Maßnahmen hierfür nicht ausreichen oder keinen Erfolg versprechen, sind individuell zugeschnittene Maßnahmen anzubieten.

(4) [1] Der Bezug der Strafgefangenen und der Jugendstrafgefangenen zum gesellschaftlichen Leben ist zu wahren und zu fördern. [2] Personen und Einrichtungen außerhalb des Vollzugs sollen in den Vollzugsalltag einbezogen werden. [3] Strafgefangenen und Jugendstrafgefangenen ist so bald wie möglich die Teilnahme am Leben in der Freiheit zu gewähren.

§ 9 Erzieherische Gestaltung des Vollzugs der Jugendstrafe. (1) [1] Der Vollzug der Jugendstrafe ist erzieherisch zu gestalten. [2] Die Jugendstrafgefangenen sind in der Entwicklung ihrer Fähigkeiten und Fertigkeiten so zu fördern, dass sie zu einer eigenverantwortlichen und gemeinschaftsfähigen Lebensführung in Achtung der Rechte anderer befähigt werden.

(2) Erziehung und Förderung erfolgen durch Maßnahmen und Programme zur Entwicklung und Stärkung der Fähigkeiten und Fertigkeiten der Jugendstrafgefangenen im Hinblick auf die Erreichung des Vollzugsziels.

(3) Durch differenzierte Angebote soll auf den jeweiligen Entwicklungsstand und den unterschiedlichen Erziehungs- und Förderbedarf der Jugendstrafgefangenen eingegangen werden.

(4) Die Maßnahmen und Programme richten sich insbesondere auf die Auseinandersetzung mit den eigenen Straftaten, deren Ursachen und Folgen, schulische und berufliche Qualifizierung, soziale Integration und die verantwortliche Gestaltung des alltäglichen Zusammenlebens, der freien Zeit sowie der Außenkontakte.

(5) Die Personensorgeberechtigten sind, soweit dies möglich ist und dem Vollzugsziel nicht zuwiderläuft, in die Planung und Gestaltung des Vollzugs einzubeziehen.

§ 10 Erzieherische Gestaltung des Vollzugs der Untersuchungshaft an jungen Untersuchungsgefangenen. (1) Für den Vollzug der Untersuchungshaft an jungen Untersuchungsgefangenen gilt § 9 Abs. 1 entsprechend.

(2) Die Personensorgeberechtigten sind, soweit dies möglich ist, in die Gestaltung des Vollzugs einzubeziehen.

(3) [1] Von der Anwendung der Bestimmungen dieses Gesetzes über junge Untersuchungsgefangene kann abgesehen werden, wenn diese volljährig sind und die erzieherische Ausgestaltung des Vollzugs für sie nicht oder nicht mehr angezeigt ist. [2] Diese Bestimmungen können ausnahmsweise auch über die Vollendung des 24. Lebensjahres hinaus angewendet werden, wenn dies im Hinblick auf die voraussichtlich nur noch geringe Dauer der Untersuchungshaft zweckmäßig erscheint.

(4) Beschränkungen können minderjährigen Untersuchungsgefangenen auch auferlegt werden, soweit es dringend geboten ist, um sie vor einer Gefährdung ihrer Entwicklung zu bewahren.

§ 11 Soziale Hilfe. (1) [1] Die Gefangenen werden darin unterstützt, ihre persönlichen, wirtschaftlichen und sozialen Schwierigkeiten zu beheben. [2] Sie

sollen dazu angeregt und in die Lage versetzt werden, ihre Angelegenheiten selbst zu regeln.

(2) Die Strafgefangenen und die Jugendstrafgefangenen sollen angehalten werden, den durch die Straftat verursachten materiellen und immateriellen Schaden wiedergutzumachen und eine Schuldenregulierung herbeizuführen.

(3) [1] Die Beratung der Untersuchungsgefangenen soll die Benennung von Stellen und Einrichtungen außerhalb der Anstalt umfassen, die sich um eine Vermeidung der weiteren Untersuchungshaft bemühen. [2] Auf Wunsch sind den Untersuchungsgefangenen Stellen und Einrichtungen zu benennen, die sie in ihrem Bestreben unterstützen können, einen Ausgleich mit dem Tatopfer zu erreichen oder auf andere Weise zur Wiedergutmachung beizutragen.

Abschnitt 2. Aufnahme, Diagnose, Vollzugs- und Eingliederungsplanung

§ 12 Aufnahmeverfahren. (1) [1] Mit den Gefangenen wird unverzüglich nach der Aufnahme ein Zugangsgespräch geführt, in dem ihre gegenwärtige Lebenssituation erörtert wird und sie über ihre Rechte und Pflichten in einer für sie verständlichen Form informiert werden. [2] Ihnen wird ein Exemplar der Hausordnung ausgehändigt. [3] Dieses Gesetz, die von ihm in Bezug genommenen Gesetze sowie die zu seiner Ausführung erlassenen Rechtsverordnungen und Verwaltungsvorschriften sind den Gefangenen auf Verlangen zugänglich zu machen.

(2) Während des Aufnahmeverfahrens dürfen andere Gefangene nicht zugegen sein.

(3) Die Gefangenen werden alsbald ärztlich untersucht.

(4) Die Gefangenen werden dabei unterstützt, etwa notwendige Maßnahmen für hilfsbedürftige Angehörige, zur Erhaltung des Arbeitsplatzes und der Wohnung und zur Sicherung ihrer Habe außerhalb der Anstalt zu veranlassen.

(5) Den Untersuchungsgefangenen ist Gelegenheit zu geben, eine Angehörige oder einen Angehörigen oder eine Vertrauensperson von der Aufnahme in die Anstalt zu benachrichtigen.

(6) Die Personensorgeberechtigten und das Jugendamt werden von der Aufnahme der jungen Gefangenen unverzüglich unterrichtet.

(7) Bei Strafgefangenen, die eine Ersatzfreiheitsstrafe verbüßen, sind die Möglichkeiten der Abwendung der Vollstreckung durch freie Arbeit oder ratenweise Tilgung der Geldstrafe zu erörtern und zu fördern, um so auf eine möglichst baldige Entlassung hinzuwirken.

§ 13 Diagnoseverfahren. (1) Bei Strafgefangenen und Jugendstrafgefangenen schließt sich an das Aufnahmeverfahren zur Vorbereitung der Vollzugs- und Eingliederungsplanung das Diagnoseverfahren an.

(2) [1] Das Diagnoseverfahren muss wissenschaftlichen Erkenntnissen genügen. [2] Insbesondere bei Strafgefangenen mit angeordneter oder vorbehaltener Sicherungsverwahrung und Jugendstrafgefangenen mit vorbehaltener Sicherungsverwahrung ist es von Personen mit einschlägiger wissenschaftlicher Qualifikation durchzuführen.

(3) [1] Das Diagnoseverfahren erstreckt sich auf die Persönlichkeit, die Lebensverhältnisse, die Ursachen und Umstände der Straftat sowie alle sonstigen

Gesichtspunkte, deren Kenntnis für eine zielgerichtete und wirkungsorientierte Vollzugsgestaltung und die Eingliederung nach der Entlassung notwendig erscheint. [2] Neben den Unterlagen aus der Vollstreckung und dem Vollzug vorangegangener Freiheitsentziehungen sind insbesondere auch Erkenntnisse der Gerichts-, Jugendgerichts- und Bewährungshilfe sowie der Führungsaufsichtsstellen einzubeziehen.

(4) [1] Im Diagnoseverfahren werden die im Einzelfall die Straffälligkeit begünstigenden Faktoren ermittelt. [2] Gleichzeitig sollen die Fähigkeiten der Strafgefangenen und der Jugendstrafgefangenen ermittelt werden, deren Stärkung einer erneuten Straffälligkeit entgegenwirken kann.

(5) Im Vollzug der Freiheitsstrafe kann bei einer voraussichtlichen Vollzugsdauer bis zu einem Jahr das Diagnoseverfahren auf die Umstände beschränkt werden, deren Kenntnis für eine angemessene Vollzugsgestaltung unerlässlich und für die Eingliederung erforderlich ist.

(6) Im Vollzug der Jugendstrafe ist das Diagnoseverfahren maßgeblich auf die Ermittlung des Förder- und Erziehungsbedarfs auszurichten.

(7) Das Ergebnis des Diagnoseverfahrens wird mit den Strafgefangenen und den Jugendstrafgefangenen erörtert.

(8) Ist ausschließlich Ersatzfreiheitsstrafe zu vollziehen, findet ein Diagnoseverfahren nicht statt.

§ 14 Vollzugs- und Eingliederungsplanung. (1) [1] Auf der Grundlage des Ergebnisses des Diagnoseverfahrens wird ein Vollzugs- und Eingliederungsplan erstellt. [2] Er zeigt den Strafgefangenen und den Jugendstrafgefangenen bereits zu Beginn der Haftzeit unter Berücksichtigung der voraussichtlichen Vollzugsdauer die zur Erreichung des Vollzugsziels erforderlichen Maßnahmen auf. [3] Daneben kann er weitere Hilfsangebote und Empfehlungen enthalten. [4] Auf die Fähigkeiten, Fertigkeiten und Neigungen der Strafgefangenen und der Jugendstrafgefangenen ist Rücksicht zu nehmen. [5] Stehen zur Erreichung des Vollzugsziels mehrere in gleicher Weise geeignete Maßnahmen zur Verfügung, so haben die Strafgefangenen und Jugendstrafgefangenen ein Wahlrecht.

(2) [1] Der Vollzugs- und Eingliederungsplan wird regelmäßig innerhalb der ersten acht Wochen nach der Aufnahme erstellt. [2] Diese Frist verkürzt sich bei einer voraussichtlichen Vollzugsdauer von unter einem Jahr auf vier Wochen. [3] Liegt im Zeitpunkt der Aufnahme das zu vollstreckende Urteil nicht vor, so beginnt die Frist mit dem Eingang des Urteils. [4] Ergibt sich aus den Urteilsgründen, dass eine psychologische oder psychiatrische Begutachtung erfolgt ist, beginnt die Frist erst mit dem Eingang des Gutachtens. [5] Der Fristbeginn ist in den Gefangenenpersonalakten zu dokumentieren.

(3) [1] Der Vollzugs- und Eingliederungsplan sowie die darin vorgesehenen Maßnahmen werden für Strafgefangene und Jugendstrafgefangene regelmäßig alle sechs Monate, spätestens aber alle zwölf Monate überprüft und fortgeschrieben. [2] Bei Jugendstrafen von weniger als drei Jahren erfolgt die Überprüfung regelmäßig alle vier Monate. [3] Die Entwicklung der Strafgefangenen und der Jugendstrafgefangenen und die in der Zwischenzeit gewonnenen Erkenntnisse sind zu berücksichtigen. [4] Die durchgeführten Maßnahmen sind zu dokumentieren.

(4) [1] Die Vollzugs- und Eingliederungsplanung wird mit den Strafgefangenen und den Jugendstrafgefangenen erörtert. [2] Dabei werden deren Anregungen und Vorschläge einbezogen, soweit sie der Erreichung des Vollzugsziels dienen.

(5) [1] Zur Erstellung und Fortschreibung des Vollzugs- und Eingliederungsplans führt die Anstaltsleiterin oder der Anstaltsleiter eine Konferenz mit den an der Vollzugsgestaltung maßgeblich Beteiligten durch. [2] Standen die Strafgefangenen und die Jugendstrafgefangenen vor ihrer Inhaftierung unter Bewährung oder Führungsaufsicht, können auch die für sie bislang zuständigen Bewährungshelferinnen und Bewährungshelfer an der Konferenz beteiligt werden. [3] Den Strafgefangenen und den Jugendstrafgefangenen wird der Vollzugs- und Eingliederungsplan in der Konferenz eröffnet und erläutert; sie können auch darüber hinaus an der Konferenz beteiligt werden.

(6) [1] An der Eingliederung mitwirkende Personen außerhalb des Vollzugs sind nach Möglichkeit in die Planung einzubeziehen. [2] Sie können mit Zustimmung der Strafgefangenen und der Jugendstrafgefangenen auch an der Konferenz beteiligt werden.

(7) Werden die Strafgefangenen und die Jugendstrafgefangenen nach der Entlassung voraussichtlich unter Bewährungs- oder Führungsaufsicht gestellt, so ist den künftig zuständigen Bewährungshelferinnen und Bewährungshelfern in den letzten zwölf Monaten vor dem voraussichtlichen Entlassungszeitpunkt die Teilnahme an der Konferenz zu ermöglichen und sind ihnen der Vollzugs- und Eingliederungsplan und seine Fortschreibungen zu übersenden.

(8) [1] Der Vollzugs- und Eingliederungsplan und seine Fortschreibungen werden den Strafgefangenen und den Jugendstrafgefangenen ausgehändigt. [2] Im Vollzug der Jugendstrafe werden sie der Vollstreckungsleiterin oder dem Vollstreckungsleiter und auf Verlangen den Personensorgeberechtigten in Schriftform mitgeteilt.

§ 15 Inhalt des Vollzugs- und Eingliederungsplans. (1) [1] Der Vollzugs- und Eingliederungsplan enthält insbesondere folgende Angaben:

1. Zusammenfassung der für die Vollzugs- und Eingliederungsplanung maßgeblichen Ergebnisse des Diagnoseverfahrens,
2. voraussichtlicher Entlassungszeitpunkt,
3. Unterbringung im geschlossenen oder offenen Vollzug,
4. Maßnahmen zur Förderung der Mitwirkungsbereitschaft,
5. Unterbringung in einer Wohngruppe und Teilnahme am Wohngruppenvollzug,
6. Unterbringung in einer sozialtherapeutischen Abteilung und Teilnahme an deren Behandlungsprogrammen,
7. Teilnahme an einzel- oder gruppentherapeutischen Maßnahmen, insbesondere Psychotherapie,
8. Teilnahme an psychiatrischen Behandlungsmaßnahmen,
9. Teilnahme an Maßnahmen zur Behandlung von Suchtmittelabhängigkeit und -missbrauch,
10. Teilnahme an Trainingsmaßnahmen zur Verbesserung der sozialen Kompetenz,
11. Teilnahme an schulischen und beruflichen Qualifizierungsmaßnahmen einschließlich Alphabetisierungs- und Deutschkursen,

12. Teilnahme an arbeitstherapeutischen Maßnahmen oder am Arbeitstraining,
13. Arbeit,
14. freies Beschäftigungsverhältnis, Selbstbeschäftigung,
15. Teilnahme an Sportangeboten und Maßnahmen zur strukturierten Gestaltung der Freizeit,
16. Ausführungen, Außenbeschäftigung,
17. Lockerungen zur Erreichung des Vollzugsziels,
18. Aufrechterhaltung, Förderung und Gestaltung von Außenkontakten, insbesondere familiären Beziehungen,
19. Schuldnerberatung, Schuldenregulierung und Erfüllung von Unterhaltspflichten,
20. Ausgleich von Tatfolgen,
21. Maßnahmen zur Vorbereitung von Entlassung, Eingliederung und Nachsorge und
22. Frist zur Fortschreibung des Vollzugs- und Eingliederungsplans.

[2]Bei angeordneter oder vorbehaltener Sicherungsverwahrung enthält der Vollzugs- und Eingliederungsplan darüber hinaus Angaben zu individuellen Maßnahmen im Sinne des § 8 Abs. 3 Satz 2 und einer Antragstellung im Sinne des § 119a Abs. 2 des Strafvollzugsgesetzes (StVollzG)[1)] vom 16. März 1976 (BGBl. I S. 581, 2088; 1977 I S. 436), in der jeweils geltenden Fassung.

(2) [1]Bei Strafgefangenen sind Maßnahmen nach Absatz 1 Satz 1 Nr. 6 bis 12 und Satz 2, die nach dem Ergebnis des Diagnoseverfahrens als zur Erreichung des Vollzugsziels zwingend erforderlich erachtet werden, als solche zu kennzeichnen und gehen allen anderen Maßnahmen vor. [2]Andere Maßnahmen dürfen nicht gestattet werden, soweit sie die Teilnahme an Maßnahmen nach Satz 1 beeinträchtigen würden.

(3) [1]Die Jugendstrafgefangenen sind verpflichtet, an den im Vollzugs- und Eingliederungsplan als erforderlich erachteten Maßnahmen teilzunehmen. [2]§ 29 Abs. 1 Satz 1 bleibt unberührt.

(4) [1]Spätestens ein Jahr vor dem voraussichtlichen Entlassungszeitpunkt hat die Planung zur Vorbereitung der Eingliederung zu beginnen. [2]Anknüpfend an die bisherige Vollzugsplanung werden ab diesem Zeitpunkt die Maßnahmen nach Absatz 1 Satz 1 Nr. 21 konkretisiert oder ergänzt. [3]Insbesondere ist Stellung zu nehmen zu:

1. Unterbringung im offenen Vollzug, Aufenthalt in einer Übergangseinrichtung,
2. Unterkunft sowie Arbeit oder Ausbildung nach der Entlassung,
3. Unterstützung bei notwendigen Behördengängen und der Beschaffung der notwendigen persönlichen Dokumente,
4. Beteiligung der Bewährungshilfe und der Psychotherapeutischen Ambulanzen der Justiz,
5. Kontaktaufnahme zu Einrichtungen der Entlassenenhilfe,
6. Fortsetzung von im Vollzug noch nicht abgeschlossenen Maßnahmen,
7. Anregungen von Auflagen und Weisungen für die Bewährungs- oder Führungsaufsicht,

---

1) Nr. **1**.

8. Vermittlung in nachsorgende Maßnahmen und
9. nachgehende Betreuung durch Bedienstete.

§ 16 Ermittlung des Förder- und Erziehungsbedarfs der jungen Untersuchungsgefangenen, Maßnahmen. (1) Nach dem Aufnahmeverfahren wird der Förder- und Erziehungsbedarf der jungen Untersuchungsgefangenen unter Berücksichtigung ihrer Persönlichkeit und ihrer Lebensverhältnisse ermittelt.

(2) [1] In einer Konferenz mit an der Erziehung maßgeblich beteiligten Bediensteten werden der Förder- und Erziehungsbedarf erörtert und die sich daraus ergebenden Maßnahmen festgelegt. [2] Diese werden mit den jungen Untersuchungsgefangenen besprochen und den Personensorgeberechtigten auf Verlangen mitgeteilt.

Abschnitt 3. Unterbringung und Verlegung

§ 17 Trennungsgrundsätze. (1) [1] Jeweils getrennt voneinander werden untergebracht

1. männliche und weibliche Gefangene,
2. Strafgefangene, Jugendstrafgefangene und Untersuchungsgefangene und
3. junge Untersuchungsgefangene und die übrigen Untersuchungsgefangenen.

[2] Die Unterbringung erfolgt in eigenständigen Anstalten, zumindest in getrennten Abteilungen.

(2) [1] Abweichend von Absatz 1 Satz 1 Nr. 2 können Untersuchungsgefangene zusammen mit Strafgefangenen untergebracht werden

1. mit Zustimmung der einzelnen Untersuchungsgefangenen,
2. zur Umsetzung einer Anordnung nach § 119 Abs. 1 StPO oder
3. aus Gründen der Sicherheit oder Ordnung der Anstalt.

[2] Das gilt für junge Untersuchungsgefangene nur, wenn eine erzieherische Gestaltung des Vollzugs gewährleistet bleibt und schädliche Einflüsse auf die jungen Untersuchungsgefangenen nicht zu befürchten sind. [3] Unter den Voraussetzungen der Sätze 1 und 2 können sie auch mit den übrigen Untersuchungsgefangenen und mit Jugendstrafgefangenen untergebracht werden.

(3) [1] Über Absatz 2 hinaus können Gefangene ausnahmsweise mit solchen anderer Haftarten untergebracht werden, wenn ihre geringe Anzahl eine getrennte Unterbringung nicht zulässt und das Vollzugsziel nicht gefährdet wird. [2] Bei jungen Gefangenen muss zudem die erzieherische Gestaltung des Vollzugs gewährleistet sein.

(4) Absatz 1 gilt nicht für eine Unterbringung zum Zwecke der medizinischen Behandlung.

(5) Gemeinsame Maßnahmen, insbesondere zur schulischen und beruflichen Qualifizierung, sind zulässig.

§ 18 Unterbringung während der Einschlusszeiten. (1) Die Gefangenen werden in ihren Hafträumen einzeln untergebracht.

(2) [1] Mit ihrer Zustimmung können sie gemeinsam untergebracht werden, wenn schädliche Einflüsse nicht zu befürchten sind. [2] Bei einer Gefahr für

Leben oder Gesundheit oder bei Hilfsbedürftigkeit ist die Zustimmung der gefährdeten oder hilfsbedürftigen Gefangenen zur gemeinsamen Unterbringung entbehrlich.

(3) Darüber hinaus ist eine gemeinsame Unterbringung nur vorübergehend und aus zwingenden Gründen zulässig.

§ 19 Aufenthalt außerhalb der Einschlusszeiten. (1) Außerhalb der Einschlusszeiten dürfen sich die Gefangenen in Gemeinschaft aufhalten.

(2) Der gemeinschaftliche Aufenthalt kann eingeschränkt werden,

1. wenn es die Sicherheit oder Ordnung der Anstalt erfordert,
2. wenn ein schädlicher Einfluss auf andere Gefangene zu befürchten ist,
3. während des Diagnoseverfahrens, aber nicht länger als acht Wochen,
4. bei jungen Gefangenen, wenn dies aus erzieherischen Gründen angezeigt ist,
5. zur Umsetzung einer Anordnung nach § 119 Abs. 1 StPO oder
6. bei jungen Untersuchungsgefangenen während der ersten zwei Wochen nach der Aufnahme.

§ 20 Wohngruppenvollzug. (1) [1] Der Wohngruppenvollzug dient der Einübung sozialverträglichen Zusammenlebens, insbesondere von Toleranz sowie der Übernahme von Verantwortung für sich und andere. [2] Er ermöglicht den dort untergebrachten jungen Gefangenen und Strafgefangenen, ihren Vollzugsalltag weitgehend selbstständig zu regeln.

(2) [1] Eine Wohngruppe wird in einem baulich abgegrenzten Bereich mit bis zu 15 Personen eingerichtet, zu dem neben den Hafträumen weitere Räume und Einrichtungen zur gemeinsamen Nutzung gehören. [2] Sie wird in der Regel von fest zugeordneten Bediensteten betreut.

(3) [1] Geeignete junge Gefangene sollen in Wohngruppen untergebracht werden. [2] Nicht geeignet sind in der Regel junge Gefangene, die aufgrund ihres Verhaltens nicht gruppenfähig sind.

(4) Strafgefangene können in Wohngruppen untergebracht werden.

§ 21 Unterbringung von Müttern oder Vätern mit Kindern. (1) [1] Ein Kind kann mit Zustimmung der oder des Aufenthaltsbestimmungsberechtigten bis zur Vollendung des dritten Lebensjahres in der Anstalt untergebracht werden, in der sich seine Mutter oder sein Vater befindet, wenn die baulichen Gegebenheiten dies zulassen und Sicherheitsgründe nicht entgegenstehen. [2] Vor der Unterbringung ist das Jugendamt zu hören.

(2) [1] Die Unterbringung erfolgt auf Kosten der für das Kind Unterhaltspflichtigen. [2] Von der Geltendmachung des Kostenersatzanspruchs kann ausnahmsweise abgesehen werden, wenn hierdurch die gemeinsame Unterbringung von Mutter oder Vater und Kind gefährdet würde.

§ 22 Geschlossener und offener Vollzug. (1) [1] Die Strafgefangenen und die Jugendstrafgefangenen werden im geschlossenen oder offenen Vollzug untergebracht. [2] Anstalten und Abteilungen des offenen Vollzugs sehen keine oder nur verminderte Vorkehrungen gegen Entweichungen vor.

(2) [1] Die Strafgefangenen sollen im offenen Vollzug untergebracht werden, wenn sie dessen besonderen Anforderungen genügen, namentlich nicht zu befürchten ist, dass sie sich dem Vollzug entziehen oder die Möglichkeiten des

offenen Vollzugs zu Straftaten missbrauchen werden. [2]Die Eignungsbeurteilung stützt sich bei Strafgefangenen insbesondere auf ihr Verhalten und ihre Entwicklung im Vollzug.

(3) [1]Die Jugendstrafgefangenen sollen im offenen Vollzug untergebracht werden, wenn sie dessen besonderen Anforderungen genügen, insbesondere verantwortet werden kann zu erproben, dass sie sich dem Vollzug nicht entziehen und die Möglichkeiten des offenen Vollzugs nicht zur Begehung von Straftaten missbrauchen werden. [2]Absatz 2 Satz 2 gilt entsprechend.

(4) Genügen die Strafgefangenen und die Jugendstrafgefangenen den besonderen Anforderungen des offenen Vollzugs nicht oder nicht mehr, werden sie im geschlossenen Vollzug untergebracht.

(5) Die Untersuchungsgefangenen werden im geschlossenen Vollzug untergebracht.

§ 23 Verlegung und Überstellung. (1) [1]Die Gefangenen können abweichend vom Vollstreckungsplan in eine andere Anstalt verlegt werden, wenn Gründe der Vollzugsorganisation oder andere wichtige Gründe dies erfordern. [2]Sie dürfen aus wichtigem Grund in eine andere Anstalt überstellt werden.

(2) Darüber hinaus können die Strafgefangenen und die Jugendstrafgefangenen abweichend vom Vollstreckungsplan in eine andere Anstalt verlegt werden, wenn die Erreichung des Vollzugsziels hierdurch gefördert wird.

(3) Die Untersuchungsgefangenen können zur Umsetzung einer Anordnung nach § 119 Abs. 1 StPO verlegt oder überstellt werden.

(4) [1]Vor einer Verlegung oder Überstellung von Untersuchungsgefangenen ist dem Gericht und der Staatsanwaltschaft Gelegenheit zur Stellungnahme zu geben. [2]§ 12 Abs. 5 gilt entsprechend.

(5) Bei jungen Gefangenen werden die Personensorgeberechtigten und das Jugendamt, bei Jugendstrafgefangenen auch die Vollstreckungsleiterin oder der Vollstreckungsleiter von der Verlegung unverzüglich unterrichtet.

Abschnitt 4. Sozial- und Psychotherapie

§ 24 Sozialtherapie. (1) [1]Sozialtherapie dient der Verringerung einer erheblichen Gefährlichkeit der Strafgefangenen und der Jugendstrafgefangenen. [2]Auf der Grundlage einer therapeutischen Gemeinschaft bedient sie sich psychotherapeutischer, sozialpädagogischer und arbeitstherapeutischer Methoden, die in umfassenden Behandlungsprogrammen verbunden werden. [3]Personen aus dem Lebensumfeld der Strafgefangenen und der Jugendstrafgefangenen außerhalb des Vollzugs werden in die Behandlung einbezogen.

(2) [1]Strafgefangene und Jugendstrafgefangene sind in einer sozialtherapeutischen Abteilung unterzubringen, wenn ihre Teilnahme an den dortigen Behandlungsprogrammen zur Verringerung ihrer erheblichen Gefährlichkeit angezeigt ist. [2]Eine erhebliche Gefährlichkeit liegt vor, wenn schwerwiegende Straftaten gegen Leib oder Leben, die persönliche Freiheit oder die sexuelle Selbstbestimmung zu erwarten sind.

(3) Im Übrigen können Strafgefangene und Jugendstrafgefangene in einer sozialtherapeutischen Abteilung untergebracht werden, wenn die Teilnahme an den dortigen Behandlungsprogrammen zur Erreichung des Vollzugsziels angezeigt ist.

(4) [1]Die Unterbringung soll zu einem Zeitpunkt erfolgen, der entweder den Abschluss der Behandlung zum voraussichtlichen Entlassungszeitpunkt erwarten lässt oder die Fortsetzung der Behandlung nach der Entlassung ermöglicht. [2]Ist Sicherungsverwahrung angeordnet oder vorbehalten, soll die Unterbringung zu einem Zeitpunkt erfolgen, der den Abschluss der Behandlung noch während des Vollzugs der Freiheitsstrafe oder der Jugendstrafe erwarten lässt.

(5) Die Unterbringung wird beendet, wenn das Ziel der Behandlung aus Gründen, die in der Person der Strafgefangenen oder der Jugendstrafgefangenen liegen, nicht erreicht werden kann.

§ 25 Psychotherapie. [1]Psychotherapie im Vollzug dient insbesondere der Behandlung psychischer Störungen des Verhaltens und Erlebens, die in einem Zusammenhang mit der Straffälligkeit stehen. [2]Sie wird durch systematische Anwendung wissenschaftlich fundierter, psychologischer Methoden der Gesprächsführung mit einer oder mehreren Personen durchgeführt.

Abschnitt 5. Arbeitstherapeutische Maßnahmen, Arbeitstraining, schulische und berufliche Qualifizierungsmaßnahmen, Arbeit

§ 26 Arbeitstherapeutische Maßnahmen. Arbeitstherapeutische Maßnahmen dienen dazu, dass die Gefangenen Eigenschaften wie Selbstvertrauen, Durchhaltevermögen und Konzentrationsfähigkeit einüben, um sie stufenweise an die Grundanforderungen des Arbeitslebens heranzuführen.

§ 27 Arbeitstraining. [1]Arbeitstraining dient dazu, Gefangenen, die nicht in der Lage sind, einer regelmäßigen und erwerbsorientierten Beschäftigung nachzugehen, Fähigkeiten und Fertigkeiten zu vermitteln, die eine Eingliederung in das leistungsorientierte Arbeitsleben fördern. [2]Die in der Anstalt dafür vorgehaltenen Maßnahmen sind danach auszurichten, dass sie den Gefangenen für den Arbeitsmarkt relevante Qualifikationen vermitteln.

§ 28 Schulische und berufliche Qualifizierungsmaßnahmen. (1) [1]Schulische und berufliche Aus- und Weiterbildung und vorberufliche Qualifizierung im Vollzug haben das Ziel, den Gefangenen Fähigkeiten zur Eingliederung und zur Aufnahme einer Erwerbstätigkeit nach der Entlassung zu vermitteln sowie vorhandene Fähigkeiten zu verbessern oder zu erhalten. [2]Bei der Festlegung von Inhalten, Methoden und Organisationsformen der Bildungsangebote werden die Besonderheiten der jeweiligen Zielgruppe berücksichtigt. [3]Schulische und berufliche Aus- und Weiterbildung werden in der Regel als Vollzeitmaßnahme durchgeführt.

(2) Die jungen Gefangenen sind vorrangig zur Teilnahme an schulischen und beruflichen Orientierungs-, Berufsvorbereitungs-, Aus- und Weiterbildungsmaßnahmen oder speziellen Maßnahmen zur Förderung ihrer schulischen, beruflichen oder persönlichen Entwicklung verpflichtet.

(3) Geeigneten Strafgefangenen und Jugendstrafgefangenen soll die Teilnahme an einer schulischen oder beruflichen Ausbildung ermöglicht werden, die zu einem anerkannten Abschluss führt.

(4) Geeigneten Untersuchungsgefangenen soll nach Möglichkeit Gelegenheit zum Erwerb oder zur Verbesserung schulischer und beruflicher Kenntnisse,

auch zum Erwerb eines anerkannten Abschlusses, gegeben werden, soweit es die besonderen Bedingungen der Untersuchungshaft zulassen.

(5) Berufliche Qualifizierungsmaßnahmen sind danach auszurichten, dass sie den Gefangenen für den Arbeitsmarkt relevante Qualifikationen vermitteln.

(6) [1] Bei der Vollzugs- und Eingliederungsplanung ist darauf zu achten, dass die Strafgefangenen und die Jugendstrafgefangenen Qualifizierungsmaßnahmen während ihrer Haftzeit abschließen oder sie nach der Inhaftierung fortsetzen können. [2] Können Maßnahmen während der Haftzeit nicht abgeschlossen werden, trägt die Anstalt in Zusammenarbeit mit außervollzuglichen Einrichtungen dafür Sorge, dass die begonnene Qualifizierungsmaßnahme nach der Entlassung fortgesetzt werden kann.

(7) Nachweise über schulische und berufliche Qualifizierungsmaßnahmen dürfen keinen Hinweis auf die Inhaftierung enthalten.

§ 29 Arbeit. (1) [1] Den Gefangenen soll auf Antrag oder mit ihrer Zustimmung Arbeit zugewiesen werden. [2] § 15 Abs. 2 und 3 bleibt unberührt.

(2) [1] Nehmen die Gefangenen eine Arbeit auf, gelten die von der Anstalt festgelegten Arbeitsbedingungen. [2] Die Arbeit darf nicht zur Unzeit niedergelegt werden.

§ 30 Freies Beschäftigungsverhältnis, Selbstbeschäftigung. (1) [1] Strafgefangenen und Jugendstrafgefangenen, die zum Freigang (§ 45 Abs. 1 Satz 1 Nr. 4) zugelassen sind, soll gestattet werden, einer Arbeit oder einer schulischen oder beruflichen Qualifizierungsmaßnahme auf der Grundlage eines freien Beschäftigungsverhältnisses oder der Selbstbeschäftigung außerhalb der Anstalt nachzugehen, wenn die Beschäftigungsstelle geeignet ist und nicht überwiegende Gründe des Vollzugs entgegenstehen. [2] § 47 gilt entsprechend.

(2) Die Anstalt kann verlangen, dass ihr das Entgelt zur Gutschrift für die Strafgefangenen und die Jugendstrafgefangenen überwiesen wird.

§ 31 Freistellung von der Arbeit. (1) [1] Haben die Gefangenen ein halbes Jahr lang gearbeitet, so können sie beanspruchen, zehn Arbeitstage von der Arbeit freigestellt zu werden. [2] Zeiten, in denen die Gefangenen infolge Krankheit an der Arbeitsleistung gehindert waren, werden auf das Halbjahr bis zu 15 Arbeitstagen angerechnet. [3] Der Anspruch verfällt, wenn die Freistellung nicht innerhalb eines Jahres nach seiner Entstehung erfolgt ist.

(2) [1] Auf die Zeit der Freistellung wird Langzeitausgang (§ 45 Abs. 1 Satz 1 Nr. 3) angerechnet, soweit er in die Arbeitszeit fällt. [2] Gleiches gilt für einen Langzeitausgang nach § 46 Abs. 1, soweit er nicht wegen des Todes oder einer lebensgefährlichen Erkrankung naher Angehöriger erteilt worden ist.

(3) Die Gefangenen erhalten für die Zeit der Freistellung ihr Arbeitsentgelt weiter.

(4) Urlaubsregelungen freier Beschäftigungsverhältnisse bleiben unberührt.

(5) Für Maßnahmen nach § 28 Abs. 1 gelten die Absätze 1 bis 4 entsprechend, sofern diese den Umfang der regelmäßigen wöchentlichen Arbeitszeit erreichen.

Abschnitt 6. Besuche, Telefongespräche, Schriftwechsel, andere Formen der Telekommunikation, Pakete

§ 32 Grundsatz. Die Gefangenen haben das Recht, mit Personen außerhalb der Anstalt im Rahmen der Bestimmungen dieses Gesetzes zu verkehren.

§ 33 Besuch. (1) [1]Die Gefangenen dürfen regelmäßig Besuch empfangen. [2]Die Gesamtdauer beträgt im Vollzug der Freiheitsstrafe und der Untersuchungshaft mindestens zwei, im Vollzug der Jugendstrafe und der Untersuchungshaft an jungen Untersuchungsgefangenen mindestens vier Stunden im Monat.

(2) [1]Kontakte der Gefangenen zu ihren Kindern unter 18 Jahren werden besonders gefördert. [2]Deren Besuche werden im Umfang von bis zu zwei Stunden nicht auf die Regelbesuchszeiten angerechnet.

(3) Besuche von Angehörigen im Sinne des § 11 Abs. 1 Nr. 1 des Strafgesetzbuchs (StGB) werden besonders unterstützt.

(4) Besuche sollen darüber hinaus zugelassen werden, wenn sie

1. persönlichen, rechtlichen oder geschäftlichen Angelegenheiten der Gefangenen dienen, die von diesen nicht schriftlich erledigt, durch Dritte wahrgenommen oder bis zur voraussichtlichen Entlassung aufgeschoben werden können,
2. die Eingliederung der Strafgefangenen und der Jugendstrafgefangenen fördern oder
3. die Erziehung der jungen Gefangenen fördern.

(5) Die Anstaltsleiterin oder der Anstaltsleiter kann mehrstündige, unbeaufsichtigte Besuche (Langzeitbesuche) zulassen, wenn dies der Eingliederung der Strafgefangenen und der Jugendstrafgefangenen dient und sie hierfür geeignet sind.

(6) [1]Besuche von

1. Verteidigerinnen und Verteidigern,
2. Rechtsanwältinnen und Rechtsanwälten sowie
3. Notarinnen und Notaren

in einer die Gefangenen betreffenden Rechtssache sind zu gestatten. [2]Dies gilt auch für Besuche von Beiständen nach § 69 des Jugendgerichtsgesetzes (JGG). [3]Besuche nach den Sätzen 1 und 2 werden nicht auf die Regelbesuchszeiten angerechnet.

§ 34 Untersagung der Besuche. Die Anstaltsleiterin oder der Anstaltsleiter kann Besuche untersagen, wenn

1. die Sicherheit oder Ordnung der Anstalt gefährdet würde,
2. bei Personen, die nicht Angehörige der Strafgefangenen und der jungen Gefangenen im Sinne des § 11 Abs. 1 Nr. 1 StGB sind, zu befürchten ist, dass sie einen schädlichen Einfluss auf die Strafgefangenen und die jungen Gefangenen haben oder die Erreichung des Vollzugsziels behindern,
3. bei Personen, die Opfer der Straftat waren oder im Haftbefehl als Opfer benannt werden, zu befürchten ist, dass die Begegnung mit den Gefangenen einen schädlichen Einfluss auf sie hat, oder

4. die Personensorgeberechtigten nicht einverstanden sind.

§ 35 Durchführung der Besuche. (1) [1]Aus Gründen der Sicherheit können Besuche davon abhängig gemacht werden, dass die Besucherinnen und Besucher sich und ihre mitgeführten Sachen mit technischen Hilfsmitteln absuchen oder durchsuchen lassen und Anordnungen zur Identitätsfeststellung nach § 24 des Landesjustizvollzugsdatenschutzgesetzes (LJVollzDSG) Folge leisten. [2]Eine inhaltliche Überprüfung der von Verteidigerinnen, Verteidigern oder Beiständen nach § 69 JGG mitgeführten Schriftstücke und sonstigen Unterlagen ist nicht zulässig. [3]§ 41 Abs. 2 Satz 2 und 3 bleibt unberührt.

(2) [1]Besuche werden regelmäßig beaufsichtigt. [2]Über Ausnahmen entscheidet die Anstaltsleiterin oder der Anstaltsleiter. [3]Die Beaufsichtigung kann mit technischen Hilfsmitteln durchgeführt werden; die betroffenen Personen sind vorher durch sprachliche und nicht sprachliche Zeichen darauf hinzuweisen. [4]Eine Aufzeichnung findet nicht statt.

(3) Besuche von Verteidigerinnen, Verteidigern oder Beiständen nach § 69 JGG werden nicht beaufsichtigt.

(4) [1]Besuche dürfen abgebrochen werden, wenn Besucherinnen, Besucher oder Gefangene gegen dieses Gesetz oder aufgrund dieses Gesetzes getroffene Anordnungen trotz Abmahnung verstoßen oder von den Besucherinnen und Besuchern ein schädlicher Einfluss auf junge Gefangene ausgeht. [2]Die Abmahnung unterbleibt, wenn es unerlässlich ist, den Besuch sofort abzubrechen.

(5) [1]Gegenstände dürfen beim Besuch nicht übergeben werden. [2]Dies gilt nicht für die bei dem Besuch von Verteidigerinnen, Verteidigern oder Beiständen nach § 69 JGG übergebenen Schriftstücke und sonstigen Unterlagen sowie für die bei dem Besuch von Rechtsanwältinnen, Rechtsanwälten, Notarinnen oder Notaren zur Erledigung einer die Gefangenen betreffenden Rechtssache übergebenen Schriftstücke und sonstigen Unterlagen. [3]Bei dem Besuch von Rechtsanwältinnen, Rechtsanwälten, Notarinnen oder Notaren kann die Übergabe aus Gründen der Sicherheit oder Ordnung der Anstalt von der Erlaubnis der Anstaltsleiterin oder des Anstaltsleiters abhängig gemacht werden. [4]§ 41 Abs. 2 Satz 2 und 3 bleibt unberührt.

(6) Die Anstaltsleiterin oder der Anstaltsleiter kann im Einzelfall die Nutzung einer Trennvorrichtung anordnen, wenn dies zum Schutz von Personen oder zur Verhinderung einer Übergabe von Gegenständen erforderlich ist.

(7) [1]Die Anstaltsleiterin oder der Anstaltsleiter kann den Strafgefangenen und Jugendstrafgefangenen gestatten, den Besuch mittels einer audiovisuellen Verbindung durchzuführen (Videobesuch). [2]Videobesuche werden auf die in § 33 Abs. 1 Satz 2 geregelte Gesamtdauer der Besuche zur Hälfte angerechnet.

§ 36 Überwachung der Gespräche. (1) [1]Gespräche dürfen überwacht werden, soweit es im Einzelfall

1. aus Gründen der Sicherheit,
2. bei Strafgefangenen und Jugendstrafgefangenen wegen einer Gefährdung der Erreichung des Vollzugsziels oder
3. bei jungen Gefangenen aus Gründen der Erziehung

erforderlich ist. [2]Die Überwachung kann mit technischen Hilfsmitteln durchgeführt werden; die betroffenen Personen sind vorher durch sprachliche und nicht sprachliche Zeichen darauf hinzuweisen.

(2) Gespräche mit Verteidigerinnen, Verteidigern oder Beiständen nach § 69 JGG werden nicht überwacht.

§ 37 Telefongespräche. (1) [1]Den Gefangenen kann gestattet werden, Telefongespräche zu führen. [2]Die Bestimmungen über den Besuch gelten entsprechend. [3]Eine beabsichtigte Überwachung teilt die Anstalt den Gefangenen rechtzeitig vor Beginn des Telefongesprächs und den Gesprächspartnerinnen und Gesprächspartnern der Gefangenen unmittelbar nach Herstellung der Verbindung mit.

(2) [1]Die Kosten der Telefongespräche tragen die Gefangenen. [2]Sind sie dazu nicht in der Lage, kann die Anstalt die Kosten in begründeten Fällen in angemessenem Umfang übernehmen.

§ 38 Schriftwechsel. (1) Die Gefangenen haben das Recht, Schreiben abzusenden und zu empfangen.

(2) [1]Die Kosten des Schriftwechsels tragen die Gefangenen. [2]Sind sie dazu nicht in der Lage, kann die Anstalt die Kosten in begründeten Fällen in angemessenem Umfang übernehmen.

(3) Die Anstaltsleiterin oder der Anstaltsleiter kann den Strafgefangenen und Jugendstrafgefangenen gestatten, sich Schreiben per E-Mail an ein besonderes Behördenpostfach zusenden zu lassen.

§ 39 Untersagung des Schriftwechsels. Die Anstaltsleiterin oder der Anstaltsleiter kann den Schriftwechsel mit bestimmten Personen untersagen, wenn

1. die Sicherheit oder Ordnung der Anstalt gefährdet würde,
2. bei Personen, die nicht Angehörige der Strafgefangenen und der jungen Gefangenen im Sinne des § 11 Abs. 1 Nr. 1 StGB sind, zu befürchten ist, dass der Schriftwechsel einen schädlichen Einfluss auf die Strafgefangenen und die jungen Gefangenen hat oder die Erreichung des Vollzugsziels behindert,
3. bei Personen, die Opfer der Straftat waren oder im Haftbefehl als Opfer benannt werden, zu befürchten ist, dass der Schriftwechsel mit den Gefangenen einen schädlichen Einfluss auf sie hat, oder
4. die Personensorgeberechtigten nicht einverstanden sind.

§ 40 Sichtkontrolle, Weiterleitung und Aufbewahrung von Schreiben.
(1) Die Gefangenen haben das Absenden und den Empfang ihrer Schreiben durch die Anstalt vermitteln zu lassen, soweit nichts anderes gestattet ist.

(2) Ein- und ausgehende Schreiben werden auf verbotene Gegenstände kontrolliert und sind unverzüglich weiterzuleiten.

(3) [1]Die Gefangenen haben eingehende Schreiben unverschlossen zu verwahren, sofern nichts anderes gestattet wird. [2]Sie können sie verschlossen zu ihrer Habe geben.

§ 41 Überwachung des Schriftwechsels. (1) Der Schriftwechsel darf überwacht werden, soweit es im Einzelfall

1. aus Gründen der Sicherheit,
2. bei Strafgefangenen und Jugendstrafgefangenen wegen einer Gefährdung der Erreichung des Vollzugsziels oder
3. bei jungen Gefangenen aus Gründen der Erziehung

erforderlich ist.

(2) [1]Der Schriftwechsel der Gefangenen mit ihren Verteidigerinnen, Verteidigern oder Beiständen nach § 69 JGG wird nicht überwacht. [2]Liegt dem Vollzug der Freiheitsstrafe oder der Jugendstrafe eine Straftat nach § 129a StGB, auch in Verbindung mit § 129b Abs. 1 StGB zugrunde, gelten § 148 Abs. 2 und § 148a StPO entsprechend; dies gilt nicht, wenn die Strafgefangenen oder die Jugendstrafgefangenen sich im offenen Vollzug befinden oder wenn ihnen Lockerungen nach § 45 gewährt worden sind und ein Grund, der die Anstaltsleiterin oder den Anstaltsleiter zum Widerruf von Lockerungen ermächtigt, nicht vorliegt. [3]Satz 2 gilt auch, wenn eine Freiheitsstrafe oder Jugendstrafe wegen einer Straftat nach § 129a StGB, auch in Verbindung mit § 129b Abs. 1 StGB, erst im Anschluss an den Vollzug der Freiheitsstrafe oder der Jugendstrafe, der eine andere Verurteilung zugrunde liegt, zu vollstrecken ist.

(3) [1]Nicht überwacht werden ferner Schreiben der Gefangenen an Volksvertretungen des Bundes und der Länder sowie an deren Mitglieder, soweit die Schreiben an die Anschriften dieser Volksvertretungen gerichtet sind und die Absenderin oder den Absender zutreffend angeben. [2]Entsprechendes gilt für Schreiben an das Europäische Parlament und dessen Mitglieder, den Europäischen Gerichtshof für Menschenrechte, den Europäischen Ausschuss zur Verhütung von Folter und unmenschlicher oder erniedrigender Behandlung oder Strafe, den Ausschuss der Vereinten Nationen gegen Folter, den zugehörigen Unterausschuss zur Verhütung von Folter und die entsprechenden Nationalen Präventionsmechanismen, die konsularische Vertretung ihres Heimatstaates und weitere Einrichtungen, mit denen der Schriftverkehr aufgrund völkerrechtlicher Verpflichtungen der Bundesrepublik Deutschland geschützt ist. [3]Satz 1 gilt auch für den Schriftverkehr mit den Bürgerbeauftragten der Länder und den Datenschutzbeauftragten des Bundes und der Länder. [4]Schreiben der in den Sätzen 1 bis 3 genannten Stellen, die an die Gefangenen gerichtet sind, werden nicht überwacht, sofern die Identität der Absenderin oder des Absenders zweifelsfrei feststeht.

§ 42 Anhalten von Schreiben. (1) Die Anstaltsleiterin oder der Anstaltsleiter kann Schreiben anhalten, wenn

1. die Sicherheit oder Ordnung der Anstalt gefährdet würde,
2. die Weitergabe in Kenntnis ihres Inhalts einen Straf- oder Bußgeldtatbestand verwirklichen würde,
3. sie grob unrichtige oder erheblich entstellende Darstellungen von Anstaltsverhältnissen oder grobe Beleidigungen enthalten,
4. sie in Geheim- oder Kurzschrift, unlesbar, unverständlich oder ohne zwingenden Grund in einer fremden Sprache abgefasst sind,
5. bei Strafgefangenen oder Jugendstrafgefangenen die Erreichung des Vollzugsziels gefährdet würde,
6. es die Aufgabe des Vollzugs der Untersuchungshaft erfordert oder
7. sie die Eingliederung anderer Strafgefangener und Jugendstrafgefangener gefährden können.

(2) Ausgehenden Schreiben, die unrichtige Darstellungen enthalten, kann ein Begleitschreiben beigefügt werden, wenn die Gefangenen auf dem Absenden bestehen.

(3) [1]Sind Schreiben angehalten worden, wird das den Gefangenen mitgeteilt. [2]Hiervon kann im Vollzug der Untersuchungshaft abgesehen werden, wenn und solange es dessen Aufgabe erfordert. [3]Soweit angehaltene Schreiben nicht beschlagnahmt werden, werden sie an die Absenderin oder den Absender zurückgegeben oder, sofern dies unmöglich oder aus besonderen Gründen nicht angezeigt ist, verwahrt.

(4) Schreiben, deren Überwachung ausgeschlossen ist, dürfen nicht angehalten werden.

§ 43 Andere Formen der Telekommunikation. [1]Nach Zulassung anderer Formen der Telekommunikation im Sinne des Telekommunikationsgesetzes vom 22. Juni 2004 (BGBl. I S. 1190) in der jeweils geltenden Fassung durch die Aufsichtsbehörde (§ 112 Abs. 1) kann die Anstaltsleiterin oder der Anstaltsleiter den Gefangenen gestatten, diese Formen auf ihre Kosten zu nutzen. [2]Die Bestimmungen dieses Abschnitts gelten entsprechend.

§ 44 Pakete. (1) [1]Den Gefangenen kann gestattet werden, Pakete zu empfangen. [2]Der Empfang von Paketen mit Nahrungs- und Genussmitteln ist untersagt. [3]Die Anstalt kann Anzahl, Gewicht und Größe von Sendungen und einzelnen Gegenständen festsetzen. [4]Über § 54 Abs. 1 Satz 2 hinaus kann sie Gegenstände und Verpackungsformen ausschließen, die einen unverhältnismäßigen Kontrollaufwand bedingen.

(2) Die Anstalt kann die Annahme von Paketen, deren Einbringung nicht gestattet ist oder die die Voraussetzungen des Absatzes 1 nicht erfüllen, ablehnen oder solche Pakete an die Absenderin oder den Absender zurücksenden.

(3) [1]Pakete sind in Gegenwart der Gefangenen zu öffnen, an die sie adressiert sind. [2]Mit nicht zugelassenen oder ausgeschlossenen Gegenständen ist gemäß § 57 Abs. 3 zu verfahren. [3]Sie können auch auf Kosten der Gefangenen zurückgesandt werden.

(4) Der Empfang von Paketen kann vorübergehend versagt werden, wenn dies wegen der Gefährdung der Sicherheit oder Ordnung unerlässlich ist.

(5) [1]Den Gefangenen kann gestattet werden, Pakete zu versenden. [2]Der Inhalt kann aus Gründen der Sicherheit oder Ordnung überprüft werden.

(6) [1]Die Kosten des Paketversandes tragen die Gefangenen. [2]Sind sie dazu nicht in der Lage, kann die Anstalt die Kosten in begründeten Fällen in angemessenem Umfang übernehmen.

Abschnitt 7. Lockerungen und sonstige Aufenthalte außerhalb der Anstalt

§ 45 Lockerungen zur Erreichung des Vollzugsziels. (1) [1]Aufenthalte außerhalb der Anstalt ohne Aufsicht (Lockerungen) können den Strafgefangenen und den Jugendstrafgefangenen zur Erreichung des Vollzugsziels gewährt werden, namentlich

1. das Verlassen der Anstalt für bis zu 24 Stunden in Begleitung einer von der Anstalt zugelassenen Person (Begleitausgang),
2. das Verlassen der Anstalt für bis zu 24 Stunden ohne Begleitung (unbegleiteter Ausgang),
3. das Verlassen der Anstalt für mehrere Tage (Langzeitausgang),

4. die regelmäßige Beschäftigung außerhalb der Anstalt (Freigang) und
5. im Vollzug der Jugendstrafe die Unterbringung in besonderen Erziehungseinrichtungen.

[2] Vor Gewährung von Lockerungen nach Satz 1 Nr. 5 wird die Vollstreckungsleiterin oder der Vollstreckungsleiter gehört.

(2) [1] Die Lockerungen dürfen gewährt werden, wenn verantwortet werden kann zu erproben, dass die Strafgefangenen und die Jugendstrafgefangenen sich dem Vollzug der Freiheitsstrafe oder der Jugendstrafe nicht entziehen und die Lockerungen nicht zu Straftaten missbrauchen werden. [2] § 22 Abs. 2 Satz 2 gilt entsprechend. [3] Jugendstrafgefangenen können sie versagt werden, wenn sie ihren Mitwirkungspflichten nicht nachkommen.

(3) [1] Ein Langzeitausgang nach Absatz 1 Satz 1 Nr. 3 soll in der Regel erst gewährt werden, wenn die Strafgefangenen oder die Jugendstrafgefangenen sich mindestens sechs Monate im Vollzug der Freiheitsstrafe oder der Jugendstrafe befunden haben. [2] Zu lebenslanger Freiheitsstrafe verurteilte Strafgefangene können einen Langzeitausgang in der Regel erst erhalten, wenn sie sich einschließlich einer vorhergehenden Untersuchungshaft oder einer anderen Freiheitsentziehung zehn Jahre im Vollzug befunden haben oder wenn sie im offenen Vollzug untergebracht sind.

(4) Durch Lockerungen wird die Vollstreckung der Freiheitsstrafe oder der Jugendstrafe nicht unterbrochen.

§ 46 Lockerungen aus sonstigen Gründen. (1) [1] Lockerungen können auch aus wichtigem Anlass gewährt werden. [2] Wichtige Anlässe sind insbesondere die Teilnahme an gerichtlichen Terminen, die medizinische Behandlung der Strafgefangenen und der Jugendstrafgefangenen sowie der Tod oder eine lebensgefährliche Erkrankung naher Angehöriger.

(2) § 45 Abs. 2 und 4 gilt entsprechend.

§ 47 Weisungen für Lockerungen. [1] Für Lockerungen sind die nach den Umständen des Einzelfalls erforderlichen Weisungen zu erteilen. [2] Bei der Ausgestaltung der Lockerungen ist nach Möglichkeit auch den Belangen des Opfers Rechnung zu tragen.

§ 48 Ausführung, Außenbeschäftigung, Vorführung, Ausantwortung.

(1) [1] Den Gefangenen kann das Verlassen der Anstalt unter ständiger und unmittelbarer Aufsicht gestattet werden, wenn dies aus besonderen Gründen notwendig ist (Ausführung). [2] Die Gefangenen können auch gegen ihren Willen ausgeführt werden. [3] Liegt die Ausführung ausschließlich im Interesse der Gefangenen, können ihnen die Kosten auferlegt werden; hiervon ist bei Strafgefangenen und Jugendstrafgefangenen abzusehen, soweit dies die Erreichung des Vollzugsziels, insbesondere die Eingliederung, behindert.

(2) Ausführungen zur Befolgung einer gerichtlichen Ladung sind zu ermöglichen, soweit darin das persönliche Erscheinen angeordnet ist.

(3) Vor der Gewährung einer Ausführung Untersuchungsgefangener ist dem Gericht und der Staatsanwaltschaft Gelegenheit zur Stellungnahme zu geben.

(4) [1] Strafgefangenen und Jugendstrafgefangenen kann gestattet werden, außerhalb der Anstalt einer regelmäßigen Beschäftigung unter ständiger Aufsicht

oder unter Aufsicht in unregelmäßigen Abständen (Außenbeschäftigung) nachzugehen. [2] § 45 Abs. 2 gilt entsprechend.

(5) [1] Auf Ersuchen eines Gerichts werden Gefangene vorgeführt, sofern ein Vorführungsbefehl vorliegt. [2] Über Untersuchungsgefangene betreffende Vorführungsersuchen in anderen als dem der Inhaftierung zugrunde liegenden Verfahren sind das Gericht und die Staatsanwaltschaft unverzüglich zu unterrichten.

(6) [1] Gefangene dürfen befristet dem Gewahrsam eines Gerichts, einer Staatsanwaltschaft oder einer Polizei-, Zoll- oder Finanzbehörde auf Antrag überlassen werden (Ausantwortung). [2] Absatz 3 gilt entsprechend.

Abschnitt 8. Vorbereitung der Eingliederung, Entlassung und nachgehende Betreuung

§ 49 Vorbereitung der Eingliederung. (1) [1] Die Maßnahmen zur sozialen und beruflichen Eingliederung sind auf den Zeitpunkt der voraussichtlichen Entlassung in die Freiheit abzustellen. [2] Die Strafgefangenen und die Jugendstrafgefangenen sind bei der Ordnung ihrer persönlichen, wirtschaftlichen und sozialen Angelegenheiten zu unterstützen. [3] Dies umfasst die Vermittlung in nachsorgende Maßnahmen.

(2) [1] Die Anstalt arbeitet frühzeitig mit Personen und Einrichtungen außerhalb des Vollzugs zusammen, insbesondere um zu erreichen, dass die Strafgefangenen und die Jugendstrafgefangenen nach ihrer Entlassung über eine geeignete Unterbringung und eine Arbeits- oder Ausbildungsstelle verfügen. [2] Bewährungshilfe und Führungsaufsicht beteiligen sich frühzeitig an der sozialen und beruflichen Eingliederung der Strafgefangenen und der Jugendstrafgefangenen.

(3) [1] Den Strafgefangenen und den Jugendstrafgefangenen können Aufenthalte in Einrichtungen außerhalb des Vollzugs (Übergangseinrichtungen) gewährt werden, wenn dies zur Vorbereitung der Eingliederung erforderlich ist. [2] Die Vollstreckungsleiterin oder der Vollstreckungsleiter ist zu hören. [3] Haben sich die Strafgefangenen und die Jugendstrafgefangenen in der Regel mindestens sechs Monate im Vollzug befunden, kann ihnen auch ein zusammenhängender Langzeitausgang bis zu sechs Monaten gewährt werden, wenn dies zur Vorbereitung der Eingliederung erforderlich ist. [4] § 45 Abs. 2 und 4 sowie § 47 gelten entsprechend.

(4) In einem Zeitraum von sechs Monaten vor der voraussichtlichen Entlassung sind den Strafgefangenen und den Jugendstrafgefangenen die zur Vorbereitung der Eingliederung erforderlichen Lockerungen zu gewähren, sofern nicht mit hoher Wahrscheinlichkeit zu erwarten ist, dass die Strafgefangenen und die Jugendstrafgefangenen sich dem Vollzug der Freiheitsstrafe oder der Jugendstrafe entziehen oder die Lockerungen zu Straftaten missbrauchen werden.

§ 50 Entlassung der Strafgefangenen und der Jugendstrafgefangenen.

(1) Die Strafgefangenen und die Jugendstrafgefangenen sollen am letzten Tag ihrer Strafzeit möglichst frühzeitig, jedenfalls noch am Vormittag, entlassen werden.

(2) Fällt das Strafende auf einen Sonnabend oder Sonntag, einen gesetzlichen Feiertag, den ersten Werktag nach Ostern oder Pfingsten oder in die Zeit vom 22. Dezember bis zum 6. Januar, so können die Strafgefangenen und die Jugendstrafgefangenen an dem diesem Tag oder Zeitraum vorhergehenden Werktag entlassen werden, wenn dies gemessen an der Dauer der Strafzeit vertretbar ist und fürsorgerische Gründe nicht entgegenstehen.

(3) Der Entlassungszeitpunkt kann bis zu zwei Tage vorverlegt werden, wenn die Strafgefangenen und die Jugendstrafgefangenen zu ihrer Eingliederung hierauf dringend angewiesen sind.

(4) Bedürftigen Strafgefangenen und Jugendstrafgefangenen kann eine Entlassungsbeihilfe in Form eines Reisekostenzuschusses, angemessener Kleidung oder einer sonstigen notwendigen Unterstützung gewährt werden.

§ 51 Nachgehende Betreuung. [1] Mit Zustimmung der Anstaltsleiterin oder des Anstaltsleiters können Bedienstete an der nachgehenden Betreuung entlassener Strafgefangener und Jugendstrafgefangener mit deren Einverständnis mitwirken, wenn ansonsten die Eingliederung gefährdet wäre. [2] Die nachgehende Betreuung kann auch außerhalb der Anstalt erfolgen. [3] In der Regel ist sie auf die ersten sechs Monate nach der Entlassung beschränkt.

§ 52 Verbleib oder Aufnahme auf freiwilliger Grundlage. (1) [1] Sofern es die Belegungssituation zulässt, können die Strafgefangenen und die Jugendstrafgefangenen auf Antrag ausnahmsweise vorübergehend in der Anstalt verbleiben oder wieder aufgenommen werden, wenn die Eingliederung gefährdet und ein Aufenthalt in der Anstalt aus diesem Grund gerechtfertigt ist. [2] Die Unterbringung erfolgt auf vertraglicher Basis.

(2) [1] Die Jugendstrafgefangenen können ausnahmsweise nach ihrer Entlassung im Vollzug begonnene Ausbildungs- oder Behandlungsmaßnahmen fortführen, soweit diese nicht anderweitig durchgeführt werden können. [2] Hierzu können sie vorübergehend auf vertraglicher Basis in der Anstalt untergebracht werden.

(3) Gegen die in der Anstalt untergebrachten Entlassenen dürfen Maßnahmen des Vollzugs nicht mit unmittelbarem Zwang durchgesetzt werden.

(4) Bei Störung des Anstaltsbetriebs durch die Entlassenen oder aus vollzugsorganisatorischen Gründen können die Unterbringung und die Maßnahme jederzeit beendet werden.

§ 53 Entlassung der Untersuchungsgefangenen. (1) Auf Anordnung des Gerichts oder der Staatsanwaltschaft entlässt die Anstalt die Untersuchungsgefangenen unverzüglich aus der Haft, es sei denn, es ist in anderer Sache eine richterlich angeordnete Freiheitsentziehung zu vollziehen.

(2) [1] Aus fürsorgerischen Gründen kann den Untersuchungsgefangenen der freiwillige Verbleib in der Anstalt bis zum Vormittag des zweiten auf den Eingang der Entlassungsanordnung folgenden Werktags gestattet werden. [2] Der freiwillige Verbleib setzt das schriftliche Einverständnis der Untersuchungsgefangenen voraus, dass die bisher bestehenden Beschränkungen aufrechterhalten bleiben.

(3) § 50 Abs. 4 gilt entsprechend.

Abschnitt 9. Grundversorgung und Freizeit

§ 54 Einbringen von Gegenständen. (1) [1]Gegenstände dürfen durch oder für die Gefangenen nur mit Zustimmung der Anstalt eingebracht werden. [2]Die Anstalt kann die Zustimmung verweigern, wenn die Gegenstände geeignet sind, die Sicherheit oder Ordnung der Anstalt oder die Erreichung des Vollzugsziels zu gefährden oder ihre Aufbewahrung nach Art oder Umfang offensichtlich nicht möglich ist.

(2) [1]Das Einbringen von Nahrungs- und Genussmitteln ist nicht gestattet. [2]Die Anstaltsleiterin oder der Anstaltsleiter kann eine abweichende Regelung treffen.

§ 55 Gewahrsam an Gegenständen. (1) Die Gefangenen dürfen Gegenstände nur mit Zustimmung der Anstalt in Gewahrsam haben, annehmen oder abgeben.

(2) Ohne Zustimmung dürfen sie Gegenstände von geringem Wert an andere Gefangene abgeben und von anderen Gefangenen annehmen; die Abgabe und Annahme dieser Gegenstände und der Gewahrsam daran können von der Zustimmung der Anstalt abhängig gemacht werden.

§ 56 Ausstattung des Haftraums. [1]Die Gefangenen dürfen ihren Haftraum in angemessenem Umfang mit eigenen Gegenständen ausstatten oder diese dort aufbewahren. [2]Gegenstände dürfen nicht in den Haftraum eingebracht werden oder werden aus dem Haftraum entfernt, wenn sie geeignet sind,

1. die Sicherheit oder Ordnung der Anstalt, insbesondere die Übersichtlichkeit des Haftraums, zu gefährden oder
2. bei den Strafgefangenen und den Jugendstrafgefangenen die Erreichung des Vollzugsziels zu gefährden.

§ 57 Aufbewahrung und Vernichtung von Gegenständen. (1) Gegenstände, die die Gefangenen nicht im Haftraum aufbewahren dürfen oder wollen, werden von der Anstalt aufbewahrt, soweit dies nach Art und Umfang möglich ist.

(2) [1]Den Gefangenen wird Gelegenheit gegeben, ihre Gegenstände, die sie während des Vollzugs und für ihre Entlassung nicht benötigen, auf ihre Kosten zu versenden. [2]§ 44 Abs. 6 gilt entsprechend.

(3) [1]Werden Gegenstände, deren Aufbewahrung nach Art oder Umfang nicht möglich ist, von den Gefangenen trotz Aufforderung nicht aus der Anstalt verbracht, so darf die Anstalt diese Gegenstände auf Kosten der Gefangenen außerhalb der Anstalt verwahren, verwerten oder vernichten. [2]Für die Voraussetzungen und das Verfahren der Verwertung und Vernichtung gilt § 24 des Polizei- und Ordnungsbehördengesetzes in der Fassung vom 10. November 1993 (GVBl. S. 595, BS 2012-1) in der jeweils geltenden Fassung entsprechend.

(4) Aufzeichnungen und andere Gegenstände, die Kenntnisse über Sicherungsvorkehrungen einer Anstalt vermitteln oder Schlussfolgerungen auf diese zulassen, dürfen vernichtet oder unbrauchbar gemacht werden.

§ 58 Religiöse Schriften und Gegenstände. [1]Die Gefangenen dürfen grundlegende religiöse Schriften sowie in angemessenem Umfang Gegenstände des religiösen Gebrauchs besitzen. [2]Diese dürfen Gefangenen nur bei grobem Missbrauch entzogen werden.

§ 59 Zeitungen und Zeitschriften. (1) [1]Die Gefangenen dürfen auf eigene Kosten Zeitungen und Zeitschriften in angemessenem Umfang durch Vermittlung der Anstalt beziehen. [2]Ausgeschlossen sind lediglich Zeitungen und Zeitschriften, deren Verbreitung mit Strafe oder Geldbuße bedroht ist.

(2) Den Strafgefangenen und den Jugendstrafgefangenen können einzelne Ausgaben vorenthalten oder entzogen werden, wenn deren Inhalte die Erreichung des Vollzugsziels oder die Sicherheit oder Ordnung der Anstalt erheblich gefährden würden.

(3) [1]Den Untersuchungsgefangenen können Zeitungen oder Zeitschriften vorenthalten werden, wenn dies zur Umsetzung einer Anordnung nach § 119 Abs. 1 StPO erforderlich ist. [2]Für einzelne Ausgaben gilt dies auch dann, wenn deren Inhalte die Sicherheit oder Ordnung der Anstalt erheblich gefährden würden.

§ 60 Rundfunk, Informations- und Unterhaltungselektronik. (1) Der Zugang zum Rundfunk ist zu ermöglichen.

(2) [1]Eigene Hörfunk- und Fernsehgeräte werden zugelassen, wenn nicht Gründe des § 56 Satz 2 oder bei jungen Gefangenen erzieherische Gründe entgegenstehen. [2]Andere Geräte der Informations- und Unterhaltungselektronik können unter diesen Voraussetzungen zugelassen werden. [3]Die Gefangenen können auf Mietgeräte oder auf ein Mediensystem verwiesen werden. [4]§ 43 bleibt unberührt.

(3) Der Rundfunkempfang kann vorübergehend ausgesetzt oder einzelnen Gefangenen untersagt werden, wenn dies zur Aufrechterhaltung der Sicherheit oder Ordnung der Anstalt, bei einzelnen Untersuchungsgefangenen auch zur Umsetzung einer Anordnung nach § 119 Abs. 1 StPO unerlässlich ist.

§ 61 Kleidung. (1) [1]Die Strafgefangenen und die Jugendstrafgefangenen tragen Anstaltskleidung. [2]Die Anstaltsleiterin oder der Anstaltsleiter kann eine abweichende Regelung treffen.

(2) [1]Die Untersuchungsgefangenen dürfen eigene Kleidung tragen. [2]Dieses Recht kann eingeschränkt oder ausgeschlossen werden, soweit es zur Umsetzung einer Anordnung nach § 119 Abs. 1 StPO oder zur Gewährleistung der Sicherheit oder Ordnung der Anstalt erforderlich ist.

(3) [1]Für Reinigung und Instandsetzung eigener Kleidung haben die Gefangenen auf ihre Kosten zu sorgen. [2]Die Anstaltsleiterin oder der Anstaltsleiter kann anordnen, dass Reinigung und Instandsetzung nur durch Vermittlung der Anstalt erfolgen dürfen.

§ 62 Verpflegung und Einkauf. (1) [1]Zusammensetzung und Nährwert der Anstaltsverpflegung entsprechen den Anforderungen an eine gesunde Ernährung und werden ärztlich überwacht. [2]Auf ärztliche Anordnung wird besondere Verpflegung gewährt. [3]Den Gefangenen ist zu ermöglichen, Speisevorschriften ihrer Religionsgemeinschaft zu befolgen.

(2) [1]Den Gefangenen wird ermöglicht einzukaufen. [2]Die Anstalt wirkt auf ein Angebot hin, das auf Wünsche und Bedürfnisse der Gefangenen Rücksicht nimmt. [3]Den Gefangenen soll auch die Möglichkeit eröffnet werden, unmittelbar oder über Dritte Gegenstände über den Versandhandel zu beziehen. [4]Das Verfahren des Einkaufs, einschließlich des Einkaufs über den Versandhandel, regelt die Anstaltsleiterin oder der Anstaltsleiter. [5]Strafgefangene und Jugendstrafgefangene können Nahrungs-, Genuss- und Körperpflegemittel nur vom Haus- und Taschengeld, andere Gegenstände in angemessenem Umfang auch vom Eigengeld einkaufen.

§ 63 Annehmlichkeiten im Vollzug der Untersuchungshaft. Die Untersuchungsgefangenen dürfen sich auf ihre Kosten von den §§ 56 und 58 bis 62 nicht umfasste Annehmlichkeiten verschaffen, soweit und solange die Sicherheit oder Ordnung der Anstalt nicht gefährdet wird.

§ 64 Freizeit. (1) [1]Zur Ausgestaltung der Freizeit hat die Anstalt insbesondere Angebote zur sportlichen und kulturellen Betätigung sowie Bildungsangebote vorzuhalten. [2]Auch an Wochenenden und gesetzlichen Feiertagen sind geeignete Angebote bereitzustellen. [3]Die Anstalt stellt eine angemessen ausgestattete Mediathek zur Verfügung.

(2) [1]Dem Sport kommt bei der Gestaltung des Vollzugs der Jugendstrafe und der Untersuchungshaft an jungen Untersuchungsgefangenen besondere Bedeutung zu. [2]Für die jungen Gefangenen sind ausreichende und geeignete Angebote vorzuhalten, um ihnen eine sportliche Betätigung von mindestens zwei Stunden wöchentlich zu ermöglichen.

(3) Im Vollzug der Jugendstrafe dient der Sport auch der Erreichung des Vollzugsziels und kann zur Diagnostik und gezielten Behandlung eingesetzt werden.

Abschnitt 10. Vergütung, Gelder der Gefangenen und Kosten

§ 65 Vergütung. (1) Die Gefangenen erhalten eine Vergütung in Form von

1. finanzieller Anerkennung für die Teilnahme an Maßnahmen nach § 15 Abs. 1 Satz 1 Nr. 7 bis 10 und 12 und Satz 2, soweit sie für die Strafgefangenen nach § 15 Abs. 2 als zwingend erforderlich, für die Jugendstrafgefangenen nach § 15 Abs. 3 als erforderlich erachtet wurden oder Teil des Behandlungsprogramms der sozialtherapeutischen Abteilung sind,
2. Ausbildungsbeihilfe für die Teilnahme an schulischen und beruflichen Qualifizierungsmaßnahmen oder
3. Arbeitsentgelt für Arbeit.

(2) [1]Der Bemessung der Vergütung sind 9 v.H. der Bezugsgröße nach § 18 des Vierten Buches Sozialgesetzbuch zugrunde zu legen (Eckvergütung). [2]Ein Tagessatz ist der 250. Teil der Eckvergütung; die Vergütung kann nach einem Stundensatz bemessen werden.

(3) [1]Die Vergütung kann je nach Art der Maßnahme und Leistung der Gefangenen gestuft werden. [2]Sie beträgt mindestens 60 v.H. der Eckvergütung. [3]Das für den Strafvollzug zuständige Ministerium wird ermächtigt, in einer Rechtsverordnung Vergütungsstufen zu bestimmen.

(4) Soweit Beiträge zur Bundesagentur für Arbeit zu entrichten sind, kann vom Arbeitsentgelt oder der Ausbildungsbeihilfe ein Betrag einbehalten werden, der dem Anteil der Gefangenen am Beitrag entsprechen würde, wenn sie diese Vergütung als Arbeitnehmerinnen und Arbeitnehmer erhielten.

(5) Die Höhe der Vergütung ist den Gefangenen schriftlich bekannt zu geben.

(6) Die Gefangenen, die an einer Maßnahme nach § 28 teilnehmen, erhalten hierfür nur eine Ausbildungsbeihilfe, soweit kein Anspruch auf Leistungen zum Lebensunterhalt besteht, die außerhalb des Vollzugs aus solchem Anlass gewährt werden.

§ 65a Billigkeitsentschädigung. (1) In einer Krise, die sich auf die regelmäßige Vergütung (§ 65) der Gefangenen auswirkt, kann den Gefangenen mit Zustimmung der Aufsichtsbehörde eine Billigkeitsentschädigung in Höhe von höchstens 25 v. H. der Eckvergütung zur Vermeidung besonderer Härten gewährt werden.

(2) Der Anspruch auf Auszahlung ist nicht übertragbar.

§ 66 Eigengeld. (1) Das Eigengeld besteht aus den Beträgen, die die Gefangenen bei der Aufnahme in die Anstalt mitbringen und die sie während der Haftzeit erhalten, sowie der Vergütung, soweit diese nicht im Vollzug der Freiheitsstrafe oder der Jugendstrafe als Hausgeld oder Eingliederungsgeld und im Vollzug der Freiheitsstrafe als Haftkostenbeitrag in Anspruch genommen wird.

(2) [1] Die Gefangenen können über das Eigengeld verfügen. [2] § 62 Abs. 2 und die §§ 69 und 70 bleiben unberührt.

§ 67 Taschengeld. (1) [1] Bedürftigen Strafgefangenen und Jugendstrafgefangenen wird auf Antrag Taschengeld gewährt. [2] Bedürftig sind sie, soweit ihnen aus Hausgeld (§ 69) und Eigengeld (§ 66) monatlich ein Betrag bis zur Höhe des Taschengelds voraussichtlich nicht zur Verfügung steht. [3] Finanzielle Anerkennungen nach § 65 Abs. 1 Nr. 1 bleiben bis zur Höhe des Taschengeldbetrags unberücksichtigt.

(2) [1] Strafgefangene und Jugendstrafgefangene gelten als nicht bedürftig, wenn ihnen ein Betrag nach Absatz 1 Satz 2 deshalb nicht zur Verfügung steht, weil sie eine ihnen zumutbare Arbeit nicht angenommen oder eine ausgeübte Arbeit verschuldet verloren haben. [2] Dasselbe gilt auch dann, wenn Jugendstrafgefangene eine nach § 15 Abs. 3 als erforderlich erachtete Arbeit verschuldet nicht aufgenommen oder verloren haben.

(3) [1] Bedürftigen Untersuchungsgefangenen wird auf Antrag Taschengeld gewährt. [2] Bedürftig sind sie, soweit ihnen im laufenden Monat ein Betrag bis zur Höhe des Taschengeldes voraussichtlich nicht aus eigenen Mitteln zur Verfügung steht.

(4) [1] Das Taschengeld beträgt 14 v.H. der Eckvergütung (§ 65 Abs. 2). [2] Es wird zu Beginn des Monats im Voraus gewährt. [3] Gehen den Gefangenen im Laufe des Monats Gelder zu, wird zum Ausgleich ein Betrag bis zur Höhe des gewährten Taschengelds einbehalten.

(5) Die Gefangenen dürfen über das Taschengeld im Rahmen der Bestimmungen dieses Gesetzes verfügen.

§ 68 Konten, Bargeld. (1) Für die Strafgefangenen und die Jugendstrafgefangenen werden Hausgeld-, Taschengeld-, Eingliederungsgeld- und Eigengeldkonten, für die Untersuchungsgefangenen nur Taschengeld- und Eigengeldkonten in der Anstalt geführt.

(2) [1] Der Besitz von Bargeld in der Anstalt ist den Gefangenen nicht gestattet. [2] Über Ausnahmen entscheidet die Anstaltsleiterin oder der Anstaltsleiter.

(3) Geld in Fremdwährung wird zur Habe genommen.

§ 69 Hausgeld. (1) Das Hausgeld wird aus drei Siebteln der in diesem Gesetz geregelten Vergütung gebildet.

(2) Für Strafgefangene und Jugendstrafgefangene, die aus einem freien Beschäftigungsverhältnis, aus einer Selbstbeschäftigung oder anderweitig regelmäßige Einkünfte haben, wird daraus ein angemessenes monatliches Hausgeld festgesetzt.

(3) Für Strafgefangene und Jugendstrafgefangene, die über Eigengeld (§ 66) verfügen und keine hinreichende Vergütung nach diesem Gesetz erhalten, gilt Absatz 2 entsprechend.

(4) [1] Die Strafgefangenen und die Jugendstrafgefangenen dürfen über das Hausgeld im Rahmen der Bestimmungen dieses Gesetzes verfügen. [2] Der Anspruch auf Auszahlung ist nicht übertragbar.

§ 70 Zweckgebundene Einzahlungen, Eingliederungsgeld. (1) [1] Für Maßnahmen der Eingliederung, insbesondere Kosten der Gesundheitsfürsorge und der Aus- und Fortbildung, und für Maßnahmen der Pflege sozialer Beziehungen, insbesondere Telefonkosten und Fahrtkosten anlässlich Lockerungen, kann zweckgebunden Geld eingezahlt werden. [2] Das Geld darf nur für diese Zwecke verwendet werden. [3] Der Anspruch auf Auszahlung ist nicht übertragbar.

(2) [1] Die Strafgefangenen und Jugendstrafgefangenen dürfen für Zwecke der Vorbereitung der Eingliederung ein Guthaben in angemessener Höhe bilden (Eingliederungsgeld). [2] Die Strafgefangenen und Jugendstrafgefangenen dürfen auch bereits vor der Entlassung über das Eingliederungsgeld verfügen. [3] Das Geld darf nur für Zwecke der Vorbereitung der Eingliederung verwendet werden. [4] Der Anspruch auf Auszahlung ist nicht übertragbar.

§ 71 Haftkostenbeitrag, Kostenbeteiligung. (1) [1] Die Anstalt erhebt von den Strafgefangenen, die sich in einem freien Beschäftigungsverhältnis befinden oder über anderweitige regelmäßige Einkünfte verfügen, für diese Zeit einen Haftkostenbeitrag. [2] Vergütungen nach diesem Gesetz bleiben unberücksichtigt. [3] Den Strafgefangenen muss täglich ein Tagessatz gemäß § 65 Abs. 2 Satz 2 verbleiben. [4] Von der Geltendmachung des Anspruchs ist abzusehen, soweit die Wiedereingliederung der Strafgefangenen hierdurch gefährdet würde.

(2) [1] Der Haftkostenbeitrag wird in Höhe des Betrages erhoben, der nach § 17 Abs. 1 Satz 1 Nr. 4 des Vierten Buches Sozialgesetzbuch durchschnittlich zur Bewertung der Sachbezüge festgesetzt ist. [2] Bei Selbstverpflegung entfallen die für die Verpflegung vorgesehenen Beträge. [3] Für den Wert der Unterkunft ist die festgesetzte Belegungsfähigkeit maßgebend.

(3) Die Gefangenen können an den Betriebskosten der in ihrem Gewahrsam befindlichen Geräte beteiligt werden.

Abschnitt 11. Gesundheitsfürsorge

§ 72 Art und Umfang der medizinischen Leistungen, Kostenbeteiligung. (1) [1]Die Gefangenen haben einen Anspruch auf notwendige, ausreichende und zweckmäßige medizinische Leistungen unter Beachtung des Grundsatzes der Wirtschaftlichkeit und unter Berücksichtigung des allgemeinen Standards der gesetzlichen Krankenversicherung. [2]Der Anspruch umfasst auch Vorsorgeleistungen, ferner die Versorgung mit medizinischen Hilfsmitteln, soweit diese mit Rücksicht auf die Dauer des Freiheitsentzugs nicht ungerechtfertigt ist und die Hilfsmittel nicht als allgemeine Gebrauchsgegenstände des täglichen Lebens anzusehen sind.

(2) [1]An den Kosten nach Absatz 1 können die Gefangenen in angemessenem Umfang beteiligt werden, höchstens jedoch bis zum Umfang der Beteiligung vergleichbarer gesetzlich Versicherter. [2]Für Leistungen, die über Absatz 1 hinausgehen, können den Gefangenen die gesamten Kosten auferlegt werden.

(3) [1]Erhalten die Gefangenen Leistungen nach Absatz 1 infolge einer mutwilligen Selbstverletzung, sind sie in angemessenem Umfang an den Kosten zu beteiligen. [2]Bei den Strafgefangenen und den Jugendstrafgefangenen unterbleibt die Kostenbeteiligung, wenn hierdurch die Erreichung des Vollzugsziels, insbesondere die Eingliederung, gefährdet würde.

(4) [1]Den Untersuchungsgefangenen soll die Anstaltsleiterin oder der Anstaltsleiter nach Anhörung des ärztlichen Dienstes der Anstalt auf ihren Antrag hin gestatten, auf ihre Kosten externen ärztlichen Rat einzuholen. [2]Die Erlaubnis kann versagt werden, wenn die Untersuchungsgefangenen die gewählte ärztliche Vertrauensperson und den ärztlichen Dienst der Anstalt nicht wechselseitig von der Schweigepflicht entbinden oder wenn es zur Umsetzung einer Anordnung nach § 119 Abs. 1 StPO oder zur Aufrechterhaltung der Sicherheit oder Ordnung der Anstalt erforderlich ist. [3]Die Konsultation soll in der Anstalt stattfinden.

§ 73 Durchführung der medizinischen Leistungen, Forderungsübergang. (1) [1]Medizinische Diagnose, Behandlung und Versorgung kranker und hilfsbedürftiger Gefangener erfolgen in der Anstalt, erforderlichenfalls in einer hierfür besser geeigneten Anstalt oder einem Vollzugskrankenhaus, ausnahmsweise auch außerhalb des Vollzugs. [2]Erfolgt eine Behandlung junger Gefangener außerhalb der Anstalt, sind die Personensorgeberechtigten und das Jugendamt, im Vollzug der Jugendstrafe auch die Vollstreckungsleiterin oder der Vollstreckungsleiter zu unterrichten. [3]Im Vollzug der Untersuchungshaft ist dem Gericht und der Staatsanwaltschaft im Falle einer Behandlung außerhalb der Anstalt nach Möglichkeit Gelegenheit zur Stellungnahme zu geben.

(2) Wird die Strafvollstreckung während einer Behandlung von Strafgefangenen oder Jugendstrafgefangenen unterbrochen oder beendet oder werden Untersuchungsgefangene während einer Behandlung aus der Haft entlassen, so hat das Land nur diejenigen Kosten zu tragen, die bis zur Unterbrechung oder Beendigung der Strafvollstreckung oder bis zur Entlassung angefallen sind.

(3) [1]Gesetzliche Schadensersatzansprüche, die Gefangenen infolge einer Körperverletzung gegen Dritte zustehen, gehen insoweit auf das Land über, als den Gefangenen Leistungen nach § 72 Abs. 1 zu gewähren sind. [2]Von der Geltendmachung der Ansprüche ist im Interesse Strafgefangener oder Jugend-

strafgefangener abzusehen, wenn hierdurch die Erreichung des Vollzugsziels, insbesondere die Eingliederung, gefährdet würde.

§ 74 Ärztliche Behandlung zur sozialen Eingliederung. [1]Mit Zustimmung der Strafgefangenen oder der Jugendstrafgefangenen soll die Anstalt ärztliche Behandlungen, insbesondere Operationen oder prothetische Maßnahmen, durchführen lassen, die ihre soziale Eingliederung fördern. [2]Die Kosten tragen die Strafgefangenen oder die Jugendstrafgefangenen. [3]Sind sie dazu nicht in der Lage, kann die Anstalt die Kosten in begründeten Fällen in angemessenem Umfang übernehmen.

§ 75 Gesundheitsschutz und Hygiene. (1) [1]Die Anstalt unterstützt die Gefangenen bei der Wiederherstellung und Erhaltung ihrer körperlichen, geistigen und seelischen Gesundheit. [2]Sie fördert das Bewusstsein für gesunde Ernährung und Lebensführung. [3]Die Gefangenen haben die notwendigen Anordnungen zum Gesundheitsschutz und zur Hygiene zu befolgen.

(2) Den Gefangenen wird ermöglicht, sich täglich mindestens eine Stunde im Freien aufzuhalten.

§ 76 Krankenbehandlung während Lockerungen. (1) [1]Die Strafgefangenen und die Jugendstrafgefangenen haben während Lockerungen einen Anspruch auf medizinische Leistungen gegen das Land nur in der für sie zuständigen Anstalt. [2]§ 46 bleibt unberührt.

(2) Der Anspruch auf Leistungen ruht, solange die Strafgefangenen und die Jugendstrafgefangenen aufgrund eines freien Beschäftigungsverhältnisses krankenversichert sind.

§ 77 Zwangsmaßnahmen auf dem Gebiet der Gesundheitsfürsorge.

(1) [1]Eine medizinische Untersuchung und Behandlung ist ohne Einwilligung der Gefangenen zulässig, um den Erfolg eines Selbsttötungsversuchs zu verhindern. [2]Eine Maßnahme nach Satz 1 ist auch zulässig, wenn von den Gefangenen eine schwerwiegende Gefahr für die Gesundheit einer anderen Person ausgeht und die Maßnahme verhältnismäßig ist.

(2) Eine medizinische Untersuchung und Behandlung sowie eine Zwangsernährung sind bei Lebensgefahr oder schwerwiegender Gefahr für die Gesundheit der Gefangenen zulässig, wenn diese zur Einsicht in das Vorliegen der Gefahr und die Notwendigkeit der Maßnahme oder zum Handeln gemäß solcher Einsicht krankheitsbedingt nicht fähig sind.

(3) Eine Maßnahme nach Absatz 2 darf nur angeordnet werden, wenn

1. eine Patientenverfügung im Sinne des § 1901a Abs. 1 Satz 1 des Bürgerlichen Gesetzbuchs, deren Festlegungen auf die aktuelle Lebens- und Behandlungssituation zutreffen und gegen die Durchführung der Maßnahme gerichtet sind, der Anstalt nicht vorliegt,
2. die Gefangenen durch eine Ärztin oder einen Arzt über Notwendigkeit, Art, Umfang, Dauer, zu erwartende Folgen und Risiken der Maßnahme in einer ihrer Auffassungsgabe und ihrem Gesundheitszustand angemessenen Weise aufgeklärt wurden,
3. der ernsthafte und ohne Ausübung von Druck unternommene Versuch einer Ärztin oder eines Arztes, ein Einverständnis der Gefangenen zu der Maßnahme zu erwirken, erfolglos geblieben ist,

4. die Maßnahme zur Abwendung einer Gefahr nach Absatz 2 geeignet und erforderlich ist und
5. der von der Maßnahme erwartete Nutzen die mit der Maßnahme verbundene Belastung und den durch das Unterlassen der Maßnahme möglichen Schaden deutlich überwiegt.

(4) [1] Maßnahmen nach den Absätzen 1 und 2 dürfen nur auf Anordnung und unter Leitung einer Ärztin oder eines Arztes durchgeführt werden, unbeschadet der Leistung Erster Hilfe für den Fall, dass eine Ärztin oder ein Arzt nicht rechtzeitig erreichbar und mit einem Aufschub Lebensgefahr verbunden ist. [2] Die Anordnung bedarf in den Fällen des Absatzes 1 Satz 2 und des Absatzes 2 der Zustimmung einer Ärztin oder eines Arztes, die oder der für eine andere Anstalt tätig ist, und der Anstaltsleiterin oder des Anstaltsleiters. [3] Die Gründe für die Anordnung einer Maßnahme nach Absatz 1 oder 2, in den Fällen des Absatzes 2 auch das Vorliegen der dort genannten Voraussetzungen sowie die ergriffene Maßnahme, einschließlich ihres Zwangscharakters, die Durchsetzungsweise, die Wirkungsüberwachung sowie der Untersuchungs- und Behandlungsverlauf sind zu dokumentieren. [4] Gleiches gilt für Erklärungen der Gefangenen, die im Zusammenhang mit Zwangsmaßnahmen von Bedeutung sein können.

(5) [1] Die Anordnung einer Maßnahme nach Absatz 1 Satz 2 oder Absatz 2 ist den Gefangenen vor Durchführung der Maßnahme schriftlich bekannt zu geben. [2] Sie sind darüber zu belehren, dass sie gegen die Anordnung bei Gericht um einstweiligen Rechtsschutz ersuchen und auch Antrag auf gerichtliche Entscheidung stellen können. [3] Mit dem Vollzug einer Anordnung ist zuzuwarten, bis die Gefangenen Gelegenheit hatten, eine gerichtliche Entscheidung herbeizuführen.

(6) Bei Gefahr im Verzug finden Absatz 3 Nr. 2 und 3, Absatz 4 Satz 2 und Absatz 5 keine Anwendung.

(7) [1] Die zwangsweise körperliche Untersuchung der Gefangenen zum Gesundheitsschutz und zur Hygiene ist zulässig, wenn sie nicht mit einem körperlichen Eingriff verbunden ist. [2] Sie bedarf der Anordnung einer Ärztin oder eines Arztes und ist unter deren oder dessen Leitung durchzuführen.

§ 78 Benachrichtigungspflicht. [1] Erkranken Gefangene schwer oder versterben sie, werden Angehörige und Personensorgeberechtigte benachrichtigt. [2] Dem Wunsch der Gefangenen, auch andere Personen zu benachrichtigen, soll nach Möglichkeit entsprochen werden.

Abschnitt 12. Religionsausübung

§ 79 Seelsorge. [1] Den Gefangenen darf religiöse Betreuung durch eine Seelsorgerin oder einen Seelsorger ihrer Religionsgemeinschaft nicht versagt werden. [2] Auf Wunsch ist ihnen zu helfen, mit einer Seelsorgerin oder einem Seelsorger in Verbindung zu treten.

§ 80 Religiöse Veranstaltungen. (1) Die Gefangenen haben das Recht, am Gottesdienst und an anderen religiösen Veranstaltungen ihres Bekenntnisses teilzunehmen.

(2) Die Zulassung zu den Gottesdiensten oder zu religiösen Veranstaltungen einer anderen Religionsgemeinschaft bedarf der Zustimmung der Seelsorgerin oder des Seelsorgers der Religionsgemeinschaft.

(3) Gefangene können von der Teilnahme am Gottesdienst oder an anderen religiösen Veranstaltungen ausgeschlossen werden, wenn dies aus überwiegenden Gründen der Sicherheit oder Ordnung, bei Untersuchungsgefangenen auch zur Umsetzung einer Anordnung nach § 119 Abs. 1 StPO geboten ist; die Seelsorgerin oder der Seelsorger soll vorher gehört werden.

§ 81 Weltanschauungsgemeinschaften. Für Angehörige weltanschaulicher Bekenntnisse gelten die §§ 58, 79 und 80 entsprechend.

Abschnitt 13. Sicherheit und Ordnung

§ 82 Grundsatz. (1) Sicherheit und Ordnung der Anstalt bilden die Grundlage des Anstaltslebens, das im Vollzug der Freiheitsstrafe und der Jugendstrafe auf die Erreichung des Vollzugsziels ausgerichtet ist, und tragen dazu bei, dass in der Anstalt ein gewaltfreies Klima herrscht.

(2) Die Pflichten und Beschränkungen, die den Gefangenen zur Aufrechterhaltung der Sicherheit oder Ordnung der Anstalt auferlegt werden, sind so zu wählen, dass sie in einem angemessenen Verhältnis zu ihrem Zweck stehen und die Gefangenen nicht mehr und nicht länger als notwendig beeinträchtigen.

§ 83 Allgemeine Verhaltenspflichten. (1) [1] Die Gefangenen sind für das geordnete Zusammenleben in der Anstalt mitverantwortlich und müssen mit ihrem Verhalten dazu beitragen. [2] Auf eine einvernehmliche Streitbeilegung ist hinzuwirken.

(2) Die Gefangenen haben die Anordnungen der Bediensteten zu befolgen, auch wenn sie sich durch diese beschwert fühlen.

(3) Die Gefangenen haben ihren Haftraum und die ihnen von der Anstalt überlassenen Sachen in Ordnung zu halten und schonend zu behandeln.

(4) Die Gefangenen haben Umstände, die eine Gefahr für das Leben oder eine erhebliche Gefahr für die Gesundheit einer Person bedeuten, unverzüglich zu melden.

§ 84 Absuchung, Durchsuchung. (1) [1] Die Gefangenen, ihre Sachen und die Hafträume dürfen mit technischen Mitteln oder sonstigen Hilfsmitteln abgesucht und durchsucht werden. [2] Die Durchsuchung männlicher Gefangener darf nur von Männern, die Durchsuchung weiblicher Gefangener darf nur von Frauen vorgenommen werden. [3] Das Schamgefühl ist zu schonen.

(2) [1] Nur bei Gefahr im Verzug oder auf Anordnung der Anstaltsleiterin oder des Anstaltsleiters im Einzelfall ist es zulässig, eine mit einer Entkleidung verbundene körperliche Durchsuchung vorzunehmen; die Untersuchung von Körperöffnungen darf nur durch den ärztlichen Dienst vorgenommen werden. [2] Die Durchsuchung darf bei männlichen Gefangenen nur in Gegenwart von Männern, bei weiblichen Gefangenen nur in Gegenwart von Frauen erfolgen. [3] Sie ist in einem geschlossenen Raum durchzuführen. [4] Andere Gefangene dürfen nicht anwesend sein.

(3) Die Anstaltsleiterin oder der Anstaltsleiter kann allgemein anordnen, dass die Gefangenen in der Regel bei der Aufnahme, vor und nach Kontakten mit

Besucherinnen und Besuchern sowie vor und nach jeder Abwesenheit von der Anstalt nach Absatz 2 zu durchsuchen sind.

§ 85 Sichere Unterbringung. [1]Gefangene können in eine Anstalt verlegt werden, die zu ihrer sicheren Unterbringung besser geeignet ist, wenn in erhöhtem Maße die Gefahr der Entweichung oder Befreiung gegeben ist oder sonst ihr Verhalten oder ihr Zustand eine Gefahr für die Sicherheit der Anstalt darstellt. [2]§ 23 Abs. 4 und 5 gilt entsprechend.

§ 86 Maßnahmen zur Feststellung von Suchtmittelgebrauch. (1) [1]Zur Aufrechterhaltung der Sicherheit oder Ordnung der Anstalt kann die Anstaltsleiterin oder der Anstaltsleiter allgemein oder im Einzelfall Maßnahmen anordnen, die geeignet sind, den Gebrauch von Suchtmitteln festzustellen. [2]Diese Maßnahmen dürfen nicht mit einem körperlichen Eingriff verbunden sein.

(2) Verweigern Gefangene die Mitwirkung an Maßnahmen nach Absatz 1 ohne hinreichenden Grund, ist davon auszugehen, dass Suchtmittelfreiheit nicht gegeben ist.

(3) Wird verbotener Suchtmittelgebrauch festgestellt, können die Kosten der Maßnahmen den Gefangenen auferlegt werden.

§ 87 Festnahmerecht. [1]Gefangene, die entwichen sind oder sich sonst ohne Erlaubnis außerhalb der Anstalt aufhalten, können durch die Anstalt oder auf deren Veranlassung festgenommen und zurückgebracht werden. [2]Führt die Verfolgung oder die von der Anstalt veranlasste Fahndung nicht alsbald zur Wiederergreifung, so sind die weiteren Maßnahmen der Vollstreckungsbehörde zu überlassen.

§ 88 Besondere Sicherungsmaßnahmen. (1) Gegen Gefangene können besondere Sicherungsmaßnahmen angeordnet werden, wenn nach ihrem Verhalten oder aufgrund ihres seelischen Zustandes in erhöhtem Maße die Gefahr der Entweichung, von Gewalttätigkeiten gegen Personen oder Sachen, der Selbsttötung oder der Selbstverletzung besteht.

(2) Als besondere Sicherungsmaßnahmen sind zulässig:

1. der Entzug oder die Vorenthaltung von Gegenständen,
2. die Beobachtung der Gefangenen, auch mit technischen Hilfsmitteln,
3. die Trennung von allen anderen Gefangenen (Absonderung),
4. der Entzug oder die Beschränkung des Aufenthalts im Freien,
5. die Unterbringung in einem besonders gesicherten Haftraum ohne gefährdende Gegenstände und
6. die Fesselung.

(3) Maßnahmen nach Absatz 2 Nr. 1 und 3 bis 5 sind auch zulässig, wenn die Gefahr einer Befreiung oder eine erhebliche Störung der Ordnung anders nicht vermieden oder behoben werden kann, nach Absatz 2 Nr. 4 jedoch nicht bei jungen Gefangenen.

(4) Eine Absonderung von mehr als 24 Stunden Dauer ist nur zulässig, wenn sie zur Abwehr einer in der Person der Gefangenen liegenden Gefahr unerlässlich ist.

(5) [1]In der Regel dürfen Fesseln nur an den Händen oder an den Füßen angelegt werden. [2]Im Interesse der Gefangenen kann die Anstaltsleiterin oder

der Anstaltsleiter eine andere Art der Fesselung anordnen. [3] Eine Fesselung, durch die die Bewegungsfreiheit aufgehoben wird (Fixierung), ist nur zulässig, soweit und solange die gegenwärtige erhebliche Gefahr von Gewalttätigkeiten gegen Personen, der Selbsttötung oder der Selbstverletzung besteht und die Fixierung zur Abwehr dieser Gefahr unerlässlich ist. [4] Für die Fixierung ist ein Gurtsystem zu verwenden. [5] Die Fesselung wird zeitweise gelockert, soweit dies notwendig ist.

(6) Besteht die Gefahr der Entweichung, dürfen die Gefangenen bei einer Ausführung, Vorführung oder beim Transport gefesselt werden.

§ 89 Anordnung besonderer Sicherungsmaßnahmen, Verfahren.

(1) [1] Besondere Sicherungsmaßnahmen ordnet die Anstaltsleiterin oder der Anstaltsleiter an. [2] Bei Gefahr im Verzug können auch andere Bedienstete diese Maßnahmen vorläufig anordnen; die Entscheidung der Anstaltsleiterin oder des Anstaltsleiters ist unverzüglich einzuholen. [3] Eine Fixierung, die nicht nur kurzfristig ist, ist auf Antrag der Anstaltsleiterin oder des Anstaltsleiters nur aufgrund vorheriger richterlicher Anordnung zulässig. [4] Bei Gefahr im Verzug können auch die Anstaltsleiterin oder der Anstaltsleiter oder andere Bedienstete die Fixierung vorläufig anordnen; die richterliche Entscheidung ist unverzüglich einzuholen. [5] Wurde die Fixierung vor Erlangung einer richterlichen Entscheidung beendet, so ist dies dem Gericht unverzüglich mitzuteilen.

(2) [1] Werden die Gefangenen ärztlich behandelt oder beobachtet oder bildet ihr seelischer Zustand den Anlass der besonderen Sicherungsmaßnahme, ist vorher eine ärztliche Stellungnahme einzuholen. [2] Ist dies wegen Gefahr im Verzug nicht möglich, wird die Stellungnahme unverzüglich nachträglich eingeholt.

(3) [1] Die Entscheidung wird den Gefangenen von der Anstaltsleiterin oder dem Anstaltsleiter mündlich eröffnet und mit einer kurzen Begründung schriftlich abgefasst. [2] Bei einer Fixierung sind die Anordnung und die dafür maßgeblichen Gründe sowie der Verlauf, die Art der Überwachung und die Beendigung umfassend zu dokumentieren.

(4) Besondere Sicherungsmaßnahmen sind in angemessenen Abständen daraufhin zu überprüfen, ob und in welchem Umfang sie aufrechterhalten werden müssen.

(5) [1] Besondere Sicherungsmaßnahmen nach § 88 Abs. 2 Nr. 3, 5 und 6 sind der Aufsichtsbehörde, im Vollzug der Untersuchungshaft auch dem Gericht und der Staatsanwaltschaft, unverzüglich mitzuteilen, wenn sie länger als drei Tage aufrechterhalten werden; eine Fixierung ist unverzüglich mitzuteilen. [2] Auf Wunsch der Gefangenen ist unverzüglich deren Verteidigerin, Verteidiger oder Beistand nach § 69 JGG zu benachrichtigen. [3] Absonderung und Unterbringung im besonders gesicherten Haftraum von mehr als 30 Tagen Gesamtdauer innerhalb von zwölf Monaten bedürfen der Zustimmung der Aufsichtsbehörde.

(6) [1] Während der Absonderung, der Unterbringung im besonders gesicherten Haftraum und der Fixierung sind die Gefangenen in besonderem Maße zu betreuen. [2] Sind die Gefangenen fixiert, sind sie durch geschulte Bedienstete ständig und in unmittelbarem Sichtkontakt zu beobachten.

(7) [1]Nach Beendigung der Fixierung sind die Gefangenen auf ihr Recht hinzuweisen, die Rechtmäßigkeit der durchgeführten Fixierung gerichtlich überprüfen zu lassen. [2]Der Hinweis ist aktenkundig zu machen.

§ 90 Ärztliche Überwachung. (1) [1]Sind die Gefangenen in einem besonders gesicherten Haftraum untergebracht oder gefesselt, sucht sie die Ärztin oder der Arzt alsbald und in der Folge täglich auf. [2]Dies gilt nicht bei einer Fesselung während einer Ausführung, Vorführung oder eines Transportes sowie bei Bewegungen innerhalb der Anstalt.

(2) Die Ärztin oder der Arzt ist regelmäßig zu hören, solange Gefangenen der tägliche Aufenthalt im Freien entzogen ist oder sie länger als 24 Stunden abgesondert sind.

Abschnitt 14. Unmittelbarer Zwang

§ 91 Begriffsbestimmungen. (1) Unmittelbarer Zwang ist die Einwirkung auf Personen oder Sachen durch körperliche Gewalt, ihre Hilfsmittel oder Waffen.

(2) Körperliche Gewalt ist jede unmittelbare körperliche Einwirkung auf Personen oder Sachen.

(3) [1]Hilfsmittel der körperlichen Gewalt sind insbesondere Fesseln und Reizstoffe. [2]Waffen sind Hieb- und Schusswaffen.

(4) Es dürfen nur dienstlich zugelassene Hilfsmittel und Waffen verwendet werden.

§ 92 Allgemeine Voraussetzungen. (1) Bedienstete dürfen unmittelbaren Zwang anwenden, wenn sie Vollzugs- und Sicherungsmaßnahmen rechtmäßig durchführen und der damit verfolgte Zweck auf keine andere Weise erreicht werden kann.

(2) Gegen andere Personen als Gefangene darf unmittelbarer Zwang angewendet werden, wenn sie es unternehmen, Gefangene zu befreien oder widerrechtlich in die Anstalt einzudringen, oder wenn sie sich unbefugt darin aufhalten.

(3) Das Recht zu unmittelbarem Zwang aufgrund anderer Regelungen bleibt unberührt.

§ 93 Grundsatz der Verhältnismäßigkeit. (1) Unter mehreren möglichen und geeigneten Maßnahmen des unmittelbaren Zwangs sind diejenigen zu wählen, die den Einzelnen und die Allgemeinheit voraussichtlich am wenigsten beeinträchtigen.

(2) Unmittelbarer Zwang unterbleibt, wenn ein durch ihn zu erwartender Schaden erkennbar außer Verhältnis zu dem angestrebten Erfolg steht.

§ 94 Androhung. [1]Unmittelbarer Zwang ist vorher anzudrohen. [2]Die Androhung darf nur dann unterbleiben, wenn die Umstände sie nicht zulassen oder unmittelbarer Zwang sofort angewendet werden muss, um eine rechtswidrige Tat, die den Tatbestand eines Strafgesetzes erfüllt, zu verhindern oder eine gegenwärtige Gefahr abzuwenden.

§ 95 Schusswaffengebrauch. (1) [1]Der Gebrauch von Schusswaffen durch Bedienstete innerhalb der Anstalt ist verboten. [2]Das Recht zum Schusswaffengebrauch aufgrund anderer Vorschriften durch die Polizei bleibt davon unberührt.

(2) [1]Außerhalb der Anstalt dürfen Schusswaffen durch Bedienstete nach Maßgabe der folgenden Absätze nur gebraucht werden, wenn andere Maßnahmen des unmittelbaren Zwangs bereits erfolglos waren oder keinen Erfolg versprechen. [2]Gegen Personen ist ihr Gebrauch nur zulässig, wenn der Zweck nicht durch Waffenwirkung gegen Sachen erreicht werden kann.

(3) [1]Schusswaffen dürfen nur die dazu bestimmten Bediensteten gebrauchen und nur, um angriffs- oder fluchtunfähig zu machen. [2]Ihr Gebrauch unterbleibt, wenn dadurch erkennbar Unbeteiligte mit hoher Wahrscheinlichkeit gefährdet würden.

(4) [1]Der Gebrauch von Schusswaffen ist vorher anzudrohen. [2]Als Androhung gilt auch ein Warnschuss. [3]Ohne Androhung dürfen Schusswaffen nur dann gebraucht werden, wenn dies zur Abwehr einer gegenwärtigen Gefahr für Leib oder Leben erforderlich ist.

(5) [1]Gegen Gefangene dürfen Schusswaffen gebraucht werden,

1. wenn sie eine Waffe oder ein anderes gefährliches Werkzeug trotz wiederholter Aufforderung nicht ablegen,
2. wenn sie eine Meuterei (§ 121 StGB) unternehmen oder
3. um ihre Entweichung zu vereiteln oder um sie wiederzuergreifen.

[2]Satz 1 Nr. 2 und 3 findet auf minderjährige Gefangene keine Anwendung. [3]Satz 1 Nr. 3 findet keine Anwendung auf Gefangene, die im offenen Vollzug untergebracht sind.

(6) Gegen andere Personen dürfen Schusswaffen gebraucht werden, wenn sie es unternehmen, Gefangene gewaltsam zu befreien.

Abschnitt 15. Erzieherische Maßnahmen, Disziplinarmaßnahmen

§ 96 Erzieherische Maßnahmen. (1) [1]Verstöße der jungen Gefangenen gegen Pflichten, die ihnen durch oder aufgrund dieses Gesetzes auferlegt sind, sind unverzüglich im erzieherischen Gespräch aufzuarbeiten. [2]Daneben können Maßnahmen angeordnet werden, die geeignet sind, den jungen Gefangenen ihr Fehlverhalten bewusst zu machen (erzieherische Maßnahmen). [3]Als erzieherische Maßnahmen kommen namentlich in Betracht die Erteilung von Weisungen und Auflagen, die Beschränkung oder der Entzug einzelner Gegenstände für die Freizeitbeschäftigung und der Ausschluss von gemeinsamer Freizeit oder von einzelnen Freizeitveranstaltungen bis zur Dauer einer Woche.

(2) [1]In geeigneten Fällen können im Wege einvernehmlicher Streitbeilegung Vereinbarungen getroffen werden. [2]Insbesondere kommen die Wiedergutmachung des Schadens, die Entschuldigung bei den Geschädigten, die Erbringung von Leistungen für die Gemeinschaft und der vorübergehende Verbleib im Haftraum in Betracht. [3]Erfüllen die jungen Gefangenen die Vereinbarung, ist die Anordnung einer erzieherischen Maßnahme aufgrund dieser Verfehlung ausgeschlossen.

(3) Die Anstaltsleiterin oder der Anstaltsleiter legt fest, welche Bediensteten befugt sind, erzieherische Maßnahmen anzuordnen.

(4) Es sollen solche erzieherischen Maßnahmen angeordnet werden, die mit der Verfehlung in Zusammenhang stehen.

§ 97 Disziplinarmaßnahmen. (1) Disziplinarmaßnahmen können angeordnet werden, wenn die Gefangenen rechtswidrig und schuldhaft

1. andere Personen verbal oder tätlich angreifen,
2. Lebensmittel oder fremde Sachen zerstören oder beschädigen,
3. in sonstiger Weise gegen Strafgesetze verstoßen oder eine Ordnungswidrigkeit begehen,
4. verbotene Gegenstände in die Anstalt einbringen, sich an deren Einbringung beteiligen, sie besitzen oder weitergeben,
5. unerlaubt Betäubungsmittel oder andere berauschende Stoffe konsumieren,
6. entweichen oder zu entweichen versuchen,
7. gegen Weisungen im Zusammenhang mit der Gewährung von Lockerungen verstoßen,
8. gegen eine Anordnung nach § 119 Abs. 1 StPO verstoßen,
9. wiederholt oder schwerwiegend gegen sonstige Pflichten verstoßen, die ihnen durch dieses Gesetz oder aufgrund dieses Gesetzes auferlegt sind, und dadurch das geordnete Zusammenleben in der Anstalt stören oder
10. im Vollzug der Jugendstrafe sich zugewiesenen Aufgaben entziehen.

(2) Disziplinarmaßnahmen dürfen gegen junge Gefangene nur angeordnet werden, wenn erzieherische Maßnahmen nicht nach § 96 Abs. 2 Satz 3 ausgeschlossen sind oder nicht ausreichen, um ihnen das Unrecht ihrer Handlung zu verdeutlichen.

(3) [1] Zulässige Disziplinarmaßnahmen sind

1. der Verweis,
2. die Beschränkung oder der Entzug des Fernsehempfangs bis zu drei Monaten,
3. die Beschränkung oder der Entzug der Gegenstände für die Freizeitbeschäftigung, mit Ausnahme des Lesestoffs, bis zu drei Monaten,
4. die Beschränkung oder der Entzug des Aufenthalts in Gemeinschaft oder der Teilnahme an einzelnen Freizeitveranstaltungen bis zu drei Monaten,
5. die Beschränkung des Einkaufs bis zu drei Monaten,
6. die Beschränkung oder der Entzug von Annehmlichkeiten nach § 63 bis zu drei Monaten,
7. die Kürzung des Arbeitsentgelts um 10 v.H. bis zu drei Monaten,
8. der Entzug der zugewiesenen Arbeit bis zu vier Wochen und
9. Arrest bis zu vier Wochen.

[2] Bei jungen Gefangenen findet Satz 1 Nr. 1 keine Anwendung; Maßnahmen nach Satz 1 Nr. 2 bis 7 sind nur bis zu zwei Monaten, Maßnahmen nach Satz 1 Nr. 8 und 9 nur bis zu zwei Wochen zulässig.

(4) Arrest darf nur wegen schwerer oder wiederholter Verfehlungen verhängt werden.

(5) Mehrere Disziplinarmaßnahmen können miteinander verbunden werden.

(6) Disziplinarmaßnahmen sind auch zulässig, wenn wegen derselben Verfehlung ein Straf- oder Bußgeldverfahren eingeleitet wird.

(7) [1]Bei der Auswahl der Disziplinarmaßnahmen im Vollzug der Untersuchungshaft sind Grund und Zweck der Haft sowie die psychischen Auswirkungen der Untersuchungshaft und des Strafverfahrens auf die Untersuchungsgefangenen zu berücksichtigen. [2]Durch die Anordnung und den Vollzug einer Disziplinarmaßnahme dürfen im Strafverfahren die Verteidigung, die Verhandlungsfähigkeit und die Verfügbarkeit der Untersuchungsgefangenen für die Verhandlung nicht beeinträchtigt werden.

§ 98 Vollzug der Disziplinarmaßnahmen, Aussetzung zur Bewährung. (1) [1]Disziplinarmaßnahmen werden in der Regel sofort vollstreckt. [2]Die Vollstreckung ist auszusetzen, soweit es zur Gewährung eines effektiven Rechtsschutzes erforderlich ist.

(2) [1]Disziplinarmaßnahmen können ganz oder teilweise bis zu sechs Monaten zur Bewährung ausgesetzt werden. [2]Die Aussetzung zur Bewährung kann ganz oder teilweise widerrufen werden, wenn Gefangene die ihr zugrunde liegenden Erwartungen nicht erfüllen.

(3) Im Vollzug der Untersuchungshaft angeordnete Disziplinarmaßnahmen können ganz oder zum Teil auch während einer der Untersuchungshaft unmittelbar nachfolgenden Haft vollstreckt werden.

(4) [1]Für die Dauer des Arrests werden die Gefangenen getrennt von anderen Gefangenen untergebracht. [2]Sie können in einem besonderen Arrestraum untergebracht werden, der den Anforderungen entsprechen muss, die an einen zum Aufenthalt bei Tag und Nacht bestimmten Haftraum gestellt werden. [3]Soweit nichts anderes angeordnet wird, ruhen die Befugnisse der Gefangenen zur Ausstattung des Haftraums mit eigenen Gegenständen, zum Fernsehempfang und zum Einkauf. [4]Gegenstände für die Freizeitbeschäftigung, mit Ausnahme des Lesestoffs, sind nicht zugelassen. [5]Die Rechte zur Teilnahme am Gottesdienst und auf Aufenthalt im Freien bleiben unberührt.

(5) Für die jungen Gefangenen ist der Arrest erzieherisch auszugestalten.

§ 99 Disziplinarbefugnis. (1) [1]Disziplinarmaßnahmen ordnet die Anstaltsleiterin oder der Anstaltsleiter an. [2]Bei einer Verfehlung auf dem Weg in eine andere Anstalt zum Zweck der Verlegung ist die Leiterin oder der Leiter der Bestimmungsanstalt zuständig.

(2) Die Aufsichtsbehörde entscheidet, wenn sich die Verfehlung gegen die Anstaltsleiterin oder den Anstaltsleiter richtet.

(3) [1]Disziplinarmaßnahmen, die in einer anderen Anstalt angeordnet worden sind, werden auf Ersuchen vollstreckt. [2]§ 98 Abs. 2 bleibt unberührt.

§ 100 Verfahren. (1) [1]Der Sachverhalt ist zu klären. [2]Hierbei sind sowohl belastende als auch entlastende Umstände zu ermitteln. [3]Die betroffenen Gefangenen werden gehört. [4]Sie werden darüber unterrichtet, welche Verfehlungen ihnen zur Last gelegt werden. [5]Sie sind darauf hinzuweisen, dass es ihnen freisteht sich zu äußern. [6]Die Erhebungen werden in einer Niederschrift festgelegt; die Einlassung der Gefangenen wird vermerkt.

(2) [1]In geeigneten Fällen können zur Abwendung von Disziplinarmaßnahmen im Wege einvernehmlicher Streitbeilegung Vereinbarungen getroffen werden. [2]Insbesondere kommen die Wiedergutmachung des Schadens, die Ent-

schuldigung bei den Geschädigten, die Erbringung von Leistungen für die Gemeinschaft und der vorübergehende Verbleib im Haftraum in Betracht. [3] Erfüllen die Gefangenen die Vereinbarung, ist die Anordnung einer Disziplinarmaßnahme aufgrund dieser Verfehlung unzulässig.

(3) Mehrere Verfehlungen, die gleichzeitig zu beurteilen sind, werden durch eine Entscheidung geahndet.

(4) [1] Die Anstaltsleiterin oder der Anstaltsleiter soll sich vor der Entscheidung mit Personen besprechen, die an der Vollzugsgestaltung mitwirken. [2] Bei Schwangeren, stillenden Müttern oder Gefangenen, die sich in ärztlicher Behandlung befinden, ist eine Ärztin oder ein Arzt zu hören.

(5) [1] Vor der Entscheidung über eine Disziplinarmaßnahme erhalten die Gefangenen Gelegenheit, sich zu dem Ergebnis der Ermittlungen zu äußern. [2] Die Entscheidung wird den Gefangenen von der Anstaltsleiterin oder vom Anstaltsleiter mündlich eröffnet und mit einer kurzen Begründung schriftlich abgefasst.

(6) [1] Bevor Arrest vollzogen wird, ist eine Ärztin oder ein Arzt zu hören. [2] Während des Arrests stehen die Gefangenen unter ärztlicher Aufsicht. [3] Der Vollzug unterbleibt oder wird unterbrochen, wenn ansonsten die Gesundheit der Gefangenen oder im Vollzug der Untersuchungshaft der Fortgang des Strafverfahrens gefährdet würde.

Abschnitt 16. Aufhebung von Maßnahmen, Beschwerde

§ 101 Aufhebung von Maßnahmen. (1) Die Aufhebung von Maßnahmen zur Regelung einzelner Angelegenheiten auf dem Gebiet des Vollzugs richtet sich nach den nachfolgenden Absätzen, soweit dieses Gesetz keine abweichende Bestimmung enthält.

(2) Rechtswidrige Maßnahmen können ganz oder teilweise mit Wirkung für die Vergangenheit und die Zukunft zurückgenommen werden.

(3) Rechtmäßige Maßnahmen können ganz oder teilweise mit Wirkung für die Zukunft widerrufen werden, wenn

1. aufgrund nachträglich eingetretener oder bekannt gewordener Umstände die Maßnahmen hätten unterbleiben können,
2. die Maßnahmen missbraucht werden oder
3. Weisungen nicht befolgt werden.

(4) [1] Begünstigende Maßnahmen dürfen nach Absatz 2 oder Absatz 3 nur aufgehoben werden, wenn die vollzuglichen Interessen an der Aufhebung in Abwägung mit dem schutzwürdigen Vertrauen der Betroffenen auf den Bestand der Maßnahmen überwiegen. [2] Davon ist auszugehen, wenn die Aufhebung der Maßnahme unerlässlich ist, um die Sicherheit der Anstalt zu gewährleisten.

(5) Der gerichtliche Rechtsschutz bleibt unberührt.

§ 102 Beschwerderecht. (1) Die Gefangenen erhalten Gelegenheit, sich mit Wünschen, Anregungen und Beschwerden in vollzuglichen Angelegenheiten, die sie selbst betreffen, an die Anstaltsleiterin oder den Anstaltsleiter zu wenden.

(2) Besichtigen Vertreterinnen oder Vertreter der Aufsichtsbehörde die Anstalt, so ist zu gewährleisten, dass die Gefangenen sich in vollzuglichen Angelegenheiten, die sie selbst betreffen, an diese wenden können.

(3) Die Möglichkeit der Dienstaufsichtsbeschwerde bleibt unberührt.

Abschnitt 17. Kriminologische Forschung

§ 103 Evaluation, kriminologische Forschung. (1) [1] Behandlungsprogramme für die Strafgefangenen und die Jugendstrafgefangenen sind auf der Grundlage wissenschaftlicher Erkenntnisse zu konzipieren, zu standardisieren und auf ihre Wirksamkeit hin zu überprüfen. [2] Über die Ergebnisse ist dem Landtag alle fünf Jahre Bericht zu erstatten.

(2) Der Vollzug der Freiheitsstrafe und der Jugendstrafe, insbesondere seine Aufgabenerfüllung und Gestaltung, die Umsetzung seiner Leitlinien sowie die Behandlungsprogramme und deren Wirkungen auf die Erreichung des Vollzugsziels, soll regelmäßig durch den kriminologischen Dienst, durch eine Hochschule oder durch eine andere Stelle wissenschaftlich begleitet und erforscht werden.

Abschnitt 18. Aufbau und Organisation der Anstalten

§ 104 Anstalten. (1) [1] Es werden Anstalten und Abteilungen eingerichtet, die den unterschiedlichen vollzuglichen Anforderungen Rechnung tragen. [2] Für den Vollzug der Freiheitsstrafe und der Jugendstrafe sind insbesondere sozialtherapeutische Abteilungen vorzusehen.

(2) [1] Es ist eine bedarfsgerechte Anzahl und Ausstattung von Plätzen für therapeutische Maßnahmen, schulische und berufliche Qualifizierung, Arbeitstraining und Arbeitstherapie sowie zur Ausübung von Arbeit vorzusehen. [2] Gleiches gilt für Besuche, Freizeit, Sport und Seelsorge.

(3) Haft- und Funktionsräume sind zweckentsprechend auszustatten.

(4) Unterhalten private Unternehmen Betriebe in Anstalten, kann die technische und fachliche Leitung ihren Mitarbeiterinnen und Mitarbeitern übertragen werden.

§ 105 Festsetzung der Belegungsfähigkeit, Verbot der Überbelegung.

(1) [1] Die Aufsichtsbehörde setzt die Belegungsfähigkeit der Anstalt so fest, dass eine angemessene Unterbringung der Gefangenen gewährleistet ist. [2] § 104 Abs. 2 ist zu berücksichtigen.

(2) Hafträume dürfen nicht mit mehr Gefangenen als zugelassen belegt werden.

(3) Ausnahmen von Absatz 2 sind nur vorübergehend und nur mit Zustimmung der Aufsichtsbehörde zulässig.

§ 106 Anstaltsleitung. (1) [1] Die Anstaltsleiterin oder der Anstaltsleiter trägt die Verantwortung für den gesamten Vollzug und vertritt die Anstalt nach außen. [2] Sie oder er kann einzelne Aufgabenbereiche auf andere Bedienstete übertragen. [3] Die Aufsichtsbehörde kann sich die Zustimmung zur Übertragung vorbehalten.

(2) [1] Für jede Anstalt ist eine Beamtin oder ein Beamter des vierten Einstiegsamts zur hauptamtlichen Leiterin oder zum hauptamtlichen Leiter zu bestellen. [2] Aus besonderen Gründen kann eine Anstalt auch von einer Beamtin oder einem Beamten des dritten Einstiegsamts geleitet werden.

§ 107 Bedienstete. (1) [1] Die Anstalt wird mit dem für die Erreichung des Vollzugsziels und die Erfüllung ihrer Aufgaben erforderlichen Personal ausgestattet. [2] Die im Vollzug der Jugendstrafe und der Untersuchungshaft an jungen Untersuchungsgefangenen tätigen Bediensteten müssen für die erzieherische Gestaltung geeignet und qualifiziert sein.

(2) [1] Für die Betreuung von Strafgefangenen mit angeordneter oder vorbehaltener Sicherungsverwahrung und Jugendstrafgefangenen mit vorbehaltener Sicherungsverwahrung ist besonders qualifiziertes Personal vorzusehen und eine fachübergreifende Zusammenarbeit zu gewährleisten. [2] Soweit erforderlich, sind externe Fachkräfte einzubeziehen.

(3) Fortbildung sowie Praxisberatung und -begleitung sind zu gewährleisten.

§ 108 Seelsorgerinnen und Seelsorger. (1) Seelsorgerinnen und Seelsorger werden im Einvernehmen mit der jeweiligen Religionsgemeinschaft im Hauptamt bestellt oder vertraglich verpflichtet.

(2) Wenn die geringe Anzahl der Angehörigen einer Religionsgemeinschaft eine Seelsorge nach Absatz 1 nicht rechtfertigt, ist die seelsorgerische Betreuung auf andere Weise zuzulassen.

(3) Mit Zustimmung der Anstaltsleiterin oder des Anstaltsleiters darf die Seelsorgerin oder der Seelsorger sich freier Seelsorgehelferinnen und Seelsorgehelfer bedienen und diese für Gottesdienste sowie für andere religiöse Veranstaltungen von außen zuziehen.

(4) [1] Die religiöse Betreuung von Gefangenen stellt eine sicherheitsempfindliche Tätigkeit im Sinne des § 2 Satz 1 Nr. 5 des Landessicherheitsüberprüfungsgesetzes vom 8. März 2000 (GVBl. S. 70, BS 12-3) in der jeweils geltenden Fassung dar. [2] Das Landessicherheitsüberprüfungsgesetz ist mit der Maßgabe anzuwenden, dass eine einfache Sicherheitsüberprüfung nach dessen § 10 durchzuführen ist. [3] Einer Sicherheitsüberprüfung nach Satz 2 bedarf es in der Regel nicht, wenn die religiöse Betreuung durch eine Person erfolgen soll, die in einem Mitgliedstaat der Europäischen Union ausgebildet worden ist und innerhalb der letzten fünf Jahre ihren Aufenthalt oder Wohnsitz nicht länger als ein Jahr außerhalb des Hoheitsgebiets eines Mitgliedstaates der Europäischen Union hatte.

§ 109 Medizinische Versorgung. (1) Die ärztliche Versorgung ist sicherzustellen.

(2) [1] Die Pflege der Kranken soll von Bediensteten ausgeführt werden, die eine Erlaubnis nach dem Krankenpflegegesetz besitzen. [2] Solange diese nicht zur Verfügung stehen, können auch Bedienstete eingesetzt werden, die eine sonstige Ausbildung in der Krankenpflege erfahren haben.

§ 110 Interessenvertretung der Gefangenen. [1] Den Gefangenen soll ermöglicht werden, Vertretungen zu wählen. [2] Diese können in Angelegenheiten von gemeinsamem Interesse, die sich ihrer Eigenart nach für eine Mitwirkung eignen, Vorschläge und Anregungen an die Anstalt herantragen. [3]Diese sollen mit der Vertretung erörtert werden.

§ 111 Hausordnung. [1]Die Anstaltsleiterin oder der Anstaltsleiter erlässt zur Gestaltung und Organisation des Vollzugsalltags eine Hausordnung auf der Grundlage dieses Gesetzes. [2]Vor deren Erlass oder Änderung beteiligt sie oder er die Interessenvertretung der Gefangenen. [3]Die Aufsichtsbehörde kann sich die Genehmigung vorbehalten.

Abschnitt 19. Aufsicht, Beirat

§ 112 Aufsichtsbehörde. (1) Das für den Strafvollzug zuständige Ministerium führt die Aufsicht über die Anstalten (Aufsichtsbehörde).

(2) Die Aufsichtsbehörde kann sich Entscheidungen über Verlegungen und Überstellungen vorbehalten.

§ 113 Vollstreckungsplan, Vollzugsgemeinschaften. (1) Die Aufsichtsbehörde regelt die örtliche und sachliche Zuständigkeit der Anstalten in einem Vollstreckungsplan.

(2) Im Rahmen von Vollzugsgemeinschaften kann der Vollzug auch in Vollzugseinrichtungen anderer Länder vorgesehen werden.

§ 114 Beirat. (1) [1]Bei der Anstalt ist ein Beirat zu bilden. [2]Bedienstete dürfen nicht Mitglieder des Beirats sein.

(2) [1]Die Mitglieder des Beirats wirken beratend bei der Gestaltung des Vollzugs und der Eingliederung der Gefangenen mit. [2]Sie fördern das Verständnis für den Vollzug und seine gesellschaftliche Akzeptanz und vermitteln Kontakte zu öffentlichen und privaten Einrichtungen.

(3) Der Beirat steht der Anstaltsleiterin oder dem Anstaltsleiter, den Bediensteten und den Gefangenen als Ansprechpartner zur Verfügung.

(4) [1]Die Mitglieder des Beirats können sich über die Unterbringung der Gefangenen und die Gestaltung des Vollzugs unterrichten und die Anstalt besichtigen. [2]Sie können die Gefangenen in ihren Räumen aufsuchen. [3]Unterhaltung und Schriftwechsel werden nicht überwacht.

(5) [1]Die Mitglieder des Beirats sind verpflichtet, außerhalb ihres Amtes über alle Angelegenheiten, die ihrer Natur nach vertraulich sind, besonders über Namen und Persönlichkeit der Gefangenen, Verschwiegenheit zu bewahren. [2]Dies gilt auch nach Beendigung ihres Amtes.

Abschnitt 20. Verhinderung von Mobilfunkverkehr

§ 115 Störung des Mobilfunkverkehrs. (1) [1]Der Besitz und die Benutzung von Geräten zur funkbasierten Übertragung von Informationen sind auf dem Anstaltsgelände verboten, soweit diese nicht dienstlich zugelassen sind. [2]Die Anstaltsleiterin oder der Anstaltsleiter kann abweichende Regelungen treffen.

(2) [1]Die Anstalt darf technische Geräte betreiben, die

1. das Auffinden von Geräten zur Funkübertragung ermöglichen,

2. Geräte zur Funkübertragung zum Zwecke des Auffindens aktivieren können oder
3. Frequenzen stören oder unterdrücken, die der Herstellung oder Aufrechterhaltung unerlaubter Funkverbindungen auf dem Anstaltsgelände dienen.

[2] Sie hat die von der Bundesnetzagentur gemäß § 55 Abs. 1 Satz 5 des Telekommunikationsgesetzes festgelegten Rahmenbedingungen zu beachten. [3] Frequenznutzungen außerhalb des Anstaltsgeländes dürfen nicht erheblich gestört werden.

Abschnitt 21. Vollzug des Strafarrests

§ 116 Grundsatz. (1) Für den Vollzug des Strafarrests in Anstalten gelten die die Strafgefangenen betreffenden Bestimmungen dieses Gesetzes entsprechend, soweit § 117 nicht Abweichendes bestimmt.

(2) § 117 Abs. 1 bis 3, 7 und 8 gilt nicht, wenn Strafarrest in Unterbrechung einer anderen freiheitsentziehenden Maßnahme vollzogen wird.

§ 117 Besondere Bestimmungen. (1) Strafarrestantinnen und Strafarrestanten sollen im offenen Vollzug untergebracht werden.

(2) Eine gemeinsame Unterbringung ist nur mit Einwilligung der Strafarrestantinnen und Strafarrestanten zulässig.

(3) Besuche, Telefongespräche und Schriftwechsel dürfen nur untersagt oder überwacht werden, wenn dies aus Gründen der Sicherheit oder Ordnung der Anstalt notwendig ist.

(4) Den Strafarrestantinnen und Strafarrestanten soll gestattet werden, einmal wöchentlich Besuch zu empfangen.

(5) Strafarrestantinnen und Strafarrestanten dürfen eigene Kleidung tragen und eigenes Bettzeug benutzen, wenn Gründe der Sicherheit nicht entgegenstehen und sie für Reinigung, Instandsetzung und regelmäßigen Wechsel auf eigene Kosten sorgen.

(6) Strafarrestantinnen und Strafarrestanten dürfen Nahrungs-, Genuss- und Körperpflegemittel in angemessenem Umfang durch Vermittlung der Anstalt auf eigene Kosten erwerben.

(7) Eine mit einer Entkleidung verbundene körperliche Durchsuchung ist nur bei Gefahr im Verzug zulässig.

(8) Zur Vereitelung einer Entweichung und zur Wiederergreifung dürfen Schusswaffen nicht gebraucht werden.

Abschnitt 22. Schlussbestimmungen

§ 118 Verwaltungsvorschriften. Die zur Durchführung dieses Gesetzes erforderlichen Verwaltungsvorschriften erlässt das für den Strafvollzug zuständige Ministerium.

§ 119 Einschränkung von Grundrechten. Durch dieses Gesetz werden die Grundrechte aus Artikel 2 Abs. 2 Satz 1 und 2 (körperliche Unversehrtheit und Freiheit der Person) und Artikel 10 Abs. 1 (Brief-, Post- und Fernmeldegeheimnis) des Grundgesetzes eingeschränkt.

1.12. Gesetz über den Vollzug der Freiheitsstrafe im Saarland (Saarländisches Strafvollzugsgesetz – SLStVollzG)[1)]

Vom 24. April 2013
(Amtsbl. I S. 116)

zuletzt geänd. durch Art. 1 G zur Ergänzung der saarländischen Justizvollzugsgesetze im Hinblick auf die aktuelle Corona-Pandemie v. 16.6.2021 (Amtsbl. I S. 1822)

Inhaltsübersicht

[1)] Verkündet als Art. 1 G v. 24.4.2013 (Amtsbl. I S. 116), Inkrafttreten gem. Art. 4 Satz 1 **mWv 1.6.2013** mit Ausnahme von § 26 Abs. 4 der gem. Art. 4 Satz 2 dieses G erst **mWv 1.6.2018** in Kraft tritt.

Abschnitt 1. Allgemeine Bestimmungen

§ 1 Anwendungsbereich Dieses Gesetz regelt den Vollzug der Freiheitsstrafe (Vollzug) und des Strafarrests in Justizvollzugsanstalten (Anstalten).

§ 2 Ziel und Aufgabe. [1] Im Vollzug sollen die Gefangenen fähig werden, künftig in sozialer Verantwortung ein Leben ohne Straftaten zu führen (Vollzugsziel). [2] Der Vollzug dient auch dem Schutz der Allgemeinheit vor weiteren Straftaten.

§ 3 Grundsätze der Vollzugsgestaltung. (1) Der Vollzug ist auf die Auseinandersetzung der Gefangenen mit ihren Straftaten und deren Folgen für die Opfer auszurichten.

(2) Der Vollzug wirkt von Beginn an auf die Eingliederung der Gefangenen in das Leben in Freiheit hin.

(3) [1] Gefangene mit angeordneter oder vorbehaltener Sicherungsverwahrung sind individuell und intensiv zu betreuen, um ihre Unterbringung in der Sicherungsverwahrung entbehrlich zu machen. [2] Soweit standardisierte Maß-

nahmen nicht ausreichen oder keinen Erfolg versprechen, sind individuelle Maßnahmen zu entwickeln.

(4) Das Leben im Vollzug ist den allgemeinen Lebensverhältnissen so weit wie möglich anzugleichen.

(5) Schädlichen Folgen des Freiheitsentzugs ist entgegenzuwirken.

(6) [1] Der Bezug der Gefangenen zum gesellschaftlichen Leben ist zu wahren und zu fördern. [2] Personen und Einrichtungen außerhalb des Vollzugs sollen in den Vollzugsalltag einbezogen werden. [3] Den Gefangenen ist so bald wie möglich die Teilnahme am Leben in der Freiheit zu gewähren.

(7) Die unterschiedlichen Bedürfnisse der Gefangenen, insbesondere im Hinblick auf Geschlecht, Alter und Herkunft, werden bei der Vollzugsgestaltung im Allgemeinen und im Einzelfall berücksichtigt.

§ 4 Stellung der Gefangenen, Mitwirkung. (1) [1] Die Persönlichkeit der Gefangenen ist zu achten. [2] Ihre Selbständigkeit im Vollzugsalltag ist so weit wie möglich zu erhalten und zu fördern.

(2) [1] Die Gefangenen werden an der Gestaltung des Vollzugsalltags beteiligt. [2] Vollzugliche Maßnahmen sollen ihnen erläutert werden.

(3) [1] Zur Erreichung des Vollzugsziels bedarf es der Mitwirkung der Gefangenen. [2] Ihre Bereitschaft hierzu ist zu wecken und zu fördern.

(4) [1] Die Gefangenen unterliegen den in diesem Gesetz vorgesehenen Beschränkungen ihrer Freiheit. [2] Soweit das Gesetz eine besondere Regelung nicht enthält, dürfen ihnen nur Beschränkungen auferlegt werden, die zur Aufrechterhaltung der Sicherheit oder zur Abwendung einer schwerwiegenden Störung der Ordnung der Anstalt unerlässlich sind.

§ 5 Soziale Hilfe. (1) [1] Die Gefangenen werden darin unterstützt, ihre persönlichen, wirtschaftlichen und sozialen Schwierigkeiten zu beheben. [2] Sie sollen dazu angeregt und in die Lage versetzt werden, ihre Angelegenheiten selbst zu regeln, insbesondere eine Schuldenregulierung herbeizuführen.

(2) Die Gefangenen sollen angehalten werden, den durch die Straftat verursachten materiellen und immateriellen Schaden wiedergutzumachen.

Abschnitt 2. Aufnahme, Diagnose und Vollzugs- und Eingliederungsplanung

§ 6 Aufnahmeverfahren. (1) [1] Mit den Gefangenen wird unverzüglich nach der Aufnahme ein Zugangsgespräch geführt, in dem ihre gegenwärtige Lebenssituation erörtert wird und sie über ihre Rechte und Pflichten informiert werden. [2] Ihnen wird ein Exemplar der Hausordnung ausgehändigt. [3] Dieses Gesetz, die von ihm in Bezug genommenen Gesetze sowie die zu seiner Ausführung erlassenen Rechtsverordnungen und Verwaltungsvorschriften sind den Gefangenen auf Verlangen zugänglich zu machen.

(2) Während des Aufnahmeverfahrens dürfen andere Gefangene in der Regel nicht zugegen sein.

(3) Die Gefangenen werden alsbald ärztlich untersucht.

(4) Die Gefangenen werden dabei unterstützt, etwa notwendige Maßnahmen für hilfsbedürftige Angehörige, zur Erhaltung des Arbeitsplatzes und der Wohnung und zur Sicherung ihrer Habe außerhalb der Anstalt zu veranlassen.

(5) Bei Gefangenen, die eine Ersatzfreiheitsstrafe verbüßen, sind die Möglichkeiten der Abwendung der Vollstreckung durch freie Arbeit oder ratenweise Tilgung der Geldstrafe zu erörtern und zu fördern, um so auf eine möglichst baldige Entlassung hinzuwirken.

§ 7 Diagnoseverfahren. (1) An das Aufnahmeverfahren schließt sich zur Vorbereitung der Vollzugs- und Eingliederungsplanung das Diagnoseverfahren an.

(2) [1] Das Diagnoseverfahren muss wissenschaftlichen Erkenntnissen genügen. [2] Insbesondere bei Gefangenen mit angeordneter oder vorbehaltener Sicherungsverwahrung ist es von Personen mit einschlägiger wissenschaftlicher Qualifikation durchzuführen.

(3) [1] Das Diagnoseverfahren erstreckt sich auf die Persönlichkeit, die Lebensverhältnisse, die Ursachen und Umstände der Straftat sowie alle sonstigen Gesichtspunkte, deren Kenntnis für eine zielgerichtete und wirkungsorientierte Vollzugsgestaltung und die Eingliederung der Gefangenen nach der Entlassung notwendig erscheint. [2] Neben den Unterlagen aus der Vollstreckung und dem Vollzug vorangegangener Freiheitsentziehungen sind insbesondere auch Erkenntnisse der Gerichts- und Bewährungshilfe sowie der Führungsaufsichtsstellen einzubeziehen.

(4) [1] Im Diagnoseverfahren werden die im Einzelfall die Straffälligkeit begünstigenden Faktoren ermittelt. [2] Gleichzeitig sollen die Fähigkeiten der Gefangenen ermittelt werden, deren Stärkung einer erneuten Straffälligkeit entgegenwirken kann.

(5) [1] Bei einer voraussichtlichen Vollzugsdauer bis zu einem Jahr kann das Diagnoseverfahren auf die Umstände beschränkt werden, deren Kenntnis für eine angemessene Vollzugsgestaltung unerlässlich und für die Eingliederung erforderlich ist. [2] Unabhängig von der Vollzugsdauer gilt dies auch, wenn ausschließlich Ersatzfreiheitsstrafen zu vollziehen sind.

(6) Das Ergebnis des Diagnoseverfahrens wird mit den Gefangenen erörtert.

§ 8 Vollzugs- und Eingliederungsplanung. (1) [1] Auf der Grundlage des Ergebnisses des Diagnoseverfahrens wird ein Vollzugs- und Eingliederungsplan erstellt. [2] Er zeigt den Gefangenen bereits zu Beginn der Strafhaft unter Berücksichtigung der voraussichtlichen Vollzugsdauer die zur Erreichung des Vollzugsziels erforderlichen Maßnahmen auf. [3] Daneben kann er weitere Hilfsangebote und Empfehlungen enthalten. [4] Auf die Fähigkeiten, Fertigkeiten und Neigungen der Gefangenen ist Rücksicht zu nehmen.

(2) [1] Der Vollzugs- und Eingliederungsplan wird regelmäßig innerhalb der ersten acht Wochen nach der Aufnahme erstellt. [2] Diese Frist verkürzt sich bei einer voraussichtlichen Vollzugsdauer von unter einem Jahr auf vier Wochen.

(3) [1] Der Vollzugs- und Eingliederungsplan sowie die darin vorgesehenen Maßnahmen werden regelmäßig alle sechs Monate, spätestens aber alle zwölf Monate überprüft und fortgeschrieben. [2] Die Entwicklung der Gefangenen und die in der Zwischenzeit gewonnenen Erkenntnisse sind zu berücksichtigen. [3] Die durchgeführten Maßnahmen sind zu dokumentieren.

(4) [1] Die Vollzugs- und Eingliederungsplanung wird mit den Gefangenen erörtert. [2] Dabei werden deren Anregungen und Vorschläge einbezogen, soweit sie der Erreichung des Vollzugsziels dienen.

(5) [1] Zur Erstellung und Fortschreibung des Vollzugs- und Eingliederungsplans führt die Anstaltsleitung eine Konferenz mit den an der Vollzugsgestaltung maßgeblich Beteiligten durch. [2] Standen die Gefangenen vor ihrer Inhaftierung unter Bewährung oder Führungsaufsicht, kann auch die für sie bislang zuständige Bewährungshelferin oder der für sie bislang zuständige Bewährungshelfer an der Konferenz beteiligt werden. [3] Den Gefangenen wird der Vollzugs- und Eingliederungsplan in der Konferenz eröffnet und erläutert. [4] Sie können auch darüber hinaus an der Konferenz beteiligt werden.

(6) [1] An der Eingliederung mitwirkende Personen außerhalb des Vollzugs sind nach Möglichkeit in die Planung einzubeziehen. [2] Sie können mit Zustimmung der Gefangenen auch an der Konferenz beteiligt werden.

(7) Werden die Gefangenen nach der Entlassung voraussichtlich unter Bewährungs- oder Führungsaufsicht gestellt, so ist der künftig zuständigen Bewährungshelferin oder dem künftig zuständigen Bewährungshelfer in den letzten zwölf Monaten vor dem voraussichtlichen Entlassungszeitpunkt die Teilnahme an der Konferenz zu ermöglichen und sind ihr oder ihm der Vollzugs- und Eingliederungsplan und seine Fortschreibungen zu übersenden.

(8) Der Vollzugs- und Eingliederungsplan und seine Fortschreibungen werden den Gefangenen ausgehändigt.

§ 9 Inhalt des Vollzugs- und Eingliederungsplans. (1) [1] Der Vollzugs- und Eingliederungsplan sowie seine Fortschreibungen enthalten insbesondere folgende Angaben:

1. Zusammenfassung der für die Vollzugs- und Eingliederungsplanung maßgeblichen Ergebnisse des Diagnoseverfahrens,
2. voraussichtlicher Entlassungszeitpunkt,
3. Unterbringung im geschlossenen oder offenen Vollzug,
4. Maßnahmen zur Förderung der Mitwirkungsbereitschaft,
5. Unterbringung in einer Wohngruppe und Teilnahme am Wohngruppenvollzug,
6. Unterbringung in einer sozialtherapeutischen Abteilung und Teilnahme an deren Behandlungsprogrammen,
7. Teilnahme an einzel- oder gruppentherapeutischen Maßnahmen, insbesondere Psychotherapie,
8. Teilnahme an psychiatrischen Behandlungsmaßnahmen,
9. Teilnahme an Maßnahmen zur Behandlung von Suchtmittelabhängigkeit und -missbrauch,
10. Teilnahme an Trainingsmaßnahmen zur Verbesserung der sozialen Kompetenz,
11. Teilnahme an schulischen und beruflichen Qualifizierungsmaßnahmen einschließlich Alphabetisierungs- und Deutschkursen,
12. Teilnahme an arbeitstherapeutischen Maßnahmen oder am Arbeitstraining,
13. Arbeit,
14. freies Beschäftigungsverhältnis, Selbstbeschäftigung,
15. Teilnahme an Sportangeboten und Maßnahmen zur strukturierten Gestaltung der Freizeit,
16. Ausführungen, Außenbeschäftigung,
17. Lockerungen zur Erreichung des Vollzugsziels,

18. Aufrechterhaltung, Förderung und Gestaltung von Außenkontakten,
19. Schuldnerberatung, Schuldenregulierung und Erfüllung von Unterhaltspflichten,
20. Ausgleich von Tatfolgen,
21. Maßnahmen zur Vorbereitung von Entlassung, Eingliederung und Nachsorge und
22. Frist zur Fortschreibung des Vollzugs- und Eingliederungsplans.

[2] Bei angeordneter oder vorbehaltener Sicherungsverwahrung enthalten der Vollzugs- und Eingliederungsplan sowie seine Fortschreibungen darüber hinaus Angaben zu sonstigen Maßnahmen im Sinne des § 3 Absatz 3 Satz 2 und einer Antragstellung im Sinne des § 119a Absatz 2 des Gesetzes über den Vollzug der Freiheitsstrafe und der freiheitsentziehenden Maßregeln der Besserung und Sicherung (Strafvollzugsgesetz – StVollzG)[1)] vom 16. März 1976 (BGBl. I. S. 581, 2088, 1977 I S. 436), zuletzt geändert durch Artikel 4 des Gesetzes vom 5. Dezember 2012 (BGBl. I S. 2425), in der jeweils geltenden Fassung.

(2) [1] Maßnahmen nach Absatz 1 Satz 1 Nummer 6 bis 12 und Satz 2, die nach dem Ergebnis des Diagnoseverfahrens als zur Erreichung des Vollzugsziels zwingend erforderlich erachtet werden, sind als solche zu kennzeichnen und gehen allen anderen Maßnahmen vor. [2] Andere Maßnahmen dürfen nicht gestattet werden, soweit sie die Teilnahme an Maßnahmen nach Satz 1 beeinträchtigen würden.

(3) [1] Spätestens ein Jahr vor dem voraussichtlichen Entlassungszeitpunkt hat die Planung zur Vorbereitung der Eingliederung zu beginnen. [2] Anknüpfend an die bisherige Vollzugsplanung werden ab diesem Zeitpunkt die Maßnahmen nach Absatz 1 Satz 1 Nummer 21 konkretisiert oder ergänzt. [3] Insbesondere ist Stellung zu nehmen zu:

1. Unterbringung im offenen Vollzug, Übergangseinrichtung,
2. Unterkunft sowie Arbeit oder Ausbildung nach der Entlassung,
3. Unterstützung bei notwendigen Behördengängen und der Beschaffung der notwendigen persönlichen Dokumente,
4. Beteiligung der Bewährungshilfe und der Forensischen Ambulanzen,
5. Kontaktaufnahme zu Einrichtungen der Entlassenenhilfe,
6. Fortsetzung von im Vollzug noch nicht abgeschlossenen Maßnahmen,
7. Anregung von Auflagen und Weisungen für die Bewährungs- oder Führungsaufsicht,
8. Vermittlung in nachsorgende Maßnahmen,
9. nachgehende Betreuung durch Vollzugsbedienstete.

Abschnitt 3. Unterbringung, Verlegung

§ 10 Trennung von männlichen und weiblichen Gefangenen. [1] Männliche und weibliche Gefangene werden getrennt untergebracht. [2] Gemeinsame Maßnahmen, insbesondere zur schulischen und beruflichen Qualifizierung, sind zulässig.

---

1) Nr. 1.

§ 11 Unterbringung während der Einschlusszeiten. (1) Die Gefangenen werden in ihren Hafträumen einzeln untergebracht.

(2) [1]Mit ihrer Zustimmung können sie gemeinsam untergebracht werden, wenn schädliche Einflüsse nicht zu befürchten sind. [2]Bei einer Gefahr für Leben oder Gesundheit oder bei Hilfsbedürftigkeit ist die Zustimmung der gefährdeten oder hilfsbedürftigen Gefangenen zur gemeinsamen Unterbringung entbehrlich.

(3) Im offenen Vollzug können die Gefangenen auch ohne ihre Zustimmung gemeinsam untergebracht werden, wenn die räumlichen Verhältnisse der Anstalt dies erfordern.

(4) Darüber hinaus ist eine gemeinsame Unterbringung nur vorübergehend und aus zwingenden Gründen zulässig.

§ 12 Aufenthalt außerhalb der Einschlusszeiten. (1) Außerhalb der Einschlusszeiten dürfen sich die Gefangenen in Gemeinschaft aufhalten.

(2) Der gemeinschaftliche Aufenthalt kann eingeschränkt werden,

1. wenn ein schädlicher Einfluss auf andere Gefangene zu befürchten ist,
2. wenn es die Sicherheit oder Ordnung der Anstalt erfordert oder
3. während des Diagnoseverfahrens, aber nicht länger als acht Wochen.

§ 13 Wohngruppenvollzug. (1) [1]Der Wohngruppenvollzug dient der Einübung sozialverträglichen Zusammenlebens, insbesondere von Toleranz sowie der Übernahme von Verantwortung für sich und andere. [2]Er ermöglicht den dort Untergebrachten, ihren Vollzugsalltag weitgehend selbständig zu regeln.

(2) [1]Eine Wohngruppe wird in einem baulich abgegrenzten Bereich eingerichtet, zu dem neben den Hafträumen weitere Räume und Einrichtungen zur gemeinsamen Nutzung gehören. [2]Sie wird in der Regel von fest zugeordneten Bediensteten betreut.

§ 14 Unterbringung von Müttern mit Kindern. (1) [1]Ist das Kind einer Gefangenen noch nicht drei Jahre alt, kann es mit Zustimmung der Aufenthaltsbestimmungsberechtigten in der Anstalt untergebracht werden, wenn die baulichen Gegebenheiten dies zulassen und Sicherheitsgründe nicht entgegenstehen. [2]Vor der Unterbringung ist das Jugendamt zu hören.

(2) [1]Die Unterbringung erfolgt auf Kosten der für das Kind Unterhaltspflichtigen. [2]Von der Geltendmachung des Kostenersatzanspruchs kann ausnahmsweise abgesehen werden, wenn hierdurch die gemeinsame Unterbringung von Mutter und Kind gefährdet würde.

§ 15 Geschlossener und offener Vollzug. (1) [1]Die Gefangenen werden im geschlossenen Vollzug untergebracht. [2]Abteilungen des offenen Vollzugs sehen keine oder nur verminderte Vorkehrungen gegen Entweichungen vor.

(2) Die Gefangenen sollen im offenen Vollzug untergebracht werden, wenn sie dessen besonderen Anforderungen genügen, namentlich nicht zu befürchten ist, dass sie sich dem Vollzug entziehen oder die Möglichkeiten des offenen Vollzugs zu Straftaten missbrauchen werden.

(3) Genügen die Gefangenen den besonderen Anforderungen des offenen Vollzugs nicht mehr, werden sie im geschlossenen Vollzug untergebracht.

§ 16 Verlegung und Überstellung. (1) Die Gefangenen können abweichend vom Vollstreckungsplan in eine andere Anstalt verlegt werden, wenn die Erreichung des Vollzugsziels hierdurch gefördert wird oder wenn Gründe der Vollzugsorganisation oder andere wichtige Gründe dies erfordern.

(2) Die Gefangenen dürfen aus wichtigem Grund in eine andere Anstalt überstellt werden.

Abschnitt 4. Sozial- und Psychotherapie

§ 17 Sozialtherapie. (1) [1] Sozialtherapie dient der Verringerung einer erheblichen Gefährlichkeit der Gefangenen. [2] Auf der Grundlage einer therapeutischen Gemeinschaft bedient sie sich psychotherapeutischer, sozialpädagogischer und arbeitstherapeutischer Methoden, die in umfassenden Behandlungsprogrammen verbunden werden. [3] Personen aus dem Lebensumfeld der Gefangenen außerhalb des Vollzugs werden in die Behandlung einbezogen.

(2) [1] Gefangene sind in einer sozialtherapeutischen Abteilung unterzubringen, wenn ihre Teilnahme an den dortigen Behandlungsprogrammen zur Verringerung ihrer erheblichen Gefährlichkeit angezeigt ist. [2] Eine erhebliche Gefährlichkeit liegt vor, wenn schwerwiegende Straftaten gegen Leib oder Leben, die persönliche Freiheit oder gegen die sexuelle Selbstbestimmung zu erwarten sind.

(3) Andere Gefangene können in einer sozialtherapeutischen Abteilung untergebracht werden, wenn die Teilnahme an den dortigen Behandlungsprogrammen zur Erreichung des Vollzugsziels angezeigt ist.

(4) [1] Die Unterbringung soll zu einem Zeitpunkt erfolgen, der entweder den Abschluss der Behandlung zum voraussichtlichen Entlassungszeitpunkt erwarten lässt oder die Fortsetzung der Behandlung nach der Entlassung ermöglicht. [2] Ist Sicherungsverwahrung angeordnet oder vorbehalten, soll die Unterbringung zu einem Zeitpunkt erfolgen, der den Abschluss der Behandlung noch während des Vollzugs der Freiheitsstrafe erwarten lässt.

(5) Die Unterbringung wird beendet, wenn das Ziel der Behandlung aus Gründen, die in der Person der Gefangenen liegen, nicht erreicht werden kann.

§ 18 Psychotherapie. [1] Psychotherapie im Vollzug dient insbesondere der Behandlung psychischer Störungen des Verhaltens und Erlebens, die in einem Zusammenhang mit der Straffälligkeit stehen. [2] Sie wird durch systematische Anwendung psychologisch wissenschaftlich fundierter Methoden der Gesprächsführung mit einer oder mehreren Personen durchgeführt.

Abschnitt 5. Arbeitstherapeutische Maßnahmen, Arbeitstraining, schulische und berufliche Qualifizierungsmaßnahmen, Arbeit

§ 19 Arbeitstherapeutische Maßnahmen. Arbeitstherapeutische Maßnahmen dienen dazu, dass die Gefangenen Eigenschaften wie Selbstvertrauen, Durchhaltevermögen und Konzentrationsfähigkeit einüben, um sie stufenweise an die Grundanforderungen des Arbeitslebens heranzuführen.

§ 20 Arbeitstraining. [1] Arbeitstraining dient dazu, Gefangenen, die nicht in der Lage sind, einer regelmäßigen und erwerbsorientierten Beschäftigung nachzugehen, Fähigkeiten und Fertigkeiten zu vermitteln, die eine Eingliederung in das leistungsorientierte Arbeitsleben fördern. [2]Die in der Anstalt dafür vorzuhaltenden Maßnahmen sind danach auszurichten, dass sie den Gefangenen für den Arbeitsmarkt relevante Qualifikationen vermitteln.

§ 21 Schulische und berufliche Qualifizierungsmaßnahmen. (1) [1]Schulische und berufliche Aus- und Weiterbildung und vorberufliche Qualifizierung im Vollzug (schulische und berufliche Qualifizierungsmaßnahmen) haben das Ziel, die Fähigkeiten der Gefangenen zur Eingliederung und zur Aufnahme einer Erwerbstätigkeit nach der Haftentlassung zu vermitteln, zu verbessern oder zu erhalten. [2]Sie werden in der Regel als Vollzeitmaßnahme durchgeführt. [3]Bei der Festlegung von Inhalten, Methoden und Organisationsformen der Bildungsangebote werden die Besonderheiten der jeweiligen Zielgruppe berücksichtigt.

(2) Berufliche Qualifizierungsmaßnahmen sind darauf auszurichten, den Gefangenen für den Arbeitsmarkt relevante Qualifikationen zu vermitteln.

(3) Geeigneten Gefangenen soll die Teilnahme an einer schulischen oder beruflichen Ausbildung ermöglicht werden, die zu einem anerkannten Abschluss führt.

(4) [1]Bei der Vollzugsplanung ist darauf zu achten, dass die Gefangenen Qualifizierungsmaßnahmen während ihrer Haftzeit abschließen oder danach fortsetzen können. [2]Können Maßnahmen während der Haftzeit nicht abgeschlossen werden, trägt die Anstalt in Zusammenarbeit mit außervollzuglichen Einrichtungen dafür Sorge, dass die begonnene Qualifizierungsmaßnahme nach der Haft fortgesetzt werden kann.

(5) Nachweise über schulische und berufliche Qualifizierungsmaßnahmen dürfen keinen Hinweis auf die Inhaftierung enthalten.

§ 22 Arbeit. [1]Die Aufnahme von Arbeit dient dazu, die Gefangenen an ein strukturiertes Arbeitsleben heranzuführen. [2]Die Gefangenen sind anzuhalten, eine ihnen zugewiesene Arbeit, die ihren körperlichen Fähigkeiten entspricht, auszuüben. [3]Es gelten die von der Anstalt festgelegten Arbeitsbedingungen. [4]Die Arbeit darf nicht zur Unzeit niedergelegt werden. [5]§ 9 Absatz 2 bleibt unberührt.

§ 23 Freies Beschäftigungsverhältnis, Selbstbeschäftigung. (1) [1]Gefangenen, die zum Freigang (§ 38 Absatz 1 Nummer 4) zugelassen sind, soll gestattet werden, einer Arbeit, Berufsausbildung oder beruflichen Weiterbildung auf der Grundlage eines freien Beschäftigungsverhältnisses oder der Selbstbeschäftigung außerhalb der Anstalt nachzugehen, wenn die Beschäftigungsstelle geeignet ist und nicht überwiegende Gründe des Vollzugs entgegenstehen. [2]§ 40 gilt entsprechend.

(2) Das Entgelt ist der Anstalt zur Gutschrift für die Gefangenen zu überweisen.

§ 24 Freistellung von der Arbeit. (1) [1]Haben die Gefangenen ein halbes Jahr lang gearbeitet, so können sie beanspruchen, zehn Arbeitstage von der Arbeit freigestellt zu werden. [2]Zeiten, in denen die Gefangenen infolge Krankheit an der Arbeitsleistung verhindert waren, werden auf das Halbjahr mit bis zu 15 Arbeitstagen angerechnet. [3]Der Anspruch verfällt, wenn die Freistellung nicht innerhalb eines Jahres nach seiner Entstehung erfolgt ist.

(2) [1] Auf die Zeit der Freistellung wird Langzeitausgang (§ 38 Absatz 1 Nummer 3) angerechnet, soweit er in die Arbeitszeit fällt. [2] Gleiches gilt für einen Langzeitausgang nach § 39 Absatz 1, soweit er nicht wegen des Todes oder einer lebensgefährlichen Erkrankung naher Angehöriger erteilt worden ist.

(3) Die Gefangenen erhalten für die Zeit der Freistellung ihr Arbeitsentgelt weiter.

(4) Urlaubsregelungen freier Beschäftigungsverhältnisse bleiben unberührt.

(5) Für Maßnahmen nach § 21 Absatz 1 gelten die Absätze 1 bis 4 entsprechend, sofern diese den Umfang der regelmäßigen wöchentlichen Arbeitszeit erreichen.

Abschnitt 6. Besuche, Telefongespräche, Schriftwechsel, andere Formen der Telekommunikation und Pakete

§ 25 Grundsatz. Die Gefangenen haben das Recht, mit Personen außerhalb der Anstalt im Rahmen der Bestimmungen dieses Gesetzes zu verkehren.

§ 26 Besuch. (1) [1] Die Gefangenen dürfen regelmäßig Besuch empfangen. [2] Die Gesamtdauer beträgt mindestens eine Stunde im Monat.

(2) [1] Besuche von Angehörigen im Sinne von § 11 Absatz 1 Nummer 1 des Strafgesetzbuchs werden besonders unterstützt. [2] Kontakte der Gefangenen zu ihren Kindern werden besonders gefördert. [3] Die Anstaltsleitung kann über Absatz 1 hinausgehend Besuche zulassen, wenn sie zur Pflege der familiären Kontakte der Gefangenen geboten erscheinen.

(3) Besuche sollen darüber hinaus zugelassen werden, wenn sie die Eingliederung der Gefangenen fördern oder persönlichen, rechtlichen oder geschäftlichen Angelegenheiten dienen, die nicht von den Gefangenen schriftlich erledigt, durch Dritte wahrgenommen oder bis zur Entlassung aufgeschoben werden können.

(4) Die Anstaltsleitung kann über Absatz 1 hinausgehend mehrstündige, unbeaufsichtigte Besuche (Langzeitbesuche) zulassen, wenn dies zur Pflege der familiären, partnerschaftlichen oder ihnen gleichzusetzender Kontakte der Gefangenen geboten erscheint, die Gefangenen hierfür geeignet und die notwendigen baulichen Gegebenheiten geschaffen sind.

(5) Besuche von Verteidigerinnen beziehungsweise Verteidigern sowie von Rechtsanwältinnen beziehungsweise Rechtsanwälten und Notarinnen beziehungsweise Notaren in einer die Gefangenen betreffenden Rechtssache sind zu gestatten.

§ 27 Untersagung der Besuche. Die Anstaltsleitung kann Besuche untersagen, wenn

1. die Sicherheit oder Ordnung der Anstalt gefährdet würde,
2. bei Personen, die nicht Angehörige der Gefangenen im Sinne von § 11 Absatz 1 Nummer 1 des Strafgesetzbuchs sind, zu befürchten ist, dass sie einen schädlichen Einfluss auf die Gefangenen haben oder die Erreichung des Vollzugsziels behindern, oder
3. bei Personen, die Opfer der Straftat waren, zu befürchten ist, dass die Begegnung mit den Gefangenen einen schädlichen Einfluss auf sie hat.

§ 28 Durchführung der Besuche. (1) [1] Aus Gründen der Sicherheit können Besuche davon abhängig gemacht werden, dass sich die Besucher mit technischen Hilfsmitteln absuchen oder durchsuchen lassen. [2] Eine inhaltliche Überprüfung der von Verteidigerinnen beziehungsweise Verteidigern mitgeführten Schriftstücke und sonstigen Unterlagen ist nicht zulässig. [3] § 34 Absatz 2 Satz 2 und 3 bleibt unberührt.

(2) [1] Besuche werden regelmäßig beaufsichtigt. [2] Über Ausnahmen entscheidet die Anstaltsleitung. [3] Die Beaufsichtigung kann mit technischen Hilfsmitteln durchgeführt werden; die betroffenen Personen sind vorher darauf hinzuweisen.

(3) Besuche von Verteidigerinnen beziehungsweise von Verteidigern werden nicht beaufsichtigt.

(4) [1] Besuche dürfen abgebrochen werden, wenn Besucher oder Gefangene gegen dieses Gesetz oder aufgrund dieses Gesetzes getroffene Anordnungen trotz Abmahnung verstoßen. [2] Die Abmahnung unterbleibt, wenn es unerlässlich ist, den Besuch sofort abzubrechen.

(5) [1] Gegenstände dürfen beim Besuch nicht übergeben werden. [2] Dies gilt nicht für die bei dem Besuch der Verteidigerinnen beziehungsweise Verteidigern übergebenen Schriftstücke und sonstigen Unterlagen sowie für die bei dem Besuch von Rechtsanwältinnen beziehungsweise Rechtsanwälten oder Notarinnen beziehungsweise Notaren zur Erledigung einer die Gefangenen betreffenden Rechtssache übergebenen Schriftstücke und sonstigen Unterlagen. [3] Bei dem Besuch von Rechtsanwältinnen beziehungsweise Rechtsanwälten oder Notarinnen beziehungsweise Notaren kann die Übergabe aus Gründen der Sicherheit oder Ordnung der Anstalt von der Erlaubnis der Anstaltsleitung abhängig gemacht werden. [4] § 34 Absatz 2 Satz 2 und 3 bleibt unberührt.

(6) Die Anstaltsleitung kann im Einzelfall die Nutzung einer Trennvorrichtung anordnen, wenn dies zum Schutz von Personen oder zur Verhinderung einer Übergabe von Gegenständen erforderlich ist.

(7) Die Anstaltsleitung kann den Gefangenen gestatten, den Besuch mittels einer audiovisuellen Verbindung durchzuführen (Videobesuch).

(8) [1] In einer Krise, die Zugangsbeschränkungen für die Anstalt notwendig macht, kann die Anstaltsleitung generell die Nutzung einer Trennvorrichtung anordnen, wenn dies zum Schutz von Personen oder zur Aufrechterhaltung der Sicherheit oder Ordnung der Anstalt notwendig ist. [2] Sofern auch durch eine solche Anordnung der Schutz von Personen oder die Sicherheit der Anstalt nicht gewährleistet werden kann, kann die Anstaltsleitung die ausschließliche Durchführung von Videobesuchen anordnen.

§ 29 Überwachung der Gespräche. (1) [1] Gespräche dürfen nur überwacht werden, soweit es im Einzelfall wegen einer Gefährdung der Erreichung des Vollzugsziels oder aus Gründen der Sicherheit erforderlich ist. [2] Die Überwachung kann mit technischen Hilfsmitteln durchgeführt werden; die betroffenen Personen sind vorher darauf hinzuweisen.

(2) Gespräche mit Verteidigerinnen beziehungsweise Verteidigern werden nicht überwacht.

§ 30 Telefongespräche. (1) [1]Den Gefangenen kann gestattet werden, Telefongespräche zu führen. [2]Die Bestimmungen über den Besuch gelten entsprechend. [3]Eine beabsichtigte Überwachung teilt die Anstalt den Gefangenen rechtzeitig vor Beginn des Telefongesprächs und den Gesprächspartnern der Gefangenen unmittelbar nach Herstellung der Verbindung mit.

(2) [1]Die Kosten der Telefongespräche tragen die Gefangenen. [2]Sind sie dazu nicht in der Lage, kann die Anstalt die Kosten in begründeten Fällen in angemessenem Umfang übernehmen.

§ 31 Schriftwechsel. (1) Die Gefangenen haben das Recht, Schreiben abzusenden und zu empfangen.

(2) [1]Die Kosten des Schriftwechsels tragen die Gefangenen. [2]Sind sie dazu nicht in der Lage, kann die Anstalt die Kosten in begründeten Fällen in angemessenem Umfang übernehmen.

§ 32 Untersagung des Schriftwechsels. Die Anstaltsleitung kann den Schriftwechsel mit bestimmten Personen untersagen, wenn

1. die Sicherheit oder Ordnung der Anstalt gefährdet würde,
2. bei Personen, die nicht Angehörige der Gefangenen im Sinne von § 11 Absatz 1 Nummer 1 des Strafgesetzbuchs sind, zu befürchten ist, dass der Schriftwechsel einen schädlichen Einfluss auf die Gefangenen hat oder die Erreichung des Vollzugsziels behindert, oder
3. bei Personen, die Opfer der Straftat waren, zu befürchten ist, dass der Schriftwechsel mit den Gefangenen einen schädlichen Einfluss auf sie hat.

§ 33 Sichtkontrolle, Weiterleitung und Aufbewahrung von Schreiben. (1) [1]Die Gefangenen haben das Absenden und den Empfang von Schreiben durch die Anstalt vermitteln zu lassen, soweit nichts anderes gestattet ist. [2]Ein- und ausgehende Schreiben sind unverzüglich weiterzuleiten.

(2) Ein- und ausgehende Schreiben werden auf verbotene Gegenstände kontrolliert.

(3) [1]Die Gefangenen haben eingehende Schreiben unverschlossen zu verwahren, sofern nichts anderes gestattet wird. [2]Sie können sie verschlossen zu ihrer Habe geben.

§ 34 Überwachung des Schriftwechsels. (1) Der Schriftwechsel darf nur überwacht werden, soweit es wegen einer Gefährdung der Erreichung des Vollzugsziels oder aus Gründen der Sicherheit erforderlich ist.

(2) [1]Der Schriftwechsel der Gefangenen mit ihren Verteidigerinnen beziehungsweise Verteidigern wird nicht überwacht. [2]Liegt dem Vollzug eine Straftat nach § 129a, auch in Verbindung mit § 129b Absatz 1 des Strafgesetzbuchs zugrunde, gelten § 148 Absatz 2 und § 148a der Strafprozessordnung entsprechend; dies gilt nicht, wenn die Gefangenen sich im offenen Vollzug befinden oder wenn ihnen Lockerungen nach § 38 gewährt worden sind und ein Grund, der die Anstaltsleitung zum Widerruf von Lockerungen ermächtigt, nicht vorliegt. [3]Satz 2 gilt auch, wenn eine Freiheitsstrafe wegen einer Straftat nach § 129a, auch in Verbindung mit § 129b Absatz 1 des Strafgesetzbuchs erst im Anschluss an den Vollzug der Freiheitsstrafe, der eine andere Verurteilung zugrunde liegt, zu vollstrecken ist.

(3) [1] Nicht überwacht werden ferner Schreiben der Gefangenen an Volksvertretungen des Bundes und der Länder sowie an deren Mitglieder, soweit die Schreiben an die Anschriften dieser Volksvertretungen gerichtet sind und den Absender zutreffend angeben. [2] Entsprechendes gilt für Schreiben an das Europäische Parlament und dessen Mitglieder, den Europäischen Gerichtshof für Menschenrechte, den Europäischen Ausschuss zur Verhütung von Folter und unmenschlicher oder erniedrigender Behandlung oder Strafe, den Ausschuss der Vereinten Nationen gegen Folter, den zugehörigen Unterausschuss zur Verhütung von Folter und die entsprechenden Nationalen Präventionsmechanismen, die konsularische Vertretung ihres Heimatlandes und weitere Einrichtungen, mit denen der Schriftverkehr aufgrund völkerrechtlicher Verpflichtungen der Bundesrepublik Deutschland geschützt ist. [3] Satz 1 gilt auch für den Schriftverkehr mit den Bürgerbeauftragten der Länder und den Datenschutzbeauftragten des Bundes und der Länder. [4] Schreiben der in den Sätzen 1 bis 3 genannten Stellen, die an die Gefangenen gerichtet sind, werden nicht überwacht, sofern die Identität des Absenders zweifelsfrei feststeht.

§ 35 Anhalten von Schreiben. (1) Die Anstaltsleitung kann Schreiben anhalten, wenn

1. die Erreichung des Vollzugsziels oder die Sicherheit oder Ordnung der Anstalt gefährdet würde,
2. die Weitergabe in Kenntnis ihres Inhalts einen Straf- oder Bußgeldtatbestand verwirklichen würde,
3. sie grob unrichtige oder erheblich entstellende Darstellungen von Anstaltsverhältnissen oder grobe Beleidigungen enthalten,
4. sie die Eingliederung anderer Gefangener gefährden können oder
5. sie in Geheim- oder Kurzschrift, unlesbar, unverständlich oder ohne zwingenden Grund in einer fremden Sprache abgefasst sind.

(2) Ausgehenden Schreiben, die unrichtige Darstellungen enthalten, kann ein Begleitschreiben beigefügt werden, wenn die Gefangenen auf dem Absenden bestehen.

(3) [1] Sind Schreiben angehalten worden, wird das den Gefangenen mitgeteilt. [2] Angehaltene Schreiben werden an den Absender zurückgegeben oder, sofern dies unmöglich oder aus besonderen Gründen nicht angezeigt ist, verwahrt.

(4) Schreiben, deren Überwachung ausgeschlossen ist, dürfen nicht angehalten werden.

§ 36 Andere Formen der Telekommunikation. [1] Nach Zulassung anderer Formen der Telekommunikation im Sinne des Telekommunikationsgesetzes durch die Aufsichtsbehörde kann die Anstaltsleitung den Gefangenen gestatten, diese Formen auf ihre Kosten zu nutzen. [2] Die Bestimmungen dieses Abschnitts gelten entsprechend.

§ 37 Pakete. (1) [1] Den Gefangenen kann gestattet werden, Pakete zu empfangen. [2] Der Empfang von Paketen mit Nahrungs- und Genussmitteln ist untersagt. [3] Die Anstalt kann Anzahl, Gewicht und Größe von Sendungen und einzelnen Gegenständen festsetzen. [4] Über § 46 Absatz 1 Satz 2 hinaus kann sie Gegenstände und Verpackungsformen ausschließen, die einen unverhältnismäßigen Kontrollaufwand bedingen.

(2) Die Anstalt kann die Annahme von Paketen, deren Einbringung nicht gestattet ist oder die die Voraussetzungen des Absatzes 1 nicht erfüllen, ablehnen oder solche Pakete an den Absender zurücksenden.

(3) [1] Pakete sind in Gegenwart der Gefangenen zu öffnen, an die sie adressiert sind. [2] Mit nicht zugelassenen oder ausgeschlossenen Gegenständen ist gemäß § 49 Absatz 3 zu verfahren. [3] Sie können auch auf Kosten der Gefangenen zurückgesandt werden.

(4) Der Empfang von Paketen kann vorübergehend versagt werden, wenn dies wegen der Gefährdung der Sicherheit oder Ordnung unerlässlich ist.

(5) [1] Den Gefangenen kann gestattet werden, Pakete zu versenden. [2] Der Inhalt kann aus Gründen der Sicherheit oder Ordnung überprüft werden.

(6) [1] Die Kosten des Paketversandes tragen die Gefangenen. [2] Sind sie dazu nicht in der Lage, kann die Anstalt die Kosten in begründeten Fällen in angemessenem Umfang übernehmen.

Abschnitt 7. Lockerungen und sonstige Aufenthalte außerhalb der Anstalt

§ 38 Lockerungen zur Erreichung des Vollzugsziels. (1) Aufenthalte außerhalb der Anstalt ohne Aufsicht (Lockerungen) können den Gefangenen zur Erreichung des Vollzugsziels gewährt werden, namentlich

1. das Verlassen der Anstalt für bis zu 24 Stunden in Begleitung einer von der Anstalt zugelassenen Person (Begleitausgang),
2. das Verlassen der Anstalt für bis zu 24 Stunden ohne Begleitung (unbegleiteter Ausgang),
3. das Verlassen der Anstalt für mehrere Tage (Langzeitausgang) und
4. die regelmäßige Beschäftigung außerhalb der Anstalt (Freigang).

(2) Die Lockerungen dürfen gewährt werden, wenn verantwortet werden kann zu erproben, dass die Gefangenen sich dem Vollzug der Freiheitsstrafe nicht entziehen oder die Lockerungen nicht zu Straftaten missbrauchen werden.

(3) [1] Ein Langzeitausgang nach Absatz 1 Satz 1 Nummer 3 soll in der Regel erst gewährt werden, wenn die Gefangenen sich mindestens sechs Monate im Strafvollzug befunden haben. [2] Zu lebenslanger Freiheitsstrafe verurteilte Strafgefangene können einen Langzeitausgang in der Regel erst erhalten, wenn sie sich einschließlich einer vorhergehenden Untersuchungshaft oder einer anderen Freiheitsentziehung zehn Jahre im Vollzug befunden haben oder wenn sie im offenen Vollzug untergebracht sind.

(4) Durch Lockerungen wird die Vollstreckung der Freiheitsstrafe nicht unterbrochen.

(5) [1] Lockerungen sind ausgeschlossen bei Gefangenen,

1. gegen die während des laufenden Freiheitsentzuges eine Strafe vollzogen wurde oder zu vollziehen ist, welche gemäß § 74a Gerichtsverfassungsgesetz von der Strafkammer oder gemäß § 120 Gerichtsverfassungsgesetz vom Oberlandesgericht im ersten Rechtszug verhängt worden ist,
2. gegen die Untersuchungs-, Auslieferungs- oder Abschiebungshaft angeordnet ist,

3. gegen die eine vollziehbare Ausweisungsverfügung für das Bundesgebiet besteht und die aus der Haft abgeschoben werden sollen,
4. gegen die eine freiheitsentziehende Maßregel der Besserung und Sicherung oder eine sonstige Unterbringung gerichtlich angeordnet und noch nicht vollzogen ist.

[2] In den Fällen des Satzes 1 Nummer 1, 3 und 4 sind Ausnahmen mit Zustimmung der Aufsichtsbehörde zulässig. [3] In den Fällen des Satzes 1 Nummer 1 ist die Vollstreckungsbehörde und in den Fällen des Satzes 1 Nummer 4 das zuständige Gericht zu hören. [4] In den Fällen des Satzes 1 Nummer 3 bedürfen Ausnahmen des Benehmens mit der zuständigen Ausländerbehörde.

(6) [1] Ungeeignet für Lockerungen sind in der Regel namentlich Gefangene,

1. die erheblich suchtgefährdet sind,
2. die während des laufenden Freiheitsentzuges entwichen sind, eine Flucht versucht, einen Ausbruch unternommen oder sich an einer Gefangenenmeuterei beteiligt haben,
3. die aus Lockerungen nicht freiwillig zurückgekehrt sind oder bei denen zureichende tatsächliche Anhaltspunkte dafür gegeben sind, dass sie während Lockerungen eine strafbare Handlung begangen haben,
4. gegen die ein Ausweisungs-, Auslieferungs-, Ermittlungs- oder Strafverfahren anhängig ist,
5. bei denen zu befürchten ist, dass sie einen negativen Einfluss ausüben, insbesondere die Erreichung des Vollzugszieles bei anderen Gefangenen gefährden würden.

[2] Ausnahmen können zugelassen werden, wenn besondere Umstände vorliegen; die Gründe hierfür sind aktenkundig zu machen. [3] In den Fällen des Satzes 1 Nummer 4 ist die zuständige Behörde zu hören.

§ 39 Lockerungen aus sonstigen Gründen. (1) [1] Lockerungen können auch aus wichtigem Anlass gewährt werden. [2] Wichtige Anlässe sind insbesondere die Teilnahme an gerichtlichen Terminen, die medizinische Behandlung der Gefangenen sowie der Tod oder eine lebensgefährliche Erkrankung naher Angehöriger der Gefangenen.

(2) § 38 Absatz 2 und 4 gilt entsprechend.

§ 40 Weisungen für Lockerungen. [1] Für Lockerungen sind die nach den Umständen des Einzelfalles erforderlichen Weisungen zu erteilen. [2] Bei der Ausgestaltung der Lockerungen ist nach Möglichkeit auch den Belangen des Opfers Rechnung zu tragen.

§ 41 Ausführung, Außenbeschäftigung, Vorführung, Ausantwortung.

(1) [1] Den Gefangenen kann das Verlassen der Anstalt unter ständiger und unmittelbarer Aufsicht gestattet werden, wenn dies aus besonderen Gründen notwendig ist (Ausführung). [2] Die Gefangenen können auch gegen ihren Willen ausgeführt werden. [3] Liegt die Ausführung ausschließlich im Interesse der Gefangenen, können ihnen die Kosten auferlegt werden, soweit dies die Behandlung oder die Eingliederung nicht behindert.

(2) [1] Den Gefangenen kann gestattet werden, außerhalb der Anstalt einer regelmäßigen Beschäftigung unter ständiger Aufsicht oder unter Aufsicht in

unregelmäßigen Abständen (Außenbeschäftigung) nachzugehen. [2] § 38 Absatz 2 gilt entsprechend.

(3) Auf Ersuchen eines Gerichts werden Gefangene vorgeführt, sofern ein Vorführungsbefehl vorliegt.

(4) Gefangene dürfen befristet dem Gewahrsam eines Gerichts, einer Staatsanwaltschaft oder einer Polizei-, Zoll- oder Finanzbehörde auf Antrag überlassen werden (Ausantwortung).

Abschnitt 8. Vorbereitung der Eingliederung, Entlassung und nachgehende Betreuung

§ 42 Vorbereitung der Eingliederung. (1) [1] Die Maßnahmen zur sozialen und beruflichen Eingliederung sind auf den Zeitpunkt der voraussichtlichen Entlassung in die Freiheit abzustellen. [2] Die Gefangenen sind bei der Ordnung ihrer persönlichen, wirtschaftlichen und sozialen Angelegenheiten zu unterstützen. [3] Dies umfasst die Vermittlung in nachsorgende Maßnahmen, die in enger Abstimmung mit dem Kompetenzzentrum der Justiz für ambulante Resozialisierung und Opferhilfe erfolgt.

(2) [1] Die Anstalt arbeitet frühzeitig mit Personen und Einrichtungen außerhalb des Vollzugs zusammen, insbesondere, um zu erreichen, dass die Gefangenen nach ihrer Entlassung über eine geeignete Unterbringung und eine Arbeits- oder Ausbildungsstelle verfügen. [2] Bewährungshilfe und Führungsaufsicht beteiligen sich frühzeitig an der sozialen und beruflichen Eingliederung der Gefangenen.

(3) [1] Den Gefangenen können Aufenthalte in Einrichtungen außerhalb des Vollzugs (Übergangseinrichtungen) gewährt werden, wenn dies zur Vorbereitung der Eingliederung erforderlich ist. [2] Haben sich die Gefangenen mindestens sechs Monate im Vollzug befunden, kann ihnen auch ein zusammenhängender Langzeitausgang bis zu sechs Monaten gewährt werden, wenn dies zur Vorbereitung der Eingliederung erforderlich ist. [3] § 38 Absatz 2 und 4 sowie § 40 gelten entsprechend.

(4) In einem Zeitraum von sechs Monaten vor der voraussichtlichen Entlassung sollen den Gefangenen die zur Vorbereitung der Eingliederung erforderlichen Lockerungen gewährt werden, sofern nicht mit hoher Wahrscheinlichkeit zu erwarten ist, dass die Gefangenen sich dem Vollzug der Freiheitsstrafe entziehen oder die Lockerungen zu Straftaten missbrauchen werden.

§ 43 Entlassung. (1) Die Gefangenen sollen am letzten Tag ihrer Strafzeit möglichst frühzeitig, jedenfalls noch am Vormittag, entlassen werden.

(2) Fällt das Strafende auf einen Sonnabend oder Sonntag, einen gesetzlichen Feiertag, den ersten Werktag nach Ostern oder Pfingsten oder in die Zeit vom 22. Dezember bis zum 6. Januar, so können die Gefangenen an dem diesem Tag oder Zeitraum vorhergehenden Werktag entlassen werden, wenn dies gemessen an der Dauer der Strafzeit vertretbar ist und fürsorgerische Gründe nicht entgegenstehen.

(3) Der Entlassungszeitpunkt kann bis zu zwei Tage vorverlegt werden, wenn die Gefangenen zu ihrer Eingliederung hierauf dringend angewiesen sind.

(4) Bedürftigen Gefangenen kann eine Entlassungsbeihilfe in Form eines Reisekostenzuschusses, angemessener Kleidung oder einer sonstigen notwendigen Unterstützung gewährt werden.

§ 44 Nachgehende Betreuung. [1] Mit Zustimmung der Anstaltsleitung können Bedienstete an der nachgehenden Betreuung Entlassener mit deren Einverständnis mitwirken, wenn ansonsten die Eingliederung gefährdet wäre. [2] Die nachgehende Betreuung kann auch außerhalb der Anstalt erfolgen. [3] In der Regel ist sie auf die ersten sechs Monate nach der Entlassung beschränkt.

§ 45 Verbleib oder Aufnahme auf freiwilliger Grundlage. (1) [1] Sofern es die Belegungssituation zulässt, können die Gefangenen auf Antrag ausnahmsweise vorübergehend in der Anstalt verbleiben oder wieder aufgenommen werden, wenn die Eingliederung gefährdet und ein Aufenthalt in der Anstalt aus diesem Grunde gerechtfertigt ist. [2] Die Unterbringung erfolgt auf vertraglicher Basis.

(2) Gegen die in der Anstalt untergebrachten Entlassenen dürfen Maßnahmen des Vollzugs nicht mit unmittelbarem Zwang durchgesetzt werden.

(3) Bei Störung des Anstaltsbetriebes durch die Entlassenen oder aus vollzugsorganisatorischen Gründen kann die Unterbringung jederzeit beendet werden.

Abschnitt 9. Grundversorgung und Freizeit

§ 46 Einbringen von Gegenständen. (1) [1] Gegenstände dürfen durch oder für die Gefangenen nur mit Zustimmung der Anstalt eingebracht werden. [2] Die Anstalt kann die Zustimmung verweigern, wenn die Gegenstände geeignet sind, die Sicherheit oder Ordnung der Anstalt oder die Erreichung des Vollzugsziels zu gefährden oder ihre Aufbewahrung nach Art oder Umfang offensichtlich nicht möglich ist.

(2) [1] Das Einbringen von Nahrungs- und Genussmitteln ist nicht gestattet. [2] Die Anstaltsleitung kann eine abweichende Regelung treffen.

§ 47 Gewahrsam an Gegenständen. (1) Die Gefangenen dürfen Gegenstände nur mit Zustimmung der Anstalt in Gewahrsam haben, annehmen oder abgeben.

(2) Ohne Zustimmung dürfen sie Gegenstände von geringem Wert an andere Gefangene weitergeben und von anderen Gefangenen annehmen; die Abgabe und Annahme dieser Gegenstände und der Gewahrsam daran können von der Zustimmung der Anstalt abhängig gemacht werden.

§ 48 Ausstattung des Haftraums. [1] Die Gefangenen dürfen ihren Haftraum in angemessenem Umfang mit eigenen Gegenständen ausstatten oder diese dort aufbewahren. [2] Gegenstände, die geeignet sind, die Sicherheit oder Ordnung der Anstalt, insbesondere die Übersichtlichkeit des Haftraumes, oder die Erreichung des Vollzugsziels zu gefährden, dürfen nicht in den Haftraum eingebracht werden oder werden daraus entfernt.

§ 49 Aufbewahrung und Vernichtung von Gegenständen. (1) Gegenstände, die die Gefangenen nicht im Haftraum aufbewahren dürfen oder wollen, werden von der Anstalt aufbewahrt, soweit dies nach Art und Umfang möglich ist.

(2) [1] Den Gefangenen wird Gelegenheit gegeben, ihre Gegenstände, die sie während des Vollzugs und für ihre Entlassung nicht benötigen, zu versenden. [2] § 37 Absatz 6 gilt entsprechend.

(3) [1] Werden Gegenstände, deren Aufbewahrung nach Art oder Umfang nicht möglich ist, von den Gefangenen trotz Aufforderung nicht aus der Anstalt verbracht, so darf die Anstalt diese Gegenstände auf Kosten der Gefangenen außerhalb der Anstalt verwahren, verwerten oder vernichten. [2] Für die Voraussetzungen und das Verfahren der Verwertung und Vernichtung gelten die §§ 22 bis 24 des Saarländischen Polizeigesetzes entsprechend.

(4) Aufzeichnungen und andere Gegenstände, die Kenntnisse über Sicherungsvorkehrungen der Anstalt vermitteln oder Schlussfolgerungen auf diese zulassen, dürfen vernichtet oder unbrauchbar gemacht werden.

§ 50 Zeitungen und Zeitschriften, religiöse Schriften und Gegenstände. (1) [1] Die Gefangenen dürfen auf eigene Kosten Zeitungen und Zeitschriften in angemessenem Umfang durch Vermittlung der Anstalt beziehen. [2] Ausgeschlossen sind lediglich Zeitungen und Zeitschriften, deren Verbreitung mit Strafe oder Geldbuße bedroht ist. [3] Einzelne Ausgaben können den Gefangenen vorenthalten oder entzogen werden, wenn deren Inhalte die Erreichung des Vollzugsziels oder die Sicherheit oder Ordnung der Anstalt erheblich gefährden würden.

(2) [1] Die Gefangenen dürfen grundlegende religiöse Schriften sowie in angemessenem Umfang Gegenstände des religiösen Gebrauchs besitzen. [2] Diese dürfen den Gefangenen nur bei grobem Missbrauch entzogen werden.

§ 51 Rundfunk, Informations- und Unterhaltungselektronik. (1) [1] Der Zugang zum Rundfunk ist zu ermöglichen. [2] Der Rundfunkempfang kann vorübergehend ausgesetzt oder einzelnen Gefangenen untersagt werden, wenn dies zur Aufrechterhaltung der Sicherheit oder Ordnung der Anstalt unerlässlich ist.

(2) [1] Eigene Hörfunk- und Fernsehgeräte werden zugelassen, wenn nicht Gründe des § 48 Satz 2 entgegenstehen. [2] Andere Geräte der Informations- und Unterhaltungselektronik können unter diesen Voraussetzungen zugelassen werden. [3] Die Gefangenen können auf Mietgeräte oder auf ein Haftraummediensystem verwiesen werden. [4] § 36 bleibt unberührt.

§ 52 Kleidung. (1) Die Gefangenen tragen Anstaltskleidung.

(2) [1] Die Anstaltsleitung kann eine abweichende Regelung treffen. [2] Für Reinigung und Instandsetzung eigener Kleidung haben die Gefangenen auf ihre Kosten zu sorgen.

§ 53 Verpflegung und Einkauf. (1) [1] Zusammensetzung und Nährwert der Anstaltsverpflegung entsprechen den Anforderungen an eine gesunde Ernährung und werden ärztlich überwacht. [2] Auf ärztliche Anordnung wird besondere Verpflegung gewährt. [3] Den Gefangenen ist zu ermöglichen, Speisevorschriften ihrer Religionsgemeinschaft zu befolgen.

(2) [1] Den Gefangenen wird ermöglicht einzukaufen. [2] Die Anstalt wirkt auf ein Angebot hin, das auf Wünsche und Bedürfnisse der Gefangenen Rücksicht

nimmt. [3] Das Verfahren des Einkaufs regelt die Anstaltsleitung. [4] Nahrungs-, Genuss- und Körperpflegemittel können nur vom Haus- und Taschengeld, andere Gegenstände in angemessenen Umfang auch vom Eigengeld eingekauft werden.

§ 54 Freizeit. (1) [1] Zur Ausgestaltung der Freizeit hat die Anstalt insbesondere Angebote zur sportlichen und kulturellen Betätigung und Bildungsangebote vorzuhalten. [2] Die Anstalt stellt eine angemessen ausgestattete Bücherei zur Verfügung.

(2) Die Gefangenen sind zur Teilnahme und Mitwirkung an Angeboten der Freizeitgestaltung zu motivieren und anzuleiten.

Abschnitt 10. Vergütung, Gelder der Gefangenen und Kosten

§ 55 Vergütung. (1) Die Gefangenen erhalten eine Vergütung in Form von

1. Ausbildungsbeihilfe für die Teilnahme an Maßnahmen nach § 9 Absatz 1 Satz 1 Nummer 11 und 12 oder
2. Arbeitsentgelt für Arbeit nach § 9 Absatz 1 Satz 1 Nummer 13.

(2) [1] Der Bemessung der Vergütung sind 9 Prozent der Bezugsgröße nach § 18 des Vierten Buches Sozialgesetzbuch zugrunde zu legen (Eckvergütung). [2] Ein Tagessatz ist der 250. Teil der Eckvergütung; die Vergütung kann nach einem Stundensatz bemessen werden.

(3) [1] Die Vergütung kann je nach Art der Maßnahme und Leistung der Gefangenen gestuft werden. [2] Sie beträgt mindestens 75 Prozent der Eckvergütung und kann nach einem Stundensatz bemessen werden. [3] Das Ministerium der Justiz wird ermächtigt, in einer Rechtsverordnung Vergütungsstufen zu bestimmen.

(4) Soweit Beiträge zur Bundesagentur für Arbeit zu entrichten sind, kann vom Arbeitsentgelt oder der Ausbildungsbeihilfe ein Betrag einbehalten werden, der dem Anteil der Gefangenen am Beitrag entsprechen würde, wenn sie diese Vergütung als Arbeitnehmer erhielten.

(5) Die Höhe der Vergütung ist den Gefangenen schriftlich bekannt zu geben.

(6) Die Gefangenen, die an einer Maßnahme nach § 21 teilnehmen, erhalten hierfür nur eine Ausbildungsbeihilfe, soweit kein Anspruch auf Leistungen zum Lebensunterhalt besteht, die außerhalb des Vollzugs aus solchem Anlass gewährt werden.

(7) [1] In einer Krise oder bei außergewöhnlichen Umständen, die sich auf die regelmäßige Vergütung der Gefangenen auswirken, kann den Gefangenen mit Zustimmung der Aufsichtsbehörde eine Billigkeitsentschädigung in Höhe von höchstens 25 Prozent der Eckvergütung zur Vermeidung besonderer Härten gewährt werden. [2] Der Anspruch auf Auszahlung dieser Billigkeitsentschädigung ist nicht übertragbar.

§ 56 Eigengeld. (1) Das Eigengeld besteht aus den Beträgen, die die Gefangenen bei Strafantritt in die Anstalt mitbringen und die sie während der Haftzeit erhalten, und den Teilen der Vergütung, die nicht als Hausgeld oder Haftkostenbeitrag in Anspruch genommen werden.

(2) [1]Die Gefangenen können über das Eigengeld verfügen. [2]§ 53 Absatz 2, § 59 und § 60 bleiben unberührt.

§ 57 Taschengeld. (1) [1]Bedürftigen Gefangenen wird auf Antrag Taschengeld gewährt. [2]Bedürftig sind Gefangene, soweit ihnen aus Hausgeld (§ 59) und Eigengeld (§ 56) monatlich ein Betrag bis zur Höhe des Taschengelds voraussichtlich nicht zur Verfügung steht.

(2) Gefangene gelten für die Dauer von bis zu drei Monaten nicht als bedürftig, wenn ihnen ein Betrag nach Absatz 1 Satz 2 deshalb nicht zur Verfügung steht, weil sie eine ihnen angebotene zumutbare Arbeit nicht angenommen haben oder eine ausgeübte Arbeit verschuldet verloren haben.

(3) [1]Das Taschengeld beträgt 14 Prozent der Eckvergütung (§ 55 Absatz 2). [2]Es wird zu Beginn des Monats im Voraus gewährt. [3]Gehen den Gefangenen im Laufe des Monats Gelder zu, wird zum Ausgleich ein Betrag bis zur Höhe des gewährten Taschengeldes einbehalten.

(4) [1]Die Gefangenen dürfen über das Taschengeld im Rahmen der Bestimmungen dieses Gesetzes verfügen. [2]Es wird dem Hausgeldkonto gutgeschrieben.

§ 58 Konten, Bargeld. (1) Gelder der Gefangenen werden auf Hausgeld- und Eigengeldkonten in der Anstalt geführt.

(2) [1]Der Besitz von Bargeld in der Anstalt ist den Gefangenen nicht gestattet. [2]Über Ausnahmen entscheidet die Anstaltsleitung.

(3) Geld in Fremdwährung wird zur Habe genommen.

§ 59 Hausgeld. (1) Das Hausgeld wird aus drei Siebteln der in diesem Gesetz geregelten Vergütung gebildet.

(2) Für Gefangene, die aus einem freien Beschäftigungsverhältnis, aus einer Selbstbeschäftigung oder anderweitig regelmäßige Einkünfte haben, wird daraus ein angemessenes monatliches Hausgeld festgesetzt.

(3) Für Gefangene, die über Eigengeld (§ 56) verfügen und keine hinreichende Vergütung nach diesem Gesetz erhalten, gilt Absatz 2 entsprechend.

(4) [1]Die Gefangenen dürfen über das Hausgeld im Rahmen der Bestimmungen dieses Gesetzes verfügen. [2]Der Anspruch auf Auszahlung ist nicht übertragbar.

§ 60 Zweckgebundene Einzahlungen, Eingliederungsgeld. (1) [1]Für Maßnahmen der Eingliederung, insbesondere Kosten der Gesundheitsfürsorge und der Aus- und Fortbildung, und für Maßnahmen der Pflege sozialer Beziehungen, insbesondere Telefonkosten und Fahrtkosten anlässlich Lockerungen, kann zweckgebunden Geld eingezahlt werden. [2]Das Geld darf nur für diese Zwecke verwendet werden. [3]Der Anspruch auf Auszahlung ist nicht übertragbar.

(2) [1]Die Gefangenen dürfen für Zwecke der Vorbereitung der Eingliederung ein Guthaben in angemessener Höhe bilden (Eingliederungsgeld). [2]Sie dürfen auch bereits vor der Entlassung über das Eingliederungsgeld verfügen. [3]Das Geld darf nur für Zwecke der Vorbereitung der Eingliederung verwendet werden. [4]Der Anspruch auf Auszahlung ist nicht übertragbar.

§ 61 Haftkostenbeitrag, Kostenbeteiligung. (1) [1]Die Anstalt erhebt von Gefangenen, die sich in einem freien Beschäftigungsverhältnis befinden, sich selbst beschäftigen oder über anderweitige regelmäßige Einkünfte verfügen, für diese Zeit einen Haftkostenbeitrag. [2]Von Gefangenen, die sich selbst beschäftigen, kann der Haftkostenbeitrag monatlich im Voraus ganz oder teilweise gefordert werden. [3]Vergütungen nach diesem Gesetz bleiben unberücksichtigt. [4]Den Gefangenen muss täglich ein Tagessatz gemäß § 55 Absatz 2 Satz 2 verbleiben. [5]Von der Geltendmachung des Anspruchs ist abzusehen, soweit die Wiedereingliederung der Gefangenen hierdurch gefährdet würde.

(2) [1]Der Haftkostenbeitrag wird in Höhe des Betrages erhoben, der nach § 17 Absatz 1 Nummer 4 des Vierten Buches Sozialgesetzbuch durchschnittlich zur Bewertung der Sachbezüge festgesetzt ist. [2]Bei Selbstverpflegung entfallen die für die Verpflegung vorgesehenen Beträge. [3]Für den Wert der Unterkunft ist die festgesetzte Belegungsfähigkeit maßgebend.

(3) Die Gefangenen können an den Betriebskosten der in ihrem Gewahrsam befindlichen Geräte beteiligt werden.

Abschnitt 11. Gesundheitsfürsorge

§ 62 Art und Umfang der medizinischen Leistungen, Kostenbeteiligung. (1) [1]Die Gefangenen haben einen Anspruch auf notwendige, ausreichende und zweckmäßige medizinische Leistungen unter Beachtung des Grundsatzes der Wirtschaftlichkeit und unter Berücksichtigung des allgemeinen Standards der gesetzlichen Krankenversicherung. [2]Der Anspruch umfasst auch Vorsorgeleistungen, ferner die Versorgung mit medizinischen Hilfsmitteln, soweit diese mit Rücksicht auf die Dauer des Freiheitsentzugs nicht ungerechtfertigt ist und die Hilfsmittel nicht als allgemeine Gebrauchsgegenstände des täglichen Lebens anzusehen sind.

(2) [1]An den Kosten nach Absatz 1 können die Gefangenen in angemessenem Umfang beteiligt werden, höchstens jedoch bis zum Umfang der Beteiligung vergleichbarer gesetzlich Versicherter. [2]Für Leistungen, die über Absatz 1 hinausgehen, können den Gefangenen die gesamten Kosten auferlegt werden.

(3) [1]Erhalten Gefangene Leistungen nach Absatz 1 infolge einer mutwilligen Selbstverletzung, sind sie in angemessenem Umfang an den Kosten zu beteiligen. [2]Die Kostenbeteiligung unterbleibt, wenn hierdurch die Erreichung des Vollzugsziels, insbesondere die Eingliederung der Gefangenen, gefährdet würde.

§ 63 Durchführung der medizinischen Leistungen, Forderungsübergang. (1) Medizinische Diagnose, Behandlung und Versorgung kranker und hilfsbedürftiger Gefangener erfolgen in der Anstalt, erforderlichenfalls in einer hierfür besser geeigneten Anstalt oder einem Vollzugskrankenhaus, ausnahmsweise auch außerhalb des Vollzugs.

(2) Wird die Strafvollstreckung während einer Behandlung von Gefangenen unterbrochen oder beendet, so hat das Land nur diejenigen Kosten zu tragen, die bis zur Unterbrechung oder Beendigung der Strafvollstreckung angefallen sind.

(3) [1]Gesetzliche Schadensersatzansprüche, die Gefangenen infolge einer Körperverletzung gegen Dritte zustehen, gehen insoweit auf das Land über, als den Gefangenen Leistungen nach § 62 Absatz 1 zu gewähren sind. [2]Von der

Geltendmachung der Ansprüche ist im Interesse Gefangener abzusehen, wenn hierdurch die Erreichung des Vollzugsziels, insbesondere die Eingliederung, gefährdet würde.

§ 64 Ärztliche Behandlung zur sozialen Eingliederung. [1] Mit Zustimmung der Gefangenen soll die Anstalt ärztliche Behandlungen, insbesondere Operationen oder prothetische Maßnahmen, durchführen lassen, die die soziale Eingliederung fördern. [2] Die Kosten tragen die Gefangenen. [3] Sind sie dazu nicht in der Lage, kann die Anstalt die Kosten in begründeten Fällen in angemessenem Umfang übernehmen.

§ 65 Gesundheitsschutz und Hygiene. (1) [1] Die Anstalt unterstützt die Gefangenen bei der Wiederherstellung und Erhaltung ihrer körperlichen, geistigen und seelischen Gesundheit. [2] Sie fördert das Bewusstsein für gesunde Ernährung und Lebensführung. [3] Die Gefangenen haben die notwendigen Anordnungen zum Gesundheitsschutz und zur Hygiene zu befolgen.

(2) Den Gefangenen wird ermöglicht, sich täglich mindestens eine Stunde im Freien aufzuhalten.

§ 66 Krankenbehandlung während Lockerungen. (1) [1] Während Lockerungen haben die Gefangenen einen Anspruch auf medizinische Leistungen gegen das Land nur in der für sie zuständigen Anstalt. [2] § 39 bleibt unberührt.

(2) Der Anspruch auf Leistungen ruht, solange die Gefangenen aufgrund eines freien Beschäftigungsverhältnisses krankenversichert sind.

§ 67 Zwangsmaßnahmen auf dem Gebiet der Gesundheitsfürsorge.

(1) [1] Medizinische Untersuchung und Behandlung sowie Ernährung sind zwangsweise nur bei Lebensgefahr, bei schwerwiegender Gefahr für die Gesundheit der Gefangenen oder bei Gefahr für die Gesundheit anderer Personen zulässig; die Maßnahmen müssen für die Beteiligten zumutbar und dürfen nicht mit erheblicher Gefahr für Leben oder Gesundheit der Gefangenen verbunden sein. [2] Zur Durchführung der Maßnahmen ist die Anstalt nicht verpflichtet, solange von einer freien Willensbestimmung der Gefangenen ausgegangen werden kann.

(2) Zum Gesundheitsschutz und zur Hygiene ist die zwangsweise körperliche Untersuchung außer im Fall des Absatzes 1 zulässig, wenn sie nicht mit einem körperlichen Eingriff verbunden ist.

(3) [1] Die Maßnahmen dürfen nur von der Anstaltsleitung auf der Grundlage einer ärztlichen Stellungnahme angeordnet werden. [2] Durchführung und Überwachung unterstehen ärztlicher Leitung. [3] Unberührt bleibt die Leistung Erster Hilfe für den Fall, dass eine Ärztin oder ein Arzt nicht rechtzeitig erreichbar und mit einem Aufschub Lebensgefahr verbunden ist.

§ 68 Benachrichtigungspflicht. [1] Erkranken Gefangene schwer oder versterben sie, werden die Angehörigen benachrichtigt. [2] Dem Wunsch der Gefangenen, auch andere Personen zu benachrichtigen, soll nach Möglichkeit entsprochen werden.

Abschnitt 12. Religionsausübung

§ 69 Seelsorge. [1]Den Gefangenen darf religiöse Betreuung durch eine Seelsorgerin oder einen Seelsorger ihrer Religionsgemeinschaft nicht versagt werden. [2]Auf Wunsch ist ihnen zu helfen, mit einer Seelsorgerin oder einem Seelsorger in Verbindung zu treten.

§ 70 Religiöse Veranstaltungen. (1) Die Gefangenen haben das Recht, am Gottesdienst und an anderen religiösen Veranstaltungen ihres Bekenntnisses teilzunehmen.

(2) Die Zulassung zu Gottesdiensten oder religiösen Veranstaltungen einer anderen Religionsgemeinschaft bedarf der Zustimmung der Seelsorgerin oder des Seelsorgers der Religionsgemeinschaft.

(3) Gefangene können von der Teilnahme am Gottesdienst oder anderen religiösen Veranstaltungen ausgeschlossen werden, wenn dies aus überwiegenden Gründen der Sicherheit oder Ordnung geboten ist; die Seelsorgerin oder der Seelsorger soll vorher gehört werden.

§ 71 Weltanschauungsgemeinschaften. Für Angehörige weltanschaulicher Bekenntnisse gelten § 50 Absatz 2, § 69 und § 70 entsprechend.

Abschnitt 13. Sicherheit und Ordnung

§ 72 Grundsatz. (1) Sicherheit und Ordnung der Anstalt bilden die Grundlage des auf die Erreichung des Vollzugsziels ausgerichteten Anstaltslebens und tragen dazu bei, dass in der Anstalt ein gewaltfreies Klima herrscht.

(2) Die Pflichten und Beschränkungen, die den Gefangenen zur Aufrechterhaltung der Sicherheit oder Ordnung der Anstalt auferlegt werden, sind so zu wählen, dass sie in einem angemessenen Verhältnis zu ihrem Zweck stehen und die Gefangenen nicht mehr und nicht länger als notwendig beeinträchtigen.

§ 73 Allgemeine Verhaltenspflichten, Lichtbildausweise. (1) [1]Die Gefangenen sind für das geordnete Zusammenleben in der Anstalt mitverantwortlich und müssen mit ihrem Verhalten dazu beitragen. [2]Ihr Bewusstsein hierfür ist zu entwickeln und zu stärken. [3]Die Gefangenen sind zu einvernehmlicher Streitbeilegung zu befähigen.

(2) Die Gefangenen haben die Anordnungen der Bediensteten zu befolgen, auch wenn sie sich durch diese beschwert fühlen.

(3) Die Gefangenen haben ihren Haftraum und die ihnen von der Anstalt überlassenen Sachen in Ordnung zu halten und schonend zu behandeln.

(4) Die Gefangenen haben Umstände, die eine Gefahr für das Leben oder eine erhebliche Gefahr für die Gesundheit einer Person bedeuten, unverzüglich zu melden.

(5) [1]Die Anstalt kann die Gefangenen verpflichten, einen Lichtbildausweis mit sich zu führen, wenn dies aus Gründen der Sicherheit oder Ordnung der Anstalt erforderlich ist. [2]Dieser ist bei der Entlassung oder bei der Verlegung in eine andere Anstalt einzuziehen und zu vernichten.

§ 74 Absuchung, Durchsuchung. (1) [1]Die Gefangenen, ihre Sachen und die Hafträume dürfen mit technischen Mitteln oder sonstigen Hilfsmitteln abgesucht und durchsucht werden. [2] Die Durchsuchung männlicher Gefangener darf nur von Männern, die Durchsuchung weiblicher Gefangener darf nur von Frauen vorgenommen werden. [3] Das Schamgefühl ist zu schonen.

(2) [1] Nur bei Gefahr im Verzug oder auf Anordnung der Anstaltsleitung im Einzelfall ist es zulässig, eine mit einer Entkleidung verbundene körperliche Durchsuchung vorzunehmen. [2] Sie darf bei männlichen Gefangenen nur in Gegenwart von Männern, bei weiblichen Gefangenen nur in Gegenwart von Frauen erfolgen. [3] Sie ist in einem geschlossenen Raum durchzuführen. [4] Andere Gefangene dürfen nicht anwesend sein.

(3) Die Anstaltsleitung kann allgemein anordnen, dass die Gefangenen in der Regel bei der Aufnahme, vor und nach Kontakten mit Besuchern sowie vor und nach jeder Abwesenheit von der Anstalt nach Absatz 2 zu durchsuchen sind.

§ 75 Sichere Unterbringung. Gefangene können in eine Anstalt verlegt werden, die zu ihrer sicheren Unterbringung besser geeignet ist, wenn in erhöhtem Maße die Gefahr der Entweichung oder Befreiung gegeben ist oder sonst ihr Verhalten oder ihr Zustand eine Gefahr für die Sicherheit der Anstalt darstellt.

§ 76 Maßnahmen zur Feststellung von Suchtmittelgebrauch. (1) [1] Zur Aufrechterhaltung der Sicherheit oder Ordnung der Anstalt kann die Anstaltsleitung allgemein oder im Einzelfall Maßnahmen anordnen, die geeignet sind, den Gebrauch von Suchtmitteln festzustellen. [2] Diese Maßnahmen dürfen nicht mit einem körperlichen Eingriff verbunden sein.

(2) Verweigern Gefangene die Mitwirkung an Maßnahmen nach Absatz 1 ohne hinreichenden Grund, ist davon auszugehen, dass Suchtmittelfreiheit nicht gegeben ist.

(3) Wird verbotener Suchtmittelgebrauch festgestellt, können die Kosten der Maßnahmen den Gefangenen auferlegt werden.

§ 77 Festnahmerecht. [1] Gefangene, die entwichen sind oder sich sonst ohne Erlaubnis außerhalb der Anstalt aufhalten, können durch die Anstalt oder auf deren Veranlassung festgenommen und zurückgebracht werden. [2] Führt die Verfolgung oder die von der Anstalt veranlasste Fahndung nicht alsbald zur Wiederergreifung, so sind die weiteren Maßnahmen der Vollstreckungsbehörde zu überlassen.

§ 78 Besondere Sicherungsmaßnahmen. (1) Gegen Gefangene können besondere Sicherungsmaßnahmen angeordnet werden, wenn nach ihrem Verhalten oder aufgrund ihres seelischen Zustandes in erhöhtem Maße die Gefahr der Entweichung, von Gewalttätigkeiten gegen Personen oder Sachen, der Selbsttötung oder der Selbstverletzung besteht.

(2) [1] Als besondere Sicherungsmaßnahmen sind zulässig:

1. der Entzug oder die Vorenthaltung von Gegenständen,
2. die Beobachtung der Gefangenen, auch mit technischen Hilfsmitteln,
3. die Trennung von allen anderen Gefangenen (Absonderung),
4. der Entzug oder die Beschränkung des Aufenthalts im Freien,
5. die Unterbringung in einem besonders gesicherten Haftraum ohne gefährdende Gegenstände und
6. die Fesselung.

[2] Eine Fesselung, durch die die Bewegungsfreiheit weitgehend aufgehoben wird (Fixierung), ist nur zulässig, soweit und solange die gegenwärtige erhebliche Gefahr von Gewalttätigkeiten gegen Personen, der Selbsttötung oder der Selbstverletzung besteht und die Fixierung zur Abwehr dieser Gefahr unerlässlich ist. [3] Für die Fixierung ist ein Gurtsystem zu verwenden.

(3) Maßnahmen nach Absatz 2 Nummer 1 und 3 bis 5 sind auch zulässig, wenn die Gefahr einer Befreiung oder eine erhebliche Störung der Ordnung anders nicht vermieden oder behoben werden kann.

(4) Eine Absonderung von mehr als vierundzwanzig Stunden Dauer ist nur zulässig, wenn sie zur Abwehr einer in der Person der Gefangenen liegenden Gefahr unerlässlich ist.

(5) [1] In der Regel dürfen Fesseln nur an den Händen oder an den Füßen angelegt werden. [2] Im Interesse der Gefangenen kann die Anstaltsleitung eine andere Art der Fesselung anordnen. [3] Die Fesselung wird zeitweise gelockert, soweit dies notwendig ist.

(6) Besteht die Gefahr der Entweichung, dürfen die Gefangenen bei einer Ausführung, Vorführung oder beim Transport gefesselt werden.

§ 79 Anordnung besonderer Sicherungsmaßnahmen, Verfahren.

(1) [1] Besondere Sicherungsmaßnahmen ordnet die Anstaltsleitung an. [2] Bei Gefahr im Verzug können auch andere Bedienstete diese Maßnahmen vorläufig anordnen; die Entscheidung der Anstaltsleitung ist unverzüglich einzuholen. [3] Eine Fixierung, die nicht nur kurzfristig ist, ist auf Antrag der Anstaltsleitung nur aufgrund vorheriger richterlicher Anordnung zulässig. [4] Bei Gefahr im Verzug können auch die Anstaltsleitung oder andere Bedienstete die Fixierung vorläufig anordnen; die richterliche Entscheidung ist unverzüglich einzuholen. [5] Wurde die Fixierung vor Erlangung einer richterlichen Entscheidung beendet, so ist dies dem Gericht unverzüglich mitzuteilen.

(2) [1] Werden die Gefangenen ärztlich behandelt oder beobachtet oder bildet ihr seelischer Zustand den Anlass der besonderen Sicherungsmaßnahme, ist vorher eine ärztliche Stellungnahme einzuholen. [2] Ist dies wegen Gefahr im Verzug nicht möglich, wird die Stellungnahme unverzüglich nachträglich eingeholt.

(3) [1] Die Entscheidung wird den Gefangenen von der Anstaltsleitung mündlich eröffnet und mit einer kurzen Begründung schriftlich abgefasst. [2] Bei einer Fixierung sind die Anordnung und die dafür maßgeblichen Gründe sowie der Verlauf, die Art der Überwachung und die Beendigung umfassend zu dokumentieren.

(4) Besondere Sicherungsmaßnahmen sind in angemessenen Abständen daraufhin zu überprüfen, ob und in welchem Umfang sie aufrechterhalten werden müssen.

(5) [1] Eine Fixierung ist unverzüglich mitzuteilen. [2] Besondere Sicherungsmaßnahmen nach § 78 Absatz 2 Nummer 3, 5 und 6 sind der Aufsichtsbehörde unverzüglich mitzuteilen, wenn sie länger als drei Tage aufrechterhalten werden. [3] Absonderung und Unterbringung im besonders gesicherten Haftraum von mehr als 30 Tagen Gesamtdauer innerhalb von zwölf Monaten bedürfen der Zustimmung der Aufsichtsbehörde.

(6) [1] Während der Absonderung, der Unterbringung im besonders gesicherten Haftraum und der Fixierung sind die Gefangenen in besonderem Maße zu betreuen. [2] Sind die Gefangenen fixiert, sind sie durch eine geschulte Bedienstete oder einen geschulten Bediensteten ständig und in unmittelbarem Sichtkontakt zu beobachten.

(7) [1] Nach Beendigung der Fixierung sind die Gefangenen auf ihr Recht hinzuweisen, die Rechtmäßigkeit der durchgeführten Fixierung gerichtlich überprüfen zu lassen. [2] Der Hinweis ist aktenkundig zu machen.

§ 80 Ärztliche Überwachung. (1) [1] Sind die Gefangenen in einem besonders gesicherten Haftraum untergebracht oder gefesselt, sucht sie die Ärztin oder der Arzt alsbald und in der Folge möglichst täglich auf. [2] Dies gilt nicht bei einer Fesselung während einer Ausführung, Vorführung oder eines Transportes sowie bei Bewegungen innerhalb der Anstalt.

(2) Die Ärztin oder der Arzt ist regelmäßig zu hören, solange den Gefangenen der tägliche Aufenthalt im Freien entzogen ist oder sie länger als vierundzwanzig Stunden abgesondert sind.

Abschnitt 14. Unmittelbarer Zwang

§ 81 Begriffsbestimmungen. (1) Unmittelbarer Zwang ist die Einwirkung auf Personen oder Sachen durch körperliche Gewalt, ihre Hilfsmittel oder durch Waffen.

(2) Körperliche Gewalt ist jede unmittelbare körperliche Einwirkung auf Personen oder Sachen.

(3) [1] Hilfsmittel der körperlichen Gewalt sind insbesondere Fesseln und Reizstoffe. [2] Waffen sind Hieb- und Schusswaffen.

(4) Es dürfen nur dienstlich zugelassene Hilfsmittel und Waffen verwendet werden.

§ 82 Allgemeine Voraussetzungen. (1) Bedienstete dürfen unmittelbaren Zwang anwenden, wenn sie Vollzugs- und Sicherungsmaßnahmen rechtmäßig durchführen und der damit verfolgte Zweck auf keine andere Weise erreicht werden kann.

(2) Gegen andere Personen als Gefangene darf unmittelbarer Zwang angewendet werden, wenn sie es unternehmen, Gefangene zu befreien oder widerrechtlich in die Anstalt einzudringen, oder wenn sie sich unbefugt darin aufhalten.

(3) Das Recht zu unmittelbarem Zwang aufgrund anderer Regelungen bleibt unberührt.

§ 83 Grundsatz der Verhältnismäßigkeit. (1) Unter mehreren möglichen und geeigneten Maßnahmen des unmittelbaren Zwangs sind diejenigen zu wählen, die den Einzelnen und die Allgemeinheit voraussichtlich am wenigsten beeinträchtigen.

(2) Unmittelbarer Zwang unterbleibt, wenn ein durch ihn zu erwartender Schaden erkennbar außer Verhältnis zu dem angestrebten Erfolg steht.

§ 84 Androhung. [1] Unmittelbarer Zwang ist vorher anzudrohen. [2] Die Androhung darf nur dann unterbleiben, wenn die Umstände sie nicht zulassen oder unmittelbarer Zwang sofort angewendet werden muss, um eine rechtswidrige Tat, die den Tatbestand eines Strafgesetzes erfüllt, zu verhindern oder eine gegenwärtige Gefahr abzuwenden.

§ 85 Schusswaffengebrauch. (1) [1] Schusswaffen dürfen nur gebraucht werden, wenn andere Maßnahmen des unmittelbaren Zwangs bereits erfolglos waren oder keinen Erfolg versprechen. [2] Gegen Personen ist ihr Gebrauch nur zulässig, wenn der Zweck nicht durch Waffenwirkung gegen Sachen erreicht wird.

(2) [1] Schusswaffen dürfen nur die dazu bestimmten Bediensteten gebrauchen und nur, um angriffs- oder fluchtunfähig zu machen. [2] Ihr Gebrauch unterbleibt, wenn dadurch erkennbar Unbeteiligte mit hoher Wahrscheinlichkeit gefährdet würden.

(3) [1] Der Gebrauch von Schusswaffen ist vorher anzudrohen. [2] Als Androhung gilt auch ein Warnschuss. [3] Ohne Androhung dürfen Schusswaffen nur dann gebraucht werden, wenn dies zur Abwehr einer gegenwärtigen Gefahr für Leib oder Leben erforderlich ist.

(4) [1] Gegen Gefangene dürfen Schusswaffen gebraucht werden,

1. wenn sie eine Waffe oder ein anderes gefährliches Werkzeug trotz wiederholter Aufforderung nicht ablegen,
2. wenn sie eine Meuterei (§ 121 des Strafgesetzbuchs) unternehmen oder
3. um ihre Flucht zu vereiteln oder um sie wieder zu ergreifen.

[2] Um die Flucht aus einer offenen Anstalt zu vereiteln, dürfen keine Schusswaffen gebraucht werden.

(5) Gegen andere Personen dürfen Schusswaffen gebraucht werden, wenn sie es unternehmen, Gefangene gewaltsam zu befreien oder gewaltsam in eine Anstalt einzudringen.

Abschnitt 15. Disziplinarmaßnahmen

§ 86 Disziplinarmaßnahmen. (1) Disziplinarmaßnahmen können angeordnet werden, wenn die Gefangenen rechtswidrig und schuldhaft

1. andere Personen verbal oder tätlich angreifen,
2. Lebensmittel oder fremde Sachen zerstören oder beschädigen,
3. in sonstiger Weise gegen Strafgesetze verstoßen oder eine Ordnungswidrigkeit begehen,
4. verbotene Gegenstände in die Anstalt einbringen, sich an deren Einbringung beteiligen, sie besitzen oder weitergeben,
5. unerlaubt Betäubungsmittel oder andere berauschende Stoffe konsumieren,
6. entweichen oder zu entweichen versuchen,
7. gegen Weisungen im Zusammenhang mit der Gewährung von Lockerungen verstoßen oder
8. wiederholt oder schwerwiegend gegen sonstige Pflichten verstoßen, die ihnen durch dieses Gesetz oder aufgrund dieses Gesetzes auferlegt sind, und dadurch das geordnete Zusammenleben in der Anstalt stören.

(2) Zulässige Disziplinarmaßnahmen sind

1. der Verweis,
2. die Beschränkung oder der Entzug des Fernsehempfangs bis zu drei Monaten,
3. die Beschränkung oder der Entzug der Gegenstände für die Freizeitbeschäftigung mit Ausnahme des Lesestoffs bis zu drei Monaten,
4. die Beschränkung oder der Entzug des Aufenthalts in Gemeinschaft oder der Teilnahme an einzelnen Freizeitveranstaltungen bis zu drei Monaten,
5. die Beschränkung des Einkaufs bis zu drei Monaten,
6. die Kürzung des Arbeitsentgelts um zehn Prozent bis zu drei Monaten,
7. der Entzug der zugewiesenen Arbeit bis zu vier Wochen und
8. der Arrest bis zu vier Wochen.

(3) Arrest darf nur wegen schwerer oder wiederholter Verfehlungen verhängt werden.

(4) Mehrere Disziplinarmaßnahmen können miteinander verbunden werden.

(5) Disziplinarmaßnahmen sind auch zulässig, wenn wegen derselben Verfehlung ein Straf- oder Bußgeldverfahren eingeleitet wird.

§ 87 Vollzug der Disziplinarmaßnahmen, Aussetzung zur Bewährung. (1) [1] Disziplinarmaßnahmen werden in der Regel sofort vollstreckt. [2] Die Vollstreckung ist auszusetzen, soweit es zur Gewährung eines effektiven Rechtsschutzes erforderlich ist.

(2) [1] Disziplinarmaßnahmen können ganz oder teilweise bis zu sechs Monaten zur Bewährung ausgesetzt werden. [2] Die Aussetzung zur Bewährung kann ganz oder teilweise widerrufen werden, wenn die Gefangenen die ihr zugrunde liegenden Erwartungen nicht erfüllen.

(3) [1] Für die Dauer des Arrests werden die Gefangenen getrennt von anderen Gefangenen untergebracht. [2] Sie können in einem besonderen Arrestraum untergebracht werden, der den Anforderungen entsprechen muss, die an einen zum Aufenthalt bei Tag und Nacht bestimmten Haftraum gestellt werden. [3] Soweit nichts anderes angeordnet wird, ruhen die Befugnisse der Gefangenen zur Teilnahme an Maßnahmen außerhalb des Raumes, in dem Arrest vollstreckt wird, sowie die Befugnisse zur Ausstattung des Haftraums mit eigenen Gegenständen, zum Fernsehempfang und Einkauf. [4] Gegenstände für die Freizeitbeschäftigung mit Ausnahme des Lesestoffs sind nicht zugelassen. [5] Die Rechte zur Teilnahme am Gottesdienst und auf Aufenthalt im Freien bleiben unberührt.

§ 88 Disziplinarbefugnis. (1) [1] Disziplinarmaßnahmen ordnet die Anstaltsleitung an. [2] Bei einer Verfehlung auf dem Weg in eine andere Anstalt zum Zweck der Verlegung ist die Leitung der Bestimmungsanstalt zuständig.

(2) Die Aufsichtsbehörde entscheidet, wenn sich die Verfehlung gegen die Anstaltsleiterin oder den Anstaltsleiter richtet.

(3) [1] Disziplinarmaßnahmen, die gegen die Gefangenen in einer anderen Anstalt oder während einer Untersuchungshaft angeordnet worden sind, werden auf Ersuchen vollstreckt. [2] § 87 Absatz 2 bleibt unberührt.

§ 89 Verfahren. (1) [1]Der Sachverhalt ist zu klären. [2]Hierbei sind sowohl belastende als auch entlastende Umstände zu ermitteln. [3]Die betroffenen Gefangenen werden gehört. [4]Sie werden darüber unterrichtet, welche Verfehlungen ihnen zur Last gelegt werden. [5]Sie sind darauf hinzuweisen, dass es ihnen freisteht, sich zu äußern. [6]Die Erhebungen werden in einer Niederschrift festgelegt; die Einlassung der Gefangenen wird vermerkt.

(2) [1]In geeigneten Fällen können zur Abwendung von Disziplinarmaßnahmen im Wege einvernehmlicher Streitbeilegung Vereinbarungen getroffen werden. [2]Insbesondere kommen die Wiedergutmachung des Schadens, die Entschuldigung bei Geschädigten, die Erbringung von Leistungen für die Gemeinschaft und der vorübergehende Verbleib auf dem Haftraum in Betracht. [3]Erfüllen die Gefangenen die Vereinbarung, ist die Anordnung einer Disziplinarmaßnahme aufgrund dieser Verfehlung unzulässig.

(3) Mehrere Verfehlungen, die gleichzeitig zu beurteilen sind, werden durch eine Entscheidung geahndet.

(4) [1]Die Anstaltsleitung soll sich vor der Entscheidung mit Personen besprechen, die maßgeblich an der Vollzugsgestaltung mitwirken. [2]Bei Schwangeren, stillenden Müttern oder bei Gefangenen, die sich in ärztlicher Behandlung befinden, ist eine Ärztin oder ein Arzt zu hören.

(5) [1]Vor der Entscheidung über eine Disziplinarmaßnahme erhalten die Gefangenen Gelegenheit, sich zu dem Ergebnis der Ermittlungen zu äußern. [2]Die Entscheidung wird den Gefangenen von der Anstaltsleitung mündlich eröffnet und mit einer kurzen Begründung schriftlich abgefasst.

(6) [1]Bevor Arrest vollzogen wird, ist eine Ärztin oder ein Arzt zu hören. [2]Während des Arrests stehen die Gefangenen unter ärztlicher Aufsicht. [3]Der Vollzug unterbleibt oder wird unterbrochen, wenn ansonsten die Gesundheit der Gefangenen gefährdet würde.

Abschnitt 16. Aufhebung von Maßnahmen, Beschwerde

§ 90 Aufhebung von Maßnahmen. (1) Die Aufhebung von Maßnahmen zur Regelung einzelner Angelegenheiten auf dem Gebiet des Vollzugs richtet sich nach den nachfolgenden Absätzen, soweit dieses Gesetz keine abweichende Bestimmung enthält.

(2) Rechtswidrige Maßnahmen können ganz oder teilweise mit Wirkung für die Vergangenheit und die Zukunft zurückgenommen werden.

(3) Rechtmäßige Maßnahmen können ganz oder teilweise mit Wirkung für die Zukunft widerrufen werden, wenn

1. aufgrund nachträglich eingetretener oder bekannt gewordener Umstände die Maßnahmen hätten unterbleiben können,
2. die Maßnahmen missbraucht werden oder
3. Weisungen nicht befolgt werden.

(4) [1]Begünstigende Maßnahmen dürfen nach den Absätzen 2 oder 3 nur aufgehoben werden, wenn die vollzuglichen Interessen an der Aufhebung in Abwägung mit dem schutzwürdigen Vertrauen der Betroffenen auf den Bestand der Maßnahmen überwiegen. [2]Davon ist auszugehen, wenn eine Maßnahme unerlässlich ist, um die Sicherheit der Anstalt zu gewährleisten.

(5) Der gerichtliche Rechtsschutz bleibt unberührt.

§ 91 Beschwerderecht. (1) Die Gefangenen erhalten Gelegenheit, sich in Angelegenheiten, die sie selbst betreffen, mit Wünschen, Anregungen und Beschwerden an die Anstaltsleitung zu wenden.

(2) Besichtigen Vertreterinnen oder Vertreter der Aufsichtsbehörde die Anstalt, so ist zu gewährleisten, dass die Gefangenen sich in Angelegenheiten, die sie selbst betreffen, an diese wenden können.

(3) Die Möglichkeit der Dienstaufsichtsbeschwerde bleibt unberührt.

Abschnitt 17. Kriminologische Forschung

§ 92 Evaluation, kriminologische Forschung. (1) Behandlungsprogramme für die Gefangenen sind auf der Grundlage wissenschaftlicher Erkenntnisse zu konzipieren, zu standardisieren und auf ihre Wirksamkeit hin zu überprüfen.

(2) [1] Der Strafvollzug, insbesondere seine Aufgabenerfüllung und Gestaltung, die Umsetzung seiner Leitlinien sowie die Behandlungsprogramme und deren Wirkungen auf die Erreichung des Vollzugsziels, soll regelmäßig durch den kriminologischen Dienst, durch eine Hochschule oder durch eine andere Stelle wissenschaftlich begleitet und erforscht werden. [2] Hierbei wird eine Zusammenarbeit mit Opferschutzverbänden angestrebt. [3] § 476 der Strafprozessordnung gilt mit der Maßgabe entsprechend, dass auch elektronisch gespeicherte personenbezogene Daten übermittelt werden können.

Abschnitt 18. Aufbau und Organisation der Anstalten

§ 93 Anstalten. (1) [1] Es werden Anstalten und Abteilungen eingerichtet, die den unterschiedlichen vollzuglichen Anforderungen Rechnung tragen. [2] Insbesondere sind sozialtherapeutische Abteilungen vorzusehen.

(2) [1] Es ist eine bedarfsgerechte Anzahl und Ausstattung von Plätzen für therapeutische Maßnahmen, schulische und berufliche Qualifizierung, Arbeitstraining und Arbeitstherapie sowie zur Ausübung von Arbeit vorzusehen. [2] Entsprechendes gilt für Besuche, Freizeit, Sport und Seelsorge.

(3) Haft- und Funktionsräume sind zweckentsprechend auszustatten.

(4) Unterhalten private Unternehmen Betriebe in Anstalten, kann die technische und fachliche Leitung ihren Mitarbeitern übertragen werden.

§ 94 Festsetzung der Belegungsfähigkeit, Verbot der Überbelegung.
(1) [1] Die Aufsichtsbehörde setzt die Belegungsfähigkeit der Anstalt so fest, dass eine angemessene Unterbringung der Gefangenen gewährleistet ist. [2] § 93 Absatz 2 ist zu berücksichtigen.

(2) Hafträume dürfen nicht mit mehr Gefangenen als zugelassen belegt werden.

(3) Ausnahmen von Absatz 2 sind nur vorübergehend und nur mit Zustimmung der Aufsichtsbehörde zulässig.

§ 95 Anstaltsleitung. (1) [1] Die Anstaltsleiterin beziehungsweise der Anstaltsleiter trägt die Verantwortung für den gesamten Vollzug und vertritt die Anstalt nach außen. [2] Sie beziehungsweise er kann einzelne Aufgabenbereiche auf andere Bedienstete übertragen. [3] Die Aufsichtsbehörde kann sich die Zustimmung zur Übertragung vorbehalten.

(2) [1] Für jede Anstalt ist eine Beamtin oder ein Beamter des höheren Dienstes zur hauptamtlichen Leiterin oder zum hauptamtlichen Leiter zu bestellen. [2] Aus besonderen Gründen kann eine Anstalt auch von einer Beamtin oder einem Beamten des gehobenen Dienstes geleitet werden.

§ 96 Bedienstete. (1) [1] Die Anstalt wird mit dem für die Erreichung des Vollzugsziels und die Erfüllung ihrer Aufgaben erforderlichen Personal ausgestattet. [2] Fortbildung sowie Praxisberatung und -begleitung für die Bediensteten sind zu gewährleisten.

(2) [1] Für die Betreuung von Gefangenen mit angeordneter oder vorbehaltener Sicherungsverwahrung ist besonders qualifiziertes Personal vorzusehen und eine fachübergreifende Zusammenarbeit zu gewährleisten. [2] Soweit erforderlich, sind externe Fachkräfte einzubeziehen.

§ 97 Seelsorger. (1) Seelsorgerinnen oder Seelsorger werden im Einvernehmen mit der jeweiligen Religionsgemeinschaft im Hauptamt bestellt oder vertraglich verpflichtet.

(2) Wenn die geringe Anzahl der Angehörigen einer Religionsgemeinschaft eine Seelsorge nach Absatz 1 nicht rechtfertigt, ist die seelsorgerische Betreuung auf andere Weise zuzulassen.

(3) Mit Zustimmung der Anstaltsleitung darf die Anstaltsseelsorgerin beziehungsweise der Anstaltsseelsorger sich freier Seelsorgehelfer bedienen und diese für Gottesdienste sowie für andere religiöse Veranstaltungen von außen zuziehen.

§ 98 Medizinische Versorgung. (1) Die ärztliche Versorgung ist sicherzustellen.

(2) [1] Die Pflege der Kranken soll von Bediensteten ausgeführt werden, die eine Erlaubnis nach dem Krankenpflegegesetz besitzen. [2] Solange diese nicht zur Verfügung stehen, können auch Bedienstete eingesetzt werden, die eine sonstige Ausbildung in der Krankenpflege erfahren haben.

§ 99 Interessenvertretung der Gefangenen. [1] Den Gefangenen soll ermöglicht werden, Vertretungen zu wählen. [2] Diese können in Angelegenheiten von gemeinsamem Interesse, die sich ihrer Eigenart nach für eine Mitwirkung eignen, Vorschläge und Anregungen an die Anstalt herantragen. [3] Diese sollen mit der Vertretung erörtert werden.

§ 100 Hausordnung. [1] Die Anstaltsleitung erlässt zur Gestaltung und Organisation des Vollzugsalltags eine Hausordnung auf der Grundlage dieses Gesetzes. [2] Die Aufsichtsbehörde kann sich die Genehmigung vorbehalten.

Abschnitt 19. Aufsicht, Beirat

§ 101 Aufsichtsbehörde. (1) Das Ministerium der Justiz führt die Aufsicht über die Anstalten (Aufsichtsbehörde).

(2) Die Aufsichtsbehörde kann sich Entscheidungen über Verlegungen und Überstellungen vorbehalten.

§ 102 Vollstreckungsplan, Vollzugsgemeinschaften. (1) Die Aufsichtsbehörde regelt die örtliche und sachliche Zuständigkeit der Anstalten in einem Vollstreckungsplan.

(2) Im Rahmen von Vollzugsgemeinschaften kann der Vollzug auch in Vollzugseinrichtungen anderer Länder vorgesehen werden.

§ 103 Beirat. (1) [1]Bei der Anstalt ist ein Beirat zu bilden. [2]Bedienstete dürfen nicht Mitglieder des Beirats sein.

(2) [1]Die Mitglieder des Beirats wirken beratend bei der Gestaltung des Vollzugs und der Eingliederung der Gefangenen mit. [2]Sie fördern das Verständnis für den Vollzug und seine gesellschaftliche Akzeptanz und vermitteln Kontakte zu öffentlichen und privaten Einrichtungen.

(3) Der Beirat steht der Anstaltsleitung, den Bediensteten und den Gefangenen als Ansprechpartner zur Verfügung.

(4) [1]Die Mitglieder des Beirats können sich über die Unterbringung der Gefangenen und die Gestaltung des Vollzugs unterrichten und die Anstalt besichtigen. [2]Sie können die Gefangenen in ihren Räumen aufsuchen. [3]Unterhaltung und Schriftwechsel werden nicht überwacht.

(5) [1]Die Mitglieder des Beirats sind verpflichtet, außerhalb ihres Amtes über alle Angelegenheiten, die ihrer Natur nach vertraulich sind, besonders über Namen und Persönlichkeit der Gefangenen, Verschwiegenheit zu bewahren. [2]Dies gilt auch nach Beendigung ihres Amtes.

Abschnitt 20. Vollzug des Strafarrests

§ 104 Grundsatz. (1) Für den Vollzug des Strafarrests in Anstalten gelten die Bestimmungen dieses Gesetzes entsprechend, soweit § 105 nicht Abweichendes bestimmt.

(2) § 105 Absatz 1 bis 3, 7 und 8 gilt nicht, wenn Strafarrest in Unterbrechung einer anderen freiheitsentziehenden Maßnahme vollzogen wird.

§ 105 Besondere Bestimmungen. (1) Strafarrestanten sollen im offenen Vollzug untergebracht werden.

(2) Eine gemeinsame Unterbringung ist nur mit Einwilligung der Strafarrestanten zulässig.

(3) Besuche, Telefongespräche und Schriftwechsel dürfen nur untersagt oder überwacht werden, wenn dies aus Gründen der Sicherheit oder Ordnung der Anstalt notwendig ist.

(4) Den Strafarrestanten soll gestattet werden, einmal wöchentlich Besuch zu empfangen.

(5) Strafarrestanten dürfen eigene Kleidung tragen und eigenes Bettzeug benutzen, wenn Gründe der Sicherheit nicht entgegenstehen und sie für Reinigung, Instandsetzung und regelmäßigen Wechsel auf eigene Kosten sorgen.

(6) Sie dürfen Nahrungs- und Genussmittel sowie Mittel zur Körperpflege in angemessenem Umfang durch Vermittlung der Anstalt auf eigene Kosten erwerben.

(7) Eine mit einer Entkleidung verbundene körperliche Durchsuchung ist nur bei Gefahr im Verzug zulässig.

(8) Zur Vereitelung einer Entweichung und zur Wiederergreifung dürfen Schusswaffen nicht gebraucht werden.

Abschnitt 21. *(aufgehoben)*

§§ 106–116 *(aufgehoben)*

Abschnitt 22. Schlussbestimmungen

§ 117 Einschränkung von Grundrechten. Durch dieses Gesetz werden die Rechte auf körperliche Unversehrtheit und Freiheit der Person (Artikel 2 Absatz 2 des Grundgesetzes) und auf Unverletzlichkeit des Brief-, Post- und Fernmeldegeheimnisses (Artikel 10 des Grundgesetzes) eingeschränkt.

§ 118 Verhältnis zum Bundesrecht. [1] Dieses Gesetz ersetzt gemäß Artikel 125a Absatz 1 des Grundgesetzes im Saarland das Strafvollzugsgesetz. [2] Die Vorschriften des Strafvollzugsgesetzes über

1. den Pfändungsschutz (§ 50 Absatz 2 Satz 5, § 51 Absatz 4 und 5, § 75 Absatz 3) für bis zum Inkrafttreten dieses Gesetzes gebildetes Überbrückungsgeld,
2. das gerichtliche Verfahren (§§ 109 bis 121, 50 Absatz 5 Satz 2),
3. die Unterbringung in einem psychiatrischen Krankenhaus und in einer Entziehungsanstalt (§§ 136 bis 138),
4. den Vollzug von Ordnungs-, Sicherungs-, Zwangs- und Erzwingungshaft (§§ 171 bis 175),
5. den unmittelbaren Zwang in Justizvollzugsanstalten für andere Arten des Freiheitsentzugs (§ 178)

gelten fort.

§ 119 Übergangsbestimmungen. (1) Bis zum Inkrafttreten einer Verordnung nach § 55 Absatz 3 gilt die Verordnung über die Vergütungsstufen des Arbeitsentgelts und der Ausbildungsbeihilfe nach dem Strafvollzugsgesetz (Strafvollzugsvergütungsordnung)[1)] vom 11. Januar 1977 (BGBl. I S. 57), geändert durch Artikel 6 des Gesetzes vom 13. Dezember 2007 (BGBl. I S. 2894, 2896), in der jeweils geltenden Fassung, für die Anwendung des § 55 fort.

(2) [1] Bei Inkrafttreten dieses Gesetzes bereits gebildetes Überbrückungsgeld kann während des Vollzuges nur für Ausgaben zur Entlassungsvorbereitung verwendet werden. [2] Gefangene, die bereits Überbrückungsgeld über den Betrag von 1.436 Euro hinaus gebildet haben, können bis zum 31. Dezember 2013 verlangen, dass der übersteigende Betrag ihrem Eigengeld gutgeschrieben wird.

(3) [1] Bei Inkrafttreten dieses Gesetzes bereits erworbene Freistellungstage nach § 43 Absatz 6 des Strafvollzugsgesetzes[2)] können auf Antrag der Gefangenen auf den Entlassungszeitpunkt angerechnet werden. [2] Insoweit gelten § 43 Absatz 9 und 10 des Strafvollzugsgesetzes in entsprechender Anwendung fort.

[1)] Nr. 1a.
[2)] Nr. 1.

1.13. Gesetz über den Vollzug der Freiheitsstrafe und des Strafarrests im Freistaat Sachsen (Sächsisches Strafvollzugsgesetz – SächsStVollzG)[1)]

Vom 16. Mai 2013
(SächsGVBl. S. 250)

BS Sachsen 311-13

zuletzt geänd. durch Art. 2 G zum Schutz personenbezogener Daten im Justiz- und Maßregelvollzug, zur Gewährleistung der verfassungsrechtl. Anforderungen an Fixierungen und zur Änd. des Sächsischen GedenkstättenstiftungsG v. 22.8.2019 (SächsGVBl. S. 663)

Inhaltsübersicht

[1)] Verkündet als Art. 1 G v. 16.5.2013 (SächsGVBl. S. 250); Inkrafttreten gem. Art. 6 dieses G am 1.6.2013.

Teil 1. Allgemeine Bestimmungen

§ 1 Anwendungsbereich. Dieses Gesetz regelt den Vollzug der Freiheitsstrafe (Vollzug) und des Strafarrests in Justizvollzugsanstalten (Anstalten).

§ 2 Ziel und Aufgabe des Vollzugs. [1]Der Vollzug dient dem Ziel, die Gefangenen zu befähigen, künftig in sozialer Verantwortung ein Leben ohne Straftaten zu führen. [2]Er hat die Aufgabe, die Allgemeinheit vor weiteren Straftaten zu schützen. [3]Dies wird durch eine zielgerichtete und wirkungsorientierte Vollzugsgestaltung sowie sichere Unterbringung und Beaufsichtigung der Gefangenen gewährleistet.

---

[1] Richtig wohl: „Disziplinarverfahren".

§ 3 Vollzugsgestaltung. (1) Der Vollzug ist auf die Auseinandersetzung der Gefangenen mit ihren Straftaten und deren Folgen auszurichten.

(2) Der Vollzug wirkt von Beginn an auf die Eingliederung der Gefangenen in das Leben in Freiheit hin.

(3) [1] Gefangene mit angeordneter oder vorbehaltener Sicherungsverwahrung sind individuell und intensiv zu betreuen, um ihre Unterbringung in der Sicherungsverwahrung entbehrlich zu machen. [2] Soweit standardisierte Maßnahmen nicht ausreichen oder keinen Erfolg versprechen, sind individuelle Maßnahmen zu entwickeln.

(4) Das Leben im Vollzug ist den allgemeinen Lebensverhältnissen soweit wie möglich anzugleichen.

(5) Schädlichen Folgen des Freiheitsentzugs ist entgegenzuwirken.

(6) [1] Der Bezug der Gefangenen zum gesellschaftlichen Leben ist zu wahren und zu fördern. [2] Die Belange der Familienangehörigen der Gefangenen sind bei der Vollzugsgestaltung zu berücksichtigen. [3] Der Erhalt familiärer Bindungen ist zu unterstützen. [4] Ehrenamtliche Mitarbeiter sowie Personen und Einrichtungen außerhalb des Vollzugs sollen in den Vollzugsalltag einbezogen werden. [5] Den Gefangenen ist sobald wie möglich die Teilnahme am Leben in der Freiheit zu gewähren.

(7) Die unterschiedlichen Bedürfnisse der Gefangenen, insbesondere im Hinblick auf Geschlecht, Alter, Herkunft und Glauben, sowie die Bedürfnisse von Gefangenen mit Behinderung sind bei der Vollzugsgestaltung im Allgemeinen und im Einzelfall zu berücksichtigen.

§ 4 Stellung der Gefangenen, Mitwirkung. (1) [1] Die Persönlichkeit der Gefangenen ist zu achten. [2] Ihre Selbständigkeit im Vollzugsalltag ist soweit wie möglich zu erhalten und zu fördern.

(2) [1] Die Gefangenen werden an der Gestaltung des Vollzugsalltags beteiligt. [2] Vollzugliche Maßnahmen sollen ihnen erläutert werden. [3] Soweit erforderlich, wird ein Dolmetscher hinzugezogen. [4] Mit Zustimmung der beteiligten Gefangenen kann in Ausnahmefällen für die Übersetzung auch eine andere sprachkundige Person tätig werden.

(3) [1] Zur Erreichung des Vollzugsziels bedarf es der Mitwirkung der Gefangenen. [2] Ihre Bereitschaft hierzu ist zu wecken und zu fördern.

(4) [1] Die Gefangenen unterliegen den in diesem Gesetz vorgesehenen Beschränkungen ihrer Freiheit. [2] Soweit das Gesetz eine besondere Regelung nicht enthält, dürfen ihnen nur Beschränkungen auferlegt werden, die zur Aufrechterhaltung der Sicherheit oder zur Abwendung einer schwerwiegenden Störung der Ordnung in der Anstalt unerlässlich sind.

§ 5 Soziale Hilfe. (1) [1] Die Gefangenen werden durch die Anstalt darin unterstützt, ihre persönlichen, wirtschaftlichen, sozialen und gesundheitlichen Schwierigkeiten zu beheben. [2] Sie sollen dazu angeregt und in die Lage versetzt werden, ihre Angelegenheiten selbst zu regeln, insbesondere eine Schuldenregulierung herbeizuführen.

(2) [1] Die Gefangenen sollen angehalten werden, den durch die Straftat verursachten materiellen und immateriellen Schaden wiedergutzumachen. [2] Die Einsicht der Gefangenen in ihre Verantwortung für die Tat, insbesondere für die beim Opfer verursachten Tatfolgen, soll geweckt werden.

Teil 2. Aufnahme, Diagnose, Vollzugs- und Eingliederungsplanung

§ 6 Aufnahmeverfahren. (1) [1] Mit den Gefangenen wird unverzüglich nach der Aufnahme ein Zugangsgespräch geführt, in dem ihre gegenwärtige Lebenssituation erörtert wird und sie über ihre Rechte und Pflichten informiert werden. [2] Ihnen ist die Hausordnung zu erläutern und die Aushändigung eines Exemplars anzubieten. [3] Dieses Gesetz, die von ihm in Bezug genommenen Gesetze sowie die zu seiner Ausführung erlassenen Rechtsverordnungen und veröffentlichte Verwaltungsvorschriften sind den Gefangenen auf Verlangen zugänglich zu machen.

(2) [1] Im Zugangsgespräch ist auch zu klären, ob die Gefangenen in ihrer Obhut stehende Minderjährige ohne Betreuung und Versorgung zurückgelassen haben. [2] In diesem Falle ist unverzüglich das zuständige Jugendamt zu unterrichten.

(3) Während des Aufnahmeverfahrens dürfen andere Gefangene nicht zugegen sein.

(4) Die Gefangenen werden unverzüglich ärztlich untersucht.

(5) Die Gefangenen werden dabei unterstützt, etwa notwendige Maßnahmen für hilfsbedürftige Angehörige, zur Erhaltung des Arbeitsplatzes und der Wohnung und zur Sicherung ihrer Vermögensgegenstände außerhalb der Anstalt zu veranlassen.

(6) Bei Gefangenen, die eine Ersatzfreiheitsstrafe verbüßen, sind die Möglichkeiten der Abwendung der Vollstreckung durch freie Arbeit oder ratenweise Tilgung der Geldstrafe zu erörtern und zu fördern, um so auf eine möglichst baldige Entlassung hinzuwirken.

§ 7 Diagnoseverfahren. (1) An das Aufnahmeverfahren schließt sich zur Vorbereitung der Vollzugs- und Eingliederungsplanung das Diagnoseverfahren an.

(2) [1] Das Diagnoseverfahren muss wissenschaftlichen Erkenntnissen genügen. [2] Insbesondere bei Gefangenen mit angeordneter oder vorbehaltener Sicherungsverwahrung ist es von Personen mit einschlägiger wissenschaftlicher Qualifikation durchzuführen.

(3) [1] Das Diagnoseverfahren erstreckt sich auf die Persönlichkeit, die Lebensverhältnisse, die Ursachen und Umstände der Straftat sowie alle sonstigen Gesichtspunkte, deren Kenntnis für eine zielgerichtete und wirkungsorientierte Vollzugsgestaltung und die Eingliederung der Gefangenen nach der Entlassung erforderlich ist. [2] Neben den Unterlagen aus der Vollstreckung und dem Vollzug vorangegangener Freiheitsentziehungen sind insbesondere auch Erkenntnisse der Gerichts- und Bewährungshilfe, der Führungsaufsichtsstellen sowie aus Sicherheitsanfragen und Fallkonferenzen einzubeziehen.

(4) [1] Im Diagnoseverfahren werden die im Einzelfall die Straffälligkeit begünstigenden Faktoren ermittelt. [2] Gleichzeitig sollen die Fähigkeiten der Gefangenen ermittelt werden, deren Stärkung einer erneuten Straffälligkeit entgegenwirken kann.

(5) Bei einer voraussichtlichen Vollzugsdauer von bis zu drei Monaten tritt an die Stelle des Diagnoseverfahrens in der Regel die Feststellung zur Person und zu den Lebensverhältnissen der Gefangenen.

(6) Bei einer voraussichtlichen Vollzugsdauer bis zu einem Jahr kann das Diagnoseverfahren auf die Umstände beschränkt werden, deren Kenntnis für eine angemessene Vollzugsgestaltung unerlässlich und für die Eingliederung erforderlich ist.

(7) Das Ergebnis des Diagnoseverfahrens wird mit den Gefangenen erörtert.

§ 8 Vollzugs- und Eingliederungsplanung. (1) [1]Auf der Grundlage des Ergebnisses des Diagnoseverfahrens wird ein Vollzugs- und Eingliederungsplan erstellt. [2]In den Fällen des § 7 Absatz 6 kann sich der Vollzugs- und Eingliederungsplan auf die dort genannten Umstände beschränken. [3]Bei einer voraussichtlichen Vollzugsdauer von bis zu drei Monaten kann von der Erstellung eines Vollzugs- und Eingliederungsplans abgesehen werden.

(2) [1]Der Vollzugs- und Eingliederungsplan zeigt den Gefangenen bereits zu Beginn des Vollzugs unter Berücksichtigung der voraussichtlichen Vollzugsdauer die zur Erreichung des Vollzugsziels erforderlichen Maßnahmen auf. [2]Daneben kann er weitere Hilfsangebote und Empfehlungen enthalten. [3]Die Fähigkeiten, Fertigkeiten und Neigungen der Gefangenen sollen einbezogen werden.

(3) [1]Der Vollzugs- und Eingliederungsplan wird regelmäßig innerhalb der ersten acht Wochen nach der Aufnahme erstellt. [2]Diese Frist verkürzt sich bei einer voraussichtlichen Vollzugsdauer von unter einem Jahr auf vier Wochen.

(4) [1]Der Vollzugs- und Eingliederungsplan sowie die darin vorgesehenen Maßnahmen werden regelmäßig alle sechs Monate, spätestens aber alle zwölf Monate überprüft und fortgeschrieben. [2]Die Entwicklung der Gefangenen und die in der Zwischenzeit gewonnenen Erkenntnisse sind zu berücksichtigen. [3]Die durchgeführten Maßnahmen sind zu dokumentieren.

(5) [1]Die Vollzugs- und Eingliederungsplanung wird mit den Gefangenen erörtert. [2]Dabei werden deren Anregungen und Vorschläge einbezogen, soweit sie der Erreichung des Vollzugsziels dienen.

(6) [1]Zur Erstellung und Fortschreibung des Vollzugs- und Eingliederungsplans führt der Anstaltsleiter eine Konferenz mit den an der Vollzugsgestaltung maßgeblich Beteiligten durch. [2]Standen die Gefangenen vor ihrer Inhaftierung unter Bewährungs- oder Führungsaufsicht, kann auch der für sie bislang zuständige Bewährungshelfer an der Konferenz beteiligt werden. [3]Die Teilnahme des Verteidigers ist zu gestatten. [4]Die Gefangenen sollen ebenfalls an der Konferenz beteiligt werden. [5]Im Falle der Teilnahme wird ihnen der Vollzugs- und Eingliederungsplan eröffnet und erläutert. [6]Im Übrigen wird ihnen der Vollzugs- und Eingliederungsplan bekanntgegeben. [7]In den Fällen des § 7 Absatz 6 kann auch ein vereinfachtes Verfahren Anwendung finden.

(7) [1]An der Eingliederung mitwirkende Personen außerhalb des Vollzugs sind nach Möglichkeit in die Planung einzubeziehen, soweit dies zur Eingliederung erforderlich ist. [2]Sie können mit Zustimmung der Gefangenen auch an der Konferenz beteiligt werden.

(8) [1]Werden die Gefangenen nach der Entlassung voraussichtlich unter Bewährungs- oder Führungsaufsicht gestellt, so ist einem Mitarbeiter der Bewährungshilfe und der Führungsaufsichtsstelle in den letzten zwölf Monaten vor dem voraussichtlichen Entlassungszeitpunkt die Teilnahme an der Konferenz zu ermöglichen. [2]Der Vollzugs- und Eingliederungsplan und seine Fortschreibungen sind zu übersenden.

(9) Eine Abschrift des Vollzugs- und Eingliederungsplans und seiner Fortschreibungen wird den Gefangenen ausgehändigt.

§ 9 Inhalt des Vollzugs- und Eingliederungsplans. (1) [1]Der Vollzugs- und Eingliederungsplan sowie seine Fortschreibungen enthalten insbesondere folgende Angaben:

1. Zusammenfassung der für die Vollzugs- und Eingliederungsplanung maßgeblichen Ergebnisse des Diagnoseverfahrens,
2. voraussichtlicher Entlassungszeitpunkt,
3. Unterbringung im geschlossenen oder offenen Vollzug oder Vollzug in freien Formen,
4. Maßnahmen zur Förderung der Mitwirkungsbereitschaft,
5. Unterbringung in einer Wohngruppe und Teilnahme am Wohngruppenvollzug,
6. Unterbringung in einer sozialtherapeutischen Abteilung und Teilnahme an deren Behandlungsprogrammen,
7. Teilnahme an einzel- oder gruppentherapeutischen Maßnahmen, insbesondere psychologische Intervention und Psychotherapie,
8. Teilnahme an psychiatrischen Behandlungsmaßnahmen,
9. Teilnahme an Maßnahmen zur Behandlung von Suchtmittelabhängigkeit und -missbrauch, einschließlich Suchtberatung,
10. Teilnahme an Trainingsmaßnahmen zur Verbesserung der sozialen Kompetenz und familienunterstützende Angebote,
11. Teilnahme an schulischen und beruflichen Qualifizierungsmaßnahmen, einschließlich Alphabetisierungs- und Deutschkursen,
12. Teilnahme an arbeitstherapeutischen Maßnahmen oder am Arbeitstraining,
13. Arbeit,
14. freies Beschäftigungsverhältnis, Selbstbeschäftigung,
15. Teilnahme an Sportangeboten und Maßnahmen zur strukturierten Gestaltung der Freizeit,
16. Ausführungen, Außenbeschäftigung,
17. Lockerungen zur Erreichung des Vollzugsziels,
18. Aufrechterhaltung, Förderung und Gestaltung von familiären Bindungen und Außenkontakten,
19. Bildung von Überbrückungsgeld, Schuldnerberatung, Schuldenregulierung und Erfüllung von Unterhaltspflichten,
20. Ausgleich von Tatfolgen, einschließlich Täter-Opfer-Ausgleich,
21. Maßnahmen zur Vorbereitung von Entlassung, Eingliederung und Nachsorge und
22. Frist zur Fortschreibung des Vollzugs- und Eingliederungsplans.

[2]Bei angeordneter oder vorbehaltener Sicherungsverwahrung enthalten der Vollzugs- und Eingliederungsplan sowie seine Fortschreibungen darüber hinaus Angaben zu sonstigen Maßnahmen im Sinne des § 3 Absatz 3 Satz 2 dieses Gesetzes und einer Antragstellung im Sinne des § 119a Absatz 2 des Strafvollzugsgesetzes[1)] vom 16. März 1976 (BGBl. I S. 581, 2088; 1977 I S. 436), das

---

1) Nr. 1.

zuletzt durch Artikel 2 des Gesetzes vom 17. Dezember 2018 (BGBl. I S. 2571) geändert worden ist, in der jeweils geltenden Fassung.

(2) [1] Maßnahmen nach Absatz 1 Satz 1 Nr. 6 bis 10 und Satz 2, die nach dem Ergebnis des Diagnoseverfahrens als zur Erreichung des Vollzugsziels zwingend erforderlich erachtet werden, sind als solche zu kennzeichnen und gehen allen anderen Maßnahmen vor. [2] Auch für Maßnahmen nach Absatz 1 Satz 1 Nr. 11 und 12 kann ein Vorrang vor anderen Maßnahmen vorgesehen werden. [3] Es ist anzustreben, die Maßnahmen nach den Sätzen 1 und 2 im Einvernehmen mit den Gefangenen festzulegen. [4] Andere Maßnahmen dürfen nicht gestattet werden, soweit sie die Teilnahme an Maßnahmen nach den Sätzen 1 und 2 beeinträchtigen würden.

(3) [1] Spätestens ein Jahr vor dem voraussichtlichen Entlassungszeitpunkt hat die Planung zur Vorbereitung der Eingliederung zu beginnen. [2] Anknüpfend an die bisherige Vollzugsplanung werden ab diesem Zeitpunkt die Maßnahmen nach Absatz 1 Satz 1 Nr. 21 konkretisiert oder ergänzt. [3] Insbesondere ist Stellung zu nehmen zu:

1. Unterbringung im offenen Vollzug, Übergangseinrichtung,
2. Unterkunft sowie Arbeit oder Ausbildung nach der Entlassung,
3. Unterstützung bei notwendigen Behördengängen und der Beschaffung der notwendigen persönlichen Dokumente,
4. Beteiligung der Bewährungshilfe, Führungsaufsichtsstelle und der forensischen Ambulanzen,
5. Kontaktaufnahme zu Einrichtungen der Entlassenenhilfe,
6. Fortsetzung von im Vollzug noch nicht abgeschlossenen Maßnahmen,
7. Anregung von Auflagen und Weisungen für die Bewährungs- oder Führungsaufsicht,
8. Vermittlung in nachsorgende Maßnahmen und
9. nachgehende Betreuung durch Vollzugsbedienstete.

Teil 3. Unterbringung, Verlegung

§ 10 Trennung von männlichen und weiblichen Gefangenen. [1] Männliche und weibliche Gefangene werden getrennt untergebracht. [2] Eine gemeinsame Unterbringung zum Zweck der medizinischen Behandlung sowie gemeinsame Maßnahmen, insbesondere zur schulischen und beruflichen Qualifizierung, sind zulässig.

§ 11 Unterbringung während der Einschlusszeiten. (1) Die Gefangenen werden in ihren Hafträumen einzeln untergebracht.

(2) Eine gemeinsame Unterbringung ist zulässig

1. mit Zustimmung der Gefangenen, wenn schädliche Einflüsse nicht zu befürchten sind, oder
2. wenn ein Gefangener hilfsbedürftig ist oder eine Gefahr für Leben oder Gesundheit besteht.

(3) Darüber hinaus ist eine gemeinsame Unterbringung nur vorübergehend und aus zwingenden Gründen zulässig.

§ 12 Aufenthalt außerhalb der Einschlusszeiten. (1) Außerhalb der Einschlusszeiten dürfen sich die Gefangenen in Gemeinschaft aufhalten.

(2) Der gemeinschaftliche Aufenthalt kann eingeschränkt werden, wenn

1. ein schädlicher Einfluss auf andere Gefangene zu befürchten ist oder
2. es die Sicherheit oder Ordnung in der Anstalt erfordert.

§ 13 Wohngruppenvollzug. (1) [1] Der Wohngruppenvollzug dient der Einübung sozialverträglichen Zusammenlebens, insbesondere von Toleranz sowie der Übernahme von Verantwortung für sich und andere. [2] Er ermöglicht den dort untergebrachten Gefangenen, ihren Vollzugsalltag weitgehend selbständig zu regeln.

(2) [1] Eine Wohngruppe wird in einem baulich abgegrenzten Bereich mit bis zu 16 Gefangenen eingerichtet, zu dem neben den Hafträumen weitere Räume und Einrichtungen zur gemeinsamen Nutzung gehören. [2] Sie wird in der Regel von fest zugeordneten Bediensteten betreut.

§ 14 Unterbringung von Müttern und Vätern mit Kindern. (1) [1] Ein Kind kann mit Zustimmung der aufenthaltsbestimmungsberechtigten Person bis zur Vollendung des dritten Lebensjahres in einer Anstalt untergebracht werden, in der sich seine Mutter oder sein Vater befindet, wenn dies seinem Wohl entspricht und Sicherheitsgründe nicht entgegenstehen. [2] Aus besonderen Gründen kann die Unterbringung auch bis zu einem halben Jahr darüber hinaus erfolgen. [3] Vor der Unterbringung ist das Jugendamt zu hören.

(2) Die Unterbringung erfolgt auf Kosten der für das Kind Unterhaltspflichtigen.

§ 15 Geschlossener und offener Vollzug sowie Vollzug in freien Formen. (1) Die Gefangenen werden im geschlossenen oder offenen Vollzug untergebracht.

(2) [1] Die Gefangenen sollen im offenen Vollzug untergebracht werden, wenn sie dessen besonderen Anforderungen genügen, insbesondere nicht zu befürchten ist, dass sie sich dem Vollzug entziehen oder die Möglichkeiten des offenen Vollzugs zu Straftaten missbrauchen werden. [2] Genügen die Gefangenen den besonderen Anforderungen des offenen Vollzugs nicht mehr, werden sie im geschlossenen Vollzug untergebracht. [3] § 94 bleibt unberührt.

(3) Abteilungen des offenen Vollzugs sehen keine oder nur verminderte Vorkehrungen gegen Entweichungen vor.

(4) [1] Der Vollzug kann mit der Zustimmung des Gefangenen in freien Formen durchgeführt werden. [2] Absatz 2 gilt entsprechend.

§ 16 Verlegung und Überstellung. (1) Die Gefangenen können abweichend vom Vollstreckungsplan nach § 115 in eine andere Anstalt verlegt werden,

1. wenn die Erreichung des Vollzugsziels hierdurch gefördert wird oder
2. Gründe der Vollzugsorganisation oder andere wichtige Gründe dies erfordern.

(2) Dem Verteidiger wird die Verlegung unverzüglich mitgeteilt.

(3) Die Gefangenen dürfen aus wichtigem Grund in eine andere Anstalt überstellt werden.

Teil 4. Sozialtherapie, psychologische Intervention und Psychotherapie

§ 17 Sozialtherapie. (1) [1] Sozialtherapie dient der Verringerung einer erheblichen Gefährlichkeit der Gefangenen. [2] Auf der Grundlage einer therapeutischen Gemeinschaft bedient sie sich psychologischer, psychotherapeutischer, sozialpädagogischer und arbeitstherapeutischer Methoden, die in umfassenden Behandlungsprogrammen verbunden werden. [3] Personen aus dem Lebensumfeld der Gefangenen außerhalb des Vollzugs werden in die Behandlung einbezogen.

(2) [1] Gefangene sind in einer sozialtherapeutischen Abteilung unterzubringen, wenn ihre Teilnahme an den dortigen Behandlungsprogrammen zur Verringerung ihrer erheblichen Gefährlichkeit angezeigt ist. [2] Eine erhebliche Gefährlichkeit liegt vor, wenn schwerwiegende Straftaten gegen Leib oder Leben, die persönliche Freiheit oder gegen die sexuelle Selbstbestimmung zu erwarten sind.

(3) Andere Gefangene können in einer sozialtherapeutischen Abteilung untergebracht werden, wenn die Teilnahme an den dortigen Behandlungsprogrammen zur Erreichung des Vollzugsziels angezeigt ist.

(4) [1] Die Unterbringung soll zu einem Zeitpunkt erfolgen, der entweder den Abschluss der Behandlung zum voraussichtlichen Entlassungszeitpunkt erwarten lässt oder die Fortsetzung der Behandlung nach der Entlassung ermöglicht. [2] Ist Sicherungsverwahrung angeordnet oder vorbehalten, soll die Unterbringung zu einem Zeitpunkt erfolgen, der den Abschluss der Behandlung noch während des Vollzugs der Freiheitsstrafe erwarten lässt.

(5) Die Unterbringung wird beendet, wenn das Ziel der Behandlung aus Gründen, die in der Person der Gefangenen liegen, nicht erreicht werden kann.

§ 18 Psychologische Intervention und Psychotherapie. [1] Psychologische Intervention und Psychotherapie im Vollzug dienen insbesondere der Behandlung psychosozialer Faktoren und psychischer Störungen des Verhaltens und Erlebens, die in einem Zusammenhang mit der Straffälligkeit stehen. [2] Sie werden durch systematische Anwendung wissenschaftlich fundierter psychologischer und psychotherapeutischer Methoden mit einem oder mehreren Gefangenen durchgeführt.

Teil 5. Arbeitstherapeutische Maßnahmen, Arbeitstraining, schulische und berufliche Qualifizierungsmaßnahmen, Arbeit

§ 19 Arbeitstherapeutische Maßnahmen. Arbeitstherapeutische Maßnahmen dienen dazu, dass die Gefangenen Eigenschaften wie Selbstvertrauen, Durchhaltevermögen und Konzentrationsfähigkeit einüben, um sie stufenweise an die Grundanforderungen des Arbeitslebens heranzuführen.

§ 20 Arbeitstraining. [1] Arbeitstraining dient dazu, Gefangenen, die nicht in der Lage sind, einer regelmäßigen und erwerbsorientierten Beschäftigung nachzugehen, Fähigkeiten und Fertigkeiten zu vermitteln, die eine Eingliederung in das leistungsorientierte Arbeitsleben fördern. [2] Die Maßnahmen sind danach auszurichten, dass sie den Gefangenen für den Arbeitsmarkt relevante Qualifikationen vermitteln.

§ 21 Schulische und berufliche Qualifizierungsmaßnahmen. (1) [1] Schulische und berufliche Aus- und Weiterbildung und vorberufliche Qualifizierung im Vollzug (schulische und berufliche Qualifizierungsmaßnahmen) haben das Ziel, den Gefangenen Fähigkeiten zur Aufnahme einer Erwerbstätigkeit nach der Entlassung zu vermitteln sowie vorhandene Fähigkeiten zu erhalten und zu fördern. [2] Sie werden in der Regel als Vollzeitmaßnahme durchgeführt. [3] Bei der Festlegung von Inhalten, Methoden und Organisationsformen der Bildungsangebote werden die Besonderheiten der jeweiligen Zielgruppe berücksichtigt.

(2) Berufliche Qualifizierungsmaßnahmen sind darauf auszurichten, den Gefangenen für den Arbeitsmarkt relevante Qualifikationen zu vermitteln.

(3) Geeigneten Gefangenen soll die Teilnahme an einer schulischen oder beruflichen Ausbildung ermöglicht werden, die zu einem anerkannten Abschluss führt.

(4) [1] Bei der Vollzugs- und Eingliederungsplanung ist darauf zu achten, dass die Gefangenen Qualifizierungsmaßnahmen während ihrer Haftzeit abschließen oder danach fortsetzen können. [2] Können Maßnahmen während der Haftzeit nicht abgeschlossen werden, trägt die Anstalt in Zusammenarbeit mit außervollzuglichen Einrichtungen dafür Sorge, dass die begonnene Qualifizierungsmaßnahme nach der Haft fortgesetzt werden kann.

(5) Nachweise über schulische und berufliche Qualifizierungsmaßnahmen dürfen keinen Hinweis auf die Inhaftierung enthalten.

§ 22 Arbeit. (1) Den Gefangenen soll nach Möglichkeit ihren Fähigkeiten angemessene Arbeit übertragen werden, soweit sie körperlich und geistig hierzu in der Lage sind.

(2) Sie wirken im Rahmen ihrer körperlichen und geistigen Fähigkeiten an Arbeiten der Versorgung, der Sauberkeit und Ordnung in der Anstalt mit.

(3) [1] § 9 Abs. 2 bleibt unberührt. [2] Nehmen sie eine Arbeit auf, gelten die von der Anstalt festgelegten Arbeitsbedingungen. [3] Die Arbeit darf nicht zur Unzeit niedergelegt werden.

§ 23 Freies Beschäftigungsverhältnis, Selbstbeschäftigung. (1) [1] Gefangenen, die zum Freigang nach § 38 Abs. 1 Nr. 4 zugelassen sind, soll gestattet werden, einer Arbeit, Berufsausbildung oder beruflichen Weiterbildung auf der Grundlage eines freien Beschäftigungsverhältnisses oder der Selbstbeschäftigung außerhalb der Anstalt nachzugehen, wenn die Beschäftigungsstelle geeignet ist und nicht überwiegende Gründe des Vollzugs entgegenstehen. [2] § 40 gilt entsprechend.

(2) Das Entgelt ist der Anstalt zur Gutschrift für die Gefangenen zu überweisen.

§ 24 Freistellung. (1) [1] Haben die Gefangenen ein halbes Jahr lang gearbeitet, so können sie beanspruchen, zehn Arbeitstage von der Arbeit freigestellt zu werden. [2] Zeiten, in denen die Gefangenen infolge Krankheit an der Arbeitsleistung verhindert waren, werden auf das Halbjahr mit bis zu 15 Arbeitstagen angerechnet. [3]Der Anspruch verfällt, wenn die Freistellung nicht innerhalb eines Jahres nach seiner Entstehung erfolgt ist.

(2) [1]Auf die Zeit der Freistellung wird Langzeitausgang nach § 38 Abs. 1 Nr. 3 angerechnet, soweit er in die Arbeitszeit fällt. [2]Gleiches gilt für einen Langzeitausgang nach § 39, soweit er nicht wegen des Todes oder einer lebensgefährlichen Erkrankung naher Angehöriger erteilt worden ist.

(3) Die Gefangenen erhalten für die Zeit der Freistellung ihr Arbeitsentgelt weiter.

(4) Urlaubsregelungen freier Beschäftigungsverhältnisse bleiben unberührt.

(5) Für Maßnahmen nach den §§ 19, 20 und 21 Abs. 1 gelten die Absätze 1 bis 4 entsprechend, sofern diese den Umfang der regelmäßigen wöchentlichen Arbeitszeit erreichen.

Teil 6. Besuche, Telefongespräche, Schriftwechsel, andere Formen der Telekommunikation und Pakete

§ 25 Grundsatz. [1]Die Gefangenen haben das Recht, mit Personen außerhalb der Anstalt im Rahmen der Bestimmungen dieses Gesetzes zu verkehren. [2]Die Anstalt fördert den Kontakt mit Personen, von denen ein günstiger Einfluss erwartet werden kann.

§ 26 Besuch. (1) [1]Die Gefangenen dürfen im Monat vier Stunden Besuch empfangen. [2]Der jeweilige Anstaltsleiter kann längere Besuchszeiten vorsehen. [3]Ausführungen oder Ausgänge, die der Pflege von Kontakten mit Angehörigen und Bezugspersonen dienen, können angerechnet werden.

(2) Besuche von Angehörigen im Sinne von § 11 Abs. 1 Nr. 1 des Strafgesetzbuches werden besonders unterstützt.

(3) Besuche sollen darüber hinaus zugelassen werden, wenn sie die Eingliederung der Gefangenen fördern oder persönlichen, rechtlichen oder geschäftlichen Angelegenheiten dienen, die nicht von den Gefangenen schriftlich erledigt, durch Dritte wahrgenommen oder bis zur Entlassung aufgeschoben werden können.

(4) Der Anstaltsleiter kann über Absatz 1 hinausgehend mehrstündige, unbeaufsichtigte Besuche (Langzeitbesuche) zulassen, wenn dies zur Pflege der familiären, partnerschaftlichen oder ihnen gleichzusetzender Kontakte der Gefangenen geboten erscheint und die Gefangenen hierfür geeignet sind.

(5) Besuche von Verteidigern, Rechtsanwälten und Notaren in einer die Gefangenen betreffenden Rechtssache und Besuche von Mitgliedern der Volksvertretungen des Bundes und der Länder sowie des Europäischen Parlaments sind zu gestatten.

§ 27 Untersagung der Besuche. Der Anstaltsleiter kann Besuche untersagen, wenn

1. die Sicherheit oder Ordnung in der Anstalt gefährdet würde,
2. bei Personen, die nicht Angehörige der Gefangenen im Sinne von § 11 Abs. 1 Nr. 1 des Strafgesetzbuches sind, zu befürchten ist, dass sie einen schädlichen Einfluss auf die Gefangenen haben oder die Erreichung des Vollzugsziels behindern, oder

3. bei minderjährigen Personen, die Opfer der Straftaten waren, zu befürchten ist, dass die Begegnung mit den Gefangenen einen schädlichen Einfluss auf sie hat.

§ 28 Durchführung der Besuche. (1) [1]Aus Gründen der Sicherheit in der Anstalt können Besuche davon abhängig gemacht werden, dass sich die Besucher durchsuchen lassen. [2]Die Durchsuchung von Verteidigern setzt voraus, dass konkrete Anhaltspunkte für die Gefährdung der Sicherheit vorliegen.

(2) [1]Besuche werden regelmäßig beaufsichtigt. [2]Über Ausnahmen entscheidet der Anstaltsleiter. [3]Die Beaufsichtigung mit technischen Mitteln ist zulässig, wenn die Besucher und die Gefangenen vor dem Besuch erkennbar darauf hingewiesen werden. [4]Eine Aufzeichnung findet nicht statt.

(3) Besuche dürfen abgebrochen werden, wenn Besucher oder Gefangene gegen dieses Gesetz oder aufgrund dieses Gesetzes getroffene Anordnungen verstoßen.

(4) Gegenstände dürfen beim Besuch nicht übergeben werden.

(5) [1]Besuche von Verteidigern, Rechtsanwälten und Notaren in einer die Gefangenen betreffenden Rechtssache werden nicht beaufsichtigt. [2]Nicht beaufsichtigt werden ferner Besuche von Mitgliedern der Volksvertretungen des Bundes und der Länder, des Europäischen Parlaments, des Europäischen Gerichtshofs für Menschenrechte, des Europäischen Ausschusses zur Verhütung von Folter und unmenschlicher oder erniedrigender Behandlung oder Strafe, des Ausschusses der Vereinten Nationen gegen Folter, des zugehörigen Unterausschusses zur Verhütung von Folter und des entsprechenden Nationalen Präventionsmechanismus, der Parlamentarischen Versammlung des Europarates, der Agentur der Europäischen Union für Grundrechte, der konsularischen Vertretung der Heimatländer der Gefangenen und der weiteren Einrichtungen, mit denen der Kontakt aufgrund völkerrechtlicher Verpflichtungen der Bundesrepublik Deutschland geschützt ist. [3]Satz 2 gilt auch für den Bundesbeauftragten für den Datenschutz und die Informationsfreiheit, den Sächsischen Datenschutzbeauftragten und andere Landesdatenschutzbeauftragte.

(6) [1]Eine inhaltliche Überprüfung der von Verteidigern, Rechtsanwälten und Notaren beim Besuch in einer den Gefangenen betreffenden Rechtssache mitgeführten Schriftstücke, sonstigen Unterlagen und Datenträger ist nicht zulässig; Gleiches gilt beim Besuch von Mitgliedern der Volksvertretungen des Bundes und der Länder sowie des Europäischen Parlaments. [2]Abweichend von Absatz 4 dürfen Schriftstücke oder sonstige Unterlagen den Gefangenen von ihrem Verteidiger, Rechtsanwalt oder Notar zur Erledigung in einer die Gefangenen betreffenden Rechtssache übergeben werden. [3]Bei dem Besuch von Rechtsanwälten oder Notaren kann die Übergabe aus Gründen der Sicherheit oder Ordnung in der Anstalt von der Erlaubnis des Anstaltsleiters abhängig gemacht werden. [4]Liegt dem Vollzug eine Straftat nach § 129a des Strafgesetzbuches, auch in Verbindung mit § 129b Absatz 1 des Strafgesetzbuches, zugrunde, gelten § 148 Absatz 2 und § 148a der Strafprozessordnung entsprechend; dies gilt nicht, wenn sich die Gefangenen im offenen Vollzug befinden, wenn der Vollzug in freien Formen durchgeführt wird oder wenn ihnen Lockerungen nach § 38 gewährt worden sind und ein Grund, der den Anstaltsleiter zur Aufhebung nach § 15 Absatz 2 oder § 94 ermächtigt, nicht vorliegt. [5]Satz 4 gilt auch, wenn eine Freiheitsstrafe wegen einer Straftat nach § 129a des Strafgesetzbuches, auch in Verbindung mit § 129b Abs. 1 des Strafgesetzbuches

erst im Anschluss an den Vollzug der Freiheitsstrafe, der eine Verurteilung wegen einer anderen Straftat zugrunde liegt, zu vollstrecken ist.

(7) Der Anstaltsleiter kann im Einzelfall die Nutzung einer Trennvorrichtung anordnen, wenn dies zum Schutz von Personen oder zur Verhinderung einer Übergabe von Gegenständen erforderlich ist.

§ 29 Überwachung der Gespräche. [1] Gespräche dürfen nur überwacht werden, soweit es im Einzelfall wegen einer Gefährdung der Erreichung des Vollzugsziels oder aus Gründen der Sicherheit oder Ordnung in der Anstalt erforderlich ist. [2] § 28 Abs. 5 gilt entsprechend. [3] § 116 Abs. 3 Satz 4 bleibt unberührt.

§ 30 Telefongespräche. (1) [1] Den Gefangenen kann gestattet werden, Telefongespräche zu führen. [2] Die §§ 27 bis 29 gelten entsprechend. [3] Darüber hinaus können Telefongespräche mit Personen, die Opfer der Straftaten waren, versagt werden. [4] Die Anordnung der Überwachung teilt die Anstalt den Gefangenen rechtzeitig vor Beginn des Telefongesprächs und den Gesprächspartnern der Gefangenen unmittelbar nach Herstellung der Verbindung mit.

(2) [1] Die Kosten der Telefongespräche tragen die Gefangenen. [2] Sind sie dazu nicht in der Lage, kann die Anstalt die Kosten in begründeten Fällen in angemessenem Umfang übernehmen.

(3) Die Anstalt kann die Bereitstellung und den Betrieb von Telekommunikationsanlagen, die Bereitstellung, Vermietung oder Ausgabe von Telekommunikationsgeräten sowie von anderen Geräten der Telekommunikation einem Dritten gestatten oder übertragen.

(4) [1] Innerhalb des Geländes der Anstalten sind der Besitz und die Benutzung von Mobilfunkendgeräten verboten. [2] Für den offenen Vollzug kann der Anstaltsleiter abweichende Regelungen treffen.

(5) [1] Die Anstalten dürfen technische Geräte

1. zur Auffindung von Mobilfunkendgeräten,
2. zur Aktivierung von Mobilfunkendgeräten zum Zwecke der Auffindung und
3. zur Störung von Frequenzen, die der Herstellung unerlaubter Mobilfunkverbindungen auf dem Anstaltsgelände dienen,

betreiben. [2] Sie haben hierbei die von der Bundesnetzagentur gemäß § 55 Abs. 1 Satz 5 des Telekommunikationsgesetzes vom 22. Juni 2004 (BGBl. I S. 1190), das zuletzt durch Artikel 1 des Gesetzes vom 29. November 2018 (BGBl. I S. 2230) geändert worden ist, in der jeweils geltenden Fassung, festgelegten Rahmenbedingungen zu beachten. [3] Der Mobilfunkverkehr außerhalb des Geländes der Anstalten darf nicht beeinträchtigt werden.

§ 31 Schriftwechsel. (1) Die Gefangenen haben das Recht, Schreiben abzusenden und zu empfangen.

(2) [1] Die Kosten des Schriftwechsels tragen die Gefangenen. [2] Sind sie dazu nicht in der Lage, kann die Anstalt die Kosten in begründeten Fällen in angemessenem Umfang übernehmen.

§ 32 Untersagung des Schriftwechsels. Der Anstaltsleiter kann den Schriftwechsel mit bestimmten Personen untersagen, wenn

1. die Sicherheit oder Ordnung in der Anstalt gefährdet würde,

2. bei Personen, die nicht Angehörige der Gefangenen im Sinne von § 11 Abs. 1 Nr. 1 des Strafgesetzbuches sind, zu befürchten ist, dass der Schriftwechsel einen schädlichen Einfluss auf die Gefangenen hat oder die Erreichung des Vollzugsziels behindert, oder
3. bei minderjährigen Personen, die Opfer der Straftaten waren, zu befürchten ist, dass der Schriftwechsel mit den Gefangenen einen schädlichen Einfluss auf sie hat.

§ 33 Sichtkontrolle, Weiterleitung und Aufbewahrung von Schreiben.

(1) [1]Die Gefangenen haben das Absenden und den Empfang von Schreiben durch die Anstalt vermitteln zu lassen, soweit nichts anderes gestattet ist. [2]Ein- und ausgehende Schreiben sind unverzüglich weiterzuleiten.

(2) [1]Ein- und ausgehende Schreiben werden auf verbotene Gegenstände kontrolliert, in der Regel in Anwesenheit des Gefangenen. [2]Der Anstaltsleiter kann abweichende Regelungen treffen.

(3) [1]Der Schriftwechsel der Gefangenen mit ihren Verteidigern sowie mit Rechtsanwälten und Notaren in einer die Gefangenen betreffenden Rechtssache wird nicht nach Absatz 2 kontrolliert. [2]§ 28 Abs. 6 Satz 4 und 5 gilt entsprechend.

(4) [1]Nicht nach Absatz 2 kontrolliert werden ferner Schreiben der Gefangenen an Volksvertretungen des Bundes und der Länder sowie an deren Mitglieder, soweit die Schreiben an die Anschriften dieser Volksvertretungen gerichtet sind und den Absender zutreffend angeben. [2]Entsprechendes gilt für Schreiben an das Europäische Parlament und dessen Mitglieder, den Europäischen Gerichtshof für Menschenrechte, den Europäischen Ausschuss zur Verhütung von Folter und unmenschlicher oder erniedrigender Behandlung oder Strafe, den Ausschuss der Vereinten Nationen gegen Folter, den zugehörigen Unterausschuss zur Verhütung von Folter und den entsprechenden Nationalen Präventionsmechanismus, die Parlamentarische Versammlung des Europarates, die Agentur der Europäischen Union für Grundrechte, die konsularische Vertretung ihres Heimatlandes und weitere Einrichtungen, mit denen der Schriftverkehr aufgrund völkerrechtlicher Verpflichtungen der Bundesrepublik Deutschland geschützt ist. [3]Satz 1 gilt auch für den Schriftverkehr mit dem Bundesbeauftragten für den Datenschutz und die Informationsfreiheit, dem Sächsischen Datenschutzbeauftragten und anderen Landesdatenschutzbeauftragten. [4]Nicht kontrolliert werden ferner Schreiben der Gefangenen an Gerichte, Staatsanwaltschaften und die Aufsichtsbehörde. [5]Schreiben der in den Sätzen 1 bis 3 genannten Stellen, die an die Gefangenen gerichtet sind, werden nicht nach Absatz 2 kontrolliert, sofern die Identität des Absenders zweifelsfrei feststeht. [6]§ 116 Abs. 3 Satz 4 bleibt unberührt.

(5) [1]Die Gefangenen haben eingegangene Schreiben unverschlossen zu verwahren, sofern nichts anderes gestattet wird. [2]Sie können sie verschlossen zu ihrer Habe geben.

§ 34 Überwachung des Schriftwechsels. [1]Der Schriftwechsel darf nur überwacht werden, soweit es wegen einer Gefährdung der Erreichung des Vollzugsziels oder aus Gründen der Sicherheit oder Ordnung in der Anstalt erforderlich ist. [2]§ 33 Abs. 3 und 4 gilt entsprechend.

§ 35 Anhalten von Schreiben. (1) Der Anstaltsleiter kann Schreiben anhalten, wenn

1. die Erreichung des Vollzugsziels oder die Sicherheit oder Ordnung in der Anstalt gefährdet würde,
2. die Weitergabe in Kenntnis ihres Inhalts einen Straf- oder Bußgeldtatbestand verwirklichen würde,
3. sie an Opfer der Straftaten gerichtet sind,
4. sie grob unrichtige oder erheblich entstellende Darstellungen von Anstaltsverhältnissen oder grobe Beleidigungen enthalten,
5. sie die Eingliederung anderer Gefangener gefährden können oder
6. sie in Geheim- oder Kurzschrift, unlesbar, unverständlich oder ohne zwingenden Grund in einer fremden Sprache abgefasst sind.

(2) Ausgehenden Schreiben, die unrichtige Darstellungen von Anstaltsverhältnissen enthalten, kann ein Begleitschreiben beigefügt werden, wenn die Gefangenen auf dem Absenden bestehen.

(3) [1] Sind Schreiben angehalten worden, wird das den Gefangenen mitgeteilt. [2] Angehaltene Schreiben werden an den Absender zurückgegeben oder, sofern dies unmöglich oder aus besonderen Gründen nicht angezeigt ist, verwahrt.

(4) Schreiben, deren Kontrolle nach § 33 Abs. 3 und 4 ausgeschlossen ist, dürfen nicht angehalten werden.

§ 36 Andere Formen der Telekommunikation. [1] Nach Zulassung anderer Formen der Telekommunikation im Sinne des Telekommunikationsgesetzes durch die Aufsichtsbehörde kann der Anstaltsleiter den Gefangenen gestatten, diese Formen auf ihre Kosten zu nutzen. [2] Die Bestimmungen dieses Abschnitts gelten entsprechend.

§ 37 Pakete. (1) [1] Den Gefangenen kann gestattet werden, Pakete zu empfangen. [2] Der Empfang von Paketen mit Nahrungs-, Genuss- und Körperpflegemitteln ist untersagt. [3] Die Anstalt kann Anzahl, Gewicht und Größe von Sendungen und einzelnen Gegenständen festsetzen. [4] Über § 46 Abs. 1 Satz 2 hinaus kann sie Gegenstände und Verpackungsformen ausschließen, die einen unverhältnismäßigen Kontrollaufwand bedingen.

(2) Die Anstalt kann die Annahme von Paketen, deren Einbringung nicht gestattet ist oder die die Voraussetzungen des Absatzes 1 nicht erfüllen, ablehnen oder solche Pakete an den Absender zurücksenden.

(3) [1] Pakete sind zu öffnen und zu durchsuchen, in der Regel in Anwesenheit des Gefangenen. [2] Mit nicht zugelassenen oder ausgeschlossenen Gegenständen ist gemäß § 49 Abs. 3 zu verfahren. [3] Sie können auch auf Kosten der Gefangenen zurückgesandt werden.

(4) Der Empfang von Paketen kann vorübergehend versagt werden, wenn dies wegen der Gefährdung der Sicherheit oder Ordnung in der Anstalt unerlässlich ist.

(5) [1] Den Gefangenen kann gestattet werden, Pakete zu versenden. [2] Der Inhalt kann aus Gründen der Sicherheit oder Ordnung in der Anstalt überprüft werden. [3] Der Versand kann untersagt werden, wenn die Sicherheit oder Ord-

nung in der Anstalt gefährdet würde oder ein schädlicher Einfluss auf Opfer der Straftaten zu befürchten wäre.

(6) [1]Die Kosten des Paketversandes tragen die Gefangenen. [2]Sind sie dazu nicht in der Lage, kann die Anstalt die Kosten in begründeten Fällen in angemessenem Umfang übernehmen.

Teil 7. Lockerungen und sonstige Aufenthalte außerhalb der Anstalt

§ 38 Lockerungen zur Erreichung des Vollzugsziels. (1) Aufenthalte außerhalb der Anstalt ohne Aufsicht (Lockerungen) sind insbesondere

1. das Verlassen der Anstalt für bis zu 24 Stunden in Begleitung einer von der Anstalt zugelassenen Person (begleiteter Ausgang),
2. das Verlassen der Anstalt für bis zu 24 Stunden ohne Begleitung (unbegleiteter Ausgang),
3. das Verlassen der Anstalt für mehrere Tage (Langzeitausgang) und
4. die regelmäßige Beschäftigung außerhalb der Anstalt (Freigang).

(2) Die Lockerungen sollen gewährt werden, wenn sie der Erreichung des Vollzugsziels dienen und verantwortet werden kann zu erproben, dass die Gefangenen sich dem Vollzug der Freiheitsstrafe nicht entziehen und die Lockerungen nicht zu Straftaten missbrauchen werden.

(3) [1]Ein Langzeitausgang nach Absatz 1 Nr. 3 soll grundsätzlich erst gewährt werden, wenn Gefangene sich mindestens sechs Monate im Strafvollzug befunden haben oder ihre Eignung für den offenen Vollzug festgestellt wurde oder sie sich in Ausgängen nach Absatz 1 Nr. 1 und 2 bewährt haben. [2]Zu lebenslanger Freiheitsstrafe verurteilte Gefangene können einen Langzeitausgang erst erhalten, wenn sie sich einschließlich einer vorhergehenden Untersuchungshaft oder einer anderen Freiheitsentziehung in der Regel zehn Jahre im Vollzug befunden haben oder wenn sie im offenen Vollzug untergebracht sind.

(4) Durch Lockerungen wird die Vollstreckung der Freiheitsstrafe nicht unterbrochen.

§ 39 Lockerungen aus sonstigen Gründen. [1]Lockerungen sollen auch aus wichtigem Anlass gewährt werden, wenn verantwortet werden kann zu erproben, dass die Gefangenen sich dem Vollzug der Freiheitsstrafe nicht entziehen und die Lockerungen nicht zu Straftaten missbrauchen werden. [2]Wichtige Anlässe sind insbesondere die Teilnahme an gerichtlichen Terminen, die medizinische Behandlung der Gefangenen sowie der Tod oder eine lebensgefährliche Erkrankung naher Angehöriger der Gefangenen. [3]§ 38 Abs. 4 gilt entsprechend.

§ 40 Weisungen für Lockerungen. [1]Für Lockerungen sind die nach den Umständen des Einzelfalles erforderlichen Weisungen zu erteilen. [2]Bei der Ausgestaltung der Lockerungen ist nach Möglichkeit auch den Belangen des Opfers der Straftaten Rechnung zu tragen.

§ 41 Ausführung, Außenbeschäftigung, Vorführung, Ausantwortung.

(1) [1]Den Gefangenen kann das Verlassen der Anstalt unter Aufsicht gestattet werden, wenn dies aus besonderen Gründen notwendig ist (Ausführung). [2]Die Gefangenen können auch gegen ihren Willen ausgeführt werden. [3]Liegt die

Ausführung ausschließlich im Interesse der Gefangenen, können ihnen die Kosten auferlegt werden, soweit dies die Behandlung oder die Eingliederung nicht behindert oder nicht anderweitig unbillig ist.

(2) [1] Den Gefangenen kann gestattet werden, außerhalb der Anstalt einer regelmäßigen Beschäftigung unter ständiger Aufsicht oder unter Aufsicht in unregelmäßigen Abständen (Außenbeschäftigung) nachzugehen. [2] § 39 Satz 1 gilt entsprechend.

(3) Auf Ersuchen eines Gerichts werden Gefangene, denen Ausgang nicht gewährt werden kann, vorgeführt.

(4) Gefangene dürfen befristet der Obhut eines Gerichts, einer Staatsanwaltschaft, einer Dienststelle des Polizeivollzugsdienstes oder einer Zoll- oder Finanzbehörde überlassen werden (Ausantwortung).

Teil 8. Vorbereitung der Eingliederung, Entlassung und nachgehende Betreuung

§ 42 Vorbereitung der Eingliederung. (1) [1] Die Maßnahmen zur sozialen und beruflichen Eingliederung sind auf den Zeitpunkt der voraussichtlichen Entlassung in die Freiheit auszurichten. [2] Die Gefangenen sind bei der Ordnung ihrer persönlichen, wirtschaftlichen und sozialen Angelegenheiten zu unterstützen. [3] Dies umfasst die Vermittlung in nachsorgende Maßnahmen.

(2) [1] Durch eine frühzeitige Zusammenarbeit mit Personen und Einrichtungen außerhalb des Vollzugs soll insbesondere erreicht werden, dass die Gefangenen nach ihrer Entlassung über eine geeignete Unterbringung und eine Arbeits- oder Ausbildungsstelle verfügen. [2] Bewährungshilfe und Führungsaufsichtsstelle beteiligen sich frühzeitig an der sozialen und beruflichen Eingliederung der Gefangenen.

(3) [1] Den Gefangenen können Aufenthalte in Einrichtungen außerhalb des Vollzugs (Übergangseinrichtungen) gewährt werden, wenn dies zur Vorbereitung der Eingliederung erforderlich ist. [2] Haben sich die Gefangenen mindestens sechs Monate im Vollzug befunden, kann ihnen auch ein zusammenhängender Langzeitausgang bis zu sechs Monaten gewährt werden, wenn dies zur Vorbereitung der Eingliederung erforderlich ist. [3] § 38 Abs. 2 und 4 und § 40 gelten entsprechend.

(4) In einem Zeitraum von sechs Monaten vor der voraussichtlichen Entlassung sind den Gefangenen die zur Vorbereitung der Eingliederung erforderlichen Lockerungen zu gewähren, sofern nicht mit hoher Wahrscheinlichkeit zu erwarten ist, dass die Gefangenen sich dem Vollzug der Freiheitsstrafe entziehen oder die Lockerungen zu Straftaten missbrauchen werden.

§ 43 Entlassung. (1) Die Gefangenen sollen am letzten Tag ihrer Strafzeit möglichst frühzeitig, jedenfalls noch am Vormittag, entlassen werden.

(2) Fällt das Strafende auf einen Sonnabend oder Sonntag, einen gesetzlichen Feiertag, den ersten Werktag nach Ostern oder Pfingsten oder in die Zeit vom 22. Dezember bis zum 2. Januar, können die Gefangenen an dem diesem Tag oder Zeitraum vorhergehenden Werktag entlassen werden, wenn dies, gemessen an der Dauer der Strafzeit, vertretbar ist und fürsorgerische Gründe nicht entgegenstehen.

(3) Der Entlassungszeitpunkt kann bis zu zwei Tage vorverlegt werden, wenn dies die Eingliederung der Gefangenen erleichtert.

(4) Bedürftigen Gefangenen kann eine Entlassungsbeihilfe in Form eines Reisekostenzuschusses, angemessener Kleidung oder einer sonstigen notwendigen Unterstützung gewährt werden.

§ 44 Nachgehende Betreuung. [1] Mit Zustimmung des Anstaltsleiters können Bedienstete an der nachgehenden Betreuung Entlassener mit deren Einverständnis mitwirken, wenn ansonsten die Eingliederung gefährdet wäre. [2] Die nachgehende Betreuung kann auch außerhalb der Anstalt erfolgen. [3] In der Regel ist sie auf die ersten sechs Monate nach der Entlassung beschränkt.

§ 45 Verbleib oder Aufnahme auf freiwilliger Grundlage. (1) Sofern es die Belegungssituation zulässt, können die Gefangenen auf Antrag ausnahmsweise vorübergehend in einer Anstalt verbleiben oder wieder aufgenommen werden, wenn die Eingliederung gefährdet und ein Aufenthalt in einer Anstalt aus diesem Grunde gerechtfertigt ist.

(2) Gegen die in der Anstalt untergebrachten Entlassenen dürfen Maßnahmen des Vollzugs nicht mit unmittelbarem Zwang durchgesetzt werden.

(3) Bei Störung des Anstaltsbetriebes durch die Entlassenen oder aus vollzugsorganisatorischen Gründen kann die Unterbringung jederzeit beendet werden.

Teil 9. Grundversorgung und Freizeit

§ 46 Einbringen von Gegenständen. (1) [1] Gegenstände dürfen durch oder für die Gefangenen nur mit Zustimmung der Anstalt eingebracht werden. [2] Die Anstalt kann die Zustimmung verweigern, wenn die Gegenstände geeignet sind, die Sicherheit oder Ordnung in der Anstalt oder die Erreichung des Vollzugsziels zu gefährden oder ihre Aufbewahrung nach Art oder Umfang offensichtlich nicht möglich ist.

(2) [1] Das Einbringen von Nahrungs-, Genuss- und Körperpflegemitteln ist nicht gestattet. [2] Der Anstaltsleiter kann eine abweichende Regelung treffen.

§ 47 Gewahrsam an Gegenständen. (1) Die Gefangenen dürfen nur Gegenstände in Gewahrsam haben oder annehmen, die ihnen von der jeweiligen Anstalt oder mit deren Zustimmung überlassen werden.

(2) Ohne Erlaubnis dürfen sie Gegenstände von geringem Wert an andere Gefangene weitergeben und von anderen Gefangenen annehmen; die jeweilige Anstalt kann Abgabe und Annahme dieser Gegenstände und den Gewahrsam daran von ihrer Erlaubnis abhängig machen.

§ 48 Ausstattung des Haftraums. [1] Die Gefangenen dürfen ihren Haftraum in angemessenem Umfang mit eigenen Gegenständen ausstatten oder diese dort aufbewahren. [2] Gegenstände, die geeignet sind, die Sicherheit oder Ordnung in der Anstalt, insbesondere die Übersichtlichkeit des Haftraumes, oder die Erreichung des Vollzugsziels zu gefährden, dürfen nicht in den Haftraum eingebracht werden oder werden daraus entfernt.

§ 49 Aufbewahrung und Vernichtung von Gegenständen. (1) Gegenstände, die die Gefangenen nicht im Haftraum aufbewahren dürfen oder wollen, werden von der Anstalt aufbewahrt, soweit dies nach Art und Umfang möglich ist.

(2) [1]Den Gefangenen wird Gelegenheit gegeben, ihre Gegenstände, die sie während des Vollzugs und für ihre Entlassung nicht benötigen, zu versenden. [2]§ 37 Abs. 6 gilt entsprechend.

(3) [1]Werden eingebrachte Gegenstände, deren Aufbewahrung nach Art oder Umfang nicht möglich ist, von den Gefangenen trotz Aufforderung nicht aus der Anstalt verbracht, können diese auf Kosten der Gefangenen aus der Anstalt entfernt, außerhalb der Anstalt verwahrt, verwertet oder vernichtet werden. [2]Für die Voraussetzungen und das Verfahren der Verwertung und Vernichtung gelten die §§ 33 und 34 Absatz 2 und 3 des Sächsischen Polizeivollzugsdienstgesetzes vom 11. Mai 2019 (SächsGVBl. S. 358), in der jeweils geltenden Fassung.

(4) Aufzeichnungen und andere Gegenstände, die Kenntnisse über Sicherungsvorkehrungen der Anstalt vermitteln oder Schlussfolgerungen auf diese zulassen, dürfen vernichtet oder unbrauchbar gemacht werden.

§ 50 Zeitungen und Zeitschriften, religiöse Schriften und Gegenstände. (1) [1]Die Gefangenen dürfen auf eigene Kosten Zeitungen und Zeitschriften in angemessenem Umfang durch Vermittlung der Anstalt beziehen. [2]Ausgeschlossen sind lediglich Zeitungen und Zeitschriften, deren Verbreitung mit Strafe oder Geldbuße bedroht ist. [3]Einzelne Ausgaben können den Gefangenen vorenthalten oder entzogen werden, wenn deren Inhalte die Erreichung des Vollzugsziels oder die Sicherheit oder Ordnung in der Anstalt erheblich gefährden würden.

(2) [1]Die Gefangenen dürfen grundlegende religiöse Schriften und in angemessenem Umfang Gegenstände des religiösen Gebrauchs besitzen. [2]Diese dürfen den Gefangenen nur bei grobem Missbrauch entzogen werden.

§ 51 Rundfunk, Informations- und Unterhaltungselektronik. (1) [1]Der Zugang zum Rundfunk ist zu ermöglichen. [2]Der Zugang zum Rundfunk kann vorübergehend ausgesetzt oder einzelnen Gefangenen untersagt werden, wenn dies zur Aufrechterhaltung der Sicherheit oder Ordnung in der Anstalt unerlässlich ist.

(2) [1]Eigene Hörfunk- und Fernsehgeräte werden zugelassen, wenn nicht Gründe des § 48 Satz 2 entgegenstehen oder in der Anstalt Mietgeräte oder ein Haftraummediensystem zur Verfügung gestellt werden. [2]Ein Ausschluss eigener Geräte nach Satz 1 Alternative 2 und 3 setzt zudem voraus, dass den Gefangenen für den Zugang zu einer Grundversorgung mit öffentlich-rechtlichem Rundfunk keine Kosten für die Zurverfügungstellung der Geräte berechnet werden. [3]Andere Geräte der Informations- und Unterhaltungselektronik können unter den Voraussetzungen von Satz 1 zugelassen werden. [4]§ 36 bleibt unberührt.

(3) Die Anstalt kann die Bereitstellung und den Betrieb von Empfangsanlagen, die Bereitstellung, Vermietung oder Ausgabe von Hörfunk- und Fernsehgeräten sowie von anderen Geräten der Informations- und Unterhaltungselektronik einem Dritten gestatten oder übertragen.

§ 52 Kleidung. (1) [1]Die Gefangenen tragen Anstaltskleidung oder eigene Kleidung. [2]Näheres regelt der Anstaltsleiter.

(2) Für Reinigung und Instandsetzung eigener Kleidung haben die Gefangenen auf ihre Kosten zu sorgen.

§ 53 Verpflegung und Einkauf. (1) [1] Zusammensetzung und Nährwert der Anstaltsverpflegung hat den Anforderungen an eine gesunde Ernährung zu entsprechen. [2] Auf ärztliche Anordnung wird besondere Verpflegung gewährt. [3] Es soll den Gefangenen ermöglicht werden, Gebote ihrer jeweiligen Religionsgemeinschaft zu befolgen.

(2) [1] Den Gefangenen wird ermöglicht einzukaufen. [2] Die Anstalt wirkt auf ein Angebot hin, das auf Wünsche und Bedürfnisse der Gefangenen Rücksicht nimmt. [3] Das Verfahren des Einkaufs regelt der Anstaltsleiter. [4] Nahrungs-, Genuss- oder Körperpflegemittel können nur vom Haus- und Taschengeld, andere Gegenstände in angemessenem Umfang auch vom Eigengeld eingekauft werden.

(3) [1] Den Gefangenen kann dreimal im Jahr ein weiterer Einkauf von Nahrungs-, Genuss- und Körperpflegemitteln in angemessener Höhe gestattet werden. [2] Dazu können die Gefangenen Eigengeld verwenden. [3] Dritten kann gestattet werden, zum Zwecke des Einkaufs nach Satz 1 Geld auf das Hausgeldkonto der Gefangenen einzuzahlen.

§ 54 Freizeit. (1) [1] Zur Ausgestaltung der Freizeit hat die Anstalt insbesondere Angebote zur sportlichen und kulturellen Betätigung sowie Bildungsangebote vorzuhalten. [2] Die Anstalt stellt eine angemessen ausgestattete Bücherei zur Verfügung.

(2) Die Gefangenen sind zur Teilnahme und Mitwirkung an Angeboten der Freizeitgestaltung zu motivieren und anzuleiten.

Teil 10. Vergütung, Gelder der Gefangenen und Kosten

§ 55 Vergütung. (1) Die Gefangenen erhalten eine Vergütung in Form von

1. finanzieller Anerkennung für die Teilnahme an Maßnahmen nach § 9 Abs. 1 Satz 1 Nr. 7 bis 10 und Satz 2, soweit sie nach § 9 Abs. 2 Satz 1 für zwingend erforderlich erachtet wurden oder Teil des Behandlungsprogramms der sozialtherapeutischen Abteilung sind und die Gefangenen wegen der Teilnahme an diesen Maßnahmen keine nach den Nummern 2 oder 3 vergütete Maßnahme oder Arbeit ausüben können,
2. Ausbildungsbeihilfe für die Teilnahme an schulischen und beruflichen Qualifizierungsmaßnahmen nach § 9 Abs. 1 Satz 1 Nr. 11 oder
3. Arbeitsentgelt für arbeitstherapeutische Maßnahmen oder Arbeitstraining nach § 9 Abs. 1 Satz 1 Nr. 12 oder für Arbeit nach § 9 Abs. 1 Satz 1 Nr. 13.

(2) [1] Der Bemessung der Vergütung sind neun Prozent der Bezugsgröße nach § 18 Abs. 1 des Vierten Buches Sozialgesetzbuch – Gemeinsame Vorschriften für die Sozialversicherung – in der Fassung der Bekanntmachung vom 12. November 2009 (BGBl. I S. 3710, 3973, 2011 I S. 363), das zuletzt durch Artikel 4 des Gesetzes vom 18. Dezember 2018 (BGBl. I S. 2651) geändert worden ist, in der jeweils geltenden Fassung, zugrunde zu legen (Eckvergütung). [2] Ein Tagessatz ist der 250. Teil der Eckvergütung; die Vergütung kann nach einem Stundensatz bemessen werden.

(3) [1]Die Vergütung kann je nach Art der Maßnahme und Leistung der Gefangenen gestuft werden. [2]Sie beträgt mindestens 60 Prozent der Eckvergütung. [3]Das Staatsministerium der Justiz wird ermächtigt, eine Rechtsverordnung über die Vergütungsstufen nach Satz 1 zu erlassen.

(4) Soweit Beiträge zur Bundesagentur für Arbeit zu entrichten sind, kann vom Arbeitsentgelt oder der Ausbildungsbeihilfe ein Betrag einbehalten werden, der dem Anteil der Gefangenen am Beitrag entsprechen würde, wenn sie diese Vergütung als Arbeitnehmer erhielten.

(5) Die Höhe der Vergütung ist den Gefangenen schriftlich bekannt zu geben.

(6) Die Gefangenen, die an einer Maßnahme nach § 21 teilnehmen, erhalten hierfür nur eine Ausbildungsbeihilfe, soweit kein Anspruch auf Leistungen zum Lebensunterhalt besteht, die außerhalb des Vollzugs aus solchem Anlass gewährt werden.

§ 56 Eigengeld. (1) Das Eigengeld besteht aus den Beträgen, die die Gefangenen bei Strafantritt in die Anstalt mitbringen und die sie während der Haftzeit erhalten, und den Teilen der Vergütung, die nicht als Hausgeld, Haftkostenbeitrag oder Überbrückungsgeld in Anspruch genommen werden.

(2) [1]Die Gefangenen können über das Eigengeld verfügen, soweit dieses nicht als Überbrückungsgeld notwendig ist. [2]§ 53 Abs. 2 und 3, §§ 59 und 60 bleiben unberührt.

§ 57 Taschengeld. (1) [1]Gefangenen, die ohne eigenes Verschulden nicht über ausreichendes Arbeitsentgelt oder über ausreichende Ausbildungsbeihilfe verfügen, wird auf Antrag ein angemessenes Taschengeld gewährt, falls sie bedürftig sind. [2]Bedürftig sind Gefangene, soweit ihnen im laufenden Monat aus Hausgeld nach § 59 und Eigengeld nach § 56 nicht ein Betrag bis zur Höhe des Taschengeldes zur Verfügung steht. [3]Finanzielle Anerkennungen nach § 55 Abs. 1 Nr. 1 bleiben bis zur Höhe des Taschengeldbetrages unberücksichtigt.

(2) [1]Das Taschengeld beträgt 14 Prozent der Eckvergütung nach § 55 Abs. 2. [2]Es kann insbesondere im ersten Monat des Vollzugs im Voraus gewährt werden. [3]Gehen den Gefangenen im Falle der Vorauszahlung im Laufe des Monats Gelder zu, wird zum Ausgleich ein Betrag bis zur Höhe des gewährten Taschengeldes einbehalten.

(3) Der Anspruch auf Taschengeld kann für die Dauer von bis zu drei Monaten entfallen, wenn den Gefangenen ein Betrag nach Absatz 1 Satz 2 deshalb nicht zur Verfügung steht, weil sie eine ihnen angebotene zumutbare Arbeit oder Qualifizierungsmaßnahme nicht angenommen haben oder eine ausgeübte Arbeit oder Qualifizierungsmaßnahme verschuldet verloren haben.

(4) [1]Die Gefangenen dürfen über das Taschengeld im Rahmen der Bestimmungen dieses Gesetzes verfügen. [2]Es wird dem Hausgeldkonto gutgeschrieben.

(5) Leisten Gefangene gemeinnützige Arbeit, kann das Taschengeld angemessen erhöht werden.

§ 58 Konten, Bargeld. (1) Gelder der Gefangenen werden auf Hausgeld- und Eigengeldkonten in der Anstalt geführt.

(2) [1]Der Besitz von Bargeld in der Anstalt ist den Gefangenen nicht gestattet. [2]Über Ausnahmen entscheidet der Anstaltsleiter.

(3) Geld in Fremdwährung wird zur Habe genommen.

§ 59 Hausgeld. (1) Das Hausgeld wird aus sechs Zehnteln der in diesem Gesetz geregelten Vergütung gebildet.

(2) Für Gefangene, die aus einem freien Beschäftigungsverhältnis, aus einer Selbstbeschäftigung oder anderweitig regelmäßige Einkünfte haben, wird daraus ein angemessenes monatliches Hausgeld festgesetzt.

(3) Für Gefangene, die über Eigengeld nach § 56 verfügen und keine hinreichende Vergütung nach diesem Gesetz erhalten, gilt Absatz 2 entsprechend.

(4) [1]Die Gefangenen dürfen über das Hausgeld im Rahmen der Bestimmungen dieses Gesetzes verfügen. [2]Der Anspruch auf Auszahlung ist nicht übertragbar.

§ 60 Zweckgebundene Einzahlungen. [1]Für Maßnahmen der Eingliederung, insbesondere Kosten der Gesundheitsfürsorge und der Aus- und Fortbildung, und für Maßnahmen der Pflege sozialer Beziehungen, insbesondere Telefonkosten und Fahrtkosten anlässlich Lockerungen, kann zweckgebunden Geld eingezahlt werden. [2]Das Geld darf nur für diese Zwecke verwendet werden. [3]Der Anspruch auf Auszahlung ist nicht übertragbar.

§ 61 Haftkostenbeitrag, Kostenbeteiligung. (1) [1]Die Anstalt erhebt von Gefangenen, die sich in einem freien Beschäftigungsverhältnis befinden, sich selbst beschäftigen oder über anderweitige regelmäßige Einkünfte verfügen, für diese Zeit einen Haftkostenbeitrag. [2]Von Gefangenen, die sich selbst beschäftigen, kann der Haftkostenbeitrag monatlich im Voraus ganz oder teilweise gefordert werden. [3]Vergütungen nach § 55 Abs. 1 bleiben unberücksichtigt. [4]Den Gefangenen muss täglich ein Tagessatz gemäß § 55 Abs. 2 Satz 2 verbleiben. [5]Von der Geltendmachung des Anspruchs ist abzusehen, soweit die Wiedereingliederung der Gefangenen hierdurch gefährdet würde.

(2) [1]Der Haftkostenbeitrag wird in Höhe des Betrages erhoben, der nach § 17 Abs. 1 Satz 1 Nr. 4 des Vierten Buches Sozialgesetzbuch durchschnittlich zur Bewertung der Sachbezüge festgesetzt ist. [2]Bei Selbstverpflegung entfallen die für die Verpflegung vorgesehenen Beträge. [3]Für den Wert der Unterkunft ist die festgesetzte Belegungsfähigkeit maßgebend.

(3) Die Gefangenen können an den Betriebskosten der in ihrem Gewahrsam befindlichen Geräte beteiligt werden.

§ 62 Überbrückungsgeld. (1) [1]Den Gefangenen kann gestattet werden, ein Überbrückungsgeld in der Höhe zu bilden, die zur Vorbereitung der Entlassung erforderlich ist. [2]Über diese Möglichkeit sind die Gefangenen frühzeitig zu informieren. [3]Einmal gebildetes Überbrückungsgeld darf nur gemäß den Absätzen 2 und 3 verwendet werden.

(2) [1]Das Überbrückungsgeld wird den Gefangenen so zur Verfügung gestellt, dass sie darüber vor der Entlassung für Ausgaben zur Entlassungsvorbereitung verfügen können. [2]Das Überbrückungsgeld kann auch in Anspruch genommen werden, um die Vollstreckung von Ersatzfreiheitsstrafe zu vermeiden.

(3) Der Anstaltsleiter soll gestatten, dass Gefangene das Überbrückungsgeld zur Entschädigung von Opfern ihrer Straftaten in Anspruch nehmen können.

Teil 11. Gesundheitsfürsorge

§ 63 Art und Umfang der medizinischen Leistungen, Kostenbeteiligung. (1) [1]Die Gefangenen haben einen Anspruch auf notwendige medizinische Leistungen unter Beachtung des Grundsatzes der Wirtschaftlichkeit nach dem allgemeinen Standard der gesetzlichen Krankenversicherung. [2]Der Anspruch umfasst auch Vorsorgeleistungen, ferner die Versorgung mit medizinischen Hilfsmitteln, soweit diese mit Rücksicht auf die Dauer des Freiheitsentzugs nicht ungerechtfertigt ist und die Hilfsmittel nicht als allgemeine Gebrauchsgegenstände des täglichen Lebens anzusehen sind.

(2) [1]An den Kosten nach Absatz 1 können die Gefangenen in angemessenem Umfang beteiligt werden, höchstens jedoch bis zum Umfang der Beteiligung vergleichbarer gesetzlich Versicherter. [2]Für Leistungen, die über Absatz 1 hinausgehen, können den Gefangenen die gesamten Kosten auferlegt werden.

(3) [1]Erhalten Gefangene Leistungen nach Absatz 1 infolge einer mutwilligen Selbstverletzung, sind sie in angemessenem Umfang an den Kosten zu beteiligen. [2]Die Kostenbeteiligung unterbleibt, wenn hierdurch die Erreichung des Vollzugsziels, insbesondere die Eingliederung der Gefangenen, gefährdet würde.

§ 64 Durchführung der medizinischen Leistungen, Forderungsübergang. (1) Medizinische Diagnose, Behandlung und Versorgung kranker und hilfsbedürftiger Gefangener erfolgen in der Anstalt, erforderlichenfalls in einer hierfür besser geeigneten Anstalt oder einem Vollzugskrankenhaus, ausnahmsweise auch außerhalb des Vollzugs.

(2) Wird die Strafvollstreckung während einer Behandlung von Gefangenen unterbrochen oder beendet, hat der Freistaat Sachsen nur diejenigen Kosten zu tragen, die bis zur Unterbrechung oder Beendigung der Strafvollstreckung angefallen sind.

(3) [1]Gesetzliche Schadensersatzansprüche, die Gefangenen infolge einer Körperverletzung gegen Dritte zustehen, gehen insoweit auf das Land über, als den Gefangenen Leistungen nach § 63 Abs. 1 zu gewähren sind. [2]Von der Geltendmachung der Ansprüche ist im Interesse Gefangener abzusehen, wenn hierdurch die Erreichung des Vollzugsziels, insbesondere die Eingliederung, gefährdet würde.

§ 65 Ärztliche Behandlung zur sozialen Eingliederung. [1]Mit Zustimmung der Gefangenen soll die Anstalt ärztliche Behandlungen, insbesondere Operationen oder prothetische Maßnahmen, durchführen lassen, die die soziale Eingliederung fördern. [2]Die Kosten tragen die Gefangenen. [3]Sind sie dazu nicht in der Lage, kann die Anstalt die Kosten in begründeten Fällen in angemessenem Umfang übernehmen.

§ 66 Gesundheitsschutz und Hygiene. (1) [1]Die Anstalt unterstützt die Gefangenen bei der Wiederherstellung oder Erhaltung ihrer Gesundheit. [2]Sie fördert das Bewusstsein für gesunde Ernährung und Lebensführung. [3]Die Gefangenen haben die notwendigen Anordnungen zum Gesundheitsschutz und zur Hygiene zu befolgen.

(2) Den Gefangenen wird ermöglicht, sich täglich mindestens eine Stunde im Freien aufzuhalten.

(3) Der Nichtraucherschutz ist angemessen zu gewährleisten.

§ 67 Krankenbehandlung während Lockerungen. (1) [1] Während Lockerungen oder des Vollzugs in freien Formen haben die Gefangenen einen Anspruch auf medizinische Leistungen gegen den Freistaat Sachsen in der Regel nur in der für sie zuständigen Anstalt. [2] § 39 bleibt unberührt.

(2) Der Anspruch auf Leistungen ruht, solange die Gefangenen aufgrund eines freien Beschäftigungsverhältnisses krankenversichert sind.

§ 68 Zwangsmaßnahmen auf dem Gebiet der Gesundheitsfürsorge.

(1) [1] Medizinische Untersuchung und Behandlung sind ohne Einwilligung der Gefangenen zulässig, um den Erfolg eines Selbsttötungsversuchs zu verhindern. [2] Gleiches gilt für eine zwangsweise Ernährung, wenn die Gefangenen mit dem Ziel der Selbsttötung die Nahrungs- oder Flüssigkeitsaufnahme verweigern. [3] Eine Maßnahme nach Satz 1 ist auch zulässig, wenn von Gefangenen eine Gefahr für die Gesundheit anderer Personen ausgeht.

(2) Medizinische Untersuchung und Behandlung sowie Ernährung sind zwangsweise auch bei einer Gefahr für das Leben oder einer schwerwiegenden Gefahr für die Gesundheit der Gefangenen zulässig, wenn die Gefangenen auf Grund einer psychischen Krankheit oder einer geistigen oder seelischen Behinderung die Notwendigkeit der ärztlichen Maßnahme nicht erkennen oder nicht nach dieser Einsicht handeln können und eine Patientenverfügung im Sinne des § 1901a Abs. 1 Satz 1 des Bürgerlichen Gesetzbuches, deren Festlegungen auf die aktuelle Lebens- und Behandlungssituation zutreffen und gegen die Durchführung der Maßnahmen gerichtet sind, der Anstalt nicht vorliegt.

(3) [1] Zwangsmaßnahmen nach den Absätzen 1 und 2 dürfen nur angeordnet werden, wenn

1. erfolglos versucht worden ist, das auf Vertrauen gegründete Einverständnis der Gefangenen zu der Untersuchung, Behandlung oder Ernährung zu erwirken,
2. die Gefangenen über Notwendigkeit, Art, Umfang und Dauer der Maßnahmen durch einen Arzt aufgeklärt wurden,
3. die Maßnahmen zur Abwendung einer Gefahr geeignet und erforderlich sowie nicht mit erheblicher Gefahr für Leben oder Gesundheit der Gefangenen verbunden sind und
4. der zu erwartende Nutzen der Maßnahmen nicht außer Verhältnis zum Behandlungsrisiko steht und den möglichen Schaden der Nichtbehandlung deutlich überwiegt.

[2] Bei Fixierungen finden die Bestimmungen in § 83 Absatz 5 sowie in den §§ 84 und 85 Absatz 3 Anwendung.

(4) [1] Die Maßnahmen dürfen nur auf Anordnung und unter Leitung eines Arztes durchgeführt werden, unbeschadet der Leistung Erster Hilfe für den Fall, dass ein Arzt nicht rechtzeitig erreichbar ist und die Gefahr nach Absatz 1 oder Absatz 2 unmittelbar bevorsteht. [2] Die Anordnung bedarf der Zustimmung des Anstaltsleiters. [3] Die Verteidiger der Gefangenen sind unverzüglich zu benachrichtigen. [4] Die Gründe und die Voraussetzungen für die Anordnung der Maßnahmen nach den Absätzen 1 und 2, die ergriffenen Maßnahmen einschließlich ihres Zwangscharakters, der Durchsetzungsweise, der Wirkungsüber-

wachung sowie der Untersuchungs- und Behandlungsverlauf sind zu dokumentieren.

(5) [1] Anordnungen von Maßnahmen nach den Absätzen 1 und 2 sind den Gefangenen unverzüglich bekannt zu geben. [2] Sie sind darüber zu belehren, dass sie gegen die Anordnung Antrag auf gerichtliche Entscheidung stellen und bei Gericht um einstweiligen Rechtsschutz ersuchen können. [3] Mit dem Vollzug einer Anordnung ist zu warten, bis die Gefangenen Gelegenheit hatten, eine gerichtliche Entscheidung herbeizuführen.

(6) [1] Bei Gefahr im Verzug finden die Bestimmungen in Absatz 3 Nr. 1 und 2, Absatz 4 Satz 2 sowie Absatz 5 keine Anwendung. [2] Die Voraussetzungen nach Absatz 3 Nr. 1 und 2, Absatz 4 Satz 1 bis 3 sowie Absatz 5 Satz 2 sind unverzüglich nachzuholen.

(7) [1] Zum Gesundheitsschutz und zur Hygiene ist die zwangsweise körperliche Untersuchung außer im Fall der Absätze 1 und 2 zulässig, wenn sie nicht mit einem körperlichen Eingriff verbunden ist. [2] Sie bedarf der Anordnung eines Arztes und ist unter dessen Leitung durchzuführen.

§ 69 Benachrichtigungspflicht. [1] Erkranken Gefangene schwer oder versterben sie, werden die nahen Angehörigen in der Regel unverzüglich benachrichtigt. [2] Dem Wunsch der Gefangenen, auch andere Personen zu benachrichtigen, soll nach Möglichkeit entsprochen werden.

Teil 12. Religionsausübung

§ 70 Seelsorge. [1] Den Gefangenen darf religiöse Betreuung durch einen Seelsorger ihrer Religionsgemeinschaft nicht versagt werden. [2] Auf Wunsch ist ihnen zu helfen, mit einem Seelsorger in Verbindung zu treten.

§ 71 Religiöse Veranstaltungen. (1) Die Gefangenen haben das Recht, am Gottesdienst und an anderen religiösen Veranstaltungen ihres Bekenntnisses teilzunehmen.

(2) Die Zulassung zu Gottesdiensten oder religiösen Veranstaltungen einer anderen Religionsgemeinschaft bedarf der Zustimmung des Seelsorgers dieser Religionsgemeinschaft.

(3) Gefangene können von der Teilnahme am Gottesdienst oder anderen religiösen Veranstaltungen ausgeschlossen werden, wenn dies aus überwiegenden Gründen der Sicherheit oder Ordnung in der Anstalt geboten ist; der Seelsorger soll vorher gehört werden.

§ 72 Weltanschauungsgemeinschaften. Für Angehörige weltanschaulicher Bekenntnisse gelten die § 50 Abs. 2, §§ 70 und 71 entsprechend.

Teil 13. Sicherheit und Ordnung

§ 73 Grundsatz. (1) Sicherheit und Ordnung in der Anstalt bilden die Grundlage des auf die Erreichung des Vollzugsziels ausgerichteten Anstaltslebens und tragen dazu bei, dass in der Anstalt ein gewaltfreies Klima herrscht.

(2) Die Pflichten und Beschränkungen, die den Gefangenen zur Aufrechterhaltung der Sicherheit oder Ordnung in der Anstalt auferlegt werden, müssen

in einem angemessenen Verhältnis zu ihrem Zweck stehen und dürfen die Gefangenen nicht mehr und nicht länger als notwendig beeinträchtigen.

§ 74 Allgemeine Verhaltenspflichten. (1) [1]Die Gefangenen sind für das geordnete Zusammenleben in der Anstalt mitverantwortlich und müssen mit ihrem Verhalten dazu beitragen. [2]Ihr Bewusstsein hierfür ist zu entwickeln und zu stärken. [3]Die Gefangenen sind zu einvernehmlicher Streitbeilegung zu befähigen.

(2) [1]Die Gefangenen haben die Anordnungen der Bediensteten zu befolgen, auch wenn sie sich durch diese beschwert fühlen. [2]Einen ihnen zugewiesenen Bereich dürfen sie nicht ohne Erlaubnis verlassen.

(3) Die Gefangenen haben ihren Haftraum und die ihnen von der Anstalt überlassenen Sachen in Ordnung zu halten und schonend zu behandeln.

(4) Die Gefangenen haben Umstände, die eine Gefahr für das Leben oder eine erhebliche Gefahr für die Gesundheit einer Person bedeuten, unverzüglich zu melden.

§ 75 Durchsuchung. (1) [1]Die Gefangenen, ihre Sachen und die Hafträume dürfen durchsucht werden. [2]Die Durchsuchung männlicher Gefangener darf nur von Männern, die Durchsuchung weiblicher Gefangener darf nur von Frauen vorgenommen werden. [3]Das Schamgefühl ist zu schonen.

(2) [1]Nur bei Gefahr im Verzug oder auf Anordnung des Anstaltsleiters im Einzelfall ist es zulässig, eine mit einer Entkleidung verbundene körperliche Durchsuchung vorzunehmen. [2]Sie darf bei männlichen Gefangenen nicht in Gegenwart von Frauen, bei weiblichen Gefangenen nicht in Gegenwart von Männern erfolgen. [3]Sie ist in einem geschlossenen Raum durchzuführen. [4]Andere Gefangene dürfen nicht anwesend sein.

(3) [1]Abweichend von Absatz 2 Satz 1 kann der Anstaltsleiter allgemein anordnen, dass bei der Aufnahme der Gefangenen, vor und nach Kontakten mit Besuchern sowie vor und nach jeder unbeaufsichtigten Abwesenheit von der Anstalt in der Regel eine mit einer Entkleidung verbundene körperliche Durchsuchung vorzunehmen ist. [2]Dies gilt nicht bei Kontakten mit den in § 28 Abs. 5 genannten Besuchern.

(4) [1]Die Anordnung nach Absatz 2 ist zu begründen. [2]Durchführung und Ergebnis der Durchsuchungen nach den Absätzen 2 und 3 sind aktenkundig zu machen.

§ 76 Sichere Unterbringung. Gefangene können in eine Anstalt verlegt werden, die zu ihrer sicheren Unterbringung besser geeignet ist, wenn in erhöhtem Maße die Gefahr der Entweichung oder Befreiung gegeben ist oder sonst ihr Verhalten oder ihr Zustand eine Gefahr für die Sicherheit oder Ordnung in der Anstalt darstellt.

§§ 77 – 79 *(aufgehoben)*

§ 80 Maßnahmen zur Feststellung von Suchtmittelgebrauch. (1) [1]Zur Aufrechterhaltung der Sicherheit oder Ordnung in der Anstalt kann der Anstaltsleiter allgemein oder im Einzelfall Maßnahmen, insbesondere den Einsatz geeigneter technischer Verfahren und technischer Mittel, zum Nachweis des Konsums von Suchtmitteln anordnen, um deren Gebrauch festzustellen. [2]Diese Maßnahmen dürfen nicht mit einem körperlichen Eingriff verbunden sein.

[3] Abweichend von Satz 2 sind Speicheltests unter Nutzung eines Mundschleimhautabstrichs zulässig. [4] Die den Gefangenen entnommenen Körperzellen dürfen nur für Zwecke der der Entnahme zugrundeliegenden Maßnahme verwendet werden; sie sind unverzüglich zu vernichten, sobald sie hierfür nicht mehr erforderlich sind.

(2) Verweigern Gefangene die Mitwirkung an Maßnahmen nach Absatz 1 ohne hinreichenden Grund, ist davon auszugehen, dass Suchtmittelfreiheit nicht gegeben ist.

(3) Wird verbotener Suchtmittelgebrauch festgestellt, können die Kosten der Maßnahmen den Gefangenen auferlegt werden.

§ 81 *(aufgehoben)*

§ 82 Festnahmerecht. [1] Gefangene, die entwichen sind oder sich sonst ohne Erlaubnis außerhalb der Anstalt aufhalten, können durch die Anstalt oder auf deren Veranlassung festgenommen und zurückgebracht werden. [2] Führt die Verfolgung oder die von der Anstalt veranlasste Fahndung nicht alsbald zur Wiederergreifung, sind die weiteren Maßnahmen der Vollstreckungsbehörde zu überlassen.

§ 83 Besondere Sicherungsmaßnahmen. (1) Gegen Gefangene können besondere Sicherungsmaßnahmen angeordnet werden, wenn nach ihrem Verhalten oder aufgrund ihres seelischen Zustandes in erhöhtem Maße die Gefahr der Entweichung, von Gewalttätigkeiten gegen Personen oder Sachen, der Selbsttötung oder der Selbstverletzung besteht.

(2) Als besondere Sicherungsmaßnahmen sind zulässig:

1. der Entzug oder die Vorenthaltung von Gegenständen,
2. die Beobachtung der Gefangenen, auch mit optisch-technischen Hilfsmitteln in dafür vorgesehenen Hafträumen,
3. die Trennung von allen anderen Gefangenen (Absonderung),
4. die Beschränkung des Aufenthalts im Freien,
5. die Unterbringung in einem besonders gesicherten Haftraum ohne gefährdende Gegenstände und
6. die Fesselung.

(3) [1] Maßnahmen nach Absatz 2 Nr. 1 und 3 bis 5 sind auch zulässig, wenn die Gefahr einer Befreiung oder eine erhebliche Störung der Ordnung anders nicht vermieden oder behoben werden kann. [2] Maßnahmen nach Absatz 2 Nummer 1 und 3 sind darüber hinaus auch zulässig, wenn Gefangene bei anderen Personen auf Bestrebungen und Tätigkeiten im Sinne des § 2 Absatz 1 Satz 1 Nummer 1 bis 3a des Sächsischen Verfassungsschutzgesetzes vom 16. Oktober 1992 (SächsGVBl. S. 459), das zuletzt durch Artikel 3 des Gesetzes vom 17. Dezember 2013 (SächsGVBl. S. 890) geändert worden ist, in der jeweils geltenden Fassung, hinwirken.

(4) Eine Absonderung von mehr als 24 Stunden Dauer ist nur zulässig, wenn sie zur Abwehr einer in der Person der Gefangenen liegenden Gefahr unerlässlich ist.

(5) [1] In der Regel dürfen Fesseln nur an den Händen oder an den Füßen angelegt werden. [2] Im Interesse der Gefangenen kann der Anstaltsleiter eine andere Art der Fesselung anordnen. [3] Eine Fesselung, durch die die Bewegungs-

freiheit vollständig aufgehoben wird (Fixierung), ist nur zulässig, soweit und solange eine gegenwärtige erhebliche Gefahr von Gewalttätigkeiten gegen Personen, der Selbsttötung oder der Selbstverletzung besteht und die Fixierung zur Abwehr dieser Gefahr aus medizinischen Gründen unerlässlich ist. [4] Für die Fixierung ist ein Gurtsystem zu verwenden. [5] Die Fesselung wird zeitweise gelockert, soweit dies notwendig ist.

(6) Bei einer Ausführung, Vorführung oder beim Transport ist die Fesselung auch dann zulässig, wenn eine Gefahr der Entweichung besteht, die das nach Absatz 1 erforderliche Maß nicht erreicht.

§ 84 Anordnung besonderer Sicherungsmaßnahmen, Verfahren.

(1) [1] Besondere Sicherungsmaßnahmen ordnet der Anstaltsleiter an. [2] Bei Gefahr im Verzug können auch andere Bedienstete der Anstalt diese Maßnahmen vorläufig anordnen; die Entscheidung des Anstaltsleiters ist unverzüglich einzuholen. [3] Eine nicht nur kurzfristige Fixierung ist auf Antrag des Anstaltsleiters nur aufgrund vorheriger richterlicher Anordnung zulässig. [4] Vor der Anordnung der Fixierung ist eine ärztliche Stellungnahme einzuholen, welche die medizinische Notwendigkeit der Fixierung feststellt. [5] Bei Gefahr im Verzug können der Anstaltsleiter oder andere Bedienstete der Anstalt die Fixierung vorläufig anordnen; die richterliche Entscheidung ist unverzüglich einzuholen. [6] Wurde die Fixierung vor der richterlichen Entscheidung beendet, so ist dies dem Gericht unverzüglich mitzuteilen.

(2) [1] Werden die Gefangenen ärztlich behandelt oder beobachtet oder bildet ihr seelischer Zustand den Anlass der besonderen Sicherungsmaßnahme, ist vorher eine ärztliche Stellungnahme einzuholen. [2] Ist dies wegen Gefahr im Verzug nicht möglich, wird die Stellungnahme unverzüglich nachträglich eingeholt.

(3) [1] Die Entscheidung wird den Gefangenen mündlich eröffnet und mit einer kurzen Begründung schriftlich abgefasst. [2] Dies gilt nicht für die Fälle des § 83 Abs. 6. [3] Bei einer Fixierung sind die Anordnung und die dafür maßgeblichen Gründe sowie der Verlauf, die Art der Überwachung und die Beendigung zu dokumentieren.

(4) Besondere Sicherungsmaßnahmen sind in angemessenen Abständen daraufhin zu überprüfen, ob und in welchem Umfang sie aufrechterhalten werden müssen.

(5) [1] Besondere Sicherungsmaßnahmen nach § 83 Abs. 2 Nr. 3, 5 und 6 sind der Aufsichtsbehörde und auf Antrag des Gefangenen seinem Verteidiger unverzüglich mitzuteilen, wenn sie länger als 48 Stunden aufrechterhalten werden. [2] Eine Fixierung ist unverzüglich mitzuteilen. [3] Dem Verteidiger des Gefangenen ist die Fixierung auch ohne Antrag des Gefangenen unverzüglich mitzuteilen. [4] Absonderung und Unterbringung im besonders gesicherten Haftraum von jeweils mehr als 20 Tagen Gesamtdauer innerhalb von zwölf Monaten bedürfen der Zustimmung der Aufsichtsbehörde. [5] Der Aufsichtsbehörde und auf Antrag des Gefangenen seinem Verteidiger ist die Beobachtung mit optisch-technischen Hilfsmitteln nach § 83 Absatz 2 Nummer 2 unverzüglich mitzuteilen, wenn diese länger als 24 Stunden aufrechterhalten wird.

(6) [1] Während der Absonderung, der Unterbringung im besonders gesicherten Haftraum und der Fixierung sind die Gefangenen in besonderem Maße zu betreuen. [2] Sind die Gefangenen über die Absonderung oder die Unterbrin-

gung im besonders gesicherten Haftraum hinaus gefesselt oder sind sie fixiert, sind sie durch einen für diese Maßnahmen besonders geschulten Bediensteten ständig und in unmittelbarem Sichtkontakt zu beobachten.

(7) [1] Nach Beendigung der Fixierung sind die Gefangenen in für sie verständlicher Weise auf ihr Recht hinzuweisen, die Rechtmäßigkeit der durchgeführten Maßnahme gerichtlich überprüfen zu lassen. [2] Der Hinweis ist zu dokumentieren.

§ 84a *(aufgehoben)*

§ 85 Ärztliche Überwachung. (1) [1] Sind die Gefangenen in einem besonders gesicherten Haftraum untergebracht oder gefesselt, sucht sie der Arzt alsbald und in der Folge möglichst täglich auf. [2] Dies gilt nicht bei einer Fesselung während einer Ausführung, Vorführung oder eines Transportes sowie bei Bewegungen innerhalb der Anstalt.

(2) Der Arzt ist regelmäßig zu hören, sobald die Gefangenen länger als 24 Stunden abgesondert sind.

(3) Während einer Fixierung ist der Gefangene durch einen Arzt zu überwachen.

Teil 14. Unmittelbarer Zwang

§ 86 Begriffsbestimmungen. (1) Unmittelbarer Zwang ist die Einwirkung auf Personen oder Sachen durch einfache körperliche Gewalt, Hilfsmittel der körperlichen Gewalt oder durch Waffen.

(2) Körperliche Gewalt ist jede unmittelbare körperliche Einwirkung auf Personen oder Sachen.

(3) Hilfsmittel der körperlichen Gewalt sind insbesondere Fesseln.

(4) Waffen sind die von der Aufsichtsbehörde zugelassenen Hieb- und Schusswaffen sowie Reizstoffe.

§ 87 Allgemeine Voraussetzungen. (1) [1] Soweit es zur Durchführung von Vollzugs- oder Sicherungsmaßnahmen erforderlich ist, dürfen Bedienstete unmittelbaren Zwang anwenden. [2] Unter mehreren möglichen und geeigneten Maßnahmen des unmittelbaren Zwangs ist diejenige zu wählen, die den Einzelnen und die Allgemeinheit voraussichtlich am wenigsten beeinträchtigt. [3] Unmittelbarer Zwang unterbleibt, wenn ein durch ihn zu erwartender Schaden erkennbar außer Verhältnis zu dem angestrebten Erfolg steht.

(2) Gegen andere Personen als Gefangene darf unmittelbarer Zwang angewendet werden, wenn sie es unternehmen, Gefangene zu befreien oder widerrechtlich in die Anstalt einzudringen, oder wenn sie sich unbefugt darin aufhalten.

(3) Das Recht zu unmittelbarem Zwang aufgrund anderer Regelungen bleibt unberührt.

§ 88 Androhung. [1] Unmittelbarer Zwang ist anzudrohen. [2] Die Androhung darf nur unterbleiben, wenn die Umstände sie nicht zulassen oder unmittelbarer Zwang sofort angewendet werden muss, um eine rechtswidrige Tat, die den Tatbestand eines Strafgesetzes erfüllt, zu verhindern oder eine gegenwärtige Gefahr abzuwenden.

§ 89 Schusswaffengebrauch. (1) [1]Der Gebrauch von Schusswaffen durch Bedienstete ist innerhalb der Anstalt verboten. [2]Das Recht zum Schusswaffengebrauch aufgrund anderer Vorschriften durch Polizeivollzugsbedienstete bleibt davon unberührt.

(2) [1]Außerhalb der Anstalt dürfen Schusswaffen nur bei Gefangenentransporten sowie Aus- und Vorführungen von den dazu bestimmten Bediensteten nach Maßgabe der folgenden Absätze gebraucht werden. [2]Ihr Gebrauch unterbleibt, wenn dadurch erkennbar Unbeteiligte mit hoher Wahrscheinlichkeit gefährdet würden.

(3) [1]Schusswaffen dürfen nur gebraucht werden, wenn andere Maßnahmen des unmittelbaren Zwangs bereits erfolglos waren oder keinen Erfolg versprechen. [2]Gegen Personen ist ihr Gebrauch nur zulässig, wenn der Zweck nicht durch Waffenwirkung gegen Sachen erreicht werden kann.

(4) [1]Der Gebrauch von Schusswaffen ist vorher anzudrohen. [2]Als Androhung gilt auch ein Warnschuss. [3]Ohne Androhung dürfen Schusswaffen nur dann gebraucht werden, wenn dies zur Abwehr einer gegenwärtigen Gefahr für Leib oder Leben erforderlich ist.

(5) Gegen Gefangene dürfen Schusswaffen nur dann gebraucht werden,

1. wenn sie eine Waffe oder ein anderes gefährliches Werkzeug trotz wiederholter Aufforderung nicht ablegen,
2. wenn sie eine Meuterei (§ 121 des Strafgesetzbuches) unternehmen oder
3. um ihre Entweichung zu vereiteln,

und nur, um sie angriffs- oder fluchtunfähig zu machen.

(6) Gegen andere Personen dürfen Schusswaffen nur dann gebraucht werden, wenn sie es unternehmen, Gefangene gewaltsam zu befreien und nur, um sie angriffsunfähig zu machen.

Teil 15. Disziplinarverfahren

§ 90 Disziplinarmaßnahmen. (1) Disziplinarmaßnahmen können angeordnet werden, wenn die Gefangenen rechtswidrig und schuldhaft

1. andere Personen verbal oder tätlich angreifen,
2. Lebensmittel oder fremde Sachen zerstören oder beschädigen,
3. in sonstiger Weise gegen Strafgesetze verstoßen oder eine Ordnungswidrigkeit begehen,
4. verbotene Gegenstände in die Anstalt einbringen, sich an deren Einbringung beteiligen, sie besitzen oder weitergeben,
5. unerlaubt Betäubungsmittel oder andere berauschende Stoffe konsumieren,
6. entweichen oder zu entweichen versuchen,
7. gegen Weisungen im Zusammenhang mit der Gewährung von Lockerungen verstoßen oder
8. wiederholt oder schwerwiegend gegen sonstige Pflichten verstoßen, die ihnen durch dieses Gesetz oder aufgrund dieses Gesetzes auferlegt sind, und dadurch das geordnete Zusammenleben in der Anstalt stören.

(2) Zulässige Disziplinarmaßnahmen sind

1. der Verweis,

2. die Beschränkung oder der Entzug des Fernsehempfangs bis zu drei Monaten,
3. die Beschränkung oder der Entzug der Gegenstände für die Freizeitbeschäftigung mit Ausnahme des Lesestoffs bis zu drei Monaten,
4. die Beschränkung oder der Entzug des Aufenthalts in Gemeinschaft oder der Teilnahme an einzelnen Freizeitveranstaltungen bis zu drei Monaten,
5. die Beschränkung oder der Entzug der Verfügung über das Hausgeld und des Einkaufs bis zu drei Monaten,
6. die Kürzung des Arbeitsentgelts um zehn Prozent bis zu drei Monaten,
7. der Entzug der übertragenen Arbeit bis zu vier Wochen und
8. die disziplinarische Trennung von bis zu zwei Wochen.

(3) Eine disziplinarische Trennung darf nur wegen schwerer oder wiederholter Verfehlungen verhängt werden.

(4) Mehrere Disziplinarmaßnahmen können miteinander verbunden werden.

(5) Disziplinarmaßnahmen sind auch zulässig, wenn wegen derselben Verfehlung ein Straf- oder Bußgeldverfahren eingeleitet wird.

§ 91 Vollstreckung der Disziplinarmaßnahmen, Aussetzung zur Bewährung. (1) [1]Disziplinarmaßnahmen werden in der Regel sofort vollstreckt. [2]Die Vollstreckung ist auszusetzen, soweit es zur Gewährung eines effektiven Rechtsschutzes erforderlich ist.

(2) [1]Für die Dauer der disziplinarischen Trennung werden die Gefangenen getrennt von anderen Gefangenen untergebracht. [2]Sie können in einem besonderen Haftraum untergebracht werden. [3]Dieser muss den Anforderungen entsprechen, die an einen zum Aufenthalt bei Tag und Nacht bestimmten Haftraum gestellt werden. [4]Soweit nichts anderes angeordnet wird, ruhen die Befugnisse der Gefangenen zur Teilnahme an Maßnahmen außerhalb des Raumes, in dem die disziplinarische Trennung vollstreckt wird, und die Befugnisse zur Ausstattung des Haftraums mit eigenen Gegenständen, zum Fernsehempfang und zum Einkauf. [5]Gegenstände für die Freizeitbeschäftigung mit Ausnahme des Lesestoffs sind nicht zugelassen. [6]Die Rechte zur Teilnahme am Gottesdienst und auf Aufenthalt im Freien bleiben unberührt.

(3) [1]Bevor eine disziplinarische Trennung vollstreckt wird, ist ein Arzt zu hören. [2]Während der disziplinarischen Trennung stehen die Gefangenen unter ärztlicher Aufsicht. [3]Die Vollstreckung unterbleibt oder wird unterbrochen, wenn ansonsten die Gesundheit der Gefangenen gefährdet würde.

(4) Die Verhängung einer disziplinarischen Trennung ist der Aufsichtsbehörde und auf Antrag der Gefangenen ihrem Verteidiger unverzüglich mitzuteilen, wenn diese länger als 48 Stunden vollstreckt wird.

(5) [1]Die Vollstreckung von Disziplinarmaßnahmen kann ganz oder teilweise bis zu sechs Monaten zur Bewährung ausgesetzt werden. [2]Die Aussetzung zur Bewährung kann mit Auflagen oder Weisungen verbunden werden. [3]Sie kann ganz oder teilweise widerrufen werden, wenn die Gefangenen die ihr zugrundeliegenden Erwartungen nicht erfüllen.

(6) Wird die Verfügung über das Hausgeld beschränkt oder entzogen, wird der vorenthaltene Betrag dem Eigengeld gutgeschrieben.

§ 92 Disziplinarbefugnis. (1) [1]Disziplinarmaßnahmen ordnet der Anstaltsleiter an. [2]Bei einer Verfehlung auf dem Weg in eine andere Anstalt zum Zweck der Verlegung ist der Leiter der Bestimmungsanstalt zuständig.

(2) Die Aufsichtsbehörde entscheidet, wenn sich die Verfehlung gegen den Anstaltsleiter richtet.

(3) [1]Disziplinarmaßnahmen, die gegen die Gefangenen in einer anderen Anstalt oder während einer Untersuchungshaft angeordnet worden sind, werden auf Ersuchen vollstreckt. [2]§ 91 Absatz 5 gilt entsprechend.

§ 93 Verfahren. (1) [1]Der Sachverhalt ist zu klären. [2]Hierbei sind sowohl belastende als auch entlastende Umstände zu ermitteln. [3]Die betroffenen Gefangenen werden gehört. [4]Sie werden darüber unterrichtet, welche Verfehlungen ihnen zur Last gelegt werden. [5]Sie sind darauf hinzuweisen, dass es ihnen freisteht sich zu äußern. [6]Die Erhebungen werden in einer Niederschrift festgelegt; die Einlassung der Gefangenen wird vermerkt.

(2) [1]In geeigneten Fällen können zur Abwendung von Disziplinarmaßnahmen im Wege einvernehmlicher Streitbeilegung Vereinbarungen getroffen werden. [2]Insbesondere kommen die Wiedergutmachung des Schadens, die Entschuldigung bei Geschädigten, die Erbringung von Leistungen für die Gemeinschaft und der vorübergehende Verbleib im Haftraum in Betracht. [3]Erfüllen die Gefangenen die Vereinbarung, ist die Anordnung einer Disziplinarmaßnahme aufgrund dieser Verfehlung unzulässig.

(3) Mehrere Verfehlungen, die gleichzeitig zu beurteilen sind, werden durch eine Entscheidung geahndet.

(4) [1]Bei schweren Verfehlungen soll sich der Anstaltsleiter vor der Entscheidung mit Personen besprechen, die maßgeblich an der Vollzugsgestaltung mitwirken. [2]Auf Antrag der Gefangenen sind ihre Verteidiger zu benachrichtigen.

(5) Vor der Anordnung von schwerwiegenden Disziplinarmaßnahmen gegen Schwangere, stillende Mütter oder bei Gefangenen, die sich in ärztlicher Behandlung befinden, ist ein Arzt zu hören.

(6) [1]Vor der Entscheidung über eine Disziplinarmaßnahme erhalten die Gefangenen Gelegenheit, sich zu dem Ergebnis der Ermittlungen und der beabsichtigten Disziplinarmaßnahme zu äußern. [2]Die Entscheidung wird den Gefangenen vom Anstaltsleiter mündlich eröffnet und mit einer kurzen Begründung schriftlich abgefasst.

Teil 16. Aufhebung von Maßnahmen, Beschwerde

§ 94 Aufhebung von Maßnahmen. (1) Die Aufhebung von Maßnahmen zur Regelung einzelner Angelegenheiten auf dem Gebiet des Vollzugs richtet sich nach den Absätzen 2 bis 4, soweit dieses Gesetz keine abweichende Bestimmung enthält.

(2) Rechtswidrige Maßnahmen können ganz oder teilweise mit Wirkung für die Vergangenheit und die Zukunft zurückgenommen werden.

(3) Rechtmäßige Maßnahmen können ganz oder teilweise mit Wirkung für die Zukunft widerrufen werden, wenn

1. aufgrund nachträglich eingetretener oder bekannt gewordener Umstände die Maßnahmen hätten versagt oder die Anordnungen hätten unterlassen werden können,

2. die Maßnahmen missbraucht werden oder
3. Weisungen nicht befolgt werden.

(4) [1]Begünstigende Maßnahmen dürfen nach Absatz 2 oder 3 nur aufgehoben werden, wenn die vollzuglichen Interessen an der Aufhebung in Abwägung mit dem schutzwürdigen Vertrauen der Betroffenen auf den Bestand der Maßnahmen überwiegen. [2]Davon ist insbesondere auszugehen, wenn eine Maßnahme unerlässlich ist, um die Sicherheit in der Anstalt zu gewährleisten.

(5) Der gerichtliche Rechtsschutz bleibt unberührt.

§ 95 Beschwerderecht. (1) Die Gefangenen erhalten Gelegenheit, sich in Angelegenheiten, die sie selbst betreffen, mit Wünschen, Anregungen und Beschwerden an den Anstaltsleiter zu wenden.

(2) Besichtigen Vertreter der Aufsichtsbehörde die Anstalt, so ist zu gewährleisten, dass die Gefangenen sich in Angelegenheiten, die sie selbst betreffen, an diese wenden können.

(3) Die Möglichkeit der Dienstaufsichtsbeschwerde bleibt unberührt.

Teil 17. Kriminologische Forschung

§ 96 Evaluation, kriminologische Forschung. (1) Behandlungsprogramme für die Gefangenen sind auf der Grundlage wissenschaftlicher Erkenntnisse zu konzipieren, zu standardisieren und auf ihre Wirksamkeit hin zu überprüfen.

(2) Der Strafvollzug, insbesondere seine Aufgabenerfüllung und Gestaltung, die Umsetzung seiner Leitlinien sowie die Behandlungsprogramme und deren Wirkungen auf die Erreichung des Vollzugsziels, soll regelmäßig durch den kriminologischen Dienst, durch eine Hochschule oder durch eine andere Stelle wissenschaftlich begleitet und erforscht werden.

Teil 18. Aufbau und Organisation der Anstalten

§ 97 Anstalten. (1) [1]Es werden Anstalten und Abteilungen eingerichtet, die den unterschiedlichen vollzuglichen Anforderungen Rechnung tragen. [2]Insbesondere sind sozialtherapeutische Abteilungen und Abteilungen für Gefangene, die sich erstmals im Vollzug befinden, vorzusehen.

(2) [1]Es ist eine bedarfsgerechte Anzahl und Ausstattung von Plätzen für therapeutische Maßnahmen, schulische und berufliche Qualifizierung, Arbeitstraining und Arbeitstherapie sowie zur Ausübung von Arbeit vorzusehen. [2]Entsprechendes gilt für Besuche, Freizeit, Sport und Seelsorge.

(3) Haft- und Funktionsräume sind zweckentsprechend auszustatten.

(4) [1]Arbeitstherapeutische Maßnahmen, Arbeitstraining, schulische und berufliche Qualifizierungsmaßnahmen und Arbeit können auch in geeigneten privaten Einrichtungen und Betrieben erfolgen. [2]Die technische und fachliche Leitung kann Angehörigen dieser Einrichtungen und Betriebe übertragen werden.

(5) [1]Das Staatsministerium der Justiz bestimmt die für den Strafvollzug in freien Formen zugelassenen Einrichtungen und seine nähere Ausgestaltung. [2]Während der Unterbringung im Strafvollzug in freien Formen besteht das Vollzugsverhältnis der Gefangenen zur jeweiligen Justizvollzugsanstalt fort.

§ 98 Festsetzung der Belegungsfähigkeit, Verbot der Überbelegung.

(1) [1] Die Aufsichtsbehörde setzt die Belegungsfähigkeit der Anstalt so fest, dass eine angemessene Unterbringung der Gefangenen gewährleistet ist. [2] § 97 Absatz 2 ist zu berücksichtigen.

(2) Hafträume dürfen nicht mit mehr Gefangenen als zugelassen belegt werden.

(3) Ausnahmen von Absatz 2 sind nur vorübergehend und nur mit Zustimmung der Aufsichtsbehörde zulässig.

§ 99 Anstaltsleitung. (1) [1] Der Anstaltsleiter trägt die Verantwortung für den gesamten Vollzug und vertritt die Anstalt nach außen. [2] Er kann einzelne Aufgabenbereiche auf andere Bedienstete übertragen. [3] Die Aufsichtsbehörde kann sich die Zustimmung zur Übertragung vorbehalten.

(2) [1] Für jede Anstalt ist ein Beamter des höheren Dienstes zum hauptamtlichen Leiter zu bestellen. [2] Aus besonderen Gründen kann eine Anstalt auch von einem Beamten des gehobenen Dienstes geleitet werden.

§ 100 Bedienstete. (1) [1] Die Aufgaben der Anstalten werden von Beamten wahrgenommen. [2] Aus besonderen Gründen können sie auch anderen Bediensteten der Anstalten sowie nebenamtlichen oder vertraglich verpflichteten Personen übertragen werden.

(2) [1] Die Anstalt wird mit dem für die Erreichung des Vollzugsziels erforderlichen Personal, unter anderem Sozialarbeitern, Psychologen und Pädagogen, ausgestattet. [2] Fortbildung, Praxisberatung und -begleitung sowie die zur Qualitätssicherung erforderliche Supervision für die Bediensteten sind zu gewährleisten.

(3) [1] Für die Betreuung von Gefangenen mit angeordneter oder vorbehaltener Sicherungsverwahrung ist besonders qualifiziertes Personal vorzusehen und eine fachübergreifende Zusammenarbeit zu gewährleisten. [2] Soweit erforderlich, sind externe Fachkräfte einzubeziehen.

(4) Alle am Vollzug Tätigen arbeiten zusammen und wirken daran mit, die Aufgaben des Vollzugs zu erfüllen.

§ 101 Seelsorger. (1) Seelsorger werden im Benehmen mit der Aufsichtsbehörde von der jeweiligen Religionsgemeinschaft bestellt.

(2) Wenn die geringe Anzahl der Angehörigen einer Religionsgemeinschaft eine Seelsorge nach Absatz 1 nicht rechtfertigt, ist die seelsorgerische Betreuung auf andere Weise zuzulassen.

(3) Mit Zustimmung des Anstaltsleiters darf der Anstaltsseelsorger sich freier Seelsorgehelfer bedienen und diese für Gottesdienste sowie für andere religiöse Veranstaltungen von außen zuziehen.

§ 102 Medizinische Versorgung. (1) Die ärztliche Versorgung ist sicherzustellen.

(2) [1] Die Pflege der Kranken soll von Bediensteten ausgeführt werden, die eine Erlaubnis nach dem Krankenpflegegesetz vom 16. Juli 2003 (BGBl. I S. 1442), das zuletzt durch Artikel 1a des Gesetzes vom 17. Juli 2017 (BGBl. I S. 2581) geändert worden ist, in der jeweils geltenden Fassung, besitzen. [2] Solange diese nicht zur Verfügung stehen, können auch Bedienstete eingesetzt werden, die eine sonstige Ausbildung in der Krankenpflege erfahren haben.

§ 103 Mitverantwortung der Gefangenen. (1) Die Gefangenen sind an der Verantwortung für Angelegenheiten von gemeinsamem Interesse zu beteiligen, die sich ihrer Eigenart und der Aufgabe der Anstalt nach für die Mitwirkung der Gefangenen eignen.

(2) Die dafür zu schaffenden Gremien sind nach demokratischen Regeln zu wählen.

(3) [1] Mitglieder der Gremien können sich mit Vorschlägen, insbesondere zu sozialen Belangen, an den Anstaltsleiter wenden. [2] Ausgenommen sind Angelegenheiten, die die Sicherheit in der Anstalt oder das Personal betreffen.

(4) Näheres regelt die Aufsichtsbehörde.

§ 104 Hausordnung. [1] Der Anstaltsleiter erlässt zur Gestaltung und Organisation des Vollzugsalltags eine Hausordnung. [2] Die Aufsichtsbehörde kann sich die Zustimmung vorbehalten.

Teil 19. Aufsicht, Beirat

§ 105 Aufsichtsbehörde. (1) Aufsichtsbehörde für die Anstalten ist das Staatsministerium der Justiz.

(2) Es kann sich Entscheidungen über Verlegungen und Überstellungen vorbehalten oder sie einer zentralen Stelle übertragen.

§ 106 Vollstreckungsplan, Vollzugsgemeinschaften. (1) Die Aufsichtsbehörde regelt die örtliche und sachliche Zuständigkeit der Anstalten in einem Vollstreckungsplan.

(2) Im Rahmen von Vollzugsgemeinschaften kann der Vollzug auch in Vollzugseinrichtungen anderer Länder vorgesehen werden.

§ 107 Beirat. (1) [1] Bei der Anstalt ist ein Beirat zu bilden. [2] Dem Beirat gehören zwei Abgeordnete des Landtags und mindestens ein Vertreter der Kommune oder des Landkreises, in dem die jeweilige Anstalt belegen ist, sowie weitere Personen des öffentlichen Lebens an. [3] Die Mitglieder werden von der Aufsichtsbehörde ernannt. [4] Dies gilt nicht für die Mitglieder des Landtags, die von diesem benannt werden. [5] Bedienstete der Anstalt dürfen nicht Mitglieder des Beirats sein. [6] Die Amtszeit der Mitglieder des Beirats endet mit der Konstituierung des nach Ablauf der Legislaturperiode des Landtags neu zu besetzenden Beirats.

(2) [1] Die Mitglieder des Beirats wirken bei der Gestaltung des Vollzugs und bei der Betreuung der Gefangenen beratend mit. [2] Sie fördern das Verständnis für den Vollzug und seine gesellschaftliche Akzeptanz und vermitteln Kontakte zu öffentlichen und privaten Einrichtungen. [3] Sie sind ebenso Ansprechpartner für den Personalrat.

(3) [1] Die Mitglieder des Beirats können insbesondere Wünsche, Anregungen und Beanstandungen entgegennehmen. [2] Sie können sich über die Unterbringung, Beschäftigung, berufliche Bildung, Verpflegung, ärztliche Versorgung und Behandlung unterrichten sowie die Anstalt besichtigen. [3] Sie können die Gefangenen in ihren Räumen aufsuchen. [4] Unterhaltung und Schriftwechsel werden nicht überwacht.

(4) [1] Die Mitglieder des Beirats sind verpflichtet, außerhalb ihres Amtes über alle Angelegenheiten, die ihrer Natur nach vertraulich sind, besonders über

Namen und Persönlichkeit der Gefangenen, Verschwiegenheit zu bewahren. [2]Dies gilt auch nach Beendigung ihres Amtes.

(5) Näheres regelt die Aufsichtsbehörde.

Teil 20. Vollzug des Strafarrests

§ 108 Grundsatz. (1) Für den Vollzug des Strafarrests in Anstalten gelten die Bestimmungen dieses Gesetzes entsprechend, soweit § 109 nicht Abweichendes bestimmt.

(2) § 109 Absatz 1 bis 3, 7 und 8 gilt nicht, wenn Strafarrest in Unterbrechung einer anderen freiheitsentziehenden Maßnahme vollzogen wird.

§ 109 Besondere Bestimmungen. (1) Strafarrestanten sollen im offenen Vollzug untergebracht werden.

(2) Eine gemeinsame Unterbringung mit Gefangenen ist nur mit Einwilligung der Strafarrestanten zulässig.

(3) [1]Besuche, Telefongespräche und Schriftwechsel dürfen nur untersagt oder überwacht werden, wenn dies aus Gründen der Sicherheit oder Ordnung in der Anstalt notwendig ist. [2]§ 28 Absatz 4 bis 6, § 29 Satz 2, § 33 Absatz 3 und 4, § 34 Satz 2, § 107 Absatz 3 Satz 4 bleiben unberührt.

(4) Den Strafarrestanten soll gestattet werden, einmal wöchentlich Besuch zu empfangen.

(5) Strafarrestanten dürfen eigene Kleidung tragen und eigenes Bettzeug benutzen, wenn Gründe der Sicherheit in der Anstalt nicht entgegenstehen und sie für Reinigung, Instandsetzung und regelmäßigen Wechsel auf eigene Kosten sorgen.

(6) Sie dürfen Nahrungs-, Genuss- und Körperpflegemittel in angemessenem Umfang durch Vermittlung der Anstalt auf eigene Kosten erwerben.

(7) Eine mit einer Entkleidung verbundene körperliche Durchsuchung ist nur bei Gefahr im Verzug zulässig.

(8) Zur Vereitelung einer Entweichung dürfen Schusswaffen nicht gebraucht werden.

Teil 21. Schlussbestimmungen

§ 110 Einschränkung von Grundrechten. Durch dieses Gesetz werden die nachfolgenden Grundrechte aus dem Grundgesetz für die Bundesrepublik Deutschland und aus der Verfassung des Freistaates Sachsen eingeschränkt:

1. das Recht auf körperliche Unversehrtheit nach Artikel 2 Abs. 2 Satz 1 des Grundgesetzes für die Bundesrepublik Deutschland und Artikel 16 Abs. 1 Satz 1 der Verfassung des Freistaates Sachsen,
2. die Freiheit der Person nach Artikel 2 Abs. 2 Satz 2 des Grundgesetzes für die Bundesrepublik Deutschland und Artikel 16 Abs. 1 Satz 2 der Verfassung des Freistaates Sachsen,
3. das Recht auf informationelle Selbstbestimmung nach Artikel 33 der Verfassung des Freistaates Sachsen,

4. das Brief-, Post- und Fernmeldegeheimnis nach Artikel 10 Abs. 1 des Grundgesetzes für die Bundesrepublik Deutschland und Artikel 27 Abs. 1 der Verfassung des Freistaates Sachsen sowie
5. das Recht der Freizügigkeit nach Artikel 11 Abs. 1 des Grundgesetzes für die Bundesrepublik Deutschland.

§ 111 Verhältnis zum Bundesrecht. [1] Dieses Gesetz ersetzt gemäß Artikel 125a Abs. 1 des Grundgesetzes für die Bundesrepublik Deutschland im Freistaat Sachsen das Strafvollzugsgesetz[1)]. [2] Die Vorschriften des Strafvollzugsgesetzes über

1. den Pfändungsschutz (§ 50 Abs. 2 Satz 5, § 51 Abs. 4 und 5, § 75 Abs. 3), den Nachrang der Sozialhilfe bei der Zahlung von Ausbildungsbeihilfe (§ 44 Abs. 1 Satz 2), das gerichtliche Verfahren (§§ 109 bis 121b, 50 Abs. 5 Satz 2),
2. die entsprechende Geltung der Regelungen des Pfändungsschutzes (§ 176 Abs. 4, soweit darin auf § 51 Abs. 4 und 5 verwiesen wird),
3. die Unterbringung in einem psychiatrischen Krankenhaus und einer Entziehungsanstalt (§§ 136 bis 138),
4. den Vollzug von Ordnungs-, Sicherungs-, Zwangs- und Erzwingungshaft (§§ 171 bis 175),
5. den Vollzug von Freiheitsstrafe und Jugendhaft der Deutschen Demokratischen Republik (§ 202),
6. den unmittelbaren Zwang in Justizvollzugsanstalten für andere Arten des Freiheitsentzugs (§ 178)

gelten fort.

§ 112 Übergangsbestimmungen. (1) [1] Bis zum Inkrafttreten einer Verordnung nach § 55 Abs. 3 Satz 3 gilt die Strafvollzugsvergütungsordnung[2)] vom 11. Januar 1977 (BGBl. I S. 57), die durch Artikel 6 des Gesetzes vom 13. Dezember 2007 (BGBl. I S. 2894) geändert worden ist, in der jeweils geltenden Fassung, für die Anwendung des § 55 fort. [2] § 55 Abs. 3 Satz 2 bleibt unberührt.

(2) [1] Bei Inkrafttreten dieses Gesetzes bereits gebildetes Überbrückungsgeld kann bis zu der sich nach § 62 Abs. 1 Satz 1 ergebenden Höhe nur nach § 62 Abs. 2 und 3 verwendet werden. [2] Gefangene, die bereits Überbrückungsgeld darüber hinaus gebildet haben, können bis zum 30. Juni 2014 verlangen, dass der übersteigende Betrag ihrem Eigengeld gutgeschrieben wird.

(3) Für einen bei Inkrafttreten dieses Gesetzes bereits erworbenen Anspruch auf Freistellung von der Arbeit gilt § 43 Abs. 6 bis 11 des Strafvollzugsgesetzes[1)] fort.

(4) [1] In den zum 3. Oktober 1990 bestehenden Anstalten dürfen abweichend von § 11 Abs. 1 während der Einschlusszeiten bis zu drei Gefangene gemeinsam in einem Haftraum untergebracht werden, so lange die räumlichen Verhältnisse der Anstalt dies erfordern. [2] Gleiches gilt für die bei Inkrafttreten dieses Gesetzes bestehenden Abteilungen des offenen Vollzugs. [3] Die Sätze 1 und 2 gelten nicht für Anstaltsbereiche, die nach Inkrafttreten dieses Gesetzes neu errichtet oder grundlegend umgebaut werden.

[1)] Nr. **1**.
[2)] Nr. **1a**.

1.14. Erstes Buch Justizvollzugsgesetzbuch Sachsen-Anhalt – Vollzug der Freiheitsstrafe, der Jugendstrafe, der Untersuchungshaft und des Strafarrestes – (Erstes Buch Justizvollzugsgesetzbuch Sachsen-Anhalt – JVollzGB I LSA)[1)]

Vom 18. Dezember 2015
(GVBl. LSA S. 666)

BS LSA 312.16

zuletzt geänd. durch Art. 2 G zur Durchführung von Zwangsbehandlungen und Fixierungen im Zusammenhang mit dem Vollzug freiheitsentziehender Maßnahmen im LSA v. 25.3.2021 (GVBl. LSA S. 120)

Inhaltsübersicht

[1)] Verkündet als Art. 1 G zur Weiterentwicklung des Justizvollzugs in Sachsen-Anhalt v. 18.12.2015 (GVBl. S. 666); Inkrafttreten gem. Art. 4 dieses G am 1. 1.2016.

Abschnitt 23. Schlussbestimmungen

Abschnitt 1. Allgemeine Bestimmungen

§ 1 Anwendungsbereich, Begriffsbestimmungen. (1) Dieses Gesetz regelt den Vollzug der Freiheitsstrafe, der Jugendstrafe, der Untersuchungshaft und des Strafarrests in Justizvollzugsanstalten und Jugendstrafanstalten (Anstalten).

(2) Für den Vollzug der Haft nach § 127b Abs. 2, § 230 Abs. 2, den §§ 236 und 329 Abs. 3, § 412 Satz 1 und § 453c der Strafprozessordnung sowie der einstweiligen Unterbringung nach § 275a Abs. 6 der Strafprozessordnung gelten die Bestimmungen für den Vollzug der Untersuchungshaft entsprechend.

(3) Für den Vollzug der einstweiligen Unterbringung nach § 126a der Strafprozessordnung gilt, soweit eine Anordnung nach § 119 Abs. 1 der Strafprozessordnung nicht entgegensteht, das Maßregelvollzugsgesetz Sachsen-Anhalt entsprechend.

(4) [1] Bei Verurteilung zu einer Freiheitsstrafe, deren Vollstreckung nicht zur Bewährung ausgesetzt wird und die nicht durch Anrechnung der Untersuchungshaft bereits erledigt ist, ist der Gefangene mit Rechtskraft des Urteils nach den Bestimmungen über den Vollzug der Freiheitsstrafe zu behandeln, soweit sich dies schon vor der Aufnahme zum Vollzug der Freiheitsstrafe durchführen lässt. [2] Dies gilt nicht, wenn aufgrund eines anderen Haftbefehls weiterhin Untersuchungshaft zu vollziehen ist.

(5) Bei rechtskräftiger Verurteilung zu einer Jugendstrafe und bei rechtskräftiger Anordnung einer mit Freiheitsentziehung verbundenen Maßregel der Besserung und Sicherung gilt Absatz 4 sinngemäß.

(6) [1] Von der Anwendung der Bestimmungen dieses Gesetzes über junge Untersuchungsgefangene kann abgesehen werden, wenn diese volljährig sind und die erzieherische Ausgestaltung des Vollzugs für sie nicht oder nicht mehr angezeigt ist. [2] Diese Bestimmungen können ausnahmsweise auch über die Vollendung des 24. Lebensjahres hinaus angewendet werden, wenn dies im Hinblick auf die voraussichtlich nur noch geringe Dauer der Untersuchungshaft zweckmäßig erscheint.

(7) Gefangener im Sinne dieses Gesetzes sind der Strafgefangene, der Jugendstrafgefangene und der Untersuchungsgefangene.

(8) Junger Untersuchungsgefangener im Sinne dieses Gesetzes ist der, der zur Tatzeit das 21. Lebensjahr noch nicht vollendet hatte und der das 24. Lebensjahr noch nicht vollendet hat.

(9) Junger Gefangener im Sinne dieses Gesetzes sind der Jugendstrafgefangene und der junge Untersuchungsgefangene.

§ 2 Ziel und Aufgabe des Vollzugs der Freiheitsstrafe oder der Jugendstrafe. (1) [1] Der Vollzug der Freiheitsstrafe oder der Jugendstrafe dient dem Ziel, den Strafgefangenen oder den Jugendstrafgefangenen zu befähigen, künftig in sozialer Verantwortung ein Leben ohne Straftaten zu führen. [2] Der Vollzug hat die Aufgabe, die Allgemeinheit vor weiteren Straftaten zu schützen.

(2) Bei dem Strafgefangenen mit angeordneter oder vorbehaltener Sicherungsverwahrung dient der Vollzug der Freiheitsstrafe und bei dem Jugendstrafgefangenen mit vorbehaltener Sicherungsverwahrung dient der Vollzug der Jugendstrafe auch dem Ziel, die Gefährlichkeit des Strafgefangenen oder des Jugendstrafgefangenen für die Allgemeinheit so zu mindern, dass die Vollstreckung der Unterbringung oder deren Anordnung möglichst entbehrlich wird.

§ 3 Aufgabe des Vollzugs der Untersuchungshaft, Zusammenarbeit.

(1) Der Vollzug der Untersuchungshaft hat die Aufgabe, durch sichere Unterbringung des Untersuchungsgefangenen die Durchführung eines geordneten Strafverfahrens zu gewährleisten und der Gefahr weiterer Straftaten zu begegnen.

(2) [1] Die Anstalt, in der die Untersuchungshaft vollzogen wird, trifft die Entscheidungen nach diesem Gesetz. [2] Sie arbeitet eng mit Gericht und Staatsanwaltschaft zusammen, um die Aufgabe des Vollzugs der Untersuchungshaft zu erfüllen und die Sicherheit und Ordnung der Anstalt zu gewährleisten.

(3) Die Anstalt hat Anordnungen nach § 119 Abs. 1 der Strafprozessordnung zu beachten und umzusetzen.

§ 4 Stellung des Gefangenen. (1) [1] Die Persönlichkeit des Gefangenen ist zu achten. [2] Seine Selbstständigkeit im Vollzugsalltag ist so weit wie möglich zu erhalten und zu fördern.

(2) [1] Der Gefangene wird an der Gestaltung des Vollzugsalltags beteiligt. [2] Vollzugliche Maßnahmen sollen ihm erläutert werden.

(3) [1] Der Gefangene unterliegt den in diesem Gesetz vorgesehenen Beschränkungen seiner Freiheit. [2] Soweit das Gesetz eine besondere Regelung nicht enthält, dürfen ihm nur Beschränkungen auferlegt werden, die zur Aufrechterhaltung der Sicherheit oder zur Abwendung einer schwerwiegenden Störung der Ordnung der Anstalt oder im Vollzug der Untersuchungshaft zur Umsetzung einer Anordnung nach § 119 Abs. 1 der Strafprozessordnung unerlässlich sind. [3] Sie müssen in einem angemessenen Verhältnis zum Zweck der Anordnung stehen und dürfen den Gefangenen nicht mehr und nicht länger als notwendig beeinträchtigen.

§ 5 Besondere Stellung der Untersuchungsgefangenen. [1] Der Untersuchungsgefangene gilt als unschuldig. [2] Er ist so zu behandeln, dass der Anschein vermieden wird, er würde zur Verbüßung einer Strafe festgehalten.

§ 6 Mitwirkung im Vollzug der Freiheitsstrafe oder der Jugendstrafe.

[1] Der Strafgefangene oder der Jugendstrafgefangene ist verpflichtet, an der Erreichung des Vollzugsziels mitzuwirken. [2] Seine Bereitschaft hierzu ist zu wecken und zu fördern. [3] Bei dem Strafgefangenen mit angeordneter oder vorbehaltener Sicherungsverwahrung oder bei dem Jugendstrafgefangenen mit vorbehaltener Sicherungsverwahrung sind die Motivationsmaßnahmen zu dokumentieren.

§ 7 Allgemeine Gestaltungsgrundsätze. (1) Das Leben im Vollzug soll den allgemeinen Lebensverhältnissen so weit wie möglich angeglichen werden.

(2) [1] Schädlichen Folgen des Freiheitsentzugs ist entgegenzuwirken. [2] Ein besonderes Augenmerk ist auf die Verhütung von Selbsttötungen zu richten.

(3) Die unterschiedlichen Bedürfnisse des Gefangenen, insbesondere im Hinblick auf Geschlecht, Alter und Herkunft, sollen bei der Vollzugsgestaltung im Allgemeinen und im Einzelfall berücksichtigt werden.

(4) [1] Im Vollzug der Freiheitsstrafe ist insbesondere mit den Behörden und Stellen der Entlassenen- und Straffälligenhilfe, der Bewährungshilfe, den Aufsichtsstellen für die Führungsaufsicht, den Agenturen für Arbeit, den Einrichtungen für berufliche Bildung, den Trägern der Sozialversicherung und der Sozialhilfe, Gesundheits-, Ausländer- und Polizeibehörden, Sucht- und Schuldnerberatungsstellen, Ausländer- und Integrationsbeauftragten sowie Hilfeeinrichtungen anderer Behörden und den Verbänden der freien Wohlfahrtspflege eng zusammenzuarbeiten. [2] Die Anstalten sollen mit Personen und Vereinen, deren Einfluss die Eingliederung des Gefangenen fördern kann, zusammenarbeiten.

(5) Im Vollzug der Jugendstrafe ist über die in Absatz 4 Satz 1 genannten Stellen hinaus insbesondere mit Schulen und Schulbehörden, der öffentlichen und freien Jugendhilfe sowie den Jugendämtern eng zusammenzuarbeiten.

(6) Im Untersuchungshaftvollzug gelten die Absätze 4 und 5 entsprechend, soweit Zweck und Eigenart der Untersuchungshaft die Zusammenarbeit erfordern.

§ 8 Grundsätze der Gestaltung des Vollzugs der Freiheitsstrafe oder der Jugendstrafe. (1) [1] Der Vollzug der Freiheitsstrafe oder der Jugendstrafe ist auf die Auseinandersetzung des Strafgefangenen oder des Jugendstrafgefangenen mit seinen Straftaten und ihren Folgen auszurichten. [2] Das Bewusstsein für den dem Opfer zugefügten Schaden soll geweckt werden.

(2) Der Vollzug der Freiheitsstrafe oder der Jugendstrafe wird von Beginn an auf die Eingliederung des Strafgefangenen oder des Jugendstrafgefangenen in das Leben in Freiheit ausgerichtet.

(3) [1] Ist Sicherungsverwahrung angeordnet oder vorbehalten, ist bereits im Vollzug der Freiheitsstrafe oder der Jugendstrafe eine individuelle, intensive und therapeutische Betreuung im Sinne des § 66c Abs. 1 Nr. 1 des Strafgesetzbuches anzubieten. [2] Soweit standardisierte Maßnahmen nicht ausreichen oder keinen Erfolg versprechen, sind individuelle Maßnahmen zu entwickeln und zu unterbreiten.

(4) [1] Der Bezug des Strafgefangenen oder des Jugendstrafgefangenen zum gesellschaftlichen Leben ist zu wahren und zu fördern. [2] Personen und Einrichtungen außerhalb des Vollzugs sollen in den Vollzugsalltag einbezogen werden, soweit dies möglich ist und dem Vollzugsziel nicht zuwiderläuft.

§ 9 Erzieherische Gestaltung des Vollzugs der Jugendstrafe. (1) [1] Der Vollzug der Jugendstrafe ist erzieherisch zu gestalten. [2] Der Jugendstrafgefangene ist in der Entwicklung seiner Fähigkeiten und Fertigkeiten so zu fördern, dass er zu einer eigenverantwortlichen und gemeinschaftsfähigen Lebensführung in Achtung der Rechte anderer befähigt wird.

(2) Erziehung und Förderung erfolgen durch Maßnahmen und Programme zur Entwicklung und Stärkung der Fähigkeiten und Fertigkeiten des Jugendstrafgefangenen im Hinblick auf die Erreichung des Vollzugsziels.

(3) Durch differenzierte Angebote soll auf den jeweiligen Entwicklungsstand und den unterschiedlichen Erziehungs- und Förderbedarf des Jugendstrafgefangenen eingegangen werden.

(4) Die Maßnahmen und Programme richten sich insbesondere auf die Auseinandersetzung mit den eigenen Straftaten, deren Ursachen und Folgen, schulische und berufliche Qualifizierung, soziale Integration und die verantwortliche Gestaltung des alltäglichen Zusammenlebens, der freien Zeit sowie der Außenkontakte.

(5) Die Personensorgeberechtigten sind, soweit dies möglich ist und dem Vollzugsziel nicht zuwiderläuft, in die Planung und Gestaltung des Vollzugs einzubeziehen.

§ 10 Erzieherische Gestaltung des Vollzugs der Untersuchungshaft an jungen Untersuchungsgefangenen. (1) Für den Vollzug der Untersuchungshaft an jungen Untersuchungsgefangenen gilt § 9 Abs. 1 entsprechend.

(2) Die Personensorgeberechtigten sind, soweit dies möglich ist, in die Gestaltung des Vollzugs einzubeziehen.

(3) Beschränkungen können dem minderjährigen Untersuchungsgefangenen auch auferlegt werden, soweit es dringend geboten ist, um ihn vor einer Gefährdung seiner Entwicklung zu bewahren.

§ 11 Soziale Hilfe. (1) [1] Der Gefangene wird darin unterstützt, seine persönlichen, wirtschaftlichen und sozialen Schwierigkeiten zu beheben. [2] Er soll dazu angeregt und in die Lage versetzt werden, seine Angelegenheiten selbst zu regeln.

(2) Der Strafgefangene oder der Jugendstrafgefangene soll angehalten werden, den durch die Straftat verursachten materiellen und immateriellen Schaden wiedergutzumachen und eine Schuldenregulierung herbeizuführen.

(3) Der Gefangene soll, soweit erforderlich, über die notwendigen Maßnahmen zur Aufrechterhaltung seiner sozialversicherungsrechtlichen Ansprüche beraten werden.

(4) [1] Die Beratung des Untersuchungsgefangenen soll die Benennung von Stellen und Einrichtungen außerhalb der Anstalt umfassen, die sich um eine Vermeidung der weiteren Untersuchungshaft bemühen. [2] Auf Wunsch des Untersuchungsgefangenen sind ihm Stellen und Einrichtungen zu benennen, die ihn in seinem Bestreben unterstützen können, einen Ausgleich mit dem Tatopfer zu erreichen oder auf andere Weise zur Wiedergutmachung beizutragen.

Abschnitt 2. Aufnahme, Diagnose, Vollzugs- und Eingliederungsplanung

§ 12 Aufnahmeverfahren. (1) [1] Mit dem Gefangenen wird unverzüglich nach der Aufnahme ein Zugangsgespräch geführt, in dem seine gegenwärtige Lebenssituation erörtert wird und er über seine Rechte und Pflichten informiert wird. [2] Ihm wird ein Exemplar der Hausordnung ausgehändigt. [3] Dieses Gesetz, die von ihm in Bezug genommenen Gesetze sowie die zu seiner Ausführung erlassenen Verordnungen und Verwaltungsvorschriften sind dem Gefangenen auf Verlangen zugänglich zu machen.

(2) Während des Aufnahmeverfahrens dürfen andere Gefangene nicht zugegen sein.

(3) Der Gefangene wird alsbald ärztlich untersucht.

(4) Der Gefangene wird dabei unterstützt, etwa notwendige Maßnahmen für hilfsbedürftige Angehörige, zur Erhaltung des Arbeitsplatzes und der Wohnung und zur Sicherung seiner Habe außerhalb der Anstalt zu veranlassen.

(5) Dem Gefangenen ist Gelegenheit zu geben, einen Angehörigen oder eine Vertrauensperson von der Aufnahme in die Anstalt zu benachrichtigen.

(6) Die Personensorgeberechtigten und das Jugendamt werden von der Aufnahme des jungen Gefangenen unverzüglich unterrichtet.

(7) Bei dem Strafgefangenen, der eine Ersatzfreiheitsstrafe verbüßt, sind die Möglichkeiten der Abwendung der Vollstreckung durch freie Arbeit oder ratenweise Tilgung der Geldstrafe zu erörtern und zu fördern, um so auf eine möglichst baldige Entlassung hinzuwirken.

§ 13 Diagnoseverfahren. (1) Bei dem Strafgefangenen oder dem Jugendstrafgefangenen schließt sich an das Aufnahmeverfahren zur Vorbereitung der Vollzugs- und Eingliederungsplanung das Diagnoseverfahren an.

(2) [1] Das Diagnoseverfahren muss wissenschaftlichen Erkenntnissen genügen. [2] Insbesondere bei dem Strafgefangenen mit angeordneter oder vorbehaltener Sicherungsverwahrung oder bei dem Jugendstrafgefangenen mit vorbehaltener Sicherungsverwahrung ist es von Personen mit einschlägiger wissenschaftlicher Qualifikation durchzuführen.

(3) [1] Das Diagnoseverfahren erstreckt sich auf die Persönlichkeit, die Lebensverhältnisse, die Ursachen und Umstände der Straftat sowie alle sonstigen Gesichtspunkte, deren Kenntnis für eine zielgerichtete und wirkungsorientierte Vollzugsgestaltung und die Eingliederung nach der Entlassung notwendig erscheint. [2] Neben den Unterlagen aus der Vollstreckung und dem Vollzug vorangegangener Freiheitsentziehungen sind insbesondere auch Erkenntnisse der Gerichts-, Jugendgerichts- und Bewährungshilfe sowie der Führungsaufsichtsstellen einzubeziehen.

(4) Bei dem Strafgefangenen mit angeordneter oder vorbehaltener Sicherungsverwahrung oder bei dem Jugendstrafgefangenen mit vorbehaltener Sicherungsverwahrung erstreckt sich das Diagnoseverfahren auch auf alle Umstände, die für die Beurteilung der Gefährlichkeit maßgeblich sind.

(5) [1] Im Diagnoseverfahren werden die im Einzelfall die Straffälligkeit begünstigenden Faktoren ermittelt. [2] Gleichzeitig sollen die Fähigkeiten des Strafgefangenen oder des Jugendstrafgefangenen ermittelt werden, deren Stärkung einer erneuten Straffälligkeit entgegenwirken kann.

(6) [1] Im Vollzug der Freiheitsstrafe kann bei einer voraussichtlichen Vollzugsdauer bis zu einem Jahr das Diagnoseverfahren auf die Umstände beschränkt werden, deren Kenntnis für eine angemessene Vollzugsgestaltung unerlässlich und für die Eingliederung erforderlich ist. [2] Unabhängig von der Vollzugsdauer gilt dies auch, wenn ausschließlich Ersatzfreiheitsstrafen zu vollziehen sind.

(7) Im Vollzug der Jugendstrafe ist das Diagnoseverfahren maßgeblich auf die Ermittlung des Förder- und Erziehungsbedarfs auszurichten.

(8) Das Ergebnis des Diagnoseverfahrens wird mit dem Strafgefangenen oder dem Jugendstrafgefangenen erörtert.

§ 14 Vollzugs- und Eingliederungsplanung. (1) [1] Auf der Grundlage des Ergebnisses des Diagnoseverfahrens wird ein Vollzugs- und Eingliederungsplan erstellt. [2] Er zeigt dem Strafgefangenen oder dem Jugendstrafgefangenen bereits zu

Beginn der Haftzeit unter Berücksichtigung der voraussichtlichen Vollzugsdauer die zur Erreichung des Vollzugsziels erforderlichen Maßnahmen auf. [3] Daneben kann er weitere Hilfsangebote und Empfehlungen enthalten. [4] Auf die Fähigkeiten, Fertigkeiten und Neigungen des Strafgefangenen oder des Jugendstrafgefangenen ist Rücksicht zu nehmen.

(2) [1] Der Vollzugs- und Eingliederungsplan wird regelmäßig innerhalb der ersten acht Wochen nach der Aufnahme erstellt. [2] Diese Frist verkürzt sich bei einer voraussichtlichen Vollzugsdauer von unter einem Jahr auf vier Wochen.

(3) [1] Der Vollzugs- und Eingliederungsplan sowie die darin vorgesehenen Maßnahmen werden für den Strafgefangenen oder den Jugendstrafgefangenen regelmäßig alle sechs Monate, spätestens aber alle zwölf Monate überprüft und fortgeschrieben. [2] Bei dem Strafgefangenen mit angeordneter oder vorbehaltener Sicherungsverwahrung oder bei dem Jugendstrafgefangenen mit vorbehaltener Sicherungsverwahrung soll die Frist sechs Monate nicht übersteigen. [3] Bei Jugendstrafen von weniger als zwei Jahren erfolgt die Überprüfung regelmäßig alle vier Monate. [4] Die Entwicklung des Strafgefangenen oder des Jugendstrafgefangenen und die in der Zwischenzeit gewonnenen Erkenntnisse sind zu berücksichtigen. [5] Die durchgeführten Maßnahmen sind zu dokumentieren.

(4) [1] Die Vollzugs- und Eingliederungsplanung wird mit dem Strafgefangenen oder dem Jugendstrafgefangenen erörtert. [2] Dabei werden seine Anregungen und Vorschläge einbezogen, soweit sie der Erreichung des Vollzugsziels dienen.

(5) [1] Zur Erstellung und Fortschreibung des Vollzugs- und Eingliederungsplans führt der Anstaltsleiter eine Konferenz mit den an der Vollzugsgestaltung maßgeblich Beteiligten durch. [2] Standen der Strafgefangene oder der Jugendstrafgefangene vor seiner Inhaftierung unter Bewährung oder Führungsaufsicht, können auch die für ihn bislang zuständigen Bewährungshelfer an der Konferenz beteiligt werden. [3] Dem Strafgefangenen oder dem Jugendstrafgefangenen wird der Vollzugs- und Eingliederungsplan in der Konferenz eröffnet und erläutert; er kann auch darüber hinaus an der Konferenz beteiligt werden.

(6) [1] An der Eingliederung mitwirkende Personen außerhalb des Vollzugs sind nach Möglichkeit in die Planung einzubeziehen. [2] Sie können mit Zustimmung des Strafgefangenen oder des Jugendstrafgefangenen auch an der Konferenz beteiligt werden.

(7) Wird der Strafgefangene oder der Jugendstrafgefangene nach der Entlassung voraussichtlich unter Bewährungs- oder Führungsaufsicht gestellt, so ist den künftig zuständigen Bewährungshelfern in den letzten zwölf Monaten vor dem voraussichtlichen Entlassungszeitpunkt die Teilnahme an der Konferenz zu ermöglichen und sind ihnen der Vollzugs- und Eingliederungsplan und seine Fortschreibungen zu übersenden.

(8) [1] Der Vollzugs- und Eingliederungsplan und seine Fortschreibungen werden dem Strafgefangenen oder dem Jugendstrafgefangenen ausgehändigt. [2] Im Vollzug der Jugendstrafe werden sie dem Vollstreckungsleiter und auf Verlangen den Personensorgeberechtigten mitgeteilt.

§ 15 Inhalt des Vollzugs- und Eingliederungsplans. (1) [1] Der Vollzugs- und Eingliederungsplan sowie seine Fortschreibungen enthalten insbesondere folgende Angaben:

1. Zusammenfassung der für die Vollzugs- und Eingliederungsplanung maßgeblichen Ergebnisse des Diagnoseverfahrens,

2. voraussichtlicher Entlassungszeitpunkt,
3. Unterbringung im geschlossenen oder offenen Vollzug,
4. Unterbringung in einer Wohngruppe und Teilnahme am Wohngruppenvollzug,
5. Unterbringung in einer sozialtherapeutischen Abteilung und Teilnahme an deren Behandlungsprogrammen,
6. Maßnahmen zur Förderung der Mitwirkungsbereitschaft,
7. Teilnahme an psychiatrischen Maßnahmen,
8. Teilnahme an einzel- und gruppentherapeutischen Maßnahmen, insbesondere Psychotherapie,
9. Teilnahme an Maßnahmen zur Behandlung von Suchtmittelabhängigkeit und -missbrauch,
10. Teilnahme an Trainingsmaßnahmen zur Verbesserung der sozialen Kompetenz,
11. Teilnahme an schulischen und beruflichen Qualifizierungsmaßnahmen einschließlich Alphabetisierungs- und Deutschkursen,
12. Teilnahme an arbeitstherapeutischen Maßnahmen oder am Arbeitstraining,
13. Arbeit,
14. freies Beschäftigungsverhältnis, Selbstbeschäftigung,
15. Teilnahme an Sportangeboten und Maßnahmen zur Gestaltung der strukturierten Freizeit,
16. Lockerungen zur Erreichung des Vollzugsziels,
17. Aufrechterhaltung, Förderung und Gestaltung von Außenkontakten,
18. Schuldnerberatung, Schuldenregulierung und Erfüllung von Unterhaltspflichten,
19. Maßnahmen zur Vorbereitung von Entlassung, Eingliederung und Nachsorge und
20. Frist zur Fortschreibung des Vollzugs- und Eingliederungsplans.

[2] Bei angeordneter oder vorbehaltener Sicherungsverwahrung enthalten der Vollzugs- und Eingliederungsplan sowie seine Fortschreibungen darüber hinaus Angaben zu individuellen Maßnahmen im Sinne des § 8 Abs. 3 Satz 2 und einer Antragstellung im Sinne des § 119a Abs. 2 des Strafvollzugsgesetzes[1)].

(2) Die Teilnahme an Maßnahmen nach Absatz 1 Satz 1 Nrn. 5, 7 bis 12 und Satz 2 darf durch andere Maßnahmen nach Absatz 1 nicht beeinträchtigt werden.

(3) Der Strafgefangene oder der Jugendstrafgefangene ist verpflichtet, an den im Vollzugs- und Eingliederungsplan als erforderlich erachteten Maßnahmen teilzunehmen.

(4) [1] Spätestens ein Jahr vor dem voraussichtlichen Entlassungszeitpunkt hat die Planung zur Vorbereitung der Eingliederung zu beginnen. [2] Anknüpfend an die bisherige Vollzugsplanung werden ab diesem Zeitpunkt die Maßnahmen nach Absatz 1 Satz 1 Nr. 19 konkretisiert oder ergänzt. [3] Insbesondere ist Stellung zu nehmen zu:

1. der Unterbringung im offenen Vollzug, Aufenthalt in einer Übergangseinrichtung,

---

[1)] Nr. 1.

2. der Unterkunft sowie Arbeit oder Ausbildung nach der Entlassung,
3. der Unterstützung bei notwendigen Behördengängen und der Beschaffung der notwendigen persönlichen Dokumente,
4. der Beteiligung der Bewährungshilfe und der Psychotherapeutischen Ambulanzen der Justiz,
5. der Kontaktaufnahme zu Einrichtungen der Entlassenenhilfe,
6. der Fortsetzung von im Vollzug noch nicht abgeschlossenen Maßnahmen,
7. Anregungen von Auflagen und Weisungen für die Bewährungs- oder Führungsaufsicht und
8. der Vermittlung in nachsorgende Maßnahmen.

§ 16 Ermittlung des Förder- und Erziehungsbedarfs der jungen Untersuchungsgefangenen, Maßnahmen. (1) Nach dem Aufnahmeverfahren wird der Förder- und Erziehungsbedarf des jungen Untersuchungsgefangenen unter Berücksichtigung seiner Persönlichkeit und seiner Lebensverhältnisse ermittelt.

(2) [1] In einer Konferenz mit an der Erziehung maßgeblich beteiligten Bediensteten werden der Förder- und Erziehungsbedarf erörtert und die sich daraus ergebenden Maßnahmen festgelegt. [2] Diese werden mit dem jungen Untersuchungsgefangenen besprochen und den Personensorgeberechtigten auf Verlangen mitgeteilt.

Abschnitt 3. Unterbringung, Verlegung und Überstellung, Vorführung und Ausantwortung

§ 17 Trennungsgrundsätze. (1) [1] Jeweils getrennt voneinander werden untergebracht

1. männliche und weibliche Gefangene,
2. Strafgefangene, Jugendstrafgefangene und Untersuchungsgefangene sowie
3. junge Untersuchungsgefangene und die übrigen Untersuchungsgefangenen.

[2] Die Unterbringung erfolgt in eigenständigen Anstalten, zumindest in getrennten Abteilungen.

(2) [1] Abweichend von Absatz 1 Satz 1 Nr. 2 kann der Untersuchungsgefangene zusammen mit Strafgefangenen untergebracht werden

1. mit Zustimmung des Untersuchungsgefangenen,
2. zur Umsetzung einer Anordnung nach § 119 Abs. 1 der Strafprozessordnung oder
3. aus Gründen der Sicherheit oder Ordnung der Anstalt.

[2] Das gilt für den jungen Untersuchungsgefangenen nur, wenn eine erzieherische Gestaltung des Vollzugs gewährleistet bleibt und schädliche Einflüsse auf ihn nicht zu befürchten sind. [3] Unter den Voraussetzungen der Sätze 1 und 2 kann er auch mit den übrigen Untersuchungsgefangenen oder mit Jugendstrafgefangenen untergebracht werden.

(3) [1] Über Absatz 2 hinaus können Gefangene ausnahmsweise mit solchen anderer Vollzugsarten untergebracht werden, wenn ihre geringe Anzahl eine getrennte Unterbringung nicht zulässt und das Vollzugsziel nicht gefährdet wird. [2] Bei jungen Gefangenen muss zudem die erzieherische Gestaltung des Vollzugs gewährleistet sein.

(4) Absatz 1 gilt nicht für eine Unterbringung zum Zwecke der medizinischen Behandlung.

(5) Gemeinsame Maßnahmen, insbesondere zur schulischen und beruflichen Qualifizierung, sind zulässig.

§ 18 Unterbringung während der Einschlusszeiten. (1) Der Gefangene wird in seinem Haftraum einzeln untergebracht.

(2) [1] Mit seiner Zustimmung darf er gemeinsam mit anderen Gefangenen untergebracht werden, wenn schädliche Einflüsse nicht zu befürchten sind. [2] Bei einer Gefahr für Leben oder Gesundheit oder bei Hilfsbedürftigkeit ist die Zustimmung des gefährdeten oder des hilfsbedürftigen Gefangenen zur gemeinsamen Unterbringung entbehrlich.

(3) Darüber hinaus ist eine gemeinsame Unterbringung mit anderen Gefangenen nur vorübergehend und aus zwingenden Gründen zulässig.

§ 19 Aufenthalt außerhalb der Einschlusszeiten. (1) Außerhalb der Einschlusszeiten darf sich der Gefangene in Gemeinschaft mit anderen Gefangenen aufhalten.

(2) Der gemeinschaftliche Aufenthalt kann eingeschränkt werden,

1. wenn es die Sicherheit oder Ordnung der Anstalt erfordert,
2. wenn ein schädlicher Einfluss auf andere Gefangene zu befürchten ist,
3. während des Diagnoseverfahrens, aber nicht länger als acht Wochen,
4. bei dem jungen Gefangenen, wenn dies aus erzieherischen Gründen angezeigt ist,
5. zur Umsetzung einer Anordnung nach § 119 Abs. 1 der Strafprozessordnung oder
6. bei dem jungen Untersuchungsgefangenen während der ersten zwei Wochen nach der Aufnahme.

§ 20 Wohngruppenvollzug. (1) [1] Der Wohngruppenvollzug dient der Einübung sozialverträglichen Zusammenlebens, insbesondere von Toleranz sowie der Übernahme von Verantwortung für sich und andere. [2] Er ermöglicht dem dort untergebrachten jungen Gefangenen oder dem dort untergebrachten Strafgefangenen, seinen Vollzugsalltag weitgehend selbstständig zu regeln.

(2) [1] Eine Wohngruppe wird in einem abgegrenzten Bereich eingerichtet, zu dem neben den Hafträumen weitere Räume und Einrichtungen zur gemeinsamen Nutzung gehören. [2] Sie wird in der Regel von fest zugeordneten Bediensteten betreut.

(3) [1] Der geeignete junge Gefangene soll in einer Wohngruppe untergebracht werden. [2] Nicht geeignet ist in der Regel der junge Gefangene, der aufgrund seines Verhaltens nicht gruppenfähig ist.

(4) Der Strafgefangene kann in einer Wohngruppe untergebracht werden.

§ 21 Unterbringung mit Kindern. (1) [1] Ein Kind kann mit Zustimmung des Aufenthaltsbestimmungsberechtigten bis zur Vollendung des dritten Lebensjahres in der Anstalt untergebracht werden, wenn die baulichen Gegebenheiten dies zulassen und Sicherheitsgründe nicht entgegenstehen und es dem Wohle des Kindes dient. [2] Vor der Unterbringung ist das Jugendamt zu hören.

(2) [1] Die Unterbringung erfolgt auf Kosten des für das Kind Unterhaltspflichtigen. [2] Von der Geltendmachung des Kostenersatzanspruchs kann ausnahmsweise abgesehen werden, wenn hierdurch die gemeinsame Unterbringung gefährdet würde.

§ 22 Geschlossener und offener Vollzug. (1) [1] Der Strafgefangene oder der Jugendstrafgefangene wird im geschlossenen oder offenen Vollzug untergebracht. [2] Anstalten und Abteilungen des offenen Vollzugs sehen keine oder nur verminderte Vorkehrungen gegen Entweichungen vor.

(2) [1] Der Strafgefangene oder der Jugendstrafgefangene soll im offenen Vollzug untergebracht werden, wenn er dessen besonderen Anforderungen genügt und für die Maßnahme geeignet ist, insbesondere tatsächliche Anhaltspunkte nicht die abstrakte Gefahr begründen, dass er sich dem Vollzug der Freiheitsstrafe entziehen oder die Maßnahme zur Begehung von Straftaten oder auf andere Weise missbrauchen wird. [2] Die Unterbringung im offenen Vollzug kann versagt werden, wenn der Strafgefangene oder der Jugendstrafgefangene seiner Mitwirkungspflicht nach § 15 Abs. 3 nicht nachkommt. [3] Bei der Prüfung von vollzugsöffnenden Maßnahmen sind der Schutz der Allgemeinheit und die Belange des Opferschutzes in angemessener Weise zu berücksichtigen. [4] Bei der Entscheidung sind auch die Feststellungen im Urteil und die im Ermittlungs- oder Strafverfahren erstatteten Gutachten zu berücksichtigen.

(3) Für die Unterbringung im offenen Vollzug ist insbesondere der Strafgefangene oder der Jugendstrafgefangene ungeeignet,

1. der erheblich suchtgefährdet ist,
2. der während des laufenden Freiheitsentzugs entwichen ist, eine Flucht versucht, einen Ausbruch unternommen oder sich an einer Gefangenenmeuterei beteiligt hat,
3. der aus dem letzten Ausgang oder Langzeitausgang nicht freiwillig zurückgekehrt ist oder bei dem zureichende tatsächliche Anhaltspunkte dafür gegeben sind, dass er während des letzten Ausgangs oder Langzeitausgangs eine strafbare Handlung begangen hat,
4. gegen den ein Ausweisungs-, Auslieferungs-, Ermittlungs- oder Strafverfahren anhängig ist oder
5. bei dem zu befürchten ist, dass er einen negativen Einfluss ausüben, insbesondere die Erreichung des Vollzugsziels bei anderen Gefangenen gefährden würde.

(4) [1] Ausnahmen von Absatz 3 können zugelassen werden, wenn besondere Umstände vorliegen; die Gründe hierfür sind aktenkundig zu machen. [2] In den Fällen von Absatz 3 Nr. 4 ist die zuständige Behörde zu hören.

(5) [1] Der Strafgefangene oder der Jugendstrafgefangene, gegen den während des laufenden Freiheitsentzugs eine Strafe wegen einer schwerwiegenden Straftat gegen die körperliche Unversehrtheit oder das Leben oder gegen die sexuelle Selbstbestimmung, mit Ausnahme der §§ 180a und 181a des Strafgesetzbuches, oder wegen Handels mit Stoffen im Sinne des Betäubungsmittelgesetzes vollzogen wurde oder zu vollziehen ist oder der im Vollzug in den begründeten Verdacht des Handels mit diesen Stoffen oder des Einbringens dieser Stoffe gekommen ist, ist für die Unterbringung im offenen Vollzug ungeeignet. [2] Dies gilt auch für den Strafgefangenen oder den Jugendstrafgefangenen, über den Erkenntnisse vorliegen, dass er der organisierten Kriminalität zuzurechnen ist. [3] Ausnahmen von

Satz 1 und 2 können zugelassen werden, wenn besondere Umstände vorliegen; die Gründe hierfür sind aktenkundig zu machen.

(6) Genügt der Strafgefangene oder der Jugendstrafgefangene den besonderen Anforderungen des offenen Vollzugs nicht oder nicht mehr, wird er unverzüglich im geschlossenen Vollzug untergebracht.

(7) Der Untersuchungsgefangene wird im geschlossenen Vollzug untergebracht.

§ 23 Verlegung, Überstellung, Vorführung und Ausantwortung.

(1) [1] Der Gefangene kann abweichend vom Vollstreckungsplan in eine andere Anstalt verlegt werden, wenn Gründe der Vollzugsorganisation oder andere wichtige Gründe dies erfordern. [2] Er darf aus wichtigem Grund in eine andere Anstalt überstellt werden.

(2) Darüber hinaus kann der Strafgefangene oder der Jugendstrafgefangene abweichend vom Vollstreckungsplan in eine andere Anstalt verlegt werden, wenn die Erreichung des Vollzugsziels hierdurch gefördert wird.

(3) Der Untersuchungsgefangene kann zur Umsetzung einer Anordnung nach § 119 Abs. 1 der Strafprozessordnung verlegt oder überstellt werden.

(4) [1] Der Strafgefangene oder der Jugendstrafgefangene kann unter den Voraussetzungen der Absätze 1 und 2 mit Zustimmung der Aufsichtsbehörde in eine Anstalt eines anderen Landes verlegt werden, wenn die zuständige Behörde des anderen Landes der Verlegung in die dortige Anstalt zustimmt. [2] Ein Strafgefangener oder ein Jugendstrafgefangener aus einer Anstalt eines anderen Landes kann mit Zustimmung der Aufsichtsbehörde in eine Anstalt des Landes aufgenommen werden.

(5) [1] Vor einer Verlegung oder Überstellung des Untersuchungsgefangenen ist dem Gericht und der Staatsanwaltschaft Gelegenheit zur Stellungnahme zu geben. [2] Dem Untersuchungsgefangenen ist Gelegenheit zu geben, einen Angehörigen oder eine Vertrauensperson von der Verlegung oder Überstellung zu benachrichtigen.

(6) Bei dem jungen Gefangenen werden die Personensorgeberechtigten und das Jugendamt, bei dem Jugendstrafgefangenen auch der Vollstreckungsleiter von der Verlegung unverzüglich unterrichtet.

(7) [1] Auf Ersuchen eines Gerichts wird der Gefangene vorgeführt, sofern ein Vorführungsbefehl vorliegt. [2] Über den Untersuchungsgefangenen betreffende Vorführungsersuchen in anderen als dem der Inhaftierung zugrunde liegenden Verfahren sind das Gericht und die Staatsanwaltschaft unverzüglich zu unterrichten.

(8) [1] Der Gefangene darf auf Antrag befristet dem Gewahrsam eines Gerichts, einer Staatsanwaltschaft oder einer Polizei-, Zoll- oder Finanzbehörde überlassen werden (Ausantwortung). [2] § 46 Abs. 3 Satz 2 gilt entsprechend.

Abschnitt 4. Sozialtherapie und psychologische Behandlung im Vollzug

§ 24 Sozialtherapie. (1) [1] Sozialtherapie dient der Verringerung einer erheblichen Gefährlichkeit des Strafgefangenen oder des Jugendstrafgefangenen. [2] Auf der Grundlage einer therapeutischen Gemeinschaft bedient sie sich psychotherapeutischer, sozialpädagogischer und arbeitstherapeutischer Methoden, die in umfassenden Behandlungsprogrammen verbunden werden. [3] Personen aus dem Lebensumfeld des Strafgefangenen oder des Jugendstrafgefangenen außerhalb des Vollzugs werden in die Behandlung einbezogen.

(2) [1] Der Strafgefangene oder der Jugendstrafgefangene ist in einer sozialtherapeutischen Abteilung unterzubringen, wenn seine Teilnahme an den dortigen Behandlungsprogrammen zur Verringerung seiner erheblichen Gefährlichkeit angezeigt ist. [2] Eine erhebliche Gefährlichkeit liegt vor, wenn schwerwiegende Straftaten gegen die körperliche Unversehrtheit, das Leben, die persönliche Freiheit oder die sexuelle Selbstbestimmung zu erwarten sind.

(3) Im Übrigen kann der Strafgefangene oder der Jugendstrafgefangene in einer sozialtherapeutischen Abteilung untergebracht werden, wenn die Teilnahme an den dortigen Behandlungsprogrammen zur Erreichung des Vollzugsziels angezeigt ist.

(4) [1] Die Unterbringung soll zu einem Zeitpunkt erfolgen, der entweder den Abschluss der Behandlung zum voraussichtlichen Entlassungszeitpunkt erwarten lässt oder die Fortsetzung der Behandlung nach der Entlassung ermöglicht. [2] Ist Sicherungsverwahrung angeordnet oder vorbehalten, soll die Unterbringung zu einem Zeitpunkt erfolgen, der den Abschluss der Behandlung noch während des Vollzugs der Freiheitsstrafe oder der Jugendstrafe erwarten lässt.

(5) Die Unterbringung wird beendet, wenn das Ziel der Behandlung aus Gründen, die in der Person des Strafgefangenen oder des Jugendstrafgefangenen liegen, nicht erreicht werden kann.

§ 25 Psychologische Behandlung. [1] Psychologische Behandlung dient insbesondere der Behandlung psychischer Störungen des Verhaltens und Erlebens, die in einem Zusammenhang mit der Straffälligkeit stehen. [2] Die psychologischen Behandlungsmethoden haben sich an den wissenschaftlichen Erkenntnissen, insbesondere über die Behandlung von Straftätern, zu orientieren.

Abschnitt 5. Arbeitstherapeutische Maßnahmen, Arbeitstraining, schulische und berufliche Qualifizierungsmaßnahmen, Arbeit

§ 26 Arbeitstherapeutische Maßnahmen. Arbeitstherapeutische Maßnahmen dienen dazu, dass der Gefangene Eigenschaften wie Selbstvertrauen, Durchhaltevermögen und Konzentrationsfähigkeit einübt, um ihn stufenweise an die Grundanforderungen des Arbeitslebens heranzuführen.

§ 27 Arbeitstraining. [1] Arbeitstraining dient dazu, dem Gefangenen, der nicht in der Lage ist, einer regelmäßigen und erwerbsorientierten Beschäftigung nachzugehen, Fähigkeiten und Fertigkeiten zu vermitteln, die eine Eingliederung in das leistungsorientierte Arbeitsleben fördern. [2] Die in der Anstalt dafür vorgehaltenen Maßnahmen sind danach auszurichten, dem Gefangenen für den Arbeitsmarkt relevante Qualifikationen zu vermitteln.

§ 28 Schulische und berufliche Qualifizierungsmaßnahmen. (1) [1] Schulische und berufliche Aus- und Weiterbildung und vorberufliche Qualifizierung im Vollzug haben das Ziel, dem Gefangenen Fähigkeiten zur Eingliederung und zur Aufnahme einer Erwerbstätigkeit nach der Entlassung zu vermitteln sowie vorhandene Fähigkeiten zu verbessern oder zu erhalten. [2] Bei der Festlegung von Inhalten, Methoden und Organisationsformen der Bildungsangebote werden die

Besonderheiten der jeweiligen Zielgruppe berücksichtigt. [3] Schulische und berufliche Aus- und Weiterbildung werden in der Regel als Vollzeitmaßnahme durchgeführt.

(2) Der junge Gefangene ist vorrangig zur Teilnahme an schulischen und beruflichen Orientierungs-, Berufsvorbereitungs-, Aus- und Weiterbildungsmaßnahmen oder speziellen Maßnahmen zur Förderung seiner schulischen, beruflichen oder persönlichen Entwicklung verpflichtet.

(3) Dem geeigneten Strafgefangenen oder dem geeigneten Jugendstrafgefangenen soll die Teilnahme an einer schulischen oder beruflichen Ausbildung ermöglicht werden, die zu einem anerkannten Abschluss führt.

(4) Der geeignete Untersuchungsgefangene soll nach Möglichkeit die Gelegenheit zum Erwerb oder zur Verbesserung schulischer und beruflicher Kenntnisse, auch zum Erwerb eines anerkannten Abschlusses, erhalten, soweit es die besonderen Bedingungen der Untersuchungshaft zulassen.

(5) Berufliche Qualifizierungsmaßnahmen sind danach auszurichten, dem Gefangenen für den Arbeitsmarkt relevante Qualifikationen zu vermitteln.

(6) [1] Bei der Vollzugs- und Eingliederungsplanung ist darauf zu achten, dass der Strafgefangene oder der Jugendstrafgefangene Qualifizierungsmaßnahmen während seiner Haftzeit abschließt oder nach der Inhaftierung fortsetzen kann. [2] Können Maßnahmen während der Haftzeit nicht abgeschlossen werden, trägt die Anstalt in Zusammenarbeit mit außervollzuglichen Einrichtungen dafür Sorge, dass die begonnene Qualifizierungsmaßnahme nach der Entlassung fortgesetzt werden kann.

(7) Nachweise über schulische und berufliche Qualifizierungsmaßnahmen dürfen keinen Hinweis auf die Inhaftierung enthalten.

§ 29 Arbeit. (1) [1] Dem Gefangenen soll wirtschaftlich ergiebige Arbeit zugewiesen und dabei seine Fähigkeiten, Fertigkeiten und Neigungen berücksichtigt werden. [2] Ist der Gefangene zu wirtschaftlich ergiebiger Arbeit nicht fähig, soll ihm eine Maßnahme nach den §§ 26 und 27 zugewiesen werden. [3] Die Arbeitsschutz- und Unfallverhütungsvorschriften sind zu beachten.

(2) [1] Der Strafgefangene oder der Jugendstrafgefangene ist verpflichtet, eine ihm zugewiesene, seinen physischen und psychischen Fähigkeiten angemessene Arbeit oder Maßnahme nach den §§ 26 und 27 auszuüben, zu deren Verrichtung er aufgrund seines physischen und psychischen Zustandes in der Lage ist. [2] Er kann jährlich bis zu drei Monaten zu Hilfstätigkeiten in der Anstalt verpflichtet werden, mit seiner Zustimmung auch darüber hinaus. [3] Die Sätze 1 und 2 gelten nicht für

1. eine schwangere Gefangene oder
2. eine Gefangene, die entbunden hat,

soweit gesetzliche Beschäftigungsverbote zum Schutz erwerbstätiger Mütter bestehen,
oder

3. für den Gefangenen, der über 65 Jahre alt ist.

(3) [1] Nimmt der Gefangene eine Arbeit auf, gelten die von der Anstalt festgelegten Arbeitsbedingungen. [2] Die Arbeit darf nicht zur Unzeit niedergelegt werden.

§ 30 Freies Beschäftigungsverhältnis, Selbstbeschäftigung. (1) [1]Dem Strafgefangenen oder dem Jugendstrafgefangenen, der zum Freigang zugelassen ist, soll gestattet werden, einer Arbeit oder einer schulischen oder beruflichen Qualifizierungsmaßnahme auf der Grundlage eines freien Beschäftigungsverhältnisses oder der Selbstbeschäftigung außerhalb der Anstalt nachzugehen, wenn dies im Rahmen des Vollzugs- oder Eingliederungsplans dem Ziel dient, Fähigkeiten für eine Erwerbstätigkeit nach der Entlassung zu vermitteln, zu erhalten oder zu fördern, die Beschäftigungsstelle geeignet ist und nicht überwiegende Gründe des Vollzugs entgegenstehen. [2]§ 47 gilt entsprechend.

(2) Das Entgelt ist der Anstalt zur Gutschrift für den Strafgefangenen oder den Jugendstrafgefangenen zu überweisen.

§ 31 Freistellung von der Arbeitspflicht. (1) [1]Hat der Gefangene ein halbes Jahr lang eine ihm zugewiesene Maßnahme nach den §§ 26 und 27 oder Arbeit oder eine Hilfstätigkeit nach § 29 Abs. 2 Satz 2 ausgeübt, so kann er beanspruchen, zehn Arbeitstage von diesen Beschäftigungen freigestellt zu werden. [2]Zeiten, in denen der Gefangene infolge Krankheit an der Arbeitsleistung gehindert war, werden auf das Halbjahr bis zu 15 Arbeitstagen angerechnet. [3]Der Anspruch verfällt, wenn die Freistellung nicht innerhalb eines Jahres nach seiner Entstehung erfolgt ist.

(2) Der Zeitraum der Freistellung muss mit den betrieblichen Belangen vereinbar sein,

(3) [1]Auf die Zeit der Freistellung wird bei dem Strafgefangenen oder dem Jugendstrafgefangenen der Langzeitausgang im Sinne von § 45 Abs. 1 Nr. 4 angerechnet, soweit er in die Arbeitszeit fällt. [2]Gleiches gilt für einen Langzeitausgang nach § 46 Abs. 1, soweit er nicht wegen des Todes oder einer lebensgefährlichen Erkrankung naher Angehöriger erteilt worden ist.

(4) Der Gefangene erhält für die Zeit der Freistellung sein zuletzt gezahltes Arbeitsentgelt oder seine Ausbildungsbeihilfe weiter.

(5) Urlaubsregelungen freier Beschäftigungsverhältnisse finden Anwendung.

(6) Für Maßnahmen nach § 28 Abs. 1 gelten die Absätze 1 bis 5 entsprechend, sofern sie den Umfang der regelmäßigen wöchentlichen Arbeitszeit erreichen.

Abschnitt 6. Besuche, Telefongespräche, Schriftwechsel, andere Formen der Telekommunikation, Pakete

§ 32 Grundsatz. Der Gefangene hat das Recht, mit Personen außerhalb der Anstalt im Rahmen der Bestimmungen dieses Gesetzes zu verkehren.

§ 33 Besuch. (1) [1]Der Gefangene darf regelmäßig Besuch empfangen. [2]Die Gesamtdauer beträgt im Vollzug der Freiheitsstrafe oder der Untersuchungshaft monatlich mindestens zwei, im Vollzug der Jugendstrafe oder der Untersuchungshaft an dem jungen Untersuchungsgefangenen monatlich mindestens vier Stunden.

(2) [1]Kontakte des Gefangenen zu seinen Kindern unter 14 Jahren werden besonders gefördert. [2]Ihre Besuche werden im Umfang von bis zu zwei Stunden nicht auf die Regelbesuchszeiten angerechnet. [3]Bei dem jungen Gefangenen erfolgt keine Anrechnung.

(3) Besuche von Angehörigen im Sinne des § 11 Abs. 1 Nr. 1 des Strafgesetzbuches werden besonders unterstützt.

(4) Besuche sollen darüber hinaus zugelassen werden, wenn sie

1. persönlichen, rechtlichen oder geschäftlichen Angelegenheiten des Gefangenen dienen, die von ihm nicht schriftlich erledigt, durch Dritte wahrgenommen oder bis zur voraussichtlichen Entlassung aufgeschoben werden können,
2. die Eingliederung des Strafgefangenen oder des Jugendstrafgefangenen fördern oder
3. die Erziehung des jungen Gefangenen fördern.

(5) Der Anstaltsleiter kann mehrstündige, unbeaufsichtigte Besuche (Langzeitbesuche) zulassen, wenn dies der Eingliederung des Strafgefangenen oder des Jugendstrafgefangenen dient und er hierfür geeignet ist.

(6) [1] Besuche von

1. Verteidigern,
2. Rechtsanwälten sowie
3. Notaren

in einer den Gefangenen betreffenden Rechtssache sind zu gestatten. [2] Sie werden nicht auf die Mindestbesuchszeit nach Absatz 1 angerechnet. [3] Dies gilt auch für Besuche von Beiständen nach § 69 des Jugendgerichtsgesetzes.

§ 34 Untersagung der Besuche. Der Anstaltsleiter kann in den folgenden Fällen Besuche untersagen:

1. wenn die Sicherheit oder Ordnung der Anstalt gefährdet würde,
2. wenn bei Personen, die nicht Angehörige des Strafgefangenen oder des jungen Gefangenen im Sinne des § 11 Abs. 1 Nr. 1 des Strafgesetzbuches sind, zu befürchten ist, dass sie einen schädlichen Einfluss auf den Strafgefangenen oder den jungen Gefangenen haben oder die Erreichung des Vollzugsziels behindern,
3. wenn bei Personen, die Opfer der Straftat sind oder im Haftbefehl als Opfer benannt werden, zu befürchten ist, dass die Begegnung mit dem Gefangenen einen schädlichen Einfluss auf sie hat,
4. die Personensorgeberechtigten nicht einverstanden sind oder
5. in den Fällen des § 25 Abs. 5 des Vierten Buches Justizvollzugsgesetzbuch Sachsen-Anhalt.

§ 35 Durchführung der Besuche. (1) [1] Aus Gründen der Sicherheit oder Ordnung können Besuche davon abhängig gemacht werden, dass der Besucher sich und seine mitgeführten Sachen mit Hilfsmitteln absuchen oder durchsuchen lässt und Anordnungen zur Identitätsfeststellung nach § 22 Abs. 3 des Vierten Buches Justizvollzugsgesetzbuch Sachsen-Anhalt Folge leistet. [2] Aus den gleichen Gründen kann die Anzahl der gleichzeitig zu einem Besuch zugelassenen Personen beschränkt werden. [3] Eine inhaltliche Überprüfung der von Verteidigern oder Beiständen nach § 69 des Jugendgerichtsgesetzes mitgeführten Schriftstücke und sonstigen Unterlagen ist nicht zulässig. [4] § 41 Abs. 2 Satz 2 und 3 findet Anwendung.

(2) [1] Besuche dürfen abgebrochen werden, wenn der Besucher oder der Gefangene gegen dieses Gesetz oder gegen aufgrund dieses Gesetzes getroffene Anordnungen trotz Abmahnung verstößt oder von dem Besucher ein schädlicher

Einfluss auf den Gefangenen ausgeht. [2]Dies gilt auch bei einem Verstoß gegen eine Anordnung nach § 119 Abs. 1 der Strafprozessordnung. [3]Die Abmahnung unterbleibt, wenn es zur Abwehr einer Gefahr für die Sicherheit oder Ordnung der Anstalt unerlässlich ist, den Besuch sofort abzubrechen.

(3) [1]Gegenstände dürfen beim Besuch nicht übergeben werden. [2]Dies gilt nicht für die bei dem Besuch von Verteidigern oder Beiständen nach § 69 des Jugendgerichtsgesetzes übergebenen Schriftstücke und sonstigen Unterlagen sowie für die bei dem Besuch von Rechtsanwälten oder Notaren zur Erledigung einer den Gefangenen betreffenden Rechtssache übergebenen Schriftstücke und sonstigen Unterlagen. [3]Bei dem Besuch von Rechtsanwälten oder Notaren kann die Übergabe aus Gründen der Sicherheit oder Ordnung der Anstalt von der Erlaubnis des Anstaltsleiters abhängig gemacht werden. [4]§ 41 Abs. 2 Satz 2 und 3 findet Anwendung.

(4) Der Anstaltsleiter kann im Einzelfall die Nutzung einer Trennvorrichtung anordnen, wenn dies zum Schutz von Personen oder zur Aufrechterhaltung der Sicherheit oder Ordnung der Anstalt, insbesondere zur Verhinderung einer Übergabe von Gegenständen, erforderlich ist.

§ 36 Überwachung der Besuche. (1) [1]Besuche werden regelmäßig optisch überwacht. [2]Über Ausnahmen entscheidet der Anstaltsleiter. [3]Die optische Überwachung kann mit technischen Hilfsmitteln durchgeführt werden; die betroffenen Personen sind vorher sprachlich und durch Zeichen darauf hinzuweisen.

(2) [1]Besuche werden akustisch nur überwacht, soweit es im Einzelfall

1. aus Gründen der Sicherheit,
2. bei dem Strafgefangenen oder dem Jugendstrafgefangenen wegen einer Gefährdung der Erreichung des Vollzugsziels,
3. bei dem jungen Gefangenen aus Gründen der Erziehung oder
4. zur Umsetzung einer Anordnung nach § 119 der Strafprozessordnung

erforderlich ist. [2]Die akustische Überwachung kann mit technischen Hilfsmitteln durchgeführt werden; die betroffenen Personen sind vorher sprachlich und durch Zeichen darauf hinzuweisen.

(3) Eine Aufzeichnung der optischen und akustischen Überwachung findet nur nach Maßgabe des § 31 des Vierten Buches Justizvollzugsgesetzbuch Sachsen-Anhalt statt.

(4) Besuche von Verteidigern oder Beiständen nach § 69 des Jugendgerichtsgesetzes werden nicht überwacht.

§ 37 Telefongespräche. (1) [1]In dringenden Fällen soll dem Gefangenen gestattet werden, Telefongespräche zu führen. [2]Die §§ 34, 35 Abs. 2 und § 36 Abs. 2 und 4 gelten entsprechend. [3]Ist eine akustische Überwachung beabsichtigt, so ist dies dem Gesprächspartner unmittelbar nach Herstellung der Verbindung durch die Anstalt oder den Gefangenen mitzuteilen. [4]Der Gefangene ist rechtzeitig vor Beginn der Unterhaltung über die beabsichtigte Überwachung und die Mitteilungspflicht nach Satz 3 zu unterrichten. [5]Die Unterhaltung kann zeitversetzt überwacht und nach Maßgabe des § 31 des Vierten Buches Justizvollzugsgesetzbuch Sachsen-Anhalt weiterverarbeitet werden.

(2) [1]Dem Gefangenen kann gestattet werden, Telefongespräche zu führen, wenn er sich mit den zur Gewährleistung der Sicherheit und Ordnung der Anstalt von der Vollzugsbehörde erlassenen Nutzungsbedingungen einverstanden erklärt.

[2]Die Nutzungsbedingungen dürfen keine Regelungen enthalten, die Absatz 1 Satz 2 bis 5 entgegenstehen.

(3) [1]Die Kosten der Telefongespräche trägt der Gefangene. [2]Ist er dazu nicht in der Lage, kann die Anstalt die Kosten in begründeten Fällen in angemessenem Umfang übernehmen, soweit nicht ein Dritter leistungspflichtig ist.

§ 38 Schriftwechsel. (1) Der Gefangene hat das Recht, Schreiben abzusenden und zu empfangen.

(2) [1]Die Kosten des Schriftwechsels trägt der Gefangene. [2]Ist er dazu nicht in der Lage, kann die Anstalt die Kosten in begründeten Fällen in angemessenem Umfang übernehmen, soweit nicht ein Dritter leistungspflichtig ist.

§ 39 Untersagung des Schriftwechsels. Der Anstaltsleiter kann den Schriftwechsel mit bestimmten Personen untersagen, wenn

1. die Sicherheit oder Ordnung der Anstalt gefährdet würde,
2. bei Personen, die nicht Angehörige des Strafgefangenen oder des jungen Gefangenen im Sinne des § 11 Abs. 1 Nr. 1 des Strafgesetzbuches sind, zu befürchten ist, dass sie einen schädlichen Einfluss auf den Strafgefangenen oder den jungen Gefangenen haben oder die Erreichung des Vollzugsziels behindern,
3. bei Personen, die Opfer der Straftat waren oder im Haftbefehl als Opfer benannt werden, zu befürchten ist, dass der Schriftwechsel mit dem Gefangenen einen schädlichen Einfluss auf sie hat, oder
4. die Personensorgeberechtigten nicht einverstanden sind.

§ 40 Sichtkontrolle, Weiterleitung und Aufbewahrung von Schreiben.

(1) Der Gefangene hat das Absenden und den Empfang seiner Schreiben durch die Anstalt vermitteln zu lassen, soweit nichts anderes gestattet ist.

(2) Ein- und ausgehende Schreiben werden auf verbotene Gegenstände kontrolliert und sind unverzüglich weiterzuleiten.

(3) [1]Der Gefangene hat eingehende Schreiben unverschlossen zu verwahren, sofern nichts anderes gestattet wird. [2]Er kann sie verschlossen zu seiner Habe geben.

§ 41 Überwachung des Schriftwechsels. (1) Der Schriftwechsel darf überwacht werden, soweit es im Einzelfall

1. aus Gründen der Sicherheit oder Ordnung der Anstalt,
2. bei dem Strafgefangenen oder dem Jugendstrafgefangenen wegen einer Gefährdung der Erreichung des Vollzugsziels,
3. bei dem jungen Gefangenen aus Gründen der Erziehung oder
4. zur Umsetzung einer Anordnung nach § 119 Abs. 1 der Strafprozessordnung

erforderlich ist.

(2) [1]Nicht überwacht werden Schreiben des Gefangenen an

1. Gerichte,
2. Staatsanwaltschaften,
3. Verteidiger, Beistände nach § 69 des Jugendgerichtsgesetzes,
4. die Aufsichtsbehörde,

5. Volksvertretungen des Bundes und der Länder, das Europäische Parlament und seine Mitglieder,
6. den Europäischen Gerichtshof für Menschenrechte,
7. den Europäischen Ausschuss zur Verhütung von Folter und unmenschlicher oder erniedrigender Behandlung oder Strafe und weitere Einrichtungen, mit denen der Schriftverkehr aufgrund völkerrechtlicher Verpflichtungen der Bundesrepublik Deutschland geschützt ist,
8. den Ausschuss der Vereinten Nationen gegen Folter, den zugehörigen Unterausschuss zur Verhütung von Folter und die entsprechenden nationalen Präventionsmechanismen,
9. den Ausschuss für Angelegenheiten der psychiatrischen Krankenversorgung,
10. den Bundesbeauftragten für den Datenschutz und die Informationsfreiheit,
11. die jeweiligen Landesbeauftragten für den Datenschutz und die Informationsfreiheit und
12. die jeweiligen Bürgerbeauftragten der Länder.

[2] Bei ausländischen Staatsangehörigen ist ferner eine Überwachung und Beschränkung des Schriftverkehrs mit der konsularischen oder diplomatischen Vertretung des Heimatlandes nicht zulässig. [3] Schreiben der in den Sätzen 1 bis 2 genannten Stellen, die an den Gefangenen gerichtet sind, werden nicht überwacht, sofern die Identität des Absenders zweifelsfrei feststeht. [4] Liegt dem Vollzug eine Straftat nach § 129a, auch in Verbindung mit § 129b Abs. 1 des Strafgesetzbuches zugrunde, gelten § 148 Abs. 2 und § 148a der Strafprozessordnung entsprechend; dies gilt nicht, wenn der Gefangene sich im offenen Vollzug befindet oder wenn ihm Lockerungen nach § 45 gewährt worden sind und ein Grund, der den Anstaltsleiter zum Widerruf von Lockerungen ermächtigt, nicht vorliegt. [5] Satz 4 gilt auch für den Vollzug, dem eine andere Verurteilung zugrunde liegt, wenn sich daran ein Vollzug anschließt, dem eine Verurteilung wegen einer Straftat nach § 129a, auch in Verbindung mit § 129b Abs. 1 des Strafgesetzbuches zugrunde liegt.

§ 42 Anhalten von Schreiben. (1) Der Anstaltsleiter kann Schreiben anhalten, wenn

1. die Sicherheit oder Ordnung der Anstalt gefährdet würde,
2. die Weitergabe in Kenntnis ihres Inhalts einen Straftatbestand oder Bußgeldtatbestand verwirklichen würde,
3. sie grob unrichtige oder erheblich entstellende Darstellungen von Anstaltsverhältnissen enthalten,
4. sie Beleidigungen, üble Nachreden oder Verleumdungen zum Nachteil eines Bediensteten der Anstalt enthalten,
5. sie in Geheimschrift oder Kurzschrift, unlesbar, unverständlich oder ohne zwingenden Grund in einer fremden Sprache abgefasst sind,
6. bei dem Strafgefangenen oder dem Jugendstrafgefangenen die Erreichung des Vollzugsziels gefährdet würde,
7. es die Aufgabe des Vollzugs der Untersuchungshaft erfordert oder
8. sie die Eingliederung anderer Strafgefangener oder anderer Jugendstrafgefangener gefährden können.

(2) Einem ausgehenden Schreiben, das unrichtige Darstellungen von Anstaltsverhältnissen enthält, kann ein Begleitschreiben beigefügt werden, wenn der Gefangene auf dem Absenden des Schreibens besteht.

(3) [1] Ist ein Schreiben angehalten worden, wird das dem Gefangenen mitgeteilt. [2] Hiervon kann im Vollzug der Untersuchungshaft abgesehen werden, wenn und solange es dessen Aufgabe erfordert. [3] Soweit ein angehaltenes Schreiben nicht beschlagnahmt wird, wird es an den Absender zurückgegeben oder, sofern dies unmöglich oder aus besonderen Gründen nicht angezeigt ist, verwahrt.

(4) Schreiben, deren Überwachung ausgeschlossen ist, dürfen nicht angehalten werden.

§ 43 Andere Formen der Telekommunikation. (1) [1] Die Zulassung anderer Formen der Telekommunikation nach dem Telekommunikationsgesetz in der Anstalt bedarf der Zustimmung der Aufsichtsbehörde. [2] Der Gefangene hat keinen Anspruch auf Erteilung der Zustimmung.

(2) [1] Hat die Aufsichtsbehörde die Zustimmung erteilt, so kann die Anstalt dem Gefangenen die Nutzung der zugelassenen Telekommunikationsform gestatten, wenn sichergestellt ist, dass hierdurch nicht die Sicherheit oder Ordnung der Anstalt gefährdet wird und sich der Gefangene mit den von der Anstalt zu diesem Zweck erlassenen Nutzungsbedingungen einverstanden erklärt. [2] Die Nutzungsbedingungen dürfen keine Regelungen enthalten, die den Vorschriften dieses Gesetzes über den Schriftwechsel, den Besuch und über Telefongespräche entgegenstehen.

§ 44 Pakete. (1) [1] Dem Gefangenen kann auf Antrag gestattet werden, Pakete zu empfangen. [2] Der Empfang von Paketen mit Nahrungs- und Genussmitteln ist untersagt. [3] Die Anstalt kann Anzahl, Gewicht und Größe von Sendungen und einzelnen Gegenständen festsetzen. [4] Über § 54 Abs. 1 Satz 2 hinaus kann sie Gegenstände und Verpackungsformen ausschließen, die einen unverhältnismäßigen Kontrollaufwand bedingen.

(2) Die Anstalt kann die Annahme von Paketen, deren Einbringung nicht gestattet ist oder die die Voraussetzungen des Absatzes 1 nicht erfüllen, ablehnen oder solche Pakete an den Absender zurücksenden.

(3) [1] Pakete sind in Gegenwart des Gefangenen zu öffnen, an den sie adressiert sind. [2] Mit nicht zugelassenen oder ausgeschlossenen Gegenständen ist gemäß § 57 Abs. 3 zu verfahren. [3] Sie können auch auf Kosten des Gefangenen zurückgesandt werden.

(4) Der Empfang von Paketen kann vorübergehend versagt werden, wenn dies wegen der Gefährdung der Sicherheit oder Ordnung der Anstalt unerlässlich ist.

(5) [1] Dem Gefangenen kann gestattet werden, Pakete zu versenden. [2] Der Inhalt wird aus Gründen der Sicherheit oder Ordnung der Anstalt in Gegenwart des Gefangenen überprüft und anschließend in seinem Beisein verschlossen.

(6) [1] Die Kosten des Paketversandes trägt der Gefangene. [2] Ist er dazu nicht in der Lage, kann die Anstalt die Kosten in begründeten Fällen in angemessenem Umfang übernehmen, soweit nicht ein Dritter leistungspflichtig ist.

Abschnitt 7. Lockerungen

§ 45 Lockerungen zur Erreichung des Vollzugsziels. (1) Dem Strafgefangenen oder dem Jugendstrafgefangenen können mit seiner Zustimmung Lockerungen zur Erreichung des Vollzugsziels gewährt werden, insbesondere

1. das Verlassen der Anstalt für eine bestimmte Tageszeit unter Aufsicht eines Vollzugsbediensteten (Ausführung),
2. das Verlassen der Anstalt für eine bestimmte Tageszeit in Begleitung einer von der Anstalt zugelassenen Person (Begleitausgang),
3. das Verlassen der Anstalt für eine bestimmte Tageszeit ohne Begleitung (unbegleiteter Ausgang),
4. das Verlassen der Anstalt für mehr als einen Tag (Langzeitausgang),
5. die regelmäßige Beschäftigung außerhalb der Anstalt unter ständiger Aufsicht oder unter Aufsicht eines Vollzugsbediensteten in unregelmäßigen Abständen (Außenbeschäftigung),
6. die regelmäßige Beschäftigung außerhalb der Anstalt ohne Aufsicht eines Vollzugsbediensteten (Freigang).

(2) Ausführungen dürfen gewährt werden, wenn nicht tatsächliche Anhaltspunkte mit hinreichender Wahrscheinlichkeit unter Berücksichtigung auch einer erhöhten Bewachungsdichte die konkrete Gefahr begründen, dass sich der Strafgefangene oder der Jugendstrafgefangene dem Vollzug der Freiheitsstrafe entziehen oder die Ausführungen zur Begehung von Straftaten oder auf andere Weise missbrauchen wird.

(3) [1] Lockerungen nach Absatz 1 Nrn. 2 bis 6 dürfen gewährt werden, wenn der Strafgefangene oder der Jugendstrafgefangene für die jeweilige Maßnahme geeignet ist, insbesondere keine tatsächlichen Anhaltspunkte die abstrakte Gefahr begründen, dass er sich dem Vollzug der Freiheitsstrafe entziehen oder die Maßnahmen zur Begehung von Straftaten oder auf andere Weise missbrauchen wird. [2] Lockerungen können versagt werden, wenn der Strafgefangene oder der Jugendstrafgefangene seiner Mitwirkungspflicht nach § 15 Abs. 3 nicht nachkommt. [3] Bei der Prüfung von Lockerungen sind der Schutz der Allgemeinheit und die Belange des Opferschutzes in angemessener Weise zu berücksichtigen. [4] Bei der Entscheidung sind auch die Feststellungen im Urteil und die im Ermittlungs- oder Strafverfahren erstatteten Gutachten zu berücksichtigen.

(4) Für Lockerungen ist insbesondere der Strafgefangene oder der Jugendstrafgefangene ungeeignet,

1. der erheblich suchtgefährdet ist,
2. der während des laufenden Freiheitsentzugs entwichen ist, eine Flucht versucht, einen Ausbruch unternommen oder sich an einer Gefangenenmeuterei beteiligt hat,
3. der aus dem letzten Ausgang oder Langzeitausgang nicht freiwillig zurückgekehrt ist oder bei dem zureichende tatsächliche Anhaltspunkte dafür gegeben sind, dass er während seines letzten Ausgangs oder Langzeitausgangs eine strafbare Handlung begangen hat,
4. gegen den ein Ausweisungs-, Auslieferungs-, Ermittlungs- oder Strafverfahren anhängig ist oder

5. bei dem zu befürchten ist, dass er einen negativen Einfluss ausüben, insbesondere die Erreichung des Vollzugsziels bei anderen Gefangenen gefährden würde.

(5) [1] Ausnahmen von Absatz 4 können zugelassen werden, wenn besondere Umstände vorliegen; die Gründe hierfür sind aktenkundig zu machen. [2] In den Fällen von Absatz 4 Nr. 4 ist die zuständige Behörde zu hören.

(6) [1] Der Strafgefangene oder der Jugendstrafgefangene, gegen den während des laufenden Freiheitsentzugs eine Strafe wegen einer schwerwiegenden Straftat gegen die körperliche Unversehrtheit oder das Leben, gegen die sexuelle Selbstbestimmung, mit Ausnahme der §§ 180a und 181a des Strafgesetzbuches, oder wegen Handels mit Stoffen im Sinne des Betäubungsmittelgesetzes vollzogen wurde oder zu vollziehen ist oder der im Vollzug in den begründeten Verdacht des Handels mit diesen Stoffen oder des Einbringens dieser Stoffe gekommen ist, ist für Lockerungen ungeeignet. [2] Dies gilt auch für den Strafgefangenen oder den Jugendstrafgefangenen, über den Erkenntnisse vorliegen, dass er der organisierten Kriminalität zuzurechnen ist. [3] Ausnahmen von Satz 1 und 2 können zugelassen werden, wenn besondere Umstände vorliegen; die Gründe hierfür sind aktenkundig zu machen.

(7) [1] Langzeitausgang soll 21 Kalendertage im Jahr nicht übersteigen und erst gewährt werden, wenn sich der Strafgefangene oder der Jugendstrafgefangene mindestens sechs Monate im Vollzug der Freiheitsstrafe oder der Jugendstrafe befunden und sich im Ausgang oder Freigang bewährt hat. [2] Der zu lebenslanger Freiheitsstrafe verurteilte Strafgefangene kann einen Langzeitausgang in der Regel erst erhalten, wenn er sich einschließlich einer vorhergehenden Untersuchungshaft oder einer anderen Freiheitsentziehung zehn Jahre im Vollzug befunden und sich im Ausgang oder Freigang bewährt hat oder wenn er im offenen Vollzug untergebracht ist.

(8) [1] Lockerungen werden nur zum Aufenthalt innerhalb des Geltungsbereiches des Grundgesetzes gewährt. [2] Durch sie wird die Vollstreckung der Freiheitsstrafe oder der Jugendstrafe nicht unterbrochen.

(9) Die Gewährung von Lockerungen kann davon abhängig gemacht werden, dass die Überwachung erteilter Weisungen nach § 47 Abs. 1 Satz 2 Nrn. 1 bis 5 durch eine elektronische Aufenthaltsüberwachung unterstützt wird.

§ 46 Lockerungen aus wichtigem Anlass. (1) [1] Lockerungen können auch aus wichtigem Anlass gewährt werden. [2] Wichtige Anlässe sind insbesondere die Teilnahme an gerichtlichen Terminen, die medizinische Behandlung des Strafgefangenen oder des Jugendstrafgefangenen sowie der Tod oder eine lebensgefährliche Erkrankung naher Angehöriger. [3] § 45 Abs. 2 bis 9 sowie die §§ 47 und 48 gelten entsprechend.

(2) Ausführungen zur Befolgung einer gerichtlichen Ladung sind zu ermöglichen, soweit darin das persönliche Erscheinen angeordnet ist.

(3) [1] Aus den in Absatz 1 genannten Gründen kann der Untersuchungsgefangene ausgeführt werden. [2] Vor der Gewährung einer Ausführung des Untersuchungsgefangenen ist dem Gericht und der Staatsanwaltschaft Gelegenheit zur Stellungnahme zu geben.

(4) Wird der Gefangene aus wichtigem Anlass ausgeführt und liegt diese Ausführung ausschließlich im Interesse des Gefangenen, so werden ihm dafür die Kosten auferlegt, soweit dies seine Behandlung oder Eingliederung nicht behindert und kein Dritter leistungspflichtig ist.

(5) Der Gefangene kann aus besonderen Gründen auch gegen seinen Willen ausgeführt werden.

§ 47 Weisungen für Lockerungen. (1) [1] Für Lockerungen sind die nach den Umständen des Einzelfalls erforderlichen Weisungen zu erteilen. [2] Insbesondere kann der Strafgefangene oder der Jugendstrafgefangene angewiesen werden,
1. Anordnungen zu befolgen, die sich auf Aufenthalt, Ausbildung, Arbeit oder Freizeit oder die Ordnung ihrer wirtschaftlichen Verhältnisse beziehen,
2. den Wohn- oder Aufenthaltsort oder einen bestimmten Bereich nicht ohne Erlaubnis zu verlassen,
3. sich nicht an bestimmten Orten aufzuhalten, insbesondere sich den Opfern und deren Wohnbereich nicht zu nähern,
4. Kontakte mit bestimmten Personen oder Gruppen zu meiden,
5. sich zu festgesetzten Zeiten bei einer bestimmten Stelle oder Person zu melden,
6. sich einer bestimmten Betreuungsperson zu unterstellen,
7. bestimmte Gegenstände nicht zu besitzen,
8. Alkohol oder andere berauschende Stoffe zu meiden,
9. Proben zur Überwachung einer Weisung nach Nummer 8 in einer Anstalt oder bei einer anderen bestimmten Stelle abzugeben oder
10. die für eine elektronische Überwachung ihres Aufenthaltsortes nach Absatz 2 erforderlichen technischen Mittel ständig in betriebsbereitem Zustand bei sich zu führen und deren Funktionsfähigkeit nicht zu beeinträchtigen.

(2) Der Anstaltsleiter kann eine elektronische Aufenthaltsüberwachung anordnen und eine Weisung nach Absatz 1 Satz 2 Nr. 10 erteilen, wenn dies erforderlich erscheint, um den Strafgefangenen oder den Jugendstrafgefangenen davon abzuhalten,
1. gegen Weisungen nach Absatz 1 Satz 2 Nrn. 1 bis 5 zu verstoßen,
2. sich dem Vollzug der Freiheitsstrafe zu entziehen oder
3. Straftaten zu begehen.

(3) Bei der Ausgestaltung der Lockerungen ist nach Möglichkeit auch den Belangen des Opfers der Straftat Rechnung zu tragen.

§ 48 Begutachtung und Untersuchung, Zustimmung der Aufsichtsbehörde. (1) [1] Der Anstaltsleiter ordnet an, dass sich der Strafgefangene oder der Jugendstrafgefangene nach Wissenschaftlichen Standards begutachten oder körperlich untersuchen lässt, wenn dies zur Feststellung der Voraussetzungen einer Verlegung in den offenen Vollzug oder der Gewährung von Lockerungen erforderlich ist. [2] Die Erforderlichkeit ist in der Regel gegeben
1. bei Verurteilung zu lebenslanger Freiheitsstrafe,
2. bei Verurteilungen mit angeordneter oder vorbehaltener Sicherungsverwahrung,
3. bei Verurteilungen wegen einer Straftat
   a) nach den §§ 174 bis 180, 182, 211 oder 212 des Strafgesetzbuches oder
   b) nach § 323a des Strafgesetzbuches, soweit die im Rausch begangene Tat eine der in Buchstabe a genannten Taten ist, oder

4. wenn Tatsachen die Annahme begründen, dass eine Abhängigkeit oder ein Missbrauch von Suchtmitteln oder Arzneimitteln vorliegt.

[3] Insbesondere in den Fällen des Satzes 2 Nrn. 1 und 2 sollen Sachverständige verschiedener Fachrichtungen an der Begutachtung beteiligt werden.

(2) Blutentnahmen oder andere körperliche Eingriffe sind zulässig, wenn sie von einem Arzt vorgenommen werden und ein Nachteil für die Gesundheit des Strafgefangenen oder des Jugendstrafgefangenen nicht zu befürchten ist.

(3) [1] Die Begutachtung oder körperliche Untersuchung bedarf der Zustimmung des Strafgefangenen oder des Jugendstrafgefangenen. [2] Verweigert der Strafgefangene oder der Jugendstrafgefangene die Zustimmung, so ist in der Regel der Schluss zu ziehen, dass die Voraussetzungen für die Verlegung in den offenen Vollzug oder die Gewährung von Lockerungen nicht gegeben sind. [3] Der Strafgefangene oder der Jugendstrafgefangene ist hierauf bei der Anordnung nach Absatz 1 hinzuweisen.

(4) [1] Blut und sonstige Körperzellen dürfen nur für den der Anordnung zugrunde liegenden Zweck verwendet werden. [2] Für einen anderen vollzuglichen Zweck dürfen sie verwendet werden, wenn ihre Entnahme auch zu diesem Zweck zulässig wäre oder wenn der Strafgefangene oder der Jugendstrafgefangene zustimmt. [3] Liegt eine Zustimmung des Strafgefangenen oder des Jugendstrafgefangenen nicht vor, so ist er über die Verwendung zu einem anderen vollzuglichen Zweck zu unterrichten. [4] Blut und sonstige Körperzellen sind unverzüglich zu vernichten, sobald sie für Zwecke nach Satz 1 oder 2 nicht mehr benötigt werden.

(5) Eine Begutachtung oder körperliche Untersuchung kann auch angeordnet werden, wenn dies für die Vorbereitung einer anderen vollzuglichen Entscheidung, insbesondere zur Abwehr einer Gefahr für die Sicherheit oder Ordnung der Anstalt, erforderlich ist.

(6) Die Aufsichtsbehörde kann die Verlegung des Strafgefangenen oder des Jugendstrafgefangenen in den offenen Vollzug und die Gewährung von Lockerungen, mit Ausnahme von Ausführungen, von ihrer Einwilligung abhängig machen.

Abschnitt 8. Vorbereitung der Eingliederung, Entlassung und nachgehende Betreuung

§ 49 Vorbereitung der Eingliederung. (1) [1] Die Maßnahmen zur sozialen und beruflichen Eingliederung sind auf den Zeitpunkt der voraussichtlichen Entlassung in die Freiheit abzustellen. [2] Der Strafgefangene oder der Jugendstrafgefangene ist bei der Ordnung seiner persönlichen, wirtschaftlichen und sozialen Angelegenheiten zu unterstützen. [3] Dies umfasst die Vermittlung in nachsorgende Maßnahmen.

(2) [1] Die Anstalt arbeitet frühzeitig mit Personen und Einrichtungen außerhalb des Vollzugs zusammen, insbesondere um zu erreichen, dass der Strafgefangene oder der Jugendstrafgefangene nach seiner Entlassung über eine geeignete Unterbringung und eine Arbeits- oder Ausbildungsstelle verfügt. [2] Bewährungshilfe und Führungsaufsicht beteiligen sich frühzeitig an der sozialen und beruflichen Eingliederung des Strafgefangenen oder des Jugendstrafgefangenen.

(3) [1] Dem Strafgefangenen oder dem Jugendstrafgefangenen können Aufenthalte in Einrichtungen außerhalb des Vollzugs gewährt werden, wenn dies zur

Vorbereitung der Eingliederung erforderlich ist und er hierfür geeignet ist, insbesondere keine tatsächlichen Anhaltspunkte die abstrakte Gefahr begründen, dass er sich dem Vollzug der Freiheitsstrafe oder der Jugendstrafe entziehen oder die Möglichkeiten des Aufenthaltes in diesen Einrichtungen zu Straftaten oder auf andere Weise missbrauchen wird. [2] Hat sich der Strafgefangene oder der Jugendstrafgefangene mindestens sechs Monate im Vollzug befunden, kann ihm auch ein zusammenhängender Langzeitausgang bis zu sechs Monaten gewährt werden, wenn dies zur Vorbereitung der Eingliederung erforderlich ist. [3] § 45 Abs. 4 bis 9 sowie die §§ 47 und 48 gelten entsprechend.

(4) [1] In einem Zeitraum von sechs Monaten vor der voraussichtlichen Entlassung sind dem Strafgefangenen oder dem Jugendstrafgefangenen die zur Vorbereitung der Eingliederung erforderlichen Lockerungen zu gewähren, wenn er für diese Maßnahmen geeignet ist, insbesondere keine tatsächlichen Anhaltspunkte die abstrakte Gefahr begründen, dass er sich dem Vollzug der Freiheitsstrafe oder der Jugendstrafe entziehen oder die Lockerungen des Vollzugs zu Straftaten oder auf andere Weise missbrauchen wird. [2] § 45 Abs. 4 bis 9 sowie die §§ 47 und 48 gelten entsprechend.

§ 50 Entlassung des Strafgefangenen oder des Jugendstrafgefangenen.

(1) Der Strafgefangene oder der Jugendstrafgefangene soll am letzten Tag seiner Strafzeit möglichst frühzeitig, jedenfalls noch am Vormittag, entlassen werden.

(2) Fällt das Strafende auf einen Sonnabend oder Sonntag, einen gesetzlichen Feiertag, den ersten Werktag nach Ostern oder Pfingsten oder in die Zeit vom 22. Dezember bis zum 6. Januar, so kann der Strafgefangene oder der Jugendstrafgefangene an dem diesem Tag oder Zeitraum vorhergehenden Werktag entlassen werden, wenn dies gemessen an der Dauer der Strafzeit vertretbar ist und Gründe der Fürsorge nicht entgegenstehen.

(3) Der Entlassungszeitpunkt kann bis zu zwei Tage vorverlegt werden, wenn der Strafgefangene oder der Jugendstrafgefangene zu seiner Eingliederung hierauf dringend angewiesen ist.

(4) Dem bedürftigen Strafgefangenen oder dem bedürftigen Jugendstrafgefangenen kann eine Entlassungsbeihilfe in Form eines Reisekostenzuschusses, angemessener Kleidung oder einer sonstigen notwendigen Unterstützung gewährt werden.

(5) [1] Der Anspruch auf Auszahlung von Reisekostenzuschuss und sonstiger notwendiger Unterstützung in Geld ist nicht übertragbar. [2] Er ist auch nicht auf andere Leistungen anrechenbar.

§ 51 Nachgehende Betreuung. [1] Der Anstaltsleiter kann mit Zustimmung des Bediensteten gestatten, dass der Bedienstete an der nachgehenden Betreuung eines entlassenen Strafgefangenen oder eines entlassenen Jugendstrafgefangenen mitwirkt, wenn der Strafgefangene oder der Jugendstrafgefangene zustimmt und ohne nachgehende Betreuung die Eingliederung gefährdet wäre. [2] Die nachgehende Betreuung erfolgt nur innerhalb der ersten sechs Monate nach der Entlassung.

§ 52 Verbleib oder Aufnahme auf freiwilliger Grundlage. (1) [1] Sofern es die Belegungssituation zulässt, kann der Strafgefangene oder der Jugendstrafgefangene auf Antrag ausnahmsweise vorübergehend in der Anstalt verbleiben oder wieder aufgenommen werden, wenn die Eingliederung gefährdet und ein Aufenthalt in der Anstalt aus diesem Grund gerechtfertigt ist. [2] Die Unterbringung erfolgt auf vertraglicher Basis. [3] Die Kosten für die Unterbringung trägt der in der Anstalt untergebrachte Entlassene. [4] Ist er dazu nicht in der Lage, kann die Anstalt die Kosten in begründeten Fällen in angemessenem Umfang übernehmen, soweit nicht ein Dritter leistungspflichtig ist.

(2) [1] Der Jugendstrafgefangene kann ausnahmsweise nach seiner Entlassung eine im Vollzug begonnene Ausbildungsmaßnahme oder Behandlungsmaßnahme fortführen, soweit diese nicht anderweitig durchgeführt werden kann. [2] Hierzu kann er vorübergehend auf vertraglicher Basis in der Anstalt untergebracht werden. [3] Absatz 1 Satz 3 und 4 gilt entsprechend.

(3) Gegen den in der Anstalt untergebrachten Entlassenen dürfen Maßnahmen des Vollzugs nicht mit unmittelbarem Zwang durchgesetzt werden.

(4) Bei Störung des Anstaltsbetriebs durch den Entlassenen oder aus vollzugsorganisatorischen Gründen können die Unterbringung und die Maßnahme jederzeit beendet werden.

(5) Auf ihren Antrag ist die verbliebene oder aufgenommene Person unverzüglich zu entlassen.

§ 53 Entlassung des Untersuchungsgefangenen. (1) Auf Anordnung des Gerichts oder der Staatsanwaltschaft entlässt die Anstalt den Untersuchungsgefangenen unverzüglich aus der Haft, es sei denn, es ist in anderer Sache eine richterlich angeordnete Freiheitsentziehung zu vollziehen.

(2) [1] Aus Gründen der Fürsorge kann dem Untersuchungsgefangenen der freiwillige Verbleib in der Anstalt bis zum Vormittag des zweiten auf den Eingang der Entlassungsanordnung folgenden Werktags gestattet werden. [2] Der freiwillige Verbleib setzt das schriftliche Einverständnis des Untersuchungsgefangenen voraus, dass die bisher bestehenden Beschränkungen aufrechterhalten bleiben.

(3) § 50 Abs. 4 und 5 gilt entsprechend.

Abschnitt 9. Persönlicher Besitz, Einkauf und Verpflegung, Freizeit

§ 54 Einbringen von Gegenständen. (1) [1] Gegenstände dürfen durch oder für den Gefangenen nur mit Zustimmung der Anstalt eingebracht werden. [2] Die Anstalt kann die Zustimmung verweigern, wenn die Gegenstände geeignet sind, die Sicherheit oder Ordnung der Anstalt oder die Erreichung des Vollzugsziels zu gefährden, oder ihre Aufbewahrung nach Art oder Umfang offensichtlich nicht möglich ist.

(2) Das Einbringen von Nahrungsmitteln, Genussmitteln, Kameras, Computern und technischen Geräten, insbesondere solchen mit der Möglichkeit zur Speicherung und Übertragung von Daten, ist nicht gestattet.

§ 55 Gewahrsam an Gegenständen. (1) [1] Der Gefangene darf Gegenstände nur mit Zustimmung der Anstalt besitzen, annehmen oder abgeben. [2] Die Anstalt kann die Zustimmung verweigern oder widerrufen, wenn die Gegenstände die Sicherheit oder Ordnung der Anstalt oder die Erreichung des Vollzugsziels gefährden.

(2) [1] Der Gefangene darf ohne Zustimmung der Anstalt Gegenstände von geringem Wert an andere Gefangene weitergeben und von anderen Gefangenen

annehmen. [2]Die Anstalt kann Abgabe und Annahme auch dieser Gegenstände von einer Anzeige und ihrer Zustimmung abhängig machen.

(3) Der Besitz, die Annahme und Abgabe von Kameras, Computern sowie von technischen Geräten, insbesondere solchen mit der Möglichkeit zur Speicherung und Übertragung von Daten, ist nicht gestattet.

§ 56 Ausstattung des Haftraums. (1) [1]Der Gefangene darf seinen Haftraum in angemessenem Umfang mit eigenen Gegenständen ausstatten oder diese dort aufbewahren. [2]Gegenstände dürfen nicht in den Haftraum eingebracht werden oder werden aus dem Haftraum entfernt, wenn sie geeignet sind,

1. die Sicherheit oder Ordnung der Anstalt, insbesondere die Übersichtlichkeit des Haftraums, zu gefährden oder
2. bei dem Strafgefangenen oder dem Jugendstrafgefangenen die Erreichung des Vollzugsziels zu gefährden.

(2) Die §§ 54 und 55 Abs. 3 gelten entsprechend.

§ 57 Aufbewahrung und Vernichtung von Gegenständen. (1) Gegenstände, die der Gefangene nicht im Haftraum aufbewahren darf oder will, werden von der Anstalt aufbewahrt, soweit dies nach Art und Umfang möglich ist.

(2) Dem Gefangenen wird Gelegenheit gegeben, seine Gegenstände, die er während des Vollzugs und für seine Entlassung nicht benötigt, auf seine Kosten zu versenden.

(3) [1]Werden Gegenstände, deren Aufbewahrung nach Art oder Umfang nicht möglich ist, von dem Gefangenen trotz Aufforderung nicht aus der Anstalt verbracht, so darf die Anstalt diese Gegenstände auf Kosten des Gefangenen außerhalb der Anstalt verwahren, verwerten oder vernichten. [2]Für die Voraussetzungen und das Verfahren der Verwertung und Vernichtung gilt § 47 des Gesetzes über die öffentliche Sicherheit und Ordnung des Landes Sachsen-Anhalt entsprechend.

(4) Aufzeichnungen und andere Gegenstände, die Kenntnisse über Sicherungsvorkehrungen einer Anstalt vermitteln oder Schlussfolgerungen auf diese zulassen, dürfen vernichtet oder unbrauchbar gemacht werden.

§ 58 Zeitungen und Zeitschriften. (1) [1]Der Gefangene darf auf eigene Kosten Zeitungen und Zeitschriften in angemessenem Umfang durch Vermittlung der Anstalt beziehen. [2]Ausgeschlossen sind lediglich Zeitungen und Zeitschriften, deren Verbreitung mit Strafe oder Geldbuße bedroht ist.

(2) Dem Strafgefangenen oder dem Jugendstrafgefangenen können einzelne Ausgaben vorenthalten oder entzogen werden, wenn deren Inhalte die Erreichung des Vollzugsziels oder die Sicherheit oder Ordnung der Anstalt erheblich gefährden würden.

(3) [1]Dem Untersuchungsgefangenen können Zeitungen oder Zeitschriften vorenthalten werden, wenn dies zur Umsetzung einer Anordnung nach § 119 Abs. 1 der Strafprozessordnung erforderlich ist. [2]Für einzelne Ausgaben gilt dies auch dann, wenn deren Inhalte die Sicherheit oder Ordnung der Anstalt erheblich gefährden würden.

§ 59 Rundfunk, Informations- und Unterhaltungselektronik. (1) [1]Der Hörfunk- und Fernsehempfang ist zu ermöglichen. [2]Er kann vorübergehend ausgesetzt oder dem Gefangenen untersagt werden, wenn dies zur Aufrechterhaltung der Sicherheit oder Ordnung der Anstalt, bei dem Untersuchungsgefangenen auch zur Umsetzung einer Anordnung nach § 119 Abs. 1 der Strafprozessordnung, unerlässlich ist.

(2) [1]Der Anstaltsleiter erlaubt den Besitz eines Hörfunk- und Fernsehgerätes im Haftraum, wenn nicht Gründe des § 56 Abs. 1 Satz 2 oder bei dem jungen Gefangenen erzieherische Gründe entgegenstehen. [2]In der Erlaubnis kann der Gefangene darauf verwiesen werden, anstelle eigener von der Anstalt überlassene Geräte zu verwenden. [3]Eine solche Bestimmung kann auch nachträglich getroffen werden. [4]Andere Geräte der Informations- und Unterhaltungselektronik können unter diesen Voraussetzungen zugelassen werden. [5]Wird der Gefangene auf überlassene Geräte verwiesen, kann er nicht den Besitz eigener Geräte verlangen.

(3) Der Anstaltsleiter kann den Betrieb von Empfangsanlagen mit Zustimmung der Aufsichtsbehörde einem Dritten übertragen.

(4) [1]Die Zulassung von anderen Geräten der Informations- und Unterhaltungselektronik nach Absatz 2 Satz 4 bedarf der Zustimmung der Aufsichtsbehörde. [2]Diese kann allgemeine Richtlinien für die Gerätebeschaffenheit erlassen. [3]Eine ohne Zustimmung nach Satz 1 erteilte Zulassung kann zurückgenommen werden.

§ 60 Kleidung. (1) [1]Der Strafgefangene oder der Jugendstrafgefangene trägt Anstaltskleidung. [2]Der Anstaltsleiter kann eine abweichende Regelung treffen.

(2) [1]Der Untersuchungsgefangene darf eigene Kleidung tragen. [2]Dieses Recht kann eingeschränkt oder ausgeschlossen werden, soweit es zur Umsetzung einer Anordnung nach § 119 Abs. 1 der Strafprozessordnung oder zur Gewährleistung der Sicherheit oder Ordnung der Anstalt erforderlich ist.

(3) [1]Für Reinigung und Instandsetzung eigener Kleidung hat der Gefangene auf seine Kosten zu sorgen. [2]Der Anstaltsleiter kann anordnen, dass Reinigung und Instandsetzung nur durch Vermittlung der Anstalt erfolgen dürfen.

§ 61 Anstaltsverpflegung und Einkauf. (1) [1]Zusammensetzung und Nährwert der Anstaltsverpflegung haben den Anforderungen an eine gesunde Ernährung zu entsprechen und werden ärztlich überwacht. [2]Auf ärztliche Anordnung wird besondere Verpflegung gewährt. [3]Dem Gefangenen ist zu ermöglichen, Speisevorschriften seiner Religionsgemeinschaft zu befolgen.

(2) [1]Der Gefangene kann aus einem von der Anstalt vermittelten Angebot Nahrungs-, Genuss- und Körperpflegemittel einkaufen. [2]Die Anstalt wirkt auf ein Angebot hin, das auf Wünsche und Bedürfnisse des Gefangenen Rücksicht nimmt.

(3) [1]Darüber hinaus kann der Gefangene zu Weihnachten, Ostern und einem von ihm zu wählenden weiteren Zeitpunkt von insoweit zweckgebunden eingezahltem Eigengeld einkaufen. [2]Dem Gefangenen, der nicht einer christlichen Religionsgemeinschaft angehört, kann anstelle des Weihnachtseinkaufs und des Ostereinkaufs je ein Einkauf zu einem anderen Zeitpunkt gestattet werden.

(4) [1]Dem Gefangenen soll die Möglichkeit eröffnet werden, Gegenstände durch Vermittlung der Anstalt über den Versandhandel zu beziehen. [2]Nahrungs- und Genussmittel sind vom Versandhandel ausgeschlossen.

(5) [1]Gegenstände, die geeignet sind, das Vollzugsziel oder die Sicherheit oder Ordnung der Anstalt zu gefährden, insbesondere Kameras, Computer und technische Geräte, insbesondere solche mit der Möglichkeit zur Speicherung und Übertragung von Daten, sind vom Einkauf und Versandhandel ausgeschlossen.

[2] In Anstaltskrankenhäusern und Krankenabteilungen kann der Einkauf einzelner Nahrungsmittel und Genussmittel auf ärztliche Anordnung allgemein untersagt oder eingeschränkt werden.

§ 62 Annehmlichkeiten im Vollzug der Untersuchungshaft. Der Untersuchungsgefangene darf sich auf seine Kosten weitere Annehmlichkeiten verschaffen, die über die Annehmlichkeiten der §§ 56 und 58 bis 61 hinausgehen, soweit und solange eine Anordnung nach § 119 Abs. 1 der Strafprozessordnung dem nicht entgegensteht oder die Sicherheit oder Ordnung der Anstalt nicht gefährdet wird.

§ 63 Freizeit. (1) [1] Zur Ausgestaltung der Freizeit hat die Anstalt insbesondere Angebote zur sportlichen und kulturellen Betätigung sowie Bildungsangebote vorzuhalten. [2] Die Anstalt stellt eine angemessen ausgestattete Mediathek zur Verfügung.

(2) [1] Dem Sport kommt bei der Gestaltung des Vollzugs der Jugendstrafe und der Untersuchungshaft an jungen Untersuchungsgefangenen besondere Bedeutung zu. [2] Für den jungen Gefangenen sind ausreichende und geeignete Angebote vorzuhalten, um ihm eine sportliche Betätigung von mindestens zwei Stunden wöchentlich zu ermöglichen.

(3) Im Vollzug der Jugendstrafe dient der Sport auch der Erreichung des Vollzugsziels und kann zur Diagnostik und gezielten Behandlung eingesetzt werden.

(4) Der Gefangene ist zur Teilnahme und Mitwirkung an Angeboten der Freizeitgestaltung zu motivieren und anzuleiten.

Abschnitt 10. Vergütung und Gelder des Gefangenen, Kostenbeteiligung

§ 64 Vergütung. (1) Der Gefangene erhält eine Vergütung in Form von

1. Arbeitsentgelt, soweit er eine Arbeit, eine arbeitstherapeutische Maßnahme, ein Arbeitstraining oder eine Hilfstätigkeit ausübt, oder
2. einer Ausbildungsbeihilfe, soweit er während der Arbeitszeit an schulischen- und beruflichen Qualifizierungsmaßnahmen teilnimmt und kein Anspruch auf andere Leistungen besteht, die Personen außerhalb des Vollzugs aus solchem Anlass gewährt werden.

(2) Der Gefangene erhält seine Vergütung für die Dauer seiner Teilnahme an Behandlungsmaßnahmen in der Sozialtherapie weiter, soweit diese während der Arbeitszeit stattfinden oder soweit zu diesem Zweck eine Freistellung von schulischen und beruflichen Qualifizierungsmaßnahmen erfolgt.

(3) [1] Der Bemessung der Vergütung sind 9 v.H. der Bezugsgröße nach § 18 Abs. 2 des Vierten Buches Sozialgesetzbuch zugrunde zu legen (Eckvergütung). [2] Ein Tagessatz ist der 250. Teil der Eckvergütung; die Vergütung kann nach einem Stundensatz bemessen werden.

(4) [1] Die Vergütung kann je nach Art der Maßnahme und Leistung des Gefangenen gestuft werden. [2] Sie beträgt mindestens 75 v.H. der Eckvergütung.

(5) Soweit Beiträge zur Bundesagentur für Arbeit zu entrichten sind, kann vom Arbeitsentgelt oder der Ausbildungsbeihilfe ein Betrag einbehalten werden, der dem Anteil des Gefangenen am Beitrag entspräche, wenn er diese Bezüge als Arbeitnehmer erhielte.

(6) Die Höhe der Vergütung ist dem Gefangenen schriftlich bekannt zu geben.

§ 65 Taschengeld. (1) Dem Strafgefangenen oder dem Jugendstrafgefangenen wird auf Antrag Taschengeld gewährt, soweit ihm aus Hausgeld und Eigengeld monatlich ein Betrag bis zur Höhe des Taschengeldes voraussichtlich nicht zur Verfügung steht und er auch im Übrigen bedürftig ist.

(2) Der Strafgefangene oder der Jugendstrafgefangene gilt nicht als bedürftig, wenn ihm ein Betrag nach Absatz 1 deshalb nicht zur Verfügung steht, weil er eine ihm zumutbare Tätigkeit nicht angenommen oder eine ausgeübte Tätigkeit verschuldet verloren hat.

(3) [1] Dem bedürftigen Untersuchungsgefangenen wird auf Antrag Taschengeld gewährt. [2] Bedürftig ist er, soweit ihm im laufenden Monat ein Betrag bis zur Höhe des Taschengeldes voraussichtlich nicht aus eigenen Mitteln zur Verfügung steht.

(4) [1] Das Taschengeld beträgt 14 v.H. der Eckvergütung. [2] Es wird zu Beginn des Monats im Voraus gewährt. [3] Gehen dem Gefangenen im Laufe des Monats Gelder zu, wird zum Ausgleich ein Betrag bis zur Höhe des gewährten Taschengeldes einbehalten.

(5) [1] Der Gefangene darf über das Taschengeld im Rahmen der Bestimmungen dieses Gesetzes verfügen. [2] Im Vollzug der Freiheitsstrafe und der Jugendstrafe wird es dem Hausgeldkonto gutgeschrieben.

§ 66 Verordnungsermächtigung. Das für Justizvollzug zuständige Ministerium wird zur Durchführung der §§ 64 und 65 ermächtigt, eine Verordnung über die Vergütungsstufen sowie die Bemessung des Arbeitsentgeltes, der Ausbildungsbeihilfe und des Taschengeldes zu erlassen.

§ 67 Verwaltung der Gefangenengelder. (1) [1] Die Ansprüche des Gefangenen gegen das Land auf Arbeitsentgelt, Ausbildungsbeihilfe und Taschengeld sowie die der Anstalt überwiesenen Ansprüche des Gefangenen gegen Dritte aus einem freien Beschäftigungsverhältnis oder einer Selbstbeschäftigung werden nach Maßgabe der folgenden Bestimmungen verwaltet, zu diesem Zweck auf gesonderten Konten als Hausgeld, Überbrückungsgeld oder Eigengeld gutgeschrieben und bestehen als Geldforderungen gegen das Land fort. [2] Gleiches gilt für die Ansprüche des Gefangenen gegen das Land auf Auszahlung des von ihm in den Vollzug eingebrachten Bargeldes sowie für sonstige der Anstalt zur Gutschrift für den Gefangenen überwiesenen oder eingezahlten Gelder.

(2) Für den Untersuchungsgefangenen wird nur ein Eigengeldkonto in der Anstalt geführt.

(3) [1] Der Besitz von Bargeld in der Anstalt ist dem Gefangenen nicht gestattet. [2] Über Ausnahmen entscheidet der Anstaltsleiter.

(4) Geld in Fremdwährung wird zur Habe genommen.

§ 68 Hausgeld. (1) [1] Als Hausgeld gutgeschrieben werden Ansprüche

1. auf Arbeitsentgelt oder Ausbildungsbeihilfe zu drei Siebteln,
2. auf Taschengeld in voller Höhe sowie
3. aus einem freien Beschäftigungsverhältnis oder einer Selbstbeschäftigung, die der Anstalt zur Gutschrift für den Strafgefangenen oder den Jugendstrafgefangenen überwiesen worden sind, zu einem angemessenen Teil.

[2]Die Summe der Beträge nach Satz 1 Nrn. 1 und 3 darf den Betrag nach Satz 1 Nr. 2 nicht unterschreiten.

(2) Für den Strafgefangenen oder den Jugendstrafgefangenen, der über Eigengeld verfügt und keine hinreichende Vergütung nach diesem Gesetz erhält, gilt Absatz 1 Satz 1 Nr. 3 und Satz 2 entsprechend.

(3) Der Strafgefangene oder der Jugendstrafgefangene darf über das Hausgeld im Rahmen der Bestimmungen dieses Gesetzes verfügen.

(4) Der Anspruch auf Auszahlung des Hausgeldes ist nicht übertragbar.

§ 69 Überbrückungsgeld. (1) [1]Als Überbrückungsgeld gutgeschrieben werden Ansprüche

1. auf Arbeitsentgelt oder Ausbildungsbeihilfe,
2. aus einem freien Beschäftigungsverhältnis oder einer Selbstbeschäftigung, die der Anstalt zur Gutschrift für den Strafgefangenen oder den Jugendstrafgefangenen überwiesen worden sind, zu einem angemessenem Teil,

soweit sie nicht als Hausgeld gutgeschrieben werden und soweit die nach Absatz 2 Satz 2 festgesetzte Höhe noch nicht erreicht ist. [2]Wird die Befugnis, über das Hausgeld zu verfügen, disziplinarisch beschränkt oder entzogen, so ist das in dieser Zeit anfallende Hausgeld dem Überbrückungsgeld hinzuzurechnen, auch soweit dadurch die nach Absatz 2 Satz 2 festgesetzte Höhe überschritten wird.

(2) [1]Das Überbrückungsgeld soll den notwendigen Lebensunterhalt des Strafgefangenen oder des Jugendstrafgefangenen und seiner Unterhaltsberechtigten für die ersten vier Wochen nach seiner Entlassung sichern. [2]Die Höhe des Überbrückungsgeldes wird von dem Anstaltsleiter festgesetzt.

(3) [1]Das Guthaben auf dem Überbrückungsgeldkonto wird dem Strafgefangenen oder dem Jugendstrafgefangenen bei seiner Entlassung ausgezahlt. [2]Der Anstaltsleiter kann es auch dem Bewährungshelfer oder einer mit der Entlassenenbetreuung befassten Stelle überweisen, die darüber entscheiden, wie das Geld innerhalb der ersten vier Wochen nach der Entlassung an den Strafgefangenen oder den Jugendstrafgefangenen ausgezahlt wird. [3]Das Geld ist vom sonstigen Vermögen gesondert zu halten. [4]Mit Zustimmung des Strafgefangenen oder des Jugendstrafgefangenen kann das Überbrückungsgeld auch an seine Unterhaltsberechtigten überwiesen werden.

(4) Der Anstaltsleiter kann dem Strafgefangenen oder dem Jugendstrafgefangenen gestatten, dass er das Überbrückungsgeld vor seiner Entlassung für Ausgaben in Anspruch nimmt, die seiner Eingliederung dienen.

§ 70 Eigengeld. (1) Soweit Ansprüche der in § 67 Abs. 1 bezeichneten Art nicht als Hausgeld oder Überbrückungsgeld gutgeschrieben werden, werden sie als Eigengeld gutgeschrieben.

(2) [1]Die Verwendung des Eigengeldes für den Einkauf ist ausgeschlossen. [2]Verfügt der Gefangene ohne Verschulden nicht über Hausgeld, so ist ihm zu gestatten, in angemessenem Umfang vom Eigengeld einzukaufen.

(3) [1]Hat das Überbrückungsgeld noch nicht die nach § 69 Abs. 2 Satz 2 festgesetzte Höhe erreicht, so ist die Verfügung über das Guthaben auf dem Eigengeldkonto in Höhe des Unterschiedsbetrages ausgeschlossen. [2]§ 69 Abs. 4 gilt entsprechend.

§ 71 Zweckgebundene Einzahlungen. [1] Für Maßnahmen der Eingliederung, insbesondere Kosten der Gesundheitsfürsorge, der Ausbildung und der Fortbildung, sowie für Maßnahmen der Pflege sozialer Beziehungen, insbesondere Telefonkosten und Fahrtkosten anlässlich von Lockerungen, sowie für den Einkauf nach § 61 Abs. 3 kann zweckgebunden Geld eingezahlt werden. [2] Das Geld darf nur für diese Zwecke verwendet werden. [3] Der Anspruch auf Auszahlung ist nicht übertragbar.

§ 72 Haftkostenbeitrag, Kostenbeteiligung. (1) [1] Die Anstalt erhebt von dem Strafgefangenen oder dem Jugendstrafgefangenen, der sich in einem freien Beschäftigungsverhältnis befindet oder über anderweitige regelmäßige Einkünfte verfügt, für diese Zeit einen Haftkostenbeitrag. [2] Vergütungen nach diesem Gesetz bleiben unberücksichtigt. [3] Dem Strafgefangenen oder dem Jugendstrafgefangenen muss täglich ein Tagessatz gemäß § 64 Abs. 3 Satz 2 verbleiben.

(2) [1] Der Haftkostenbeitrag wird in Höhe des Betrages erhoben, der nach § 17 Abs. 1 Satz 1 Nr. 4 des Vierten Buches Sozialgesetzbuch durchschnittlich zur Bewertung der Sachbezüge festgesetzt ist. [2] Bei Selbstverpflegung entfallen die für die Verpflegung vorgesehenen Beträge. [3] Für den Wert der Unterkunft ist die festgesetzte Belegungsfähigkeit maßgebend.

(3) Der Gefangene wird an den Betriebs- und Energiekosten für die in seinem Gewahrsam befindlichen Geräte und an den Kosten für die Überlassung von Hörfunk- und Fernsehgeräten sowie Geräten der Informations- und Unterhaltungselektronik beteiligt.

(4) [1] Das für Justizvollzug zuständige Ministerium wird ermächtigt, durch Verordnung näher zu regeln, unter welchen Voraussetzungen und in welcher Höhe Kostenbeiträge nach Absatz 3 erhoben werden können. [2] Für die Bemessung können pauschale Sätze festgelegt werden. [3] Für einzelne Kostenbeiträge kann vorgesehen werden, dass die tatsächlich entstandenen Kosten in voller Höhe von dem Gefangenen zu tragen sind.

(5) [1] Von der Erhebung von Kostenbeiträgen ist abzusehen, soweit dies notwendig ist, um die Erreichung des Vollzugsziels nicht zu gefährden. [2] Für Zeiten, in denen der Gefangene unverschuldet bedürftig ist, soll von der Erhebung von Kostenbeiträgen abgesehen werden.

(6) Zur Durchsetzung eines Anspruchs nach den Absätzen 1 bis 3 kann die Anstalt gegen den Anspruch auf Auszahlung des Hausgeldes aufrechnen, soweit der Anspruch auf Auszahlung des Hausgeldes den dreifachen Tagessatz der Eckvergütung nach § 64 Abs. 3 übersteigt.

Abschnitt 11. Gesundheitsfürsorge

§ 73 Art und Umfang der medizinischen Leistungen, Kostenbeteiligung. (1) [1] Der Gefangene hat Anspruch auf die notwendigen, ausreichenden und zweckmäßigen medizinischen Leistungen unter Beachtung des Grundsatzes der Wirtschaftlichkeit und unter Berücksichtigung des allgemeinen Standards der gesetzlichen Krankenversicherung. [2] Der Anspruch umfasst auch Vorsorgeleistungen, ferner die Versorgung mit medizinischen Hilfsmitteln, soweit diese mit Rücksicht auf die Dauer des Freiheitsentzugs nicht ungerechtfertigt ist und die Hilfsmittel nicht als allgemeine Gebrauchsgegenstände des täglichen Lebens anzusehen sind.

(2) [1] An den Kosten nach Absatz 1 kann der Gefangene in angemessenem Umfang beteiligt werden, höchstens jedoch bis zum Umfang der Beteiligung vergleichbarer gesetzlich Versicherter. [2] Für Leistungen, die über Absatz 1 hinausgehen, werden dem Gefangenen die gesamten Kosten auferlegt.

(3) Erhält der Gefangene Leistungen nach Absatz 1 infolge einer mutwilligen Selbstverletzung, wird er in angemessenem Umfang an den Kosten beteiligt.

(4) Bei dem Strafgefangenen oder dem Jugendstrafgefangenen unterbleibt die Kostenbeteiligung, wenn hierdurch die Erreichung des Vollzugsziels, insbesondere die Eingliederung, gefährdet würde.

(5) [1] Dem Untersuchungsgefangenen soll der Anstaltsleiter nach Anhörung des ärztlichen Dienstes der Anstalt auf seinen Antrag hin gestatten, auf seine Kosten externen ärztlichen Rat einzuholen. [2] Die Erlaubnis kann versagt werden, wenn der Untersuchungsgefangene die gewählte ärztliche Vertrauensperson und den ärztlichen Dienst der Anstalt nicht wechselseitig von der Schweigepflicht entbindet oder wenn es zur Umsetzung einer Anordnung nach § 119 Abs. 1 der Strafprozessordnung oder zur Aufrechterhaltung der Sicherheit oder Ordnung der Anstalt erforderlich ist. [3] Die Konsultation soll in der Anstalt stattfinden.

§ 74 Durchführung der medizinischen Leistungen, Forderungsübergang. (1) [1] Medizinische Diagnose, Behandlung und Versorgung des kranken und hilfsbedürftigen Gefangenen erfolgen in der Anstalt. [2] Ein kranker Gefangener kann in eine hierfür besser geeignete Anstalt oder Einrichtung oder ein Vollzugskrankenhaus, ausnahmsweise auch außerhalb des Vollzugs überstellt oder verlegt werden. [3] Erfolgt eine Behandlung des jungen Gefangenen außerhalb der Anstalt, sind die Personensorgeberechtigten und das Jugendamt, im Vollzug der Jugendstrafe auch der Vollstreckungsleiter zu unterrichten. [4] Im Vollzug der Untersuchungshaft ist dem Gericht und der Staatsanwaltschaft im Falle einer Behandlung außerhalb der Anstalt nach Möglichkeit Gelegenheit zur Stellungnahme zu geben.

(1a) [1] Solange sich eine Einrichtung des Maßregelvollzugs des Landes Sachsen-Anhalt bei Vorliegen einer psychischen Erkrankung als besser geeignet für die erforderliche medizinische Behandlung und Unterbringung erweist, werden Gefangene dorthin verlegt. [2] Absatz 1 Satz 3 und 4 findet entsprechende Anwendung. [3] Für die Zeit des dortigen Aufenthalts gelten die Vorschriften des Abschnitts 2 bis 3 und 5 bis 6 des Maßregelvollzugsgesetzes Sachsen-Anhalt sowie die dazu ergangenen Ausführungsbestimmungen entsprechend. [4] Die medizinische Behandlung und Unterbringung erfolgen nach Maßgabe der Absätze 1c und ld und für Einrichtungen im Sinne des § 3 Abs. 1 Satz 2 des Maßregelvollzugsgesetzes Sachsen-Anhalt zusätzlich nach Maßgabe des Absatzes 1b.

(1b) [1] Im Einvernehmen mit dem für den Maßregelvollzug zuständigen Ministerium kann das für den Justizvollzug zuständige Ministerium die Aufgabe der medizinischen Behandlung und Unterbringung psychisch erkrankter Gefangener im Rahmen des Vollzuges der Freiheits- und Jugendstrafe Einrichtungen des Maßregelvollzugs nach § 3 Abs. 1 Satz 2 des Maßregelvollzugsgesetzes Sachsen-Anhalt als Aufgabe zur Erledigung in den Handlungsformen des öffentlichen Rechts unter der Aufsicht des Landes widerruflich übertragen. [2] Die Übertragung erfolgt durch Verwaltungsakt oder öffentlich-rechtlichen Vertrag. [3] Das durch Verwaltungsakt begründete Rechtsverhältnis kann ergänzend durch öffentlich-rechtlichen Vertrag geregelt werden. [4] Die Aufgabenübertragung darf nur erfolgen, wenn die Einrichtung im Hinblick auf ihre personelle und sachliche Ausstattung und Organisation sowie medizinische und persönliche Betreuung der Gefangenen für die stationäre Behandlung und Unterbringung geeignet ist.

(1c) [1]Die Einrichtungen sind einem Leiter zu unterstellen. [2]Die Bestellung des Leiters bedarf der Einwilligung der Aufsichtsbehörde. [3]Beschäftigte der Einrichtung dürfen im Rahmen der Unterbringung an der Ausübung hoheitlicher Befugnisse gegenüber Gefangenen nach Weisung des Leiters nur beteiligt sein, wenn sie die Aufsichtsbehörde hierzu unter entsprechender Anwendung der Verordnung über Verwaltungsvollzugsbeamte widerruflich bestellt. [4]Sie dürfen nur bestellt werden, wenn sie die erforderliche Zuverlässigkeit und die erforderliche Sachkunde besitzen.

(1d) [1]Die Einrichtung, ihre Leitung und ihre Beschäftigten unterliegen für die Unterbringung der Gefangenen der unmittelbaren staatlichen Aufsicht. [2]Aufsichtsbehörde ist das für Justizvollzug zuständige Ministerium. [3]Im Rahmen der Aufsicht ist der Aufsichtsbehörde insbesondere Auskunft zu erteilen, Einsicht in Akten und Dateien zu gewähren, ihren Weisungen Folge zu leisten und jederzeit Zugang zu den Räumlichkeiten der Einrichtung zu gewähren. [4]Die Aufsichtsbehörde kann auf Kosten der Einrichtung selbst tätig werden oder Dritte tätig werden lassen, wenn die Einrichtung eine Weisung innerhalb einer bestimmten Frist nicht befolgt. [5]Das Selbsteintrittsrecht nach Satz 3 kann die Aufsichtsbehörde auch durch Weisungen gegenüber den Beschäftigten des Trägers der Einrichtung ausüben.

(2) Wird die Strafvollstreckung während einer Behandlung des Strafgefangenen oder des Jugendstrafgefangenen unterbrochen oder beendet oder wird der Untersuchungsgefangene während einer Behandlung aus der Haft entlassen, so hat das Land nur diejenigen Kosten zu tragen, die bis zur Unterbrechung oder Beendigung der Strafvollstreckung oder bis zur Entlassung angefallen sind.

(3) [1]Gesetzliche Schadensersatzansprüche, die dem Gefangenen infolge einer Körperverletzung gegen Dritte zustehen, gehen insoweit auf das Land über, als dem Gefangenen Leistungen nach § 73 Abs. 1 zu gewähren sind. [2]Von der Geltendmachung der Ansprüche ist im Interesse des Strafgefangenen oder des Jugendstrafgefangenen abzusehen, wenn hierdurch die Erreichung des Vollzugsziels, insbesondere die Eingliederung, gefährdet würde.

§ 75 Ärztliche Behandlung zur sozialen Eingliederung. [1]Mit Zustimmung des Strafgefangenen oder des Jugendstrafgefangenen soll die Anstalt ärztliche Behandlungen, insbesondere Operationen oder prothetische Maßnahmen, durchführen lassen, die seine soziale Eingliederung fördern. [2]Die Kosten trägt der Strafgefangene oder der Jugendstrafgefangene. [3]Ist er dazu nicht in der Lage, kann die Anstalt die Kosten in begründeten Fällen in angemessenem Umfang übernehmen, soweit nicht ein Dritter leistungspflichtig ist.

§ 76 Gesundheitsschutz und Hygiene. (1) [1]Die Anstalt unterstützt den Gefangenen bei der Wiederherstellung und Erhaltung seiner physischen und psychischen Gesundheit. [2]Sie fördert das Bewusstsein für gesunde Ernährung und Lebensführung. [3]Der Gefangene hat die notwendigen Anordnungen zum Gesundheitsschutz und zur Hygiene zu befolgen.

(2) Dem Gefangenen wird ermöglicht, sich täglich mindestens eine Stunde im Freien aufzuhalten.

§ 77 Krankenbehandlung während der Lockerungen. (1) Der Strafgefangene oder der Jugendstrafgefangene hat während der Lockerungen einen Anspruch auf medizinische Leistungen gegen das Land nur in der für ihn zuständigen Anstalt.

(2) Der Anspruch auf Leistungen ruht, solange der Strafgefangene oder der Jugendstrafgefangene aufgrund eines freien Beschäftigungsverhältnisses krankenversichert ist.

§ 78 Zwangsmaßnahmen auf dem Gebiet der Gesundheitsfürsorge.

(1) Eine medizinische Untersuchung und Behandlung sowie Zwangsernährung ist gegen den natürlichen Willen des Gefangenen zulässig, wenn

1. der Gefangene zur Einsicht in die Schwere seiner Krankheit und die Notwendigkeit der Maßnahme oder zum Handeln gemäß solcher Einsicht krankheitsbedingt nicht fähig ist,
2. die Maßnahme darauf abzielt, eine bestehende Lebensgefahr oder gegenwärtige Gefahr einer schwerwiegenden Verletzung der körperlichen Unversehrtheit des Gefangenen oder anderer Personen abzuwenden,
3. eine Patientenverfügung im Sinne des § 1901a Abs. 1 Satz 1 des Bürgerlichen Gesetzbuches, deren Festlegungen auf die aktuelle Lebens- und Behandlungssituation zutreffen und gegen die Durchführung der Maßnahme gerichtet sind, nicht vorliegt,
4. die Maßnahme zur Erreichung des Ziels geeignet und erforderlich ist,
5. der von der Maßnahme erwartete Nutzen die mit der Maßnahme verbundenen Belastungen und die durch das Unterlassen der Maßnahme möglichen Schäden deutlich überwiegt,
6. der Gefangene durch einen Arzt über Notwendigkeit, Art, Umfang, Dauer, zu erwartende Folgen und Risiken der Maßnahme in einer seiner Auffassungsgabe und seinem Gesundheitszustand angemessenen Weise informiert wurde und
7. der ernsthafte, mit dem nötigen Zeitaufwand und ohne Ausübung von Druck unternommene Versuch eines Arztes, ein Einverständnis des Gefangenen zu der Maßnahme zu erreichen, erfolglos geblieben ist.

(2) [1] Maßnahmen nach Absatz l dürfen nur auf Anordnung und unter Leitung eines Arztes durchgeführt werden, unbeschadet der Leistung Erster Hilfe für den Fall, dass ein Arzt nicht rechtzeitig erreichbar und mit einem Aufschub Lebensgefahr verbunden ist. [2] Die Anordnung bedarf der Einwilligung des Gerichts.

(3) [1] Anordnungen nach Absatz 2 sind dem Gefangenen unverzüglich bekannt zu geben. [2] Dabei ist der Gefangene über die gegen die Anordnung möglichen Rechtsbehelfe und den beabsichtigten Beginn der Maßnahme rechtzeitig zu informieren.

(4) [1] Die Gründe für die Anordnung der Maßnahme und das Vorliegen der Voraussetzungen, die ergriffene Maßnahme, einschließlich ihres Zwangscharakters, der Durchsetzungsweise und der Wirkungsüberwachung, sowie der Untersuchungs- und Behandlungsverlauf sind zu dokumentieren. [2] Gleiches gilt für Erklärungen des Gefangenen, die im Zusammenhang mit Zwangsmaßnahmen von Bedeutung sein können.

(5) [1] Bei Maßnahmen nach Absatz 1 kann bei Gefahr im Verzug von den Vorgaben gemäß Absatz 1 Nrn. 6 und 7, Absatz 2 Satz 2 und Absatz 3 Satz 2 abgesehen werden. [2] Die Handlungen sind unverzüglich nachzuholen.

(6) [1] Die zwangsweise körperliche Untersuchung des Gefangenen zum Gesundheitsschutz und zur Hygiene ist nur zulässig, wenn sie nicht mit einem körperlichen Eingriff verbunden ist. [2] Sie bedarf der Anordnung eines Arztes und ist unter dessen Leitung durchzuführen.

(7) Die Anwendbarkeit anderer Vorschriften, nach denen Maßnahmen nach Absatz 1 angeordnet werden dürfen, wird nicht eingeschränkt.

§ 79 Benachrichtigungspflicht. [1] Erkrankt der Gefangene schwer oder verstirbt er, werden Angehörige und Personensorgeberechtigte unverzüglich benachrichtigt. [2] Dem Wunsch des Gefangenen, auch andere Personen zu benachrichtigen, soll nach Möglichkeit entsprochen werden.

Abschnitt 12. Religionsausübung

§ 80 Seelsorge. (1) [1] Dem Gefangenen darf religiöse Betreuung durch einen Seelsorger seiner Religionsgemeinschaft nicht versagt werden. [2] Auf Wunsch ist ihm zu helfen, mit einem Seelsorger seiner Religionsgemeinschaft in Verbindung zu treten.

(2) [1] Der Gefangene darf grundlegende religiöse Schriften sowie in angemessenem Umfang Gegenstände des religiösen Gebrauchs besitzen. [2] Diese dürfen ihm nur bei grobem Missbrauch entzogen werden.

§ 81 Religiöse Veranstaltungen. (1) Der Gefangene hat das Recht, am Gottesdienst und an anderen religiösen Veranstaltungen seines Bekenntnisses teilzunehmen.

(2) Die Zulassung zu den Gottesdiensten oder zu religiösen Veranstaltungen einer anderen Religionsgemeinschaft bedarf der Zustimmung des Seelsorgers der Religionsgemeinschaft.

(3) Der Gefangene kann von der Teilnahme am Gottesdienst oder an anderen religiösen Veranstaltungen ausgeschlossen werden, wenn dies aus überwiegenden Gründen der Sicherheit oder Ordnung, bei dem Untersuchungsgefangenen auch zur Umsetzung einer Anordnung nach § 119 Abs. 1 der Strafprozessordnung geboten ist; der Seelsorger soll vorher gehört werden.

§ 82 Weltanschauungsgemeinschaften. Für Angehörige weltanschaulicher Bekenntnisse gelten die §§ 80 und 81 entsprechend.

Abschnitt 13. Sicherheit und Ordnung

§ 83 Grundsatz. (1) Sicherheit und Ordnung der Anstalt bilden die Grundlage für ein geordnetes Zusammenleben in der Anstalt, das im Vollzug der Freiheitsstrafe oder der Jugendstrafe auch auf die Erreichung des Vollzugsziels ausgerichtet ist, und tragen dazu bei, dass in der Anstalt ein gewaltfreies Klima herrscht.

(2) Die Pflichten und Beschränkungen, die dem Gefangenen zur Aufrechterhaltung der Sicherheit oder Ordnung der Anstalt auferlegt werden, sind so zu wählen, dass sie in einem angemessenen Verhältnis zu ihrem Zweck stehen und den Gefangenen nicht mehr und nicht länger als notwendig beeinträchtigen.

§ 84 Allgemeine Verhaltenspflichten. (1) [1] Der Gefangene ist für das geordnete Zusammenleben in der Anstalt mitverantwortlich, darf dieses nicht stören und muss mit seinem Verhalten dazu beitragen. [2] Auf eine einvernehmliche Streitbeilegung ist hinzuwirken.

(2) [1] Der Gefangene hat sich nach der Tageseinteilung der Anstalt zu richten und die Anordnungen der Bediensteten zu befolgen, auch wenn er sich durch diese beschwert fühlt. [2] Einen ihm zugewiesenen Bereich darf er nicht ohne Erlaubnis verlassen.

(3) Der Gefangene hat seinen Haftraum und die ihm von der Anstalt überlassenen Sachen in Ordnung zu halten und schonend zu behandeln.

(4) Der Gefangene hat Umstände, die eine Gefahr für das Leben oder eine erhebliche Gefahr für die Gesundheit einer Person bedeuten, unverzüglich zu melden.

§ 85 Absuchung, Durchsuchung. (1) [1] Der Gefangene, seine Sachen und sein Haftraum dürfen mit Hilfsmitteln abgesucht und durchsucht werden. [2] Die Durchsuchung eines männlichen Gefangenen darf nur von Männern, die Durchsuchung eines weiblichen Gefangenen darf nur von Frauen vorgenommen werden. [3] Das Schamgefühl ist zu schonen.

(2) [1] Nur bei Gefahr im Verzug oder auf Anordnung des Anstaltsleiters im Einzelfall ist es zulässig, eine mit einer Entkleidung verbundene körperliche Durchsuchung vorzunehmen. [2] Sie darf bei einem männlichen Gefangenen nur in Gegenwart von Männern, bei einem weiblichen Gefangenen nur in Gegenwart von Frauen erfolgen. [3] Sie ist in einem geschlossenen Raum durchzuführen. [4] Andere Gefangene dürfen nicht anwesend sein.

(3) Der Anstaltsleiter kann allgemein anordnen, dass der Gefangene in der Regel bei der Aufnahme, vor und nach Kontakten mit Besuchern sowie vor und nach jeder Abwesenheit von der Anstalt zu durchsuchen ist.

§ 86 Sichere Unterbringung. [1] Der Gefangene kann in eine andere Anstalt verlegt werden, die zu seiner sicheren Unterbringung besser geeignet ist, solange die Gefahr der Entweichung oder Befreiung aus der Anstalt gegeben ist oder sonst sein Verhalten oder sein Zustand eine Gefahr für die Sicherheit der Anstalt darstellt. [2] Hierzu kann die Verlegung auch zeitlich befristet werden. [3] § 23 Abs. 4 bis 6 und § 114 Abs. 2 gelten entsprechend.

§ 87 Maßnahmen zur Feststellung von Suchtmittelkonsum. (1) [1] Zur Aufrechterhaltung der Sicherheit oder Ordnung der Anstalt kann der Anstaltsleiter allgemein oder im Einzelfall Maßnahmen anordnen, die geeignet sind, den Gebrauch von Suchtmitteln festzustellen. [2] Diese Maßnahmen dürfen nicht mit einem körperlichen Eingriff verbunden sein.

(2) Verweigert der Gefangene die Mitwirkung an Maßnahmen nach Absatz 1 ohne hinreichenden Grund, ist davon auszugehen, dass Suchtmittelfreiheit nicht gegeben ist.

(3) Wird verbotener Suchtmittelgebrauch festgestellt, können die Kosten der Maßnahmen dem Gefangenen auferlegt werden.

§ 88 Festnahmerecht. [1] Der Gefangene, der entwichen ist oder sich sonst ohne Erlaubnis außerhalb der Anstalt aufhält, darf durch die Anstalt oder auf ihre Veranlassung festgenommen und zurückgebracht werden. [2] Führt die Verfolgung oder die von der Anstalt veranlasste Fahndung nicht alsbald zur Wiederergreifung, so sind die weiteren Maßnahmen der Vollstreckungsbehörde zu überlassen.

§ 89 Besondere Sicherungsmaßnahmen. (1) Gegen den Gefangenen können besondere Sicherungsmaßnahmen angeordnet werden, wenn nach seinem Verhalten oder aufgrund seines seelischen Zustandes die Gefahr der Entweichung, von Gewalttätigkeiten gegen Personen oder Sachen, der Selbstverletzung oder der Selbsttötung besteht.

(2) Als besondere Sicherungsmaßnahmen sind zulässig:

1. der Entzug oder die Vorenthaltung von Gegenständen,
2. die Beobachtung des Gefangenen, auch mit technischen Hilfsmitteln,
3. die Trennung von allen anderen Gefangenen (Absonderung),
4. der Entzug oder die Beschränkung des Aufenthalts im Freien,
5. die Unterbringung in einem besonders gesicherten Haftraum ohne gefährdende Gegenstände,
6. die Fesselung und
7. die Aufhebung der vollständigen Bewegungsfreiheit durch Fesselung aller Gliedmaßen (Fixierung).

(3) Mehrere besondere Sicherungsmaßnahmen können nebeneinander angeordnet werden, wenn die Gefahr nicht anders abgewendet werden kann.

(4) Maßnahmen nach Absatz 2 Nrn. 1 und 3 bis 5 sind auch zulässig, wenn die Gefahr einer Befreiung oder eine erhebliche Störung der Ordnung anders nicht vermieden oder behoben werden kann, nach Absatz 2 Nr. 4 jedoch nicht bei jungen Gefangenen.

(4a) Eine Fixierung ist nur zulässig, soweit und solange eine gegenwärtige erhebliche Gefahr von Gewalttätigkeiten gegen Personen, der Selbsttötung oder der Selbstverletzung besteht und die Fixierung zur Abwehr dieser Gefahr unerlässlich ist.

(5) Eine Absonderung von mehr als 24 Stunden Dauer ist nur zulässig, wenn sie zur Abwehr einer in der Person des Gefangenen liegenden Gefahr unerlässlich ist.

(6) [1] Fesseln dürfen nur an den Händen oder an den Füßen angelegt werden. [2] Abweichend von Satz 1 kann der Anstaltsleiter

1. im Interesse des Gefangenen oder
2. bei einer Ausführung, einer Vorführung oder dem Transport bei Vorliegen tatsächlicher Anhaltspunkte für eine Gefahr der Entweichung oder von Gewalttätigkeiten gegen Personen oder Sachen von bedeutendem Wert

eine andere Art der Fesselung anordnen. [3] Die Fesselung wird zeitweise gelockert, soweit dies notwendig ist.

(7) Der Gefangene wird bei einer Ausführung, Vorführung oder beim Transport gefesselt, wenn nicht Erkenntnisse über ihn vorliegen, aufgrund derer verlässlich beurteilt werden kann, dass er sich dem weiteren Vollzug der Freiheitsstrafe, der Jugendstrafe oder der Untersuchungshaft nicht entziehen wird; dabei sind auch die Belange der Untersuchungshaft, die Vollzugsdauer und die Lange des davon bereits verbüßten Teils zu berücksichtigen.

§ 90 Anordnung besonderer Sicherungsmaßnahmen, Verfahren.

(1) [1] Besondere Sicherungsmaßnahmen ordnet der Anstaltsleiter an. [2] Bei Gefahr im Verzug können auch andere Bedienstete diese Maßnahmen vorläufig anordnen; die Entscheidung des Anstaltsleiters ist unverzüglich einzuholen.

(2) [1] Wird der Gefangene ärztlich behandelt oder beobachtet oder bildet sein seelischer Zustand den Anlass der besonderen Sicherungsmaßnahme, ist vorher eine ärztliche Stellungnahme einzuholen. [2] Ist dies wegen Gefahr im Verzug nicht möglich, wird die Stellungnahme unverzüglich nachträglich eingeholt.

(3) Die Entscheidung wird dem Gefangenen eröffnet und mit einer kurzen Begründung schriftlich abgefasst.

(3a) [1] Eine Fixierung, die die Dauer von einer halben Stunde voraussichtlich überschreiten wird, bedarf der Einwilligung des Gerichts. [2] Einer gerichtlichen Einwilligung bedarf es nicht bei Gefahr im Verzug. [3] In diesem Fall ist unverzüglich eine richterliche Genehmigung zu beantragen, es sei denn, es ist bereits eindeutig absehbar, dass die Entscheidung erst nach Wegfall der Gefahr nach § 89 Abs. 4a ergehen wird oder die Fixierung vor Erlangung der Entscheidung tatsächlich beendet sein wird und auch keine Wiederholung zu erwarten ist. [4] Ist eine richterliche Entscheidung beantragt und die Fixierung vor deren Erlangung beendet worden, so ist dies dem Gericht unverzüglich mitzuteilen.

(4) [1] Besondere Sicherungsmaßnahmen dürfen nur so weit aufrechterhalten werden, wie es ihr Zweck erfordert. [2] Sie sind in angemessenen Abständen daraufhin zu überprüfen, ob und in welchem Umfang sie aufrechterhalten werden müssen.

(4a) [1] Während der Absonderung und Unterbringung in einem besonders gesicherten Haftraum ist der Gefangene in besonderem Maße zu betreuen. [2] Ist er darüber hinaus gefesselt oder fixiert, stellen ärztlich in solche Aufgaben eingewiesene Bedienstete durch ständigen Sicht- und Sprechkontakt die Betreuung des Gefangenen sicher (Eins-zu-Eins-Betreuung).

(5) Sofern eine Fixierung ohne gerichtliche Entscheidung durchgeführt wurde, ist der Gefangene auf die Möglichkeit hinzuweisen, die Zulässigkeit der Fixierung nachträglich gerichtlich überprüfen zu lassen.

(6) Die Anordnung einer besonderen Sicherungsmaßnahme, die maßgeblichen Gründe für die Anordnung, Entscheidungen zu ihrer Fortdauer, ihre Durchsetzung, ihre Dauer und die Art und Weise der Überwachung, einschließlich der Beteiligung des Arztes, sowie der Hinweis nach Absatz 5 sind zu dokumentieren.

(7) [1] Besondere Sicherungsmaßnahmen nach § 89 Abs. 2 Nrn. 3, 5 und 6 sind der Aufsichtsbehörde, im Vollzug der Untersuchungshaft auch dem Gericht und der Staatsanwaltschaft, unverzüglich mitzuteilen, wenn sie länger als drei Tage aufrechterhalten werden. [2] Besondere Sicherungsmaßnahmen nach § 89 Abs. 2 Nr. 7 sind den in Satz 1 genannten Stellen unabhängig von der Dauer ihrer Durchführung unverzüglich mitzuteilen. [3] Absonderung und Unterbringung im besonders gesicherten Haftraum von mehr als 30 Tagen Gesamtdauer innerhalb von zwölf Monaten bedürfen der Zustimmung der Aufsichtsbehörde.

§ 91 Ärztliche Überwachung. (1) [1] Ist der Gefangene in einem besonders gesicherten Haftraum untergebracht, gefesselt oder fixiert, sucht ihn der Arzt alsbald und in der Folge täglich auf und stellt eine angemessene ärztliche Überwachung sicher. [2] Dies gilt nicht bei einer Fesselung während einer Ausführung, Vorführung oder eines Transportes sowie bei Bewegungen innerhalb der Anstalt.

(2) Der Arzt ist regelmäßig zu hören, solange dem Gefangenen der tägliche Aufenthalt im Freien entzogen oder er länger als 24 Stunden abgesondert ist.

Abschnitt 14. Unmittelbarer Zwang

§ 92 Begriffsbestimmungen. (1) Unmittelbarer Zwang ist die Einwirkung auf Personen oder Sachen durch körperliche Gewalt, durch ihre Hilfsmittel oder durch Waffen.

(2) Körperliche Gewalt ist jede unmittelbare körperliche Einwirkung auf Personen oder Sachen.

(3) [1] Hilfsmittel der körperlichen Gewalt sind insbesondere Fesseln und Reizstoffe. [2] Waffen sind Hieb- und Schusswaffen.

(4) Es dürfen nur dienstlich zugelassene Hilfsmittel und Waffen verwendet werden.

§ 93 Allgemeine Voraussetzungen. (1) Bedienstete dürfen unmittelbaren Zwang anwenden, wenn sie Vollzugs- und Sicherungsmaßnahmen rechtmäßig durchführen und der damit verfolgte Zweck auf keine andere Weise erreicht werden kann.

(2) Gegen andere Personen als den Gefangenen darf unmittelbarer Zwang angewendet werden, wenn sie es unternehmen, Gefangene zu befreien oder widerrechtlich in die Anstalt einzudringen, oder wenn sie sich unbefugt darin aufhalten.

(3) Unmittelbarer Zwang darf aufgrund anderer Rechtsvorschriften ausgeübt werden.

§ 94 Grundsatz der Verhältnismäßigkeit. (1) Unter mehreren möglichen und geeigneten Maßnahmen des unmittelbaren Zwangs sind diejenigen zu wählen, die den Einzelnen und die Allgemeinheit voraussichtlich am wenigsten beeinträchtigen.

(2) Unmittelbarer Zwang unterbleibt, wenn ein durch ihn zu erwartender Schaden erkennbar außer Verhältnis zu dem angestrebten Erfolg steht.

§ 95 Androhung. [1] Unmittelbarer Zwang ist vorher anzudrohen. [2] Die Androhung darf nur dann unterbleiben, wenn die Umstände sie nicht zulassen oder unmittelbarer Zwang sofort angewendet werden muss, um eine rechtswidrige Tat, die den Tatbestand eines Strafgesetzes erfüllt, zu verhindern oder eine gegenwärtige Gefahr abzuwenden.

§ 96 Schusswaffengebrauch. (1) [1] Der Gebrauch von Schusswaffen durch Bedienstete innerhalb der Anstalt ist verboten. [2] Satz 1 gilt nicht für Polizeivollzugsbeamte, die das Recht zum Schusswaffengebrauch aufgrund anderer Vorschriften ausüben.

(2) [1] Außerhalb der Anstalt dürfen Schusswaffen durch Bedienstete nach Maßgabe der folgenden Absätze nur gebraucht werden, wenn andere Maßnahmen des unmittelbaren Zwangs bereits erfolglos waren oder keinen Erfolg versprechen. [2] Gegen Personen ist ihr Gebrauch nur zulässig, wenn der Zweck nicht durch Waffenwirkung gegen Sachen erreicht werden kann.

(3) [1] Schusswaffen dürfen nur die dazu bestimmten Bediensteten gebrauchen und nur, um angriffs- oder fluchtunfähig zu machen. [2] Ihr Gebrauch unterbleibt, wenn dadurch erkennbar Unbeteiligte mit hoher Wahrscheinlichkeit gefährdet würden.

(4) [1]Der Gebrauch von Schusswaffen ist vorher anzudrohen. [2]Als Androhung gilt auch ein Warnschuss. [3]Ohne Androhung dürfen Schusswaffen nur dann gebraucht werden, wenn dies zur Abwehr einer gegenwärtigen Gefahr für Leib oder Leben erforderlich ist.

(5) [1]Gegen den Gefangenen dürfen Schusswaffen gebraucht werden,

1. wenn er eine Waffe oder ein anderes gefährliches Werkzeug trotz wiederholter Aufforderung nicht ablegt,
2. wenn er eine Meuterei nach § 121 des Strafgesetzbuches unternimmt oder
3. um seine Entweichung zu vereiteln oder um ihn wiederzuergreifen.

[2]Satz 1 Nrn. 2 und 3 findet auf den minderjährigen Gefangenen oder auf eine Gefangene, die erkennbar schwanger ist, keine Anwendung. [3]Satz 1 Nr. 3 findet keine Anwendung auf den Gefangenen, der im offenen Vollzug untergebracht ist. [4]Satz 3 gilt nicht, wenn der Schusswaffengebrauch das einzige Mittel zur Abwehr einer gegenwärtigen Lebensgefahr ist.

(6) Gegen andere Personen dürfen Schusswaffen gebraucht werden, wenn sie es unternehmen, Gefangene gewaltsam zu befreien.

Abschnitt 15. Erzieherische Maßnahmen, Disziplinarmaßnahmen

§ 97 Erzieherische Maßnahmen. (1) [1]Verstöße des jungen Gefangenen gegen Pflichten, die ihm durch oder aufgrund dieses Gesetzes auferlegt sind, sind unverzüglich im erzieherischen Gespräch aufzuarbeiten. [2]Daneben können erzieherische Maßnahmen angeordnet werden, die geeignet sind, dem jungen Gefangenen sein Fehlverhalten bewusst zu machen. [3]Als erzieherische Maßnahmen kommen insbesondere die Erteilung von Weisungen und Auflagen, die Beschränkung oder der Entzug einzelner Gegenstände für die Freizeitbeschäftigung und der Ausschluss von gemeinsamer Freizeit oder von einzelnen Freizeitveranstaltungen bis zur Dauer einer Woche in Betracht.

(2) [1]In geeigneten Fällen können im Wege einvernehmlicher Streitbeilegung Vereinbarungen getroffen werden. [2]Insbesondere kommen die Wiedergutmachung des Schadens, die Entschuldigung bei den Geschädigten, die Erbringung von Leistungen für die Gemeinschaft und der vorübergehende Verbleib im Haftraum in Betracht. [3]Erfüllt der junge Gefangene die Vereinbarung, ist die Anordnung einer erzieherischen Maßnahme aufgrund dieser Verfehlung ausgeschlossen.

(3) Der Anstaltsleiter legt fest, welche Bediensteten befugt sind, erzieherische Maßnahmen anzuordnen.

(4) Es sollen solche erzieherischen Maßnahmen angeordnet werden, die mit der Verfehlung in Zusammenhang stehen.

§ 98 Disziplinarmaßnahmen. (1) [1]Disziplinarmaßnahmen können angeordnet werden, wenn der Gefangene rechtswidrig und schuldhaft

1. andere Personen verbal oder tätlich angreift,
2. Lebensmittel oder fremde Sachen zerstört oder beschädigt,
3. in sonstiger Weise gegen Strafgesetze verstößt oder eine Ordnungswidrigkeit begeht,
4. verbotene Gegenstände in die Anstalt einbringt, sich an deren Einbringung beteiligt, sie besitzt, weitergibt oder dies versucht,

5. unerlaubt Betäubungsmittel oder andere berauschende Stoffe, insbesondere Alkohol, konsumiert, herstellt, besitzt, annimmt, weitergibt oder dies versucht,
6. entweicht oder zu entweichen versucht,
7. gegen Weisungen im Zusammenhang mit der Gewährung von Lockerungen verstößt, insbesondere sich während der Lockerungen dem weiteren Vollzug der Freiheitsstrafe oder Jugendstrafe entzieht oder dies versucht,
8. gegen eine Anordnung nach § 119 Abs. 1 der Strafprozessordnung verstößt,
9. Anordnungen der Bediensteten nicht befolgt,
10. sich weigert, an einer Maßnahme nach § 87 Abs. 1 mitzuwirken,
11. durch sein Verhalten das geordnete Zusammenleben in der Anstalt stört,
12. wiederholt oder schwerwiegend gegen sonstige Pflichten verstößt, die ihm durch dieses Gesetz oder aufgrund dieses Gesetzes auferlegt sind, oder
13. sich zugewiesenen Aufgaben oder Bereichen entzieht.

[2] Von einer Disziplinarmaßnahme wird abgesehen, wenn es genügt, den Gefangenen zu verwarnen.

(2) Disziplinarmaßnahmen dürfen gegen den jungen Gefangenen nur angeordnet werden, wenn erzieherische Maßnahmen nicht nach § 97 Abs. 2 Satz 3 ausgeschlossen sind oder nicht ausreichen, um ihm das Unrecht seiner Handlung zu verdeutlichen.

(3) [1] Zulässige Disziplinarmaßnahmen sind

1. der Verweis,
2. die Beschränkung oder der Entzug des Fernsehempfangs bis zu drei Monaten,
3. die Beschränkung oder der Entzug der Gegenstände für die Freizeitbeschäftigung, mit Ausnahme des Lesestoffs, bis zu drei Monaten,
4. die Beschränkung oder der Entzug des Aufenthalts in Gemeinschaft oder der Teilnahme an einzelnen Freizeitveranstaltungen bis zu drei Monaten,
5. die Beschränkung der Verfügung über das Hausgeld und des Einkaufs bis zu drei Monaten,
6. die Beschränkung oder der Entzug von Annehmlichkeiten nach § 62 bis zu drei Monaten,
7. die Kürzung der in diesem Gesetz geregelten Bezüge um 10 v.H. bis zu drei Monaten,
8. der Entzug der zugewiesenen Arbeit bis zu vier Wochen und
9. Arrest bis zu vier Wochen.

[2] Bei dem jungen Gefangenen findet Satz 1 Nr. 1 keine Anwendung; Maßnahmen nach Satz 1 Nrn. 2 bis 7 sind nur bis zu zwei Monaten und Maßnahmen nach Satz 1 Nrn. 8 und 9 nur bis zu zwei Wochen zulässig.

(4) Arrest darf nur wegen schwerer oder mehrfach wiederholter Verfehlungen verhängt werden.

(5) Mehrere Disziplinarmaßnahmen können miteinander verbunden werden.

(6) Disziplinarmaßnahmen sind auch zulässig, wenn wegen derselben Verfehlung ein Strafverfahren oder ein Bußgeldverfahren eingeleitet wird.

(7) [1] Bei der Auswahl der Disziplinarmaßnahmen im Vollzug der Untersuchungshaft sind Grund und Zweck der Haft sowie die psychischen Auswirkungen der Untersuchungshaft und des Strafverfahrens auf den Untersuchungsgefan-

genen zu berücksichtigen. [2]Durch die Anordnung und den Vollzug einer Disziplinarmaßnahme dürfen im Strafverfahren die Verteidigung, die Verhandlungsfähigkeit und die Verfügbarkeit des Untersuchungsgefangenen für die Verhandlung nicht beeinträchtigt werden.

§ 99 Vollzug der Disziplinarmaßnahmen, Aussetzung zur Bewährung.

(1) [1]Disziplinarmaßnahmen werden in der Regel sofort vollstreckt. [2]Die Vollstreckung ist auszusetzen, soweit es zur Gewährung eines effektiven Rechtsschutzes erforderlich ist.

(2) [1]Disziplinarmaßnahmen können bis zu sechs Monaten zur Bewährung ausgesetzt werden. [2]Die Aussetzung zur Bewährung kann widerrufen werden, wenn der Gefangene die Erwartungen, die mit der Aussetzung der Disziplinarmaßnahme verbunden sind, nicht erfüllt.

(3) Im Vollzug der Untersuchungshaft angeordnete Disziplinarmaßnahmen können auch während einer der Untersuchungshaft unmittelbar nachfolgenden Haft vollstreckt werden.

(4) [1]Für die Dauer des Arrests wird der Gefangene getrennt von anderen Gefangenen untergebracht. [2]Er kann in einem besonderen Arrestraum untergebracht werden, der den Anforderungen entsprechen muss, die an einen zum Aufenthalt bei Tag und Nacht bestimmten Haftraum gestellt werden. [3]Soweit nichts anderes angeordnet wird, ruhen die Befugnisse des Gefangenen zur Ausstattung des Haftraums mit eigenen Gegenständen, zum Fernsehempfang und zum Einkauf. [4]Gegenstände für die Freizeitbeschäftigung, mit Ausnahme des Lesestoffs, sind nicht zugelassen. [5]Die Regelungen dieses Gesetzes zur Religionsausübung und zum Aufenthalt im Freien finden Anwendung.

(5) Für den jungen Gefangenen ist der Arrest erzieherisch auszugestalten.

§ 100 Disziplinarbefugnis. (1) [1]Disziplinarmaßnahmen ordnet der Anstaltsleiter an. [2]Bei einer Verfehlung auf dem Weg in eine andere Anstalt zum Zweck der Verlegung ist der Leiter der Bestimmungsanstalt zuständig.

(2) Die Aufsichtsbehörde entscheidet, wenn sich die Verfehlung gegen den Anstaltsleiter richtet.

(3) [1]Disziplinarmaßnahmen, die in einer anderen Anstalt angeordnet worden sind, werden auf Ersuchen vollstreckt. [2]§ 99 Abs. 2 findet Anwendung.

§ 101 Verfahren. (1) [1]Der Sachverhalt ist zu klären. [2]Hierbei sind sowohl belastende als auch entlastende Umstände zu ermitteln. [3]Der betroffene Gefangene wird gehört. [4]Er wird darüber unterrichtet, welche Verfehlungen ihm zur Last gelegt werden. [5]Er ist darauf hinzuweisen, dass es ihm freisteht sich zu äußern. [6]Die Unterrichtung nach Satz 4, die Einlassung des Gefangenen und die Ergebnisse der Ermittlungen sind aktenkundig zu machen.

(2) [1]In geeigneten Fällen können zur Abwendung von Disziplinarmaßnahmen im Wege einvernehmlicher Streitbeilegung Vereinbarungen getroffen werden. [2]Insbesondere kommen die Wiedergutmachung des Schadens, die Entschuldigung bei den Geschädigten, die Erbringung von Leistungen für die Gemeinschaft und der vorübergehende Verbleib im Haftraum in Betracht. [3]Erfüllt der Gefangene die Vereinbarung, ist die Anordnung einer Disziplinarmaßnahme aufgrund dieser Verfehlung unzulässig.

(3) Mehrere Verfehlungen, die gleichzeitig zu beurteilen sind, werden durch eine Entscheidung geahndet.

(4) [1] Der Anstaltsleiter soll sich vor der Entscheidung mit Personen besprechen, die an der Vollzugsgestaltung mitwirken. [2] Bei einer Gefangenen, die schwanger ist oder stillt, oder bei dem Gefangenen, der sich in ärztlicher Behandlung befindet, ist ein Arzt zu hören.

(5) [1] Vor der Entscheidung über eine Disziplinarmaßnahme erhält der Gefangene die Gelegenheit, sich zu dem Ergebnis der Ermittlungen zu äußern. [2] Die Entscheidung wird dem Gefangenen eröffnet und mit einer kurzen Begründung schriftlich abgefasst.

(6) [1] Bevor Arrest vollzogen wird, ist ein Arzt zu hören. [2] Während des Arrests steht der Gefangene unter ärztlicher Aufsicht. [3] Der Vollzug unterbleibt oder wird unterbrochen, wenn ansonsten die Gesundheit des Gefangenen oder im Vollzug der Untersuchungshaft der Fortgang des Strafverfahrens gefährdet würde.

Abschnitt 16. Aufhebung von Maßnahmen, Beschwerderecht

§ 102 Aufhebung von Maßnahmen. (1) Die Aufhebung von Maßnahmen zur Regelung einzelner Angelegenheiten auf dem Gebiet des Vollzugs richtet sich nach den nachfolgenden Absätzen, soweit dieses Gesetz keine abweichende Bestimmung enthält.

(2) Rechtswidrige Maßnahmen können, auch nachdem sie unanfechtbar geworden sind, mit Wirkung für die Vergangenheit und die Zukunft zurückgenommen werden.

(3) Rechtmäßige Maßnahmen können mit Wirkung für die Zukunft widerrufen werden, wenn

1. aufgrund nachträglich eingetretener oder bekannt gewordener Umstände die Maßnahmen hätten versagt werden können,
2. die Maßnahmen missbraucht werden oder
3. Weisungen nicht befolgt werden.

(4) [1] Begünstigende Maßnahmen dürfen nach den Absätzen 2 oder 3 nur aufgehoben werden, wenn die vollzuglichen Interessen an der Aufhebung in Abwägung mit dem schutzwürdigen Vertrauen der Betroffenen auf den Bestand der Maßnahmen überwiegen. [2] Davon ist auszugehen, wenn die Aufhebung der Maßnahme unerlässlich ist, um die Sicherheit oder Ordnung der Anstalt zu gewährleisten.

§ 103 Beschwerderecht. (1) [1] Der Gefangene erhält die Gelegenheit, sich mit Wünschen, Anregungen und Beschwerden in vollzuglichen Angelegenheiten, die ihn selbst betreffen, an den Anstaltsleiter oder an einen von ihm beauftragten Bediensteten zu wenden. [2] Regelmäßige Sprechstunden sind einzurichten.

(2) Besichtigen Vertreter der Aufsichtsbehörde die Anstalt, so ist zu gewährleisten, dass der Gefangene sich in vollzuglichen Angelegenheiten, die ihn selbst betreffen, an diese wenden kann.

(3) Die Möglichkeit der Dienstaufsichtsbeschwerde besteht daneben fort.

Abschnitt 17. Kriminologische Forschung

§ 104 Evaluation, Kriminologische Forschung. (1) Behandlungs-, Erziehungs- und Förderprogramme für die Strafgefangenen oder die Jugendstrafgefangenen sind auf der Grundlage wissenschaftlicher Erkenntnisse zu konzipieren, zu standardisieren und auf ihre Wirksamkeit hin zu überprüfen.

(2) Der Vollzug der Freiheitsstrafe oder der Jugendstrafe, insbesondere seine Aufgabenerfüllung und Gestaltung, die Umsetzung seiner Leitlinien sowie die Behandlungsprogramme und deren Wirkungen auf die Erreichung des Vollzugsziels, soll regelmäßig von dem kriminologischen Dienst, von einer Hochschule oder von einer anderen Stelle wissenschaftlich begleitet und erforscht werden.

(3) [1] Zu diesen Zwecken sind landesweit von den einzelnen Vollzugsbehörden aussagefähige und auf Vergleichbarkeit angelegte Daten zu erheben, die eine Feststellung und Bewertung der Erfolge und Misserfolge des Vollzugs, insbesondere im Hinblick auf Rückfallhäufigkeiten, sowie die gezielte Erforschung der hierfür verantwortlichen Faktoren ermöglichen. [2] Entsprechende Daten für Bereiche außerhalb des räumlichen Geltungsbereiches dieses Gesetzes sind einzubeziehen und zu vergleichen, soweit solche Daten für die Aufsichtsbehörde zugänglich sind.

Abschnitt 18. Aufbau und Organisation der Anstalten

§ 105 Organisation, Gestaltung und Differenzierung der Anstalten.

(1) [1] Die Anstalten sind von der Aufsichtsbehörde und den Anstaltsleitern so zu gestalten und zu differenzieren, dass der Vollzug seine Aufgaben erfüllt und die Ziele erreicht. [2] Personelle Ausstattung, sachliche Mittel und Organisation der Anstalten sind hieran auszurichten.

(2) [1] Für die einzelnen Vollzugsarten sind jeweils gesonderte Anstalten oder Abteilungen einzurichten, die den unterschiedlichen vollzuglichen Anforderungen Rechnung tragen. [2] Für den Vollzug der Freiheitsstrafe oder der Jugendstrafe sind insbesondere sozialtherapeutische Abteilungen einzurichten.

(3) [1] Es ist eine bedarfsgerechte Anzahl und Ausstattung von Plätzen für therapeutische Maßnahmen, schulische und berufliche Qualifizierung, Arbeitstraining und Arbeitstherapie sowie zur Ausübung von Arbeit vorzusehen. [2] Gleiches gilt für Besuche, Freizeit, Sport und Seelsorge.

(4) [1] Räume für den Aufenthalt während der Ruhezeit und der Freizeit sowie Gemeinschaftsräume und Besuchsräume müssen zweckentsprechend ausgestaltet und für eine gesunde Lebensführung ausreichend mit Heizung, Lüftung, Bodenfläche und Fensterfläche ausgestattet sein. [2] In Gemeinschaftshafträumen befindliche Sanitärbereiche sind baulich vollständig abzutrennen. [3] Die Größe der Gemeinschaftshafträume muss für die darin untergebrachten Gefangenen unter Berücksichtigung der Umstände des Einzelfalls zumutbar sein.

(5) Der Vollzug an Frauen und Männern erfolgt in den dafür vorgesehenen gesonderten Anstalten oder Abteilungen.

(6) [1] Die einzelnen Vollzugsarten werden jeweils in den dafür bestimmten gesonderten Anstalten oder Abteilungen vollzogen. [2] Abweichend von Satz 1 kann der Vollzug einer Vollzugsart in einer für eine andere Vollzugsart bestimmten Anstalt oder Abteilung erfolgen,

1. sofern ein Gefangener hilfsbedürftig ist oder für ihn oder für andere Gefangene eine Gefahr für Leben oder Gesundheit besteht,
2. um einem Gefangenen die Teilnahme an vollzuglichen Maßnahmen in einer anderen Anstalt oder Abteilung zu ermöglichen,

3. aus erheblichen Gründen der Vollzugsorganisation oder
4. mit Zustimmung des Gefangenen.

[3] Betrifft die Abweichung von Satz 1 einen Untersuchungsgefangenen, so bedarf es der Zustimmung des zuständigen Gerichts.

§ 106 Belegungsfähigkeit. (1) [1] Die Aufsichtsbehörde setzt die Belegungsfähigkeit der Anstalt so fest, dass eine angemessene Unterbringung der Gefangenen gewährleistet ist. [2] § 105 Abs. 2 ist zu berücksichtigen.

(2) Hafträume dürfen nicht mit mehr Gefangenen als zugelassen belegt werden.

(3) Ausnahmen von Absatz 2 sind nur vorübergehend und nur mit Zustimmung der Aufsichtsbehörde zulässig.

§ 107 Anstaltsleitung. (1) Der Anstaltsleiter trägt die Verantwortung für den gesamten Vollzug, vertritt die Anstalt in den ihr als Vollzugsbehörde obliegenden Angelegenheiten nach außen und regelt die Geschäftsverteilung innerhalb der Anstalt, soweit nicht bestimmte Aufgabenbereiche der Verantwortung anderer Justizvollzugsbediensteter oder ihrer gemeinsamen Verantwortung übertragen sind.

(2) Die Befugnis, eine mit einer Entkleidung verbundene körperliche Durchsuchung, besondere Sicherungsmaßnahmen und Disziplinarmaßnahmen anzuordnen, darf nur mit Zustimmung der Aufsichtsbehörde anderen Justizvollzugsbediensteten übertragen werden.

(3) [1] Der Anstaltsleiter und seine Vertreter müssen hauptamtlich tätig sein und in einem öffentlich-rechtlichen Dienst- und Treueverhältnis zum Land stehen. [2] Sie werden von der Aufsichtsbehörde bestellt. [3] Der Anstaltsleiter ist ein Beamter der Laufbahngruppe 2, zweites Einstiegsamt.

§ 108 Bedienstete. (1) [1] Die Aufgaben in den Anstalten werden von Justizvollzugsbeamten wahrgenommen. [2] Aus besonderen Gründen kann die Wahrnehmung der Aufgaben auch anderen Bediensteten der Anstalten sowie nebenamtlichen oder vertraglich verpflichteten Personen übertragen werden.

(2) [1] Die im Vollzug der Jugendstrafe und der Untersuchungshaft an jungen Untersuchungsgefangenen tätigen Bediensteten müssen für die erzieherische Gestaltung geeignet und qualifiziert sein. [2] Für die Betreuung von Strafgefangenen mit angeordneter oder vorbehaltener Sicherungsverwahrung oder von Jugendstrafgefangenen mit vorbehaltener Sicherungsverwahrung ist besonders qualifiziertes Personal vorzusehen und eine fachübergreifende Zusammenarbeit zu gewährleisten. [3] Soweit erforderlich, sind externe Fachkräfte einzubeziehen. [4] Die Eignung ist durch entsprechende Fortbildungen sowie Praxisberatungen und Praxisbegleitungen zu gewährleisten und zu fördern.

§ 109 Beauftragung. (1) [1] Fachlich geeignete und zuverlässige natürliche Personen, juristische Personen des öffentlichen oder privaten Rechts oder sonstige Stellen können nach sorgfältiger Auswahl von der Anstalt oder der Aufsichtsbehörde beauftragt werden, nichthoheitliche Aufgaben für die Anstalt wahrzunehmen. [2] Sie können für die Wahrnehmung hoheitlicher Aufgaben als Verwaltungshelfer herangezogen werden. [3] Der Auftrag ist schriftlich zu erteilen und hat auch das Erfordernis der Verpflichtung des einzusetzenden Personals nach dem Verpflichtungsgesetz zu enthalten. [4]Eine Übertragung von hoheitlichen Aufgaben zur eigenverantwortlichen Wahrnehmung ist ausgeschlossen.

(2) Unterhalten private Unternehmen Betriebe in Anstalten, kann die technische und fachliche Leitung ihren Mitarbeitern übertragen werden.

§ 110 Seelsorger. (1) Seelsorger werden im Einvernehmen mit der jeweiligen Religionsgemeinschaft in der Regel im Hauptamt bestellt oder vertraglich verpflichtet.

(2) Wenn die geringe Anzahl der Angehörigen einer Religionsgemeinschaft eine Seelsorge nach Absatz 1 nicht rechtfertigt, ist die seelsorgerische Betreuung auf andere Weise zuzulassen.

(3) Mit Zustimmung des Anstaltsleiters darf der Anstaltsseelsorger sich freier Seelsorgehelfer bedienen und für Gottesdienste sowie für andere religiöse Veranstaltungen Seelsorger von außen hinzuziehen.

§ 111 Medizinisches Personal. (1) [1]Die ärztliche Versorgung der Gefangenen ist durch hauptamtliche Anstaltsärzte sicherzustellen. [2]Sie kann aus besonderen Gründen nebenamtlichen oder vertraglich verpflichteten Ärzten übertragen werden.

(2) Stellt eine Katastrophenschutzbehörde den Katastrophenfall aufgrund einer drohenden oder eingetretenen Pandemielage fest oder hat die Weltgesundheitsorganisation die Pandemiestufe 6 ausgerufen, können die hauptamtlichen Anstaltsärzte zugleich als Impfärzte für die Bediensteten tätig werden.

(3) [1]Die Pflege der Kranken soll von Bediensteten ausgeführt werden, die eine Erlaubnis nach dem Krankenpflegegesetz vom 16. Juli 2003 (BGBl. I S. 1442), zuletzt geändert durch Artikel 9 des Gesetzes vom 16. Juli 2015 (BGBl. I S. 1211, 1241), besitzen. [2]Solange diese nicht zur Verfügung stehen, können auch Bedienstete eingesetzt werden, die eine sonstige Ausbildung in der Krankenpflege erfahren haben.

§ 112 Interessenvertretung der Gefangenen. [1]Den Gefangenen soll ermöglicht werden, Vertretungen zu wählen. [2]Diese können in Angelegenheiten von gemeinsamem Interesse, die sich ihrer Eigenart und der Zweckbestimmung der Anstalt nach für eine Mitwirkung eignen, Vorschläge und Anregungen an die Anstalt herantragen. [3]Die Vorschläge und Anregungen sollen mit der Vertretung erörtert werden. [4]Der Anstaltsleiter kann einen Gefangenen von der Interessenvertretung ausschließen, solange durch seine Teilnahme die Sicherheit oder Ordnung der Anstalt gefährdet wäre.

§ 113 Hausordnung. (1) [1]Der Anstaltsleiter erlässt eine Hausordnung. [2]Die Hausordnung bedarf der Zustimmung der Aufsichtsbehörde.

(2) In die Hausordnung sind insbesondere Anordnungen aufzunehmen über die

1. Besuchszeiten, Häufigkeit und Dauer der Besuche,
2. Arbeitszeit, Freizeit und Ruhezeit sowie
3. Gelegenheit, Anträge und Beschwerden anzubringen oder sich an einen Vertreter der Aufsichtsbehörde zu wenden.

(3) Ein Abdruck der Hausordnung ist allgemein zugänglich auszuhängen und dem Gefangenen auf Verlangen auszuhändigen.

Abschnitt 19. Aufsicht, Beiräte

§ 114 Aufsichtsbehörde. (1) Das für Justizvollzug zuständige Ministerium führt die Aufsicht über die Anstalten (Aufsichtsbehörde).

(2) Die Aufsichtsbehörde kann sich Entscheidungen über Verlegungen und Überstellungen vorbehalten.

(3) Richterliche Entscheidungen im Rahmen des Untersuchungshaftvollzugs unterliegen nicht der Aufsicht.

§ 115 Vollstreckungsplan, Vollzugsgemeinschaften. (1) Die Aufsichtsbehörde regelt die örtliche und sachliche Zuständigkeit der Anstalten nach allgemeinen Merkmalen in einem Vollstreckungsplan.

(2) Im Rahmen von Vollzugsgemeinschaften kann der Vollzug auch in Vollzugseinrichtungen anderer Länder vorgesehen werden.

§ 116 Beiräte. (1) [1] Bei den Anstalten sind Beiräte zu bilden. [2] Justizvollzugsbedienstete sowie Bedienstete der Aufsichtsbehörde dürfen nicht Mitglieder des Beirats sein.

(2) [1] Die Mitglieder des Beirats wirken beratend bei der Gestaltung des Vollzugs und der Eingliederung der Gefangenen mit. [2] Sie fördern das Verständnis für den Vollzug und seine gesellschaftliche Akzeptanz und vermitteln Kontakte zu öffentlichen und privaten Einrichtungen.

(3) Der Beirat steht dem Anstaltsleiter, den Bediensteten und den Gefangenen als Ansprechpartner zur Verfügung.

(4) [1] Die Mitglieder des Beirats können sich über die Unterbringung der Gefangenen und die Gestaltung des Vollzugs unterrichten und die Anstalt besichtigen. [2] Sie können die Gefangenen in ihren Räumen aufsuchen. [3] Unterhaltung und Schriftwechsel werden nicht überwacht.

(5) [1] Die Mitglieder des Beirats sind verpflichtet, außerhalb ihres Amtes über alle Angelegenheiten, die ihrer Natur nach vertraulich sind, besonders über Namen und Persönlichkeit der Gefangenen, Verschwiegenheit zu bewahren. [2] Dies gilt auch nach Beendigung ihres Amtes.

(6) [1] Das Nähere regelt die Aufsichtsbehörde durch Verordnung. [2] Die Verordnung enthält insbesondere Regelungen zur Anzahl der Beiratsmitglieder sowie über deren Berufung und Abberufung. [3] Befindet sich auf dem Gelände einer Anstalt auch die Einrichtung zum Vollzug der Sicherungsverwahrung, so ist dies in der Verordnung, insbesondere bei der Bestimmung der Anzahl der Beiratsmitglieder, zu berücksichtigen.

Abschnitt 20. Verhinderung von Mobilfunkverkehr

§ 117 Störung des Mobilfunkverkehrs. (1) [1] Der Besitz und die Benutzung von Geräten zur funkbasierten Übertragung von Daten sind auf dem Anstaltsgelände verboten, soweit diese nicht dienstlich zugelassen sind. [2] Für Abteilungen des offenen Vollzugs können durch die Aufsichtsbehörde Ausnahmen zugelassen werden.

(2) Die Anstalt darf technische Geräte betreiben, die

1. das Auffinden von Geräten zur funkbasierten Übertragung von Daten ermöglichen,
2. Geräte zur funkbasierten Übertragung von Daten zum Zwecke des Auffindens aktivieren können oder
3. Frequenzen stören oder unterdrücken, die der Herstellung oder Aufrechterhaltung unerlaubter Funkverbindungen auf dem Anstaltsgelände dienen.

(3) [1] Frequenznutzungen außerhalb des Anstaltsgeländes dürfen nicht erheblich gestört werden. [2] Die Anstalt hat die von der Bundesnetzagentur gemäß § 55 Abs. 1 Satz 5 des Telekommunikationsgesetzes festgelegten Rahmenbedingungen einzuhalten.

§ 118 Überflugverbot. (1) Über dem Anstaltsgelände und in einer Entfernung von weniger als 100 Metern von dessen Begrenzung ist der vorsätzliche oder fahrlässige Betrieb von Flugmodellen oder unbemannten Luftfahrtsystemen in einer Höhe von bis zu 150 Metern über Grund und Wasser verboten.

(2) Für vollzugliche oder sonstige öffentliche Zwecke kann die Anstaltsleitung den Betrieb im Einzelfall gestatten.

(3) Für den Bereich außerhalb des Anstaltsgeländes kann die Gestattung auch für private Zwecke erteilt werden, wenn keine Gefährdung für die Sicherheit und Ordnung der Anstalt zu befürchten ist.

(4) § 117 Abs. 2 und 3 gilt entsprechend.

§ 119 Bußgeldvorschriften. (1) Ordnungswidrig handelt, wer
1. entgegen § 117 Abs. 1 Satz 1 Geräte zur funkbasierten Übertragung von Daten besitzt oder benutzt oder
2. entgegen § 118 Abs. 1 vorsätzlich oder fahrlässig Flugmodelle oder unbemannte Luftfahrtsysteme über dem Anstaltsgelände oder in einer Entfernung von weniger als 100 Metern von der Begrenzung des Anstaltsgeländes unbefugt betreibt.

(2) Die Ordnungswidrigkeit und der Versuch einer Ordnungswidrigkeit kann in den Fällen des Absatzes 1 Nr. 1 mit einer Geldbuße bis zu fünfzehntausend Euro, in den Fällen des Absatzes 1 Nr. 2 mit einer Geldbuße bis zu fünfundzwanzigtausend Euro geahndet werden.

(3) [1] Gegenstände, auf die sich die Ordnungswidrigkeit bezieht oder die zu ihrer Vorbereitung oder Begehung verwendet worden sind, können eingezogen werden. [2] § 23 des Gesetzes über Ordnungswidrigkeiten findet Anwendung.

(4) Sachlich zuständige Verwaltungsbehörden für die Verfolgung und Ahndung von Ordnungswidrigkeiten nach Absatz 1 sind die Justizvollzugsanstalten.

Abschnitt 21. Vollzug des Strafarrests

§ 120 Grundsatz. (1) Für den Vollzug des Strafarrests in Anstalten gelten die den Strafgefangenen betreffenden Bestimmungen dieses Gesetzes entsprechend, soweit § 121 nicht Abweichendes bestimmt.

(2) § 121 Abs. 1 bis 3, 7 und 8 gilt nicht, wenn Strafarrest in Unterbrechung einer anderen freiheitsentziehenden Maßnahme vollzogen wird.

§ 121 Besondere Bestimmungen. (1) Der Strafarrestant soll im offenen Vollzug untergebracht werden.

(2) Eine gemeinsame Unterbringung mit Strafgefangenen oder Jugendstrafgefangenen ist nur mit Einwilligung des Strafarrestanten zulässig.

(3) Besuche, Telefongespräche und Schriftwechsel dürfen nur untersagt oder überwacht werden, wenn dies aus Gründen der Sicherheit oder Ordnung der Anstalt notwendig ist.

(4) Dem Strafarrestanten soll gestattet werden, einmal wöchentlich Besuch zu empfangen.

(5) Der Strafarrestant darf eigene Kleidung tragen und eigenes Bettzeug benutzen, wenn Gründe der Sicherheit nicht entgegenstehen und er für Reinigung, Instandsetzung und regelmäßigen Wechsel auf eigene Kosten sorgt.

(6) Der Strafarrestant darf Nahrungs-, Genuss- und Körperpflegemittel in angemessenem Umfang durch Vermittlung der Anstalt auf eigene Kosten erwerben.

(7) [1] Eine mit einer Entkleidung verbundene körperliche Durchsuchung ist nur bei Gefahr im Verzug zulässig. [2] § 85 Abs. 2 Satz 2 bis 4 gilt entsprechend.

(8) Zur Vereitelung einer Entweichung und zur Wiederergreifung dürfen Schusswaffen nicht gebraucht werden.

Abschnitt 22. Ersatz von Aufwendungen

§ 122 Ersatz von Aufwendungen. (1) Der Gefangene ist unbeschadet der Ansprüche aus sonstigen Rechtsvorschriften verpflichtet, der Anstalt Aufwendungen zu ersetzen, die er durch eine vorsätzlich oder grob fahrlässig begangene Selbstverletzung oder Verletzung anderer verursacht hat.

(2) Die Anstalt kann bei der Geltendmachung von Forderungen nach Absatz 1 oder wegen einer vorsätzlichen oder grob fahrlässigen Verletzung fremden Eigentums durch den Gefangenen gegen einen Anspruch des Gefangenen auf das Hausgeld aufrechnen, soweit der Anspruch auf das Hausgeld den dreifachen Tagessatz der Eckvergütung nach § 64 Abs. 3 übersteigt.

(3) Für die in Absatz 1 genannten Forderungen ist der ordentliche Rechtsweg gegeben.

(4) Von der Aufrechnung oder Vollstreckung wegen der in den Absätzen 1 und 2 genannten Forderungen ist abzusehen, wenn hierdurch die Wiedereingliederung des Gefangenen behindert würde.

Abschnitt 23. Schlussbestimmungen

§ 123 Übergangsbestimmungen. (1) Für Anstalten, mit deren Errichtung vor dem 3. Oktober 1990 begonnen wurde, gilt, dass abweichend von § 18 während der Einschlusszeiten bis zu zwei Gefangene gemeinsam untergebracht werden dürfen, solange die räumlichen Verhältnisse der Anstalt dies erfordern; eine gemeinschaftliche Unterbringung ist nur bis zum Ablauf des 31. Dezember 2024 zulässig.

(2) Für die bei Inkrafttreten dieses Gesetzes bestehenden Anstalten kann die Aufsichtsbehörde abweichend von § 106 die Belegungsfähigkeit einer Anstalt nach Maßgabe des Absatzes 1 festsetzen.

(3) Abweichend von § 33 Abs. 5 sind Langzeitbesuche ausgeschlossen, wenn die räumlichen Verhältnisse der Anstalt Langzeitbesuche nicht zulassen.

(4) Bis zum Inkrafttreten einer Verordnung nach § 66 findet die Strafvollzugsvergütungsordnung[1] vom 11. Januar 1977 (BGBl. I S. 57), geändert durch Artikel 6 des Gesetzes vom 13. Dezember 2007 (BGBl. I S. 2894, 2896), in der jeweils geltenden Fassung weiterhin Anwendung.

(5) Daten, die nach Abschnitt 23 dieses Gesetzes zu löschen oder zu sperren sind, nach dem bisher geltenden Recht jedoch gespeichert werden durften und nicht gesperrt werden brauchten, sind spätestens zum 31. Dezember 2017 zu löschen oder zu sperren.

(6) Für die bis zum Inkrafttreten des Gesetzes zur Weiterentwicklung des Justizvollzugs in Sachsen-Anhalt nach § 43 Abs. 6 des Strafvollzugsgesetzes[2] oder § 65 Abs. 2 des Jugendstrafvollzugsgesetzes Sachsen-Anhalt erworbenen, aber noch nicht abgegoltenen Freistellungstage findet § 43 Abs. 9 bis 11 des Strafvollzugsgesetzes oder § 65 Abs. 5 bis 7 des Jugendstrafvollzugsgesetzes Sachsen-Anhalt entsprechende Anwendung.

§ 124 Berichtspflicht. Die Aufsichtsbehörde berichtet dem Landtag von Sachsen-Anhalt in zweijährigem Abstand, erstmals im ersten Quartal 2019, zum Vollzug der Jugendstrafe in Sachsen-Anhalt.

§ 125 Verhältnis zu Bundesrecht. Dieses Gesetz ersetzt nach Artikel 125a Abs. 1 Satz 2 des Grundgesetzes in Sachsen-Anhalt das Strafvollzugsgesetz[2] mit Ausnahme der Bestimmungen des Strafvollzugsgesetzes über

1. den Pfändungsschutz (§ 50 Abs. 2 Satz 5, § 51 Abs. 4 und 5, § 75 Abs. 3), den Nachrang der Sozialhilfe bei der Zahlung von Ausbildungsbeihilfe (§ 44 Abs. 1 Satz 2),
2. das Handeln auf Anordnung (§ 97),
3. das gerichtliche Verfahren (§§ 109 bis 121),
4. die Unterbringung in einem psychiatrischen Krankenhaus und einer Entziehungsanstalt (§§ 136 bis 138),
5. den Vollzug von Ordnungs-, Sicherungs-, Zwangs- und Erzwingungshaft (§§ 171 bis 175) und
6. den unmittelbaren Zwang in Justizvollzugsanstalten für andere Arten des Freiheitsentzugs (§ 178).

§ 126 Einschränkung von Grundrechten. Durch dieses Gesetz werden die folgenden Grundrechte eingeschränkt:

1. das Grandrecht auf körperliche Unversehrtheit im Sinne von Artikel 2 Abs. 2 Satz 1 des Grundgesetzes und Artikel 5 Abs. 2 Satz 1 der Verfassung des Landes Sachsen-Anhalt,
2. das Grundrecht der Freiheit der Person im Sinne von Artikel 2 Abs. 2 Satz 2 des Grundgesetzes und Artikel 5 Abs. 2 Satz 2 der Verfassung des Landes Sachsen-Anhalt,
3. das Grundrecht auf Unverletzlichkeit des Briefgeheimnisses sowie des Post- und Fernmeldegeheimnisses im Sinne von Artikel 10 Abs. 1 des Grundgesetzes und Artikel 14 Abs. 1 der Verfassung des Landes Sachsen-Anhalt und

---

[1] Nr. **1a**.
[2] Nr. **1**.

4. das Grundrecht auf den Schutz personenbezogener Daten im Sinne von Artikel 2 Abs. 1 in Verbindung mit Artikel 1 Abs. 1 des Grundgesetzes und Artikel 6 Abs. 1 Satz 1 der Verfassung des Landes Sachsen-Anhalt.

§ 127 Sprachliche Gleichstellung. Personen- und Funktionsbezeichnungen in diesem Gesetz gelten jeweils in männlicher und weiblicher Form.

1.15. Gesetz über den Vollzug der Freiheitsstrafe in Schleswig-Holstein (Landesstrafvollzugsgesetz Schleswig-Holstein – LStVollzG SH)[1)]

Vom 21. Juli 2016

(GVOBl. Schl.-H. S. 618)

GS Schl.-H. II, Gl.Nr. 312-19

zuletzt geänd. durch Art. 1 Justizvollzugsmodernisierungsgesetz v. 23.9.2021 (GVOBl. Schl.-H. S. 1170)

Nichtamtliche Inhaltsübersicht

[1)] Verkündet als Art. 1 G v. 21.7.2016 (GVOBl. Schl.-H. S. 618); Inkrafttreten gem. Art. 6 dieses G am **1.9.2016**.

[2)] Zählung amtlich.

Abschnitt 1. Allgemeine Bestimmungen

§ 1 Anwendungsbereich Dieses Gesetz regelt den Vollzug der Freiheitsstrafe (Vollzug) und des Strafarrests in Justizvollzugsanstalten (Anstalten).

§ 2 Ziel des Vollzuges. Der Vollzug dient dem Ziel, die Gefangenen zu befähigen, künftig in sozialer Verantwortung ein Leben ohne Straftaten zu führen.

§ 3 Grundsätze der Vollzugsgestaltung. (1) Der Vollzug ist auf die Auseinandersetzung der Gefangenen mit ihren Straftaten und deren Folgen auszurichten.

(2) [1] Der Vollzug wirkt von Beginn an auf die Eingliederung der Gefangenen in das Leben in Freiheit hin. [2] Sämtliche Maßnahmen sind auf einen frühzeitigen Entlassungszeitpunkt hin auszurichten. [3] Der Vollzug ermittelt zusammen mit der oder dem Gefangenen die für die Eingliederung bestehenden Hilfebedarfe, prüft die Leistungsansprüche und unterstützt die oder den Gefangenen dabei, bei den zuständigen Leistungsträgern eine Leistungsgewährung möglichst mit dem Tag der Entlassung zu erreichen.

(3) [1] Das Leben im Vollzug ist den allgemeinen Lebensverhältnissen soweit wie möglich anzugleichen. [2] Selbständigkeit in der Lebensgestaltung ist zu fördern.

(4) [1]Schädlichen Folgen des Freiheitsentzugs ist entgegenzuwirken. [2]Insbesondere bei Gefangenen mit langjährigen Freiheitsstrafen ist ihre Lebenstüchtigkeit aktiv zu erhalten.

(5) [1]Die unterschiedlichen individuellen Erfordernisse und Bedürfnisse der Gefangenen, insbesondere im Hinblick auf Geschlecht, Alter, ethnische Herkunft, Sprache, Religion, Weltanschauung, Behinderung und sexuelle Identität, werden bei der Vollzugsgestaltung im Allgemeinen und im Einzelfall berücksichtigt. [2]Kein Mensch darf im Rahmen des Strafvollzugs aufgrund dieser Merkmale, einer rassistischen oder antisemitischen Zuschreibung oder des sozialen Status diskriminiert werden.

(6) [1]Die Belange der Familienangehörigen der Gefangenen sind bei der Vollzugsgestaltung zu berücksichtigen. [2]Der Erhalt familiärer und sozialer Bindungen der Gefangenen soll gefördert werden.

(7) [1]Der Bezug der Gefangenen zum gesellschaftlichen Leben ist zu wahren und zu fördern. [2]Personen und Einrichtungen außerhalb des Vollzuges sollen in den Vollzugsalltag einbezogen werden. [3]Den Gefangenen ist sobald wie möglich die Teilnahme am Leben in der Freiheit zu gewähren. [4]Therapien und Beratungen werden auch durch externe Fachkräfte durchgeführt.

(8) Alle in der Anstalt Tätigen arbeiten zusammen und wirken daran mit, das Vollzugsziel zu erreichen.

§ 4 Stellung der Gefangenen, Mitwirkung. (1) [1]Die Persönlichkeit der Gefangenen ist zu achten. [2]Ihre Selbständigkeit im Vollzugsalltag ist soweit wie möglich zu erhalten und zu fördern.

(2) [1]Die Gefangenen werden an der Gestaltung des Vollzugsalltags beteiligt. [2]Vollzugliche Maßnahmen sollen ihnen erläutert werden.

(3) [1]Zur Erreichung des Vollzugsziels bedarf es der Mitwirkung der Gefangenen. [2]Ihre Bereitschaft hierzu ist zu wecken und zu fördern. [3]Sie sollen fortwährend an die gebotenen Behandlungsmaßnahmen herangeführt und während ihrer Durchführung begleitet und unterstützt werden.

(4) [1]Die Gefangenen unterliegen den in diesem Gesetz vorgesehenen Beschränkungen ihrer Freiheit. [2]Soweit das Gesetz eine besondere Regelung nicht enthält, dürfen ihnen nur Beschränkungen auferlegt werden, die zur Aufrechterhaltung der Sicherheit oder zur Abwendung einer schwerwiegenden Störung der Ordnung der Anstalt unerlässlich sind.

§ 5 Sicherheit. (1) Der Vollzug der Freiheitsstrafe dient auch dem Schutz der Allgemeinheit vor weiteren Straftaten.

(2) [1]Die Sicherheit der Bevölkerung, der Bediensteten und der übrigen Mitarbeiterinnen und Mitarbeiter sowie der Gefangenen wird erreicht durch

1. baulich-technische Vorkehrungen,
2. organisatorische Regelungen und deren Umsetzung und
3. soziale und behandlungsfördernde Strukturen.

[2]Die Sicherheitsmaßnahmen haben sich an den jeweiligen Aufgaben der Anstalten zu orientieren.

(3) [1]Die Sicherheit in den Anstalten soll ein gewaltfreies Klima fördern und die Gefangenen vor Übergriffen Mitgefangener schützen. [2]Ihre Fähigkeit zu gewaltfreier Konfliktlösung ist zu entwickeln und zu stärken.

Abschnitt 2. Aufnahme, Diagnose und Vollzugsplanung

§ 6 Aufnahmeverfahren. (1) [1] Mit den Gefangenen wird unmittelbar nach dem Eintreffen in der Anstalt im Rahmen der Erstaufnahme ein Gespräch geführt, in dem Feststellungen über Sofortmaßnahmen getroffen werden (Sofortgespräch). [2] Mit jeder Gefangenen und jedem Gefangenen soll spätestens drei Tage nach dem Zugang ein Gespräch geführt werden, in dem ihre oder seine gegenwärtige Lebenssituation erörtert wird und sie oder er über ihre oder seine Rechte und Pflichten informiert wird (Zugangsgespräch). [3] Ihnen wird ein Exemplar der Hausordnung ausgehändigt. [4] Dieses Gesetz, die von ihm in Bezug genommenen Gesetze sowie die zu seiner Ausführung erlassenen Rechtsverordnungen und Verwaltungsvorschriften sind den Gefangenen auf Verlangen zugänglich zu machen.

(2) [1] Während des Aufnahmeverfahrens dürfen andere Gefangene nicht zugegen sein. [2] Bei sprachlichen Verständigungsschwierigkeiten, die nicht kurzfristig durch Hinzuziehung anderer Personen überwunden werden können, darf jedoch ausnahmsweise mit Einwilligung der oder des Gefangenen eine zuverlässige Gefangene oder ein zuverlässiger Gefangener hinzugezogen werden.

(3) Die Gefangenen werden spätestens nach drei Tagen ärztlich untersucht.

(4) Die Gefangenen werden dabei unterstützt, notwendige Maßnahmen für hilfsbedürftige Angehörige, zur Erhaltung des Arbeitsplatzes und der Wohnung und zur Sicherung ihrer Habe außerhalb der Anstalt zu veranlassen.

(5) Bei Gefangenen, die eine Ersatzfreiheitsstrafe verbüßen oder die im Anschluss an eine Freiheitsstrafe eine Ersatzfreiheitsstrafe zu verbüßen haben werden, sind die Möglichkeiten der Abwendung der Vollstreckung durch freie Arbeit oder ratenweise Tilgung der Geldstrafe zu erörtern und zu fördern, um so auf eine möglichst baldige Entlassung hinzuwirken.

(6) Die Anstalt benachrichtigt von der oder dem Gefangenen zu benennende Personen über deren oder dessen Aufnahme, sofern die oder der Gefangene nicht darum gebeten hat, dies zu unterlassen.

§ 7 Diagnoseverfahren. (1) [1] An das Aufnahmeverfahren schließt sich zur Vorbereitung der Vollzugsplanung das Diagnoseverfahren an. [2] Das Diagnoseverfahren soll wissenschaftlichen Standards genügen.

(2) [1] Das Diagnoseverfahren erstreckt sich auf die Persönlichkeit, die Lebensverhältnisse, die Ursachen und Umstände der Straftat sowie alle sonstigen die Straffälligkeit begünstigenden und ihr entgegenwirkenden Gesichtspunkte, deren Kenntnis für eine Einschätzung der Rückfallwahrscheinlichkeit notwendig ist. [2] Hieraus ergibt sich die Delinquenzhypothese, die die Grundlage für die weitere Vollzugsgestaltung und die Eingliederung der Gefangenen nach der Entlassung bildet. [3] Neben den vollstreckungsrechtlichen Unterlagen sind insbesondere auch Erkenntnisse der Gerichts- und Bewährungshilfe sowie der Führungsaufsichtsstellen einzubeziehen.

§ 8 Besondere Regelungen für Ersatzfreiheitsstrafen und kurze Freiheitsstrafen. (1) [1] Ist ausschließlich Ersatzfreiheitsstrafe zu vollstrecken, findet ein Diagnoseverfahren nicht statt. [2] An seine Stelle tritt ein erweitertes Zugangsgespräch, in dem eine Feststellung der für eine angemessene Vollzugsgestaltung wesentlichen Gesichtspunkte zur Person und zum Lebensumfeld der Gefangenen erfolgt und erneut die Möglichkeiten der Abwendung der Vollstreckung insbesondere durch freie Arbeit oder ratenweise Tilgung der Geldstrafe erörtert werden.

(2) Bei einer Ersatzfreiheitsstrafe tritt an die Stelle eines Vollzugs- und Eingliederungsplans ein Überleitungsplan, der insbesondere folgende Angaben enthält:

1. Voraussichtlicher Entlassungszeitpunkt;
2. Unterbringung im geschlossenen oder offenen Vollzug oder in einer Übergangseinrichtung;
3. Unterstützung bei der Abwendung der weiteren Vollstreckung der Ersatzfreiheitsstrafe durch freie Arbeit oder Zahlung der restlichen Geldstrafe;
4. Ausführungen und Lockerungen;
5. Maßnahmen zur Stabilisierung der Lebenssituation während und nach dem Vollzug und
6. Maßnahmen zur Vorbereitung der Eingliederung.

(3) Der Überleitungsplan wird zeitnah erstellt und nach Bedarf fortgeschrieben.

(4) Bei einer voraussichtlichen Vollzugsdauer bis zu einem Jahr tritt an die Stelle eines Vollzugs- und Eingliederungsplans ein erweiterter Überleitungsplan, der insbesondere folgende Angaben enthält:

1. Zusammenfassung der maßgeblichen Ergebnisse des Diagnoseverfahrens und der Delinquenzhypothese;
2. voraussichtlicher Entlassungszeitpunkt;
3. Unterbringung im geschlossenen oder offenen Vollzug oder in einer Übergangseinrichtung;
4. Schulische und berufliche Qualifizierung und Arbeit
   a) schulische und berufliche Qualifizierungsmaßnahmen einschließlich Alphabetisierungs- und Deutschkursen,
   b) arbeitstherapeutische Maßnahmen oder Arbeitstraining,
   c) Arbeit,
   d) Außenbeschäftigung,
   e) Selbstbeschäftigung,
   f) freies Beschäftigungsverhältnis;
5. Ausführungen und Lockerungen;
6. Maßnahmen zur Stabilisierung der Lebenssituation während und nach dem Vollzug und
7. Maßnahmen zur Vorbereitung der Eingliederung.

(5) [1] Der erweiterte Überleitungsplan wird regelmäßig innerhalb der ersten acht Wochen nach der Aufnahme erstellt. [2] Er wird regelmäßig nach Bedarf, spätestens jedoch alle drei Monate überprüft und fortgeschrieben. [3] § 9 Absatz 4 bis 9 gilt entsprechend.

§ 9 Vollzugs- und Eingliederungsplanung. (1) [1] Auf der Grundlage der schriftlich formulierten Delinquenzhypothese wird ein Vollzugs- und Eingliederungsplan erstellt. [2] Er zeigt den Gefangenen bereits zu Beginn der Strafhaft unter Berücksichtigung der voraussichtlichen Vollzugsdauer die zur Erreichung des Vollzugsziels erforderlichen Maßnahmen auf. [3]Daneben kann er weitere Hilfsangebote und Empfehlungen enthalten. [4]Den Fähigkeiten, Fertigkeiten und Neigungen der Gefangenen ist Rechnung zu tragen.

(2) Der Vollzugs- und Eingliederungsplan wird regelmäßig innerhalb der ersten acht Wochen nach der Aufnahme erstellt.

(3) [1]Der Vollzugs- und Eingliederungsplan sowie die darin vorgesehenen Maßnahmen werden regelmäßig alle sechs Monate überprüft und fortgeschrieben. [2]Die Entwicklung der Gefangenen und die in der Zwischenzeit gewonnenen Erkenntnisse sind zu berücksichtigen.

(4) [1]Das Ergebnis des Diagnoseverfahrens, die Delinquenzhypothese und die Vollzugs- und Eingliederungsplanung wird mit den Gefangenen erörtert. [2]Dabei werden deren Anregungen und Vorschläge einbezogen, soweit sie der Erreichung des Vollzugsziels dienen.

(5) [1]An der Eingliederung mitwirkende Personen und Einrichtungen außerhalb des Vollzuges sowie unmittelbar betroffene Familienmitglieder sind nach Möglichkeit in die Planung einzubeziehen. [2]Wird ein minderjähriges Kind der oder des Gefangenen durch das Jugendamt betreut, ist auch das Jugendamt in die Planung einzubeziehen. [3]Standen die Gefangenen vor ihrer Inhaftierung unter Bewährung oder Führungsaufsicht, ist auch die oder der für sie bislang zuständige Bewährungshelferin oder Bewährungshelfer zu beteiligen.

(6) [1]Zur Erstellung und, soweit erforderlich, zur Fortschreibung des Vollzugs- und Eingliederungsplans werden Konferenzen mit den an der Vollzugsgestaltung maßgeblich Beteiligten durchgeführt. [2]Die Gefangenen können an der Konferenz beteiligt werden.

(7) [1]Der Bewährungshelferin oder dem Bewährungshelfer ist Gelegenheit zur Teilnahme an der Konferenz zu geben. [2]An der Eingliederung mitwirkende Personen außerhalb des Vollzuges können mit Zustimmung der Gefangenen auch an der Konferenz beteiligt werden.

(8) Werden die Gefangenen nach der Entlassung voraussichtlich unter Bewährungs- oder Führungsaufsicht gestellt, ist der künftig zuständigen Bewährungshelferin oder dem künftig zuständigen Bewährungshelfer in den letzten neun Monaten vor dem voraussichtlichen Entlassungszeitpunkt die Teilnahme an der Konferenz zu ermöglichen und sind ihr oder ihm der Vollzugs- und Eingliederungsplan und seine Fortschreibungen zu übersenden.

(9) Der Vollzugs- und Eingliederungsplan und seine Fortschreibungen werden den Gefangenen erläutert und ausgehändigt.

§ 10 Inhalt des Vollzugs- und Eingliederungsplans. (1) Der Vollzugs- und Eingliederungsplan sowie seine Fortschreibungen enthalten insbesondere folgende Angaben:

1. Zusammenfassung der für die Vollzugs- und Eingliederungsplanung maßgeblichen Ergebnisse des Diagnoseverfahrens und der Delinquenzhypothese,
2. Hilfs- und Behandlungsmaßnahmen
   a) Verlegung in eine sozialtherapeutische Einrichtung,
   b) Psychologische Behandlungsmaßnahmen,
   c) Maßnahmen zur Behandlung von Suchtmittelabhängigkeit und -missbrauch, Substitution,

d) Schuldnerberatung, Schuldenregulierung und Erfüllung von Unterhaltspflichten,
e) Trainingsmaßnahmen zur Verbesserung der sozialen Kompetenz,
f) familienunterstützende Maßnahmen,
g) Ausgleich von Tatfolgen,
h) Aufrechterhaltung, Förderung und Gestaltung von Außenkontakten,
i) Sportangebote und Maßnahmen zur strukturierten Gestaltung der Freizeit,

3. Schulische und berufliche Qualifizierung und Arbeit
a) schulische und berufliche Qualifizierungsmaßnahmen einschließlich Alphabetisierungs- und Deutschkursen,
b) arbeitstherapeutische Maßnahmen oder Arbeitstraining,
c) Arbeit,
d) Außenbeschäftigung,
e) Selbstbeschäftigung,
f) freies Beschäftigungsverhältnis,

4. Vollzugsöffnende Maßnahmen
a) Ausführungen,
b) Lockerungen,

5. Unterbringung im geschlossenen oder offenen Vollzug,
6. voraussichtlicher Entlassungszeitpunkt,
7. Frist zur Fortschreibung des Vollzugs- und Eingliederungsplans.

(2) [1] Maßnahmen, die nach dem Ergebnis des Diagnoseverfahrens und der Delinquenzhypothese als zur Erreichung des Vollzugsziels zwingend erforderlich erachtet werden, sind als solche zu kennzeichnen und gehen allen anderen Maßnahmen vor. [2] Andere Maßnahmen dürfen für diese Zeit nicht gestattet werden, soweit sie die Teilnahme an Maßnahmen nach Satz 1 beeinträchtigen würden.

(3) [1] Anknüpfend an die bisherige Vollzugsplanung wird der Vollzugs- und Eingliederungsplan spätestens neun Monate vor dem voraussichtlichen Entlassungszeitpunkt konkretisiert oder ergänzt. [2] Insbesondere ist Stellung zu nehmen zu:

1. Ausführungen und Lockerungen,
2. Behandlungsmaßnahmen
a) Fortsetzung von im Vollzug noch nicht abgeschlossenen Maßnahmen,
b) Vermittlung in nachsorgende Maßnahmen,

3. Zusammenarbeit
a) Beteiligung der Bewährungshilfe, der Führungsaufsicht und der Forensischen Ambulanzen,
b) Kontaktaufnahme zu Einrichtungen der Entlassenenhilfe,

4. Unterkunft nach der Entlassung,
5. Arbeit und Ausbildung nach der Entlassung,
6. Unterstützung bei notwendigen Behördengängen und der Beschaffung der notwendigen persönlichen Dokumente,
7. Förderung der familiären Beziehungen.

[3] Der Vollzugs- und Eingliederungsplan ist nach Bedarf, spätestens nach drei Monaten, zu überprüfen und fortzuschreiben.

Abschnitt 3. Unterbringung, Verlegung

§ 11 Trennung von Gefangenen. (1) Gefangene unterschiedlichen Geschlechts werden getrennt untergebracht.

(2) Von dem Grundsatz der getrennten Unterbringung kann im Einzelfall unter Berücksichtigung des berechtigten Interesses der Gefangenen, insbesondere aufgrund ihrer Persönlichkeit und besonderen Bedürfnisse, abgewichen werden, wenn die Sicherheit oder Ordnung der Anstalt nicht gefährdet sind.

(3) Gemeinsame Maßnahmen, insbesondere zur schulischen und beruflichen Qualifizierung, sind zulässig, wenn Sicherheit oder Ordnung der Anstalt nicht gefährdet oder schädliche Einflüsse nicht zu befürchten sind.

§ 12 Unterbringung. (1) Die Gefangenen werden im geschlossenen und im offenen Vollzug in ihren Hafträumen einzeln untergebracht.

(2) [1] Auf ihren Antrag können Gefangene gemeinsam untergebracht werden, wenn schädliche Einflüsse nicht zu befürchten sind. [2] Der Antrag kann jederzeit widerrufen werden.

(3) Ohne Zustimmung ist eine gemeinsame Unterbringung nur vorübergehend in der Regel nicht länger als drei Monate und aus zwingenden Gründen, insbesondere zur Bewältigung von Belegungsspitzen oder von einer Nichtbelegbarkeit von Hafträumen, zulässig.

(4) Im offenen Vollzug dürfen abweichend von Absatz 1 Gefangene gemeinsam untergebracht werden, sofern die baulichen Verhältnisse dies zulassen und wenn schädliche Einflüsse nicht zu befürchten sind.

§ 12[1)] Aufenthalt außerhalb der Nachtzeit. Außerhalb der Nachtzeit dürfen sich die Gefangenen in Gemeinschaft aufhalten.

§ 13 Einschluss und Aufenthalt außerhalb der Nachtzeit. (1) [1] Im geschlossenen Vollzug werden die Gefangenen während der Nachtzeit eingeschlossen; außerhalb der Nachtzeit dürfen sich die Gefangenen in Gemeinschaft aufhalten. [2] Die Dauer der Nachtzeit wird durch die Aufsichtsbehörde durch Erlass bestimmt.

(2) Abweichend von Absatz 1 dürfen die Gefangenen eingeschlossen werden
1. während der ersten zwei Wochen nach der Erstaufnahme,
2. wenn ein schädlicher Einfluss auf andere Gefangene zu befürchten ist,
3. wenn Gründe der Sicherheit es erfordern,
4. wenn Gründe der Ordnung der Anstalt es erfordern oder
5. wenn die oder der Gefangene zustimmt.

(3) Absatz 2 Nummer 2 bis 4 gilt auch für den offenen Vollzug.

§ 14 Abteilungsvollzug. (1) [1] Gefangene werden grundsätzlich in Abteilungen der Anstalt untergebracht. [2] Diese sollen überschaubare Gruppen und räumliche Einheiten bilden.

---

1) Nummerierung amtlich.

(2) Die Gruppen werden in der Regel von fest zugeordneten Bediensteten betreut, die auf die unterschiedlichen Bedürfnisse der Gefangenen mit abgestimmten Vollzugsmaßnahmen eingehen können.

§ 15 Wohngruppenvollzug. (1) [1] Der Wohngruppenvollzug dient der Einübung sozialverträglichen Zusammenlebens, insbesondere von Toleranz sowie der Übernahme von Verantwortung für sich und andere. [2] Er ermöglicht den dort Untergebrachten, ihren Vollzugsalltag weitgehend selbständig zu regeln.

(2) [1] Eine Wohngruppe wird in einem baulich abgegrenzten Bereich mit bis zu 15 Gefangenen eingerichtet, zu dem neben den Hafträumen weitere Räume und Einrichtungen zur gemeinsamen Nutzung gehören. [2] Sie wird in der Regel von fest zugeordneten Bediensteten betreut.

§ 16 Geschlossener und offener Vollzug. (1) [1] Die Gefangenen werden im geschlossenen oder offenen Vollzug untergebracht. [2] Abteilungen des offenen Vollzuges sehen keine oder nur verminderte Vorkehrungen gegen Entweichungen vor.

(2) Die Gefangenen sollen im offenen Vollzug untergebracht werden, wenn sie dessen besonderen Anforderungen genügen und verantwortet werden kann zu erproben, dass sie sich nicht dem Vollzug entziehen oder die Möglichkeiten des offenen Vollzuges nicht zu Straftaten missbrauchen werden.

(3) Genügen die Gefangenen den besonderen Anforderungen des offenen Vollzuges nicht mehr, werden sie im geschlossenen Vollzug untergebracht.

(4) Durch den Vollstreckungsplan kann insbesondere bei Selbststellung, bei kurzen Freiheitsstrafen und bei Ersatzfreiheitsstrafe bestimmt werden, dass die Aufnahme direkt im offenen Vollzug erfolgt.

§ 17 Verlegung und Überstellung. (1) Die Gefangenen können abweichend vom Vollstreckungsplan in eine andere Anstalt verlegt werden, wenn die Erreichung des Vollzugsziels hierdurch gefördert wird oder wenn Gründe der Vollzugsorganisation oder andere wichtige Gründe dies erfordern.

(2) Die Gefangenen dürfen aus wichtigem Grund in eine andere Anstalt überstellt werden.

(3) Die oder der Gefangene ist vor ihrer oder seiner Verlegung anzuhören, soweit nicht die Voraussetzungen des § 103 Absatz 2 Satz 2 vorliegen.

(4) Die Anstalt benachrichtigt von der oder dem Gefangenen zu benennende Personen über deren oder dessen Aufnahme, sofern die oder der Gefangene nicht darum gebeten hat, dies zu unterlassen.

§ 18 Verlegung in eine sozialtherapeutische Einrichtung. (1) [1] Gefangene sind in eine sozialtherapeutische Einrichtung zu verlegen, wenn deren besondere therapeutische Mittel zur Verringerung einer erheblichen Gefährlichkeit der oder des Gefangenen angezeigt und erfolgversprechend sind. [2] Eine erhebliche Gefährlichkeit liegt vor, wenn schwerwiegende Straftaten gegen Leib oder Leben, die persönliche Freiheit oder gegen die sexuelle Selbstbestimmung zu erwarten sind.

(2) Andere Gefangene können in eine sozialtherapeutische Einrichtung verlegt werden, wenn deren besondere therapeutische Mittel zur Erreichung des Vollzugsziels angezeigt und erfolgversprechend sind.

(3) Vor einer Verlegung sind Bereitschaft und Fähigkeit der Gefangenen zur Teilnahme an einer sozialtherapeutischen Behandlung zu wecken und zu fördern.

(4) [1] Die Unterbringung soll zu einem Zeitpunkt erfolgen, der entweder den Abschluss der Behandlung zum voraussichtlichen Entlassungszeitpunkt erwarten lässt oder die Fortsetzung der Behandlung nach der Entlassung ermöglicht. [2] Ist Sicherungsverwahrung angeordnet oder vorbehalten, soll die Unterbringung zu einem Zeitpunkt erfolgen, der den Abschluss der Behandlung noch während des Vollzuges der Freiheitsstrafe erwarten lässt.

§ 19 Verlegung in die zentrale Ausbildungsanstalt. (1) Die Gefangenen sind in die zentrale Ausbildungsanstalt zu verlegen, wenn deren besondere schulische und berufliche Qualifikationsangebote zur Förderung der beruflichen Integration angezeigt und erfolgsversprechend sind.

(2) Vor einer Verlegung sind Bereitschaft und Fähigkeit der Gefangenen zur Teilnahme an den Qualifikationsangeboten zu wecken und zu fördern.

Abschnitt 4. Soziale Hilfen, Beratung und Behandlung

§ 20 Soziale Hilfen. [1] Die Gefangenen werden darin unterstützt, ihre persönlichen, wirtschaftlichen und sozialen Schwierigkeiten zu beheben. [2] Sie sollen dazu angeregt und in die Lage versetzt werden, ihre Angelegenheiten selbst zu regeln. [3] Im Rahmen des Aufnahmeverfahrens werden die Gefangenen gemäß § 6 Absatz 4 unterstützt. [4] Während des Vollzuges werden sie bei der Wahrnehmung ihrer Rechte und Pflichten unterstützt, namentlich ihr Wahlrecht auszuüben sowie für die Unterhaltsberechtigten zu sorgen und die Folgen der Straftat auszugleichen (§ 21). [5] Für die Vorbereitung der Entlassung werden sie gemäß § 59 Absatz 1 unterstützt.

§ 21 Ausgleich von Tatfolgen. (1) [1] Tatfolgenausgleichende Maßnahmen im Justizvollzug, insbesondere der Täter-Opfer-Ausgleich, sind ein Angebot an Verletzte und Gefangene sowie deren Angehörige, die Straftat und ihre Folgen zu bearbeiten mit dem Ziel, eine dauerhafte Konfliktlösung zu erreichen. [2] Die Anstalt weist die Gefangenen auf tatfolgenausgleichende Angebote hin und stellt die Vermittlung an die Mediationsstellen sicher. [3] Die Teilnahme an tatfolgenausgleichenden Maßnahmen bedarf der Zustimmung aller Beteiligten. [4] Sie kann jederzeit widerrufen werden.

(2) Nach Beendigung teilt die durchführende Stelle dem Vollzug das Ergebnis der Maßnahme und gegebenenfalls getroffene Wiedergutmachungsvereinbarungen schriftlich mit.

(3) [1] Zur Ermöglichung tatfolgenausgleichender Maßnahmen ist den beteiligten Verletzten und Angehörigen auf Antrag die Erstattung von angemessenen Fahrtkosten und Aufwandsentschädigungen zu gewähren. [2] Hierauf sind die Betroffenen hinzuweisen. [3] Die Prüfung der Angemessenheit der Kosten obliegt im Einzelfall der Anstalt.

§ 22 Schuldenregulierung. Die Anstalt hält Angebote zur Beratung der Gefangenen bei der Regulierung ihrer Schulden und zur Erfüllung ihrer wirtschaftlichen Verpflichtungen, insbesondere Unterhaltspflichten, vor, um die Gefangenen in die Lage zu versetzen, ihre wirtschaftlichen Verhältnisse zu ordnen, ihren Unterhaltsverpflichtungen nachzukommen, den durch ihre Taten verursachten Schaden auszugleichen sowie ihre Schulden im Rahmen ihrer Möglichkeiten abzutragen.

§ 23 Suchtmittelberatung. [1]Die Anstalt bietet Angebote zur Beratung von Suchtmittelabhängigen und Suchtgefährdeten an, um den Missbrauch von Suchtmitteln zu vermeiden, Therapiemotivation zu wecken und die Gefangenen bei der Anbahnung einer Therapie außerhalb des Vollzuges zu unterstützen. [2]Die medizinische Behandlung und psychosoziale Begleitung von suchtmittelabhängigen Gefangenen werden vorgehalten.

§ 24 Familienunterstützende Maßnahmen. (1) [1]Familienunterstützende Angebote bieten den Gefangenen Hilfe bei der Bewältigung ihrer familiären Situation, zur Aufrechterhaltung und Pflege ihrer familiären Beziehungen sowie Unterstützung in der Wahrnehmung ihrer elterlichen Verantwortung an, unter anderem im Rahmen von Familien- und Paarberatung sowie von Väter- oder Müttertraining. [2]Angehörige und Partner der Gefangenen können in die Gestaltung einbezogen werden. [3]In geeigneten Fällen nimmt die Anstalt Kontakt zu den zuständigen Sozialleistungsträgern auf.

(2) Im Einvernehmen mit dem Jugendamt fördert die Einrichtung den Erhalt und die Pflege der Beziehung der Gefangenen zu ihren minderjährigen Kindern, insbesondere wenn sich die Kinder in einer Fremdunterbringung befinden.

(3) Für Besuche und Kontakte im Rahmen dieser Angebote sind geeignete Räumlichkeiten vorzuhalten.

§ 25 Soziales Training. Auf der Grundlage gruppenpädagogischer Konzepte werden soziale Trainings zur Förderung sozial angemessener Verhaltensweisen, zur Überwindung von Verhaltensproblemen, zur Einübung gewaltfreier Konfliktlösungskompetenzen und zur Ermöglichung sozialen Lernens angeboten.

§ 26 Psychologische Behandlungsmaßnahmen. [1]Psychologische Behandlungsmaßnahmen im Vollzug dienen der Behandlung psychischer Störungen des Verhaltens und Erlebens, die in einem Zusammenhang mit der Straffälligkeit stehen und die die Wiedereingliederung behindern könnten. [2]Sie werden durch systematische Anwendung wissenschaftlich fundierter Methoden mit einer oder mehreren Personen durchgeführt.

Abschnitt 5. Sozialtherapeutischer Vollzug

§ 27 Sozialtherapeutische Einrichtungen. (1) Für den Vollzug nach § 18 sind sozialtherapeutische Einrichtungen vorzuhalten.

(2) [1]Die sozialtherapeutischen Einrichtungen arbeiten auf der Grundlage der therapeutischen Gemeinschaft durch Integration wissenschaftlich fundierter psychotherapeutischer, sozialpädagogischer und arbeitstherapeutischer Methoden. [2]Personen aus dem Lebensumfeld der Gefangenen innerhalb und außerhalb des Vollzuges werden in die Behandlung einbezogen. [3]Sozialtherapeutische Einrichtungen sind so zu gliedern, dass die Gefangenen in Betreuungs- und Behandlungsgruppen untergebracht sind. [4]Die Größe soll fachlichen Standards entsprechen.

(3) Die Teilnahme der in der Sozialtherapie untergebrachten Gefangenen an den Angeboten der Anstalt kann gestattet werden, soweit die Entwicklung der Gefangenen nicht gefährdet wird.

(4) [1]Die fachliche Eigenständigkeit der Einrichtungen ist zu wahren. [2]Sie werden räumlich getrennt eingerichtet. [3]Die Mitarbeiterinnen und Mitarbeiter der Einrichtungen müssen entsprechend befähigt sein und werden der Einrichtung fest zugeordnet.

(5) Die Gefangenen tragen Privatkleidung.

§ 28 Beendigung. [1]Die Sozialtherapie wird beendet, wenn das Ziel der Behandlung erreicht worden ist oder aus Gründen, die in der Person der oder des Gefangenen liegen, nicht erreicht werden kann. [2]Beeinträchtigt die oder der Gefangene durch ihr oder sein Verhalten den Behandlungsverlauf anderer erheblich, kann die Sozialtherapie beendet werden.

§ 29 Therapeutische Nachsorge. (1) Aus der sozialtherapeutischen Einrichtung entlassene Gefangene können vorübergehend am therapeutischen Programm der Einrichtung weiter teilnehmen, wenn die Behandlung bis zur Entlassung nicht abgeschlossen werden konnte.

(2) Die sozialtherapeutische Einrichtung gewährleistet für ihre entlassenen Gefangenen die therapeutische Nachsorge, sofern diese angezeigt ist und nicht anderweitig sichergestellt werden kann.

§ 30 Aufnahme auf freiwilliger Grundlage. [1]Frühere Gefangene der sozialtherapeutischen Einrichtung sollen dort auf Antrag vorübergehend wieder aufgenommen werden, wenn der Erfolg ihrer Behandlung gefährdet ist. [2]Die Unterbringung erfolgt auf vertraglicher Basis. [3]Im Übrigen gilt § 62 Absatz 2 und 3 entsprechend.

Abschnitt 6. Arbeitstherapeutische Maßnahmen, Arbeitstraining, schulische und berufliche Qualifizierungsmaßnahmen, Arbeit, Vergütung

§ 31 Ziel von Qualifizierung und Arbeit. Arbeitstraining und Arbeitstherapie, schulische und berufliche Aus- und Weiterbildung, vorberufliche Qualifizierung im Vollzug (schulische und berufliche Qualifizierungsmaßnahmen) und Arbeit haben insbesondere das Ziel, die Fähigkeiten der Gefangenen zur Aufnahme einer Erwerbstätigkeit nach der Haftentlassung zu vermitteln, zu verbessern oder zu erhalten.

§ 32 Arbeitstherapeutische Maßnahmen, Arbeitstraining. (1) Arbeitstherapeutische Maßnahmen dienen dazu, dass die Gefangenen Eigenschaften wie Selbstvertrauen, Durchhaltevermögen und Konzentrationsfähigkeit einüben, um sie stufenweise an die Grundanforderungen des Arbeitslebens heranzuführen.

(2) [1]Arbeitstraining dient dazu, Gefangenen, die nicht in der Lage sind, einer regelmäßigen und erwerbsorientierten Beschäftigung nachzugehen, Fähigkeiten und Fertigkeiten zu vermitteln, die eine Eingliederung in das leistungsorientierte Arbeitsleben fördern. [2]Die in der Anstalt dafür vorzuhaltenden

Maßnahmen sind danach auszurichten, dass sie den Gefangenen für den Arbeitsmarkt relevante Qualifikationen vermitteln.

§ 33 Schulische und berufliche Qualifizierungsmaßnahmen. (1) [1] Geeigneten Gefangenen sollen schulische und berufliche Aus- und Weiterbildung und vorberufliche Qualifizierung im Vollzug (schulische und berufliche Qualifizierungsmaßnahmen) angeboten werden. [2] Diese werden in der Regel als Vollzeitmaßnahme durchgeführt. [3] Bei der Festlegung von Inhalten, Methoden und Organisationsformen der Bildungsangebote werden die Besonderheiten der jeweiligen Zielgruppe berücksichtigt. [4] Die Teilnahme bedarf der Zustimmung der oder des Gefangenen. [5] Die Zustimmung darf nicht zur Unzeit widerrufen werden.

(2) Berufliche Qualifizierungsmaßnahmen sind darauf auszurichten, den Gefangenen für den Arbeitsmarkt relevante Qualifikationen zu vermitteln.

(3) Hierfür geeigneten Gefangenen soll die Teilnahme an einer schulischen oder beruflichen Ausbildung ermöglicht werden, die zu einem anerkannten Abschluss führt.

(4) [1] Bei der Vollzugsplanung ist darauf zu achten, dass die Gefangenen Qualifizierungsmaßnahmen während ihrer Haftzeit abschließen oder danach fortsetzen können. [2] Können Maßnahmen während der Haftzeit nicht abgeschlossen werden, soll durch die Zusammenarbeit der Anstalt mit außervollzuglichen Einrichtungen dafür Sorge getragen werden, dass die begonnene Qualifizierungsmaßnahme nach der Haft fortgesetzt werden kann.

(5) Bei einer Verlegung in den offenen Vollzug kann die Fortsetzung der in der Anstalt begonnenen Qualifizierungsmaßnahmen zugelassen werden, soweit Sicherheit und Ordnung nicht entgegenstehen und der Abschluss der Qualifizierungsmaßnahme nicht anderweitig gesichert werden kann.

(6) Gefangene können auf Antrag nach ihrer Entlassung eine im Vollzug begonnene Qualifizierungsmaßnahme fortführen, soweit Gründe der Sicherheit oder Ordnung der Anstalt nicht entgegenstehen und diese nicht anderweitig durchgeführt werden kann.

(7) Nachweise über schulische und berufliche Qualifizierungsmaßnahmen dürfen keinen Hinweis auf die Inhaftierung enthalten.

§ 34 Zentrale Ausbildungsanstalt. (1) [1] Für die Erlangung von allgemeinbildenden Schulabschlüssen sowie Berufsabschlüssen im dualen Ausbildungssystem wird eine zentrale Ausbildungsanstalt vorgehalten. [2] Die gültigen Standards des für Bildung zuständigen Ministeriums sind zu gewährleisten.

(2) Qualifizierungsmaßnahmen sind modular aufzubauen, so dass abgeschlossene Teilmaßnahmen in anderen Ausbildungsstätten fortgesetzt werden können.

§ 35 Arbeit, Teilnahme an Arbeitstraining und arbeitstherapeutischen Maßnahmen. (1) [1] Soweit die Gefangenen nicht an schulischen oder beruflichen Qualifizierungsmaßnahmen (§ 33) teilnehmen, sind sie zu Arbeit oder Teilnahme an Arbeitstraining oder arbeitstherapeutischen Maßnahmen verpflichtet, wenn und soweit sie dazu in der Lage sind. [2] Die Zuweisung soll Fähigkeiten, Fertigkeiten und Neigungen der Gefangenen entsprechen. [3] Die Arbeit soll wirtschaftlich ergiebig sein. [4] Nehmen die Gefangenen eine Arbeit auf, gelten die von der Anstalt festgelegten Arbeitsbedingungen. [5] Soweit gemeinnützige Arbeit nach der Landesverordnung über die Abwendung der Vollstreckung von Ersatzfreiheitsstrafen durch freie Arbeit vom 12. Februar 1993 (GVOBl. Schl.-H. S. 129), zuletzt geändert durch Gesetz vom 15. Juni 2004 (GVOBl. Schl.-H. S. 153), geleistet wird, steht dies der Erfüllung der Arbeitspflicht gleich.

(2) Die Verpflichtung entfällt mit dem Erreichen des gesetzlichen Renteneintrittsalters und soweit das gesetzliche Beschäftigungsverbot zum Schutz erwerbstätiger werdender und stillender Mütter besteht.

§ 36 Freies Beschäftigungsverhältnis, Selbstbeschäftigung. (1) [1] Geeigneten Gefangenen soll gestattet werden, einer Arbeit oder Qualifizierungsmaßnahme (§ 33) auf der Grundlage eines freien Beschäftigungsverhältnisses außerhalb der Anstalt nachzugehen oder sich innerhalb oder außerhalb der Anstalt selbst zu beschäftigen, wenn die Beschäftigungsstelle geeignet ist und nicht überwiegende Gründe des Vollzuges entgegenstehen. [2] § 57 gilt entsprechend.

(2) Das Entgelt ist der Anstalt zur Gutschrift für die Gefangenen zu überweisen.

§ 37 Vergütung. (1) Die Gefangenen erhalten eine Vergütung in Form von

1. Arbeitsentgelt für die Teilnahme an Arbeitstraining und arbeitstherapeutischen Maßnahmen sowie für Arbeit nach § 32 und § 35 oder
2. Ausbildungsbeihilfe für die Teilnahme an schulischen und beruflichen Qualifizierungsmaßnahmen nach § 33.

(2) [1] Der Bemessung der Vergütung sind neun Prozent der Bezugsgröße nach § 18 des Vierten Buches Sozialgesetzbuch zugrunde zu legen (Eckvergütung). [2] Ein Tagessatz ist der 250. Teil der Eckvergütung; die Vergütung kann nach einem Stundensatz bemessen werden.

(3) [1] Die Vergütung kann je nach Art der Maßnahme und Leistung der Gefangenen gestuft werden. [2] Sie beträgt mindestens 60 Prozent der Eckvergütung und kann nach einem Stundensatz bemessen werden. [3] Das für Justiz zuständige Ministerium wird ermächtigt, in einer Rechtsverordnung Vergütungsstufen zu bestimmen.

(4) Soweit Beiträge zur Bundesagentur für Arbeit zu entrichten sind, kann vom Arbeitsentgelt oder der Ausbildungsbeihilfe ein Betrag einbehalten werden, der dem Anteil der Gefangenen am Beitrag entsprechen würde, wenn sie diese Vergütung als Arbeitnehmerinnen oder Arbeitnehmer erhielten.

(5) Die Höhe der Vergütung ist den Gefangenen schriftlich bekannt zu geben.

(6) Die Gefangenen, die an einer Maßnahme nach § 33 teilnehmen, erhalten hierfür nur eine Ausbildungsbeihilfe, soweit kein Anspruch auf Leistungen zum Lebensunterhalt besteht, die außerhalb des Vollzuges aus solchem Anlass gewährt werden.

§ 38 Vergütungsfortzahlung. Nehmen die Gefangenen während der Zeit der Arbeit oder Qualifizierung an einzel- oder gruppentherapeutischen Maßnahmen, an Maßnahmen zur Behandlung von Suchtmittelabhängigkeit und -missbrauch, an Trainingsmaßnahmen zur Verbesserung der sozialen Kompetenz sowie sozialtherapeutischen Behandlungsmaßnahmen teil, erhalten sie eine Vergütungsfortzahlung in Höhe der ihnen dadurch entgehenden Vergütung gemäß § 37 Absatz 1.

§ 39 Freistellung. (1) [1]Haben die Gefangenen ein halbes Jahr lang gearbeitet (Arbeitstherapie, Arbeitstraining oder Arbeit) oder an einer beruflichen oder schulischen Qualifizierungsmaßnahme teilgenommen, können sie beanspruchen, zehn Arbeitstage von der Arbeit freigestellt zu werden. [2]Zeiten, in denen die Gefangenen infolge Krankheit an der Arbeitsleistung verhindert waren, werden mit bis zu 15 Arbeitstagen auf das Halbjahr angerechnet. [3]Der Anspruch verfällt, wenn die Freistellung nicht innerhalb eines Jahres nach seiner Entstehung erfolgt ist.

(2) [1]Auf die Zeit der Freistellung wird Langzeitausgang (§ 55 Absatz 1 Nummer 3) angerechnet, soweit er in die Arbeitszeit fällt. [2]Gleiches gilt für einen Langzeitausgang nach § 56 Absatz 1, soweit er nicht wegen des Todes oder einer lebensgefährlichen Erkrankung naher Angehöriger erteilt worden ist.

(3) Die Gefangenen erhalten für die Zeit der Freistellung ihre zuletzt gezahlte Vergütung weiter.

(4) Urlaubsregelungen freier Beschäftigungsverhältnisse außerhalb des Vollzuges bleiben unberührt.

§ 40 Anerkennung von Arbeit und Bildung, Ausgleichsentschädigung. (1) [1]Neben der Vergütung nach §§ 37 und 38 sowie der Freistellung nach § 39 erhalten Gefangene auf Antrag für zwei Monate zusammenhängender Ausübung einer Arbeit (Arbeitstherapie, Arbeitstraining oder Arbeit) oder zusammenhängender Teilnahme an einer beruflichen oder schulischen Qualifizierungsmaßnahme unter Fortzahlung der Vergütung zwei Tage

1. Freistellung von der Arbeitspflicht oder
2. unbegleiteten Ausgang oder Langzeitausgang, soweit dessen Voraussetzungen vorliegen.

[2]Stellen Gefangene keinen Antrag oder kann unbegleiteter Ausgang oder Langzeitausgang nicht gewährt werden, wird der Entlassungszeitpunkt vorverlegt. [3]Dies gilt auch, wenn Gefangene die Freistellung nach Satz 1 Nummer 1 nicht innerhalb eines Jahres nach Vorliegen der Voraussetzungen in Anspruch nehmen. [4]Durch Zeiten, in denen Gefangene ohne ihr Verschulden an der Erfüllung ihrer Arbeitspflicht gehindert sind, wird die Frist nach Satz 1 gehemmt. [5]Beschäftigungszeiträume von unter zwei Monaten bleiben unberücksichtigt. [6]Unbegleiteter Ausgang oder Langzeitausgang nach Satz 1 Nummer 2 werden nicht auf die Höchstdauer des Langzeitausgangs nach § 55 Absatz 1 Nummer 3 angerechnet.

(2) Eine Vorverlegung des Entlassungszeitpunkts nach Absatz 1 ist ausgeschlossen

1. soweit eine lebenslange Freiheitsstrafe verbüßt wird und der Entlassungszeitpunkt noch nicht bestimmt ist,
2. bei einer Aussetzung der Vollstreckung des Restes einer Freiheitsstrafe zur Bewährung, soweit wegen des von der Entscheidung des Gerichts bis zur Entlassung verbleibenden Zeitraums eine Anrechnung nicht mehr möglich ist,

3. wenn dies vom Gericht angeordnet wird, weil bei einer Aussetzung der Vollstreckung des Restes einer Freiheitsstrafe zur Bewährung die Lebensverhältnisse der oder des Gefangenen oder die Wirkungen, die von der Aussetzung für sie oder ihn zu erwarten sind, die Vollstreckung bis zu einem bestimmten Zeitpunkt erfordern,
4. wenn nach § 456a Absatz 1 Strafprozessordnung (StPO) von der Vollstreckung abgesehen wird.

(3) [1]Soweit eine Vorverlegung des Entlassungszeitpunkts ausgeschlossen ist, erhalten die Gefangenen bei ihrer Entlassung als Ausgleichsentschädigung zusätzlich 30 Prozent der ihnen zustehenden Vergütung. [2]Der Anspruch entsteht erst mit der Entlassung oder Verlegung in ein anderes Bundesland, wenn dort nach landesgesetzlicher Regelung eine Verkürzung nicht möglich ist. [3]Vor der Entlassung oder Verlegung ist der Anspruch nicht verzinslich, nicht abtretbar und nicht vererblich. [4]Gefangenen, bei denen eine Anrechnung nach Absatz 2 Nummer 1 ausgeschlossen ist, wird die Ausgleichszahlung bereits nach Verbüßung von jeweils zehn Jahren der lebenslangen Freiheitsstrafe zum Eigengeld (§ 72) gutgeschrieben, soweit sie nicht vor diesem Zeitpunkt entlassen sind; § 57 Absatz 4 des Strafgesetzbuches gilt entsprechend.

Abschnitt 7. Außenkontakte

§ 41 Grundsatz. [1]Die Gefangenen haben das Recht, mit Personen außerhalb der Anstalt im Rahmen der Bestimmungen dieses Gesetzes zu verkehren. [2]Der Verkehr mit der Außenwelt ist zu fördern.

§ 42 Besuch. (1) [1]Die Gefangenen dürfen regelmäßig Besuch empfangen. [2]Die Gesamtdauer beträgt mindestens zwei Stunden im Monat.

(2) [1]Besuche von Angehörigen im Sinne von § 11 Absatz 1 Nummer 1 Strafgesetzbuch (StGB) werden besonders unterstützt; die Gesamtdauer erhöht sich hierfür um weitere zwei Stunden. [2]Bei Besuchen von minderjährigen Kindern der Gefangenen erhöht sich die Gesamtdauer um weitere zwei Stunden.

(3) Besuche sollen darüber hinaus zugelassen werden, wenn sie die Eingliederung der Gefangenen fördern oder persönlichen, rechtlichen oder geschäftlichen Angelegenheiten dienen, die nicht von den Gefangenen schriftlich erledigt, durch Dritte wahrgenommen oder bis zur Entlassung aufgeschoben werden können.

(4) Die Anstaltsleiterin oder der Anstaltsleiter kann über Absatz 1 und 2 hinausgehend mehrstündige, unüberwachte Besuche (Langzeitbesuche) zulassen, wenn dies zur Pflege der familiären, partnerschaftlichen oder ihnen gleichzusetzender Kontakte der Gefangenen förderlich erscheint und die Gefangenen hierfür geeignet sind.

(5) Die Anstaltsleitung kann den Gefangenen gestatten, Besuche mittels einer audiovisuellen Verbindung (Videobesuch) durchzuführen.

§ 43 Untersagung der Besuche. (1) Die Anstaltsleiterin oder der Anstaltsleiter kann Besuche untersagen, wenn

1. die Sicherheit oder Ordnung der Anstalt gefährdet würde,

2. bei Personen, die nicht Angehörige der Gefangenen im Sinne von § 11 Absatz 1 Nummer 1 StGB sind, zu befürchten ist, dass sie einen schädlichen Einfluss auf die Gefangenen haben oder die Erreichung des Vollzugsziels behindern.

(2) [1] Bestehen gewichtige Anhaltspunkte dafür, dass durch Besuch bei der oder dem Gefangenen das Wohl eines Kindes oder einer oder eines Jugendlichen gefährdet wird, insbesondere wenn das Kind oder die oder der Jugendliche Verletzte oder Verletzter einer Straftat der oder des Gefangenen war, informiert die Anstaltsleiterin oder der Anstaltsleiter das zuständige Jugendamt gemäß § 8a des Achten Buches Sozialgesetzbuch und regt an, über das Familiengericht ein Kontaktverbot zu erwirken. [2] Kann eine Entscheidung nicht rechtzeitig erlangt werden, kann die Anstaltsleiterin oder der Anstaltsleiter vorläufig Besuche untersagen.

§ 44 Durchführung der Besuche. (1) [1] Besuchende Personen und die von ihnen mitgeführten Sachen werden mit technischen Mitteln oder sonstigen Mitteln kontrolliert (Absuchung). [2] Aus Gründen der Sicherheit können Besuche davon abhängig gemacht werden, dass die besuchenden Personen und die von ihnen mitgeführten Sachen durchsucht werden.

(2) [1] Die Durchsuchung der Besucherinnen darf nur durch weibliche Bedienstete, die Durchsuchung der Besucher nur durch männliche Bedienstete erfolgen. [2] Sonstige besuchende Personen haben die Wahlmöglichkeit einer Durchsuchung durch männliche oder weibliche Bedienstete. [3] Die betroffene Person ist auf ihr Wahlrecht hinzuweisen; der Hinweis und die Entscheidung der betroffenen Person sind zu dokumentieren. [4] Wird das Wahlrecht nicht ausgeübt, entscheidet die Anstalt nach billigem Ermessen.

(3) [1] Bei Darlegung eines berechtigten Interesses steht das Wahlrecht auch weiblichen und männlichen Besuchern zu, so dass die Durchsuchung Bediensteten des jeweils anderen Geschlechts übertragen wird. [2] Die betroffene Person ist auf die Regelung des Satzes 1 hinzuweisen; Absatz 2 Satz 3 2. Halbsatz gilt entsprechend.

(4) Bei jeder Durchsuchung ist das Schamgefühl zu schonen.

(5) [1] Besuche werden in der Regel durch Bedienstete überwacht. [2] Eine akustische Überwachung ist nur zulässig, soweit es im Einzelfall wegen einer Gefährdung der Erreichung des Vollzugsziels oder aus Gründen der Sicherheit erforderlich ist.

(6) [1] Besuche dürfen abgebrochen werden, wenn Besucherinnen und Besucher oder Gefangene gegen dieses Gesetz oder aufgrund dieses Gesetzes getroffene Anordnungen trotz Abmahnung verstoßen. [2] Die Abmahnung unterbleibt, wenn es unerlässlich ist, den Besuch sofort abzubrechen.

(7) [1] Gegenstände dürfen beim Besuch nicht übergeben werden. [2] Ausnahmen sind mit vorheriger Genehmigung der Anstalt zulässig.

(8) Die Anstaltsleiterin oder der Anstaltsleiter kann im Einzelfall anordnen,

1. eine Trennvorrichtung zu nutzen, wenn dies zum Schutz von Personen oder zur Verhinderung einer Übergabe von Gegenständen erforderlich ist,
2. aus Gründen der Sicherheit der Anstalt den Besuch mit optisch-elektronischen Hilfsmitteln zu überwachen; die betroffenen Personen sind vorher auf die Überwachung hinzuweisen.

§ 45 Besuche von Verteidigern, Rechtsanwälten und Notaren.

(1) Besuche von Verteidigerinnen und Verteidigern sowie von Rechtsanwältinnen und Rechtsanwälten und Notarinnen und Notaren in einer die Gefangenen betreffenden Rechtssache sind zu gestatten.

(2) [1] Im Rahmen der Kontrolle gemäß § 44 Absatz 1 ist eine inhaltliche Überprüfung der von Verteidigern mitgeführten Schriftstücke und sonstigen Unterlagen nicht zulässig. [2] § 50 Absatz 2 Satz 2 und 3 gilt entsprechend.

(3) Besuche von Verteidigerinnen und Verteidigern werden nicht überwacht.

(4) [1] Abweichend von § 44 Absatz 4 dürfen bei Besuchen der Verteidigerinnen und Verteidiger und von Rechtsanwältinnen und Rechtsanwälten und Notarinnen und Notaren zur Erledigung einer die Gefangenen betreffenden Rechtssache Schriftstücke und sonstigen Unterlagen übergeben werden. [2] Bei dem Besuch von Rechtsanwältinnen und Rechtsanwälten oder Notarinnen und Notaren kann die Übergabe aus Gründen der Sicherheit oder Ordnung der Anstalt von der Erlaubnis der Anstaltsleiterin oder des Anstaltsleiters abhängig gemacht werden. [3] § 50 Absatz 2 Satz 2 und 3 bleibt unberührt.

(5) Die Anordnung einer Trennvorrichtung gemäß § 44 Absatz 5 Nummer 1 ist nur zulässig, wenn dies zum Schutz von Personen unerlässlich ist.

§ 46 Telefongespräche. (1) [1] Den Gefangenen kann gestattet werden, Telefongespräche zu führen. [2] Die Bestimmungen über den Besuch gelten entsprechend. [3] Eine beabsichtigte Überwachung teilt die Anstalt den Gefangenen rechtzeitig vor Beginn des Telefongesprächs und den Gesprächspartnern der Gefangenen unmittelbar nach Herstellung der Verbindung mit.

(2) [1] Die Kosten der Telefongespräche tragen die Gefangenen. [2] Sind sie dazu nicht in der Lage, kann die Anstalt die Kosten in begründeten Fällen in angemessenem Umfang übernehmen.

§ 47 Schriftwechsel. (1) Die Gefangenen haben das Recht, Schreiben abzusenden und zu empfangen.

(2) [1] Die Kosten des Schriftwechsels tragen die Gefangenen. [2] Sind sie dazu nicht in der Lage, kann die Anstalt die Kosten in begründeten Fällen in angemessenem Umfang übernehmen.

§ 48 Untersagung des Schriftwechsels. (1) Die Anstaltsleiterin oder der Anstaltsleiter kann den Schriftwechsel mit bestimmten Personen untersagen, wenn

1. die Sicherheit oder Ordnung der Anstalt gefährdet würde,
2. bei Personen, die nicht Angehörige der Gefangenen im Sinne von § 11 Absatz 1 Nummer 1 StGB sind, zu befürchten ist, dass der Schriftwechsel einen schädlichen Einfluss auf die Gefangenen hat oder die Erreichung des Vollzugsziels behindert oder
3. dies von der oder dem Verletzten beantragt wird.

(2) § 43 Absatz 2 gilt entsprechend.

§ 49 Sichtkontrolle, Weiterleitung und Aufbewahrung von Schreiben.

(1) [1]Die Gefangenen haben das Absenden und den Empfang von Schreiben durch die Anstalt vermitteln zu lassen, soweit nichts anderes gestattet ist. [2]Ein- und ausgehende Schreiben sind unverzüglich weiterzuleiten.

(2) [1]Ein- und ausgehende Schreiben werden durch Sichtkontrolle auf verbotene Gegenstände kontrolliert. [2]Bei der Sichtkontrolle des Schriftwechsels der Gefangenen mit ihren Verteidigerinnen oder Verteidigern dürfen die ein- und ausgehenden Schreiben nur ungeöffnet auf verbotene Gegenstände untersucht werden.

(3) [1]Die Gefangenen haben eingehende Schreiben unverschlossen zu verwahren, sofern nichts anderes gestattet wird. [2]Sie können sie verschlossen zu ihrer Habe geben.

§ 50 Inhaltliche Kontrolle des Schriftwechsels. (1) Der Schriftwechsel darf nur inhaltlich kontrolliert werden, soweit es im Einzelfall wegen einer Gefährdung der Erreichung des Vollzugsziels oder aus Gründen der Sicherheit erforderlich ist.

(2) [1]Der Schriftwechsel der Gefangenen mit ihren Verteidigerinnen oder Verteidigern wird nicht inhaltlich kontrolliert. [2]Liegt dem Vollzug eine Straftat nach § 129a StGB, auch in Verbindung mit § 129b Absatz 1 StGB zugrunde, gelten § 148 Absatz 2 und § 148a StPO entsprechend; dies gilt nicht, wenn die Gefangenen sich im offenen Vollzug befinden oder wenn ihnen Lockerungen nach § 55 gewährt worden sind und ein Grund, der die Anstaltsleiterin oder den Anstaltsleiter nach § 122 Absatz 3 zum Widerruf von Lockerungen ermächtigt, nicht vorliegt. [3]Satz 2 gilt auch, wenn eine Freiheitsstrafe wegen einer Straftat nach § 129a StGB, auch in Verbindung mit § 129b Absatz 1 StGB erst im Anschluss an den Vollzug der Freiheitsstrafe, der eine andere Verurteilung zugrunde liegt, zu vollstrecken ist.

(3) [1]Nicht inhaltlich kontrolliert werden ferner Schreiben der Gefangenen an

1. Gerichte und Staatsanwaltschaften,
2. die Volksvertretungen des Bundes und der Länder,
3. die Verfassungsgerichte des Bundes und der Länder,
4. Bürgerbeauftragte oder die Justizvollzugsbeauftragte oder den Justizvollzugsbeauftragten eines Landes,
5. die Bundesbeauftragte oder den Bundesbeauftragten für den Datenschutz und die Informationsfreiheit, die für die Kontrolle der Einhaltung der Vorschriften über den Datenschutz in den Ländern zuständigen Stellen der Länder und die Aufsichtsbehörden nach § 40 des Bundesdatenschutzgesetzes,
6. das Europäische Parlament,
7. den Europäischen Gerichtshof für Menschenrechte,
8. die oder den Europäischen Datenschutzbeauftragten,
9. die oder den Europäischen Bürgerbeauftragten,
10. den Europäischen Ausschuss zur Verhütung von Folter und unmenschlicher oder erniedrigender Behandlung oder Strafe,
11. den Menschenrechtsausschuss der Vereinten Nationen,

12. den Ausschuss der Vereinten Nationen gegen Folter, den zugehörigen Unterausschuss zur Verhütung von Folter und den entsprechenden Nationalen Präventionsmechanismen,
13. sonstige Organisationen oder Einrichtungen, mit denen der Schriftverkehr aufgrund völkerrechtlicher Verpflichtungen der Bundesrepublik Deutschland geschützt wird und
14. die konsularische Vertretung des Heimatstaates.

[2] Schreiben der in Satz 1 Nummer 2 bis 14 genannten Stellen, die an die Gefangenen gerichtet sind, werden nicht überwacht, sofern die Identität der Absender zweifelsfrei feststeht. [3] Schreiben an nicht in der Justizvollzugsanstalt tätige Ärztinnen und Ärzte, die mit der Untersuchung oder Behandlung der Gefangenen befasst sind, werden über die Anstaltsärztin oder den Anstaltsarzt vermittelt und kontrolliert.

§ 51 Anhalten von Schreiben. (1) Die Anstalt kann Schreiben anhalten, wenn

1. die Erreichung des Vollzugsziels oder die Sicherheit oder Ordnung der Anstalt gefährdet würde,
2. die Weitergabe in Kenntnis ihres Inhalts einen Straf- oder Bußgeldtatbestand verwirklichen würde,
3. sie grob unrichtige oder erheblich entstellende Darstellungen von Anstaltsverhältnissen oder grobe Beleidigungen enthalten,
4. sie die Eingliederung anderer Gefangener gefährden können oder
5. sie in Geheim- oder Kurzschrift, unlesbar, unverständlich oder ohne zwingenden Grund in einer fremden Sprache abgefasst sind.

(2) Ausgehenden Schreiben, die unrichtige Darstellungen enthalten, kann ein Begleitschreiben beigefügt werden, wenn die Gefangenen auf dem Absenden bestehen.

(3) [1] Sind Schreiben angehalten worden, wird das den Gefangenen mitgeteilt. [2] Angehaltene Schreiben werden an die Absenderin oder den Absender zurückgegeben oder, sofern dies unmöglich oder aus besonderen Gründen nicht angezeigt ist, verwahrt.

(4) Schreiben, deren Überwachung ausgeschlossen ist, dürfen nicht angehalten werden.

§ 52 Andere Formen der Telekommunikation. (1) Die Anstalten richten Möglichkeiten zur Nutzung anderer Formen der Telekommunikation ein.

(2) [1] Den Gefangenen kann gestattet werden, andere Formen der Telekommunikation zu nutzen. [2] Die Bestimmungen über den Besuch gelten entsprechend. [3] Eine beabsichtigte Überwachung teilt die Anstalt den Gefangenen rechtzeitig vor Beginn der Nutzung und den Gesprächspartnern unmittelbar nach Herstellung der Verbindung mit.

(3) [1] Die Kosten tragen die Gefangenen. [2] Sind sie dazu nicht in der Lage, kann die Anstalt die Kosten in begründeten Fällen in angemessenem Umfang übernehmen.

§ 53 Pakete. (1) [1] Den Gefangenen kann gestattet werden, Pakete zu empfangen. [2] Der Empfang von Paketen mit Nahrungs- und Genussmitteln ist untersagt. [3]Die Anstalt kann Anzahl, Gewicht und Größe von Sendungen und einzelnen Gegenständen festsetzen. [4]Über § 63 Absatz 1 Satz 2 hinaus kann sie Gegenstände und Verpackungsformen ausschließen, die einen unverhältnismäßigen Kontrollaufwand bedingen.

(2) Die Anstalt kann die Annahme von Paketen, deren Einbringung nicht gestattet ist oder die die Voraussetzungen des Absatzes 1 nicht erfüllen, ablehnen oder solche Pakete an die Absenderin oder den Absender zurücksenden.

(3) [1]Pakete sind in Gegenwart der Gefangenen zu öffnen, an die sie adressiert sind. [2]Mit nicht zugelassenen oder ausgeschlossenen Gegenständen ist gemäß § 66 Absatz 3 zu verfahren. [3]Sie können auch auf Kosten der Gefangenen zurückgesandt werden.

(4) Der Empfang von Paketen kann vorübergehend versagt werden, wenn dies wegen der Gefährdung der Sicherheit oder Ordnung unerlässlich ist.

(5) [1]Den Gefangenen kann gestattet werden, Pakete zu versenden. [2]Der Inhalt kann aus Gründen der Sicherheit oder Ordnung überprüft werden. [3]§ 48 Absatz 1 Nummer 3 gilt entsprechend.

(6) [1]Die Kosten des Paketversandes tragen die Gefangenen. [2]Sind sie dazu nicht in der Lage, kann die Anstalt die Kosten in begründeten Fällen in angemessenem Umfang übernehmen.

Abschnitt 8. Aufenthalte außerhalb der Anstalt, Lockerungen

§ 54 Ausführung. (1) Das Verlassen der Einrichtung unter ständiger und unmittelbarer Aufsicht (Ausführung) kann Gefangenen gestattet werden, wenn dies zur Erreichung des Vollzugsziels erforderlich ist und wenn nicht konkrete Anhaltspunkte die Gefahr begründen, dass die Gefangenen sich trotz Sicherungsmaßnahmen dem Vollzug entziehen oder die Ausführung zu erheblichen Straftaten missbrauchen werden.

(2) [1]Unter den Voraussetzungen des Absatzes 1 soll die Ausführung Gefangenen zur Erreichung des Vollzugsziels gestattet werden zur Erhaltung der Lebenstüchtigkeit, wenn sie sich fünf Jahre ununterbrochen in Freiheitsentziehung befunden haben. [2]In diesem Fall sollen jährlich mindestens zwei Ausführungen durchgeführt werden. [3]Lockerungen nach § 55 werden hierauf angerechnet. [4]Sie unterbleiben, wenn die zur Sicherung erforderlichen Maßnahmen den Zweck der Ausführungen gefährden.

(3) [1]Darüber hinaus kann den Gefangenen aus wichtigem Anlass eine Ausführung gestattet werden. [2]Liegt die Ausführung ausschließlich im Interesse der Gefangenen, können ihnen die Kosten auferlegt werden, soweit dies die Behandlung oder die Eingliederung nicht behindert.

(4) Die Gefangenen können auch gegen ihren Willen ausgeführt werden, wenn dies aus besonderen Gründen notwendig ist.

§ 55 Lockerungen zur Erreichung des Vollzugsziels. (1) Aufenthalte außerhalb der Anstalt ohne Aufsicht (Lockerungen) können Gefangenen zur Erreichung des Vollzugsziels mit ihrer Zustimmung gewährt werden, insbesondere

1. das Verlassen der Anstalt für bis zu 24 Stunden in Begleitung einer von der Anstalt zugelassenen Person (Begleitausgang),

2. das Verlassen der Anstalt für bis zu 24 Stunden ohne Begleitung (unbegleiteter Ausgang),
3. das Verlassen der Anstalt für mehrere Tage bis zu 30 Tage im Vollstreckungsjahr (Langzeitausgang) und
4. die regelmäßige Beschäftigung außerhalb der Anstalt (Freigang).

(2) Die Lockerungen sollen gewährt werden, wenn verantwortet werden kann zu erproben, dass die Gefangenen sich dem Vollzug der Freiheitsstrafe nicht entziehen oder die Lockerungen nicht zu Straftaten missbrauchen werden.

(3) Durch Lockerungen wird die Vollstreckung der Freiheitsstrafe nicht unterbrochen.

§ 56 Lockerungen aus wichtigem Anlass. (1) [1] Lockerungen können auch aus wichtigem Anlass gewährt werden. [2] Wichtige Anlässe sind insbesondere die Teilnahme an gerichtlichen Terminen, die medizinische Behandlung der Gefangenen sowie der Tod oder eine lebensgefährliche Erkrankung naher Angehöriger der Gefangenen.

(2) § 55 Absatz 2 und 3 gilt entsprechend.

§ 57 Weisungen für Lockerungen. [1] Für Lockerungen sind die nach den Umständen des Einzelfalles erforderlichen Weisungen zu erteilen. [2] Bei der Ausgestaltung der Lockerungen ist nach Möglichkeit auch den Belangen der Verletzten von Straftaten Rechnung zu tragen.

§ 58 Außenbeschäftigung, Vorführung, Ausantwortung. (1) [1] Den Gefangenen kann gestattet werden, außerhalb der Anstalt einer regelmäßigen Beschäftigung unter ständiger Aufsicht oder unter Aufsicht in unregelmäßigen Abständen (Außenbeschäftigung) nachzugehen. [2] § 55 Absatz 2 gilt entsprechend.

(2) Auf Ersuchen eines Gerichts werden Gefangene vorgeführt, sofern ein Vorführungsbefehl vorliegt.

(3) Gefangene dürfen befristet dem Gewahrsam eines Gerichts, einer Staatsanwaltschaft oder einer Polizei-, Zoll- oder Finanzbehörde oder dem Landesamt für Zuwanderung und Flüchtlinge auf Antrag überlassen werden (Ausantwortung).

Abschnitt 9. Vorbereitung der Eingliederung, Entlassung und Nachsorge

§ 59 Vorbereitung der Eingliederung. (1) [1] Die Maßnahmen zur sozialen und beruflichen Eingliederung sind auf den Zeitpunkt der voraussichtlichen Entlassung in die Freiheit abzustellen. [2] Die Gefangenen sind bei der Ordnung ihrer persönlichen, wirtschaftlichen und sozialen Angelegenheiten zu unterstützen. [3] Dies umfasst die Vermittlung in nachsorgende Maßnahmen.

(2) [1] Die Anstalt arbeitet frühzeitig mit Personen und Einrichtungen außerhalb des Vollzuges zusammen, insbesondere, um zu erreichen, dass die Gefangenen nach ihrer Entlassung über eine geeignete Unterbringung und eine Arbeits- oder Ausbildungsstelle verfügen. [2] Bewährungshilfe und Führungsauf-

sicht beteiligen sich frühzeitig an der sozialen und beruflichen Eingliederung der Gefangenen.

(3) [1] Den Gefangenen können Aufenthalte in Einrichtungen außerhalb des Vollzuges (Übergangseinrichtungen) gewährt werden, wenn dies zur Vorbereitung der Eingliederung erforderlich ist. [2] Haben sich die Gefangenen mindestens sechs Monate im Vollzug befunden, kann ihnen auch ein zusammenhängender Langzeitausgang bis zu sechs Monaten gewährt werden, wenn dies zur Vorbereitung der Eingliederung erforderlich ist. [3] Sofern sich der voraussichtliche Entlassungszeitpunkt ändert, kann erneut zusammenhängender Langzeitausgang gewährt werden. [4] § 55 Absatz 2 und 3 sowie § 57 gelten entsprechend.

(4) In einem Zeitraum von sechs Monaten vor der voraussichtlichen Entlassung sind den Gefangenen die zur Vorbereitung der Eingliederung erforderlichen Lockerungen zu gewähren, sofern nicht mit hoher Wahrscheinlichkeit zu erwarten ist, dass die Gefangenen sich dem Vollzug der Freiheitsstrafe entziehen oder die Lockerungen zu Straftaten missbrauchen werden.

§ 60 Entlassung. (1) Die Gefangenen sollen am letzten Tag ihrer Strafzeit am Vormittag entlassen werden.

(2) Fällt das Strafende auf einen Sonnabend oder Sonntag, einen gesetzlichen Feiertag, den ersten Werktag nach Ostern oder Pfingsten oder in die Zeit vom 22. Dezember bis zum 6. Januar, können die Gefangenen an dem diesem Tag oder Zeitraum vorhergehenden Werktag entlassen werden, wenn sie sich zum Zeitpunkt der beabsichtigten Entlassung mindestens einen Monat ununterbrochen im Vollzug befunden haben und fürsorgerische Gründe nicht entgegenstehen.

(3) Der Entlassungszeitpunkt kann bis zu zwei Tage vorverlegt werden, wenn die Gefangenen zu ihrer Eingliederung hierauf dringend angewiesen sind.

(4) Bedürftigen Gefangenen kann eine Entlassungsbeihilfe in Form eines Reisekostenzuschusses, angemessener Kleidung oder einer sonstigen notwendigen Unterstützung gewährt werden.

§ 61 Nachgehende Betreuung. [1] Mit Zustimmung der Anstaltsleiterin oder des Anstaltsleiters können im Einzelfall Bedienstete an der nachgehenden Betreuung Entlassener mit deren Einverständnis mitwirken, wenn ansonsten die Eingliederung gefährdet wäre. [2] Die nachgehende Betreuung kann auch außerhalb der Anstalt erfolgen. [3] In der Regel ist sie auf die ersten sechs Monate nach der Entlassung beschränkt.

§ 62 Verbleib oder Aufnahme auf freiwilliger Grundlage. (1) [1] Sofern es die Belegungssituation zulässt, können die Gefangenen auf Antrag ausnahmsweise vorübergehend in der Anstalt verbleiben oder wieder aufgenommen werden, wenn die Eingliederung gefährdet und ein Aufenthalt in der Anstalt aus diesem Grunde gerechtfertigt ist. [2] Die Unterbringung erfolgt auf vertraglicher Basis.

(2) Gegen die in der Anstalt untergebrachten Entlassenen dürfen Maßnahmen des Vollzuges nicht mit unmittelbarem Zwang durchgesetzt werden.

(3) Bei Störung des Anstaltsbetriebes durch die Entlassenen oder aus vollzugsorganisatorischen Gründen kann die Unterbringung jederzeit beendet werden.

Abschnitt 10. Grundversorgung und Freizeit

§ 63 Einbringen von Gegenständen. (1) [1] Gegenstände dürfen durch oder für die Gefangenen nur mit Zustimmung der Anstalt eingebracht werden. [2] Die Anstalt kann die Zustimmung verweigern, wenn die Gegenstände geeignet sind, die Sicherheit oder Ordnung der Anstalt oder die Erreichung des Vollzugsziels zu gefährden oder ihre Aufbewahrung nach Art oder Umfang offensichtlich nicht möglich ist.

(2) [1] Das Einbringen von Nahrungs- und Genussmitteln ist nicht gestattet. [2] Die Anstaltsleiterin oder der Anstaltsleiter kann eine abweichende Regelung treffen.

§ 64 Gewahrsam an Gegenständen. (1) Die Gefangenen dürfen Gegenstände nur mit Zustimmung der Anstalt in Gewahrsam haben, annehmen oder abgeben.

(2) Ohne Zustimmung dürfen sie Gegenstände von geringem Wert an andere Gefangene weitergeben und von anderen Gefangenen annehmen; die Abgabe und Annahme dieser Gegenstände und der Gewahrsam daran können von der Zustimmung der Anstalt abhängig gemacht werden.

§ 65 Ausstattung des Haftraums. [1] Die Gefangenen dürfen ihren Haftraum in angemessenem Umfang mit eigenen Gegenständen ausstatten oder diese dort aufbewahren. [2] Gegenstände, die geeignet sind, die Sicherheit oder Ordnung der Anstalt, insbesondere die Übersichtlichkeit des Haftraumes, oder die Erreichung des Vollzugsziels zu gefährden, dürfen nicht in den Haftraum eingebracht werden oder werden daraus entfernt.

§ 66 Aufbewahrung und Vernichtung von Gegenständen. (1) Gegenstände, die die Gefangenen nicht im Haftraum aufbewahren dürfen oder wollen, werden von der Anstalt aufbewahrt, soweit dies nach Art und Umfang möglich ist.

(2) [1] Den Gefangenen wird Gelegenheit gegeben, ihre Gegenstände, die sie während des Vollzuges und für ihre Entlassung nicht benötigen, zu versenden. [2] § 53 Absatz 6 gilt entsprechend.

(3) Werden Gegenstände, deren Aufbewahrung nach Art oder Umfang nicht möglich ist, von den Gefangenen trotz Aufforderung nicht aus der Anstalt verbracht, darf die Anstalt diese Gegenstände auf Kosten der Gefangenen aus der Anstalt entfernen lassen.

(4) Aufzeichnungen und andere Gegenstände, die Kenntnisse über Sicherungsvorkehrungen der Anstalt vermitteln oder Schlussfolgerungen auf diese zulassen, dürfen vernichtet oder unbrauchbar gemacht werden.

§ 67 Zeitungen und Zeitschriften, religiöse Schriften und Gegenstände. (1) [1] Die Gefangenen dürfen auf eigene Kosten Zeitungen und Zeitschriften in angemessenem Umfang durch Vermittlung der Anstalt beziehen. [2] Ausgeschlossen sind lediglich Zeitungen und Zeitschriften, deren Verbreitung mit Strafe oder Geldbuße bedroht ist. [3] Einzelne Ausgaben können den Gefangenen vorenthalten oder entzogen werden, wenn deren Inhalte die Erreichung des Vollzugsziels oder die Sicherheit oder Ordnung der Anstalt erheblich gefährden würden.

(2) [1]Die Gefangenen dürfen grundlegende religiöse Schriften sowie in angemessenem Umfang Gegenstände des religiösen Gebrauchs besitzen. [2]Diese dürfen den Gefangenen nur bei grobem Missbrauch entzogen werden. [3]Die Seelsorgerin oder der Seelsorger soll vorher gehört werden.

§ 68 Rundfunk, Informations- und Unterhaltungselektronik. (1) Der Zugang zum Rundfunk ist zu ermöglichen.

(2) [1]Eigene Hörfunk- und Fernsehgeräte werden zugelassen, wenn nicht Gründe des § 65 Satz 2 entgegenstehen. [2]Andere Geräte der Informations- und Unterhaltungselektronik können unter diesen Voraussetzungen zugelassen werden. [3]Die Gefangenen können auf Mietgeräte oder auf ein Haftraummediensystem verwiesen werden. [4]§ 52 bleibt unberührt.

§ 69 Kleidung. (1) Die oder der Gefangene trägt eigene Kleidung, wenn sie oder er für Reinigung und Instandsetzung auf eigene Kosten sorgt; anderenfalls trägt sie oder er Anstaltskleidung.

(2) Gefangene, die in eine sozialtherapeutische Einrichtung verlegt worden sind, sind von der Kostentragungspflicht nach Absatz 1 befreit.

(3) Die Vollzugsbehörde kann das Tragen von Anstaltskleidung allgemein oder im Einzelfall anordnen, wenn dies aus Gründen der Sicherheit oder Ordnung der Anstalt erforderlich ist.

§ 70 Verpflegung und Einkauf. (1) [1]Zusammensetzung und Nährwert der Anstaltsverpflegung entsprechen den Anforderungen an eine gesunde Ernährung und werden ärztlich überwacht. [2]Auf ärztliche Anordnung wird besondere Verpflegung gewährt. [3]Den Gefangenen ist zu ermöglichen, Speisevorschriften ihrer Religionsgemeinschaft zu befolgen.

(2) [1]Den Gefangenen wird ermöglicht einzukaufen. [2]Die Anstalt wirkt auf ein Angebot hin, das auf Wünsche und Bedürfnisse der Gefangenen Rücksicht nimmt. [3]Das Verfahren des Einkaufs regelt die Anstaltsleiterin oder der Anstaltsleiter. [4]Nahrungs-, Genuss- und Körperpflegemittel können nur vom Haus- und Taschengeld, andere Gegenstände in angemessenen Umfang auch vom Eigengeld eingekauft werden.

§ 71 Freizeit. (1) [1]Zur Ausgestaltung der Freizeit hat die Anstalt insbesondere Angebote zur kulturellen Betätigung und Bildungsangebote vorzuhalten. [2]Die Anstalt stellt eine angemessen ausgestattete Bücherei zur Verfügung.

(2) Die Gefangenen sind zur Teilnahme und Mitwirkung an Angeboten der Freizeitgestaltung zu motivieren und anzuleiten.

§ 71a Sport. (1) [1]Dem Sport kommt bei der Erreichung des Vollzugsziels besondere Bedeutung zu. [2]Sport kann neben der sinnvollen Freizeitgestaltung auch zur Diagnostik und gezielten Behandlung eingesetzt werden; Erkenntnisse aus der Sportpraxis dienen der inhaltlichen Ausgestaltung der Behandlungsangebote.

(2) Es sind ausreichende und geeignete Angebote vorzuhalten, um den Gefangenen eine regelmäßige sportliche Betätigung zu ermöglichen.

(3) Die Gefangenen sind zur Teilnahme und Mitwirkung an den Sportangeboten zu motivieren und anzuleiten.

Abschnitt 11. Gelder der Gefangenen und Kosten

§ 72 Eigengeld. (1) Das Eigengeld besteht aus den Beträgen, die die Gefangenen bei Strafantritt in die Anstalt mit bringen und die sie während der Haftzeit erhalten, und den Teilen der Vergütung, die nicht als Hausgeld, Überbrückungsgeld oder Haftkostenbeitrag in Anspruch genommen werden.

(2) [1] Die Gefangenen können über das Eigengeld verfügen, soweit es nicht als Überbrückungsgeld notwendig ist. [2] § 70 Absatz 2, §§ 75 und § 76 bleiben unberührt.

§ 73 Taschengeld. (1) [1] Erhalten Gefangene ohne ihr Verschulden keine Vergütung, wird ihnen bei Bedürftigkeit auf Antrag ein angemessenes Taschengeld gewährt. [2] Bedürftig sind Gefangene, soweit ihnen aus Hausgeld (§ 75) und Eigengeld (§ 72) monatlich ein Betrag bis zur Höhe des Taschengelds voraussichtlich nicht zur Verfügung steht.

(2) Ein Verschulden im Sinne von Absatz 1 liegt vor, wenn ihnen ein Betrag nach Absatz 1 Satz 2 deshalb nicht zur Verfügung steht, weil sie eine ihnen angebotene zumutbare Tätigkeit nicht angenommen haben oder eine ausgeübte Tätigkeit verschuldet verloren haben.

(3) [1] Das Taschengeld beträgt 14 Prozent der Eckvergütung (§ 37 Absatz 2). [2] Es wird zu Beginn des Monats im Voraus gewährt. [3] Gehen den Gefangenen im Laufe des Monats Gelder zu, wird zum Ausgleich ein Betrag bis zur Höhe des gewährten Taschengeldes einbehalten.

(4) [1] Gefangene dürfen über das Taschengeld im Rahmen der Bestimmungen dieses Gesetzes verfügen. [2] Es wird dem Hausgeldkonto gutgeschrieben.

§ 74 Konten, Bargeld. (1) Gelder der Gefangenen werden auf Hausgeld-, Überbrückungsgeld- und Eigengeldkonten in der Anstalt geführt.

(2) [1] Der Besitz von Bargeld in der Anstalt ist den Gefangenen nicht gestattet. [2] Über Ausnahmen entscheidet die Anstaltsleiterin oder der Anstaltsleiter.

§ 75 Hausgeld. (1) Das Hausgeld wird aus drei Siebteln der in diesem Gesetz geregelten Vergütung (§ 37) gebildet.

(2) Für Gefangene, die aus einem freien Beschäftigungsverhältnis, aus einer Selbstbeschäftigung oder anderweitig regelmäßige Einkünfte haben, wird daraus ein angemessenes monatliches Hausgeld festgesetzt.

(3) Für Gefangene, die über Eigengeld (§ 72) verfügen und keine hinreichende Vergütung nach diesem Gesetz erhalten, gilt Absatz 2 entsprechend.

(4) [1] Die Gefangenen dürfen über das Hausgeld im Rahmen der Bestimmungen dieses Gesetzes verfügen. [2] Der Anspruch auf Auszahlung ist nicht übertragbar.

§ 76 Zweckgebundene Einzahlungen. [1] Für Maßnahmen der Eingliederung, insbesondere Kosten der Gesundheitsfürsorge und der Aus- und Fortbildung, und für Maßnahmen der Pflege sozialer Beziehungen, insbesondere Telefonkosten und Fahrtkosten anlässlich Lockerungen, kann zweckgebunden Geld eingezahlt werden. [2] Das Geld darf nur für diese Zwecke verwendet werden. [3] Der Anspruch auf Auszahlung ist nicht übertragbar.

§ 77 Überbrückungsgeld. (1) Aus den in diesem Gesetz geregelten Bezügen und aus den Bezügen der Gefangenen, die in einem freien Beschäftigungsverhältnis stehen oder denen gestattet ist, sich selbst zu beschäftigen, ist ein Überbrückungsgeld zu bilden, das den notwendigen Lebensunterhalt der Gefangenen und ihrer Unterhaltsberechtigten in den ersten vier Wochen nach der Entlassung sichern soll.

(2) [1] Das Überbrückungsgeld wird den Gefangenen bei der Entlassung in die Freiheit ausbezahlt. [2] Die Justizvollzugsanstalt kann es mit Zustimmung der oder des Gefangenen ganz oder zum Teil einer mit der Entlassenenbetreuung befassten Stelle überweisen, die darüber entscheidet, wie das Geld innerhalb der ersten vier Wochen nach der Entlassung an die Entlassenen ausbezahlt wird. [3] Die mit der Entlassenenbetreuung befasste Stelle ist verpflichtet, das Überbrückungsgeld von ihrem Vermögen gesondert zu halten. [4] Mit Zustimmung der Gefangenen kann das Überbrückungsgeld auch Unterhaltsberechtigen überwiesen werden.

(3) Das Überbrückungsgeld kann für Ausgaben der Gefangenen in Anspruch genommen werden, die ihrer Eingliederung dienen.

(4) Für den Pfändungsschutz des Überbrückungsgeldes gilt § 51 Absatz 4 und 5 Strafvollzugsgesetz (StVollzG[1]).

§ 78 Haftkostenbeitrag, Kostenbeteiligung. (1) [1] Die Anstalt erhebt von Gefangenen, die sich in einem freien Beschäftigungsverhältnis befinden, sich selbst beschäftigen oder über anderweitige regelmäßige Einkünfte verfügen, für diese Zeit einen Haftkostenbeitrag. [2] Von Gefangenen, die sich selbst beschäftigen, kann der Haftkostenbeitrag monatlich im Voraus ganz oder teilweise gefordert werden. [3] Vergütungen nach diesem Gesetz bleiben unberücksichtigt. [4] Den Gefangenen muss täglich ein Tagessatz gemäß § 37 Absatz 2 Satz 2 verbleiben. [5] Von der Geltendmachung des Anspruchs ist abzusehen, soweit die Wiedereingliederung der Gefangenen hierdurch gefährdet würde.

(2) [1] Der Haftkostenbeitrag wird in Höhe des Betrages erhoben, der nach § 17 Absatz 1 Nummer 4 des Vierten Buches Sozialgesetzbuch durchschnittlich zur Bewertung der Sachbezüge festgesetzt ist. [2] Bei Selbstverpflegung entfallen die für die Verpflegung vorgesehenen Beträge. [3] Für den Wert der Unterkunft ist die festgesetzte Belegungsfähigkeit maßgebend.

(3) Die Gefangenen können an den Betriebskosten der in ihrem Gewahrsam befindlichen Geräte beteiligt werden.

Abschnitt 12. Gesundheitsfürsorge

§ 79 Art und Umfang der medizinischen Leistungen, Kostenbeteiligung. (1) [1] Für Art und Umfang der medizinischen Leistungen gelten die für gesetzlich Versicherte maßgeblichen Vorschriften des Fünften Buches Sozialgesetzbuch und die aufgrund dieser Vorschriften getroffenen Regelungen entsprechend. [2] Der Anspruch umfasst auch Vorsorgeleistungen, ferner die Versorgung mit medizinischen Hilfsmitteln, soweit diese mit Rücksicht auf die Dauer des Freiheitsentzugs nicht ungerechtfertigt sind und die Hilfsmittel nicht als allgemeine Gebrauchsgegenstände des täglichen Lebens anzusehen sind.

---

[1] Nr. 1.

(2) [1] An den Kosten für Leistungen nach Absatz 1 können die Gefangenen in angemessenem Umfang beteiligt werden, höchstens jedoch bis zum Umfang der Beteiligung vergleichbarer gesetzlich Versicherter. [2] Für Leistungen, die über Absatz 1 hinausgehen, können den Gefangenen die gesamten Kosten auferlegt werden.

(3) [1] Erhalten Gefangene Leistungen nach Absatz 1 infolge einer mutwilligen Selbstverletzung, sind sie in angemessenem Umfang an den Kosten zu beteiligen. [2] Die Kostenbeteiligung unterbleibt, wenn hierdurch die Erreichung des Vollzugsziels, insbesondere die Eingliederung der Gefangenen, gefährdet würde.

§ 80 Durchführung der medizinischen Leistungen, Kostentragung, Forderungsübergang. (1) [1] Kranke oder hilfsbedürftige Gefangene können in ein Anstaltskrankenhaus oder in eine für ihre Untersuchung, Behandlung oder Versorgung besser geeignete Vollzugsanstalt überstellt oder verlegt werden. [2] Kann die Untersuchung, Behandlung oder Versorgung in einer Vollzugsanstalt oder einem Anstaltskrankenhaus nicht gewährleistet werden oder ist es nicht möglich, die Gefangenen rechtzeitig in ein Anstaltskrankenhaus zu überstellen oder zu verlegen, sind sie in ein Krankenhaus außerhalb des Vollzuges zu bringen.

(2) Wird die Strafvollstreckung während einer Behandlung von Gefangenen unterbrochen oder beendet, hat das Land nur diejenigen Kosten zu tragen, die bis zur Unterbrechung oder Beendigung der Strafvollstreckung angefallen sind.

(3) [1] Gesetzliche Schadensersatzansprüche, die Gefangenen infolge einer Körperverletzung gegen Dritte zustehen, gehen insoweit auf das Land über, als den Gefangenen Leistungen nach § 79 Absatz 1 zu gewähren sind. [2] Von der Geltendmachung der Ansprüche ist im Interesse der Gefangenen abzusehen, wenn hierdurch die Erreichung des Vollzugsziels, insbesondere die Eingliederung, gefährdet würde.

(4) Hinsichtlich der Anhörung der oder des Gefangenen und Mitteilung an Angehörige oder andere Personen gilt § 17 Absatz 3 und 4 entsprechend.

§ 81 Ruhen der Ansprüche. Der Anspruch auf Leistungen ruht, solange die Gefangenen aufgrund eines freien Beschäftigungsverhältnisses oder Selbstbeschäftigung krankenversichert sind.

§ 82 Ärztliche Behandlung zur sozialen Eingliederung. [1] Mit Zustimmung der Gefangenen soll die Anstalt ärztliche Behandlungen, insbesondere Operationen oder prothetische Maßnahmen, durchführen lassen, die die soziale Eingliederung fördern. [2] Die Kosten tragen die Gefangenen. [3] Sind sie dazu nicht in der Lage, kann die Anstalt die Kosten in begründeten Fällen in angemessenem Umfang übernehmen.

§ 83 Gesundheitsschutz und Hygiene. [1] Die Anstalt unterstützt die Gefangenen bei der Wiederherstellung und Erhaltung ihrer körperlichen, geistigen und seelischen Gesundheit. [2] Sie fördert das Bewusstsein für gesunde Ernährung und Lebensführung. [3] Die Gefangenen haben die notwendigen Anordnungen zum Gesundheitsschutz und zur Hygiene zu befolgen.

§ 84 Freistunde. Den Gefangenen wird ermöglicht, sich täglich mindestens eine Stunde im Freien aufzuhalten (Freistunde), wenn die Witterung dies zu der festgesetzten Zeit zulässt.

§ 85 Krankenbehandlung während Lockerungen. [1] Während Lockerungen haben die Gefangenen einen Anspruch auf medizinische Leistungen gegen das Land nur in der für sie zuständigen Anstalt. [2] § 56 bleibt unberührt.

§ 86 Zwangsmaßnahmen auf dem Gebiet der Gesundheitsfürsorge.

(1) Medizinische Untersuchungen und Behandlungen sind zwangsweise gegen den natürlichen Willen der oder des Gefangenen nur zulässig, soweit die oder der Gefangene krankheitsbedingt die Notwendigkeit der ärztlichen Maßnahme nicht erkennen oder nicht nach dieser Einsicht handeln kann und die Maßnahme erforderlich ist,

1. um eine gegenwärtige Lebensgefahr oder die gegenwärtige Gefahr einer schwerwiegenden Schädigung der Gesundheit der oder des Gefangenen abzuwenden oder
2. um die von der oder dem Gefangenen ausgehende gegenwärtige Gefahr schwerer gesundheitlicher Schädigungen Dritter abzuwenden.

(2) Bei Maßnahmen nach Absatz 1 Nummer 1 ist eine wirksame Patientenverfügung zu berücksichtigen.

(3) [1] Eine medizinische Zwangsmaßnahme nach Absatz 1 ist nur zulässig, wenn

1. sie im Hinblick auf das Behandlungsziel Erfolg verspricht,
2. mildere Mittel aussichtslos sind und
3. sie nicht mit unzumutbaren Belastungen verbunden ist und
4. der von der Maßnahme zu erwartende Nutzen die mit der Maßnahme verbundenen Belastungen deutlich überwiegt.

[2] Untersuchung und Behandlung müssen von einer Ärztin oder einem Arzt durchgeführt oder überwacht werden. [3] Die Anordnung trifft die Anstaltsleiterin oder der Anstaltsleiter im Einvernehmen mit der behandelnden Ärztin oder dem behandelnden Arzt. [4] Die Anordnungsgründe, die Aufklärung der oder des Betroffenen, die Art und Weise der Durchführung sowie die Wirkung der Behandlung sind von der behandelnden Ärztin oder dem behandelnden Arzt zu dokumentieren.

(4) Eine ärztliche Zwangsmaßnahme setzt weiterhin voraus, dass

1. eine den Verständnismöglichkeiten der oder des Gefangenen entsprechende Information über die beabsichtigte Behandlung und ihre Wirkungen vorausgegangen ist,
2. vor Beginn der Behandlung ernsthaft versucht wurde, eine auf Vertrauen gegründete, freiwillige Zustimmung der oder des Gefangenen zu erreichen,
3. das Gericht die Durchführung der Maßnahme nach Anhörung der oder des Gefangenen angeordnet hat.

(5) [1] Ist unverzügliches Handeln geboten, kann von den Voraussetzungen gemäß Absatz 4 Nummer 3 abgesehen werden, soweit die dadurch eintretende zeitliche Verzögerung die Abwendung der Gefahr gefährden würde. [2] Der Antrag auf gerichtliche Entscheidung ist unverzüglich nach Beginn der Maß-

nahme nachzuholen. [3]Die Gefangenen sind darüber zu belehren, dass sie bei dem nach Absatz 4 Nummer 3 zuständigen Gericht auch nach Beendigung der Maßnahme die Überprüfung der Rechtmäßigkeit der Maßnahme sowie der Art und Weise ihres Vollzuges beantragen können. [4]Die Belehrung ist aktenkundig zu machen.

(6) [1]Die zwangsweise körperliche Untersuchung der Gefangenen zum Gesundheitsschutz und zur Hygiene ist zulässig, wenn sie nicht mit einem körperlichen Eingriff verbunden ist. [2]Sie bedarf der Anordnung einer Ärztin oder eines Arztes und ist unter deren oder dessen Leitung durchzuführen.

§ 87 Benachrichtigungspflicht. (1) [1]Erkranken Gefangene schwer oder versterben sie, werden die Angehörigen benachrichtigt. [2]Dem Wunsch der Gefangenen, auch andere Personen zu benachrichtigen, soll nach Möglichkeit entsprochen werden.

(2) Versterben Gefangene, gilt für die Unterrichtung von Verletzten § 406d Absatz 2 und 3 der Strafprozessordnung entsprechend.

Abschnitt 13. Religionsausübung

§ 88 Seelsorge. [1]Den Gefangenen darf religiöse Betreuung durch Seelsorgerinnen oder Seelsorger ihrer Religionsgemeinschaft nicht versagt werden. [2]Auf Wunsch ist ihnen zu helfen, mit einer Seelsorgerin oder einem Seelsorger in Verbindung zu treten.

§ 89 Religiöse Veranstaltungen. (1) Die Gefangenen haben das Recht, am Gottesdienst und an anderen religiösen Veranstaltungen ihres Bekenntnisses teilzunehmen.

(2) Die Zulassung zu Gottesdiensten oder religiösen Veranstaltungen einer anderen Religionsgemeinschaft bedarf der Zustimmung der Seelsorgerin oder des Seelsorgers der Religionsgemeinschaft.

(3) Gefangene können von der Teilnahme am Gottesdienst oder anderen religiösen Veranstaltungen ausgeschlossen werden, wenn dies aus überwiegenden Gründen der Sicherheit oder Ordnung geboten ist; die Seelsorgerin oder der Seelsorger soll vorher gehört werden.

§ 90 Weltanschauungsgemeinschaften. Für Angehörige weltanschaulicher Bekenntnisse gelten § 67 Absatz 2, §§ 88 und § 89 entsprechend.

Abschnitt 14. Besondere Vorschriften für den Frauenvollzug

§ 91 Unterbringung und Vollzugsgestaltung. (1) Weibliche Gefangene werden in Einrichtungen des Frauenvollzuges oder im offenen Vollzug untergebracht.

(2) Der Frauenvollzug ist fachlich selbständig.

(3) Die Gefangenen sollen im Wohngruppenvollzug untergebracht werden.

(4) Die Sicherheitsmaßnahmen (§ 5 Absatz 3) sind auf den Sicherungsbedarf der Einrichtung auszurichten.

(5) Die Mitarbeiterinnen und Mitarbeiter des Frauenvollzuges müssen entsprechend befähigt und qualifiziert sein und sind der Einrichtung fest zugeordnet.

§ 92 Behandlungsmaßnahmen. [1]Die Behandlungsmaßnahmen orientieren sich auch an den geschlechtsspezifischen Bedarfslagen. [2]Die Einrichtung stellt auch über entsprechend qualifizierte externe Träger ein ausreichendes Angebot an Maßnahmen der Behandlung, Beratung und der Sozialen Hilfe gemäß §§ 20 bis § 26 sicher, die insbesondere Angebote zur Bearbeitung von Gewalt- und Missbrauchserfahrungen und von geschlechtsspezifischen Identitäts- und Rollenproblematiken umfassen.

§ 93 Qualifizierungsmaßnahmen und Arbeit. (1) Den Gefangenen soll unter Berücksichtigung der geschlechtsspezifischen Bedarfslagen der Zugang zu Qualifizierungsmaßnahmen oder Arbeit eröffnet werden.

(2) Zur Umsetzung der Qualifizierungsmaßnahmen arbeitet die Einrichtung mit geeigneten externen Trägern zusammen.

§ 94 Schwangerschaft und Entbindung. (1) Ist die Gefangene schwanger, soll die Anstalt im Benehmen mit den Justizbehörden und dem Jugendamt die Entlassung der Gefangenen aus der Haft vor oder unmittelbar nach der Geburt anstreben.

(2) [1]Sofern eine schwangere Gefangene noch nicht oder nicht entlassen werden kann, soll ihr die Möglichkeit einer Teilnahme an Geburtsvorbereitungskursen eröffnet werden. [2]Die Anstalt vermittelt den Kontakt zu einer Hebamme. [3]Die Gefangene hat während der Schwangerschaft sowie bei und nach der Entbindung Anspruch auf psychologische und pädagogische Begleitung.

(3) Auf den Zustand einer Gefangenen, die schwanger ist oder unlängst entbunden hat, ist Rücksicht zu nehmen, die Vorschriften des Mutterschutzgesetzes gelten entsprechend.

(4) Zur Entbindung ist die Schwangere in ein Krankenhaus außerhalb des Vollzuges zu bringen.

(5) Entbindet die Gefangene in einer Anstalt, dürfen in der Anzeige der Geburt an das Standesamt die Anstalt als Geburtsstätte des Kindes, das Verhältnis der anzeigenden Person zur Anstalt und die Inhaftierung der Mutter nicht vermerkt sein.

Abschnitt 15. Gefangene mit angeordneter oder vorbehaltener Sicherungsverwahrung

§ 95 Vollzugsziel. Bei angeordneter oder vorbehaltener Sicherungsverwahrung dient der Vollzug der Freiheitsstrafe auch dem Ziel, die Gefährlichkeit der Gefangenen für die Allgemeinheit so zu mindern, dass die Vollstreckung der Unterbringung oder deren Anordnung möglichst entbehrlich wird.

§ 96 Vollzugsgestaltung. (1) [1]Bei angeordneter oder vorbehaltener Sicherungsverwahrung ist der Vollzug therapiegerichtet auszugestalten. [2]Die Gefangenen sind individuell und intensiv zu betreuen. [3]Fähigkeiten, die sie für ein selbstbestimmtes Leben in Freiheit und sozialer Verantwortung benötigen, sind zu erhalten und zu fördern.

(2) [1]Die Bereitschaft der Gefangenen, an der Erreichung der Vollzugsziele mitzuwirken, ist fortwährend zu wecken und zu fördern. [2]Die durchgeführten Behandlungs- und Motivationsmaßnahmen sind zu dokumentieren.

§ 97 Diagnoseverfahren. [1]Das Diagnoseverfahren muss wissenschaftlichen Erkenntnissen genügen. [2]Es ist von Personen mit einschlägiger wissenschaftlicher Qualifikation im Bereich der Diagnostik durchzuführen.

§ 98 Vollzugs- und Eingliederungsplanung. [1]Bei Gefangenen mit angeordneter oder vorbehaltener Sicherungsverwahrung oder lebenslanger Freiheitsstrafe wird der Vollzugsplan regelmäßig alle sechs Monate überprüft und fortgeschrieben. [2]Die Entwicklung der Gefangenen und die in der Zwischenzeit gewonnen Erkenntnisse sind zu berücksichtigen. [3]Die durchgeführten Maßnahmen sind zu dokumentieren.

§ 99 Ausgestaltung des Vollzuges. (1) [1]Den Gefangenen sind die zur Erreichung des Vollzugsziels im Einzelfall erforderlichen Behandlungsmaßnahmen anzubieten. [2]Dabei finden insbesondere sozial- und psychotherapeutische, psychiatrische und sozialpädagogische Methoden Anwendung, die wissenschaftlichen Erkenntnissen entsprechen. [3]Soweit standardisierte Angebote nicht ausreichen oder keinen Erfolg versprechen, sind individuell zugeschnittene Behandlungsangebote zu unterbreiten.

(2) Eine Unterbringung in einer therapeutischen Gemeinschaft ist vorzusehen, wenn diese zur Erreichung des Vollzugsziels angezeigt ist.

(3) [1]Die Gefangenen sind bereits während des Vollzuges der Freiheitsstrafe in eine sozialtherapeutische Einrichtung zu verlegen, wenn ihre Teilnahme an den dortigen Behandlungsprogrammen zur Verringerung der Gefährlichkeit für die Allgemeinheit angezeigt ist. [2]Die Verlegung soll zu einem Zeitpunkt erfolgen, der den Abschluss der Behandlung während des Vollzuges der Freiheitsstrafe erwarten lässt.

Abschnitt 16. Sicherheit und Ordnung

§ 100 Grundsatz. (1) Sicherheit und Ordnung der Anstalt bilden die Grundlage des auf die Erreichung des Vollzugsziels ausgerichteten Anstaltslebens und tragen dazu bei, dass in der Anstalt ein gewaltfreies Klima herrscht.

(2) Die Pflichten und Beschränkungen, die den Gefangenen zur Aufrechterhaltung der Sicherheit oder Ordnung der Anstalt auferlegt werden, sind so zu wählen, dass sie in einem angemessenen Verhältnis zu ihrem Zweck stehen und die Gefangenen nicht mehr und nicht länger als notwendig beeinträchtigen.

§ 101 Allgemeine Verhaltenspflichten. (1) [1]Die Gefangenen sind für das geordnete Zusammenleben in der Anstalt mitverantwortlich und müssen mit ihrem Verhalten dazu beitragen. [2]Ihr Bewusstsein hierfür ist zu entwickeln und zu stärken.

(2) [1]Die Gefangenen haben die Anordnungen der Bediensteten zu befolgen, auch wenn sie sich durch diese beschwert fühlen. [2]Einen ihnen zugewiesenen Bereich dürfen sie nicht ohne Erlaubnis verlassen.

(3) Die Gefangenen haben ihren Haftraum und die ihnen von der Anstalt überlassenen Sachen in Ordnung zu halten und schonend zu behandeln.

(4) Die Gefangenen haben Umstände, die eine Gefahr für das Leben oder eine erhebliche Gefahr für die Gesundheit einer Person bedeuten, unverzüglich zu melden.

§ 102 Absuchung, Durchsuchung. (1) [1] Die Gefangenen, ihre Sachen und die Hafträume dürfen abgesucht und durchsucht werden. [2] Das Schamgefühl ist zu schonen. [3] Die Durchsuchung von weiblichen Gefangenen darf nur durch weibliche Bedienstete, die Durchsuchung männlicher Gefangener nur durch männliche Bedienstete erfolgen. [4] Bei Darlegung eines berechtigten Interesses soll dem Wunsch, die Durchsuchung einer Person des jeweils anderen Geschlechts zu übertragen, entsprochen werden. [5] Die Gefangenen sind auf die Regelung des Satzes 3 hinzuweisen; der Hinweis und die Entscheidung sind zu dokumentieren und zu beachten. [6] Sonstige Gefangene haben die Wahlmöglichkeit der Durchsuchung durch männliche oder weibliche Bedienstete. [7] Die betroffenen Gefangenen sind auf ihr Wahlrecht hinzuweisen; Satz 4 2. Halbsatz gilt entsprechend. [8] Wird das Wahlrecht nicht ausgeübt, entscheidet die Anstalt nach billigem Ermessen.

(2) Die Anstaltsleiterin oder der Anstaltsleiter kann allgemein anordnen, dass die Gefangenen in der Regel bei der Aufnahme, vor und nach Kontakten mit Besucherinnen und Besuchern sowie vor und nach jeder Abwesenheit von der Anstalt mit Entkleidung zu durchsuchen sind, es sei denn im Einzelfall ist davon auszugehen, dass die oder der Gefangene nicht unerlaubt Gegenstände in die Anstalt oder aus der Anstalt schmuggelt.

(3) [1] Die Anstaltsleiterin oder der Anstaltsleiter kann im Einzelfall eine mit Entkleidung verbundene Durchsuchung sowie eine Untersuchung der Körperöffnungen anordnen, wenn tatsächliche Anhaltspunkte dafür bestehen, dass die oder der Gefangene unter der Kleidung, an oder im Körper verbotene Gegenstände verbirgt. [2] Bei Gefahr im Verzug können auch andere Bedienstete diese Maßnahmen vorläufig anordnen; die Entscheidung der Anstaltsleiterin oder des Anstaltsleiters ist unverzüglich einzuholen. [3] Absatz 1 gilt entsprechend. [4] Eine Untersuchung intimer Körperöffnungen darf nur durch eine Ärztin oder einen Arzt vorgenommen werden, bei Gefahr im Verzuge auch durch Sanitätsbedienstete.

§ 103 Sichere Unterbringung. (1) [1] Gefangene können in eine Anstalt verlegt und überstellt werden, die zu ihrer sicheren Unterbringung besser geeignet ist, wenn in erhöhtem Maße die Gefahr der Entweichung oder Befreiung gegeben ist oder sonst ihr Verhalten oder ihr Zustand eine Gefahr für die Sicherheit der Anstalt darstellt. [2] Die Höchstdauer einer Überstellung beträgt sechs Monate.

(2) [1] Hinsichtlich der Anhörung der oder des Gefangenen und Mitteilung an Angehörige oder andere Personen gilt § 17 Absatz 3 und 4 entsprechend. [2] Die Anhörung nach § 17 Absatz 3 kann unterbleiben, wenn die sichere Durchführung der Überstellung oder Verlegung gefährdet ist.

§ 104 Störung und Unterbindung des Mobilfunkverkehrs. [1] Die Anstalt darf technische Geräte betreiben, die unerlaubte Mobilfunkverbindungen auf dem Anstaltsgelände unterbinden oder stören. [2] Sie hat hierbei die von der Bundesnetzagentur gemäß § 55 Absatz 1 Satz 5 des Telekommunikationsgesetzes festgelegten Rahmenbedingungen zu beachten. [3] Der Mobilfunkverkehr außerhalb des Geländes der Anstalt darf nicht beeinträchtigt werden.

§ 105 *(aufgehoben)*

§ 106 Maßnahmen zur Feststellung von Suchtmittelgebrauch.

(1) [1] Zur Aufrechterhaltung der Sicherheit oder Ordnung der Anstalt kann die Anstaltsleiterin oder der Anstaltsleiter allgemein oder im Einzelfall Maßnahmen anordnen, die geeignet sind, den Gebrauch von Suchtmitteln festzustellen. [2] Diese Maßnahmen dürfen nicht mit einem körperlichen Eingriff verbunden sein.

(2) Verweigern Gefangene die Mitwirkung an Maßnahmen nach Absatz 1 ohne hinreichenden Grund, ist davon auszugehen, dass Suchtmittelfreiheit nicht gegeben ist.

(3) Wird verbotener Suchtmittelgebrauch festgestellt, können die Kosten der Maßnahmen den Gefangenen auferlegt werden.

§ 107 Festnahmerecht. [1] Gefangene, die entwichen sind oder sich sonst ohne Erlaubnis außerhalb der Anstalt aufhalten, können durch die Anstalt oder auf deren Veranlassung festgenommen und zurückgebracht werden. [2] Führt die Verfolgung oder die von der Anstalt veranlasste Fahndung nicht alsbald zur Wiederergreifung, sind die weiteren Maßnahmen der Vollstreckungsbehörde zu überlassen.

§ 108 Besondere Sicherungsmaßnahmen. (1) Gegen Gefangene können besondere Sicherungsmaßnahmen angeordnet werden, wenn nach ihrem Verhalten oder aufgrund ihres seelischen Zustandes in erhöhtem Maße die Gefahr der Entweichung, von Gewalttätigkeiten gegen Personen oder Sachen, der Selbsttötung oder der Selbstverletzung besteht und die besondere Sicherungsmaßnahme zur Abwendung der Gefahr verhältnismäßig ist.

(2) Als besondere Sicherungsmaßnahmen sind zulässig:

1. der Entzug oder die Vorenthaltung von Gegenständen,
2. die Beobachtung der Gefangenen, zusätzlich auch mit technischen Hilfsmitteln,
3. die Absonderung von anderen Gefangenen,
4. die Unterbringung in einem besonders gesicherten Haftraum ohne gefährdende Gegenstände,
5. die Fesselung und
6. eine Fesselung, durch die die Bewegungsfreiheit der oder des Gefangenen vollständig aufgehoben wird, einschließlich der hiermit medizinisch notwendig verbundenen Medikation (Fixierung).

(3) Maßnahmen nach Absatz 2 Nummer 1, 3 und 4 sind auch zulässig, wenn die Gefahr einer Befreiung oder eine erhebliche Störung der Ordnung der Anstalt anders nicht vermieden oder behoben werden kann.

(4) Im Rahmen einer Absonderung oder Unterbringung in einem besonders gesicherten Haftraum kann der Aufenthalt der oder des Gefangenen im Freien entzogen werden, wenn dies unerlässlich ist, um das Ziel der Maßnahme zu erreichen.

(5) Eine Absonderung von mehr als vierundzwanzig Stunden Dauer (Einzelhaft) ist nur zulässig, wenn sie zur Abwehr einer von der Person des Gefangenen ausgehenden Gefahr unerlässlich ist.

(6) [1] In der Regel dürfen Fesseln nur an den Händen oder an den Füßen angelegt werden. [2] Im Interesse der Gefangenen kann die Anstaltsleiterin oder

der Anstaltsleiter eine andere Art der Fesselung anordnen. [3]Die Fesselung wird zeitweise gelockert, soweit dies notwendig ist.

(7) [1]Die Fixierung ist nur im Rahmen einer Unterbringung in einem besonders gesicherten Haftraum gemäß Absatz 2 Nummer 4 zulässig, wenn eine von einer oder einem Gefangenen ausgehende gegenwärtige Gefahr erheblicher Gesundheitsschädigungen an sich oder anderen trotz der Unterbringung nicht anders abgewendet werden kann. [2]Das Vorliegen dieser Voraussetzungen ist regelmäßig zu überprüfen. [3]Die Fixierung ist unverzüglich zu beenden, sobald die Gefahr nicht mehr besteht.

(8) [1]Während der Absonderung oder Unterbringung im besonders gesicherten Haftraum sind die Gefangenen in besonderem Maße zu betreuen. [2]Sind die Gefangenen darüber hinaus gefesselt oder fixiert, sind sie durch geschulte Bedienstete ständig und in unmittelbarem Sichtkontakt zu beobachten, bei einer Fixierung in unmittelbarer räumlicher Anwesenheit.

(9) [1]Bei einer Ausführung, Vorführung oder beim Transport ist die Fesselung auch dann zulässig, wenn aus anderen Gründen als denen des Absatz 1 in erhöhtem Maße die Gefahr der Entweichung besteht. [2]Für Fixierungen beim Transport gelten die Absätze 6 und 7 entsprechend.

§ 109 Anordnung besonderer Sicherungsmaßnahmen, Verfahren.

(1) [1]Besondere Sicherungsmaßnahmen ordnet die Anstaltsleiterin oder der Anstaltsleiter an, sofern nicht ein Fall des Absatzes 4 vorliegt. [2]Bei Gefahr im Verzug können auch andere Bedienstete diese Maßnahmen vorläufig anordnen; die Entscheidung der Anstaltsleiterin oder des Anstaltsleiters ist unverzüglich einzuholen.

(2) Die Entscheidung wird den Gefangenen von der Anstaltsleiterin oder dem Anstaltsleiter mündlich eröffnet und mit einer kurzen Begründung schriftlich abgefasst.

(3) Besondere Sicherungsmaßnahmen dürfen nur soweit aufrechterhalten werden, als es ihr Zweck erfordert.

(4) [1]Eine nicht nur kurzfristige Fixierung bedarf der vorherigen ärztlichen Stellungnahme und der Anordnung durch das Gericht. [2]Bei Gefahr im Verzug kann die Anordnung der Fixierung auch durch die Anstaltsleitung oder andere zuständige Bedienstete der Anstalt getroffen werden; die ärztliche Stellungnahme ist unverzüglich nachträglich einzuholen. [3]Ist die gerichtliche Entscheidung nicht rechtzeitig herbeizuführen, ist der Antrag unverzüglich nach Fixierungsbeginn zu stellen. [4]Ist eine richterliche Entscheidung beantragt und die Fixierung vor deren Erlangung beendet worden, ist dies dem Gericht unverzüglich mitzuteilen. [5]Die Anordnung, die maßgeblichen Gründe hierfür, ihre Durchsetzung, ihre Dauer und die Art der Überwachung sind durch die Anstalt zu dokumentieren. [6]Nach Beendigung einer Fixierung, die nicht gerichtlich angeordnet wurde, sind die Gefangenen auf ihr Recht hinzuweisen, die Zulässigkeit der durchgeführten Maßnahme bei dem zuständigen Gericht überprüfen zu lassen. [7]Der Hinweis ist aktenkundig zu machen.

§ 110 Berichtspflichten, Zustimmung der Aufsichtsbehörde. (1) Fesselungen und Fixierung sind der Aufsichtsbehörde unverzüglich mitzuteilen, wenn sie länger als 24 Stunden aufrechterhalten werden, Einzelhaft und die Unterbringung in einem besonders gesicherten Haftraum, wenn sie länger als drei Tage aufrechterhalten werden.

(2) Bei mehr als 30 Tagen Einzelhaft innerhalb von zwölf Monaten ist die Zustimmung der Aufsichtsbehörde erforderlich.

(3) Bei mehr als 15 Tagen Unterbringung in einem besonders gesicherten Haftraum innerhalb von zwölf Monaten ist die Zustimmung der Aufsichtsbehörde erforderlich.

§ 111 Ärztliche Beteiligung. (1) [1] Werden die Gefangenen ärztlich behandelt oder beobachtet oder bildet ihr seelischer Zustand den Anlass der besonderen Sicherungsmaßnahme, ist vorher eine ärztliche Stellungnahme einzuholen. [2] Ist dies wegen Gefahr im Verzug nicht möglich, wird die Stellungnahme unverzüglich nachträglich eingeholt.

(2) [1] Sind die Gefangenen in einem besonders gesicherten Haftraum untergebracht und gefesselt oder fixiert, sucht sie die Ärztin oder der Arzt unverzüglich und in der Folge täglich auf. [2] Im Bedarfsfall werden die Gefangenen alsbald von einer Psychologin oder einem Psychologen aufgesucht. [3] Satz 1 und 2 gelten nicht bei einer Fesselung während einer Ausführung, Vorführung oder eines Transportes sowie bei Bewegungen innerhalb der Anstalt.

(3) In den übrigen Fällen der Unterbringung im besonders gesicherten Haftraum sucht die Ärztin oder der Arzt die Gefangenen alsbald und in der Folge täglich auf.

(4) Die Ärztin oder der Arzt ist regelmäßig zu hören, solange die Gefangenen länger als vierundzwanzig Stunden abgesondert sind.

Abschnitt 17. Unmittelbarer Zwang

§ 112 Begriffsbestimmungen. (1) Unmittelbarer Zwang ist die Einwirkung auf Personen oder Sachen durch körperliche Gewalt, ihre Hilfsmittel oder durch Waffen.

(2) Körperliche Gewalt ist jede unmittelbare körperliche Einwirkung auf Personen oder Sachen.

(3) Hilfsmittel der körperlichen Gewalt sind insbesondere Fesseln und Reizstoffe.

(4) Waffen sind Hieb- und Schusswaffen.

(5) Es dürfen nur dienstlich zugelassene Hilfsmittel und Waffen verwendet werden.

§ 113 Allgemeine Voraussetzungen. (1) Bedienstete dürfen unmittelbaren Zwang anwenden, wenn sie Vollzugs- und Sicherungsmaßnahmen rechtmäßig durchführen und der damit verfolgte Zweck auf keine andere Weise erreicht werden kann.

(2) Gegen andere Personen als Gefangene darf unmittelbarer Zwang angewendet werden, wenn sie es unternehmen, Gefangene zu befreien oder widerrechtlich in die Anstalt einzudringen, oder wenn sie sich unbefugt darin aufhalten.

(3) Das Recht zu unmittelbarem Zwang aufgrund anderer Regelungen bleibt unberührt.

§ 114 Grundsatz der Verhältnismäßigkeit. (1) Unter mehreren möglichen und geeigneten Maßnahmen des unmittelbaren Zwangs sind diejenigen zu wählen, die den Einzelnen und die Allgemeinheit voraussichtlich am wenigsten beeinträchtigen.

(2) Unmittelbarer Zwang unterbleibt, wenn ein durch ihn zu erwartender Schaden erkennbar außer Verhältnis zu dem angestrebten Erfolg steht.

§ 115 Androhung. [1] Unmittelbarer Zwang ist vorher anzudrohen. [2] Die Androhung darf nur dann unterbleiben, wenn die Umstände sie nicht zulassen oder unmittelbarer Zwang sofort angewendet werden muss, um eine rechtswidrige Tat, die den Tatbestand eines Strafgesetzes erfüllt, zu verhindern oder eine gegenwärtige Gefahr abzuwenden.

§ 116 Schusswaffengebrauch. (1) [1] Innerhalb der Anstalt dürfen Bedienstete Schusswaffen auf Anordnung der Anstaltsleiterin oder des Anstaltsleiters nur während des Nachtdienstes oder zur unmittelbaren Vorbereitung einer Maßnahme nach Absatz 2 führen. [2] Der Gebrauch ist nach Maßgabe der Absätze 3 und 4 nur zulässig, wenn dies zur Abwehr einer Gefahr für Leib oder Leben erforderlich ist. [3] Das Recht zum Schusswaffengebrauch aufgrund anderer Vorschriften durch Polizeivollzugsbedienstete bleibt davon unberührt.

(2) Außerhalb der Anstalt dürfen Schusswaffen nur bei Gefangenentransporten sowie Aus- und Vorführungen von den dazu bestimmten Bediensteten nach Maßgabe der folgenden Absätze gebraucht werden.

(3) [1] Schusswaffen dürfen nur gebraucht werden, wenn andere Maßnahmen des unmittelbaren Zwangs bereits erfolglos waren oder keinen Erfolg versprechen. [2] Gegen Personen ist ihr Gebrauch nur zulässig, wenn der Zweck nicht durch Waffenwirkung gegen Sachen erreicht werden kann. [3] Ihr Gebrauch unterbleibt, wenn dadurch erkennbar Unbeteiligte mit hoher Wahrscheinlichkeit gefährdet würden.

(4) [1] Der Gebrauch von Schusswaffen ist vorher anzudrohen. [2] Als Androhung gilt auch ein Warnschuss. [3] Ohne Androhung dürfen Schusswaffen nur dann gebraucht werden, wenn dies zur Abwehr einer gegenwärtigen Gefahr für Leib oder Leben erforderlich ist.

(5) Gegen Gefangene dürfen Schusswaffen nur dann gebraucht werden,

1. wenn sie eine Waffe oder ein anderes gefährliches Werkzeug trotz wiederholter Aufforderung nicht ablegen oder
2. um ihre Entweichung zu vereiteln,

und nur, um sie angriffs- oder fluchtunfähig zu machen.

(6) Gegen andere Personen dürfen Schusswaffen nur dann gebraucht werden, wenn sie es unternehmen, Gefangene gewaltsam zu befreien und nur, um sie angriffsunfähig zu machen.

Abschnitt 18. Disziplinarverfahren

§ 117 Disziplinarmaßnahmen. (1) Disziplinarmaßnahmen können angeordnet werden, wenn die Gefangenen rechtswidrig und schuldhaft

1. andere Personen verbal oder tätlich angreifen,
2. fremde Sachen zerstören oder beschädigen,
3. in sonstiger Weise gegen Strafgesetze verstoßen oder eine Ordnungswidrigkeit begehen,

4. verbotene Gegenstände in die Anstalt einbringen, sich an deren Einbringung beteiligen, sie besitzen oder weitergeben,
5. unerlaubt Betäubungsmittel oder andere berauschende Stoffe herstellen, besitzen, konsumieren, die Mitwirkung nach § 106 Absatz 2 verweigern oder Kontrollen manipulieren,
6. entweichen oder zu entweichen versuchen,
7. gegen Weisungen im Zusammenhang mit der Gewährung von Lockerungen und Ausführungen verstoßen oder
8. wiederholt oder schwerwiegend gegen sonstige Pflichten verstoßen, die ihnen durch dieses Gesetz oder aufgrund dieses Gesetzes auferlegt sind, und dadurch das geordnete Zusammenleben in der Anstalt stören

und eine Konfliktschlichtung gemäß § 120 Absatz 2 nicht in Betracht kommt oder nicht erfolgreich war.

(2) Zulässige Disziplinarmaßnahmen sind

1. der Verweis,
2. die Beschränkung des Hörfunk- oder Fernsehempfangs bis zu drei Monaten, der gleichzeitige Entzug jedoch nur bis zwei Wochen,
3. die Beschränkung oder der Entzug der Gegenstände für die Freizeitbeschäftigung mit Ausnahme des Lesestoffs bis zu drei Monaten,
4. die Beschränkung oder der Entzug des Aufenthalts in Gemeinschaft oder der Teilnahme an einzelnen Freizeitveranstaltungen bis zu vier Wochen,
5. die Beschränkung des Einkaufs bis zu drei Monaten,
6. die Kürzung des Arbeitsentgelts um zehn Prozent bis zu drei Monaten,
7. der Entzug der zugewiesenen Arbeit bis zu vier Wochen und
8. der Arrest bis zu vier Wochen.

(3) Arrest darf nur wegen schwerer oder wiederholter Verfehlungen verhängt werden.

(4) Mehrere Disziplinarmaßnahmen können miteinander verbunden werden.

(5) Disziplinarmaßnahmen sind auch zulässig, wenn wegen derselben Verfehlung ein Straf- oder Bußgeldverfahren eingeleitet wird.

§ 118 Vollstreckung der Disziplinarmaßnahmen, Aussetzung zur Bewährung. (1) [1]Disziplinarmaßnahmen werden in der Regel sofort vollstreckt. [2]Die Vollstreckung ist auszusetzen, soweit es zur Gewährung eines effektiven Rechtsschutzes erforderlich ist.

(2) [1]Disziplinarmaßnahmen können ganz oder teilweise bis zu sechs Monaten zur Bewährung ausgesetzt werden. [2]Die Aussetzung zur Bewährung kann ganz oder teilweise widerrufen werden, wenn die Gefangenen die ihr zugrundeliegenden Erwartungen nicht erfüllen.

§ 119 Disziplinarbefugnis. (1) [1]Disziplinarmaßnahmen ordnet die Anstaltsleiterin oder der Anstaltsleiter an. [2]Bei einer Verfehlung auf dem Weg in eine andere Anstalt zum Zweck der Verlegung ist die Leiterin oder der Leiter der Bestimmungsanstalt zuständig.

(2) Die Aufsichtsbehörde entscheidet, wenn sich die Verfehlung gegen die Anstaltsleiterin oder den Anstaltsleiter richtet.

(3) [1] Disziplinarmaßnahmen, die gegen die Gefangenen in einer anderen Anstalt oder während einer Untersuchungshaft angeordnet worden sind, werden auf Ersuchen vollstreckt. [2] § 118 Absatz 2 bleibt unberührt.

§ 120 Verfahren. (1) [1] Der Sachverhalt ist zu klären. [2] Hierbei sind sowohl belastende als auch entlastende Umstände zu ermitteln. [3] Die betroffenen Gefangenen werden in einer ihnen verständlichen Sprache darüber unterrichtet, welche Verfehlungen ihnen zur Last gelegt werden. [4] Sie sind darauf hinzuweisen, dass es ihnen freisteht sich zu äußern, sich von einer Rechtsanwältin oder einem Rechtsanwalt vertreten zu lassen sowie Zeugen oder andere Beweismittel zu benennen oder eine einvernehmliche Streitbeilegung gemäß Absatz 2 anzustreben. [5] Bei sprachlichen Verständigungsschwierigkeiten ist eine Dolmetscherin oder ein Dolmetscher zu bestellen. [6] Die Erhebungen werden in einer Niederschrift festgelegt; die Einlassung der Gefangenen wird vermerkt.

(2) [1] In geeigneten Fällen können zur Abwendung von Disziplinarmaßnahmen im Wege einvernehmlicher Streitbeilegung Vereinbarungen getroffen werden. [2] Insbesondere kommen die Wiedergutmachung des Schadens, die Entschuldigung bei Verletzten, die Erbringung von Leistungen für die Gemeinschaft und der vorübergehende Verbleib auf dem Haftraum in Betracht. [3] Erfüllen die Gefangenen die Vereinbarung, ist die Anordnung einer Disziplinarmaßnahme aufgrund dieser Verfehlung unzulässig.

(3) Mehrere Verfehlungen, die gleichzeitig zu beurteilen sind, werden durch eine Entscheidung geahndet.

(4) [1] Die Anstaltsleiterin oder der Anstaltsleiter soll sich vor der Entscheidung mit Personen besprechen, die maßgeblich an der Vollzugsgestaltung mitwirken. [2] Bei Schwangeren, stillenden Müttern oder bei Gefangenen, die sich in ärztlicher Behandlung befinden, ist eine Ärztin oder ein Arzt zu hören. [3] Hiervon kann abgesehen werden, wenn nur ein Verweis ausgesprochen werden soll.

(5) [1] Vor der Entscheidung über eine Disziplinarmaßnahme erhalten die Gefangenen Gelegenheit, sich zu dem Ergebnis der Ermittlungen zu äußern. [2] Die Entscheidung wird den Gefangenen von der Anstaltsleiterin oder Anstaltsleiter mündlich eröffnet und mit einer kurzen Begründung schriftlich abgefasst.

§ 121 Vollzug des Arrestes. (1) [1] Für die Dauer des Arrests werden die Gefangenen getrennt von anderen Gefangenen untergebracht. [2] Sie können in einem besonderen Arrestraum untergebracht werden, der den Anforderungen entsprechen muss, die an einen zum Aufenthalt bei Tag und Nacht bestimmten Haftraum gestellt werden. [3] Soweit nichts anderes angeordnet wird, ruhen die Befugnisse der Gefangenen zur Teilnahme an Maßnahmen außerhalb des Raumes, in dem Arrest vollstreckt wird, sowie die Befugnisse zur Ausstattung des Haftraums mit eigenen Gegenständen (§ 65), zum Fernsehempfang (§ 68) und Einkauf (§ 70). [4] Gegenstände für die Freizeitbeschäftigung mit Ausnahme des Lesestoffs sind nicht zugelassen. [5] Die Rechte zur Teilnahme an religiösen Veranstaltungen (§ 89) und auf Aufenthalt im Freien (§ 84) bleiben unberührt.

(2) [1] Bevor Arrest vollzogen wird, ist eine Ärztin oder ein Arzt zu hören. [2] Während des Arrests stehen die Gefangenen unter ärztlicher Aufsicht.

(3) Der Vollzug des Arrestes unterbleibt oder wird unterbrochen, wenn die Gesundheit der Gefangenen gefährdet würde.

Abschnitt 19. Aufhebung von Maßnahmen, Beschwerde

§ 122 Aufhebung von Maßnahmen. (1) Die Aufhebung von Maßnahmen zur Regelung einzelner Angelegenheiten auf dem Gebiet des Vollzuges richtet sich nach den nachfolgenden Absätzen, soweit dieses Gesetz keine abweichende Bestimmung enthält.

(2) Rechtswidrige Maßnahmen können ganz oder teilweise mit Wirkung für die Vergangenheit und die Zukunft zurückgenommen werden.

(3) Rechtmäßige Maßnahmen können ganz oder teilweise mit Wirkung für die Zukunft widerrufen werden, wenn

1. aufgrund nachträglich eingetretener oder bekannt gewordener Umstände die Maßnahmen hätten versagt werden können,
2. die Maßnahmen missbraucht werden oder
3. Weisungen nicht befolgt werden.

(4) [1] Begünstigende Maßnahmen dürfen nach den Absätzen 2 oder 3 nur aufgehoben werden, wenn die vollzuglichen Interessen an der Aufhebung in Abwägung mit dem schutzwürdigen Vertrauen der Betroffenen auf den Bestand der Maßnahmen überwiegen. [2] Davon ist auszugehen, wenn eine Maßnahme unerlässlich ist, um die Sicherheit der Anstalt zu gewährleisten.

(5) Der gerichtliche Rechtsschutz bleibt unberührt.

§ 123 Beschwerderecht. (1) Die Gefangenen erhalten Gelegenheit, sich in Angelegenheiten, die sie selbst betreffen, mit Wünschen, Anregungen und Beschwerden an die Anstaltsleiterin oder den Anstaltsleiter zu wenden.

(2) Besichtigen Vertreter der Aufsichtsbehörde die Anstalt, ist zu gewährleisten, dass die Gefangenen sich in Angelegenheiten, die sie selbst betreffen, an diese wenden können.

(3) Die Möglichkeit der Dienstaufsichtsbeschwerde bleibt unberührt.

§ 124 Gerichtlicher Rechtsschutz. Für den gerichtlichen Rechtsschutz gelten die §§ 109 bis § 121b StVollzG[1)].

Abschnitt 20. Kriminologische Forschung

§ 125 Evaluation, kriminologische Forschung. (1) Behandlungsprogramme für die Gefangenen sind auf der Grundlage wissenschaftlicher Erkenntnisse zu konzipieren, zu standardisieren und auf ihre Wirksamkeit hin zu überprüfen.

(2) Der Strafvollzug, insbesondere seine Aufgabenerfüllung und Gestaltung, die Umsetzung seiner Leitlinien sowie die Behandlungsprogramme und deren Wirkungen auf die Erreichung des Vollzugsziels, soll regelmäßig durch eine Hochschule oder durch eine andere Stelle wissenschaftlich begleitet und erforscht werden.

[1)] Nr. 1.

Abschnitt 21. Organisation, Ausstattung und Aufbau der Anstalten

§ 126 Anstalten. Freiheitsstrafen werden in Anstalten der Landesjustizverwaltung vollzogen, die entsprechend ihrem Zweck und den Erfordernissen eines behandlungsorientierten Strafvollzuges auszugestalten sind und eine auf die unterschiedlichen Bedürfnisse der Gefangenen abgestimmte Behandlung gewährleisten.

§ 127 Differenzierungsgebot. [1]Für den Vollzug der Freiheitsstrafe sind Haftplätze in verschiedenen Anstalten, Einrichtungen und Abteilungen vorzusehen, die eine dem Vollzugsziel entsprechende Behandlungsdifferenzierung ermöglichen. [2]Es sind Einrichtungen des offenen Vollzuges einzurichten. [3]Diese können als Abteilung einer geschlossenen Anstalt gebildet werden. [4]In den Einrichtungen des offenen Vollzuges sind die erforderlichen Behandlungs- und Betreuungsangebote vorzuhalten.

§ 128 Ausstattung. (1) [1]Anstalten, Einrichtungen und Abteilungen sind so auszustatten, dass sie ihre jeweiligen Aufgaben erfüllen können. [2]Es ist eine bedarfsgerechte Anzahl und Ausstattung von Plätzen, insbesondere für therapeutische Maßnahmen, schulische und berufliche Qualifizierung, Arbeitstraining und Arbeitstherapie sowie zur Ausübung von Arbeit, vorzusehen. [3]Entsprechendes gilt für Besuche, Freizeit, Sport und Seelsorge.

(2) [1]Haft-, Freizeit-, Gemeinschafts- und Besuchsräume sind wohnlich oder sonst ihrem Zweck entsprechend auszugestalten. [2]Sie müssen hinreichend Luftinhalt und ausreichenden Lichteinfall haben und für eine gesunde Lebensführung ausreichend mit Heizung und Lüftung, Boden- und Fensterfläche ausgestattet sein.

§ 129 Festsetzung der Belegungsfähigkeit, Verbot der Überbelegung.

(1) [1]Die Aufsichtsbehörde setzt die Belegungsfähigkeit der Anstalt so fest, dass eine angemessene Unterbringung der Gefangenen gewährleistet ist. [2]§ 128 Absatz 1 Satz 2 ist zu berücksichtigen.

(2) Hafträume dürfen nicht mit mehr Gefangenen als zugelassen belegt werden.

(3) Ausnahmen von Absatz 2 sind nur vorübergehend und nur mit Zustimmung der Aufsichtsbehörde zulässig.

§ 130 Einrichtungen zur schulischen und beruflichen Bildung, Arbeitsbetriebe. (1) In den Anstalten sind Einrichtungen zur schulischen und beruflichen Bildung und zur arbeitstherapeutischen Beschäftigung sowie Arbeitsbetriebe in ausreichendem Umfang vorzusehen.

(2) Die Anstalt soll im Zusammenwirken mit den Vereinigungen und Stellen des Arbeits- und Wirtschaftslebens dafür sorgen, dass jede oder jeder arbeitsfähige Gefangene wirtschaftlich ergiebige Arbeit ausüben kann, und dazu beitragen, dass sie oder er beruflich gefördert, beraten und vermittelt wird.

(3) Die Anstalt stellt durch geeignete organisatorische Maßnahmen sicher, dass Arbeitsagenturen und Jobcenter die ihnen obliegenden Aufgaben wie Berufsberatung, Ausbildungs- und Arbeitsvermittlung durchführen können.

(4) [1]Die Arbeitsbetriebe und Einrichtungen sind den Verhältnissen außerhalb der Anstalten anzugleichen. [2]Die Arbeitsschutz- und Unfallverhütungsvorschriften sind zu beachten.

(5) [1]Berufliche Qualifizierung und Arbeit können auch durch externe Bildungsträger oder private Unternehmen erfolgen. [2]In den von Externen in der Anstalt betriebenen Einrichtungen kann die technische und fachliche Leitung Angehörigen dieser Träger und Unternehmen übertragen werden.

Abschnitt 22. Innerer Aufbau, Personal

§ 131 Zusammenarbeit. (1) Alle im Vollzug Tätigen arbeiten zusammen und wirken daran mit, das Vollzugsziel und die Aufgaben des Vollzuges zu erfüllen.

(2) [1]Mit den Stellen der Bewährungs- und Gerichtshilfe, den Aufsichtsstellen für die Führungsaufsicht, den Sozialleistungsträgern, insbesondere den Jugendämtern, den Arbeitsagenturen und den Jobcentern, anderen Hilfeeinrichtungen und den Trägern der Sozialen Strafrechtspflege ist eng zusammenzuarbeiten. [2]Die Vollzugsbehörden sollen mit Personen und Vereinen, deren Einfluss die Eingliederung der oder des Gefangenen fördern kann, zusammenarbeiten.

§ 132 Bedienstete. (1) [1]Die Aufgaben der Anstalten werden von Vollzugsbeamtinnen und Vollzugsbeamten wahrgenommen. [2]Sie können aus besonderen Gründen auch anderen Bediensteten der Anstalten übertragen werden.

(2) [1]Für Bedienstete, die nicht Beamte sind, gelten die für Vollzugsbeamtinnen und -beamte geltenden Vorschriften entsprechend, soweit nicht durch Gesetz oder aufgrund eines Gesetzes etwas anderes bestimmt wird. [2]Anstelle des Diensteides ist eine Verpflichtungserklärung nach dem Verpflichtungsgesetz vom 2. März 1974 (BGBl. I S. 469), geändert durch § 1 des Gesetzes vom 15. August 1974 (BGBl. I S. 1942), abzugeben.

(3) [1]Alle Bediensteten sind berufen, in ihren besonderen Aufgaben daran mitzuwirken, das Vollzugsziel und die Aufgaben des Vollzuges zu verwirklichen. [2]Sie sollen durch ihr Verhalten vorbildlich wirken und so die Gefangenen nicht nur durch Anordnung, sondern durch eigenes Beispiel zur Mitarbeit im Vollzug und zu einem selbstverantwortlichen Leben hinführen.

(4) [1]Die Anstalt wird mit dem für die Erreichung des Vollzugsziels und die Erfüllung ihrer Aufgaben erforderlichen Personal ausgestattet. [2]Fortbildung sowie Praxisberatung und -begleitung für die Bediensteten sind zu gewährleisten.

(5) Die Zahl der Fachkräfte für sozialtherapeutische Einrichtungen ist so zu bemessen, dass eine therapeutische Nachsorge früherer Gefangener gemäß § 29 ermöglicht werden kann.

§ 133 Erfüllung nicht-hoheitsrechtlicher Aufgaben. (1) Die Erfüllung nicht-hoheitsrechtlicher Aufgaben, insbesondere bei Qualifizierungs-, Beratungs- und Behandlungsmaßnahmen, kann externen Trägern oder Personen vertraglich übertragen werden.

(2) Die gemäß Absatz 1 tätig werdenden Personen sind gemäß dem Verpflichtungsgesetz zu verpflichten.

(3) Die Anstalt trägt dafür Sorge, dass § 132 Absatz 3 und 4 Satz 2 im Rahmen der Vertragsgestaltung entsprechende Anwendung findet.

§ 134 Anstaltsleitung. (1) Für jede Justizvollzugsanstalt ist eine Leiterin oder ein Leiter zu bestellen.

(2) [1] Die Anstaltsleiterin oder der Anstaltsleiter trägt die Verantwortung für den gesamten Vollzug und vertritt die Anstalt nach außen. [2] Sie oder er kann einzelne Aufgabenbereiche auf andere Bedienstete übertragen. [3] Die Aufsichtsbehörde kann sich die Zustimmung zur Übertragung vorbehalten.

§ 135 Seelsorgerinnen und Seelsorger. (1) [1] Den Religionsgemeinschaften wird im Einvernehmen mit den Anstalten die Wahrnehmung der Seelsorge ermöglicht. [2] Seelsorgerinnen und Seelsorger werden im Einvernehmen mit der jeweiligen Religionsgemeinschaft im Hauptamt bestellt oder von der Religionsgemeinschaft entsandt.

(2) Wenn die geringe Anzahl der Angehörigen einer Religionsgemeinschaft eine Seelsorge nach Absatz 1 nicht rechtfertigt, ist die seelsorgerische Betreuung auf andere Weise zuzulassen.

(3) Mit Zustimmung der Anstaltsleiterin oder des Anstaltsleiters darf die Anstaltsseelsorgerin oder der Anstaltsseelsorger sich freier Seelsorgehelferinnen und Seelsorgehelfer bedienen und diese für Gottesdienste sowie für andere religiöse Veranstaltungen von außen zuziehen.

§ 136 Medizinische Versorgung. (1) [1] Die ärztliche Versorgung ist durch hauptamtliche Ärztinnen oder Ärzte sicherzustellen. [2] Sie kann aus besonderen Gründen nebenamtlichen oder vertraglich verpflichteten Ärztinnen oder Ärzten übertragen werden.

(2) [1] Die Pflege der Kranken soll von Bediensteten ausgeführt werden, die eine Erlaubnis nach dem Pflegeberufegesetz vom 17. Juli 2017 (BGBl. I S. 2581) oder nach dem Krankenpflegegesetz besitzen. [2] Solange diese nicht zur Verfügung stehen, können auch Bedienstete oder externe Kräfte eingesetzt werden, die eine sonstige Qualifikation in der Krankenpflege erfahren haben.

§ 137 Versorgung psychisch erkrankter Gefangener; Beleihung.

(1) [1] Die medizinische Versorgung psychisch erkrankter Gefangener im Rahmen des Vollzuges der Freiheitsstrafe kann einem geeigneten psychiatrischen Krankenhaus als Aufgabe zur Erledigung in den Handlungsformen des öffentlichen Rechts unter der Aufsicht des Landes widerruflich übertragen werden. [2] Die Aufgabenübertragung darf nur erfolgen, wenn die Einrichtung im Hinblick auf ihre personelle und sachliche Ausstattung, Organisation sowie medizinische und persönliche Betreuung der Gefangenen für die Unterbringung geeignet ist.

(2) [1] Die Übertragung an ein privatrechtlich verfasstes Krankenhaus bedarf der Beleihung mit den für die Durchführung dieser Aufgabe erforderlichen hoheitlichen Befugnissen. [2] Die Beleihung erfolgt durch Verwaltungsakt oder öffentlich-rechtlichen Vertrag des für Justiz zuständigen Ministeriums im Einvernehmen mit dem für Gesundheit zuständigen Ministerium. [3] Der Verwaltungsakt oder Vertrag ist öffentlich bekannt zu geben. [4] Das durch Verwaltungsakt begründete Rechtsverhältnis kann ergänzend durch öffentlich-rechtlichen

Vertrag mit dem für Justiz zuständigen Ministerium geregelt werden. [5] Durch den Verwaltungsakt oder den Vertrag ist sicherzustellen, dass

1. die Einrichtung im Hinblick auf ihre personelle und sachliche Ausstattung, Organisation sowie medizinische und persönliche Betreuung der Kranken für die Unterbringung und Behandlung geeignet ist,
2. der ärztlichen Leiterin oder dem ärztlichen Leiter der Einrichtung die Verantwortung für die Wahrnehmung der Aufgaben nach Absatz 1 übertragen wird und
3. der Einsatz von Personal von einem auf die persönliche und fachliche Eignung bezogenen Einwilligungsvorbehalt der ärztlichen Leiterin oder des ärztlichen Leiters abhängig ist.

[6] Die ärztliche Leiterin oder der ärztliche Leiter der Einrichtung, die Vertretung, die verantwortliche Pflegedienstleitung und ihre Vertretung sowie weitere Ärztinnen und Ärzte mit Leitungsfunktion werden auf Vorschlag des Krankenhausträgers durch das für Justiz zuständige Ministerium im Einvernehmen mit dem für Gesundheit zuständigen Ministerium bestellt. [7] Die Bestellung setzt die persönliche und fachliche Eignung für die Wahrnehmung der Aufgaben voraus.

(3) Die Übertragung an Krankenhäuser in öffentlich-rechtlicher Organisations- und Handlungsform kann auf Antrag ihres Trägers durch Verordnung des für Justiz zuständigen Ministeriums erfolgen.

(4) [1] Der Umfang und die Mittel der Aufsicht über die öffentlich-rechtliche oder privatrechtlich verfasste Einrichtung nach Absatz 1 richten sich nach § 15 Absatz 2, § 16 Absatz 1 und 3 und § 18 Absatz 3 des Landesverwaltungsgesetzes. [2] Die Bevollmächtigten der Aufsichtsbehörde (§ 141) haben ein jederzeitiges direktes Weisungsrecht auch gegenüber dem Personal. [3] Ihnen ist jederzeit Zutritt zu den für die gemäß Absatz 1 genutzten Räumlichkeiten zu gewähren. [4] Im Falle der Nichtbefolgung können die Bevollmächtigten bei Gefahr im Verzug die angewiesenen Maßnahmen auf Kosten der Einrichtung selbst ausführen oder ausführen lassen. [5] Die Aufsichtsbehörde tritt dabei in die Rechte des Trägers ein und kann sich der personellen, sachlichen, baulichen und organisatorischen Ausstattung des Trägers bedienen. [6] Der Träger ist verpflichtet sicherzustellen, dass die Selbstvornahme nicht durch Rechte Dritter beeinträchtigt wird. [7] Im Falle eines Widerrufs der Aufgabenübertragung kann die Aufsichtsbehörde Maßnahmen unter Inanspruchnahme von Personal der Einrichtung sowie der vor dem Widerruf von ihr genutzten Räumlichkeiten und Sachmittel treffen, um die Versorgung aufrechtzuerhalten, bis diese anderweitig geregelt werden kann; für die Inanspruchnahme Dritter ist eine Entschädigung unter entsprechender Anwendung der §§ 221 bis 226 des Landesverwaltungsgesetzes zu leisten.

§ 138 Konferenzen. [1] Zur Vorbereitung wichtiger Entscheidungen im Vollzug, in der Regel bei erstmaliger Gewährung von Lockerungen, Verlegung in den offenen Vollzug oder bei Maßnahmen zur Entlassungsvorbereitung, sind Konferenzen mit den an der Behandlung maßgeblich Beteiligten durchzuführen. [2] § 9 Absatz 6 und 7 gilt entsprechend.

§ 139 Interessenvertretung der Gefangenen. [1] Den Gefangenen wird ermöglicht, Vertretungen zu wählen. [2] Diese können in Angelegenheiten von gemeinsamem Interesse Vorschläge und Anregungen an die Anstalt unterbreiten. [3]Diese sollen mit der Vertretung erörtert werden.

§ 140 Hausordnung. [1]Die Anstaltsleitung erlässt eine Hausordnung. [2]Diese informiert in verständlicher Form namentlich über die Rechte und Pflichten der Gefangenen und enthält Erläuterungen zur Organisation des Besuchs, zur Arbeitszeit, Freizeit und Ruhezeit sowie Hinweise zu den Möglichkeiten, Anträge und Beschwerden anzubringen. [3]Die Aufsichtsbehörde kann sich die Genehmigung vorbehalten.

Abschnitt 23. Aufsicht, Beiräte

§ 141 Aufsichtsbehörde. (1) [1]Das für Justiz zuständige Ministerium führt die Aufsicht über die Anstalten (Aufsichtsbehörde) und sichert gemeinsam mit ihnen die Qualität des Vollzuges. [2]Der Umfang und die Mittel der Aufsicht richten sich nach § 15 und § 16 des Landesverwaltungsgesetzes. [3]Das für Justiz zuständige Ministerium kann in Ausübung der Aufsicht übergeordnete Maßnahmen im Rahmen der Gefahrenabwehr sowie zur Zusammenarbeit mit nationalen und internationalen Justiz- und Sicherheitsbehörden anordnen, steuern und prüfen. [4]Es führt auch die Aufsicht über die Einrichtungen gemäß § 137.

(2) Die Aufsichtsbehörde kann sich Entscheidungen über Verlegungen und Überstellungen vorbehalten.

§ 142 Vollstreckungsplan, Vollzugsgemeinschaften. (1) Die Aufsichtsbehörde regelt nach allgemeinen Merkmalen durch Erlass die örtliche und sachliche Zuständigkeit der Anstalten in einem Vollstreckungsplan.

(2) Im Rahmen von Vollzugsgemeinschaften kann der Vollzug auch in Vollzugseinrichtungen anderer Länder vorgesehen werden.

§ 143 Anstaltsbeiräte, Landesbeirat. (1) [1]Bei der Anstalt ist ein Beirat zu bilden. [2]Bei der Besetzung des Anstaltsbeirats soll auf ein ausgewogenes Verhältnis von Frauen und Männern hingewirkt werden. [3]Die im Vollzug Tätigen dürfen nicht Mitglieder des Beirats sein.

(2) [1]Die Mitglieder des Beirats wirken beratend bei der Gestaltung des Vollzuges und der Eingliederung der Gefangenen mit. [2]Sie fördern das Verständnis für den Vollzug und seine gesellschaftliche Akzeptanz und vermitteln Kontakte zu öffentlichen und privaten Einrichtungen.

(3) Der Beirat steht der Anstaltsleiterin oder dem Anstaltsleiter, den im Vollzug Tätigen und den Gefangenen als Ansprechpartner zur Verfügung.

(4) [1]Die Mitglieder des Beirats können sich über die Unterbringung der Gefangenen und die Gestaltung des Vollzuges unterrichten und die Anstalt besichtigen. [2]Sie können die Gefangenen in ihren Räumen aufsuchen. [3]Unterhaltung und Schriftwechsel werden nicht überwacht.

(5) [1]Die Mitglieder des Beirats sind verpflichtet, außerhalb ihres Amtes über alle Angelegenheiten, die ihrer Natur nach vertraulich sind, besonders über Namen und Persönlichkeit der Gefangenen, Verschwiegenheit zu bewahren. [2]Dies gilt auch nach Beendigung ihres Amtes.

(6) Der gemäß § 11 Bewährungs- und Gerichtshilfegesetz vom 31. Januar 1996 (GVOBl. Schl.-H. S. 274), Zuständigkeiten und Ressortbezeichnungen

zuletzt ersetzt durch Verordnung vom 4. April 2013 (GVOBl. Schl.-H. S. 143), zu bildende Landesbeirat berät die Landesregierung auch in Angelegenheiten des Justizvollzuges.

Abschnitt 24. Vollzug des Strafarrests

§ 144 Grundsatz. (1) Für den Vollzug des Strafarrests in Anstalten gelten die Bestimmungen dieses Gesetzes entsprechend, soweit § 145 nicht Abweichendes bestimmt.

(2) § 145 Absatz 1 bis 3, 7 und 8 gilt nicht, wenn Strafarrest in Unterbrechung einer anderen freiheitsentziehenden Maßnahme vollzogen wird.

§ 145 Besondere Bestimmungen. (1) Strafarrestantinnen und Strafarrestanten sollen im offenen Vollzug untergebracht werden.

(2) Eine gemeinsame Unterbringung ist nur mit Einwilligung der Strafarrestantinnen und Strafarrestanten zulässig.

(3) Besuche, Telefongespräche und Schriftwechsel dürfen nur untersagt oder überwacht werden, wenn dies aus Gründen der Sicherheit oder Ordnung der Anstalt notwendig ist.

(4) Den Strafarrestantinnen und Strafarrestanten soll gestattet werden, einmal wöchentlich Besuch zu empfangen.

(5) Strafarrestantinnen und Strafarrestanten dürfen eigene Kleidung tragen und eigenes Bettzeug benutzen, wenn Gründe der Sicherheit nicht entgegenstehen und sie für Reinigung, Instandsetzung und regelmäßigen Wechsel auf eigene Kosten sorgen.

(6) Sie dürfen Nahrungs- und Genussmittel sowie Mittel zur Körperpflege in angemessenem Umfang durch Vermittlung der Anstalt auf eigene Kosten erwerben.

(7) Eine mit einer Entkleidung verbundene körperliche Durchsuchung ist nur bei Gefahr im Verzug zulässig.

(8) Zur Vereitelung einer Entweichung und zur Wiederergreifung dürfen Schusswaffen nicht gebraucht werden.

Abschnitt 25. *(aufgehoben)*

Abschnitt 26. Schlussbestimmungen

§ 147 Einschränkung von Grundrechten. Durch dieses Gesetz werden die Rechte

1. auf freie Entfaltung der Persönlichkeit (Artikel 2 Absatz 1 des Grundgesetzes),
2. auf körperliche Unversehrtheit und Freiheit der Person (Artikel 2 Absatz 2 des Grundgesetzes),
3. auf ungestörte Religionsausübung (Artikel 4 Absatz 2 des Grundgesetzes),
4. sich aus allgemein zugänglichen Quellen ungehindert zu unterrichten (Artikel 5 Absatz 1 des Grundgesetzes),
5. auf Unverletzlichkeit des Brief-, Post- und Fernmeldegeheimnisses (Artikel 10 des Grundgesetzes) und

6. auf freie Verfügbarkeit über das Eigentum (Artikel 14 Absatz 1 des Grundgesetzes) eingeschränkt.

§ 148 Übergangsregelungen. Bis zum 31. Dezember 2022 gilt § 18 Absatz 1 Satz 1 in folgender Fassung:
„Gefangene können in eine sozialtherapeutische Einrichtung verlegt werden, wenn deren besondere therapeutische Mittel zur Verringerung einer erheblichen Gefährlichkeit der oder des Gefangenen angezeigt und erfolgversprechend sind."

1.16. Thüringer Justizvollzugsgesetzbuch (ThürJVollzGB)

Vom 27. Februar 2014
(GVBl. S. 13)

Inhaltsübersicht

Der Landtag hat das folgende Gesetz beschlossen:

Erster Abschnitt. Allgemeine Bestimmungen

§ 1 Anwendungsbereich, allgemeine Begriffsbestimmungen. (1) Dieses Gesetz regelt den Vollzug der Freiheitsstrafe, der Jugendstrafe, der Untersuchungshaft und des Strafarrestes in Justizvollzugsanstalten und Jugendstrafanstalten (Anstalten).

(2) Für den Vollzug der Haft nach § 127b Abs. 2, § 230 Abs. 2, den §§ 236 und 329 Abs. 4 Satz 1, § 412 Satz 1 sowie § 453c der Strafprozessordnung (StPO) sowie der einstweiligen Unterbringung nach § 275a Abs. 6 StPO gelten die Bestimmungen für den Vollzug der Untersuchungshaft entsprechend.

(3) Für den Vollzug der einstweiligen Unterbringung nach § 126a StPO gelten, soweit eine Anordnung nach § 3 Abs. 3 nicht entgegensteht, die Bestimmungen über den Vollzug der Unterbringung nach den §§ 63 und 64 des Strafgesetzbuchs (StGB) entsprechend.

(4) Gefangene im Sinne dieses Gesetzes sind Strafgefangene, Jugendstrafgefangene und Untersuchungsgefangene.

(5) Junge Untersuchungsgefangene im Sinne dieses Gesetzes sind solche, die zur Tatzeit das 21. Lebensjahr noch nicht vollendet hatten und die das 24. Lebensjahr noch nicht vollendet haben.

(6) Junge Gefangene im Sinne dieses Gesetzes sind Jugendstrafgefangene und junge Untersuchungsgefangene.

§ 2 Ziel und Aufgabe des Vollzugs der Freiheits- und Jugendstrafe.

(1) [1] Der Vollzug der Freiheitsstrafe und der Jugendstrafe dient dem Ziel, die Straf- und Jugendstrafgefangenen zu befähigen, künftig in sozialer Verantwortung ein Leben ohne Straftaten zu führen. [2] Er hat die Aufgabe, die Allgemeinheit vor weiteren Straftaten zu schützen.

(2) Bei Strafgefangenen mit angeordneter oder vorbehaltener Sicherungsverwahrung dient der Vollzug der Freiheitsstrafe und bei Jugendstrafgefangenen mit vorbehaltener Sicherungsverwahrung der Vollzug der Jugendstrafe auch dem Ziel, ihre Gefährlichkeit für die Allgemeinheit so zu mindern, dass die Vollstreckung der Unterbringung oder deren Anordnung möglichst entbehrlich wird.

§ 3 Aufgabe des Vollzugs der Untersuchungshaft, Zusammenarbeit.

(1) Der Vollzug der Untersuchungshaft hat die Aufgabe, durch sichere Unterbringung der Untersuchungsgefangenen die Durchführung eines geordneten Strafverfahrens zu gewährleisten und der Gefahr weiterer Straftaten zu begegnen.

(2) Die Anstalt arbeitet eng mit Gericht und Staatsanwaltschaft zusammen, um die Aufgabe des Vollzugs der Untersuchungshaft zu erfüllen und die Sicherheit und Ordnung der Anstalt zu gewährleisten.

(3) Die Anstalt hat Anordnungen nach § 119 Abs. 1 StPO zu beachten und umzusetzen.

§ 4 Stellung der Gefangenen. (1) [1]Die Persönlichkeit der Gefangenen ist zu achten. [2]Ihre Selbständigkeit im Vollzugsalltag ist so weit wie möglich zu erhalten und zu fördern.

(2) [1]Die Gefangenen werden an der Gestaltung des Vollzugsalltags beteiligt. [2]Vollzugliche Maßnahmen sollen ihnen erläutert werden.

(3) [1]Die Gefangenen unterliegen den in diesem Gesetz vorgesehenen Beschränkungen ihrer Freiheit. [2]Soweit das Gesetz eine besondere Regelung nicht enthält, dürfen ihnen nur Beschränkungen auferlegt werden, die zur Aufrechterhaltung der Sicherheit, zur Abwendung einer schwerwiegenden Störung der Ordnung der Anstalt oder zum Vollzug der Untersuchungshaft zur Umsetzung einer Anordnung nach § 119 Abs. 1 StPO unerlässlich sind. [3]Sie müssen in einem angemessenen Verhältnis zum Zweck der Anordnung stehen und dürfen die Gefangenen nicht mehr und nicht länger als notwendig beeinträchtigen.

§ 5 Besondere Stellung der Untersuchungsgefangenen. [1]Die Untersuchungsgefangenen gelten als unschuldig. [2]Sie sind so zu behandeln, dass der Anschein vermieden wird, sie würden zur Verbüßung einer Strafe festgehalten.

§ 6 Mitwirkung im Vollzug der Freiheits- und Jugendstrafe. (1) [1]Zur Erreichung des Vollzugsziels bedarf es der Mitwirkung der Straf- und Jugendstrafgefangenen. [2]Ihre Bereitschaft hierzu ist zu wecken und zu fördern. [3]Bei Strafgefangenen mit angeordneter oder vorbehaltener Sicherungsverwahrung und bei Jugendstrafgefangenen mit vorbehaltener Sicherungsverwahrung sind die Motivationsmaßnahmen zu dokumentieren.

(2) Die Jugendstrafgefangenen sind verpflichtet, an der Erreichung des Vollzugsziels mitzuwirken.

§ 7 Allgemeine Gestaltungsgrundsätze. (1) Das Leben im Vollzug ist den allgemeinen Lebensverhältnissen soweit wie möglich anzugleichen.

(2) [1]Schädlichen Folgen des Freiheitsentzugs ist entgegenzuwirken. [2]Ein Schwerpunkt ist auf die Verhütung von Selbsttötungen zu richten.

(3) Die unterschiedlichen Bedürfnisse der Gefangenen, insbesondere im Hinblick auf Geschlecht, Alter und Herkunft, werden bei der Vollzugsgestaltung im Allgemeinen und im Einzelfall berücksichtigt.

§ 8 Grundsätze der Gestaltung des Vollzugs der Freiheits- und Jugendstrafe. (1) [1]Der Vollzug der Freiheits- und Jugendstrafe ist auf die Auseinandersetzung der Straf- und Jugendstrafgefangenen mit ihren Straftaten und deren Folgen auszurichten. [2]Das Bewusstsein für den dem Opfer zugefügten Schaden soll geweckt werden.

(2) Der Vollzug der Freiheits- und Jugendstrafe wird von Beginn an auf die Eingliederung der Straf- und Jugendstrafgefangenen in das Leben in Freiheit ausgerichtet.

(3) [1] Ist Sicherungsverwahrung angeordnet oder vorbehalten, ist bereits im Vollzug der Freiheits- oder Jugendstrafe eine individuelle, intensive und therapiegerichtete Betreuung im Sinne des § 66c Abs. 1 Nr. 1 StGB anzubieten. [2] Soweit standardisierte Maßnahmen nicht ausreichen oder keinen Erfolg versprechen, sind individuelle Maßnahmen zu entwickeln und zu unterbreiten.

(4) [1] Der Bezug der Straf- und Jugendstrafgefangenen zum gesellschaftlichen Leben ist zu wahren und zu fördern. [2] Personen und Einrichtungen außerhalb des Vollzugs sollen in den Vollzugsalltag einbezogen werden. [3] Straf- und Jugendstrafgefangenen ist sobald wie möglich die Teilnahme am Leben in der Freiheit zu gewähren.

§ 9 Erzieherische Gestaltung des Vollzugs der Jugendstrafe. (1) [1] Der Vollzug der Jugendstrafe ist erzieherisch zu gestalten. [2] Die Jugendstrafgefangenen sind in der Entwicklung ihrer Fähigkeiten und Fertigkeiten so zu fördern, dass sie zu einer eigenverantwortlichen und gemeinschaftsfähigen Lebensführung in Achtung der Rechte anderer befähigt werden.

(2) Erziehung und Förderung erfolgen durch Maßnahmen und Programme zur Entwicklung und Stärkung der Fähigkeiten und Fertigkeiten der Jugendstrafgefangenen im Hinblick auf die Erreichung des Vollzugsziels.

(3) Durch differenzierte Angebote soll auf den jeweiligen Entwicklungsstand und den unterschiedlichen Erziehungs- und Förderbedarf der Jugendstrafgefangenen eingegangen werden.

(4) Die Maßnahmen und Programme richten sich insbesondere auf die Auseinandersetzung mit den eigenen Straftaten, deren Ursachen und Folgen, die schulische Bildung, berufliche Qualifizierung, soziale Integration und die verantwortliche Gestaltung des alltäglichen Zusammenlebens, der freien Zeit sowie der Außenkontakte.

(5) Die Personensorgeberechtigten sind, soweit dies möglich ist und dem Vollzugsziel nicht zuwiderläuft, in die Planung und Gestaltung des Vollzugs einzubeziehen.

§ 10 Erzieherische Gestaltung des Vollzugs der Untersuchungshaft an jungen Untersuchungsgefangenen. (1) Für den Vollzug der Untersuchungshaft an jungen Untersuchungsgefangenen gilt § 9 Abs. 1 entsprechend.

(2) Die Personensorgeberechtigten sind, soweit dies möglich ist, in die Gestaltung des Vollzugs einzubeziehen.

(3) [1] Von der Anwendung der Bestimmungen dieses Gesetzes über junge Untersuchungsgefangene kann abgesehen werden, wenn diese volljährig sind und die erzieherische Ausgestaltung des Vollzugs für sie nicht oder nicht mehr angezeigt ist. [2] Diese Bestimmungen können ausnahmsweise auch über die Vollendung des 24. Lebensjahres hinaus angewendet werden, wenn dies im Hinblick auf die voraussichtlich nur noch geringe Dauer der Untersuchungshaft zweckmäßig erscheint.

(4) Beschränkungen können minderjährigen Untersuchungsgefangenen auch auferlegt werden, soweit es dringend geboten ist, um sie vor einer Gefährdung ihrer Entwicklung zu bewahren.

§ 11 Soziale Hilfe. (1) [1] Die Gefangenen werden darin unterstützt, ihre persönlichen, wirtschaftlichen und sozialen Schwierigkeiten zu beheben. [2] Sie

sollen dazu angeregt und in die Lage versetzt werden, ihre Angelegenheiten selbst zu regeln, insbesondere eine Schuldenregulierung herbeizuführen.

(2) Die Straf- und Jugendstrafgefangenen sollen angehalten werden, den durch die Straftat verursachten materiellen und immateriellen Schaden wiedergutzumachen.

(3) Die Gefangenen sollen, soweit erforderlich, über die notwendigen Maßnahmen zur Aufrechterhaltung ihrer sozialversicherungsrechtlichen Ansprüche beraten werden.

(4) [1] Die Beratung der Untersuchungsgefangenen soll die Benennung von Stellen und Einrichtungen außerhalb der Anstalt umfassen, die sich um eine Vermeidung der weiteren Untersuchungshaft bemühen. [2] Auf Wunsch sind den Untersuchungsgefangenen Stellen und Einrichtungen zu benennen, die sie in ihrem Bestreben unterstützen können, einen Ausgleich mit dem Tatopfer zu erreichen oder auf andere Weise zur Wiedergutmachung beizutragen.

Zweiter Abschnitt. Aufnahme, Diagnose und Vollzugsplanung

§ 12 Aufnahmeverfahren. (1) [1] Mit den Gefangenen wird unverzüglich nach der Aufnahme ein Zugangsgespräch geführt, in dem ihre gegenwärtige Lebenssituation erörtert wird und sie über ihre Rechte und Pflichten informiert werden. [2] Ihnen wird ein Exemplar der Hausordnung ausgehändigt. [3] Dieses Gesetz, die von ihm in Bezug genommenen Gesetze sowie die zu seiner Ausführung erlassenen Rechtsverordnungen und Verwaltungsvorschriften sind den Gefangenen auf Verlangen zugänglich zu machen.

(2) Während des Aufnahmeverfahrens dürfen andere Gefangene nicht zugegen sein.

(3) Die Gefangenen werden alsbald ärztlich untersucht.

(4) Die Gefangenen werden dabei unterstützt, etwa notwendige Maßnahmen für hilfsbedürftige Angehörige, zur Erhaltung des Arbeitsplatzes und der Wohnung und zur Sicherung ihrer Habe außerhalb der Anstalt zu veranlassen.

(5) Den Gefangenen ist Gelegenheit zu geben, einen Angehörigen oder eine Vertrauensperson von der Aufnahme in die Anstalt zu benachrichtigen.

(6) Die Personensorgeberechtigten und das Jugendamt werden von der Aufnahme der jungen Gefangenen unverzüglich unterrichtet.

(7) Bei Strafgefangenen, die eine Ersatzfreiheitsstrafe verbüßen, sind die Möglichkeiten der Abwendung der Vollstreckung durch freie Arbeit oder ratenweise Tilgung der Geldstrafe zu erörtern und zu fördern, um so auf eine möglichst baldige Entlassung hinzuwirken.

§ 13 Diagnoseverfahren. (1) Bei Straf- und Jugendstrafgefangenen schließt sich an das Aufnahmeverfahren zur Vorbereitung der Vollzugsplanung das Diagnoseverfahren an.

(2) [1] Das Diagnoseverfahren muss wissenschaftlichen Erkenntnissen genügen. [2] Insbesondere bei Strafgefangenen mit angeordneter oder vorbehaltener Sicherungsverwahrung und Jugendstrafgefangenen mit vorbehaltener Sicherungsverwahrung ist es von Personen mit einschlägiger wissenschaftlicher Qualifikation durchzuführen.

(3) [1] Das Diagnoseverfahren erstreckt sich auf die Persönlichkeit, die Lebensverhältnisse, die Ursachen und Umstände der Straftat sowie alle sonstigen

Gesichtspunkte, deren Kenntnis für eine zielgerichtete und wirkungsorientierte Vollzugsgestaltung und die Eingliederung nach der Entlassung notwendig erscheint. 2 Neben den Unterlagen aus der Vollstreckung und dem Vollzug vorangegangener Freiheitsentziehungen sind insbesondere auch Erkenntnisse der Gerichts-, Jugendgerichts- und Bewährungshilfe sowie der Führungsaufsichtsstellen einzubeziehen.

(4) Bei Strafgefangenen mit angeordneter oder vorbehaltener Sicherungsverwahrung und bei Jugendstrafgefangenen mit vorbehaltener Sicherungsverwahrung erstreckt sich das Diagnoseverfahren auch auf alle Umstände, die für die Beurteilung der Gefährlichkeit maßgeblich sind.

(5) 1 Im Diagnoseverfahren werden die im Einzelfall die Straffälligkeit begünstigenden Faktoren ermittelt. 2 Gleichzeitig sollen die Fähigkeiten der Straf- und Jugendstrafgefangenen ermittelt werden, deren Stärkung einer erneuten Straffälligkeit entgegenwirken kann.

(6) 1 Im Vollzug der Freiheitsstrafe kann bei einer voraussichtlichen Vollzugsdauer bis zu einem Jahr das Diagnoseverfahren auf die Umstände beschränkt werden, deren Kenntnis für eine angemessene Vollzugsgestaltung unerlässlich und für die Eingliederung erforderlich ist. 2 Unabhängig von der Vollzugsdauer gilt dies auch, wenn ausschließlich Ersatzfreiheitsstrafen zu vollziehen sind.

(7) Im Vollzug der Jugendstrafe ist das Diagnoseverfahren maßgeblich auf die Ermittlung des Förder- und Erziehungsbedarfs auszurichten.

(8) Das Ergebnis des Diagnoseverfahrens wird mit den Straf- und Jugendstrafgefangenen erörtert.

§ 14 Vollzugs- und Eingliederungsplanung. (1) 1 Auf der Grundlage des Ergebnisses des Diagnoseverfahrens wird ein Vollzugs- und Eingliederungsplan erstellt. 2 Er zeigt den Straf- und Jugendstrafgefangenen bereits zu Beginn der Haftzeit unter Berücksichtigung der voraussichtlichen Vollzugsdauer die zur Erreichung des Vollzugsziels erforderlichen Maßnahmen auf. 3 Daneben kann er weitere Hilfsangebote und Empfehlungen enthalten. 4 Auf die Fähigkeiten, Fertigkeiten und Neigungen der Straf- und Jugendstrafgefangenen ist Rücksicht zu nehmen.

(2) 1 Der Vollzugs- und Eingliederungsplan wird regelmäßig innerhalb der ersten acht Wochen nach der Aufnahme erstellt. 2 Diese Frist verkürzt sich bei einer voraussichtlichen Vollzugsdauer von unter einem Jahr auf sechs Wochen.

(3) 1 Der Vollzugs- und Eingliederungsplan sowie die darin vorgesehenen Maßnahmen werden für Straf- und Jugendstrafgefangene regelmäßig alle sechs Monate, spätestens aber alle zwölf Monate überprüft und fortgeschrieben. 2 Bei Strafgefangenen mit angeordneter oder vorbehaltener Sicherungsverwahrung und bei Jugendstrafgefangenen mit vorbehaltener Sicherungsverwahrung soll die Frist sechs Monate nicht übersteigen. 3 Bei Jugendstrafen von weniger als drei Jahren erfolgt die Überprüfung regelmäßig alle vier Monate. 4 Die Entwicklung der Straf- und Jugendstrafgefangenen und die in der Zwischenzeit gewonnenen Erkenntnisse sind zu berücksichtigen. 5 Die durchgeführten Maßnahmen sind zu dokumentieren.

(4) 1 Die Vollzugs- und Eingliederungsplanung wird mit den Straf- und Jugendstrafgefangenen erörtert. 2 Dabei werden deren Anregungen und Vorschläge einbezogen, soweit sie der Erreichung des Vollzugsziels dienen.

(5) [1] Zur Erstellung und Fortschreibung des Vollzugs- und Eingliederungsplans führt der Anstaltsleiter eine Konferenz mit den an der Vollzugsgestaltung maßgeblich Beteiligten durch. [2] Standen die Straf- und Jugendstrafgefangenen vor ihrer Inhaftierung unter Bewährung oder Führungsaufsicht, kann auch der für sie bislang zuständige Bewährungshelfer an der Konferenz beteiligt werden. [3] Den Straf- und Jugendstrafgefangenen wird der Vollzugs- und Eingliederungsplan in der Konferenz eröffnet und erläutert. [4] Sie können auch darüber hinaus an der Konferenz beteiligt werden.

(6) [1] An der Eingliederung mitwirkende Personen außerhalb des Vollzugs sind nach Möglichkeit in die Planung einzubeziehen. [2] Sie können mit Zustimmung der Straf- und Jugendstrafgefangenen auch an der Konferenz beteiligt werden.

(7) Werden die Straf- und Jugendstrafgefangenen nach der Entlassung voraussichtlich unter Bewährungs- oder Führungsaufsicht gestellt, so ist dem künftig zuständigen Bewährungshelfer in den letzten zwölf Monaten vor dem voraussichtlichen Entlassungszeitpunkt die Teilnahme an der Konferenz zu ermöglichen und es sind ihm der Vollzugs- und Eingliederungsplan und seine Fortschreibungen zu übersenden.

(8) [1] Der Vollzugs- und Eingliederungsplan und seine Fortschreibungen werden den Straf- und Jugendstrafgefangenen ausgehändigt. [2] Im Vollzug der Jugendstrafe werden sie dem Vollstreckungsleiter und auf Verlangen den Personensorgeberechtigten mitgeteilt.

§ 15 Inhalt des Vollzugs- und Eingliederungsplans. (1) [1] Der Vollzugs- und Eingliederungsplan sowie seine Fortschreibungen enthalten insbesondere folgende Angaben:

1. Zusammenfassung der für die Vollzugs- und Eingliederungsplanung maßgeblichen Ergebnisse des Diagnoseverfahrens,
2. voraussichtlicher Entlassungszeitpunkt,
3. Unterbringung im geschlossenen oder offenen Vollzug,
4. Maßnahmen zur Förderung der Mitwirkungsbereitschaft,
5. Unterbringung in einer Wohngruppe und Teilnahme am Wohngruppenvollzug,
6. Unterbringung in einer sozialtherapeutischen Abteilung und Teilnahme an deren Behandlungsprogrammen,
7. Teilnahme an einzel- oder gruppentherapeutischen Maßnahmen, insbesondere psychologische Intervention und Psychotherapie,
8. Teilnahme an psychiatrischen Behandlungsmaßnahmen,
9. Teilnahme an Maßnahmen zur Behandlung von Suchtmittelabhängigkeit und -missbrauch,
10. Teilnahme an Trainingsmaßnahmen zur Verbesserung der sozialen Kompetenz,
11. Teilnahme an schulischen und beruflichen Qualifizierungsmaßnahmen einschließlich Alphabetisierungs- und Deutschkursen,
12. Teilnahme an arbeitstherapeutischen Maßnahmen oder am Arbeitstraining,
13. Arbeit,
14. freies Beschäftigungsverhältnis, Selbstbeschäftigung,

15. Teilnahme an Sportangeboten und Maßnahmen zur strukturierten Gestaltung der Freizeit,
16. Ausführungen, Außenbeschäftigung,
17. Lockerungen zur Erreichung des Vollzugsziels,
18. Aufrechterhaltung, Förderung und Gestaltung von Außenkontakten,
19. Schuldnerberatung, Schuldenregulierung und Erfüllung von Unterhaltspflichten,
20. Ausgleich von Tatfolgen,
21. Maßnahmen zur Vorbereitung von Entlassung, Eingliederung und Nachsorge und
22. Frist zur Fortschreibung des Vollzugs- und Eingliederungsplans.

[2] Bei angeordneter oder vorbehaltener Sicherungsverwahrung enthalten der Vollzugs- und Eingliederungsplan sowie seine Fortschreibungen darüber hinaus Angaben zu sonstigen Maßnahmen im Sinne des § 8 Abs. 3 Satz 2 und einer Antragstellung im Sinne des § 119a Abs. 2 des Strafvollzugsgesetzes (StVollzG)[1)].

(2) [1] Bei Strafgefangenen sind Maßnahmen nach Absatz 1 Satz 1 Nr. 6 bis 12 und Satz 2, die nach dem Ergebnis des Diagnoseverfahrens als zur Erreichung des Vollzugsziels zwingend erforderlich erachtet werden, als solche zu kennzeichnen und gehen allen anderen Maßnahmen vor. [2] Andere Maßnahmen dürfen nicht gestattet werden, soweit sie die Teilnahme an Maßnahmen nach Satz 1 beeinträchtigen würden.

(3) Die Jugendstrafgefangenen sind verpflichtet, an den im Vollzugs- und Eingliederungsplan als erforderlich erachteten Maßnahmen teilzunehmen.

(4) [1] Spätestens ein Jahr vor dem voraussichtlichen Entlassungszeitpunkt hat die Planung zur Vorbereitung der Eingliederung zu beginnen. [2] Anknüpfend an die bisherige Vollzugsplanung werden ab diesem Zeitpunkt die Maßnahmen nach Absatz 1 Satz 1 Nr. 21 konkretisiert oder ergänzt. [3] Insbesondere ist Stellung zu nehmen zu

1. der Unterbringung im offenen Vollzug,
2. der Unterkunft sowie Arbeit oder Ausbildung nach der Entlassung,
3. der Unterstützung bei notwendigen Behördengängen und der Beschaffung der notwendigen persönlichen Dokumente,
4. der Beteiligung der Bewährungshilfe und der Forensischen Ambulanzen,
5. der Kontaktaufnahme zu Einrichtungen der Entlassenenhilfe,
6. der Fortsetzung von im Vollzug noch nicht abgeschlossenen Maßnahmen,
7. Anregungen von Auflagen und Weisungen für die Bewährungs- oder Führungsaufsicht,
8. der Vermittlung in nachsorgende Maßnahmen und
9. der nachgehenden Betreuung durch Bedienstete.

§ 16 Ermittlung des Förder- und Erziehungsbedarfs der jungen Untersuchungsgefangenen, Maßnahmen. (1) Nach dem Aufnahmeverfahren wird der Förder- und Erziehungsbedarf der jungen Untersuchungsgefangenen

---

[1)] Nr. 1.

unter Berücksichtigung ihrer Persönlichkeit und ihrer Lebensverhältnisse ermittelt.

(2) [1] In einer Konferenz mit an der Erziehung maßgeblich beteiligten Bediensteten werden der Förder- und Erziehungsbedarf erörtert und die sich daraus ergebenden Maßnahmen festgelegt. [2] Diese werden mit den jungen Untersuchungsgefangenen besprochen und den Personensorgeberechtigten auf Verlangen mitgeteilt.

Dritter Abschnitt. Unterbringung und Verlegung

§ 17 Trennungsgrundsätze. (1) [1] Jeweils getrennt voneinander werden untergebracht

1. männliche und weibliche Gefangene,
2. Strafgefangene, Jugendstrafgefangene und Untersuchungsgefangene sowie
3. junge Untersuchungsgefangene und die übrigen Untersuchungsgefangenen.

[2] Die Unterbringung erfolgt in eigenständigen Anstalten, zumindest in getrennten Abteilungen.

(2) [1] Abweichend von Absatz 1 Satz 1 Nr. 2 können Untersuchungsgefangene zusammen mit Strafgefangenen untergebracht werden

1. mit Zustimmung der jeweiligen Untersuchungsgefangenen,
2. zur Umsetzung einer Anordnung nach § 119 Abs. 1 StPO oder
3. aus Gründen der Sicherheit oder Ordnung der Anstalt.

[2] Das gilt für junge Untersuchungsgefangene nur, wenn eine erzieherische Gestaltung des Vollzugs gewährleistet bleibt und schädliche Einflüsse auf die jungen Untersuchungsgefangenen nicht zu befürchten sind. [3] Unter den Voraussetzungen der Sätze 1 und 2 können sie auch mit den übrigen Untersuchungsgefangenen und mit Jugendstrafgefangenen untergebracht werden.

(3) [1] Über Absatz 2 hinaus können Gefangene ausnahmsweise mit solchen anderer Haftarten untergebracht werden, wenn ihre geringe Anzahl eine getrennte Unterbringung nicht zulässt und das Vollzugsziel nicht gefährdet wird. [2] Bei jungen Gefangenen muss zudem die erzieherische Gestaltung des Vollzugs gewährleistet sein.

(4) Absatz 1 gilt nicht für eine Unterbringung zum Zwecke der medizinischen Behandlung.

(5) Gemeinsame Maßnahmen, insbesondere zur schulischen und beruflichen Qualifizierung, sind zulässig.

§ 18 Unterbringung während der Einschlusszeiten. (1) Die Gefangenen werden in ihren Hafträumen einzeln untergebracht.

(2) [1] Mit ihrer Zustimmung können sie gemeinsam untergebracht werden, wenn schädliche Einflüsse nicht zu befürchten sind. [2] Bei einer Gefahr für Leben oder Gesundheit oder bei Hilfsbedürftigkeit ist die Zustimmung der gefährdeten oder hilfsbedürftigen Gefangenen zur gemeinsamen Unterbringung entbehrlich.

(3) Darüber hinaus ist eine gemeinsame Unterbringung nur vorübergehend und aus zwingenden Gründen zulässig.

§ 19 Aufenthalt außerhalb der Einschlusszeiten. (1) Außerhalb der Einschlusszeiten dürfen sich die Gefangenen in Gemeinschaft aufhalten.

(2) Der gemeinschaftliche Aufenthalt kann eingeschränkt werden,
1. wenn es die Sicherheit oder Ordnung in der Anstalt erfordert,
2. wenn ein schädlicher Einfluss auf andere Gefangene zu befürchten ist,
3. während des Diagnoseverfahrens, aber nicht länger als acht Wochen,
4. bei jungen Gefangenen, wenn dies aus erzieherischen Gründen angezeigt ist,
5. zur Umsetzung einer Anordnung nach § 119 Abs. 1 StPO oder
6. bei jungen Untersuchungsgefangenen während der ersten zwei Wochen nach der Aufnahme.

§ 20 Wohngruppenvollzug. (1) [1]Der Wohngruppenvollzug dient der Einübung sozialverträglichen Zusammenlebens, insbesondere von Toleranz sowie der Übernahme von Verantwortung für sich und andere. [2]Er ermöglicht den dort Untergebrachten, ihren Vollzugsalltag weitgehend selbständig zu regeln.

(2) [1]Eine Wohngruppe wird in einem baulich abgegrenzten Bereich mit bis zu 15 Personen eingerichtet, zu dem neben den Hafträumen weitere Räume und Einrichtungen zur gemeinsamen Nutzung gehören. [2]Sie wird in der Regel von fest zugeordneten Bediensteten betreut.

(3) [1]Geeignete junge Gefangene werden grundsätzlich in Wohngruppen untergebracht. [2]Nicht geeignet sind in der Regel junge Gefangene, die aufgrund ihres Verhaltens nicht gruppenfähig sind. [3]Sie sollen durch gezielte Maßnahmen zum Wohngruppenvollzug befähigt werden.

(4) Strafgefangene können in Wohngruppen untergebracht werden.

§ 21 Unterbringung von Sorgeberechtigten mit Kindern. (1) [1]Ein Kind kann mit Zustimmung des Aufenthaltsbestimmungsberechtigten bis zur Vollendung des dritten Lebensjahres in der Anstalt untergebracht werden, in der sich ein Sorgeberechtigter befindet, wenn die baulichen Gegebenheiten dies zulassen und Sicherheitsgründe nicht entgegenstehen. [2]Vor der Unterbringung ist das Jugendamt zu hören.

(2) [1]Die Unterbringung erfolgt auf Kosten der für das Kind Unterhaltspflichtigen. [2]Von der Geltendmachung des Kostenersatzanspruchs kann ausnahmsweise abgesehen werden, wenn hierdurch die gemeinsame Unterbringung von Sorgeberechtigtem und Kind gefährdet würde.

§ 22 Geschlossener und offener Vollzug. (1) [1]Die Straf- und Jugendstrafgefangenen werden im geschlossenen oder offenen Vollzug untergebracht. [2]Anstalten des offenen Vollzugs oder Abteilungen des offenen Vollzugs sehen keine oder nur verminderte Vorkehrungen gegen Entweichungen vor.

(2) Die Strafgefangenen sollen im offenen Vollzug untergebracht werden, wenn sie dessen besonderen Anforderungen genügen, namentlich nicht zu befürchten ist, dass sie sich dem Vollzug entziehen oder die Möglichkeiten des offenen Vollzugs zu Straftaten missbrauchen werden.

(3) Die Jugendstrafgefangenen sollen im offenen Vollzug untergebracht werden, wenn sie dessen besonderen Anforderungen genügen, insbesondere verantwortet werden kann, zu erproben, dass sie sich dem Vollzug nicht entziehen oder die Möglichkeiten des offenen Vollzugs nicht zur Begehung von Straftaten missbrauchen werden.

(4) [1] Bei Straf- und Jugendstrafgefangenen, gegen die während des laufenden Freiheitsentzugs eine Strafe wegen einer schwerwiegenden Straftat gegen Leib oder Leben oder gegen die sexuelle Selbstbestimmung mit Ausnahme der §§ 180a und 181a StGB vollzogen wurde oder zu vollziehen ist, bedarf die Entscheidung, ob eine Unterbringung im offenen Vollzug verantwortet werden kann, besonders gründlicher Prüfung. [2] Bei der Entscheidung sind auch die Feststellungen im Urteil und die im Ermittlungs- oder Strafverfahren erstatteten Gutachten zu berücksichtigen.

(5) Genügen die Straf- und Jugendstrafgefangenen den besonderen Anforderungen des offenen Vollzugs nicht mehr, werden sie im geschlossenen Vollzug untergebracht.

(6) Die Untersuchungsgefangenen werden im geschlossenen Vollzug untergebracht.

§ 23 Verlegung und Überstellung. (1) [1] Die Gefangenen können abweichend vom Vollstreckungsplan in eine andere Anstalt verlegt werden, wenn Gründe der Vollzugsorganisation oder andere wichtige Gründe dies erfordern. [2] Sie dürfen aus wichtigem Grund in eine andere Anstalt überstellt werden.

(2) Darüber hinaus können die Straf- und Jugendstrafgefangenen abweichend vom Vollstreckungsplan in eine andere Anstalt verlegt werden, wenn die Erreichung des Vollzugsziels hierdurch gefördert wird.

(3) Die Untersuchungsgefangenen können zur Umsetzung einer Anordnung nach § 119 Abs. 1 StPO verlegt oder überstellt werden.

(4) [1] Vor einer Verlegung oder Überstellung von Untersuchungsgefangenen ist dem Gericht und der Staatsanwaltschaft Gelegenheit zur Stellungnahme zu geben. [2] § 12 Abs. 5 gilt entsprechend.

(5) Bei jungen Gefangenen werden die Personensorgeberechtigten und das Jugendamt, bei Jugendstrafgefangenen auch der Vollstreckungsleiter, von der Verlegung unverzüglich unterrichtet.

Vierter Abschnitt. Sozial- und Psychotherapie

§ 24 Sozialtherapie. (1) [1] Sozialtherapie dient der Verringerung einer erheblichen Gefährlichkeit der Straf- und Jugendstrafgefangenen. [2] Auf der Grundlage einer therapeutischen Gemeinschaft bedient sie sich psychologischer, psychotherapeutischer, sozialpädagogischer und arbeitstherapeutischer Methoden, die in umfassenden Behandlungsprogrammen verbunden werden. [3] Personen aus dem Lebensumfeld der Straf- und Jugendstrafgefangenen außerhalb des Vollzugs werden in die Behandlung einbezogen.

(2) [1] Straf- und Jugendstrafgefangene sind in einer sozialtherapeutischen Abteilung unterzubringen, wenn ihre Teilnahme an den dortigen Behandlungsprogrammen zur Verringerung ihrer erheblichen Gefährlichkeit angezeigt ist. [2] Eine erhebliche Gefährlichkeit liegt vor, wenn schwerwiegende Straftaten gegen Leib oder Leben, die persönliche Freiheit oder gegen die sexuelle Selbstbestimmung zu erwarten sind.

(3) Im Übrigen können Straf- und Jugendstrafgefangene in einer sozialtherapeutischen Abteilung untergebracht werden, wenn die Teilnahme an den dortigen Behandlungsprogrammen zur Erreichung des Vollzugsziels angezeigt ist.

(4) [1]Die Unterbringung soll zu einem Zeitpunkt erfolgen, der entweder den Abschluss der Behandlung zum voraussichtlichen Entlassungszeitpunkt erwarten lässt oder die Fortsetzung der Behandlung nach der Entlassung ermöglicht. [2]Ist Sicherungsverwahrung angeordnet oder vorbehalten, soll die Unterbringung zu einem Zeitpunkt erfolgen, der den Abschluss der Behandlung noch während des Vollzugs der Freiheitsstrafe oder Jugendstrafe erwarten lässt.

(5) Die Unterbringung wird beendet, wenn das Ziel der Behandlung aus Gründen, die in der Person des Straf- oder Jugendstrafgefangenen liegen, nicht erreicht werden kann.

§ 25 Psychologische Interventionen und Psychotherapie. [1]Psychologische Intervention und Psychotherapie im Vollzug dienen insbesondere der Behandlung psychischer Störungen des Verhaltens und Erlebens, die in einem Zusammenhang mit der Straffälligkeit stehen. [2]Sie wird durch systematische Anwendung wissenschaftlich fundierter psychologischer und psychotherapeutischer Methoden mit einem oder mehreren Gefangenen durchgeführt.

Fünfter Abschnitt. Arbeitstherapeutische Maßnahmen, Arbeitstraining, schulische und berufliche Qualifizierungsmaßnahmen, Arbeit

§ 26 Arbeitstherapeutische Maßnahmen. Arbeitstherapeutische Maßnahmen dienen dazu, dass die Gefangenen Eigenschaften wie Selbstvertrauen, Durchhaltevermögen und Konzentrationsfähigkeit einüben, um sie stufenweise an die Grundanforderungen des Arbeitslebens heranzuführen.

§ 27 Arbeitstraining. [1]Arbeitstraining dient dazu, Gefangenen, die nicht in der Lage sind, einer regelmäßigen und erwerbsorientierten Beschäftigung nachzugehen, Fähigkeiten und Fertigkeiten zu vermitteln, die eine Eingliederung in das leistungsorientierte Arbeitsleben fördern. [2]Die in der Anstalt dafür vorgehaltenen Maßnahmen sind danach auszurichten, dass sie den Gefangenen für den Arbeitsmarkt relevante Qualifikationen vermitteln.

§ 28 Schulische und berufliche Qualifizierungsmaßnahmen. (1) [1]Schulische und berufliche Aus- und Weiterbildung und vorberufliche Qualifizierung im Vollzug haben das Ziel, die Fähigkeiten der Gefangenen zur Eingliederung und zur Aufnahme einer Erwerbstätigkeit nach der Haftentlassung zu vermitteln, zu verbessern oder zu erhalten. [2]Bei der Festlegung von Inhalten, Methoden und Organisationsformen der Bildungsangebote werden die Besonderheiten der jeweiligen Zielgruppe berücksichtigt. [3]Schulische und berufliche Aus- und Weiterbildung werden in der Regel als Vollzeitmaßnahme durchgeführt.

(2) Die Jugendstrafgefangenen und minderjährigen Untersuchungsgefangenen sind vorrangig zur Teilnahme an schulischen und beruflichen Orientierungs-, Berufsvorbereitungs-, Aus- und Weiterbildungsmaßnahmen oder speziellen Maßnahmen zur Förderung ihrer schulischen, beruflichen oder persönlichen Entwicklung verpflichtet.

(3) Geeigneten Straf- und Jugendstrafgefangenen soll die Teilnahme an einer schulischen oder beruflichen Ausbildung ermöglicht werden, die zu einem anerkannten Abschluss führt.

(4) Geeigneten Untersuchungsgefangenen soll nach Möglichkeit Gelegenheit zum Erwerb oder zur Verbesserung schulischer und beruflicher Kenntnisse, auch zum Erwerb eines anerkannten Abschlusses, gegeben werden, soweit es die besonderen Bedingungen der Untersuchungshaft zulassen.

(5) Berufliche Qualifizierungsmaßnahmen sind danach auszurichten, dass sie den Gefangenen für den Arbeitsmarkt relevante Qualifikationen vermitteln.

(6) [1] Bei der Vollzugsplanung ist darauf zu achten, dass die Straf- und Jugendstrafgefangenen Qualifizierungsmaßnahmen während ihrer Haftzeit abschließen oder sie nach der Inhaftierung fortsetzen können. [2] Können Maßnahmen während der Haftzeit nicht abgeschlossen werden, trägt die Anstalt in Zusammenarbeit mit außervollzuglichen Einrichtungen dafür Sorge, dass die begonnene Qualifizierungsmaßnahme nach der Haft fortgesetzt werden kann.

(7) Nachweise über schulische und berufliche Qualifizierungsmaßnahmen dürfen keinen Hinweis auf die Inhaftierung enthalten.

§ 29 Arbeit. (1) [1] Die Straf- und die Jugendstrafgefangenen sind verpflichtet, eine ihnen zugewiesene, ihren körperlichen Fähigkeiten angemessene Arbeit oder sonstige Beschäftigung auszuüben, zu deren Verrichtung sie aufgrund ihres körperlichen Zustandes in der Lage sind. [2] Sie können jährlich bis zu drei Monaten zu Hilfstätigkeiten in der Anstalt verpflichtet werden, mit ihrer Zustimmung auch darüber hinaus. [3] § 15 Abs. 2 Satz 2 bleibt unberührt. [4] Die Sätze 1 und 2 gelten nicht für Strafgefangene, die die Regelaltersgrenze der gesetzlichen Rentenversicherung erreicht haben, und nicht für werdende und stillende Mütter, soweit gesetzliche Beschäftigungsverbote zum Schutz erwerbstätiger Mütter bestehen.

(2) Den Untersuchungsgefangenen soll nach Möglichkeit Arbeit oder sonstige Beschäftigung angeboten werden, die ihre Fähigkeiten, Fertigkeiten und Neigungen berücksichtigt.

(3) [1] Nehmen die Gefangenen eine Arbeit auf, gelten die von der Anstalt festgelegten Arbeitsbedingungen. [2] Die Arbeit darf nicht zur Unzeit niedergelegt werden.

§ 30 Freies Beschäftigungsverhältnis, Selbstbeschäftigung. (1) [1] Straf- und Jugendstrafgefangenen, die zum Freigang (§ 46 Abs. 1 Satz 1 Nr. 4) zugelassen sind, soll gestattet werden, einer Arbeit oder einer schulischen oder beruflichen Qualifizierungsmaßnahme auf der Grundlage eines freien Beschäftigungsverhältnisses oder der Selbstbeschäftigung außerhalb der Anstalt nachzugehen, wenn die Beschäftigungsstelle geeignet ist und nicht überwiegende Gründe des Vollzugs entgegenstehen. [2] § 48 gilt entsprechend.

(2) Das Entgelt ist der Anstalt zur Gutschrift für die Straf- und Jugendstrafgefangenen zu überweisen.

§ 31 Freistellung von der Arbeitspflicht. (1) [1] Haben die Gefangenen ein halbes Jahr lang eine Maßnahme nach den §§ 26 und 27 oder eine zugewiesene Arbeit nach § 29 Abs. 1 Satz 1 oder eine Hilfstätigkeit nach § 29 Abs. 1 Satz 2 ausgeübt, so können sie beanspruchen, zehn Arbeitstage von diesen Beschäftigungen freigestellt zu werden. [2] Zeiten, in denen die Gefangenen infolge Krankheit an der Arbeitsleistung verhindert waren, werden auf das Halbjahr mit bis zu 15 Arbeitstagen angerechnet. [3] Der Anspruch verfällt, wenn die

Freistellung nicht innerhalb eines halben Jahres nach seiner Entstehung erfolgt ist.

(2) [1] Auf die Zeit der Freistellung wird bei Straf- und Jugendstrafgefangenen Langzeitausgang (§ 46 Abs. 1 Satz 1 Nr. 3) angerechnet, soweit er in die Arbeitszeit fällt. [2] Gleiches gilt für einen Langzeitausgang nach § 47 Abs. 1, soweit er nicht wegen des Todes oder einer lebensgefährlichen Erkrankung naher Angehöriger erteilt worden ist.

(3) Die Gefangenen erhalten für die Zeit der Freistellung ihr Arbeitsentgelt weiter.

(4) Urlaubsregelungen freier Beschäftigungsverhältnisse bleiben unberührt.

(5) Für Maßnahmen nach § 28 Abs. 1 gilt Absatz 1 bis 4 entsprechend.

§ 32 Freistellung von der Arbeit, Anrechnung der Freistellung auf den Entlassungszeitpunkt. (1) Die Arbeit der Straf- und Jugendstrafgefangenen wird neben der Gewährung von Arbeitsentgelt (§ 66 Abs. 1) durch Freistellung von der Arbeit (Freistellung) anerkannt, die auch als Langzeitausgang genutzt oder auf den Entlassungszeitpunkt angerechnet werden kann.

(2) [1] Haben sie zwei Monate lang zusammenhängend eine Arbeit oder sonstige Beschäftigung ausgeübt, so werden sie auf Antrag einen Arbeitstag von der Arbeit freigestellt. [2] § 31 bleibt unberührt. [3] Durch Zeiten, in denen sie ohne ihr Verschulden durch Krankheit, Ausführung, Ausgang, Langzeitausgang, Freistellung von der Arbeit oder sonstige nicht von ihnen zu vertretende Gründe an der Arbeitsleistung gehindert sind, wird die Frist nach Satz 1 gehemmt. [4] Beschäftigungszeiträume von weniger als zwei Monaten bleiben unberücksichtigt.

(3) [1] Die Straf- und Jugendstrafgefangenen können beantragen, dass die Freistellung nach Absatz 2 in Form von Langzeitausgang gewährt wird. [2] § 46 Abs. 2 bis 5 und § 48 gelten entsprechend.

(4) Die Straf- und Jugendstrafgefangenen erhalten für die Zeit der Freistellung von der Arbeit ihre zuletzt gezahlten Bezüge weiter.

(5) Stellen die Straf- und Jugendstrafgefangenen keinen Antrag nach Absatz 2 Satz 1 oder Absatz 3 Satz 1 oder kann die Freistellung von der Arbeit nach Maßgabe des Absatzes 3 Satz 2 nicht gewährt werden, so wird sie nach Absatz 2 Satz 1 von der Anstalt auf den Entlassungszeitpunkt der Gefangenen angerechnet.

(6) Eine Anrechnung nach Absatz 5 ist bei Strafgefangenen ausgeschlossen,

1. soweit eine lebenslange Freiheitsstrafe vollstreckt wird und ein Entlassungszeitpunkt noch nicht bestimmt ist,
2. bei einer Aussetzung der Vollstreckung des Restes einer Freiheitsstrafe zur Bewährung, soweit wegen des von der Entscheidung des Gerichts bis zur Entlassung verbleibenden Zeitraums eine Anrechnung nicht mehr möglich ist,
3. wenn dies vom Gericht angeordnet wird, weil bei einer Aussetzung der Vollstreckung des Restes einer Freiheitsstrafe zur Bewährung die Lebensverhältnisse des Strafgefangenen oder die Wirkungen, die von der Aussetzung für ihn zu erwarten sind, die Vollstreckung bis zu einem bestimmten Zeitpunkt erfordern,
4. wenn nach § 456a Abs. 1 StPO von der Vollstreckung abgesehen wird oder

5. wenn die Strafgefangenen im Gnadenwege aus der Haft entlassen werden.

(7) Eine Anrechnung nach Absatz 5 bei Jugendstrafgefangenen ist ausgeschlossen

1. bei einer Aussetzung der Vollstreckung des Restes einer Jugendstrafe zur Bewährung, soweit wegen des von der Entscheidung des Gerichts bis zur Entlassung verbleibenden Zeitraums eine Anrechnung nicht mehr möglich ist,
2. wenn dies vom Gericht angeordnet wird, weil bei einer Aussetzung der Vollstreckung des Restes einer Jugendstrafe zur Bewährung die Lebensverhältnisse der Jugendstrafgefangenen oder die Wirkungen, die von der Aussetzung für sie zu erwarten sind, die Vollstreckung bis zu einem bestimmten Zeitpunkt erfordern,
3. wenn nach § 2 des Jugendgerichtsgesetzes (JGG) in Verbindung mit § 456a Abs. 1 StPO von der Vollstreckung abgesehen wird oder
4. wenn die Jugendstrafgefangenen im Gnadenwege aus der Haft entlassen werden.

(8) [1] Soweit eine Anrechnung nach den Absätzen 6 und 7 ausgeschlossen ist, erhalten die Straf- und Jugendstrafgefangenen bei ihrer Entlassung für Arbeit oder sonstige Beschäftigung als Ausgleichsentschädigung zusätzlich 15 vom Hundert des Entgelts nach § 66 Abs. 3 und 4. [2] Der Anspruch entsteht erst mit der Entlassung; vor der Entlassung ist der Anspruch nicht verzinslich, nicht abtretbar und nicht vererblich. [3] Strafgefangenen, bei denen eine Anrechnung nach Absatz 6 Nr. 1 ausgeschlossen ist, wird die Ausgleichszahlung bereits nach Verbüßung von jeweils zehn Jahren der lebenslangen Freiheitsstrafe zum Eigengeld (§ 67) gutgeschrieben, soweit sie nicht vor diesem Zeitpunkt entlassen werden; § 57 Abs. 4 StGB gilt entsprechend.

(9) Für Straf- und Jugendstrafgefangene, die an einer Maßnahme nach § 28 teilnehmen, gelten die Absätze 1 bis 8 entsprechend.

Sechster Abschnitt. Besuche, Telefongespräche, Schriftwechsel, andere Formen der Telekommunikation und Pakete

§ 33 Grundsatz. Die Gefangenen haben das Recht, mit Personen außerhalb der Anstalt im Rahmen der Bestimmungen dieses Gesetzes zu verkehren.

§ 34 Besuch. (1) [1] Die Gefangenen dürfen regelmäßig Besuch empfangen. [2] Die Gesamtdauer beträgt im Vollzug der Freiheitsstrafe mindestens zwei, im Vollzug der Untersuchungshaft mindestens drei, im Vollzug der Jugendstrafe und der Untersuchungshaft an jungen Untersuchungsgefangenen mindestens vier Stunden im Monat.

(2) [1] Kontakte der Gefangenen zu ihren leiblichen Kindern und ihren Adoptivkindern unter 14 Jahren werden besonders gefördert. [2] Deren Besuche werden im Umfang von bis zu zwei Stunden bei Straf- und Untersuchungsgefangenen nicht auf die Regelbesuchszeiten angerechnet. [3] Bei jungen Gefangenen erfolgt keine Anrechnung.

(3) Besuche von Angehörigen im Sinne des § 11 Abs. 1 Nr. 1 StGB werden besonders unterstützt.

(4) Besuche sollen darüber hinaus zugelassen werden, wenn sie

1. persönlichen, rechtlichen oder geschäftlichen Angelegenheiten der Gefangenen dienen, die nicht von diesen schriftlich erledigt, durch Dritte wahrgenommen oder bis zur voraussichtlichen Entlassung aufgeschoben werden können,
2. die Eingliederung der Straf- und Jugendstrafgefangenen oder
3. die Erziehung der jungen Gefangenen fördern.

(5) Der Anstaltsleiter kann mehrstündige, unbeaufsichtigte Besuche (Langzeitbesuche) zulassen, wenn dies der Eingliederung der Straf- und Jugendstrafgefangenen dient und sie hierfür geeignet sind.

(6) [1] Besuche von Verteidigern sowie von Rechtsanwälten und Notaren in einer die Gefangenen betreffenden Rechtssache sind zu gestatten. [2] Dies gilt auch für Besuche von Beiständen nach § 69 JGG.

§ 35 Untersagung der Besuche. Der Anstaltsleiter kann Besuche untersagen, wenn

1. die Sicherheit oder Ordnung der Anstalt gefährdet würde,
2. bei Personen, die nicht Angehörige der Strafgefangenen und jungen Gefangenen im Sinne des § 11 Abs. 1 Nr. 1 StGB sind, zu befürchten ist, dass sie einen schädlichen Einfluss auf die Strafgefangenen und jungen Gefangenen haben oder die Erreichung des Vollzugsziels behindern,
3. bei Personen, die Opfer einer Straftat des Gefangenen waren oder im Haftbefehl als Opfer benannt werden, zu befürchten ist, dass die Begegnung mit den Gefangenen einen schädlichen Einfluss auf sie hat, oder
4. die Personensorgeberechtigten nicht einverstanden sind.

§ 36 Durchführung der Besuche. (1) [1] Aus Gründen der Sicherheit können Besuche davon abhängig gemacht werden, dass sich die Besucher mit technischen oder sonstigen Hilfsmitteln absuchen oder durchsuchen lassen. [2] Eine inhaltliche Überprüfung der von Verteidigern oder von Beiständen nach § 69 JGG mitgeführten Schriftstücke und sonstigen Unterlagen ist nicht zulässig. [3] § 42 Abs. 2 Satz 2 und 3 bleibt unberührt.

(2) [1] Besuche werden regelmäßig beaufsichtigt. [2] Über Ausnahmen entscheidet der Anstaltsleiter. [3] Die Beaufsichtigung kann mit technischen Hilfsmitteln durchgeführt werden; die betroffenen Personen sind vorher darauf hinzuweisen. [4] Eine Aufzeichnung findet nicht statt.

(3) Besuche von Verteidigern und von Beiständen nach § 69 JGG werden nicht beaufsichtigt.

(4) [1] Besuche dürfen abgebrochen werden, wenn Besucher oder Gefangene gegen dieses Gesetz oder gegen aufgrund dieses Gesetzes getroffene Anordnungen trotz Abmahnung verstoßen oder von den Besuchern ein schädlicher Einfluss auf junge Gefangene ausgeht. [2] Dies gilt auch bei einem Verstoß gegen eine Anordnung nach § 119 Abs. 1 StPO. [3] Die Abmahnung unterbleibt, wenn es unerlässlich ist, den Besuch sofort abzubrechen.

(5) [1] Gegenstände dürfen beim Besuch nicht übergeben werden. [2] Dies gilt nicht für die bei dem Besuch der Verteidiger oder der Beistände nach § 69 JGG übergebenen Schriftstücke und sonstigen Unterlagen sowie für die bei dem Besuch von Rechtsanwälten oder Notaren zur Erledigung einer die Gefange-

nen betreffenden Rechtssache übergebenen Schriftstücke und sonstigen Unterlagen. [3] Bei dem Besuch von Rechtsanwälten oder Notaren kann die Übergabe aus Gründen der Sicherheit oder Ordnung der Anstalt von der Erlaubnis des Anstaltsleiters abhängig gemacht werden. [4] § 42 Abs. 2 Satz 2 und 3 bleibt unberührt.

(6) Der Anstaltsleiter kann im Einzelfall die Nutzung einer Trennvorrichtung anordnen, wenn dies zur Verhinderung einer Übergabe von Gegenständen erforderlich ist.

§ 37 Überwachung der Gespräche. (1) Gespräche dürfen überwacht werden, soweit es im Einzelfall

1. aus Gründen der Sicherheit,
2. bei den Straf- und Jugendstrafgefangenen wegen einer Gefährdung der Erreichung des Vollzugsziels,
3. bei jungen Gefangenen aus Gründen der Erziehung oder
4. zur Umsetzung einer Anordnung nach § 119 Abs. 1 StPO

erforderlich ist.

(2) Gespräche mit Verteidigern oder mit Beiständen nach § 69 JGG werden nicht überwacht.

§ 38 Telefongespräche. (1) [1] Den Gefangenen kann gestattet werden, Telefongespräche zu führen. [2] Die Bestimmungen über den Besuch gelten entsprechend. [3] Eine beabsichtigte Überwachung teilt die Anstalt den Gefangenen rechtzeitig vor Beginn des Telefongesprächs und den Gesprächspartnern der Gefangenen unmittelbar nach Herstellung der Verbindung mit.

(2) [1] Die Kosten der Telefongespräche tragen die Gefangenen. [2] Sind sie dazu nicht in der Lage, kann die Anstalt die Kosten in begründeten Fällen in angemessenem Umfang übernehmen.

§ 39 Schriftwechsel. (1) Die Gefangenen haben das Recht, Schreiben abzusenden und zu empfangen.

(2) [1] Die Kosten des Schriftwechsels tragen die Gefangenen. [2] Sind sie dazu nicht in der Lage, kann die Anstalt die Kosten in begründeten Fällen in angemessenem Umfang übernehmen.

§ 40 Untersagung des Schriftwechsels. Der Anstaltsleiter kann den Schriftwechsel mit bestimmten Personen untersagen, wenn

1. die Sicherheit oder Ordnung der Anstalt gefährdet würde,
2. bei Personen, die nicht Angehörige der Strafgefangenen und jungen Gefangenen im Sinne des § 11 Abs. 1 Nr. 1 StGB sind, zu befürchten ist, dass sie einen schädlichen Einfluss auf die Strafgefangenen und jungen Gefangenen haben oder die Erreichung des Vollzugsziels behindern,
3. bei Personen, die Opfer der Straftat waren oder im Haftbefehl als Opfer benannt werden, zu befürchten ist, dass der Schriftwechsel mit den Gefangenen einen schädlichen Einfluss auf sie hat, oder
4. die Personensorgeberechtigten nicht einverstanden sind.

§ 41 Sichtkontrolle, Weiterleitung und Aufbewahrung von Schreiben.

(1) Die Gefangenen haben das Absenden und den Empfang ihrer Schreiben durch die Anstalt vermitteln zu lassen, soweit nichts anderes gestattet ist.

(2) Ein- und ausgehende Schreiben werden auf verbotene Gegenstände kontrolliert und sind unverzüglich weiterzuleiten.

(3) [1] Die Gefangenen haben eingehende Schreiben unverschlossen zu verwahren, sofern nichts anderes gestattet wird. [2] Sie können sie verschlossen zu ihrer Habe geben.

§ 42 Überwachung des Schriftwechsels. (1) Der Schriftwechsel darf überwacht werden, soweit es im Einzelfall

1. aus Gründen der Sicherheit,
2. bei den Straf- und Jugendstrafgefangenen wegen einer Gefährdung der Erreichung des Vollzugsziels,
3. bei jungen Gefangenen aus Gründen der Erziehung oder
4. zur Umsetzung einer Anordnung nach § 119 Abs. 1 StPO

erforderlich ist.

(2) [1] Der Schriftwechsel der Gefangenen mit ihren Verteidigern oder Beiständen nach § 69 JGG wird nicht überwacht. [2] Liegt dem Vollzug der Freiheits- oder Jugendstrafe eine Straftat nach § 129a StGB, auch in Verbindung mit § 129b Abs. 1 StGB, zugrunde, gelten § 148 Abs. 2 und § 148a StPO entsprechend; dies gilt nicht, wenn die Straf- oder Jugendstrafgefangenen sich im offenen Vollzug befinden oder wenn ihnen Lockerungen nach § 46 Abs. 1 gewährt worden sind und ein Grund, der den Anstaltsleiter zum Widerruf von Lockerungen ermächtigt, nicht vorliegt. [3] Satz 2 gilt auch, wenn eine Freiheits- oder Jugendstrafe wegen einer Straftat nach § 129a StGB, auch in Verbindung mit § 129b Abs. 1 StGB, erst im Anschluss an den Vollzug der Freiheits- oder Jugendstrafe, der eine andere Verurteilung zugrunde liegt, zu vollstrecken ist.

(3) [1] Nicht überwacht werden ferner Schreiben der Gefangenen an Volksvertretungen des Bundes und der Länder sowie an deren Mitglieder, soweit die Schreiben an die Anschriften dieser Volksvertretungen gerichtet sind und den Absender zutreffend angeben. [2] Entsprechendes gilt für Schreiben an das Europäische Parlament und dessen Mitglieder, den Europäischen Gerichtshof für Menschenrechte, den Europäischen Ausschuss zur Verhütung von Folter und unmenschlicher oder erniedrigender Behandlung oder Strafe, den Ausschuss der Vereinten Nationen gegen Folter, den zugehörigen Unterausschuss zur Verhütung von Folter und die entsprechenden nationalen Präventionsmechanismen, die konsularische Vertretung ihres Heimatlandes und weitere Einrichtungen, mit denen der Schriftverkehr aufgrund völkerrechtlicher Verpflichtungen der Bundesrepublik Deutschland geschützt ist. [3] Satz 1 gilt auch für den Schriftverkehr mit den Bürgerbeauftragten der Länder und den Datenschutzbeauftragten des Bundes und der Länder. [4] Schreiben der in den Sätzen 1 bis 3 genannten Stellen, die an die Gefangenen gerichtet sind, werden nicht überwacht, sofern die Identität des Absenders zweifelsfrei feststeht.

§ 43 Anhalten von Schreiben. (1) Der Anstaltsleiter kann Schreiben anhalten, wenn

1. die Sicherheit oder Ordnung der Anstalt gefährdet würde,

2. die Weitergabe in Kenntnis ihres Inhalts einen Straf- oder Bußgeldtatbestand verwirklichen würde,
3. sie grob unrichtige oder erheblich entstellende Darstellungen von Anstaltsverhältnissen oder grobe Beleidigungen enthalten,
4. sie in Geheim- oder Kurzschrift, unlesbar, unverständlich oder ohne zwingenden Grund in einer fremden Sprache abgefasst sind,
5. bei Straf- oder Jugendstrafgefangenen die Erreichung des Vollzugsziels gefährdet würde,
6. es die Aufgabe des Vollzugs der Untersuchungshaft erfordert oder
7. sie die Eingliederung anderer Straf- und Jugendstrafgefangener gefährden können.

(2) Ausgehenden Schreiben, die unrichtige Darstellungen enthalten, kann ein Begleitschreiben beigefügt werden, wenn die Gefangenen auf dem Absenden bestehen.

(3) [1]Sind Schreiben angehalten worden, wird das den Gefangenen mitgeteilt. [2]Hiervon kann im Vollzug der Untersuchungshaft abgesehen werden, wenn und solange es dessen Aufgabe erfordert. [3]Soweit angehaltene Schreiben nicht beschlagnahmt werden, werden sie an den Absender zurückgegeben oder, sofern dies unmöglich oder aus besonderen Gründen nicht angezeigt ist, verwahrt.

(4) Schreiben, deren Überwachung ausgeschlossen ist, dürfen nicht angehalten werden.

§ 44 Andere Formen der Telekommunikation. [1]Nach Zulassung anderer Formen der Telekommunikation im Sinne des Telekommunikationsgesetzes durch die Aufsichtsbehörde (§ 113 Abs. 1) kann der Anstaltsleiter den Gefangenen gestatten, diese Formen auf ihre Kosten zu nutzen. [2]Die Bestimmungen dieses Abschnitts gelten entsprechend.

§ 45 Pakete. (1) [1]Den Gefangenen kann gestattet werden, Pakete zu empfangen. [2]Der Empfang von Paketen mit Nahrungs- und Genussmitteln ist untersagt. [3]Die Anstalt kann Anzahl, Gewicht und Größe von Sendungen und einzelnen Gegenständen festsetzen. [4]Über § 55 Abs. 1 Satz 2 hinaus kann sie Gegenstände und Verpackungsformen ausschließen, die einen unverhältnismäßigen Kontrollaufwand bedingen.

(2) Die Anstalt kann die Annahme von Paketen, deren Einbringung nicht gestattet ist oder die die Voraussetzungen des Absatzes 1 nicht erfüllen, ablehnen oder solche Pakete an den Absender zurücksenden.

(3) [1]Pakete sind in Gegenwart der Gefangenen zu öffnen, an die sie adressiert sind. [2]Mit nicht zugelassenen oder ausgeschlossenen Gegenständen ist nach § 58 Abs. 3 zu verfahren. [3]Sie können auch auf Kosten der Gefangenen zurückgesandt werden.

(4) Der Empfang von Paketen kann vorübergehend versagt werden, wenn dies wegen der Gefährdung der Sicherheit oder Ordnung unerlässlich ist.

(5) [1]Den Gefangenen kann gestattet werden, Pakete zu versenden. [2]Der Inhalt kann aus Gründen der Sicherheit oder Ordnung überprüft werden.

(6) [1]Die Kosten des Paketversandes tragen die Gefangenen. [2]Sind sie dazu nicht in der Lage, kann die Anstalt die Kosten in begründeten Fällen in angemessenem Umfang übernehmen.

Siebter Abschnitt. Lockerungen und sonstige Aufenthalte außerhalb der Anstalt

§ 46 Lockerungen zur Erreichung des Vollzugsziels. (1) [1]Aufenthalte außerhalb der Anstalt ohne Aufsicht (Lockerungen) können den Straf- und Jugendstrafgefangenen zur Erreichung des Vollzugsziels gewährt werden, namentlich

1. das Verlassen der Anstalt für bis zu 24 Stunden in Begleitung einer von der Anstalt zugelassenen Person (Begleitausgang),
2. das Verlassen der Anstalt für bis zu 24 Stunden ohne Begleitung (unbegleiteter Ausgang),
3. das Verlassen der Anstalt für mehrere Tage (Langzeitausgang),
4. die regelmäßige Beschäftigung außerhalb der Anstalt (Freigang) und
5. im Vollzug der Jugendstrafe die Unterbringung in besonderen Erziehungseinrichtungen.

[2]Vor Gewährung von Lockerungen nach Satz 1 Nr. 3 und 5 wird der Vollstreckungsleiter gehört.

(2) [1]Die Lockerungen dürfen gewährt werden, wenn verantwortet werden kann, zu erproben, dass die Straf- und Jugendstrafgefangenen sich dem Vollzug der Freiheitsstrafe nicht entziehen oder die Lockerungen nicht zu Straftaten missbrauchen werden. [2]Jugendstrafgefangenen können sie versagt werden, wenn sie ihren Mitwirkungspflichten nicht nachkommen.

(3) [1]Bei Straf- und Jugendstrafgefangenen, gegen die während des laufenden Freiheitsentzugs eine Strafe wegen einer schwerwiegenden Straftat gegen Leib oder Leben oder gegen die sexuelle Selbstbestimmung mit Ausnahme der §§ 180a und 181a StGB vollzogen wurde oder zu vollziehen ist, bedarf die Entscheidung, ob Lockerungen gewährt werden können, besonders gründlicher Prüfung. [2]Bei der Entscheidung sind auch die Feststellungen im Urteil und die im Ermittlungs- oder Strafverfahren erstatteten Gutachten zu berücksichtigen.

(4) [1]Ein Langzeitausgang nach Absatz 1 Satz 1 Nr. 3 soll in der Regel erst gewährt werden, wenn die Straf- oder Jugendstrafgefangenen sich mindestens sechs Monate im Straf- oder Jugendstrafvollzug befunden haben. [2]Zu lebenslanger Freiheitsstrafe verurteilte Strafgefangene können einen Langzeitausgang erst erhalten, wenn sie sich einschließlich einer vorhergehenden Untersuchungshaft oder einer anderen Freiheitsentziehung in der Regel zehn Jahre im Vollzug befunden haben oder wenn sie im offenen Vollzug untergebracht sind.

(5) Durch Lockerungen wird die Vollstreckung der Freiheits- oder Jugendstrafe nicht unterbrochen.

§ 47 Lockerungen aus sonstigen Gründen. (1) [1]Lockerungen können auch aus wichtigem Anlass gewährt werden. [2]Wichtige Anlässe sind insbesondere die Teilnahme an gerichtlichen Terminen, die medizinische Behandlung der Straf- und Jugendstrafgefangenen sowie der Tod oder eine lebensgefährliche Erkrankung naher Angehöriger der Straf- und Jugendstrafgefangenen.

(2) § 46 Abs. 2, 3 und 5 gilt entsprechend.

§ 48 Weisungen für Lockerungen. [1] Für Lockerungen sind die nach den Umständen des Einzelfalls erforderlichen Weisungen zu erteilen. [2] Bei der Ausgestaltung der Lockerungen ist nach Möglichkeit auch den Belangen des Opfers Rechnung zu tragen.

§ 49 Ausführung, Außenbeschäftigung, Vorführung, Ausantwortung.

(1) [1] Den Gefangenen kann das Verlassen der Anstalt unter ständiger und unmittelbarer Aufsicht gestattet werden, wenn dies aus besonderen Gründen notwendig ist (Ausführung). [2] Die Gefangenen können auch gegen ihren Willen ausgeführt werden. [3] Liegt die Ausführung ausschließlich im Interesse der Gefangenen, können ihnen die Kosten auferlegt werden. [4] Hiervon ist bei Straf- und Jugendstrafgefangenen abzusehen, soweit dies die Erreichung des Vollzugsziels, insbesondere die Eingliederung, behindert.

(2) Ausführungen zur Befolgung einer gerichtlichen Ladung sind zu ermöglichen, soweit darin das persönliche Erscheinen angeordnet ist.

(3) Vor der Gewährung einer Ausführung Untersuchungsgefangener ist dem Gericht und der Staatsanwaltschaft Gelegenheit zur Stellungnahme zu geben.

(4) [1] Straf- und Jugendstrafgefangenen kann gestattet werden, außerhalb der Anstalt einer regelmäßigen Beschäftigung unter ständiger Aufsicht oder unter Aufsicht in unregelmäßigen Abständen (Außenbeschäftigung) nachzugehen. [2] § 46 Abs. 2 und 3 gilt entsprechend.

(5) [1] Auf Ersuchen eines Gerichts werden Gefangene vorgeführt, sofern ein Vorführungsbefehl vorliegt. [2] Über Untersuchungsgefangene betreffende Vorführungsersuchen in anderen als dem der Inhaftierung zu Grunde liegenden Verfahren sind das Gericht und die Staatsanwaltschaft unverzüglich zu unterrichten.

(6) [1] Gefangene dürfen befristet dem Gewahrsam eines Gerichts, einer Staatsanwaltschaft oder einer Polizei-, Zoll- oder Finanzbehörde auf Antrag überlassen werden (Ausantwortung). [2] Absatz 3 gilt entsprechend.

Achter Abschnitt. Vorbereitung der Eingliederung, Entlassung und nachgehende Betreuung

§ 50 Vorbereitung der Eingliederung. (1) [1] Die Maßnahmen zur sozialen und beruflichen Eingliederung sind auf den Zeitpunkt der voraussichtlichen Entlassung in die Freiheit abzustellen. [2] Die Straf- und Jugendstrafgefangenen sind bei der Ordnung ihrer persönlichen, wirtschaftlichen und sozialen Angelegenheiten zu unterstützen. [3] Dies umfasst die Vermittlung in nachsorgende Maßnahmen.

(2) [1] Die Anstalt arbeitet frühzeitig mit Personen und Einrichtungen außerhalb des Vollzugs zusammen, insbesondere um zu erreichen, dass die Straf- und Jugendstrafgefangenen nach ihrer Entlassung über eine geeignete Unterbringung und eine Arbeits- oder Ausbildungsstelle verfügen. [2] Bewährungshilfe und Führungsaufsichtstelle beteiligen sich frühzeitig an der sozialen und beruflichen Eingliederung der Straf- und Jugendstrafgefangenen.

(3) [1] Haben sich die Straf- und Jugendstrafgefangenen mindestens sechs Monate im Vollzug befunden, kann ihnen ein zusammenhängender Langzeitausgang bis zu sechs Monaten gewährt werden, wenn dies zur Vorbereitung der

Eingliederung erforderlich ist. [2] § 46 Abs. 1 Satz 2 sowie Abs. 2, 3 und 5 sowie § 48 gelten entsprechend.

(4) In einem Zeitraum von sechs Monaten vor der voraussichtlichen Entlassung sind den Straf- und Jugendstrafgefangenen die zur Vorbereitung der Eingliederung erforderlichen Lockerungen zu gewähren, sofern nicht mit hoher Wahrscheinlichkeit zu erwarten ist, dass sie sich dem Vollzug der Freiheits- oder Jugendstrafe entziehen oder die Lockerungen zu Straftaten missbrauchen werden.

§ 51 Entlassung der Straf- und Jugendstrafgefangenen. (1) Die Straf- und Jugendstrafgefangenen sollen am letzten Tag ihrer Strafzeit möglichst frühzeitig, jedenfalls noch am Vormittag, entlassen werden.

(2) Fällt das Strafende auf einen Sonnabend oder Sonntag, einen gesetzlichen Feiertag, den ersten Werktag nach Ostern oder Pfingsten oder in die Zeit vom 22. Dezember bis zum 6. Januar, so können die Straf- und Jugendstrafgefangenen an dem diesem Tag oder Zeitraum vorhergehenden Werktag entlassen werden, wenn dies gemessen an der Dauer der Strafzeit vertretbar ist und Gründe der Fürsorge nicht entgegenstehen.

(3) Der Entlassungszeitpunkt kann bis zu zwei Tage vorverlegt werden, wenn die Straf- und Jugendstrafgefangenen zu ihrer Eingliederung hierauf dringend angewiesen sind.

(4) Bedürftigen Straf- und Jugendstrafgefangenen kann eine Entlassungsbeihilfe in Form eines Reisekostenzuschusses, angemessener Kleidung oder einer sonstigen notwendigen Unterstützung gewährt werden.

§ 52 Nachgehende Betreuung. [1] Mit Zustimmung des Anstaltsleiters können Bedienstete an der nachgehenden Betreuung entlassener Straf- und Jugendstrafgefangener mit deren Einverständnis mitwirken, wenn ansonsten die Eingliederung gefährdet wäre. [2] Die nachgehende Betreuung kann auch außerhalb der Anstalt erfolgen. [3] In der Regel ist sie auf die ersten sechs Monate nach der Entlassung begrenzt.

§ 53 Verbleib oder Aufnahme auf freiwilliger Grundlage. (1) Sofern es die Belegungssituation zulässt, können die Straf- und Jugendstrafgefangenen auf Antrag ausnahmsweise vorübergehend in der Anstalt verbleiben oder wieder aufgenommen werden, wenn die Eingliederung gefährdet und ein Aufenthalt in der Anstalt aus diesem Grunde gerechtfertigt ist.

(2) [1] Die Jugendstrafgefangenen können ausnahmsweise nach ihrer Entlassung im Vollzug begonnene Ausbildungs- oder Behandlungsmaßnahmen fortführen, soweit diese nicht anderweitig durchgeführt werden können. [2] Hierzu können sie vorübergehend in der Anstalt untergebracht werden.

(3) [1] Die Unterbringung erfolgt auf vertraglicher Basis. [2] Gegen die in der Anstalt untergebrachten Entlassenen dürfen Maßnahmen des Vollzugs nicht mit unmittelbarem Zwang durchgesetzt werden.

(4) Bei Störung des Anstaltsbetriebs durch die Entlassenen oder aus vollzugsorganisatorischen Gründen können die Unterbringung und die Maßnahme jederzeit beendet werden.

§ 54 Entlassung der Untersuchungsgefangenen. (1) Auf Anordnung des Gerichts oder der Staatsanwaltschaft entlässt die Anstalt die Untersuchungsgefangenen unverzüglich aus der Haft, es sei denn, es ist in anderer Sache eine richterlich angeordnete Freiheitsentziehung zu vollziehen.

(2) [1] Aus Gründen der Fürsorge kann den Untersuchungsgefangenen der freiwillige Verbleib in der Anstalt bis zum Vormittag des zweiten auf den Eingang der Entlassungsanordnung folgenden Werktags gestattet werden. [2] Der freiwillige Verbleib setzt das schriftliche Einverständnis der Untersuchungsgefangenen voraus, dass die bisher bestehenden Beschränkungen aufrechterhalten bleiben.

(3) § 51 Abs. 4 gilt entsprechend.

Neunter Abschnitt. Grundversorgung und Freizeit

§ 55 Einbringen von Gegenständen. (1) [1] Gegenstände dürfen durch oder für die Gefangenen nur mit Zustimmung der Anstalt eingebracht werden. [2] Die Anstalt kann die Zustimmung verweigern, wenn die Gegenstände geeignet sind, die Sicherheit oder Ordnung der Anstalt oder die Erreichung des Vollzugsziels zu gefährden oder ihre Aufbewahrung nach Art oder Umfang offensichtlich nicht möglich ist.

(2) [1] Das Einbringen von Nahrungs- und Genussmitteln ist nicht gestattet. [2] Der Anstaltsleiter kann eine abweichende Regelung treffen.

§ 56 Gewahrsam an Gegenständen. (1) Die Gefangenen dürfen Gegenstände nur mit Zustimmung der Anstalt in Gewahrsam haben, annehmen oder abgeben.

(2) Ohne Zustimmung dürfen sie Gegenstände von geringem Wert an andere Gefangene weitergeben und von anderen Gefangenen annehmen; die Abgabe und Annahme dieser Gegenstände und der Gewahrsam daran können von der Zustimmung der Anstalt abhängig gemacht werden.

§ 57 Ausstattung des Haftraums. [1] Die Gefangenen dürfen ihren Haftraum in angemessenem Umfang mit eigenen Gegenständen ausstatten oder diese dort aufbewahren. [2] Gegenstände dürfen nicht in den Haftraum eingebracht werden oder werden aus dem Haftraum entfernt, wenn

1. sie geeignet sind, die Sicherheit oder Ordnung der Anstalt, insbesondere die Übersichtlichkeit des Haftraumes zu gefährden oder
2. sie geeignet sind, bei den Straf- und Jugendstrafgefangenen die Erreichung des Vollzugsziels zu gefährden.

§ 58 Aufbewahrung und Vernichtung von Gegenständen. (1) Gegenstände, die die Gefangenen nicht im Haftraum aufbewahren dürfen oder wollen, werden von der Anstalt aufbewahrt, soweit dies nach Art und Umfang möglich ist.

(2) [1] Den Gefangenen wird Gelegenheit gegeben, ihre Gegenstände, die sie während des Vollzugs und für ihre Entlassung nicht benötigen, auf ihre Kosten zu versenden. [2] § 45 Abs. 6 gilt entsprechend. [3] Geld wird ihnen als Eigengeld gutgeschrieben.

(3) [1] Werden Gegenstände, deren Aufbewahrung nach Art oder Umfang nicht möglich ist, von den Gefangenen trotz Aufforderung nicht aus der Anstalt verbracht, so darf die Anstalt diese Gegenstände auf Kosten der Gefangenen

außerhalb der Anstalt verwahren, verwerten oder vernichten. [2] Für die Voraussetzungen und das Verfahren der Verwertung und Vernichtung gilt § 29 des Polizeiaufgabengesetzes entsprechend.

(4) Aufzeichnungen und andere Gegenstände, die Kenntnisse über Sicherungsvorkehrungen der Anstalt vermitteln oder Schlussfolgerungen auf diese zulassen, dürfen vernichtet oder unbrauchbar gemacht werden.

§ 59 Religiöse Schriften und Gegenstände. [1] Die Gefangenen dürfen grundlegende religiöse Schriften sowie in angemessenem Umfang Gegenstände des religiösen Gebrauchs besitzen. [2] Diese dürfen Gefangenen nur bei grobem Missbrauch entzogen werden.

§ 60 Zeitungen und Zeitschriften. (1) [1] Die Gefangenen dürfen auf eigene Kosten Zeitungen und Zeitschriften in angemessenem Umfang durch Vermittlung der Anstalt beziehen. [2] Ausgeschlossen sind lediglich Zeitungen und Zeitschriften, deren Verbreitung mit Strafe oder Geldbuße bedroht ist.

(2) Den Straf- und Jugendstrafgefangenen können einzelne Ausgaben vorenthalten oder entzogen werden, wenn deren Inhalte die Erreichung des Vollzugsziels oder die Sicherheit oder Ordnung der Anstalt erheblich gefährden würden.

(3) [1] Den Untersuchungsgefangenen können Zeitungen oder Zeitschriften vorenthalten werden, wenn dies zur Umsetzung einer Anordnung nach § 119 Abs. 1 StPO erforderlich ist. [2] Für einzelne Ausgaben gilt dies auch dann, wenn deren Inhalte die Sicherheit oder Ordnung der Anstalt erheblich gefährden würden.

§ 61 Rundfunk, Informations- und Unterhaltungselektronik. (1) Der Zugang zum Rundfunk ist zu ermöglichen.

(2) [1] Eigene Hörfunk- und Fernsehgeräte werden zugelassen, wenn nicht Gründe des § 57 Satz 2 oder bei jungen Gefangenen erzieherische Gründe entgegenstehen. [2] Andere Geräte der Informations- und Unterhaltungselektronik können unter diesen Voraussetzungen zugelassen werden. [3] Die Gefangenen können auf Mietgeräte oder auf ein Haftraummediensystem verwiesen werden. [4] § 44 bleibt unberührt.

(3) Der Rundfunkempfang kann vorübergehend ausgesetzt oder einzelnen Gefangenen untersagt werden, wenn dies zur Aufrechterhaltung der Sicherheit oder Ordnung der Anstalt, bei einzelnen Untersuchungsgefangenen auch zur Umsetzung einer Anordnung nach § 119 Abs. 1 StPO unerlässlich ist.

§ 62 Kleidung. (1) [1] Die Straf- und Jugendstrafgefangenen tragen Anstaltskleidung. [2] Der Anstaltsleiter kann eine abweichende Regelung treffen.

(2) [1] Die Untersuchungsgefangenen dürfen eigene Kleidung tragen. [2] Dieses Recht kann eingeschränkt oder ausgeschlossen werden, soweit es zur Umsetzung einer Anordnung nach § 119 Abs. 1 StPO oder zur Gewährleistung der Sicherheit oder Ordnung der Anstalt erforderlich ist.

(3) [1] Für Reinigung und Instandsetzung eigener Kleidung haben die Gefangenen auf ihre Kosten zu sorgen. [2] Der Anstaltsleiter kann anordnen, dass Reinigung und Instandhaltung nur durch Vermittlung der Anstalt erfolgen dürfen.

§ 63 Verpflegung und Einkauf. (1) [1] Zusammensetzung und Nährwert der Anstaltsverpflegung entsprechen den Anforderungen an eine gesunde Ernährung und werden ärztlich überwacht. [2] Auf ärztliche Anordnung wird besondere Verpflegung gewährt. [3] Den Gefangenen ist zu ermöglichen, Speisevorschriften ihrer Religionsgemeinschaft zu befolgen.

(2) [1] Den Gefangenen wird ermöglicht einzukaufen. [2] Die Anstalt wirkt auf ein Angebot hin, das auf Wünsche und Bedürfnisse der Gefangenen Rücksicht nimmt. [3] Das Verfahren des Einkaufs regelt der Anstaltsleiter. [4] Straf- und Jugendstrafgefangene können Nahrungs-, Genuss- und Körperpflegemittel nur vom Haus- und Taschengeld, andere Gegenstände in angemessenen Umfang auch vom Eigengeld einkaufen.

§ 64 Annehmlichkeiten im Vollzug der Untersuchungshaft. Die Untersuchungsgefangenen dürfen sich auf ihre Kosten von den § 57 sowie §§ 59 bis 63 nicht umfasste Annehmlichkeiten verschaffen, soweit und solange weder eine Anordnung nach § 119 Abs. 1 StPO entgegensteht noch die Sicherheit oder Ordnung der Anstalt gefährdet wird.

§ 65 Freizeit. (1) [1] Zur Ausgestaltung der Freizeit hat die Anstalt insbesondere Angebote zur sportlichen und kulturellen Betätigung und Bildungsangebote vorzuhalten. [2] Die Anstalt stellt eine angemessen ausgestattete Bücherei zur Verfügung.

(2) [1] Dem Sport kommt bei der Gestaltung des Vollzugs der Jugendstrafe und der Untersuchungshaft an jungen Untersuchungsgefangenen besondere Bedeutung zu. [2] Für die jungen Gefangenen sind ausreichende und geeignete Angebote vorzuhalten, um ihnen eine sportliche Betätigung von mindestens zwei Stunden wöchentlich zu ermöglichen.

(3) Im Vollzug der Jugendstrafe dient der Sport auch der Erreichung des Vollzugsziels und kann zur Diagnostik und gezielten Behandlung eingesetzt werden.

(4) Die Gefangenen sind zur Teilnahme und Mitwirkung an Angeboten der Freizeitgestaltung zu motivieren und anzuleiten.

Zehnter Abschnitt. Vergütung, Gelder der Gefangenen und Kosten

§ 66 Vergütung. (1) [1] Gefangene, die eine angebotene Arbeit, arbeitstherapeutische Maßnahmen oder Arbeitstraining ausüben, erhalten Arbeitsentgelt. [2] Gefangene, die während der Arbeitszeit ganz oder teilweise an einer schulischen oder beruflichen Bildungsmaßnahme teilnehmen, erhalten hierfür eine Ausbildungsbeihilfe, soweit kein Anspruch auf andere Leistungen besteht, die freien Personen aus solchem Anlass zustehen.

(2) Nehmen beschäftigte Gefangene während der Arbeitszeit an im Vollzugsplan festgelegten Maßnahmen nach § 15 Abs. 1 Satz 1 Nr. 7 bis 10 und Satz 2 teil, erhalten sie für deren Dauer ihr Arbeitsentgelt oder die Ausbildungsbeihilfe (Vergütung) nach Absatz 1 weiter, soweit diese Maßnahmen für die Strafgefangenen nach § 15 Abs. 2 als zwingend erforderlich, für die Jugendstrafgefangenen nach § 15 Abs. 3 als erforderlich erachtet wurden oder Teil des Behandlungsprogramms der sozialtherapeutischen Abteilung sind.

(3) Der Bemessung der Vergütung nach Absatz 1 ist der 250. Teil (Tagessatz) von 9 vom Hundert der Bezugsgröße nach § 18 des Vierten Buchs Sozialgesetzbuch (SGB IV) zugrunde zu legen (Eckvergütung).

(4) [1] Die Vergütung kann je nach Art der Maßnahme und der Leistung der Gefangenen gestuft werden; dabei dürfen 60 vom Hundert der Eckvergütung nicht unterschritten werden. [2] Das für Justiz zuständige Ministerium wird ermächtigt, durch Rechtsverordnung entsprechende Vergütungsstufen festzusetzen.

(5) Die Höhe der Vergütung wird den Gefangenen schriftlich bekannt gegeben.

(6) Soweit Beiträge zur Arbeitslosenversicherung zu entrichten sind, kann von der Vergütung der Betrag einbehalten werden, der dem Anteil der Gefangenen am Beitrag entsprechen würde, wenn sie die Vergütung als Arbeitnehmer erhielten.

§ 67 Eigengeld. (1) Das Eigengeld besteht aus den Beträgen, die die Gefangenen bei der Aufnahme in die Anstalt mitbringen und die sie während der Haftzeit erhalten, und der Vergütung, soweit diese nicht bei Straf- und Jugendstrafgefangenen als Hausgeld und bei Strafgefangenen als Haftkostenbeitrag in Anspruch genommen wird.

(2) [1] Die Gefangenen können über das Eigengeld verfügen. [2] § 63 Abs. 2 sowie §§ 70 und 71 bleiben unberührt.

§ 68 Taschengeld. (1) Straf- und Jugendstrafgefangenen wird auf Antrag Taschengeld gewährt, soweit ihnen aus Hausgeld (§ 70) und Eigengeld (§ 67) monatlich ein Betrag bis zur Höhe des Taschengelds voraussichtlich nicht zur Verfügung steht und sie auch im Übrigen bedürftig sind.

(2) Straf- und Jugendstrafgefangene gelten als nicht bedürftig, wenn ihnen ein Betrag nach Absatz 1 Satz 2 deshalb nicht zur Verfügung steht, weil sie eine ihnen zugewiesene Arbeit nicht angenommen oder eine ausgeübte Arbeit verschuldet verloren haben.

(3) [1] Bedürftigen Untersuchungsgefangenen wird auf Antrag Taschengeld gewährt. [2] Bedürftig sind sie, soweit ihnen im laufenden Monat ein Betrag bis zur Höhe des Taschengelds voraussichtlich nicht aus eigenen Mitteln zur Verfügung steht.

(4) [1] Das Taschengeld beträgt 14 vom Hundert der Eckvergütung (§ 66 Abs. 3). [2] Es wird zu Beginn des Monats im Voraus gewährt. [3] Gehen den Gefangenen im Laufe des Monats Gelder zu, wird zum Ausgleich ein Betrag bis zur Höhe des gewährten Taschengelds einbehalten.

(5) [1] Die Gefangenen dürfen über das Taschengeld im Rahmen der Bestimmungen dieses Gesetzes verfügen. [2] Im Vollzug der Freiheits- und Jugendstrafe wird es dem Hausgeldkonto gutgeschrieben.

§ 69 Konten, Bargeld. (1) Für die Straf- und Jugendstrafgefangenen werden Hausgeld- und Eigengeldkonten, für die Untersuchungsgefangenen nur Eigengeldkonten in der Anstalt geführt.

(2) [1] Der Besitz von Bargeld in der Anstalt ist den Gefangenen nicht gestattet. [2] Über Ausnahmen entscheidet der Anstaltsleiter.

(3) Geld in Fremdwährung wird zur Habe genommen.

§ 70 Hausgeld. (1) Das Hausgeld wird aus vier Siebteln der in diesem Gesetz geregelten Vergütung gebildet.

(2) Für Straf- und Jugendstrafgefangene, die aus einem freien Beschäftigungsverhältnis, aus einer Selbstbeschäftigung oder anderweitig regelmäßige Einkünfte haben, wird daraus ein angemessenes monatliches Hausgeld festgesetzt.

(3) Für Straf- und Jugendstrafgefangene, die über Eigengeld (§ 67) verfügen und keine hinreichende Vergütung nach diesem Gesetz erhalten, gilt Absatz 2 entsprechend.

(4) [1] Die Straf- und Jugendstrafgefangenen dürfen über das Hausgeld im Rahmen der Bestimmungen dieses Gesetzes verfügen. [2] Der Anspruch auf Auszahlung ist nicht übertragbar.

§ 71 Zweckgebundene Einzahlungen. [1] Für Maßnahmen der Eingliederung, insbesondere für Kosten der Gesundheitsfürsorge und der Aus- und Fortbildung, für Maßnahmen der Pflege sozialer Beziehungen, insbesondere Telefonkosten und Fahrtkosten anlässlich von Lockerungen, kann zweckgebunden Geld eingezahlt werden. [2] Das Geld darf nur für diese Zwecke verwendet werden. [3] Der Anspruch auf Auszahlung ist nicht übertragbar.

§ 72 Haftkostenbeitrag, Kostenbeteiligung. (1) [1] Die Anstalt erhebt von den Strafgefangenen, die sich in einem freien Beschäftigungsverhältnis befinden oder über anderweitige regelmäßige Einkünfte verfügen, für diese Zeit einen Haftkostenbeitrag. [2] Vergütungen nach diesem Gesetz bleiben unberücksichtigt. [3] Den Strafgefangenen muss täglich ein Tagessatz nach § 66 Abs. 3 verbleiben. [4] Von der Geltendmachung des Anspruchs ist abzusehen, soweit die Wiedereingliederung der Strafgefangenen hierdurch gefährdet würde.

(2) [1] Der Haftkostenbeitrag wird in Höhe des Betrags erhoben, der nach § 17 Abs. 1 Satz 1 Nr. 4 SGB IV durchschnittlich zur Bewertung der Sachbezüge festgesetzt ist. [2] Bei Selbstverpflegung entfallen die für die Verpflegung vorgesehenen Beträge. [3] Für den Wert der Unterkunft ist die festgesetzte Belegungsfähigkeit maßgebend.

(3) Die Gefangenen können an den Betriebskosten der in ihrem Gewahrsam befindlichen Geräte beteiligt werden.

Elfter Abschnitt. Gesundheitsfürsorge

§ 73 Art und Umfang der medizinischen Leistungen, Kostenbeteiligung. (1) [1] Die Gefangenen haben einen Anspruch auf notwendige, ausreichende und zweckmäßige medizinische Leistungen unter Beachtung des Grundsatzes der Wirtschaftlichkeit und unter Berücksichtigung des allgemeinen Standards der gesetzlichen Krankenversicherung. [2] Der Anspruch umfasst auch Vorsorgeleistungen, ferner die Versorgung mit Hilfsmitteln, soweit diese mit Rücksicht auf die Dauer des Freiheitsentzugs nicht ungerechtfertigt ist und die Hilfsmittel nicht als allgemeine Gebrauchsgegenstände des täglichen Lebens anzusehen sind.

(2) [1] An den Kosten nach Absatz 1 können die Gefangenen in angemessenem Umfang beteiligt werden, höchstens jedoch bis zum Umfang der Beteiligung vergleichbarer gesetzlich Versicherter. [2] Für Leistungen, die über Absatz 1 hinausgehen, können den Gefangenen die gesamten Kosten auferlegt werden.

(3) [1] Erhalten die Gefangenen Leistungen nach Absatz 1 infolge einer mutwilligen Selbstverletzung, sind sie in angemessenem Umfang an den Kosten zu beteiligen. [2] Bei den Straf- und Jugendstrafgefangenen unterbleibt die Kostenbeteiligung, wenn hierdurch die Erreichung des Vollzugsziels, insbesondere die Eingliederung, gefährdet würde.

(4) [1] Den Untersuchungsgefangenen soll der Anstaltsleiter nach Anhörung des ärztlichen Dienstes der Anstalt auf ihren Antrag hin gestatten, auf ihre Kosten externen ärztlichen Rat einzuholen. [2] Die Erlaubnis kann versagt werden, wenn die Untersuchungsgefangenen die gewählte ärztliche Vertrauensperson und den ärztlichen Dienst der Anstalt nicht wechselseitig von der Schweigepflicht entbinden oder wenn es zur Umsetzung einer Anordnung nach § 119 Abs. 1 StPO oder zur Aufrechterhaltung der Sicherheit oder Ordnung der Anstalt erforderlich ist. [3] Die Konsultation soll grundsätzlich in der Anstalt stattfinden.

§ 74 Durchführung der medizinischen Leistungen, Forderungsübergang. (1) [1] Medizinische Diagnose, Behandlung und Versorgung kranker und hilfsbedürftiger Gefangener erfolgen in der Anstalt, erforderlichenfalls in einer hierfür besser geeigneten Anstalt oder einem Vollzugskrankenhaus, ausnahmsweise auch außerhalb des Vollzugs. [2] Erfolgt eine stationäre Behandlung junger Gefangener außerhalb der Anstalt, sind die Personensorgeberechtigten und das Jugendamt, im Vollzug der Jugendstrafe auch der Vollstreckungsleiter zu unterrichten. [3] Im Vollzug der Untersuchungshaft ist dem Gericht und der Staatsanwaltschaft im Fall einer Behandlung außerhalb der Anstalt nach Möglichkeit Gelegenheit zur Stellungnahme zu geben.

(2) Wird die Strafvollstreckung während einer Behandlung von Straf- oder Jugendstrafgefangenen unterbrochen oder beendet oder werden Untersuchungsgefangene während einer Behandlung aus der Haft entlassen, so hat das Land nur diejenigen Kosten zu tragen, die bis zur Unterbrechung oder Beendigung der Strafvollstreckung oder bis zur Entlassung angefallen sind.

(3) [1] Gesetzliche Schadensersatzansprüche, die Gefangenen infolge einer Körperverletzung gegen Dritte zustehen, gehen insoweit auf das Land über, als den Gefangenen Leistungen nach § 73 Abs. 1 zu gewähren sind. [2] Von der Geltendmachung der Ansprüche ist im Interesse Straf- oder Jugendstrafgefangener abzusehen, wenn hierdurch die Erreichung des Vollzugsziels, insbesondere die Eingliederung, gefährdet würde.

§ 75 Ärztliche Behandlung zur sozialen Eingliederung. [1] Mit Zustimmung der Straf- oder Jugendstrafgefangenen soll die Anstalt ärztliche Behandlungen, insbesondere Operationen oder prothetische Maßnahmen durchführen lassen, die ihre soziale Eingliederung fördern. [2] Die Kosten tragen die Straf- oder Jugendstrafgefangenen. [3] Sind sie dazu nicht in der Lage, kann die Anstalt die Kosten in begründeten Fällen in angemessenem Umfang übernehmen.

§ 76 Gesundheitsschutz und Hygiene. (1) [1] Die Anstalt unterstützt die Gefangenen bei der Wiederherstellung und Erhaltung ihrer körperlichen, geistigen und seelischen Gesundheit. [2] Sie fördert das Bewusstsein für gesunde Ernährung und Lebensführung. [3] Die Gefangenen haben die notwendigen Anordnungen zum Gesundheitsschutz und zur Hygiene zu befolgen.

(2) Den Gefangenen wird ermöglicht, sich täglich mindestens eine Stunde im Freien aufzuhalten.

§ 77 Krankenbehandlung während Lockerungen. (1) Die Straf- und Jugendstrafgefangenen haben während Lockerungen einen Anspruch auf medizinische Leistungen gegen das Land nur in der für sie zuständigen Anstalt.

(2) Der Anspruch auf Leistungen ruht, solange die Straf- und Jugendstrafgefangenen aufgrund eines freien Beschäftigungsverhältnisses krankenversichert sind.

§ 78 Zwangsmaßnahmen auf dem Gebiet der Gesundheitsfürsorge.

(1) Medizinische Untersuchung und Behandlung sowie Ernährung sind zwangsweise gegen den natürlichen Willen Gefangener nur zulässig bei

1. Lebensgefahr,
2. erheblicher Gefahr einer schwerwiegenden Schädigung der Gesundheit der Gefangenen oder
3. erheblicher Gefahr einer schwerwiegenden Schädigung der Gesundheit anderer Personen.

(2) Zwangsmaßnahmen nach Absatz 1 dürfen nur angeordnet werden, wenn

1. erfolglos versucht worden ist, die auf Vertrauen gegründete Zustimmung der Gefangenen zu der Untersuchung, Behandlung oder Ernährung zu erwirken,
2. deren Anordnung den Gefangenen angekündigt wurde und sie über Art, Umfang und Dauer der Maßnahmen durch einen Arzt aufgeklärt wurden,
3. sie zur Abwendung der Lebens- oder Gesundheitsgefahr geeignet, erforderlich, für die Betroffenen nicht mit unverhältnismäßigen Belastungen und Folgen verbunden sind und mildere Mittel keinen Erfolg versprechen und
4. der zu erwartende Nutzen den möglichen Schaden der Nichtbehandlung deutlich überwiegt.

(3) [1] Zur Durchführung von Zwangsmaßnahmen in den Fällen des Absatzes 1 Nr. 1 und 2 ist die Anstalt nicht berechtigt, solange von einer freien Willensbestimmung der Gefangenen ausgegangen werden kann. [2] Liegen Anhaltspunkte vor, dass Gefangene zur Einsicht in die Notwendigkeit von medizinischen Behandlungsmaßnahmen oder zum Handeln gemäß solcher Einsicht krankheitsbedingt nicht fähig sind, hat die Leitung der Anstalt bei dem zuständigen Gericht unverzüglich die Bestellung einer Betreuung von Amts wegen anzuregen. [3] Die Entscheidung des Gerichts ist abzuwarten.

(4) [1] Zwangsmaßnahmen nach Absatz 1 werden durch einen Arzt angeordnet, geleitet und überwacht. [2] Die Anordnung bedarf der Zustimmung der Leitung der Anstalt. [3] Die Gründe für die Anordnung der Maßnahmen nach Absatz 1, das Vorliegen der Voraussetzungen nach Absatz 2 sowie die ergriffenen Maßnahmen, einschließlich ihres Zwangscharakters, der Durchsetzungsweise und der Wirkungsüberwachung sowie der Untersuchungs- und Behandlungsverlauf sind zu dokumentieren.

(5) [1] Anordnungen nach Absatz 4 sind den Gefangenen unverzüglich bekannt zu geben. [2] Sie sind darüber zu belehren, dass sie gegen die Anordnung Antrag auf gerichtliche Entscheidung stellen und bei Gericht um einstweiligen Rechtsschutz ersuchen können. [3] Mit dem Vollzug einer Anordnung ist zu-

zuwarten, bis die Gefangenen Gelegenheit hatten, eine gerichtliche Entscheidung herbeizuführen.

(6) Von den Anforderungen nach Absatz 2 Nr. 1 und 2, Absatz 3 Satz 3 und Absatz 5 Satz 3 kann abgesehen werden, wenn Gefahr im Verzug besteht.

(7) Zur Gewährleistung des Gesundheitsschutzes und der Hygiene ist die zwangsweise körperliche Untersuchung der Gefangenen zulässig, wenn sie nicht mit einem körperlichen Eingriff verbunden ist.

§ 79 Benachrichtigungspflicht. [1] Erkranken Gefangene schwer oder versterben sie, werden Angehörige und Personensorgeberechtigte benachrichtigt. [2] Dem Wunsch der Gefangenen, auch andere Personen zu benachrichtigen, soll nach Möglichkeit entsprochen werden.

Zwölfter Abschnitt. Religionsausübung

§ 80 Seelsorge. [1] Den Gefangenen darf religiöse Betreuung durch einen Seelsorger ihrer Religionsgemeinschaft nicht versagt werden. [2] Auf Wunsch ist ihnen zu helfen, mit einem Seelsorger in Verbindung zu treten.

§ 81 Religiöse Veranstaltungen. (1) Die Gefangenen haben das Recht, am Gottesdienst und an anderen religiösen Veranstaltungen ihres Bekenntnisses teilzunehmen.

(2) Die Zulassung zu den Gottesdiensten oder zu religiösen Veranstaltungen einer anderen Religionsgemeinschaft bedarf der Zustimmung des Seelsorgers der Religionsgemeinschaft.

(3) Gefangene können von der Teilnahme am Gottesdienst oder anderen religiösen Veranstaltungen ausgeschlossen werden, wenn dies aus überwiegenden Gründen der Sicherheit oder Ordnung, bei Untersuchungsgefangenen auch zur Umsetzung einer Anordnung nach § 119 Abs. 1 StPO geboten ist; der Seelsorger soll vorher gehört werden.

§ 82 Weltanschauungsgemeinschaften. Für Angehörige weltanschaulicher Bekenntnisse gelten die §§ 59, 80 und 81 entsprechend.

Dreizehnter Abschnitt. Sicherheit und Ordnung

§ 83 Grundsatz. (1) Sicherheit und Ordnung der Anstalt bilden die Grundlage des Anstaltslebens, das im Vollzug der Freiheits- und der Jugendstrafe auf die Erreichung des Vollzugsziels ausgerichtet ist, und tragen dazu bei, dass in der Anstalt ein gewaltfreies Klima herrscht.

(2) Die Pflichten und Beschränkungen, die den Gefangenen zur Aufrechterhaltung der Sicherheit oder Ordnung der Anstalt auferlegt werden, sind so zu wählen, dass sie in einem angemessenen Verhältnis zu ihrem Zweck stehen und die Gefangenen nicht mehr und nicht länger als notwendig beeinträchtigen.

§ 84 Allgemeine Verhaltenspflichten. (1) [1] Die Gefangenen sind für das geordnete Zusammenleben in der Anstalt mitverantwortlich und müssen mit ihrem Verhalten dazu beitragen. [2] Auf eine einvernehmliche Streitbeilegung ist hinzuwirken.

(2) Die Gefangenen haben die Anordnungen der Bediensteten zu befolgen, auch wenn sie sich durch diese beschwert fühlen.

(3) Die Gefangenen haben ihren Haftraum und die ihnen von der Anstalt überlassenen Sachen in Ordnung zu halten und schonend zu behandeln.

(4) Die Gefangenen haben Umstände, die eine Gefahr für das Leben oder eine erhebliche Gefahr für die Gesundheit einer Person bedeuten, unverzüglich zu melden.

§ 85 Absuchung, Durchsuchung. (1) [1] Die Gefangenen, ihre Sachen und die Hafträume dürfen mit technischen Mitteln oder sonstigen Hilfsmitteln abgesucht und durchsucht werden. [2] Die Durchsuchung männlicher Gefangener darf nur von Männern, die Durchsuchung weiblicher Gefangener nur von Frauen vorgenommen werden. [3] Das Schamgefühl ist zu schonen.

(2) [1] Nur bei Gefahr im Verzug oder auf Anordnung des Anstaltsleiters im Einzelfall ist es zulässig, eine mit einer Entkleidung verbundene körperliche Durchsuchung vorzunehmen. [2] Sie darf bei männlichen Gefangenen nur in Gegenwart von Männern, bei weiblichen Gefangenen nur in Gegenwart von Frauen erfolgen. [3] Sie ist in einem geschlossenen Raum durchzuführen. [4] Andere Gefangene dürfen nicht anwesend sein.

(3) Der Anstaltsleiter kann allgemein anordnen, dass die Gefangenen in der Regel bei der Aufnahme, vor und nach Kontakten mit Besuchern sowie vor und nach jeder Abwesenheit von der Anstalt nach Absatz 2 zu durchsuchen sind.

§ 86 Sichere Unterbringung. [1] Gefangene können in eine Anstalt verlegt werden, die zu ihrer sicheren Unterbringung besser geeignet ist, wenn in erhöhtem Maße die Gefahr der Entweichung oder Befreiung gegeben ist oder sonst ihr Verhalten oder ihr Zustand eine Gefahr für die Sicherheit der Anstalt darstellt. [2] § 23 Abs. 4 und 5 und § 113 Abs. 2 gelten entsprechend.

§ 87 Maßnahmen zur Feststellung von Suchtmittelgebrauch. (1) [1] Zur Aufrechterhaltung der Sicherheit oder Ordnung der Anstalt kann der Anstaltsleiter allgemein oder im Einzelfall Maßnahmen anordnen, die geeignet sind, den Gebrauch von Suchtmitteln festzustellen. [2] Diese Maßnahmen dürfen nicht mit einem körperlichen Eingriff verbunden sein.

(2) Verweigern Gefangene die Mitwirkung an Maßnahmen nach Absatz 1 ohne hinreichenden Grund, ist davon auszugehen, dass Suchtmittelfreiheit nicht gegeben ist.

(3) Wird verbotener Suchtmittelgebrauch festgestellt, können die Kosten der Maßnahmen den Gefangenen auferlegt werden.

§ 88 Festnahmerecht. [1] Gefangene, die entwichen sind oder sich sonst ohne Erlaubnis außerhalb der Anstalt aufhalten, können durch die Anstalt oder auf deren Veranlassung festgenommen und zurückgebracht werden. [2] Führt die Verfolgung oder die von der Anstalt veranlasste Fahndung nicht alsbald zur Wiederergreifung, so sind die weiteren Maßnahmen der Vollstreckungsbehörde zu überlassen.

§ 89 Besondere Sicherungsmaßnahmen. (1) Gegen Gefangene können besondere Sicherungsmaßnahmen angeordnet werden, wenn nach ihrem Verhalten oder aufgrund ihres seelischen Zustands in erhöhtem Maße die Gefahr der Entweichung, von Gewalttätigkeiten gegen Personen oder Sachen, der Selbsttötung oder der Selbstverletzung besteht.

(2) Als besondere Sicherungsmaßnahmen sind zulässig:

1. der Entzug oder die Vorenthaltung von Gegenständen,
2. die Beobachtung der Gefangenen, auch mit technischen Hilfsmitteln,
3. die Trennung von allen anderen Gefangenen (Absonderung),
4. der Entzug oder die Beschränkung des Aufenthalts im Freien,
5. die Unterbringung in einem besonders gesicherten Haftraum ohne gefährdende Gegenstände und
6. die Fesselung.

(3) Maßnahmen nach Absatz 2 Nr. 1 und 3 bis 5 sind auch zulässig, wenn die Gefahr einer Befreiung oder eine erhebliche Störung der Ordnung anders nicht vermieden oder behoben werden kann, Maßnahmen nach Absatz 2 Nr. 4 jedoch nicht bei jungen Gefangenen.

(4) Eine Absonderung von mehr als 24 Stunden Dauer ist nur zulässig, wenn sie zur Abwehr einer in der Person des Gefangenen liegenden Gefahr unerlässlich ist.

(5) [1] In der Regel dürfen Fesseln nur an den Händen oder an den Füßen angelegt werden. [2] Im Interesse der Gefangenen kann der Anstaltsleiter eine andere Art der Fesselung anordnen. [3] Die Fesselung wird zeitweise gelockert, soweit dies notwendig ist.

(6) Besteht die Gefahr der Entweichung, dürfen die Gefangenen bei einer Ausführung, Vorführung oder beim Transport gefesselt werden.

§ 90 Anordnung besonderer Sicherungsmaßnahmen, Verfahren.

(1) [1] Besondere Sicherungsmaßnahmen ordnet der Anstaltsleiter an. [2] Bei Gefahr im Verzug können auch andere Bedienstete diese Maßnahmen vorläufig anordnen; die Entscheidung des Anstaltsleiters ist unverzüglich einzuholen.

(2) [1] Werden Gefangene ärztlich behandelt oder beobachtet oder bildet ihr seelischer Zustand den Anlass der besonderen Sicherungsmaßnahme, ist vorher eine ärztliche Stellungnahme einzuholen. [2] Ist dies wegen Gefahr im Verzug nicht möglich, wird die Stellungnahme unverzüglich nachträglich eingeholt.

(3) [1] Die Entscheidung wird den Gefangenen von dem Anstaltsleiter mündlich eröffnet und mit einer kurzen Begründung schriftlich abgefasst. [2] Die Anordnung ist aktenkundig zu machen.

(4) Besondere Sicherungsmaßnahmen sind in angemessenen Abständen daraufhin zu überprüfen, ob und in welchem Umfang sie aufrechterhalten werden müssen.

(5) [1] Absonderung, Unterbringung im besonders gesicherten Haftraum und Fesselung sind der Aufsichtsbehörde, im Vollzug der Untersuchungshaft auch dem Gericht und der Staatsanwaltschaft, unverzüglich mitzuteilen, wenn sie länger als drei Tage aufrechterhalten werden. [2] Eine Absonderung von mehr als 30 Tagen Dauer oder mehr als drei Monaten innerhalb von zwölf Monaten bedarf der Zustimmung der Aufsichtsbehörde.

(6) [1] Während der Absonderung und Unterbringung im besonders gesicherten Haftraum sind die Gefangenen in besonderem Maße zu betreuen. [2] Sind die

Gefangenen darüber hinaus gefesselt, sind sie durch einen Bediensteten ständig und in unmittelbarem Sichtkontakt zu beobachten.

§ 91 Ärztliche Überwachung. (1) [1]Sind die Gefangenen in einem besonders gesicherten Haftraum untergebracht oder gefesselt, sucht sie der Arzt möglichst alsbald und in der Folge täglich auf. [2]Dies gilt nicht bei einer Fesselung während einer Ausführung, Vorführung oder eines Transportes sowie bei Bewegungen innerhalb der Anstalt.

(2) Der Arzt ist regelmäßig zu hören, solange Gefangenen der tägliche Aufenthalt im Freien entzogen ist oder sie länger als 24 Stunden abgesondert sind.

Vierzehnter Abschnitt. Unmittelbarer Zwang

§ 92 Begriffsbestimmungen. (1) Unmittelbarer Zwang ist die Einwirkung auf Personen oder Sachen durch körperliche Gewalt, durch ihre Hilfsmittel oder durch Waffen.

(2) Körperliche Gewalt ist jede unmittelbare körperliche Einwirkung auf Personen oder Sachen.

(3) [1]Hilfsmittel der körperlichen Gewalt sind insbesondere Fesseln. [2]Waffen sind Hieb- und Schusswaffen sowie Reizstoffe.

(4) Es dürfen nur dienstlich zugelassene Hilfsmittel und Waffen verwendet werden.

§ 93 Allgemeine Voraussetzungen. (1) Bedienstete dürfen unmittelbaren Zwang anwenden, wenn sie Vollzugs- und Sicherungsmaßnahmen rechtmäßig durchführen und der damit verfolgte Zweck auf keine andere Weise erreicht werden kann.

(2) Gegen andere Personen als Gefangene darf unmittelbarer Zwang angewendet werden, wenn sie es unternehmen, Gefangene zu befreien oder widerrechtlich in die Anstalt einzudringen oder wenn sie sich unbefugt darin aufhalten.

(3) Das Recht zu unmittelbarem Zwang aufgrund anderer Regelungen bleibt unberührt.

§ 94 Grundsatz der Verhältnismäßigkeit. (1) Unter mehreren möglichen und geeigneten Maßnahmen des unmittelbaren Zwangs sind diejenigen zu wählen, die den Einzelnen und die Allgemeinheit voraussichtlich am wenigsten beeinträchtigen.

(2) Unmittelbarer Zwang unterbleibt, wenn ein durch ihn zu erwartender Schaden erkennbar außer Verhältnis zu dem angestrebten Erfolg steht.

§ 95 Androhung. [1]Unmittelbarer Zwang ist vorher anzudrohen. [2]Die Androhung darf nur dann unterbleiben, wenn die Umstände sie nicht zulassen oder unmittelbarer Zwang sofort angewendet werden muss, um eine rechtswidrige Tat, die den Tatbestand eines Strafgesetzes erfüllt, zu verhindern oder eine gegenwärtige Gefahr abzuwenden.

§ 96 Schusswaffengebrauch. (1) [1]Der Gebrauch von Schusswaffen durch Bedienstete innerhalb der Anstalt ist verboten. [2]Das Recht zum Schusswaffengebrauch aufgrund anderer Vorschriften durch Polizeivollzugsbedienstete bleibt davon unberührt.

(2) [1] Außerhalb der Anstalt dürfen Schusswaffen durch Bedienstete nach Maßgabe der Absätze 3 bis 6 nur gebraucht werden, wenn andere Maßnahmen des unmittelbaren Zwangs bereits erfolglos waren oder keinen Erfolg versprechen. [2] Gegen Personen ist ihr Gebrauch nur zulässig, wenn der Zweck nicht durch Waffenwirkung gegen Sachen erreicht werden kann.

(3) [1] Schusswaffen dürfen nur die dazu bestimmten Bediensteten gebrauchen und nur, um angriffs- oder fluchtunfähig zu machen. [2] Ihr Gebrauch unterbleibt, wenn dadurch erkennbar Unbeteiligte mit hoher Wahrscheinlichkeit gefährdet würden.

(4) [1] Der Gebrauch von Schusswaffen ist vorher anzudrohen. [2] Als Androhung gilt auch ein Warnschuss. [3] Ohne Androhung dürfen Schusswaffen nur dann gebraucht werden, wenn dies zur Abwehr einer gegenwärtigen Gefahr für Leib oder Leben erforderlich ist.

(5) [1] Gegen Gefangene dürfen Schusswaffen gebraucht werden,

1. wenn sie eine Waffe oder ein anderes gefährliches Werkzeug trotz wiederholter Aufforderung nicht ablegen,
2. wenn sie eine Meuterei (§ 121 StGB) unternehmen oder
3. um ihr Entweichen zu vereiteln oder um sie wieder zu ergreifen.

[2] Satz 1 Nr. 2 und 3 findet auf minderjährige Gefangene keine Anwendung. [3] Satz 1 Nr. 3 findet keine Anwendung auf Gefangene, die im offenen Vollzug untergebracht sind.

(6) Gegen andere Personen dürfen Schusswaffen gebraucht werden, wenn sie es unternehmen, Gefangene gewaltsam zu befreien.

Fünfzehnter Abschnitt. Erzieherische Maßnahmen, Disziplinarmaßnahmen

§ 97 Erzieherische Maßnahmen. (1) [1] Verstöße der jungen Gefangenen gegen Pflichten, die ihnen durch oder aufgrund dieses Gesetzes auferlegt sind, sind unverzüglich im erzieherischen Gespräch aufzuarbeiten. [2] Daneben können Maßnahmen angeordnet werden, die geeignet sind, den jungen Gefangenen ihr Fehlverhalten bewusst zu machen (erzieherische Maßnahmen). [3] Als erzieherische Maßnahmen kommen namentlich in Betracht die Erteilung von Weisungen und Auflagen, die Beschränkung oder der Entzug einzelner Gegenstände für die Freizeitbeschäftigung und der Ausschluss von gemeinsamer Freizeit oder von einzelnen Freizeitveranstaltungen bis zur Dauer einer Woche.

(2) [1] In geeigneten Fällen können im Wege einvernehmlicher Streitbeilegung Vereinbarungen getroffen werden. [2] Insbesondere kommen die Wiedergutmachung des Schadens, die Entschuldigung beim Geschädigten, die Erbringung von Leistungen für die Gemeinschaft und der vorübergehende Verbleib im Haftraum in Betracht. [3] Erfüllen die jungen Gefangenen die Vereinbarung, ist die Anordnung einer erzieherischen Maßnahme aufgrund dieser Verfehlung ausgeschlossen.

(3) Der Anstaltsleiter legt fest, welche Bediensteten befugt sind, erzieherische Maßnahmen anzuordnen.

(4) Es sollen solche erzieherischen Maßnahmen angeordnet werden, die mit der Verfehlung in Zusammenhang stehen.

§ 98 Disziplinarmaßnahmen. (1) Disziplinarmaßnahmen können angeordnet werden, wenn Gefangene rechtswidrig und schuldhaft

1. andere Personen verbal oder tätlich angreifen,
2. Lebensmittel oder fremde Sachen zerstören oder beschädigen,
3. in sonstiger Weise gegen Strafgesetze verstoßen oder eine Ordnungswidrigkeit begehen,
4. verbotene Gegenstände in die Anstalt einbringen, sich an deren Einbringung beteiligen, sie besitzen oder weitergeben,
5. unerlaubt Betäubungsmittel oder andere berauschende Stoffe konsumieren,
6. entweichen oder zu entweichen versuchen,
7. gegen Weisungen im Zusammenhang mit der Gewährung von Lockerungen verstoßen,
8. gegen eine Anordnung nach § 119 Abs. 1 StPO verstoßen,
9. wiederholt oder schwerwiegend gegen sonstige Pflichten verstoßen, die ihnen durch dieses Gesetz oder aufgrund dieses Gesetzes auferlegt sind, und dadurch das geordnete Zusammenleben in der Anstalt stören oder
10. sich zugewiesenen Aufgaben entziehen.

(2) Disziplinarmaßnahmen dürfen gegen junge Gefangene nur angeordnet werden, wenn erzieherische Maßnahmen nicht nach § 97 Abs. 2 Satz 3 ausgeschlossen sind oder nicht ausreichen, um ihnen das Unrecht ihrer Handlung zu verdeutlichen.

(3) [1] Zulässige Disziplinarmaßnahmen sind

1. der Verweis,
2. die Beschränkung oder der Entzug des Fernsehempfangs bis zu drei Monaten,
3. die Beschränkung oder der Entzug der Gegenstände für die Freizeitbeschäftigung mit Ausnahme des Lesestoffs bis zu drei Monaten,
4. die Beschränkung oder der Entzug des Aufenthalts in Gemeinschaft oder der Teilnahme an einzelnen Freizeitveranstaltungen bis zu drei Monaten,
5. die Beschränkung des Einkaufs bis zu drei Monaten,
6. die Beschränkung oder der Entzug von Annehmlichkeiten nach § 64 bis zu drei Monaten,
7. die Kürzung des Arbeitsentgelts um zehn Prozent bis zu drei Monaten,
8. der Entzug der zugewiesenen Arbeit bis zu vier Wochen und
9. Arrest bis zu vier Wochen.

[2] Bei jungen Gefangenen findet Satz 1 Nr. 1 keine Anwendung, Maßnahmen nach Satz 1 Nr. 2 bis 7 sind nur bis zu zwei Monaten und Maßnahmen nach Satz 1 Nr. 8 und 9 nur bis zu zwei Wochen zulässig.

(4) Arrest darf nur wegen schwerer oder wiederholter Verfehlungen verhängt werden.

(5) Mehrere Disziplinarmaßnahmen können miteinander verbunden werden.

(6) Disziplinarmaßnahmen sind auch zulässig, wenn wegen derselben Verfehlung ein Straf- oder Bußgeldverfahren eingeleitet wird.

(7) [1] Bei der Auswahl der Disziplinarmaßnahmen im Vollzug der Untersuchungshaft sind Grund und Zweck der Haft sowie die psychischen Auswirkungen der Untersuchungshaft und des Strafverfahrens auf die Untersuchungsgefangenen zu berücksichtigen. [2] Durch die Anordnung und den Vollzug einer Disziplinarmaßnahme dürfen die Verteidigung, die Verhandlungsfähigkeit und die Verfügbarkeit der Untersuchungsgefangenen für die Verhandlung nicht beeinträchtigt werden.

§ 99 Vollzug der Disziplinarmaßnahmen, Aussetzung zur Bewährung. (1) [1] Disziplinarmaßnahmen werden in der Regel sofort vollstreckt. [2] Die Vollstreckung ist auszusetzen, soweit es zur Gewährung eines effektiven Rechtsschutzes erforderlich ist.

(2) [1] Disziplinarmaßnahmen können ganz oder teilweise bis zu sechs Monaten zur Bewährung ausgesetzt werden. [2] Die Aussetzung zur Bewährung kann ganz oder teilweise widerrufen werden, wenn Gefangene die ihr zugrunde liegenden Erwartungen nicht erfüllen.

(3) Im Vollzug der Untersuchungshaft angeordnete Disziplinarmaßnahmen können ganz oder zum Teil auch während einer der Untersuchungshaft unmittelbar nachfolgenden Haft vollstreckt werden.

(4) [1] Für die Dauer des Arrestes werden die Gefangenen getrennt von anderen Gefangenen untergebracht. [2] Sie können in einem besonderen Arrestraum untergebracht werden, der den Anforderungen entsprechen muss, die an einen zum Aufenthalt bei Tag und Nacht bestimmten Haftraum gestellt werden. [3] Soweit nichts anderes angeordnet wird, ruhen die Befugnisse der Gefangenen zur Teilnahme an Maßnahmen außerhalb des Raumes, in dem der Arrest vollstreckt wird, zur Ausstattung des Haftraums mit eigenen Gegenständen, zum Fernsehempfang und Einkauf. [4] Gegenstände für die Freizeitbeschäftigung mit Ausnahme des Lesestoffs sind nicht zugelassen. [5] Die Rechte zur Teilnahme am Gottesdienst und auf Aufenthalt im Freien bleiben unberührt.

(5) Für die jungen Gefangenen ist der Arrest erzieherisch auszugestalten.

§ 100 Disziplinarbefugnis. (1) [1] Disziplinarmaßnahmen ordnet der Anstaltsleiter an. [2] Bei einer Verfehlung auf dem Weg in eine andere Anstalt zum Zweck der Verlegung ist der Leiter der Bestimmungsanstalt zuständig.

(2) Die Aufsichtsbehörde entscheidet, wenn sich die Verfehlung gegen den Anstaltsleiter richtet.

(3) [1] Disziplinarmaßnahmen, die in einer anderen Anstalt angeordnet worden sind, werden auf Ersuchen vollstreckt. [2] § 99 Abs. 2 bleibt unberührt.

§ 101 Verfahren. (1) [1] Der Sachverhalt ist zu klären. [2] Hierbei sind sowohl belastende als auch entlastende Umstände zu ermitteln. [3] Die betroffenen Gefangenen werden gehört. [4] Sie werden darüber unterrichtet, welche Verfehlungen ihnen zur Last gelegt werden. [5] Sie sind darauf hinzuweisen, dass es ihnen freisteht, sich zu äußern. [6] Die Erhebungen werden in einer Niederschrift festgelegt; die Einlassung der Gefangenen wird vermerkt.

(2) [1] In geeigneten Fällen können zur Abwendung von Disziplinarmaßnahmen im Wege einvernehmlicher Streitbeilegung Vereinbarungen getroffen werden. [2] Insbesondere kommen die Wiedergutmachung des Schadens, die Ent-

schuldigung beim Geschädigten, die Erbringung von Leistungen für die Gemeinschaft und der vorübergehende Verbleib im Haftraum in Betracht. [3] Erfüllen die Gefangenen die Vereinbarung, ist die Anordnung einer Disziplinarmaßnahme aufgrund dieser Verfehlung unzulässig.

(3) Mehrere Verfehlungen, die gleichzeitig zu beurteilen sind, werden durch eine Entscheidung geahndet.

(4) [1] Der Anstaltsleiter soll sich vor der Entscheidung mit Personen besprechen, die an der Vollzugsgestaltung mitwirken. [2] Bei Schwangeren, stillenden Müttern oder bei Gefangenen, die sich in ärztlicher Behandlung befinden, ist ein Arzt zu hören.

(5) [1] Vor der Entscheidung über eine Disziplinarmaßnahme erhalten die Gefangenen Gelegenheit, sich zu dem Ergebnis der Ermittlungen zu äußern. [2] Die Entscheidung wird den Gefangenen vom Anstaltsleiter mündlich eröffnet und mit einer kurzen Begründung schriftlich abgefasst.

(6) [1] Bevor Arrest vollzogen wird, ist ein Arzt zu hören. [2] Während des Arrestes stehen die Gefangenen unter ärztlicher Aufsicht. [3] Der Vollzug unterbleibt oder wird unterbrochen, wenn ansonsten die Gesundheit der Gefangenen oder im Vollzug der Untersuchungshaft der Fortgang des Strafverfahrens gefährdet würde.

Sechzehnter Abschnitt. Aufhebung von Maßnahmen, Beschwerde

§ 102 Aufhebung von Maßnahmen. (1) Die Aufhebung von Maßnahmen zur Regelung einzelner Angelegenheiten auf dem Gebiet des Vollzugs richtet sich nach den nachfolgenden Absätzen, soweit dieses Gesetz keine abweichende Bestimmung enthält.

(2) Rechtswidrige Maßnahmen können ganz oder teilweise mit Wirkung für die Vergangenheit und die Zukunft zurückgenommen werden.

(3) Rechtmäßige Maßnahmen können ganz oder teilweise mit Wirkung für die Zukunft widerrufen werden, wenn

1. aufgrund nachträglich eingetretener oder bekannt gewordener Umstände die Maßnahmen hätten versagt werden können,
2. die Maßnahmen missbraucht werden oder
3. Weisungen nicht befolgt werden.

(4) [1] Begünstigende Maßnahmen dürfen nach den Absätzen 2 oder 3 nur aufgehoben werden, wenn die vollzuglichen Interessen an der Aufhebung nach Abwägung mit dem schutzwürdigen Vertrauen der Betroffenen auf den Bestand der Maßnahmen überwiegen. [2] Davon ist auszugehen, wenn eine Maßnahme unerlässlich ist, um die Sicherheit der Anstalt zu gewährleisten.

(5) Der gerichtliche Rechtsschutz bleibt unberührt.

§ 103 Beschwerderecht. (1) Die Gefangenen erhalten Gelegenheit, sich mit Wünschen, Anregungen und Beschwerden in vollzuglichen Angelegenheiten, die sie selbst betreffen, an den Anstaltsleiter zu wenden.

(2) Besichtigen Vertreter der Aufsichtsbehörde die Anstalt, so ist zu gewährleisten, dass die Gefangenen sich in vollzuglichen Angelegenheiten, die sie selbst betreffen, an diese wenden können.

(3) Die Möglichkeit der Dienstaufsichtsbeschwerde bleibt unberührt.

Siebzehnter Abschnitt. Kriminologische Forschung

§ 104 Evaluation, kriminologische Forschung. (1) Behandlungsprogramme für die Straf- und Jugendstrafgefangenen sind auf der Grundlage wissenschaftlicher Erkenntnisse zu konzipieren, zu standardisieren und auf ihre Wirksamkeit hin zu überprüfen.

(2) Der Vollzug der Freiheits- und der Jugendstrafe, insbesondere seine Aufgabenerfüllung und Gestaltung, die Umsetzung seiner Leitlinien sowie die Behandlungsprogramme und deren Wirkungen auf die Erreichung des Vollzugsziels, soll regelmäßig durch den kriminologischen Dienst, durch eine Hochschule oder durch eine andere Stelle wissenschaftlich begleitet und erforscht werden.

Achtzehnter Abschnitt. Aufbau und Organisation der Anstalten

§ 105 Anstalten. (1) [1] Es werden Anstalten und Abteilungen eingerichtet, die den unterschiedlichen vollzuglichen Anforderungen Rechnung tragen. [2] Für den Vollzug der Freiheits- und Jugendstrafe sind insbesondere sozialtherapeutische Abteilungen vorzusehen.

(2) [1] Es soll eine bedarfsgerechte Anzahl und Ausstattung von Plätzen für therapeutische Maßnahmen, schulische und berufliche Qualifizierung, Arbeitstraining und Arbeitstherapie sowie zur Ausübung von Arbeit vorgesehen werden. [2] Gleiches gilt für Besuche, Freizeit, Sport und Seelsorge.

(3) Haft- und Funktionsräume sind zweckentsprechend auszustatten.

(4) Unterhalten private Unternehmen Betriebe in Anstalten, kann die technische und fachliche Leitung ihren Mitarbeitern übertragen werden.

§ 106 Festsetzung der Belegungsfähigkeit, Verbot der Überbelegung. (1) [1] Die Aufsichtsbehörde setzt die Belegungsfähigkeit der Anstalt so fest, dass eine angemessene Unterbringung der Gefangenen gewährleistet ist. [2] § 105 Abs. 2 ist zu berücksichtigen.

(2) Hafträume dürfen nicht mit mehr Gefangenen als zugelassen belegt werden.

(3) Ausnahmen von Absatz 2 sind nur vorübergehend und nur mit Zustimmung der Aufsichtsbehörde zulässig.

§ 107 Anstaltsleitung. (1) [1] Der Anstaltsleiter trägt die Verantwortung für den gesamten Vollzug und vertritt die Anstalt nach außen. [2] Er kann einzelne Aufgabenbereiche auf andere Bedienstete übertragen. [3] Die Aufsichtsbehörde kann sich die Zustimmung zur Übertragung vorbehalten.

(2) [1] Für jede Anstalt ist ein Beamter des höheren Dienstes zum hauptamtlichen Leiter zu bestellen. [2] Aus besonderen Gründen kann eine Anstalt auch von einem Beamten des gehobenen Dienstes geleitet werden.

§ 108 Bedienstete. (1) [1] Die Aufgaben der Justizvollzugsanstalten werden von Vollzugsbeamten wahrgenommen. [2] Aus besonderen Gründen können sie auch anderen Bediensteten der Justizvollzugsanstalten sowie nebenamtlichen oder vertraglich verpflichteten Personen übertragen werden.

(2) [1]Die Anstalt wird mit dem für die Erreichung des Vollzugsziels und die Erfüllung ihrer Aufgaben erforderlichen Personal ausgestattet. [2]Die im Vollzug der Jugendstrafe und der Untersuchungshaft an jungen Untersuchungsgefangenen tätigen Bediensteten müssen für die erzieherische Gestaltung geeignet und qualifiziert sein. [3]Für jede Anstalt ist entsprechend ihrer Aufgabe die erforderliche Anzahl von Bediensteten der verschiedenen Berufsgruppen, namentlich des allgemeinen Vollzugsdienstes und des Verwaltungsdienstes sowie von Seelsorgern, Ärzten, Pädagogen, Psychologen und Sozialarbeitern vorzusehen.

(3) [1]Für die Betreuung von Strafgefangenen mit angeordneter oder vorbehaltener Sicherungsverwahrung und Jugendstrafgefangenen mit vorbehaltener Sicherungsverwahrung ist besonders qualifiziertes Personal vorzusehen und eine fachübergreifende Zusammenarbeit zu gewährleisten. [2]Soweit erforderlich, sind externe Fachkräfte einzubeziehen.

(4) Fortbildung sowie Praxisberatung und -begleitung sind zu gewährleisten.

§ 109 Seelsorger. (1) Seelsorger werden im Einvernehmen mit der jeweiligen Religionsgemeinschaft im Hauptamt bestellt oder vertraglich verpflichtet.

(2) Wenn die geringe Anzahl der Angehörigen einer Religionsgemeinschaft eine Seelsorge nach Absatz 1 nicht rechtfertigt, ist die seelsorgerische Betreuung auf andere Weise zuzulassen.

(3) Mit Zustimmung des Anstaltsleiters dürfen die Anstaltsseelsorger sich freier Seelsorgehelfer bedienen und diese für Gottesdienste sowie für andere religiöse Veranstaltungen von außen hinzuziehen.

§ 110 Medizinische Versorgung. (1) Die ärztliche Versorgung ist sicherzustellen.

(2) [1]Die Pflege der Kranken soll von Bediensteten ausgeführt werden, die eine Erlaubnis nach dem Krankenpflegegesetz besitzen. [2]Solange diese nicht zur Verfügung stehen, können auch Bedienstete eingesetzt werden, die eine sonstige Ausbildung in der Krankenpflege erfahren haben.

§ 111 Interessenvertretung der Gefangenen. [1]Den Gefangenen soll ermöglicht werden, Vertretungen zu wählen. [2]Diese können in Angelegenheiten von gemeinsamem Interesse, die sich ihrer Eigenart nach für eine Mitwirkung eignen, Vorschläge und Anregungen an die Anstalt herantragen. [3]Diese sollen mit der Vertretung erörtert werden.

§ 112 Hausordnung. [1]Der Anstaltsleiter erlässt zur Gestaltung und Organisation des Vollzugsalltags eine Hausordnung auf der Grundlage dieses Gesetzes. [2]Die Aufsichtsbehörde kann sich die Genehmigung vorbehalten.

Neunzehnter Abschnitt. Aufsicht, Beirat

§ 113 Aufsichtsbehörde. (1) Das für den Justizvollzug zuständige Ministerium führt die Aufsicht über die Anstalten (Aufsichtsbehörde).

(2) Die Aufsichtsbehörde kann sich Entscheidungen über Verlegungen und Überstellungen vorbehalten.

§ 114 Vollstreckungsplan, Vollzugsgemeinschaften. (1) Die Aufsichtsbehörde regelt die örtliche und sachliche Zuständigkeit der Anstalten in einem Vollstreckungsplan.

(2) Im Rahmen von Vollzugsgemeinschaften kann der Vollzug auch in Vollzugseinrichtungen anderer Länder vorgesehen werden.

§ 115 Beirat. (1) [1]Bei der Anstalt ist ein Beirat zu bilden. [2]Bedienstete dürfen nicht Mitglieder des Beirats sein.

(2) [1]Die Mitglieder des Beirats wirken beratend bei der Gestaltung des Vollzugs und der Eingliederung der Gefangenen mit. [2]Sie fördern das Verständnis für den Vollzug und seine gesellschaftliche Akzeptanz und vermitteln Kontakte zu öffentlichen und privaten Einrichtungen.

(3) Der Beirat steht dem Anstaltsleiter, den Bediensteten und den Gefangenen als Ansprechpartner zur Verfügung.

(4) [1]Die Mitglieder des Beirats können sich über die Unterbringung der Gefangenen und die Gestaltung des Vollzugs unterrichten und die Anstalt besichtigen. [2]Sie können die Gefangenen in ihren Räumen aufsuchen. [3]Unterhaltung und Schriftwechsel werden nicht überwacht.

(5) [1]Die Mitglieder des Beirats sind verpflichtet, außerhalb ihres Amtes über alle Angelegenheiten, die ihrer Natur nach vertraulich sind, besonders über Namen und Persönlichkeit der Gefangenen, Verschwiegenheit zu bewahren. [2]Dies gilt auch nach Beendigung ihres Amtes.

Zwanzigster Abschnitt. Verhinderung von Mobilfunkverkehr

§ 116 Störung des Mobilfunkverkehrs. (1) [1]Der Besitz und die Benutzung von Geräten zur funkbasierten Übertragung von Informationen sind auf dem Anstaltsgelände verboten, soweit diese nicht dienstlich zugelassen sind. [2]Der Anstaltsleiter kann abweichende Regelungen treffen.

(2) Die Anstalt darf technische Geräte betreiben, die

1. das Auffinden von Geräten zur Funkübertragung ermöglichen,
2. Geräte zur Funkübertragung zum Zwecke des Auffindens aktivieren können oder
3. Frequenzen stören oder unterdrücken, die der Herstellung oder Aufrechterhaltung unerlaubter Funkverbindungen auf dem Anstaltsgelände dienen.

(3) [1]Die Anstalt hat die von der Bundesnetzagentur nach § 55 Abs. 1 Satz 5 des Telekommunikationsgesetzes festgelegten Rahmenbedingungen zu beachten. [2]Frequenznutzungen außerhalb des Anstaltsgeländes dürfen nicht erheblich gestört werden.

Einundzwanzigster Abschnitt. Vollzug des Strafarrests

§ 117 Grundsatz. (1) Für den Vollzug des Strafarrests in Anstalten gelten die Bestimmungen über den Vollzug der Freiheitsstrafe entsprechend, soweit § 118 nicht Abweichendes bestimmt.

(2) § 118 Abs. 1 bis 3, 7 und 8 gilt nicht, wenn Strafarrest in Unterbrechung einer anderen freiheitsentziehenden Maßnahme vollzogen wird.

§ 118 Besondere Bestimmungen. (1) Strafarrestanten sollen im offenen Vollzug untergebracht werden.

(2) Eine gemeinsame Unterbringung der Strafarrestanten mit Straf- oder Jugendstrafgefangenen ist nur mit Einwilligung der Strafarrestanten zulässig.

(3) Besuche, Telefongespräche und Schriftwechsel dürfen nur untersagt oder überwacht werden, wenn dies aus Gründen der Sicherheit oder Ordnung der Anstalt notwendig ist.

(4) Den Strafarrestanten soll gestattet werden, einmal wöchentlich Besuch zu empfangen.

(5) Strafarrestanten dürfen eigene Kleidung tragen und eigenes Bettzeug benutzen, wenn Gründe der Sicherheit nicht entgegenstehen und sie für Reinigung, Instandsetzung und regelmäßigen Wechsel auf eigene Kosten sorgen.

(6) Sie dürfen Nahrungs- und Genussmittel sowie Mittel zur Körperpflege in angemessenem Umfang durch Vermittlung der Anstalt auf eigene Kosten erwerben.

(7) Eine mit einer Entkleidung verbundene körperliche Durchsuchung ist nur bei Gefahr im Verzug zulässig.

(8) Zur Vereitelung einer Entweichung und zur Wiederergreifung dürfen Schusswaffen nicht gebraucht werden.

Zweiundzwanzigster Abschnitt. Datenschutz

§ 119 Anwendung des Thüringer Datenschutzgesetzes. Das Thüringer Datenschutzgesetz (ThürDSG) findet Anwendung, soweit in diesem Gesetz nicht Abweichendes geregelt ist.

§ 120 Grundsatz, Begriffsbestimmungen, elektronische Akte.

(1) Die Anstalt und die Aufsichtsbehörde dürfen personenbezogene Daten verarbeiten, soweit deren Kenntnis für vollzugliche Zwecke erforderlich ist.

(2) Vollzugliche Zwecke sind die Erreichung des Vollzugsziels, der Schutz der Allgemeinheit vor weiteren Straftaten der Gefangenen, die Aufrechterhaltung der Sicherheit und Ordnung der Anstalt sowie die Sicherung des Vollzugs.

(3) Akten über Gefangene dürfen auch elektronisch geführt werden.

§ 121 Erhebung von Daten über Gefangene bei Dritten. Daten über Gefangene können ohne deren Kenntnis bei Dritten nur erhoben werden, wenn

1. eine Rechtsvorschrift dies vorsieht oder zwingend voraussetzt oder
2. a) die zu erfüllende Aufgabe nach Art oder Zweck eine Erhebung bei anderen Personen oder Stellen erforderlich macht oder
   b) die Erhebung bei den Gefangenen einen unverhältnismäßigen Aufwand erfordern würde

   und keine Anhaltspunkte dafür bestehen, dass überwiegende schutzwürdige Interessen der Gefangenen beeinträchtigt werden.

§ 122 Erhebung von Daten über andere Personen. Daten über andere Personen als die Gefangenen dürfen für vollzugliche Zwecke ohne deren Kenntnis bei Personen oder Stellen außerhalb der Anstalt oder Aufsichtsbehörde nur erhoben werden, wenn dies unerlässlich ist und die Art der Erhebung schutzwürdige Interessen dieser Personen nicht beeinträchtigt.

§ 123 Unterrichtungspflichten. [1] Die Betroffenen werden über eine ohne ihre Kenntnis vorgenommene Erhebung ihrer Daten unterrichtet, soweit vollzugliche Zwecke dadurch nicht gefährdet werden. [2] Sind die Daten bei anderen Personen oder Stellen erhoben worden, kann die Unterrichtung unterbleiben, wenn

1. die Daten nach einer Rechtsvorschrift oder ihrem Wesen nach, namentlich wegen des überwiegenden berechtigten Interesses Dritter, geheim gehalten werden müssen oder
2. der Aufwand der Unterrichtung außer Verhältnis zum Schutzzweck steht und keine Anhaltspunkte dafür bestehen, dass überwiegende schutzwürdige Interessen der Betroffenen beeinträchtigt werden.

§ 124 Besondere Formen der Datenerhebung. (1) Zur Sicherung des Vollzugs und zur Aufrechterhaltung der Sicherheit oder Ordnung der Anstalt, insbesondere zur Identitätsfeststellung, sind mit Kenntnis der Gefangenen folgende erkennungsdienstliche Maßnahmen zulässig:

1. die Abnahme von Finger- und Handflächenabdrücken,
2. die Aufnahme von Lichtbildern,
3. die Feststellung äußerlicher körperlicher Merkmale,
4. die elektronische Erfassung biometrischer Merkmale und
5. Messungen.

(2) [1] Aus Gründen der Sicherheit oder Ordnung ist die Beobachtung einzelner Bereiche des Anstaltsgebäudes einschließlich des Gebäudeinneren, des Anstaltsgeländes oder der unmittelbaren Umgebung der Anstalt mit optisch-elektronischen Einrichtungen (Videoüberwachung) sowie die Anfertigung von Aufzeichnungen hiervon zulässig. [2] Sie ist durch geeignete Maßnahmen erkennbar zu machen, soweit ihr Zweck dadurch nicht vereitelt wird. [3] Sie darf auch durchgeführt werden, wenn Dritte unvermeidbar betroffen werden. [4] Die Videoüberwachung von Hafträumen ist ausgeschlossen. [5] § 89 Abs. 2 Nr. 2 bleibt unberührt.

(3) Das Betreten des Anstaltsgeländes durch vollzugsfremde Personen kann davon abhängig gemacht werden, dass diese zur Identitätsfeststellung

1. ihren Vornamen, ihren Namen und ihre Anschrift angeben und durch amtliche Ausweise nachweisen und
2. die Erfassung biometrischer Merkmale des Gesichts, der Augen, der Hände, der Stimme oder der Unterschrift dulden, soweit dies erforderlich ist, um den Austausch mit Gefangenen zu verhindern.

(4) [1] Der Anstaltsleiter kann das Auslesen von elektronischen Datenspeichern sowie elektronischen Geräten mit Datenspeichern anordnen, die Gefangene ohne Erlaubnis besitzen, wenn konkrete Anhaltspunkte die Annahme rechtfertigen, dass dies für vollzugliche Zwecke erforderlich ist. [2] Die Gefangenen sind bei der Aufnahme über die Möglichkeit des Auslesens von Datenspeichern zu belehren.

§ 125 Übermittlung und Nutzung für weitere Zwecke. (1) Für eine Übermittlung oder Nutzung von personenbezogenen Daten stehen die Zwecke des gerichtlichen Rechtsschutzes im Zusammenhang mit diesem Gesetz den vollzuglichen Zwecken des § 120 Abs. 2 gleich.

(2) [1] Die Übermittlung und Nutzung von personenbezogenen Daten ist über Absatz 1 und § 120 Abs. 1 hinaus auch zulässig, soweit dies

1. zur Abwehr von sicherheitsgefährdenden oder geheimdienstlichen Tätigkeiten für eine fremde Macht oder von Bestrebungen im Geltungsbereich des Grundgesetzes, die durch Anwendung von Gewalt oder darauf gerichtete Vorbereitungshandlungen
   a) gegen die freiheitliche demokratische Grundordnung, den Bestand oder die Sicherheit des Bundes oder eines Landes gerichtet sind,
   b) eine ungesetzliche Beeinträchtigung der Amtsführung der Verfassungsorgane des Bundes oder eines Landes oder ihrer Mitglieder zum Ziel haben oder
   c) auswärtige Belange der Bundesrepublik Deutschland gefährden,
2. zur Abwehr erheblicher Nachteile für das Gemeinwohl oder einer Gefahr für die öffentliche Sicherheit,
3. zur Abwehr einer schwerwiegenden Beeinträchtigung der Rechte einer anderen Person,
4. zur Verhinderung oder Verfolgung von Straftaten sowie zur Verhinderung oder Verfolgung von Ordnungswidrigkeiten, durch welche die Sicherheit oder Ordnung der Anstalt gefährdet werden, oder
5. für Maßnahmen der Strafvollstreckung oder strafvollstreckungsrechtliche Entscheidungen sowie für die Anordnung von Maßnahmen nach § 119 Abs. 1 StPO

erforderlich ist.

§ 126 Datenübermittlung an öffentliche Stellen. (1) [1] Den zuständigen öffentlichen Stellen dürfen personenbezogene Daten übermittelt werden, soweit dies für

1. Maßnahmen der Gerichtshilfe, Jugendgerichtshilfe, Bewährungshilfe, Führungsaufsicht oder der forensischen Ambulanzen,
2. Entscheidungen in Gnadensachen,
3. gesetzlich angeordnete Statistiken der Rechtspflege,
4. sozialrechtliche Maßnahmen,
5. die Einleitung von Hilfsmaßnahmen für Angehörige der Gefangenen im Sinne des § 11 Abs. 1 Nr. 1 StGB,
6. dienstliche Maßnahmen der Bundeswehr im Zusammenhang mit der Aufnahme und Entlassung von Soldaten,
7. ausländerrechtliche Maßnahmen oder
8. die Durchführung der Besteuerung

erforderlich ist. [2] Eine Übermittlung für andere Zwecke ist auch zulässig, soweit eine andere gesetzliche Bestimmung dies vorsieht und sich dabei ausdrücklich auf Daten über Gefangene bezieht.

(2) Absatz 1 gilt entsprechend, wenn sich die öffentlichen Stellen zur Erfüllung ihrer Aufgaben nichtöffentlicher Stellen bedienen und deren Mitwirkung ohne Übermittlung der Daten unmöglich oder wesentlich erschwert würde.

§ 127 Zweckbindung. [1] Von der Anstalt oder der Aufsichtsbehörde übermittelte personenbezogene Daten dürfen nur zu dem Zweck verarbeitet oder genutzt werden, zu dessen Erfüllung sie übermittelt worden sind. [2] Die Empfänger dürfen die Daten für andere Zwecke nur verarbeiten oder nutzen, soweit sie ihnen auch für diese Zwecke hätten übermittelt werden dürfen, und wenn im Fall einer Übermittlung an nicht öffentliche Stellen die übermittelnde Anstalt oder Aufsichtsbehörde zugestimmt hat. [3]Die Anstalt oder die Aufsichtsbehörde hat die nichtöffentlichen Empfänger auf die Zweckbindung nach Satz 1 hinzuweisen.

§ 128 Verarbeitung besonders erhobener Daten. (1) Bei der Überwachung der Besuche, der Telefongespräche, anderer Formen der Telekommunikation oder des Schriftwechsels sowie bei der Überprüfung des Inhalts von Paketen bekannt gewordene personenbezogene Daten dürfen für die in § 120 Abs. 2 und § 125 genannten Zwecke verarbeitet werden.

(2) [1]Die aufgrund von erkennungsdienstlichen Maßnahmen nach § 124 Abs. 1 gewonnenen Daten und Unterlagen werden zu den Gefangenenpersonalakten genommen oder in personenbezogenen Dateien gespeichert. [2]Sie dürfen nur für die in § 124 Abs. 1 und § 125 Abs. 2 Nr. 4 genannten Zwecke verarbeitet oder den Vollstreckungs- und Strafverfolgungsbehörden zum Zwecke der Fahndung und Festnahme der entwichenen oder sich sonst ohne Erlaubnis außerhalb der Anstalt aufhaltenden Gefangenen übermittelt werden.

(3) Die zur Identifikation von vollzugsfremden Personen nach § 124 Abs. 3 erhobenen Daten dürfen ausschließlich verarbeitet werden

1. zum Zweck des Abgleichs beim Verlassen der Vollzugsanstalt oder
2. zur Verfolgung von während des Aufenthalts in der Anstalt begangenen Straftaten; in diesem Fall können die Daten auch an Strafverfolgungsbehörden ausschließlich zum Zwecke der Verfolgung dieser Straftaten übermittelt werden.

(4) [1]Die beim Auslesen von Datenspeichern nach § 124 Abs. 4 erhobenen Daten dürfen nur verarbeitet werden, soweit dies zu den dort genannten Zwecken erforderlich ist. [2]Sie dürfen nicht weiterverarbeitet werden, soweit sie

1. zum Kernbereich der privaten Lebensgestaltung Dritter gehören oder
2. zum Kernbereich der privaten Lebensgestaltung Gefangener gehören und die weitere Verarbeitung nach Abwägung der in § 124 Abs. 4 genannten vollzuglichen Interessen an der Verarbeitung und der Interessen der Gefangenen an der illegalen Speicherung der Daten unzumutbar ist.

(5) Nach § 122 erhobene Daten über Personen, die nicht Gefangene sind, dürfen nur zur Erfüllung des Erhebungszwecks oder für die in § 125 Abs. 2 Nr. 1 bis 3 geregelten Zwecke oder zur Verhinderung oder Verfolgung von Straftaten von erheblicher Bedeutung verarbeitet werden.

§ 129 Zentrale Datei, Einrichtung automatisierter Übermittlungsverfahren. (1) [1]Die nach § 19 Abs. 2 ThürDSG bei den Betroffenen erhobenen Daten können für die Anstalt und die Aufsichtsbehörde in einer zentralen Datei gespeichert werden. [2]Dasselbe gilt, soweit nach den §§ 121 und 122 Daten erhoben werden.

(2) [1]Die Einrichtung eines automatisierten Verfahrens, das die Übermittlung personenbezogener Daten aus der zentralen Datei nach § 125 Abs. 2 und § 126 ermöglicht, ist zulässig, soweit diese Form der Datenübermittlung unter Berücksichtigung der schutzwürdigen Belange der betroffenen Personen und der Erfüllung des Zwecks der Übermittlung angemessen ist. [2]Die automatisierte Übermittlung der für die Unterrichtung nach § 13 Abs. 1 Satz 3 des Bundes-

kriminalamtgesetzes erforderlichen personenbezogenen Daten kann auch anlassunabhängig erfolgen.

(3) Die speichernde Stelle hat zu gewährleisten, dass die Übermittlung zumindest durch geeignete Stichprobenverfahren festgestellt und überprüft werden kann.

(4) [1]Das für den Strafvollzug zuständige Ministerium bestimmt durch Rechtsverordnung die Einzelheiten der Einrichtung automatisierter Übermittlungsverfahren. [2]Der Landesbeauftragte für den Datenschutz und für die Informationsfreiheit ist vorher zu hören. [3]Die Rechtsverordnung hat den Datenempfänger, die Datenart und den Zweck der Übermittlung festzulegen. [4]Sie hat Maßnahmen zur Datensicherung und zur Kontrolle vorzusehen, die in einem angemessenen Verhältnis zu dem angestrebten Schutzzweck stehen.

(5) Das für den Strafvollzug zuständige Ministerium kann mit anderen Ländern und dem Bund einen Datenverbund vereinbaren, der eine automatisierte Datenübermittlung ermöglicht.

§ 130 Mitteilung über Haftverhältnisse. (1) Die Anstalt oder die Aufsichtsbehörde darf öffentlichen oder nichtöffentlichen Stellen auf schriftlichen Antrag mitteilen, ob sich eine Person in Haft befindet sowie ob und wann die Entlassung aus dem Vollzug einer Freiheits- oder Jugendstrafe voraussichtlich innerhalb eines Jahres bevorsteht, soweit

1. die Mitteilung zur Erfüllung der in der Zuständigkeit der öffentlichen Stelle liegenden Aufgaben erforderlich ist oder
2. von nichtöffentlichen Stellen
   a) ein berechtigtes Interesse an dieser Mitteilung glaubhaft dargelegt wird und
   b) die Gefangenen kein schutzwürdiges Interesse an dem Ausschluss der Übermittlung haben.

(2) Die Mitteilung ist in der Gefangenenpersonalakte zu dokumentieren.

(3) Den Verletzten einer Straftat sowie deren Rechtsnachfolgern können darüber hinaus auf schriftlichen Antrag Auskünfte über die Entlassungsadresse oder die Vermögensverhältnisse von Straf- und Jugendstrafgefangenen erteilt werden, wenn die Erteilung zur Feststellung oder Durchsetzung von Rechtsansprüchen im Zusammenhang mit der Straftat erforderlich ist.

(4) [1]Die Gefangenen werden vor der Mitteilung gehört, es sei denn, es ist zu besorgen, dass dadurch die Verfolgung des Interesses der Antragsteller vereitelt oder wesentlich erschwert werden würde und eine Abwägung ergibt, dass dieses Interesse das Interesse der Gefangenen an ihrer vorherigen Anhörung überwiegt. [2]Ist die Anhörung unterblieben, werden die betroffenen Gefangenen über die Mitteilung nachträglich unterrichtet.

(5) [1]Bei einer nicht nur vorläufigen Einstellung des Verfahrens, einer unanfechtbaren Ablehnung der Eröffnung des Hauptverfahrens oder einem rechtskräftigen Freispruch sind auf Antrag der betroffenen Untersuchungsgefangenen die Stellen, die eine Mitteilung nach Absatz 1 Nr. 1 erhalten haben, über den Verfahrensausgang in Kenntnis zu setzen. [2]Die betroffenen Untersuchungsgefangenen sind bei der Anhörung oder nachträglichen Unterrichtung nach Absatz 4 auf ihr Antragsrecht hinzuweisen.

§ 131 Überlassung von Akten. (1) Akten dürfen nur
1. anderen Anstalten und Aufsichtsbehörden,
2. der Gerichtshilfe, der Jugendgerichtshilfe, der Bewährungshilfe, den Führungsaufsichtsstellen und den forensischen Ambulanzen,
3. den für strafvollzugs-, strafvollstreckungs- und strafrechtliche Entscheidungen zuständigen Gerichten und
4. den Strafvollstreckungs- und Strafverfolgungsbehörden

überlassen oder im Fall elektronischer Aktenführung in Form von Duplikaten übermittelt werden.

(2) [1] Die Überlassung an andere öffentliche Stellen und nichtöffentliche Stellen nach § 126 Abs. 2 ist zulässig, soweit die Erteilung einer Auskunft einen unvertretbaren Aufwand erfordert oder nach Darlegung der Akteneinsicht begehrenden Stellen für die Erfüllung der Aufgabe nicht ausreicht. [2] Entsprechendes gilt für die Überlassung von Akten an die von einer Anstalt oder Aufsichtsbehörde, einer Strafvollstreckungsbehörde oder einem Gericht mit Gutachten beauftragten Stellen.

§ 132 Kenntlichmachung in der Anstalt. Mit Ausnahme des religiösen oder weltanschaulichen Bekenntnisses und der Daten von Gefangenen, die anlässlich ärztlicher Untersuchungen erhoben worden sind, dürfen Daten von Gefangenen in der Anstalt allgemein kenntlich gemacht werden, soweit dies für ein geordnetes Zusammenleben erforderlich ist.

§ 133 Offenbarungspflichten und -befugnisse der Berufsgeheimnisträger. (1) Hinsichtlich der ihnen als Berufsgeheimnisträgern von Gefangenen anvertrauten oder sonst von Gefangenen bekanntgewordene Geheimnisse auch gegenüber der Anstalt und der Aufsichtsbehörde unterliegen
1. Ärzte, Zahnärzte oder Angehörige eines anderen Heilberufs, der für die Berufsausübung oder die Führung der Berufsbezeichnung eine staatlich geregelte Ausbildung erfordert,
2. Berufspsychologen mit staatlich anerkannter wissenschaftlicher Abschlussprüfung,
3. staatlich anerkannte Sozialarbeiter oder staatlich anerkannte Sozialpädagogen,
4. Ehe-, Familien-, Erziehungs- oder Jugendberater sowie Berater für Suchtfragen in einer Beratungsstelle, die von einer Behörde oder Körperschaft, Anstalt oder Stiftung des öffentlichen Rechts anerkannt ist, und
5. Mitglieder oder Beauftragte einer anerkannten Beratungsstelle nach den §§ 3 und 8 des Schwangerschaftskonfliktgesetzes

der Schweigepflicht, soweit in den Absätzen 2 bis 6 nicht Abweichendes geregelt ist.

(2) Die in Absatz 1 genannten Personen haben sich gegenüber dem Anstaltsleiter zu offenbaren, soweit dies für die Aufgabenerfüllung der Anstalt oder der Aufsichtsbehörde oder zur Abwehr von erheblichen Gefahren für Leib oder Leben von Gefangenen oder Dritten erforderlich ist.

(3) [1] Ärzte sind gegenüber dem Anstaltsleiter zur Offenbarung ihnen im Rahmen der allgemeinen Gesundheitsfürsorge bekannt gewordener Geheimnisse befugt, soweit dies für die Aufgabenerfüllung der Anstalt oder der Aufsichtsbehörde unerlässlich oder zur Abwehr von erheblichen Gefahren für Leib

oder Leben von Gefangenen oder Dritten erforderlich ist. [2] Sonstige Offenbarungsbefugnisse und -pflichten bleiben unberührt.

(4) Die Gefangenen sind vor der Erhebung über die nach den Absätzen 2 und 3 bestehenden Offenbarungspflichten zu unterrichten.

(5) [1] Die nach den Absätzen 2 und 3 offenbarten Daten dürfen nur für den Zweck, für den sie offenbart wurden oder für den eine Offenbarung zulässig gewesen wäre, und nur unter denselben Voraussetzungen verarbeitet oder genutzt werden, unter denen eine in Absatz 1 genannte Person selbst hierzu befugt wäre. [2] Der Anstaltsleiter kann unter diesen Voraussetzungen die unmittelbare Offenbarung gegenüber bestimmten Bediensteten allgemein zulassen.

(6) Sofern Ärzte oder Psychologen außerhalb des Vollzugs mit der Untersuchung, Behandlung oder Betreuung von Gefangenen beauftragt werden, gelten die Absätze 1 bis 3 mit der Maßgabe entsprechend, dass die beauftragten Personen auch zur Unterrichtung des in der Anstalt tätigen Arztes oder des in der Anstalt mit der Behandlung oder Betreuung der Gefangenen betrauten Psychologen befugt sind.

§ 134 Schutz der Daten in Akten und Dateien. (1) Die Bediensteten dürfen sich von personenbezogenen Daten nur Kenntnis verschaffen, soweit dies zur Erfüllung der ihnen obliegenden Aufgaben oder für die zur gemeinsamen Aufgabenerfüllung notwendige Zusammenarbeit erforderlich ist.

(2) [1] Akten und Dateien mit personenbezogenen Daten sind durch die erforderlichen technischen und organisatorischen Maßnahmen gegen unbefugten Zugang und unbefugten Gebrauch zu schützen. [2] Gesundheits- und Therapieakten, psychologische und pädagogische Testunterlagen und Krankenblätter sind getrennt von anderen Unterlagen zu führen und besonders zu sichern. [3] Im Übrigen gilt für die Art und den Umfang der Schutzvorkehrungen § 9 ThürDSG.

§ 135 Auskunft an die Betroffenen, Akteneinsicht. (1) Den Gefangenen wird Akteneinsicht gewährt, wenn eine Auskunft für die Wahrnehmung ihrer rechtlichen Interessen nicht ausreicht und sie hierfür auf die Einsichtnahme angewiesen sind.

(2) Die Auskunftserteilung und die Gewährung von Akteneinsicht unterbleiben, soweit die Auskunft oder die Einsichtnahme die ordnungsgemäße Erfüllung der Aufgaben der datenverarbeitenden Stelle oder die Erreichung des Vollzugsziels gefährden würden oder eine Anordnung nach § 119 StPO entgegensteht.

§ 136 Auskunft und Akteneinsicht für wissenschaftliche Zwecke.

§ 476 StPO gilt mit der Maßgabe entsprechend, dass auch elektronisch gespeicherte Daten übermittelt werden können.

§ 137 Löschung. (1) Die in Dateien gespeicherten und gesperrten personenbezogenen Daten sind spätestens zum Ablauf der Aufbewahrungsfrist nach § 140 zu löschen.

(2) Erhält die Anstalt bei einem Untersuchungsgefangenen von einer nicht nur vorläufigen Einstellung des Verfahrens, einer unanfechtbaren Ablehnung der Eröffnung des Hauptverfahrens oder einem rechtskräftigen Freispruch Kenntnis, sind die in Dateien gespeicherten und gesperrten personenbezogenen

Daten des Untersuchungsgefangenen spätestens zum Ende des auf die Kenntniserlangung folgenden Jahres zu löschen.

§ 138 Löschung besonders erhobener Daten. (1) [1]Erkennungsdienstliche Unterlagen mit Ausnahme von Lichtbildern und der Beschreibung von körperlichen Merkmalen der Straf- und Jugendstrafgefangenen, die nach § 124 Abs. 1 erkennungsdienstlich behandelt worden sind, sind nach ihrer Entlassung aus dem Vollzug unverzüglich zu löschen, sobald die Vollstreckung der richterlichen Entscheidung, die dem Vollzug zugrunde gelegen hat, abgeschlossen ist. [2]Im Vollzug der Untersuchungshaft gilt dies bei einer nicht nur vorläufigen Einstellung des Verfahrens, einer unanfechtbaren Ablehnung der Eröffnung des Hauptverfahrens oder einem rechtskräftigen Freispruch.

(2) Mittels optisch-elektronischer Einrichtungen nach § 124 Abs. 2 erhobene Daten sind spätestens nach 72 Stunden zu löschen, soweit nicht die weitere Aufbewahrung im Einzelfall zu Beweiszwecken unerlässlich ist.

(3) Nach § 124 Abs. 3 Nr. 2 erhobene Daten sind unverzüglich zu löschen, nachdem die Personen die Anstalt verlassen haben.

(4) [1]Nach § 124 Abs. 4 erhobene Daten sind unverzüglich zu löschen, soweit eine Verarbeitung nach § 128 Abs. 4 unzulässig ist. [2]Die Daten sind spätestens 72 Stunden nach dem Ende des Auslesens zu löschen, soweit nicht die weitere Aufbewahrung im Einzelfall zu Beweiszwecken unerlässlich ist.

§ 139 Sperrung und Verwendungsbeschränkungen. (1) [1]Personenbezogene Daten in Akten und Dateien sind spätestens nach Ablauf von zwei Jahren seit der Entlassung oder der Verlegung der Gefangenen in eine andere Anstalt zu kennzeichnen. [2]Ihre weitere Verarbeitung oder Nutzung ist einzuschränken (Sperrung). [3]Die Daten sind nach Ablauf der Frist nur noch ausgewählten Bediensteten zugänglich zu machen. [4]Einzelheiten regelt der Anstaltsleiter. [5]Hiervon können bis zum Ablauf der Aufbewahrungsfrist nach § 140 die Angaben über Familienname, Vorname, Geburtsname, Geburtstag, Geburtsort, Eintritts- und Austrittsdatum der Gefangenen ausgenommen werden, soweit dies für das Auffinden der Gefangenenpersonalakte erforderlich ist.

(2) Die nach Absatz 1 gesperrten Daten dürfen nur übermittelt oder genutzt werden soweit dies

1. zur Verfolgung von Straftaten,
2. für die Durchführung wissenschaftlicher Forschungsvorhaben nach § 104,
3. zur Behebung einer bestehenden Beweisnot oder
4. zur Feststellung, Durchsetzung oder Abwehr von Rechtsansprüchen im Zusammenhang mit dem Vollzug einer Jugend- oder Freiheitsstrafe oder einer Untersuchungshaft

unerlässlich ist.

(3) Die Sperrung nach Absatz 1 endet, wenn die Gefangenen erneut zum Vollzug einer Jugend- oder Freiheitsstrafe oder einer Untersuchungshaft aufgenommen werden oder die Betroffenen eingewilligt haben.

(4) Erhält die Anstalt bei einem Untersuchungsgefangenen von einer nicht nur vorläufigen Einstellung des Verfahrens, einer unanfechtbaren Ablehnung der Eröffnung des Hauptverfahrens oder einem rechtskräftigen Freispruch Kenntnis, so tritt an die Stelle der in Absatz 1 Satz 1 genannten Frist eine Frist von einem Monat ab Kenntniserlangung.

§ 140 Aufbewahrungsfristen, Fristberechnung. (1) Bei der Aufbewahrung von Akten und Dateien mit nach § 139 gesperrten Daten darf für Gefangenenpersonalakten, Gesundheitsakten, Therapieakten, psychologische und pädagogische Testunterlagen und Krankenblätter sowie für Gefangenenbücher eine Frist von dreißig Jahren nicht überschritten werden.

(2) Die Aufbewahrungsfrist beginnt mit dem auf das Jahr der aktenmäßigen Weglegung folgenden Kalenderjahr.

(3) Die Bestimmungen des Thüringer Gesetzes über die Sicherung und Nutzung von Archivgut bleiben unberührt.

Dreiundzwanzigster Abschnitt. Übergangs- und Schlussbestimmungen

§ 141 Einschränkung von Grundrechten. Durch dieses Gesetz werden die nachfolgenden Grundrechte eingeschränkt:

1. das Recht auf körperliche Unversehrtheit nach Artikel 2 Abs. 2 Satz 1 des Grundgesetzes und Artikel 3 Abs. 1 Satz 1 der Verfassung des Freistaats Thüringen,
2. die Freiheit der Person nach Artikel 2 Abs. 2 Satz 2 des Grundgesetzes und Artikel 3 Abs. 1 Satz 2 der Verfassung des Freistaats Thüringen,
3. das Recht auf Schutz der personenbezogenen Daten nach Artikel 6 Abs. 2 der Verfassung des Freistaats Thüringen sowie
4. das Brief-, Post- und Fernmeldegeheimnis nach Artikel 10 Abs. 1 des Grundgesetzes und Artikel 7 Abs. 1 der Verfassung des Freistaats Thüringen.

§ 142 Verhältnis zu anderen Vorschriften. [1] Dieses Gesetz ersetzt gemäß Artikel 125a Abs. 1 des Grundgesetzes in Thüringen das Strafvollzugsgesetz. [2] Die Bestimmungen des Strafvollzugsgesetzes über

1. den Pfändungsschutz (§ 50 Abs. 2 Satz 5, § 51 Abs. 4 und 5, § 75 Abs. 3), den Nachrang der Sozialhilfe bei der Zahlung von Ausbildungsbeihilfe (§ 44 Abs. 1 Satz 2),
2. Handeln auf Anordnung (§ 97),
3. das gerichtliche Verfahren (§ 50 Abs. 5 Satz 2, §§ 109 bis 121),
4. die Unterbringung in einem psychiatrischen Krankenhaus und einer Entziehungsanstalt (§§ 136 bis 138),
5. den Vollzug von Ordnungs-, Sicherungs-, Zwangs- und Erzwingungshaft (§§ 171 bis 175),
6. den unmittelbaren Zwang in Justizvollzugsanstalten für andere Arten des Freiheitsentzugs (§ 178) sowie
7. den Vollzug von Freiheitsstrafe und Jugendhaft der Deutschen Demokratischen Republik (§ 202)

gelten fort.

§ 143 Übergangsbestimmungen. (1) Bis zum Inkrafttreten einer Verordnung nach § 66 Abs. 4 Satz 2 gilt die Strafvollzugsvergütungsordnung[1)] vom 11. Januar 1977 (BGBl. I S. 57) in der jeweils geltenden Fassung.

[1)] Nr. **1a**.

(2) Für Anstalten, mit deren Errichtung vor dem 3. Oktober 1990 begonnen wurde, gilt, dass abweichend von § 18 während der Einschlusszeiten bis zu sechs Strafgefangene gemeinsam untergebracht werden dürfen, solange die räumlichen Verhältnisse der Anstalt dies erfordern; eine gemeinschaftliche Unterbringung von mehr als zwei Personen ist nur bis zum Ablauf des 31. Dezember 2024 zulässig.

(3) Für die bei Inkrafttreten dieses Gesetzes bestehenden Anstalten kann abweichend von § 106 die Belegungsfähigkeit einer Anstalt nach Maßgabe des Absatzes 2 festgesetzt werden.

(4) [1] Das Überbrückungsgeld, welches von den Gefangenen bis zum Inkrafttreten dieses Gesetzes angespart wurde, ist ihnen bei ihrer Entlassung auszuzahlen. [2] Der Anstaltsleiter kann es auch ganz oder teilweise dem Bewährungshelfer, einer mit der Entlassungsbetreuung befassten Stelle oder den Personensorgeberechtigten überweisen, die darüber entscheiden, wie das Geld innerhalb der ersten vier Wochen nach der Entlassung an den Gefangenen ausgezahlt wird. [3] Der Bewährungshelfer, die mit der Entlassungsbetreuung befasste Stelle und die Personensorgeberechtigten sind verpflichtet, das Überbrückungsgeld von ihrem sonstigen Vermögen getrennt zu halten. [4] Mit Zustimmung des Gefangenen kann das Überbrückungsgeld einem oder mehreren Unterhaltsberechtigten überwiesen werden.

§ 144 Gleichstellungsbestimmung. Status- und Funktionsbezeichnungen in diesem Gesetz gelten jeweils in männlicher und weiblicher Form.

§ 145 Inkrafttreten, Außerkrafttreten. [1] Dieses Gesetz tritt am Tage nach der Verkündung[1)] in Kraft. [2] Gleichzeitig treten

1. das Thüringer Jugendstrafvollzugsgesetz vom 20. September 2007 (GVBl. S. 221),
2. das Thüringer Untersuchungshaftvollzugsgesetz vom 8. Juli 2009 (GVBl. S. 553),
3. das Thüringer Gesetz zur Regelung des Datenschutzes und der Videoüberwachung beim Vollzug der Freiheitsstrafe und der Sicherungsverwahrung vom 8. Juli 2009 (GVBl. S. 553 –573–) sowie
4. das Thüringer Strafvollzugs- und Jugendstrafvollzugsergänzungsgesetz vom 23. Mai 2013 (GVBl. S. 121)

außer Kraft.

1) Verkündet am 6.3.2014.

2. Strafvollstreckungsordnung (StVollstrO)[1)]

Vom 1. August 2011

(BAnz. Nr. 112a S. 1)

geänd. durch ÄndVwV v. 10.8.2017 (BAnz AT 18.08.2017 B6)

Der Wortlaut der StrafvollstreckungsO wurde zwischen dem Bundesministerium der Justiz und den Landesjustizverwaltungen vereinbart und als bundeseinheitliche Verwaltungsvorschrift eingeführt.

Vom Abdruck der Fundstellen in den Länderjustizblättern wird abgesehen.

Inhaltsverzeichnis

[1)] Siehe bis zum 31.7.2011 die StVollstrO v. 1.4.2001 (BAnz. S. 9157).

Abschnitt 1. Allgemeine Bestimmungen

§ 1 Geltungsbereich. (1) Die Vorschriften der Strafvollstreckungsordnung gelten für die Vollstreckung von Urteilen und ihnen gleichstehenden Entscheidungen, die auf eine Strafe, Nebenstrafe, Nebenfolge oder Maßregel der Besserung und Sicherung lauten.

(2) Die Vorschriften der Strafvollstreckungsordnung gelten ferner, soweit die §§ 87, 88 dies bestimmen, für die Vollstreckung gerichtlicher Entscheidungen nach dem Gesetz über Ordnungswidrigkeiten sowie für die Vollstreckung von Ordnungs- und Zwangshaft in Straf- und Bußgeldsachen.

(3) Für die Vollstreckung von Entscheidungen gegen Jugendliche und Heranwachsende gelten die Vorschriften der Strafvollstreckungsordnung nur, soweit das Jugendgerichtsgesetz (JGG), die Richtlinien dazu (RiJGG), die Landesgesetze zum Jugendstrafvollzug, die Bundeswehrvollzugsordnung und das Gesetz über Ordnungswidrigkeiten (OWiG) nichts anderes bestimmen.

§ 2 Nachdrückliche Vollstreckung. (1) Im Interesse einer wirksamen Strafrechtspflege ist die richterliche Entscheidung mit Nachdruck und Beschleunigung zu vollstrecken.

(2) Durch Gnadengesuche sowie durch andere Gesuche und Eingaben darf die Vollstreckung grundsätzlich nicht verzögert werden.

§ 3 Aufgaben der Vollstreckungsbehörde. (1) [1] Die Vollstreckungsbehörde prüft, ob die Voraussetzungen der Vollstreckung gegeben sind. [2] Sie trifft die Anordnungen, die zur Durchführung der Entscheidung erforderlich sind.

(2) Die Verantwortlichkeit der Vollstreckungsbehörde erstreckt sich nicht auf den besonderen Pflichtenkreis der Vollzugsbehörde.

§ 4 Vollstreckungsbehörde. Vollstreckungsbehörde ist

1. die Staatsanwaltschaft, soweit nichts anderes bestimmt ist;
2. die Generalstaatsanwaltschaft, wenn das Oberlandesgericht im ersten Rechtszug entschieden hat und nicht ein Fall der Nummer 3 vorliegt;
3. der Generalbundesanwalt beim Bundesgerichtshof in Sachen, in denen im ersten Rechtszug in Ausübung von Gerichtsbarkeit des Bundes entschieden

worden ist (Artikel 96 Absatz 5 des Grundgesetzes – GG –, §§ 120, 142a des Gerichtsverfassungsgesetzes – GVG –).

§ 5 (aufgehoben)

§ 6 Sachliche Zuständigkeit für dringende Vollstreckungsanordnungen. Ist die sachlich zuständige Vollstreckungsbehörde nicht alsbald erreichbar, so kann anstelle der Staatsanwaltschaft die Generalstaatsanwaltschaft dringende Strafvollstreckungsanordnungen treffen.

§ 7 Örtliche Zuständigkeit der Vollstreckungsbehörde. (1) Die örtliche Zuständigkeit der Vollstreckungsbehörde bestimmt sich nach dem Gericht des ersten Rechtszuges (vergleiche § 143 Absatz 1 GVG).

(2) [1] Hat das Revisionsgericht in den Fällen des § 354 Absatz 2, der §§ 354a und 355 der Strafprozessordnung (StPO) eine Sache unter Aufhebung des Urteils zur Verhandlung und zur Entscheidung an ein anderes Gericht zurückverwiesen, so bestimmt sich die Zuständigkeit der Vollstreckungsbehörde nach diesem Gericht. [2] Ist im Wiederaufnahmeverfahren eine Entscheidung nach § 373 StPO ergangen, so bestimmt sich die Zuständigkeit der Vollstreckungsbehörde in den Fällen des § 140a Absatz 1, 3 Satz 2 GVG nach dem Gericht, das diese Entscheidung getroffen hat.

(3) Ist die örtlich zuständige Vollstreckungsbehörde nicht alsbald erreichbar, so kann dringende Vollstreckungsanordnungen auch eine örtlich unzuständige Vollstreckungsbehörde treffen (vergleiche § 143 Absatz 2 GVG).

(4) Die Zuständigkeit zur Vollstreckung einer nachträglich gebildeten Gesamtstrafe richtet sich nach dem Gericht, das sie gebildet hat (§§ 460, 462, 462a Absatz 3 StPO).

§ 8 Vollstreckung von Gesamtstrafen. (1) [1] Die zur Vollstreckung einer Gesamtstrafe zuständige Vollstreckungsbehörde teilt die Bildung der Gesamtstrafe und die Übernahme der Vollstreckung unverzüglich zu allen betroffenen Verfahren mit. [2] Sie fügt der Mitteilung eine beglaubigte Abschrift des erkennenden Teils der Entscheidung über die Gesamtstrafe bei, auf welcher der Zeitpunkt des Eintritts der Rechtskraft vermerkt ist.

(2) Bei einbezogenen Freiheitsstrafen, deren Vollstreckung zur Bewährung ausgesetzt war, ist neben der Mitteilung an die Vollstreckungsbehörde zusätzlich eine Mitteilung an das die Bewährung überwachende Gericht zu fertigen.

§ 9 Vollstreckungshilfe. (1) [1] Soll eine Vollstreckungsanordnung außerhalb des Landes, in dem die Vollstreckungsbehörde ihren Sitz hat, durch eine Landesbehörde durchgeführt werden, so ist – sofern nicht durch die Vereinbarung der Länder der Bundesrepublik Deutschland zur Vereinfachung und zur Beschleunigung der Strafvollstreckung und der Vollstreckung anderer freiheitsentziehender Maßnahmen in Straf- und Bußgeldsachen vom 8. Juni 1999 (Anlage) eine einfachere und schnellere Durchführung ermöglicht wird – die hierfür örtlich zuständige Staatsanwaltschaft des anderen Landes um Vollstreckungshilfe zu ersuchen. [2] Die Zuständigkeit bestimmt sich bei Ersuchen um Vollstreckung von Freiheitsstrafen nach den §§ 162, 163 GVG; in den übrigen Fällen, insbesondere bei Anordnungen nach den §§ 63, 64 oder 66 des Strafgesetzbuches (StGB), sind diese Bestimmungen sinngemäß anzuwenden (§ 463 Absatz 1 StPO). [3] Ist eine Maßregelvollzugseinrichtung eines anderen Landes für den Vollzug der Unterbringung nach § 63 oder § 64 StGB zuständig, ist die örtlich zuständige Staatsanwaltschaft dieses Landes um Vermittlung der Aufnahme in die Maßregelvollzugseinrichtung zu ersuchen; dabei darf die Vermittlung der Aufnahme in die Maßregelvollzugseinrichtung als Vollstreckungshilfe nicht von einer Kostenübernahmeerklärung des ersuchenden Landes für die zu erwartenden Vollzugskosten abhängig gemacht werden. [4]Unberührt bleiben §§ 48 und 57.

(2) Der Generalbundesanwalt kann in den Fällen, in denen er Vollstreckungsbehörde ist, unmittelbar vollstrecken.

§ 10 Geschäfte der Strafvollstreckung. Für die Wahrnehmung der Geschäfte der Strafvollstreckung gilt § 31 des Rechtspflegergesetzes.

§ 11 (aufgehoben)

§ 12 (aufgehoben)

§ 13 Urkundliche Grundlage der Vollstreckung. (1) Die Vollstreckung setzt die Rechtskraft der Entscheidung voraus (§ 449 StPO).

(2) Urkundliche Grundlage der Vollstreckung ist die Urschrift oder eine beglaubigte Abschrift der Entscheidung oder ihres erkennenden Teils; auf ihr muss die Rechtskraft bescheinigt und angegeben sein, wann sie eingetreten ist (§ 451 Absatz 1 StPO).

(3) [1]Die Rechtskraft kann bereits bescheinigt werden, bevor die schriftlichen Urteilsgründe vorliegen. [2]Ist die verurteilte Person in Haft, so hat die die Rechtskraft bescheinigende Stelle die urkundliche Grundlage der Vollstreckung binnen drei Tagen nach Eintritt der Rechtskraft der Vollstreckungsbehörde zu übersenden.

(4) [1]Die Rechtskraft bescheinigt die Urkundsbeamtin oder der Urkundsbeamte der Geschäftsstelle beim Gericht des ersten Rechtszuges. [2]Wird gegen ein Berufungsurteil keine Revision eingelegt, so bescheinigt sie die Urkundsbeamtin oder der Urkundsbeamte der Geschäftsstelle beim Berufungsgericht.

(5) [1]Wird gegen ein Urteil Revision eingelegt, so behält die Vollstreckungsbehörde eine beglaubigte Abschrift des erkennenden Teils der für die Vollstreckung erforderlichen Urteile zurück. [2]Die Urkundsbeamtin oder der Urkundsbeamte der Geschäftsstelle beim Revisionsgericht übersendet der Vollstreckungsbehörde unverzüglich eine beglaubigte Abschrift des erkennenden Teils des Revisionsurteils, wenn dieses die Rechtskraft des angefochtenen Urteils herbeigeführt hat oder selbst vollstreckungsfähig ist. [3]Dasselbe gilt, wenn die Revision durch Beschluss verworfen wird und die Akten nicht sofort zurückgegeben werden können.

§ 14 Weitere urkundliche Grundlagen der Vollstreckung. (1) Weitere urkundliche Grundlage der Vollstreckung ist die Urschrift oder eine beglaubigte Abschrift der Entscheidung oder ihres erkennenden Teils, durch die

1. eine Verurteilung zu der vorbehaltenen Strafe (§ 59b StGB) ausgesprochen wird;
2. die Aussetzung einer Strafe, eines Strafrestes oder einer Unterbringung (§ 56f Absatz 1, § 57 Absatz 3, § 57a Absatz 3, § 67g Absatz 1 bis 3 StGB) oder ein Straferlass (§ 56g Absatz 2 StGB) widerrufen wird;

3. eine Anordnung über eine vom Urteil abweichende Reihenfolge der Vollstreckung von Freiheitsstrafen und freiheitsentziehenden Maßregeln (§ 67 Absatz 3 StGB) getroffen wird;
4. der Vollzug der Freiheitsstrafe angeordnet wird (§ 67 Absatz 5 Satz 2, zweiter Halbsatz StGB);
5. die Überweisung in den Vollzug einer anderen freiheitsentziehenden Maßregel angeordnet wird (§ 67a Absatz 1 bis 3 StGB);
6. nach § 67c Absatz 2 StGB die Vollstreckung einer Unterbringung angeordnet wird;
7. nach § 67d Absatz 5 StGB bestimmt wird, dass die Unterbringung in einer Entziehungsanstalt nicht weiter zu vollziehen ist;
8. der Vollzug der nächsten freiheitsentziehenden Maßregel angeordnet wird (§ 72 Absatz 3 StGB).

(2) § 13 Absatz 2, 3 und 4 Satz 1 gilt entsprechend.

§ 15 Vollstreckungsheft. (1) [1] Die zur Einleitung der Strafvollstreckung erforderlichen Akten soll die Vollstreckungsbehörde erst aus der Hand geben, wenn sie die erforderlichen Vollstreckungsanordnungen in die Wege geleitet hat. [2] Die Durchführung eines Rechtsmittelverfahrens darf nicht verzögert werden.

(2) [1] Ist damit zu rechnen, dass die Akten während der Vollstreckung anderweitig benötigt werden, oder handelt es sich um Strafsachen größeren Umfangs, so ist ein Vollstreckungsheft anzulegen. [2] Bei Strafsachen mit mehreren Verurteilten ist für jede verurteilte Person ein besonderes Vollstreckungsheft erforderlich.

§ 16 Inhalt des Vollstreckungsheftes. (1) Zum Vollstreckungsheft sind zu nehmen:
1. eine mit der Bescheinigung der Rechtskraft versehene beglaubigte Abschrift der Entscheidung und, soweit darin gemäß § 267 Absatz 4 StPO auf den Anklagesatz, die Anklage gemäß § 418 Absatz 3 Satz 2 StPO, den Strafbefehl oder den Strafbefehlsantrag verwiesen wird, auch eine beglaubigte Abschrift dieser Schriftstücke oder Entscheidungen sowie, wenn nachträglich eine Gesamtstrafe gebildet worden ist, auch eine beglaubigte Abschrift der einbezogenen Entscheidungen;
2. eine mit Bescheinigung der Rechtskraft versehene beglaubigte Abschrift der Beschlüsse,
   a) durch welche die Vollstreckung eines Strafrestes oder einer Unterbringung zur Bewährung ausgesetzt worden ist,
   b) die in § 14 Absatz 1 genannt sind;
3. eine beglaubigte Abschrift der Entscheidungen, durch die in den Fällen der Nummern 1 und 2 über ein Rechtsmittel entschieden worden ist, und eine beglaubigte Abschrift sonstiger die Strafvollstreckung betreffender Beschlüsse;
4. die für die Berechnung der Strafzeit maßgebenden Angaben;
5. sämtliche die Strafvollstreckung betreffenden Verfügungen, Gesuche, Eingaben und andere Eingänge.

(2) Kostenrechnungen, Zahlungsanzeigen und Nachrichten der zuständigen Kasse über die Löschung des Kostensolls sind unter dem Aktendeckel vor dem ersten Blatt des Vollstreckungsheftes einzuheften oder, wenn dieses nicht zu

heften ist, lose zu verwahren (vergleiche § 3 Absatz 3 der Kostenverfügung), soweit nichts anderes bestimmt ist.

§ 17 Absehen von der Vollstreckung bei Auslieferung und Ausweisung.

(1) [1] Soll eine verurteilte Person wegen einer anderen Tat einer ausländischen Regierung ausgeliefert oder aus dem räumlichen Geltungsbereich der Strafprozessordnung ausgewiesen werden, so prüft die Vollstreckungsbehörde – unter Beachtung der hierzu erlassenen landesrechtlichen Vorschriften –, ob und inwieweit es angezeigt ist, von der Vollstreckung einer Freiheitsstrafe, einer Ersatzfreiheitsstrafe oder einer Maßregel der Besserung und Sicherung abzusehen (§ 456a StPO). [2] Sieht die Vollstreckungsbehörde von der Vollstreckung ab, so teilt sie dies der Ausländerbehörde mit und legt einen Suchvermerk im Bundeszentralregister nieder.

(2) [1] Die Vollstreckungsbehörde soll zugleich mit dem Absehen von der Vollstreckung die Nachholung für den Fall anordnen, dass die ausgelieferte oder ausgewiesene Person zurückkehrt, und hierzu einen Haftbefehl oder einen Unterbringungsbefehl erlassen sowie die erforderlichen Fahndungsmaßnahmen, insbesondere die Ausschreibung zur Festnahme, veranlassen. [2] Hierüber ist die verurteilte Person in einer für sie verständlichen Sprache zu belehren. [3] Die Belehrung ist aktenkundig zu machen. [4] Sie kann der Vollzugsanstalt übertragen werden.

§ 18 Rechtshilfeverkehr mit dem Ausland. Für den Rechtshilfeverkehr mit dem Ausland gelten insbesondere die jeweiligen völkerrechtlichen Übereinkünfte, das Gesetz über die internationale Rechtshilfe in Strafsachen, das Überstellungsausführungsgesetz und die Richtlinien für den Verkehr mit dem Ausland in strafrechtlichen Angelegenheiten (RiVASt).

§ 19 Rechtskraft bei einzelnen Verurteilten. [1] Haben von mehreren Angeklagten nur Einzelne das Urteil mit der Revision angefochten, so steht § 357 StPO der Vollstreckung gegen die übrigen Verurteilten nicht entgegen. [2] Ist zu erwarten, dass das Revisionsgericht das Urteil auch gegenüber der verurteilten Person, gegen die vollstreckt werden soll, als angefochten behandelt, so kann die Vollstreckung aufgeschoben oder unterbrochen werden.

§ 20 Verlängerung der Verjährung. Ist zweifelhaft, ob die Auslieferung oder Überstellung einer verurteilten Person erreicht werden kann, so beantragt die Vollstreckungsbehörde die Verlängerung der Verjährungsfrist (§ 79b StGB) in der Regel erst, nachdem sie der obersten Justizbehörde berichtet hat.

§ 21 Beschwerden. (1) Über Einwendungen gegen eine Entscheidung oder eine andere Anordnung der Vollstreckungsbehörde entscheidet, soweit nicht das Gericht dafür zuständig ist (§§ 458, 459h StPO, § 83 Absatz 1 JGG),

1. die Generalstaatsanwaltschaft, wenn die Staatsanwaltschaft bzw. die Jugendrichterin als Vollstreckungsleiterin oder der Jugendrichter als Vollstreckungsleiter,
2. die oberste Behörde der Landesjustizverwaltung, wenn die Generalstaatsanwaltschaft,
3. das Bundesministerium der Justiz, wenn der Generalbundesanwalt beim Bundesgerichtshof

die beanstandete Entscheidung oder Anordnung getroffen hat.

(2) Durch Einwendungen nach Absatz 1 wird die Vollstreckung nicht gehemmt.

Abschnitt 2. Vollstreckung von Freiheitsstrafen

§ 22 Vollstreckungsplan. (1) Aus dem Vollstreckungsplan ergeben sich für jeden Gerichtsbezirk die Vollzugsanstalten, die für die Vollstreckung von Jugendarrest, Freiheitsstrafen und freiheitsentziehenden Maßregeln der Besserung und Sicherung sachlich und örtlich zuständig sind.

(2) Der Vollstreckungsplan regelt auch die sachliche Zuständigkeit zur Vollstreckung von Jugendarrest, Freiheitsstrafen und freiheitsentziehenden Maßregeln der Besserung und Sicherung, die im ersten Rechtszug in Ausübung von Gerichtsbarkeit des Bundes verhängt worden sind.

(3) [1]Vollzieht die Bundeswehr Strafarrest (Artikel 5 Absatz 1 des Einführungsgesetzes zum Wehrstrafgesetz – EGWStG –) oder auf Ersuchen der Vollstreckungsbehörde Freiheitsstrafe von nicht mehr als sechs Monaten oder Jugendarrest (Artikel 5 Absatz 2 EGWStG), so gibt die Befehlshaberin oder der Befehlshaber im Wehrbereich durch die Rechtsberaterin oder den Rechtsberater die zuständige Vollzugseinrichtung der Bundeswehr an.

[2]Von einem Vollstreckungsersuchen (Artikel 5 Absatz 2 EGWStG) ist regelmäßig abzusehen, wenn

1. die Soldatin oder der Soldat aus persönlichen Gründen oder wegen der der Verurteilung zugrunde liegenden Straftat für den Vollzug bei der Bundeswehr ungeeignet ist;
2. die Bildung einer höheren als einer sechsmonatigen Gesamtstrafe zu erwarten ist;
3. die Soldatin oder der Soldat vor dem voraussichtlichen Strafende aus dem Dienst bei der Bundeswehr ausscheidet;
4. gegen die Soldatin oder den Soldaten in anderer Sache Untersuchungshaft, Sicherungshaft nach § 453c StPO oder eine einstweilige Unterbringung nach § 126a StPO angeordnet worden ist.

[3]Im Falle des Satzes 2 Nummer 4 ist ein bereits eingeleiteter Strafvollzug in Vollzugseinrichtungen der Bundeswehr in der Regel zu unterbrechen.

§ 23 Sachliche Vollzugszuständigkeit. (1) [1]Soweit der Vollstreckungsplan die sachliche Zuständigkeit einer Vollzugsanstalt von der Vollzugsdauer abhängig macht, kommt es auf die Zeit an, welche die verurteilte Person vom Tage der bevorstehenden Aufnahme in die zuständige Vollzugsanstalt an im Strafvollzug zuzubringen hat. [2]Ist eine nachträglich gebildete Gesamtstrafe zu vollstrecken, nachdem die Vollstreckung einer in sie einbezogenen Strafe bereits begonnen hat oder beendet ist, so ist der Strafrest maßgebend, der bei Beginn des Vollzuges der Gesamtstrafe verbleibt; von einer Verlegung ist abzusehen, wenn der verbleibende Strafrest die sachliche Zuständigkeit der Vollzugsanstalt nicht übersteigt. [3]Für die sachliche Vollzugszuständigkeit bei Vollstreckung mehrerer Freiheitsstrafen gilt § 43 Absatz 6.

(2) Soweit sich die sachliche Zuständigkeit einer Vollzugsanstalt nach dem Alter der verurteilten Person richtet, ist der Tag der bevorstehenden Aufnahme in die zuständige Vollzugsanstalt maßgebend.

(3) Die Vollzugsbehörde kann die Aufnahme nicht ablehnen, wenn die Vollzugsdauer oder das Alter, nach dem Tage der Aufnahme berechnet, um nicht mehr als zwei Wochen vom Vollstreckungsplan abweicht.

§ 24 Örtliche Vollzugszuständigkeit. (1) [1]Die örtliche Zuständigkeit der Vollzugsanstalt richtet sich nach dem Gerichtsbezirk, in dem die verurteilte Person wohnt, sich aufhält oder bei behördlicher Verwahrung sich zuletzt aufgehalten hat, bei Soldatinnen und Soldaten auch nach dem Gerichtsbezirk, in dem der Standort liegt. [2]Ist die verurteilte Person behördlich verwahrt, so richtet sich die Zuständigkeit bei einer Vollzugsdauer bis zu sechs Monaten nach dem Verwahrungsort. [3]Wohnort ist der Ort, an dem die verurteilte Person den Schwerpunkt ihrer Lebensbeziehungen hat und an dem sie freiwillig unter Umständen verweilt, die darauf schließen lassen, dass das Verweilen von einer gewissen Dauer und Regelmäßigkeit ist. [4]Aufenthaltsort ist der Ort, an dem die nicht in behördlicher Verwahrung befindliche verurteilte Person – auch nur für kurze Zeit, etwa bei der Festnahme – tatsächlich anwesend ist.

(2) [1]Wird eine Strafe mit einer Vollzugsdauer von mehr als sechs Monaten in einer für den Aufenthaltsort zuständigen Vollzugsanstalt vollzogen, so ist die verurteilte Person in die für den Wohnort zuständige Vollzugsanstalt zu verlegen, wenn sie es binnen zwei Wochen nach der Aufnahmeverhandlung bei der Vollzugsanstalt beantragt. [2]Wird eine solche Strafe im Anschluss oder in Unterbrechung der Untersuchungshaft vollzogen, so ist die verurteilte Person in die für den Wohnort zuständige Vollzugsanstalt zu verlegen, wenn sie dies binnen zwei Wochen nach entsprechender Kenntnisnahme bei der Vollzugsanstalt beantragt. [3]Die Vollzugsanstalt weist sie bei der Aufnahmeverhandlung oder bei entsprechender Kenntnisnahme auf diese Möglichkeit hin und gibt der Vollzugsanstalt des anderen Landes, in welche die verurteilte Person verlegt werden soll, zur Prüfung die die örtliche Zuständigkeit der Vollzugsanstalt begründenden Umstände an und teilt mit, wie der Wohnort der verurteilten Person festgestellt wurde.

(3) [1]Für eine verurteilte Person, die sich im Ausland aufhält und für die im räumlichen Geltungsbereich der Strafprozessordnung keine örtliche Vollzugszuständigkeit nach Absatz 1 besteht, richtet sich die örtliche Zuständigkeit der Vollzugsanstalt nach dem Sitz des Gerichts, das im ersten Rechtszug erkannt hat. [2]Bei einer Vollzugsdauer bis zu sechs Monaten kann die verurteilte Person auch in diejenige sachlich zuständige Vollzugsanstalt eingewiesen werden, die mit dem geringsten Aufwand an Überführungskosten zu erreichen ist.

(4) [1]Ist der Vollzug – z.B. auf Grund der Aussetzung eines Strafrestes zur Bewährung oder durch Entweichen der verurteilten Person – unterbrochen worden, so wird er in der Vollzugsanstalt, in der sie sich vor der Unterbrechung befunden hat, fortgesetzt. [2]In dieser Anstalt werden auch weitere Strafen vollzogen, wenn der Rest der Gesamtvollzugsdauer die sachliche Zuständigkeit dieser Anstalt nicht übersteigt. [3]Befindet die verurteilte Person sich jedoch zum Vollzug einer weiteren Strafe bereits in einer anderen sachlich und örtlich zuständigen oder nach § 26 bestimmten Vollzugsanstalt in Strafhaft, so werden der Strafrest und weitere Strafen in dieser Anstalt vollzogen, wenn sie auch für den Rest der Gesamtvollzugsdauer zuständig ist; dies gilt sinngemäß, wenn die verurteilte Person nachträglich nach Absatz 2 Satz 1 und 2 in eine andere Vollzugsanstalt verlegt wird. [4]Im Übrigen richtet sich die örtliche Zuständigkeit zum Vollzug weiterer Strafen nach den Absätzen 1 bis 3.

[5] Hatte sich die verurteilte Person vor der Unterbrechung in einer Anstalt des offenen Vollzuges oder des Erstvollzuges befunden, ist für den weiteren Vollzug die zuständige Anstalt des geschlossenen Vollzuges oder des Regelvollzuges maßgebend; dies gilt nicht für die in § 455 Absatz 4, § 455a StPO bezeichneten Fälle, für Fälle der Unterbrechung im Gnadenwege und soweit Anstalten des offenen Vollzuges oder des Erstvollzuges über geschlossene Abteilungen verfügen.

(5) Der Generalbundesanwalt weist vorbehaltlich besonderer Vereinbarung mit einer Landesjustizverwaltung die verurteilte Person in die zuständige Vollzugsanstalt des Landes ein, in dem diese zuletzt gewohnt oder sich aufgehalten hat.

§ 25 Strafvollstreckung bei jungen Verurteilten. Für die Vollstreckung von Freiheitsstrafen an Verurteilten unter 24 Jahren gelten die Richtlinien zu § 114 JGG.

§ 26 Abweichen vom Vollstreckungsplan. (1) [1] Vom Vollstreckungsplan darf von Amts wegen oder auf Antrag bezüglich der örtlichen oder der sachlichen Vollzugszuständigkeit aus den Gründen der Behandlung, der Wiedereingliederung, zur sicheren Unterbringung oder soweit dies aufgrund landesgesetzlicher Vorschriften zulässig ist, abgewichen werden. [2] Bei den Maßregeln der Besserung und Sicherung nach den §§ 63, 64 StGB, § 7 JGG gilt Satz 1, soweit die landesrechtlichen Vorschriften über den Maßregelvollzug nichts anderes bestimmen.

(2) [1] Ein Abweichen erfolgt in den in Absatz 1 genannten Fällen vor Beginn des Vollzuges durch Einweisung und nach Beginn des Vollzuges durch Verlegung und bedarf der Zustimmung der höheren Vollzugsbehörde; die Zustimmung kann – vorbehaltlich einer anderweitigen landesrechtlichen Regelung – als erteilt gelten, wenn die zur Aufnahme vorgesehene Justizvollzugsanstalt der vom Vollstreckungsplan abweichenden Einweisung zustimmt oder im Fall der Verlegung in Abweichung vom Vollstreckungsplan die von der Verlegung betroffenen Justizvollzugsanstalten Einvernehmen über die beabsichtigte Verlegung erzielen. [2] Untersteht die Vollzugsanstalt, in die eingewiesen oder verlegt werden soll, einer anderen höheren Vollzugsbehörde des Landes, so muss auch diese zustimmen. [3] Soll in die Vollzugsanstalt eines anderen Landes eingewiesen oder verlegt werden, so bedarf es einer Einigung der obersten Vollzugsbehörden beider Länder.

(3) Vollstreckt die Vollstreckungsbehörde eine Maßregel der Besserung und Sicherung nach den §§ 63, 64 StGB, § 7 JGG und soll die verurteilte Person in Abweichung vom Vollstreckungsplan in eine Einrichtung eines anderen Landes eingewiesen werden, so ist auf dem Dienstwege der obersten Justizbehörde zu berichten, damit diese die Entscheidung der zuständigen Behörden des anderen Landes herbeiführen kann.

§ 27 Ladung zum Strafantritt. (1) Ist die verurteilte Person auf freiem Fuß, so lädt die Vollstreckungsbehörde sie unmittelbar zum Strafantritt, es sei denn, dass die Strafe in der Vollzugsanstalt eines anderen Landes zu vollziehen ist und die Voraussetzungen der Vereinbarung der Länder zur Vereinfachung und zur Beschleunigung der Strafvollstreckung und der Vollstreckung anderer freiheitsentziehender Maßnahmen in Straf- und Bußgeldsachen vom 8. Juni 1999 (Anlage) nicht vorliegen.

(2) [1] In der Ladung ist der verurteilten Person grundsätzlich eine Frist zu setzen, binnen derer sie sich in der angegebenen Vollzugsanstalt einzufinden hat; die Frist

wird in der Regel so bemessen, dass ihr mindestens eine Woche zum Ordnen ihrer Angelegenheiten bleibt. [2] Zum sofortigen Strafantritt kann geladen werden, wenn die sofortige Vollstreckung geboten ist. [3] In der Ladung wird sie darauf hingewiesen, dass sie mit Zwangsmaßnahmen zu rechnen habe, falls sie ihr nicht fristgemäß (Satz 1) oder nicht rechtzeitig (Satz 2) Folge leistet.

(3) [1] Die verurteilte Person kann durch einfachen Brief geladen werden. [2] Eine förmliche Zustellung der Ladung ist jedoch erforderlich, wenn sie zum sofortigen Strafantritt geladen wird, der Ladung im Interesse beschleunigter Vollstreckung besonderer Nachdruck gegeben werden soll, eine formlose Ladung nach den Umständen des Einzelfalles keinen Erfolg verspricht oder sie bereits vergeblich gewesen ist. [3] Die Ladung zum sofortigen Strafantritt kann der verurteilten Person, insbesondere wenn sie an Amtsstelle anwesend ist, auch mündlich eröffnet werden.

(4) Wird eine Soldatin oder ein Soldat zum Strafantritt geladen, so übersendet die Vollstreckungsbehörde der oder dem nächsten Disziplinarvorgesetzten gleichzeitig eine Abschrift der Ladung.

(5) Hat die verurteilte Person offenbar nicht die Mittel, um von ihrem Wohn- oder Aufenthaltsort aus der Ladung in die zuständige Vollzugsanstalt nachzukommen, so kann sie in eine näher gelegene Anstalt geladen werden; von dort ist sie der zuständigen Anstalt zuzuführen.

§ 28 Überführungsersuchen. (1) [1] Ist die verurteilte Person nicht auf freiem Fuß, so veranlasst die Vollstreckungsbehörde, soweit erforderlich, ihre Überführung in die zuständige Vollzugsanstalt. [2] Befindet sie sich in anderer Sache in Untersuchungshaft, so ist die Strafe in Unterbrechung der Untersuchungshaft zu vollstrecken, es sei denn, das Gericht trifft eine abweichende Entscheidung (§ 116b Satz 2 StPO); in Fällen dieser Art kann vom Vollstreckungsplan abgewichen werden (§ 26), wenn hierdurch die schwebende Untersuchung erleichtert oder beschleunigt wird. [3] Die Untersuchungshaft ist nicht zu unterbrechen, wenn Strafarrest zu vollstrecken ist.

[4] In den Fällen, in denen um Vollstreckung durch Behörden der Bundeswehr ersucht werden kann (§ 22 Absatz 3), darf die Untersuchungshaft nur unterbrochen werden, wenn die Vollstreckung in einer Justizvollzugsanstalt erfolgt.

(2) Im Falle des § 27 Absatz 5 ist zugleich mit der Ladung der verurteilten Person das Überführungsersuchen an die Anstalt zu senden, in die sie geladen ist.

§ 29 Einweisung durch das Aufnahmeersuchen. (1) [1] Die Vollstreckungsbehörde weist die verurteilte Person durch ein Aufnahmeersuchen in die zuständige Vollzugsanstalt ein. [2] Das Aufnahmeersuchen ist der Vollzugsanstalt in zwei Stücken zu übersenden; es muss ihr noch vor dem Eintreffen der verurteilten Person zugehen.

(2) Werden gleichzeitig mehrere Verurteilte eingewiesen, so ist für jede verurteilte Person ein besonderes Aufnahmeersuchen zu stellen.

(3) Ist der verurteilten Person der Beschluss über den Widerruf der Aussetzung der Strafe, des Strafrestes, der Unterbringung, des Straferlasses oder über die nach § 67c Absatz 2 StGB angeordnete Vollstreckung der Unterbringung öffentlich zugestellt, so sind dem Aufnahmeersuchen zur Aushändigung an die verurteilte Person beizufügen

1. je eine Ausfertigung oder beglaubigte Abschrift der genannten Beschlüsse und

2. eine Belehrung über die Möglichkeit, die nachträgliche Anhörung (§ 33a StPO) oder die Wiedereinsetzung in den vorigen Stand zu beantragen und gleichzeitig sofortige Beschwerde einzulegen (§§ 44, 45, 453 Absatz 2 Satz 3 StPO).

§ 30 Inhalt des Aufnahmeersuchens. (1) Das Aufnahmeersuchen muss – außer den Angaben zur verurteilten Person – enthalten:

1. die genaue Bezeichnung der zu vollstreckenden Entscheidung (Angabe des Gerichts, des Tages der Entscheidung und des Aktenzeichens);
2. die Bezeichnung der Tat;
3. Art und Dauer der zu vollstreckenden Strafe;
4. den Zeitpunkt, von dem an die Strafzeit zu berechnen ist;
5. die Zeitdauer der anzurechnenden Untersuchungshaft oder sonstigen Freiheitsentziehung;
6. die etwa schon verbüßte Strafzeit;
7. den Zeitpunkt, bis zu dem sich die verurteilte Person zum Strafantritt zu stellen hat (§ 27 Absatz 2), oder die Angabe, dass sie aus behördlicher Verwahrung der Strafhaft zugeführt wird (§ 28);
8. Angaben über die Staatsangehörigkeit der verurteilten Person;
9. die Begründung für die Zuständigkeit der Vollzugsanstalt, wenn die Einweisung vom Vollstreckungsplan abweicht;
10. bei Soldatinnen und Soldaten die nächste disziplinarvorgesetzte Person und deren Anschrift;
11. einen Hinweis, falls eine Entscheidung über Halbstrafenentlassung von Amts wegen zu treffen ist (§ 57 Absatz 2 Nummer 1 StGB);
12. einen Hinweis, falls eine Festnahme der verurteilten Person im Ausland zum Zwecke ihrer Überstellung erfolgt ist.

(2) [1] Außerdem nimmt die Vollstreckungsbehörde andere für den Vollzug besonders wichtige Angaben aus dem Inhalt der Sachakten in das Aufnahmeersuchen auf. [2] Dies gilt insbesondere, wenn ihr Umstände bekannt sind, die auf Selbsttötungsgefahr, Betäubungsmittel- und andere Abhängigkeit, Fluchtverdacht, die Gefahr gewalttätigen Verhaltens gegen Bedienstete oder Mitgefangene hindeuten oder sonst für die Sicherheit und Ordnung in der Vollzugsanstalt bedeutsam sind. [3] Ist die verurteilte Person im Strafverfahren oder vor Strafantritt auf ihren körperlichen oder geistigen Zustand untersucht worden, so muss das Aufnahmeersuchen einen Hinweis auf die Untersuchung enthalten, insbesondere wenn Gutachten nicht beigefügt werden (§ 31 Absatz 2).

§ 31 Anlagen zum Aufnahmeersuchen. (1) Dem Aufnahmeersuchen sind beizufügen:

1. eine vollständige Abschrift der in § 16 Absatz 1 Nummer 1 und 3 genannten Entscheidungen mit Ausnahme solcher Teile, die geheimhaltungsbedürftig sind; falls die Abschrift der vollständigen Entscheidung zur Zeit des Aufnahmeersuchens noch nicht vorliegt, ist sie unverzüglich nachzusenden;
2. ein Auszug aus dem Bundeszentralregister, der möglichst nicht älter als sechs Monate ist.

(2) Enthalten die Strafakten oder das Vollstreckungsheft ein Gutachten über den körperlichen oder geistigen Zustand der verurteilten Person, so soll die Voll-

streckungsbehörde eine Abschrift des Gutachtens übersenden, sofern dieses für den Vollzug von Bedeutung sein kann.

§ 32 (aufgehoben)

§ 33 Vorführungs- und Haftbefehl. (1) Die Vollstreckungsbehörde erlässt einen Vorführungs- oder Haftbefehl (vergleiche § 457 Absatz 2 Satz 1 StPO), wenn die verurteilte Person sich auf die an sie ergangene Ladung (§ 27 Absatz 3) ohne ausreichende Entschuldigung nicht

1. binnen einer ihr gesetzten Frist (§ 27 Absatz 2 Satz 1) oder
2. im Falle einer Ladung zum sofortigen Strafantritt (§ 27 Absatz 2 Satz 2) spätestens am Tage nach deren Zustellung zum Strafantritt gestellt hat.

(2) Dasselbe gilt, wenn

1. der Verdacht begründet ist, die verurteilte Person werde sich der Strafvollstreckung entziehen,
2. die verurteilte Person sich nach mündlicher Eröffnung der Ladung (§ 27 Absatz 3 Satz 3) nicht zum sofortigen Strafantritt bereit zeigt oder
3. die verurteilte Person aus dem Strafvollzug entwichen ist oder sich sonst dem Vollzug entzieht (§ 457 Absatz 2 StPO).

(3) [1] Zur Beschleunigung der Strafvollstreckung kann ein Vorführungs- oder Haftbefehl bereits bei der Ladung für den Fall ergehen, dass die verurteilte Person sich nicht fristgemäß oder nicht rechtzeitig stellt. [2] Er darf erst vollzogen werden, wenn

1. der Zugang der Ladung nachgewiesen ist und die Vollstreckungsbehörde durch Anfrage bei der Vollzugsanstalt festgestellt hat, dass die verurteilte Person sich nicht bis zu dem in der Ladung bezeichneten Zeitpunkt gestellt hat, oder
2. die Ladung nicht ausführbar und der Verdacht begründet ist, die verurteilte Person werde sich der Vollstreckung entziehen.

(4) Der Vorführungs- oder Haftbefehl muss enthalten:

1. die genaue Bezeichnung der verurteilten Person;
2. die Angabe der zu vollstreckenden Entscheidung;
3. Art und Dauer der zu vollstreckenden Strafe;
4. den Grund der Vorführung oder Verhaftung;
5. das Ersuchen um Vorführung oder Verhaftung;
6. die Angabe der Vollzugsanstalt, in welche die verurteilte Person eingeliefert werden soll;
7. bei Ersatzfreiheitsstrafen die Angabe des Geldbetrages, bei dessen nachgewiesener Zahlung die Vorführung oder Verhaftung unterbleibt.

(5) [1] Um die Vollziehung von Vorführungs- und Haftbefehlen können die Polizeidienststellen des Landes ersucht werden, bei Soldatinnen und Soldaten auch die Feldjägereinheiten. [2] Soll die Polizeidienststelle eines anderen Landes ersucht werden, so ist nach § 9 Absatz 1 Satz 1 und 2 zu verfahren.

(6) Der Vorführungs- oder Haftbefehl ist der verurteilten Person, wenn möglich bei der Ergreifung, bekannt zu geben.

§ 34 Weitere Maßnahmen zur Sicherstellung der Strafvollstreckung.

(1) Ist die verurteilte Person flüchtig oder hält sie sich verborgen, so kann die Vollstreckungsbehörde zur Strafvollstreckung die Ausschreibung zur Festnahme veranlassen (§ 457 Absatz 1 und 3, § 131 StPO).

(2) [1] Art und Umfang von Fahndungsmaßnahmen sollen in einem angemessenen Verhältnis zur Höhe der verhängten Strafe stehen. [2] Ausschreibungen sind, wenn die Voraussetzungen eines Vollstreckungshaftbefehls vorliegen, nur zum Zwecke der Festnahme zulässig. [3] Liegen die Voraussetzungen eines Vollstreckungshaftbefehls nicht vor, kann zur Aufenthaltsermittlung ausgeschrieben werden (§ 457 Absatz 1 und 3, § 131a StPO).

(3) Ist die verurteilte Person in den kriminalpolizeilichen Fahndungshilfsmitteln ausgeschrieben und fällt der Fahndungsgrund weg, so veranlasst die Vollstreckungsbehörde unverzüglich die Löschung; ein Ausschreibungsersuchen, dem noch nicht entsprochen worden ist, nimmt sie zurück.

§ 35 Anzeige vom Strafantritt und andere Mitteilungen an die Vollstreckungsbehörde. (1) Die Vollstreckungsbehörde erhält von der Vollzugsanstalt eine Mitteilung,

1. wenn die im Aufnahmeersuchen angegebene Frist abgelaufen ist, ohne dass die verurteilte Person die Strafe angetreten hat;
2. wenn die verurteilte Person die Strafe einen Monat nach Ablauf der im Aufnahmeersuchen angegebenen Frist noch nicht angetreten hat. Ist der verurteilten Person durch die Vollstreckungsbehörde ein Vollstreckungsaufschub gewährt worden, beginnt die Frist mit Ablauf des Aufschubes. Das Aufnahmeersuchen wird spätestens vier Monate nach Ablauf der Frist der Vollstreckungsbehörde zurückgesandt;
3. wenn eine verurteilte Person vorläufig aufgenommen worden ist, durch Anforderung eines Aufnahmeersuchens;
4. wenn eine verurteilte Person endgültig aufgenommen worden ist, durch Rücksendung des mit den erforderlichen Ergänzungen, insbesondere der Strafzeitberechnung, versehenen zweiten Stückes des Aufnahmeersuchens und durch Übersendung einer Bescheinigung über die Aushändigung der in § 29 Absatz 3 Nummer 1 und 2 bezeichneten Schriftstücke;
5. wenn die verurteilte Person in eine andere Vollzugsanstalt verlegt worden ist, und zwar unter Angabe der Gründe, sofern diese der Vollstreckungsbehörde offenbar noch nicht bekannt sind;
6. sobald sich Umstände ergeben, welche die Strafzeitberechnung beeinflussen;
7. wenn die verurteilte Person mehrere Strafen in derselben Vollzugsanstalt zu verbüßen hat;
8. wenn die vorläufig aufgenommene verurteilte Person entlassen worden ist, weil die endgültige Aufnahme unterblieben ist;
9. sobald die verurteilte Person ohne Unterbrechung der Strafe wegen körperlicher oder geistiger Erkrankung in eine Anstalt verbracht worden ist, die nicht dem Vollzug dient;
10. sobald der Strafvollzug beendet ist;
11. wenn der Strafvollstreckung eine Überstellung der verurteilten Person aus dem Ausland voraus ging.

(2) Wird eine Freiheitsstrafe in Unterbrechung einer in anderer Sache verhängten Untersuchungshaft vollstreckt, so übersendet die Vollzugsanstalt dem Gericht, das die Untersuchungshaft verhängt hat, sowie der Staatsanwaltschaft, in deren Verfahren sie angeordnet wurde, die Strafzeitberechnung.

§ 36 Überwachungspflicht der Vollstreckungsbehörde. (1) [1]Die Vollstreckungsbehörde wacht darüber, dass Art und Dauer der Strafhaft der zu vollstreckenden Entscheidung entsprechen. [2]Sie ist an erster Stelle für die richtige Berechnung der Strafzeit verantwortlich; ihr obliegt es daher, die ihr von der Vollzugsanstalt übersandte Berechnung (§ 35 Absatz 1 Nummer 4) sorgfältig nachzuprüfen und dafür zu sorgen, dass die beiden Stücke des Aufnahmeersuchens ständig übereinstimmen.

(2) [1]Hat die Vollstreckungsbehörde von Amts wegen zu prüfen, ob die Aussetzung des Restes einer oder mehrerer Strafen in Betracht kommt (§ 57 Absatz 1, 2 Nummer 1, § 57a Absatz 1 StGB, § 454b Absatz 3 StPO), wacht sie ferner darüber, dass sich die Vollzugsanstalt rechtzeitig vor Ablauf der Mindestverbüßungszeit gegenüber der Vollstreckungsbehörde oder, wenn die Vollstreckung von einer ersuchten Staatsanwaltschaft betrieben wird, dieser gegenüber zur Aussetzung des Strafrestes äußert. [2]Die ersuchte Staatsanwaltschaft leitet die Äußerung der Vollzugsanstalt – gegebenenfalls mit den Akten – unverzüglich der Vollstreckungsbehörde zu. [3]Diese oder die ersuchte Staatsanwaltschaft holt, falls erforderlich, eine Stellungnahme der Gerichtshilfe ein (§ 463d StPO). [4]Die Vollstreckungsbehörde gibt die Akten mit einem Vermerk darüber, wann die Hälfte oder zwei Drittel der Strafe oder bei lebenslanger Freiheitsstrafe 15 Jahre verbüßt sein werden, an die Strafverfolgungsbehörde weiter. [5]Die Vollstreckungsbehörde achtet darauf, dass die Akten dem Gericht so rechtzeitig vorgelegt werden können, dass bei Bewilligung der Strafaussetzung die erforderlichen Maßnahmen zur Vorbereitung der Entlassung der verurteilten Person durchgeführt werden können.

(3) Ist im Anschluss an die Freiheitsstrafe eine zugleich angeordnete Unterbringung zu vollstrecken, so ist § 44 Absatz 1 Satz 2 zu beachten.

§ 37 Allgemeine Regeln für die Strafzeitberechnung. (1) [1]Die Strafzeit ist für jede selbständige Strafe getrennt zu berechnen, auch wenn in derselben Sache auf mehrere Freiheitsstrafen erkannt worden ist. [2]Bei jeder Strafzeitberechnung ist darauf zu achten, dass sie nicht zu einer Verlängerung der nach § 39 StGB ausgesprochenen Strafe führt. [3]Zur Berechnung der Strafzeit gehört bei zeitigen Freiheitsstrafen von mehr als zwei Monaten und bei lebenslangen Freiheitsstrafen auch die Errechnung des Zeitpunktes, zu dem die Vollstreckung des Strafrestes nach § 57 Absatz 1, 2 Nummer 1, § 57a Absatz 1 StGB zur Bewährung ausgesetzt werden kann.

(2) [1]Hat die verurteilte Person nicht mehr als eine Woche im Strafvollzug zuzubringen, so wird die Strafe dem Tage und der Stunde nach berechnet; die für die Berechnung maßgebenden Umstände, die im Laufe einer Stunde eintreten, gelten als zu Beginn der Stunde eingetreten.

[2]Bei längerer Vollzugsdauer wird die Strafe nur nach Tagen berechnet; Umstände, die im Laufe eines Tages eintreten, gelten als zu Beginn des Tages eingetreten. [3]Die im Laufe einer Stunde (Satz 1) oder eines Tages (Satz 2) eingetretenen Umstände gelten jedoch als am Ende der Stunde oder des Tages eingetreten, wenn dies für die verurteilte Person günstiger ist. [4]Ist die genaue Feststellung des Tages

oder der Stunde nicht möglich, so wird der Tag oder die Stunde zugrunde gelegt, die der Wirklichkeit mutmaßlich am nächsten kommen. [5] Ist der Lauf der Strafzeit aus irgendeinem Grunde unterbrochen worden, so ist für die Anwendung von Satz 1 oder 2 nicht der Strafrest, sondern die Zeit maßgebend, welche die verurteilte Person insgesamt im Strafvollzug zuzubringen hat.

(3) Ist eine Strafe an Soldatinnen oder Soldaten durch eine Behörde der Bundeswehr zu vollziehen (Artikel 5 EGWStG), so wird die Strafe auch dann nur nach Tagen berechnet, wenn die verurteilte Person nicht mehr als eine Woche im Vollzug zuzubringen hat (§ 5 Absatz 1 der Bundeswehrvollzugsordnung – BwVollzO –).

(4) [1] Der Tag ist zu 24 Stunden, die Woche zu sieben Tagen, der Monat und das Jahr sind nach der Kalenderzeit zu berechnen. [2] Demgemäß ist bei der Berechnung nach Monaten oder Jahren bis zu dem Tage zu rechnen, der durch seine Zahl dem Anfangstage entspricht. [3] Fehlt dieser Tag in dem maßgebenden Monat, so tritt an seine Stelle dessen letzter Tag.

(5) Treffen mehrere Zeiteinheiten zusammen, so geht bei Vorwärtsrechnung die größere Zeiteinheit der kleineren, bei Rückwärtsrechnung die kleinere der größeren vor.

§ 38 Strafbeginn. Als Beginn der Strafzeit ist anzusetzen:

1. bei einer verurteilten Person, die sich selbst stellt, der Zeitpunkt, in dem sie in einer Anstalt in amtliche Verwahrung genommen wird;
2. bei einer verurteilten Person, die auf Grund eines nach § 457 StPO erlassenen Vorführungs- oder Haftbefehls oder eines nach § 453c StPO ergangenen Sicherungshaftbefehls festgenommen und sodann eingeliefert worden ist, der Zeitpunkt der Festnahme; ist die verurteilte Person im Ausland festgenommen worden, so beginnt die Strafzeit mit ihrer Übernahme durch deutsche Beamtinnen oder Beamte;
3. bei einer verurteilten Person, die sich im Zeitpunkt des Eintritts der Rechtskraft in Untersuchungshaft befindet, dieser Zeitpunkt; ist das Rechtsmittel, das eine in Untersuchungshaft befindliche angeklagte Person verspätet eingelegt hat, als unzulässig verworfen worden, so beginnt die Strafzeit mit dem Ablauf der Rechtsmittelfrist;
4. bei einer verurteilten Person, die eine Strafe in Unterbrechung einer in anderer Sache verhängten Untersuchungshaft verbüßt, der Zeitpunkt, in dem das Aufnahme- oder Überführungsersuchen bei der Untersuchungshaftanstalt eingegangen ist; wird die verurteilte Person zur Verbüßung der Strafe von der Untersuchungshaftanstalt in eine andere Anstalt verbracht, so teilt die Untersuchungshaftanstalt den Zeitpunkt des Eingangs des Überführungsersuchens der Vollzugsanstalt mit.

§ 39 Anrechnung von Untersuchungshaft, einer anderen Freiheitsentziehung oder von Geldstrafe. (1) [1] Untersuchungshaft oder eine andere Freiheitsentziehung (Absatz 3), welche die verurteilte Person aus Anlass einer Tat, die Gegenstand des Verfahrens ist oder gewesen ist, erlitten hat, ist kraft Gesetzes (§ 51 Absatz 1 Satz 1 StGB, § 52a JGG) auf eine zeitige Freiheitsstrafe und auf eine Geldstrafe anzurechnen, und zwar, wenn neben einer Freiheitsstrafe auf eine Geldstrafe erkannt worden ist, zunächst auf die Freiheitsstrafe. [2] Satz 1 gilt nicht, soweit sich aus dem erkennenden Teil der Entscheidung etwas anderes ergibt.

[3] Bei der Vollstreckung von Jugendarrest ist Untersuchungshaft oder eine andere Freiheitsentziehung nach Absatz 3 nur zu berücksichtigen, wenn und soweit das Gericht sie angerechnet hat (§ 52 JGG).

(2) [1] Die Anrechnung nach Absatz 1 erstreckt sich vorbehaltlich einer abweichenden gerichtlichen Entscheidung auf die Untersuchungshaft und die in Absatz 1 Satz 1 genannte andere Freiheitsentziehung, welche die verurteilte Person bis zu dem Tage erlitten hat, an dem die Entscheidung rechtskräftig geworden ist.

[2] Hat sich die verurteilte Person an dem Tage, an dem die Rechtskraft eingetreten ist, in Untersuchungshaft befunden oder hat sie an diesem Tage eine andere in Absatz 1 Satz 1 genannte Freiheitsentziehung erlitten, so wird dieser Tag nur angerechnet, wenn er nicht bereits unverkürzt als Strafhaft zählt (§ 37 Absatz 2).

(3) Zu der nach Absatz 1 anzurechnenden anderen Freiheitsentziehung gehören vor allem:

1. die Haft, welche die verurteilte Person auf Grund vorläufiger Festnahme durch eine Amtsperson erlitten hat;
2. die Auslieferungshaft und die vorläufige Auslieferungshaft, welche die verurteilte Person aus Anlass einer Tat erlitten hat, die Gegenstand des Verfahrens gewesen ist;
3. die Unterbringung nach den §§ 81, 126a StPO und nach § 71 Absatz 2, § 73 Absatz 1 JGG;
4. der Disziplinararrest nach der Wehrdisziplinarordnung, soweit er wegen der Tat oder gleichzeitig auch wegen einer anderen Pflichtverletzung vollstreckt worden ist;
5. Jugendarrest nach § 16a JGG in dem Umfang, in dem er verbüßt worden ist (§ 26 Absatz 3 Satz 3 JGG).

(4) [1] Untersuchungshaft sowie eine andere anzurechnende Freiheitsentziehung werden vom errechneten Ende der Strafzeit nach vollen Tagen rückwärts abgerechnet. [2] Wenn sich im Rahmen einer Vergleichsberechnung eine für die verurteilte Person günstigere Strafzeit ergibt, ist im Hinblick auf § 37 Absatz 1 Satz 2 diese für die Vollstreckung maßgeblich. [3] Bei an zwei aufeinander folgenden Tagen ununterbrochen vollzogener Freiheitsentziehung ist nur ein Tag anzurechnen, wenn sich den Vollstreckungsunterlagen nachvollziehbar entnehmen lässt, dass zusammen nicht mehr als 24 Stunden verbüßt worden sind.

(5) [1] Für die Anrechnung von Geldstrafe gilt Absatz 1 sinngemäß. [2] Bei der Anrechnung von Geldstrafe oder auf Geldstrafe entspricht ein Tag Freiheitsentziehung einem Tagessatz (§ 51 Absatz 4 Satz 1 StGB). [3] Ist eine ausländische Strafe oder Freiheitsentziehung anzurechnen, so führt die Vollstreckungsbehörde eine Entscheidung des Gerichts über den Maßstab der Anrechnung herbei (§ 51 Absatz 4 Satz 2 StGB).

§ 39a Anrechnung einer nach Rechtskraft des Urteils im Ausland erlittenen Freiheitsentziehung. (1) Im Ausland erlittene Freiheitsentziehung, welche die verurteilte Person in einem Auslieferungsverfahren zum Zwecke der Strafvollstreckung erlitten hat, ist nach § 450a Absatz 1, 2 und 3 Satz 2 StPO anzurechnen.

(2) Erscheint eine Anrechnung ganz oder teilweise im Hinblick auf das Verhalten der verurteilten Person nach dem Erlass des Urteils, in dem die dem Urteil zugrunde liegenden tatsächlichen Feststellungen letztmalig geprüft werden konn-

ten, nicht gerechtfertigt, so wirkt die Vollstreckungsbehörde auf eine Prüfung hin, ob ein Antrag nach § 450a Absatz 3 Satz 1 StPO gestellt werden soll.

§ 40 Berechnung des Strafrestes. (1) [1] Ist der Strafvollzug unterbrochen worden, so wird der Strafrest nach Tagen und bei einer Vollzugsdauer von insgesamt nicht mehr als einer Woche auch nach Stunden berechnet. [2] § 37 Absatz 1 Satz 2 gilt dabei entsprechend. [3] Ist eine Strafe an Soldatinnen und Soldaten durch Behörden der Bundeswehr zu vollziehen, so wird der Strafrest nur nach Tagen berechnet (§ 5 Absatz 2 BwVollzO).

(2) [1] Als Zeitpunkt, von dem an der Strafvollzug fortgesetzt wird, gilt bei einer verurteilten Person, die aus dem Strafvollzug entwichen ist, der Zeitpunkt, in dem sie zwecks weiteren Strafvollzugs polizeilich festgenommen worden ist oder sich in einer Anstalt zur weiteren Strafverbüßung gestellt hat. [2] Bei Soldatinnen und Soldaten steht die Festnahme durch eine Feldjägerin oder einen Feldjäger der polizeilichen Festnahme gleich.

§ 41 Berechnung der Strafzeit bei Gesamtstrafen und bei anderweitiger Verurteilung. (1) [1] Ist eine nach § 55 StGB oder § 460 StPO nachträglich gebildete Gesamtstrafe zu vollstrecken, nachdem der Vollzug einer in sie einbezogenen Strafe bereits begonnen hat oder beendet ist, so ist die Strafzeit so zu berechnen, als ob von vornherein die Gesamtstrafe zu vollstrecken gewesen wäre. [2] Dies gilt entsprechend für eine rechtskräftig erkannte Strafe, die in einem späteren Verfahren, insbesondere in einem Wiederaufnahmeverfahren, durch eine andere Strafe ersetzt worden ist, sowie – vorbehaltlich einer abweichenden gerichtlichen Entscheidung – für eine wegen derselben Tat im Ausland verhängte Strafe, soweit diese Strafen vollstreckt oder durch Anrechnung erledigt sind (§ 51 Absatz 2, 3 StGB).

(2) [1] Eine nachträgliche Entscheidung über eine Gesamtstrafe (§ 460 StPO) wird schon vor ihrer Rechtskraft der Strafzeitberechnung vorläufig zugrunde gelegt, wenn sie dem Antrag der Staatsanwaltschaft entspricht oder diese von einer sofortigen Beschwerde absieht. [2] Dies gilt auch dann, wenn das Strafende vor der Rechtskraft dieses Beschlusses eintritt.

§ 42 Gerichtliche Entscheidung über die Strafzeitberechnung. Bestehen Zweifel über die Strafzeitberechnung, so führt die Vollstreckungsbehörde eine Entscheidung des Gerichts nach § 458 Absatz 1 StPO herbei.

§ 43 Vollstreckung mehrerer Freiheitsstrafen und Ersatzfreiheitsstrafen.

(1) Freiheitsstrafen und Ersatzfreiheitsstrafen, aus denen keine Gesamtstrafe gebildet werden kann, sind grundsätzlich unmittelbar nacheinander zu vollstrecken (§ 454b Absatz 1 StPO).

(2) Die Reihenfolge der Vollstreckung bestimmt sich wie folgt:

1. Beim Zusammentreffen mehrerer Freiheitsstrafen werden kürzere Freiheitsstrafen vor den längeren und gleich lange in der Reihenfolge, in der die Rechtskraft eingetreten ist, vollstreckt. Vorab werden Freiheitsstrafen von nicht mehr als zwei Monaten und nach diesen Strafreste vollstreckt, deren Vollstreckung bereits nach § 57 StGB oder im Gnadenwege zur Bewährung ausgesetzt war.
2. Ersatzfreiheitsstrafen werden nach Freiheitsstrafen vollstreckt; für die Vollstreckung mehrerer Ersatzfreiheitsstrafen gilt Nummer 1 Satz 1 entsprechend.

(3) Hat die Vollstreckung einer zeitigen Freiheitsstrafe oder Ersatzfreiheitsstrafe bereits begonnen, wird sie, unbeschadet des § 454b StPO, fortgesetzt.

(4) Aus wichtigem Grund, insbesondere bei Hinzutreten von Strafresten nach Widerruf der Strafaussetzung zur Bewährung, kann die Vollstreckungsbehörde eine von Absätzen 2 und 3 abweichende Reihenfolge der Vollstreckung bestimmen.

(5) Sind für die Vollstreckung mehrerer Freiheitsstrafen und Ersatzfreiheitsstrafen verschiedene Vollstreckungsbehörden zuständig, treten sie, soweit erforderlich, unverzüglich miteinander in Verbindung und sorgen dafür, dass bei der Vollzugsanstalt unverzüglich Überhaft für die weiteren Strafen vermerkt wird.

(6) [1] Sind mehrere Freiheitsstrafen zu vollstrecken, die ihrer Art nach in derselben Vollzugsanstalt vollzogen werden können, so richtet sich die sachliche Vollzugszuständigkeit nach der Gesamtvollzugsdauer. [2] Tritt nachträglich eine Anschlussstrafe hinzu, so gilt § 23 Absatz 1 Satz 2 Halbsatz 2 entsprechend.

(7) [1] Sind bei der Vollstreckung mehrerer Freiheitsstrafen verschiedene Vollstreckungsbehörden beteiligt und können sie sich über die Reihenfolge der Vollstreckung nicht einigen, so entscheidet die Generalstaatsanwaltschaft, welche der Vollstreckungsbehörde übergeordnet ist, die für die längste Strafe oder bei gleicher Dauer die für die zuerst rechtskräftig gewordene Strafe zuständig ist. [2] Ist eine Generalstaatsanwaltschaft als Vollstreckungsbehörde beteiligt, so entscheidet sie. [3] Sind mehrere Generalstaatsanwaltschaften als Vollstreckungsbehörden beteiligt, so gilt Satz 1 entsprechend. [4] Ist der Generalbundesanwalt beim Bundesgerichtshof als Vollstreckungsbehörde beteiligt, so ist seine Entscheidung maßgebend.

§ 44 Zusammentreffen von Freiheitsstrafen und Sicherungsverwahrung. (1) [1] Sicherungsverwahrung wird erst vollstreckt, wenn die Freiheitsstrafe verbüßt oder erlassen oder ein Strafrest zur Bewährung ausgesetzt ist. [2] Vor dem Ende der Vollstreckung der Freiheitsstrafe veranlasst die Vollstreckungsbehörde rechtzeitig die Prüfung, ob der Zweck der Sicherungsverwahrung die Unterbringung noch erfordert (§ 67c Absatz 1 StGB).

(2) Absatz 1 Satz 1 gilt sinngemäß, wenn eine in einem anderen Verfahren erkannte Freiheitsstrafe mit Sicherungsverwahrung zusammentrifft.

(3) [1] Befindet sich die verurteilte Person in anderer Sache in Sicherungsverwahrung, so kann die Vollstreckung von kurzzeitigen Freiheitsstrafen zurückgestellt werden, sofern sich ein solcher Aufschub mit den Interessen der Strafrechtspflege verträgt und die Unterbrechung der Sicherungsverwahrung deren Erfolg gefährden würde.

[2] Eine Freiheitsstrafe bis zu drei Monaten, die eine verurteilte Person in Unterbrechung der Sicherungsverwahrung oder im Anschluss daran zu verbüßen hat, kann nach den für sie geltenden Vollzugsbestimmungen in der Anstalt vollstreckt werden, in der die Sicherungsverwahrung vollzogen wird.

(4) [1] Sind bei der Vollstreckung von Freiheitsstrafen und bei der Sicherungsverwahrung mehrere Vollstreckungsbehörden beteiligt, so gilt § 43 Absatz 7 entsprechend. [2] Ist neben der Sicherungsverwahrung nur eine Freiheitsstrafe zu vollstrecken, so richtet sich die Zuständigkeit der Generalstaatsanwaltschaft nach der für die Freiheitsstrafe zuständigen Vollstreckungsbehörde.

§ 44a Zusammentreffen von Freiheitsstrafe mit Unterbringung in einem psychiatrischen Krankenhaus oder in einer Entziehungsanstalt aus demselben Verfahren[1]**.** (1) [1] Ist neben einer Freiheitsstrafe eine Unterbringung in einem psychiatrischen Krankenhaus oder in einer Entziehungsanstalt zu vollstrecken, auf die in demselben Verfahren erkannt wurde, so wird die Maßregel vor der Strafe vollzogen, sofern nicht das Gericht für die gesamte Strafe oder einen Teil etwas anderes bestimmt (§ 67 Absatz 1 bis 3, 5 Satz 2 StGB). [2] Wird die Maßregel ganz oder zum Teil vor der Strafe vollzogen, ist die Zeit des Vollzuges der Maßregel auf die Strafe anzurechnen, bis zwei Drittel der Strafe erledigt sind.

(2) Wird die Strafe ganz oder zum Teil vor der Unterbringung vollstreckt, so gilt § 44 Absatz 1 Satz 2 sinngemäß.

(3) Liegen die Voraussetzungen für den Widerruf der Aussetzung der Unterbringung und der Strafe vor, so führt die Staatsanwaltschaft eine Entscheidung des Gerichts auch darüber herbei, ob die Strafe vor der Maßregel zu vollziehen ist (§ 67 Absatz 3 StGB).

§ 44b Zusammentreffen von Freiheitsstrafe mit Unterbringung in einem psychiatrischen Krankenhaus oder in einer Entziehungsanstalt aus verschiedenen Verfahren. (1) [1] Ist neben einer Freiheitsstrafe eine Unterbringung in einem psychiatrischen Krankenhaus oder in einer Entziehungsanstalt zu vollstrecken, auf die in einem anderen Verfahren erkannt wurde, wird die Maßregel vor der Strafe vollzogen, es sei denn, dass der Zweck der Maßregel durch den vorherigen Vollzug der Strafe oder eines Teils leichter erreicht wird. [2] Die Anrechnung des Vollzugs der Maßregel auf die Strafe erfolgt nach Maßgabe des § 67 Absatz 6 StGB.

(2) [1] Die Vollstreckungsbehörde bestimmt, in welcher Reihenfolge die Freiheitsstrafe und die Maßregel zu vollstrecken sind. [2] § 44 Absatz 4 gilt sinngemäß.

§ 45 Unterbrechung der Strafvollstreckung bei Vollzugsuntauglichkeit. Voraussetzungen. (1) [1] Die Vollstreckungsbehörde kann die Vollstreckung einer Freiheitsstrafe von Amts wegen unterbrechen, wenn aufgrund eines Gutachtens des zuständigen Arztes anzunehmen ist, dass die in § 455 Absatz 4 Satz 1 StPO genannten Voraussetzungen vorliegen. [2] Dies gilt nicht, wenn überwiegende Gründe, namentlich der öffentlichen Sicherheit, einer Unterbrechung entgegenstehen.

(2) Ist der Zeitpunkt abzusehen, zu dem die verurteilte Person voraussichtlich wieder vollzugstauglich wird, so ist eine Unterbrechung zulässig, wenn die verurteilte Person sonst einen unverhältnismäßig großen Teil der Strafzeit außerhalb der Vollzugsanstalt zubringen würde (vergleiche § 461 StPO).

(3) Wird Strafarrest oder eine Freiheitsstrafe durch Behörden der Bundeswehr vollzogen, ist die Vollstreckung unter den Voraussetzungen des Artikel 6 EGWStG zu unterbrechen.

(4) Wird an einer verurteilten Person eine Freiheitsstrafe vor einer Unterbringung nach den §§ 63 und 64 StGB vollzogen und wird sie für die Vollstreckung der Strafe durch eine Erkrankung, die während eines Vollzuges der Unterbringung nach den §§ 63 und 64 StGB behandelt werden kann, überhaupt oder doch

---

[1] **Amtl. Anm.:** Ist die Unterbringung vor dem 1. Mai 1986 angeordnet worden, so ist Artikel 316 EGStGB zu beachten.

auf absehbare Zeit nicht wieder vollzugstauglich, so führt die Vollstreckungsbehörde eine gerichtliche Entscheidung nach § 67 Absatz 3 StGB herbei.

§ 46 Unterbrechung der Strafvollstreckung bei Vollzugsuntauglichkeit. Verfahren. (1) Die Anordnung der Unterbrechung wird der Vollzugsbehörde mitgeteilt; sie wird auch der verurteilten Person unverzüglich bekannt gegeben, sofern sie zur Entgegennahme in der Lage ist.

(2) [1] Soll die Vollstreckung nach § 455 Absatz 4 Satz 1 StPO unterbrochen werden, so teilt die Vollstreckungsbehörde, wenn die verurteilte Person

1. gemeingefährlich geisteskrank ist, einer Behörde, die für den Antrag auf ihre Unterbringung in einem psychiatrischen Krankenhaus oder in einer entsprechenden Einrichtung zuständig ist, oder
2. mit der Unterbrechung hilfsbedürftig, insbesondere anstaltspflegebedürftig wird, der Fürsorgebehörde, bei Soldatinnen oder Soldaten der nächsten disziplinarvorgesetzten Person,

möglichst frühzeitig den Zeitpunkt der bevorstehenden Unterbrechung mit und erklärt dabei, dass der Justizfiskus nach der Unterbrechung entstehende Kosten der Unterbringung und Behandlung der verurteilten Person nicht trägt. [2] Die Unterbrechung der Vollstreckung soll in diesen Fällen nicht vor Ablauf von drei Tagen, vom Zeitpunkt dieser Benachrichtigung an gerechnet, angeordnet werden.

(3) [1] Hat die Vollzugsbehörde die verurteilte Person bereits vor der Unterbrechung in eine Krankenanstalt, ein psychiatrisches Krankenhaus oder in eine entsprechende Einrichtung verbracht, die nicht dem Vollzug dient, so verständigt die Vollstreckungsbehörde diese Anstalt von der Strafunterbrechung. [2] Diese Mitteilung soll zugestellt werden; mit ihrem Zugang bei der Anstalt wird die Unterbrechung wirksam. [3] In der Mitteilung weist die Vollstreckungsbehörde darauf hin, dass der Justizfiskus von ihrem Zugang an für die Kosten der Unterbringung und Behandlung der verurteilten Person nicht mehr aufkommt; dieser Hinweis entfällt, wenn die Strafe von einer Behörde der Bundeswehr vollzogen wird. [4] Bei Soldatinnen und Soldaten verständigt die Vollstreckungsbehörde außerdem die nächste disziplinarvorgesetzte Person von der Strafunterbrechung.

(4) Ist eine Soldatin oder ein Soldat bereits vor der Unterbrechung in eine Krankenanstalt außerhalb des Bereichs der Justizverwaltung zu verbringen, so wird sie oder er nach Möglichkeit in eine Krankenanstalt der Bundeswehr verbracht.

(5) [1] Ist die Strafvollstreckung unterbrochen worden, so müssen die Vollstreckungsbehörde und die Vollzugsbehörde alle Maßnahmen vermeiden, die im Widerspruch zu der angeordneten Unterbrechung darauf hinauslaufen, dass die Verfügung über die verurteilte Person aufrecht erhalten wird. [2] Die Pflicht der Vollstreckungsbehörde, dafür zu sorgen, dass nach Wiedereintritt der Vollzugstauglichkeit der Strafvollzug fortgesetzt wird, bleibt unberührt.

(6) [1] Wenn die verurteilte Person Einwendungen gegen die Entscheidung der Vollstreckungsbehörde erhebt, legt diese die Akten unverzüglich dem Gericht vor (§ 458 Absatz 2 StPO). [2] Im Übrigen gelten § 458 Absatz 3 und § 462 Absatz 3 StPO.

§ 46a Aufschub und Unterbrechung der Strafvollstreckung aus Gründen der Vollzugsorganisation. (1) [1] Beabsichtigt die Vollstreckungsbehörde, die Vollstreckung einer Freiheitsstrafe aus Gründen der Vollzugsorganisation aufzuschieben oder zu unterbrechen (§ 455a Absatz 1 StPO), holt sie zuvor – notfalls fernschriftlich oder fernmündlich – die Zustimmung der für sie zuständigen obersten Justizbehörde ein. [2]Dies gilt nicht, wenn – bei Katastrophen oder sonstigen Eilfällen – die Zustimmung nicht rechtzeitig eingeholt werden kann; in diesen Fällen berichtet sie jedoch unverzüglich der obersten Justizbehörde über die getroffenen Maßnahmen.

(2) [1]Hat die Anstaltsleitung gemäß § 455a Absatz 2 StPO die Vollstreckung vorläufig unterbrochen, unterrichtet sie unverzüglich – notfalls fernschriftlich oder fernmündlich – die Vollstreckungsbehörde und die oberste Justizbehörde über die getroffenen Maßnahmen. [2]Die Vollstreckungsbehörde entscheidet unverzüglich über die Fortdauer der Unterbrechung oder die Fortsetzung der Vollstreckung; Absatz 1 gilt entsprechend.

§ 47 Mitteilungen der Vollstreckungsbehörde an die Bundeswehr.

(1) [1]Ist die verurteilte Person Soldatin oder Soldat, so teilt die Vollstreckungsbehörde der nächsten disziplinarvorgesetzten Person alsbald mit:

1. das Strafende nach jeder Strafzeitberechnung;
2. die Vollzugsanstalt, in der die Strafe jeweils vollzogen wird.

[2]Die Mitteilung nach Nummer 2 unterbleibt, wenn die Verlegung nur für kurze Zeit erfolgt oder die Strafe von einer Behörde der Bundeswehr vollzogen wird.

(2) Entweicht die Soldatin oder der Soldat aus dem Vollzug, so wird die nächste disziplinarvorgesetzte Person unverzüglich verständigt, sofern nicht die Strafe von einer Behörde der Bundeswehr vollzogen wird.

Abschnitt 3. Vollstreckung von Geld- und Ersatzfreiheitsstrafen

§ 48 Geldstrafen. (1) Die Vollstreckung von Geldstrafen, die nicht schon nach § 39 Absatz 1 als vollstreckt anzusehen sind, richtet sich nach der Einforderungs- und Beitreibungsanordnung (EBAO).

(2) [1]Ist gegen eine verurteilte Person in verschiedenen Verfahren auf Geldstrafen oder auf Freiheitsstrafe und Geldstrafe erkannt, so prüft die Vollstreckungsbehörde zunächst, ob nachträglich eine Gesamtstrafe zu bilden ist (§ 460 StPO). [2]Bejaht sie dies, so führt sie die Entscheidung des Gerichts herbei. [3]Ist nur auf Geldstrafen erkannt, so kann sie schon vor der gerichtlichen Entscheidung die Vollstreckung einer der verhängten Geldstrafen betreiben.

(3) [1]Bei der Geldstrafenvollstreckung gegen eine Person, über deren Vermögen das Insolvenzverfahren eröffnet ist, sind die Vollstreckungsverbote der Insolvenzordnung zu beachten. [2]Ein Aufschub der Beitreibung der Geldstrafe bis zum Abschluss des Restschuldbefreiungsverfahrens ist mit dem Strafzweck grundsätzlich nicht vereinbar. [3]Während des Insolvenzverfahrens kann die Vollstreckung in der Regel nach § 459c Absatz 2 StPO unterbleiben.

§ 49 Ersatzfreiheitsstrafen. (1) [1]Eine Ersatzfreiheitsstrafe wird vollstreckt, wenn und soweit die Geldstrafe nicht entrichtet oder beigetrieben worden ist oder die Vollstreckung nach § 459c Absatz 2 StPO unterblieben ist (§ 459e Absatz 1 und 2 StPO). [2]Die Ersatzfreiheitsstrafe wird nicht vollstreckt, wenn und soweit die Vollstreckung der Geldstrafe nach § 459d StPO unterbleibt (§ 459e

Absatz 4 StPO) oder freie Arbeit im Sinne des Artikels 293 des Einführungsgesetzes zum Strafgesetzbuch (EGStGB) geleistet wird.

(2) [1] Kann die Vollstreckung der Ersatzfreiheitsstrafe für die verurteilte Person eine unbillige Härte bedeuten, so prüft – gegebenenfalls nach Einschaltung der Gerichtshilfe (§ 463d StPO) – die Vollstreckungsbehörde, ob beim Gericht eine Anordnung nach § 459f StPO anzuregen ist. [2] Ist eine solche Anordnung ergangen und treten neue Gesichtspunkte hervor, die es angezeigt erscheinen lassen, die Vollstreckung der Geldstrafe fortzusetzen, bessern sich insbesondere die wirtschaftlichen Verhältnisse der verurteilten Person, so kann die Beitreibung der Geldstrafe bis zum Ablauf der Verjährungsfrist erneut versucht werden, ohne dass es des Widerrufs der nach § 459f StPO ergangenen Anordnung bedarf.

(3) [1] Sind mehrere Ersatzfreiheitsstrafen zu vollstrecken, so gilt § 48 Absatz 2 Satz 1 und 2. [2] Die Vollstreckung der Ersatzfreiheitsstrafen ist in der Regel bis zur Entscheidung des Gerichts über die Bildung einer Gesamtstrafe zurückzustellen.

§ 50 Vollstreckungsverfahren. (1) Für die Vollstreckung von Ersatzfreiheitsstrafen gelten die Bestimmungen des Abschnitts 2.

(2) [1] Ergeben sich bei der Berechnung einer nach § 49 Absatz 1 zu vollstreckenden Ersatzfreiheitsstrafe Bruchteile von Tagen, so bleiben sie außer Betracht (§ 459e Absatz 3 StPO). [2] Für den entsprechenden Rest der Geldstrafe bleibt die verurteilte Person vermögensrechtlich haftbar.

§ 51 Ladung zum Strafantritt. Aufnahmeersuchen. (1) In der Ladung zum Antritt der Ersatzfreiheitsstrafe (§ 27) und in dem Aufnahmeersuchen (§ 30) ist anzugeben, welchen Betrag die verurteilte Person zu zahlen hat, um die Vollstreckung abzuwenden.

(2) [1] Die Vollstreckungsbehörde kann abweichend von § 29 der Vollzugsanstalt das Aufnahmeersuchen mit den Anlagen auch nach Strafantritt übersenden; dies gilt nicht, wenn ihr Umstände im Sinne des § 30 Absatz 2 Satz 2 bekannt sind.

[2] Von der Übersendung der Anlagen kann bei der Vollstreckung von Ersatzfreiheitsstrafe von weniger als 30 Tagen abgesehen werden.

(3) Enthält das Aufnahmeersuchen keine Angaben nach § 30 Absatz 2 und sind ihm Anlagen der in § 31 bezeichneten Art nicht beigefügt, so gilt es als zurückgenommen, wenn die verurteilte Person die Ersatzfreiheitsstrafe einen Monat nach Ablauf der im Aufnahmeersuchen angegebenen Frist noch nicht angetreten hat; eine Mitteilung nach § 35 Absatz 1 Nummer 2 entfällt.

(4) Zahlt die verurteilte Person nachträglich den rückständigen Betrag, so werden das Aufnahmeersuchen und etwaige Anordnungen zur Erzwingung des Strafantritts (§§ 33, 34) sofort zurückgenommen; eine bereits in Strafhaft genommene verurteilte Person ist sofort zu entlassen.

§ 52 (aufgehoben)

Abschnitt 4. Vollstreckung von Maßregeln der Besserung und Sicherung

§ 53 Vollstreckung freiheitsentziehender Maßregeln der Besserung und Sicherung. (1) Welche Vollzugsanstalt oder Einrichtung des Maßregelvollzuges zur Vollstreckung einer freiheitsentziehenden Maßregel der Besserung und Sicherung (§ 61 Nummer 1 bis 3 StGB) örtlich und sachlich zuständig ist, ergibt der

Vollstreckungsplan (§ 22), sofern keine besonderen Vorschriften für den Maßregelvollzug bestehen.

(2) Für die Vollstreckung einer freiheitsentziehenden Maßregel der Besserung und Sicherung gelten, soweit Vorschriften der Länder, in denen die Unterbringung vollzogen wird, nichts anderes bestimmen, sinngemäß:

1. § 24 (örtliche Vollzugszuständigkeit);
   §§ 26 bis 31 (Abweichen vom Vollstreckungsplan, Ladung zum Strafantritt, Überführungsersuchen, Aufnahmeersuchen);
   §§ 33 bis 36 (Vorführungs- und Haftbefehl, weitere Maßnahmen zur Sicherstellung der Strafvollstreckung, Anzeige vom Strafantritt und andere Mitteilungen an die Vollstreckungsbehörde, Überwachungspflicht der Vollstreckungsbehörde);
   §§ 45 und 46 (Unterbrechung der Strafvollstreckung bei Vollzugsuntauglichkeit – Voraussetzungen und Verfahren –);
   § 46a (Aufschub und Unterbrechung der Strafvollstreckung aus Gründen der Vollzugsorganisation mit der Maßgabe, dass die Leitung eines psychiatrischen Krankenhauses oder einer Entziehungsanstalt [§§ 63, 64 StGB] bei vorläufiger Unterbrechung der Vollstreckung der Unterbringung [§ 46a Absatz 2 Satz 1] lediglich die Vollstreckungsbehörde unterrichtet);
2. wenn die Höchstdauer der Freiheitsentziehung feststeht (§§ 67d Absatz 1, 67h Absatz 1 StGB), auch
   § 37 Absatz 1 bis 3 (Allgemeine Regeln für die Strafzeitberechnung);
   § 38 (Strafbeginn);
   § 40 (Berechnung des Strafrestes);
   § 41 (Berechnung der Strafzeit bei Gesamtstrafen und bei anderweitiger Verurteilung);
   § 42 (Gerichtliche Entscheidung über die Strafzeitberechnung).

(3) [1] Hat der Vollzug der Unterbringung drei Jahre nach der Rechtskraft ihrer Anordnung noch nicht begonnen und liegt ein Fall des § 67c Absatz 1 StGB oder des § 67b StGB nicht vor, so veranlasst die Vollstreckungsbehörde rechtzeitig die Prüfung, ob die Vollstreckung der Unterbringung noch zulässig ist (§ 67c Absatz 2 StGB). [2] In die Frist wird die Zeit nicht eingerechnet, in welcher die Täterin oder der Täter auf behördliche Anordnung in einer Anstalt verwahrt worden ist.

(4) [1] Während der Vollstreckung einer freiheitsentziehenden Maßregel der Besserung und Sicherung veranlasst die Vollstreckungsbehörde jeweils rechtzeitig vor dem Ablauf

1. von sechs Monaten bei der Unterbringung in einer Entziehungsanstalt,
2. von einem Jahr bei der Unterbringung in einem psychiatrischen Krankenhaus,
3. von einem Jahr bei der nach den §§ 66, 66a oder 66b StGB angeordneten Unterbringung in der Sicherungsverwahrung, nach dem Vollzug von zehn Jahren der Unterbringung von neun Monaten,
4. von einem Jahr bei der nach § 7 Absatz 2 Satz 2, Absatz 4, § 106 Absatz 6 und 7 JGG angeordneten Unterbringung in der Sicherungsverwahrung, nach dem Vollzug von zehn Jahren der Unterbringung von neun Monaten, und in den Fällen des § 7 Absatz 2 Satz 2, Absatz 4 JGG von sechs Monaten, wenn die untergebrachte Person bei Beginn des Fristablaufs das 24. Lebensjahr noch nicht vollendet hat (§ 7 Absatz 5 JGG),
5. der von dem Gericht nach § 67e Absatz 3 Satz 1 StGB festgesetzten Frist

die Prüfung, ob die weitere Vollstreckung der Unterbringung zur Bewährung auszusetzen ist (§ 67e StGB).

[2] Die Fristen der Nummern 1 bis 4 sind vom Beginn der Unterbringung an oder, wenn das Gericht die Anordnung der Entlassung bereits abgelehnt hat, von dem Zeitpunkt dieser Entscheidung an zu berechnen (§ 67e Absatz 4 StGB).

(5) Bei einer Unterbringung in einem psychiatrischen Krankenhaus und in der Sicherungsverwahrung veranlasst die Vollstreckungsbehörde rechtzeitig, im Fall des § 67d Absatz 6 Satz 2 StGB spätestens sechs Monate vor Ablauf von sechs Jahren, im Fall des § 67d Absatz 3 Satz 1 StGB und § 67d Absatz 6 Satz 3 StGB spätestens sechs Monate vor Ablauf von zehn Jahren die Prüfung, ob die Maßregel für erledigt zu erklären ist.

§ 54 Vollstreckung mehrerer freiheitsentziehender Maßregeln der Besserung und Sicherung. (1) [1] Sind in einer Entscheidung mehrere freiheitsentziehende Maßregeln angeordnet, so bestimmt das Gericht die Reihenfolge der Vollstreckung (§ 72 Absatz 3 Satz 1 StGB). [2] Vor dem Ende des Vollzuges einer Maßregel veranlasst die Vollstreckungsbehörde rechtzeitig die Prüfung, ob der Zweck der nächsten Maßregel deren Vollstreckung noch erfordert (§ 72 Absatz 3 Satz 2 StGB).

(2) [1] Sind in mehreren Entscheidungen freiheitsentziehende Maßregeln angeordnet und können sich vor dem Beginn ihrer Vollstreckung die beteiligten Vollstreckungsbehörden nicht über die Reihenfolge der zu vollstreckenden Maßregeln einigen, so ist § 43 Absatz 7 entsprechend anzuwenden. [2] Dabei gilt die Sicherungsverwahrung als die schwerste Maßregel; es folgen der Reihenfolge nach die Unterbringung in einem psychiatrischen Krankenhaus und die Unterbringung in einer Entziehungsanstalt. [3] Bei Maßregeln ungleicher Art bestimmt die Vollstreckungsbehörde die Reihenfolge nach pflichtgemäßem Ermessen. [4] Maßgebend ist, wie bei der Persönlichkeit der verurteilten Person unter Berücksichtigung der Urteilsgründe der Zweck aller Maßnahmen am besten erreicht werden kann. [5] Wenn nicht überwiegende Gründe entgegenstehen, wird in diesen Fällen die Unterbringung in einer Entziehungsanstalt vor anderen Maßregeln und die Unterbringung in einem psychiatrischen Krankenhaus vor der Sicherungsverwahrung vollstreckt. [6] Die Vollstreckungsbehörde kann auch die Vollstreckung einer Maßregel zum Zwecke der Vollstreckung einer anderen Maßregel unterbrechen, wenn sie dies nach pflichtgemäßem Ermessen für angebracht hält.

(3) Wenn neben vorweg zu vollziehenden Maßregeln gleicher Art nach § 63 StGB auch Freiheitsstrafen verhängt wurden, unterbricht die Vollstreckungsbehörde den Maßregelvollzug, wenn die Hälfte der daneben verhängten Freiheitsstrafe verbüßt wäre.

(4) Bei mehrfach angeordneter Unterbringung in einer Entziehungsanstalt darf nur die zuletzt rechtskräftig gewordene Anordnung der Maßregel vollstreckt werden (§ 67f StGB).

§ 54a Führungsaufsicht. (1) Entscheidungen, in denen die Führungsaufsicht angeordnet ist (§ 68 StGB) oder die ihren Eintritt kraft Gesetzes zur Folge haben (§§ 67b bis 67d, 68f StGB), teilt die Vollstreckungsbehörde der zuständigen Aufsichtsstelle mit.

(2) [1] In den Fällen der §§ 68f und 67d Absatz 3 und 4 StGB veranlasst die Vollstreckungsbehörde, dass die Akten drei Monate vor der Entlassung der verurteilten Person dem Gericht vorgelegt werden, damit die Entscheidungen nach

§ 68f Absatz 2 oder nach den §§ 68a bis 68c StGB alsbald getroffen werden können.

[2] Abschriften ihrer Stellungnahme übersendet die Vollstreckungsbehörde unter Beifügung von Abschriften des Urteils und einer bereits vorliegenden Stellungnahme der Justizvollzugsanstalt der Führungsaufsichtsstelle des voraussichtlichen Wohnorts der verurteilten Person; ist der künftige Wohnsitz ungewiss, so unterrichtet sie die nach § 463a Absatz 5 Satz 2 StPO voraussichtlich zuständige Führungsaufsichtsstelle. [3] Die Vollstreckungsbehörde teilt die Entscheidung des Gerichts der Führungsaufsichtsstelle mit, die nach Satz 2 benachrichtigt worden war. [4] In den Fällen des § 67c Absatz 1 und 2 sowie des § 67d Absatz 2 und 5, 6 StGB wirkt die Vollstreckungsbehörde darauf hin, dass die Entscheidungen nach den §§ 68a bis 68c StGB so rechtzeitig getroffen werden können, dass die Führungsaufsicht vorbereitet werden kann.

(3) Die Vollstreckungsbehörde übersendet der Aufsichtsstelle in allen Fällen der Führungsaufsicht je zwei Abschriften der der Führungsaufsicht zugrunde liegenden Unterlagen (z.B. Gutachten über den körperlichen und geistigen Zustand der verurteilten Person, Berichte der Gerichtshilfe, der Bewährungshilfe oder von Jugend- oder Sozialbehörden).

(4) Die Vollstreckungsbehörde teilt die von ihr nach den §§ 68c bis 68g StGB berechnete Dauer der Führungsaufsicht sowie deren Beginn und Ende der Aufsichtsstelle mit.

(5) Wird eine verurteilte Person, die unter Führungsaufsicht steht, auf behördliche Anordnung in einer Anstalt verwahrt (§ 68c Absatz 4 Satz 2 StGB), so teilt die Behörde, welche die Verwahrung vollstreckt, Beginn und Ende der Verwahrung der Behörde mit, welche die Führungsaufsicht vollstreckt.

§ 55 Berufsverbot. (1) [1] Die Zeit des Berufsverbots ist nach § 70 Absatz 4, § 70a Absatz 3 und § 70b Absatz 3 StGB zu berechnen. [2] Die Zeit des Berufsverbots und die Erklärung über die Erledigung des Berufsverbots durch das Gericht (§ 70b Absatz 5 StGB) sind der für die Berufs- und Gewerbeausübung zuständigen Behörde jeweils mitzuteilen.

(2) [1] Die Vollstreckungsbehörde kann auf Antrag der verurteilten Person oder mit ihrer Einwilligung das Berufsverbot aussetzen, wenn hierdurch für die verurteilte Person oder ihre Angehörigen eine erhebliche, außerhalb des Zwecks des Verbots liegende Härte vermieden oder einem öffentlichen Interesse an der vorübergehenden weiteren Berufsausübung Rechnung getragen werden kann (vergleiche § 456c Absatz 2 StPO). [2] Die Aussetzung kann an die Leistung einer Sicherheit oder an andere Bedingungen geknüpft werden und darf zusammen mit einem etwa bereits gerichtlich angeordneten Aufschub sechs Monate nicht übersteigen. [3] Absatz 1 gilt entsprechend.

(3) Vor einer Aussetzung nach Absatz 2 soll die Vollstreckungsbehörde die zuständigen Verwaltungsbehörden und berufsständischen Organisationen hören.

§ 56 Entziehung der Fahrerlaubnis und Einziehung des Führerscheins.

(1) [1] Ein nach § 69 Absatz 3 Satz 2, § 71 Absatz 2 StGB eingezogener Führerschein wird der Behörde übersandt, die für die Erteilung der Fahrerlaubnis am Wohnsitz der verurteilten Person zuständig ist. [2] Hat diese im räumlichen Geltungsbereich der StPO keinen Wohnsitz, so wird der Führerschein zu den Strafakten genommen. [3] Ist der Führerschein von einer Dienststelle der Bundeswehr, des Bundesgrenzschutzes oder der Polizei ausgestellt worden, so wird er der Stelle

übersandt, die nach Nummer 45 Absatz 4 der Anordnung über Mitteilungen in Strafsachen (MiStra) Nachricht erhält. [4]Der Führerschein ist in jedem Fall durch Einschneiden unbrauchbar zu machen. [5]Bei der Übersendung des Führerscheins ist der Behörde der nach § 69a Absatz 5 und 6 StGB zu berechnende Zeitraum der Sperre mitzuteilen.

(2) [1]Wurde eine ausländische Fahrerlaubnis entzogen, die von einer Behörde eines Mitgliedstaates der Europäischen Union oder eines anderen Vertragsstaates des Abkommens über den Europäischen Wirtschaftsraum erteilt worden ist, und hat die Inhaberin oder der Inhaber ihren oder seinen ordentlichen Wohnsitz im Inland, so wird der Führerschein mit den nach der MiStra zu übermittelnden Daten dem Kraftfahrt-Bundesamt zur Weiterleitung an die ausstellende Behörde übersandt (§ 69b Absatz 2 Satz 1 StGB). [2]Bei der Entziehung sonstiger ausländischer Fahrerlaubnisse werden die Entziehung und die Sperre nach Maßgabe des § 47 Absatz 2 Satz 3 der Fahrerlaubnis-Verordnung (FeV) in dem Führerschein vermerkt (§ 69b Absatz 2 Satz 2 StGB). [3]Der verurteilten Person ist mitzuteilen, dass ein Kraftfahrzeug erst dann auf dem Gebiet der Bundesrepublik Deutschland geführt werden darf, wenn die deutsche Verwaltungsbehörde auf ihren Antrag die Erlaubnis dazu erteilt. [4]Befindet der Führerschein sich noch nicht in behördlichem Gewahrsam, so wird er für die Eintragung des Vermerks beschlagnahmt, wenn die verurteilte Person die Vorlage verweigert (§ 463b Absatz 2 StPO). [5]Ist die Eintragung des Vermerks wegen der Beschaffenheit des Führerscheins nicht möglich, so ist der verurteilten Person der Inhalt des Vermerks schriftlich mitzuteilen.

(3) Wird der Führerschein bei der verurteilten Person nicht vorgefunden, gilt § 62.

Abschnitt 5. Vollstreckung anderer Rechtsfolgen

Unterabschnitt 1. Nebenfolgen, die zu einer Geldzahlung verpflichten. Bekanntgabe des Urteils. Fahrverbot

§ 57 Nebenfolgen, die zu einer Geldzahlung verpflichten. Die Vollstreckung von Nebenfolgen, die zu einer Geldzahlung verpflichten, richtet sich nach der Einforderungs- und Beitreibungsordnung (EBAO).

§ 58 (aufgehoben)

§ 59 Bekanntgabe des Urteils. (1) [1]Ist die öffentliche Bekanntmachung der Entscheidung angeordnet, so stellt die Vollstreckungsbehörde der berechtigten Person eine Ausfertigung des erkennenden Teils der Entscheidung auf Kosten der verurteilten Person zu (§§ 463c, 464a StPO). [2]Namen von Verurteilten, auf die sich die Veröffentlichungsbefugnis nicht bezieht, werden in der Ausfertigung ausgelassen.

(2) [1]Verlangt die berechtigte Person die Bekanntmachung (§ 463c Absatz 2 StPO), vollzieht die Vollstreckungsbehörde die Anordnung der Bekanntmachung in der durch die Entscheidung bestimmten Art. [2]Die Kosten der Bekanntmachung sind Verfahrenskosten (§ 464a StPO).

§ 59a Fahrverbot. (1) [1]Ist ein Fahrverbot ausgesprochen worden, so wird ein von einer deutschen Behörde erteilter Führerschein für die Dauer des Fahrverbots bei den Strafakten oder, falls ein Vollstreckungsheft angelegt wird, bei diesem verwahrt (vergleiche § 44 Absatz 2 Satz 2 StGB). [2] Eine andere Art der Aufbewahrung kann angeordnet werden.

(2) [1] Sofern die verurteilte Person nicht erklärt hat, dass sie den Führerschein abholen werde, wird dieser ihr so rechtzeitig durch eingeschriebenen Brief zugesandt, dass er am letzten Tag der Verbotsfrist (vergleiche Absatz 5 sowie § 44 Absatz 3, § 51 Absatz 5 StGB) bei ihr eintrifft. [2] Der verurteilten Person wird bei der Rückgabe mitgeteilt, zu welchem Zeitpunkt ein Fahrverbot endet. [3] Ist der Führerschein von einer Dienststelle der Bundeswehr erteilt worden, wird er der oder dem Disziplinarvorgesetzten der verurteilten Person so rechtzeitig vor Ablauf der Verbotsfrist übersandt, dass er ihr am letzten Tage der Verbotsfrist, der in dem Übersendungsschreiben anzugeben ist, ausgehändigt werden kann.

(3) [1] Ist der Führerschein von einer Behörde eines Mitgliedstaates der Europäischen Union oder eines anderen Vertragsstaates des Abkommens über den Europäischen Wirtschaftsraum ausgestellt worden und hat die Inhaberin oder der Inhaber ihren oder seinen ordentlichen Wohnsitz im Inland, so gilt Absatz 1 entsprechend. [2] Ist gegen die Inhaberin oder den Inhaber eines sonstigen ausländischen Führerscheins ein Fahrverbot ausgesprochen worden, so werden das Fahrverbot und seine Dauer in dem Führerschein vermerkt (vergleiche § 44 Absatz 2 Satz 4 StGB). [3] § 56 Absatz 2 Satz 5 gilt entsprechend.

(4) [1] Befindet sich der Führerschein noch nicht in behördlichem Gewahrsam, so fordert die Vollstreckungsbehörde die verurteilte Person zur Herausgabe auf und belehrt sie über den Beginn des Fahrverbots, wenn sich aus den Akten ergibt, dass die vorgeschriebene Belehrung (§§ 268c, 409 StPO) unterblieben ist.

[2] Gibt die verurteilte Person den Führerschein nicht freiwillig heraus, so ordnet die Vollstreckungsbehörde die Beschlagnahme an (§ 463b Absatz 1 und 2 StPO). [3] Wird der Führerschein nicht vorgefunden, so ist nach § 463b Absatz 3 StPO zu verfahren.

(5) [1] Für die Berechnung der Dauer des Fahrverbots (§ 44 Absatz 3, § 51 Absatz 5 StGB) gelten die Vorschriften des § 37 Absatz 2, 4 und 5, des § 39 Absatz 4 und des § 40 Absatz 1 sinngemäß. [2] Die Verbotsfrist beginnt mit Eingang des Führerscheins bei der zuständigen Vollstreckungsbehörde, nicht jedoch vor Rechtskraft der Entscheidung. [3] Gelangt der Führerschein zur Vollstreckung des Fahrverbots zunächst in den Gewahrsam einer anderen Stelle, die mit der Verfolgung oder Ahndung von Straftaten oder Ordnungswidrigkeiten, aufgrund derer ein Fahrverbot verhängt werden kann, oder mit der Vollstreckung von Fahrverboten befasst ist, wird die Verwahrzeit in die Verbotszeit eingerechnet. [4] Ist der verurteilten Person ein in Absatz 2 Satz 3 bezeichneter Führerschein von der oder dem Vorgesetzten zur Weiterleitung an die Vollstreckungsbehörde abgenommen worden, so wird die Zeit zwischen der Abnahme des Führerscheins und seinem Zugang bei der Vollstreckungsbehörde in die Verbotsfrist eingerechnet.

Unterabschnitt 2. Verfall. Einziehung. Unbrauchbarmachung. Vernichtung

Teil A. Allgemeine Bestimmungen

§ 60 Rechtserwerb bei Verfall und Einziehung. [1] Mit der Rechtskraft der Entscheidung geht das Eigentum an den verfallenen oder eingezogenen Sachen auf das Land (Justizfiskus) über, dessen Gericht im ersten Rechtszug entschieden hat. [2] Dies gilt auch dann, wenn im ersten Rechtszug in Ausübung der Gerichtsbarkeit des Bundes entschieden worden ist. [3] Hat das Gericht den Verfall oder die

Einziehung zugunsten des Bundes angeordnet, so wird die Bundesrepublik Deutschland (Justizfiskus) Eigentümer. [4]Rechte Dritter bleiben bestehen (§ 73e Absatz 1 Satz 2, § 74e Absatz 2 Satz 1 StGB), sofern nicht das Gericht das Erlöschen angeordnet hat (§ 74e Absatz 2 Satz 2 und 3 StGB). [5]Sind Rechte verfallen oder eingezogen, so gelten die Sätze 1 bis 4 entsprechend.

§ 61 Wegnahme von Gegenständen. (1) [1]Sachen, auf deren Verfall, Einziehung oder Unbrauchbarmachung erkannt ist und die sich noch nicht im amtlichen Gewahrsam befinden, nimmt die Vollstreckungsbehörde alsbald nach Rechtskraft der Entscheidung in Besitz. [2]Haben die verurteilte Person, die Verfalls- oder die Einziehungsbeteiligten (§ 431 Absatz 1 Satz 1 und § 442 StPO), die nach der Entscheidung zur Herausgabe verpflichtet sind, die Sache nicht herausgegeben, so beauftragt die Vollstreckungsbehörde die Vollziehungsbeamtin oder den Vollziehungsbeamten mit der Wegnahme (vergleiche § 459g Absatz 1 StPO).

(2) [1]Der Auftrag wird schriftlich erteilt; er muss die verurteilte Person, die Verfalls- oder die Einziehungsbeteiligten sowie die wegzunehmende Sache möglichst genau bezeichnen.

[2]Der Auftrag soll ferner angeben, ob die Sache verwahrt oder wem sie übergeben werden soll. [3]Die Vollstreckungsbehörde kann die Vollziehungsbeamtin oder den Vollziehungsbeamten ersuchen, ihr rechtzeitig den in Aussicht genommenen Zeitpunkt der Wegnahme nach Tag und Stunde mitzuteilen.

(3) [1]Ist die Sache im Gewahrsam der Verfalls- oder Einziehungsbeteiligten und verweigern diese die Herausgabe mit der Begründung, dass sie an ihr ein Recht zum Besitz haben, so kann gegen sie auf Grund der Entscheidung nur vollstreckt werden, wenn in ihr das Erlöschen des Rechtes angeordnet worden ist (§ 74e Absatz 2 StGB). [2]Ob der Anspruch auf Herausgabe gegen die Verfalls- oder Einziehungsbeteiligten im Wege der Klage geltend gemacht werden soll, entscheidet die oberste Justizbehörde oder die von ihr bestimmte Stelle.

(4) [1]Ist die Sache nicht im Gewahrsam der verurteilten Person, der Verfalls- oder Einziehungsbeteiligten, so wird die Gewahrsamsinhaberin oder der Gewahrsamsinhaber zur Herausgabe aufgefordert. [2]Verweigert sie die Herausgabe, so kann gegen sie nicht schon auf Grund der Entscheidung vollstreckt werden. [3]Absatz 3 Satz 2 gilt entsprechend.

(5) [1]Sind Rechte verfallen oder eingezogen, so bedarf es einer Pfändung und Überweisung nicht (§ 73e Absatz 1, § 74e Absatz 1 StGB). [2]Absatz 4 gilt entsprechend.

§ 62 Eidesstattliche Versicherung. Wertersatz. (1) [1]Wird die Sache bei der verurteilten Person oder bei der oder dem Verfalls- oder Einziehungsbeteiligten nicht vorgefunden, so sollen diese Personen zur Abgabe einer eidesstattlichen Versicherung über den Verbleib angehalten werden (vergleiche § 459g Absatz 1 StPO). [2]Davon ist in der Regel abzusehen, sofern die eidesstattliche Versicherung wesentlichen Feststellungen der Entscheidung widersprechen würde.

(2) Ist die Anordnung des Verfalls oder der Einziehung eines Gegenstandes deshalb nicht ausführbar oder unzureichend, weil der Gegenstand nicht mehr vorhanden, verwertet oder mit dem Recht einer dritten Person belastet ist oder weil nach der Anordnung sonst eine der in den §§ 73a oder 74c StGB bezeichneten Voraussetzungen eingetreten oder bekannt geworden ist, so veranlasst die

Vollstreckungsbehörde die Prüfung, ob der Verfall oder die Einziehung des Wertersatzes nachträglich angeordnet werden soll (§ 76 StGB).

§ 63 Verwertung. Unbrauchbarmachung. Vernichtung. Überwachung von Anweisungen bei Einziehungsvorbehalt. (1) [1] Verfallene oder eingezogene Gegenstände werden verwertet, sofern nichts anderes bestimmt ist (§§ 65, 66, 67, 67a, 69ff.). [2] Sind sie wertlos, unverwertbar, gemeingefährlich oder in gesetzwidrigem Zustand, so werden sie in der Regel vernichtet.

(2) [1] Die Verwertung geschieht, sofern in den §§ 69 bis 86 nichts anderes bestimmt ist, durch öffentliche Versteigerung. [2] Erscheint diese nicht ausführbar oder unzweckmäßig, so werden die Gegenstände freihändig verkauft. [3] Sind sie gesetzlich vom freien Verkehr ausgeschlossen, so dürfen sie nicht öffentlich versteigert werden; sie sind, sofern nicht eine andere Art der Verwertung vorgeschrieben ist, nur Personen oder Stellen zum Kauf anzubieten, die Gegenstände dieser Art erwerben dürfen.

(3) [1] Gegenstände, deren Unbrauchbarmachung gerichtlich angeordnet ist, werden der oder dem Berechtigten zurückgegeben, nachdem sie nach Maßgabe der Entscheidung ihrer gefährdenden Form entkleidet oder unschädlich gemacht worden sind. [2] Ist dies nicht möglich, so werden sie vernichtet.

(4) Gegenstände, deren Vernichtung angeordnet ist, werden durch die Maßnahmen vernichtet, die nach pflichtgemäßem Ermessen der Vollstreckungsbehörde zweckmäßig erscheinen.

(5) Bei der Vernichtung gemeingefährlicher Gegenstände nimmt die Vollstreckungsbehörde, soweit erforderlich, die Hilfe der Polizei oder der zuständigen Verwaltungsbehörde in Anspruch.

(6) Vor der Verwertung, Unbrauchbarmachung oder Vernichtung verbrauchssteuerpflichtiger Erzeugnisse oder von Waren, die Zollgut sind, ist das Hauptzollamt zu hören.

(7) Ordnet das Gericht unter Einziehungsvorbehalt weniger einschneidende Maßnahmen an, so überwacht die Vollstreckungsbehörde die Befolgung und veranlasst die Prüfung, welche Entscheidung nach § 74b Absatz 2 StGB zu treffen ist.

§ 64 Veräußerung verfallener oder eingezogener Gegenstände. (1) [1] Mit der öffentlichen Versteigerung und in der Regel auch mit dem freihändigen Verkauf beauftragt die Vollstreckungsbehörde eine Gerichtsvollzieherin oder einen Gerichtsvollzieher. [2] In geeigneten Fällen kann mit dem freihändigen Verkauf auch eine gewerbetreibende Person beauftragt werden. [3] Der Auftrag muss schriftlich erteilt werden und die Personen bezeichnen, an die der Gegenstand nicht veräußert werden darf (Absatz 5). [4] Die Vollstreckungsbehörde kann eine Verwertung verfallener oder eingezogener Gegenstände auch selbst über eine Internetauktionsplattform durchführen. [5] Die öffentliche Versteigerung und der freihändige Verkauf richten sich nach der Geschäftsanweisung für Gerichtsvollzieher.

(2) Erscheint eine Veräußerung am Sitze der Vollstreckungsbehörde aus besonderen Gründen nicht möglich oder unzweckmäßig, so kann die Vollstreckungsbehörde anordnen, dass die Veräußerung an einem anderen Ort versucht wird.

(3) Ist der Verderb oder eine wesentliche Wertminderung des Gegenstandes zu besorgen oder ist seine Aufbewahrung, Pflege oder Erhaltung mit Kosten oder

Schwierigkeiten verbunden, so sorgt die Vollstreckungsbehörde für beschleunigte Verwertung.

(4) Bei freihändigem Verkauf von Gegenständen des täglichen Bedarfs sollen gemeinnützige Stellen und Bedürftige vorzugsweise berücksichtigt werden.

(5) An Täterinnen oder Täter sowie Teilnehmerinnen oder Teilnehmer der Straftat dürfen Gegenstände nur ausnahmsweise und nur mit Einwilligung der obersten Justizbehörde oder der von ihr bestimmten Stelle veräußert werden.

(6) Der freihändige Verkauf an Richterinnen, Richter, Staatsanwältinnen und Staatsanwälte oder andere Justizbedienstete (einschließlich des Strafvollzugs) sowie an Ermittlungspersonen der Staatsanwaltschaft (§ 152 GVG) ist nicht zulässig.

(7) Der bei der Veräußerung erzielte Erlös ist an die zuständige Kasse abzuführen.

§ 65 Mitwirkung anderer Behörden und Stellen bei der Veräußerung.

(1) [1] Werden Gegenstände, die in einem Zoll-, Verbrauchssteuer-, Monopol- und Devisenstrafverfahren oder in einem Verfahren wegen Zuwiderhandlungen gegen Ein- und Ausfuhrverbote gerichtlich eingezogen worden sind, durch eine Stelle der Bundesfinanzverwaltung verwahrt, so werden sie im Benehmen mit der Vollstreckungsbehörde durch das Hauptzollamt verwertet. [2] Der Erlös ist an die zuständige Kasse abzuführen. [3] Das Hauptzollamt ist berechtigt, von dem Erlös diejenigen baren Auslagen abzusetzen, die durch die Beschlagnahme, Aufbewahrung und Verwertung der Gegenstände entstanden sind. [4] Abzugsfähig sind auch Abgaben, die nach § 76 der Abgabenordnung (AO) aus dem Erlös zu decken sind. [5] Über den Erlös und die Abzüge rechnet das Hauptzollamt mit der Vollstreckungsbehörde ab. [6] Im Übrigen wird auf den Erlass des Bundesministers der Finanzen vom 9. Februar 1955 – III A/4-H 2131-3/55 – und die hierzu etwa ergangenen Ergänzungsbestimmungen der obersten Justizbehörden verwiesen.

(2) Sollen Gegenstände veräußert werden, in deren Verwertung eine andere Behörde oder Stelle besonders erfahren ist, so empfiehlt es sich, diese um Auskunft zu bitten oder ihr die Verwertung zu übertragen; hierbei ist darauf hinzuweisen, dass der Erlös nach Abzug der baren Auslagen der Verwertung (Reinerlös) an die zuständige Kasse abzuführen ist.

§ 66 Verwendung für Zwecke der Justizverwaltung und ähnliche Zwecke. (1) [1] Verfallene oder eingezogene Sachen, die sich zur Verwendung für Zwecke der Justizverwaltung (einschließlich des Strafvollzuges), der Bewährungshilfe, der Strafentlassenenfürsorge oder der Polizei im Rahmen der Strafverfolgung eignen, sind zunächst nicht zu verwerten. [2] Sie werden in ein Verzeichnis aufgenommen und dort nach Größe, Beschaffenheit und dem Zustand ihrer Erhaltung kurz beschrieben. [3] Die Vollstreckungsbehörde legt das Verzeichnis von Zeit zu Zeit mit einem Verwendungsvorschlag der Generalstaatsanwältin oder dem Generalstaatsanwalt vor; diese oder dieser entscheidet über die Verwendung im Benehmen mit der Präsidentin oder dem Präsidenten des Oberlandesgerichts und der höheren Vollzugsbehörde. [4] Weist die Generalstaatsanwältin oder der Generalstaatsanwalt verfallene oder eingezogene Sachen der Polizeiverwaltung zur dauernden Nutzung zu, so sind die landesrechtlichen Haushaltsvorschriften zu beachten und den obersten Behörden der Innenverwaltung und der Justizverwaltung je eine Mehrfertigung der Zuweisungsverfügung zu übersenden. [5] Hat das Gericht die Sachen zugunsten des Bundes eingezogen, so ist entsprechend § 70 Absatz 4 Satz 2 zu verfahren.

(2) [1] In das Verzeichnis sind insbesondere aufzunehmen: allgemein genehmigte und zugelassene Funk- und Funkempfangsanlagen sowie andere Geräte der Informations- und Kommunikationstechnik, Werkzeuge, landwirtschaftliche Geräte, Materialien, Kleidungsstücke aller Art, ferner Geräte zum Messen oder Wiegen, die sich nach Ansicht der Eichbehörde zur Wiederverwertung eignen. [2] Gegenstände, deren geringer Gebrauchswert die Verwendung nicht lohnen würde, werden nicht aufgenommen.

(3) Für die Verwendung von Waffen, Funkanlagen und Kraftfahrzeugen für Zwecke der Justizverwaltung gelten § 70 Absatz 1 und die §§ 72 und 73.

§ 67 Abgabe als Forschungs- und Lehrmittel. (1) [1] Verfallene oder eingezogene Gegenstände, die zur Begehung einer rechtswidrigen Tat bestimmt gewesen, gebraucht oder durch sie hervorgebracht worden sind, werden Bundes- oder Landesbehörden für den Bereich ihrer dienstlichen Tätigkeiten angeboten und auf deren Ersuchen überlassen, wenn sie für kriminalwissenschaftliche Forschungs-, Lehr-, Schulungs- oder Ausbildungszwecke von Bedeutung sind. [2] Dasselbe gilt nach Möglichkeit, wenn eine dieser Behörden von sich aus um die Überlassung bestimmter Gegenstände ersucht.

(2) Die Überlassung geschieht leihweise und mit dem ausdrücklichen Vorbehalt, dass die Vollstreckungsbehörde die Gegenstände aus wichtigen Gründen jederzeit zurückverlangen kann.

(3) Gegenstände von erheblichem Wert dürfen den in Absatz 1 bezeichneten Behörden nur mit Genehmigung der Generalstaatsanwältin oder des Generalstaatsanwalts angeboten oder überlassen werden.

§ 67a Verwendung für karitative oder humanitäre Zwecke. (1) Gegenstände, die in einem Verfahren wegen Straftaten nach einem Gesetz zum Schutz des geistigen Eigentums (Urheberrechtsgesetz, Patentgesetz, Gebrauchsmustergesetz, Warenzeichengesetz, Geschmacksmustergesetz, Halbleiterschutzgesetz, Sortenschutzgesetz) eingezogen worden sind und die sich zur Verwendung für karitative oder humanitäre Zwecke eignen, sollen an entsprechende Verbände oder Einrichtungen unentgeltlich abgegeben werden, sofern dies ohne unverhältnismäßigen Aufwand möglich ist.

(2) [1] Die endgültige Abgabe darf erst erfolgen, wenn der durch die Rechtsverletzung verursachte Zustand der Gegenstände beseitigt worden ist und die durch die Abgabe verursachten Gesamtkosten von der Empfängerin oder vom Empfänger getragen werden. [2] Mit der Beseitigung der Schutzrechtsverletzung kann die Empfängerin oder der Empfänger beauftragt werden. [3] Die ordnungsgemäße Beseitigung wird durch die Vollstreckungsbehörde überprüft.

(3) Für Gegenstände von erheblichem Wert gilt § 67 Absatz 3 entsprechend.

§ 68 Absehen von der Verwertung, Vernichtung oder Unbrauchbarmachung. (1) [1] Ist damit zu rechnen, dass die Wiederaufnahme des Verfahrens angeordnet oder das Nachverfahren (§ 439 StPO) beantragt wird, so sieht die Vollstreckungsbehörde von den in § 63 bezeichneten Maßnahmen einstweilen ab. [2] Dasselbe gilt, wenn die betroffene Person um Freigabe des eingezogenen Gegenstandes im Gnadenwege gebeten hat und wichtige Gnadengründe vorliegen.

(2) Macht eine andere als die verurteilte Person geltend, dass sie ein Recht an dem Gegenstand habe, dessen Erlöschen nicht angeordnet worden ist, so ent-

scheidet über die Verwertung die oberste Justizbehörde oder die von ihr bestimmte Stelle.

§ 68a Entschädigung. [1] Beansprucht jemand nach § 74f StGB eine Entschädigung und ist eine gerichtliche Entscheidung nach § 436 Absatz 3 StPO nicht ergangen, so entscheidet die oberste Justizbehörde oder die von ihr bestimmte Stelle. [2] Ist der Gegenstand noch nicht verwertet, so entscheidet sie auch über die Verwertung.

Teil B. Verwendung bestimmter Gegenstände

§ 69 Jagdwaffen, Jagd- und Forstgeräte, Wild und Hunde. (1) [1] Jagdwaffen, Jagdmunition und Jagdgeräte sind, wenn sie den gesetzlichen Vorschriften entsprechen, der obersten Jagdbehörde des Landes oder einer anderen von der obersten Justizbehörde benannten Stelle anzuzeigen.

[2] Diese bestimmt, an welche Stelle die Gegenstände zur Verwertung abzuliefern sind. [3] Die Vollstreckungsbehörde übersendet dieser Stelle die Gegenstände. [4] Übersendet sie Jagdwaffen, so weist sie darauf hin, dass bei ihrer Veräußerung der Reinerlös (§ 65 Absatz 2) an die zuständige Kasse abzuführen ist.

(2) Mit vorschriftswidrigen Jagdwaffen und Jagdgeräten wird nach § 70 verfahren.

(3) [1] Brauchbare Werkzeuge, die in Strafverfahren wegen Holz- oder Forstdiebstahls eingezogen worden sind, werden der obersten Forstbehörde des Landes oder einer anderen von der obersten Justizbehörde des Landes benannten Stelle angezeigt, sofern sie nicht für die in § 66 Absatz 1 bezeichneten Zwecke verwendet werden können. [2] Die nach Satz 1 zuständige Stelle bestimmt, an wen die Werkzeuge abzuliefern sind. [3] Die Vollstreckungsbehörde übersendet sie dieser Stelle zur Verwertung.

(4) Gefangenes oder erlegtes Wild und Teile davon sowie Hunde werden nach den allgemeinen Vorschriften verwertet.

§ 70 Andere Waffen und verbotene Gegenstände. (1) [1] Schusswaffen und Munition, die nicht unter § 69 Absatz 1 fallen, andere Waffen und verbotene Gegenstände im Sinne des Waffenrechts sind dem Regierungspräsidium oder der entsprechenden Behörde oder einer anderen von der obersten Justizbehörde benannten Stelle zu übersenden. [2] In der Regel werden sie von Fall zu Fall übersandt. [3] Vollstreckungsbehörden, die häufiger Waffen zu übersenden haben, sollen mit der zuständigen Verwaltungsbehörde Sammelsendungen vereinbaren. [4] Soweit Waffen für Zwecke der Justizverwaltung (einschließlich des Strafvollzugs) benötigt werden, ist nach § 66 Absatz 1 zu verfahren.

(2) [1] Vorschriftswidrige und zur Begehung rechtswidriger Taten abgeänderte Jagdwaffen sowie andere Schusswaffen und verbotene Gegenstände im Sinne des Waffenrechts, an denen ein kriminalpolizeiliches Interesse besteht, werden dem Bundeskriminalamt auf sein Ersuchen über das Landeskriminalamt oder die ihm entsprechende Behörde übersandt. [2] Vorschriftswidrige Jagdwaffen und Jagdgeräte, die für verfallen erklärt oder eingezogen worden sind und an denen kein kriminalpolizeiliches Interesse besteht, werden derjenigen Stelle übersandt, welche die oberste Jagdbehörde oder oberste Justizbehörde des Landes benennt.

(3) [1] Bei der Übersendung sind durch eine an der Waffe oder Vorrichtung zu befestigende Karte besonders zu kennzeichnen:

1. Handfeuerwaffen, deren Läufe oder Verschlüsse nicht mit dem vorgeschriebenen oder zugelassenen Prüfzeichen versehen sind; Schusswaffen, die nicht den Namen, die Firma oder ein eingetragenes Warenzeichen inländischer Waffenhersteller oder -händler und eine fortlaufende Nummer tragen;
2. Schusswaffen, die über den für Jagd- und Sportzwecke allgemein üblichen Umfang hinaus zusammengeklappt, zusammengeschoben, verkürzt oder schnell zerlegt werden können;
3. Schusswaffen, die ihrer Form nach geeignet sind, einen anderen Gegenstand vorzutäuschen oder die mit Gegenständen des täglichen Gebrauchs verkleidet sind;
4. Vorrichtungen, die zum Anleuchten und Anstrahlen des Zieles dienen und für Schusswaffen bestimmt sind.

[2] In dem Übersendungsschreiben ist auf diese Waffen und Vorrichtungen besonders hinzuweisen.

(4) [1] Hat das Gericht eines Landes Waffen zugunsten des Bundes eingezogen, so finden die Absätze 1 bis 3 keine Anwendung. [2] In diesem Falle stellt die Vollstreckungsbehörde die eingezogenen Waffen dem Bundesministerium der Justiz über die oberste Justizbehörde des Landes zur Verfügung.

§ 71 Fischereigeräte. (1) [1] Ordnungsmäßige Fanggeräte werden der obersten Landesfischereibehörde oder der von der obersten Justizbehörde bestimmten Stelle angezeigt und der von dieser genannten Fischereiorganisation zur Verfügung gestellt. [2] Diese verkauft die Geräte an fischfangberechtigte Mitglieder und führt den Reinerlös (§ 65 Absatz 2) an die zuständige Kasse ab. [3] Hierauf weist die Vollstreckungsbehörde bei der Übersendung hin. [4] Wird keine Fischereiorganisation benannt oder die Übernahme von Geräten abgelehnt, so werden die Geräte nach den allgemeinen Vorschriften (§§ 63 bis 68) verwertet; sie dürfen jedoch nur an Personen veräußert werden, die zur Ausübung des Fischfangs berechtigt sind.

(2) [1] Mit Fanggeräten, die nach der gerichtlichen Entscheidung nicht ordnungsgemäß sind, ist nach Absatz 1 Satz 1 bis 3 zu verfahren, wenn und soweit sie für andere Fanggeräte oder andere Fischarten verwendet werden können. [2] Ist eine solche Verwertung ausgeschlossen oder wird keine Fischereiorganisation benannt oder lehnt die Fischereiorganisation die Übernahme ab, so werden die Geräte nach den allgemeinen Vorschriften verwertet, nachdem die nicht ordnungsmäßigen Teile entfernt worden sind. [3] Die Verwertung von Geräten oder Geräteteilen, die nach ihrer Beschaffenheit für die Fischerei in keinem Falle verwendet werden dürfen, ist unzulässig.

(3) Hat die Vollstreckungsbehörde Zweifel, ob ein Fanggerät als ordnungsgemäß anzusehen ist oder ob es ganz oder teilweise für andere Fanggeräte oder andere Fischarten verwendet werden kann, so holt sie eine Auskunft der von der obersten Justizbehörde nach Absatz 1 bezeichneten oder einer anderen geeigneten Stelle ein.

(4) Fanggeräte oder einzelne Teile, deren Verwertung unzulässig, unzweckmäßig oder nicht ausführbar ist, ferner schädliche oder explosive Stoffe (z.B. giftige Köder, Sprengpatronen oder sonstige Sprengmittel) werden vernichtet, sofern sie sich nicht für Zwecke der Justizverwaltung, für kriminalwissenschaftliche Forschung oder für Lehrzwecke eignen oder wegen ihres kulturhistorischen Wertes als Museumsstücke in Betracht kommen.

§ 72 Funkanlagen. (1) Allgemein genehmigte und zugelassene Funk- und Funkempfangsanlagen werden nach den allgemeinen Vorschriften (§§ 63ff.) verwertet, sofern nicht die oberste Justizbehörde etwas anderes bestimmt hat.

(2) Alle nicht in Absatz 1 bestimmten Funkanlagen werden der Regulierungsbehörde für Telekommunikation und Post oder deren regionaler Außenstelle mit dem Ersuchen übergeben, im Falle eines Verkaufs den Reinerlös (§ 65 Absatz 2), andernfalls einen dem Wert entsprechenden Geldbetrag an die zuständige Kasse abzuführen.

§ 73 Kraftfahrzeuge. (1) [1] Kraftfahrzeuge (ausgenommen Leicht- und Kleinkrafträder sowie Fahrräder mit Hilfsmotor) sind der obersten Justizbehörde oder der von ihr bestimmten Stelle unter genauer Beschreibung des Fahrzeugs und seiner Beschaffenheit anzuzeigen. [2] Sie dürfen erst dann nach den allgemeinen Vorschriften verwertet werden, wenn die oberste Justizbehörde oder die von ihr bestimmte Stelle erklärt hat, dass das Fahrzeug nicht für die in § 66 bezeichneten Zwecke verwendet werden soll. [3] § 65 Absatz 1 bleibt unberührt.

(2) Der Anzeige nach Absatz 1 bedarf es nicht, wenn die Kraftfahrzeuge wegen ihres Zustandes, ihres Alters und ihrer Beschaffenheit oder aus anderen Gründen zur Verwendung für Zwecke der Justizverwaltung offensichtlich ungeeignet sind.

§ 74 Arzneimittel und chemische Stoffe. (1) [1] Arzneimittel (einschließlich Tierarzneimittel) und chemische Stoffe, deren Verwertung möglich erscheint, sind der nach Landesrecht zuständigen Behörde mit einer möglichst genauen Beschreibung anzuzeigen. [2] Diese Behörde bestimmt eine Stelle, die zur Begutachtung und Verwertung zugelassen und geeignet ist (z.B. Arzneimittelprüfstelle eines Chemischen Landesuntersuchungsamtes als begutachtende sowie Krankenhausapotheke oder Krankenhaus versorgende Apotheke als verwertende Stelle). [3] Dort stellt die Vollstreckungsbehörde fest, ob eine Übersendung zulässig oder welche andere Art der Übermittlung erforderlich ist. [4] Die Übermittlung geschieht kostenfrei.

(2) Die verwertende Stelle ist bei der Übermittlung darum zu ersuchen,

1. die Arzneimittel und chemischen Stoffe zu begutachten und entweder zu ihrem Schätzwert zu übernehmen oder im Auftrag der Vollstreckungsbehörde an eine zum Erwerb befugte Stelle möglichst günstig zu verkaufen;
2. einen dem Schätzwert entsprechenden Geldbetrag oder den Verkaufserlös nach Abzug der Begutachtungs- und Verwertungskosten an die zuständige Kasse abzuführen oder
3. die Gegenstände zurückzusenden, falls sie auf die im Ersuchen bezeichnete Weise nicht verwertbar sind.

(3) Arzneimittel und chemische Stoffe, die nicht verwertet werden können, sind zu vernichten.

§ 74a Radioaktive Stoffe. Radioaktive Stoffe sind dem Bundesamt für Strahlenschutz anzuzeigen.

§ 75 Betäubungsmittel. [1] Für Betäubungsmittel im Sinne des Betäubungsmittelgesetzes gilt § 74 entsprechend. [2] Abweichend von § 67 Absatz 2 können Betäubungsmittel der ersuchenden Behörde zur dauernden Nutzung (§ 67 Absatz 1 Satz 1) überlassen und kann diese schriftlich verpflichtet werden, die

Betäubungsmittel ordnungsgemäß zu vernichten, sobald diese dort nicht mehr für Forschungs-, Lehr-, Schulungs- oder Ausbildungszwecke benötigt werden.

§ 76 Falschgeld. (1) Falschgeld und zur Herstellung von Falschgeld verwendetes oder bestimmtes Material werden abgegeben

1. an die Deutsche Bundesbank, Wilhelm-Eppstein-Str. 14, 60431 Frankfurt am Main, wenn es sich um in- und ausländische Noten oder Münzen handelt;
2. an die Bundesrepublik Deutschland – Finanzagentur GmbH, Lurgiallee 5, 60295 Frankfurt am Main–, wenn es sich um Schuldverschreibungen oder um Zins- oder Erneuerungsscheine des Deutschen Reiches, der Deutschen Reichspost, des Preußischen Staates, der Bundesrepublik Deutschland, der Deutschen Bundesbahn und der Deutschen Bundespost handelt.

(2) [1] Schwer versendbare Gegenstände sind der in Absatz 1 bezeichneten Stelle nur im Einvernehmen mit ihr zu übersenden. [2] Lehnt sie die Übernahme ab, so werden die Gegenstände nach den allgemeinen Vorschriften (§§ 63 bis 68) verwertet, sofern die zur Übernahme berechtigte Stelle einwilligt; andernfalls sind sie entweder unbrauchbar zu machen und als Altmaterial zu verwerten oder, falls ein Erlös nicht zu erwarten ist, zu vernichten.

(3) [1] Für die Entscheidung über die Abgabe von eingezogenem Falschgeld oder eingezogenem Herstellungsmaterial als Forschungs- oder Lehrmittel sind die in Absatz 1 bezeichneten Stellen zuständig. [2] § 67 gilt insoweit nicht.

§ 77 Devisenwerte. (1) [1] Soweit die Verwertung von Devisenwerten der Vollstreckungsbehörde obliegt, sind die Devisenwerte der Deutschen Bundesbank anzuzeigen und im Benehmen mit dieser bestmöglich zu verwerten. [2] Der Erlös wird nach Abzug der Verwertungskosten an die zuständige Kasse abgeführt.

(2) Devisenwerte im Sinne des Absatzes 1 sind:

1. Ausländische Zahlungsmittel;
2. Wertpapiere nichtdeutscher Ausstellerinnen und Aussteller sowie solche Wertpapiere deutscher Ausstellerinnen und Aussteller, die auf eine ausländische Währung lauten oder in ausländischer Währung zahlbar sind.

§ 77a Virtuelle Währungen. (1) [1] Eine virtuelle Währung ist das digitale Abbild eines Wertes, das nicht von einer Zentralbank, einem Kreditinstitut oder einem E-Geld-Institut ausgegeben wurde und als Alternative zu Geld genutzt, insbesondere elektronisch übertragen, verwahrt oder gehandelt wird. [2] Es handelt sich nicht um Echt- oder Landeswährungen.

(2) [1] Soweit die Verwertung von virtuellen Währungen der Vollstreckungsbehörde obliegt, sind die virtuellen Währungen den in den Ländern bestimmten Zentralstellen zur Verwertung anzuzeigen und durch diese zu verwerten. [2] Die Verwertungsstelle führt den Erlös nach Abzug der Verwertungskosten an die zuständige Kasse ab.

§ 78 Inländische Zahlungsmittel. (1) Inländische Zahlungsmittel (Euro oder Deutsche Mark), die noch im Kurs sind oder von den öffentlichen Geldinstituten noch eingelöst werden, sind an die zuständige Kasse abzuführen; die Vollstreckungsbehörde veranlasst, dass sie vereinnahmt werden.

(2) Andere inländische Zahlungsmittel, die nicht unter § 77 Absatz 2 Nummer 1 fallen, werden nach Möglichkeit, insbesondere bei Sammlerwert, nach den

allgemeinen Vorschriften verwertet, andernfalls einer Nutzung gemäß § 67 zugeführt oder vernichtet.

(3) Die Absätze 1 und 2 finden keine Anwendung, soweit gesetzlich etwas anderes bestimmt ist.

§ 79 Inländische Wertpapiere. (1) Bei Wertpapieren deutscher Ausstellerinnen oder Aussteller, die auf Euro oder Deutsche Mark lauten und nicht in ausländischer Währung zahlbar sind, entscheidet über die Verwertung die oberste Justizbehörde oder die von ihr bestimmte Stelle.

(2) Sie werden ihr in Form eines Verzeichnisses angezeigt, das mindestens folgende Spalten enthält:

1. Bezeichnung des Wertpapiers;
2. Nennbetrag;
3. Zins- und Erneuerungsscheine;
4. Bemerkungen.

§ 80 Messgeräte, Verpackungen und unverpackte Waren. (1) [1] Entsprechen Messgeräte, Zusatzeinrichtungen zu Messgeräten, Fertigpackungen, Maßbehältnisse in Flaschenform und sonstige formbeständige Behältnisse, offene Packungen, unverpackte Backwaren, Verkaufseinheiten ohne Umhüllung oder Schankgefäße im Sinne der §§ 2, 4, 6, 7 und 9 des Eichgesetzes, der Eichordnung und der Fertigpackungsverordnung nicht den gesetzlichen Vorschriften, erscheinen sie aber verwertbar, so werden sie nach Möglichkeit in vorschriftsmäßigen Zustand gebracht, soweit vorgeschrieben, geeicht oder von einer staatlich anerkannten Prüfstelle beglaubigt und nach den allgemeinen Vorschriften verwertet.

[2] Soweit dies nicht möglich oder sonst untunlich ist, ist die Verwertung lediglich im Wege des freihändigen Verkaufs an fachlich geeignete Hersteller- oder Instandsetzungsbetriebe und nur mit dem Hinweis zulässig, dass die Gegenstände nur verwendet oder zur Verwendung bereitgehalten werden dürfen, wenn sie den Vorschriften des Eichgesetzes und der auf Grund dieses Gesetzes erlassenen Rechtsverordnungen entsprechen.

(2) [1] Vorschriftswidrige Gegenstände, die als solche nicht verwertbar erscheinen oder die nicht in einen vorschriftsmäßigen Zustand gebracht werden können oder bei denen die dafür aufzuwendenden Kosten in keinem angemessenen Verhältnis zu dem geschätzten Erlös stehen, werden unbrauchbar gemacht und als Altmaterial nach den allgemeinen Vorschriften verwertet. [2] Zulassungs-, Stempel-, Hersteller- oder Eichzeichen, deren Missbrauch zu besorgen ist, sind vorher zu entfernen und zu zerstören. [3] Verwertbarer Inhalt in Fertigpackungen, in Flaschen als Maßbehältnissen oder in sonstigen formbeständigen Behältnissen ist vor ihrer Unbrauchbarmachung zu entnehmen und nach den für ihn geltenden Vorschriften zu verwerten. [4] Wenn die Kosten der Entnahme des Inhalts den zu erwartenden Erlös für seine Verwertung übersteigen und eine Verwendung für Justizzwecke (Justizvollzugsanstalten, psychiatrische Krankenhäuser usw.) nicht möglich ist, können vorschriftswidrige Fertigpackungen, Flaschen als Maßbehältnisse oder sonstige formbeständige Behältnisse mit brauchbarem Inhalt an gemeinnützige Einrichtungen der öffentlich-rechtlichen Körperschaften, Anstalten, staatlichen, kommunalen oder kirchlichen Stiftungen oder Wohlfahrtsorganisationen, die als zuverlässig bekannt sind, veräußert oder unentgeltlich abgegeben werden, sofern die Empfängerinnen oder Empfänger sich verpflichten, den Inhalt der

ihnen überlassenen Gegenstände nur für eigene Zwecke zu verwenden, nicht an Dritte weiterzugeben und die Verpackungsgegenstände nach Entnahme des Inhalts zu zerstören. [5] Sind größere Mengen zu veräußern oder abzugeben und ist zu besorgen, dass dadurch das Wirtschaftsleben beeinträchtigt wird, so sind sie an mehrere Empfängerinnen oder Empfänger – möglichst an verschiedenen Orten – zu veräußern oder abzugeben.

(3) Hat die Vollstreckungsbehörde Zweifel, ob oder inwieweit ein Gegenstand vorschriftsmäßig ist, so führt sie eine Stellungnahme der örtlich zuständigen Behörde oder staatlich anerkannten Prüfstelle (§ 11 des Eichgesetzes, §§ 47ff. der Eichordnung) herbei.

§ 81 Schriften, Ton- und Bildträger, Datenspeicher, Abbildungen und Darstellungen. (1) [1] Gerichtliche Entscheidungen über die Einziehung von Schriften nach § 74d Absatz 1, 2 oder § 76a StGB sind regelmäßig alsbald nach Rechtskraft im Landeskriminalblatt bekannt zu machen. [2] Falls es auf Grund der festgestellten oder mutmaßlichen Verbreitung angebracht erscheint oder falls die Beschlagnahme der Schrift im Bundeskriminalblatt veröffentlicht worden ist, ist die Entscheidung stattdessen im Bundeskriminalblatt bekannt zu machen. [3] Die Bekanntmachung gilt als Vollstreckungsersuchen an die Polizeidienststellen. [4] Eine Bekanntmachung unterbleibt, wenn anzunehmen ist, dass keine Stücke der Schrift mehr im Verkehr sind.

(2) [1] Handelt es sich um eine Gewalt darstellende, pornographische oder eine sonst jugendgefährdende Schrift im Sinne des Gesetzes über die Verbreitung jugendgefährdender Schriften und Medieninhalte, so ist die auf Einziehung lautende gerichtliche Entscheidung auszugsweise im Bundeskriminalblatt bekannt zu machen, wenn die Schrift genau genug bezeichnet werden kann. [2] Ist die Schrift nur in wenigen Stücken oder nur in einem örtlich begrenzten Gebiet verbreitet worden, so genügt die Bekanntmachung im Landeskriminalblatt. [3] Wird in der gerichtlichen Entscheidung der Gewalt darstellende, pornographische oder sonst jugendgefährdende Charakter der Schrift verneint und die oder der Angeklagte freigesprochen oder wird die Einziehung abgelehnt, so ist nach Nummer 226 Absatz 2 Satz 2 und 3 der Richtlinien für das Strafverfahren und das Bußgeldverfahren (RiStBV) zu verfahren.

(3) [1] Von gemäß § 74d Absatz 1, 2 oder § 76a StGB eingezogenen Schriften sind, soweit verfügbar, je drei Stücke dem Bundes- und dem Landeskriminalamt zu übersenden. [2] Von Schriften politischen Inhalts erhalten, soweit verfügbar, auch das Bundes- und das Landesamt für Verfassungsschutz je drei Stücke. [3] Die Behandlung der übrigen Stücke der eingezogenen Schriften richtet sich nach § 63 Absatz 1 Satz 2; jedoch ist von einer Vernichtung insoweit abzusehen, als die Aufbewahrung einzelner Stücke aus besonderen, aktenkundig zu machenden Gründen geboten erscheint oder die Abgabe einzelner Stücke an bestimmte Stellen vorgeschrieben ist.

(4) [1] Die oberste Justizbehörde kann der zur Bekämpfung Gewalt darstellender, pornographischer oder sonst jugendgefährdender Schriften eingerichteten Zentralstelle die nach Absatz 2 der Vollstreckungsbehörde obliegenden Aufgaben übertragen. [2] Dasselbe gilt für die in Absatz 3 bezeichneten Aufgaben, soweit es sich um Gewalt darstellende, pornographische oder sonst jugendgefährdende Schriften handelt.

(5) Den Schriften stehen Ton- und Bildträger, Datenspeicher, Abbildungen und andere Darstellungen gleich.

§ 82 Weine. (1) Ist Wein nur deshalb eingezogen worden, weil er den Vorschriften über Kennzeichnung und Aufmachung nicht entspricht, beantragt die Vollstreckungsbehörde entweder eine Ausnahmegenehmigung nach § 27 Absatz 2 des Weingesetzes in Verbindung mit § 2 der Wein-Überwachungsverordnung oder sie gibt das Erzeugnis mit der Auflage frei, dass es unter Aufsicht der Weinkontrolle mit richtiger Bezeichnung in den Verkehr gebracht wird.

(2) [1] Ist der Wein aus anderen Gründen eingezogen worden, so prüft die Vollstreckungsbehörde im Benehmen mit der Stelle, die ihn beanstandet hat, wie der Wein im Rahmen des geltenden Rechts ohne Beeinträchtigung der Marktordnung oder des Verbraucherschutzes wirtschaftlich verwertet werden kann. [2] Falls erforderlich, beantragt sie bei der zuständigen Behörde eine Ausnahmegenehmigung nach § 27 Absatz 2 des Weingesetzes in Verbindung mit § 2 der Wein-Überwachungsverordnung.

(3) [1] Soll Wein zur Verwertung vergällt werden, so geschieht dies durch Zusatz von Lithiumchlorid in einer Menge von mindestens 0,5 g oder von Natriumchlorid in einer Menge von mindestens 2 g auf einen Liter Flüssigkeit. [2] Auf Vorschlag der zuständigen Lebensmittelüberwachungsstelle kann eine größere Menge, ein anderes Vergällungsmittel verwendet oder ein Lebensmittelfarbstoff zugesetzt werden. [3] Die Vollstreckungsbehörde oder die von ihr ersuchte Behörde überwacht die Vergällung.

(4) [1] Nach der Vergällung ist die Umschließung des Weines durch amtliche Verschlüsse zu sichern, bevor er der Erwerberin oder dem Erwerber übergeben wird. [2] Die Verschlüsse können auch durch die Polizei oder die Weinkontrolle angelegt werden. [3] Die Erwerberin oder der Erwerber muss sich als Inhaberin oder Inhaber einer gewerblichen Verschlussbrennerei ausweisen und durch schriftliche Erklärung verpflichten,

1. die Verschlüsse bis zur Freigabe des Weines durch die Zollaufsichtsbeamtinnen oder -beamten unverletzt zu erhalten;
2. den Eingang des Weines binnen 24 Stunden der Zollstelle unter Angabe der Art und Menge schriftlich zu melden;
3. die übernommene Menge restlos in ihrer oder seiner gewerblichen Verschlussbrennerei zu Branntwein zu verarbeiten und diesen an die Bundesmonopolverwaltung für Branntwein abzuliefern, wenn er aus anderen als den in § 37 des Gesetzes über das Branntweinmonopol genannten Stoffen gewonnen worden ist;
4. sich den besonderen Überwachungsanordnungen des Hauptzollamts zu unterwerfen;
5. bei Verstößen gegen die Pflichten zu Nummer 1 bis 4 eine Vertragsstrafe zu zahlen, deren Höhe die Vollstreckungsbehörde im Voraus bestimmt.

(5) [1] Die Vollstreckungsbehörde oder die von ihr beauftrage Behörde oder Stelle übersendet die Verpflichtungserklärung der Erwerberin oder des Erwerbers dem Hauptzollamt. [2] Mitzuteilen sind dabei die Menge des Weines und sein Weingeistgehalt, soweit er aus den Akten festzustellen ist, ferner Art und Zahl der Umschließungen und ihr Rohgewicht sowie Art und Zahl der angelegten Verschlüsse. [3] Der Weingeistgehalt wird in der Regel aus den bei den Akten befindlichen Gutachten zu ersehen sein.

(6) Der Wein ist zu vernichten, wenn

1. er von gesundheitlich bedenklicher Beschaffenheit ist und der Mangel nicht mit angemessenem Kostenaufwand beseitigt werden kann;
2. die nach § 27 Absatz 2 des Weingesetzes in Verbindung mit § 2 der Wein-Überwachungsverordnung erforderliche Genehmigung nicht erteilt wird;
3. durch die Veräußerung ein die Vergällungs- und Verwertungskosten übersteigender Erlös nicht zu erwarten ist;
4. eine Verwertung aus sonstigen Gründen nicht in Betracht kommt.

§ 83 Andere unter das Weingesetz fallende Erzeugnisse und Getränke.
§ 82 gilt entsprechend für Traubenmaische, Traubenmost, konzentrierten Traubenmost, teilweise gegorenen Traubenmost, Traubensaft, Likörwein, Schaumwein, dem Schaumwein und dem Wein ähnliche Getränke, Mischgetränke (§ 22 der Verordnung zur vorläufigen Aufrechterhaltung weinrechtlicher Vorschriften), Brennwein, Branntwein aus Wein, verschnittenen Branntwein aus Wein, Weinalkohol, Weindestillat, Tresterwein, Rohbrand aus Wein und Rohbrand aus Brennwein, die nach § 52 des Weingesetzes eingezogen worden sind.

§ 84 Andere unter das Weingesetz fallende Stoffe und Gegenstände.
[1] Stoffe und Gegenstände, deren Verwendung bei der Herstellung, Behandlung und Verarbeitung von Wein oder anderen in § 83 genannten Erzeugnissen oder Getränken unzulässig ist, sind nach allgemeinen Grundsätzen zu verwerten, wenn eine vorschriftswidrige Verwendung durch die Erwerberin oder den Erwerber nicht zu besorgen ist; andernfalls sind sie zu vernichten. [2] In Zweifelsfällen ist die nach § 27 des Weingesetzes in Verbindung mit § 2 der Wein-Überwachungsverordnung zuständige Behörde vor der Verwertung oder Vernichtung zu beteiligen.

§ 85 Branntwein und Branntweinerzeugnisse. (1) Sind Branntwein oder Branntweinerzeugnisse in einem gerichtlichen Verfahren wegen Zuwiderhandlung gegen das Gesetz über das Branntweinmonopol eingezogen worden, so gelten § 63 Absatz 6 und § 65 Absatz 1.

(2) Sind Branntwein oder Branntweinerzeugnisse in einem gerichtlichen Verfahren wegen Zuwiderhandlungen gegen andere Gesetze eingezogen worden, so sind sie der Bundesmonopolverwaltung für Branntwein anzubieten und auf Verlangen an sie abzuliefern (§ 61a des Branntweinmonopolgesetzes).

§ 86 Brenn- oder Wiengeräte. [1] Die Abgabe von Brenn- oder Wiengeräten und sonstigen zur Herstellung oder Reinigung von Branntwein geeigneten Geräten ist schriftlich der Finanz- und der Zollbehörde anzuzeigen. [2] Dabei ist die Empfängerin oder der Empfänger zu bezeichnen (§ 45 Absatz 2 des Gesetzes über das Branntweinmonopol in Verbindung mit § 227 der Brennereiordnung).

Abschnitt 6. Vollstreckung von Entscheidungen nach dem Gesetz über Ordnungswidrigkeiten

§ 87 Anzuwendende Vorschriften, ergänzende Bestimmungen.
(1) [1] Für die Vollstreckung gerichtlicher Bußgeldentscheidungen und der Erzwingungshaft nach § 97 OWiG gelten die §§ 2 bis 4, 6, 7, 9, 10, 13, 15, 16, 18, 19 und 21 sinngemäß. [2] Richtet sich die Vollstreckung gegen Jugendliche oder Heranwachsende, so gelten hinsichtlich der Übertragung auf die Rechts-

pflegerin oder den Rechtspfleger die für das Jugendstrafverfahren erlassenen besonderen Vorschriften sinngemäß.

(2) [1] Die Vollstreckung der Geldbuße, einer Nebenfolge, die zu einer Geldzahlung verpflichtet, und der Verfahrenskosten richtet sich ferner nach der EBAO. [2] Im Übrigen gelten sinngemäß für die Vollstreckung

1. des Fahrverbots (§ 25 StVG) der § 59a;
2. der Einziehungsanordnung oder Unbrauchbarmachung die §§ 60 bis 86;
3. der Erzwingungshaft der § 22 Absatz 1, 2, die §§ 23, 24, 26 bis 28 Absatz 1 Satz 1 und 2, Absatz 2, die §§ 29, 30, 33 bis 35, 36 Absatz 1, § 37 Absatz 1, 2, 4 und 5, § 38 Nummer 1, 2 und 4, § 40 Absatz 1 Satz 1 und Absatz 2, § 43 Absatz 2 bis 6, § 45 Absatz 1 und 2, §§ 46 bis 47 und 51.

(3) Bei der Aufforderung zur Zahlung der Geldbuße sind die Betroffenen zugleich aufzufordern, im Falle der Zahlungsunfähigkeit der Vollstreckungsbehörde schriftlich oder zur Niederschrift darzutun, warum die fristgemäße Zahlung nach den wirtschaftlichen Verhältnissen nicht zuzumuten ist, und zu belehren, dass nach § 96 Absatz 1 OWiG Erzwingungshaft angeordnet werden kann, wenn die Geldbuße oder die bestimmten Teilbeträge nicht fristgemäß gezahlt und auch der Pflicht zur Darlegung der wirtschaftlichen Verhältnisse nicht genügt wird.

Abschnitt 7. Vollstreckung gerichtlich erkannter Ordnungs- und Zwangshaft in Straf- und Bußgeldsachen

§ 88 Anzuwendende Vorschriften, ergänzende Bestimmungen.

(1) Wird gerichtlich erkannte Ordnungs- oder Zwangshaft in Straf- oder Bußgeldsachen nach §§ 51, 70, 95 StPO, § 46 Absatz 1 OWiG von der Staatsanwaltschaft als Vollstreckungsbehörde oder als ersuchte Behörde vollstreckt, so gelten folgende Vorschriften sinngemäß:

§ 2 (Nachdrückliche Vollstreckung);
§ 3 (Aufgaben der Vollstreckungsbehörde);
§ 9 (Vollstreckungshilfe);
§ 22 (Vollstreckungsplan);
§ 23 (Sachliche Vollzugszuständigkeit);
§ 24 Absatz 1, 2, 4 und 5 (Örtliche Vollzugszuständigkeit);
§ 27 (Ladung zum Strafantritt);
§ 28 (Überführungsersuchen);
§§ 29, 30 Absatz 1, Absatz 2 Satz 1 und 2 (Aufnahmeersuchen);
§ 33 (Vorführungs- oder Haftbefehl);
§ 34 (Weitere Maßnahmen zur Sicherstellung der Strafvollstreckung);
§ 35 (Mitteilungen an die Vollstreckungsbehörde);
§ 36 (Überwachungspflicht der Vollstreckungsbehörde);
§ 37 (Strafzeitberechnung);
§ 38 Nummer 1 und 2 (Strafbeginn);
§ 40 (Berechnung des Strafrestes);
§ 43 Absatz 2 bis 6 (Vollstreckung mehrerer Freiheitsstrafen);
§§ 45, 46 (Unterbrechung der Strafvollstreckung bei Vollzugsuntauglichkeit);

§ 47 (Mitteilungen der Vollstreckungsbehörde an die Bundeswehr);
§ 49 Absatz 1, § 50 Absatz 2 (Ersatzfreiheitsstrafe);
§ 51 (Ladung zum Strafantritt).

(2) Veranlasst die oder der Vorsitzende des Gerichts die Vollstreckung nach § 179 GVG, § 36 Absatz 2 StPO unmittelbar, so bleibt die Entscheidung, ob und inwieweit Vorschriften der Strafvollstreckungsordnung anzuwenden sind, ihr oder ihm überlassen.

Abschnitt 8. Schlussvorschriften

§ 89 Inkraftreten, Außerkraftreten. [1] Diese Verwaltungsvorschrift tritt am 1. August 2011 in Kraft. [2] Gleichzeitig tritt die Strafvollstreckungsordnung vom 1. April 2001 außer Kraft.

Anlage

Vereinbarung der Länder zur Vereinfachung und Beschleunigung der Strafvollstreckung und der Vollstreckung anderer freiheitsentziehender Maßnahmen in Straf- und Bußgeldsachen vom 8. Juni 1999

Bezug: Vereinbarung zur Vereinfachung und Beschleunigung der Strafvollstreckung vom 13. Januar 1965

I.

Die Strafvollstreckungsbehörden der an dieser Vereinbarung beteiligten Länder sind befugt, Verurteilte unmittelbar, das heißt ohne nach den §§ 162, 163 GVG die Amtshilfe einer anderen Vollstreckungsbehörde in Anspruch zu nehmen, zum Strafantritt in die zuständige Justizvollzugsanstalt eines anderen Landes zu laden und durch ein Aufnahmeersuchen in diese Anstalt einzuweisen (§ 29 Absatz 1 StVollstrO). In dem Aufnahmeersuchen sind die Umstände, die die örtliche Zuständigkeit der Anstalt begründen, konkret zu bezeichnen.

Bei Verurteilten, die sich in der Justizvollzugsanstalt eines anderen Landes in Untersuchungs- oder Strafhaft befinden, können die Strafvollstreckungsbehörden diese Anstalt unmittelbar um die Überführung des Verurteilten gemäß § 28 StVollstrO ersuchen.

Die Strafvollstreckungsbehörden sind ferner befugt, die Polizeidienststellen eines anderen Landes um die Ausführung von Vorführungs- oder Haftbefehlen zum Zwecke der Strafvollstreckung zu ersuchen.

II.

Die durch die vorstehenden Maßnahmen den Justizvollzugsanstalten und den Polizeidienststellen entstehenden Kosten werden nicht erstattet.

III.

Die in Abschnitt I genannten Befugnisse und der in Abschnitt II geregelte Kostenverzicht gelten nur, wenn auch das Land der ersuchten Behörde dieser Vereinbarung beigetreten ist.

Die Befugnisse und der Kostenverzicht gelten sinngemäß für die Vollstreckung von Erzwingungshaft nach § 97 OWiG sowie von gerichtlich erkannter Ordnungs- und Zwangshaft in Straf- und Bußgeldsachen. Sie gelten nicht für die Vollstreckung der mit Freiheitsentziehung verbundenen Maßregeln der Besserung und Sicherung.

IV.

Die Landesjustizverwaltungen tauschen ihre Vollstreckungspläne aus und teilen sich Änderungen dieser Pläne alsbald nach ihrem Inkrafttreten mit.

Die Landesjustizverwaltungen benachbarter Länder teilen sich die Vollstreckungspläne und ihre Änderungen gegenseitig in so vielen Stücken mit, dass alle Strafvollstreckungsbehörden dieser Länder und die Landesjustizverwaltung selbst mit einem aktuellen Vollstreckungsplan des jeweils anderen Landes ausgestattet werden können. Den Landesjustizverwaltungen nicht benachbarter Länder bleibt es vorbehalten, den Austausch der Vollstreckungspläne und ihrer Änderungen im vorstehenden Sinne zu vereinbaren.

Im Übrigen stellen sie sich gegenseitig so viele Mehrfertigungen zur Verfügung, dass die andere Landesjustizverwaltung und die Strafvollstreckungsbehörden des anderen Landes, die ihren Sitz in Großstädten haben, jeweils eine Mehrfertigung des Vollstreckungsplanes erhalten können.

V.

Diese Vereinbarung tritt am 1. Januar 2000 in Kraft. Sie gilt für ein Jahr. Die Gültigkeitsdauer verlängert sich jeweils um ein weiteres Jahr, wenn die Vereinbarung nicht drei Monate vor Jahresende schriftlich gekündigt wird. Die Kündigung eines Landes berührt die Weitergeltung der Vereinbarung zwischen den anderen Ländern nicht.

Zu dem im vorstehenden Absatz genannten Zeitpunkt wird die Vereinbarung der Länder zur Vereinfachung und Beschleunigung der Strafvollstreckung vom 13. Januar 1965 im Verhältnis derjenigen Länder zueinander, die der vorstehenden Vereinbarung beigetreten sind, aufgehoben. Im Übrigen bleibt es bei der Vereinbarung vom 13. Januar 1965.

3. Übersicht zu den gesetzlichen Regelungen der Länder zur Sicherungsverwahrung

Baden-Württemberg

Gesetzbuch über den Justizvollzug in Baden-Württemberg - Buch 5 - (Justizvollzugsgesetzbuch - JVollzGB) v. 10.11.2009 (GBl. S. 545), zuletzt geänd. durch G v. 17.12.2020 (GBl. 2021 S. 1), Nr. **1.1**.

Bayern

Gesetz über den Vollzug der Freiheitsstrafe und der Jugendstrafe - Teil 4 - (Bayerisches Strafvollzugsgesetz - BayStVollzG) v. 10.12.2007 (GVBl. S. 866), zuletzt geänd. durch G v. 8.7.2020 (GVBl. S. 330), Nr. **1.2**.

Gesetz über den Vollzug der Sicherungsverwahrung und der Therapieunterbringung (Bayerisches Sicherungsverwahrungsvollzugsgesetz - BaySvVollzG) v. 22.5.2013 (GVBl. S. 275), zuletzt geänd. durch G v. 8.7.2020 (GVBl. S. 330), Nr. **3**.

Berlin

Gesetz über den Vollzug der Sicherungsverwahrung in Berlin (Berliner Sicherungsverwahrungsvollzugsgesetz - SVVollzG Bln) v. 27.3.2013 (GVBl. S. 71), zuletzt geänd. durch G v. 27.9.2021 (GVBl. S. 1145).

Brandenburg

Gesetz über den Vollzug der Unterbringung in der Sicherungsverwahrung im Land Brandenburg (Brandenburgisches Sicherungsverwahrungsvollzugsgesetz - BbgSVVollzG) v. 16.5.2013 (GVBl. I Nr. 17), zuletzt geänd. durch G v. 19.6. 2019 (GVBl. I Nr. 43).

Bremen

Bremisches Sicherungsverwahrungsvollzugsgesetz v. 21.5.2013 (Brem.GBl. S. 172), zuletzt geänd. durch G v. 24.11.2020 (Brem.GBl. S. 1486).

Hamburg

Gesetz über den Vollzug der Sicherungsverwahrung (Hamburgisches Sicherungsverwahrungsvollzugsgesetz - HmbSVVollzG) v. 21.5.2013 (HmbGVBl. S. 211), zuletzt geänd. durch G v. 27.4.2021 (HmbGVBl. S. 285).

Hessen

Hessisches Sicherungsverwahrungsvollzugsgesetz (HSVVollzG) v. 5.3.2013 (GVBl. S. 46), zuletzt geänd. durch G v. 12.11.2020 (GVBl. S. 778).

Mecklenburg-Vorpommern

Gesetz über den Vollzug der Sicherungsverwahrung in Mecklenburg-Vorpommern (Sicherungsverwahrungsvollzugsgesetz Mecklenburg-Vorpommern - SVVollzG M-V) v. 7.5.2013 (GVOBl. M-V S. 348, ber. S. 430), zuletzt geänd. durch G v. 21.11.2020 (GVOBl. M-V S. 1254).

Niedersachsen

Niedersächsisches Sicherungsverwahrungsvollzugsgesetz (Nds. SVVollzG) v. 12.12.2012 (Nds. GVBl. S. 566), zuletzt geänd. durch G v. 20.5.2019 (Nds. GVBl. S. 88).

Nordrhein-Westfalen

Gesetz zur Regelung des Vollzuges der Sicherungsverwahrung in Nordrhein-Westfalen (Sicherungsverwahrungsvollzugsgesetz Nordrhein-Westfalen - SVVollzG NRW) v. 30.4.2013 (GV. NRW. S. 212), zuletzt geänd. durch G v. 1.12.2021 (GV. NRW. S. 1353).

Rheinland-Pfalz

Landessicherungsverwahrungsvollzugsgesetz (LSVVollzG) v. 8.5.2013 (GVBl. S. 79, 102), zuletzt geänd. durch G v. 15.10.2020 (GVBl. S. 571).

Saarland

Gesetz zum Vollzug der Sicherungsverwahrung im Saarland (Saarländisches Sicherungsverwahrungsvollzugsgesetz - SLSVVollzG) v. 15.5.2013 (Amtsbl. I S. 146), geänd. durch G v. 4.12.2019 (Amtsbl. 2020 I S. 79).

Sachsen

Gesetz über den Vollzug der Unterbringung in der Sicherungsverwahrung im Freistaat Sachsen (Sächsisches Sicherungsverwahrungsvollzugsgesetz - SächsSVVollzG) v. 16.5.2013 (SächsGVBl. S. 294), zuletzt geänd. durch G v. 22.8.2019 (SächsGVBl. S. 663).

Sachsen-Anhalt

Zweites Buch Justizvollzugsgesetzbuch Sachsen-Anhalt - Vollzug der Sicherungsverwahrung - (Zweites Buch Justizvollzugsgesetzbuch Sachsen-Anhalt - JVollzGB II LSA) v. 13.5.2013 (GVBl. LSA S. 206), zuletzt geänd. durch G v. 25.3.2021 (GVBl. LSA S. 120).

Schleswig-Holstein

Gesetz über den Vollzug der Sicherungsverwahrung in Schleswig-Holstein (SVVollzG SH) v. 15.5.2013 (GVOBl. Schl.-H. S. 169), zuletzt geänd. durch G v. 23.9.2021 (GVOBl. Schl.-H. S. 1170).

Thüringen

Thüringer Sicherungsverwahrungsvollzugsgesetz (ThürSVVollzG) v. 23.5.2013 (GVBl. S. 121), geänd. durch G v. 27.2.2014 (GVBl. S. 46).

4. Übersicht zu den gesetzlichen Regelungen der Länder zur Untersuchungshaft

Baden-Württemberg
Gesetzbuch über den Justizvollzug in Baden-Württemberg - 2. Buch - (Justizvollzugsgesetzbuch - JVollzGB) v. 10.11.2009 (GBl. S. 545), zuletzt geänd. durch G v. 17.12.2020 (GBl. 2021 S. 1), Nr. **1.1**.

Bayern
Gesetz über den Vollzug der Untersuchungshaft (Bayerisches Untersuchungshaftvollzugsgesetz - BayUVollzG) v. 20.12.2011 (GVBl. S. 678), zuletzt geänd. durch G v. 8.7.2020 (GVBl. S. 330).

Berlin
Gesetz über den Vollzug der Untersuchungshaft in Berlin (Berliner Untersuchungshaftvollzugsgesetz - UVollzG Bln) v. 3.12.2009 (GVBl. S. 686), zuletzt geänd. durch G v. 14.9.2021 (GVBl. S. 1079).

Brandenburg
Gesetz über den Vollzug der Freiheitsstrafe, der Jugendstrafe und der Untersuchungshaft im Land Brandenburg (Brandenburgisches Justizvollzugsgesetz - BbgJVollzG) v. 24.4.2013 (GVBl. I Nr. 14), zuletzt geänd. durch G v. 19.6. 2019 (GVBl. I Nr. 43), Nr. **1.4**.

Bremen
Bremisches Gesetz über den Vollzug der Untersuchungshaft (Bremisches Untersuchungshaftvollzugsgesetz - BremUVollzG) v. 2.3.2010 (Brem.GBl. S. 191), geänd. durch G v. 14.7.2020 (Brem.GBl. S. 721).

Hamburg
Gesetz über den Vollzug der Untersuchungshaft (Hamburgisches Untersuchungshaftvollzugsgesetz - HmbUVollzG) v. 15.12.2009 (HmbGVBl. S. 473), zuletzt geänd. durch G v. 27.4.2021 (HmbGVBl. S. 285).

Hessen
Hessisches Untersuchungshaftvollzugsgesetz (HUVollzG) v. 28.6.2010 (GVBl. I S. 185, 208), zuletzt geänd. durch G v. 12.11.2020 (GVBl. S. 778).

Mecklenburg-Vorpommern
Gesetz über den Vollzug der Untersuchungshaft in Mecklenburg-Vorpommern (Untersuchungshaftvollzugsgesetz Mecklenburg-Vorpommern - UVollzG M-V) v. 17.12.2009 (GVOBl. M-V S. 763), zuletzt geänd. durch G v. 21.11.2020 (GVOBl. M-V S. 1254).

Niedersachsen

Niedersächsisches Justizvollzugsgesetz - Teil 5 - (NJVollzG) idF der Bek. v. 8.4. 2014 (Nds. GVBl. S. 106), zuletzt geänd. durch G v. 20.5.2019 (Nds. GVBl. S. 88), Nr. **1.9**.

Nordrhein-Westfalen

Gesetz zur Regelung des Vollzuges der Untersuchungshaft in Nordrhein-Westfalen (Untersuchungshaftvollzugsgesetz Nordrhein-Westfalen - UVollzG NRW) v. 27.10.2009 (GV. NRW. S. 540), zuletzt geänd. durch G v. 2.7.2019 (GV. NRW. S. 339).

Rheinland-Pfalz

Landesjustizvollzugsgesetz (LJVollzG) v. 8.5.2013 (GVBl. S. 79), zuletzt geänd. durch G v. 15.10.2020 (GVBl. S. 571), Nr. **1.11**.

Saarland

Gesetz über den Vollzug der Untersuchungshaft im Saarland (Untersuchungshaftvollzugsgesetz - SUVollzG) v. 1.7.2009 (Amtsbl. S. 1219), zuletzt geänd. durch G v. 16.6.2021 (Amtsbl. I S. 1822).

Sachsen

Gesetz über den Vollzug der Untersuchungshaft im Freistaat Sachsen (Sächsisches Untersuchungshaftvollzugsgesetz - SächsUHaftVollzG) v. 14.12.2010 (SächsGVBl. S. 414), zuletzt geänd. durch G v. 22.8.2019 (SächsGVBl. S. 663).

Sachsen-Anhalt

Erstes Buch Justizvollzugsgesetzbuch Sachsen-Anhalt - Vollzug der Freiheitsstrafe, der Jugendstrafe, der Untersuchungshaft und des Strafarrestes - (Erstes Buch Justizvollzugsgesetzbuch Sachsen-Anhalt - JVollzGB I LSA). v. 18.12. 2015 (GVBl. LSA S. 666), zuletzt geänd. durch G v. 25.3.2021 (GVBl. LSA S. 120), Nr. **1.14**.

Schleswig-Holstein

Gesetz über den Vollzug der Untersuchungshaft in Schleswig-Holstein (Untersuchungshaftvollzugsgesetz - UVollzG) v. 23.9.2021 (GVOBl. Schl.-H. S. 1170, 1209).

Thüringen

Thüringer Justizvollzugsgesetzbuch (ThürJVollzGB) v. 27.2.2014 (GVBl. S. 13), Nr. **1.16**.

5. Übersicht zu den Jugendstrafvollzugsregelungen der Länder

Baden-Württemberg

Gesetzbuch über den Justizvollzug in Baden-Württemberg - Buch 4 - (Justizvollzugsgesetzbuch - JVollzGB) v. 10.11.2009 (GBl. S. 545), zuletzt geänd. durch G v. 17.12.2020 (GBl. 2021 S. 1), Nr. **1.1**.

Bayern

Gesetz über den Vollzug der Freiheitsstrafe und der Jugendstrafe - Teil 3 - (Bayerisches Strafvollzugsgesetz - BayStVollzG) v. 10.12.2007 (GVBl. S. 866), zuletzt geänd. durch G v. 8.7.2020 (GVBl. S. 330), Nr. **1.2**.

Berlin

Gesetz über den Vollzug der Jugendstrafe in Berlin (Berliner Jugendstrafvollzugsgesetz - JStVollzG Bln) v. 4.4.2016 (GVBl. S. 152, 171), geänd. durch G v. 27.9.2021 (GVBl. S. 1145).

Brandenburg

Gesetz über den Vollzug der Freiheitsstrafe, der Jugendstrafe und der Untersuchungshaft im Land Brandenburg (Brandenburgisches Justizvollzugsgesetz - BbgJVollzG) v. 24.4.2013 (GVBl. I Nr. 14), zuletzt geänd. durch G v. 19.6. 2019 (GVBl. I Nr. 43), Nr. **1.4**.

Bremen

Gesetz über den Vollzug der Jugendstrafe im Land Bremen (Bremisches Jugendstrafvollzugsgesetz - BremJStVollzG) v. 27.3.2007 (Brem.GBl. S. 233), geänd. durch G v. 14.7.2020 (Brem.GBl. S. 721).

Hamburg

Gesetz über den Vollzug der Jugendstrafe (Hamburgisches Jugendstrafvollzugsgesetz - HmbJStVollzG) v. 14.7.2009 (HmbGVBl. S. 257, 280), zuletzt geänd. durch G v. 27.4.2021 (HmbGVBl. S. 285).

Hessen

Hessisches Jugendstrafvollzugsgesetz (HessJStVollzG) v. 19.11.2007 (GVBl. I S. 758), zuletzt geänd. durch G v. 12.11.2020 (GVBl. S. 778), Nr. **5**.

Mecklenburg-Vorpommern

Gesetz über den Vollzug der Jugendstrafe (Jugendstrafvollzugsgesetz Mecklenburg-Vorpommern - JStVollzG M-V) v. 14.12.2007 (GVOBl. M-V S. 427), zuletzt geänd. durch G v. 21.11.2020 (GVOBl. M-V S. 1254).

Niedersachsen

Niedersächsisches Justizvollzugsgesetz - 4. Teil - (NJVollzG) idF der Bek. v. 8.4. 2014 (Nds. GVBl. S. 106), zuletzt geänd. durch G v. 20.5.2019 (Nds. GVBl. S. 88), Nr. **1.9**.

Nordrhein-Westfalen

Gesetz zur Regelung des Jugendstrafvollzuges in Nordrhein-Westfalen (Jugendstrafvollzugsgesetz Nordrhein-Westfalen - JStVollzG NRW) v. 7.4.2017 (GV. NRW. S. 511), zuletzt geänd. durch G v. 2.7.2019 (GV. NRW. S. 339).

Rheinland-Pfalz

Landesjustizvollzugsgesetz (LJVollzG) v. 8.5.2013 (GVBl. S. 79), zuletzt geänd. durch G v. 15.10.2020 (GVBl. S. 571), Nr. **1.11**.

Saarland

Gesetz über den Vollzug der Jugendstrafe (Saarländisches Jugendstrafvollzugsgesetz – SJStVollzG) v. 30.10.2007 (Amtsbl. S. 2370), zuletzt geänd. durch G v. 16.6.2021 (Amtsbl. I S. 1822).

Sachsen

Sächsisches Gesetz über den Vollzug der Jugendstrafe (Sächsisches Jugendstrafvollzugsgesetz - SächsJStVollzG) v. 12.12.2007 (SächsGVBl. S. 558), zuletzt geänd. durch G v. 22.8.2019 (SächsGVBl. S. 663).

Sachsen-Anhalt

Erstes Buch Justizvollzugsgesetzbuch Sachsen-Anhalt - Vollzug der Freiheitsstrafe, der Jugendstrafe, der Untersuchungshaft und des Strafarrestes - (Erstes Buch Justizvollzugsgesetzbuch Sachsen-Anhalt - JVollzGB I LSA) v. 18.12.2015 (GVBl. LSA S. 666), zuletzt geänd. durch G v. 25.3.2021 (GVBl. LSA S. 120), Nr. **1.14**.

Schleswig-Holstein

Gesetz über den Vollzug der Jugendstrafe in Schleswig-Holstein (Jugendstrafvollzugsgesetz - JStVollzG) v. 23.9.2021 (GVOBl. Schl.-H. S. 1170, 1177).

Thüringen

Thüringer Justizvollzugsgesetzbuch (ThürJVollzGB) v. 27.2.2014 (GVBl. S. 13), Nr. **1.16**.

Strafe

StGB · Strafgesetzbuch
Textausgabe TOPTITEL
60. Aufl. 2022. 395 S. NEU
€ 10,90. dtv 5007
Neu im Februar 2022

Mit EinführungsG, Völkerstrafgesetzbuch, WehrstrafG, WirtschaftsstrafG, BetäubungsmittelG, VersammlungsG, Auszügen aus dem JugendgerichtsG und OrdnungswidrigkeitenG sowie anderen Vorschriften des Nebenstrafrechts.

StPO · Strafprozessordnung
Textausgabe TOPTITEL
57. Aufl. 2022. 432 S. NEU
€ 10,90. dtv 5011
Neu im Februar 2022

Mit Auszügen aus dem GerichtsverfassungsG, EGGVG, JugendgerichtsG, StraßenverkehrsG und Grundgesetz.

OWiG · Gesetz über Ordnungswidrigkeiten
Textausgabe TOPTITEL
26. Aufl. 2022. 300 S.
€ 10,90. dtv 5022

Lenßen/Scheel
Der Knast-Guide
für Verurteilte, Angehörige und Interessierte.
2022. Rund 150 S. Kart.
ca. € 19,90. dtv 51275
In Vorbereitung für April 2022.

Wie ist das Leben im Strafvollzug?

Welche Rechte und Pflichten haben Inhaftierte? Der Knast-Guide widmet sich ausführlich dem Knastalltag in Deutschland: von der Aufnahme, der Verpflegung und der Kommunikation nach »draußen« bis hin zu Arbeitsmöglichkeiten, der Resozialisierung und der Entlassung.

StVollzG · Strafvollzugsgesetze
Textausgabe TOPTITEL
23. Auflage. 2022. Rund 1136 S. NEU
ca. € 21,90. dtv 5523
Neu im März 2022

Bund und Länder. Mit StVollstrO.

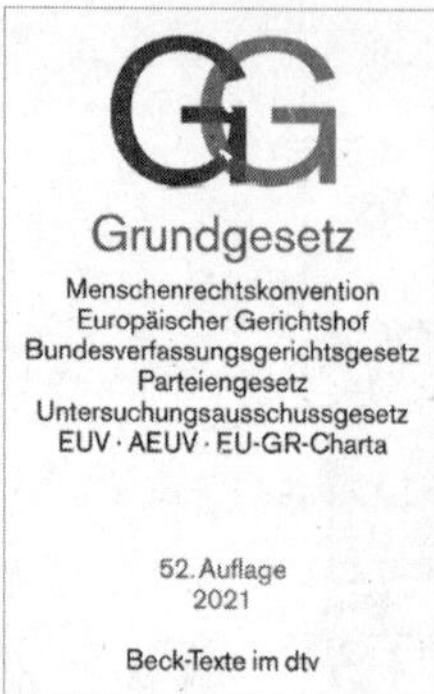

GG · Grundgesetz
Textausgabe TOPTITEL
52. Aufl. 2022. 433 S. NEU
€ 8,90. dtv 5003

Mit Menschenrechtskonvention, Verfahrensordnung Europäischer Gerichtshof für Menschenrechte, BundesverfassungsgerichtsG, ParteienG, UntersuchungsausschussG, Vertrag über die Europäische Union i.d.F. des Vertrags von Lissabon, Vertrag über die Arbeitsweise der Europäischen Union und Charta der Grundrechte der Europäischen Union.

VwGO · Verwaltungsgerichtsordnung – Verwaltungsverfahrensgesetz
Textausgabe TOPTITEL
46. Aufl. 2021. 414 S.
€ 10,90. dtv 5526

Mit VerwaltungszustellungsG, Verwaltungs-VollstreckungsG, Deutschem RichterG, Justizvergütungs- und -entschädigungsG, E-Government-G, MediationsG, Umwelt-RechtsbehelfsG, UmweltverträglichkeitsprüfungsG, GerichtsverfassungsG (Auszug), Zivilprozessordnung (Auszug), Streitwertkatalog.

ÖffR · Basistexte Öffentliches Recht
Textausgabe TOPTITEL
32. Aufl. 2021. 917 S.
€ 17,90. dtv 5756

Mit allen wichtigen Verwaltungsgesetzen einschließlich der EU-Verträge und der EMRK auf aktuellem Stand.

StAG · Staatsangehörigkeitsgesetz
Textausgabe
2009. 335 S.
€ 11,90. dtv 5776

WaffR · Waffenrecht
Textausgabe TOPTITEL
19. Aufl. 2021. 488 S.
€ 14,90. dtv 5032

BGB · Bürgerliches Gesetzbuch
Textausgabe
89. Aufl. 2022. 987 S.
€ 5,90. dtv 5001
Neu im Februar 2022

TOPTITEL

NEU

Die wichtigsten Gesetze für jeden Bürger.

Die Textausgabe umfasst die wichtigsten Gesetze für die Rechtsbeziehungen zwischen Privatpersonen:

- Bürgerliches Gesetzbuch (BGB)
- Einführungsgesetz zum Bürgerlichen Gesetzbuch
- Allgemeines Gleichbehandlungsgesetz (AGG)
- Unterlassungsklagengesetz (UKlaG)
- Wohnungseigentumsgesetz (WEG)
- Beurkundungsgesetz
- Erbbaurechtsgesetz (ErbbauRG)
- ROM I bis III

Die Neuauflage bringt die Änderungen durch das Gesetz für faire Verbraucherverträge und das Mietspiegelreformgesetz. Vollständig enthalten ist auch das sog. neue Schuldrecht.

Einstieg

RVG · Rechtsanwaltsvergütungsgesetz
Textausgabe TOPTITEL
15. Aufl. 2022. Rd. 280 S. NEU
ca. € 13,90. dtv 5762
Neu im März 2022

Rechtsanwaltsvergütungsgesetz, Gerichtskostengesetz, Justizvergütungs- und -entschädigungsgesetz.

Loos
Recht: verstanden!
So funktioniert unser Rechtssystem.
Juristische Grundlagen einfach erklärt.
Beck im dtv
2. Aufl. 2015. 186 S.
€ 12,90. dtv 50764
Auch als **ebook** erhältlich.

Warum gibt es Recht? Wer macht die Gesetze? Warum bekommt der, der Recht hat, nicht immer Recht? Mit vielen Beispielen.

Haft
Aus der Waagschale der Justitia
Eine Reise durch 4000 Jahre Rechtsgeschichte.
Beck im dtv
4. Aufl. 2009. 335 S.
€ 18,90. dtv 5690

Europa

EuR · Europa-Recht
Textausgabe TOPTITEL
28. Aufl. 2020. 777 S.
€ 13,90. dtv 5014

Vertrag über die Europäische Union, Vertrag über die Arbeitsweise der Europäischen Union, Charta der Grundrechte der Europäischen Union, Rechtsstellung des Unionsbürgers, Integrationsverantwortungsgesetz, Ausführungsgesetze zu Art. 23 GG, Europawahl-Gesetz, Verfahrensordnungen, Satzung des Europarates, Menschenrechtskonvention.

Schrötter
Kleines Europa-Lexikon
Geschichte · Politik · Recht.
Beck im dtv
2. Aufl. 2016. 623 S.
€ 24,90. dtv 50782
Auch als **ebook** erhältlich.

Über 200 praxisnahe Stichworte von der Agrarpolitik bis hin zur Zypernfrage. Die rechtlichen und politischen Hintergründe des modernen Europa werden in diesem Lexikon klar und verständlich dargestellt.

Jugend und Recht

JugR · Jugendrecht
SGB VIII – Kinder- und Jugendhilfe, AdoptionsvermittlungsG, UnterhaltsvorschussG, JugendschutzG.
Textausgabe TOPTITEL
43. Aufl. 2022. 726 S. NEU
€ 11,90. dtv 5008
Neu im Februar 2022
AdoptionsvermittlungsG, BAföG, Bayerisches StrafvollzugsG (Auszug), BerufsbildungsG (Auszug), Brüssel IIa-VO (Auszug), Bürgerliches Gesetzbuch mit EGBGB (Auszug), Bundes-ImmissionsschutzG (Auszug), FamFG (Auszug), JugendarbeitsschutzG, JugendfreiwilligendiensteG, JugendgerichtsG, Jugendmedienschutz-Staatsvertrag, JugendschutzG, JugendstrafvollzugsG NRW, Gesetz zur Kooperation und Information im Kinderschutz (KKG), Kinderschutzübereinkommen (Auszug), SGB I: Allgemeiner Teil (Auszug), SGB II: Grundsicherung für Arbeitsuchende (Auszug), SGB III: Arbeitsförderung (Auszug), SGB VIII: Kinder- und Jugendhilfe, SGB XII: Sozialhilfe (Auszug), Strafgesetzbuch (Auszug), UnterhaltsvorschussG

Schule und Hochschule

Glossner/Dallmayer
Jura – erfolgreich studieren
Für Schüler und Studenten.
Rechtsberater TOPTITEL
8. Aufl. 2021. 298 S.
€ 16,90. dtv 51258
Auch als **ebook** erhältlich.

BAföG · Bildungsförderung
Textausgabe
32. Aufl. 2016. 400 S. € 15,90. dtv 5033

Theisen
ABC des wissenschaftlichen Arbeitens
Erfolgreich in Schule, Studium und Beruf.
Beck im dtv
2006. 263 S. € 9,50. dtv 50897

Beruf und Karriere

Kunz
Vom Mitarbeiter zur Führungskraft
Die erste Führungsaufgabe
erfolgreich übernehmen.
Wirtschaftsberater TOPTITEL
4. Aufl. 2019. 310 S.
€ 16,90. dtv 50966
Auch als **ebook** erhältlich.

Der Autor liefert zahlreiche Hinweise, Tipps und praktische Hilfen für den Übergang von einer Fachfunktion zur Leitungsaufgabe.

Mentzel
Personalentwicklung
Erfolgreich motivieren, fördern
und weiterbilden.
Wirtschaftsberater
5. Aufl. 2018. 328 S.
€ 17,90. dtv 50959
Auch als **ebook** erhältlich.

Kunz
Neu in der Führungsrolle
So meistern Sie die persönliche
Herausforderung.
Wirtschaftsberater TOPTITEL
2. Aufl. 2020. 199 S.
€ 15,90. dtv 50969
Auch als **ebook** erhältlich.

Der Autor beschreibt, wie Sie die **neue Rolle als Vorgesetzter** souverän ausfüllen können – ab dem Zeitpunkt der ersten Ausübung der Führungsaufgabe und den ersten Monaten in der Führungsverantwortung bis zur erfolgreichen Bewährung als Vorgesetzter.

Er gibt **Hinweise, Tipps und praktische Hilfen,** um die ersten 100 Tage in der Leitungsaufgabe gut vorbereitet zu bewältigen.

Hell
Assessment Center
Souverän agieren – gekonnt überzeugen.
Wirtschaftsberater TOPTITEL
4. Aufl. 2019. 230 S.
€ 17,90. dtv 50963
Auch als **ebook** erhältlich.

Praktische Tipps und Übungsbeispiele bereiten optimal auf ein Assessment Center vor.

Kunz

Teams und Arbeitsgruppen leiten

Wie Sie Führungsverantwortung übernehmen, ohne Vorgesetzter zu sein

Wirtschaftsberater **TOPTITEL**

2021. 169 S.

€ 15,90. dtv 50972

Auch als **ebook** erhältlich.

Wer im Unternehmen eine Führungsrolle übernimmt, trägt Verantwortung für das Erreichen der wirtschaftlichen Ziele, für ein hohes Maß an Kundenzufriedenheit, für effiziente Strukturen und Prozesse sowie für den wirkungsvollen Einsatz der Mitarbeiter. In Zeiten häufiger Wandlungsprozesse in Unternehmen, der zunehmenden Digitalisierung von Abläufen und dem wachsenden Stellenwert von flachen Hierarchien und schlanken Aufbauorganisationen werden neue Anforderungen an die Mitarbeiterführung gestellt. Ist das Führen durch Vorgesetzte überhaupt noch zeitgemäß? Dieses Buch vertritt den Standpunkt, dass »klassische« Führung durch Vorgesetzte mit disziplinarischen Befugnissen und das Führen durch Leitungsverantwortliche ohne Vorgesetztenrolle sich wirksam ergänzen können.

Hell

Das Vorstellungsgespräch

Die besten Strategien, die schlagkräftigsten Argumente: So überzeugen Sie Ihren neuen Arbeitgeber.

Wirtschaftsberater **TOPTITEL**

2. Aufl. 2021. 288 S.

€ 17,90 €. dtv 50971

Auch als **ebook** erhältlich.

Das Vorstellungsgespräch ist das Portal in den Berufseinstieg. Dieses Buch hilft, sich **optimal darauf vorzubereiten und eine individuelle Überzeugungsstrategie** zu entwickeln. Es erläutert die wichtigsten allgemeinen und branchentypischen Fragen sowie die verschiedenen **Interviewmethoden** und gibt Tipps für optimale Antworten.

Übungen und Praxisbeispiele zeigen anschaulich, worauf es bei der Selbstpräsentation ankommt und mit welchen Kommunikations- und Überzeugungstechniken Sie die größte Wirkung erzielen.

Weisbach
Stolperfallen im Gespräch
Passende Antworten auf unpassende Fragen und andere Möglichkeiten Gespräche zu lenken.
Wirtschaftsberater TOPTITEL
2019. 172 S.
€ 12,90. dtv 50968
Auch als **ebook** erhältlich.

Mit diesem Buch lernen Sie ein neues Gesprächsverhalten und verbessern so zwischenmenschliche Beziehungen – geschäftlich ebenso wie privat.

Drzyzga
Personalgespräche richtig führen
Ein Kommunikationsleitfaden.
Wirtschaftsberater
2. Aufl. 2011. 164 S.
€ 12,90. dtv 50840
Auch als **ebook** erhältlich.

Hugo-Becker/Becker
Psychologisches Konfliktmanagement
Menschenkenntnis · Konfliktfähigkeit · Kooperation.
Wirtschaftsberater
4. Aufl. 2004. 418 S.
€ 13,–. dtv 5829

Weisbach/Sonne-Neubacher
Professionelle Gesprächsführung
Ein praxisnahes Lese- und Übungsbuch.
Wirtschaftsberater TOPTITEL
10. Aufl. 2022. Rd. 500 S. NEU
ca. € 16,90. dtv 50974
Auch als **ebook** erhältlich.
Neu im August 2022

Bühring-Uhle/Eidenmüller/Nelle
Verhandlungsmanagement
Analyse · Werkzeuge · Strategien.
Beck im dtv
2. Aufl. 2017. 253 S.
€ 19,90. dtv 50763
Auch als **ebook** erhältlich.

Klotzki
So halte ich eine gute Rede
In 7 Schritten zum Publikumserfolg.
Wirtschaftsberater
2. Aufl. 2012. 131 S.
€ 9,90. dtv 50873
Auch als **ebook** erhältlich.

Weisbach
Gekonnt kontern
Wie Sie Angriffe souverän entschärfen.
Wirtschaftsberater
2. Aufl. 2017. 213 S.
€ 12,90. dtv 50955
Auch als **ebook** erhältlich.

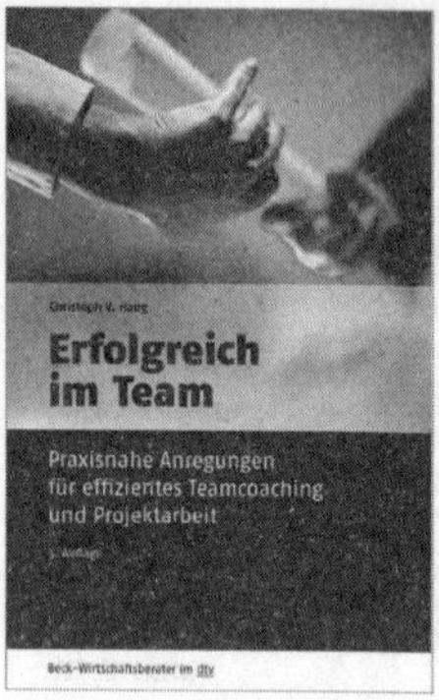

Mentzel
Erfolgreiche Vorträge und Präsentationen
Überzeugend auftreten,
Lampenfieber beherrschen.
Wirtschaftsberater TOPTITEL
3. Aufl. 2020. 216 S.
€ 13,90. dtv 50965
Auch als **ebook** erhältlich

Die Fähigkeit, vor anderen zu sprechen gehört heutzutage zu den so genannten Schlüsselqualifikationen. Die Sprache ist Voraussetzung, um beruflich und gesellschaftlich voranzukommen. Die besten Argumente und originellsten Gedanken sind nutzlos, wenn Sie nicht rhetorisch überzeugend übermittelt werden. Das gilt bei beruflichen und öffentlichen Anlässen ebenso wie im privaten Bereich.

Das sichere und freie Sprechen vor Zuhörern kann man erlernen. Mit diesem Buch haben Sie eine perfekte Arbeitshilfe, um Vorträge und Präsentationen vorzubereiten und durchzuführen. Sie finden alles, was Sie wissen müssen, zur Gliederung, sprachlichen Gestaltung oder Visualisierung ihrer Gedanken, aber auch zur Wirkung Ihrer Körpersprache und zum Umgang mit Lampenfieber und Störungen.

Zahlreiche Übungen unterstützen Sie dabei, Regeln und Empfehlungen zu vertiefen und sich die notwendige Sicherheit anzueignen.

Haug
Erfolgreich im Team
Praxisnahe Anregungen für effizientes Teamcoaching und Projektarbeit.
Wirtschaftsberater
5. Aufl. 2016. 223 S.
€ 12,90. dtv 50946
Auch als **ebook** erhältlich.

Bender
Teamentwicklung
Der effektive Weg zum »Wir«.
Wirtschaftsberater
3. Aufl. 2015. 303 S.
€ 16,90. dtv 50945
Auch als **ebook** erhältlich.

Stender-Monhemius
Schlüsselqualifikationen
Zielplanung, Zeitmanagement, Kommunikation, Kreativität.
Beck im dtv
2006. 163 S.
€ 9,50. dtv 50910

Haberzettl/Birkhahn
Moderation und Training
Ein praxisorientiertes Handbuch.
Wirtschaftsberater
2. Aufl. 2012. 324 S. € 17,90. dtv 50866
Auch als **ebook** erhältlich.